人称代名詞の格変化

1格 (〜が)	ich	du	er sie es	Sie
2格 (〜の)	(meiner)	(de...)	(seiner) (ihrer) (seiner)	(Ihrer)
3格 (〜に)	mir	di...		
4格 (〜を)	mich	d...		
1格 (〜が)	wir	i...		
2格 (〜の)	(unser)	(euer)	(...)	...r)
3格 (〜に)	uns	euch	ihnen	Ihnen
4格 (〜を)	uns	euch	sie	Sie

注意 2格は今日ではほとんど用いられない.

動詞 haben / sein / werden / wissen の現在人称変化

	haben	**sein**	**werden**	**wissen**
ich	habe	bin	werde	weiß
du	hast	bist	wirst	weißt
er	hat	ist	wird	weiß
wir	haben	sind	werden	wissen
ihr	habt	seid	werdet	wisst
sie	haben	sind	werden	wissen

中性	複数
gutes Bier	gute Weine
guten Bier(e)s	guter Weine
gutem Bier	guten Weinen
gutes Bier	gute Weine
das blaue Haus	die alten Bäume
des blauen Hauses	der alten Bäume
dem blauen Haus	den alten Bäumen
das blaue Haus	die alten Bäume
ein braves Kind	gute Väter
eines braven Kind(e)s	guter Väter
einem braven Kind	guten Vätern
ein braves Kind	gute Väter

デイリー
日独英
独日英
辞典

Daily Japanese-German-English Dictionary

渡辺学［監修］
三省堂編修所［編］

三省堂

© Sanseido Co., Ltd. 2004
Printed in Japan

装丁　米谷テツヤ
装画　東恩納裕一

まえがき

　旅行や会話に役立ち,親しみやすい3か国語辞典をめざして本シリーズが誕生したのは,今から2年前です.幸い,読者の皆様からご好評をいただき,本年はドイツ語版をお届けできることになりました.

　21世紀に入り,私たちを取り巻く世界は急速な変化を遂げつつあります.コンピュータ技術の飛躍的な発展により,地球は一挙に狭くなりました.
　これは言語の世界にも影響を及ぼし,とくに,インターネットの分野における英語の優位性は揺るぎないものとなりました.
　その一方で,世界各地の固有の言語の重要性も増しています.言語は文化を写す鏡,その多様性に私たちは強く惹かれます.いろいろな国の人々とその国の言葉でコミュニケーションできる楽しみは,外国語を学ぶ原点ともいえましょう.一つの単語から,外国語学習の扉が無限に開かれます.

　その際に,強い味方となるのが辞書です.しかし,多くの辞書は限られたスペースに最大の情報を盛ろうとするため,見やすさ,引きやすさの点で問題があります.また,詳細な語義区分や文法解説などが入っていても,初学者にとっては,かえって単語そのものの意味に迫りにくくなっている場合もあります.

　本書は,学生からシルバー世代まで幅広い初学者の立場を考え,思い切ってシンプルに編集しました.

　まず,「日独英」の部では,日本語に対応するドイツ語がひと目で分かります.日常よく使う約1万4千の日本語が五十音順に並んでいます.〈サッカー〉や〈インターネット〉など,幅広い分野別のコラムで,関連する単語を同時に覚えることもできます.

　つぎに,「独日英」の部は,ドイツ語の重要語を中心にした約6千語の簡単な辞書です.このうち特に頻度の高い重要語1600語に色が付いています.単語の使い方が分かるように用例や成句も入っています.「日独英」の部と相互に補い合って利用することが可能であり,語学のベテランの備忘録としても役立ちます.

「日常会話」の部では，テーマや場面ごとによく使われる表現を集めました．ちょっとした会話をお楽しみください．

そして，すべての部に英語を併記しましたので，日本語と英語，ドイツ語と英語を比較対照しながら，語彙力をアップすることができます．

さらに，初学者には頭の痛い発音記号をいっさい使わずに，日本人が発音しやすいカタカナ表記を工夫して付けました．その言語を知らない人にとっても，最低限のよりどころとなることでしょう．

本書の編集は，日本語と英語の選定および英語のカタカナ発音は原則としてシリーズ共通のものとし，ドイツ語の部分と全体の監修を学習院大学教授 渡辺学先生にお願いいたしました．また，編集作業の全般にわたって，株式会社ジャレックスにご協力いただきました．

携帯に便利で，見やすくシンプルなこの「デイリー日独英・独日英辞典」が読者の皆様のドイツ語学習の強い味方になってくれることを，心から願っています．

2004年 5月

三省堂編修所

目 次

- この辞典の使い方 .... (v) (vi)
- 日独英辞典 .... 1 ～ 822
- 日常会話 .... 823 ～ 848
- 独日英辞典 .... 849 ～ 1048

この辞典の使い方

【日独英の部】

●日本語見出し語欄

- 日常よく使われる日本語約1万2千語を五十音順に配列.
- 長音「ー」は,直前の母音に置き換えて配列.
  例:アーチ → ああち,チーム → ちいむ
- 常用漢字以外の漢字も使用し,漢字についてはすべてふりがなを付した.
- 語義が複数ある場合には,( )内に限定的な意味を記述.
- 見出し語を用いた派生語,複合語も約2000語収録.

●ドイツ語欄

- 見出しの日本語に対応するドイツ語を掲載.
- ドイツ語には簡便なカタカナ発音を付した. 発音が複数ある場合は,原則として1つを示した.
- 人を表す語には,必要に応じて女性形を( )に示した.
- 名詞の性は *der*(男性),*die*(女性),*das*(中性)をつけて示した.
- 分離動詞は分離する位置を「丨」で示した.
- 結びつきの強い前置詞も,イタリック体で,支配する格とともに示した.

●英語欄

- 見出しの日本語に対応する英語を掲載.
- 英語にもカタカナ発音を付した.

●コラム

- 関連する単語を,37のテーマやキーワードのもとに掲載.
- 対応する英語も表示. ただし,そのカタカナ発音は省略.
- コラム目次は,裏見返しを参照.

【独日英の部】

- ドイツ語を学習する上で重要な単語約6000語を収録.
- とくに頻度の高い約1600語の単語は赤字で示した.
- 見出し語ドイツ語にはすべてカタカナ発音を付した.
- ドイツ語に対応する英語も掲載. ただし, そのカタカナ発音は省略した.
- 分離動詞は分離する位置を「|」で示した.
- 学習者の便を考え, 名詞はすべてに変化形を掲載. 動詞・形容詞は不規則変化のものに変化形を載せた. ただし, 語の一部が見出しとして立項されているものは,「・」で区切りを示し, 記載は省略した.
- 日常会話, 旅行会話として有用な用例を積極的に載せた.
- 本来の意味での成句は厳選して載せ, まとまりの強い表現も太字のイタリック体で示した.

【日常会話表現の部】

- テーマや状況別に, よく使われる日常会話表現を掲載.
- 対応する英語表現も掲載. ただし, そのカタカナ発音は省略.
- テーマ・状況別の目次については, 裏見返しを参照.

■略語・記号一覧■

j^3	人の3格
et^4	物・事の4格
j^4/et^4	人また物の4格

形	形容詞	副	副詞	代	代名詞
動	動詞	接	接続詞	前	前置詞

/.../	カタカナ発音
(英...)	見出し語に対応する英語
(( ))	話語などのスピーチレベル, オーストリアなどの地域
( )	語義の限定・説明, 省略可能指示
[ ]	前の語との言い換え指示
¶	用例開始
/	連続する用例の区切り
①②...	語義の区分
❶❷...	語源の違いなどの語義の大きな区分と, 品詞の区分

日	独	英

あ, ア

アーケード	*die* Passage パサージェ	arcade アーケイド
アーチ	*der* Bogen ボーゲン	arch アーチ
アーモンド	*die* Mandel マンデル	almond アーモンド
愛	*die* Liebe リーベ	love ラヴ
合鍵	*der* Zweitschlüssel ツヴァイトシュリュッセル	duplicate key デュープリケト キー
相変わらず	wie immer ヴィー イマー	as usual アズ ユージュアル
愛嬌	*der* Scharm シャルム	charm チャーム
〜のある	charmant シャルマント	charming チャーミング
愛国心	*der* Patriotismus パトリオティスムス	patriotism ペイトリオティズム
合い言葉	*das* Kennwort ケンヴォルト	password パスワード
アイコン	*das* Icon アイコン	icon アイカン
挨拶	*der* Gruß, *die* Begrüßung グルース, ベグリュースング	greeting グリーティング
〜する	grüßen グリューセン	greet グリート
哀愁	*die* Wehmut ヴェームート	sadness サドネス
愛称	*der* Kosename コーゼナーメ	nickname ニクネイム
愛情	*die* Liebe, *die* Zuneigung リーベ, ツーナイグング	love, affection ラヴ, アフェクション
相性が悪い	nicht zusammen|passen ニヒト ツザメンパッセン	be uncongenial *to* ビ アンコンヂーニャル
愛人	*der/die* Geliebte ゲリープテ	lover ラヴァ

日	独	英
アイス	*das* Eis アイス	ice アイス
～クリーム	*das* Eis アイス	ice cream アイス クリーム
～ホッケー	*das* Eishockey アイスホッキ	ice hockey アイス ハキ
合図 (あいず)	*der* Wink, *das* Zeichen ヴィンク, ツァイヒェン	signal, sign スィグナル, サイン
～する	winken ヴィンケン	give a signal ギヴ ア スィグナル
愛する (あい)	lieben リーベン	love ラヴ
愛想のよい (あいそ)	freundlich フロイントリヒ	affable アファブル
空いた (あ)	leer, frei レーア, フライ	empty, vacant エンプティ, ヴェイカント
間 (あいだ)	*der* Zwischenraum ツヴィッシェンラオム	space スペイス
（距離）	*die* Entfernung エントフェルヌング	distance ディスタンス
（間隔）	*der* Abstand アプシュタント	interval インタヴァル
…の～に	zwischen ツヴィッシェン	between, among ビトウィーン, アマング
（時間）	während ヴェーレント	during デュアリング
相手 (あいて)	*der*(*die*) Partner(*in*) パルトナー (-ネリン)	the other party ジ アザ パーティ
（敵）	*der*(*die*) Gegner(*in*) ゲーグナー (-ネリン)	rival ライヴァル
アイディア	*die* Idee イデー	idea アイディーア
IT (あいてぃー)	*die* Informationstechnologie インフォルマツィオーンステヒノロギー	information technology インフォメイション テクナロジ
開[空]いている (あ)	offen オッフェン	open オウプン
（空き）	frei フライ	vacant ヴェイカント

日	独	英
（自由）	frei フライ	free フリー
愛読書(あいどくしょ)	*das* Lieblingsbuch リープリングスブーフ	favorite book フェイヴァリト ブク
アイドル	*das* Idol イドール	idol アイドル
生憎(あいにく)	leider ライダー	unfortunately アンフォーチュネトリ
愛撫(あいぶ)する	streicheln シュトライヒェルン	caress カレス
合間(あいま)	*die* Zwischenzeit ツヴィッシェンツァイト	interval, leisure インタヴァル, リージャ
曖昧(あいまい)な	vage, zweideutig ヴァーゲ, ツヴァイドイティヒ	vague, ambiguous ヴェイグ, アンビギュアス
愛(あい)らしい	lieblich リープリヒ	lovely, charming ラヴリ, チャーミング
アイロン	*das* Bügeleisen ビューゲルアイゼン	iron アイアン
会(あ)う	sehen ゼーエン	see スィー
（遭遇）	treffen, begegnen トレッフェン, ベゲーグネン	meet ミート
合(あ)う	passen パッセン	fit, suit フィト, スート
（一致）	entsprechen エントシュプレッヒェン	agree, match *with* アグリー, マチ
（正確）	richtig sein リヒティヒ ザイン	be right ビ ライト
アウト	aus アオス	out アオト
〜プット	*die* Ausgabe アオスガーベ	output アウトプト
〜ライン	*der* Umriss ウムリス	outline アウトライン
喘(あえ)ぐ	keuchen コイヒェン	pant, gasp パント, ギャスプ
和(あ)える	an|machen アンマッヘン	dress... *with* ドレス

日	独	英
亜鉛（あえん）	*das* Zink ツィンク	zinc ズィンク
青（あお）	*das* Blau ブラオ	blue ブルー
青い（あおい）	blau ブラオ	blue ブルー
（蒼い）	blass ブラス	pale ペイル
（未熟）	unerfahren ウンエアファーレン	inexperienced イニクスピアリエンスト
仰ぐ（あおぐ）	emporblicken エンポーアブリッケン	look up *at* ルク アプ
扇ぐ（あおぐ）	fächeln フェッヒェルン	fan ファン
青白い（あおじろい）	bleich, blass ブライヒ, ブラス	pale ペイル
仰向けに（あおむけに）	auf dem Rücken アオフ デム リュッケン	on *one's* back オン バク
煽る（あおる）	an|fachen アンファッヘン	stir up スター アプ
垢（あか）	*der* Schmutz シュムッツ	dirt ダート
赤（あか）	*das* Rot ロート	red レド
赤い（あかい）	rot ロート	red レド
赤くなる（あかくなる）	rot werden, erröten ロート ヴェーアデン, エアレーテン	turn red ターン レド
赤字（あかじ）	*das* Defizit, rote Zahlen デーフィツィット, ローテ ツァーレン	deficit デフィスィト
赤ちゃん（あかちゃん）	*das* Baby ベビ	baby ベイビ
アカデミー	*die* Akademie アカデミー	academy アキャデミ
〜賞	*der* Oskarpreis オスカープライス	Academy Award アキャデミ アウォード
崇める（あがめる）	verehren フェアエーレン	respect リスペクト

日	独	英
明かり	*das* Licht, *die* Lampe リヒト, ランペ	light, lamp ライト, ランプ
上がる	auf|steigen アオフシュタイゲン	go up, rise ゴウ アップ, ライズ
（物価が）	an|steigen アンシュタイゲン	rise ライズ
（興奮する）	sich⁴ über⁴ auf|regen アオフレーゲン	get nervous ゲト ナーヴァス
明るい	hell ヘル	bright, light ブライト, ライト
（明朗な）	heiter ハイター	cheerful チアフル
（精通）	*mit*³ vertraut sein フェアトラオト ザイン	be familiar *with* ビ ファミリャ
空き	*die* Lücke リュッケ	opening, gap オウプニング, ギャプ
（余地）	*der* Spielraum シュピールラオム	room ルーム
（空席）	freier Platz フライヤー プラッツ	vacant seat ヴェイカント スィート
〜缶	leere Dose レーレ ドーゼ	empty can エンプティ キャン
〜地	freier Platz フライヤー プラッツ	unoccupied land アナキュパイド ランド
〜びん	leere Flasche レーレ フラッシェ	empty bottle エンプティ バトル
〜部屋	freies Zimmer フライエス ツィマー	vacant room ヴェイカント ルーム
秋	*der* Herbst ヘルプスト	autumn, fall オータム, フォール
明らか 〜な	klar, offensichtlich クラール, オッフェンズィヒトリヒ	clear, evident クリア, エヴィデント
〜に	deutlich ドイトリヒ	clearly クリアリ
諦める	auf|geben, verzichten アオフゲーベン, フェアツィヒテン	give up, abandon ギヴ アップ, アバンドン
飽きる	satt haben ザット ハーベン	get tired *of* ゲト タイアド

日	独	英
アキレス腱	*die* Achillessehne アヒレスゼーネ	Achilles' tendon アキリーズ テンドン
（弱点）	*die* Achillesferse アヒレスフェルゼ	Achilles' heel アキリーズ ヒール
呆れる	verblüfft sein フェアブリュッフト ザイン	be amazed *at* ビ アメイズド
悪	*das* Böse ベーゼ	evil, vice イーヴィル, ヴァイス
開く	sich^4 öffnen エフネン	open オウプン
空く	frei werden フライ ヴェーアデン	become vacant ビカム ヴェイカント
悪意	böse Absicht ベーゼ アップジヒト	malice マリス
悪運	unverschämtes Glück ウンフェアシェームテス グリュック	the devil's luck ザ デヴィルズ ラク
悪事	böse Tat ベーゼ タート	evil deed イーヴィル ディード
悪質な	boshaft ボースハフト	vicious ヴィシャス
握手	Händedruck ヘンデドルック	handshake ハンドシェイク
〜する	(*j*^{3}) *die* Hand drücken ディー ハント ドリュッケン	shake hands *with* シェイク ハンズ
悪臭	schlechter Geruch シュレヒター ゲルフ	bad smell バド スメル
悪性の	bösartig, maligne ベースアールティヒ, マリグネ	malignant マリグナント
アクセサリー	*die* Accessoires, *das* Zubehör アクセソアール, ツーベヘーア	accessories アクセサリズ
アクセス	*der* Zugriff ツーグリフ	access アクセス
〜する	zu|greifen ツーグライフェン	access アクセス
アクセル	*das* Gaspedal, *das* Gas ガースペダール, ガース	accelerator アクセラレイタ
アクセント	*der* Akzent, *die* Betonung アクツェント, ベトーヌング	accent アクセント

日	独	英
あくび 欠伸	*das* Gähnen ゲーネン	yawn ヨーン
～をする	gähnen ゲーネン	yawn ヨーン
あくま 悪魔	*der* Teufel トイフェル	devil デヴィル
あくむ 悪夢	*der* Albtraum アルプトラオム	nightmare ナイトメア
あくめい 悪名	schlechter Ruf シュレヒター ルーフ	bad name バド ネイム
あくよう 悪用する	missbrauchen ミスブラオヘン	abuse アビューズ

■ アクセサリー ■ *die* Accessoires /アクセソアール/

ネックレス　*die* Halskette /ハルスケッテ/（英necklace）

ペンダント　*der* Anhänger /アンヘンガー/（英pendant）

タイピン　*die* Krawattennadel /クラヴァッテンナーデル/（英tiepin）

カフスボタン　*der* Manschettenknopf /マンシェッテンクノプフ/
（英cuff links）

ピアス　*der* Ohrstecker /オーアシュテッカー/（英pierced earrings）

イヤリング　*der* Ohrring /オーアリング/（英earring）

ブローチ　*die* Brosche /ブロッシェ/（英brooch）

ブレスレット　*das* Armband /アルムバント/（英bracelet）

ゆびわ
指輪　*der* Ring /リング/（英ring）

ほうせき
宝石　*der* Edelstein /エーデルシュタイン/（英jewel）

じゅんきん
純金　reines Gold /ライネス ゴルト/（英pure gold）

ぎん
銀　*das* Silber /ズィルバー/（英silver）

プラチナ　*das* Platin /プラーティーン/（英platinum）

ダイヤモンド　*der* Diamant /ディアマント/（英diamond）

エメラルド　*der* Smaragd /スマラクト/（英emerald）

オパール　*der* Opal /オパール/（英opal）

ルビー　*der* Rubin /ルビーン/（英ruby）

しんじゅ
真珠　*die* Perle /ペルレ/（英pearl）

日	独	英
あくりょく 握力	die Griffstärke グリフシュテルケ	grasping power グラスピング パウア
アクリル	das Acryl アクリュル	acrylic アクリリク
アクロバット	die Akrobatik アクロバーティク	acrobat アクロバト
あ がた 明け方	der Tagesanbruch ターゲスアンブルフ	daybreak デイブレイク
あけぼの 曙	die Morgendämmerung モルゲンデメルング	dawn, daybreak ドーン, デイブレイク
あ 開ける	öffnen エフネン	open オウプン
あ 空ける	leeren レーレン	empty エンプティ
あ 明ける 　夜が〜	Der Tag bricht an. デア ターク ブリヒト アン	The day breaks. ザ デイ ブレイクス
あ 挙げる 　手を〜	die Hand heben ディー ハント ヘーベン	raise *one's* hand レイズ ハンド
例を〜	ein Beispiel an|führen アイン バイシュピール アンフューレン	give an example ギヴ アン イグザンプル
あ 上げる	heben ヘーベン	raise, lift レイズ, リフト
（向上）	sich⁴ verbessern フェアベッセルン	promote, improve プロモウト, インプルーヴ
（供与）	geben ゲーベン	give, offer ギヴ, オーファ
あ 揚げる	frittieren フリティーレン	deep-fry ディープフライ
あご 顎	der Kiefer, das Kinn キーファー, キン	jaw, chin ヂョー, チン
アコーディオン	das Akkordeon アコルデオン	accordion アコーディオン
あこが 憧れ	die Sehnsucht ゼーンズフト	yearning ヤーニング
憧れる	sich⁴ nach³ sehnen ゼーネン	aspire *to*, long *for* アスパイア, ローング

日	独	英
朝(あさ)	*der* Morgen モルゲン	morning モーニング
～早く	früh am Morgen フリュー アム モルゲン	early in the morning アーリ イン ザ モーニング
昨日の～	gestern Morgen ゲスターン モルゲン	yesterday morning イェスタデイ モーニング
明日の～	morgen früh モルゲン フリュー	tomorrow morning トモーロウ モーニング
麻(あさ)	*der* Hanf ハンフ	hemp ヘンプ
(布)	*das* Leinen ライネン	linen リネン
痣(あざ)(生来の)	*das* Muttermal ムッターマール	birthmark バースマーク
(打ち身の)	blauer Fleck ブラオアー フレック	bruise ブルーズ
浅い(あさい)	seicht ザイヒト	shallow シャロウ
(軽微)	oberflächlich オーバーフレヒリヒ	slight スライト
朝顔(あさがお)	*die* Trichterwinde トリヒターヴィンデ	morning glory モーニング グローリ
明後日(あさって)	übermorgen ユーバーモルゲン	the day after tomorrow ザ デイ アフタ トモーロウ
朝日(あさひ)	*die* Morgensonne モルゲンゾネ	the morning sun ザ モーニング サン
浅ましい(あさましい)	schändlich シェントリヒ	shameful シェイムフル
欺く(あざむく)	betrügen ベトリューゲン	cheat チート
鮮やかな(あざやかな)	strahlend シュトラーレント	vivid ヴィヴィド
(手際)	geschickt ゲシックト	splendid スプレンディド
海豹(あざらし)	*der* Seehund ゼーフント	seal スィール
嘲笑う(あざわらう)	verspotten フェアシュポッテン	ridicule リディキュール

日	独	英
脚(あし)	*das* Bein /バイン/	leg /レグ/
足(あし)	*der* Fuß /フース/	foot /フト/
（犬・猫の）	*die* Pfote /プフォーテ/	paw /ポー/
味(あじ)	*der* Geschmack /ゲシュマック/	taste, flavor /テイスト, フレイヴァ/
アジア	*das* Asien /アーズィエン/	Asia /エイジャ/
〜の	asiatisch /アズィアーティシュ/	Asian /エイジャン/
海驢(あしか)	*der* Seelöwe /ゼーレーヴェ/	sea lion /スィー ライアン/
足首(あしくび)	*das* Fußgelenk /フースゲレンク/	ankle /アンクル/

■ 味 ■ *der* Geschmack /ゲシュマック/

美味(おい)しい　gut /グート/, lecker /レッカー/ （英nice, delicious）
不味(まず)い　schlecht /シュレヒト/ （英not good）
美味(びみ)　*die* Köstlichkeit /ケストリヒカイト/ （英delicacy）
甘(あま)い　süß /ズース/ （英sweet）
辛(から)い　scharf /シャルフ/ （英hot, pungent）
苦(にが)い　bitter /ビッター/ （英bitter）
酸(す)っぱい　sauer /ザオアー/ （英sour, acid）
塩辛(しおから)い　salzig /ザルツィヒ/ （英salty）
甘酸(あまず)っぱい　sauersüß /ザオアーズース/ （英sweet-and-sour）
濃(こ)い　dunkel /ドゥンケル/, stark /シュタルク/ （英thick, strong）
薄(うす)い　dünn /デュン/, schwach /シュヴァッハ/ （英thin, weak）
あっさりした　einfach /アインファハ/, leicht /ライヒト/ （英simple）
しつこい　schwer /シュヴェーア/ （英heavy）
軽(かる)い　leicht /ライヒト/ （英light, slight）
重(おも)い　schwer /シュヴェーア/ （英heavy）

日	独	英
味気ない（あじけない） langweilig ラングヴァイリヒ		wearisome ウィアリサム
紫陽花（あじさい） *die* Hortensie ホルテンズィエ		hydrangea ハイドレインヂャ
アシスタント *der*(*die*) Assistent(*in*) アスィステント (-ティン)		assistant アスィスタント
明日（あした） morgen モルゲン		tomorrow トモーロウ
味付けする（あじつけする） würzen ヴュルツェン		season スィーズン
足場（あしば） *das* Gerüst ゲリュスト		scaffold スキャフォルド
味見する（あじみする） kosten コステン		taste テイスト
味わう（あじわう） genießen ゲニーセン		taste, relish テイスト, レリシュ
預かる（あずかる） auf|bewahren アオフベヴァーレン		keep キープ
小豆（あずき） Azukibohne アツキボーネ		red bean レド ビーン
預ける（あずける） an|vertrauen, deponieren アンフェアトラオエン, デポニーレン		leave, deposit リーヴ, ディパズィト
アスパラガス *der* Spargel シュパルゲル		asparagus アスパラガス
アスピリン *das* Aspirin アスピリーン		aspirin アスピリン
アスファルト *der* Asphalt アスファルト		asphalt アスフォールト
アスレチック *der* Sport シュポルト		athletics アスレティクス
汗（あせ） *der* Schweiß シュヴァイス		sweat スウェト
～をかく schwitzen シュヴィッツェン		sweat, perspire スウェト, パスパイア
汗疹（あせも） *die* Frieseln フリーゼルン		heat rash ヒート ラシュ
焦る（あせる） ungeduldig sein ウンゲドゥルディヒ ザイン		be impatient ビ インペイシェント

日	独	英
あそこ	dort (drüben), da ドルト (ドリューベン), ダー	that place, there ザト プレイス, ゼア
あそ 遊び	das Spiel シュピール	play プレイ
あそ 遊ぶ	spielen シュピーレン	play プレイ
（楽しむ）	sich⁴ vergnügen フェアグニューゲン	amuse *oneself* アミューズ
（無為）	schwänzen シュヴェンツェン	be idle, be free ビ アイドル, ビ フリー
あたい 価・値	der Preis プライス	price, cost プライス, コースト
（価値）	der Wert ヴェーアト	value, worth ヴァリュー, ワース
あた 与える	geben ゲーベン	give, present ギヴ, プリゼント
（被害）	zu|fügen ツーフューゲン	cause, inflict コーズ, インフリクト
あたた 暖かい	warm ヴァルム	warm ウォーム
（温暖）	mild ミルト	mild マイルド
（心が）	warmherzig ヴァルムヘルツィヒ	genial ヂーニャル
あたた 暖まる	sich⁴ erwärmen エアヴェルメン	get warm ゲト ウォーム
あたた 暖める	wärmen, heizen ヴェルメン, ハイツェン	warm (up), heat ウォーム (アップ), ヒート
あたた 温める	auf|wärmen アオフヴェルメン	warm (up) ウォーム (アップ)
アタッシュケース	die Aktentasche アクテンタッシェ	attaché case アタシェイ ケイス
あだな 仇名	der Spitzname シュピッツナーメ	nickname ニクネイム
あたま 頭	der Kopf コプフ	head ヘド
～のいい	klug クルーク	clever クレヴァ

日	独	英
新(あたら)しい	neu ノイ	new ニュー
（新鮮）	frisch フリッシュ	fresh フレシュ
（最新）	neuest ノイエスト	latest レイテスト
当(あ)たり	*der* Schlager シュラーガー	hit ヒト
（成功）	*der* Erfolg エアフォルク	success サクセス
辺(あた)り	*die* Nachbarschaft ナッハバールシャフト	neighborhood ネイバフド
（時間）	gegen ゲーゲン	about アバウト
当(あ)たり前(まえ)の	selbstverständlich ゼルプストフェアシュテントリヒ	common, ordinary カモン, オーディネリ
（当然）	natürlich ナテューアリヒ	natural ナチュラル
当(あ)たる	schlagen, treffen シュラーゲン, トレッフェン	hit, strike ヒト, ストライク
（予想が）	*sich*⁴ bestätigen ベシュテーティゲン	prove to be true プルーヴ トゥ ビ トルー
（成功）	ein Erflog sein アイン エアフォルク ザイン	make a hit メイク ア ヒト
あちこち	hier und dort ヒーア ウント ドルト	here and there ヒア アンド ゼア
あちら	dort (drüben) ドルト（ドリューベン）	(over) there （オウヴァ）ゼア
熱(あつ)[暑]い	heiß ハイス	hot ハト
厚(あつ)い	dick ディック	thick スィク
篤(あつ)い	herzlich ヘルツリヒ	cordial, hearty コーヂャル, ハーティ
扱(あつか)う	behandeln ベハンデルン	deal with ディール ウィズ
（操作）	handhaben ハントハーベン	handle ハンドル

日	独	英
悪化する	sich⁴ verschlechtern フェアシュレヒターン	grow worse グロウ ワース
厚かましい	unverschämt ウンフェアシェームト	impudent インピュデント
厚紙	*die* Pappe パッペ	cardboard カードボード
厚着する	sich⁴ warm an|ziehen ヴァルム アンツィーエン	be heavily clothed ビ ヘヴィリ クロウズド
暑苦しい	stickig シュティッキヒ	sultry, stuffy サルトリ, スタフィ
厚さ	*die* Dicke ディッケ	thickness スィクネス
あっさり	einfach, leicht アインファッハ, ライヒト	simply, easily スィンプリ, イーズィリ
圧縮する	komprimieren コンプリミーレン	compress コンプレス
斡旋	*die* Vermittlung フェアミットルング	good offices グド オーフィスィズ
厚手の	dick ディック	thick スィク
圧倒する	überwältigen ユーバーヴェルティゲン	overwhelm オウヴァホウェルム
圧迫する	unterdrücken ウンタードリュッケン	oppress, press オプレス, プレス
アップトゥデート	up to date アップ トゥ デート	up-to-date アプトゥデイト
アップリケ	*die* Applikation アプリカツィオーン	appliqué アプリケイ
アップルパイ	*der* Apfelkuchen アプフェルクーヘン	apple pie アプル パイ
集まり	*das* Treffen, *die* Zusammenkunft トレッフェン, ツザメンクンフト	gathering, meeting ギャザリング, ミーティング
集まる	zusammen|kommen ツザメンコメン	gather ギャザ
厚み	*die* Dicke ディッケ	thickness スィクネス
集める	sammeln ザメルン	gather, collect ギャザ, コレクト

日	独	英
あつら 誂える	bestellen ベシュテレン	order オーダ
あつりょく 圧力	*der* Druck ドルック	pressure プレシャ
あ 宛て	an⁴ adressiert アドレスィーアト	addressed *to* アドレスト トゥ
あ 当て		
～にする	auf⁴ rechnen レヒネン	count *on* カウント
～になる	vertrauenswürdig フェアトラオエンスヴュルディヒ	trustworthy トラストワーズィ
～もなく	ziellos ツィールロース	aimlessly エイムレスリ
あ さき 宛て先	*die* Adresse アドレッセ	address アドレス
あ な 宛て名	*die* Anschrift アンシュリフト	address アドレス
あ 当てはまる	auf⁴ zu|treffen ツートレッフェン	apply *to* アプライ
あ 当てる	schlagen シュラーゲン	hit, strike ヒト, ストライク
（さらす）	aus|setzen アオスゼッツェン	expose *to* イクスポウズ
（推測）	erraten エアラーテン	guess ゲス
（充当）	zu|teilen ツータイレン	assign, allot アサイン, アラト
（成功）	Erfolg haben エアフォルク ハーベン	succeed サクスィード
あと 後		
～で	später, nachher シュペーター, ナーハヘーア	later, after レイタ, アフタ
～の	*der/die/das* Nächste, *der/die/das* Letztere ネーヒステ, レッツテレ	the next, the latter ザ ネクスト, ザ ラタ
あと 跡	*die* Spur シュプーア	mark, trace マーク, トレイス

日	独	英
あとあし 後足	*das* Hinterbein ヒンターバイン	hind leg ハインド レグ
あとあじ 後味	*der* Nachgeschmack ナーハゲシュマック	aftertaste アフタテイスト
あどけない	unschuldig ウンシュルディヒ	innocent イノセント
あとしまつ 後始末する	erledigen エアレーディゲン	settle セトル
あとつ 跡継ぎ	*der*(*die*) Nachfolger(*in*) ナーハフォルガー (-ゲリン)	successor サクセサ
アドバイス	*der* Ratschlag, *der* Rat ラートシュラーク, ラート	advice アドヴァイス
～する	beraten ベラーテン	advise アドヴァイズ
アトリエ	*das* Atelier アテリエー	atelier アトリエイ
アドリブ	*die* Improvisation インプロヴィザツィオーン	ad-lib アドリブ
アドレス	*die* Adresse アドレッセ	address アドレス
あな 穴	*das* Loch ロッホ	hole, opening ホウル, オウプニング
アナウンサー	*der*(*die*) Sprecher(*in*) シュプレッヒャー (-ヒェリン)	announcer アナウンサ
アナウンス	*die* Ansage アンザーゲ	announcement アナウンスメント
～する	an|sagen アンザーゲン	announce アナウンス
あなた 貴方	Sie ズィー	you ユー
あなど 侮る	verachten フェアアハテン	despise ディスパイズ
アナログの	analog アナローク	analog アナローグ
あに 兄	älterer Bruder エルテラー ブルーダー	older brother オールダ ブラザ
アニメ	*der* Zeichentrickfilm ツァイヒェントリックフィルム	animation アニメイション

日	独	英
姉(あね)	ältere Schwester エルテレ シュヴェスター	older sister オールダ スィスタ
あの	jener, jenes, jene イェーナー, イェーネス, イェーネ	the, that, those ザ, ザト, ゾウズ
～頃	damals ダーマルス	in those days イン ゾウズ デイズ
アパート	die Mietwohnung ミートヴォーヌング	apartment アパートメント
暴(あば)く	enthüllen エントヒュレン	disclose ディスクロウズ
暴(あば)れる	toben トーベン	behave violently ビヘイヴ ヴァイオレントリ
アピール	der Appell アペル	appeal アピール
～する	an^4 appellieren アペリーレン	appeal to アピール
浴(あ)びせる	gießen ギーセン	pour on ポー
家鴨(あひる)	die Hausente ハオスエンテ	(domestic) duck (ドメスティク) ダク
浴(あ)びる		
水を～	kalt duschen カルト ドゥッシェン	pour water over oneself ポー ウォータ オウヴァ
日光を～	sich^4 sonnen ゾネン	bask in the sun バスク イン ザ サン
非難を～	getadelt werden ゲターデルト ヴェーアデン	be accused of ビ アキューズド
虻(あぶ)	die Bremse ブレムゼ	horsefly ホースフライ
アフターケア	die Nachbehandlung ナーハベハンドゥルング	aftercare アフタケア
アフターサービス	der Kundendienst クンデンディーンスト	after-sales service アフタセイルズ サーヴィス
危(あぶ)ない	gefährlich ゲフェーアリヒ	dangerous, risky デインヂャラス, リスキ
(病状)	kritisch クリーティシュ	critical クリティカル

日	独	英
あぶら 脂	*das* Fett フェット	grease, fat グリース, ファト
あぶら 油	*das* Öl エール	oil オイル
あぶらえ 油絵	*die* Ölmalerei エールマーレライ	oil painting オイル ペインティング
あぶら 脂っこい	schwer シュヴェーア	greasy, fatty グリースィ, ファティ
あぶら 油っこい	fettig フェッティヒ	oily オイリ
あぶらむし 油虫	*die* Blattlaus ブラットラオス	aphid エイフィド
（ゴキブリ）	*der* Kakerlak カーカーラク	cockroach カクロウチ
アフリカ	*das* Afrika アーフリカ	Africa アフリカ
〜の	afrikanisch アフリカーニシュ	African アフリカン
あぶ 炙る	braten ブラーテン	roast ロウスト
あふ 溢れる	überfluten ユーバーフルーテン	overflow, flood オウヴァフロウ, フラド
あべこべの	umgekehrt ウムゲケーアト	contrary, reverse カントレリ, リヴァース
あへん 阿片	*das* Opium オーピウム	opium オウピアム
アボカド	*die* Avocado アヴォカード	avocado アヴォカードウ
あま 亜麻	*der* Flachs フラクス	flax フラクス
あま 海女	*die* Taucherin タウハリン	woman diver ウマン ダイヴァ
あま 甘い	süß ズュース	sweet スウィート
（寛容）	nachsichtig ナーハズィヒティヒ	indulgent インダルチェント
あま 甘える	schmeicheln シュマイヒェルン	behave like a baby ビヘイヴ ライク ア ベイビ

日	独	英
甘口の (あまくち)	lieblich リープリヒ	sweet スウィート
アマチュア	*der*(*die*) Amateur(*in*) アマテーア (-リン)	amateur アマチャ
雨戸 (あまど)	*die* Holzschiebetür ホルツシーベテューア	(sliding) shutter (スライディング) シャタ
天の川 (あまのがわ)	*die* Milchstraße ミルヒシュトラーセ	the Milky Way ザ ミルキ ウェイ
甘やかす (あま)	verwöhnen フェアヴェーネン	spoil, indulge スポイル, インダルチ
余り (あま)	*der* Rest レスト	the rest ザ レスト
～にも	zu (viel) ツー (フィール)	too (much) トゥー (マチ)
余る (あま)	übrig bleiben ユーブリヒ ブライベン	remain リメイン
甘んじる (あま)	sich⁴ mit³ begnügen ベグニューゲン	be contented *with* ビ コンテンテド
網 (あみ)	*das* Netz ネッツ	net ネト
アミノ酸 (さん)	*die* Aminosäure アミーノゾイレ	amino acid アミーノウ アスィド
編み針 (あみばり)	*die* Stricknadel シュトリックナーデル	knitting needle ニティング ニードル
編み物 (あみもの)	*das* Stricken シュトリッケン	knitting ニティング
編む (あ)	stricken シュトリッケン	knit ニト
飴 (あめ)	*der*(*das*) Bonbon ボンボン	candy キャンディ
雨 (あめ)	*der* Regen レーゲン	rain レイン
～が降る	Es regnet. エス レーグネット	It rains. イト レインズ
アメーバ	*die* Amöbe アメーベ	amoeba アミーバ
アメリカ	(*das*) Amerika アメーリカ	America アメリカ

日	独	英
〜の	amerikanisch アメリカーニシュ	American アメリカン
〜人	*der*(*die*) Amerikaner(*in*) アメリカーナー (-ネリン)	American アメリカン
怪(あや)しい	verdächtig フェアデヒティヒ	suspicious サスピシャス
怪(あや)しむ	verdächtigen フェアデヒティゲン	suspect, doubt サスペクト, ダウト
操(あやつ)り人形(にんぎょう)	*die* Marionette マリオネッテ	puppet パペット
過(あやま)ち	*der* Fehler フェーラー	fault, error フォールト, エラ
誤(あやま)り	*der* Irrtum イルトゥーム	mistake, error ミステイク, エラ
誤(あやま)る	*sich*⁴ irren イレン	mistake ミステイク
謝(あやま)る	*sich*⁴ *bei*³ entschuldigen エントシュルディゲン	apologize *to* アパロチャイズ
菖蒲(あやめ)	*die* Schwertlilie, *die* Iris シュヴェーアトリーリエ, イーリス	flag, iris フラグ, アイアリス
歩(あゆ)み	*der* Schritt シュリット	walking, step ウォーキング, ステプ
歩(あゆ)む	gehen ゲーエン	walk ウォーク
荒々(あらあら)しい	wild ヴィルト	harsh, rude ハーシュ, ルード
粗(あら)い	grob グロープ	rough, coarse ラフ, コース
洗(あら)い熊(ぐま)	*der* Waschbär ヴァッシュベーア	raccoon ラクーン
洗(あら)う	waschen, reinigen ヴァッシェン, ライニゲン	wash, cleanse ウォーシュ, クレンズ
予(あらかじ)め	im Voraus イム フォラオス	beforehand ビフォーハンド
アラカルト	à la carte ア ラ カルト	à la carte アーラ カート
嵐(あらし)	*der* Sturm シュトゥルム	storm ストーム

日	独	英
荒らす	zerstören ツェアシュテーレン	damage ダミヂ
争い	*der* Streit シュトライト	quarrel クウォーレル
（紛争）	*der* Konflikt コンフリクト	conflict カンフリクト
争う	streiten シュトライテン	fight, quarrel ファイト, クウォーレル
改まる	erneuert werden エアノイアート ヴェーアデン	be renewed ビ リニュード
（変更）	verändert werden フェアエンダート ヴェーアデン	change チェインヂ
（儀式ばる）	förmlich sein フェルムリヒ ザイン	be formal ビ フォーマル
改める	erneuern エアノイアーン	renew, revise リニュー, リヴァイズ
（変更）	verändern フェアエンダーン	change チェインヂ
（改善）	verbessern フェアベッサーン	reform, improve リフォーム, インプルーヴ
アラビア	(*das*) Arabien アラービエン	Arabia アレイビア
～語	*das* Arabisch アラービシュ	Arabic アラビク
～数字	arabische Ziffern アラービシェ ツィファーン	Arabic figures アラビク フィギャズ
アラブの	arabisch アラービシュ	Arabian アレイビアン
～人	*der*(*die*) Araber(*in*) アラバー (-ベリン)	Arab アラブ
あらゆる(全て)	aller, alles, alle アラー, アレス, アレ	all オール
（各々の）	jeder, jedes, jede イェーダー, イェーデス, イェーデ	every エヴリ
霰	*der* Hagel ハーゲル	hail ヘイル
著す	schreiben, verfassen シュライベン, フェアファッセン	write, publish ライト, パブリシュ

日	独	英
表す	zeigen ツァイゲン	show ショウ
現れる	erscheinen エアシャイネン	come out, appear カム アウト, アピア
蟻	*die* Ameise アーマイゼ	ant アント
有り得る	möglich sein メークリヒ ザイン	possible パスィブル
有り得ない	unmöglich sein ウンメークリヒ ザイン	impossible インパスィブル
有り難い	dankbar ダンクバール	thankful サンクフル
有り難う	Danke. ダンケ	Thanks. サンクス
ありのままの	ehrlich, offen エーアリヒ, オッフェン	frank, plain フランク, プレイン
アリバイ	*das* Alibi アーリビ	alibi アリバイ
ありふれた	gewöhnlich ゲヴェーンリヒ	common, ordinary カモン, オーディネリ
在[有]る	sein ザイン	there is, be ゼア イズ, ビ
（場所）	liegen リーゲン	be situated ビ スィチュエイテド
（保持）	haben ハーベン	have, possess ハヴ, ポゼス
（起こる）	*sich*⁴ ereignen エアアイグネン	occur, happen オカー, ハプン
或いは	oder オーダー	(either...) or (イーザ) オー
アルカリ	*das* Alkali アルカーリ	alkali アルカライ
歩く	laufen, zu Fuß gehen ラオフェン, ツー フース ゲーエン	walk, go on foot ウォーク, ゴウ オン フト
アルコール	*der* Alkohol アルコホール	alcohol アルコホール
アルツハイマー病	*die* Alzheimerkrankheit アルツハイマークランクハイト	Alzheimer's disease アールツハイマズ ディズィーズ

日	独	英
アルバイト	*die* Teilzeitbeschäftigung タイルツァイトベシェフティグング	part-time job パートタイム ヂャブ
～する	in Teilzeit arbeiten, jobben イン タイルツァイト アルバイテン, ジョベン	work part-time ワーク パートタイム
アルバム	*das* Album アルブム	album アルバム
アルファベット	*das* Alphabet アルファベート	alphabet アルファベト
アルプス山脈 (さんみゃく)	*die* Alpen ディー アルペン	the Alps ジ アルプス
アルミニウム	*das* Aluminium アルミーニウム	aluminum アルーミナム
あれ	das, jener, jenes, jene ダス, イェーナー, イェーネス, イェーネ	that, it ザト, イト
～から	seitdem ザイトデーム	since then スィンス ゼン
～ほど	so viel ゾー フィール	so (much) ソウ (マチ)
荒れる (あ)	rau werden ラオ ヴェーアデン	be rough ビ ラフ
（荒廃）	verfallen フェアファレン	be ruined ビ ルーインド
（肌）	rissig werden リスィヒ ヴェーアデン	get rough ゲト ラフ
アレルギー	*die* Allergie アレルギー	allergy アラヂ
アレンジする	arrangieren, ein|richten アランジーレン, アインリヒテン	arrange アレインヂ
アロエ	*die* Aloe アーロエ	aloe アロウ
泡 (あわ)	*der* Schaum シャオム	bubble, foam バブル, フォウム
淡い (あわ)	hell ヘル	light, pale ライト, ペイル
合わせる (あ)	verbinden フェアビンデン	put together, unite プト トゲザ, ユーナイト
（適合）	$sich^4$ an|passen アンパッセン	set adjust セト アヂャスト

日	独	英
慌ただしい	gehetzt, hastig ゲヘッツト, ハスティヒ	hurried ハーリド
泡立つ	schäumen ショイメン	bubble, foam バブル, フォウム
慌てる	bestürzt sein ベシュテュルツト ザイン	be upset ビ アプセト
（急ぐ）	sich⁴ beeilen ベアイレン	be hurried ビ ハーリド
鮑	die Abalone アバローネ	abalone アバロウニ
哀[憐]れな	arm アルム	sad, poor サド, プア
哀[憐]れむ	mit³ Mitleid haben ミットライト ハーベン	pity, feel pity for ピティ, フィール ピティ
案	der Plan プラーン	plan プラン
（提案）	der Vorschlag フォーアシュラーク	proposal プロポウザル
安易な	leicht ライヒト	easy イーズィ
案外な	unerwartet ウンエアヴァルテット	unexpected アニクスペクテド
暗記する	auswendig lernen アオスヴェンディヒ レルネン	learn by heart ラーン バイ ハート
アンケート	die Umfrage ウムフラーゲ	questionnaire クウェスチョネア
鮟鱇	der Seeteufel ゼートイフェル	angler アングラ
暗号	die Chiffre シフレ	cipher, code サイファ, コウド
アンコール	die Zugabe ツーガーベ	encore アーンコー
暗黒の	dunkel, finster ドゥンケル, フィンスター	dark, black ダーク, ブラク
暗殺	das Attentat アッテンタート	assassination アサスィネイション
～する	ein Attentat begehen アイン アッテンタート ベゲーエン	assassinate アサスィネイト

日	独	英
～者	*der*(*die*) Attentäter(*in*) アッテンテーター (-テリン)	assassin アサスィン
暗算	*das* Kopfrechnen コプフレヒネン	mental arithmetic メンタル アリスメティク
暗示する	an|deuten アンドイテン	hint, suggest ヒント, サグヂェスト
暗室	*die* Dunkelkammer ドゥンケルカマー	darkroom ダークルーム
暗唱する	rezitieren レツィティーレン	recite リサイト
暗証番号	*die* Geheimnummer ゲハイムヌマー	code number コウド ナンバ
案じる	sich³ um⁴ Sorgen machen ゾルゲン マッヘン	be anxious *about* ビ アン(ク)シャス
安心	*die* Ruhe ルーエ	peace of mind ピース オヴ マインド
～する	sich⁴ beruhigen ベルーイゲン	feel relieved フィール リリーヴド
杏	*die* Aprikose アプリコーゼ	apricot アプリカト
安静	*die* Ruhe ルーエ	rest レスト
～を保つ	ruhig bleiben ルーイヒ ブライベン	keep quiet キープ クワイエト
安全	*die* Sicherheit ズィヒャーハイト	security スィキュアリティ
～な	sicher ズィヒャー	safe, secure セイフ, スィキュア
～ベルト	*der* Sicherheitsgürtel ズィヒャーハイツギュルテル	seat belt スィート ベルト
アンダーライン	*die* Unterstreichung ウンターシュトライヒュング	underline アンダライン
安定	*die* Beständigkeit ベシュテンディヒカイト	stability, balance スタビリティ, バランス
～する	sich⁴ stabilisieren シュタビリズィーレン	be stabilized ビ ステイビライズド
アンティーク	*die* Antiquität アンティクヴィテート	antique アンティーク

日	独	英
アンテナ	*die* Antenne アンテネ	antenna, aerial アンテナ, エアリアル
あんな	solch ein, so ein ゾルヒ アイン, ゾー アイン	such, like that サチ, ライク ザト
〜に	so sehr ゾー ゼーア	to that extent トゥ ザト イクステント
案内	*die* Führung フュールング	guidance ガイダンス
（通知）	*die* Information インフォルマツィオーン	notice ノウティス
〜する	führen, zeigen フューレン, ツァイゲン	guide, show ガイド, ショウ
（通知）	informieren インフォルミーレン	notify ノウティファイ
〜所	*die* Auskunft アオスクンフト	information desk インフォメイション デスク
暗に	stillschweigend シュティルシュヴァイゲント	tacitly タスィトリ
アンバランス	*das* Ungleichgewicht ウングライヒゲヴィヒト	imbalance インバランス
アンプ	*der* Verstärker フェアシュテルカー	amplifier アンプリファイア
アンプル	*die* Ampulle アンプレ	ampoule アンピュール
アンペア	*das* Ampere アンペーア	ampere アンピア
暗黙の	stillschweigend シュティルシュヴァイゲント	tacit タスィト
アンモニア	*das* Ammoniak アモニアーク	ammonia アモウニャ
安楽な	gemütlich ゲミュートリヒ	comfortable, easy カンフォタブル, イーズィ

い, イ

日	独	英
胃	*der* Magen マーゲン	stomach スタマク
好い	gut グート	good, fine, nice グド, ファイン, ナイス

日	独	英
言い争う	*sich*⁴ *mit*³ streiten シュトライテン	quarrel *with* クウォーレル
いいえ	nein ナイン	no ノウ
言い返す	erwidern エアヴィーダーン	answer back アンサ バク
いい加減な	unverantwortlich ウンフェアアントヴォルトリヒ	irresponsible イリスパンスィブル
言い過ぎ	*die* Übertreibung ユーバートライブング	exaggeration イグザチェレイション
言い付け	*die* Anweisung アンヴァイズング	order オーダ
言い伝え	*die* Sage ザーゲ	tradition トラディション
許嫁	*der*/*die* Verlobte フェアローブテ	fiacé(e) フィーアーンセイ
言い逃れる	*sich*⁴ aus|reden アオスレーデン	excuse *oneself* イクスキューズ
言い触らす	verbreiten フェアブライテン	spread スプレド
言い分	*die* Meinung マイヌング	say, opinion セイ, オピニョン
E メール	*die* E-Mail イーメイル	e-mail イーメイル
〜アドレス	*die* E-Mail-Adresse イーメイルアドレッセ	e-mail address イーメイル アドレス
EU	*die* EU (Europäische Union) エーウー (オイロペーイシェ ウニオーン)	EU イーユー
言い寄る	*sich*⁴ *an*⁴ heran|machen ヘランマッヘン	make advances メイク アドヴァンスィズ
言い訳	*die* Ausrede アオスレーデ	excuse, pretext イクスキュース, プリーテクスト
委員	*das* Mitglied eines Ausschusses ミットグリート アイネス アオスシュセス	member of a committee メンバ オヴ ア コミティ
〜会	*der* Ausschuss アオスシュス	committee コミティ

日	独	英
～長	*der/die* Ausschussvorsitzende アオスシュスフォアズィッツェンデ	chairperson of a committee チェアパースン オヴ ア コミティ
言う	sagen ザーゲン	say, tell セイ, テル,
（称する）	nennen, heißen ネネン, ハイセン	call, name コール, ネイム
家	*das* Haus ハオス	house ハウス
（家庭）	*das* Heim ハイム	home ホウム
（一家）	*die* Familie ファミーリエ	family ファミリ
家出する	*seinem* Heim entfliehen ハイム エントフリーエン	run away from home ラナウェイ フラム ホウム
硫黄	*der* Schwefel シュヴェーフェル	sulfur サルファ
イオン	*das* Ion イオーン	ion アイオン
以下	weniger als, unter ヴェーニガー アルス, ウンター	less than, under レス ザン, アンダ
（下記）	das Folgende ダス フォルゲンデ	(the) following (ザ) ファロウイング
烏賊	*der* Tintenfisch ティンテンフィッシュ	cuttlefish カトルフィシュ
以外	außer アオサー	except イクセプト
意外な	unerwartet ウンエアヴァルテット	unexpected アニクスペクテド
いかがわしい	verdächtig フェアデヒティヒ	doubtful ダウトフル
（わいせつ）	unanständig ウンアンシュテンディヒ	indecent インディーセント
医学	*die* Medizin メディツィーン	medical science メディカル サイエンス
生かす	leben lassen レーベン ラッセン	keep... alive キープ アライヴ

日	独	英
（活用）	aus|nutzen /アオスヌッツェン/	make good use *of* /メイク グド ユース/
いかだ 筏	*das* Floß /フロース/	raft /ラフト/

■ 家 ■ *das* Haus /ハオス/

もん
門　　*das* Tor /トーア/, *die* Pforte /プフォルテ/ (㊤gate)
げんかん
玄関　　*der* Hauseingang /ハオスアインガング/ (㊤entrance)
ドア　　*die* Tür /テューア/ (㊤door)
にわ
庭　　*der* Garten /ガルテン/ (㊤garden, yard)
へや
部屋　　*das* Zimmer /ツィマー/ (㊤room)
わしつ
和室　　*das* Zimmer im japanischen Stil /ツィマー イム ヤパーニシェン シュティール/ (㊤Japanese-style room)
ようしつ
洋室　　*das* Zimmer im europäischen Stil /ツィマー イム オイロペーイッシェン シュティール/ (㊤European-style room)
おうせつま
応接間　　*das* Empfangszimmer /エンプファングスツィマー/ (㊤reception room)
リビングルーム　　*das* Wohnzimmer /ヴォーンツィマー/ (㊤living room)
ダイニング　　*das* Esszimmer /エスツィマー/ (㊤dining room)
しょさい
書斎　　*das* Arbeitszimmer /アルバイツツィマー/ (㊤study)
しんしつ
寝室　　*das* Schlafzimmer /シュラーフツィマー/ (㊤bedroom)
よくしつ
浴室　　*das* Badezimmer /バーデツィマー/ (㊤bathroom)
トイレ　　*die* Toilette /トアレッテ/ (㊤toilet)
キッチン　　*die* Küche /キュッヒェ/ (㊤kitchen)
ものおき
物置　　*der* Abstellraum /アップシュテルラオム/ (㊤storeroom)
やね
屋根　　*das* Dach /ダッハ/ (㊤roof)
まど
窓　　*das* Fenster /フェンスター/ (㊤window)
しゃこ
車庫　　*die* Garage /ガラージェ/ (㊤garage)
へい
塀　　*die* Mauer /マオアー/ (㊤wall, fence)
ベランダ　　*die* Veranda /ヴェランダ/ (㊤veranda)
かいだん
階段　　*die* Treppe /トレッペ/ (㊤stairs)
ろうか
廊下　　*der* Korridor /コリドーア/, *der* Flur /フルーア/ (㊤corridor)

日	独	英
厳しい	würdevoll / ヴュルデフォル	dignified / ディグニファイド
怒り	*der* Ärger, *die* Wut / エルガー, ヴート	anger, rage / アンガ, レイヂ
遺憾な	bedauerlich / ベダオアーリヒ	regrettable / リグレタブル
息	*der* Atem / アーテム	breath / ブレス
異議	*der* Einwand / アインヴァント	objection / オブヂェクション
意義	*der* Sinn / ズィン	meaning / ミーニング
生き生きした	lebendig / レベンディヒ	lively / ライヴリ
勢い	*die* Kraft, *die* Energie / クラフト, エネルギー	power, force / パウア, フォース
生き返る	wieder zum Leben kommen / ヴィーダー ツム レーベン コメン	come back to life / カム バク トゥ ライフ
生き方	*die* Lebensweise / レーベンスヴァイゼ	lifestyle / ライフスタイル
行き先	*das* Ziel / ツィール	destination / デスティネイション
いきさつ	*der* Umstände / ウムシュテンデ	circumstances / サーカムスタンスィズ
（詳細）	*die* Einzelheiten / アインツェルハイテン	details / ディテイルズ
生きている	lebendig / レベンディヒ	live, living / ライヴ, リヴィング
行き止まり	*die* Sackgasse / ザックガッセ	dead end / デド エンド
いきなり	plötzlich / プレッツリヒ	suddenly / サドンリ
息抜き	*die* Entspannung / エントシュパヌング	rest / レスト
生き残る	überleben / ユーバーレーベン	survive / サヴァイヴ
生き物	*das* Lebewesen / レーベヴェーゼン	living thing / リヴィング スィング

日	独	英
イギリス	(*das*) England, (*das*) Großbritannien エングラント, グロースブリタニエン	England, (Great) Britain イングランド, グレイト ブリトン
〜人	*der*(*die*) Engländer(*in*) エングレンダー (-デリン)	Englishman(-woman) イングリシュマン (-ウーマン)
生きる	leben レーベン	live リヴ
行く	gehen, kommen ゲーエン, コメン	go, come ゴウ, カム
（出発）	ab|fahren アップファーレン	leave リーヴ
育児	*die* Kinderpflege キンダープフレーゲ	child care チャイルド ケア
幾つ	wie viel ヴィー フィール	how many ハウ メニ
（何歳）	wie alt ヴィー アルト	how old ハウ オウルド
幾つか	einige アイニゲ	some, several サム, セヴラル
イクラ	*der* Lachsrogen ラクスローゲン	salmon roe サモン ロウ
幾らか	etwas, ein wenig エトヴァス, アイン ヴェーニヒ	some, a little サム, ア リトル
池	*der* Teich タイヒ	pond パンド
胃痙攣	*der* Magenkrampf マーゲンクランプフ	cramp in the stomach クランプ イン ザ スタマク
いけない	schlecht シュレヒト	bad, naughty バド, ノーティ
（禁止）	nicht dürfen ニヒト デュルフェン	must not *do* マスト ナト
意見	*die* Meinung マイヌング	opinion オピニョン
（忠告）	*der* Ratschlag ラートシュラーク	advice アドヴァイス
威厳	*die* Würde ヴュルデ	dignity ディグニティ

日	独	英
以後	von nun an, in Zukunft フォン ヌン アン, イン ツークンフト	from now on フラム ナウ オン
(その後)	danach, seitdem ダナーハ, ザイトデーム	after, since アフタ, スィンス
意向	*die* Absicht アップズィヒト	intention インテンション
移行する	*sich*⁴ verlagern フェアラーガーン	move, shift ムーヴ, シフト
憩う	(*sich*⁴) aus|ruhen アオスルーエン	take a rest テイク ア レスト
居酒屋	*das* Lokal, *die* Kneipe ロカール, クナイペ	tavern タヴァン
いざこざ	*die* Schwierigkeit シュヴィーリヒカイト	trouble トラブル
勇ましい	tapfer タプファー	brave ブレイヴ
諫める	ermahnen エアマーネン	remonstrate リマンストレイト
遺産	*das* Erbe, *die* Erbschaft エルベ, エルプシャフト	inheritance, legacy インヘリタンス, レガスィ
意思	*die* Absicht アップズィヒト	intention インテンション
意志	*der* Wille ヴィレ	will, volition ウィル, ヴォウリション
石	*der* Stein シュタイン	stone ストウン
意地	*die* Hartnäckigkeit ハルトネッキヒカイト	obstinacy アブスティナスィ
意識	*das* Bewusstsein ベヴストザイン	consciousness カンシャスネス
〜する	*sich*³ bewusst sein ベヴスト ザイン	be conscious *of* ビ カンシャス
異質の	heterogen ヘテロゲーン	heterogeneous ヘテロヂーニアス
いじめる	quälen クヴェーレン	torment, bully トーメント, ブリ
医者	*der*(*die*) Arzt(Ärztin) アールツト (エーアツティン)	doctor ダクタ

日	独	英
いしゃりょう 慰謝料	*das* Schmerzensgeld シュメルツェンスゲルト	compensation money カンペンセイション マニ
いじゅう 移住	*die* Übersiedlung ユーバーズィードルング	migration マイグレイション
（外地へ）	*die* Auswanderung アオスヴァンデルング	emigration エミグレイション
（外地から）	*die* Einwanderung アインヴァンデルング	immigration イミグレイション
〜する	auswandern, einwandern アオスヴァンダーン, アインヴァンダーン	emigrate, immigrate エミグレイト, イミグレイト
いしゅく 萎縮	*die* Atrophie アトロフィー	atrophy アトロフィ
いしょ 遺書	*das* Testament テスタメント	will ウィル
いしょう 衣装	*das* Kostüm コステューム	clothes, costume クロウズ, カステューム
いじょう 以上	mehr als, über メーア アルス, ユーバー	more than, over モー ザン, オウヴァ
いじょう 異常な	außergewöhnlich アオサーゲヴェーンリヒ	abnormal アブノーマル
いしょく 委嘱	*der* Auftrag アオフトラーク	commission コミション
いしょく 移植	*die* Verpflanzung フェアフランツング	transplantation トランスプランテイション
（生体の）	*die* Transplantation トランスプランタツィオーン	transplant トランスプラント
いしょくじゅう 衣食住	Nahrung, Kleidung und Wohnung ナールング クライドゥング ウント ヴォーヌング	food, clothing and shelter フード クロウズィング アンド シェルタ
いしょく 異色の	einzigartig アインツィヒアールティヒ	unique ユーニーク
いじる	betasten ベタステン	finger, fumble *with* フィンガ, ファンブル
いじわる 意地悪な	boshaft, bösartig ボースハフト, ベースアールティヒ	ill-natured, nasty イルネイチャド, ナスティ
いじん 偉人	große Persönlichkeit グローセ ペルゼーンリヒカイト	great person グレイト パーソン

日	独	英
椅子(いす)	*der* Sessel, *der* Stuhl ゼッセル, シュトゥール	chair, stool チェア, ストゥール
（地位）	*die* Position ポズィツィオーン	post ポウスト
泉(いずみ)	*der* Brunnen ブルネン	spring, fountain スプリング, ファウンテン
イスラム教(きょう)	*der* Islam イスラーム	Islam イスラーム
～徒	*der*(*die*) Moslem(*in*) モスレム (モスレーミン)	Muslim, Islam マズリム, イスラーム
いずれ	welcher, welches, welche ヴェルヒャー, ヴェルヒェス, ヴェルヒェ	which (ホ)ウィチ
（まもなく）	bald バルト	another time アナザ タイム
（近々）	irgendwann イルゲントヴァン	some day サム デイ
～にせよ	ohnehin オーネヒン	anyhow エニハウ
～も	beide バイデ	both ボウス
威勢(いせい)	*der* Mut, *die* Kraft ムート, クラフト	influence, spirits インフルエンス, スピリツ
異性(いせい)	das andere Geschlecht ダス アンデレ ゲシュレヒト	the opposite sex ジ アポズィット セクス
伊勢海老(いせえび)	*die* Languste ラングステ	lobster ラブスタ
遺跡(いせき)	*die* Ruine ルイーネ	ruins ルーインズ
以前(いぜん)	früher フリューアー	before ビフォー
依然(いぜん)として	immer noch イマー ノホ	still ティル
磯(いそ)	*die* Meeresküste メーレスキュステ	beach, shore ビーチ, ショー
居候(いそうろう)	*der*(*die*) Schmarotzer(*in*) シュマロッツァー (-ツァリン)	parasite パラサイト
忙(いそが)しい	beschäftigt sein ベシェフティヒト ザイン	be busy ビ ビズィ

日	独	英
急ぐ（いそぐ）	*sich*⁴ beeilen ベアイレン	hurry, hasten ハーリ, ヘイスン
遺族（いぞく）	*der/die* Hinterbliebene ヒンターブリーベネ	the bereaved family ザ ビリーヴド ファミリ
依存（いぞん）	*die* Abhängigkeit アップヘンギヒカイト	dependence ディペンデンス
～する	*von*³ ab|hängen アップヘンゲン	depend *on* ディペンド
板（いた）	*das* Brett ブレット	board ボード
遺体（いたい）	*die* Leiche ライヒェ	dead body デド バディ
痛い（いたい）	weh, schmerzhaft ヴェー, シュメルツハフト	painful, sore ペインフル, ソー
そこが～	Das tut mir weh. ダス トゥート ミーア ヴェー	It hurts. イト ハーツ
偉大な（いだいな）	groß グロース	great, grand グレイト, グランド
抱く（いだく）	haben ハーベン	have, bear ハヴ, ベア
委託する（いたくする）	auf|tragen アオフトラーゲン	entrust, consign イントラスト, コンサイン
悪戯（いたずら）	*der* Streich シュトライヒェン	mischief, trick ミスチフ, トリク
～な	unartig ウンアールティヒ	naughty ノーティ
徒らに（いたずらに）	umsonst, vergebens ウムゾンスト, フェアゲーベンス	in vain イン ヴェイン
頂く（いただく）	erhalten エアハルテン	receive リスィーヴ
（飲食）	nehmen, haben ネーメン, ハーベン	get, have ゲト, ハヴ
鼬（いたち）	*das* Wiesel ヴィーゼル	weasel ウィーズル
板挟み（いたばさみ）	*das* Dilemma ディレマ	dilemma ディレマ
痛み（いたみ）	*der* Schmerz シュメルツ	pain, ache ペイン, エイク

日	独	英
傷む（損壊）	schaden シャーデン	become damaged ビカム ダミヂド
（腐敗）	verderben フェアデルベン	rot, go bad ラト, ゴウ バド
痛む	weh|tun ヴェートゥーン	ache, hurt エイク, ハート
炒める	braten ブラーテン	fry フライ
イタリア	(*das*) Italien イターリエン	Italy イタリ
～語	*das* Italienisch イタリエーニシュ	Italian イタリャン
イタリック	kursiv クルズィーフ	italics イタリクス
至る	erreichen エアライヒェン	arrive *at* アライヴ
～所に	überall ユーバーアル	everywhere エヴリ(ホ)ウェア
労る	schonen ショーネン	take (good) care *of* テイク (グド) ケア
異端者	*der*(*die*) Häretiker(*in*) ヘレティカー (-ケリン)	heretic ヘレティク
位置	*die* Stelle シュテレ	position ポズィション
市	*der* Markt マルクト	fair, market フェア, マーケト
一応	im Allgemeinen イム アルゲマイネン	generally ヂェネラリ
（差し当たり）	vorläufig フォーアロイフィヒ	for the time being フォ ザ タイム ビーイング
一月	*der* Januar ヤヌアール	January ヂャニュエリ
一撃	*der* Schlag シュラーク	blow ブロウ
苺	*die* Erdbeere エーアトベーレ	strawberry ストローベリ
無花果	*die* Feige ファイゲ	fig フィグ

日	独	英
いちじ **一次の**	erst エーアスト	primary, first プライメリ, ファースト
いちじる **著しい**	bemerkenswert, auffallend ベメルケンスヴェーアト, アオフファレント	remarkable リマーカブル
いちど **一度**	einmal アインマール	once, one time ワンス, ワン タイム
～に	auf einmal アオフ アインマール	at the same time アト ザ セイム タイム
いちどう **一同**	alle アレ	all, everyone オール, エヴリワン
いちにち **一日**	ein Tag アイン ターク	a day ア デイ
～おきに	einen Tag um den anderen アイネン ターク ウム デン アンデレン	every other day エヴリ アザ デイ
～中	den ganzen Tag デン ガンツェン ターク	all day (long) オール デイ (ローング)
いちにんまえ **一人前**	eine Portion アイネ ポルツィオーン	per head パ ヘド
～になる	selbstständig werden ゼルプストシュテンディヒ ヴェーアデン	become independent ビカム インディペンデント
いちねん **一年**	ein Jahr アイン ヤール	a year ア イア
～中	das ganze Jahr ダス ガンツェ ヤール	all (the) year オール (ジ) イア
いちば **市場**	*der* Markt マルクト	market マーケト
いちばん **一番**	*der/die/das* Erste エーアステ	the first, No.1 ザ ファースト, ナンバ ワン
(最も)	meist, best マイスト, ベスト	most, best モウスト, ベスト
いちぶ **一部**	ein Teil アイン タイル	a part ア パート
～は	teilweise, zum Teil タイルヴァイゼ, ツム タイル	partly パートリ
いちめん **一面**	eine Seite アイネ ザイテ	one side ワン サイド
(新聞の)	*die* Titelseite ティーテルザイテ	the front page ザ フラント ペイヂ

日	独	英
（全面）	überall ユーバーアル	all over オール オウヴァ
いちやく 一躍	mit einem Schlag ミット アイネム シュラーク	at a bound アト ア バウンド
いちょう 銀杏	*der* Ginkgo ギンコ	ginkgo ギンコウ
いちりゅう 一流の	erstrangig エーアストランギヒ	first-class ファーストクラス
いつ	wann ヴァン	when (ホ)ウェン
いつう 胃痛	*die* Magenbeschwerden マーゲンベシュヴェーアデン	stomachache スタマクエイク
いっか 一家	*die* Familie ファミーリエ	family ファミリ
いつか	irgendwann イルゲントヴァン	some time サム タイム
（過去の）	einst アインスト	once, at one time ワンス, アト ワン タイム
いっき 一気に	in einem Zug イン アイネム ツーク	in one go イン ワン ゴウ
いっけん 一見	auf den ersten Blick アオフ デン エーアステン ブリック	at first sight アト ファースト サイト
いっこ 一個	ein Stück アイン シュトゥック	one, a piece ワン, ア ピース
いっこう 一行	*die* Reisegruppe ライゼグルッペ	party, suite パーティ, スウィート
いっさい 一切	alles アレス	all, everything オール, エヴリスィング
いっさくじつ 一昨日	vorgestern フォーアゲスターン	the day before yesterday ザ デイ ビフォー イェスタディ
いっさくねん 一昨年	vorletztes Jahr フォーアレッツテス ヤール	the year before last ザ イア ビフォー ラスト
いっさんかたんそ 一酸化炭素	*das* Kohlenmonoxid コーレンモノクスィート	carbon monoxide カーボン モナクサイド
いっしき 一式	ein Satz アイン ザッツ	a complete set ア コンプリート セト
いっしゅ 一種	eine Art, eine Sorte アイネ アールト, アイネ ゾルテ	a kind, a sort ア カインド, ア ソート

日	独	英
いっしゅん 一瞬	einen Augenblick アイネン アオゲンブリック	a moment ア モウメント
いっしょう 一生	das ganzes Leben ダス ガンツェ レーベン	(whole) life (ホウル) ライフ
いっしょうけんめい 一生懸命	mit aller Kraft ミット アラー クラフト	with all *one's* might ウィズ オール マイト
いっしょ 一緒に	zusammen ツザメン	together, with トゲザ, ウィズ
いっせい 一斉に	gleichzeitig グライヒツァイティヒ	all at once オール アト ワンス
いっそう 一層	noch mehr ノッホ メーア	much more マチ モー
いったい 一体		
〜となって	vereint フェアアイント	in one body イン ワン バディ
いっち 一致	*die* Übereinstimmung ユーバーアインシュティムング	agreement アグリーメント
〜する	*mit*³ überein|stimmen ユーバーアインシュティメン	coincide *with* コウインサイド
いっちょくせん 一直線に	in gerader Linie イン ゲラーダー リーニエ	in a straight line イン ナ ストレイト ライン
いつ 五つ	fünf フュンフ	five ファイヴ
いっつい 一対の	ein Paar アイン パー	a pair *of* ア ペア
いってい 一定の	fest フェスト	fixed フィクスト
いつ 何時でも	jederzeit イェーダーツァイト	always オールウェイズ
いっとう 一等	erste Klasse エーアステ クラッセ	first class ファースト クラス
(一等賞)	der erste Preis デア エーアステ プライス	first prize ファースト プライズ
いっぱい 一杯	eine Tasse, ein Glas アイネ タッセ, アイン グラース	a cup *of*, a glass *of* ア カプ, ア グラス
〜の	voll フォル	full フル

日	独	英
いっぱん 一般	Allgemeinheit アルゲマインハイト	generality ヂェネラリティ
～的な	gewöhnlich ゲヴェーンリヒ	general, common ヂェネラル, カモン
～に	im Allgemeinen イム アルゲマイネン	generally ヂェネラリ
いっぽ 一歩	ein Schritt アイン シュリット	one step ワン ステプ
いっぽう 一方	einerseits アイナーザイツ	one side ワン サイド
（もう一方）	andererseits アンデラーザイツ	the other side ジ アザ サイド
（話変わって）	übrigens ユーブリゲンス	meanwhile ミーン (ホ) ワイル
～通行	*der* Einbahnverkehr アインバーンフェアケーア	one-way traffic ワンウェイ トラフィク
～的な	einseitig アインザイティヒ	one-sided ワンサイデド
いつまでも	für immer フューア イマー	forever フォレヴァ
いつも	immer イマー	always オールウェイズ
いつわ 偽り	*die* Lüge, *die* Falschheit リューゲ, ファルシュハイト	lie, falsehood ライ, フォールスフド
いつわ 偽る	lügen リューゲン	lie, deceive ライ, ディスィーヴ
イデオロギー	*die* Ideologie イデオロギー	ideology アイディアロヂ
いてざ 射手座	*der* Schütze シュッツェ	the Archer, Sagittarius ジ アーチャ, サヂテアリアス
いてん 移転	*der* Umzug ウムツーク	removal リムーヴァル
～する	um|ziehen ウムツィーエン	move *to* ムーヴ
いでん 遺伝	*die* Vererbung フェアエルブング	heredity ヘレディティ
いでんし 遺伝子	*das* Gen ゲーン	gene ヂーン

日	独	英
～組み換え	*die* Genmanipulation ゲーンマニプラツィオーン	gene recombination ヂーン リーカンビネイション
糸（いと）	*der* Faden, *das* Garn ファーデン, ガルン	thread, yarn スレド, ヤーン
井戸（いど）	*der* Brunnen ブルネン	well ウェル
移動（いどう）	*die* Fortbewegung フォルトベヴェーグング	removal リムーヴァル
～する	*sich*⁴ fort|bewegen フォルトベヴェーゲン	move ムーヴ
糸口（いとぐち）	*der* Anhaltspunkt アンハルツプンクト	clue クルー
従兄弟［姉妹］（いとこ）	*der* (*die*) Vetter (Kusine) フェッター (クズィーネ)	cousin カズン
居所（いどころ）	*der* Wohnort ヴォーンオルト	whereabouts (ホ) ウェラバウツ
愛しい（いとしい）	lieb リープ	dear, beloved ディア, ビラヴェド
営む（いとなむ）	betreiben ベトライベン	run ラン
挑む（いどむ）	heraus|fordern ヘラオスフォルダーン	challenge チャレンヂ
以内（いない）	innerhalb, unter イナーハルプ, ウンター	within, less than ウィズィン, レス ザン
田舎（いなか）	*das* Land, *die* Provinz ラント, プロヴィンツ	the countryside ザ カントリサイド
（生国）	*die* Heimat ハイマート	hometown ホウムタウン
田舎者（いなかもの）	*der* Bauer バウアー	yokel ヨウケル
蝗（いなご）	*die* Heuschrecke ホイシュレッケ	locust ロウカスト
稲作（いなさく）	*der* Reisbau ライスバオ	rice crop ライス クラブ
稲妻（いなずま）	*der* Blitz ブリッツ	lightning ライトニング
嘶く（いななく）	wiehern ヴィーアーン	neigh ネイ

日	独	英
イニシアチブ	*die* Initiative イニツィアティーヴェ	initiative イニシャティヴ
委任する	beauftragen ベアオフトラーゲン	leave, entrust リーヴ, イントラスト
犬	*der* Hund フント	dog ドーグ
（スパイ）	*der* Spion シュピオーン	spy スパイ
稲	*der* Reis ライス	rice ライス
居眠り	*das* Nickerchen ニッカーヒェン	doze, nod ドウズ, ナド
〜する	ein|nicken アインニッケン	doze, nod ドウズ, ナド
猪	*das* Wildschwein ヴィルトシュヴァイン	wild boar ワイルド ボー
命	*das* Leben レーベン	life ライフ
祈り	*das* Gebet ゲベート	prayer プレア
祈る	beten ベーテン	pray *to* プレイ
（望む）	wünschen ヴュンシェン	wish ウィシュ
茨	*der* Dorn ドルン	thorn ソーン
威張る	prahlen プラーレン	be haughty ビ ホーティ
違反	*der* Verstoß フェアシュトース	violation ヴァイオレイション
鼾	*das* Schnarchen シュナルヒェン	snore スノー
〜をかく	schnarchen シュナルヒェン	snore スノー
歪な	verzerrt フェアツェルト	distorted ディストーテド
衣服	*die* Kleidung クライドゥング	clothes, dress クロウズ, ドレス

■ 衣服 ■ *die* Kleidung /クライドゥング/

スーツ	*der* Anzug /アンツーク/	(英suit)
ズボン	*die* Hose /ホーゼ/	(英trousers)
スカート	*der* Rock /ロック/	(英skirt)
ミニスカート	*der* Minirock /ミニロック/	(英mini)
ワンピース	*das* Kleid /クライト/	(英dress, one-piece)
シャツ	*das* Hemd /ヘムト/	(英shirt)
ポロシャツ	*das* Polohemd /ポロヘムト/	(英polo shirt)
Tシャツ	*das* T-Shirt /ティーシャート/	(英T-shirt)
セーター	*der* Pullover /プローヴァー/	(英sweater, pullover)
タートルネック	*der* Rollkragen /ロルクラーゲン/	(英turtleneck)
ベスト	*die* Weste /ヴェステ/	(英vest)
ブラウス	*die* Bluse /ブルーゼ/	(英blouse)
コート	*der* Mantel /マンテル/	(英coat)
ジャケット	*die* Jacke /ヤッケ/	(英jacket)
ダウンジャケット	*die* Daunenjacke /ダオネンヤッケ/	(英down jacket)
レインコート	*der* Regenmantel /レーゲンマンテル/	(英raincoat)
長袖（ながそで）	langer Ärmel /ランガー エルメル/	(英long sleeves)
半袖（はんそで）	kurzer Ärmel /クルツァー エルメル/	(英short sleeves)
ノースリーブの	ärmellos /エルメロース/	(英sleeveless)
ベルト	*der* Gürtel /ギュルテル/	(英belt)
ネクタイ	*die* Krawatte /クラヴァッテ/	(英necktie, tie)
マフラー	*der* Schal /シャール/	(英muffler)
スカーフ	*das* Halstuch /ハルストゥーフ/	(英scarf)
手袋（てぶくろ）	*die* Handschuhe /ハントシューエ/	(英gloves)
靴（くつ）	*die* Schuhe /シューエ/	(英shoes)
ブーツ	*die* Stiefel /シュティーフェル/	(英boots)
靴下（くつした）	*die* Socken /ゾッケン/	(英socks, stockings)
ジーンズ	*die* Jeans /ジーンズ/	(英jeans)

日	独	英
燻す（いぶす）	räuchern ロイヒャーン	smoke スモウク
イブニング	*der* Abend アーベント	evening イーヴニング
（ドレス）	*das* Abendkleid アーベントクライト	evening (dress) イーヴニング（ドレス）
イベント	*die* Veranstaltung フェアアンシュタルトゥング	event イヴェント
疣（いぼ）	*die* Warze ヴァルツェ	wart ウォート
違法の（いほうの）	illegal イレガール	illegal イリーガル
今（いま）	jetzt, nun イェッツト, ヌン	now ナウ
忌々しい（いまいましい）	ärgerlich エルガーリヒ	annoying アノイイング
今頃（いまごろ）	um diese Zeit ウム ディーゼ ツァイト	at this time アト ズィス タイム
今更（いまさら）	nach so langer Zeit ナーハ ゾー ランガー ツァイト	now, at this time ナウ, アト ズィス タイム
忌わしい（いまわしい）	abscheulich アプショイリヒ	disgusting ディスガスティング
意味（いみ）	*die* Bedeutung ベドイトゥング	meaning, sense ミーニング, センス
～する	bedeuten ベドイテン	mean ミーン
イミテーション	*die* Nachahmung ナーハアームング	imitation イミテイション
移民（いみん）（移住者）	*der*(*die*) Auswanderer(*in*), *der*(*die*) Einwanderer(*in*) アオスヴァンデラー（-レリン）, アインヴァンデラー（-レリン）	emigrant, immigrant エミグラント, イミグラント
イメージ	*die* Vorstellung フォーアシュテルング	image イミヂ
芋（いも）	*die* Kartoffel カルトッフェル	potato ポテイトウ
（さつまいも）	*die* Süßkartoffel, *die* Batate ズュースカルトッフェル, バターテ	sweet potato スウィート ポテイトウ

日	独	英
妹(いもうと)	jüngere Schwester ユンゲレ シュヴェスター	(younger) sister (ヤンガ) スィスタ
嫌々(いやいや)	ungern ウンゲルン	reluctantly リラクタントリ
嫌がらせ(いや)	*die* Belästigung ベレスティグング	vexation ヴェクセイション
違約金(いやくきん)	*die* Vertragsstrafe フェアトラークスシュトラーフェ	forfeit フォーフィト
卑しい(いや)	gemein ゲマイン	low, humble ロウ, ハンブル
癒す(いや)	heilen ハイレン	heal, cure ヒール, キュア
嫌な(いや)	ekelhaft エーケルハフト	disgusting ディスガスティング
イヤホーン	*der* Kopfhörer コプフヘーラー	earphone イアフォウン
嫌らしい(いや)	unangenehm ウンアンゲネーム	disagreeable ディサグリーアブル
イヤリング	*der* Ohrring オーアリング	earring イアリング
いよいよ	endlich エントリヒ	at last アト ラスト
(ますます)	immer mehr イマー メーア	more and more モー アンド モー
意欲(いよく)	*der* Eifer アイファー	volition ヴォウリション
以来(いらい)	seitdem ザイトデーム	since, after that スィンス, アフタ ザト
依頼(いらい)	*der* Auftrag アオフトラーク	request リクウェスト
～する	beauftragen ベアオフトラーゲン	ask, request アスク, リクウェスト
いらいらする	ungeduldig sein ウンゲドゥルディヒ ザイン	be irritated ビ イリテイテド
イラスト	*die* Illustration イルストラツィオーン	illustration イラストレイション
イラストレーター	*der*(*die*) Illustrator(in) イルストラートア(イルストラトーリン)	illustrator イラストレイタ

い

45

日	独	英
いらっしゃい	Willkommen! ヴィルコメン	welcome ウェルカム
入り江	*die* Bucht ブフト	inlet インレト
入り口	*der* Eingang アインガング	entrance エントランス
医療	ärztliche Behandlung エーアツトリヒェ ベハンドルング	medical treatment メディカル トリートメント
威力	*die* Macht マハト	power, might パウア, マイト
居る	sein, es gibt ザイン, エス ギープト	be, there is [are] ビー, ゼア イズ [ア]
要る	brauchen ブラオヘン	need, want ニード, ワント
海豚	*der* Delphin デルフィーン	dolphin ダルフィン
異例の	beispiellos バイシュピールロース	exceptional イクセプショナル
入れ替える	ersetzen エアゼッツェン	replace リプレイス
入れ墨	*die* Tätowierung テトヴィールング	tattoo タトゥー
入れ歯	(künstliches) Gebiss (キュンストリヒェス) ゲビス	artificial tooth アーティフィシャル トゥース
入れ物	*der* Behälter ベヘルター	receptacle リセプタクル
入れる	ein|setzen アインゼッツェン	put... *in* プト
(人を)	herein|lassen ヘラインラッセン	let *into*, admit *into* レト, アドミト
茶を〜	Tee zu|bereiten テー ツーベライテン	make tea メイク ティー
色	*die* Farbe ファルベ	color カラ
色々な	verschieden フェアシーデン	various ヴェアリアス
色気	*der* Sexappeal セクスアピール	sex appeal セクス アピール

日	独	英
いろじろ 色白の	hellhäutig ヘルホイティヒ	fair フェア
いろどり 彩り	*die* Färbung フェルブング	coloring カラリング
いろん 異論	*der* Einwand アインヴァント	objection オブヂェクション
いわ 岩	*der* Felsen フェルゼン	rock ラク
いわ 祝い	*die* Feier ファイアー	celebration セレブレイション
いわ 祝う	feiern ファイアーン	celebrate セレブレイト

■ 色 ■ *die* Farbe /ファルベ/

くろ 黒	*das* Schwarz /シュヴァルツ/ (英black)	
グレー	*das* Grau /グラオ/ (英gray)	
しろ 白	*das* Weiß /ヴァイス/ (英white)	
あお 青	*das* Blau /ブラオ/ (英blue)	
あか 赤	*das* Rot /ロート/ (英red)	
みどり 緑	*das* Grün /グリューン/ (英green)	
ちゃいろ 茶色	*das* Braun /ブラオン/ (英light brown)	
むらさき 紫	*das* Violett /ヴィオレット/ (英purple, violet)	
き 黄	*das* Gelb /ゲルプ/ (英yellow)	
きみどり 黄緑	*das* Gelbgrün /ゲルプグリューン/ (英yellowish green)	
とうめい 透明	*die* Durchsichtigkeit /ドゥルヒズィヒティヒカイト/ (英transparency)	
オレンジ	*das* Orange /オラーンジェ/ (英orange)	
そらいろ 空色	*das* Himmelblau /ヒンメルブラオ/ (英sky-blue)	
ピンク	*das* Rosa /ローザ/ (英pink)	
こん 紺	*das* Dunkelblau /ドゥンケルブラオ/ (英dark blue)	
ベージュ	*das* Beige /ベーシュ[ベージェ]/ (英beige)	
きんいろ 金色	*das* Gold /ゴルト/ (英gold)	
ぎんいろ 銀色	*das* Silber /ズィルバー/ (英silver)	

日	独	英
<ruby>鰯<rt>いわし</rt></ruby>	*die* Sardine ザルディーネ	sardine サーディーン
<ruby>所謂<rt>いわゆる</rt></ruby>	so genannt ゾー ゲナント	so-called ソウコールド
<ruby>謂れ<rt>いわ</rt></ruby>	*der* Grund, *die* Geschichte グルント, ゲシヒテ	reason, origin リーズン, オーリヂン
<ruby>韻<rt>いん</rt></ruby>	*der* Reim ライム	rhyme ライム
<ruby>因果<rt>いんが</rt></ruby>	Ursache und Wirkung ウーアザッヘ ウント ヴィルクング	cause and effect コーズ アンド イフェクト
<ruby>印鑑<rt>いんかん</rt></ruby>	*das* Siegel ズィーゲル	seal スィール
<ruby>陰気な<rt>いんき</rt></ruby>	düster, trübsinnig デュースター, トリューブズィニヒ	gloomy グルーミ
<ruby>慇懃な<rt>いんぎん</rt></ruby>	höflich ヘーフリヒ	polite ポライト
インク	*die* Tinte ティンテ	ink インク
<ruby>陰険な<rt>いんけん</rt></ruby>	heimtückisch ハイムテュキシュ	crafty クラフティ
<ruby>隠元豆<rt>いんげんまめ</rt></ruby>	*die* Stangenbohne シュタンゲボーネ	kidney bean キドニ ビーン
インコ	*der* Sittich ズィッティヒ	parakeet パラキート
<ruby>印刷<rt>いんさつ</rt></ruby>	*der* Druck ドルック	printing プリンティング
～する	drucken ドルッケン	print プリント
<ruby>印紙<rt>いんし</rt></ruby>	*die* Steuermarke シュトイアーマルケ	revenue stamp レヴェニュー スタンプ
<ruby>因習<rt>いんしゅう</rt></ruby>	*die* Sitte, *die* Konvention ズィッテ, コンヴェンツィオーン	convention コンヴェンション
インシュリン	*das* Insulin インズリーン	insulin インシュリン
<ruby>印章<rt>いんしょう</rt></ruby>	*der* Stempel シュテンペル	seal, stamp スィール, スタンプ
<ruby>飲食<rt>いんしょく</rt></ruby>	Essen und Trinken エッセン ウント トリンケン	food and drink フード アンド ドリンク

日	独	英
インスタントの	instant インスタント	instant インスタント
インストールする	installieren インスタリーレン	install インストール
インストラクター	der(die) Instrukteur(in) インストルクテーア (-リン)	instructor インストラクタ
インスピレーション	die Eingebung, die Inspiration アインゲーブング, インスピラツィオーン	inspiration インスピレイション
印税	die Tantieme タンティエーメ	royalty ロイアルティ
引率する	führen フューレン	lead リード
インターチェンジ	die Anschlussstelle アンシュルスシュテレ	interchange インタチェインヂ
インターネット	das Internet インターネット	Internet インタネト
インターホン	das Haustelefon ハオステレフォーン	interphone インタフォウン
引退	der Rücktritt リュックトリット	retirement リタイアメント
～する	zurück|treten ツリュックトレーテン	retire リタイア
インタビュー	das Interview インタヴュー	interview インタヴュー
インチ	der Inch インチ	inch インチ
いんちき	der Schwindel シュヴィンデル	fake フェイク
インテリ	der/die Intellektuelle インテレクトゥエレ	intellectual インテレクチュアル
インテリア	die Innenausstattung イネンアオスシュタットゥング	interior design インティアリア ディザイン
イントネーション	die Intonation イントナツィオーン	intonation イントネイション
インプット	die Eingabe アインガーベ	input インプト
インフラ	die Infrastruktur インフラシュトルクトゥーア	infrastructure インフラストラクチャ

日	独	英
インフルエンザ	*die* Grippe グリッペ	influenza, flu インフルエンザ, フルー
～にかかる	Grippe bekommen グリッペ ベコメン	catch the flu キャチ ザ フルー
インフレ	*die* Inflation インフラツィオーン	inflation インフレイション

■ インターネット ■ *das* Internet /インターネット/
⇒コンピュータ

アドレス　　*die* Adresse /アドレッセ/　(英address)

モデム　　*der(das)* Modem /モーデム/　(英modem)

プロバイダー　　*der* Provider /プロヴァイダー/　(英provider)

ドメイン名　　*der* Domänenname /ドメーネンナーメ/　(英domain name)

ユーザー名　　*die* Benutzerkennung /ベヌッツァーケヌング/　(英user name)

パスワード　　*das* Passwort /パスヴォルト/　(英password)

サーバー　　*der* Server /サーヴァー/　(英server)

Eメール　　*die* E-Mail /イーメイル/　(英e-mail)

アットマーク　　*der* Klammeraffe /クラマーアッフェ/　(英at)

ドット　　*der* Punkt /プンクト/　(英dot)

スラッシュ　　*der* Schrägstrich /シュレークシュトリヒ/　(英slash)

ハイフン　　*der* Bindestrich /ビンデシュトリヒ/　(英hyphen)

ネットサーフィング　　*das* Internet-Surfing /インターネットサーフィング/　(英net-surfing)

ファイル　　*die* Datei /ダタイ/　(英file)

検索エンジン　　*die* Suchmaschine /ズーフマシーネ/　(英search engine)

クリックする　　klícken /クリッケン/　(英click)

サイト　　*die* Website /ヴェップサイト/　(英site)

ホームページ　　*die* Homepage /ホウムペイジ/　(英home-page)

アクセス　　*der* Zugriff /ツーグリフ/　(英access)

日	独	英
インボイス	*die* Faktur ファクトゥーア	invoice インヴォイス
いんぼう 陰謀	*die* Intrige イントリーゲ	plot, intrigue プラト, イントリーグ
いんゆ 隠喩	*die* Metapher メタファ	metaphor メタフォー
いんよう 引用	*das* Zitat ツィタート	citation サイテイション
～する	zitieren ツィティーレン	quote, cite クウォウト, サイト
いんりょう 飲料	*das* Getränk ゲトレンク	drink, beverage ドリンク, ベヴァリヂ
～水	*das* Trinkwasser トリンクヴァッサー	drinking water ドリンキング ウォータ
いんりょく 引力	*die* Anziehungskraft アンツィーウングスクラフト	attraction アトラクション

う, ウ

日	独	英
ウイークエンド	*das* Wochenende ヴォッヘンエンデ	weekend ウィーケンド
ウイークデー	*der* Wochentag ヴォッヘンターク	weekday ウィークデイ
ウイスキー	*der* Whisky ヴィスキー	whiskey (ホ)ウィスキ
ウイルス	*das*(*der*) Virus ヴィールス	virus ヴァイアラス
ウインカー	*der* Blinker ブリンカー	blinkers ブリンカズ
ウインク	*der* Wink (mit den Augen) ヴィンク (ミット デン アオゲン)	wink ウィンク
ウインドー ショッピング	*der* Schaufensterbummel シャオフェンスターブメル	window-shopping ウィンドウシャピング
ウール	*die* Wolle ヴォレ	wool ウル
うえ 上	oben オーベン	the upper part ジ アパ パート
(表面)	*die* Oberfläche オーバーフレッヒェ	surface サーフェス

日	独	英
～に	oben, auf, über オーベン, アオフ, ユーバー	on アン
～の	ober オーバー	upper アパ
（年齢が）	älter *als* エルター	older *than* オウルダ
（地位が）	höher ヘーアー	upper アパ
（質・能力が）	besser ベッサー	superior *to* スピアリア
ウエイター	*der* Kellner ケルナー	waiter ウェイタ
ウエイトレス	*die* Kellnerin ケルネリン	waitress ウェイトレス
植木（うえき）	*die* Gartenpflanze ガルテンプフランツェ	plant, tree プラント, トリー
ウエスト	*die* Taille タリェ	waist ウェイスト
飢える（うえる）	hungern フンガーン	go hungry, starve ゴウ ハングリ, スターヴ
植える（うえる）	pflanzen プフランツェン	plant プラント
（栽培）	an|bauen アンバオエン	raise, grow レイズ, グロウ
魚（うお）	*der* Fisch フィッシュ	fish フィシュ
ウォーミングアップ	*das* Aufwärmen アオフヴェルメン	warm-up ウォームアップ
魚座（うおざ）	*die* Fische フィッシェ	the Fishes, Pisces ザ フィシズ
迂回（うかい）	*der* Umweg, *die* Umleitung ウムヴェーク, ウムライトゥング	detour ディートゥア
～する	umgehen ウムゲーエン	take a roundabout way テイク ア ラウンダバウト ウェイ
嗽（うがい）	*das* Gurgeln グルゲルン	gargling ガーグリング
～をする	gurgeln グルゲルン	gargle ガーグル

日	独	英
うかが 伺う	besuchen ベズーヘン	visit ヴィズィト
（尋ねる）	fragen フラーゲン	ask アスク
うかつ 迂闊な	unvorsichtig, achtlos ウンフォーアズィヒティヒ, アハトロース	careless ケアレス
うか 浮かぶ	schweben シュヴェーベン	float フロウト
（心に）	ein|fallen アインファレン	occur *to* オカー
う 受かる	bestehen ベシュテーエン	pass パス
う 浮き	*der* Schwimmer シュヴィマー	float フロウト
う ぶくろ 浮き袋	*das* Schwimmkissen シュヴィムキッセン	swimming ring スウィミング リング
（救命用）	*der* Rettungsring レットゥングスリング	life buoy ライフ ブーイ
う ぼ 浮き彫り	*das* Relief レリエフ	relief リリーフ
う 浮く	schwimmen シュヴィメン	float フロウト
（余る）	sparen シュパーレン	save セイヴ
うぐいす 鶯	*die* Grasmücke, japanische Nachtigall グラースミュッケ, ヤパーニシェ **ナ**ハティガル	Japanese nightingale ヂャパニーズ ナイティンゲイル
う い 受け入れる	auf|nehmen, an|nehmen アオフネーメン, アンネーメン	receive, accept リスィーヴ, アクセプト
う お 請け負う	einen Vertrag (ab|)schließen アイネン フェアトラーク (**ア**ップ)シュリーセン	contract コントラクト
う つ 受け継ぐ	übernehmen ユーバーネーメン	succeed to サクスィード トゥ
（性質・財産を）	erben エルベン	inherit インヘリト
うけつけ 受付	*der* Empfang エンプファング	receipt, acceptance リスィート, アクセプタンス

日	独	英
(受付所)	*das* Empfangsbüro エンプファングスビュロー	reception desk リセプション デスク
〜係	*der*(*die*) Rezeptionist(*in*) レツェプツィオニスト (-ティン)	receptionist リセプショニスト
受け付ける	an|nehmen アンネーメン	receive, accept リスィーヴ, アクセプト
受取人	*der*(*die*) Empfänger(*in*) エンプフェンガー (-ゲリン)	recipient リスィピアント
受け取る	an|nehmen, empfangen, erhalten アンネーメン, エンプファンゲン, エアハルテン	receive, get リスィーヴ, ゲト
受け身	*die* Passivität パスィヴィテート	passivity パスィヴィティ
(文法の)	*das* Passiv パスィーフ	the passive voice ザ パスィヴ ヴォイス
受け持つ	übernehmen ユーバーネーメン	take charge *of* テイク チャーヂ
受ける	bekommen ベコメン	receive, get リスィーヴ, ゲト
(試験を)	machen マッヘン	take テイク
(こうむる)	erleiden エアライデン	suffer サファ
動かす	bewegen ベヴェーゲン	move ムーヴ
(機械を)	in Gang setzen イン ガング ゼッツェン	run, work, operate ラン, ワーク, アパレイト
(心を)	rühren リューレン	move, touch ムーヴ, タチ
動き	*die* Bewegung ベヴェーグング	movement, motion ムーヴメント, モウション
(活動)	*die* Tätigkeit テーティヒカイト	activity アクティヴィティ
(動向)	*die* Tendenz テンデンツ	trend トレンド
動く	sich⁴ bewegen ベヴェーゲン	move ムーヴ

日	独	英
（変わる）	sich⁴ verändern フェアエンダーン	change チェインヂ
（運行する）	fahren ファーレン	go, run, work ゴウ, ラン, ワーク
（心が）	gerührt werden ゲリューアト ヴェーアデン	be moved ビ ムーヴド
うさぎ 兎	das Kaninchen カニーンヒェン	rabbit ラビト
（野兎）	der Hase ハーゼ	hare ヘア
うし 牛	das Rind リント	cattle キャトル
（雌牛）	die Kuh クー	cow カウ
（雄牛）	der Ochse オクセ	bull, ox ブル, アクス
（子牛）	das Kalb カルプ	calf キャフ
うじ 蛆	die Made マーデ	worm, maggot ワーム, マゴト
うしな 失う	verlieren フェアリーレン	lose, miss ルーズ, ミス
うし 後ろ	die Rückseite リュックザイテ	back バク
…の〜に	hinter ヒンター	behind ビハインド
うず 渦	der Strudel シュトゥルーデル	whirlpool (ホ)ワールプール
うす 薄い	dünn デュン	thin スィン
（色が）	blass ブラス	light ライト
（濃度）	schwach シュヴァッハ	weak ウィーク
うず 疼く	weh|tun ヴェートゥーン	ache, hurt エイク, ハート
うすぐら 薄暗い	düster デュスター	dim, dark ディム, ダーク

日	独	英
渦巻き	*der* Wirbel ヴィルベル	whirlpool (ホ)ワールプール
薄める	verdünnen フェアデュネン	thin, dilute スィン, ダイリュート
埋もれる	begraben werden ベグラーベン ヴェーアデン	be buried ビ ベリド
鶉	*die* Wachtel ヴァハテル	quail クウェイル
右折する	nach rechts biegen ナーハ レヒツ ビーゲン	turn to the right ターン トゥ ザ ライト
嘘	*die* Lüge リューゲ	lie ライ
〜をつく	lügen リューゲン	tell a lie テル ア ライ
嘘吐き	*der*(*die*) Lügner(*in*) リューグナー (-ネリン)	liar ライア
歌	*das* Lied リート	song ソング
(流行歌)	*der* Schlager シュラーガー	popular song ポピュラー ソング
歌う	singen ズィンゲン	sing スィング
疑い	*der* Zweifel ツヴァイフェル	doubt ダウト
(不信・疑惑)	*das* Misstrauen ミストラオエン	distrust ディストラスト
(嫌疑)	*der* Verdacht フェアダハト	suspicion サスピション
疑う	zweifeln ツヴァイフェルン	doubt ダウト
(不信・疑惑)	misstrauen ミストラオエン	distrust ディストラスト
(嫌疑)	verdächtigen フェアデヒティゲン	suspect サスペクト
疑わしい	zweifelhaft ツヴァイフェルハフト	doubtful ダウトフル
(不審)	verdächtig フェアデヒティヒ	suspicious サスピシャス

日	独	英
うち 家	*das* Haus ハオス	house ハウス
（家族）	*die* Familie ファミーリエ	family ファミリ
うち 内	*das* Innere イネレ	inside インサイド
…の〜の[で]	unter ウンター	of, among アヴ, アマング
う あ 打ち明ける	*sich*⁴ an|vertrauen アンフェアトラオエン	tell, confess テル, コンフェス
う あ 打ち合わせる	besprechen, ab|machen ベシュプレッヒェン, アップマッヘン	arrange アレインヂ
う か 打ち勝つ	überwinden ユーバーヴィンデン	conquer, overcome カンカ, オウヴァカム
うちがわ 内側	*die* Innenseite イネンザイテ	inside インサイド
うちき 内気な	scheu, schüchtern ショイ, シュヒターン	shy, timid シャイ, ティミド
う け 打ち消す	ab|leugnen アップロイグネン	deny ディナイ
う た 打ち倒す	nieder|schlagen ニーダーシュラーゲン	knock down ナク ダウン
うちゅう 宇宙	*der* Weltraum, *das* Universum ヴェルトラオム, ウニヴェルズム	the universe ジ ユーニヴァース
〜飛行士	*der*(*die*) Astronaut(*in*) アストロナオト(-ティン)	astronaut アストロノート
〜旅行	*die* Weltraumfahrt ヴェルトラオムファールト	space travel スペイス トラヴル
う 撃つ	schießen シーセン	fire, shoot ファイア, シュート
う 打つ	schlagen シュラーゲン	strike, hit ストライク, ヒト
（心を）	beeindrucken ベアインドルッケン	move, touch ムーヴ, タチ
うっかりして	versehentlich, aus Versehen フェアゼーエントリヒ, アオス フェアゼーエン	carelessly ケアレスリ
うつく 美しい	schön シェーン	beautiful ビューティフル

日	独	英
移（うつ）す	verlegen フェアレーゲン	move, transfer ムーヴ, トランスファー
（病気を）	an|stecken アンシュテッケン	give, infect ギヴ, インフェクト
写（うつ）す	kopieren コピーレン	copy カピ
（写真を）	fotografieren フォトグラフィーレン	take a photo テイク ア フォウトウ
訴（うった）える（痛み）	klagen クラーゲン	complain カンプレイン
（裁判に）	verklagen フェアクラーゲン	sue スュー
（手段に）	zu^3 greifen グライフェン	resort to リゾート トゥ
（世論に）	an^4 appellieren アペリーレン	appeal *to* アピール
鬱陶（うっとう）しい	bedrückend ベドリュッケント	gloomy グルーミ
うっとりする	hingerissen sein ヒンゲリッセン ザイン	be absent-minded ビ アブセントマインデド
俯（うつむ）く	den Kopf hängen lassen デン コプフ ヘンゲン ラッセン	hang *one's* head ハング ヘド
移（うつ）る	um|ziehen ウムツィーエン	move ムーヴ
（感染）	an|stecken アンシュテッケン	catch キャチ
写［映］（うつ）る	$sich^4$ spiegeln シュピーゲルン	be reflected *in* ビ リフレクテド
（写真が）	aufs Bild kommen アオフス ビルト コメン	be taken ビ テイクン
器（うつわ）	*das* Geschirr ゲシル	vessel ヴェスル
腕（うで）	*der* Arm アルム	arm アーム
（腕前）	*die* Fähigkeit フェーイヒカイト	ability, skill アビリティ, スキル
腕時計（うでどけい）	*die* Armbanduhr アルムバントウーア	wristwatch リストワチ

日	独	英
腕輪 (うでわ)	*das* Armband アルムバント	bracelet ブレイスリト
鰻 (うなぎ)	*der* Aal アール	eel イール
頷く (うなずく)	nicken ニッケン	nod ナド
唸る (うなる)	stöhnen シュテーネン	groan グロウン
（動物が）	brüllen ブリュレン	roar, growl ロー, グラウル
（機械や虫が）	surren ズレン	roar, buzz ロー, バズ
海胆 (うに)	*der* Seeigel ゼーイーゲル	sea urchin スィー アーチン
自惚れの強い (うぬぼれのつよい)	eingebildet アインゲビルデット	self-conceited セルフコンスィーテド
自惚れる (うぬぼれる)	*sich*³ ein|bilden アインビルデン	become conceited ビカム コンスィーテド
右派 (うは)	die Rechte ディー レヒテ	the right wing ザ ライト ウィング
奪う (うばう)	weg|nehmen, rauben ヴェックネーメン, ラオベン	take... away, rob テイク アウェイ, ラブ
（地位・権利を）	ab|erkennen アップエアケネン	deprive ディプライヴ
乳母車 (うばぐるま)	*der* Kinderwagen キンダーヴァーゲン	baby carriage ベイビ キャリヂ
初な (うぶ)	unschuldig, naiv ウンシュルディヒ, ナイーフ	innocent, naive イノセント, ナーイーヴ
馬 (うま)	*das* Pferd プフェーアト	horse ホース
（雌馬）	*die* Stute シュトゥーテ	mare メア
（子馬）	*das* Fohlen フォーレン	colt コウルト
巧い (うまい)	gut, geschickt グート, ゲシックト	good, skillful グド, スキルフル
旨い (うまい)	lecker レッカー	good, delicious グド, ディリシャス

日	独	英
埋まる	begraben werden ベグラーベン ヴェーアデン	be buried ビ ベリド
生まれ	*die* Geburt, *die* Herkunft ゲブーアト, ヘーアクンフト	birth, origin バース, オーリヂン
生[産]まれる	geboren werden ゲボーレン ヴェーアデン	be born ビ ボーン
（成立）	entstehen エントシュテーエン	come into existence カム イントゥ イグズィステンス
海	*das* Meer, *die* See メーア, ゼー	the sea, the ocean ザ スィー, ジ オウシャン
海亀	*die* Seeschildkröte ゼーシルトクレーテ	turtle タートル
生み出す	erzeugen エアツォイゲン	produce プロデュース
海辺	*der* Strand シュトラント	beach ビーチ
生[産]む	gebären ゲベーレン	bear ベア
（卵を）	legen レーゲン	lay レイ
（生じる）	erzeugen, her|stellen エアツォイゲン, ヘーアシュテレン	produce プロデュース
梅	*der* Pflaumenbaum プフラオメンバオム	plum tree プラム トリー
（実）	*die* Pflaume プフラオメ	plum プラム
呻く	stöhnen, ächzen シュテーネン, エヒツェン	groan, moan グロウン, モウン
埋め立てる	auf|schütten アオフシュッテン	fill in フィル イン
埋める	vergraben フェアグラーベン	bury ベリ
（満たす）	aus|füllen アオスフュレン	fill フィル
（損失を）	decken デッケン	cover カヴァ
羽毛	*die* Feder フェーダー	feathers, down フェザズ, ダウン

日	独	英
敬う（うやまう）	verehren フェアエーレン	respect, honor リスペクト, アナ
右翼（うよく）	die Rechte ディー レヒテ	the right wing ザ ライト ウィング
裏（うら）	*die* Rückseite リュックザイテ	back バク
（反対側）	andere Seite アンデレ ザイテ	the wrong side ザ ローング サイド
裏返す（うらがえす）	(um|)wenden (ウム)ヴェンデン	turn over ターン オウヴァ
裏書き（うらがき）	*das* Indossament, *das* Giro インドサメント, ジーロ	endorsement インドースメント
裏側（うらがわ）	*die* Rückseite リュックザイテ	back バク
裏切る（うらぎる）	verraten フェアラーテン	betray ビトレイ
（予想を）	täuschen トイシェン	be contrary *to* ビ カントレリ
裏口（うらぐち）	*die* Hintertür ヒンターテューア	back door バク ドー
裏声（うらごえ）	*das* Falsett ファルゼット	falsetto フォールセトウ
裏地（うらじ）	*das* Futter フッター	lining ライニング
裏付ける（うらづける）	bestätigen, beweisen ベシュテーティゲン, ベヴァイゼン	prove プルーヴ
裏通り（うらどおり）	*die* Nebenstraße ネーベンシュトラーセ	back street バク ストリート
占い（うらない）	*die* Wahrsagerei ヴァールザーゲライ	fortune-telling フォーチュンテリング
占い師（うらないし）	*der*(*die*) Wahrsager(*in*) ヴァールザーガー (-リン)	fortune-teller フォーチュンテラ
占う（うらなう）	wahr|sagen ヴァールザーゲン	tell *a person's* fortune テル フォーチュン
恨み（うらみ）	*der* Groll グロル	grudge グラヂ
恨む（うらむ）	grollen グロレン	bear... a grudge ベア ア グラヂ

日	独	英
羨(うらや)ましい	beneidenswert ベナイデンスヴェーアト	enviable エンヴィアブル
羨(うらや)む	neidisch sein ナイディシュ ザイン	envy エンヴィ
ウラン	*das* Uran ウラーン	uranium ユアレイニアム
瓜(うり)	*die* Melone メローネ	melon メロン
売(う)り上(あ)げ	*der* Umsatz ウムザッツ	the amount sold ジ アマウント ソウルド
売(う)り切(き)れ	ausverkauft アオスフェアカオフト	sold out ソウルド アウト
売(う)り切(き)れだ	ausverkauft sein アオスフェアカオフト ザイン	be sold out ビ ソウルド アウト
売(う)り出(だ)し	*der* Verkauf フェアカオフ	bargain sale バーゲン セイル
(蔵払い)	*der* Ausverkauf アオスフェアカオフ	clearance sale クリアランス セール
売(う)り出(だ)す	auf den Markt bringen アオフ デン マルクト ブリンゲン	put... on sale プト オン セイル
売(う)り手(て)	*der*(*die*) Verkäufer(*in*) フェアコイファー (-フェリン)	seller セラ
売(う)り場(ば)	*die* Abteilung アップタイルング	department ディパートメント
売(う)る	verkaufen フェアカオフェン	sell セル
閏年(うるうどし)	*das* Schaltjahr シャルトヤール	leap year リープ イア
潤(うるお)い	*die* Feuchtigkeit フォイヒティヒカイト	moisture モイスチャ
潤(うるお)う	feucht werden フォイヒト ヴェーアデン	be moistured ビ モイスチャド
うるさい	laut ラオト	noisy ノイズィ
(しつこい)	belästigend ベレスティゲント	persistent パスィステント
漆(うるし)	*der* Japanlack ヤーパンラック	lacquer, japan ラカ, チャパン

日	独	英
うるわ 麗しい	wunderschön, entzückend ヴンダーシェーン, エントツュッケント	beautiful, lovely ビューティフル, ラヴリ
うれ 憂い	*der* Kummer クマー	anxiety アングザイエティ
うれ 憂える	*sich*⁴ sorgen ゾルゲン	be anxious ビ アン(ク)シャス
うれ 嬉しい	froh, glücklich フロー, グリュックリヒ	happy, delightful ハピ, ディライトフル
う ゆ 売れ行き	*der* Absatz アップザッツ	sale セイル
う 売れる	*sich*⁴ gut verkaufen グート フェアカオフェン	sell well セル ウェル
（商品になる）	marktfähig sein マルクトフェーイヒ ザイン	be marketable ビ マーケタブル
（顔・名が）	berühmt werden ベリュームト ヴェーアデン	become well known ビカム ウェル ノウン
うろこ 鱗	*die* Schuppe シュッペ	scale スケイル
うろたえる	verlegen sein フェアレーゲン ザイン	be upset ビ アプセト
うわき 浮気	*der* Seitensprung ザイテンシュプルング	passing infatuation パシィング インファチュエイション
うわぎ 上着	*die* Jacke ヤッケ	coat コウト
うわぐすり 釉薬	*die* Glasur グラズーア	glaze グレイズ
うわごと 譫言	*die* Fieberfantasie フィーバーファンタジー	delirium ディリリアム
うわさ 噂	*das* Gerücht ゲリュヒト	rumor ルーマ
うわべ 上辺	*die* Äußerlichkeit オイサリヒカイト	surface サーフェス
うわまわ 上回る	überschreiten ユーバーシュライテン	exceed イクスィード
うわやく 上役	*der/die* Vorgesetzte フォーアゲゼッツテ	superior スピアリア
うん 運	*das* Schicksal シックザール	fate, destiny フェイト, デスティニ

日	独	英
（幸運）	*das* Glück グリュック	fortune, luck フォーチュン, ラク
うんえい 運営	*die* Verwaltung フェアヴァルトゥング	management マニヂメント
うんが 運河	*der* Kanal カナール	canal カナル
うんざりする	satt sein ザット ザイン	be sick *of* ビ スィク
うんせい 運勢	*der* Stern シュテルン	fortune フォーチュン
うんそう 運送	*der* Transport, *die* Beförderung トランスポート, ベフェルデルング	transportation トランスポテイション
うんちん 運賃	*der* Fahrpreis, *die* Fahrkosten ファールプライス, ファールコステン	fare フェア
うんてん 運転	*das* Fahren ファーレン	driving ドライヴィング
（機械の）	*der* Betrieb ベトリープ	operation アパレイション
〜する	fahren ファーレン	drive ドライヴ
（機械を）	betreiben ベトライベン	operate アパレイト
うんてんしゅ 運転手	*der*(*die*) Fahrer(*in*) ファーラー (-レリン)	driver ドライヴァ
（タクシーの）	*der*(*die*) Chauffeur(*in*) ショフェーア (-リン)	driver ドライヴァ
うんてんめんきょしょう 運転免許証	*der* Führerschein フューラーシャイン	driver's license ドライヴァズ ライセンス
うんどう 運動	*die* Bewegung ベヴェーグング	movement, motion ムーヴメント, モウション
（身体の）	*das* Training トレーニング	exercise エクササイズ
（選挙などの）	*die* Kampagne カンパニエ	campaign キャンペイン
〜する	*sich*⁴ bewegen ベヴェーゲン	exercise エクササイズ

日	独	英
（選挙などの）	werben ヴェルベン	campaign キャンペイン
運動靴	die Sportschuhe シュポルトシューエ	sports shoes スポーツ シューズ
運命	das Schicksal シックザール	fate, destiny フェイト, デスティニ
運輸	der Transport トランスポート	transportation トランスポテイション
運よく	glücklicherweise グリュックリヒャーヴァイゼ	fortunately フォーチュネトリ

え, エ

日	独	英
絵	das Bild ビルト	picture ピクチャ
柄	der Griff グリフ	handle ハンドル
エアコン	die Klimaanlage クリーマアンラーゲ	air conditioner エア コンディショナ
エアメール	die Luftpost ルフトポスト	airmail エアメイル
エアロビクス	das Aerobic エロービック	aerobics エアロウビクス
永遠の	ewig エーヴィヒ	eternal イターナル
映画	der Film フィルム	picture, movie ピクチャ, ムーヴィ
～館	das Kino キーノ	cinema theater スィネマ スィーアタ
永久に	auf ewig, auf immer アオフ エーヴィヒ, アオフ イマー	permanently, forever パーマネントリ, フォーエヴァー
影響	der Einfluss アインフルス	influence インフルエンス
～する	beeinflussen ベアインフルッセン	influence インフルエンス
営業	der Betrieb ベトリープ	business ビズネス
～している	im Geschäft sein イム ゲシェフト ザイン	be open ビ オウプン

日	独	英
英語(えいご)	*das* Englisch エングリシュ	English イングリシュ
栄光(えいこう)	*die* Ehre, *die* Glorie エーレ, グローリエ	glory グローリ
英国(えいこく)	(*das*) England エングラント	England イングランド
映写(えいしゃ)	*die* Projektion プロイェクツィオーン	projection プロヂェクション
〜する	projizieren プロイツィーレン	project プロヂェクト
〜機	*der* Projektor プロイェクトーア	projector プロヂェクタ
永住(えいじゅう)する	*sich*⁴ nieder|lassen ニーダーラッセン	reside permanently リザイド パーマネントリ
エイズ	*das* Aids エイズ	AIDS エイヅ
衛星(えいせい)	*der* Satellit ザテリート	satellite サテライト
衛生(えいせい)	*die* Hygiene ヒュギーネ	hygiene ハイヂーン
〜的な	hygienisch ヒュギーニシュ	hygienic, sanitary ハイヂーニク, サニテリ
映像(えいぞう)	*das* Bild ビルト	image イミヂ
栄転(えいてん)する	befördert werden ベフェルダート ヴェーアデン	be promoted ビ プロモウテド
鋭敏(えいびん)な	scharf シャルフ	keen, sharp キーン, シャープ
英雄(えいゆう)	*der*(*die*) Held(*in*) ヘルト (-ディン)	hero ヒーロウ
〜的な	heldenhaft ヘルデンハフト	heroic ヒロウイク
栄誉(えいよ)	*die* Ehre エーレ	honor アナ
栄養(えいよう)	*die* Nahrung ナールング	nutrition ニュートリション
エージェンシー	*die* Agentur アゲントゥーア	agency エイヂェンスィ

日	独	英
エージェント	*der(die)* Agent(*in*) アゲント (-ティン)	agent エイヂェント
エース	*das* Ass アス	ace エイス
笑顔（えがお）	heiteres Gesicht ハイテレス ゲズィヒト	smiling face スマイリング フェイス
描く（えが）（絵の具で）	malen マーレン	paint ペイント
（線画で）	zeichnen ツァイヒネン	draw ドロー
（描写）	dar|stellen ダールシュテレン	describe ディスクライブ
駅（えき）	*der* Bahnhof バーンホーフ	station ステイション
易者（えきしゃ）	*der(die)* Weissager(*in*) ヴァイスザーガー (-ゲリン)	fortune-teller フォーチュンテラ
液晶（えきしょう）	*das* Flüssigkristall フリュッスィヒクリスタル	liquid crystal リクウィド クリスタル
エキス	*der* Extrakt エクストラクト	extract エクストラクト
エキストラ	*der(die)* Statist(*in*) シュタティスト (-ティン)	extra, super エクストラ, スーパ
エキスパート	*der(die)* Exper*t*e(*tin*) エクスペルテ (-ティン)	expert エクスパート
エキゾチックな	exotisch エクソーティシュ	exotic イグザティク
液体（えきたい）	*die* Flüssigkeit フリュッスィヒカイト	liquid リクウィド
疫病（えきびょう）	*die* Seuche ゾイヒェ	epidemic エピデミク
駅弁（えきべん）	*das* Bahnhofslunchpaket バーンホーフスランチパケート	station lunch ステイション ランチ
エクスタシー	*die* Ekstase エクスターゼ	ecstasy エクスタスィ
エグゼクティブ	*der(die)* Direktor(*in*) ディレクトーア (ディレクトーリン)	executive イグゼキュティヴ
えくぼ	*das* Grübchen グリューブヒェン	dimple ディンプル

日	独	英
エゴイスト	*der*(*die*) Egoist(*in*) エゴイスト (-ティン)	egoist イーゴウイスト
エゴイズム	*der* Egoismus エゴイスムス	egoism イーゴウイズム
エコノミークラス	*die* Touristenklasse トゥリステンクラッセ	economy class イカノミ クラス
エコノミスト	*der*(*die*) Wirtschafts- wissenschaftler(*in*) ヴィルトシャフツヴィッセンシャフトラー (-レリン)	economist イカノミスト
エコロジー	*die* Ökologie エコロギー	ecology イカロヂ
餌	*das* Futter フッター	feed フィード
（釣りの）	*der* Köder ケーダー	bait ベイト
～をやる	füttern フュッターン	feed フィード
餌食	*die* Beute ボイテ	prey プレイ
会釈	*die* Verbeugung フェアボイグング	salutation サリュテイション
～する	*sich*⁴ verbeugen フェアボイゲン	salute, bow サルート, バウ
SF	*die* Science-Fiction サイエンスフィクシェン	science fiction サイエンス フィクション
エスカルゴ	Schnecke シュネッケ	escargot エスカーゴウ
エスカレーター	*die* Rolltreppe ロルトレッペ	escalator エスカレイタ
枝	*der* Ast, *der* Zweig アスト, ツヴァイク	branch, bough ブランチ, バウ
エチケット	*die* Etikette エティケッテ	etiquette エティケト
エックス線	*die* Röntgenstrahlen レントゲンシュトラーレン	X rays エクス レイズ
エッセイ	*der* Essay エセ	essay エセイ

日	独	英
エッセンス	*die* Essenz エセンツ	essence エセンス
エッチング	*die* Ätzung エッツング	etching エチング
閲覧する	ein|sehen アインゼーエン	read, inspect リード, インスペクト
エナメル	*das* Email エマイ	enamel イナメル
エネルギー	*die* Energie エネルギー	energy エナヂ
エネルギッシュな	energisch エネルギシュ	energetic エナヂェティク
絵の具	*die* Farbe ファルベ	paints, colors ペインツ, カラズ
絵葉書	*die* Ansichtskarte アンズィヒツカルテ	picture postcard ピクチャ ポウストカード
海老	*die* Garnele ガルネーレ	shrimp, prawn シュリンプ, プローン
(ロブスター)	*der* Hummer フマー	lobster ラブスタ
エピソード	*die* Episode エピゾーデ	episode エピソウド
エピローグ	*der* Epilog エピローク	epilogue エピローグ
エプロン	*die* Schürze シュルツェ	apron エイプロン
絵本	*das* Bilderbuch ビルダーブーフ	picture book ピクチャ ブク
エメラルド	*der* Smaragd スマラクト	emerald エメラルド
鰓	*die* Kieme キーメ	gills ギルズ
エラー	*der* Fehler フェーラー	error エラ
偉い	groß グロース	great グレイト
(優れた)	ausgezeichnet アオスゲツァイヒネット	excellent エクセレント

日	独	英
選ぶ	aus|wählen アオスヴェーレン	choose, select チューズ, セレクト
（選挙する）	wählen ヴェーレン	elect イレクト
襟	der Kragen クラーゲン	collar カラ
エリート	die Elite エリーテ	elite エイリート
得る	bekommen, erhalten ベコメン, エアハルテン	get, gain ゲト, ゲイン
エレガントな	elegant エレガント	elegant エリガント
エレクトロニクス	die Elektronik エレクトローニク	electronics イレクトラニクス
エレベーター	der Fahrstuhl, der Lift ファールシュトゥール, リフト	elevator エレヴェイタ
円	der Kreis クライス	circle サークル
（貨幣）	der Yen イェン	yen イェン
宴会	das Bankett バンケット	banquet バンクウェト
遠隔の	fern, weit フェルン, ヴァイト	remote, distant リモウト, ディスタント
縁側	die Veranda ヴェランダ	veranda ヴェランダ
沿岸	die Küste キュステ	coast コウスト
延期	die Verschiebung フェアシーブンク	postponement ポウストポウメント
〜する	verschieben フェアシーベン	postpone ポウストポウン
演技	die Darstellung ダールシュテルンク	performance パフォーマンス
〜する	dar|stellen ダールシュテレン	act, perform アクト, パフォーム
縁起	die Entstehungsgeschichte エントシュテーウンクスゲシヒテ	history, origin ヒストリ, オーリヂン

日	独	英
（前兆）	*das* Vorzeichen フォーアツァイヒェン	omen, luck オウメン, ラク
婉曲な	euphemistisch オイフェミスティシュ	euphemistic ユーフェミスティク
遠近法	*die* Perspektive ペルスペクティーヴェ	perspective パスペクティヴ
園芸	*die* Gärtnerei, *der* Gartenbau ゲルトネライ, ガルテンバオ	gardening ガードニング
円形の	rund ルント	circular サーキュラ
演劇	*das* Schauspiel シャオシュピール	play, drama プレイ, ドラーマ
縁故	*die* Beziehung ベツィーウング	relation リレイション
塩酸	*die* Salzsäure ザルツゾイレ	hydrochloric acid ハイドロクローリック アスィド
遠視	*die* Weitsichtigkeit ヴァイトズィヒティヒカイト	farsightedness ファーサイテドネス
エンジニア	*der*(*die*) Ingenieur(*in*) インジェニエーア (-エーリン)	engineer エンヂニア
円周	*der* Kreisumfang クライスウムファング	circumference サーカムフェレンス
演出	*die* Regie レジー	direction ディレクション
〜する	inszenieren インスツェニーレン	direct ディレクト
〜家	*der*(*die*) Regisseur(*in*) レジセーア (-リン)	director ディレクタ
援助	*die* Unterstützung ウンターシュテュッツング	aid エイド
〜する	unterstützen ウンターシュテュッツェン	aid, assist エイド, アスィスト
炎症	*die* Entzündung エントツュンドゥング	inflammation インフラメイション
演じる	dar|stellen, spielen ダールシュテレン, シュピーレン	perform, play パフォーム, プレイ
エンジン	*der* Motor モートア	engine エンヂン

日	独	英
えんしんりょく 遠心力	*die* Zentrifugalkraft ツェントリフガールクラフト	centrifugal force セントリフュガル フォース
えんすい 円錐	*der* Kegel ケーゲル	cone コウン
エンスト	Stillstand des Motors シュティルシュタント デス モートアス	engine stall エンヂン ストール
えんせい 遠征	*die* Expedition エクスペディツィオーン	expedition エクスペディション
～する	eine Expedition machen アイネ エクスペディツィオーン マッヘン	make an expedition メイク ア ネクスペディション
えんぜつ 演説	*die* Rede レーデ	speech スピーチ
～する	eine Rede halten アイネ レーデ ハルテン	make a speech メイク ア スピーチ
えんそ 塩素	*das* Chlor クローア	chlorine クローリーン
えんそう 演奏	*das* Spiel, *die* Aufführung シュピール, アオフフュールング	performance パフォーマンス
～する	spielen, auf|führen シュピーレン, アオフフューレン	play, perform プレイ, パフォーム
えんそく 遠足	*der* Ausflug アオスフルーク	excursion イクスカージョン
えんたい 延滞	*der* Rückstand リュックシュタント	delay ディレイ
えんだか 円高	der hohe Yen-Kurs デア ホーエ イェンクルス	strong yen rate ストローング イェン レイト
えんちゅう 円柱	*die* Säule ゾイレ	column カラム
えんちょう 延長	*die* Verlängerung フェアレンゲルング	extension イクステンション
～する	verlängern フェアレンガーン	prolong, extend プロローング, イクステンド
えんどうまめ 豌豆豆	*die* Erbse エルプセ	(green) pea (グリーン) ピー
えんとつ 煙突	*der* Schornstein ショルンシュタイン	chimney チムニ
えんばん 円盤	*die* Scheibe シャイベ	disk ディスク

日	独	英
～投げ	*das* Diskuswerfen ディスクスヴェルフェン	discus throw ディスカス スロウ
えんぴつ 鉛筆	*der* Bleistift ブライシュティフト	pencil ペンスル
えんぶん 塩分	*der* Salzgehalt ザルツゲハルト	salt ソールト
えんまん 円満な	einträchtig アイントレヒティヒ	harmonious ハーモウニアス
えんやす 円安	der tiefe Yen-Kurs デア ティーフェ イェンクルス	weak yen rate ウィーク イェン レイト
えんゆうかい 園遊会	*das* Gartenfest ガルテンフェスト	lawn party ローン パーティ
えんよう 遠洋	*die* Hochsee ホーホゼー	ocean オウシャン
えんりょ 遠慮		
～がちな	zurückhaltend ツリュックハルテント	reserved, modest リザーヴド, マデスト
～する	*sich*⁴ zurück|halten ツリュックハルテン	be reserved ビ リザーヴド

お, オ

日	独	英
お 尾	*der* Schwanz シュヴァンツ	tail テイル
おい 甥	*der* Neffe ネッフェ	nephew ネフュー
お かえ 追い返す	zurück|weisen ツリュックヴァイゼン	send away センド アウェイ
お か 追い掛ける	verfolgen フェアフォルゲン	run after ラン アフタ
お こ きんし 追い越し禁止	*das* Überholverbot ユーバーホールフェアボート	no passing ノウ パスィング
お こ 追い越す	überholen ユーバーホーレン	overtake オウヴァテイク
おい 美味しい	gut, lecker, köstlich グート, レッカー, ケストリヒ	nice, delicious ナイス, ディリシャス
お だ 追い出す	vertreiben フェアトライベン	drive out ドライヴ アオト

日	独	英
追い付く	ein|holen アインホーレン	catch up キャチ アプ
追い詰める	in die Enge treiben イン ディー エンゲ トライベン	drive... into ドライヴ イントゥ
追い払う	vertreiben フェアトライベン	drive away ドライヴ アウェイ
老いる	alt werden アルト ヴェーアデン	grow old グロウ オウルド
オイル	*das* Öl エール	oil オイル
お祝い	*die* Feier ファイアー	celebration セレブレイション
王	*der* König ケーニヒ	king キング
追う	nach|laufen ナーハラオフェン	run after, chase ランナフタ, チェイス
（牛や馬を）	treiben トライベン	drive ドライヴ
（流行を）	folgen フォルゲン	follow ファロウ
負う	tragen トラーゲン	bear... on *one's* back ベア オン バク
（責任・義務を）	(die Verantwortung) auf sich⁴ nehmen (ディ フェアアントヴォルトゥング) アオフ ズィヒ ネーメン	take... upon *oneself* テイク アパン
応援	*die* Unterstützung ウンターシュトゥッツング	aid, support エイド, サポート
（声援）	*der* Beistand, *die* Anfeuerung バイシュタント, アンフォイアルング	cheering, rooting チアリング, ルーティング
〜する	unterstützen ウンターシュテュッツェン	aid, support エイド, サポート
（声援）	bei|stehen, an|feuern バイシュテーエン, アンフォイアーン	cheer, root for チア, ルート フォー
横隔膜	*das* Zwerchfell ツヴェルヒフェル	diaphragm ダイアフラム
王冠	*die* Krone クローネ	crown クラウン

日	独	英
おうぎ 扇	*der* Fächer フェッヒャー	fan ファン
おうきゅう 王宮	*der* Palast パラスト	palace パレス
おうきゅう 応急	Not- ノート	emergency イマーヂェンスィ
～手当	die erste Hilfe ディー エーアステ ヒルフェ	the first aid ザ ファースト エイド
おうこく 王国	*das* Königreich ケーニヒライヒ	kingdom キングダム
おうごん 黄金	*das* Gold ゴルト	gold ゴウルド
おうし 雄牛	*der* Stier, *der* Ochs シュティーア, オクス	bull, ox ブル, アクス
おうじ 王子	*der* Prinz プリンツ	prince プリンス
おうじ 皇子	*der* Kronprinz クローンプリンツ	Imperial prince インピアリアル プリンス
おうしざ 牡牛座	*der* Stier シュティーア	the Bull, Taurus ザ ブル, ザ トーラス
おう 応じて	nach, entsprechend ナーハ, エントシュプレッヒェント	according to アコーディング トゥ
おうしゅう 欧州	*das* Europa オイローパ	Europe ユアロプ
おうしゅう 押収する	beschlagnahmen ベシュラークナーメン	seize スィーズ
おうじょ 王女	*die* Prinzessin プリンツェスィン	princess プリンセス
おうじょ 皇女	*die* Kronprinzessin クローンプリンツェスィン	Imperial princess インピアリアル プリンセス
おう 応じる	antworten アントヴォルテン	answer, reply *to* アンサ, リプライ
（承諾）	an|nehmen アンネーメン	comply *with*, accept コンプライ, アクセプト
おうせつしつ 応接室	*das* Empfangszimmer エンプファングスツィマー	reception room リセプション ルーム
おうだん 横断	*die* Durchquerung ドゥルヒクヴェールング	crossing クロースィング

日	独	英
〜する	durchqueren ドゥルヒクヴェーレン	cross クロース
〜歩道	*der* Zebrastreifen ツェーブラシュトライフェン	crosswalk クロースウォーク
王朝(おうちょう)	*die* Dynastie デュナスティー	dynasty ダイナスティ
嘔吐(おうと)	*das* Erbrechen エアブレッヒェン	vomiting ヴァミティング
〜する	*sich*⁴ erbrechen エアブレッヒェン	vomitg ヴァミト
応答(おうとう)	*die* Antwort アントヴォルト	reply リプライ
王妃(おうひ)	*die* Königin ケーニギン	queen クウィーン
往復(おうふく)	hin und zürück ヒン ウント ツリュック	going and returning ゴウイング アンド リターニング
〜する	hin- und zurück|gehen (fahren) ヒン ウント ツリュックゲーエン (ファーレン)	go to... and back ゴウ トゥ アンド バク
〜切符	*die* Rückfahrkarte リュックファールカルテ	round-trip ticket ラウンドトリプ ティケト
…まで〜1枚	Einmal nach... hin und zurück. アインマール ナーハ ヒン ウント ツリュック	One round-trip ticket for..., please! ワン ラウンドトリプ ティケト フォー プリーズ
応募(おうぼ)	*die* Bewerbung ベヴェルブング	subscription サブスクリプション
〜する	*sich*⁴ bewerben ベヴェルベン	subscribe *for* サブスクライブ
横暴(おうぼう)な	gewalttätig ゲヴァルトテーティヒ	violent ヴァイオレント
鸚鵡(おうむ)	*der* Papagei パパガイ	parrot パロト
応用(おうよう)	*die* Anwendung アンヴェンドゥング	application アプリケイション
〜する	an|wenden アンヴェンデン	apply アプライ

日	独	英
往来	*der* Verkehr フェアケーア	traffic トラフィク
（道路）	*die* Straße シュトラーセ	road, street ロウド, ストリート
横領する	unterschlagen ウンターシュラーゲン	embezzle インベズル
凹レンズ	*die* Konkavlinse コンカーフリンゼ	concave lens カンケイヴ レンズ
終える	beenden ベエンデン	finish, complete フィニシュ, コンプリート
大雨	starker Regen シュタルカー レーゲン	heavy rain ヘヴィ レイン
多い	viel フィール	many メニ
（量）	groß, viel グロース, フィール	much マチ
（回数）	häufig ホイフィヒ	frequent フリークウェント
覆い	*die* Decke デッケ	cover カヴァ
大いに	sehr, viel ゼーア, フィール	greatly, very much グレイトリ, ヴェリ マチ
覆う	bedecken ベデッケン	cover カヴァ
（事実を）	verhüllen フェアヒュレン	disguise ディスガイズ
大売り出し	*der* Ausverkauf アオスフェアカオフ	sale セイル
大型の	groß グロース	large ラーヂ
狼	*der* Wolf ヴォルフ	wolf ウルフ
大きい	groß グロース	big, large ビグ, ラーヂ
大きく〜する	vergrößern フェアグレーサーン	enlarge インラーヂ

日	独	英
〜なる	groß werden グロース ヴェーアデン	grow big グロウ ビグ
大きさ	*die* Größe グレーセ	size サイズ
大きな	groß グロース	big, large ビグ, ラーヂ
（巨大・莫大）	riesig, enorm リーズィヒ, エノルム	huge, enormous ヒューヂ, イノーマス
オークション	*die* Auktion アオクツィオーン	auction オークション
大熊座	der Große Bär デア グローセ ベーア	the Great Bear ザ グレイト ベア
大袈裟な	übertrieben ユーバートライベン	exaggerated イグザヂェレイテド
オーケストラ	*das* Orchester オルケスター, オルヒェスター	orchestra オーケストラ
大声	laute Stimme ラオテ シュティメ	loud voice ラウド ヴォイス
大雑把な	grob グローブ	rough, loose ラフ, ルース
大勢の	eine große Anzahl *von*[3] アイネ グローセ アンツァール	a large number *of* ア ラーヂ ナンバ
オーソドックスな	orthodox オルトドクス	orthodox オーソダクス
オーソリティー	*die* Autorität アオトリテート	authority アソーリティ
オーダー	*die* Bestellung ベシュテルング	order オーダ
オーディオの	Audio- アオディオ	audio オーディオウ
オーディション		
（歌の）	*das* Probesingen プローベズィンゲン	audition オーディション
〈芝居の〉	*das* Vorsprechen フォーアシュプレッヒェン	audition オーディション
（踊りの）	*das* Vortanzen フォーアタンツェン	audition オーディション

日	独	英
オーデコロン	*das* Kölnischwasser, *das* Eau de Cologne ケルニシュヴァッサー, オー ドゥ コローニュ	eau de cologne オウドコロウン
大通り	*die* Hauptstraße ハオプトシュトラーセ	main street メイン ストリート
大手の	groß, bedeutend グロース, ベドイテント	big, major ビグ, メイヂャ
オートクチュール	*die* Haute Couture オート クテューア	haute couture オウトクートゥル
オートバイ	*das* Motorrad モートアラート	motorcycle モウタサイクル
オードブル	*die* Vorspeise フォーアシュパイゼ	hors d'oeuvre オーダーヴ
オートマチックの	automatisch アウトマーティシュ	automatic オートマティク
オートメーション	*die* Automation アオトマツィオーン	automation オートメイション
オーナー	*der*(*die*) Inhaber(*in*) インハーバー (-ベリン)	owner オウナ
オーバー	*der* Mantel マンテル	overcoat オウヴァコウト
オーバーホール	*die* Überholung ユーバーホールング	overhaul オウヴァホール
OB	Alter Herr アルター ヘア	graduate グラヂュエト
（ゴルフで）	außerhalb des Spielbereiches アオサーハルプ デス シュピールベライヒェス	out of bounds アオト オヴ バウンヅ
オープニング	*die* Eröffnung エアエフヌング	opening オウプニング
オーブン	*der* Backofen バックオーフェン	oven アヴン
オープンサンド	belegtes Brot ベレークテス ブロート	sandwich サンドウィチ
オープンな	offen オッフェン	open オウプン
オーボエ	*das* Oboe オボーエ	oboe オウボウ

日	独	英
大晦日(おおみそか)	der(das) Silvester ズィルヴェスター	New Year's Eve ニュー イアズ イーヴ
大昔(おおむかし)	die Urzeit ウーアツァイト	great antiquity グレイト アンティクウィティ
大麦(おおむぎ)	die Gerste ゲルステ	barley バーリ
大目(おおめ)に見(み)る	ein Auge zudrücken アイン アオゲ ツードリュッケン	overlook, tolerate オウヴァルク, タラレイト
大文字(おおもじ)	der Großbuchstabe グロースブーフシュターベ	capital letter キャピトル レタ
大家(おおや)	der(die) Vermieter(in) フェアミーター (-テリン)	owner オウナ
公(おおやけ)の	öffentlich エッフェントリヒ	public パブリク
(公式の)	offiziell オフィツィエル	official オフィシャル
大喜(おおよろこ)び	große Freude グローセ フロイデ	great joy グレイト ヂョイ
おおらかな	großherzig グロースヘルツィヒ	largehearted ラーヂハーテド
オールラウンドの	Allround- オールラウンド	all-around オールラウンド
オーロラ	das Polarlicht ポラーリヒト	aurora オーローラ
丘(おか)	der Hügel ヒューゲル	hill ヒル
お母(かあ)さん	die Mutter, die Mutti ムッター, ムッティ	mother, mom マザ, マム
(…の)お陰(かげ)で	dank ダンク	thanks to... サンクス トゥ
可笑(おか)しい	lustig ルスティヒ	amusing アミューズィング
(滑稽な)	komisch コーミシュ	funny ファニ
(奇妙な)	seltsam ゼルトザーム	strange, queer ストレインヂ, クウィア
侵(おか)す	überfallen ユーバーファレン	invade インヴェイド,

日	独	英
（侵害する）	*in*⁴ ein|greifen アイングライフェン	violate ヴァイオレイト
おかす 犯す	begehen ベゲーエン	commit コミト
（法律などを）	*gegen*⁴ verstoßen フェアシュトーセン	violate ヴァイオレイト
（性的に）	vergewaltigen フェアゲヴァルティゲン	rape レイプ
おかす 冒す	riskieren リスキーレン	brave, face ブレイヴ, フェイス
おかず	*die* Beilage バイラーゲ	dish ディシュ
かね お金	*das* Geld ゲルト	money マニ
おがむ 拝む（祈願）	beten ベーテン	pray *to* プレイ
おがわ 小川	*der* Bach バッハ	brook, stream ブルク, ストリーム
おかん 悪寒	*das* Frösteln フレステルン	chill チル
おき 沖	offene See オッフェネ ゼー	offing オーフィング
お あ 起き上がる	auf|stehen アオフシュテーエン	get up ゲタップ
オキシダント	oxidativer Stoff オクスィダーティファー シュトフ	oxidant アキシダント
おきて 掟	*das* Gebot, *das* Gesetz ゲボート, ゲゼッツ	law, rule ロー, ルール
お どけい 置き時計	*die* Tischuhr ティッシュウーア	table clock テイブル クラク
おぎなう 補う	ergänzen エアゲンツェン	make up *for* メイカプ
き い お気に入り	*der* Liebling リープリング	favorite フェイヴァリト
おきもの 置物	*das* Zierstück ツィーアシュトゥック	ornament オーナメント
お 起きる	auf|stehen アオフシュテーエン	get up, rise ゲタップ, ライズ

日	独	英
（目を覚ます）	auf|wachen アオフヴァッヘン	wake up ウェイカプ
（事件が）	passieren, $sich^4$ ereignen パスィーレン, エアアイグネン	happen, occur ハプン, オカー
置き忘れる	liegen lassen リーゲン ラッセン	forget, leave フォゲト, リーヴ
奥	das Innere ダス イネレ	interior インティアリア
億	hundert Millionen フンダート ミリオーネン	one hundred million ワン ハンドレド ミリョン
置く	legen, stellen レーゲン, シュテレン	put, place プト, プレイス
屋外の［で］	im Freien イム フライエン	outdoor アオトドー
奥さん	*die* Gattin, *die* Frau ガッティン, フラオ	Mrs. ミスィズ
屋上	*das* Dach ダッハ	roof ルーフ
憶測する	vermuten フェアムーテン	suppose サポウズ
屋内の［で］	im Haus イム ハオス	indoor インドー
臆病な	feige ファイゲ	cowardly, timid カウアドリ, ティミド
奥深い	tief ティーフ	deep, profound ディープ, プロファウンド
奥行	*die* Tiefe ティーフェ	depth デプス
送り先	*der* Bestimmungsort ベシュティムングスオルト	destination デスティネイション
（人）	*der*(*die*) Empfänger(*in*) エンプフェンガー (-ゲリン)	consignee カンサイニー
送り状	*der* Lieferschein リーファーシャイン	invoice インヴォイス
送り主	*der*(*die*) Absender(*in*) アップゼンダー (-デリン)	sender センダ
贈り物	*das* Geschenk ゲシェンク	present, gift プレズント, ギフト

日	独	英
送る	senden ゼンデン	send センド
(金を)	überweisen ユーバーヴァイゼン	remit リミト
(見送る)	nach|sehen ナーハゼーエン	see... off スィー オーフ
(派遣)	ab|senden アップゼンデン	dispatch ディスパチ
(過ごす)	verbringen フェアブリンゲン	pass パス
贈る	schenken シェンケン	present プリゼント
(賞を)	zu|erkennen ツーエアケネン	award アウォード
遅れる	*sich*[4] verspäten フェアシュペーテン	be late *for* ビ レイト
(時計が)	nach|gehen ナーハゲーエン	lose ルーズ
(時代などに)	zurück|bleiben ツリュックブライベン	be behind ビ ビハインド
桶	*der* Eimer アイマー	tub, pail タブ, ペイル
起こす	auf|richten アオフリヒテン	raise, set up レイズ, セタプ
(寝ている人を)	wecken ヴェッケン	wake ウェイク
(引き起こす)	aus|lösen アオスレーゼン	cause コーズ
(火を)	Feuer machen フォイアー マッヘン	make a fire メイク ア ファイア
怠る	vernachlässigen フェアナーハレスィゲン	neglect ニグレクト
行い	*die* Tat タート	act, action アクト, アクション
(身持ち)	*das* Verhalten フェアハルテン	conduct カンダクト
行う	tun, machen トゥーン, マッヘン	do, act ドゥー, アクト

日	独	英
(実施)	durch|führen ドゥルヒフューレン	put in practice プト イン プラクティス
(催す)	ab|halten アップハルテン	hold, celebrate ホウルド, セレブレイト
起こる	geschehen, passieren ゲシェーエン, パスィーレン	happen, occur ハプン, オカー
(戦争・火事が)	aus|brechen アオスブレッヒェン	break out ブレイクアウト
(起因する)	entstehen エントシュテーエン	arise *from* アライズ
怒る	*sich*⁴ ärgern エルガーン	get angry ゲタングリ
奢る	ein|laden アインラーデン	treat トリート
(贅沢をする)	im Luxus leben イム ルクスス レーベン	be extravagant *in* ビ イクストラヴァガント
驕る	prahlen, dünkelhaft sein プラーレン, デュンケルハフト ザイン	be haughty ビ ホーティ
押さえる	*an*³ drücken ドリュッケン	hold... down ホウルド ダウン
抑える	unterdrücken ウンタードリュッケン	suppress サプレス
(抑制)	kontrollieren コントロリーレン	control コントロウル
(抑止)	auf|halten アオフハルテン	check チェク
幼い	jung, klein ユング, クライン	infant, little インファント, リトル
治まる	*sich*⁴ beruhigen ベルーイゲン	be settled ビ セトルド
(鎮まる)	ruhig werden ルーイヒ ヴェーアデン	calm down カーム ダウン
納まる	*in*⁴ hinein|passen ヒナインパッセン	be put *in* ビ プト
(落着)	enden エンデン	be settled ビ セトルド
(気持ちが)	*sich*⁴ beruhigen ベルーイゲン	be satisfied ビ サティスファイド

日	独	英
治める	regieren レギーレン	rule, govern ルール, ガヴァン
（鎮定）	unterdrücken ウンタードリュッケン	suppress サプレス
納める	zahlen ツァーレン	pay ペイ
（納品）	liefern リーファーン	deliver ディリヴァ
叔[伯]父	*der* Onkel オンケル	uncle アンクル
押し合う	drängeln ドレンゲルン	push one another プシュ ワン アナザ
惜しい	schade シャーデ	regrettable リグレタブル
おじいさん	*der* Großvater グロースファーター	grandfather グランドファーザ
（老人）	alter Mann アルター マン	old man オウルド マン
押し売り	*das* Aufschwatzen アオフシュヴァッツェン	hard seller ハード セラ
教え	*die* Lehre レーレ	lesson, teachings レスン, ティーチングズ
教える	unterrichten ウンターリヒテン	teach ティーチ
（告げる）	mit|teilen ミットタイレン	tell テル
（知らせる）	informieren インフォルミーレン	inform *of* インフォーム
お辞儀	*die* Verbeugung フェアボイグング	bow バウ
押し込む	hinein|drücken ヒナインドリュッケン	push in, stuff *into* プシュ イン, スタフ
押し付ける	*gegen*⁴ drücken ドリュッケン	press プレス
（強制）	auf|drängen アオフドレンゲン	force フォース
押し潰す	zerquetschen ツェアクヴェッチェン	crush, smash クラシュ, スマシュ

日	独	英
押し止める	*von*³ ab|halten アップハルテン	stop スタプ
鴛鴦	*die* Mandarinente マンダリーネンテ	mandarin duck マンダリン ダク
雄蕊	*das* Staubblatt シュタオブブラット	stamen ステイメン
押しボタン	*der* Druckknopf ドルッククノプフ	push button プシュ バトン
おしめ	*die* Windel ヴィンデル	diaper ダイアパ
お喋り	*das* Geschwätz ゲシュヴェッツ	chatter チャタ
（人）	*der*(*die*) Schwätzer(*in*) シュヴェッツァー（-ツェリン）	chatterbox チャタバクス
～する	plaudern プラオダーン	chat, chatter チャト, チャタ
～な	geschwätzig ゲシュヴェッツィヒ	talkative トーカティヴ
お洒落	*das* Feinmachen, *das* Schönmachen ファインマッヘン, シェーンマッヘン	dressing up ドレスィング アプ
～する	*sich*⁴ schön machen シェーン マッヘン	dress smartly ドレス スマートリ
～な	schick シック	stylish スタイリシュ
お嬢さん	*das* Fräulein, junge Dame フロイライン, ユンゲ ダーメ	young lady ヤング レイディ
汚職	*die* Korruption, *die* Bestechung コルプツィオーン, ベシュテッヒュング	corruption, graft コラプション, グラフト
白粉	*der*(*das*) Puder プーダー	powder パウダ
押す	drücken, stoßen ドリュッケン, シュトーセン	push, press プシュ, プレス
（印を）	stempeln シュテンペルン	stamp スタンプ
雄	*das* Männchen メンヒェン	male メイル

日	独	英
お世辞	*die* Komplimente コンプリメント	compliment カンプリメント
～を言う	schmeicheln シュマイヒェルン	compliment, flatter カンプリメント, フラタ
お節介な	zudringlich ツードリングリヒ	meddlesome メドルサム
汚染	*die* Verschmutzung フェアシュムッツング	pollution ポルーション
遅い	spät シュペート	late レイト
（速度が）	langsam ラングザーム	slow スロウ
襲う	an|greifen アングライフェン	attack アタク
（天災などが）	betreffen ベトレッフェン	hit ヒト
お供え	*die* Gabe ガーベ	offering オーファリング
恐らく	wahrscheinlich ヴァールシャインリヒ	perhaps パハプス
恐れ	*die* Furcht フルヒト	fear フィア
（懸念）	*die* Befürchtung ベフュルヒトゥング	apprehension アプリヘンション
恐れる	*sich*⁴ *vor*³ fürchten, befürchten フュルヒテン, ベフュルヒテン	fear, be afraid *of* フィア, ビ アフレイド
恐ろしい	furchtbar フルヒトバール	fearful, awful フィアフル, オーフル
教わる	lernen レルネン	learn ラーン
オゾン	*der*(*das*) Ozon オツォーン	ozone オウゾウン
～層	*die* Ozonschicht オツォーンシヒト	ozone layer オウゾウン レイヤー
～ホール	*das* Ozonloch オツォーンロッホ	ozone hole オウゾウン ホウル

日	独	英
お互いに	einander アイナンダー	each other イーチ アザ
お玉杓子	*die* Kaulquappe カオルクヴァッペ	tadpole タドポウル
穏やかな	friedlich フリートリヒ	calm カーム
（気性が）	ruhig ルーイヒ	gentle ヂェントル
（気候が）	mild ミルト	mild マイルド
（穏当な）	mäßig メースィヒ	moderate マダレト
陥る	*in*⁴ geraten ゲラーテン	fall フォール
落ち着き	*die* Fassung ファッスング	composure コンポウジャ
落ち着く	*sich*⁴ beruhigen ベルーイゲン	become calm ビカム カーム
（定住）	*sich*⁴ nieder|lassen ニーダーラッセン	settle セトル
落ち度	*der* Fehler フェーラー	fault フォールト
落ち葉	abgefallene Blätter アップゲファレネ ブレッター	fallen leaf フォールン リーフ
落ちる	fallen ファレン	fall, drop フォール, ドラプ
（試験に）	durch|fallen ドゥルヒファレン	fail *in* フェイル
（汚れ・しみが）	ab|gehen アップゲーエン	come off カム オーフ
（色が）	ab|färben アップフェルベン	fade フェイド
夫	*der* Mann, *der* Gatte マン, ガッテ	husband ハズバンド
おっとせい	*der* Seebär ゼーベーア	fur seal ファー スィール
お釣り	*das* Wechselgeld ヴェクセルゲルト	change チェインヂ

日	独	英
おでこ	*die* Stirn シュティルン	brow ブラウ
おてん 汚点	*der* Fleck フレック	stain ステイン
てんば お転婆	*der* Wildfang ヴィルトファング	tomboy タムボイ
おと 音	*der* Laut ラオト	sound サウンド
（音色）	*der* Ton トーン	sound サウンド
（雑音）	*das* Geräusch ゲロイシュ	noise ノイズ
とう お父さん	*der* Vater, *der* Vati ファーター, ファーティ	father, dad ファーザ, ダド
おとうと 弟	jüngerer Bruder ユンゲラー ブルーダー	(younger) brother (ヤンガ) ブラザ
おど 威かす	bedrohen ベドローエン	threaten, menace スレトン, メナス
とぎばなし お伽話	*das* Märchen メーアヒェン	fairy tale フェアリ テイル
とくい お得意	*die* Stärke シュテルケ	strong point ストローング ポイント
（得意先）	*der* Kunde, *die* Kundschaft クンデ, クントシャフト	customer カスタマ
おとこ 男	*der* Mann マン	man, male マン, メイル
おとこのこ 男の子	*der* Junge ユンゲ	boy ボイ
おど 脅し	*die* Drohung ドローウング	threat, menace スレト, メナス
としだま お年玉	*das* Neujahrsgeschenk ノイヤールスゲシェンク	New Year's gift ニュー イアズ ギフト
お 落とす	fallen lassen ファレン ラッセン	drop, let fall ドラプ, レト フォール
（失う）	verlieren フェアリーレン	lose ルーズ
（抜かす）	versäumen フェアゾイメン	omit オウミト

日	独	英
（汚れを）	entfernen エントフェルネン	remove リムーヴ
脅す	drohen, bedrohen ドローエン, ベドローエン	threaten, menace スレトン, メナス
訪れる	besuchen ベズーヘン	visit ヴィズィト
一昨日	vorgestern フォーアゲスターン	the day before yesterday ザ デイ ビフォー イェスタディ
一昨年	vorletztes Jahr フォーアレッツテス ヤール	the year before last ザ デイ ビフォー ラスト
大人	*der/die* Erwachsene エアヴァクセネ	adult, grown-up アダルト, グロウナプ
おとなしい	milde, artig, brav ミルデ, アールティヒ, ブラーフ	gentle, quiet ヂェントル, クワイエト
乙女	*das* Fräulein フロイライン	girl ガール
（処女）	*die* Jungfrau ユングフラオ	virgin ヴァーヂン
～座	*die* Jungfrau ユングフラオ	the Virgin, Virgo ザ ヴァーヂン
踊り	*der* Tanz タンツ	dance ダンス
踊り場	*der* Treppenabsatz トレッペンアプザッツ	landing ランディング
劣る	nach|stehen ナーハシュテーエン	be inferior *to* ビ インフィアリア
踊る	tanzen タンツェン	dance ダンス
躍る	auf|springen アオフシュプリンゲン	jump ヂャンプ
（胸が）	schlagen シュラーゲン	throb スラブ
衰える	schwächer werden シュヴェッヒャー ヴェーアデン	become weak ビカム ウィーク
（健康・人気が）	verlieren フェアリーレン	decline ディクライン
（風・火が）	nach|lassen ナーハラッセン	go down ゴウ ダウン

日	独	英
驚かす	überraschen ユーバーラッシェン	surprise, astonish サプライズ, アスタニシュ
驚き	*die* Überraschung ユーバーラッシュング	surprise サプライズ
驚く	überrascht sein ユーバーラッシュト ザイン	be surprised ビ サプライズド
お腹	*der* Bauch バオホ	stomach スタマク
同じ	gleich, das Gleiche グライヒ, ダス グライヒェ	the same ザ セイム
（等しい）	gleich グライヒ	equal, equivalent イークワル, イクウィヴァレント
（同様の）	derselbe, dasselbe, dieselbe デアゼルベ, ダスゼルベ, ディーゼルベ	similar スィミラ
（共通の）	gemeinsam ゲマインザーム	common カモン
鬼	*der* Teufel トイフェル	ogre, demon オウガ, ディーモン
（遊戯の）	*der/die* Fangende ファンゲンデ	tagger, it タガ, イト
鬼ごっこ	*die* Blindekuh ブリンデクー	tag タグ
尾根	*der* Kamm, *der* Bergrücken カム, ベルクリュッケン	ridge リヂ
斧	*die* Axt アクスト	ax, hatchet アクス, ハチェト
各々	jeder, jede, jedes イェーダー, イェーデ, イェーデス	each イーチ
叔[伯]母	*die* Tante タンテ	aunt アント
おばあさん	*die* Großmutter グロースムッター	grandmother グランドマザ
（老婆）	alte Frau アルテ フラオ	old woman オウルド ウマン
オパール	*der* Opal オパール	opal オウパル
お化け	*das* Gespenst ゲシュペンスト	bogy ボウギ

日	独	英
おはよう	**Guten Morgen!** グーテン モルゲン	Good morning. グド モーニング
帯(おび)	*der* **Gürtel** ギュルテル	belt, sash ベルト, サシュ
怯(おび)える	**verängstigt sein** フェアエンクスティヒト ザイン	be frightened *at* ビ フライトンド
牡羊座(おひつじざ)	*der* **Widder** ヴィッダー	the Ram, Aries ザ ラム, エアリィーズ
オフィス	*das* **Büro** ビューロー	office オーフィス
オブザーバー	*der*(*die*) **Beobachter**(*in*) ベオーバハター (-テリン)	observer オブザーヴァ
オフシーズン	*die* **Nebensaison** ネーベンゼゾーン	off-season オーフスィーズン
オブジェ	*das* **Objekt** オブイェクト	objet オブジェ
オプション	*die* **Wahl**, *die* **Option** ヴァール, オプツィオーン	option アプション
汚物(おぶつ)	*der* **Dreck** ドレック	filth フィルス
オブラート	*die* **Oblate** オブラーテ	medicinal wafer メディスィナル ウェイファ
オフレコで	**inoffiziell** インオフィツィエル	off-the-record オーフザレコド
おべっか	*die* **Schmeichelei** シュマイヒェライ	flattery フラタリ
オペラ	*die* **Oper** オーパー	opera アペラ
オペレーター	*der*(*die*) **Operator**(*in*) フェアミットルング, オペラートア (オペラトーリン)	operator アパレイタ
覚(おぼ)え書(が)き	*die* **Notiz** ノティーツ	memo メモウ
〈外交上の〉	*die* **Denkschrift** デンクシュリフト	memorandum, note メモランダム, ノウト
覚(おぼ)えている	**sich⁴ an⁴ erinnern** エアイネレン	remember リメンバ

日	独	英
覚える	lernen レルネン	learn ラーン
（記憶する）	*sich*³ merken メルケン	remember リメンバ
（暗記する）	auswendig lernen アオスヴェンディヒ レルネン	memorize メモライズ
（感じる）	*sich*⁴ fühlen フューレン	feel フィール
溺れる	ertrinken エアトリンケン	be drowned ビ ドラウンド
（ふける）	*sich*⁴ hin|geben ヒンゲーベン	indulge *in* インダルヂ
お前	du ドゥー	you ユー
（夫婦間で）	*der* Liebling, *der* Schatz リープリング, シャッツ	my dear マイ ディア
（子供に）	mein (kleiner) Schatz マイン（クライナー）シャッツ	my child マイ チャイルド
おまけ	extra, zusätzlich エクストラ, ツーゼッツリヒ	extra エクストラ
（景品・割増）	*die* Zugabe ツーガーベ	premium プリーミアム
（割引）	*der* Rabatt ラバット	discount ディスカウント
〜する	Preisnachlass geben, reduzieren プライスナーハラス ゲーベン, レドゥツィーレン	discount ディスカウント
お守り	*das* Amulett, *der* Talisman アムレット, ターリスマン	charm, talisman チャーム, タリスマン
お巡りさん	*der(die)* Polizist(*in*) ポリツィスト（-ティン）	cop, policeman カプ, ポリースマン
おむつ	*der* Windel ヴィンデル	diaper ダイアパ
オムニバス	*der* Episodenfilm エピゾーデンフィルム	omnibus アムニバス
オムレツ	*das* Omelett オムレット	omelet アムレト

日	独	英
おめでとう	Ich gratuliere! Herzlichen Glückwunsch! イヒ グラトゥリーレ, ヘルツリヒェン グリュックヴンシュ	Congratulations! コングラチュレイションズ
重い	schwer シュヴェーア	heavy ヘヴィ
（重要・重大）	wichtig ヴィヒティヒ	important, grave インポータント, グレイヴ
（病が）	ernsthaft エルンストハフト	serious スィアリアス
（罰が）	hart ハルト	severe スィヴィア
思いがけない	unerwartet ウンエアヴァルテット	unexpected アニクスペクテド
思い切り	nach Herzenslust ナーハ ヘルツェンスルスト	to *one's* heart's content トゥ ハーツ コンテント
思い出す	*sich*⁴ *an*⁴ erinnern エアイナーン	remember, recall リメンバ, リコール
思い違い	*das* Missverständnis ミスフェアシュテントニス	misunderstanding ミサンダスタンディング
思い付く	*j*³ ein|fallen アインファレン	think *of* スィンク
思い出	*die* Erinnerung エアイネルング	memories メモリズ
思いやり	*die* Rücksicht リュックズィヒト	consideration コンスィダレイション
思う	denken デンケン	think スィンク
（見なす）	*für*⁴ halten ハルテン	consider *as* コンスィダ
面影	*die* Spur シュプーア	look, image ルク, イミヂ
重苦しい	drückend ドリュッケント	oppressive オプレスィヴ
重さ	*das* Gewicht ゲヴィヒト	weight ウェイト
面白い	interessant インテレサント	interesting インタレスティング

日	独	英
(奇妙な)	komisch コーミシュ	odd アド
玩具(おもちゃ)	das Spielzeug シュピールツォイク	toy トイ
～屋	das Spielwarengeschäft シュピールヴァーレンゲシェフト	toyshop トイシャプ
表(おもて)	die Vorderseite フォルダーザイテ	face フェイス
(前面)	der Vordergrund フォルダーグルント	the front ザ フラント
(戸外)	das Freie フライエ	out of doors アオト オヴ ドーズ
面(おもて)	die Oberfläche オーバーフレッヒェ	surface サーフェス
(顔)	das Gesicht ゲズィヒト	face フェイス
表通り(おもてどお)	die Hauptstraße ハオプトシュトラーセ	main street メイン ストリート
主(おも)な	haupt, wichtigst ハオプト, ヴィヒティヒスト	main, principal メイン, プリンスィパル
主(おも)に	hauptsächlich ハオプトゼヒリヒ	mainly, mostly メインリ, モウストリ
趣(おもむき)	die Bedeutung ベドイトゥング	import インポート
(内容)	der Inhalt インハルト	contents カンテンツ
(様子)	das Aussehen アオスゼーエン	air, looks エア, ルクス
(雅趣)	die Feinheit, der Geschmack ファインハイト, ゲシュマック	taste, elegance テイスト, エリガンス
錘(おもり)	das Lot ロート	weights, plumb ウェイツ, プラム
思惑(おもわく)	die Erwartung エアヴァルトゥング	thought, intention ソート, インテンション
重(おも)んじる	hoch achten ホーホ アハテン	value ヴァリュー
(尊重する)	auf⁴ Gewicht legen ゲヴィヒト レーゲン	attach importance to アタチ インポータンス

日	独	英
親(おや)	*der* Elternteil エルターンタイル	parent ペアレント
（両親）	*die* Eltern エルターン	parents ペアレンツ
（トランプの）	*der*(*die*) Kartengeber(*in*) カルテンゲーバー (-ベリン)	dealer ディーラ
親方(おやかた)	*der* Meister マイスター	foreman, boss フォーマン, ボース
親知らず(おやしらず)	*der* Weisheitszahn ヴァイスハイツツァーン	wisdom tooth ウィズダム トゥース
お休みなさい(おやすみなさい)	Gute Nacht! グーテ ナハト	Good night. グドナイト
お八つ(おやつ)	*die* Zwischenmahlzeit ツヴィッシェンマールツァイト	refreshments リフレシュメンツ
親分(おやぶん)	*der* Boss ボス	boss, chief ボース, チーフ
親指(おやゆび)	*der* Daumen ダオメン	thumb サム
（足の）	*die* große Zehe ディー グローセ ツェーエ	the big toe ザ ビグ トウ
泳ぐ(およぐ)	schwimmen シュヴィメン	swim スウィム
凡そ(およそ)	etwa, ungefähr エトヴァ, ウンゲフェーア	about, nearly アバウト, ニアリ
及ぶ(およぶ)	erreichen エアライヒェン	reach, amount *to* リーチ, アマウント
檻(おり)	*der* Käfig ケーフィヒ	cage ケイヂ
オリーブ	*die* Olive オリーヴェ	olive アリヴ
〜油	*das* Olivenöl オリーヴェンエール	olive oil アリヴ オイル
オリオン座(ざ)	*der* Orion オリーオン	Orion オライオン
折り返す(おりかえす)	um|schlagen ウムシュラーゲン	turn down ターン ダウン
（引き返す）	zurück|kehren ツリュックケーレン	turn back ターン バク

日	独	英
オリジナルの	original オリギナール	original オリヂナル
折り畳む	zusammen|falten ツザメンファルテン	fold up フォウルド アプ
折り目	*die* Falte ファルテ	fold フォウルド
織物	Textilien テクスティーリエン	textile, fabrics テクスタイル, ファブリクス
下[降]りる	herunter|kommen ヘルンターコメン	come down カム ダウン
（乗り物から）	aus|steigen アオスシュタイゲン	get off, get out *of* ゲト オーフ, ゲト アオト
（山から）	hinab|steigen ヒナップシュタイゲン	descend ディセンド
（霜が）	*sich*⁴ nieder|schlagen ニーダーシュラーゲン	fall フォール
オリンピック	*die* Olympiade オリュンピアーデ	the Olympic games ジ オリンピク ゲイムズ
織る	weben ヴェーベン	weave ウィーヴ
折る	brechen ブレッヒェン	break, snap ブレイク, スナプ
（曲げる）	biegen ビーゲン	bend ベンド
オルガン	*die* Orgel, *das* Harmonium オルゲル, ハルモーニウム	organ オーガン
オルゴール	*die* Spieldose シュピールドーゼ	music box ミューズィク バクス
折れる	ab|brechen アップブレッヒェン	break ブレイク
（譲歩）	nach|geben ナーハゲーベン	give in ギヴ イン
オレンジ	*die* Orange オラーンジェ	orange オーレンヂ
愚かな	dumm ドゥム	foolish, silly フーリシュ, スィリ
卸	*der* Großhandel グロースハンデル	wholesale ホウルセイル

日	独	英
～売り業者	*der*(*die*) Großhändler(*in*) グロースヘンドラー (-レリン)	wholesale dealer ホウルセイル ディーラ
～値	*der* Großhandelspreis グロースハンデルスプライス	wholesale price ホウルセイル プライス
下[降]ろす	herunter|nehmen ヘルンターネーメン	take down テイク ダウン
（乗客を）	ab|setzen アップゼッツェン	drop ドラプ
（積み荷を）	ab|laden アップラーデン	unload アンロウド
終わり	*das* Ende, *der* Schluss エンデ, シュルス	end, close エンド, クロウズ
終わる	enden エンデン	end, close エンド, クロウズ
（完成する）	aus|arbeiten, beenden アオスアルバイテン, ベエンデン	finish フィニシュ
（完結する）	vollenden フォルエンデン	conclude コンクルード
恩	*die* Gnade グナーデ	obligation アブリゲイション
音階	*die* Tonleiter トーンライター	scale スケイル
音楽	*die* Musik ムズィーク	music ミューズィク
～家	*der*(*die*) Musiker(*in*) ムーズィカー (-ケリン)	musician ミューズィシャン
音感	*das* Gehör ゲヘーア	hearing ヒアリング
恩給	*die* Pension パンズィオーン	pension ペンション
恩恵	*die* Wohltat, *der* Nutzen ヴォールタート, ヌッツェン	favor, benefit フェイヴァ, ベネフィト
穏健な	mäßig, gemäßigt メースィヒ, ゲメースィヒト	moderate マダレト
温厚な	sanftmütig ザンフトミューティヒ	gentile ヂェンタイル
温室	*das* Treibhaus トライプハオス	greenhouse グリーンハウス

日	独	英
～効果	der Treibhauseffekt トライプハオスエフェクト	greenhouse effect グリーンハウス イフェクト
恩人（おんじん）	der(die) Wohltäter(in) ヴォールテーター (-テリン)	benefactor ベネファクタ
温水（おんすい）	das Warmwasser ヴァルムヴァッサー	hot water ハト ウォータ
音声（おんせい）	die Stimme シュティメ	voice ヴォイス
音節（おんせつ）	die Silbe ズィルベ	syllable スィラブル
温泉（おんせん）	heiße Quelle, die Thermalquelle ハイセ クヴェレ, テルマールクヴェレ	hot spring, spa ハト スプリング, スパー
温帯（おんたい）	gemäßigte Zone ゲメースィヒテ ツォーネ	the Temperate Zone ザ テンペレト ゾウン
温暖な（おんだんな）	mild ミルト	mild マイルド
音痴（おんち）	die Unmusikalität ウンムズィカリテート	tone deafness トウン デフネス
温度（おんど）	die Temperatur テンペラトゥーア	temperature テンパラチャ
～計	das Thermometer テルモメーター	thermometer サマメタ
雄鶏（おんどり）	der Hahn ハーン	cock, rooster カク, ルースタ
女（おんな）	die Frau フラオ	woman ウマン
女の子（おんなのこ）	das Mädchen メートヒェン	girl ガール
音符（おんぷ）	die Note ノーテ	note ノウト
負んぶする（おんぶする）	auf dem Rücken tragen アオフ デム リュッケン トラーゲン	carry... on *one's* back キャリ オン バク
オンラインの	online オンライン	on-line オンライン
穏和な（おんわな）	mild, sanft ミルト, ザンフト	gentle ヂェントル

日	独	英
か, カ		
科	*die* Familie ファミーリエ	family ファミリ
(学校・病院の)	*die* Abteilung アップタイルング	department ディパートメント
課	*die* Abteilung アップタイルング	section, division セクション, ディヴィジョン
(教科書などの)	*die* Lektion レクツィオーン	lesson レスン
蚊	*die* Mücke, *der* Moskito ミュッケ, モスキート	mosquito モスキートウ
蛾	*die* Motte, *der* Schmetterling, *der* Nachtfalter モッテ, シュメッターリング, ナハトファルター	moth モース
ガーゼ	*die* Gaze ガーゼ	gauze ゴーズ
カーソル	*der* Cursor ケーサー	cursor カーサ
カーディガン	*die* Strickjacke シュトリックヤッケ	cardigan カーディガン
カーテン	*der* Vorhang, *die* Gardine フォーアハング, ガルディーネ	curtain カートン
カード	*die* Karte カルテ	card カード
ガードマン	*der* Wächter ヴェヒター	guard ガード
カートリッジ	*die* Patrone パトローネ	cartridge カートリヂ
ガードレール	*die* Leitplanke ライトプランケ	guardrail ガードレイル
カーニバル	*der* Karneval, *die* Fastnacht, *der* Fasching カルネヴァル, ファストナハト, ファッシング	carnival カーニヴァル
カーネーション	*die* Nelke ネルケ	carnation カーネイション
カーブ	*die* Kurve, *die* Biegung クルヴェ, ビーグング	curve, turn カーヴ, ターン

日	独	英
カーペット	*der* Teppich テピヒ	carpet カーペト
ガーリック	*der* Knoblauch クノーブラオホ	garlic ガーリク
ガールフレンド	*die* Freundin フロインディン	girlfriend ガールフレンド
会	*das* Treffen, *die* Party トレッフェン, パーティ	meeting, party ミーティング, パーティ
（団体）	*die* Gesellschaft ゲゼルシャフト	society ソサイアティ
回	*das* Mal マール	time タイム
（競技・ゲーム）	*die* Runde ルンデ	round, inning ラウンド, イニング
貝	*die* Muschel ムッシェル	shellfish シェルフィシュ
害	*der* Schaden シャーデン	harm, damage ハーム, ダミヂ
会員	*das* Mitglied ミットグリート	member メンバ
絵画	*die* Malerei マーレライ	picture, painting ピクチャ, ペインティング
外貨	ausländische Währung アオスレンディシェ ヴェールング	foreign money フォーリン マニ
海外	*die* Übersee ユーバーゼー	foreign countries フォーリン カントリズ
改革	*die* Reform レフォルム	reform リフォーム
～する	reformieren レフォルミーレン	reform リフォーム
快活な	heiter, munter ハイター, ムンター	cheerful チアフル
貝殻	*die* Muschelschale ムッシェルシャーレ	shell シェル
会館	*die* Halle ハレ	hall ホール
海岸	*die* Küste キュステ	seashore, beach スィーショー, ビーチ

日	独	英
がいかん 外観	*das* Aussehen アオスゼーエン	appearance アピアランス
かいぎ 会議	*die* Sitzung, *die* Konferenz ズィッツング, コンフェレンツ	meeting, conference ミーティング, カンファレンス
かいきゅう 階級	*die* Klasse クラッセ	class クラス
かいきょう 海峡	*die* Meerenge メーアエンゲ	strait, channel ストレイト, チャヌル
かいぎょう 開業	Eröffnung eines Geschäftes エアエフヌング アイネス ゲシェフテス	starting a business スターティング ア ビズネス
かいぐん 海軍	*die* Marine マリーネ	the navy ザ ネイヴィ
かいけい 会計	*die* Rechnung, *die* Kasse レヒヌング, カッセ	account, finance アカウント, フィナンス
～係	*der* Kassierer, *der* Buchhalter カスィーラー, ブーフハルター	cashier, accountant キャシア, アカウンタント
～監査	*die* Rechnungsprüfung レヒヌングスプリューフング	auditing オーディティング
～士	*der* Rechnungsprüfer レヒヌングスプリューファー	accountant アカウンタント
～年度	*das* Rechnungsjahr レヒヌングスヤール	fiscal year フィスカル イア
かいけつ 解決	*die* Lösung レーズング	settlement, solution セトルメント, ソルーション
～する	lösen レーゼン	settle, solve セトル, サルヴ
かいけん 会見	*das* Interview インターヴュー	interview インタヴュー
がいけん 外見	*das* Aussehen アオスゼーエン	appearance アピアランス
かいげんれい 戒厳令	*das* Standrecht シュタントレヒト	martial law マーシャル ロー
かいこ 蚕	*die* Seidenraupe ザイデンラオペ	silkworm スィルクワーム
かいご 介護	*die* Pflege プフレーゲ	care ケア

日	独	英
かいごう 会合	die Zusammenkunft, das Treffen ツザメンクンフト, トレッフェン	meeting, gathering ミーティング, ギャザリング
がいこう 外交	die Diplomatie ディプロマティー	diplomacy ディプロウマスィ
～官	der Diplomat ディプロマート	diplomat ディプロマト
～辞令	das Kompliment コンプリメント	diplomatic language ディプロマティク ラングウィヂ
～政策	die Außenpolitik アオセンポリティーク	foreign policy フォーリン パリスィ
がいこく 外国	das Ausland アオスラント	foreign country フォーリン カントリ
～の	ausländisch, fremd アオスレンディシュ, フレムト	foreign フォーリン
～為替	die Devisen デヴィーゼン	foreign exchange フォーリン イクスチェインヂ
～語	die Fremdsprache フレムトシュプラーヘ	foreign language フォーリン ラングィヂ
～人	der(die) Ausländer(in) アオスレンダー (-リン)	foreigner フォーリナ
がいこつ 骸骨	das Skelett スケレット	skeleton スケルトン
かいさい 開催する	veranstalten, ab|halten フェアアンシュタルテン, アップハルテン	hold, open ホウルド, オウプン
かいさつぐち 改札口	die Sperre シュペレ	ticket gate ティケト ゲイト
かいさん 解散	die Auflösung アオフレーズング	breakup ブレイカプ
～する	auf|lösen アオフレーゼン	dissove ディソルヴ
がいさん 概算	der Überschlag ユーバーシュラーク	rough estimate ラフ エスティメト
かいさんぶつ 海産物	die Seeprodukte ゼープロドゥクテ	marine products マリーン プラダクツ
かいし 開始	der Anfang, der Beginn アンファング, ベギン	start, beginning スタート, ビギニング

日	独	英
〜する	an|fangen, beginnen アンファンゲン, ベギネン	begin, start ビギン, スタート
買い占める	auf|kaufen アオフカオフェン	buy up, corner バイ アプ, コーナ
会社	*die* Gesellschaft, *die* Firma ゲゼルシャフト, フィルマ	company, firm カンパニ, ファーム
〜員	*der/die* Angestellte アンゲシュテルテ	office worker オーフィス ワーカ
解釈	*die* Interpretation インターブレタツィオーン	interpretation インタープリテイション
〜する	interpretieren インタープレティーレン	interpret インタープリト
怪獣	*das* Ungeheuer, *das* Monster ウンゲホイアー, モンスター	monster マンスタ
回収する	zurück|ziehen ツリュックツィーエン	recall リコール
（お金を）	ein|ziehen アインツィーエン	collect コレクト
改宗する	*sich*⁴ bekehren ベケーレン	convert コンヴァート
外出する	aus|gehen アオスゲーエン	go out ゴウ アウト
解除	*die* Aufhebung アオフヘーブング	cancellation キャンセレイション
〜する	auf|heben アオフヘーベン	cancel キャンセル
会場	*der* Saal ザール	hall ホール
海上の	auf See, auf dem Meer アオフ ゼー, アオフ デム メーア	marine マリーン
外食する	auswärts essen アオスヴェルツ エッセン	eat out イート アウト
海水	*das* Seewasser ゼーヴァッサー	seawater スィーウォータ
海水浴	*das* Seebad ゼーバート	sea bathing スィー ベイジング
回数券	*die* Mehrfahrtenkarte メーアファールテンカルテ	commutation ticket カミュテイション ティケト

104

日	独	英
がい 害する	schaden シャーデン	injure インチャ
（感情を）	verletzen フェアレッツェン	hurt ハート
かいせい 快晴	herrliches Wetter ヘルリヒェス ヴェッター	fine weather ファイン ウェザ
かいせい 改正する	verbessern フェアベッサーン	revise, amend リヴァイズ, アメンド
かいせつ 解説	*die* Erklärung, *der* Kommentar エアクレールング, コメンタール	explanation, commentary エクスプラネイション, カメンテリ
～する	erklären, kommentieren エアクレーレン, コメンティーレン	explain, comment イクスプレイン, カメント
かいぜん 改善	*die* Verbesserung フェアベッセルング	improvement インプルーヴメント
～する	verbessern フェアベッサーン	improve インプルーヴ
かいそう 海草	*das* Seegras ゼーグラース	seaweed スィーウィード
かいぞう 改造	*die* Umbildung ウムビルドゥング	reconstruction リーコンストラクション
かいそう 回送する	weiter|leiten ヴァイターライテン	forward フォーワド
かいぞく 海賊	*der* Pirat, *der* Seeräuber ピラート, ゼーロイバー	pirate パイアレト
～版	*der* Raubdruck ラオプドルック	pirated edition パイアレイテド イディション
かいそくれっしゃ 快速列車	*der* Schnellzug シュネルツーク	fast train ファスト トレイン
かいたく 開拓	*die* Erschließung エアシュリースング	cultivation カルティヴェイション
～する	erschließen, urbar machen エアシュリーセン, ウーアバール マッヘン	open up オウプン アプ
～者	*der* Pionier ピオニーア	pioneer パイアニア
かいだん 会談	*das* Gespräch ゲシュプレーヒ	talk トーク

日	独	英
階段(かいだん)	*die* Treppe トレッペ	stairs ステアズ
改築(かいちく)	*der* Umbau ウムバオ	rebuilding リービルディング
害虫(がいちゅう)	*der* Schädling シェートリング	harmful insect, vermin ハームフル インセクト, ヴァーミン
懐中電灯(かいちゅうでんとう)	*die* Taschenlampe タッシェンランペ	flashlight フラシュライト
会長(かいちょう)	*der*(*die*) Präsident(*in*), *der*/*die* Vorsitzende プレズィデント(-ティン), フォーアズィッツェンデ	president プレジデント
開通する(かいつう)	eröffnet werden エアエフネット ヴェーアデン	be opened to traffic ビ オウプンド トゥ トラフィク
買い手(かいて)	*der* Käufer コイファー	buyer バイア
海底(かいてい)	*der* Meeresboden メーレスボーデン	the bottom of the sea ザ バトム オヴ ザ スィー
改定する(かいてい)	erneuern, verbessern エアノイアーン, フェアベッサーン	revise, change リヴァイズ, チェインヂ
快適な(かいてき)	bequem, angenehm ベクヴェーム, アンゲネーム	comfortable カンフォタブル
回転(かいてん)	*die* Umdrehung ウムドレーウング	turning, rotation ターニング, ロウテイション
～する	*sich*⁴ drehen ドレーエン	turn, rotate ターン, ロウテイト
開店(かいてん)	*die* Eröffnung エアエフヌング	opening オウプニング
ガイド	*der*(*die*) Führer(*in*) フューラー (-レリン)	guide ガイド
～ブック	*der* Reiseführer ライゼフューラー	guidebook ガイドブク
～ライン	*die* Richtlinien リヒトリーニエン	guidelines ガイドライン
解答(かいとう)	*die* Lösung レーズング	answer アンサ
～する	lösen レーゼン	answer, solve アンサ, サルヴ

日	独	英
かいとう 回答	*die* Antwort アントヴォルト	reply リプライ
〜する	*auf*⁴ antworten アントヴォルテン	reply *to* リプライ
かいどう 街道	*die* Landstraße ラントシュトラーセ	highway, road ハイウェイ, ロウド
がいとう 街灯	*die* Laterne ラテルネ	streetlight ストリートライト
かいどくする 解読する	entziffern エントツィッファーン	decipher, decode ディサイファ, ディコウド
かいなんきゅうじょ 海難救助	*der* Seenotrettungsdienst ゼーノートレットゥングスディーンスト	sea rescue スィー レスキュー
かいにゅう 介入	*die* Einmischung アインミッシュング	intervention インタヴェンション
〜する	*sich*⁴ *in*⁴ ein|mischen アインミッシェン	intervene インタヴィーン
がいねん 概念	*der* Begriff ベグリフ	notion, concept ノウション, カンセプト
かいはつ 開発	*die* Erschließung, *die* Entwicklung エアシュリースング, エントヴィックルング	exploitation エクスプロイテイション
〜する	erschließen, entwickeln エアシュリーセン, エントヴィッケルン	develop, exploit ディヴェロプ, エクスプロイト
かいばつ 海抜	über dem Meeresspiegel ユーバー デム メーレスシュピーゲル	above the sea アバヴ ザ スィー
かいひ 会費	*der* Mitgliedsbeitrag ミットグリーツバイトラーク	(membership) fee (メンバシプ) フィー
がいぶ 外部	*die* Außenseite アオセンザイテ	the outside ジ アウトサイド
かいふく 回復	*die* Besserung ベッセルング	recovery リカヴァリ
〜する	*sich*⁴ erholen, *sich*⁴ bessern エアホーレン, ベッサーン	recover リカヴァ
かいぶつ 怪物	*das* Ungeheuer ウンゲホイアー	monster マンスタ
(人)	*das* Monstrum モンストルム	monstrous fellow マンストラス フェロウ

日	独	英
かいぼう 解剖	*die* Sektion ゼクツィオーン	dissection ディセクション
かいほう 解放する	befreien ベフライエン	release, liberate リリース, リバレイト
かいほう 開放する	offen lassen オッフェン ラッセン	open オウプン
かいまく 開幕	*die* Eröffnung エアエフヌング	the opening ジ オウプニング
がいむ 外務	auswärtige Angelegenheiten アオスヴェルティゲ アンゲレーゲンハイテン	foreign affairs フォーリン アフェアズ
～省	*das* Außenministerium アオセンミニステーリウム	the Ministry of Foreign Affairs ザ ミニストリ オヴ フォーリン アフェアズ
～大臣	*der*(*die*) Außenminister(*in*) アオセンミニスター (-テリン)	the Minister of Foreign Affairs ザ ミニスタ オヴ フォーリン アフェアズ
かいめん 海綿	*der* Schwamm シュヴァム	sponge スパンチ
か もの 買い物	*der* Einkauf アインカオフ	shopping シャピング
かいやく 解約	*die* Kündigung キュンディグング	cancellation キャンセレイション
がいらいご 外来語	*das* Fremdwort フレムトヴォルト	loanword ロウンワード
かいりつ 戒律	*das* Gebot ゲボート	commandment コマンドメンツ
がいりゃく 概略	*der* Umriss ウムリス	outline アウトライン
かいりゅう 海流	*die* Meeresströmung メーレスシュトレームング	current カーレント
かいりょう 改良	*die* Verbesserung フェアベッセルング	improvement インプルーヴメント
かいろ 回路	*der* Stromkreis シュトロームクライス	circuit サーキト
がいろじゅ 街路樹	*der* Straßenbaum シュトラーセンバオム	street trees ストリート トリーズ

日	独	英
カイロプラクティック	*die* Chiropraktik ヒロプラクティク	chiropractic カイラプラクティック
会話	*das* Gespräch ゲシュプレーヒ	conversation カンヴァセイション
～する	*sich*⁴ *mit*³ unterhalten ウンターハルテン	talk *with* トーク
下院	*das* Unterhaus ウンターハオス	the House of Representatives ザ ハウス オヴ レプリゼンタティヴズ
飼う	halten, züchten ハルテン, ツュヒテン	keep, raise キープ, レイズ
買う	kaufen カオフェン	buy, purchase バイ, パーチェス
ガウン	*die* Robe, *der* Talar ローベ, タラール	gown ガウン
カウンセラー	*der*(*die*) Berater(*in*) ベラーター (-テリン)	counselor カウンスラ
カウンセリング	*die* Beratung ベラートゥング	counseling カウンスリング
カウンター	*der* Ladentisch ラーデンティッシュ	counter カウンタ
カウント	*die* Zählung ツェールング	count カウント
返す	zurück|geben ツリュックゲーベン	return リターン
帰り	*die* Rückkehr リュックケーア	return リターン
蛙	*der* Frosch フロッシュ	frog フローグ
帰る	zurück|kehren ツリュックケーレン	come [go] home カム [ゴウ] ホウム
(辞去)	Abschied nehmen アップシート ネーメン	leave リーヴ
換える	wechseln ヴェクセルン	exchange *for* イクスチェインヂ
変える	ändern エンダーン	change チェインヂ

日	独	英
かえ 返る	zurückgegeben werden ツリュックゲゲーベン ヴェーアデン	return, come back リターン, カム バク
かお 顔	*das* Gesicht ゲズィヒト	face フェイス
かおいろ 顔色	*der* Teint, *die* Gesichtsfarbe テーン, ゲズィヒツファルベ	complexion コンプレクション
かお 香り	*der* Duft ドゥフト	smell, fragrance スメル, フレイグランス
かお 香[薫]る	duften ドゥフテン	be fragrant ビ フレイグラント
がか 画家	*der*(*die*) Maler(*in*) マーラー (-レリン)	painter ペインタ
かがいしゃ 加害者	*der*(*die*) Übeltäter(*in*) ユーベルテーター (-テリン)	assailant アセイラント
かか 抱える	in die Arme nehmen イン ディー アルメ ネーメン	hold... in *one's* arms ホウルド イン アームズ
かかく 価格	*der* Preis プライス	price プライス
かがく 化学	*die* Chemie ヒェミー	chemistry ケミストリ
〜工業	*der* Chemiebetrieb ヒェミーベトリープ	chemical industry ケミカル インダストリ
かがく 科学	*die* Wissenschaft ヴィッセンシャフト	science サイエンス
〜者	*der*(*die*) Wissenschaftler(*in*) ヴィッセンシャフトラー (-レリン)	scientist サイエンティスト
かか 掲げる	aus|hängen アオスヘンゲン	hoist ホイスト
かかし 案山子	*die* Vogelscheuche フォーゲルショイヒェ	scarecrow スケアクロウ
かかと 踵	*die* Ferse フェルゼ	heel ヒール
(靴の)	*der* Absatz アップザッツ	heel ヒール
かがみ 鏡	*der* Spiegel シュピーゲル	mirror ミラ
かが 屈む	*sich*^{4} beugen ボイゲン	stoop ストゥープ

日	独	英
輝かしい	glänzend, strahlend グレンツェント, シュトラーレント	brilliant ブリリャント
輝き	*der* Glanz グランツ	brilliance ブリリャンス
輝く	scheinen, glänzen シャイネン, グレンツェン	shine, glitter シャイン, グリタ
係員	*der/die* Zuständige ツーシュテンディゲ	person in charge パーソン イン チャーヂ
掛かる	hängen ヘンゲン	hang ハング
（金が）	kosten コステン	cost コースト
（時間が）	dauern ダオアーン	take テイク
関［係］わる	sich^4 an^3 beteiligen ベタイリゲン	be concerned in ビ コンサーンド イン
牡蠣	*die* Auster アオスター	oyster オイスタ
鍵	*der* Schlüssel シュリュッセル	key キー
書き換える	um|schreiben ウムシュライベン	rewrite リーライト
（名義を）	übertragen ユーバートラーゲン	transfer トランスファー
書留	*das* Einschreiben アインシュライベン	registration レヂストレイション
書き留める	auf|schreiben, notieren アオフシュライベン, ノティーレン	write down ライト ダウン
書き取り	*das* Diktat ディクタート	dictation ディクテイション
書き取る	ab|schreiben アップシュライベン	write down ライト ダウン
書き直す	um|schreiben ウムシュライベン	rewrite リーライト
垣根	*der* Zaun, *die* Hecke ツァオン, ヘッケ	fence, hedge フェンス, ヘヂ
掻き混ぜる	um|rühren ウムリューレン	mix up ミクス アプ

日	独	英
掻き回す	um|rühren ウムリューレン	stir スター
下級	untere Klasse ウンテレ クラッセ	lower class ロウア クラス
家業	*das* Gewerbe ゲヴェルベ	the family business ザ ファミリ ビズネス
歌曲	*das* Lied リート	song ソーング
限る	beschränken ベシュレンケン	limit リミト
核	*der* Kern ケルン	kernel, core カーネル, コー
（原子核）	*der* Atomkern アトームケルン	nucleus ニュークリアス
欠く	fehlen フェーレン	lack ラク
書く	schreiben シュライベン	write ライト
（絵を）	malen, zeichnen マーレン, ツァイヒネン	paint, draw ペイント, ドロー

■ 家具 ■ *die* Möbel /メーベル/

箪笥　*der* Kleiderschrank /クライダーシュランク/　(英chest of drawers)

椅子　*der* Stuhl /シュトゥール/　(英chair, stool)

長椅子　*die* Couch /カオチュ/, *das* Sofa /ゾーファ/　(英sofa, couch)

肘掛け椅子　*der* Sessel /ゼッセル/　(英armchair)

ソファー　*das* Sofa /ゾーファ/　(英sofa, couch)

机　*der* (Schreib)tisch /(シュライプ)ティッシュ/　(英desk, bureau)

テーブル　*der* Tisch /ティッシュ/　(英table)

本棚　*das* Bücherregal /ビューヒャーレガール/　(英bookshelf)

食器棚　*der* Geschirrschrank /ゲシルシュランク/　(英cupboard)

カーテン　*der* Vorhang /フォーアハング/　(英curtain)

絨毯　*der* Teppich /テピヒ/　(英carpet, rug)

ベッド　*das* Bett /ベット/　(英bed)

日	独	英
掻く	kratzen クラッツェン	scratch スクラチ
家具	*das* Möbel メーベル	furniture ファーニチャ
嗅ぐ	riechen リーヒェン	smell, sniff スメル, スニフ
額	*der* Rahmen ラーメン	frame フレイム
（金額）	*der* Betrag ベトラーク	amount, sum アマウント, サム
学位	*der* Grad グラート	degree ディグリー
架空の	imaginär, eingebildet イマギネーア, アインゲビルデット	imaginary イマヂネリ
各駅停車	*der* Bummelzug ブメルツーク	local train ロウカル トレイン
格言	*der* Spruch, *die* Maxime シュプルフ, マクシーメ	maxim マクスィム
覚悟する	sich⁴ auf⁴ gefasst machen ゲファスト マッヘン	be prepared *for* ビ プリペアド
格差	*der* Unterschied, *die* Kluft ウンターシート, クルフト	difference, gap ディファレンス, ギャプ
角砂糖	*der* Würfelzucker ヴュルフェルツッカー	cube sugar キューブ シュガ
学士	*der* Bachelor, *der* Bakkalaureus ベチェラー, バッカラオレウス	bachelor バチェラ
確実な	sicher, bestimmt ズィヒャー, ベシュティムト	sure, certain シュア, サートン
学者	*der*(*die*) Wissenschaftler(*in*) ヴィッセンシャフトラー (-レリン)	scholar スカラ
学習	*das* Lernen レルネン	learning ラーニング
〜する	lernen レルネン	study, learn スタディ, ラーン
学術	*die* Wissenschaft ヴィッセンシャフト	learning ラーニング
確信する	sich⁴ von³ überzeugen ユーバーツォイゲン	be convinced *of, that* ビ コンヴィンスト

113

か

日	独	英
<ruby>隠<rt>かく</rt></ruby>す	verstecken, verbergen フェアシュテッケン, フェアベルゲン	hide, conceal ハイド, コンスィール
<ruby>学生<rt>がくせい</rt></ruby>	*der(die)* Student(*in*) シュトゥデント(-ティン)	student ステューデント
～証	*der* Studentenausweis シュトゥデンテンアオスヴァイス	student's ID card ステューデンツ アイディー カード
<ruby>覚醒剤<rt>かくせいざい</rt></ruby>	*das* Reizmittel ライツミッテル	stimulant スティミュラント
<ruby>学説<rt>がくせつ</rt></ruby>	*die* Theorie テオリー	theory スィーアリ
<ruby>拡大<rt>かくだい</rt></ruby>	*die* Vergrößerung フェアグレーセルング	magnification マグニフィケイション
～する	vergrößern フェアグレーサーン	magnify マグニファイ
<ruby>楽団<rt>がくだん</rt></ruby>	*die* Musikkapelle ムズィークカペレ	band, orchestra バンド, オーケストラ
<ruby>学長<rt>がくちょう</rt></ruby>	*der(die)* Rektor(*in*) レクトーア (-トーリン)	president プレジデント
<ruby>拡張<rt>かくちょう</rt></ruby>する	erweitern エアヴァイターン	extend イクステンド
<ruby>格付<rt>かくづ</rt></ruby>け	*die* Einstufung アインシュトゥーフング	rating レイティング
<ruby>確定<rt>かくてい</rt></ruby>する	fest|setzen, fest|legen フェストゼッツェン, フェストレーゲン	determine ディターミン
カクテル	*der* Cocktail コクテール	cocktail カクテイル
<ruby>角度<rt>かくど</rt></ruby>	*der* Winkel ヴィンケル	angle アングル
<ruby>格闘<rt>かくとう</rt></ruby>	*die* Rauferei ラオフェライ	fight ファイト
<ruby>獲得<rt>かくとく</rt></ruby>	*der* Erwerb エアヴェルプ	acquisition アクウィジション
～する	gewinnen, erwerben ゲヴィネン, エアヴェルベン	acquire, obtain アクワイア, オプテイン
<ruby>確認<rt>かくにん</rt></ruby>	*die* Bestätigung ベシュテーティグング	confirmation カンファメイション
～する	bestätigen ベシュテーティゲン	confirm コンファーム

日	独	英
がくねん 学年	*das* Schuljahr シュールヤール	school year スクール イア
（大学の）	*das* Studienjahr シュトゥーディエンヤール	academic year アカデミック イア
かくのうこ 格納庫	*der* Hangar ハンガー	hangar ハンガ
がくひ 学費（大学の）	*die* Studiengebühr シュトゥーディエンゲビュール	tuition fee テューイション フィー
（中・高校の）	*das* Schulgeld シュールゲルト	school fee スクール フィー
がくふ 楽譜	*die* Noten ノーテン	music ミュージク
（総譜）	*die* Partitur パルティトゥーア	score スコー
がくぶ 学部	*die* Fakultät ファクルテート	faculty ファカルティ
かくへいき 核兵器	*die* Atomwaffe アトームヴァッフェ	nuclear weapon ニュークリア ウェポン
かくほ 確保する	sichern ズィヒャーン	secure スィキュア
かくまく 角膜	*die* Hornhaut ホルンハオト	cornea コーニア
かくめい 革命	*die* Revolution レヴォルツィオーン	revolution レヴォルーション
がくもん 学問	*die* Wissenschaft ヴィッセンシャフト	learning, study ラーニング, スタディ
がくや 楽屋	*die* Garderobe ガルデローベ	dressing room ドレスィング ルーム
かくりつ 確率	*die* Wahrscheinlichkeit ヴァールシャインリヒカイト	probability プラバビリティ
かくりつ 確立する	errichten エアリヒテン	establish イスタブリシュ
かくりょう 閣僚	*das* Kabinettsmitglied カビネッツミットグリート	the Cabinet ministers ザ キャビネト ミニスタズ
がくりょく 学力	*die* Lernfähigkeit レルンフェーイヒカイト	scholarship スカラシプ
がくれき 学歴	akademischer Werdegang アカデーミシャー ヴェーアデガング	school career スクール カリア

日	独	英
隠れる	*sich*⁴ verstecken フェアシュテッケン	hide *oneself* ハイド
隠れん坊	*das* Versteckspiel フェアシュテックシュピール	hide-and-seek ハイダンスィーク
学割	*die* Studentenermäßigung シュトゥデンテンエアメースィグング	reduced fee for students リデュースド フィー フォ ステューデンツ
賭け	*die* Wette ヴェッテ	bet ベト
～事	*das* Glücksspiel グリュックスシュピール	gambling ギャンブリング
陰・影	*der* Schatten シャッテン	shade, shadow シェイド, シャドウ
崖	*das* Kliff クリフ	cliff クリフ
家計	*der* Haushalt ハオスハルト	household economy ハウスホウルド イカノミ
掛け算	*die* Multiplikation ムルティプリカツィオーン	multiplication マルティプリケイション
駆け引き	*die* Taktik タクティク	tactics タクティクス
掛け布団	*die* Decke デッケ	quilt クウィルト
かけら	*die* Scherbe シェルベ	fragment フラグメント
架ける	bauen バオエン	build ビルド
掛ける	hängen ヘンゲン	hang ハング
（掛け算）	multiplizieren ムルティプリツィーレン	multiply マルティプライ
（時間を）	verbringen フェアブリンゲン	spend スペンド
（金を）	verbrauchen フェアブラオヘン	spend スペンド
（ラジオなどを）	an|schalten アンシャルテン	turn on ターン オン

日	独	英
（CDを）	spielen シュピーレン	play プレイ
（電話を）	an|rufen アンルーフェン	call コール
駆ける	rennen レネン	run ラン
欠ける	zerbrechen ツェアブレッヒェン	break *off* ブレイク
（不足）	fehlen フェーレン	lack ラク
賭ける	*um*⁴ wetten ヴェッテン	bet *on* ベト
過去	*die* Vergangenheit フェアガンゲンハイト	the past ザ パスト
籠	*der* Korb, *der* Käfig コルプ, ケーフィヒ	basket, cage バスケト, ケイヂ
囲い	*der* Zaun, *die* Einfassung ツァオン, アインファッスング	enclosure, fence インクロウジャ, フェンス
花崗岩	*der* Granit グラニート	granite グラニト
加工する	bearbeiten ベアルバイテン	process プラセス
化合する	*sich*⁴ *mit*³ verbinden フェアビンデン	combine コンバイン
囲む	umschließen, umgeben ウムシュリーセン, ウムゲーベン	surround, enclose サラウンド, インクロウズ
傘	*der* Regenschirm レーゲンシルム	umbrella アンブレラ
火災	*das* Feuer フォイアー	fire ファイア
～報知機	*der* Feuermelder フォイアーメルダー	fire alarm ファイア アラーム
～保険	*die* Feuerversicherung フォイアーフェアズィヒェルング	fire insurance ファイア インシュアランス
風車	*die* Windmühle ヴィントミューレ	pinwheel ピン(ホ)ウィール
傘立て	*der* Schirmständer シルムシュテンダー	umbrella stand アンブレラ スタンド

日	独	英
<ruby>重<rt>かさ</rt></ruby>なる	aufeinander liegen アオフアイナンダー リーゲン	be piled up, overlap ビ パイルド アプ, オウヴァラプ
（祭日などが）	*auf*⁴ fallen ファレン	fall on フォール オン
<ruby>重<rt>かさ</rt></ruby>ねる	aufeinander legen アオフアイナンダー レーゲン	pile up パイル アプ
<ruby>嵩張<rt>かさば</rt></ruby>る	sperrig sein シュペリヒ ザイン	be bulky バルキ
<ruby>飾<rt>かざ</rt></ruby>り	*die* Verzierung, *das* Ornament フェアツィールング, オルナメント	decoration, ornament デコレイション, オーナメント
<ruby>飾<rt>かざ</rt></ruby>る	schmücken, verzieren シュミュッケン, フェアツィーレン	decorate, ornament デコレイト, オーナメント
（陳列）	aus|stellen アオスシュテレン	put... on show プト オン ショウ
<ruby>火山<rt>かざん</rt></ruby>	*der* Vulkan ヴルカーン	volcano ヴァルケイノウ
<ruby>歌詞<rt>かし</rt></ruby>	*der* Text テクスト	words, text ワーズ, テクスト
<ruby>菓子<rt>かし</rt></ruby>	*die* Süßigkeit, *das* Gebäck ズースィヒカイト, ゲベック	confectionery, cake コンフェクショネリ, ケイク
<ruby>貸<rt>か</rt></ruby>し	*das* Darlehen ダールレーエン	loan ロウン
<ruby>家事<rt>かじ</rt></ruby>	*der* Haushalt ハオスハルト	housework ハウスワーク
<ruby>火事<rt>かじ</rt></ruby>	*das* Feuer フォイアー	fire ファイア
<ruby>貸<rt>か</rt></ruby>し<ruby>切<rt>き</rt></ruby>りの	gechartert ゲチャルタート	chartered チャータド
（部屋などが）	reserviert レザヴィーアト	reserved リザーヴド
<ruby>賢<rt>かしこ</rt></ruby>い	klug, weise クルーク, ヴァイゼ	wise, clever ワイズ, クレヴァ
<ruby>貸<rt>か</rt></ruby>し<ruby>出<rt>だ</rt></ruby>す	aus|leihen アオスライエン	lend out レンド アウト
<ruby>過失<rt>かしつ</rt></ruby>	*die* Fahrlässigkeit ファールレスィヒカイト	fault フォールト
<ruby>果実<rt>かじつ</rt></ruby>	*die* Frucht フルフト	fruit フルート

日	独	英
かしつけ 貸し付け	*das* Darlehen ダールレーエン	loan ロウン
カジノ	*das* Kasino カズィーノ	casino カスィーノウ
カシミヤ	*der* Kaschmir カシュミーア	cashmere キャジュミア
かしゃ 貨車	*der* Güterwagen ギューターヴァーゲン	freight car フレイト カー
かしや 貸し家	*das* Mietshaus ミーツハオス	house for rent ハウス フォ レント
かしゅ 歌手	*der*(*die*) Sänger(*in*) ゼンガー (-ゲリン)	singer スィンガ
かじゅ 果樹	*der* Obstbaum オープストバオム	fruit tree フルート トリー
カジュアルな	leger レジェーア	casual キャジュアル
かじゅう 果汁	*der* Fruchtsaft フルフトザフト	fruit juice フルート デュース
カシューナッツ	*die* Cashewnuss カシューヌス	cashew キャシュー
かじゅえん 果樹園	*der* Obstgarten オープストガルテン	orchard オーチャド
かじょう 過剰	*der* Überschuss ユーバーシュス	excess, surplus イクセス, サープラス
かしょくしょう 過食症	*die* Bulimie ブリミー	bulimia ビューリミア
かしらもじ 頭文字	*der* Anfangsbuchstabe アンファングスブーフシュターベ	initial letter イニシャル レタ
かじ 齧る	*an*³ knabbern クナッバーン	gnaw *at*, nibble *at* ノー, ニブル
か 貸す	leihen, verleihen ライエン, フェアライエン	lend レンド
（家などを）	vermieten フェアミーテン	rent レント
（土地を）	verpachten フェアパハテン	lease リース
かす 滓	*der* Rückstand リュックシュタント	dregs ドレグズ

日	独	英
かず 数	*die* Zahl ツァール	number, figure ナンバ, フィギャ
ガス	*das* Gas ガース	gas ギャス
かす 微かな	schwach, gering シュヴァッハ, ゲリング	faint, slight フェイント, スライト
カスタネット	*die* Kastagnette カスタニェッテ	castanets キャスタネッツ
かず こ 数の子	*der* Heringsrogen ヘーリングスローゲン	herring roe ヘリング ロー
かすみ 霞	*der* Dunst ドゥンスト	haze ヘイズ
かす 霞む	dunsten ドゥンステン	be hazy ビ ヘイジ
かす 掠れる	heiser werden ハイザー ヴェーアデン	get hoarse ゲト ホース
かぜ 風	*der* Wind ヴィント	wind, breeze ウィンド, ブリーズ
かぜ 風邪	*die* Erkältung エアケルトゥング	cold, flu コウルド, フルー
〜をひく	*sich*⁴ erkälten エアケルテン	catch (a) cold キャチ (ア) コウルド
かせい 火星	*der* Mars マルス	Mars マーズ
かぜい 課税	*die* Besteuerung ベシュトイエルング	taxation タクセイション
かせき 化石	*das* Fossil フォスィール	fossil ファスィル
かせ 稼ぐ	verdienen フェアディーネン	earn アーン
(時間を)	gewinnen ゲヴィンネン	gain ゲイン
かせつ 仮説	*die* Hypothese ヒュポテーゼ	hypothesis ハイパセスィス
カセットテープ	*die* Kassette カセッテ	cassette tape カセト テイプ
かそう 仮装	*die* Verkleidung フェアクライドゥング	disguise ディスガイズ

120

日	独	英
〜する	*sich*[4] verkleiden フェアクライデン	disguise *oneself* ディスガイズ
画像 (がぞう)	*das* Bild ビルト	picture, image ピクチャ, イミチ
数える (かぞえる)	zählen ツェーレン	count カウント
家族 (かぞく)	*die* Familie ファミーリエ	family ファミリ
加速する (かそくする)	beschleunigen ベシュロイニゲン	accelerate アクセレレイト
ガソリン	*das* Benzin ベンツィーン	gasoline, gas ギャソリーン, ギャス
〜スタンド	*die* Tankstelle タンクシュテレ	gas station ギャス ステイション
型・形 (かた)	*der* Typ テューブ	type タイプ
（形状）	*die* Form フォルム	shape シェイプ
（形式）	*das* Format フォルマート	form フォーム
（鋳型）	*die* Matrize マトリーツェ	mold モウルド
肩 (かた)	*die* Schulter シュルター	shoulder ショウルダ
固[堅・硬]い (かたい)	hart, fest ハルト, フェスト	hard, solid ハード, サリド
（態度・状態が）	steif, stark シュタイフ, シュタルク	strong, firm ストローング, ファーム
課題 (かだい)	*die* Aufgabe アオフガーベ	subject サブヂクト
（任務）	*der* Auftrag アオフトラーク	task タスク
肩書き (かたがき)	*der* Titel ティーテル	title タイトル
型紙 (かたがみ)	*die* Schablone シャブローネ	paper pattern ペイパ パタン
敵 (かたき)	*der* Feind ファイント	enemy, foe エネミ, フォウ

■ 家族 ■ *die* Familie /ファミーリエ/

父 (ちち)	*der* Vater /ファーター/	(英father)
母 (はは)	*die* Mutter /ムッター/	(英mother)
兄 (あに)	älterer Bruder /エルテラー ブルーダー/	(英older brother)
姉 (あね)	ältere Schwester /エルテレ シュヴェスター/	(英older sister)
弟 (おとうと)	jüngerer Bruder /ユンゲラー ブルーダー/	(英younger brother)
妹 (いもうと)	jüngere Schwester /ユンゲレ シュヴェスター/	(英younger sister)
夫 (おっと)	*der* Mann /マン/ , *der* Ehemann /エーエマン/	(英husband)
妻 (つま)	*die* Frau /フラオ/ , *die* Ehefrau /エーエフラオ/	(英wife)
息子 (むすこ)	*der* Sohn /ゾーン/	(英son)
娘 (むすめ)	*die* Tochter /トホター/	(英daughter)
祖父 (そふ)	*der* Großvater /グロースファーター/	(英grandfather)
祖母 (そぼ)	*die* Großmutter /グロースムッター/	(英grandmother)
叔父・伯父 (おじ)	*der* Onkel /オンケル/	(英uncle)
叔母・伯母 (おば)	*die* Tante /タンテ/	(英aunt)
従兄弟 (いとこ)	*der* Vetter /フェッター/	(英cousin)
従姉妹 (いとこ)	*die* Kusine /クズィーネ/	(英cousin)
甥 (おい)	*der* Neffe /ネッフェ/	(英nephew)
姪 (めい)	*die* Nichte /ニヒテ/	(英niece)
孫 (まご)	*der(die)* Enkel(*in*) /エンケル (-ケリン) /	(英grandchild)
舅 (しゅうと)	*der* Schwiegervater /シュヴィーガーファーター/	(英father-in-law)
姑 (しゅうとめ)	*die* Schwiegermutter /シュヴィーガームッター/	(英mother-in-law)
両親 (りょうしん)	*die* Eltern /エルターン/	(英parents)
夫婦 (ふうふ)	*das* Ehepaar /エーエパール/	(英couple)
子供 (こども)	*das* Kind /キント/	(英child)
養子 (ようし)	*das* Adoptivkind /アドプティーフキント/	(英adopted child)
末っ子 (すえっこ)	*das* jüngste Kind /ダス ユングステ キント/	(英the youngest child)
長男 (ちょうなん)	*der* älteste Sohn /デア エルテステ ゾーン/	(英oldest son)
長女 (ちょうじょ)	*die* älteste Tochter /ディー エルテステ トホター/	(英oldest daughter)

日	独	英
片言で話す	babbeln バッベルン	babble バブル
形	*die* Form, *die* Gestalt フォルム, ゲシュタルト	shape, form シェイプ, フォーム
片付く	in Ordnung kommen イン オルドヌング コメン	be put in order ビ プト イン オーダ
（完結）	fertig werden フェルティヒ ヴェーアデン	be finished ビ フィニシュト
（処理）	*sich*⁴ erledigen エアレーディゲン	be settled ビ セトルド
片付ける	auf|räumen アオフロイメン	put... in order プト イン オーダ
（完結）	fertig machen フェルティヒ マッヘン	finish フィニシュ
（処理）	erledigen エアレーディゲン	settle セトル
蝸牛	*die* Schnecke シュネッケ	snail スネイル
刀	*das* Schwert シュヴェーアト	sword ソード
肩幅	*die* Schulterbreite シュルターブライテ	shoulder length ショウルダ レングス
片方	einer von den beiden アイナー フォン デン バイデン	one of the pair ワンノヴ ザ ペア
（片側）	eine Seite アイネ ザイテ	one side ワン サイド
塊	*der* Block ブロック	lump, mass ランプ, マス
固まる	hart werden ハルト ヴェーアデン	harden ハードン
（凝結）	gerinnen ゲリネン	congeal コンヂール
片道	*der* Hinweg ヒンヴェーク	one way ワン ウェイ
〜切符	einfache Fahrkarte アインファッヘ ファールカルテ	one-way ticket ワンウェイ ティケト
傾く	*sich*⁴ neigen ナイゲン	lean, incline リーン, インクライン

日	独	英
傾ける（かたむける）	neigen ナイゲン	incline インクライン
固める（かためる）	härten ヘルテン	harden ハードン
（凝結）	hart machen ハルト マッヘン	congeal コンヂール
偏る（かたよる）	einseitig sein アインザイティヒ ザイン	be biased ビ バイアスト
語り合う（かたりあう）	*sich⁴ mit³* unterhalten ウンターハルテン	have a talk *with* ハヴ ア トーク
語る（かたる）	sprechen シュプレッヒェン	talk, speak トーク, スピーク
カタログ	*der* Katalog カタローク	catalog キャタローグ
花壇（かだん）	*das* Blumenbeet ブルーメンベート	flowerbed フラウアベド
価値（かち）	*der* Wert ヴェーアト	value, worth ヴァリュー, ワース
勝ち（かち）	*der* Sieg ズィーク	victory, win ヴィクトリ, ウィン
家畜（かちく）	*das* Vieh フィー	livestock ライヴスタク
課長（かちょう）	*der*(*die*) Abteilungsleiter(*in*) アプタイルングスライター (-テリン)	section manager セクション マニヂャ
鵞鳥（がちょう）	*die* Gans ガンス	goose グース
勝つ（かつ）	siegen, gewinnen ズィーゲン, ゲヴィネン	win ウィン
（克服）	überwinden ユーバーヴィンデン	overcome オウヴァカム
鰹（かつお）	*der* Bonito ボニート	bonito ボニートゥ
学科（がっか）	*das* Fach ファッハ	subject サブヂクト
学会（がっかい）	(wissenschaftliche) Gesellschaft (ヴィッセンシャフトリヒェ) ゲゼルシャフト	society, academy ソサイアティ, アキャデミ
学界（がっかい）	*die* Gelehrtenwelt ゲレーアテンヴェルト	academic circles アカデミク サークルズ

日	独	英
がっかりする	enttäuscht sein エントトイシュト ザイン	be disappointed ビ ディサポインテド
かっき 活気	*die* Lebendigkeit レベンディヒカイト	life, animation ライフ, アニメイション
がっき 学期	*das* Semester ゼメスター	term ターム
がっき 楽器	*das* Musikinstrument ムズィークインストルメント	musical instrument ミュージカル インストルメント
かっきてき 画期的な	bahnbrechend バーンブレッヒェント	epochmaking エポクメイキング
がっきゅう 学級	*die* Schulklasse, *die* Klasse シュールクラッセ, クラッセ	class クラス
かつ 担ぐ	tragen トラーゲン	shoulder ショウルダ
(だます)	täuschen トイシェン	deceive ディスィーヴ
かっこ 括弧	*die* Klammer クラマー	bracket ブラケト
かっこいい	attraktiv, klasse, cool アトラクティーフ, クラッセ, クール	neat, super, cool ニート, スーパ, クール
かっこう 格好	*die* Form, *die* Gestalt フォルム, ゲシュタルト	shape, form シェイプ, フォーム
かっこう 郭公	*der* Kuckuck クックク	cuckoo クークー
がっこう 学校	*die* Schule シューレ	school スクール
かっさい 喝采	*der* Beifall バイファル	cheers, applause チアズ, アプローズ
かつじ 活字	*die* Letter レター	type タイプ
かっしゃ 滑車	*die* Scheibe シャイベ	pulley プリ
がっしょう 合唱	*der* Chor コーア	chorus コーラス
～する	im Chor singen イム コーア ズィンゲン	sing in chorus スィング イン コーラス
かっしょく 褐色	*das* Braun ブラオン	brown ブラウン

日	独	英
〜の	braun ブラウン	brown ブラウン
がっそう 合奏する	zusammen|spielen ツザメンシュピーレン	play in concert プレ イン カンサト
かっそうろ 滑走路	*die* Piste ピステ	runway ランウェイ
かっちゅう 甲冑	*die* Rüstung リュストゥング	armor アーマ
かって 勝手（台所）	*die* Küche キュッヒェ	kitchen キチン
（わがまま）	*der* Eigenwille アイゲンヴィレ	selfishness セルフィシュネス
〜な	eigenwillig アイゲンヴィリヒ	selfish セルフィシュ
（許可なく）	ohne Erlaubnis オーネ エアラオプニス	without leave ウィザウト リーヴ
（独断で）	willkürlich ヴィルキューリヒ	arbitrarily アービトレリリ
かつて	einst アインスト	once, before ワンス, ビフォー
かっとう 葛藤	*der* Konflikt コンフリクト	complications カンプリケイションズ
かつどう 活動	*die* Tätigkeit テーティヒカイト	activity アクティヴィティ
かっとなる	aus der Haut fahren アウス デア ハオト ファーレン	fly into a rage フライ イントゥ ア レイヂ
かっぱつ 活発な	lebhaft, lebendig レープハフト, レベンディヒ	active, lively アクティヴ, ライヴリ
カップ	*die* Tasse タッセ	cup カプ
（優勝杯）	*der* Pokal ポカール	trophy トロウフィ
カップル	*das* Paar パール	couple カプル
がっぺい 合併	*die* Fusion フズィオーン	merger マーヂャ
〜する	fusionieren フズィオニーレン	merge マーヂ

日	独	英
かつやく 活躍する	sehr aktiv sein ゼア アクティーフ ザイン	be active *in* ビ アクティヴ
かつよう 活用	*die* Anwendung アンヴェンドゥング	practical use プラクティカル ユース
（動詞などの）	*die* Konjugation コンユガツィオーン	conjugation カンヂュゲイション
〜する	aus|nutzen アオスヌッツェン	put... to practical use プト トゥ プラクティカル ユース
かつら 鬘	*die* Perücke ペリュッケ	wig ウィグ
かてい 仮定	*die* Hypothese, *die* Annahme ヒュポテーゼ, アンナーメ	supposition, hypothesis サポジション, ハイパセシス
〜する	an|nehmen アンネーメン	assume, suppose アスューム, サポウズ
かてい 家庭	*die* Familie ファミーリエ	home, family ホウム, ファミリ
カテゴリー	*die* Kategorie カテゴリー	category キャテゴーリ
かでん 家電	*die* Haushaltselektrowaren ハオスハルツエレクトロヴァーレン	electric household appliances イレクトリク ハウスホウルド アプライアンスィーズ
かど 角	*die* Ecke エッケ	corner, turn コーナ, ターン
かどう 稼動	*der* Betrieb ベトリープ	operation アパレイション
かとうな 下等な	niedrig ニードリヒ	inferior, low インフィアリア, ロウ
カドミウム	*das* Kadmium カドミウム	cadmium キャドミアム
カトリック	*der* Katholizismus カトリツィスムス	Catholicism カサリスィズム
〜教徒	*der* Katholik カトリーク	Catholic キャソリク
かなあみ 金網	*das* Drahtnetz ドラートネッツ	wire netting ワイア ネティング
かない 家内 （妻）	meine Frau マイネ フラオ	my wife マイ ワイフ

か

日	独	英
叶える（かな）	erfüllen エアフュレン	grant, answer グラント, アンサ
金具（かなぐ）	*der* Metallbeschlag メタルベシュラーク	metal fittings メトル フィティングズ
悲[哀]しい（かな）	traurig トラオリヒ	sad, sorrowful サド, サロウフル
悲[哀]しみ（かな）	*die* Trauer トラオアー	sorrow, sadness サロウ, サドネス
悲[哀]しむ（かな）	um^4 trauern トラオアーン	feel sad, grieve *at, over* フィール サド, グリーヴ
カナダ	(*das*) Kanada カナダ	Canada キャナダ
金槌（かなづち）	*der* Hammer ハマー	hammer ハマ
要（かなめ）（要点）	*der* Angelpunkt アンゲルプンクト	the point ザ ポイント
金物（かなもの）	*die* Eisenwaren アイゼンヴァーレン	hardware ハードウェア
必ず（かなら）	bestimmt, unbedingt ベシュティムト, ウンベディングト	without fail ウィザウト フェイル
（ぜひ, きっと）	auf jeden Fall アオフ イェーデン ファル	by all means バイ オール ミーンズ
かなり	ziemlich ツィームリヒ	fairly, pretty フェアリ, プリティ
〜の	beträchtlich ベトレヒトリヒ	considerable, fair コンスィダラブル, フェア
カナリア	*der* Kanarienvogel カナーリエンフォーゲル	canary カネアリ
蟹（かに）	*die* Krabbe クラッベ	crab クラブ
〜座	*der* Krebs クレープス	the Crab, Cancer ザ クラブ, キャンサ
加入する（かにゅう）	bei|treten バイ|トラーテン	join, enter ヂョイン, エンタ
カヌー	*das* Kanu カーヌ, カヌー	canoe カヌー
金（かね）	*das* Geld ゲルト	money マニ

日	独	英
かね 鐘	*die* Glocke グロッケ	bell ベル
かねつ 加熱	*das* Erhitzen エアヒッツェン	heating ヒーティング
かねつ 過熱	*die* Überhitzung ユーバーヒッツング	overheating オウヴァヒーティング
かねもうけ 金儲け	*der* Gelderwerb ゲルトエアヴェルプ	moneymaking マニレンメイキング
〜する	Geld machen ゲルト マッヘン	make money メイク マニ
かねも 金持ち	*der/die* Reiche ライヒェ	rich person リチ パーソン
か 兼ねる	*mit*³ verbunden sein フェアブンデン ザイン	combine *with* コンバイン
（兼職）	fungieren フンギーレン	hold... concurrently ホウルド コンカーレントリ
かのうせい 可能性	*die* Möglichkeit メークリヒカイト	possibility パスィビリティ
かのう 可能な	möglich メークリヒ	possible パスィブル
かのじょ 彼女	sie ズィー	she シー
かば 河馬	*das* Nilpferd, *das* Flusspferd ニールプフェーアト, フルスプフェーアト	hippopotamus ヒポパタマス
カバー	*die* Decke デッケ	cover カヴァ
〜する	decken デッケン	cover カヴァ
かば 庇う	schützen, beschützen シュッツェン, ベシュッツェン	protect プロテクト
かばん 鞄	*die* Tasche タッシェ	bag バグ
かはんすう 過半数	*die* Mehrheit メーアハイト	majority マヂョーリティ
かび 黴	*der* Schimmel シメル	mold, mildew モウルド, ミルデュー
がびょう 画鋲	*die* Reißzwecke ライスツヴェッケ	thumbtack サムタク

日	独	英
かびん 花瓶	*die* Vase ヴァーゼ	vase ヴェイス
かぶ 株	*der* Stumpf シュトゥンプフ	stump スタンプ
（株式）	*die* Aktie アクツィエ	stocks スタクス
かぶ 蕪	*die* Rübe リューベ	turnip ターニプ
カフェ	*das* Café カフェー	café, coffeehouse キャフェイ, コーフィハウス
カフェイン	*das* Koffein コフェイーン	caffeine キャフィーン
カフェテリア	*die* Cafeteria カフェテリーア	cafeteria キャフェティアリア
かぶけん 株券	*das* Aktienpapier アクツィエンパピーア	stock certificate スタク サティフィケト
かぶしき 株式	*die* Aktie アクツィエ	stocks スタクス
〜会社	*die* Aktiengesellschaft アクツィエンゲゼルシャフト	joint-stock corporation ヂョイントスタク コーポレイション
〜市場	*die* Börse ベルゼ	stock market スタク マーケト
かぶ 被せる	*mit*³ bedecken ベデッケン	cover *with* カヴァ
（罪などを）	beschuldigen ベシュルディゲン	charge *with* チャーヂ
カプセル	*die* Kapsel カプセル	capsule キャプスル
かぶと 兜	*der* Helm ヘルム	helmet ヘルメト
かぶとむし 甲虫	*der* Käfer ケーファー	beetle ビートル
かぶぬし 株主	*der*(*die*) Aktionär(*in*) アクツィオネーア(-リン)	stockholder スタクホウルダ
かぶ 被る	auf|setzen アオフゼッツェン	put on, wear プト アン, ウェア
（ほこりなどを）	*mit*³ bedeckt sein ベデックト ザイン	be covered *with* ビ カヴァド

日	独	英
かぶれ	*der* Hautausschlag ハオトアオスシュラーク	skin eruptions スキン イラプションズ
かふん 花粉	*der* Pollen ポレン	pollen パルン
かべ 壁	*die* Wand ヴァント	wall, partition ウォール, パーティション
かへい 貨幣	*das* Geld ゲルト	money, coin マニ, コイン
かべがみ 壁紙	*die* Tapete タペーテ	wallpaper ウォールペイパ
かべん 花弁	*das* Blütenblatt ブリューテンブラット	petal ペタル
かぼちゃ 南瓜	*der* Kürbis キュルビス	pumpkin パンプキン
かま 釜	*der* Kessel ケッセル	iron pot アイアン ポト
かま 窯	*der* Brennofen ブレンオーフェン	kiln キルン
かま 構う	*sich*[4] *um*[4] kümmern キュマーン	care *about*, mind ケア, マインド
（干渉する）	*sich*[4] *in*[4] ein|mischen アインミッシェン	meddle *in, with* メドル
（世話する）	*für*[4] sorgen ゾルゲン	care for ケア フォー
かまきり 蟷螂	*die* Gottesanbeterin ゴッテスアンベーテリン	mantis マンティス
がまん 我慢	*die* Geduld ゲドゥルト	patience ペイシェンス
〜する	ertragen, dulden エアトラーゲン, ドゥルデン	be patient ビ ペイシェント
かみ 紙	*das* Papier パピーア	paper ペイパ
かみ 神	*der* Gott ゴット	god ガド
（女神）	*die* Göttin ゲッティン	goddes ガデス
かみ 髪	*das* Haar ハール	hair ヘア

日	独	英
かみそり 剃刀	*das* Rasiermesser, *der* Rasierapparat ラズィーアメッサー, ラズィーアアパラート	razor レイザ
かみつ 過密な	dicht ディヒト	tight, heavy タイト, ヘヴィ
（都市が）	überbevölkert ユーバーベフェルカート	overpopulated オウヴァパピュレイテド
カミツレ	*die* Kamille カミレ	camomile カママイル
かみなり 雷	*der* Donner ドナー	thunder サンダ
〜が鳴る	Es donnert. エス ドナート	It thunders. イト サンダズ
かみん 仮眠	*das* Schläfchen, *das* Nickerchen シュレーフヒェン, ニッカーヒェン	doze ドウズ
か 噛む	beißen, kauen バイセン, カオエン	bite, chew, gnaw バイト, チュー, ノー
ガム	*der*(*das*) Kaugummi カオグミ	chewing gum チューイング ガム
カムフラージュ	*die* Tarnung タルヌング	camouflage キャモフラージュ
かめ 亀	*die* Schildkröte シルトクレーテ	tortoise, turtle トータス, タートル
かめい 加盟	*der* Beitritt バイトリット	affiliation アフィリエイション
〜する	bei|treten バイトラーゲン	be affiliated ビ アフィリエイテド
カメラ	*die* Kamera, *der* Fotoapparat カメラ, フォートアパラート	camera キャメラ
〜マン	*der*(*die*) Fotograf(*in*) フォトグラーフ(-フィン)	cameraman, photographer キャメラマン, フォタグラファ
カメレオン	*das* Chamäleon カメーレオン	chameleon カミーリオン
かめん 仮面	*die* Maske マスケ	mask マスク

日	独	英
〜をかぶる	*sich*⁴ maskieren, *sich*⁴ vermummen マスキーレン, フェアムメン	mask, disguise マスク, ディスガイズ
がめん 画面	*der* Bildschirm ビルトシルム	screen, picture スクリーン, ピクチャ
かも 鴨	*die* Ente エンテ	duck ダク
かもく 科[課]目	*das* Lehrfach レーアファッハ	subject サブヂクト
かもしか 羚羊	*die* Antilope アンティローペ	antelope アンテロウプ
かもつ 貨物	*die* Fracht フラハト	freight, cargo フレイト, カーゴウ
〜船	*der* Frachter フラハター	freighter フレイタ
〜列車	*der* Güterzug ギューターツーク	freight train フレイト トレイン
かもめ 鴎	*die* Möwe メーヴェ	sea gull スィー ガル
かやく 火薬	*das* Pulver プルファー	gunpowder ガンパウダ
かゆ 粥	*der* Brei ブライ	rice gruel ライス グルーエル
かゆ 痒い	jucken ユッケン	itchy イチ
かよ 通う	besuchen ベズーヘン	commmute *to*, attend カミュート, アテンド
（頻繁に）	häufig besuchen ホイフィヒ ベズーヘン	visit frequently ヴィジト フリークウェントリ
かようび 火曜日	*der* Dienstag ディーンスターク	Tuesday テューズディ
から 殻	*die* Hülse ヒュルゼ	husks ハスクス
（卵・貝の）	*die* Schale シャーレ	shell シェル
がら 柄	*das* Muster ムスター	pattern, design パタン, ディザイン

日	独	英
カラー	*die* Farbe ファルベ	color カラ
（襟）	*der* Kragen クラーゲン	collar カラ
〜フィルム	*der* Farbfilm ファルプフィルム	color film カラ フィルム
辛い	scharf シャルフ	hot, pungent ハト, パンヂャント
（塩辛い）	salzig ザルツィヒ	salty ソールティ
からかう	necken ネッケン	make fun of メイク ファン オヴ
がらくた	*der* Trödel トレーデル	rubbish, trash ラビシュ, トラシュ
辛口の	trocken, herb トロッケン, ヘルプ	dry ドライ
（批評などが）	scharf, hart シャルフ, ハルト	harsh, sharp ハーシュ, シャープ
芥子	*der* Senf ゼンフ	mustard マスタド
烏	*der* Rabe ラーベ	crow クロウ
ガラス	*das* Glas グラース	glass グラス
体	*der* Körper ケルパー	body バディ
カラフルな	bunt ブント	colorful カラフル
借り	*die* Schuld シュルト	debt, loan デト, ロウン
狩り	*die* Jagd ヤークト	hunting ハンティング
借り入れ	*das* Leihen ライエン	borrowing バロウイング
カリウム	*das* Kalium カーリウム	potassium ポタスィアム
カリキュラム	*der* Lehrplan レーアプラーン	curriculum カリキュラム

日	独	英
カリスマ	das Charisma ヒャーリスマ	charisma カリズマ
仮の _{かり}	vorläufig フォーアロイフィヒ	temporary テンポレリ

■ 体 ■ *der* Körper /ケルパー/ ⇒人体

頭 (あたま) *der* Kopf /コプフ/ (英head)
肩 (かた) *die* Schulter /シュルター/ (英the shoulder)
首 (くび) *der* Hals /ハルス/ (英neck)
胸 (むね) *die* Brust /ブルスト/ (英breast, chest)
腹 (はら) *der* Bauch /バオホ/ (英belly)
背 (せ) *der* Rücken /リュッケン/ (英back)
手 (て) *die* Hand /ハント/ (英hand)
腕 (うで) *der* Arm /アルム/ (英arm)
手首 (てくび) *das* Handgelenk /ハントゲレンク/ (英wrist)
掌 (てのひら) *die* Handfläche /ハントフレッヒェ/ (英palm of the hand)
肘 (ひじ) *der* Ellbogen /エルボーゲン/ (英elbow)
腰 (こし) *die* Hüfte /ヒュフテ/ (英waist)
足 (あし) *der* Fuß /フース/ (英foot)
膝 (ひざ) *das* Knie /クニー/ (英knee)
股 (もも) *der* Oberschenkel /オーバーシェンケル/ (英thigh)
脹ら脛 (ふくらはぎ) *die* Wade /ヴァーデ/ (英calf)
踝 (くるぶし) *der* Knöchel /クネッヒェル/ (英ankle)
髪 (かみ) *das* Haar /ハール/ (英hair)
顔 (かお) *das* Gesicht /ゲズィヒト/ (英face, look)
眉 (まゆ) *die* Augenbraue /アオゲンブラオエ/ (英eyebrow)
睫毛 (まつげ) *die* Augenwimper /アオゲンヴィンパー/ (英the eyelashes)
目 (め) *das* Auge /アオゲ/ (英eye)
耳 (みみ) *das* Ohr /オーア/ (英ear)
鼻 (はな) *die* Nase /ナーゼ/ (英nose)
口 (くち) *der* Mund /ムント/ (英mouth)
歯 (は) *der* Zahn /ツァーン/ (英tooth)

日	独	英
カリフラワー	*der* Blumenkohl ブルーメンコール	cauliflower コーリフラウア
か 下流	*der* Unterlauf ウンターラオフ	the lower reaches ザ ロウア リーチズ
か 借りる	leihen, aus|leihen, borgen ライエン, アオスライエン, ボルゲン	borrow, rent バロウ, レント
か 刈る	mähen, ernten メーエン, エルンテン	reap, harvest リープ, ハーヴェスト
（髪を）	schneiden シュナイデン	cut カト
かる 軽い	leicht ライヒト	light, slight ライト, スライト
カルシウム	*das* Kalzium カルツィウム	calcium キャルスィアム
カルテ	*das* Krankenblatt クランケンブラット	chart チャート
カルテット	*das* Quartett クヴァルテット	quartet クウォーテト
カルテル	*das* Kartell カルテル	cartel カーテル
かれ 彼	er エア	he ヒー
かれい 鰈	*die* Scholle ショレ	flatfish, a flounder フラトフィシュ, フラウンダ
かれい 華麗な	prächtig, prunkvoll プレヒティヒ, プルンクフォル	splendid, gorgeous スプレンディド, ゴーヂャス
ガレージ	*die* Garage ガラージェ	garage ガラージ
カレーライス	*der* Curryreis カリライス	curry and rice カーリ アンド ライス
かれら 彼等	sie ズィー	they ゼイ
か 枯れる	verdorren フェアドレン	wither, die ウィザ, ダイ
カレンダー	*der* Kalender カレンダー	calendar キャレンダ
かろう 過労	*die* Überanstrengung ユーバーアンシュトレングング	overwork オウヴァワーク

か

日	独	英
画廊 (がろう)	die Galerie ガレリー	art gallery アート ギャラリ
辛うじて (かろうじて)	knapp クナップ	barely ベアリ
カロリー	die Kalorie カロリー	calorie キャロリ
軽んじる (かろんじる)	gering schätzen ゲリング シェッツェン	make light *of* メイク ライト
川 (かわ)	der Fluss フルス	river リヴァ
皮 (かわ)	die Haut ハオト	skin スキン
（獣皮）	das Fell, das Leder フェル, レーダー	hide, leather, fur ハイド, レザ, ファー
（樹皮）	die Rinde リンデ	bark バーク
（果皮）	die Schale シャーレ	peel ピール
側 (がわ)	die Seite ザイテ	side サイド
可愛い (かわいい)	süß, hübsch, lieb ズース, ヒュプシュ, リープ	pretty, lovely プリティ, ラヴリ
可愛がる (かわいがる)	lieben リーベン	love, pet ラヴ, ペト
可哀想な (かわいそうな)	arm アルム	poor, pitiable プア, ピティアブル
可愛らしい (かわいらしい)	lieblich リープリヒ	lovely, charming ラヴリ, チャーミング
乾かす (かわかす)	trocknen トロックネン	dry ドライ
川上 (かわかみ)	der Oberlauf オーバーラオフ	the upper reaches ザ アパ リーチズ
乾く (かわく)	trocknen, trocken werden トロックネン, トロッケン ヴェーアデン	dry (up) ドライ (アプ)
川下 (かわしも)	der Unterlauf ウンターラオフ	the lower reaches ザ ロウア リーチズ
為替 (かわせ)	der Wechsel ヴェクセル	money order マニ オーダ

日	独	英
～レート	*der* Wechselkurs ヴェクセルクルス	exchange rate イクスチェインヂ レイト
かわら 瓦	*der* Dachziegel ダッハツィーゲル	tile タイル
か 代わり	*der* Ersatz エアザッツ	substitute サブスティテュート
～に	statt, anstatt シュタット, アンシュタット	instead of, for インステド オヴ, フォー
か 変わりやすい	veränderlich フェアエンダーリヒ	changeable チェインヂャブル
か 代わる	(*sich*⁴) ab|wechseln アップヴェクセルン	replace リプレイス
か 変わる	*sich*⁴ ändern, *sich*⁴ verändern エンダーン, フェアエンダーン	change, turn *into* チェインヂ, ターン
かん 勘	*die* Intuition イントゥイツィオーン	intuition インテューイション
かん 感	*das* Gefühl ゲフュール	feeling, sense フィーリング, センス
かん 管	*das* Rohr, *die* Röhre ローア, レーレ	tube, pipe テューブ, パイプ
かん 缶	*die* Büchse, *die* Dose ビュクセ, ドーゼ	can キャン
がん 癌	*der* Krebs クレープス	cancer キャンサ
かんえん 肝炎	*die* Hepatitis ヘパティーティス	hepatitis ヘパタイティス
かんおけ 棺桶	*der* Sarg ザルク	coffin コーフィン
がんか 眼科	*die* Ophthalmologie, *die* Augenheilkunde オフタルモロギー, アオゲンハイルクンデ	ophthalmology アフサルマロヂ
かんがい 灌漑	*die* Bewässerung ベヴェッセルング	irrigation イリゲイション
かんが 考え	*der* Gedanke ゲダンケ	thought, thinking ソート, スィンキング
（観念）	*die* Idee イデー	idea アイディーア

日	独	英
<ruby>考<rt>かんが</rt></ruby>える	denken デンケン	think スィンク
<ruby>感覚<rt>かんかく</rt></ruby>	*die* Empfindung, *der* Sinn エンプフィンドゥング, ズィン	sense, feeling センス, フィーリング
<ruby>間隔<rt>かんかく</rt></ruby>	*der* Abstand アップシュタント	space, interval スペイス, インタヴァル
<ruby>管轄<rt>かんかつ</rt></ruby>	*die* Zuständigkeit ツーシュテンディヒカイト	jurisdiction *of* ヂュアリスディクション
<ruby>管楽器<rt>かんがっき</rt></ruby>	*das* Blasinstrument ブラースインストルメント	wind instrument ウィンド インストルメント
カンガルー	*das* Känguru ケングル	kangaroo キャンガルー
<ruby>換気<rt>かんき</rt></ruby>	*die* Lüftung, *die* Belüftung リュフトゥング, ベリュフトゥング	ventilation ヴェンティレイション
～する	lüften, belüften リュフテン, ベリュフテン	ventilate ヴェンティレイト
<ruby>観客<rt>かんきゃく</rt></ruby>	*das* Publikum, *der*(*die*) Zuschauer(*in*) プーブリクム, ツーシャオアー (-エリン)	spectator スペクテイタ
～席	*der* Zuschauerraum, *die* Tribüne ツーシャオアーラオム, トリビューネ	seat, stand スィート, スタンド
<ruby>環境<rt>かんきょう</rt></ruby>	*die* Umwelt ウムヴェルト	environment インヴァイアロンメント
<ruby>缶切<rt>かんき</rt></ruby>り	*der* Büchsenöffner ビュクセンエフナー	can opener キャン オウプナ
<ruby>監禁<rt>かんきん</rt></ruby>	*das* Einsperren アインシュペレン	confinement コンファインメント
<ruby>元金<rt>がんきん</rt></ruby>	*das* Kapital カピタール	principal プリンスィパル
<ruby>関係<rt>かんけい</rt></ruby>	*das* Verhältnis, *die* Beziehung フェアヘルトニス, ベツィーウング	relation(ship) リレイション (シプ)
～する	*sich*⁴ *auf*⁴ beziehen ベツィーエン	be related *to* ビ リレイテド
(連関)	*mit*³ zusammen|hängen ツザメンヘンゲン	be involved *in* ビ インヴァルヴド

日	独	英
かんげい 歓迎	*das* Willkommen ヴィルコメン	welcome ウェルカム
～する	willkommen heißen ヴィルコメン ハイセン	welcome ウェルカム
～会	*die* Willkommensfeier ヴィルコンメンスファイアー	reception リセプション
かんげきする 感激する	*sich⁴ für⁴* begeistern ベガイスターン	be deeply moved *by* ビ ディープリ ムーヴド
かんけつする 完結する	ab|schließen アップシュリーセン	finish フィニシュ
かんけつ 簡潔な	schlicht シュリヒト	brief, concise ブリーフ, コンサイス
かんげんがく 管弦楽	*die* Orchestermusik オルケスタームズィーク	orchestral music オーケストラル ミューズィク
～団	*das* Orchester オルケスター	orchestra オーケストラ
かんご 看護	*die* Krankenpflege クランケンプフレーゲ	nursing ナースィング
～する	pflegen プフレーゲン	nurse ナース
かんこう 観光	*der* Tourismus, *die* Besichtigung トゥリスムス, ベズィヒティグング	sightseeing サイトスィーイング
～案内所	*die* Touristeninformation トゥリステンインフォルマツィオーン	tourist information center トゥアリスト インフォメイション センタ
～客	*der*(*die*) Tourist(*in*) トゥリスト (-ティン)	tourist トゥアリスト
～バス	*der* Besichtigungsbus ベズィヒティグングスブス	sightseeing bus サイトスィーイング バス
かんこうちょう 官公庁	*die* Regierungs- und Gemeindebehörde レギールングス ウント ゲマインデベヘーアデ	government and municipal offices ガヴァンメント アンド ミューニスィパル オーフィスィーズ
かんこうへん 肝硬変	*die* Leberzirrhose レーバーツィルホーゼ	cirrhosis スィロウスィス
かんこく 韓国	(*das*) Südkorea ズュートコレーア	Korea コリーア

日	独	英
～語	*das* Koreanisch コレアーニシュ	Korean コリーアン
監獄	*das* Gefängnis ゲフェングニス	prison プリズン
看護師	*die* Krankenschwester クランケンシュヴェスター	nurse ナース
頑固な	hartnäckig, stur ハルトネッキヒ, シュトゥーア	stubborn, obstinate スタボン, アブスティネト
監査	*die* Inspektion, *die* Revision インスペクツィオーン, レヴィズィオーン	inspection インスペクション
観察	*die* Beobachtung ベオーバハトゥング	observation アブザヴェイション
～する	beobachten ベオーバハテン	observe オブザーヴ
換算	*die* Umrechnung ウムレヒヌング	conversion コンヴァージョン
～する	*in*⁴ um|rechnen ウムレヒネン	convert コンヴァート
～率	*der* Umrechnungskurs ウムレヒヌングスクルス	the exchange rate ザ イクスチェインヂ レイト
冠詞	*der* Artikel アルティーケル	article アーティクル
監視	*die* Aufsicht アオフズィヒト	surveillance サヴェイランス
感じ	*das* Gefühl ゲフュール	feeling フィーリング
（印象）	*der* Eindruck アインドルック	impression インプレション
漢字	chinesisches Schriftzeichen ヒネーズィシェス シュリフトツァイヒェン	Chinese character チャイニーズ キャラクタ
感謝	*der* Dank ダンク	thanks サンクス
～する	*für*⁴ danken ダンケン	thank サンク
患者	*der*(*die*) Patient(*in*) パツィエント(-ティン)	patient, case ペイシェント, ケイス
観衆	*der* Zuschauer ツーシャオアー	spectators, the audience スペクテイタズ, ジ オーディエンス

日	独	英
感受性 (かんじゅせい)	*die* Empfänglichkeit, *die* Sensibilität エンプフェングリヒカイト, ゼンズィビリテート	sensibility センスィビリティ
願書 (がんしょ)	*das* Bewerbungsschreiben ベヴェルブングスシュライベン	application *for* アプリケイション
干渉 (かんしょう)	*die* Einmischung アインミッシュング	intervention インタヴェンション
〜する	*sich*⁴ *in*⁴ ein|mischen アインミッシェン	interfere インタフィア
感傷 (かんしょう)	*die* Sentimentalität ゼンティメンタリテート	sentiment センティメント
勘定 (かんじょう)	*die* Rechnung レヒヌング	calculation, bill キャルキュレイション, ビル
(支払い)	*die* Zahlung ツァールング	payment ペイメント
〜する	zahlen ツァーレン	count, calculate カウント, キャルキュレイト
感情 (かんじょう)	*das* Gefühl, *die* Emotion ゲフュール, エモツィオーン	feeling, emotion フィーリング, イモウション
(激情)	*die* Leidenschaft ライデンシャフト	passion パション
頑丈な (がんじょうな)	solide, robust, derb ゾリーデ, ロブスト, デルプ	strong, stout ストローング, スタウト
感じる (かんじる)	*sich*⁴ fühlen フューレン	feel フィール
関心 (かんしん)	*das* Interesse インテレッセ	concern, interest コンサーン, インタレスト
感心する (かんしんする)	bewundern ベヴンダーン	admire アドマイア
感心な (かんしんな)	bewundernswert ベヴンダーンスヴェーアト	admirable アドミラブル
肝心な (かんじんな)	wichtig, wesentlich ヴィヒティヒ, ヴェーゼントリヒ	important, essential インポータント, イセンシャル
関数 (かんすう)	*die* Funktion フンクツィオーン	function ファンクション
完成 (かんせい)	*die* Vollendung フォルエンドゥング	completion コンプリーション

日	独	英
〜する	vollenden フォルエンデン	complete, accomplish コンプリート, アカンプリシュ
歓声	*der* Jubel ユーベル	shout of joy シャウト オヴ ヂョイ
関税	*der* Zoll ツォル	customs, duty カスタムズ, デューティ
管制塔	*der* Kontrollturm コントロルトゥルム	control tower コントロウル タウア
岩石	*das* Gestein ゲシュタイン	rock ラク
関節	*das* Gelenk ゲレンク	joint ヂョイント
間接税	indirekte Steuern インディレクテ シュトイアーン	indirect tax インディレクト タクス
間接の	indirekt, mittelbar インディレクト, ミッテルバール	indirect インディレクト
感染	*die* Infektion インフェクツィオーン	infection, contagion インフェクション, コンテイヂョン
観戦する	bei einem Spiel zuschauen バイ アイネム シュピール ツーシャオエン	watch a game ワチ ア ゲイム
幹線道路	*die* Landstraße, *die* Fernstraße ラントシュトラーセ, フェルンシュトラーセ	highway ハイウェイ
完全な	vollkommen フォルコメン	perfect パーフィクト
乾燥	*die* Trockenheit トロッケンハイト	dryness ドライネス
〜する	trocknen トロックネン	dry ドライ
感想	*der* Eindruck アインドルック	thoughts, impressions ソーツ, インプレションズ
肝臓	*die* Leber レーバー	liver リヴァ
間奏曲	*das* Intermezzo インターメッツォ	intermezzo インタメッツオウ
観測	*die* Beobachtung ベオーバハトゥング	observation アブザヴェイション

日	独	英
〜する	beobachten ベオーバハテン	observe オブザーヴ
かんそ 簡素な	einfach, schlicht アインファッハ, シュリヒト	simple, plain スィンブル, プレイン
かんたい 寒帯	die kalte Zone ディ カルテ ツォーネ	the Frigid Zone ザ フリヂド ゾーン
かんだい 寛大な	großzügig, tolerant グロースツューギヒ, トレラント	generous ヂェネラス
かんたく 干拓	*die* Landgewinnung ラントゲヴィヌング	reclamation レクラメイション
がんたん 元旦	*der* Neujahrstag ノイヤールスターク	New Year's Day ニュー イアズ デイ
かんだんけい 寒暖計	*das* Thermometer テルモメーター	thermometer サマメタ
かんたん 感嘆する	bewundern ベヴンダーン	admire アドマイアラ
かんたん 簡単な	einfach, leicht アインファッハ, ライヒト	simple, easy スィンブル, イーズィ
かんちが 勘違いする	*sich*[4] täuschen トイシェン	mistake ミステイク
かんちょう 官庁	*die* Behörde ベヘーアデ	government offices ガヴァンメント オーフィスィーズ
かんちょう 干潮	*die* Ebbe エッベ	low water ロウ ウォータ
かんちょう 灌［浣］腸	*der* Einlauf アインラオフ	enema エネマ
かんつう 姦通	*der* Ehebruch エーエブルフ	adultery アダルタリ
かんづ 缶詰め	*die* Konserve コンゼルヴェ	canned food キャンド フード
かんてい 鑑定	*die* Begutachtung ベグートアハトゥング	expert opinion エクスパート オピニオン
かんてい 官邸	*die* Residenz レズィデンツ	official residence オフィシャル レズィデンス
かんてん 観点	*der* Gesichtspunkt ゲズィヒツプンクト	viewpoint ヴューポイント

日	独	英
かんでんち 乾電池	*die* Trockenbatterie, *die* Batterie トロッケンバテリー, バテリー	dry cell, battery ドライ セル, バテリ
かんどう 感動	*die* Begeisterung, *die* Rührung ベガイステルング, リュールング	impression, emotion インプレション, イモウション
～する	*für*⁴ begeistert sein, gerührt sein ベガイスタート ザイン, ゲリューアト ザイン	be moved *by* ビ ムーヴド
～的な	ergreifend, eindrucksvoll エアグライフェント, アインドルックスフォル	impressive インプレスィヴ
かんとうし 間投詞	*die* Interjektion インターイェクツィオーン	interjection インタヂェクション
かんとく 監督	*die* Aufsicht アオフズィヒト	supervision スーパヴィジャン
（人）	*der*(*die*) Direktor(*in*) ディレクトーア (ディレクトーリン)	superintendent シューパリンテンデント
（映画の）	*der*(*die*) Regisseur(*in*) レジセーア (-リン)	director ディレクタ
（スポーツの）	*der*(*die*) Trainer(*in*) トレーナー (-ネリン)	manager, coach マニヂャ, コウチ
～する	beaufsichtigen ベアオフズィヒティゲン	supervise スーパヴァイズ
かんな 鉋	*der* Hobel ホーベル	plane プレイン
カンニング	*die* Mogelei モーゲライ	cheating チーティング
かんねん 観念	*die* Vorstellung フォーアシュテルング	idea, conception アイディーア, コンセプション
かんぱ 寒波	*der* Kälteeinbruch, *die* Kältewelle ケルテアインブルフ, ケルテヴェレ	cold wave コウルド ウェイヴ
かんぱい 乾杯	*das* Prosit プロズィット	toast トウスト
～する	an|stoßen アンシュトーセン	drink a toast *to* ドリンク ア トウスト
カンバス	*die* Leinwand ラインヴァント	canvas キャンヴァス

日	独	英
<ruby>旱魃<rt>かんばつ</rt></ruby>	*die* Dürre デュレ	drought ドラウト
<ruby>頑張る<rt>がんば</rt></ruby>	*sich*⁴ an|strengen アンシュトレンゲン	work hard ワーク ハード
（持ちこたえる）	durch|halten ドゥルヒハルテン	hold out ホウルド アウト
<ruby>看板<rt>かんばん</rt></ruby>	*das* Schild シルト	billboard, signboard ビルボード, サインボード
<ruby>甲板<rt>かんぱん</rt></ruby>	*das* Deck デック	deck デク
<ruby>看病<rt>かんびょう</rt></ruby>	*die* Krankenpflege クランケンプフレーゲ	nursing ナースィング
〜する	pflegen プフレーゲン	nurse, look after ナース, ルク アフタ
<ruby>幹部<rt>かんぶ</rt></ruby>	*der* Vorstand, *die* Leitung フォーアシュタント, ライトゥング	management マニヂメント
<ruby>完璧な<rt>かんぺきな</rt></ruby>	vollkommen, perfekt フォルコメン, ペルフェクト	flawless, perfect フローレス, パーフィクト
<ruby>願望<rt>がんぼう</rt></ruby>	*der* Wunsch ヴンシュ	wish, desire ウィシュ, ディザイア
<ruby>灌木<rt>かんぼく</rt></ruby>	*der* Strauch シュトラオホ	shrub シュラブ
カンマ	*das* Komma コマ	comma カマ
<ruby>冠<rt>かんむり</rt></ruby>	*die* Krone クローネ	crown クラウン
<ruby>丸薬<rt>がんやく</rt></ruby>	*die* Pille ピレ	pill, pellet ピル, ペレト
<ruby>勧誘<rt>かんゆう</rt></ruby>	*die* Werbung ヴェルブング	solicitation ソリスィテイション
〜する	*zu*³ überreden ユーバーレーデン	solicit, canvass ソリスィト, キャンヴァス
<ruby>関与<rt>かんよ</rt></ruby>	*die* Anteilnahme アンタイルナーメ	participation パーティスィペイション
〜する	*sich*⁴ *an*³ beteiligen ベタイリゲン	participate パーティスィペイト
<ruby>慣用句<rt>かんようく</rt></ruby>	*die* Redewendung レーデヴェンドゥング	idiom イディオム

日	独	英
かんよう 寛容な	tolerant, großzügig トレラント, グロースツューギヒ	tolerant, generous タララント, ヂェネラス
かんらく 陥落	*der* Fall ファル	surrender サレンダ
かんらくがい 歓楽街	*das* Vergnügungsviertel フェアグニューグングスフィルテル	amusement center アミューズメント センタ
かんらんせき 観覧席	*der* Zuschauersitz ツーシャオアーズィッツ	seat, stand スィート, スタンド
かんり 管理	*die* Verwaltung フェアヴァルトゥング	control コントロウル
（支配）	*das* Management マニジメント	management マニヂメント
〜する	verwalten フェアヴァルテン	control コントロウル
（管理）	beaufsichtigen ベアオフズィヒティゲン	manage マニヂ
〜人	*der(die)* Verwalter(*in*) フェアヴァルター（-テリン）	caretaker, janitor ケアテイカ, ヂャニタ
かんりゅう 寒流	kalte Meeresströmung カルテ メーレスシュトレームング	cold current コウルド カーレント
かんりょう 完了	*die* Vollendung フォルエンドゥング	completion コンプリーション
〜する	vollenden フォルエンデン	finish, complete フィニシュ, コンプリート
かんりょうしゅぎ 官僚主義	*die* Bürokratie ビュロクラティー	bureaucratism ビュアロクラティズム
かんれい 慣例	*die* Konvention コンヴェンツィオーン	custom, usage カスタム, ユースィヂ
かんれん 関連	*der* Zusammenhang ツザメンハング	relation, connection リレイション, コネクション
〜する	sich⁴ auf⁴ beziehen ベツィーエン	be related *to* ビ リレイテド
かんろく 貫禄	*die* Würde ヴュルデ	dignity ディグニティ
かんわ 緩和	*die* Erleichterung エアライヒテルング	mitigation ミティゲイション
〜する	mildern ミルダーン	ease, relieve イーズ, リリーヴ

日	独	英

き, キ

木	*der* Baum バオム	tree トリー
(木材)	*das* Holz ホルツ	wood ウド
ギア	*der* Gang ガング	gear ギア
気圧	*der* Luftdruck ルフトドルック	atmospheric pressure アトモスフェリク プレシャ

■ 木 ■ *der* Baum /バオム/

根	*die* Wurzel /ヴルツェル/ (英root)
幹	*der* Stamm /シュタム/ (英trunk)
枝	*der* Zweig /ツヴァイク/, *der* Ast /アスト/ (英branch, bough)
芽	*der* Keim /カイム/, *der* Spross /シュプロス/ (英bud)
葉	*das* Blatt /ブラット/, *das* Laub /ラオブ/ (英leaf, blade)
実	*die* Frucht /フルフト/, *die* Nuss /ヌス/ (英fruit, nut)
種子	*der* Samen /ザーメン/ (英seed)
松	*die* Kiefer /キーファー/ (英pine)
杉	japanische Zeder /ヤパーニシェ ツェーダー/ (英Japan cedar)
柳	*die* Weide /ヴァイデ/ (英willow)
竹	*der* Bambus /バンブス/ (英bamboo)
白樺	*die* Birke /ビルケ/ (英white birch)
銀杏	*der* Ginkgo /ギンコ/ (英ginkgo)
栗の木	*die* Kastanie /カスターニエ/ (英chestnut)
桜	*der* Kirschbaum /キルシュバオム/ (英cherry tree)
オリーブの木	*die* Olive /オリーベ/ (英olive)
椿	*die* Kamelie /カメーリエ/ (英camellia)
梅	*der* Pflaumenbaum /プフラオメンバオム/ (英plum tree)
椰子	*die* Palme /パルメ/ (英palm)
ポプラ	*die* Pappel /パッペル/ (英poplar)
マロニエ	*die* Rosskastanie /ロスカスターニエ/ (英horse chestnut)

日	独	英
〜計	*das* Barometer バロメーター	barometer バロメタ
キー	*der* Schlüssel シュリュッセル	key キー
(キーボードの)	*die* Taste タステ	key キー
生糸	*die* Rohseide ローザイデ	raw silk ロー スィルク
キーボード	*die* Tastatur タスタトゥーア	keyboard キーボード
キーホルダー	*der* Schlüsselanhänger シュリュッセルアンヘンガー	key ring キー リング
黄色	*das* Gelb ゲルブ	yellow イェロウ
〜い	gelb ゲルブ	yellow イェロウ
キーワード	*das* Schlüsselwort シュリュッセルヴォルト	key word キー ワード
議員	*der/die* Abgeordnete アップゲオルドネテ	member of an assembly メンバ オヴ アナセンブリ
キウイ	*die* Kiwi キーヴィ	kiwi キーウィー
消える	verschwinden フェアシュヴィンデン	vanish, disappear ヴァニシュ, ディサピア
(火・明かりが)	aus|gehen アオスゲーエン	go out ゴウ アウト
義援金	*die* Spende シュペンデ	contribution カントリビューション
記憶	*das* Gedächtnis ゲデヒトニス	memory メモリ
〜する	$sich^3$ merken メルケン	memorize, remember メモライズ, リメンバ
気後れする	den Mut verlieren デン ムート フェアリーレン	lose heart ルーズ ハート
キオスク	*der* Kiosk キーオスク, キオスク	kiosk キーアスク
気温	*die* Temperatur テンペラトゥーア	temperature テンパラチャ

日	独	英
幾何（きか）	*die* Geometrie ゲオメトリー	geometry ヂーアメトリ
機会（きかい）	*die* Gelegenheit ゲレーゲンハイト	opportunity, chance アパテューニティ, チャンス
機械（きかい）	*die* Maschine マシーネ	machine, apparatus マシーン, アパラタス
～工学	*der* Maschinenbau マシーネンバオ	mechanical engineering ミキャニカル エンヂニアリング
議会（ぎかい）	*das* Parlament パルラメント	assembly, congress, parliament アセンブリ, カングレス, パーラメント
～政治	*der* Parlamentarismus パルラメンタリスムス	parliamentary government パーラメンタリ ガヴァンメント
着替え（きがえ）	*die* Umkleidung ウムクライドゥング	change of clothes チェインヂ オヴ クロウズ
気掛かり（きがかり）	*die* Besorgnis ベゾルクニス	anxiety, worry アングザイエティ, ワーリ
企画（きかく）	*der* Plan プラーン	plan, project プラン, プラヂェクト
～する	planen プラーネン	make a plan メイク ア プラン
着飾る（きかざる）	*sich*^{4} fein machen ファイン マッヘン	dress up ドレス アプ
聞かせる（きかせる）	mit|teilen ミットタイレン	tell, let... know テル, レト ノウ
（読んで）	vor|lesen フォーアレーゼン	read to リード トゥ
気が付く（きがつく）	bemerken ベメルケン	notice ノウティス
（行き届く）	aufmerksam sein アオフメルクザーム ザイン	be attentive ビ アテンティヴ
（覚醒）	zu sích kommen ツー ズィヒ コメン	come to *oneself* カム トゥ
器官（きかん）	*das* Organ オルガーン	organ オーガン

日	独	英
きかん 期間	*der* Zeitraum ツァイトラオム	period, term ピアリアド, ターム
きかん 機関	*die* Maschine マシーネ	engine, machine エンヂン, マシーン
（機構）	*die* Organisation オルガニザツィオーン	organ オーガン
きかんさんぎょう 基幹産業	*die* Basisindustrie バーズィスインドゥストゥリー	key industries キー インダストリズ
きかんし 季刊誌	*die* Vierteljahresschrift フィルテルヤーレスシュリフト	quarterly クウォータリ
きかんし 気管支	*die* Bronchien ブロンヒエン	bronchus ブランカス
〜炎	*die* Bronchitis ブロンヒーティス	bronchitis ブランカイティス
きかんしゃ 機関車	*die* Lokomotive ロコモティーヴェ	locomotive ロウコモウティヴ
きかんじゅう 機関銃	*das* Maschinengewehr マシーネンゲヴェーア	machine gun マシーン ガン
きき 危機	*die* Krise クリーゼ	crisis クライスィス
き と 聞き取り	*das* Verhör フェアヘーア	hearing ヒアリング
き め 効き目	*die* Wirkung ヴィルクング	effect, efficacy イフェクト, エフィカスィ
ききゅう 気球	*der* Luftballon ルフトバロン	balloon バルーン
ききょう 帰郷	*die* Heimkehr ハイムケア	homecoming ホウムカミング
きぎょう 企業	*das* Unternehmen, *der* Betrieb ウンターネーメン, ベトリープ	enterprise エンタプライズ
きぎょうか 企業家	*der*(*die*) Unternehmer(*in*) ウンターネーマー (-メリン)	entrepreneur アーントレプレナー
ぎきょく 戯曲	*das* Drama, *das* Theaterstück ドラーマ, テアーターシュテュック	drama, play ドラーマ, プレイ
ききん 基金	*der* Fonds フォーン	fund ファンド

日	独	英
飢饉（ききん）	*die* Hungersnot フンガースノート	famine ファミン
貴金属（ききんぞく）	*das* Edelmetall エーデルメタル	precious metals プレシャス メトルズ
菊（きく）	*die* Chrysantheme クリュザンテーメ	chrysanthemum クリサンセマム
効（き）く	wirken ヴィルケン	have effect *on* ハヴ イフェクト
聞［聴］（き）く	zu|hören ツーヘーレン	listen *to* リスン
（聞こえる）	hören ヘーレン	hear ヒア
（尋ねる）	fragen フラーゲン	ask, inquire アスク, インクワイア
器具（きぐ）	*das* Gerät ゲレート	utensil, implement ユーテンスィル, インプレメント
気配（きくば）り	*die* Fürsorge, *die* Zuwendung フューアゾルゲ, ツーヴェンドゥング	care, consideration ケア, コンスィダレイション
喜劇（きげき）	*die* Komödie, *das* Lustspiel コメーディエ, ルストシュピール	comedy カメディ
危険（きけん）	*die* Gefahr ゲファール	danger, risk デインヂャ, リスク
〜な	gefährlich ゲフェーアリヒ	dangerous, risky デインヂャラス, リスキ
期限（きげん）	*die* Frist フリスト	term, deadline ターム, デドライン
機嫌（きげん）	*die* Laune ラオネ	humor, mood ヒューマ, ムード
紀元（きげん）	*die* Ära エーラ	era イアラ
起源（きげん）	*der* Ursprung ウーアシュプルング	origin オーリヂン
気候（きこう）	*das* Klima クリーマ	climate, weather クライメト, ウェザ
記号（きごう）	*das* Zeichen ツァイヒェン	mark, sign マーク, サイン

日	独	英
聞こえる	hören ヘーレン	hear ヒア
帰国	*die* Heimkehr ハイムケーア	homecoming ホウムカミング
〜する	heim|kehren ハイムケーレン	return home リターン ホウム
ぎこちない	ungeschickt ウンゲシックト	awkward, clumsy オークワド, クラムズィ
既婚の	verheiratet フェアハイラーテット	married マリド
ぎざぎざの	gezackt ゲツァックト	serrated サレイテド
気さくな	offen, offenherzig オッフェン, オッフェンヘルツィヒ	frank フランク
兆し	*das* Vorzeichen, *das* Anzeichen フォーアツァイヒェン, アンツァイヒェン	sign, indication サイン, インディケイション
気障な	affektiert アフェクティーアト	affected アフェクテド
刻む	zerschneiden ツェアシュナイデン	cut カト
（肉を）	hacken ハッケン	mince ミンス
岸	*das* Ufer ウーファー	bank バンク
記事	*der* Bericht, *der* Artikel ベリヒト, アルティーケル	article アーティクル
雉	*der* Fasan ファザーン	pheasant フェザント
技師	*der*(*die*) Ingenieur(*in*) インジェニエーア (-エアリン)	engineer エンヂニア
議事	*die* Verhandlung フェアハンドルング	proceedings プロスィーディングズ
〜日程	*die* Tagesordnung ターゲスオルドヌング	agenda アヂェンダ
〜録	*das* Protokoll プロトコル	record リコード

日	独	英
ぎしき 儀式	*die* Zeremonie ツェレモニー	ceremony セレモウニ
（宗教上の）	*das* Ritual リトゥアール	rites ライツ
きじつ 期日	*der* Termin テルミーン	date, time limit デイト, タイム リミト
きし 軋む	knirschen クニルシェン	creak クリーク
きしゃ 汽車	*der* Zug ツーク	train トレイン
きしゅ 騎手	*der* Reiter ライター	rider, jockey ライダ, ヂャキ
きしゅくしゃ 寄宿舎	*das* Internat インターナート	dormitory ドーミトーリ
きじゅつ 記述	*die* Beschreibung ベシュライブング	description ディスクリプション
〜する	beschreiben ベシュライベン	describe ディスクライブ
ぎじゅつ 技術	*die* Technik テヒニク	technique, technology テクニーク, テクナロヂ
〜提携	technische Kooperation テヒニシェ コオペラツィオーン	technical tie-up テクニカル タイアプ
きじゅん 基準	*die* Norm ノルム	standard, basis スタンダド, ベイスィス
きじゅん 規準	*das* Kriterium クリテーリウム	norm ノーム
きしょう 気象	*das* Wetter ヴェッター	weather, meteorology ウェザ, ミーティアラロヂ
キス	*der* Kuss クス	kiss キス
きず 傷	*die* Wunde ヴンデ	wound, injury ウーンド, インヂャリ
（心の）	*das* Trauma トラオマ	trauma トラウマ
きすう 奇数	ungerade Zahl ウンゲラーデ ツァール	odd number アド ナンバ
きず 築く	bauen バオエン	build, construct ビルド, コンストラクト

日	独	英
きずつ 傷付く	verletzt sein フェアレッツト ザイン	be wounded ビ ウーンデド
きずつ 傷付ける	beschädigen ベシェーディゲン	wound, injure ウーンド, インヂャ
（心を）	verletzen フェアレッツェン	hurt ハート

■ 気象 ■ *das* Wetter /ヴェッター/

晴れ・快晴　schönes Wetter /シェーネス ヴェッター/　(英fine weather)

曇り　wolkiges Wetter /ヴォルキゲス ヴェッター/　(英cloudy weather)

雨　*der* Regen /レーゲン/　(英rain)

小雨　leichter Regen /ライヒター レーゲン/　(英light rain)

豪雨　*der* Regenguss /レーゲングス/　(英heavy rain)

雪　*der* Schnee /シュネー/　(英snow)

雪崩　*die* Lawine /ラヴィーネ/　(英avalanche)

霙　*der* Schneeregen /シュネーレーゲン/　(英sleet)

霧　*der* Nebel /ネーベル/　(英fog, mist)

雷　*der* Donner /ドナー/　(英thunder)

雷雨　*das* Gewitter /ゲヴィッター/　(英thunderstorm)

台風　*der* Taifun /タイフーン/　(英typhoon)

スコール　*der* Platzregen /プラッツレーゲン/　(英squall)

気温　*die* Temperatur /テンペラトゥーア/　(英temperature)

湿度　*die* Feuchtigkeit /フォイヒティヒカイト/　(英humidity)

風力　*die* Windstärke /ヴィントシュテルケ/　(英the force of the wind)

気圧　*der* Luftdruck /ルフトドルック/　(英atmospheric pressure)

高気圧　*der* Hochdruck /ホーホドルック/, *das* Hoch /ホーホ/　(英high atmospheric pressure)

低気圧　*der* Tiefdruck /ティーフドルック/, *das* Tief /ティーフ/　(英low pressure, depression)

スモッグ　*der* Smog /スモック/　(英smog)

風　*der* Wind /ヴィント/　(英wind)

俄か雨　*der* Regenschauer /レーゲンシャオアー/　(英shower)

日	独	英
きずな 絆	*das* Band バント	bond バンド
ぎせい 犠牲	*die* Opferung オプフェルング	sacrifice サクリファイス
～者	*das* Opfer オプファー	victim ヴィクティム
きせいちゅう 寄生虫	*das* Schmarotzertier, *der* Parasit シュマロッツァーティーア, パラズィート	parasite パラサイト
きせい 既成の	vollendet フォルエンデット	accomplished アカンプリシュト
きせいふく 既製服	*die* Konfektion コンフェクツィオーン	ready-made レディメイド
きせき 奇跡	*das* Wunder ヴンダー	miracle, wonder ミラクル, ワンダ
～的な	wunderbar, übernatürlich ヴンダーバール, ユーバーナテュアリヒ	miraculous ミラキュラス
きせつ 季節	*die* Jahreszeit ヤーレスツァイト	season スィーズン
きぜつ 気絶する	ohnmächtig werden オーンメヒティヒ ヴェーアデン	faint, swoon フェイント, スウーン
き 着せる	an|kleiden アンクライデン	dress ドレス
きせん 汽船	*das* Dampfschiff ダンプフシフ	steamer スティーマ
ぎぜんてき 偽善的な	heuchlerisch ホイヒレリシュ	hypocritical ヒポクリティカル
きそ 基礎	*der* Grund, *die* Grundlage, *die* Basis グルント, グルントラーゲ, バーズィス	base ベイス
～的な	grundlegend グルントレーゲント	fundamental, basic ファンダメントル, ベイスィク
きそ 起訴	*die* Anklage アンクラーゲ	prosecution プラスィキューション
～する	an|klagen アンクラーゲン	prosecute プラスィキュート
きそ 競う	konkurrieren, wetteifern コンクリーレン, ヴェットアイファーン	compete コンピート

日	独	英
寄贈(きぞう)	*der* Beitrag バイトラーク	donation ドウネイション
偽装(ぎそう)	*die* Tarnung タルヌング	camouflage キャモフラージュ
起草(きそう)する	entwerfen エントヴェルフェン	make out a draft メイク アウト ア ドラフト
偽造(ぎぞう)する	fälschen フェルシェン	forge フォーヂ
規則(きそく)	*die* Regel レーゲル	rule, regulations ルール, レギュレイションズ
〜的(てき)な	regelmäßig レーゲルメースィヒ	regular レギュラ
貴族(きぞく)	*der* Adel アーデル	noble, aristocrat ノウブル, アリストクラト

■ 季節・月 ■ *die* Jahreszeit /ヤーレスツァイト/ , *der* Monat /モーナト/

春(はる)	*der* Frühling /フリューリング/ (英spring)
夏(なつ)	*der* Sommer /ゾマー/ (英summer)
秋(あき)	*der* Herbst /ヘルプスト/ (英autumn, fall)
冬(ふゆ)	*der* Winter /ヴィンター/ (英winter)
一月(いちがつ)	*der* Januar /ヤヌアール/ (英January)
二月(にがつ)	*der* Februar /フェーブルアール/ (英February)
三月(さんがつ)	*der* März /メルツ/ (英March)
四月(しがつ)	*der* April /アプリル/ (英April)
五月(ごがつ)	*der* Mai /マイ/ (英May)
六月(ろくがつ)	*der* Juni /ユーニ/ (英June)
七月(しちがつ)	*der* Juli /ユーリ/ (英July)
八月(はちがつ)	*der* August /アオグスト/ (英August)
九月(くがつ)	*der* September /ゼプテンバー/ (英September)
十月(じゅうがつ)	*der* Oktober /オクトーバー/ (英October)
十一月(じゅういちがつ)	*der* November /ノヴェンバー/ (英November)
十二月(じゅうにがつ)	*der* Dezember /デツェンバー/ (英December)

日	独	英
北(きた)	*der* Norden ノルデン	the north ザ ノース
～の	nördlich ネルトリヒ	northern ノーザン
ギター	*die* Gitarre ギタレ	guitar ギター
北(きた)アメリカ	*das* Nordamerika ノルトアメーリカ	North America ノース アメリカ
期待(きたい)	*die* Erwartung エアヴァルトゥング	expectation エクスペクテイション
～する	erwarten エアヴァルテン	expect イクスペクト
気体(きたい)	*das* Gas ガース	gaseous body, gas ギャスィアス バディ, ギャス
議題(ぎだい)	*die* Tagesordnung ターゲスオルドヌング	agenda アヂェンダ
鍛(きた)える	schmieden シュミーデン	forge, temper フォーヂ, テンパ
（心身を）	trainieren トレニーレン	train トレイン
帰宅(きたく)する	nach Hause gehen ナーハ ハオゼ ゲーエン	return home, get home リターン ホウム, ゲト ホウム
北朝鮮(きたちょうせん)	(*das*) Nordkorea (Demokratische Volksrepublik Korea) ノルトコレーア（デモクラーティシェ フォルクスレプブリーク コレーア）	North Korea ノース コリア
汚(きたな)い	schmutzig, unsauber シュムッツィヒ, ウンザオバー	dirty, soiled ダーティ, ソイルド
（金銭に）	geizig sein ガイツィヒ ザイン	stingy スティンヂ
汚(きたな)らしい	schmutzig aussehen シュムッツィヒ アオスゼーエン	dirty-looking ダーティルキング
基地(きち)	*der* Stützpunkt シュテュッツプンクト	base ベイス
機長(きちょう)	*der*(*die*) Kapitän(*in*) カピテーン(-ニン)	captain キャプティン

158

日	独	英
議長（ぎちょう）	*die/die* Vorsitzende フォーアズィッツェンデ	chairperson チェアパースン
貴重な（きちょう）	wertvoll ヴェーアトフォル	precious, valuable プレシャス, ヴァリュアブル
貴重品（きちょうひん）	*die* Wertsachen ヴェーアトザッヘン	valuables ヴァリュアブルズ
几帳面な（きちょうめん）	ordentlich オルデントリヒ	exact, methodical イグザクト, ミサディカル
きちんと	genau ゲナオ	exactly, accurately イグザクトリ, アキュレトリ
きつい	streng, hart シュトレング, ハルト	strong, hard ストロング, ハード
（窮屈な）	eng エング	tight タイト
喫煙（きつえん）	*das* Rauchen ラオヘン	smoking スモウキング
〜する	rauchen ラオヘン	smoke スモウク
〜コーナー	*die* Raucherzone, *die* Raucherecke ラオハーツォーネ, ラオハーエッケ	smoking area スモウキング エアリア
〜室	*das* Raucherzimmer ラオハーツィマー	smoking room スモウキング ルーム
〜車	*das* Raucherabteil ラオハーアブタイル	smoking car スモウキング カー
気遣う（きづか）	*sich*^{4} *um*^{4} sorgen ゾルゲン	mind, worry マインド, ワーリ
切っ掛け（きっか）	*der* Anlass アンラス	chance, opportunity チャンス, アポチューニティ
キック	*der* Stoß シュトース	kick キク
気付く（きづ）	bemerken ベメルケン	notice ノウティス
喫茶店（きっさてん）	*das* Café カフェー	coffee shop, tearoom コフィ シャプ, ティールム
生粋の（きっすい）	echt エヒト	genuine, native デェニュイン, ネイティヴ

日	独	英
キッチン	*die* Küche キュッヒェ	kitchen キチン
啄木鳥（きつつき）	*der* Specht シュペヒト	woodpecker ウドペカ
切手（きって）	*die* Briefmarke ブリーフマルケ	stamp スタンプ
きっと	sicher, bestimmt ズィヒャー, ベシュティムト	surely, certainly シュアリ, サートンリ
狐（きつね）	*der* Fuchs フクス	fox ファクス
切符（きっぷ）	*die* Fahrkarte, *das* Ticket ファールカルテ, ティケット	ticket ティケト
規定（きてい）	*die* Bestimmung ベシュティムング	regulations レギュレイションズ
祈祷（きとう）	*das* Gebet ゲベート	prayer プレア
軌道（きどう）	*die* Bahn, *der* Orbit バーン, オルビット	orbit オービト
危篤の（きとくの）	todkrank トートクランク	critical クリティカル
気取る（きどる）	*sich*⁴ auf|spielen, vornehm tun アオフシュピーレン, フォーアネーム トゥーン	be affected ビ アフェクテド
気に入る（きにいる）	gefallen ゲファレン	be pleased *with* ビ ブリーズド
気にする（きにする）	*sich*⁴ sorgen ゾルゲン	worry *about* ワーリ
記入する（きにゅうする）	aus|füllen, *sich*⁴ ein|tragen アオスフュレン, アイントラーゲン	write *in* ライト
絹（きぬ）	*die* Seide ザイデ	silk スィルク
〜糸	*der* Seidenfaden ザイデンファーデン	silk thread スィルク スレド
〜織物	*der* Seidenstoff ザイデンシュトフ	silk goods スィルク グツ
記念（きねん）	*das* Andenken アンデンケン	commemoration コメモレイション
〜碑	*das* Denkmal デンクマール	monument マニュメント

日	独	英
〜日	*der* Gedenktag ゲデンクターク	memorial day メモーリアル デイ
機能(きのう)	*die* Funktion フンクツィオーン	function ファンクション
昨日(きのう)	gestern ゲスターン	yesterday イェスタディ
技能(ぎのう)	*die* Kunstfertigkeit, *die* Kunst クンストフェルティヒカイト, **クンスト**	skill スキル
茸(きのこ)	*der* Pilz ピルツ	mushroom マシュルム
気の毒(どく)な	bedauerlich ベダオアーリヒ	pitiable, poor ピティアブル, プア
木(き)の実(み)	*die* Nuss ヌス	fruit, nut フルート, ナト
牙(きば)	*der* Fangzahn ファンクツァーン	fang ファング
(象などの)	*der* Stoßzahn シュトースツァーン	tusk タスク
奇抜(きばつ)な	originell オリギネル	novel, original ナヴェル, オリヂナル
気晴(きば)らし	*die* Abwechslung アップヴェクスルング	pastime, diversion パスタイム, ダイヴァーション
規範(きはん)	*die* Norm ノルム	norm ノーム
基盤(きばん)	*die* Grundlage グルントラーゲ	base, foundation ベイス, ファウンデイション
厳(きび)しい	streng シュトレング	severe, strict スィヴィア, ストリクト
気品(きひん)	*die* Eleganz エレガンツ	grace, dignity グレイス, ディグニティ
機敏(きびん)な	prompt プロンプト	smart, quick スマート, クウィク
寄付(きふ)	*die* Spende シュペンデ	donation ドウネイション
〜する	spenden シュペンデン	donate, contribute *to* ドウネイト, カントリビュト
ギブアンドテイク	Geben und Nehmen ゲーベン ウント ネーメン	give-and-take ギヴァンテイク

日	独	英
ギプス	*der* Gips ギプス	plaster cast プラスタ キャスト
ギフト	*das* Geschenk ゲシェンク	gift ギフト
気分	*die* Stimmung シュティムング	mood, feeling ムード, フィーリング
規模	*der* Umfang ウムファンク	scale スケイル
木彫り	*die* Holzschnitzerei ホルツシュニッツェライ	woodcarving ウドカーヴィング
希望	*die* Hoffnung ホフヌング	hope, wish ホウプ, ウィシュ
～する	hoffen ホッフェン	hope, wish ホウプ, ウィシュ
～の	in Holz geschnitzt イン ホルツ ゲシュニッツト	wooden ウドン
基本	*die* Grundlage グルントラーゲ	basis, standard ベイスィス, スタンダド
～的な	grundlegend グルントレーゲント	basic, fundamental ベイスィク, ファンダメントル
気前のよい	großzügig グロースツューギヒ	generous ヂェナラス
気紛れな	launisch ラオニシュ	capricious カプリシャス
期末	*der* Jahresabschluss ヤーレスアプシュルス	the end of the term ジ エンド オヴ ザ ターム
（大学の）	*das* Semesterende ゼメスターエンデ	the end of the semester ジ エンド オヴ ザ スィメスタ
気ままな	sorgenfrei ゾルゲンフライ	carefree ケアフリー
決まり	*die* Regel レーゲル	rule, regulation ルール, レギュレイション
～文句	feststehende Wendung フェストシュテーエンデ ヴェンドゥング	set phrase セト フレイズ
決まる	bestimmt werden, entschieden werden ベシュティムト ヴェーアデン, エントシーデン ヴェーアデン	be settled, be decided ビ セトルド, ビ ディサイデド

日	独	英
黄身（きみ）	*das* Eigelb アイゲルプ	yolk ヨウク
機密（きみつ）	*das* Geheimnis ゲハイムニス	secrecy, secret スィークレスィ, スィークレト
黄緑の（きみどり）	gelbgrün ゲルプグリューン	yellowish green イェロウイシュ グリーン
奇妙な（きみょう）	seltsam, merkwürdig ゼルトザーム, メルクヴュルディヒ	strange, queer ストレインヂ, クウィア
義務（ぎむ）	*die* Pflicht プフリヒト	duty, obligation デューティ, アブリゲイション
〜教育	allgemeine Schulpflicht アルゲマイネ シュールプフリヒト	compulsory education カンパルソリ エデュケイション
気難しい（きむずかしい）	mürrisch ミュリシュ	hard to please ハード トゥ プリーズ
偽名（ぎめい）	*der* Deckname デックナーメ	assumed name アスュームド ネイム
決める（きめる）	entscheiden, *sich*[4] *für*[4] entschließen エントシャイデン, エントシュリーセン	fix, decide *on* フィクス, ディサイド
肝（きも）	*die* Leber レーバー	liver リヴァ
（度胸）	*der* Mut ムート	pluck プラク
気持ち（きもち）	*das* Gefühl ゲフュール	feeling フィーリング
着物（きもの）	*der* Kimono キモーノ	*kimono* キモウノ
（衣服）	*die* Kleider クライダー	clothing クロウズィング
疑問（ぎもん）	*die* Frage フラーゲ	question, doubt クウェスチョン, ダウト
客（きゃく）	*der*(*die*) Besucher(*in*) ベズーハー (-ヘリン)	caller, visitor コーラ, ヴィズィタ
（招待客）	*der* Gast ガスト	guest ゲスト
（店の）	*der*(*die*) Kunde(*in*) クンデ(-ディン)	customer カスタマ

日	独	英
規約(きやく)	*der* Vertrag フェアトラーク	agreement, contract アグリーメント, カントラクト
逆(ぎゃく)	*das* Gegenteil ゲーゲンタイル	the contrary ザ カントレリ
〜の	umgekehrt ウムゲケーアト	reverse, contrary リヴァース, カントレリ
ギャグ	*der* Scherz, *der* Spaß シェルツ, シュパース	joke ヂョウク
(映画・演劇などの)	*der* Gag ゲク	gag ギャグ
虐殺(ぎゃくさつ)	*das* Massaker, *das* Blutbad マサーカー, ブルートバート	massacre マサカ
〜する	ab|schlachten アップシュラハテン	massacre マサカ
客車(きゃくしゃ)	*der* Personenwagen ペルゾーネンヴァーゲン	passenger car パセンチャ カー
逆襲(ぎゃくしゅう)	*der* Gegenangriff ゲーゲンアングリフ	counterattack カウンタアタク
客船(きゃくせん)	*der* Passagierdampfer パサジーアダンプファー	passenger boat パセンチャ ボウト
虐待(ぎゃくたい)	*die* Misshandlung ミスハンドルング	abuse アビューズ
逆転する(ぎゃくてん)	um|schlagen, um|kehren ウムシュラーゲン, ウムケーレン	be reversed ビ リヴァースト
脚本(きゃくほん)	*das* Drehbuch, *das* Szenarium ドレーブフ, スツェナーリウム	scenario スィネアリオウ
ギャザー	*die* Kräuselung クロイゼルング	gathers ギャザズ
華奢な(きゃしゃ)	zart, zierlich ツァールト, ツィーアリヒ	delicate デリケト
キャスト	*die* Besetzung ベゼッツング	cast キャスト
キャタピラー	*die* Raupenkette ラオペンケッテ	caterpillar キャタピラ
客観的な(きゃっかんてき)	objektiv オブィエクティーフ	objective オブヂェクティヴ

日	独	英
キャッシュ	*das* Bargeld バールゲルト	cash キャシュ
～カード	*die* Kontokarte, *die* Euro-Karte コントカルテ, オイロカルテ	bank card バンク カード
キャッチフレーズ	*das* Schlagwort シュラークヴォルト	catchphrase キャチフレイズ
ギャップ	*die* Kluft クルフト	gap ギャプ
キャディー	*der* Caddie ケディー	caddie キャディ
キャバレー	*das* Kabarett カバレット	cabaret キャバレイ
キャビア	*der* Kaviar カーヴィアル	caviar キャヴィアー
キャビン	*die* Kabine カビーネ	cabin キャビン
キャプテン	*der*(*die*) Kapitän(*in*) カピテーン (-ニン)	captain キャプティン
キャベツ	*der* Kohl コール	cabbage キャビヂ
ギャラ	*die* Gage ガージェ	guarantee ギャランティー
キャラクター	*die* Eigenschaft アイゲンシャフト	character キャラクタ
ギャラリー	*die* Galerie ガレリー	gallery ギャラリ
キャリア	*die* Erfahrung, *die* Laufbahn エアファールング, ラオフバーン	career カリア
ギャング	*der* Gangster ゲングスター	gang, gangster ギャング, ギャングスタ
キャンセル	*die* Absage アップザーゲ	cancellation キャンセレイション
～する	ab|sagen, stornieren アップザーゲン, シュトルニーレン	cancel キャンセル
～待ちをする	auf der Warteliste stehen アオフ デア ヴァルテリステ シュテーエン	be on standby ビ アン スタンバイ

日	独	英
キャンデー	*der* Bonbon ボンボン	candy キャンディ
キャンドル	*die* Kerze ケルツェ	candle キャンドル
キャンバス	*die* Leinwand ラインヴァント	canvas キャンヴァス
キャンピングカー	*der* Wohnwagen, *das* Wohnmobil ヴォーンヴァーゲン, ヴォーンモビール	camper キャンパ
キャンプ	*das* Camping, *das* Zeltlager ケンピング, ツェルトラーガー	camp キャンプ
ギャンブル	*das* Glücksspiel グリュックスシュピール	gambling ギャンブリング
キャンペーン	*die* Kampagne カンパニエ	campaign キャンペイン
急 _{きゅう}	*der* Notfall ノートファル	emergency イマーチェンスィ
級 _{きゅう}	*die* Klasse クラッセ	class, grade クラス, グレイド
救援 _{きゅうえん}	*die* Rettung レットゥング	relief, rescue リリーフ, レスキュー
休暇 _{きゅうか}	*der* Urlaub, *die* Ferien ウーアラオプ, フェーリエン	vacation, holiday ヴェイケイション, ハリデイ
急患 _{きゅうかん}	*der*(*die*) Notfallpatient(in) ノートファルパツィエント(-ティン)	emergency case イマーチェンスィ ケイス
球技 _{きゅうぎ}	*das* Ballspiel バルシュピール	ball game ボール ゲイム
救急車 _{きゅうきゅうしゃ}	*der* Krankenwagen クランケンヴァーゲン	ambulance アンビュランス
休業 _{きゅうぎょう}	*die* Schließung シュリースング	closure クロウジャ
窮屈な _{きゅうくつ}	eng エング	narrow, tight ナロウ, タイト
休憩 _{きゅうけい}	*die* Pause パオゼ	rest, recess レスト, リセス
〜する	eine Pause machen アイネ パオゼ マッヘン	take a rest テイク ア レスト

き

166

日	独	英
きゅうげき 急激な	rasch, abrupt ラッシュ, アブルプト	sudden, abrupt サドン, アブラプト
きゅうこうれっしゃ 急行列車	*der* Schnellzug シュネルツーク	express イクスプレス
きゅうこん 求婚	*der* Heiratsantrag ハイラーツアントラーク	marriage proposal マリヂ プロポウザル
きゅうさい 救済	*die* Hilfe ヒルフェ	relief, aid リリーフ, エイド
きゅうじ 給仕	*der*(*die*) Kellner(*in*) ケルナー (-ネリン)	waiter, waitress ウェイタ, ウェイトレス
きゅうしがい 旧市街	*die* Altstadt, *das* Zentrum アルトシュタット, シェントルム	old town, down town オウルドタウン, ダウンタウン
きゅうしきの 旧式の	altmodisch アルトモーディシュ	old-fashioned オウルドファションド
きゅうじつ 休日	*der* Feiertag ファイアーターク	holiday ハリデイ
きゅうしゅうする 吸収する	auf|saugen アオフザオゲン	absorb アブソーブ
きゅうじょ 救助	*die* Rettung, *die* Bergung レットゥング, ベルグング	rescue, help レスキュー, ヘルプ
～する	retten, bergen レッテン, ベルゲン	rescue, save レスキュー, セイヴ
きゅうじょう 球場	*das* Baseballstadion ベースボールシュターディオン	ballpark ボールパーク
きゅうしょく 給食	*die* Schulspeisung シュールシュパイズング	provision of school lunch プロヴィジョン オヴ スクール ランチ
きゅうじん 求人	*das* Stellenangebot シュテレンアンゲボート	job offer ヂャブ オーファ
きゅうしんてきな 急進的な	radikal ラディカール	radical ラディカル
きゅうす 急須	*das* Teekännchen テーケンヒェン	teapot ティーパト
きゅうすい 給水	*die* Wasserversorgung ヴァッサーフェアゾルグング	water supply ウォータ サプライ
きゅうせい 旧姓	früherer Familienname フリューアラー ファミーリエンナーメ	former name フォーマ ネイム

日	独	英
（既婚女性の）	*der* Mädchenname メートヒェンナーメ	maiden name メイドン ネイム
きゅうせい 急性の	akut アクート	acute アキュート
きゅうせっきじだい 旧石器時代	*die* Altsteinzeit アルトシュタインツァイト	the Old Stone Age ジ オウルド ストウン エイヂ
きゅうせん 休戦	*der* Waffenstillstand ヴァッフェンシュティルシュタント	armistice アーミスティス
きゅうそく 休息	*die* Ruhe, *die* Rast ルーエ, ラスト	repose, rest リポウズ, レスト
きゅうそく 急速な	rasch ラッシュ	rapid, prompt ラピド, プランプト
きゅうだい 及第する	bestehen ベシュテーエン	pass パス
きゅうち 窮地	*die* Notlage ノートラーゲ	difficult situation ディフィカルト スィチュエイション
きゅうてい 宮廷	*der* Hof ホーフ	court コート
きゅうでん 宮殿	*der* Palast パラスト	palace パレス
きゅうとう 急騰する	empor|schnellen エンポーアシュネレン	jump ヂャンプ
ぎゅうにく 牛肉	*das* Rindfleisch リントフライシュ	beef ビーフ
ぎゅうにゅう 牛乳	*die* Milch ミルヒ	milk ミルク
キューピッド	Cupido, *der* Liebesgott クピード, リーベスゴット	Cupid キューピド
きゅうびょう 急病	plötzliche Erkrankung プレッツリヒェ エアクランクング	sudden illness サドン イルネス
きゅうめい 救命	*die* Rettung レットゥング	life-saving ライフセイヴィング
～胴衣	*die* Schwimmweste シュヴィムヴェステ	life jacket ライフ ヂャケト
きゅうやくせいしょ 旧約聖書	das Alte Testament ダス アルテ テスタメント	the Old Testament ザ オウルド テスタメント
きゅうゆ 給油	*das* Tanken タンケン	refueling リーフューアリング

日	独	英
旧友(きゅうゆう)	alter Freund アルター フロイント	old friend オウルド フレンド
休養(きゅうよう)	*die* Erholung エアホールング	rest レスト
〜する	*sich*⁴ erholen エアホーレン	take a rest テイク ア レスト
急用(きゅうよう)	dringende Angelegenheit ドリンゲンデ アンゲレーゲンハイテン	urgent business アーヂェント ビズネス
胡瓜(きゅうり)	*die* Gurke グルケ	cucumber キューカンバ
給料(きゅうりょう)	*das* Gehalt ゲハルト	pay, salary ペイ, サラリ
清い(きよい)	rein ライン	clean, pure クリーン, ピュア
今日(きょう)	heute ホイテ	today トデイ
器用(きよう)	*die* Geschicklichkeit ゲシックリヒカイト	skillfulness スキルフルネス
〜な	geschickt ゲシックト	skillful スキルフル
行(ぎょう)	*die* Zeile ツァイレ	line ライン
驚異(きょうい)	*das* Wunder ヴンダー	wonder ワンダ
教育(きょういく)	*die* Erziehung エアツィーウング	education エデュケイション
〜する	erziehen, aus|bilden エアツィーエン, アオスビルデン	educate エデュケイト
教員(きょういん)	*der*(*die*) Lehrer(*in*) レーラー (-レリン)	teacher ティーチャ
強化(きょうか)	*die* Verstärkung フェアシュテルクング	strengthening ストレンクスニイング
〜する	verstärken フェアシュテルケン	strengthen ストレンクスン
教科(きょうか)	*das* Lehrfach レーアファッハ	subject サブヂクト
協会(きょうかい)	*der* Verein フェアアイン	association, society アソウスィエイション, ソサイエティ

日	独	英
きょうかい 境界	*die* Grenze グレンツェ	boundary, border バウンダリ, ボーダ
きょうかい 教会	*die* Kirche キルヒェ	church チャーチ
ぎょうかい 業界	*die* Industriekreise, *die* Geschäftswelt インドゥストリークライゼ, ゲシェフツヴェルト	industry インダストリ
きょうがく 共学	*die* Koedukation コーエドゥカツィオーン	coeducation コウエデュケイション
きょうかしょ 教科書	*das* Lehrbuch, *das* Schulbuch レーアブーフ, シュールブーフ	textbook テクストブク
きょうかつ 恐喝	*die* Erpressung エアプレッスング	threat, blackmail スレト, ブラクメイル
きょうかん 共感	*die* Sympathie ズュンパティー	sympathy スィンパスィ
きょうき 凶器	*die* Mordwaffe モルトヴァッフェ	weapon ウェポン
きょうぎ 競技	*der* Wettkampf, *das* Spiel ヴェットカンプフ, シュピール	competition カンピティション
～会	*der* Wettbewerb ヴェットベヴェルプ	athletic competition アスレティクス カンピティション
ぎょうぎ 行儀	*die* Manieren マニーレン	behavior, manners ビヘイヴャ, マナズ
きょうきゅう 供給	*das* Angebot, *die* Versorgung アンゲボート, フェアゾルグング	supply サプライ
～する	*mit*³ versorgen フェアゾルゲン	supply サプライ
きょうぐう 境遇	*die* Lebensverhältnisse, *die* Lebensumstände レーベンスフェアヘルトニセ, レーベンスウムシュテンデ	circumstances サーカムスタンスィズ
きょうくん 教訓	*die* Lehre レーレ	lesson レスン
きょうこう 恐慌	*die* Krise クリーゼ	panic パニク
きょうこう 教皇	*der* Papst パープスト	the Pope ザ ポウプ

日	独	英
きょうごう 競合する	*mit*³ konkurrieren コンクリーレン	compete *with* コンピート
きょうこく 峡谷	*die* Schlucht シュルフト	gorge, ravine ゴーヂ, ラヴィーン
きょうこ 強固な	entschlossen, unerschütterlich エントシュロッセン, ウンエアシュッターリヒ	firm, solid ファーム, サリド
きょうざい 教材	*der* Lehrstoff レーアシュトフ	teaching material ティーチング マティアリアル
きょうさんしゅぎ 共産主義	*der* Kommunismus コムニスムス	communism カミュニズム
きょうし 教師	*der*(*die*) Lehrer(*in*) レーラー (-レリン)	teacher ティーチャ
ぎょうじ 行事	*die* Veranstaltung フェアアンシュタルトゥング	event, function イヴェント, ファンクション
きょうしつ 教室	*das* Klassenzimmer クラッセンツィマー	classroom クラスルーム
ぎょうしゃ 業者	*der*(*die*) Unternehmer(*in*) ウンターネーマー (-メリン)	trader トレイダ
きょうじゅ 教授	*der*(*die*) Professor(*in*) プロフェッソーア (-フェソーリン)	professor プロフェサ
きょうしゅう 郷愁	*das* Heimweh ハイムヴェー	nostalgia ナスタルヂャ
きょうしょ 教書	*die* Botschaft ボートシャフト	message メスイヂ
ぎょうしょうにん 行商人	*der*(*die*) Hausierer(*in*) ハオズィーラー (-レリン)	peddler ペドラ
きょうしょく 教職	*der* Lehrberuf レーアベルーフ	the teaching profession ザ ティーチング プロフェション
きょうせい 強制	*der* Zwang ツヴァング	compulsion コンパルション
～する	*zu*³ zwingen ツヴィンゲン	compel, force カンペル, フォース
ぎょうせい 行政	*die* Verwaltung フェアヴァルトゥング	administration アドミニストレイション
～機関	*das* Verwaltungsorgan フェアヴァルトゥングスオルガーン	administrative organ アドミニストレイティヴ オーガン

日	独	英
ぎょうせき 業績	*die* Leistung ライストゥング	achievement, results アチーヴメント, リザルツ
きょうそう 競争	*die* Konkurrenz, *der* Wettbewerb コンクレンツ, ヴェットベヴェルブ	competition, contest カンピティション, カンテスト
～する	konkurrieren, wetteifern コンクリーレン, ヴェットアイファーン	compete カンピート
～力	*die* Konkurrenzfähigkeit, *die* Wettbewerbsfähigkeit コンクレンツフェーイヒカイト, ヴェットベヴェルブスフェーイヒカイト	competitiveness コンペティティヴネス
きょうそう 競走	*der* Wettlauf ヴェットラオフ	race レイス
～する	wett|laufen ヴェットラオフェン	run a race ラン ア レイス
きょうそうきょく 協奏曲	*das* Konzert コンツェルト	concerto カンチェアトウ
きょうそん 共存	*die* Koexistenz コーエクスィステンツ	coexistence コウイグズィステンス
～する	koexistieren コーエクスィスティーレン	coexist コウイグズィスト
きょうだい 兄弟	*der* Bruder ブルーダー	brother ブラザ
きょうだん 教壇	*das* Podium ポーディウム	platform プラトフォーム
きょうちょう 強調する	betonen ベトーネン	emphasize, stress エンファサイズ, ストレス
きょうつう 共通の	gemeinsam ゲマインザーム	common カモン
きょうてい 協定	*das* Abkommen アップコメン	agreement, convention アグリーメント, カンヴェンション
きょうど 郷土	*die* Heimat ハイマート	native district ネイティヴ ディストリクト
きょうどうくみあい 協同組合	*die* Genossenschaft ゲノッセンシャフト	cooperative コウアパラティヴ
きょうどう 共同の	gemeinschaftlich ゲマインシャフトリヒ	common, joint カモン, ヂョイント

日	独	英
きょうばい 競売	*die* Auktion アオクツィオーン	auction オークション
きょうはく 脅迫	*die* Erpressung, *die* (Be)drohung エアプレッスング, (ベ)ドローウング	threat, menace スレト, メナス
～する	drohen, bedrohen ドローエン, ベドローエン	threaten, menace スレトン, メナス
きょうはん 共犯	*die* Mitschuld ミットシュルト	complicity カンプリスィティ
～者	*der*(*die*) Mittäter(*in*) ミットテーター (-リン)	accomplice アカンプリス
きょうふ 恐怖	*die* Furcht フルヒト	fear, fright, terror フィア, フライト, テラ
きょうほ 競歩	*das* Gehen ゲーエン	walk ウォーク
きょうみ 興味	*das* Interesse インテレッセ	interest インタレスト
ぎょうむ 業務	*das* Geschäft ゲシェフト	business ビズネス
きょうゆう 共有	gemeinsamer Besitz ゲマインザーマー ベズィッツ	joint-ownership ヂョイントオウナシプ
きょうよう 教養	*die* Bildung ビルドゥング	culture, education カルチャ, エヂュケイション
きょうりゅう 恐竜	*der* Dinosaurier ディノザオリアー	dinosaur ダイノソー
きょうりょく 協力	*die* Zusammenarbeit ツザメンアルバイト	cooperation コウアパレイション
～する	zusammen|arbeiten ツザメンアルバイテン	cooperate *with* コウアパレイト
きょうりょく 強力な	stark, *kräftig* シュタルク, クレフティヒ	strong, powerful ストロング, パウアフル
ぎょうれつ 行列	*der* Zug ツーク	procession, parade プロセション, パレイド
(列)	*die* Reihe ライエ	line, queue ライン, キュー
～する	*sich*⁴ an|stellen, eine Reihe bilden アンシュテレン, アイネ ライエ ビルデン	line up, queue up ライン アプ, キュー アプ

日	独	英
強烈な きょうれつ	intensiv インテンズィーフ	intense インテンス
共和国 きょうわこく	*die* Republik レプブリーク	republic リパブリク
虚栄心 きょえいしん	*die* Eitelkeit アイテルカイト	vanity ヴァニティ
許可 きょか	*die* Erlaubnis エアラオプニス	permission パミション
～する	erlauben エアラオベン	permit パミト
漁業 ぎょぎょう	*die* Fischerei フィシェライ	fishery フィシャリ
曲 きょく	*das* Musikstück ムズィークシュテュック	tune, piece テューン、ピース
曲芸 きょくげい	*die* Akrobatik アクロバーティク	acrobat アクロバト
極限 きょくげん	*die* Grenze グレンツェ	limit リミト
曲線 きょくせん	*die* Kurve クルヴェ	curve カーヴ
極端な きょくたんな	extrem エクストレーム	extreme, excessive イクストリーム、イクセスィヴ
極東 きょくとう	*der* Fernost フェルンオスト	the Far East ザ ファー イースト
虚構 きょこう	*die* Fiktion フィクツィオーン	fiction フィクション
漁港 ぎょこう	*der* Fischereihafen フィシェライハーフェン	fishing port フィシング ポート
虚弱な きょじゃくな	schwach, schwächlich シュヴァッハ、シュヴェヒリヒ	weak, delicate ウィーク、デリケト
居住 きょじゅう	*das* Wohnen ヴォーネン	dwelling ドウェリング
～する	wohnen ヴォーネン	reside, inhabit リザイド、インハビト
～者	*der*(*die*) Bewohner(*in*) ベヴォーナー (-ネリン)	resident, inhabitant レズィデント、インハビタント
巨匠 きょしょう	*der*(*die*) Meister(*in*) マイスター (-テリン)	great master グレイト マスタ

日	独	英
ぎょじょう 漁場	*die* Fischgründe フィッシュグリュンデ	fishery フィシャリ
きょしょくしょう 拒食症	*die* Magersucht, *die* Anorexie マーガーズフト, アノレクスィー	anorexia アノレキシア
きょじん 巨人	*der* Riese リーゼ	giant ヂャイアント
きょぜつする 拒絶する	ab|lehnen アップレーネン	refuse, reject レフューズ, リヂェクト
ぎょせん 漁船	*das* Fischerboot フィッシャーボート	fishing boat フィシング ボウト
ぎょそん 漁村	*das* Fischerdorf フィッシャードルフ	fishing village フィシング ヴィリヂ
きょだいな 巨大な	riesig, gigantisch リーズィヒ, ギガンティシュ	huge, gigantic ヒューヂ, チャイギャンティク
きょっかいする 曲解する	missdeuten ミスドイテン	distort ディストート
きょてん 拠点	*der* Stützpunkt シュトゥッツプンクト	base, stronghold ベイス, ストローングホウルド
きょねん 去年	letztes Jahr レッツテス ヤール	last year ラスト イア
きょひする 拒否する	*sich*⁴ weigern, verweigern ヴァイガーン, フェアヴァイガーン	deny, reject ディナイ, リヂェクト
ぎょみん 漁民	*der* Fischer フィッシャー	fisherman フィシャマン
ぎょもう 漁網	*das* Fischernetz フィッシャーネッツ	fishnet フィシュネト
ぎょらい 魚雷	*der* Torpedo トルペード	torpedo トーピードウ
きょり 距離	*der* Abstand, *die* Entfernung アップシュタント, エントフェルヌング	distance ディスタンス
きらいな 嫌いな	unangenehm ウンアンゲネーム	disliked ディスライクド
きらう 嫌う	hassen ハッセン	dislike ディスライク
きらきらする	funkeln フンケルン	glitter グリタ

日	独	英
気楽な	leichtlebig ライヒトレービヒ	optimistic, easy アプティミスティク, イーズィ
煌く	glitzern グリッツァーン	glitter グリタ
錐	*der* Bohrer ボーラー	drill, gimlet ドリル, ギムレト
霧	*der* Nebel ネーベル	fog, mist フォグ, ミスト
義理	*die* Verpflichtung フェアプフリヒトゥング	duty, obligation デューティ, アブリゲイション
〜の母	*die* Schwiegermutter シュヴィーガームッター	mother-in-law マザインロー
切り上げ	*die* Aufwertung アオフヴェーアトゥング	revaluation リヴァリュエイション
切り換える	um|schalten ウムシャルテン	change チェインヂ
切り下げ	*die* Abwertung アップヴェーアトゥング	devaluation ディーヴァリュエイション
霧雨	*der* Nieselregen ニーゼルレーゲン	drizzle ドリズル
ギリシア	(*das*) Griechenland グリーヒェンラント	Greece グリース
〜語	*das* Griechisch グリーヒシュ	Greek グリーク
切り捨てる	weg|streichen ヴェックシュトライヒェン	cut away カト アウェイ
（端数を）	ab|runden アップルンデン	round down ラウンド ダウン
キリスト	Christus クリストゥス	Christ クライスト
〜教	*das* Christentum クリステントゥーム	Christianity クリスチアニティ
〜教徒	*der*(*die*) Christ(*in*) クリスト(-ティン)	Christian クリスチャン
規律	*die* Disziplin, *die* Ordnung ディスツィプリーン, オルドヌング	order, discipline オーダ, ディスィプリン
起立する	auf|stehen, *sich*[4] erheben アオフシュテーエン, エアヘーベン	stand up, rise スタンド アプ, ライズ

日	独	英
切り詰める	ab|kürzen アップキュルツェン	reduce, cut down リデュース, カト ダウン
切り抜き	*der* Ausschnitt アオスシュニット	clipping クリピング
切り抜ける	überstehen ユーバーシュテーエン	get through ゲト スルー
切り離す	ab|schneiden アップシュナイデン	cut off, separate カト オーフ, セパレイト
切り開く	auf|schneiden アオフシュナイデン	cut out カト アウト
切り札	*die* Trumpfkarte トルンプフカルテ	trump トランプ
切り身	*die* Scheibe シャイベ	slice, fillet スライス, フィレイ
気流	*die* Luftströmung ルフトシュトレームング	air current エア カーレント
気力	*die* Geisteskraft, *die* Kraft ガイステスクラフト, クラフト	energy, vigor エナヂ, ヴィガ
麒麟	*die* Giraffe ギラッフェ	giraffe チラフ
切る	schneiden シュナイデン	cut カト
（薄く）	in Scheiben schneiden イン シャイベン シュナイデン	slice スライス
（鋸で）	sägen ゼーゲン	saw ソー
（スイッチを）	aus|schalten アオスシャルテン	turn off ターン オフ
（電話を）	auf|legen アオフレーゲン	ring off リング オフ
着る	an|ziehen アンツィーエン	put on プト オン
（着ている）	tragen トラーゲン	wear ウェア
切れ	*die* Scheibe, *das* Stück シャイベ, シュテュック	piece, cut ピース, カト
（布）	*das* Tuch トゥーフ	cloth クロス

日	独	英
綺麗な	schön / シェーン	pretty, beautiful / プリティ, ビューティフル
（清潔な）	sauber / ザオバー	clean / クリーン
綺麗に	schön / シェーン	beautifully / ビューティフリ
（すっかり）	vollständig / フォルシュテンディヒ	completely / カンプリートリ
亀裂	*die* Spalte, *der* Riss / シュパルテ, リス	crack / クラク
切れる	ab|reißen / アップライセン	cut well / カト ウェル
（電話が）	unterbrochen werden / ウンターブロッヘン ヴェーアデン	be cut off / ビ カト オフ
（頭が）	scharf sein / シャルフ ザイン	sharp / シャープ
（期限が）	ab|laufen / アップラオフェン	pass / パス
帰路	*der* Heimweg / ハイムヴェーク	the way home / ザ ウェイ ホウム
記録	*das* Dokument, *der* Rekord / ドクメント, レコルト	record / レコド
〜する	auf|zeichnen / アオフツァイヒネン	record / リコード
キログラム	*das* Kilogramm / キログラム	kilogram / キログラム
キロメートル	*der* Kilometer / キロメーター	kilometer / キロミータ
キロリットル	*der* Kiloliter / キロリター	kiloliter / キロリータ
キロワット	*das* Kilowatt / キロヴァット	kilowatt / キロワト
議論	*die* Diskussion / ディスクスィオーン	discussion / ディスカッション
〜する	diskutieren / ディスクティーレン	discuss / ディスカス
疑惑	*der* Verdacht / フェアダハト	doubt, suspicion / ダウト, サスピション

日	独	英
際立つ	*sich*⁴ *von*³ ab|heben アップヘーベン	stand out スタンド アウト
際どい	gefährlich, riskant ゲフェーアリヒ, リスカント	dangerous, risky デインヂャラス, リスキ
極めて	höchst ヘーヒスト	very, extremely ヴェリ, イクストリームリ
金	*das* Gold ゴルト	gold ゴウルド
銀	*das* Silber ズィルバー	silver スィルヴァ
均一の	gleichmäßig グライヒメースィヒ	uniform ユーニフォーム
禁煙	*das* Rauchverbot, Rauchen verboten! ラオホフェアボート, ラオヘン フェアボーテン	No Smoking. ノウ スモウキング
〜する	das Rauchen auf|geben ダス ラオヘン アオフゲーベン	give up smoking ギヴ アプ スモウキング
〜車	*der* Nichtraucher ニヒトラオハー	nonsmoking car ノンスモウキング カー
〜席	*die* Nichtraucherzone ニヒトラオハーツォーネ	nonsmoking seat ノンスモウキング スィート
金貨	*die* Goldmünze ゴルトミュンツェ	gold coin ゴウルド コイン
銀貨	*die* Silbermünze ズィルバーミュンツェ	silver coin スィルヴァ コイン
銀河	*die* Milchstraße ミルヒシュトラーセ	the Galaxy ザ ギャラクスィ
近海	*das* Küstengewässer キュステンゲヴェッサー	inshore インショー
金額	*der* Betrag ベトラーク	sum, amount of money サム, アマウント アヴ マニ
近眼	*die* Kurzsichtigkeit クルツズィヒティヒカイト	near-sightedness ニアサイテドネス
金管楽器	*das* Blechblasinstrument ブレヒブラースインストルメント	brass instrument ブラス インストルメント
緊急の	dringend ドリンゲント	urgent アーヂェント

日	独	英
きんぎょ 金魚	*der* Goldfisch ゴルトフィッシュ	goldfish ゴウルドフィシュ
きんこ 金庫	*der* Safe, *der* Geldschrank セイフ, ゲルトシュランク	safe, vault セイフ, ヴォールト
きんこう 均衡	*das* Gleichgewicht グライヒゲヴィヒト	balance バランス
ぎんこう 銀行	*die* Bank バンク	bank バンク
きんし 禁止	*das* Verbot フェアボート	prohibition, ban プロウヒビション, バン
〜する	verbieten フェアビーテン	forbid, prohibit フォビド, プロヒビト
きんしゅ 禁酒	*die* Abstinenz, *der* Alkoholverzicht アブスティネンツ, アルコホールフェアツィヒト	abstinence アブスティネンス
きんじょ 近所	*die* Nachbarschaft ナッハバールシャフト	neighborhood ネイバフド
きん 禁じる	verbieten フェアビーテン	forbid, prohibit フォビド, プロヒビト
きんせい 近世	*die* Neuzeit ノイツァイト	early modern ages アーリ マダン エイヂズ
きんせい 金星	*die* Venus ヴェーヌス	Venus ヴィーナス
きんぞく 金属	*das* Metall メタル	metal メタル
きんだい 近代	die moderne Zeit, *die* Neuzeit ディー モデルネ ツァイト, ノイツァイト	modern ages マダン エイヂズ
きんちょう 緊張	*die* Spannung シュパヌング	tension, strain テンション, ストレイン
〜する	*sich⁴* an|spannen アンシュパネン	be tense ビ テンス
きんとう 近東	*der* Nahost, der Nahe *Osten* ナーオスト, デア ナーエ オステン	the Near East ザ ニア イースト
ぎんなん 銀杏	*die* Ginkgonuss ギンコヌス	ginkgo nut ギンコウ ナト
きんにく 筋肉	*der* Muskel	muscles

日	独	英
	ムスケル	マスルズ
きんぱく 金箔	*das* Blattgold ブラットゴルト	gold foil ゴウルド フォイル
きんぱつ 金髪	blondes Haar ブロンデス ハール	fair hair フェア ヘア
きんべん 勤勉な	fleißig フライスィヒ	industrious インダストリアス
ぎんみ 吟味する	prüfen プリューフェン	scrutinize スクルーティナイズ
きんむ 勤務	*der* Dienst ディーンスト	service, duty サーヴィス, デューティ
～する	im Dienst sein イム ディーンスト ザイン	serve, work サーヴ, ワーク
きん 金メダル	*die* Goldmedaille ゴルトメダーリエ	gold medal ゴウルド メドル
ぎん 銀メダル	*die* Silbermedaille ズィルバーメダーリエ	silver medal スィルヴァ メドル
きんゆう 金融	*die* Finanz フィナンツ	finance フィナンス
きんようび 金曜日	*der* Freitag フライターク	Friday フライディ
きんよくてき 禁欲的な	asketisch アスケーティシュ	stoic ストウイク
きんり 金利	*der* Zins ツィンス	interest rates インタレスト レイツ
きんりょく 筋力	*die* Muskelkraft ムスケルクラフト	muscular power マスキュラ パウア
きんろう 勤労	*die* Arbeit アルバイト	labor, work レイバ, ワーク

く, ク

日	独	英
く 区	*der* Stadtbezirk, *der* Bezirk シュタットベツィルク, ベツィルク	ward, district ウォード, ディストリクト
ぐ 具	*die* Zutat ツータート	ingredients イングリーディエンツ
ぐあい 具合	*der* Zustand ツーシュタント	condition カンディション

日	独	英
杭（くい）	*der* Pfahl プファール	stake, pile ステイク, パイル
悔い（くい）	*die* Reue ロイエ	regret, remorse リグレト, リモース
クイーン	*die* Königin ケーニギン	queen クウィーン
区域（くいき）	*die* Zone, *der* Bezirk ツォーネ, ベツィルク	area, zone エアリア, ゾウン
クイズ	*das* Quiz クヴィス	quiz クウィズ
食い違う（くいちがう）	zu^3 im Widerspruch stehen イム ヴィーダーシュプルフ シュテーエン	be different *from* ビ ディファレント
クインテット	*das* Quintett クヴィンテット	quintet クウィンテト
食う（くう）	essen エッセン	eat, have, take イート, ハヴ, テイク
（魚などが）	an|beißen アンバイセン	bite, eat バイト, イート
空間（くうかん）	*der* Raum ラオム	space, room スペイス, ルーム
空気（くうき）	*die* Luft ルフト	air エア
空虚（くうきょ）	*die* Leere レーレ	emptiness エンプティネス
空軍（くうぐん）	*die* Luftwaffe ルフトヴァッフェ	air force エア フォース
空港（くうこう）	*der* Flughafen フルークハーフェン	airport エアポト
空襲（くうしゅう）	*der* Luftangriff ルフトアングリフ	air raid エア レイド
偶数（ぐうすう）	gerade Zahl ゲラーデ ツァール	even number イーヴン ナンバ
空席（くうせき）	freier Platz フライアー プラッツ	vacant seat ヴェイカント スィート
（ポスト）	offene Stelle オッフェネ シュテレ	vacant position ヴェイカント ポズィション
偶然（ぐうぜん）	*der* Zufall ツーファル	chance, accident チャンス, アクスィデント

日	独	英
〜に	zufällig, durch Zufall / ツーフェリヒ, ドゥルヒ ツーファル	by chance / バイ チャンス
〜の	zufällig, unabsichtlich / ツーフェリヒ, ウンアプズィヒトリヒ	accidental / アクスィデンタル
空前の（くうぜんの）	einmalig, unerhört / アインマーリヒ, ウンエアヘーアト	unprecedented / アンプレセデンティド
空想（くうそう）	*die* Fantasie / ファンタズィー	idle fancy / アイドル ファンスィ
〜する	fantasieren / ファンタズィーレン	fancy / ファンスィ
偶像（ぐうぞう）	*der* Götze / ゲッツェ	idol / アイドル
クーデター	*der* Staatsstreich, *der* Putsch / シュターツシュトライヒ, プッチュ	coup (d'etat) / クー (デイター)
空白の（くうはくの）	leer / レーア	blank / ブランク
空腹（くうふく）	*der* Hunger / フンガー	hunger / ハンガ
〜である	Hunger haben / フンガー ハーベン	be hungry / ビ ハングリ
空輸（くうゆ）	*der* Lufttransport / ルフトトランスポルト	air transport / エア トランスポート
クーラー	*die* Klimaanlage / クリーマアンラーゲ	air conditioner / エア カンディショナ
寓話（ぐうわ）	*die* Fabel / ファーベル	allegory, fable / アリゴーリ, フェイブル
クエスチョンマーク	*das* Fragezeichen / フラーゲツァイヒェン	question mark / クウェスチョン マーク
クオーツ	*der* Quarz / クヴァールツ	quartz / クウォーツ
区画（くかく）	*die* Abteilung, *der* Block / アップタイルング, ブロック	division / ディヴィジョン
九月（くがつ）	*der* September / ゼプテンバー	September / セプテンバ
区間（くかん）	*die* Strecke / シュトレッケ	section / セクション

日	独	英
<ruby>茎<rt>くき</rt></ruby>	*der* Stiel シュティール	stalk, stem ストーク, ステム
<ruby>釘<rt>くぎ</rt></ruby>	*der* Nagel ナーゲル	nail ネイル
<ruby>苦境<rt>くきょう</rt></ruby>	*die* Notlage ノートラーゲ	difficult situation ディフィカルト スィチュエイション
<ruby>区切り<rt>くぎり</rt></ruby>	*das* Ende エンデ	end エンド
（文章の）	*der* Abschnitt アップシュニット	section セクション
（間）	*die* Pause パオゼ	pause ポーズ
<ruby>区切る<rt>くぎ</rt></ruby>	ab|teilen アップタイレン	divide ディヴァイド
（文を）	gliedern グリーダーン	punctuate パンクチュエイト
<ruby>草<rt>くさ</rt></ruby>	*das* Gras, *das* Kraut グラース, クラオト	grass, herb グラス, ハーブ
<ruby>臭い<rt>くさ</rt></ruby>	stinken, übel riechen シュティンケン, ユーベル リーヒェン	smelly, stinking スメリ, スティンキング
<ruby>鎖<rt>くさり</rt></ruby>	*die* Kette ケッテ	chain チェイン
<ruby>腐る<rt>くさ</rt></ruby>	verderben, verfaulen フェアデルベン, フェアファオレン	rot, go bad ラト, ゴウ バド
<ruby>串<rt>くし</rt></ruby>	*der* Spieß シュピース	spit, skewer スピト, スキューア
<ruby>櫛<rt>くし</rt></ruby>	*der* Kamm カム	comb コウム
<ruby>籤<rt>くじ</rt></ruby>	*das* Los ロース	lot, lottery ラト, ラタリ
<ruby>挫く<rt>くじ</rt></ruby>	verstauchen フェアシュタオヘン	sprain, wrench スプレイン, レンチ
（気を）	entmutigen エントムーティゲン	discourage ディスカリヂ
<ruby>挫ける<rt>くじ</rt></ruby>	den Mut verlieren デン ムート フェアリーレン	be discouraged ビ ディスカリヂド
<ruby>孔雀<rt>くじゃく</rt></ruby>	*der* Pfau プファオ	peacock ピーカク

日	独	英
くしゃみ 嚔	*das* Niesen ニーゼン	sneeze スニーズ
〜をする	niesen ニーゼン	sneeze スニーズ
くじょう 苦情	*die* Beschwerde ベシュヴェーアデ	complaint カンプレイント
くしょう 苦笑する	säuerlich lächeln ゾイアーリヒ レッヒェルン	force a smile フォース ア スマイル
くじら 鯨	*der* Wal ヴァール	whale ホウェイル
くしん 苦心	*die* Bemühung, *die* Mühe ベミューウング, ミューエ	pains, efforts ペインズ, エファツ
〜する	sich⁴ um⁴ bemühen ベミューエン	take pains テイク ペインズ
くず 屑	*der* Abfall アップファル	waste, rubbish ウェイスト, ラビシュ
〜入れ	*der* Abfallbehälter アップファルベヘルター	trash can トラシュ キャン
〜籠	*der* Papierkorb パピーアコルプ	wastebasket ウェイストバスケト
ぐずぐずする	langsam sein, zögern ラングザーム ザイン, ツェーガーン	be slow, hesitate ビ スロウ, ヘズィテイト
くすぐったい	kitzelig キッツェリヒ	ticklish ティクリシュ
くすぐる	kitzeln キッツェルン	tickle ティクル
くず 崩す	ab|brechen アップブレッヒェン	pull down, break プル ダウン, ブレイク
（金を）	klein machen クライン マッヘン	change チェインヂ
くすり 薬	*das* Medikament, *die* Medizin, *die* Arznei メディカメント, メディツィーン, アールツナイ	medicine, drug メディスィン, ドラグ
〜屋	*die* Apotheke, *die* Drogerie アポテーケ, ドロゲリー	pharmacy, drugstore ファーマスィ, ドラグストー
くすりゆび 薬指	*der* Ringfinger リングフィンガー	the ring finger ザ リング フィンガ

日	独	英
崩れる（くず）	zusammen|brechen ツザメンブレッヒェン	crumble, collapse クランブル, カラブス
（形が）	Form verlieren フォルム フェアリーレン	get out of shape ゲト アウト オヴ シェイプ
くすんだ	stumpf シュトゥンプフ	somber サンバ
癖（くせ）	*die* Gewohnheit ゲヴォーンハイト	habit ハビト
糞（くそ）	*der* Kot コート	excrement, shit エクスクレメント, シト
具体的な（ぐたいてき）	konkret コンクレート	concrete カンクリート
砕く（くだ）	zerbrechen ツェアブレッヒェン	break, smash ブレイク, スマシュ
砕ける（くだ）	brechen ブレッヒェン	break, be broken ブレイク, ビ ブロウクン
くたばる	ab|kratzen アップクラッツェン	kick the bucket キク ザ バケト
くたびれる	müde werden ミューデ ヴェーアデン	be fatigued ビ ファティーグド
果物（くだもの）	*das* Obst オープスト	fruit フルート
〜屋	*der* Obstladen オープストラーデン	fruit store フルート ストー
下らない（くだ）	unbedeutend ウンベドイテント	trifling, trivial トライフリング, トリヴィアル
下り（くだ）	*der* Abstieg アップシュティーク	descent ディセント
（下り列車）	*der* Vorstadtzug フォーアシュタットツーク	down train ダウン トレイン
下る（くだ）	hinab|gehen ヒナップゲーエン	go down, descend ゴウ ダウン, ディセンド
（下痢）	Durchfall haben ドゥルヒファル ハーベン	have loose bowels ハヴ ルース バウエルズ
口（くち）	*der* Mund ムント	mouth マウス
愚痴（ぐち）	*die* Nörgelei ネルゲライ	idle complaint アイドル カンプレイント

日	独	英
<ruby>喧嘩<rt>けんか</rt></ruby>	*der* Wortstreit ヴォルトシュトライト	quarrel クウォレル
<ruby>嘴<rt>くちばし</rt></ruby>	*der* Schnabel シュナーベル	bill, beak ビル, ビーク
<ruby>唇<rt>くちびる</rt></ruby>	*die* Lippe リッペ	lip リプ
<ruby>口笛<rt>くちぶえ</rt></ruby>	*der* Pfiff プフィフ	whistle (ホ)ウィスル
〜を吹く	pfeifen プファイフェン	give a whistle ギヴ ア ホウィスル
<ruby>口紅<rt>くちべに</rt></ruby>	*der* Lippenstift リッペンシュティフト	rouge, lipstick ルージュ, リプスティク

■ 果物 ■ *das* Obst /オープスト/, *die* Frucht /フルフト/

<ruby>杏<rt>あんず</rt></ruby> *die* Aprikose /アプリコーゼ/ (英apricot)

<ruby>苺<rt>いちご</rt></ruby> *die* Erdbeere /エーアトベーレ/ (英strawberry)

オレンジ *die* Orange /オラーンジェ/ (英orange)

キウイ *die* Kiwi /キーヴィ/ (英kiwi)

グレープフルーツ *die* Grapefruit /グレープフルート/ (英grapefruit)

<ruby>桜桃<rt>さくらんぼ</rt></ruby> *die* Kirsche /キルシェ/ (英cherry)

<ruby>西瓜<rt>すいか</rt></ruby> *die* Wassermelone /ヴァッサーメローネ/ (英watermelon)

<ruby>梨<rt>なし</rt></ruby> *die* Birne /ビルネ/ (英pear)

パイナップル *die* Ananas /アナナス/ (英pineapple)

バナナ *die* Banane /バナーネ/ (英banana)

パパイヤ *die* Papaya /パパーヤ/ (英papaya)

<ruby>葡萄<rt>ぶどう</rt></ruby> *die* Traube /トラオベ/ (英grapes)

プラム *die* Pflaume /プフラオメ/, *die* Zwetsche /ツヴェッチェ/ (英plum)

マンゴー *die* Mango /マンゴ/ (英mango)

<ruby>蜜柑<rt>みかん</rt></ruby> *die* Mandarine /マンダリーネ/ (英mandarin)

メロン *die* Melone /メローネ/ (英melon)

<ruby>桃<rt>もも</rt></ruby> *der* Pfirsich /プフィルズィヒ/ (英peach)

<ruby>林檎<rt>りんご</rt></ruby> *der* Apfel /アプフェル/ (英apple)

レモン *die* Zitrone /ツィトローネ/ (英lemon)

日	独	英
口調(くちょう)	der Ton トーン	tone トウン
靴(くつ)	die Schuhe シューエ	shoes シューズ
(ブーツ)	die Stiefel シュティーフェル	boots ブーツ
苦痛(くつう)	der Schmerz シュメルツ	pain, pang ペイン, パング
クッキー	das Gebäck ゲベック	cookie, a biscuit クキ, ビスキト
クッキング	das Kochen コッヘン	cooking クキング
靴下(くつした)	die Socken ゾッケン	socks サクス
(長い)	die Strümpfe シュトリュンプフェ	stockings スタキングズ
クッション	das Kissen キッセン	cushion クション
屈折(くっせつ)	die Brechung ブレッヒュング	refraction リーフラクション
くっつく	an³ kleben クレーベン	stick *to* スティク
くっつける	an|heften アンヘフテン	join ヂョイン
(のりで)	an⁴ kleben クレーベン	stick スティク
靴紐(くつひも)	der Schnürsenkel シュニューアゼンケル	shoestring シューストリング
靴篦(くつべら)	der Schuhlöffel シューレッフェル	shoehorn シューホーン
靴磨き(くつみがき)(人)	der(die) Schuhputzer(*in*) シュープッツァー (-リン)	shoeblack シューブラク
靴屋(くつや)	das Schuhgeschäft シューゲシェフト	shoe store シュー ストー
寛ぐ(くつろぐ)	es sich³ bequem machen エス ベクヴェーム マッヘン	make *oneself* at home メイク アト ホウム
句読点(くとうてん)	das Interpunktionszeichen インターブンクツィオーンスツァイヒェン	punctuation marks パンクチュエイション マークス

日	独	英
口説く	zu³ überreden ユーバーレーデン	persuade パスウェイド
（女性を）	zu verführen versuchen ツー フェアフューレン フェアズーヘン	make advances *to* メイク アドヴァーンスィズ
国	*das* Land ラント	country カントリ
（国家）	*der* Staat シュタート	state ステイト
配る	an⁴ verteilen フェアタイレン	distribute ディストリビュト
（配達）	aus|tragen アオストラーゲン	deliver ディリヴァ
首	*der* Hals ハルス	neck ネク
（免職）	*die* Entlassung エントラッスング	dismissal ディスミサル
～飾り	*die* Halskette ハルスケッテ	necklace ネクレス
～筋	*der* Nacken ナッケン	nape ネイプ
～回り	*die* Kragenweite クラーゲンヴァイテ	neck size ネク サイズ
工夫する	erfinden エアフィンデン	devise, contrive ディヴァイズ, カントライヴ
区分	*die* Verteilung フェアタイルング	division ディヴィジョン
（分類）	*die* Klassifikation, *die* Einteilung クラスィフィカツィオーン, アインタイルング	classification クラスィフィケイション
区別	*die* Unterscheidung ウンターシャイドゥング	distinction ディスティンクション
窪み	*die* Grube グルーベ	hollow ハロウ
熊	*der* Bär ベーア	bear ベア
組	*die* Klasse クラッセ	class クラス

日	独	英
（グループ）	die Gruppe グルッペ	group, team グループ, ティーム
（一揃い）	der Satz ザッツ	set セト
（一対）	das Paar パール	pair ペア
組合	der Verband, der Bund フェアバント, ブント	association, union アソウスィエイション, ユーニオン
組み合わせ	die Kombination, die Verbindung コンビナツィオーン, フェアビンドゥング	combination カンビネイション
組み立てる	bauen バオエン	put... together, assemble プト トゲザ, アセンブル
汲む	schöpfen シェプフェン	draw ドロー
組む	zusammen|setzen ツザメンゼッツェン	unite *with* ユーナイト
足を～	die Beine kreuzen ディ バイネ クロイツェン	cross *one's* legs クロース レグズ
雲	die Wolke ヴォルケ	cloud クラウド
蜘蛛	die Spinne シュピネ	spider スパイダ
曇り	die Bewölkung ベヴェルクング	cloudy weather クラウディ ウェザ
（レンズなどの）	die Trübung トリューブング	blur ブラ
～の	wolkig, trüb ヴォルキヒ, トリューブ	cloudy クラウディ
曇る	sich⁴ bewölken ベヴェルケン	become cloudy ビカム クラウディ
悔しい	ärgerlich エルガーリヒ	mortifying, vexing モーティファイング, ヴェクスィング
悔やむ	bereuen ベロイエン	repent, regret リペント, リグレト
倉・蔵	das Lagerhaus ラーガーハオス	warehouse ウェアハウス

日	独	英
暗(くら)い	dunkel ドゥンケル	dark, gloomy ダーク, グルーミ
グライダー	*das* Segelflugzeug ゼーゲルフルークツォイク	glider グライダ
クライマックス	*der* Höhepunkt ヘーエプンクト	climax クライマクス
グラウンド	*der* Sportplatz シュポルトプラッツ	ground グラウンド
クラクション	*die* Hupe フーペ	horn ホーン
水母(くらげ)	*die* Qualle クヴァレ	jellyfish ヂェリフィシュ
暮(く)らし	*das* Leben レーベン	life, living ライフ, リヴィング
クラシック	*die* Klassik クラスィク	classic クラスィク
～音楽	klassische Musik クラスィシェ ムズィーク	classical music クラスィカル ミューズィク
暮(く)らす	leben レーベン	live, make a living リヴ, メイク ア リヴィング
グラス	*das* Glas グラース	glass グラス
～ファイバー	*die* Glasfaser グラースファーザー	glass fiber グラス ファイバ
クラスメート	*der*(*die*) Klassenkamerad(*in*) クラッセンカメラート(-ディン)	classmate クラスメイト
グラタン	*der* Auflauf アオフラオフ	gratin グラタン
クラッカー	*der* Cracker クレッカー	cracker クラカ
ぐらつく	wanken ヴァンケン	shake シェイク
（決心が）	schwanken シュヴァンケン	waver ウェイヴァ
クラッチ	*die* Kupplung クップルング	crutch クラチ
グラビア	*die* Gravüre グラヴューレ	gravure グラヴュア

日	独	英
クラブ	*der* Klub クルップ	club クラブ
(ゴルフの)	*der* Golfschläger, *der* Schläger ゴルフシュレーガー, シュレーガー	(golf) club (ゴルフ) クラブ
グラフ	*das* Diagramm ディアグラム	graph グラフ
比べる	*mit*³ vergleichen フェアグライヒェン	compare カンペア
グラム	*das* Gramm グラム	gram グラム
暗闇	*die* Dunkelheit, *die* Finsternis ドゥンケルハイト, フィンスターニス	darkness, the dark ダークネス, ザ ダーク
クラリネット	*die* Klarinette クラリネッテ	clarinet クラリネット
グランドピアノ	*der* Flügel フリューゲル	grand piano グランド ピアーノウ
グランプリ	*der* Grand Prix グラン プリ	grand prix グランド プリー
栗	*die* Kastanie カスターニエ	chestnut チェスナト
クリーニング	*die* Reinigung ライニグング	cleaning クリーニング
～店	*die* Reinigung ライニグング	laundry ローンドリ
クリーム	*die* Creme クレーム	cream クリーム
グリーン	*das* Grün グリューン	green グリーン
～ピース	grüne Erbse グリューネ エルプセ	pea ピー
繰り返し	*die* Wiederholung ヴィーダーホールング	repetition, refrain レペティション, リフレイン
繰り返す	wiederholen ヴィーダーホーレン	repeat リピート
繰り越す	*auf*⁴ vor|tragen フォーアトラーゲン	carry forward キャリ フォーワド

日	独	英
クリスタルガラス	*das* Kristall クリスタル	crystal クリスタル
クリスチャン	*der*(*die*) Christ(*in*) クリスト (-ティン)	Christian クリスチャン
クリスマス	*die* Weihnachten ヴァイナハテン	Christmas, Xmas クリスマス, クリスマス
〜イブ	Heiliger Abend ハイリガー アーベント	Christmas Eve クリスマス イーヴ
〜キャロル	*das* Weihnachtslied ヴァイナハツリート	Christmas carol クリスマス キャロル
グリセリン	*das* Glyzerin グリツェリーン	glycerin グリサリン
クリックする	klicken クリッケン	click クリク
クリップ	*die* Büroklammer ビュロークラマー	clip クリプ
クリニック	*die* Klinik クリーニク	clinic クリニック
来る	kommen コメン	come, arrive カム, アライヴ
狂う	verrückt werden フェアリュックト ヴェーアデン	go mad ゴウ マド
(調子が)	nicht in Form sein ニヒト イン フォルム ザイン	go wrong ゴウ ロング
(計画などが)	schief gehen シーフ ゲーエン	be upset ビ アプセト
グループ	*die* Gruppe グルッペ	group グループ
苦しい	schmerzlich シュメルツリヒ	painful, hard ペインフル, ハード
(困難な)	schwierig, mühsam シュヴィーリヒ, ミューザーム	hard, difficult ハード, ディフィカルト
苦しみ	*die* Qual クヴァール	pain, suffering ペイン, サファリング
苦しむ	an³ leiden ライデン	suffer *from* サファ
(悩む)	sich⁴ mit³ quälen クヴェーレン	be troubled *with* ビ トラブルド

日	独	英
<ruby>苦<rt>くる</rt></ruby>しめる	*mit*³ quälen クヴェーレン	torment トーメント
<ruby>踝<rt>くるぶし</rt></ruby>	*der* Knöchel クネッヒェル	ankle アンクル
<ruby>車<rt>くるま</rt></ruby>	*der* Wagen ヴァーゲン	vehicle ヴィーイクル
（自動車）	*das* Auto, *der* Kraftwagen アオト, クラフトヴァーゲン	car カー
（車輪）	*das* Rad ラート	wheel ホウィール
<ruby>車海老<rt>くるまえび</rt></ruby>	*die* Garnele ガルネーレ	prawn プローン
<ruby>胡桃<rt>くるみ</rt></ruby>	*die* Walnuss ヴァルヌス	walnut ウォールナト
くるむ	ein|packen アインパッケン	wrap up ラプ アプ
暮れ（年末）	*das* Jahresende ヤーレスエンデ	the year-end ジ イアエンド
グレー	*das* Grau グラオ	gray グレイ
～の	grau グラオ	gray グレイ
グレープフルーツ	*die* Grapefruit グレープフルート	grapefruit グレイプフルート
クレーム	*die* Reklamation, *die* Beschwerde レクラマツィオーン, ベシュヴェーアデ	claim, complaint クレイム, カンプレイント
クレーン	*der* Kran クラーン	crane クレイン
クレジット	*der* Kredit クレディート	credit クレディト
～カード	*die* Kreditkarte クレディートカルテ	credit card クレディト カード
クレヨン	*der* Krayon クレヨーン	crayon クレイアン
<ruby>呉<rt>く</rt></ruby>れる	geben, schenken ゲーベン, シェンケン	give, present ギヴ, プリゼント

日	独	英
暮れる	dunkel werden ドゥンケル ヴェーアデン	get dark ゲト ダーク
（日や年が）	zu Ende gehen ツー エンデ ゲーエン	end エンド
クレンザー	*das* Reinigungsmittel ライニグングスミッテル	cleanser クレンザ
黒	*das* Schwarz シュヴァルツ	black ブラク
～い	schwarz シュヴァルツ	black ブラク
（日焼けして）	sonnengebräunt ゾネンゲブロイント	sunburnt サンバーント
苦労（骨折り）	*die* Mühe ミューエ	toil, labor トイル, レイバ
（心配）	*die* Sorgen ゾルゲン	anxiety アングザイエティ
～する	*sich*⁴ *um*⁴ sorgen ゾルゲン	suffer, work hard サファ, ワーク ハード
玄人	*der*(*die*) Expert*e*(*tin*) エクスペルテ(-ティン)	expert, professional エクスパート, プロフェショナル
クローク	*die* Garderobe ガルデローベ	cloakroom クロウクルム
クローバー	*der* Klee クレー	clover クロウヴァ
グローバリゼーション	*die* Globalisierung グロバリズィールング	globalization グロウバライゼイション
クロール	*das* Kraul クラオル	the crawl ザ クロール
黒字	schwarze Zahlen シュヴァルツェ ツァーレン	the black ザ ブラク
クロスワードパズル	*das* Kreuzworträtsel クロイツヴォルトレーツェル	crossword puzzle クロースワード パズル
黒っぽい	schwärzlich シュヴェルツリヒ	blackish ブラキシュ
グロテスクな	grotesk グロテスク	grotesque グロウテスク
黒幕（人）	*der* Drahtzieher ドラートツィーアー	wirepuller ワイアプラ

日	独	英
クロワッサン	*das* Croissant クロワゾーン	croissant クルワーサーン
桑(くわ)	*die* Maulbeere マオルベーレ	mulberry マルベリ
加(くわ)える	hinzu|tun, hinzu|fügen ヒンツートゥーン, ヒンツーフューゲン	add *to* アド
詳(くわ)しい	ausführlich, eingehend アオスフューアリヒ, アインゲーエント	detailed ディーテイルド
（熟知）	*in*³ bewandert sein ベヴァンダート ザイン	be well acquainted *with* ビ ウェル アクウェインテド
企(くわだ)てる	planen プラーネン	plan, project プラン, プロヂェクト
加(くわ)わる	*sich*⁴ *an*³ beteiligen ベタイリゲン	join, enter ヂョイン, エンタ
軍(ぐん)	*die* Armee アルメー	army, forces アーミ, フォースィズ
郡(ぐん)	*der* Kreis クライス	county カウンティ
軍艦(ぐんかん)	*das* Kriegsschiff クリークスシフ	warship ウォーシプ
軍事(ぐんじ)	*die* Militärangelegenheiten ミリテアアンゲレーゲンハイテン	military affairs ミリテリ アフェアズ
～政府	*das* Militärregime ミリテアレジーム	military regime ミリテリ レイジーム
君主(くんしゅ)	*der* Herrscher ヘルシャー	monarch, sovereign マナク, サヴレン
～国家	*die* Monarchie モナルヒー	monarchy マナキ
群衆[集](ぐんしゅう)	*die* Masse マッセ	crowd クラウド
軍縮(ぐんしゅく)	*die* Abrüstung アップリュストゥング	armaments reduction アーマメンツ リダクション
勲章(くんしょう)	*der* Orden オルデン	decoration デコレイション
軍人(ぐんじん)	*der*(*die*) Soldat(*in*) ゾルダート (-ティン)	soldier, serviceman ソウルヂャ, サーヴィスマン
燻製(くんせい)の	geräuchert ゲロイヒャート	smoked スモウクト

日	独	英
ぐんたい 軍隊	*die* Armee, *das* Heer アルメー, ヘーア	army, troops アーミ, トループス
ぐんび 軍備	*die* Rüstung リュストゥング	armaments アーマメンツ
ぐんぽうかいぎ 軍法会議	*das* Kriegsgericht クリークスゲリヒト	court-martial コートマーシャル
くんれん 訓練	*das* Training トレーニング	training トレイニング
～する	trainieren トレニーレン	train, drill トレイン, ドリル

け, ケ

日	独	英
け 毛	*das* Haar ハール	hair ヘア
（獣毛）	*das* Fell フェル	fur ファー
（羊毛）	*die* Wolle ヴォレ	wool ウル
けい 刑	*die* Strafe シュトラーフェ	penalty, sentence ペナルティ, センテンス
げい 芸	*die* Kunst クンスト	art, accomplishments アート, アカンプリシュメンツ
けいえい 経営	*der* Betrieb ベトリープ	management マニヂメント
～する	betreiben ベトライベン	manage, run マニヂ, ラン
～者	*der*(*die*) Unternehmer(*in*) ウンターネーマー (-メリン)	manager マニヂャ
けいおんがく 軽音楽	*die* Unterhaltungsmusik ウンターハルトゥングスムズィーク	light music ライト ミューズィク
けいか 経過	*der* Verlauf フェアラオフ	progress プラグレス
けいかい 警戒する	bewachen ベヴァッヘン	guard *against* ガード
けいかい 軽快な	leicht ライヒト	light ライト
けいかく 計画	*der* Plan プラーン	plan, project プラン, プロヂェクト

日	独	英
〜する	planen プラーネン	plan, project プラン, プロヂェクト
けいかん 警官	der(die) Polizist(in) ポリツィスト(-ティン)	police officer ポリース オーフィサ
けいき 景気	die Konjunktur コンユンクトゥーア	business ビズネス
(市況)	die Marktlage マルクトラーゲ	market マーケト
けいく 警句	der Aphorismus アフォリスムス	aphorism, epigram アフォリズム, エパグラム
けいぐ 敬具	Mit freundlichen Grüßen ミット フロイントリヒェン グリューセン	Yours sincerely ユアズ スィンスィアリ
けいけん 経験	die Erfahrung エアファールング	experience イクスピアリエンス
〜する	erfahren エアファーレン	experience イクスピアリエンス
けいこ 稽古	die Übung ユーブング	practice, exercise プラクティス, エクササイズ
(芝居の)	die Probe プローベ	rehearsal リハーサル
〜する	üben, proben ユーベン, プローベン	practice, take lessons プラクティス, テイク レスンズ
けいご 敬語	die Höflichkeitsform ヘーフリヒカイツフォルム	honorific アナリフィク
けいこう 傾向	die Tendenz テンデンツ	tendency テンデンスィ
けいこうぎょう 軽工業	die Leichtindustrie ライヒトインドゥストリー	light industries ライト インダストリズ
けいこうとう 蛍光灯	die Leuchtstofflampe ロイヒトシュトフランペ	fluorescent lamp フルーオレスント ランプ
けいこく 警告	die Warnung ヴァルヌング	warning, caution ウォーニング, コーション
〜する	vor^3 warnen ヴァルネン	warn ウォーン
けいざい 経済	die Wirtschaft, die Ökonomie ヴィルトシャフト, エコノミー	economy, finance イカノミ, フィナンス

日	独	英
～学	*die* Wirtschaftswissenschaft ヴィルトシャフツヴィッセンシャフト	economics イーコナミクス
～学者	*der*(*die*) Wirtschafts- wissenschaftler(*in*) ヴィルトシャフツヴィッセンシャフトラー (-レリン)	economist イカノミスト
～的な	ökonomisch エコノーミシュ	economical イーコナミカル
掲載する _{けいさい}	veröffentlichen フェアエッフェントリヒェン	publish パブリシュ
警察 _{けいさつ}	*die* Polizei ポリツァイ	the police ザ ポリース
～官	*der*(*die*) Polizist(*in*) ポリツィスト (-ティン)	police officer ポリース オーフィサ
～署	*das* Polizeirevier ポリツァイレヴィーア	police station ポリース ステイション
計算 _{けいさん}	*die* Rechnung レヒヌング	calculation キャルキュレイション
～する	rechnen, aus|rechnen レヒネン, アオスレヒネン	calculate, count キャルキュレイト, カウント
～機	*der* Taschenrechner タッシェンレヒナー	calculator キャルキュレイタ
掲示 _{けいじ}	*der* Aushang アオスハング	notice, bulletin ノウティス, ブレティン
～板	*die* Anschlagstafel, schwarzes Brett アンシュラークスターフェル, シュヴァルツェス ブレット	notice board ノウティス ボード
刑事 _{けいじ}	*der*(*die*) Kriminalbeam*te*(*tin*) クリミナールベアムテ (-ティン)	detective ディテクティヴ
形式 _{けいしき}	*die* Form, *die* Forma*li*tät フォルム, フォルマリテート	form, formality フォーム, フォーマリティ
～的な	formell フォルメル	formal フォーマル
形而上学 _{けいじじょうがく}	*die* Metaphysik メタフィズィーク	metaphysics メタフィズィクス
芸術 _{げいじゅつ}	*die* Kunst クンスト	art アート

日	独	英
～家	*der(die)* Künstler(*in*) キュンストラー (-レリン)	artist アーティスト
敬称(けいしょう)	höfliche Anrede ヘーフリヒェ アンレーデ	title of honor タイトル オヴ アナ
経常収支(けいじょうしゅうし)	*die* Leistungsbilanz ライストゥングスビランツ	current balance カーレント バランス
継承する(けいしょう)	nach|folgen ナーハフォルゲン	succeed *to* サクスィード
軽食(けいしょく)	leichtes Essen ライヒテス エッセン	light meal ライト ミール
系図(けいず)	*der* Stammbaum シュタムバオム	genealogy ヂーニアロヂィ
形成(けいせい)	*die* Gestaltung ゲシュタルトゥング	formation フォーメイション
珪素(けいそ)	*das* Silicium ズィリーツィウム	silicon スィリコン
継続する(けいぞく)	fort|setzen フォルトゼッツェン	continue カンティニュー
軽率な(けいそつ)	gedankenlos, nachlässig ゲダンケンロース, ナーハレスィヒ	careless, rash ケアレス, ラシュ
形態(けいたい)	*die* Gestalt ゲシュタルト	form, shape フォーム, シェイプ
携帯(けいたい)	*das* Mitnehmen ミットネーメン	carrying キャリイング
～する	*bei sich*³ tragen トラーゲン	carry キャリ
～電話	*das* Handy ヘンディ	cellular phone セリュラ フォウン
警笛(けいてき)	*die* Alarmklingel アラルムクリンゲル	alarm whistle アラーム ホウィスル
(車の)	*die* Hupe フーペ	horn ホーン
毛糸(けいと)	*das* Wollgarn ヴォルガルン	woolen yarn ウレン ヤーン
系統(けいとう)	*das* System ズィステーム	system スィステム
芸人(げいにん)	*der(die)* Artist(*in*) アルティスト (-ティン)	artiste アーティースト

日	独	英
(寄席の)	*der*(*die*) Varietékünstler(*in*) ヴァリエテーキュンストラー (-リン)	vaudevillian ヴォードヴィリアン
げいのう 芸能	*die* Unterhaltung ウンターハルトゥング	entertainment エンタテインメント
～人	*der*(*die*) Unterhaltungs- künstler(*in*) ウンターハルトゥングスキュンストラー (-リン)	artiste アーティスト
けいば 競馬	*das* Pferderennen プフェーアデレネン	horse racing ホース レイスィング
～場	*die* Pferderennbahn プフェーアデレンバーン	race track レイス トラク
けいはく 軽薄な	leichtfertig ライヒトフェルティヒ	frivolous フリヴォラス
けいばつ 刑罰	*die* Strafe シュトラーフェ	punishment パニシュメント
けいはんざい 軽犯罪	leichtes Vergehen ライヒテス フェアゲーエン	minor offense マイナ オフェンス
けいひ 経費	*die* Kosten コステン	expenses イクスペンスィズ
けいび 警備する	bewachen ベヴァッヘン	defend, guard ディフェンド, ガード
けいひん 景品	*die* Zugabe ツーガーベ	premium プリーミアム
けいふ 系譜	*der* Stammbaum シュタムバオム	genealogy ヂーニアロヂィ
けいべつ 軽蔑する	verachten フェアアハテン	despise, scorn ディスパイズ, スコーン
けいほう 警報	*der* Alarm アラルム	warning, alarm ウォーニング, アラーム
けいむしょ 刑務所	*das* Gefängnis ゲフェングニス	prison プリズン
けいもう 啓蒙	*die* Aufklärung アオフクレールング	enlightenment インライトンメント
～する	auf|klären アオフクレーレン	enlighten インライトン
けいやく 契約	*der* Vertrag フェアトラーク	contract カントラクト

日	独	英
〜する	einen Vertrag schließen アイネン フェアトラーク シュリーセン	contract コントラクト
〜書	*die* Vertragsurkunde フェアトラークスウーアクンデ	contract カントラクト
経由	über, via ユーバー, ヴィーア	by way of, via バイ ウェイ オヴ, ヴァイア
形容詞	*das* Adjektiv アトイェクティーフ	adjective アヂクティヴ
経理	*die* Buchführung ブーフフュールング	accounting アカウンティング
計略	*die* List リスト	stratagem ストラタヂャム
渓流	*der* Gebirgsbach ゲビルクスバッハ	mountain stream マウンテン ストリーム
計量	*die* Messung メッスング	measurement メジャメント
経歴	*die* Laufbahn ラオフバーン	career カリア
痙攣	*der* Krampf クランプフ	spasm, cramp スパズム, クランプ
経路	*der* Kurs クルス	course, route コース, ルート
ケーキ	*der* Kuchen, *die* Torte クーヘン, トルテ	cake ケイク
ゲージ	*das* Normalmaß ノルマールマース	gauge ゲイヂ
ケース	*das* Etui エトヴィー, エテュイー	case ケイス
(場合)	*der* Fall ファル	case ケイス
ゲート	*der* Flugsteig フルークシュタイク	gate ゲイト
ケーブル	*das* Kabel カーベル	cable ケイブル
〜カー	*die* Seilbahn ザイルバーン	cable car ケイブル カー
ゲーム	*das* Spiel シュピール	game ゲイム

日	独	英
けおりもの 毛織物	*der* Wollstoff ヴォルシュトフ	woolen goods ウレン グツ
けが 怪我	*die* Verletzung フェアレッツング	wound, injury ウーンド, インヂュリ
～する	*sich*⁴ verletzen フェアレッツェン	get hurt ゲト ハート
げか 外科	*die* Chirurgie ヒルルギー	surgery サーヂャリ
～医	*der*(*die*) Chirurg(*in*) ヒルルク (-ギン)	surgeon サーヂョン
けがす 汚す (名誉を)	schänden シェンデン	disgrace ディスグレイス
けがれ 汚れ (汚点)	*der* Schandfleck シャントフレック	stain ステイン
けがわ 毛皮	*der* Pelz ペルツ	fur ファー
げき 劇	*das* Schauspiel シャオシュピール	play プレイ
げきじょう 劇場	*das* Theater テアーター	theater スィアタ
げきだん 劇団	*die* Theatergruppe テアーターグルッペ	theatrical company スィアトリカル カンパニ
げきれい 激励する	auf|muntern アオフムンターン	encourage インカーリヂ
けさ 今朝	heute früh, heute Morgen ホイテ フリュー, ホイテ モルゲン	this morning ズィス モーニング
げざい 下剤	*das* Abführmittel アップフューアミッテル	purgative, laxative パーガティヴ, ラクサティヴ
げし 夏至	*die* Sommersonnenwende ゾマーゾネンヴェンデ	the summer solstice ザ サマ サルスティス
けしいん 消印	*der* Poststempel ポストシュテンペル	postmark ポウストマーク
けしき 景色	*die* Ansicht, *die* Landschaft アンズィヒト, ラントシャフト	scenery, view スィーナリ, ヴュー
け 消しゴム	*der* Radiergummi ラディーアグミ	eraser, rubber イレイサ, ラバ

日	独	英
けじめ	*die* Unterscheidung, *der* Unterschied ウンターシャイドゥング, ウンターシート	distinction ディスティンクション
〜をつける	unterscheiden ウンターシャイデン	distinguish *between* ディスティングウィシュ
下車する	aus|steigen アオスシュタイゲン	get off ゲト オフ
下宿	*die* Untermiete ウンターミーテ	lodgings ラヂングズ
〜する	zur Untermiete wohnen, ein Zimmer mieten ツーア ウンターミーテ ヴォーネン, アイン ツィマー ミーテン	room *at* ルーム
下旬	Ende des Monats エンデ デス モーナツ	the latter part of a month ザ ラタ パート オヴ ア マンス
化粧	*das* Schminken シュミンケン	makeup メイカプ
〜する	*sich*⁴ schminken シュミンケン	make up メイク アプ
〜室	*die* Toilette トアレッテ	dressing room ドレスィング ルーム
〜品	*der* Kosmetikartikel コスメーティクアルティーケル	toilet articles トイレト アーティクルズ
消す （火を）	aus|löschen アオスレッシェン	put out プト アウト
（電灯などを）	aus|machen アオスマッヘン	turn out, turn off ターン アウト, ターン オフ
（文字を）	radieren ラディーレン	erase イレイス
下水	*das* Abwasser アップヴァッサー	sewage シュイヂ
下水道	*die* Kanalisation カナリザツィオーン	drainage ドレイニヂ
削る	ab|schaben アップシャーベン	shave シェイヴ
（かんなで）	ab|hobeln アップホーベルン	plane プレイン

日	独	英
（鉛筆を）	spitzen シュピッツェン	sharpen シャープン
（削減）	kürzen キュルツェン	curtail カーテイル
桁（けた）	*der* Balken バルケン	beam ビーム
（数字の）	*die* Stelle シュテレ	figure フィギャ
気高い（けだか）	edel エーデル	noble, dignified ノウブル, ディグニファイド
けちな	geizig ガイツィヒ	stingy スティンヂ
ケチャップ	*der*(*das*) Ketschup ケチャップ	catsup ケチャプ

■ 化粧品 ■ *die* Kosmetika /コスメーティカ/

口紅（くちべに）　*der* Lippenstift /リッペンシュティフト/　(英rouge, lipstick)

アイシャドー　*der* Lidschatten /リートシャッテン/　(英eye shadow)

マスカラ　*die* Mascara /マスカーラ/　(英mascara)

リップクリーム　*die* Lippencreme /リッペンクレーメ/　(英lip cream)

リップスティック　*der* Lippenstift /リッペンシュティフト/　(英lipstick)

化粧水（けしょうすい）　*die* Lotion /ロツィオーン/　(英skin lotion)

乳液（にゅうえき）　*die* Hautmilch /ハオトミルヒ/　(英milky lotion)

クレンジングクリーム　*die* Reinigungscreme /ライニグングスクレーメ/　(英cleansing cream)

コールドクリーム　*die* Coldcreme /コウルドクリーメ/　(英cold cream)

ファンデーション　*das* Make-up /メイクアップ/　(英foundation)

パック　*die* Gesichtspackung /ゲズィヒツパックング/　(英pack)

日焼け止め（ひやけど）　*die* Sonnencreme /ゾネンクレーメ/　(英sunscreen)

シャンプー　*das* Shampoo /シャンプ/　(英shampoo)

リンス　*das* Haarspülmittel /ハールシュピュールミッテル/　(英rinse)

トリートメント　*das* Treatment /トリートメント/　(英treatment)

石鹸（せっけん）　*die* Seife /ザイフェ/　(英soap)

日	独	英
けつあつ 血圧	*der* Blutdruck ブルートドルック	blood pressure ブラド プレシャ
けつい 決意	*der* Entschluss エントシュルス	resolution レゾルーション
けつえき 血液	*das* Blut ブルート	blood ブラド
けつえん 血縁	*die* Blutsverwandtschaft ブルーツフェアヴァントシャフト	blood relation ブラド リレイション
けっか 結果	*das* Ergebnis エアゲープニス	result リザルト
けっかく 結核	*die* Tuberkulose トゥベルクローゼ	tuberculosis テュバーキュロウスィス
けっかん 欠陥	*der* Fehler フェーラー	defect, fault ディフェクト, フォルト
けっかん 血管	*die* Ader アーダー	blood vessel ブラド ヴェセル
げっかんし 月刊誌	*die* Monatsschrift モーナツシュリフト	monthly マンスリ
げっきゅう 月給	*das* Monatsgehalt モーナツゲハルト	salary サラリ
けっきょく 結局	schließlich シュリースリヒ	after all アフタ オール
けっきん 欠勤	*die* Abwesenheit アップヴェーゼンハイト	absence アブセンス
げっけい 月経	*die* Periode, *die* Menstruation ペリオーデ, メンストルアツィオーン	menstruation, period メンストルエイション, ピアリオド
げっけいじゅ 月桂樹	*der* Lorbeerbaum ロルベーアバオム	laurel ローラル
けっこう 結構	ziemlich ツィームリヒ	quite, rather クワイト, ラザ
～です	in Ordnung イン オルドヌング	all right, do オール ライト, ドゥ
(断り)	Nein, danke! ナイン ダンケ	No, thank you. ノウ サンク ユー
～な	ausgezeichnet アオスゲツァイヒネット	excellent, nice エクセレント, ナイス

日	独	英
げっこう 月光	*der* Mondschein モーントシャイン	moonlight ムーンライト
けつごう 結合する	*mit*³ verbinden フェアビンデン	unite, combine ユーナイト, コンバイン
けっこん 結婚	*die* Heirat, *die* Ehe ハイラート, エーエ	marriage マリヂ
～する	heiraten ハイラーテン	be married *to* ビ マリド
～式	*die* Hochzeit ホッホツァイト	wedding ウェディング
けっさい 決済する	ab|rechnen アップレヒネン	settle セトル
けっさく 傑作	*das* Meisterwerk, *das* Meisterstück マイスターヴェルク, マイスターシュテュック	masterpiece マスタピース
けっ 決して	nie ニー	never ネヴァ
げっしゃ 月謝	*das* Monatshonorar モーナツホノラール	monthly fee マンスリ フィー
げっしゅう 月収	*das* Monatseinkommen モーナツアインコメン	monthly income マンスリ インカム
けっしょう 決勝	*das* Finale フィナーレ	the decision ザ ディスィジョン
けっしょう 結晶	*die* Kristallisation クリスタリザツィオーン	crystal クリスタル
げっしょく 月食	*die* Mondfinsternis モーントフィンスターニス	eclipse of the moon イクリプス オヴ ザ ムーン
けっしん 決心	*der* Entschluss エントシュルス	determination ディターミネイション
～する	*sich*⁴ entschließen エントシュリーセン	*make up one's* mind メイク アプ マインド
けっせい 血清	*das* Blutserum ブルートゼールム	serum スィアラム
けっせき 欠席	*die* Abwesenheit アップヴェーゼンハイト	absence アブセンス
～する	abwesend sein アップヴェーゼント ザイン	be absent *from* ビ アブセント

日	独	英
けつだん 決断する	*sich⁴ für⁴/gegen⁴* entscheiden エントシャイデン	decide ディサイド
けってい 決定	*die* Entscheidung エントシャイドゥング	decision ディスィジョン
～する	entscheiden エントシャイデン	decide ディサイド
けってん 欠点	*der* Fehler フェーラー	fault, weak point フォルト, ウィーク ポイント
けっとう 血統	*die* Abstammung アップシュタムング	blood, lineage ブラド, リニイヂ
（動物の）	*der* Stammbaum シュタムバオム	pedigree ペディグリー
けっぱく 潔白	*die* Unschuld ウンシュルト	innocence イノセンス
げっぷ	*der* Rülpser リュルプサー	burp バープ
けっぺき 潔癖な	reinlich ラインリヒ	cleanly, fastidious クレンリ, ファスティディアス
けつぼう 欠乏	*der* Mangel マンゲル	lack, shortage ラク, ショーティヂ
～する	*an³* mangeln マンゲルン	lack ラク
けつまつ 結末	*der* Schluss シュルス	end, result エンド, リザルト
げつまつ 月末	*das* Monatsende モーナツエンデ	the end of the month ジ エンド オヴ ザ マンス
げつようび 月曜日	*der* Montag モーンターク	Monday マンディ
けつれつ 決裂する	ab|brechen アップブレッヒェン	break down ブレイク ダウン
けつろん 結論	*der* Schluss, *die* Folgerung シュルス, フォルゲルング	conclusion カンクルージョン
～する	schließen シュリーセン	conclude カンクルード
けな 貶す	herab|setzen ヘラップゼッツェン	speak ill *of* スピーク イル
げねつざい 解熱剤	*das* Fiebermittel フィーバーミッテル	antipyretic アンティパイレティク

日	独	英
気配 (けはい)	*das* Anzeichen アンツァイゲン	sign, indication サイン, インディケイション
仮病 (けびょう)	vorgetäuschte Krankheit フォーアゲトイシュテ クランクハイト	feigned illness フェインド イルネス
下品な (げひんな)	gemein, vulgär, unanständig ゲマイン, ヴルゲーア, ウンアンシュテンディヒ	vulgar, coarse ヴァルガ, コース
煙い (けむい)	rauchig ラオヒヒ	smoky スモウキ
毛虫 (けむし)	*die* Raupe ラオペ	caterpillar キャタピラ
煙 (けむり)	*der* Rauch ラオホ	smoke スモウク
獣 (けもの)	*das* Tier ティーア	beast ビースト
下痢 (げり)	*der* Durchfall ドゥルヒファル	diarrhea ダイアリア
〜する	Durchfall haben ドゥルヒファル ハーベン	have diarrhea ハヴ ダイアリア
ゲリラ	*die* Guerillas, *der* Partisan ゲリラス, パルティザーン	guerrilla ガリラ
〜戦	*der* Guerillakrieg ゲリラクリーク	guerrilla warfare ガリラ ウォーフェア
蹴る (ける)	stoßen シュトーセン	kick キク
下劣な (げれつな)	gemein ゲマイン	mean, base ミーン, ベイス
ゲレンデ	*das* Skigelände シーゲレンデ	slope スロウプ
ケロイド	*das* Keloid ケロイート	keloid キーロイド
険しい (けわしい)	steil シュタイル	steep スティープ
(顔付きが)	streng シュトレング	severe スィヴィア
券 (けん)	*die* Karte カルテ	ticket, coupon ティケト, キューパン
県 (けん)	*die* Präfektur プレフェクトゥーア	prefecture プリーフェクチャ

日	独	英
_{げん} 弦	*die* Sehne ゼーネ	bowstring ボウストリング
（楽器の）	*die* Saite ザイテ	string ストリング
_{けんあく} 険悪な	bedrohlich ベドローリヒ	threatening スレトニング
_{げんあん} 原案	*der* Entwurf エントヴルフ	the original bill ジ オリヂナル ビル
_{けんい} 権威	*die* Autorität アオトリテート	authority, prestige オサリティ, プレスティージュ
_{けんいん} 検印	*der* (Verfasser)stempel, *der* Namensstempel (フェアファッサー)シュテンペル, ナーメンスシュテンペル	seal スィール
_{げんいん} 原因	*die* Ursache ウーアザッヘ	cause, the origin コーズ, ザ オリヂン
_{げんえい} 幻影	*die* Illusion イルズィオーン	illusion イルージョン
_{けんえき} 検疫	*die* Quarantäne カランテーネ	quarantine クウォランティーン
_{げんえき} 現役	aktiv アクティーフ	active service アクティヴ サーヴィス
_{けんえつ} 検閲	*die* Zensur ツェンズーア	inspection, censorship インスペクション, センサシプ
_{けんか} 喧嘩	*der* Streit シュトライト	quarrel, dispute クウォレル, ディスピュート
（殴り合い）	*die* Rauferei ラオフェライ	fight ファイト
～する	*mit*³ streiten シュトライテン	quarrel *with* クウォレル
_{げんか} 原価	*der* Kostenpreis コステンプライス	the cost price ザ コスト プライス
_{けんかい} 見解	*die* Meinung, *die* Ansicht マイヌング, アンズィヒト	opinion, view オピニオン, ヴュー
_{げんかい} 限界	*die* Grenze グレンツェ	limit, bounds リミト, バウンツ
_{げんかくざい} 幻覚剤	*das* Halluzinogen ハルツィノゲーン	hallucinogen, LSD ハルースィノヂェン, エルエスディー

日	独	英
見学する（けんがく）	besichtigen ベズィヒティゲン	inspect, visit インスペクト, ヴィズィト
厳格な（げんかく）	streng シュトレング	strict, rigorous ストリクト, リガラス
弦楽器（げんがっき）	*das* Streichinstrument シュトライヒインストルメント	the strings ザ ストリングズ
玄関（げんかん）	*der* Eingang アインガング	entrance エントランス
（戸）	*die* Haustür ハオステューア	door ドー
元気（げんき）	*die* Vitalität, *die* Gesundheit ヴィタリテート, ゲズントハイト	spirits, energy スピリツ, エナヂ
～な	lebhaft, gesund レープハフト, ゲズント	spirited, lively スピリティド, ライヴリ
研究（けんきゅう）	*die* Forschung フォルシュング	study, research スタディ, リサーチ
～する	forschen フォルシェン	make researches *in* メイク リサーチィズ
～者	*der*(*die*) Forscher(*in*) フォルシャー (-シェリン)	student, scholar ステューデント, スカラ
～所	*das* Forschungsinstitut フォルシュングスインスティトゥート	laboratory ラブラトーリ
謙虚な（けんきょ）	bescheiden ベシャイデン	modest マデスト
献金（けんきん）	*die* Spende シュペンデ	donation ドウネイション
現金（げんきん）	*das* Bargeld バールゲルト	cash キャシュ
～で支払う	(in) bar bezahlen (イン) バール ベツァーレン	pay in cash ペイ イン キャシュ
厳禁する（げんきん）	streng verbieten シュトレング フェアビーテン	forbid strictly フォビド ストリクトリ
原形（げんけい）	*die* Originalform オリギナールフォルム	the original form ザ オリヂナル フォーム
原型（げんけい）	*der* Prototyp プロトテューブ	prototype プロウトタイプ
献血（けんけつ）	*die* Blutspende ブルートシュペンデ	blood donation ブラド ドウネイション

日	独	英
権限(けんげん)	*die* Befugnis ベフークニス	competence カンピテンス
言語(げんご)	*die* Sprache シュプラーヘ	language ラングウィヂ
健康(けんこう)	*die* Gesundheit ゲズントハイト	health ヘルス
〜な	gesund ゲズント	healthy, sound ヘルスィ, サウンド
原稿(げんこう)	*das* Manuskript マヌスクリプト	manuscript, copy マニュスクリプト, カピ
言語学(げんごがく)	*die* Linguistik リングイスティク	linguistics リングウィスティクス
原告(げんこく)	*der*(*die*) Kläger(*in*) クレーガー (-ゲリン)	plaintiff プレインティフ
拳骨(げんこつ)	*die* Faust ファオスト	fist フィスト
検査(けんさ)	*die* Untersuchung ウンターズーフング	inspection インスペクション
〜する	prüfen, untersuchen プリューフェン, ウンターズーヘン	inspect, examine インスペクト, イグザミン
現在(げんざい)	*die* Gegenwart ゲーゲンヴァルト	the present ザ プレズント
〜の	gegenwärtig ゲーゲンヴェルティヒ	present プレズント
原材料(げんざいりょう)	*das* Rohmaterial ローマテリアール	raw material ロー マティアリアル
原作(げんさく)	*das* Original オリギナール	the original ザ オリヂナル
検索する(けんさくする)	nach|schlagen ナーハシュラーゲン	refer to, retrieve リファー トゥ, リトリーヴ
原産地(げんさんち)	*das* Herkunftsland, *der* Herkunftsort ヘーアクンフツラント, ヘーアクンフツオルト	the original home *of* ジ オリヂナル ホウム
検事・検察官(けんじ・けんさつかん)	*der*(*die*) Staatsanwalt(*wältin*) シュターツアンヴァルト (-ヴェルティン)	public prosecutor パブリク プラスィキュータ
原子(げんし)	*das* Atom アトーム	atom アトム

日	独	英
げんじつ 現実	*die* Realität レアリテート	reality, actuality リアリティ, アクチュアリティ
～の	wirklich ヴィルクリヒ	real, actual リーアル, アクチュアル
けんじつ 堅実な	solide ゾリーデ	steady ステディ
げんしの 原始の	primitiv プリミティーフ	primitive プリミティヴ
げんしばくだん 原子爆弾	*die* Atombombe アトームボンベ	atomic bomb アタミク バム
げんしゅ 元首	*das* Staatsoberhaupt シュターツオーバーハオプト	sovereign サヴレン
けんしゅう 研修	*die* Ausbildung アオスビルドゥング	study スタディ
～生	*der/die* Auszubildende アオスツービルデンデ	trainee トレイニー
けんじゅう 拳銃	*die* Pistole, *der* Revolver ピストーレ, レヴォルヴァー	pistol, revolver ピストル, リヴァルヴァ
げんじゅうしょ 現住所	jetztiger Wohnort イェッツィガー ヴォーンオルト	present address プレズント アドレス
げんじゅうな 厳重な	streng シュトレング	strict, severe ストリクト, スィヴィア
げんしゅくな 厳粛な	ernst, feierlich エルンスト, ファイアーリヒ	grave, solemn グレイヴ, サレム
けんしょう 懸賞	*das* Preisausschreiben プライスアオスシュライベン	prize プライズ
げんしょう 現象	*das* Phänomen フェノメーン	phenomenon フィナメノン
げんじょう 現状	gegenwärtiger Zustand ゲーゲンヴェルティガー ツーシュタント	the present condition ザ プレズント カンディション
げんしょうする 減少する	ab|nehmen アップネーメン	decrease ディクリース
げんしょく 原色	*die* Grundfarbe グルントファルベ	primary color プライメリ カラ
げんしりょく 原子力	*die* Atomkraft アトームクラフト	nuclear power ニュークリア パウア
げんしりん 原始林	*der* Urwald ウーアヴァルト	primeval forest プライミーヴァル フォリスト

日	独	英
けんしん 検診	ärztliche Untersuchung エールツトリヒェ ウンターズーフング	medical examination メディカル イグザミネイション
けんじん 賢人	*der/die* Weise ヴァイゼ	sage セイヂ
けんしんてきに 献身的に	aufopfernd アオフオプファーント	devotedly ディヴォウテドリ
げんぜい 減税	*die* Steuererleichterung シュトイアーエアライヒテルング	tax reduction タクス リダクション
げんせいりん 原生林	*der* Urwald ウーアヴァルト	primeval forest プライミーヴァル フォリスト
けんせつ 建設	*der* Bau バオ	construction カンストラクション
～する	bauen バオエン	construct カンストラクト
けんぜんな 健全な	gesund ゲズント	sound サウンド
げんそ 元素	*das* Element エレメント	element エレメント
けんぞう 建造	*der* Bau バオ	construction カンストラクション
げんそう 幻想	*die* Illusion, *die* Vision イルズィオーン, ヴィズィオーン	illusion, vision イルージョン, ヴィジョン
げんぞうする 現像する	entwickeln エントヴィッケルン	develop ディヴェロプ
げんそく 原則	*das* Prinzip, *der* Grundsatz プリンツィープ, グルントザッツ	principle プリンスィプル
げんそくする 減速する	*sich*⁴ verlangsamen フェアラングザーメン	slow down スロウ ダウン
けんそんする 謙遜する	bescheiden sein ベシャイデン ザイン	be modest ビ マディスト
けんたい 倦怠	*die* Müdigkeit ミューディヒカイト	weariness, ennui ウィアリネス, アーンウィー
げんだい 現代	*die* Gegenwart ゲーゲンヴァルト	the present age ザ プレゼント エイヂ
～の	gegenwärtig ゲーゲンヴェルティヒ	modern マダン
げんち 現地	betreffender Ort ベトレッフェンダー オルト	spot スパト

日	独	英
〜の	vor Ort フォーア オルト	local ロウカル
〜時間	*die* Ortszeit オルツツァイト	local time ロウカル タイム
建築	*der* Bau バオ	building ビルディング
（建築術）	*die* Architektur, *die* Baukunst アルヒテクトゥーア, バオクンスト	architecture アーキテクチャ
〜家	*der*(*die*) Architekt(*in*) アルヒテクト(-ティン)	architect アーキテクト
顕著な	auffallend アオフファレント	remarkable リマーカブル
限定する	beschränken ベシュレンケン	limit *to* リミト
減点	*der* Punkteabzug プンクテアプツーク	demerit mark ディーメリト マーク
原点	*der* Ausgangspunkt アオスガングスプンクト	the starting point ザ スターティング ポイント
原典	*der* Urtext ウーアテクスト	original text オリジナル テクスト
限度	*die* Grenze グレンツェ	limit リミト
検討	*die* Erwägung エアヴェーグング	examination イグザミネイション
〜する	erwägen エアヴェーゲン	examine イグザミン
見当（推測）	*die* Schätzung シェッツング	guess ゲス
原動力	*die* Triebkraft トリープクラフト	motive power モウティヴ パウア
現場	*der* Tatort タートオルト	spot スパト
原爆	*die* Atombombe アトームボンベ	atomic bomb アタミク バム
鍵盤	*die* Tastatur タスタトゥーア	keyboard キーボード
顕微鏡	*das* Mikroskop ミクロスコープ	microscope マイクロスコウプ

日	独	英
見物<ruby>する</ruby>	besichtigen ベズィヒティゲン	see, visit スィー, ヴィズィト
原文	*der* Originaltext オリギナールテクスト	the original text ジ オリジナル テクスト
憲法	*die* Verfassung フェアファッスング	constitution カンスティテューション
原本	*das* Original オリギナール	the original ジ オリヂナル
玄米	*der* Naturreis ナトゥーアライス	brown rice ブラウン ライス
厳密な	exakt, streng エクサクト, シュトレング	strict, close ストリクト, クロウス
賢明な	weise ヴァイゼ	wise, prudent ワイズ, プルーデント
懸命に	eifrig アイフリヒ	eagerly, hard イーガリ, ハード
検問	*die* Kontrolle コントロレ	checkup チェカプ
倹約する	sparen シュパーレン	economize イカノマイズ
原油	*das* Rohöl ローエール	crude oil クルード オイル
権利	*das* Recht レヒト	right ライト
原理	*das* Prinzip プリンツィープ	principle, theory プリンスィプル, スィオリ
原料	*das* Material マテリアール	raw materials ロー マティアリアルズ
権力	*die* Macht, *die* Gewalt マハト, ゲヴァルト	power, authority パウア, オサリティ

こ, コ

日	独	英
個	*das* Stück シュテュック	piece ピース
子	*das* Kind キント	child, infant チャイルド, インファント
語	*das* Wort ヴォルト	word, term ワード, ターム

日	独	英
コアラ	*der* Koala コアーラ	koala コウアーラ
鯉	*der* Karpfen カルプフェン	carp カープ
濃い	dunkel ドゥンケル	dark, deep ダーク, ディープ
（密度）	dick ディック	thick スィク
（味）	stark シュタルク	strong ストロング
恋	*die* Liebe リーベ	love ラヴ
語彙	*der* Wortschatz ヴォルトシャッツ	vocabulary ヴォウキャビュレリ
恋しい	*sich*⁴ *nach*³ sehnen, vermissen ゼーネン, フェアミッセン	miss ミス
恋する	*sich*⁴ *in*⁴ verlieben フェアリーベン	fall in love *with* フォール イン ラヴ
小犬	*das* Hündchen ヒュントヒェン	puppy パピ
恋人	*der(die)* Freund(*in*), *der/die* Geliebte フロイント(-ディン), ゲリープテ	sweetheart, lover スウィートハート, ラヴァ
コイン	*die* Münze ミュンツェ	coin コイン
～ロッカー	*das* Schließfach シュリースファッハ	coin-operated locker コインアパレイテド ラカ
考案する	planen, erfinden プラーネン, エアフィンデン	devise ディヴァイズ
好意	*die* Güte, *das* Entgegenkommen ギューテ, エントゲーゲンコメン	goodwill グドウィル
行為	*die* Tat タート	act, action, deed アクト, アクション, ディード
合意	*die* Einigung アイニグング	agreement アグリーメント

日	独	英
更衣室（こういしつ）	*der* Umkleideraum ウムクライデラオム	dressing room ドレスィング ルーム
後遺症（こういしょう）	*die* Folgeerscheinung フォルゲエアシャイヌング	sequelae シクウィーリー
工員（こういん）	*der*(*die*) Fabrikarbeiter(*in*) ファブリークアルバイター (-テリン)	factory worker ファクトリ ワーカ
豪雨（ごうう）	*der* Regenguss レーゲングス	heavy rain ヘヴィ レイン
幸運（こううん）	*das* Glück グリュック	fortune, luck フォーチュン, ラク
光栄（こうえい）	*die* Ehre エーレ	honor, glory アナ, グローリ
公園（こうえん）	*der* Park パルク	park パーク
講演する（こうえんする）	einen Vortrag halten アイネン フォーアトラーク ハルテン	lecture *on* レクチャ
高音（こうおん）	hoher Ton ホーアー トーン	high tone ハイ トウン
轟音（ごうおん）	*das* Getöse ゲテーゼ	roar ロー
効果（こうか）	*die* Wirkung, *der* Effekt ヴィルクング, エフェクト	effect, efficacy イフェクト, エフィカスィ
硬貨（こうか）	*die* Münze ミュンツェ	coin コイン
後悔（こうかい）	*die* Reue ロイエ	regret, remorse リグレット, リモース
〜する	bereuen ベロイエン	regret リグレト
公開（こうかい）	*die* Veröffentlichung フェアエッフェントリヒュング	disclosure ディスクロウジャ
〜する	veröffentlichen フェアエッフェントリヒェン	open... to the public オウプン トゥ ザ パブリク
航海（こうかい）	*die* Seefahrt ゼーファールト	navigation ナヴィゲイション
〜する	zu Schiff fahren, navigieren ツー シフ ファーレン, ナヴィギーレン	navigate ナヴィゲイト
公害（こうがい）	*die* Umweltverschmutzung ウムヴェルトフェアシュムッツング	pollution ポリューション

日	独	英
郊外（こうがい）	*die* Vorstadt, *der* Vorort フォーアシュタット, フォーアオルト	the suburbs ザ サバーブズ
号外（ごうがい）	*das* Extrablatt エクストラブラット	extra エクストラ
光学（こうがく）	*die* Optik オプティク	optics アプティクス
合格する（ごうかくする）	bestehen ベシュテーエン	pass パス
高価な（こうかな）	teuer, kostbar トイアー, コストバール	expensive, costly イクスペンスィヴ, コストリ
豪華な（ごうかな）	prächtig プレヒティヒ	gorgeous, deluxe ゴージャス, デルクス
交換（こうかん）	*der* Austausch アオスタオシュ	exchange イクスチェインヂ
〜する	tauschen, um|tauschen タオシェン, ウムタオシェン	exchange イクスチェインヂ
睾丸（こうがん）	*der* Hoden ホーデン	testicles テスティクルズ
強姦（ごうかん）	*die* Vergewaltigung フェアゲヴァルティグング	rape レイプ
抗癌剤（こうがんざい）	*das* Krebsmedikament, *das* Krebsmittel クレープスメディカメント, クレープスミッテル	anticancer agent アンティキャンサ エイヂェント
好機（こうき）	günstige Gelegenheit ギュンスティゲ ゲレーゲンハイト	good opportunity グド アパテューニティ
後期（こうき）	letztes Halbjahr レッツテス ハルプヤール	the latter term ザ ラタ ターム
（二学期制）	*das* Wintersemester ヴィンターゼメスター	the second semester ザ セカンド セメスタ
抗議（こうぎ）	*der* Protest プロテスト	protest プロテウスト
〜する	gegen⁴ protestieren プロテスティーレン	protest *against* プロテスト
講義（こうぎ）	*die* Vorlesung フォーアレーズング	lecture レクチャ
〜する	eine Vorlesung halten アイネ フォーアレーズング ハルテン	lecture レクチャ

日	独	英
こうきあつ 高気圧	*der* Hochdruck, *das* Hoch ホーホドルック, ホーホ	high atmospheric pressure ハイ アトモスフェリク プレシャ
こうきしん 好奇心	*die* Neugier ノイギーア	curiosity キュアリアスィティ
〜の強い	neugierig ノイギーリヒ	curious キュアリアス
こうき 高貴な	edel エーデル	noble ノウブル
こうきゅう 高級な	erstklassig エーアストクラスィヒ	high-class *articles* ハイクラス
こうきょ 皇居	der kaiserliche Palast デア カイザーリヒェ パラスト	the Imperial Palace ジ インピアリアル パレス
こうきょう 公共		
〜の	öffentlich エッフェントリヒ	public, common パブリク, カモン
〜料金	Gebühren öffentlicher Einrichtungen ゲビューレン エッフェントリヒャー アインリヒトゥンゲン	public utility charges パブリク ユーティリティ チャーヂズ
こうぎょう 工業	*die* Industrie インドゥストリー	industry インダストリ
〜地帯	*das* Industriegebiet インドゥストゥリーゲビート	industrial area インダストリアル エアリア
こうぎょう 鉱業	*der* Bergbau ベルクバオ	mining マイニング
こうきょうきょく 交響曲	*die* Sinfonie ズィンフォニー	symphony スィンフォニ
ごうきん 合金	*die* Legierung レギールング	alloy アロイ
こうぐ 工具	*das* Werkzeug ヴェルクツォイク	tool, implement トゥール, インプレメント
こうくう 航空	*die* Luftfahrt ルフトファールト	aviation エイヴィエイション
〜会社	*die* Fluggesellschaft フルークゲゼルシャフト	airline エアライン
〜機	*das* Flugzeug フルークツォイク	aircraft エアクラフト

日	独	英
～券	*das* Flugticket フルークティケット	airline ticket エアライン ティケト
～書簡	*das* Aerogramm アエログラム	aerogram エアログラム
～便	*die* Luftpost ルフトポスト	airmail エアメイル
こうけい 光景	*der* Anblick アンブリック	spectacle, scene スペクタクル, スィーン
ごうけい 合計	*die* Summe ズメ	the sum, total ザ サム, トウタル
～する	zusammen|zählen ツザメンツェーレン	total, sum up トウタル, サム アプ
～で	insgesamt インスゲザムト	in all イン オール
こうけいき 好景気	*die* Hochkonjunktur ホーホコンユンクトゥーア	prosperity, boom プラスペリティ, ブーム
こうけいしゃ 後継者	*der*(*die*) Nachfolger(*in*) ナーハフォルガー (-ゲリン)	successor サクセサ
こうげき 攻撃	*der* Angriff アングリフ	attack, assault アタク, アソルト
～する	an|greifen アングライフェン	attack, charge アタク, チャーヂ
こうけつあつ 高血圧	hoher Blutdruck ホーアー ブルートドルック	high blood pressure ハイ ブラド プレシャ
こうけん 貢献	*der* Beitrag バイトラーク	contribution カントリビューション
～する	zu³ bei|tragen バイトラーゲン	contribute *to* カントリビュト
こうげん 高原	*die* Hochebene ホーホエーベネ	plateau プラトウ
こうこう 孝行	die Liebe der Kinder zu den Eltern ディー リーベ デア キンダー ツー デン エルターン	filial piety フィリアル パイエティ
～する	den Eltern Freude bereiten デン エルターン フロイデ ベライテン	be good to *one's* parents ビ グド トゥ ペアレントツ
こうこう 高校	*die* Oberschule オーバーシューレ	high school ハイ スクール

日	独	英
～生	der(die) Oberschüler(in) オーバーシューラー (-レリン)	high school student ハイ スクール ステューデント
こうごう 皇后	die Kaiserin カイゼリン	empress エンプレス
こうこがく 考古学	die Archäologie アルヒェオロギー	archaeology アーキアロヂ
こうこく 広告	die Anzeige, die Reklame アンツァイゲ, レクラーメ	advertisement アドヴァタイズメント
～する	an|zeigen, Reklame machen アンツァイゲン, レクラーメ マッヘン	advertise, publicize アドヴァタイズ, パブリサイズ
こうご 交互に	abwechselnd アップヴェクセルント	alternately オールタネトリ
こうさ 交叉・交差	die Kreuzung クロイツング	crossing クロスィング
～する	sich⁴ kreuzen クロイツェン	cross, intersect クロス, インタセクト
～点	die Kreuzung クロイツング	crossing, crossroads クロスィング, クロスロウヅ
こうざ 講座	die Vorlesung フォーアレーズング	chair, lecture チェア, レクチャ
(ラジオなどの)	der Kurs クルス	course コース
こうざ 口座	das Konto コント	account アカウント
こうさい 交際する	mit³ um|gehen ウムゲーエン	associate *with* アソウシエイト
こうさく 工作	die Handarbeit ハントアルバイト	handicraft ハンディクラフト
～機械	die Werkzeugmaschine ヴェルクツォイクマシーネ	machine tool マシーン トゥール
～する	basteln バステルン	engineer エンヂニア
(計画・陰謀など)	manövrieren マヌヴリーレン	maneuver マヌーヴァ
こうざん 鉱山	das Bergwerk ベルクヴェルク	mine マイン
こうさん 降参する	kapitulieren カピトゥリーレン	surrender *to* サレンダ

日	独	英
講師	*der*(*die*) Dozent(*in*) ドツェント (-ティン)	lecturer レクチャラ
（講演者）	*der*(*die*) Redner(*in*) レードナー (-ネリン)	speaker スピーカ
（大学の外国語などの）	*der*(*die*) Lektor(*in*) レクトーア (レクトーリン)	lecturer レクチャラ
工事	*der* Bau バオ	work, construction ワーク, カンストラクション
公式の	offiziell オフィツィエル	official, formal オフィシャル, フォーマル
口実	*der* Vorwand フォーアヴァント	pretext, excuse プリーテクスト, イクスキューズ
後者	*der/die/das* Letztere レッツテレ	the latter ザ ラタ
校舎	*das* Schulgebäude シュールゲボイデ	schoolhouse スクールハウス
公衆	*die* Öffentlichkeit エッフェントリヒカイト	the public ザ パブリク
～電話	öffentliches Telefon エッフェントリヒェス テレフォーン	pay phone ペイ フォウン
～トイレ	öffentliche Toilette エッフェントリヒェ トアレッテ	public lavatory パブリク ラヴァトーリ
講習	*der* Kurs クルス	course コース
絞首台	*der* Galgen ガルゲン	gallows ギャロウズ
口述	*das* Diktat ディクタート	oral statement オーラル ステイトメント
控除	*der* Abzug, *die* Absetzung アップツーク, アップゼッツング	deduction ディダクション
～する	ab|ziehen, ab|setzen アップツィーエン, アップゼッツェン	deduct ディダクト
交渉	*die* Verhandlung フェアハンドルング	negotiations ニゴウシエイションズ
～する	verhandeln フェアハンデルン	negotiate *with* ニゴウシエイト
工場	*die* Fabrik, *der* Betrieb ファブリーク, ベトリープ	factory, plant ファクトリ, プラント

日	独	英
こうしょう 高尚な	edel エーデル	noble, refined ノウブル, リファインド
ごうじょう 強情な	hartnäckig ハルトネッキヒ	obstinate アブスティネト
こうしょうにん 公証人	*der* Notar ノタール	notary ノウタリ
こうしょきょうふしょう 高所恐怖症	*die* Höhenangst ヘーエンアングスト	acrophobia アクロフォウビア
こうしん 行進	*der* Marsch マルシュ	march, parade マーチ, パレイド
～する	marschieren マルシーレン	march マーチ
こうしんりょう 香辛料	*das* Gewürz ゲヴュルツ	spices スパイスィズ
こうすい 香水	*das* Parfum, *das* Parfüm パルファン, パルフューム	perfume パーフューム
こうずい 洪水	*das* Hochwasser, *die* Flut ホーホヴァッサー, フルート	flood, inundation フラド, イノンデイション
こうせい 公正	*die* Gerechtigkeit ゲレヒティヒカイト	justice ヂャスティス
～な	gerecht ゲレヒト	just, fair ヂャスト, フェア
こうせい 厚生	*die* Wohlfahrt ヴォールファールト	public welfare パブリク ウェルフェア
こうせい 構成	*die* Zusammensetzung ツザメンゼッツング	composition カンポズィション
～する	zusammen|setzen ツザメンゼッツェン	compose カンポウズ
ごうせい 合成	*die* Synthese ズュンテーゼ	synthesis スィンサスィス
～する	zusammen|setzen ツザメンゼッツェン	synthesize, compound スィンササイズ, コンパウンド
～樹脂	*das* Synthetik ズュンテーティク	synthetic resin スィンセティク レズィン
こうせいぶっしつ 抗生物質	*das* Antibiotikum アンティビオーティクム	antibiotic アンティバイアティク
こうせき 鉱石	*das* Erz エルツ	ore オー

日	独	英
光線 こうせん	*der* Lichtstrahl リヒトシュトラール	ray, beam レイ, ビーム
公然と こうぜんと	öffentlich エッフェントリヒ	openly オウプンリ
控訴 こうそ	*die* Berufung ベルーフング	appeal アピール
香草 こうそう	*das* Kraut クラオト	herb アーブ
構想 こうそう	*das* Konzept コンツェプト	plan, conception プラン, コンセプション
構造 こうぞう	*die* Struktur, *die* Konstruktion シュトルクトゥーア, コンストルクツィオーン	structure ストラクチャ
高層建築 こうそうけんちく	*das* Hochhaus ホーホハオス	high-rise ハイライズ
高速 こうそく	hohe Geschwindigkeit ホーエ ゲシュヴィンディヒカイト	high speed ハイ スピード
～道路	*die* Autobahn アオトバーン	expressway イクスプレスウェイ
交替［代］ こうたい	*der* Schichtwechsel シヒトヴェクセル	shift シフト
～する	wechseln, *sich*⁴ ab|lösen ヴェクセルン, アップレーゼン	take turns テイク ターンズ
皇太子 こうたいし	*der* Kronprinz クローンプリンツ	the Crown Prince ザ クラウン プリンス
広大な こうだい	groß, weit グロース, ヴァイト	vast, immense ヴァスト, イメンス
光沢 こうたく	*der* Glanz グランツ	luster, gloss ラスタ, グロス
公団住宅 こうだんじゅうたく	Wohnkomplex unter öffentlicher Verwaltung ヴォーンコンプレクス ウンター エッフェントリヒァー フェアヴァルトゥング	public housing complex パブリク ハウズィング カンプレクス
紅茶 こうちゃ	*der* Tee テー	tea ティー
校長 こうちょう	*der*(*die*) Schuldirektor(*in*), *der*(*die*) Rektor(*in*) シュールディレクトーア (-トーリン), レクトーア (-トーリン)	principal プリンスィパル

日	独	英
こうちょう 好調な	gut in Form sein, in guter Form sein グート イン フォルム ザイン, イン グーター フォルム ザイン	in good condition イン グド カンディション
こうつう 交通	*der* Verkehr フェアケーア	traffic トラフィク
〜機関	*das* Verkehrsmittel フェアケーアスミッテル	transportation トランスポーテイション
〜規制	*die* Verkehrskontrolle フェアケーアスコントロレ	traffic regulations トラフィク レギュレイションズ
〜事故	*der* Verkehrsunfall フェアケーアスウンファル	traffic accident トラフィク アクスィデント
〜標識	*das* Verkehrszeichen フェアケーアスツヴァイヒェン	traffic sign トラフィク サイン
こうてい 皇帝	*der* Kaiser カイザー	emperor エンペラ
こうてい 肯定	*die* Bejahung ベヤーウング	affirmation アファーメイション
〜する	bejahen ベヤーエン	affirm アファーム
〜的な	bejahend ベヤーエント	affirmative アファーマティヴ
こうてき 公的な	öffentlich エッフェントリヒ	official, public オフィシャル, パブリク
こうてつ 鋼鉄	*der* Stahl シュタール	steel スティール
こうてんする 好転する	*sich*⁴ bessern ベッサーン	turn around ターン アラウンド
こうど 高度	*die* Höhe ヘーエ	altitude アルティテュード
こうどう 行動	*die* Handlung ハンドルング	action, conduct アクション, カンダクト
〜する	handeln ハンデルン	act アクト
こうどう 講堂	*die* Aula アオラ	hall, auditorium ホール, オーディトーリアム
ごうとう 強盗	*der* Raub ラオプ	robbery ラバリ

日	独	英
（人）	*der*(*die*) Räuber(*in*), *der*(*die*) Einbrecher(*in*) ロイバー (-ベリン), アインブレヒャー (-ヒェリン)	robber, burglar ラバ, バーグラ
こうとうがっこう 高等学校	*die* Oberschule オーバーシューレ	high school ハイ スクール
こうとうさいばんしょ 高等裁判所	höheres Gericht ヘーエレス ゲリヒト	high court ハイ コート
こうとう 高騰する	plötzlich an|steigen プレッツリヒ アンシュタイゲン	jump ジャンプ
こうとう 高等な	hoch ホーホ	high ハイ
こうとう 口頭の	mündlich ミュントリヒ	oral, verbal オーラル, ヴァーバル
ごうどう 合同の	gemeinsam ゲマインザーム	united ユーナイテド
こうどくりょう 購読料	*der* Abonnement(s)preis アボヌマン(ツ)プライス	subscription サブスクリプション
こうにゅう 購入する	an|kaufen アンカオフェン	purchase, buy パーチェス, バイ
こうにん 後任	*der*(*die*) Nachfolger(*in*) ナーハフォルガー (-ゲリン)	successor サクセサ
こうにん 公認の	offiziell オフィツィエル	official, approved オフィシャル, アプルーヴド
こうねん 光年	*das* Lichtjahr リヒトヤール	light-year ライトイヤー
こうのとり	*der* Storch シュトルヒ	stork ストーク
こうば 工場	*die* Fabrik ファブリーク	factory ファクトリ
こうはい 後輩	*der* Nachwuchs ナーハヴクス	junior ヂューニア
こうばい 勾配	*die* Schräge シュレーゲ	slope, incline スロウプ, インクライン
こう 香ばしい	duftend ドゥフテント	fragrant フレイグラント
こうはん 後半	die zweite Hälfte ディー ツヴァイテ ヘルフテ	the latter half ラタ ハフ

日	独	英
こうばん 交番	*die* Polizeiwache ポリツァイヴァッヘ	police box ポリース バクス
こうび 交尾	*die* Kopulation コプラツィオーン	copulation カピュレイション
こうひょうの 好評の	beliebt ベリープト	popular パピュラ
こうふ 鉱夫	*der* Bergarbeiter ベルクアルバイター	miner マイナ
こうふく 幸福	*das* Glück グリュック	happiness ハピネス
～な	glücklich グリュックリヒ	happy ハピ
こうぶつ 好物	*das* Lieblingsessen リープリングスエッセン	favorite food フェイヴァリト フード
こうぶつ 鉱物	*das* Mineral ミネラール	mineral ミナラル
こうふん 興奮	*die* Aufregung アオフレーグング	excitement イクサイトメント
～する	*sich*⁴ auf|regen アオフレーゲン	be excited ビ イクサイテド
こうぶん 構文	*der* Satzbau ザッツバオ	construction コンストラクション
こうぶんしょ 公文書	*die* Akte アクテ	official document オフィシャル ダキュメント
こうへいな 公平な	gerecht ゲレヒト	fair, impartial フェア, インパーシャル
ごうべんじぎょう 合弁事業	*das* Jointventure ジョイントヴェンチャー	joint venture ヂョイント ヴェンチャ
こうほ 候補	*die* Kandidatur カンディダトゥーア	candidature キャンディダチャ
～者	*der*(*die*) Kandidat(*in*) カンディダート (-ティン)	candidate キャンディデイト
こうぼ 酵母	*die* Hefe ヘーフェ	yeast, leaven イースト, レヴン
こうほう 広報	*die* Information インフォルマツィオーン	public information パブリク インフォメイション
～活動	*die* Öffentlichkeitsarbeit エッフェントリヒカイツアルバイト	public relations パブリク リレイションズ

日	独	英
こうぼう 工房	*das* Atelier アテリエー	studio ステューディオウ
ごうほうてき 合法的な	legal レガール	legal リーガル
ごうまん 傲慢な	arrogant アロガント	haughty ホーティ
こうみゃく 鉱脈	*die* Erzader エルツアーダー	vein of ore ヴェイン オヴ オー
こうみょう 巧妙な	geschickt ゲシックト	skillful, dexterous スキルフル, デクストラス
こうみん 公民	*der*(*die*) Staatsbürger(*in*) シュターツビュルガー (-ゲリン)	citizen スィティズン
こうむ 公務	*die* Amtsgeschäfte アムツゲシェフテ	official duties オフィシャル デューティズ
～員	*der*(*die*) Beamte(Beamtin) ベアムテ(ベアムティン)	public official パブリック オフィシャル
こうむ 被る	erleiden エアライデン	suffer, receive サファ, リスィーヴ
こうもく 項目	*der* Artikel アルティーケル	item, clause アイテム, クローズ
こうもり 蝙蝠	*die* Fledermaus フレーダーマオス	bat バト
こうもん 校門	*der* Schuleingang シュールアインガング	school gate スクール ゲイト
こうもん 肛門	*der* Anus, *der* After アーヌス, アフター	anus エイナス
ごうもん 拷問	*die* Folter, *die* Folterung フォルター, フォルテルング	torture トーチャ
こうや 荒野	*die* Öde エーデ	the wilds ザ ワイルヅ
こうやく 膏薬	*das* Pflaster プフラスター	plaster プラスタ
こうよう 紅葉	*die* Herbstfärbung ヘルプストフェルブング	red leaves レド リーヴズ
～する	*sich*⁴ rot verfärben ロート フェアフェルベン	turn red ターン レド
こうら 甲羅	*der* Panzer パンツァー	shell シェル

日	独	英
行楽(こうらく)	*der* Ausflug アオスフルーク	excursion イクスカージョン
～客	*der*(*die*) Tourist(*in*) トゥリスト(-ティン)	excursionist イクスカージョニスト
小売り(こう)	*der* Einzelhandel アインツェルハンデル	retail リーテイル
～する	im Einzelhandel verkaufen イム アインツェルハンデル フェアカオフェン	retail リーテイル
合理(ごうり)		
～化	*die* Rationalisierung ラツィオナリズィールング	rationalization ラショナリゼイション
～的な	rational ラツィオナール	rational ラショナル
効率(こうりつ)	*die* Effizienz エフィツィエンツ	efficiency イフィシェンスィ
～的な	effizient エフィツィエント	efficient イフィシェント
交流(こうりゅう)	*der* Austausch アオスタオシュ	exchange イクスチェインヂ
（電流の）	*der* Wechselstrom ヴェクセルシュトローム	alternating current オールタネイティング カーレント
～する	aus|tauschen アオスタオシェン	exchange イクスチェインヂ
合流(ごうりゅう)	*der* Zusammenfluss ツザメンフルス	confluence カンフルーエンス
～点	*die* Mündung ミュンドゥング	the confluence ザ カンフルーエンス
香料(こうりょう)	*das* Gewürz ゲヴュルツ	flavor フレイヴァ
荒涼とした(こうりょう)	öde エーデ	desolate デソレト
効力(こうりょく)	*die* Wirkung ヴィルクング	effect, efficacy イフェクト, エフィカスィ
（法律）	*die* Gültigkeit ギュルティヒカイト	validity ヴァリディティ
考慮する(こうりょ)	erwägen, berücksichtigen エアヴェーゲン, ベリュックズィヒティゲン	consider カンスィダ

日	独	英
こうれい 高齢	hohes Alter ホーエス アルター	advanced age アドヴァンスト エイヂ
～化社会	alternde Gesellschaft アルターンデ ゲゼルシャフト	aging society エイヂング ソサイアティ
こうわじょうやく 講和条約	*der* Friedensvertrag フリーデンスフェアトラーク	peace treaty ピース トリーティ
こえ 声	*die* Stimme シュティメ	voice ヴォイス
ごえい 護衛	*die* Leibwache ライブヴァッヘ	guard, escort ガード, エスコート
こ 超[越]える	überschreiten ユーバーシュライテン	exceed, pass イクスィード, パス
（向こうへ）	hinüber|gehen ヒニューバーゲーエン	go over, cross ゴウ オウヴァ, クロース
コークス	*der* Koks コークス	coke コウク
ゴーグル	*die* Schutzbrille シュッツブリレ	goggles ガグルズ
コース	*der* Kurs クルス	course コース
（競走などの）	*die* Bahn バーン	lane レイン
コーチ	*der*(*die*) Trainer(*in*) トレーナー (-ネリン)	coach コウチ
コート	*der* Mantel マンテル	coat コウト
（球技の）	*das* Spielfeld シュピールフェルト	court コート
コード	*die* Schnur シュヌーア	cord コード
（暗号）	*der* Kode コーデ	code コウド
コーナー	*die* Ecke エッケ	corner コーナ
コーヒー	*der* Kaffee カフェ	coffee コフィ
コーラ	*das*(*die*) Cola コーラ	coke コウク

日	独	英
コーラス	*der* Chor コーア	chorus コーラス
氷(こおり)	*das* Eis アイス	ice アイス
凍る(こおる)	frieren フリーレン	freeze フリーズ
ゴール	*das* Ziel ツィール	goal ゴウル
（球技の）	*das* Tor トーア	goal ゴウル
〜キーパー	*der*(*die*) Torwart(*in*) トーアヴァルト(-ティン)	goalkeeper ゴウルキーパ
ゴールインする	das Ziel erreichen ダス ツィール エアライヒェン	reach the goal リーチ ザ ゴウル
コールタール	*der* Teer テーア	coal tar コウル ター
蟋蟀(こおろぎ)	*die* Grille グリレ	cricket クリケト
戸外(こがい)	*das* Freie フライエ	the outdoors ザ アウトドーズ
誤解(ごかい)	*das* Missverständnis ミスフェアシュテントニス	misunderstanding ミスアンダスタンディング
〜する	missverstehen ミスフェアシュテーエン	misunderstand ミスアンダスタンド
子会社(こがいしゃ)	*die* Tochtergesellschaft トホターゲゼルシャフト	subsidiary サブスィディエリ
コカイン	*das* Kokain コカイーン	cocaine コウケイン
語学(ごがく)	*das* Sprachstudium シュプラーハシュトゥーディウム	language study ラングウィチ スタディ
（言語学）	*die* Linguistik リングイスティク	linguistics リングウィスティクス
五角形(ごかくけい)	*das* Fünfeck フュンフエック	pentagon ペンタガン
木陰(こかげ)	*der* Schatten eines Baumes シャッテン アイネス バオメス	the shade of a tree ザ シェイド オヴ ア トリー
焦がす(こがす)	an|brennen lassen アンブレネン ラッセン	burn, scorch バーン, スコーチ

日	独	英
こがた 小型の	klein クライン	small, compact スモール, コンパクト
ごがつ 五月	*der* Mai マイ	May メイ
こが 木枯らし	kalter Winterwind カルター ヴィンターヴィント	cold winter wind コウルド ウィンタ ウィンド
ごかん 五感	*die* fünf Sinne フュンフ ズィネ	five senses ファイヴ センスィズ
ごかんせい 互換性のある	kompatibel コンパティーベル	compatible コンパティブル
こぎって 小切手	*der* Scheck シェック	check チェク
ごきぶり	*der* Kakerlak, *die* Küchenschabe カーカーラク, キュッヒェンシャーベ	cockroach カクロウチ
こきゃく 顧客	*der*(*die*) Kunde(*in*) クンデ(-ディン)	customer, client カスタマ, クライエント
こきゅう 呼吸	*der* Atem アーテム	respiration レスピレイション
～する	atmen アートメン	breathe ブリーズ
こきょう 故郷	*die* Heimat ハイマート	home ホウム
こ 漕ぐ	rudern ルーダーン	row ラウ
ごく 語句	*der* Ausdruck アオスドルック	words ワーヅ
こくえい 国営の	staatlich シュタートリヒ	state-run ステイトラン
こくおう 国王	*der* König ケーニヒ	king, monarch キング, マナク
こくがい 国外に[で]	im Ausland イム アオスラント	abroad アブロード
こくぎ 国技	*der* Nationalsport ナツィオナールシュポルト	national sport ナショナル スポート
こくご 国語	*die* Nationalsprache ナツィオナールシュプラーヘ	the national language ザ ナショナル ラングウィヂ

日	独	英
こくさい 国際		
〜的な	international インターナツィオナール	international インタナショナル
〜運転免許証	internationaler Führerschein インターナツィオナーラー フューラーシャイン	international driving permit インタナショナル ドライヴィング パミト
〜結婚	internationale Heirat インターナツィオナーレ ハイラート	mixed marriage ミクスト マリヂ
〜線	internationale Fluglinie インターナツィオナーレ フルークリーニエ	international air line インタナショナル エア ライン
〜電話	*das* Auslandsgespräch アオスランツゲシュプレーヒ	overseas telephone call オウヴァスィーズ テレフォウン コール
〜法	*das* Völkerrecht フェルカーレヒト	international law インタナショナル ロー
こくさん 国産の	einheimisch アインハイミシュ	domestic ドメスティク
こくじん 黒人	*der/die* Schwarze シュヴァルツェ	black ブラク
こくせいちょうさ 国勢調査	*die* Volkszählung フォルクスツェールング	census センサス
こくせき 国籍	*die* Nationalität, *die* Staatsangehörigkeit ナツィオナリテート, シュターツアンゲヘーリヒカイト	nationality ナショナリティ
こくそ 告訴	*die* Anklage, *der* Strafantrag アンクラーゲ, シュトラーフアントラーク	accusation アキュゼイション
〜する	an|klagen アンクラーゲン	accuse アキューズ
こくたん 黒檀	*das* Ebenholz エーベンホルツ	ebony エボニ
こくち 告知する	an|kündigen アンキュンディゲン	notify ノウティファイ
こくどう 国道	*die* Bundesstraße, *die* Staatsstraße ブンデスシュトラーセ, シュターツシュトラーセ	national road ナショナル ロウド
こくない 国内 〜の	inländisch インレンディシュ	domestic ドメスティク

日	独	英
～線	*die* Inlandsflüge インランツフリューゲ	the domestic airline service ザ ドメスティック エアライン サーヴィス
こくはく 告白する	gestehen ゲシュテーエン	confess カンフェス
こくはつ 告発	*die* Anzeige アンツァイゲ	accusation アキュゼイション
～する	an|zeigen アンツァイゲン	accuse アキューズ
こくばん 黒板	*die* Tafel, *die* Wandtafel ターフェル, ヴァントターフェル	blackboard ブラクボード
～拭き	*der* Wandtafelwischer, *der* Wischer ヴァントターフェルヴィッシャー, ヴィッシャー	eraser イレイサ
こくふく 克服する	überwinden ユーバーヴィンデン	conquer, overcome カンカ, オウヴァカム
こくべつしき 告別式	*die* Trauerfeier トラオアーファイアー	farewell service フェアウェル サーヴィス
こくほう 国宝	*der* Staatsschatz シュターツシャッツ	national treasure ナショナル トレジャ
こくぼう 国防	*die* Landesverteidigung ランデスフェアタイディグング	national defense ナショナル ディフェンス
こくみん 国民	*das* Volk, *der*(*die*) Staatsbürger(*in*) フォルク, シュターツビュルガー (-ゲリン)	nation, people ネイション, ピープル
～の	national ナツィオナール	national ナショナル
こくもつ 穀物	*das* Getreide ゲトライデ	grain, cereals グレイン, スィアリアルズ
こくゆう 国有の	staatlich シュタートリヒ	national ナショナル
ごくらく 極楽	*das* Paradies パラディース	paradise パラダイス
こくりつ 国立の	staatlich シュタートリヒ	national, state ナショナル, ステイト

日	独	英
国連 (こくれん)	die Vereinten Nationen (VN), *die* UNO ディ フェアアインテン ナツィオーネン, ウーノ	UN ユーエン
苔 (こけ)	*das* Moos モース	moss モース
焦げる (こげる)	an|brennen アンブレネン	burn バーン
語源 (ごげん)	*die* Etymologie エトュモロギー	etymology エティマロディ
ここ	hier ヒーア	here, this place ヒア, ズィス プレイス
古語 (こご)	veraltetes Wort フェアアルテテス ヴォルト	archaic word アーケイイク ワード
午後 (ごご)	*der* Nachmittag ナーハミッターク	afternoon アフタヌーン
ココア	*der* Kakao カカオ	cocoa コウコウ
凍える (こごえる)	frieren フリーレン	freeze フリーズ
心地よい (ここちよい)	gemütlich ゲミュートリヒ	comfortable カンフォタブル
小言 (こごと)	*der* Verweis フェアヴァイス	scolding スコウルディング
ココナツ	*die* Kokosnuss コーコスヌス	coconut コウコナト
心 (こころ)	*das* Herz ヘルツ	mind, heart マインド, ハート
(感情)	*das* Gefühl ゲフュール	feeling フィーリング
心得る (こころえる)	verstehen フェアシュテーエン	understand アンダスタンド
心掛ける (こころがける)	*auf*⁴ auf|passen アオフパッセン	bear in mind ベア イン マインド
心構え (こころがまえ)	*die* Einstellung アインシュテルング	preparation プレパレイション
志 (こころざし)	*der* Wille ヴィレ	will, intention ウィル, インテンション

日	独	英
こころざ**志す**	*auf*[4] zielen ツィーレン	intend, aim インテンド, エイム
こころぼそ**心細い**	verlassen, hilflos フェアラッセン, ヒルフロース	forlorn フォローン
こころ**試みる**	versuchen, probieren フェアズーヘン, プロビーレン	try, attempt トライ, アテンプト
こころよ**快い**	angenehm アンゲネーム	pleasant, agreeable プレザント, アグリーアブル
こころよ**快く**	mit Freude ミット フロイデ	with pleasure ウィズ プレジャ
こさめ**小雨**	leichter Regen ライヒター レーゲン	light rain ライト レイン
ごさん**誤算**	*die* Verrechnung フェアレヒヌング	misjudge ミスヂャヂ
こし**腰**	*die* Hüfte ヒュフテ	waist ウェイスト
こじ**孤児**	*die* Waise ヴァイゼ	orphan オーファン
こしか**腰掛ける**	*sich*[4] setzen ゼッツェン	sit (down) スィト (ダウン)
こじき**乞食**	*der*(*die*) Bettler(*in*) ベットラー (-レリン)	beggar ベガ
こしつ**個室**	*das* Einzelzimmer アインツェルツィマー	private room プライヴェト ルーム
ゴシック	*die* Gotik ゴーティク	Gothic ガスィク
こしつ**固執する**	*auf*[3] bestehen ベシュテーエン	persist パスィスト
ゴシップ	*die* Klatschgeschichte クラッチュゲシヒテ	gossip ガスィプ
こしょう**故障する**	kaputt gehen カプット ゲーエン	break down ブレイク ダウン
ごしょく**誤植**	*der* Druckfehler ドルックフェーラー	misprint ミスプリント
こしら**拵える**	machen マッヘン	make メイク
（準備）	vor|bereiten フォーアベライテン	prepare プリペア

日	独	英
個人 (こじん)	*das* Individuum, *der/die* Einzelne インディヴィードゥム, アインツェルネ	individual インディヴィチュアル
～主義	*der* Individualismus インディヴィドゥアリスムス	individualism インディヴィチュアリズム
～的な	persönlich ペルゼーンリヒ	individual, personal インディヴィチュアル, パーソナル
越[超]す (こす)	überschreiten ユーバーシュライテン	exceed, pass イクスィード, パス
梢 (こずえ)	*der* Wipfel ヴィプフェル	treetop トリータプ
コスト	*die* Kosten コステン	cost コースト
コスモス	*das* Schmuckkörbchen シュムックケルプヒェン	cosmos カズモス
擦る (こする)	reiben ライベン	rub ラブ
個性 (こせい)	*die* Persönlichkeit ペルゼーンリヒカイト	personality パーソナリティ
～的な	individuell インディヴィドゥエル	unique ユーニーク
戸籍 (こせき)	*das* Personenstandsregister ペルゾーネンシュタンツレギスター	family register ファミリ レヂスタ
小銭 (こぜに)	*das* Kleingeld クラインゲルト	change チェインヂ
～入れ	*das* Portmonee ポルトモネー	coin purse コイン パース
午前 (ごぜん)	*der* Vormittag フォーアミッターク	morning モーニング
～中に	am Vormittag, vormittags アム フォーアミッターク, フォーアミッタークス	in the morning イン ザ モーニング
五線紙 (ごせんし)	*das* Notenpapier ノーテンパピーア	music paper ミューズィク ペイパ
固体 (こたい)	*der* Festkörper フェストケルパー	solid サリド
古代 (こだい)	*das* Altertum アルタートゥーム	antiquity アンティクウィティ

日	独	英
〜の	antik アンティーク	ancient エインシェント
答え	die Antwort アントヴォルト	answer, reply アンサ, リプライ
（解答）	die Lösung レーズング	solution ソルーション
答える	auf⁴ antworten アントヴォルテン	answer, reply アンサ, リプライ
応える	reagieren レアギーレン	respond リスパンド
（報いる）	entsprechen エントシュプレッヒェン	meet ミート
木霊	das Echo エヒョー	echo エコウ
こだわる	auf⁴ Wert legen ヴェーアト レーゲン	be particular *about* ビ パティキュラ
御馳走	köstliches Essen, das Festmahl ケストリヒェス エッセン, フェストマール	feast フィースト
誇張する	übertreiben ユーバートライベン	exaggerate イグザチャレイト
こつ	der Kniff クニフ	knack ナク
国家	der Staat シュタート	state ステイト
〜元首	das Staatsoberhaupt シュターツオーバーハオプト	sovereign サヴレン
国歌	die Nationalhymne ナツィオナールヒュムネ	national anthem ナショナル アンセム
国会	das Parlament パルラメント	Parliament パーラメント
小遣い	das Taschengeld タッシェンゲルト	pocket money パケト マニ
骨格	der Körperbau ケルパーバオ	build ビルド
国旗	die Nationalflagge ナツィオナールフラッゲ	the national flag ザ ナショナル フラグ

日	独	英
こっきょう 国境	*die* Landesgrenze ランデスグレンツェ	frontier フランティア
コック	*der*(*die*) Koch (Köchin) コッホ(ケッヒン)	cook クク
こっけい 滑稽な	lustig, witzig ルスティヒ, ヴィッツィヒ	funny, humorous ファニ, ヒューマラス
こっこ 国庫	*die* Staatskasse シュターツカッセ	treasury トレジャリ
こっこう 国交	diplomatische Beziehungen ディプロマーティシェ ベツィーウンゲン	diplomatic relations ディプロマティク リレイションズ
ごつごつした	zackig ツァッキヒ	rugged ラゲド
こつずい 骨髄	*das* Knochenmark クノッヘンマルク	marrow マロウ
こっせつ 骨折する	*sich*³ einen Knochen brechen アイネン クノッヘン ブレッヒェン	break ブレイク
こっそり	heimlich ハイムリヒ	quietly, in secret クワイエトリ, イン スィークレト
こづつみ 小包	*das* Paket, *das* Päckchen パケート, ペックヒェン	package, parcel パキヂ, パースル
こっとうひん 骨董品	*die* Antiquitäten アンティクヴィテーテン	curio キュアリオウ
コップ	*das* Glas グラース	glass グラス
こて 鏝	*die* Brennschere ブレンシェーレ	iron アイアン
(左官用)	*die* Maurerkelle マオラーケレ	trowel トラウエル
こてい 固定する	befestigen, fixieren ベフェスティゲン, フィクスィーレン	fix フィクス
こてん 古典	*die* Klassik クラスィク	classic クラスィク
〜的な	klassisch クラスィシュ	classic クラスィク
こと 事	*das* Ding, *die* Sache ディング, ザッヘ	matter, thing, affair マタ, スィング, アフェア
こどく 孤独	*die* Einsamkeit アインザームカイト	solitude サリテュード

日	独	英
〜な	einsam アインザーム	solitary サリテリ
今年	dieses Jahr ディーゼス ヤール	this year ズィス イア
言付け	*die* Botschaft ボートシャフト	message メスィヂ
異なる	*sich*⁴ *von*³ unterscheiden ウンターシャイデン	differ *from* ディファ
言葉	*die* Sprache シュプラーヘ	speech スピーチ
（言語）	*die* Sprache シュプラーヘ	language ラングウィヂ
（語）	*das* Wort ヴォルト	word ワード
子供	*das* Kind キント	child チャイルド
小鳥	*das* Vögelchen フェーゲルヒェン	small bird スモール バード
諺	*das* Sprichwort シュプリヒヴォルト	proverb プラヴァブ
断る	ab|lehnen アップレーネン	refuse リフューズ
粉	*das* Pulver プルファー	powder パウダ
（穀類の）	*das* Mehl メール	flour フラウア
粉々に	in Stücke イン シュテュッケ	to pieces トゥ ピースィズ
コネ	*die* Beziehung ベツィーウング	connections カネクションズ
小猫	*das* Kätzchen ケッツヒェン	kitty キティ
捏ねる	kneten クネーテン	knead ニード
この	dieser, diese, dieses ディーザー, ディーゼ, ディーゼス	this ズィス
（複数）	diese ディーゼ	these ズィーズ

日	独	英
この間 (あいだ)	neulich ノイリヒ	the other day ジ アザ デイ
この頃 (ごろ)	jetzt イェッツト	now, these days ナウ, ズィーズ デイズ
この前 (まえ)	letztes Mal, neulich レッツテス マール, ノイリヒ	the last time ザ ラスト タイム
この好ましい	wünschenswert ヴュンシェンスヴェーアト	desirable ディザイアラブル
（感じのいい）	lieb, angenehm リープ, アンゲネーム	agreeable アグリーアブル
（よりよい）	besser ベッサー	preferable プレファラブル
この好み	der Geschmack ゲシュマック	taste テイスト
この好む	gern haben, mögen ゲルン ハーベン, メーゲン	like, be fond *of* ライク, ビ フォンド
この世 (よ)	diese Welt ディーゼ ヴェルト	this world ズィス ワールド
琥珀 (こはく)	der Bernstein ベルンシュタイン	amber アンバ
拒む (こばむ)	verweigern フェアヴァイガーン	refuse リフューズ
コバルト	das Kobalt コーバルト	cobalt コウボールト
小春日和 (こはるびより)	der Altweibersommer アルトヴァイバーゾマー	Indian summer インディアン サマ
湖畔 (こはん)	die Seeküste ゼーキュステ	lakeside レイクサイド
ご飯 (はん)	der Reis ライス	rice ライス
（食事）	das Mahl マール	meal ミール
コピー	die Kopie コピー	copy カピ
〜をとる	kopieren コピーレン	copy カピ
子羊 (こひつじ)	das Lamm ラム	lamb ラム

日	独	英
<ruby>瘤<rt>こぶ</rt></ruby>	die Beule ボイレ	lump, bump ランプ, バンプ
（らくだの）	der Höcker ヘッカー	hump ハンプ
（木の）	der Knorren クノレン	knot ナト
<ruby>拳<rt>こぶし</rt></ruby>	die Faust ファオスト	fist フィスト
<ruby>古墳<rt>こふん</rt></ruby>	der Tumulus トゥームルス	tumulus テューミュラス
<ruby>子分<rt>こぶん</rt></ruby>	der(die) Anhänger(in) アンヘンガー（-ゲリン）	follower ファロウア
<ruby>牛蒡<rt>ごぼう</rt></ruby>	die Schwarzwurzel シュヴァルツヴルツェル	burdock バーダク
<ruby>零す<rt>こぼ</rt></ruby>	verschütten フェアシュッテン	spill スピル
<ruby>零れる<rt>こぼ</rt></ruby>	verschüttet werden フェアシュッテット ヴェーアデン	fall, drop, spill フォール, ドラプ, スピル
（溢れる）	über|laufen ユーバーラオフェン	overflow オウヴァフロウ
<ruby>独楽<rt>こま</rt></ruby>	der Kreisel クライゼル	top タプ
<ruby>胡麻<rt>ごま</rt></ruby>	der Sesam ゼーザム	sesame セサミ
～油	das Sesamöl ゼーザムエール	sesame oil セサミ オイル
コマーシャル	der Werbespot, die Werbung ヴェルベスポット, ヴェルブング	commercial カマーシャル
<ruby>細かい<rt>こま</rt></ruby>	fein ファイン	small, fine スモール, ファイン
（詳細）	ausführlich, detailliert アオスフューアリヒ, デタイーアト	detailed ディテイルド
<ruby>誤魔化す<rt>ごまか</rt></ruby>	schwindeln シュヴィンデン	cheat, swindle チート, スウィンドル
<ruby>鼓膜<rt>こまく</rt></ruby>	das Trommelfell トロンメルフェル	eardrum イアドラム

日	独	英
困らせる	in Verlegenheit bringen, verwirren イン フェアレーゲンハイト ブリンゲン, フェアヴィレン	embarrass, annoy インバラス, アノイ
困る	Probleme haben プロブレーメ ハーベン	have trouble ハヴ トラブル
（当惑）	verlegen sein フェアレーゲン ザイン	be annoyed ビ アノイド
（金に）	Schwierigkeiten haben シュヴィーリヒカイテン ハーベン	be hard up *for* ビ ハード アプ
ごみ	*der* Abfall, *der* Müll アップファル, ミュル	dust, refuse ダスト, レフュース
～箱	*der* Mülleimer ミュルアイマー	dustbin ダストビン
小道	*der* Pfad プファート	path パス
コミュニケ	*das* Kommuniqué コミュニケー	communiqué コミューニケイ
コミュニケーション	*die* Kommunikation コムニカツィオーン	communication カミューニケイション
込[混]む	überfüllt sein, voll sein ユーバーフュルト ザイン, フォル ザイン	be jammed ビ ヂャムド
ゴム	*der* Gummi グミ	rubber ラバ
小麦	*der* Weizen ヴァイツェン	wheat ホウィート
～粉	*das* Mehl メール	flour フラウア
米	*der* Reis ライス	rice ライス
こめかみ	*die* Schläfe シュレーフェ	temple テンプル
コメディ	*die* Komödie コメーディエ	comedy カミディ
コメディアン	*der*(*die*) Komiker(*in*) コーミカー (-ケリン)	comedian カミーディアン
コメント	*der* Kommentar コメンタール	comment カメント

日	独	英
ごめんなさい	Entschuldigen Sie! エントシュルディゲン ズィー	I'm sorry. アイム サリ
小文字	*der* Kleinbuchstabe クラインブーフシュターベ	small letter スモール レタ
子守	*der* Babysitter ベービズィッター	baby-sitter ベイビスィタ
顧問	*der*(*die*) Berater(*in*) ベラーター (-テリン)	adviser, counselor アドヴァイザ, カウンセラ
小屋	*die* Hütte ヒュッテ	hut, shed ハト, シード
誤訳	*der* Übersetzungsfehler ユーバーゼッツングスフェーラー	mistranslation ミストランスレイション
固有 〜の	eigen アイゲン	peculiar *to* ピキューリア
〜名詞	*der* Eigenname アイゲンナーメ	proper noun プラパ ナウン
小指	kleiner Finger クライナー フィンガー	little finger リトル フィンガ
(足の)	kleine Zehe クライネ ツェーエ	little toe リトル トウ
雇用	*die* Anstellung アンシュテルング	employment インプロイメント
〜する	an|stellen アンシュテレン	employ インプロイ
暦	*der* Kalender カレンダー	calendar, almanac キャリンダ, オールマナク
堪える	ertragen エアトラーゲン	bear, endure ベア, インデュア
娯楽	*die* Unterhaltung ウンターハルトゥング	amusement アミューズメント
コラム	*die* Spalte シュパルテ	column カラム
孤立	*die* Isolation イゾラツィオーン	isolation アイソレイション
〜する	allein stehen アライン シュテーエン	be isolated ビ アイソレイテド
ゴリラ	*der* Gorilla ゴリラ	gorilla ゴリラ

日	独	英
懲りる	*von*³ genug haben ゲヌーク ハーベン	have had enough *of* ハヴ ハド イナフ
凝る	*für*⁴ schwärmen シュヴェルメン	be absorbed *in* ビ アブソーブド
（肩などが）	steif werden シュタイフ ヴェーアデン	grow stiff グロウ スティフ
コルク	*der* Kork コルク	cork コーク
ゴルフ	*das* Golf ゴルフ	golf ゴルフ
〜場	*der* Golfplatz ゴルフプラッツ	golf links ゴルフ リンクス
これ	das, dieser, diese, dieses ダス, ディーザー, ディーゼ, ディーゼス	this ズィス
これから	von nun an フォン ヌン アン	hereafter ヒアラフタ
コレクション	*die* Sammlung ザムルング	collection カレクション
コレクトコール	*das* R-Gespräch エルゲシュプレーヒ	collect call カレクト コール
コレステロール	*das* Cholesterin コレステリーン	cholesterol コレスタロウル
転がる	rollen ロレン	roll ロウル
（倒れる）	um|fallen ウムファレン	fall フォール
殺す	töten, ermorden, um|bringen テーテン, エアモルデン, ウムブリンゲン	kill, murder キル, マーダ
コロッケ	*die* Krokette クロケッテ	croquette クロウケト
転ぶ	stürzen, hin|fallen シュテュルツェン, ヒンファレン	tumble down タンブル ダウン
衣（フライの）	*die* Panierung パニールング	coating コーティング
コロン	*der* Doppelpunkt ドッペルプンクト	colon コウロン

246

日	独	英
恐[怖]い	furchtbar, fürchterlich, schrecklich フルヒトバール, フュルヒターリヒ, シュレックリヒ	terrible, fearful テリブル, フィアフル
恐[怖]がる	vor³ Angst haben アングスト ハーベン	fear, be afraid フィア, ビ アフレイド
壊す	kaputt machen, zerbrechen カプット マッヘン, ツェアブレッヒェン	break, destroy ブレイク, ディストロイ
壊れる	kaputt gehen, zerbrechen カプット ゲーエン, ツェアブレッヒェン	break, be broken ブレイク, ビ ブロウクン
紺色の	dunkelblau ドゥンケルブラオ	dark blue ダーク ブルー
根気	die Geduld ゲドゥルト	perseverance, patience パースィヴィアランス, ペイシェンス
根拠	der Grund グルント	ground グラウンド
コンクール	der Wettbewerb ヴェットベヴェルプ	contest カンテスト
コンクリート	der Beton ベトン	concrete カンクリート
今月	diesen Monat ディーゼン モーナト	this month ズィス マンス
今後	von nun an フォン ヌン アン	from now on フラム ナウ オン
混合する	mischen ミッシェン	mix, blend ミクス, ブレンド
コンコース	die Bahnhofshalle バーンホーフスハレ	concourse カンコース
コンサート	das Konzert コンツェルト	concert カンサト
混雑する	sich⁴ drängen ドレンゲン	be congested with ビ コンヂェステド
コンサルタント	der(die) Berater(in) ベラーター (-テリン)	consultant カンサルタント
今週	diese Woche ディーゼ ヴォッヘ	this week ズィス ウィーク

日	独	英
こんじょう 根性	*die* Gesinnung ゲズィンヌング	nature ネイチャ
（気力）	*die* Willenskraft ヴィレンスクラフト	spirit, grit スピリト, グリト
こんぜつ 根絶する	aus|rotten アオスロッテン	eradicate イラディケイト
コンセプト	*das* Konzept コンツェプト	concept カンセプト
コンセンサス	*die* Übereinstimmung ユーバーアインシュティムング	consensus コンセンサス
こんせん 混線する	*sich*⁴ überschneiden ユーバーシュナイデン	get cross ゲト クロース
コンセント	*die* Steckdose シュテックドーゼ	outlet アウトレト
コンソメ	*die* Consommé コンソメー	consommé カンソメイ
コンタクトレンズ	*die* Kontaktlinsen コンタクトリンゼン	contact lenses カンタクト レンズィズ
こんだてひょう 献立表	*die* Speisekarte シュパイゼカルテ	menu メニュー
こんだんかい 懇談会	*das* Roundtablegespräch ラウンドテーブルゲシュプレーヒ	round-table conference ラウンドテーブル カンファレンス
こんちゅう 昆虫	*das* Insekt インゼクト	insect インセクト
コンディション	*die* Form フォルム	condition カンディション
コンテスト	*der* Wettbewerb ヴェットベヴェルプ	contest カンテスト
コンテナ	*der* Container コンテーナー	container カンテイナ
コンデンサー	*der* Kondensator コンデンザートーア	condenser カンデンサ
こんど 今度	diesmal ディースマール	this time ズィス タイム
こんどう 混同する	verwechseln フェアヴェクセルン	confuse コンフューズ
コンドーム	*das*(*der*) Kondom コンドーム	condom カンドム

日	独	英
コンドミニアム	*die* Eigentumswohnung アイゲントゥームスヴォーヌング	condominium カンドミニアム
ゴンドラ	*die* Gondel ゴンデル	godola ガンドラ
コントラスト	*der* Kontrast コントラスト	contrast カントラスト
コントロール	*die* Kontrolle コントロレ	control カントロウル
〜する	kontrollieren コントロリーレン	control カントロウル
混沌	*das* Chaos カーオス	chaos ケイアス
こんな	solch ゾルヒ	such サチ
困難	*die* Schwierigkeit シュヴィーリヒカイト	difficulty ディフィカルティ
〜な	schwierig シュヴィーリヒ	difficult, hard ディフィカルト, ハード
今日	heute ホイテ	today トデイ
こんにちは	Guten Tag! グーテン ターク	Hello. ヘロウ
コンパートメント	*das* Abteil アップタイル	compartment カンパートメント
コンパクト	*die* Puderdose プーダードーゼ	(powder) compact (パウダ) カンパクト
〜な	kompakt コンパクト	compact コンパクト
コンパス	*der* Zirkel ツィルケル	compasses カンパスィズ
今晩	heute Abend ホイテ アーベント	this evening ズィス イーヴニング
こんばんは	Guten Abend! グーテン アーベント	Good evening. グド イーヴニング
コンビ	*die* Kombination コンビナツィオーン	combination カンビネイション
コンビーフ	*das* Cornedbeef コーンドビーフ	corned beef コーンド ビーフ

日	独	英
コンビナート	*der* Industriekomplex インドゥストリーコンプレクス	industrial complex インダストリアル カンプレクス
コンビニ	*der* 24-Stunden Laden フィアウントツヴァンツィヒシュトゥンデン ラーデン	convenience store カンヴィーニェンス ストー
コンビネーション	*die* Kombination コンビナツィオーン	combination カンビネイション
コンピュータ	*der* Computer コンピューター	computer カンピュータ
昆布（こんぶ）	*der* Riementang リーメンタング	kelp, tangle ケルプ, タングル
コンプレックス	*der* Minderwertigkeitskomplex ミンダーヴェーアティヒカイツコンプレクス	complex カンプレクス
梱包する（こんぽうする）	verpacken フェアパッケン	pack up パク アプ
根本（こんぽん）	*das* Fundament フンダメント	foundation ファウンデイション
コンマ	*das* Komma コマ	comma カマ
今夜（こんや）	heute Nacht ホイテ ナハト	tonight トナイト
婚約（こんやく）	*die* Verlobung フェアローブング	engagement インゲイヂメント
～する	sich⁴ mit³ verloben フェアローベン	be engaged *to* ビ インゲイヂド
～者	*der/die* Verlobte フェアローブテ	fiancé(*e*) フィアーンセイ
混乱（こんらん）	*die* Verwirrung フェアヴィルング	confusion カンフュージョン
婚礼（こんれい）	*die* Hochzeitsfeier ホッホツァイツファイアー	wedding ウェディング
困惑（こんわく）	*die* Verlegenheit フェアレーゲンハイト	embarrassment インバラスメント

■ コンピュータ ■ *der* Computer /コンピューター/

⇒インターネット

パソコン　*der* PC /ペーツェー/（英personal computer）
ハードウェア　*die* Hardware /ハードウェア/（英hardware）
ハードディスク　*die* Festplatte /フェストプラッテ/（英hard disk）
ソフトウェア　*die* Software /ゾフトウェア/（英software）
プログラム　*das* Programm /プログラム/（英program）
インストール　*das* Installieren /インスタリーレン/（英installation）
キー　*die* Taste /タステ/（英key）
キーボード　*die* Tastatur /タスタトゥーア/（英keyboard）
マウス　*die* Maus /マオス/（英mouse）
マウスパッド　*das* Mauspad /マオスペド/（英mouse pad）
モニター　*der* Monitor /モーニトーア/（英monitor）
データベース　*die* Datenbasis /ダーテンバーズィス/（英data base）
ネットワーク　*das* Netzwerk /ネッツヴェルク/（英network）
ハッカー　*der* Hacker /ハッカー/（英hacker）
バグ　*der* Bug /バグ/（英bug）
プリンター　*der* Drucker /ドルッカー/（英printer）
スキャナー　*der* Scanner /スケナー/（英scanner）
プリント　*der* Druck /ドルック/（英print）
データ　*die* Daten /ダーテン/（英data）
ファイル　*die* Datei /ダタイ/（英file）
カーソル　*der* Cursor /ケーサー/（英cursor）
デスクトップ　*der* Desktop /デスクトップ/（英desk-top）
ノートパソコン　*der* Laptop /レップトップ/、*das* Notebook /ノウトブック/（英laptop, notebook）
フォルダ　*der* Ordner /オルドナー/（英directory）
アイコン　*das* Icon /アイケン/（英icon）
ウインドウ　*das* Fenster /フェンスター/（英window）
メモリ　*der* Speicher /シュパイヒャー/（英memory）
フロッピーディスク　*die* Diskette /ディスケッテ/（英floppy disk）
周辺機器　*die* Peripherie /ペリフェリー/（英peripherals）

日	独	英
さ, サ		
差(さ)	die Differenz, der Unterschied ディフェレンツ, ウンターシート	difference ディファレンス
サーカス	der Zirkus ツィルクス	circus サーカス
サーキット	die Rennbahn レンバーン	circuit サーキト
サークル	der Kreis クライス	circle サークル
サーチライト	der Scheinwerfer シャインヴェルファー	searchlight サーチライト
サーバー		
（スポーツの）	der(die) Aufschläger(in) アオフシュレーガー (-ゲリン)	server サーヴァ
（インターネットの）	der Server サーヴァー	server サーヴァ
サービス	die Dienstleistung ディーンストライストゥング	service サーヴィス
～料	die Bedienung ベディーヌング	service charge サーヴィス チャージ
サーブ	der Aufschlag アオフシュラーク	serve, service サーヴ, サーヴィス
サーファー	der(die) Surfer(in) サーファー (-フェリン)	surfer サーファ
サーフィン	das Surfing サーフィング	surfing サーフィング
サーフボード	das Surfbrett サーフブレット	surfboard サーフボード
サーモン	der Lachs ラクス	salmon サモン
犀(さい)	das Nashorn ナースホルン	rhinoceros ライナセロス
最愛(さいあい)の	allerliebst アラーリープスト	beloved ビラヴェド
最悪(さいあく)の	schlimmst, schlechtest シュリムスト, シュレヒテスト	worst ワースト

日	独	英
さいがい 災害	*die* Katastrophe カタストローフェ	calamity, disaster カラミティ, ディザスタ
ざいかい 財界	*die* Finanzwelt フィナンツヴェルト	the financial world ザ フィナンシャル ワールド
さいかい 再開する	wieder eröffnen ヴィーダー エアエフネン	reopen リーオウプン
さいかく 才覚	*die* Intelligenz インテリゲンツ	resources リーソースィズ
（工夫）	*die* Erfindungsgabe エアフィンドゥングスガーベ	device ディヴァイス
さいき 才気	*das* Talent タレント	talent タレント
さいきん 最近	neulich ノイリヒ	recently リースントリ
さいきん 細菌	*die* Bakterien バクテーリエン	bacteria, germ バクティアリア, ヂャーム
さいく 細工	*die* Handarbeit ハントアルバイト	work ワーク
さいくつする 採掘する	ab|bauen アップバオエン	mine マイン
サイクリング	*die* Radtour, *die* Radwanderung ラートトゥーア, ラートヴァンデルング	cycling サイクリング
サイクル	*die* Periode ペリオーデ	cycle サイクル
さいけつ 採血	*die* Blutabnahme ブルートアプナーメ	drawing blood ドローイング ブラド
さいけつする 採決する	ab|stimmen アップシュティメン	vote ヴォウト
さいけん 債券	*die* Obligation オブリガツィオーン	debenture, bond ディベンチャ, バンド
ざいげん 財源	*die* Einnahmequelle アインナーメクヴェレ	funds ファンズ
さいけんとうする 再検討する	überprüfen ユーバープリューフェン	reexamine リーイグザミン
さいご 最期	*der* Tod トート	death, last moment デス ラスト モウメント

日	独	英
さいご 最後	*das* Ende エンデ	the last, end ザ ラスト, エンド
〜の	letzt レッツト	last, final ラスト, ファイナル
ざいこ 在庫	*der* Vorrat フォーアラート	stocks スタクス
さいこう 最高　〜の	höchst, oberst ヘーヒスト, オーバースト	highest ハイエスト
（最良）	best ベスト	best ベスト
〜裁判所	das Oberste Gericht ダス オーバーステ ゲリヒト	the Supreme Court ザ シュプリーム コート
さいころ	*der* Würfel ヴュルフェル	die ダイ
さいこん 再婚	zweite Ehe ツヴァイテ エーエ	second marriage セコンド マリヂ
さいさん 採算	*der* Gewinn ゲヴィン	profit, gain プラフィト, ゲイン
ざいさん 財産	*das* Eigentum, *das* Vermögen アイゲントゥーム, フェアメーゲン	estate, fortune イステイト, フォーチュン
さいじつ 祭日	*der* Feiertag ファイアーターク	national holiday, festival day ナショナル ハリデイ, フェスティヴァル デイ
さいしゅう 採集	*die* Sammlung ザムルング	collection カレクション
〜する	sammeln ザメルン	collect, gather カレクト, ギャザ
さいしゅう 最終の	letzt レッツト	last ラスト
〜列車	der letzte Zug デア レッツテ ツーク	the last train ザ ラスト トレイン
さいしゅつ 歳出	öffentliche Jahresausgaben エッフェントリヒェ ヤーレスアオスガーベン	annual expenditure アニュアル イクスペンディチャ
さいしょ 最初	*der* Anfang アンファング	beginning ビギニング
〜の	erst エーアスト	first, initial ファースト, イニシャル

日	独	英
さいしょうげん 最小限	*das* Minimum ミーニムム	minimum ミニマム
さいしょう 最小の	kleinst, minimal クラインスト, ミニマール	smallest, least スモーリスト, リースト
さいじょう 最上の	best, höchst ベスト, ヘーヒスト	best ベスト
さいしょくしゅぎしゃ 菜食主義者	*der*(*die*) Vegetarier(*in*) ヴェゲターリアー (-エリン)	vegetarian ヴェヂテアリアン
さいしんの 細心の	sorgfältig ゾルクフェルティヒ	careful, prudent ケアフル, プルーデント
さいしん 最新の	neuest ノイエスト	latest, up-to-date レイティスト, アプトゥデイト
サイズ	*die* Größe グレーセ	size サイズ
さいせい 再生	*die* Regeneration, *die* Wiedergeburt レゲネラツィオーン, ヴィーダーゲブーアト	rebirth リーバース
（録音の）	Wiedergabe ヴィーダーガーベ	playback プレイバク
〜する	regenerieren レゲネリーレン	regenerate リヂェナレイト
ざいせい 財政	*die* Finanzen フィナンツェン	finances フィナンスィズ
さいせいき 最盛期	*die* Blütezeit ブリューテツァイト	prime プライム
さいぜんせん 最前線	*die* Front フロント	front フラント
さいそくする 催促する	auf|fordern アオフフォルダーン	press, urge プレス, アーヂ
サイダー	*die* Limonade リモナーデ	soda pop ソウダ パプ
さいだいげん 最大限	*das* Maximum マクスィムム	maximum マクスィマム
さいだい 最大の	größt, maximal グレースト, マクスィマール	maximum マクスィマム
さいたくする 採択する	an|nehmen アンネーメン	adopt アダプト

日	独	英
祭壇(さいだん)	der Altar アルタール	altar オールタ
財団(ざいだん)	die Stiftung シュティフトゥング	foundation ファウンデイション
最中に(さいちゅうに)	mitten ミッテン	in the midst *of* イン ザ ミドスト
最低の(さいてい の)	niedrigst, minimal ニードリヒスト, ミニマール	minimum ミニマム
最適な(さいてき な)	passendst パッセンツト	most suitable モウスト スータブル
採点する(さいてん する)	benoten, Noten geben ベノーテン, ノーテン ゲーベン	mark, grade マーク, グレイド
サイト	die Website ヴェップサイト	site サイト
再度(さいど)	erneut エアノイト	again アゲン
サイド	die Seite ザイテ	side サイド
苛なむ(さいなむ)	quälen クヴェーレン	torment, torture トーメント, トーチャ
災難(さいなん)	das Unglück ウングリュック	misfortune, calamity ミスフォーチョン, カラミティ
歳入(さいにゅう)	staatliche Einnehmen シュタートリヒェ アインネーメン	annual revenue アニュアル レヴェニュー
才能(さいのう)	die Begabung, das Talent ベガーブング, タレント	talent, ability タレント, アビリティ
栽培(さいばい)	der Anbau アンバオ	cultivation, culture カルティヴェイション, カルチャ
〜する	an|bauen, züchten アンバオエン, ツュヒテン	cultivate, grow カルティヴェイト, グロウ
再発する(さいはつ する)	einen Rückfall bekommen アイネン リュックファル ベコメン	recur リカール
裁判(さいばん)	das Gericht ゲリヒト	justice, trial ヂャスティス, トライアル
〜官	der(die) Richter(in) リヒター (-テリン)	judge ヂャヂ
〜所	der Gerichtshof ゲリヒツホーフ	court of justice コート オヴ ヂャスティス

日	独	英
さいふ 財布	*die* Brieftasche, *der* Geldbeutel ブリーフタッシェ, ゲルトボイテル	wallet, purse ワレト, パース
さいへん 再編	*die* Reorganisation レオルガニザツィオーン	reorganization リオーガニゼイシャン
さいほう 裁縫	*die* Näharbeit ネーアルバイト	needlework ニードルワーク
さいぼう 細胞	*die* Zelle ツェレ	cell セル
ざいほう 財宝	*der* Schatz シャッツ	treasure トレジャ
さいみんじゅつ 催眠術	*die* Hypnotik ヒュプノーティク	hypnotism ヒプノティズム
さいむ 債務	*die* Schulden シュルデン	debt デト
ざいむ 財務	*das* Finanzwesen フィナンツヴェーゼン	financial affairs ファイナンシャル アフェアズ
ざいもく 材木	*das* Holz ホルツ	wood, lumber ウド, ランバ
さいよう 採用	*die* Annahme アンナーメ	adoption アダプション
～する	auf|nehmen アオフネーメン	adopt アダプト
さいりょう 裁量	*das* Ermessen エアメッセン	judgement ヂャヂメント
さいりよう 再利用	*die* Wiederverwendung ヴィーダーフェアヴェンドゥング	reuse リーユース
（資源の）	*das* Recycling リサイクリング	recycle リーサイクル
ざいりょう 材料	*das* Material マテリアール	materials マティアリアルズ
さいりょう 最良の	best ベスト	best ベスト
ざいりょく 財力	*die* Finanzkraft フィナンツクラフト	financial power ファイナンシャル パウア
ザイル	*das* Seil ザイル	rope ロウプ

日	独	英
サイレン	*die* Sirene ズィレーネ	siren サイアレン
幸(さいわ)いな	glücklich グリュックリヒ	happy, fortunate ハピ, フォーチュネト
サイン	Unterschrift ウンターシュリフト	signature スィグナチャ
（有名人の）	*das* Autogramm アオトグラム	autograph オートグラフ
～ペン	*der* Filzstift フィルツシュティフト	felt pen フェルト ペン
サウナ	*die* Sauna ザオナ	sauna サウナ
サウンドトラック	*der* Soundtrack サオンドトラック	sound track サウンド トラク
遮(さえぎ)る（話を）	unterbrechen ウンターブレッヒェン	interrupt インタラプト
（視界を）	behindern ベヒンダーン	obstruct オブストラクト
囀(さえず)る	zwitschern ツヴィッチャーン	sing, chirp スィング, チャープ
冴(さ)える	klar sein クラール ザイン	be bright ビ ブライト
（腕が）	geschickt sein ゲシックト ザイン	be skilled ビ スキルド
（目が）	hellwach sein ヘルヴァッハ ザイン	be wakeful ビ ウェイクフル
竿(さお)	*die* Stange シュタンゲ	pole, rod ポウル, ラド
坂(さか)	*die* Steigung シュタイグング	slope スロウプ
境(さかい)	*die* Grenze グレンツェ	boundary, border バウンダリ, ボーダ
栄(さか)える	gedeihen ゲダイエン	prosper プラスパ
探(さが)し出(だ)す	heraus|finden ヘラオスフィンデン	find ファインド
捜(さが)［探］す	nach³ suchen ズーヘン	seek *for*, look *for* スィーク, ルク

258

日	独	英
(辞書で)	nach|schlagen ナーハシュラーゲン	look up ルク アプ
(地図などで)	nach|sehen ナーハゼーエン	look... out ルク アウト
杯(さかずき)	*der* Becher ベッヒャー	cup, glass カプ, グラス
逆立(さかだ)ちする	*sich*⁴ auf den Kopf stellen アオフ デン コプフ シュテレン	do a handstand ドゥー ア ハンドスタンド
魚(さかな)	*der* Fisch フィッシュ	fish フィシュ
～釣り	*das* Angeln アンゲルン	fishing フィシング
逆撫(さかな)でする	gegen den Strich streicheln ゲーゲン デン シュトリヒ シュトライヒェルン	rub against the grain ラブ アゲインスト ザ グレイン
遡(さかのぼ)る	flussaufwärts gehen フルスアオフヴェルツ ゲーエン	go up ゴウ アプ
(時間を)	*auf*⁴ zurück|gehen ツリュックゲーエン	go back ゴウ バク
酒場(さかば)	*die* Kneipe クナイペ	bar, public house バー, パブリク ハウス
坂道(さかみち)	*die* Steigung シュタイグング	slope スロウプ
酒屋(さかや)	*die* Weinhandlung, *das* Spirituosengeschäft ヴァインハンドルング, シュピリトゥオーゼンゲシェフト	liquor store リカ ストー
逆(さか)らう	*sich*⁴ widersetzen ヴィーダーゼッツェン	oppose, go against オポウズ, ゴウ アゲインスト
盛(さか)り	*der* Höhepunkt ヘーエプンクト	height ハイト
(人生)	*die* Blütezeit ブリューテツァイト	prime プライム
盛(さか)り場(ば)	*das* Vergnügungsviertel フェアグニューグングスフィルテル	entertainment quarter エンターテインメント クォータ
下(さ)がる	fallen, sinken ファレン, ズィンケン	fall, drop フォール, ドラプ
(垂れ下がる)	herunter|hängen ヘルンターヘンゲン	hang down ハング ダウン

日	独	英
盛んな	heftig ヘフティヒ	prosperous プラスペラス
先	die Spitze シュピッツェ	point, tip ポイント, ティプ

■ 魚 ■ der Fisch /フィッシュ/

鯛　die Meerbrasse /メーアブラッセ/ (㊅sea bream)
鰯　die Sardine /ザルディーネ/ (㊅sardine)
鯵　die Stachelmakrele /シュタッヘルマクレーレ/ (㊅sorrel)
鮭　der Lachs /ラクス/ (㊅salmon)
鮪　der Thunfisch /トゥーンフィッシュ/ (㊅tuna)
秋刀魚　der Makrelenhecht /マクレーレンヘヒト/ (㊅saury)
鰹　der Bonito /ボニート/ (㊅bonito)
鰻　der Aal /アール/ (㊅eel)
鱸　der Barsch /バルシュ/ (㊅perch)
蛸　der Achtfüßler /アハトフュスラー/ (㊅octopus)
烏賊　der Tintenfisch /ティンテンフィッシュ/ (㊅cuttlefish, squid)
海老　die Garnele /ガルネーレ/ (㊅shrimp, prawn)
伊勢海老　die Languste /ラングステ/ (㊅lobster)
蟹　die Krabbe /クラッペ/ (㊅crab)
さざえ　die Kreiselschnecke /クライゼルシュネッケ/ (㊅turban shell)
鮑　die Abalone /アバローネ/ (㊅abalone)
蛤　die Venusmuschel /ヴェーヌスムッシェル/ (㊅clam)
浅蜊　kleine Miesmuschel /クライネ ミースムシェル/ (㊅clam)
海胆　der Seeigel /ゼーイーゲル/ (㊅sea urchin)
ムール貝　die Miesmuschel /ミースムッシェル/ (㊅moule)
牡蛎　die Auster /アオスター/ (㊅oyster)
舌平目　die Seezunge /ゼーツンゲ/ (㊅sole)
帆立貝　die Kammmuschel /カムムッシェル/ (㊅scallop)
鱒　die Forelle /フォレレ/ (㊅trout)
鱈　der Kabeljau /カーベルヤオ/ (㊅codfish)
鯖　die Makrele /マクレーレ/ (㊅mackerel)

日	独	英
(未来)	*die* Zukunft ツークンフト	future フューチャ
詐欺	*der* Schwindel, *der* Betrug シュヴィンデル, ベトルーク	fraud フロード
～師	*der*(*die*) Schwindler(*in*) シュヴィンドラー (-レリン)	swindler スウィンドラ
一昨昨日	vorvorgestern フォーアフォーアゲスターン	three days ago スリー デイズ アゴウ
サキソフォン	*das* Saxophon ザクソフォーン	saxophone サクソフォウン
先ほど	vorhin フォーアヒン	a little while ago ア リトル (ホ)ワイル アゴウ
先物取引	*das* Termingeschäft テルミーンゲシェフト	futures trading フューチャズ トレイディング
砂丘	*die* Düne デューネ	dune デューン
作業	*die* Arbeit アルバイト	work, operations ワーク, アペレイションズ
～する	arbeiten アルバイテン	work, operate ワーク, アペレイト
～服	*die* Arbeitskleidung アルバイツクライドゥング	overalls オウヴァロールズ
裂く	zerreißen ツェアライセン	rend, tear, sever レンド, テア, セヴァ
割く	sparen シュパーレン	spare スペア
咲く	auf|blühen アオフブリューエン	bloom, come out ブルーム, カム アウト
柵	*der* Zaun ツァオン	fence フェンス
索引	*der* Index インデクス	index インデクス
削減	*die* Kürzung キュルツング	reduction, cut リダクション, カト
酢酸	*die* Essigsäure エッスィヒゾイレ	acetic acid アスィーティク アスィド
作詞する	einen Text schreiben アイネン テクスト シュライベン	write the lyrics ライト ザ リリクズ

日	独	英
さくじつ 昨日	gestern ゲスターン	yesterday イェスタディ
さくしゃ 作者	*der*(*die*) Autor(*in*) アオトーア (アオトーリン)	writer, author ライタ, オーサ
さくしゅ 搾取する	aus|beuten アオスボイテン	squeeze スクウィーズ
さくじょ 削除する	streichen, löschen シュトライヒェン, レッシェン	delete ディリート
さくせい 作成する	an|fertigen アンフェルティゲン	draw up, make out ドロー アプ, メイク アウト
さくせん 作戦	*die* Strategie シュトラテギー	operations アペレイションズ
さくねん 昨年	letztes Jahr レッツテス ヤール	last year ラスト イア
さくばん 昨晩	gestern Abend ゲスターン アーベント	last evening ラスト イーヴニング
さくひん 作品	*das* Werk ヴェルク	work, piece ワーク, ピース
さくぶん 作文	*der* Aufsatz アオフザッツ	composition カンポズィション
さくもつ 作物	*die* Feldfrucht フェルトフルフト	crops クラプス
さくや 昨夜	letzte Nacht レッツテ ナハト	last night ラスト ナイト
さくら 桜	*der* Kirschbaum キルシュバオム	cherry tree チェリ トリー
（花）	*die* Kirschblüte キルシュブリューテ	cherry blossoms チェリ ブラソムズ
さくらそう 桜草	*die* Primel プリーメル	primrose プリムロウズ
さくらんぼ 桜桃	*die* Kirsche キルシェ	cherry チェリ
さぐ だ 探り出す	heraus|finden ヘラオスフィンデン	find out ファインド アウト
さくりゃく 策略	*der* Kunstgriff クンストグリフ	plan, plot プラン, プラト
さぐ 探る	erforschen エアフォルシェン	search, look for サーチ, ルク フォー

日	独	英
(手探り)	tasten タステン	feel for フィール フォー
(動向を)	spionieren シュピオニーレン	spy スパイ
石榴(ざくろ)	*der* Granatapfel グラナートアプフェル	pomegranate パムグラネト
鮭(さけ)	*der* Lachs ラクス	salmon サモン
酒(さけ)	*der* Alkohol アルコホール	alcohol アルコホール
(日本酒)	*der* Sake, *der* Reiswein ザーケ, ライスヴァイン	*saké*, rice wine サーキ, ライス ワイン
～を飲む	trinken トリンケン	drink ドリンク
叫ぶ(さけ)	schreien シュライエン	shout, cry シャウト, クライ
避ける(さ)	vermeiden フェアマイデン	avoid アヴォイド
裂ける(さ)	zerreißen ツェアライセン	split スプリト
下げる(さ)	senken ゼンケン	lower, drop ラウア, ドラプ
鎖国(さこく)	*der* Isolationismus イゾラツィオニスムス	seclusion スィクルージョン
鎖骨(さこつ)	*das* Schlüsselbein シュリュッセルバイン	clavicle クラヴィクル
座骨(ざこつ)	*das* Sitzbein ズィッツバイン	ischium イスキアム
笹(ささ)	*das* Bambusgras バンブスグラース	bamboo grass バンブー グラス
些細な(ささい)	unbedeutend ウンベドイテント	trifling, trivial トライフリング, トリヴィアル
支える(ささ)	stützen シュテュッツェン	support サポート
捧げる(ささ)	hoch|halten ホーホハルテン	lift up リフト アプ
(献上)	widmen ヴィトメン	give, offer ギヴ, オファ

日	独	英
（奉仕）	sich⁴ für⁴ opfern オプファーン	devote *oneself to* ディヴォウト
細波（さざなみ）	kleine Wellen クライネ ヴェレン	ripples リプルズ
囁く（ささやく）	flüstern フリュスターン	whisper (ホ)ウィスパ
刺さる（ささる）	stechen シュテッヒェン	stick スティク
山茶花（さざんか）	*die* Sazanka-Kamelie ザツァンカ カメーリエ	sasanqua サザンカ
差し上げる（さしあげる）	hoch|heben ホーホヘーベン	lift up, raise リフト アプ, レイズ
（与える）	schenken シェンケン	give, present ギヴ, プレゼント
挿絵（さしえ）	*die* Illustration イルストラツィオーン	illustration イラストレイション
挿し木（さしき）	*der* Ableger, *der* Steckling アプレーガー, シュテックリング	cutting カティング
差し込み（さしこみ）	*die* Steckdose シュテックドーゼ	plug プラグ
（激痛）	*der* Anfall アンファル	griping pain グライピング ペイン
差し込む（さしこむ）	hinein|tun ヒナイントゥーン	insert インサート
（光が）	scheinen シャイネン	shine in シャイン イン
（プラグを）	in⁴ stecken シュテッケン	plug in プラグ イン
指図（さしず）	*die* Anweisung アンヴァイズング	instructions インストラクションズ
〜する	an|weisen アンヴァイゼン	direct, instruct ディレクト, インストラクト
差出人（さしだしにん）	*der*(*die*) Absender(*in*) アプゼンダー (-デリン)	sender, remitter センダ, リミタ
差し引く（さしひく）	ab|ziehen アプツィーエン	deduct *from* ディダクト
査証（さしょう）	*das* Visum ヴィーズム	visa ヴィーザ

日	独	英
座礁する	stranden シュトランデン	strike a rock ストライク ア ラク
差す	stecken シュテッケン	insert インサート
（傘を）	(den Regenschirm) auf|spannen （デン レーゲンシルム）アオフシュパネン	put up (an umbrella) プト アップ（アン アンブレラ）
刺す	stechen シュテッヒェン	pierce, stab ピアス, スタブ
（蚊が）	beißen バイセン	bite バイト
指す	zeigen ツァイゲン	point *to* ポイント
（指名）	nennen ネネン	name, nominate ネイム, ナミネイト
（碁将棋を）	spielen シュピーレン	play プレイ
射す	scheinen シャイネン	shine *in* シャイン
授ける	erteilen, geben エアタイレン, ゲーベン	give, grant ギヴ, グラント
サスペンス	*die* Spannung シュパヌング	suspense サスペンス
流離う	wandern ヴァンダーン	wander ワンダ
擦る	streichen シュトライヒェン	rub ラブ
座席	*der* Platz プラッツ	seat スィート
左折する	*nach links ab|biegen* ナーハ リンクス アップビーゲン	turn left ターン レフト
挫折する	scheitern シャイターン	be unsuccessful ビ アンサクセスフル
させる	machen マッヘン	make *a person do* メイク
（許可）	lassen ラッセン	let *a person do* レト

日	独	英
誘い	*die* Einladung アインラードゥング	invitation インヴィテイション
（誘惑）	*die* Versuchung フェアズーフング	temptation テンプテイション
誘う	ein|laden アインラーデン	invite インヴァイト
（誘惑）	verlocken フェアロッケン	tempt テンプト
蠍	*der* Skorpion スコルピオーン	scorpion スコーピオン
〜座	*der* Skorpion スコルピオーン	the Scorpion, Scorpius ザ スコーピオン, スコールピアス
定める	bestimmen ベシュティメン	decide *on*, fix ディサイド, フィクス
座長	*der/die* Vorsitzende フォーアズィッツェンデ	chairperson チェアパースン
（劇団などの）	*der(die)* Leiter(*in*) einer Theatertruppe ライター (-テリン) アイナー テアタートルッペ	leader of a troupe リーダ オヴ ア トループ
冊	*der* Band バント	volume, copy ヴァリュム, カピ
札	*die* Banknote バンクノーテ	bill ビル
〜入れ	*die* Brieftasche ブリーフタッシェ	wallet ワレト
撮影する	fotografieren, auf|nehmen フォトグラフィーレン, アオフネーメン	photograph *of* フォウトグラフ
（映画を）	einen Film drehen アイネン フィルム ドレーエン	film フィルム
雑音	*das* Geräusch ゲロイシュ	noise ノイズ
作家	*der(die)* Schriftsteller(*in*) シュリフトシュテラー (-レリン)	writer, author ライタ, オーサ
サッカー	*der* Fußball フースバル	soccer, football サカ, フトボール
錯覚	*die* Illusion イルズィオーン	illusion イルージョン

日	独	英
雑貨屋 (ざっかや)	*der* Haushaltswarenladen ハオスハルツヴァーレンラーデン	variety store ヴァライエティ ストー
さっき	vorhin フォーアヒン	(just) now (ヂャスト) ナウ
皐月 (さつき)	*die* Azalee アツァレーエ	azalea アゼイリャ
作曲 (さっきょく)	*die* Komposition コンポズィツィオーン	composition カンポズィション
～する	komponieren コンポニーレン	compose カンポウズ
殺菌 (さっきん)	*die* Sterilisation シュテリリザツィオーン	sterilization ステリリゼイション
サックス	*das* Saxophon ザクソフォーン	sax サクス
雑誌 (ざっし)	*die* Zeitschrift ツァイトシュリフト	magazine マガズィーン
雑種 (ざっしゅ)	*die* Hybride, *der* Mischling ヒュブリーデ, ミッシュリング	crossbreed, hybrid クロースブリード, ハイブリド
殺人 (さつじん)	*der* Mord モルト	homicide, murder ハミサイド, マーダ
～犯	*der*(*die*) Mörder(*in*) メルダー (-デリン)	homicide, murderer ハミサイド, マーダラ
察する (さっする)	vermuten フェアムーテン	guess, imagine ゲス, イマヂン
雑草 (ざっそう)	*das* Unkraut ウンクラオト	weeds ウィーヅ
早速 (さっそく)	sofort ゾフォルト	immediately イミーディエトリ
雑談 (ざつだん)	*die* Plauderei プラオデライ	gossip, chat ガスィプ, チャト
殺虫剤 (さっちゅうざい)	*das* Insektizid インゼクティツィート	insecticide インセクティサイド
雑踏 (ざっとう)	*das* Gedränge ゲドレンゲ	congestion コンヂェスチョン
殺到する (さっとうする)	an|drängen アンドレンゲン	rush ラシュ
雑な (ざつな)	grob グローブ	rough, rude ラフ, ルード

■ サッカー ■ *der* Fußball /フースバル/

ワールドカップ　　*die* Weltmeisterschaft /ヴェルトマイスターシャフト/ (㊀the World Cup)

ブンデスリーガ　　*die* Bundesliga /ブンデスリーガ/　(㊀national division)

チーム　　*die* Mannschaft /マンシャフト/　(㊀team)

監督　　*der* Trainer /トレーナー/　(㊀coach)

選手　　*der* Spieler /シュピーラー/　(㊀player)

審判, レフェリー　　*der* Schiedsrichter /シーツリヒター/　(㊀referee)

線審, ラインズマン　　*der* Linienrichter /リーニエンリヒター/　(㊀linesman)

サポーター　　*der* Anhänger, *der* Fan /アンヘンガー, フェン/　(㊀supporter, fan)

フーリガン　　*der* Hooligan /フーリガン/　(㊀hooligan)

タッチライン　　*die* Seitenlinie /ザイテンリーニエ/　(㊀sideline)

ゴールライン　　*die* Torlinie /トーアリーニエ/　(㊀goal line)

ペナルティエリア　　*der* Strafraum /シュトラーフラオム/　(㊀penalty area)

ゴールエリア　　*der* Torraum /トーアラオム/　(㊀goal area)

ゴールポスト　　*der* Torpfosten /トーアプフォステン/　(㊀goalpost)

クロスバー　　*die* Querlatte /クヴェーアラッテ/　(㊀crossbar)

フォワード, ストライカー　　*der* Stürmer /シュテュルマー/　(㊀forward, striker)

ゴールゲッター, 点取り屋　　*der* Schütze /シュッツェ/　(㊀(goal) scorer)

ディフェンダー　　*der* Verteidiger /フェアタイディガー/　(㊀defender)

リベロ　　*der* Libero /リーベロ/　(㊀libero)

ゴールキーパー　　*der* Torwart /トーアヴァルト/　(㊀goalkeeper)

ミッドフィルダー　　*der* Mittelfeldspieler /ミッテルフェルトシュピーラー/　(㊀midfielder)

司令塔　　*der* Dirigent /ディリゲント/　(㊀playmaker)

ゲームメーカー　　*der* Spielmacher /シュピールマッハー/　(㊀playmaker)

キックオフ　　*der* Anstoß /アンシュトース/　(㊀kickoff)

パス　　*die* Abgabe, *der* Pass /アップガーベ, パス/　(㊀pass)

ドリブル　　*das* Dribbling /ドリブリング/　(㊀dribble)

シュート　　*der* Schuss /シュス/　(㊀shot)

コーナーキック	*der* Eckball /エックバル/	(英)corner kick
フリーキック	*der* Freistoß /フライシュトース/	(英)free kick
壁(かべ)	*die* Mauer /マオアー/	(英)wall
ゴールキック	*der* Abstoß /アップシュトース/	(英)goal kick
ペナルティキック, ＰＫ	*der* Strafstoß, *der* Elfmeter /シュトラーフシュトース, エルフメーター/	(英)penalty kick
スローイン	*der* Einwurf /アインヴルフ/	(英)throw-in
センタリング	*die* Flanke /フランケ/	(英)centering
ヘディング	*der* Kopfball /コプフバル/	(英)heading
セーブ	*die* Parade /パラーデ/	(英)save
クリアする	klären /クレーレン/	(英)clear
マークする	markieren /マルキーレン/	(英)cover, mark
プレスする	pressen /プレッセン/	(英)press
フェイント	*die* Finte /フィンテ/	(英)feint
ハンド	*die* Hand /ハント/	(英)handling
オフサイド	*das* Abseits /アップザイツ/	(英)offside
オフサイドトラップ	*die* Abseitsfalle /アップザイツファレ/	(英)offside trap
カウンターアタック	*der* Gegenangriff /ゲーゲンアングリフ/	(英)counter attack
ゴール	*das* Tor /トーア/	(英)goal
オウンゴール	*das* Eigentor /アイゲントーア/	(英)own goal
アシスト	*die* Vorlage /フォーアラーゲ/	(英)assist
ハットトリック	*der* Hattrick /ハットリック/	(英)hat trick
イエローカード	gelbe Karte /ゲルベ カルテ/	(英)yellow card
レッドカード	rote Karte /ローテ カルテ/	(英)red card
得失点差(とくしつてんさ)	*die* Tordifferenz /トーアディフェレンツ/	(英)goal difference
ホームゲーム	*das* Heimspiel /ハイムシュピール/	(英)home game
アウェーゲーム	*das* Gastspiel /ガストシュピール/	(英)away game
前半(ぜんはん)	*die* erste Hälfte /ディー エーアステ ヘルフテ/	(英)the first half
後半(こうはん)	*die* zweite Hälfte /ディー ツヴァイテ ヘルフテ/	(英)the second half
ハーフタイム	*die* Halbzeit /ハルプツァイト/	(英)half time
延長(えんちょう)	*die* Verlängerung /フェアレンゲルング/	(英)extra time
ロスタイム	*die* Nachspielzeit /ナーハシュピールツァイト/	(英)injury time

日	独	英
雑費 (ざっぴ)	*die* Unkosten ウンコステン	miscellaneous expenses ミセレイニアス イクスペンスィズ
薩摩芋 (さつまいも)	*die* Süßkartoffel ズュースカルトフェル	sweet potato スウィート ポテイトウ
雑務 (ざつむ)	*der* Kleinkram クラインクラーム	small jobs スモール ヂャブズ
査定 (さてい)	*die* Einschätzung アインシェッツング	assessment アセスメント
サディスト	*der*(*die*) Sadist(*in*) ザディスト (-ティン)	sadist サディスト
里 (さと) (実家)	*das* Elternhaus エルターンハオス	old home オウルド ホウム
(故郷)	*der* Heimatort ハイマートオルト	hometown ホウムタウン
里芋 (さといも)	*der* Taro ターロ	taro ターロウ
砂糖 (さとう)	*der* Zucker ツッカー	sugar シュガ
茶道 (さどう)	*die* Teezeremonie テーツェレモニー	tea ceremony ティー セリモニ
砂糖黍 (さとうきび)	*das* Zuckerrohr ツッカーローア	sugarcane シュガケイン
悟る (さとる)	ein|sehen, erkennen アインゼーエン, エアケネン	realize, notice リーアライズ, ノウティス
サドル	*der* Sattel ザッテル	saddle サドル
蛹 (さなぎ)	*die* Puppe プッペ	chrysalis, pupa クリサリス, ピューパ
サナトリウム	*das* Sanatorium ザナトーリウム	sanatorium サナトーリアム
左派 (さは)	die Linke ディー リンケ	left レフト
鯖 (さば)	*die* Makrele マクレーレ	mackerel マクレル
サバイバル	*das* Überleben ユーバーレーベン	survival サヴァイヴァル
砂漠 (さばく)	*die* Wüste ヴューステ	desert デザト

日	独	英
さび 錆	*der* Rost ロスト	rust ラスト
さび 寂しい	einsam アインザーム	lonely, desolate ロウンリ, デソレト
ざひょう 座標	*die* Koordinaten コオルディナーテン	coordinates コウオーディネツ
さ 錆びる	verrosten フェアロステン	rust ラスト
サファイア	*der* Saphir ザーフィア	sapphire サファイア
ざぶとん 座布団	*das* Sitzkissen ズィッツキッセン	cushion クション
サフラン	*der* Safran ザフラーン	saffron サフロン
さべつ 差別	*die* Diskriminierung, *die* Diskrimination ディスクリミニールング, ディスクリミナツィオーン	discrimination ディスクリミネイション
～する	diskriminieren ディスクリミニーレン	discriminate ディスクリミネイト
さほう 作法	*die* Manieren マニーレン	manners マナズ
サポーター	*der*(*die*) Anhänger(*in*) アンヘンガー (-ゲリン)	supporter サポータ
サボタージュ	*die* Sabotage ザボタージェ	slowdown スロウダウン
さぼてん 仙人掌	*der* Kaktus カクトゥス	cactus キャクタス
サボる	schwänzen シュヴェンツェン	skive off スカイヴ オフ
さまざま 様々な	verschiedenartig フェアシーデンアールティヒ	various, diverse ヴェアリアス, ダイヴァース
さ 冷ます	kühlen キューレン	cool クール
さ 覚ます	wecken ヴェッケン	awake アウェイク
さまた 妨げる	*bei*³ hindern ヒンダーン	disturb ディスターブ

さ

日	独	英
<ruby>彷徨<rt>さまよ</rt></ruby>う	wandern ヴァンダーン	wander about ワンダ アバウト
サミット	*die* Gipfelkonferenz ギプフェルコンフェレンツ	summit サミット
<ruby>寒<rt>さむ</rt></ruby>い	kalt カルト	cold, chilly コウルド, チリ
<ruby>寒気<rt>さむけ</rt></ruby>	*der* Frost フロスト	chill チル
～がする	Es fröstelt mich. エス フレステルト ミヒ	feel a chill フィール ア チル
<ruby>寒<rt>さむ</rt></ruby>さ	*die* Kälte ケルテ	cold コウルド
<ruby>鮫<rt>さめ</rt></ruby>	*der* Hai ハイ	shark シャーク
<ruby>冷<rt>さ</rt></ruby>める	*sich*⁴ ab|kühlen, kalt werden アップキューレン, カルト ヴェーアデン	cool (down) クール (ダウン)
<ruby>鞘<rt>さや</rt></ruby>	*die* Scheide シャイデ	sheath シース
<ruby>莢豌豆<rt>さやえんどう</rt></ruby>	*die* Erbse エルプセ	green bean グリーン ビーン
<ruby>坐薬<rt>ざやく</rt></ruby>	*das* Zäpfchen ツェプフヒェン	suppository サパズィトーリ
<ruby>左右<rt>さゆう</rt></ruby>	links und rechts リンクス ウント レヒツ	right and left ライト アンド レフト
<ruby>作用<rt>さよう</rt></ruby>	*die* Wirkung ヴィルクング	action, function アクション, ファンクション
～する	*auf*⁴ wirken ヴィルケン	act *upon*, affect アクト, アフェクト
さようなら	Auf Wiedersehen! アオフ ヴィーダーゼーエン	Good-bye. グドバイ
<ruby>左翼<rt>さよく</rt></ruby>	die Linke ディー リンケ	the left ザ レフト
（人）	*der/die* Linke リンケ	left winger レフト ウィンガ
<ruby>皿<rt>さら</rt></ruby>	*der* Teller テラー	plate, dish プレイト, ディシュ
<ruby>再来週<rt>さらいしゅう</rt></ruby>	übernächste Woche ユーバーネーヒステ ヴォッヘ	the week after next ザ ウィーク アフタ ネクスト

日	独	英
さらいねん 再来年	übernächstes Jahr ユーバーネーヒステス ヤール	the year arter next ジ イア アフタ ネクスト
さら 攫う	kidnappen キットネペン	kidnap キドナプ
ざらざらの	grob, rau グローブ, ラオ	rough, coarse ラフ, コース
さら 曝す	bloß|legen ブロースレーゲン	expose イクスポウズ
サラダ	*der* Salat ザラート	salad サリド
さら 更に	außerdem アオサーデーム	still more, further スティル モー, ファーザ
サラブレッド	*das* Vollblut フォルブルート	thoroughbred サロブレド
サラミ	*die* Salami ザラーミ	salami サラーミ
サラリーマン （OL）	*der/die* Angestellte アンゲシュテルテ	office worker オフィス ワーカ
さりげない	natürlich, flüchtig ナテューアリヒ, フリュヒティヒ	natural, casual ナチュラル, キャジュアル
さる 猿	*der* Affe アッフェ	monkey, ape マンキ, エイプ
さ 去る	verlassen フェアラッセン	quit, leave クウィト, リーヴ
ざる 笊	*der* (Bambus)korb （バンブス）コルプ	bamboo basket バンブー バスケト
サルビア	*der* Salbei ザルバイ	salvia, sage サルヴィア, セイヂ
サルモネラ菌^{きん}	*die* Salmonellen ザルモネレン	salmonella サルモネラ
さわ 騒がしい	laut, geräuschvoll ラオト, ゲロイシュフォル	noisy ノイズィ
さわ 騒ぎ	*der* Lärm レルム	noise, clamor ノイズ, クラマ
（騒動）	*der* Aufruhr アオフルーア	disturbance ディスターバンス
さわ 騒ぐ	lärmen, Lärm machen レルメン, レルム マッヘン	make a noise メイク ア ノイズ

日	独	英
爽(さわ)やかな	erfrischend エアフリッシェント	refreshing リフレシング
触(さわ)る	berühren ベリューレン	touch, feel タチ, フィール
酸(さん)	*die* Säure ゾイレ	acid アスィド
参加(さんか)	*die* Teilnahme タイルナーメ	participation パーティスィペイション
〜する	an³ teil|nehmen タイルネーメン	participate, join パーティスィペイト, ヂョイン
〜者	*der*(*die*) Teilnehmer(*in*) タイルネーマー (-メリン)	participant パーティスィパント
残骸(ざんがい)	*die* Trümmer トリュマー	remains, wreckage リメインズ, レキヂ
三角(さんかく)	*das* Dreieck ドライエック	triangle トライアングル
山岳地帯(さんがくちたい)	*das* Gebirge ゲビルゲ	mountainous region マウンテナス リーヂョン
三月(さんがつ)	*der* März メルツ	March マーチ
三角形(さんかっけい)	*das* Dreieck ドライエック	triangle トライアングル
参議院(さんぎいん)	*das* Oberhaus オーバーハオス	the House of Councilors ザ ハウス オヴ カウンスラズ
三脚(さんきゃく)	*das* Stativ シュタティーフ	tripod トライパド
残虐(ざんぎゃく)な	grausam グラオザーム	atrocious, brutal アトロウシャス, ブルートル
産業(さんぎょう)	*die* Industrie インドゥストリー	industry インダストリ
〜革命	die industrielle Revolution ディー インドゥストリエレ レヴォルツィオーン	the Industrial Revolution ジ インダストリアル レヴォルーション
残業(ざんぎょう)	*die* Überstunden ユーバーシュトゥンデン	overtime work オウヴァタイム ワーク
〜する	Überstunden machen ユーバーシュトゥンデン マッヘン	work overtime ワーク オウヴァタイム

日	独	英
ざんきん 残金	*der* Restbetrag レストベトラーク	balance, surplus バランス, サープラス
サングラス	*die* Sonnenbrille ゾネンブリレ	sunglasses サングラスィズ
ざんげ 懺悔	*die* Beichte バイヒテ	confession, repentance コンフェション, リペンタンス
さんご 珊瑚	*die* Koralle コラレ	coral カラル
～礁	*die* Korallenbank コラレンバンク	coral reef カラル リーフ
さんこう 参考	*der* Hinweis ヒンヴァイス	reference レファレンス
ざんこくな 残酷な	brutal, grausam ブルタール, グラオザーム	cruel, merciless クルエル, マースィレス
さんじせいげん 産児制限	*die* Geburtenkontrolle ゲブーアテンコントロレ	birth control バース カントロウル
さんじゅうの 三重の	dreifach ドライファッハ	threefold, triple スリーフォウルド, トリプル
さんしょうする 参照する	nach|schlagen ナーハシュラーゲン	refer *to* リファー
さんしょくすみれ 三色菫	*das* Stiefmütterchen シュティーフミュッターヒェン	pansy パンズィ
ざんしんな 斬新な	neuartig ノイアールティヒ	new, novel ニュー, ナヴェル
さんすう 算数	*das* Rechnen, *die* Arithmetik レヒネン, アリトメーティク	arithmetic アリスメティク
さんする 産する	erzeugen エアツォイゲン	produce プロデュース
さんせい 酸性	*die* Azidität アツィディテート	acidity アスィディティ
～雨	saurer Regen ザオラー レーゲン	acid rain アスィド レイン
さんせいする 賛成する	zu|stimmen ツーシュティメン	approve *of* アプルーヴ
さんそ 酸素	*der* Sauerstoff ザオアーシュトフ	oxygen アクスィチェン
～マスク	*die* Sauerstoffmaske ザオアーシュトフマスケ	oxygen mask アクスィチェン マスク

日	独	英
さんそう 山荘	*die* Villa ヴィラ	mountain villa マウンティン ヴィラ
さんぞく 山賊	*der* Bandit バンディート	bandit バンディト
ざんだか 残高	*der* Saldo ザルド	balance バランス
サンタクロース	*der* Weihnachtsmann ヴァイナハツマン	Santa Claus サンタ クローズ
サンダル	*die* Sandale ザンダーレ	sandals サンダルズ
さんだんとび 三段跳び	*der* Dreisprung ドライシュプルング	triple jump トリプル ヂャンプ
さんち 産地	*das* Anbaugebiet, *das* Erzeugerland アンバオゲビート, エアツォイガーラント	place of production プレイス オヴ プロダクション
さんちょう 山頂	*der* Berggipfel ベルクギプフェル	mountaintop マウンティンタプ
サンドイッチ	*der*(*das*) Sandwich ゼントヴィチ	sandwich サンドウィチ
ざんねん 残念な	bedauerlich ベダオアーリヒ	regretable リグレタブル
さんばし 桟橋	*die* Landungsbrücke ランドゥングスブリュッケ	pier ピア
さんぱつ 散髪	*das* Haarschneiden ハールシュナイデン	haircut ヘアカト
さんびか 賛美歌	*das* Kirchenlied キルヒェンリート	hymn ヒム
さんび 賛美する	loben, preisen ローベン, プライゼン	praise プレイズ
さんふじんか 産婦人科	*die* Gynäkologie ギュネコロギー	obsterics and gynecology オブステトリクス アンド ガイニカロヂィ
さんぶつ 産物	*das* Erzeugnis エアツォイクニス	product プラダクト
サンプル	*das* Muster ムスター	sample サンプル

276

日	独	英
さんぶん 散文	*die* Prosa プローザ	prose プロウズ
さんぽ 散歩	*der* Spaziergang シュパツィーアガング	walk ウォーク
〜する	spazieren gehen シュパツィーレン ゲーエン	take a walk テイク ア ウォーク
さんま 秋刀魚	*der* Makrelenhecht マクレーレンヘヒト	saury ソーリ
さんまん 散漫な	zerstreut ツェアシュトロイト	loose ルース
さんみ 酸味	*die* Säure ゾイレ	acidity アスィディティ
さんみゃく 山脈	*das* Gebirge ゲビルゲ	mountain range マウンティン レインヂ
さんらん 産卵する	Eier legen アイアー レーゲン	lay eggs レイ エグズ
さんらん 散乱する	*sich*⁴ zerstreuen ツェアシュトロイエン	be dispersed ビ ディスパースド
さんりんしゃ 三輪車	*das* Dreirad ドライラート	tricycle トライスィクル
さんれつ 参列する	*an*³ teil|nehmen タイルネーメン	attend アテンド
さんろく 山麓	*der* Fuß eines Berges フース アイネス ベルゲス	foot of a mountain フト オヴ ア マウンティン

し, シ

日	独	英
し 市	*die* Stadt シュタット	city, town スィティ, タウン
し 死	*der* Tod トート	death デス
し 氏	*der* Herr ヘル	Mr. ミスタ
し 詩	*das* Gedicht, *die* Poesie ゲディヒト, ポエズィー	poetry, poem ポウイトリ, ポウイム
じ 字	*das* Schriftzeichen シュリフトツァイヒェン	letter, character レタ, キャラクタ
（筆跡）	*die* Handschrift ハントシュリフト	handwriting ハンドライティング

日	独	英
時 _じ	Uhr ウーア	hour, time アウア, タイム
痔 _じ	*die* Hämorrhoiden ヘモロイーデン	piles, hemorrhoids パイルズ, ヘモロイヅ
試合 _{しあい}	*das* Spiel, *der* Wettkampf, *das* Match シュピール, ヴェットカンプフ, メッチュ	game, match ゲイム, マチ
仕上がる _{しあ}	fertig sein フェルティヒ ザイン	be completed ビ カンプリーテド
仕上げる _{しあ}	an|fertigen, fertig stellen アンフェルティゲン, フェルティヒ シュテレン	finish, complete フィニシュ, カンプリート
明々後日 _{しあさって}	überübermorgen ユーバーユーバーモルゲン	two days after tomorrow トゥー デイズ アフタ トマロウ
幸せ _{しあわ}	*das* Glück グリュック	happiness ハピネス
～な	glücklich グリュックリヒ	happy, fortunate ハピ, フォーチュネト
辞意 _{じい}	*die* Rücktrittsabsicht リュックトリッツアップズィヒト	intention to resign インテンション トゥ リザイン
CM _{しーえむ}	*die* Werbung ヴェルブング	commercial カマーシャル
飼育 _{しいく}	*die* Zucht ツフト	breeding ブリーディング
自意識 _{じいしき}	*das* Selbstbewusstsein ゼルプストベヴストザイン	self-consiousness セルフカンシャスネス
シーズン	*die* Saison ゼゾーン	season スィーズン
シーソー	*die* Wippe ヴィッペ	see saw スィーソー
シーツ	*das* Betttuch ベットトゥーフ	(bed) sheet (ベド) シート
CD _{しーでぃー}	*die* CD ツェーデー	compact disk カンパクト ディスク
～ロム	*die* CD-ROM ツェーデーロム	CD-ROM スィーディーラム
シート	*der* Sitzplatz ズィッツプラッツ	seat スィート

278

し

日	独	英
(一枚の紙や布)	*die* Folie フォーリエ	sheet *of* シート
～ベルト	*der* Sicherheitsgurt ズィヒャーハイツグルト	seatbelt スィートベルト
ジーパン	*die* Jeans ジーンズ	jeans ヂーンズ
ジープ	*der* Jeep ジープ	jeep ヂープ
シーフード	*die* Meeresfrüchte メーレスフリュヒテ	seafood スィーフード
強いる	zu^3 zwingen ツヴィンゲン	force, compel フォース, コンペル
シール	*das* Siegel ズィーゲル	seal スィール
仕入れる	ein|kaufen アインカオフェン	stock スタク
子音	*der* Konsonant コンゾナント	consonant カンソナント
シーン	*die* Szene スツェーネ	scene スィーン
寺院	*der* Tempel テンペル	Buddhist temple ブディスト テンプル
ジーンズ	*die* Jeans ジーンズ	jeans ヂーンズ
シェア	*der* Anteil アンタイル	share シェア
自衛	*die* Selbstverteidigung ゼルプストフェアタイディグング	self-defense セルフディフェンス
～隊	*die* Selbstverteidigungskräfte ゼルプストフェアタイディグングスクレフテ	the Self-Defense Force ザ セルフディフェンス フォース
市営の	städtisch シュテーティシュ	municipal ミューニスィパル
シェービング クリーム	*die* Rasiercreme ラズィーアクレーム	shaving cream シェイヴィング クリーム
ジェスチャー	*die* Geste ゲステ	gesture ヂェスチャ
ジェット機	*das* Düsenflugzeug デューゼンフルークツォイク	jet plane ヂェト プレイン

日	独	英
ジェネレーション	*die* Generation ゲネラツィオーン	generation ヂェナレイション
シェパード	deutscher Schäferhund ドイチャー シェーファーフント	German shepherd ヂャーマン シェパド
シェフ	*der*(*die*) Chef(*in*) シェフ(-フィン)	chef シェフ
シェルター	*der* Luftschutzbunker ルフトシュッツブンカー	shelter シェルタ
支援	*die* Unterstützung ウンターシュテュッツング	support サポート
塩	*das* Salz ザルツ	salt ソールト
～辛い	salzig ザルツィヒ	salty ソールティ
～漬け	*die* Einsalzung アインザルツング	salted food ソールティド フード
～水	*das* Salzwasser ザルツヴァッサー	salt water ソールト ウォータ
潮	*die* Gezeiten ゲツァイテン	tide タイド
～風	*der* Seewind ゼーヴィント	sea breeze スィー ブリーズ
潮時	*die* Gelegenheit, *die* Zeit ゲレーゲンハイト, ツァイト	time タイム
栞	*das* Lesezeichen レーゼツァイヒェン	bookmark ブクマーク
萎れる	verwelken フェアヴェルケン	droop, wither ドループ, ウィザ
鹿	*der* Hirsch ヒルシュ	deer ディア
時価	*der* Tagespreis ターゲスプライス	current price カーレント プライス
自我	*das* Ich イヒ	self, ego セルフ, イーゴウ
司会 ～する	den Vorsitz führen デン フォーアズィッツ フューレン	preside *at* プリザイド
～者	*der/die* Vorsitzende フォーアズィッツェンデ	chairperson チェアパースン

日	独	英
(番組の)	*der*(*die*) Moderator(*in*) モデラートア (-ラトーリン)	master of ceremonies マスタ オヴ セレモウニズ
しかい 視界	*die* Sicht ズィヒト	sight サイト
しがい 市外	*der* Vorort フォーアオルト	suburb サバーブ
しがいせん 紫外線	ultraviolette Strahlen ウルトラヴィオレッテ シュトラーレン	ultraviolet rays アルトラヴァイオレト レイズ
しかえ 仕返しする	$sich^4$ an^3 $für^4$ rächen レッヒェン	revenge *oneself on* リヴェンヂ
しかく 四角	*das* Viereck フィーアエック	square スクウェア
しかく 資格	*die* Qualifikation クヴァリフィカツィオーン	qualification クワリフィケイション
じかく 自覚	*das* Selbstbewusstsein ゼルプストベヴストザイン	consciousness カンシャスネス
しか 仕掛け	*die* Vorrichtung フォーアリヒトゥング	device, mechanism ディヴァイス, メカニズム
しかし	aber, jedoch アーバー, イェドッホ	but, however バト, ハウエヴァ
じかせい 自家製の	hausgemacht ハオスゲマハト	homemade ホウムメイド
じがぞう 自画像	*das* Selbstbildnis ゼルプストビルトニス	self-portrait セルフポートレト
しかた 仕方	*die* Weise, *die* Art ヴァイゼ, アールト	method, way メソド, ウェイ
しかた 仕方がない	nicht zu ändern ニヒト ツー エンダーン	cannot help キャナト ヘルプ
しがつ 四月	*der* April アプリル	April エイプリル
じかつ 自活する	auf eigenen Füßen stehen アオフ アイゲネン フューセン シュテーエン	support *oneself* サポート
しがみつく	$sich^4$ an^3 fest|halten フェストハルテン	cling *to* クリング
しかも	außerdem, darüber hinaus アオサーデーム, ダリューバー ヒナオス	moreover, besides モーロウヴァ, ビサイツ
じかようしゃ 自家用車	*der* Privatwagen プリヴァートヴァーゲン	one's car カー

日	独	英
叱る	schimpfen シンプフェン	scold, reprove スコウルド, リプルーヴ
時間	*die* Zeit, *die* Stunde ツァイト, シュトゥンデ	time, hour タイム, アウア
〜給	*der* Stundenlohn シュトゥンデンローン	time wages タイム ウェイヂズ

■ 時間 ■ *die* Zeit /ツァイト/

年	*das* Jahr /ヤール/	(英year)
月	*der* Monat /モーナト/	(英month)
週	*die* Woche /ヴォッヘ/	(英week)
日	*der* Tag /ターク/	(英day)
時	*die* Uhr /ウーア/	(英hour)
分	*die* Minute /ミヌーテ/	(英minute)
秒	*die* Sekunde /ゼクンデ/	(英second)
日付	*das* Datum /ダートゥム/	(英date)
曜日	*der* Wochentag /ヴォッヘンターク/	(英day)
午前	*der* Vormittag /フォーアミッターク/	(英morning)
午後	*der* Nachmittag /ナーハミッターク/	(英afternoon)
朝	*der* Morgen /モルゲン/	(英morning)
昼	*der* Mittag /ミッターク/	(英daytime, noon)
夜	*die* Nacht /ナハト/	(英night)
夜明け	*die* Morgendämmerung /モルゲンデメルング/ ; *der* Tagesanbruch /ターゲスアンブルフ/	(英dawn, daybreak)
日没	*der* Sonnenuntergang /ゾネンウンターガング/	(英sunset)
夕方	*der* Abend /アーベント/	(英late afternoon, evening)
深夜	*die* Mitternacht /ミッターナハト/	(英midnight)
今日	heute /ホイテ/	(英today)
明日	morgen /モルゲン/	(英tomorrow)
明後日	übermorgen /ユーバーモルゲン/	(英the day after tomorrow)
昨日	gestern /ゲスターン/	(英yesterday)
一昨日	vorgestern /フォーアゲスターン/	(英the day before yesterday)

日	独	英
しがん 志願する	wünschen ヴュンシェン	desire, aspire *to* ディザイア, アスパイア
（申し込む）	*sich⁴ um⁴* bewerben ベヴェルベン	apply *for* アプライ
しき 指揮	*die* Leitung, *das* Dirigieren ライトゥング, ディリギーレン	command, direction カマンド, ディレクション
～者	*der*(*die*) Leiter(*in*) ライター (-テリン)	commander, director カマンダ, ディレクタ
（演奏の）	*der*(*die*) Dirigent(*in*) ディリゲント (-ティン)	conductor カンダクタ
～棒	*der* Dirigentenstab ディリゲンテンシュターブ	baton バトン
しき 式	*die* Zeremonie ツェレモニー	ceremony セリモニ
（数式）	*die* Formel フォルメル	expression イクスプレション
じき 時期	*die* Zeit ツァイト	time, season タイム, スィーズン
じき 磁気	*der* Magnetismus マグネティスムス	magnetism マグネティズム
しきい 敷居	*die* Schwelle シュヴェレ	threshold スレシュホウルド
しきいし 敷石	*der* Pflasterstein プフラスターシュタイン	pavement ペイヴメント
しききん 敷金	*die* Kaution カオツィオーン	deposit ディパズィト
しきさい 色彩	*die* Farbe ファルベ	color, tint カラ, ティント
しきじょう 式場	*die* Festhalle フェストハレ	the hall of ceremony ザ ホール オヴ セリモニ
しきそ 色素	*das* Pigment ピグメント	pigment ピグメント
しきちょう 色調	*der* Farbton ファルブトーン	tone トウン
じきひつ 直筆	*das* Autograph アオトグラーフ	autograph オートグラフ
しきべつ 識別する	unterscheiden ウンターシャイデン	discriminate ディスクリミネイト

日	独	英
敷物(しきもの)	*der* Teppich テッピヒ	carpet, rug カーペト, ラグ
子宮(しきゅう)	*die* Gebärmutter ゲベーアムッター	uterus, womb ユーテラス, ウーム
時給(じきゅう)	*der* Stundenlohn シュトゥンデンローン	hourly wage アウアリ ウェイヂ
自給自足(じきゅうじそく)	*die* Selbstversorgung ゼルプストフェアゾルグング	self-sufficiency セルフサフィセンスィ
司教(しきょう)	*der* Bischof ビショフ	bishop ビショプ
市況(しきょう)	*die* Marktlage マルクトラーゲ	market マーケト
自供(じきょう)	*das* Geständnis ゲシュテントニス	voluntary confession ヴァランテリ カンフェション
事業(じぎょう)	*das* Unternehmen ウンターネーメン	enterprise, undertaking エンタプライズ, アンダテイキング
仕切り(しきり)	*die* Trennwand トレンヴァント	partition パーティション
資金(しきん)	*das* Kapital カピタール	capital, funds キャピタル, ファンヅ
敷く(しく)	belegen, legen ベレーゲン, レーゲン	lay, spread レイ, スプレド
軸(じく)	*die* Achse アクセ	axis, shaft アクスィス, シャフト
仕草(しぐさ)	*die* Gebärde ゲベーアデ	behavior, gesture ビヘイヴャ, ヂェスチャ
ジグザグ	*der* Zickzack ツィックツァック	zigzag ズィグザグ
しくじる	misslingen ミスリンゲン	fail *in* フェイル
ジグソーパズル	*das* Puzzlespiel パズルシュピール	jigsaw puzzle ヂグソー パズル
仕組み(しくみ)	*der* Mechanismus メヒャニスムス	mechanism メカニズム
シクラメン	*das* Alpenveilchen アルペンファイルヒェン	cyclamen スィクラメン
時雨(しぐれ)	*der* Herbstregen ヘルプストレーゲン	early-winter shower アーリウィンタ シャウア

日	独	英
時化 (しけ)	*der* Seesturm ゼーシュトゥルム	stormy weather ストーミ ウェザ
死刑 (しけい)	*die* Todesstrafe トーデスシュトラーフェ	capital punishment キャピタル パニシュメント
刺激 (しげき)	*die* Anregung アンレーグング	stimulus, impulse スティミュラス, インパルス
～する	an|regen アンレーゲン	stimulate, excite スティミュレイト, イクサイト
茂る (しげる)	wuchern ヴーハーン	grow thick グロウ スィク
試験 (しけん)	*die* Prüfung, *das* Examen プリューフング, エクサーメン	examination, test イグザミネイション, テスト
～する	prüfen プリューフェン	examine, test イグザミン, テスト
～管	*das* Reagenzglas レアゲンツグラース	test tube テスト テューブ
資源 (しげん)	*die* Ressourcen レスルセン	resources リソースィズ
事件 (じけん)	*der* Vorfall フォーアファル	event, incident, case イヴェント, インスィデント, ケイス
次元 (じげん)	*die* Dimension ディメンスィオーン	dimension ディメンション
自己 (じこ)	*das* Selbst ゼルプスト	self, ego セルフ, エゴウ
事故 (じこ)	*der* Unfall, *das* Unglück ウンファル, ウングリュック	accident アクスィデント
時効 (じこう)	*die* Verjährung フェアイェールング	prescription プリスクリプション
時刻 (じこく)	*die* Zeit ツァイト	time, hour タイム, アウア
～表	*der* Fahrplan ファールプラーン	timetable, schedule タイムテイブル, スケヂュル
地獄 (じごく)	*die* Hölle ヘレ	hell, inferno ヒール, インファーノウ
仕事 (しごと)	*das* Geschäft, *die* Arbeit ゲシェフト, アルバイト	work, business, task ワーク, ビズネス, タスク
仕込む (しこむ)	auf Lager nehmen アオフ ラーガー ネーメン	stock スタク

日	独	英
(教える)	aus|bilden アオスビルデン	train, teach トレイン, ティーチ
時差	*der* Zeitunterschied ツァイトウンターシート	difference in time ディフレンス イン タイム
〜ぼけ	*der* Jetlag ジェットラグ	jet lag ヂェト ラグ
司祭	*der* Priester プリースター	priest プリースト
示唆する	an|deuten アンドイテン	suggest サグヂェスト
自殺	*der* Selbstmord ゼルプストモルト	suicide スーイサイド
〜する	Selbstmord begehen ゼルプストモルト ベゲーエン	commit suicide カミト スーイサイド
〜者	*der*(*die*) Selbstmörder(*in*) ゼルプストメルダー (-デリン)	suicide スーイサイド
視察する	besichtigen ベズィヒティゲン	inspect, visit インスペクト, ヴィズィト
資産	*das* Vermögen フェアメーゲン	property, fortune プラパティ, フォーチュン
持参		
〜する	mit|bringen, mit|nehmen ミットブリンゲン, ミットネーメン	take... with *one* テイク ウィズ
〜金	*die* Mitgift ミットギフト	dowry ダウアリ
指示	*die* Anweisung アンヴァイズング	indication インディケイション
〜する	an|weisen アンヴァイゼン	indicate インディケイト
時事	*die* Aktualitäten アクトゥアリテーテン	current events カーレント イヴェンツ
獅子座	*der* Löwe レーヴェ	the Lion, Leo ザ ライオン, レオ
支持する	unterstützen ウンターシュテュッツェン	support, back up サポート, バク アプ
資質	*die* Veranlagung フェアアンラーグング	nature, temperament ネイチャ, テンペラメント

日	独	英
事実 (じじつ)	*die* Tatsache タートザッヘ	fact, truth ファクト, トルース
使者 (ししゃ)	*der(die)* Bote(*in*) ボーテ(-ティン)	messenger メスィンヂャ
支社 (ししゃ)	*die* Zweigstelle ツヴァイクシュテレ	branch ブランチ
死者 (ししゃ)	*der/die* Tote トーテ	dead person, the dead デド パーソン, ザ デド
磁石 (じしゃく)	*der* Magnet マグネート	magnet マグネト
四捨五入する (ししゃごにゅうする)	ab|runden アップルンデン	round ラウンド
刺繍 (ししゅう)	*die* Stickerei シュティッケライ	embroidery インブロイダリ
自首する (じしゅする)	sich⁴ der Polizei stellen デア ポリツァイ シュテレン	deliver *oneself* to the police ディリヴァ トゥ ザ ポリース
支出 (ししゅつ)	*die* Ausgaben アオスガーベン	expenses, expenditure イクスペンスィズ, イクスペンディチャ
自主的な (じしゅてきな)	selbstständig ゼルプストシュテンディヒ	independent インディペンデント
(自発的)	freiwillig フライヴィリヒ	voluntary ヴァランテリ
思春期 (ししゅんき)	*die* Pubertät プベルテート	adolescence, puberty アドレセンス, ピューベティ
司書 (ししょ)	*der(die)* Bibliothekar(*in*) ビブリオテカール(-リン)	librarian ライブレアリアン
辞書 (じしょ)	*das* Wörterbuch ヴェルターブーフ	dictionary ディクショネリ
次女 (じじょ)	zweite Tochter ツヴァイテ トホター	second daughter セコンド ドータ
市場 (しじょう)	*der* Markt マルクト	market マーケト
事情 (じじょう)	*die* Umstände ウムシュテンデ	circumstances サーカムスタンスィズ
(理由)	*der* Grund グルント	reasons リーズンズ

日	独	英
試食	*die* Kostprobe, *das* Probieren コストプローベ, プロビーレン	sampling, tasting サンプリング, テイスティング
辞職する	*von*³ zurück|treten ツリュックトレーテン	resign リザイン
自叙伝	*die* Autobiografie アオトビオグラフィー	autobiography オートバイアグラフィ
私書箱	*das* Postfach ポストファッハ	post-office box ポウストオーフィス バクス
詩人	*der*(*die*) Dichter(*in*) ディヒター (-テリン)	poet, poetess ポウイト, ポウイテス
自信	*das* Selbstvertrauen ゼルプストフェアトラオエン	confidence カンフィデンス
自身	selbst ゼルプスト	self, oneself セルフ, ワンセルフ
地震	*das* Erdbeben エーアトベーベン	earthquake アースクウェイク
自炊する	selbst kochen ゼルプスト コッヘン	cook for *oneself* クク フォー
指数	*der* Index インデクス	index number インデクス ナンバ
静かな	still, ruhig シュティル, ルーイヒ	silent, still, calm サイレント, スティル, カーム
滴	*der* Tropfen トロプフェン	drop ドラプ
静けさ	*die* Ruhe, *die* Stille ルーエ, シュティレ	silence, stillness サイレンス, スティルネス
システム	*das* System ズュステーム	system スィスティム
地滑り	*der* Erdrutsch エーアトルッチュ	landslip ランドスリプ
静まる	ruhig werden, *sich*⁴ beruhigen ルーイヒ ヴェーアデン, ベルーイゲン	become quiet, calm down ビカム クワイエト, カーム ダウン
沈む	sinken ズィンケン	sink, go down スィンク, ゴウ ダウン
(太陽などが)	unter|gehen ウンターゲーエン	set セト

日	独	英
（気分が）	schwermütig werden シュヴェーアミューティヒ ヴェーアデン	feel depressed フィール ディプレスト
鎮める	lindern リンダーン	quell クウェル
姿勢	*die* Haltung ハルトゥング	posture, pose パスチャ, ポウズ
自制する	*sich*[4] beherrschen ベヘルシェン	control *oneself* カントロウル
私生活	*das* Privatleben プリヴァートレーベン	private life プライヴェト ライフ
史跡	historische Stätte ヒストーリシェ シュテッテ	historic site ヒストリク サイト
施設	*die* Einrichtung アインリヒトゥング	institution インスティテューション
視線	*der* Blick ブリック	eyes, glance アイズ, グランス
自然	*die* Natur ナトゥーア	nature ネイチャ
〜に	natürlich ナテューアリヒ	naturally ナチュラリ
〜科学	*die* Naturwissenschaft ナトゥーアヴィセンシャフト	natural science ナチュラル サイエンス
〜主義	*der* Naturalismus ナトゥラリスムス	naturalism ナチュラリズム
慈善	*die* Wohltätigkeit ヴォールテーティヒカイト	charity, benevolence チャリティ, ビネヴォレンス
紫蘇	japanisches Basilikum ヤパーニシェス バズィーリクム	beefsteak plant ビーフステイク プラント
思想	*der* Gedanke ゲダンケ	thought, idea ソート, アイディア
時速	*die* Stundengeschwindigkeit シュトゥンデンゲシュヴィンディヒカイト	speed per hour スピード パー アウア
持続する	an|dauern アンダオアーン	continue コンティニュー
子孫	*der* Nachkomme ナーハコメ	descendant, posterity ディセンダント, パステリティ
自尊心	*das* Ehrgefühl エーアゲフール	self-respect, pride セルフリスペクト, プライド

日	独	英
した 下		
〜の [に]	unter ウンター	lower, under, below ロウア, アンダ, ビロウ
…の〜に	unter ウンター	under, below アンダ, ビロウ
した 舌	*die* Zunge ツンゲ	tongue タング
しだ 羊歯	*der* Farn ファルン	fern ファーン
したい 死体	*die* Leiche ライヒェ	dead body, corpse デド バディ, コープス
じたい 事態	*die* Situation ズィトゥアツィオーン	situation スィチュエイション
じたい 辞退	*die* Absage アップザーゲ	refusal リフューザル
〜する	ab|lehnen アップレーネン	decline, refuse ディクライン, レフュース
じだい 時代	*das* Zeitalter, *die* Zeit ツァイトアルター, ツァイト	time, period, era タイム, ピアリオド, イアラ
しだい 次第に	allmählich アルメーリヒ	gradually グラデュアリ
した 慕う	*sich⁴ nach³* sehnen ゼーネン	yearn *after*, long *for* ヤーン, ロング
したう 下請け	*der* Zulieferer ツーリーフェラー	subcontract サブカントラクト
したが 従う	folgen フォルゲン	follow, accompany ファロウ, アカンパニ
(逆らわない)	gehorchen ゲホルヒェン	obey オベイ
したが 下書き	*der* Entwurf エントヴルフ	draft ドラフト
したぎ 下着	*die* Unterwäsche ウンターヴェッシェ	underwear アンダウェア
したく 支度する	(*sich⁴ auf⁴*) vor|bereiten フォーアベライテン	prepare *for* プリペア
したごしら 下拵え	*die* Vorbereitung フォーアベライトゥング	preparations プレパレイションズ

日	独	英
したじ 下地	*die* Grundlage グルントラーゲ	groundwork グラウンドワーク
した 親しい	mit³ befreundet ベフロインデット	close, familiar クロウス, ファミリア
したじ 下敷き	*die* Unterlage ウンターラーゲ	desk pad デスク パド
したしら 下調べ	*die* Voruntersuchung フォーアウンターズーフング	preliminary inquiry プリリミネリ インクワイアリ
したた 滴る	tropfen トロプフェン	drop, drip ドラプ, ドリプ
した ば 下っ端	*der/die* Untergeordnete ウンターゲオルドネテ	underling アンダリング
したど 下取り	*die* Inzahlungnahme インツァールングナーメ	trade-in トレイディン
したびらめ 舌平目	*die* Seezunge ゼーツンゲ	sole ソウル
したまち 下町	*die* Unterstadt ウンターシュタット	traditional working-class neighborhood トラディショナル ワーキング クラス ネイバフド
したみ 下見	*die* Vorbesichtigung フォーアベズィヒティグング	preliminary inspection プリリミネリ インスペクション
じだん 示談	*die* Abfindung アップフィンドゥング	private settlement プライヴェト セトルメント
しち 質	*das* Pfand プファント	pawn, pledge ポーン, プレヂ
じち 自治	*die* Selbstverwaltung ゼルプストフェアヴァルトゥング	self-government セルフガヴァンメント
しちがつ 七月	*der* Juli ユーリ	July チュライ
しちめんちょう 七面鳥（雄）	*der* Puter, *der* Truthahn プーター, トルトハーン	turkey, turkey-cock ターキ, ターキカク
（雌）	*die* Truthenne トルトヘネ	turkey-hen ターキヘン
しちや 質屋	*das* Leihhaus ライハオス	pawnshop ポーンシャプ
しちゃく 試着する	an|probieren アンプロビーレン	try on トライ オン

日	独	英
シチュー	*der* Eintopf アイントプフ	stew ステュー
しちょう 市長	*der(die)* Bürgermeister(*in*) ビュルガーマイスター (-テリン)	mayor メイア
しちょうしゃ 視聴者	*der(die)* Zuschauer(*in*) ツーシャオアー (-エリン)	the TV audience ザ ティーヴィー オーディエンス
しちょうそん 市町村	*die* Gemeinde, *die* Kommune ゲマインデ, コムーネ	municipalities ミューニスィパリティズ
しつ 質	*die* Qualität クヴァリテート	quality クワリティ
じっか 実家	*das* Elternhaus エルターンハオス	parents' home ペアレンツ ホウム
しっかく 失格する	disqualifiziert werden ディスクヴァリフィツィーアト ヴェーアデン	be disqualified ビー ディスクワリファイド
しっかりする	fest werden フェスト ヴェーアデン	become strong ビカム ストロング
(元気を出す)	Mut fassen ムート ファッセン	take courage テイク カーリヂ
しつぎおうとう 質疑応答	Frage und Antwort フラーゲ ウント アントヴォルト	questions and answers クウェスチョンズ アンド アンサズ
しつぎょう 失業	*die* Arbeitslosigkeit アルバイツローズィヒカイト	unemployment アニンプロイメント
～する	arbeitslos werden アルバイツロース ヴェーアデン	lose *one's* job ルーズ ヂャブ
～者	*der/die* Arbeitslose アルバイツローゼ	the unemployed ジ アニンプロイド
じつぎょうか 実業家	*der(die)* Unternehmer(*in*) ウンターネーマー (-メリン)	businessman ビズニスマン
じっきょうちゅうけい 実況中継	*die* Livesendung ライフゼンドゥング	live broadcast ライヴ ブロードキャスト
しっくい 漆喰	*der* Mörtel メルテル	mortar, plaster モータ, プラスタ
シックな	schick シック	chic シーク
しっけ 湿気	*die* Feuchtigkeit フォイヒティヒカイト	moisture モイスチャ
しつけ 躾	*die* Disziplin, *die* Erziehung ディスツィプリーン, エアツィーウング	training, discipline トレイニング, ディスィプリン

日	独	英
しつけける	erziehen エアツィーエン	train, discipline トレイン, ディシプリン
じっけん 実験	*das* Experiment エクスペリメント	experiment イクスペリメント
～する	experimentieren エクスペリメンティーレン	experiment イクスペリメント
～室	*das* Laboratorium ラボラトーリウム	laboratory ラブラトーリ
じつげん 実現する	verwirklichen フェアヴィルクリヒェン	realize, come true リアライズ, カム トルー
しつこい	lästig レスティヒ	persistent, obstinate パスィステント, アブスティネト
(味が)	schwer シュヴェーア	heavy ヘヴィ
(色が)	grell グレル	gaudy ゴーディ
しっこう 失効	*die* Ungültigkeit ウンギュルティヒカイト	lapse ラプス
じっこう 実行する	aus|führen アオスフューレン	carry out, practice キャリ アウト, プラクティス
じつざい 実在	*die* Realität レアリテート	actual existence アクチュアル イグズィステンス
じっさい 実際に	in der Tat イン デア タート	actually, really アクチュアリ, リーアリ
じっし 実施する	durch|führen ドゥルヒフューレン	enforce インフォース
じっしつ 実質	*die* Substanz ズプスタンツ	substance サブスタンス
じっしゅう 実習	*das* Praktikum プラクティクム	practice, training プラクティス, トレイニング
～生	*der*(*die*) Praktikant(*in*) プラクティカント(-ティン)	trainee トレイニー
じつじょう 実情	*die* Wirklichkeit ヴィルクリヒカイト	the actual condition ジ アクチュアル カンディション
しっしん 失神する	ohnmächtig werden オーンメヒティヒ ヴェーアデン	faint フェイント
じっせき 実績	*die* Leistung ライストゥング	results, achievements リザルツ, アチーヴメンツ

日	独	英
実践する	in die Praxis um|setzen／イン ディ プラクスィス ウムゼッツェン	practice／プラクティス
失踪する	verschwinden／フェアシュヴィンデン	disappear／ディサピア
質素な	schlicht／シュリヒト	plain, simple／プレイン, スィンプル
実態	*die* wahre Sachlage／ヴァーレ ザッハラーゲ	reality／リーアリティ
実直な	ehrlich／エーアリヒ	honest／アネスト
嫉妬	*die* Eifersucht／アイファーズフト	jealousy／ヂェラスィ
〜する	auf⁴ eifersüchtig sein／アイファーズュヒティヒ ザイン	be jealous *of*, envy／ビ ヂェラス, エンヴィ
湿度	*die* Feuchtigkeit／フォイヒティヒカイト	humidity／ヒューミディティ
室内		
〜で	im Haus／イム ハオス	indoors／インドーズ
〜楽	*die* Kammermusik／カマームズィーク	chamber music／チェインバ ミューズィク
ジッパー	*der* Reißverschluss／ライスフェアシュルス	zipper／ズィパ
失敗	*der* Misserfolg／ミスエアフォルク	failure／フェイリュア
〜する	misslingen／ミスリンゲン	fail *in*／フェイル
執筆する	schreiben, verfassen／シュライベン, フェアファッセン	write／ライト
湿布	*die* Kompresse／コンプレッセ	compress／カンプレス
実物	*das* Original／オリギナール	thing／スィング
尻尾	*der* Schwanz／シュヴァンツ	tail／テイル
失望する	enttäuscht werden／エントトイシュト ヴェーアデン	be disappointed／ビ ディサポインテド

日	独	英
実務	*die* Praxis プラクスィス	practical business プラクティカル ビズネス
質問	*die* Frage フラーゲ	question クウェスチョン
～する	fragen フラーゲン	ask... a question アスク ア クウェスチョン
実用的な	praktisch プラクティシュ	practical プラクティカル
実力	*die* Fähigkeit フェーイヒカイト	ability アビリティ
～者	*der*(*die*) Machthaber(*in*) マハトハーバー (-ベリン)	influential person インフルエンシャル パーソン
実例	*das* Beispiel バイシュピール	example イグザンプル
失礼な	unhöflich ウンヘーフリヒ	rude, impolite ルード, インポライト
失恋	unerwiderte Liebe ウンエアヴィーダーテ リーベ	unrequited love アンリクワイテド ラヴ
～する	*sich*⁴ unglücklich verlieben ウングリュックリヒ フェアリーベン	be disappointed in love ビ ディサポインティド イン ラヴ
実話	wahre Geschichte ヴァーレ ゲシヒテ	true story トルー ストーリ
指定	*die* Bestimmung ベシュティムング	designation デズィグネイション
～する	bestimmen ベシュティメン	appoint, designate アポイント, デズィグネイト
～席	reservierter Platz レゼルヴィーアター プラッツ	reserved seat リザーヴド スィート
指摘する	*auf*⁴ hin|weisen ヒンヴァイゼン	point out, indicate ポイント アウト, インディケイト
私的な	privat プリヴァート	private, personal プライヴェト, パーソナル
私鉄	*die* Privatbahn プリヴァートバーン	private railroad プライヴェト レイルロウド
支店	*die* Zweigstelle ツヴァイクシュテレ	branch ブランチ
市電	*die* Straßenbahn シュトラーセンバーン	streetcar, tram ストリートカー, トラム

日	独	英
辞典 (じてん)	*das* Wörterbuch ヴェルターブーフ	dictionary ディクショネリ
自伝 (じでん)	*die* Autobiografie アオトビオグラフィー	autobiography オートバイアグラフィ
自転車 (じてんしゃ)	*das* Fahrrad ファールラート	bicycle バイスィクル
使徒 (しと)	*der* Apostel アポステル	apostle アパスル
指導 (しどう)	*die* Führung, *die* Beratung フュールング, ベラートゥング	guidance, direction ガイダンス, ディレクション
～する	führen, beraten フューレン, ベラーテン	guide, lead, coach ガイド, リード, コウチ
児童 (じどう)	*das* Kind キント	child チャイルド
自動車 (じどうしゃ)	*das* Kraftfahrzeug, *das* Auto クラフトファールツォイク, アオト	car, automobile カー, オートモビル
～事故	*der* Autounfall アオトウンファル	car accident カー アクスィデント
自動的に (じどうてきに)	automatisch アオトマーティシュ	automatically オートマティカリ
自動ドア (じどう)	*die* Automatiktür アオトマーティクテューア	automatic door オートマティク ドー
自動販売機 (じどうはんばいき)	*der* Automat アオトマート	vending machine ヴェンディング マシーン
しとやかな	anmutig アンムーティヒ	graceful グレイスフル
品 (しな)	*der* Artikel, *die* Ware アルティーケル, ヴァーレ	article, goods アーティクル, グヅ
（品質）	*die* Quälitat クヴァリテート	quality クワリティ
市内 (しない)		
～に	in der Stadt イン デア シュタット	in the city イン ザ スィティ
～通話	*das* Ortsgespräch オルツゲシュプレーヒ	local call ロウカル コール
品切れ (しなぎれ)	ausverkauft アオスフェアカオフト	sold out ソウルド アウト

日	独	英
萎びる	welken ヴェルケン	wither ウィザ
品物	der Artikel, die Ware アルティーケル, ヴァーレ	article, goods アーティクル, グッ
シナモン	der Zimt ツィムト	cinnamon スィナモン
しなやかな	elastisch エラスティシュ	flexible フレクスィブル
シナリオ	das Drehbuch ドレーブーフ	scenario, screenplay スィネアリオウ, スクリーンプレイ
次男	zweiter Sohn ツヴァイター ゾーン	the second son ザ セコンド サン
死人	der/die Tote トーテ	dead person, the dead デド パースン, ザ デド
辞任する	zurück|treten ツリュックトレーテン	resign リザイン
死ぬ	sterben, ums Leben kommen シュテルベン, ウムス レーベン コメン	die ダイ
地主	der(die) Grundbesitzer(in) グルントベズィッツァー (-ツェリン)	landowner ランドウナ
凌ぐ	aus|halten アオスハルテン	endure, bear インデュア, ベア
（切り抜ける）	überwinden ユーバーヴィンデン	tide over タイド オウヴァ
（追い越す）	übertreffen ユーバートレッフェン	exceed, surpass イクスィード, サーパス
忍ぶ	erdulden エアドゥルデン	endure, bear インデュア, ベア
支配	die Herrschaft ヘルシャフト	management, control マニヂメント, カントロウル
～する	herrschen ヘルシェン	manage, control マニヂ, カントロウル
～人	der(die) Manager(in) メニジャー (-ジェリン)	manager マニヂャ
芝居	das Schauspiel, das Theater シャオシュピール, テアーター	play, drama プレイ, ドラーマ
自白	das Geständnis ゲシュテントニス	confession カンフェション

日	独	英
〜する	gestehen ゲシュテーエン	confess カンフェス
地場産業	örtliche Industrie エルトリヒェ インドゥストリー	local industry ロウカル インダストリ
しばしば	oft オフト	often オーフン
自発的な	freiwillig フライヴィリヒ	spontaneous, voluntary スパンテイニアス, ヴァランテリ
始発電車	der erste Zug デア エーアステ ツーク	the first train ザ ファースト トレイン
芝生	*der* Rasen ラーゼン	lawn ローン
支払い	*die* Zahlung, *die* Bezahlung ツァールング, ベツァールング	payment ペイメント
支払う	zahlen, bezahlen ツァーレン, ベツァーレン	pay ペイ
暫く	eine Weile アイネ ヴァイレ	for a while フォー ア ホワイル
縛る	binden ビンデン	bind バインド
地盤	*das* Fundament フンダメント	foundation, base ファウンデイション, ベイス
（土地）	*der* Untergrund ウンターグルント	the ground ザ グラウンド
（選挙の）	*der* Boden ボーデン	constituency カンスティチュエンスィ
四半期	*das* Vierteljahr フィルテルヤール	quarter クウォータ
市販の	verkäuflich フェアコイフリヒ	on the market オン ザ マーケト
慈悲	*die* Barmherzigkeit バルムヘルツィヒカイト	mercy, pity マースィ, ピティ
耳鼻咽喉科	*die* Hals-Nasen-Ohren-Heilkunde, *die* HNO-Heilkunde ハルスナーゼンオーレンハイルクンデ, ハーエヌオーハイルクンデ	otorhinolaryngology オウトウライノウラリンゴロヂ

298

日	独	英
字引(じびき)	*das* Wörterbuch ヴェルターブーフ	dictionary ディクショネリ
私費で(しひで)	auf eigene Kosten アオフ アイゲネ コステン	at *one's* own expense アト オウン イクスペンス
指標(しひょう)	*das* Kennzeichen ケンツァイヒェン	index インデクス
辞表(じひょう)	*das* Entlassungsgesuch エントラッスングスゲズーフ	resignation レズィグネイション
持病(じびょう)	chronische Krankheit クローニシェ クランクハイト	chronic disease クラニク ディズィーズ
痺れる(しびれる)	ein|schlafen アインシュラーフェン	become numb ビカム ナム
支部(しぶ)	*die* Filiale フィリアーレ	branch ブランチ
自負(じふ)	*das* Selbstgefühl, *der* Stolz ゼルプストゲフュール, シュトルツ	pride プライド
渋い(しぶい)	herb ヘルプ	astringent アストリンジェント
(好みが)	geschmackvoll ゲシュマックフォル	quiet, tasteful クワイエト, テイストフル
飛沫(しぶき)	*der* Spritzer シュプリッツァー	spray スプレイ
ジプシー	*der*(*die*) Zigeuner(*in*), Roma und Sinti ツィゴイナー(-ネリン), ローマ ウント ズィンティー	Gypsy, Romany ヂプスィ, ラマニー
しぶしぶ	ungern ウンゲルン	reluctantly リラクタントリ
ジフテリア	*die* Diphtherie ディフテリー	diphtheria ディフスィアリア
しぶとい	zäh ツェー	tenacious, obstinate テネイシャス, アブスティネト
渋る(しぶる)	zögern ツェーガーン	hesitate ヘズィテイト
自分(じぶん)	*das* Selbst ゼルプスト	self セルフ
〜自身(じしん)	selbst ゼルプスト	oneself ワンセルフ

日	独	英
しへい 紙幣	*der* Geldschein, *die* Banknote ゲルトシャイン, バンクノーテ	bill ビル
しほう 四方	alle Seiten, vier Richtungen アレ ザイテン, フィーア リヒトゥンゲン	every direction エヴリ ディレクション
しぼう 死亡	*der* Tod トート	death, decease デス, ディスィース
しぼう 脂肪	*das* Fett フェット	fat, grease ファト, グリース
じほう 時報	*die* Zeitansage ツァイトアンザーゲ	time signal タイム スィグナル
しほうけん 司法権	*die* Justizgewalt ユスティーツゲヴァルト	jurisdiction デュアリスディクション
しぼうする 志望する	wünschen ヴュンシェン	wish, desire ウィシュ, ディザイア
しぼ 萎む	verwelken フェアヴェルケン	wither, fade ウィザ, フェイド
しぼ 絞[搾]る	pressen プレッセン	press, wring, squeeze プレス, リング, スクウィーズ
（金を）	erpressen エアプレッセン	extort イクストート
（頭を）	*sich*³ den Kopf zerbrechen ズィヒ デン コプフ ツェアブレッヒェン	rack *one's* brain ラク ブレイン
しほん 資本	*das* Kapital カピタール	capital キャピタル
～家	*der*(*die*) Kapitalist(*in*) カピタリスト(-ティン)	capitalist キャピトリスト
～金	*das* Grundkapital グルントカピタール	capital キャピタル
～主義	*der* Kapitalismus カピタリスムス	capitalism キャピタリズム
しま 縞	*der* Streifen シュトライフェン	stripes ストライプス
しま 島	*die* Insel インゼル	island アイランド
しまい 姉妹	*die* Schwestern シュヴェスターン	sisters スィスタズ
しま 仕舞う	weg|räumen ヴェックロイメン	put away プト アウェイ

日	独	英
しまうま 縞馬	*das* Zebra ツェーブラ	zebra ズィーブラ
じまく 字幕	*der* Untertitel ウンターティーテル	subtitles サブタイトルズ
しまつ 始末	*die* Beseitigung ベザイティグング	disposal ディスポウザル
（結果）	*das* Ergebnis エアゲープニス	result リザルト
し 閉まる	(*sich*⁴) schließen シュリーセン	shut, be closed シャト, ビ クロウズド
じまん 自慢する	*mit*³ prahlen プラーレン	boast *of*, be proud *of* ボウスト, ビ プラウド
しみ 紙魚	*der* Bücherwurm ビューヒャヴルム	bookworm ブクワーム
じみ 地味な	unauffällig, schlicht ウンアオフフェリヒ, シュリヒト	plain, quiet プレイン, クワイエト
シミュレーション	*die* Simulation ズィムラツィオーン	simulation スィミュレイション
し 染みる	*in*⁴ dringen ドリンゲン	penetrate, soak ペネトレイト, ソウク
しみん 市民	*der*(*die*) Bürger(*in*) ビュルガー (-ゲリン)	citizen スィティズン
～権	*das* Bürgerrecht ビュルガーレヒト	citizenship スィティズンシプ
じむ 事務	*die* Büroarbeit ビューローアルバイト	business, affairs ビズネス, アフェアズ
～員	*der/die* Büroangestellte ビューローアンゲシュテルテ	clerk, office worker クラーク, オフィス ワーカ
～所	*das* Büro ビューロー	office オフィス
～総長	*der*(*die*) Generalsekretär(*in*) ゲネラールゼクレテーア (-テーリン)	secretary-general セクレテリヂェナラル
～的な	sachlich ザッハリヒ	businesslike ビズネスライク
しめい 使命	*die* Aufgabe アオフガーベ	mission ミション
しめい 氏名	*der* Name ナーメ	name ネイム

日	独	英
指名する	ernennen エアネネン	name, nominate ネイム, ナミネイト
締め切り	*die* Frist, *der* Termin フリスト, テルミーン	deadline デドライン
締め切る	ab|schließen アップシュリーセン	keep closed キープ クロウズド
じめじめした	feucht フォイヒト	damp, moist ダンプ, モイスト
（陰気な）	düster, betrübend デュースター, ベトリューベント	melancholy メランカリ
示す	zeigen ツァイゲン	show, indicate ショウ, インディケイト
締め出す	aus|schließen アオスシュリーセン	shut out シャト アウト
自滅する	*sich⁴* vernichten フェアニヒテン	ruin *oneself* ルーイン
湿る	feucht werden フォイヒト ヴェーアデン	dampen ダンプン
占める	besetzen ベゼッツェン	occupy アキュパイ
閉める	schließen, zu|machen シュリーセン, ツーマッヘン	shut, close シャト, クロウズ
締める	binden, knüpfen ビンデン, クニュプフェン	tie, tighten タイ, タイトン
地面	*die* Erde エーアデ	the earth, the ground ジ アース, ザ グラウンド
霜	*der* Reif ライフ	frost フロスト
地元の	örtlich, lokal エルトリヒ, ロカール	local ロウカル
下半期	zweites Halbjahr ツヴァイテス ハルプヤール	the latter half of the year ザ ラタ ハーフ オヴ ジ イア
指紋	*der* Fingerabdruck フィンガーアプドルック	fingerprint フィンガプリント
視野	*das* Gesichtsfeld, *das* Blickfeld ゲズィヒツフェルト, ブリックフェルト	the range of vision ザ レインヂ オヴ ヴィジョン
ジャージー	*das* Jersey ジェーズィ	jersey ヂャーズィ

日	独	英
ジャーナリスト	der(die) Journalist(in) ジュルナリスト (-ティン)	journalist ヂャーナリスト
ジャーナリズム	die Presse, der Journalismus プレッセ, ジュルナリスムス	journalism ヂャーナリズム
シャープペンシル	der Druckbleistift ドルックブライシュティフト	mechanical pencil メキャニカル ペンスル
シャーベット	der Sorbet ゾルベト, ゾルベー	sherbet シャーベト
社員	der/die Angestellte, der(die) Mitarbeiter(in) アンゲシュテルテ, ミットアルバイター (-テリン)	employee, the staff インプロイイー, ザ スタフ
社会	die Gesellschaft ゲゼルシャフト	society ソサイエティ
～学	die Soziologie ゾツィオロギー	sociology ソウスィアロディ
～主義	der Sozialismus ゾツィアリスムス	socialism ソウシャリズム
～主義者	der(die) Sozialist(in) ゾツィアリスト (-ティン)	socialist ソウシャリスト
じゃが芋	die Kartoffel カルトッフェル	potato ポテイトウ
しゃがむ	hocken ホッケン	squat down スクワト ダウン
杓子	der Schöpflöffel シェプフレッフェル	ladle レイドル
市役所	das Rathaus ラートハオス	city hall スィティ ホール
蛇口	der Wasserhahn ヴァッサーハーン	tap, faucet タプ, フォーセト
弱点	die Schwäche シュヴェッヒェ	weak point ウィーク ポイント
尺度	das Maß マース	measure, scale メジャ, スケイル
釈放する	frei|lassen フライラッセン	set... free セト フリー
釈明する	sich⁴ rechtfertigen レヒトフェルティゲン	explain イクスプレイン

日	独	英
しゃくや 借家	*das* Mietshaus ミーツハオス	rented house レンテド ハウス
～人	*der*(*die*) Mieter(*in*) ミーター (-テリン)	tenant テナント
しゃくよう 借用	*die* Entlehnung エントレーヌング	borrowing バロウイング
しゃげき 射撃	*der* Schuss シュス	shooting, firing シューティング, ファイアリング
ジャケット	*die* Jacke ヤッケ	jacket ヂャケト
じゃけんな 邪険な	kaltherzig, hart カルトヘルツィヒ, ハルト	cruel, hardhearted クルーエル, ハードハーテド
しゃこ 車庫	*die* Garage ガラージェ	garage ガラージ
しゃこう 社交		
～界	*der* Gesellschaftskreis ゲゼルシャフツクライス	fashionable society ファショナブル ソサイアティ
～ダンス	*der* Gesellschaftstanz ゲゼルシャフツタンツ	social dance ソウシャル ダンス
しゃざいする 謝罪する	*sich*⁴ entschuldigen エントシュルディゲン	apologize アパロチャイズ
しゃじつしゅぎ 写実主義	*der* Realismus レアリスムス	realism リーアリズム
しゃしょう 車掌	*der*(*die*) Schaffner(*in*) シャフナー (-ネリン)	conductor, guard カンダクタ, ガード
しゃしょく 写植	*der* Fotosatz フォートザッツ	photocomposition フォウトウカンポズィション
しゃしん 写真	*das* Foto フォート	photograph フォウトグラフ
～家	*der*(*die*) Fotograf(*in*) フォトグラーフ (-フィン)	photographer フォタグラファ
～屋	*das* Fotostudio フォートシュトゥーディオ	photo studio フォウトウ ステューディオウ
ジャズ	*der* Jazz ジャズ, ジェス	jazz ヂャズ
ジャスミン	*der* Jasmin ヤスミーン	jasmine ヂャズミン

日	独	英
写生する	skizzieren スキツィーレン	sketch スケチ
社説	*der* Leitartikel ライトアルティーケル	editorial エディトーリアル
車線	*die* Fahrbahn, *die* Fahrspur ファールバーン, ファールシュプーア	lane レイン
社宅	*die* Dienstwohnung ディーンストヴォーヌング	company house カンパニ ハウス
遮断する	ab|sperren アップシュペレン	intercept インタセプト
鯱	*der* Schwertwal シュヴェーアトヴァール	killer whale キラ ホウェイル
社長	*der(die)* Direktor(*in*) ディレクトーア (ディレクトーリン)	president プレズィデント
シャツ	*das* Hemd ヘムト	shirt シャート
（下着）	*das* Unterhemd ウンターヘムト	undershirt アンダシャート
借款	*die* Anleihe, *das* Darlehen アンライエ, ダールレーエン	loan ロウン
ジャッキ	*der* Wagenheber ヴァーゲンヘーバー	jack ヂャク
借金	*die* Schulden シュルデン	debt, loan デト, ロウン
しゃっくり	*der* Schluckauf シュルックアオフ	hiccup ヒカプ
ジャッジ	*der(die)* Schiedsrichter(*in*) シーツリヒター (-テリン)	judge ヂャヂ
シャッター	*der* Rollladen ロルラーデン	shutter シャタ
（カメラの）	*der* Verschluss フェアシュルス	shutter シャタ
車道	*die* Fahrbahn ファールバーン	roadway ロウドウェイ
煮沸する	auf|kochen アオフコッヘン	boil ボイル
しゃぶる	*an*³ lutschen ルッチェン	suck, suckle サク, サクル

日	独	英
シャベル	*die* Schaufel シャオフェル	shovel シャヴル
写本	*das* Manuskript マヌスクリプト	manuscript マニュスクリプト
シャボン玉	*die* Seifenblase ザイフェンブラーゼ	soap bubbles ソウプ バブルズ
邪魔	*das* Hindernis ヒンダーニス	hindrance, obstacle ヒンドランス, アブスタクル
～する	stören, hindern シュテーレン, ヒンダーン	disturb, hinder ディスターブ, ハインダ
ジャム	*die* Marmelade マルメラーデ	jam ヂャム
斜面	*der* Abhang アップハング	slope スロウプ
杓文字	*der* Löffel レッフェル	ladle レイドル
砂利	*der* Kies キース	gravel グラヴェル
車両	*der* Wagen ヴァーゲン	vehicles, cars ヴィークルズ, カーズ
車輪	*das* Rad ラート	wheel ホウィール
洒落	*der* Witz ヴィッツ	joke, witticism ヂョウク, ウィティスィズム
謝礼	*die* Belohnung ベローヌング	remuneration リミューナレイション
洒落た	schick シック	witty, smart ウィティ, スマート
シャワー	*die* Dusche ドゥッシェ	shower シャウア
ジャングル	*der* Dschungel, *der* Urwald ジュンゲル, ウーアヴァルト	jungle ヂャングル
シャンデリア	*der* Kronleuchter, *der* Lüster クローンロイヒター, リュスター	chandelier シャンディリア
ジャンパー	*die* Windjacke ヴィントヤッケ	windbreaker ウィンドブレイカ
シャンパン	*der* Champagner, *der* Sekt シャンパニャー, ゼクト	champagne シャンペイン

日	独	英
シャンプー	*das* Shampoo シャンプ	shampoo シャンプー
ジャンボジェット	*der* Jumbo ユンボ, ジャンボ	jumbo jet ヂャンボウ ヂェト
ジャンル	*die* Gattung ガットゥング	genre ジャーンル
首位	der erste Platz デア エーアステ プラッツ	the leading position ザ リーディング ポズィション
州	*das* Land ラント	state, province, country ステイト, プラヴィンス, カントリ
週	*die* Woche ヴォッヘ	week ウィーク
銃	*das* Gewehr ゲヴェーア	gun ガン
自由	*die* Freiheit フライハイト	freedom, liberty フリードム, リバティ
～な	frei, liberal フライ, リベラール	free, liberal フリー, リベラル
～形	*das* Freistilschwimmen フライシュティールシュヴィメン	free-style swimming フリースタイル スウィミング
～貿易	*der* Freihandel フライハンデル	free trade フリー トレイド
周囲	*der* Umfang, *der* Umkreis ウムファング, ウムクライス	circumference サカムファレンス
（環境）	*die* Umgebung ウムゲーブング	surroundings サラウンディングズ
獣医	*der*(*die*) Tierarzt(*ärztin*) ティーアアールツト (-エーアツティン)	veterinarian ヴェテリネアリアン
十一月	*der* November ノヴェンバー	November ノウヴェンバ
収益	*der* Ertrag, *der* Gewinn エアトラーク, ゲヴィン	profits, gains プラフィツ, ゲインズ
十億	eine Milliarde アイネ ミリアルデ	a billion ア ビリョン
集会	*die* Versammlung フェアザムルング	meeting, gathering ミーティング, ギャザリング
収穫	*die* Ernte エルンテ	crop, harvest クラプ, ハーヴィスト

日	独	英
〜する	ernten / エルンテン	harvest, reap / ハーヴィスト, リープ
しゅうがくりょこう 修学旅行	*die* Schulreise / シューレライゼ	school trip / スクール トリプ
じゅうがつ 十月	*der* Oktober / オクトーバー	October / アクトウバ
しゅうかん 習慣	*die* Gewohnheit / ゲヴォーンハイト	habit, custom / ハビト, カスタム
〜的な	gewohnheitsmäßig / ゲヴォーンハイツメースィヒ	habitual / ハビチュアル
しゅうかんし 週刊誌	*die* Wochenzeitschrift / ヴォッヘンツァイトシュリフト	weekly / ウィークリ
しゅうき 周期	*die* Periode / ペリオーデ	cycle, period / サイクル, ピアリアド
しゅうぎいん 衆議院	*das* Unterhaus / ウンターハオス	the House of Representatives / ザ ハウス オヴ レプリゼンタティヴズ
しゅうきゅう 週休		
〜2日制	*die* Fünftagewoche / フュンフターゲヴォッヘ	five-day week / ファイヴデイ ウィーク
しゅうきゅう 週給	*der* Wochenlohn / ヴォッヘンローン	weekly pay / ウィークリ ペイ
じゅうきょ 住居	*die* Wohnung / ヴォーヌング	dwelling / ドウェリング
しゅうきょう 宗教	*die* Religion / レリギオーン	religion / リリヂョン
じゅうぎょういん 従業員	*der*(*die*) Mitarbeiter(*in*), *der/die* Beschäftigte / ミットアルバイター (-テリン), ベシェフティヒテ	employee, worker / インプロイイー, ワーカ
じゅうきんぞく 重金属	*das* Schwermetall / シュヴェーアメタル	heavy metal / ヘヴィ メタル
シュークリーム	*der* Windbeutel / ヴィントボイテル	cream puff / クリーム パフ
しゅうけい 集計する	zusammen|rechnen / ツザメンレヒネン	total / トウタル
しゅうげき 襲撃	*der* Angriff / アングリフ	attack, assault / アタク, アソールト

日	独	英
しゅうごう 集合	*die* Zusammenkunft ツザメンクンフト	gathering ギャザリング
（数学）	*die* Menge メンゲ	set セト
～する	zusammen|kommen ツザメンコメン	gather ギャザ
じゅうこうぎょう 重工業	*die* Schwerindustrie シュヴェーアインドゥストリー	heavy industries ヘヴィ インダストリズ
ジューサー	*die* Saftpresse ザフトプレッセ	juicer ヂューサ
しゅうさい 秀才	hervorragender Kopf ヘアフォーアラーゲンダー コプフ	talented person タレンティド パースン
しゆうざいさん 私有財産	*das* Privateigentum プリヴァートアイゲントゥーム	private property プライヴェト プラパティ
しゅうさく 習作	*die* Studie シュトゥーディエ	study, étude スタディ, エチュード
じゅうさつ 銃殺する	erschießen エアシーセン	shoot... dead シュート デド
しゅうし 修士	*der* Magister マギスター	master マスタ
～課程	*der* Magisterkurs マギスタークルス	master's course マスタズ コース
～号	*der* Magister マギスター	master's degree マスタズ ディグリー
しゅうじ 習字	*die* Kalligrafie カリグラフィー	penmanship ペンマンシプ
じゅうじ 十字	*das* Kreuz クロイツ	cross クロス
～架	*das* Kreuz クロイツ	cross クロス
～軍	*der* Kreuzzug クロイツツーク	crusade クルーセイド
～路	*die* (Straßen)kreuzung (シュトラーセン) クロイツング	crossroads クロスロウヅ
しゅうじがく 修辞学	*die* Rhetorik レトーリク	rhetorics レトリクス
じゅうし 重視する	wichtig nehmen ヴィヒティヒ ネーメン	attach importance *to* アタチ インポータンス

日	独	英
じゅうじつ 充実する	inhaltsreich sein インハルツライヒ ザイン	fill up, complete フィル アプ, カンプリート
しゅうしふ 終止符	*der* Punkt プンクト	period ピアリオド
しゅうしゅう 収集	*die* Sammlung ザムルング	collection カレクション
～する	sammeln ザメルン	collect コレクト
～家	*der(die)* Sammler(*in*) ザムラー (-レリン)	collector カレクタ
しゅうしゅく 収縮	*die* Kontraktion コントラクツィオーン	contraction コントラクション
じゅうじゅん 従順な	gehorsam ゲホーアザーム	obedient オビーディエント
じゅうしょ 住所	*die* Adresse, *die* Anschrift アドレッセ, アンシュリフト	address アドレス
じゅうしょう 重傷	schwere Verletzung [Wunde] シュヴェーレ フェアレッツング [ヴンデ]	serious wound スィリアス ウーンド
しゅうしょく 就職する	eine Stellung finden アイネ シュテルング フィンデン	find employment ファインド インプロイメント
しゅうじん 囚人	*der/die* Gefangene ゲファンゲネ	prisoner プリズナ
じゅうしん 重心	*der* Schwerpunkt シュヴェーアプンクト	the center of gravity ザ センタ オヴ グラヴィティ
しゅうしんけい 終身刑	lebenslängliche Freiheitsstrafe レーベンスレングリヒェ フライハイツシュトラーフェ	life imprisonment ライフ インプリズンメント
ジュース	*der* Saft ザフト	juice ヂュース
しゅうせい 習性	*die* Gewohnheit ゲヴォーンハイト	habit ハビト
しゅうせい 修正する	korrigieren コリギーレン	amend, revise アメンド, リヴァイズ
しゅうせん 終戦	*das* Kriegsende クリークスエンデ	the end of the war ジ エンド オヴ ザ ウォー
しゅうぜん 修繕する	reparieren レパリーレン	repair, mend リペア, メンド
じゅうぞく 従属する	*sich⁴* unter|ordnen ウンターオルドネン	be subordinate *to* ビ サボーディネト

日	独	英
渋滞(じゅうたい)	der Stau シュタオ	jam ヂャム
重体(じゅうたい)	die Lebensgefahr レーベンスゲファール	serious condition スィリアス カンディション
十代(じゅうだい)	der Teenager ティーネージャ	teens ティーンズ
集大成(しゅうたいせい)	das Sammelwerk ザメルヴェルク	compilation カンピレイション
重大な(じゅうだいな)	wichtig ヴィヒティヒ	grave, serious グレイヴ, スィリアス
住宅(じゅうたく)	das Wohnhaus ヴォーンハオス	house, housing ハウス, ハウズィング
集団(しゅうだん)	die Gruppe グルッペ	group, body グループ, バディ
絨毯(じゅうたん)	der Teppich テッピヒ	carpet, rug カーペト, ラグ
縦断する(じゅうだんする)	überqueren ユーバークヴェーレン	traverse トラヴァース
羞恥心(しゅうちしん)	das Schamgefühl シャームゲフュール	sense of shame センス オヴ シェイム
終着駅(しゅうちゃくえき)	die Endstation エントシュタツィオーン	terminus, terminal ターミナス, ターミナル
執着する(しゅうちゃくする)	sich⁴ an⁴ hängen ヘンゲン	stick to スティク
集中する(しゅうちゅうする)	sich⁴ konzentrieren コンツェントリーレン	concentrate カンセントレイト
終点(しゅうてん)	die Endstation エントシュタツィオーン	the end of a line ザ エンド オヴ ア ライン
終電(しゅうでん)	der letzte Zug デア レッツテ ツーク	the last train ザ ラスト トレイン
重点(じゅうてん)	der Schwerpunkt シュヴェーアプンクト	emphasis, importance エンフィスィス, インポータンス
充電する(じゅうでんする)	auf|laden アオフラーデン	charge チャーヂ
シュート	der Schuss シュス	shot シャト

日	独	英
しゅうと 舅	*der* Schwiegervater シュヴィーガーファーター	father-in-law ファーザインロー
しゅうどういん 修道院	*das* Kloster クロースター	monastery, convent マナステリ, カンヴェント
しゅうどうし 修道士	*der* Mönch メンヒ	monk マンク
しゅうどうじょ 修道女	*die* Nonne ノネ	nun, sister ナン, スィスタ
しゅうとく 修[習]得する	erlernen エアレルネン	learn, acquire ラーン, アクワイア
しゅうとめ 姑	*die* Schwiegermutter シュヴィーガームッター	mother-in-law マザインロー
じゅうなん 柔軟な	flexibel, elastisch フレクスィーベル, エラスティシュ	flexible, supple フレクスィブル, サプル
じゅうにがつ 十二月	*der* Dezember デツェンバー	December ディセンバ
じゅうにしちょう 十二指腸	*der* Zwölffingerdarm ツヴェルフフィンガーダルム	duodenum デューアディーナム
しゅうにゅう 収入	*das* Einkommen, *die* Einkünfte アインコメン, アインキュンフテ	income インカム
しゅうにん 就任	*der* Amtsantritt アムツアントリット	inauguration イノーギュレイション
しゅうのう 収納	*die* Lagerung ラーゲルング	storage ストーリヂ
しゅうは 宗派	*die* Sekte, *die* Konfession ゼクテ, コンフェスィオーン	sect, denomination セクト, デナミネイション
しゅうはすう 周波数	*die* Frequenz フレクヴェンツ	frequency フリークウェンスィ
じゅうびょう 重病	schwere Krankheit シュヴェーレ クランクハイト	serious illness スィリアス イルネス
しゅうふく 修復する	restaurieren レスタオリーレン	restore リストー
しゅうぶん 秋分	*die* Herbst-Tagundnachtgleiche ヘルプスタークウントナハトグライヒェ	the autumnal equinox ジ オータムナル イークウィナクス
じゅうぶん 十分な	reichlich, genügend ライヒリヒ, ゲニューゲント	sufficient, enough サフィシェント, イナフ

日	独	英
周辺（しゅうへん）	*die* Umgebung ウムゲーブング	circumference サーカムフェレンス
週末（しゅうまつ）	*das* Wochenende ヴォッヘンエンデ	weekend ウィーケンド
住民（じゅうみん）	*der* Einwohner アインヴォーナー	inhabitants, residents インハビタンツ, レズィデンツ
～登録	*die* Anmeldung beim Einwohnermeldeamt アンメルドゥング バイム アインヴォーナーメルデアムト	resident registration レズィデント レジストレイション
重役（じゅうやく）	*der*(*die*) Direktor(*in*) ディレクトーア (ディレクトーリン)	director ディレクタ
重油（じゅうゆ）	*das* Schweröl シュヴェーアエール	heavy oil ヘヴィ オイル
周遊（しゅうゆう）	*die* Rundreise ルントライゼ	tour, excursion トゥア, イクスカージョン
収容する（しゅうようする）	auf|nehmen アオフネーメン	receive リスィーヴ
重要な（じゅうような）	wichtig ヴィヒティヒ	important, principal インポータント, プリンスィパル
修理（しゅうり）	*die* Reparatur レパラトゥーア	repair リペア
～する	reparieren レパリーレン	repair, mend リペア, メンド
重量（じゅうりょう）	*das* Gewicht ゲヴィヒト	weight ウェイト
～挙げ	*das* Gewichtheben ゲヴィヒトヘーベン	weight lifting ウェイト リフティング
終了する（しゅうりょうする）	ab|schließen アップシュリーセン	finish, end, close フィニシュ, エンド, クロウス
重力（じゅうりょく）	*die* Gravitation グラヴィタツィオーン	gravity, gravitation グラヴィティ, グラヴィテイション
収録（しゅうろく）	*die* Aufnahme アオフナーメ	recording リコーディング
収賄（しゅうわい）	*die* Bestechung ベシュテッヒュング	corruption, graft コラプション, グラフト
守衛（しゅえい）	*der*(*die*) Pförtner(*in*) プフェルトナー (-ネリン)	guard ガード

日	独	英
しゅえん 主演	*die* Hauptrolle ハオプトロレ	the leading role ザ リーディング ロウル
～する	die Hauptrolle spielen ディー ハオプトロレ シュピーレン	play the leading part プレイ ザ リーディング パート
～俳優	*der*(*die*) Hauptdarsteller(*in*) ハオプトダールシュテラー (-レリン)	leading actor リーディング アクタ
しゅかん 主観	*das* Subjekt ズブイェクト	subjectivity サブヂェクティヴィティ
～的な	subjektiv ズブイェクティーフ	subjective サブヂェクティヴ
しゅぎ 主義	*das* Prinzip プリンツィープ	principle, doctrine プリンスィプル, ダクトリン
しゅぎょう 修行	*die* Lehrzeit レーアツァイト	apprenticeship アプレンティスシプ
じゅきょう 儒教	*der* Konfuzianismus コンフツィアニスムス	Confucianism カンフューシャニズム
じゅぎょう 授業	*der* Unterricht ウンターリヒト	class, lesson クラス, レスン
じゅく 塾	*die* Nachhilfeschule ナーハヒルフェシューレ	private school プライヴェト スクール
しゅくがかい 祝賀会	*die* Feier ファイアー	celebration セレブレイション
じゅくご 熟語	*das* Idiom, *die* Redewendung イディオーム, レーデヴェンドゥング	idiom, phrase イディオム, フレイズ
しゅくじつ 祝日	*der* Feiertag ファイアータ―ク	public holiday, festival パブリク ハリデイ, フェスティヴァル
しゅくしゃ 宿舎	*die* Unterkunft ウンタークンフト	lodging ラヂング
しゅくしょう 縮小する	verkleinern フェアクライナーン	reduce リデュース
じゅく 熟する	reifen ライフェン	become ripe, mature ビカム ライプ, マチュア
しゅくだい 宿題	*die* Hausaufgabe ハオスアオフガーベ	homework ホウムワーク
じゅくねん 熟年	reifes Alter ライフェス アルター	mature age マチュア エイヂ
しゅくはい あ 祝杯を上げる	toasten トーステン	toast トウスト

日	独	英
しゅくはく 宿泊	*die* Übernachtung ユーバーナハトゥング	lodging ラヂング
～する	übernachten ユーバーナハテン	lodge, stay ラヂ, ステイ
～料	*die* Übernachtungskosten ユーバーナハトゥングスコステン	hotel charges ホウテル チャーヂズ
しゅくふくする 祝福する	segen ゼーゲン	bless ブレス
じゅくれん 熟練	*die* Geschicklichkeit ゲシックリヒカイト	skill スキル
しゅげい 手芸	*die* Handarbeit ハントアルバイト	handicraft ハンディクラフト
しゅけん 主権	*die* Souveränität ズヴェレニテート	sovereignty サヴレンティ
じゅけんする 受験する	ein Examen machen アイン エクサーメン マッヘン	take an examination テイク アン ネグザミネイション
しゅご 主語	*das* Subjekt ズブイェクト	subject サブヂクト
しゅこうげい 手工芸	*das* Handwerk ハントヴェルク	handicrafts ハンディクラフツ
しゅさいする 主催する	veranstalten フェアアンシュタルテン	sponsor スパンサ
しゅざいする 取材する	Stoff sammeln シュトフ ザメルン	gather information ギャザ インフォメイション
しゅじゅつ 手術	*die* Operation オペラツィオーン	operation アペレイション
～する	*an*³ operieren オペリーレン	operate アパレイト
しゅしょう 主将	*der*(*die*) Kapitän(*in*) カピテーン (-ニン)	the captain ザ キャプティン
しゅしょう 首相	*der*(*die*) Premierminister(*in*) プレミエーミニスター (-テリン)	the prime minister ザ プライム ミニスタ
(ドイツの)	*der*(*die*) Bundeskanzler(*in*) ブンデスカンツラー (-レリン)	Federal Chancellor フェデラル チャンスラ
じゅしょう 受賞		
～する	einen Preis erhalten アイネン プライス エアハルテン	win a prize ウィン ア プライズ

日	独	英
〜者	*der*(*die*) Preisträger(*in*) プライストレーガー (-ゲリン)	prize winner プライズ ウィナ
しゅしょく 主食	*das* Grundnahrungsmittel グルントナールングスミッテル	the staple food ザ ステイプル フード
しゅじん 主人	*der* Herr ヘル	master マスタ
(旅館飲食店の)	*der*(*die*) Wirt(*in*) ヴィルト (-ティン)	the proprietor ザ プロプライエタ
(夫)	mein Mann マイン マン	husband ハズバンド
しゅじんこう 主人公	*der*(*die*) Held(*in*) ヘルト (-ディン)	hero, heroine ヒアロウ, ヘロウイン
じゅしん 受信する	empfangen エンプファンゲン	receive リスィーヴ
しゅせき 首席	*der* Primus プリームス	head ヘド
しゅぞく 種族	*der* Stamm シュタム	race, tribe レイス, トライブ
しゅだい 主題	*das* Thema テーマ	subject, theme サブヂクト, スィーム
じゅたい 受胎	*die* Empfängnis エンプフェングニス	conception コンセプション
しゅだん 手段	*das* Mittel ミッテル	means, way ミーンズ, ウェイ
しゅちょう 主張する	behaupten ベハオプテン	assert, claim アサート, クレイム
しゅつえん 出演する	auf|treten アオフトレーテン	appear on the stage アピア オン ザ ステイヂ
しゅっか 出荷	*der* Versand フェアザント	shipment, forwarding シプメント, フォーワディング
しゅっきん 出勤する	zur Arbeit gehen ツーア アルバイト ゲーエン	go to work ゴウ トゥ ワーク
しゅっけつ 出血する	bluten ブルーテン	bleed ブリード
しゅつげん 出現	*die* Erscheinung エアシャイヌング	appearance アピアランス
〜する	erscheinen エアシャイネン	appear アピア

日	独	英
じゅつご 述語	*das* Prädikat プレディカート	predicate プレディケト
じゅつご 術語	*der* Fachausdruck ファッハアオスドルック	term ターム
しゅっこく 出国する	aus|reisen アオスライゼン	leave a country リーヴ ア カントリ
しゅっさん 出産	*die* Geburt ゲブーアト	birth, delivery バース, ディリヴァリ
～する	gebären ゲベーレン	give birth *to* ギヴ バース
しゅっし 出資	*die* Geldanlage, *die* Investition ゲルトアンラーゲ, インヴェスティツィオーン	investment インヴェストメント
しゅつじょう 出場する	*an*³ teil|nehmen タイルネーメン	participate *in* パーティスィペイト
しゅっしんち 出身地	*der* Heimatort ハイマートオルト	home town ホウム タウン
しゅっせいりつ 出生率	*die* Geburtenhäufigkeit ゲブーアテンホイフィヒカイト	birthrate バースレイト
しゅっせき 出席	*die* Anwesenheit アンヴェーゼンハイト	attendance, presence アテンダンス, プレズンス
～する	*bei*³ an|wesend sein アンヴェーゼント ザイン	attend, be present *at* アテンド, ビ プレズント
～者	*der/die* Anwesende アンヴェーゼンデ	attendant アテンダント
しゅっせ 出世する	Karriere machen カリエーレ マッヘン	succeed in life サクスィード イン ライフ
しゅっちょう 出張	*die* Dienstreise ディーンストライゼ	business trip ビズネス トリプ
しゅっぱつ 出発	*die* Abfahrt アップファールト	departure ディパーチャ
（飛行機の）	*der* Abflug アップフルーク	departure ディパーチャ
～する	ab|fahren アップファーレン	start, depart スタート ディパート
（飛行機が）	ab|fliegen アップフリーゲン	depart ディパート

日	独	英
しゅっぱん 出版	*die* Veröffentlichung フェアエッフェントリヒュング	publication パブリケイション
～する	veröffentlichen フェアエッフェントリヒェン	publish パブリシュ
～社	*der* Verlag フェアラーク	publishing company パブリシング カンパニ
しゅっぴ 出費	*die* Ausgaben アオスガーベン	expenses イクスペンスィズ
しゅつりょく 出力	*die* Ausgabe, *der* Output アオスガーベ, アオトプット	output アウトプット
～する	aus|geben アオスゲーベン	output アウトプット
しゅと 首都	*die* Hauptstadt ハオプトシュタット	capital, metropolis キャピタル, メトラポリス
しゅとう 種痘	*die* Impfung インプフング	vaccination ヴァクソネイション
しゅどうけん 主導権	*die* Initiative イニツィアティーヴェ	initiative イニシャティヴ
じゅどうたい 受動態	*das* Passiv パスィーフ	the passive voice ザ パスィヴ ヴォイス
しゅどうの 手動の	manuell マヌエル	hand-operated, manual ハンドアパレイテド, マニュアル
しゅとくする 取得する	erwerben エアヴェルベン	acquire, obtain アクワイア, オブテイン
じゅなん 受難	*das* Leiden ライデン	sufferings サファリングズ
じゅにゅうする 授乳する	stillen, die Brust geben シュティレン, ディ ブルスト ゲーベン	nurse, feed ナース, フィード
しゅにん 主任	*der*(*die*) Leiter(*in*), *der*(*die*) Chef(*in*) ライター (-テリン), シェフ (-フィン)	chief, head チーフ, ヘド
しゅのう 首脳	*der* Vorstand フォーアシュタント	head ヘド
シュノーケル	*der* Schnorchel シュノルヒェル	snorkel スノーケル
しゅび 守備	*die* Verteidigung フェアタイディグング	defense ディフェンス

日	独	英
しゅひん 主賓	*der* Ehrengast エーレンガスト	the guest of honor ザ ゲスト オヴ アナ
しゅふ 主婦	*die* Hausfrau ハオスフラオ	housewife ハウスワイフ
しゅみ 趣味	*der* Geschmack, *das* Hobby ゲシュマック, ホビ	taste, hobby テイスト, ハビ
じゅみょう 寿命	*die* Lebenserwartung レーベンスエアヴァルトゥング	the span of life ザ スパン オヴ ライフ
しゅもく 種目 (競技)	*die* Disziplin ディスツィプリーン	event イヴェント
じゅもん 呪文	*der* Zauberspruch ツァオバーシュプルフ	spell スペル
しゅやく 主役	*die* Hauptrolle ハオプトロレ	the leading part ザ リーディング パート
しゅよう 腫瘍	*der* Tumor, *die* Geschwulst トゥーモア, ゲシュヴルスト	tumor テューマ
じゅよう 需要	*die* Nachfrage ナーハフラーゲ	demand ディマンド
しゅよう 主要な	hauptsächlich ハオプトゼヒリヒ	principal, main プリンスィパル, メイン
じゅりつする 樹立する	errichten エアリヒテン	establish イスタブリシュ
しゅりゅうだん 手榴弾	*die* Handgranate ハントグラナーテ	hand grenade ハンド グリネイド
しゅりょう 狩猟	*die* Jagd ヤークト	hunting ハンティング
じゅりょうしょう 受領証	*die* Quittung クヴィットゥング	receipt リスィート
しゅりょく 主力	*die* Hauptmacht ハオプトマハト	the main force ザ メイン フォース
しゅるい 種類	*die* Art, *die* Sorte アールト, ゾルテ	kind, sort カインド, ソート
シュレッダー	*der* Reißwolf ライスヴォルフ	shredder シュレダ
しゅろ 棕櫚	*die* Palme パルメ	hemp palm ヘンプ パーム
しゅわ 手話	*die* Fingersprache フィンガーシュプラーヘ	sign language サイン ラングウィチ

日	独	英
じゅわき 受話器	*der* Hörer ヘーラー	receiver リスィーヴァ
じゅん 順	*die* Reihenfolge ライエンフォルゲ	order, turn オーダ, ターン
じゅんい 順位	*die* Rangordnung ラングオルドヌング	grade, ranking グレイド, ランキング
じゅんえき 純益	*der* Nettogewinn ネットゲヴィン	net profit ネト プラフィト
しゅんかん 瞬間	*der* Augenblick アオゲンブリック	moment モウメント
じゅんかん 循環する	um|laufen ウムラオフェン	circulate, rotate サーキュレイト, ロウテイト
じゅんきょう 殉教	*das* Martyrium マルテューリウム	martyrdom マータドム
〜者	*der*(*die*) Märtyrer(*in*) メルテューラー（-レリン）	martyr マータ
じゅんきん 純金	reines Gold ライネス ゴルト	pure gold ピュア ゴウルド
じゅんけつ 純潔	*die* Reinheit, *die* Keuschheit ラインハイト, コイシュハイト	purity, chastity ピュアリティ, チャスティティ
じゅんけっしょう 準決勝	*das* Halbfinale ハルプフィナーレ	semifinals セミファイナルズ
じゅんさ 巡査	*der* Schutzmann シュッツマン	police officer ポリース オフィサ
じゅんじゅんけっしょう 準々決勝	*das* Viertelfinale フィルテルフィナーレ	the quarterfinals ザ クウォータファイナルズ
じゅんじょ 順序	*die* Ordnung オルドヌング	order オーダ
じゅんしん 純真な	naiv, unschuldig ナイーフ, ウンシュルディヒ	naive, innocent ナーイーヴ, イノセント
じゅんすい 純粋な	rein ライン	pure, genuine ピュア, ヂェニュイン
じゅんちょう 順調な	glatt グラット	smooth, favorable スムーズ, フェイヴァラブル
じゅんのう 順応する	sich^4 auf^4 ein|stellen アインシュテレン	adapt *oneself* アダプト
じゅんばん 順番	*die* Reihenfolge ライエンフォルゲ	order, turn オーダ, ターン

日	独	英
じゅんび 準備	*die* Vorbereitung フォーアベライトゥング	preparation プレパレイション
～する	vor|bereiten フォーアベライテン	prepare プリペア
しゅんぶん 春分	*die* Frühlings-Tagundnachtgleiche フリューリングスタークウントナハトグライヒェ	the vernal equinox ザ ヴァーナル イークウィナクス
じゅんれい 巡礼	*die* Pilgerfahrt ピルガーファールト	pilgrimage ピルグリミヂ
～者	*der*(*die*) Pilger(*in*) ピルガー (-ゲリン)	pilgrim ピルグリム
じゅんろ 順路	*der* Rundgang, *die* Route ルントガング, ルーテ	route ルート
じょい 女医	*die* Ärztin エーアツティン	woman doctor ウマン ダクタ
しよう 使用	*der* Gebrauch ゲブラオホ	use ユース
～する	gebrauchen, benutzen ゲブラオヘン, ベヌッツェン	use ユーズ
～人	*der/die* Beschäftigte ベシェフティヒテ	employee インプロイイー
～料	*die* Benutzungsgebühren ベヌッツングスゲビューレン	fee フィー
しよう（用事） 私用	privates Geschäft プリヴァーテス ゲシェフト	private business プライヴェト ビズネス
しょう 省	*das* Ministerium ミニステーリウム	ministry ミニストリ
しょう 章	*das* Kapitel カピテル	chapter チャプタ
しょう 賞	*der* Preis プライス	prize, reward プライズ, リウォード
しょういだん 焼夷弾	*die* Brandbombe ブラントボンベ	incendiary bomb インセンディエリ バム
じょういん 上院	*das* Oberhaus オーバーハオス	the Upper House, the Senate ザ アパ ハウス, ザ セネト
じょうえいする 上映する	vor|führen フォーアフューレン	put on, show プト オン, ショウ

日	独	英
省エネ	*die* Energieeinsparung エネルギーアインシュパールング	energy conservation エナヂ カンサヴェイション
上演する	auf|führen アオフフューレン	present プリゼント
消化	*die* Verdauung フェアダオウング	digestion ディヂェスチョン
～不良	*die* Verdauungsstörung フェアダオウングスシュテールング	indigestion インディヂェスチョン
消火 ～する	löschen レッシェン	put out a fire プト アウト ア ファイア
～器	*der* Feuerlöscher フォイアーレッシャー	extinguisher イクスティングウィシャ
生姜	*der* Ingwer イングヴァー	ginger ヂンヂャ
紹介	*die* Vorstellung フォーアシュテルング	introduction イントロダクション
～する	vor|stellen フォーアシュテレン	introduce イントロデュース
傷害	*die* Verletzung フェアレッツング	injury インヂュリ
障害	*das* Hindernis, *die* Behinderung, *die* Störung ヒンダーニス, ベヒンデルング, シュテールング	obstacle アブスタクル
生涯	*das* Leben レーベン	lifetime ライフタイム
奨学金	*das* Stipendium シュティペンディウム	scholarship スカラシプ
小学生	*der*(*die*) Grundschüler(*in*) グルントシューラー (-レリン)	schoolchild スクールチャイルド
奨学生	*der*(*die*) Stipendiat(*in*) シュティペンディアート (-ティン)	scholar スカラ
正月	*das* Neujahr ノイヤール	the New Year ザ ニュー イア
小学校	*die* Grundschule グルントシューレ	elementary school エレメンタリ スクール
蒸気	*der* Dampf ダンプフ	vapor, steam ヴェイパ, スティーム

日	独	英
じょうぎ 定規	das Lineal リネアール	ruler ルーラ
じょうきゃく 乗客	der(die) Passagier(in) パサジーア (-リン)	passenger パセンチャ
しょうきゅう 昇給	die Gehaltserhöhung ゲハルツエアヘーウング	raise レイズ
じょうきゅう 上級の	ober オーバー	higher, upper ハイヤ, アパ
しょうぎょう 商業	der Handel ハンデル	commerce カマス
じょう[じょう]きょう 情[状]況	die Situation ズィトゥアツィオーン	situation スィチュエイション
しょうきょくてき 消極的な	passiv パッスィーフ	negative, passive ネガティヴ, パスィヴ
しょうぐん 将軍	der General ゲネラール	general ヂェナラル
じょうげ 上下	auf und ab [nieder] アオフ ウント アップ [ニーダー]	up and down アプ アンド ダウン
じょうけい 情景	die Szene スツェーネ	spectacle, sight スペクタクル, サイト
しょうげき 衝撃	der Schock ショック	shock, impact シャク, インパクト
しょうけん 証券	das Wertpapier ヴェーアトパピーア	bill, bond ビル, バンド
しょうげん 証言	die Zeugenaussage ツォイゲンアオスザーゲ	testimony テスティモウニ
～する	aus|sagen, bezeugen アオスザーゲン, ベツォイゲン	testify テスティファイ
じょうけん 条件	die Bedingung ベディングング	condition, terms カンディション, タームズ
しょうこ 証拠	der Beweis ベヴァイス	proof, evidence プルーフ, エヴィデンス
しょうご 正午	der Mittag ミッターク	noon ヌーン
しょうこう 将校	der Offizier オフィツィーア	officer オフィサ
しょうごう 称号	der Titel ティーテル	title タイトル

日	独	英
じょうこう 条項	*die* Klausel クラオゼル	articles アーティクルズ
しょうこうかいぎしょ 商工会議所	*die* Industrie- und Handelskammer インドゥストリー ウント ハンデルスカマー	the Chamber of Commerce ザ チェインバ オヴ カマース
しょうこうねつ 猩紅熱	*der* Scharlach シャルラッハ	scarlet fever スカーレト フィーヴァ
じょうこく 上告	*die* Berufung ベルーフング	appeal アピール
しょうさい 詳細	*die* Einzelheit アインツェルハイト	details ディーテイルズ
～な	ausführlich アオスフューアリヒ	detailed ディテイルド
じょうざい 錠剤	*die* Tablette タブレッテ	tablet タブレト
しょうさん 硝酸	*die* Salpetersäure ザルペーターゾイレ	nitric acid ナイトリク アスィド
じょうし 上司	*der/die* Vorgesetzte フォーアゲゼッツテ	superior, boss スピアリア, ボース
じょうしき 常識	der gesunde Menschenverstand デア ゲズンデ メンシェンフェアシュタント	common sense カモン センス
しょうじき 正直な	ehrlich エーアリヒ	honest アニスト
じょうしつ 上質の	fein ファイン	fine quality ファイン クワリティ
しょうしゃ 商社	*die* Handelsfirma ハンデルスフィルマ	trading company トレイディング カンパニ
じょうしゃ 乗車 ～する	in⁴ ein|steigen アインシュタイゲン	board, take, get in ボード, テイク, ゲト イン
～券	*die* Fahrkarte ファールカルテ	ticket ティケト
しょうじゅう 小銃	*das* Gewehr ゲヴェーア	rifle ライフル
しょうしゅう 召集する	ein|berufen アインベルーフェン	muster, call out マスタ, コール アウト
じょうじゅん 上旬	die erste Monatsdekade ディー エーアステ モーナツデカーデ	the first ten days of a month ザ ファースト テン デイズ オヴ ア マンス

日	独	英
しょうしょ 証書	*das* Zeugnis ツォイクニス	bond, deed バンド, ディード
しょうじょ 少女	*das* Mädchen メートヒェン	girl ガール
しょうじょう 症状	*das* Symptom ズュンプトーム	symptom スィンプトム
しょうじょう 賞状	*die* Ehrenurkunde エーレンウーアクンデ	certificate of merit サティフィケト オヴ メリト
じょうしょう 上昇する	auf|steigen アオフシュタイゲン	rise, go up ライズ, ゴウ アプ
しょう 生じる	sich^4 ereignen, erfolgen エアアイグネン, エアフォルゲン	happen, take place ハプン, テイク プレイス
しょうしん 昇進する	befördert werden ベフェルダート ヴェーアデン	be promoted ビ プロモウテド
しょうすう 小数	*der* Dezimalbruch デツィマールブルフ	decimal デスィマル
～点	*das* Dezimalbruchkomma デツィマールブルッフコンマ	decimal point デスィマル ポイント
しょうすう 少数	*die* Minderheit ミンダーハイト	minority マイノリティ
じょうず 上手な	geschickt ゲシックト	skillful スキルフル
じょうせい 情勢	*die* Sachlage ザッハラーゲ	situation スィチュエイション
しょうせつ 小説	*der* Roman ロマーン	novel ナヴェル
～家	*der*(*die*) Schriftsteller(*in*) シュリフトシュテラー（-レリン）	novelist ナヴェリスト
じょうせつ 常設の	ständig シュテンディヒ	standing, permanent スタンディング, パーマネント
じょうせん 乗船する	an Bord gehen アン ボルト ゲーエン	embark インバーク
しょうぞう 肖像	*das* Porträt ポルトレー	portrait ポートレイト
じょうぞう 醸造	*das* Brauen ブラオエン	brewing ブルーイング
しょうそく 消息	*die* Nachricht ナーハリヒト	news ニューズ

日	独	英
招待（しょうたい）	die Einladung アインラードゥング	invitation インヴィテイション
～する	zu^3 ein|laden アインラーデン	invite インヴァイト
状態（じょうたい）	der Zustand ツーシュタント	state, situation ステイト, スィチュエイション
承諾する（しょうだくする）	ein|willigen アインヴィリゲン	consent, accept カンセント, アクセプト
上達する（じょうたつする）	in^3 Fortschritte machen フォルトシュリッテ マッヘン	make progress メイク プラグレス
商談（しょうだん）	die Geschäftsverhandlung ゲシェフツフェアハンドルング	business talk ビズネス トーク
冗談（じょうだん）	der Scherz シェルツ	joke, jest ヂョウク, ヂェスト
～半分に	halb im Scherz ハルプ イム シェルツ	half in joke ハフ イン ヂョウク
承知する（しょうちする）	in^4 ein|willigen アインヴィリゲン	agree, consent アグリー, カンセント
焼酎（しょうちゅう）	japanischer Schnaps ヤパーニシャー シュナプス	rough distilled spirits ラフ ディスティルド スピリッツ
情緒（じょうちょ）	die Atmosphäre アトモスフェーレ	atmosphere アトモスフィア
（感情）	die Emotion エモツィオーン	emotion イモウション
象徴（しょうちょう）	das Symbol ズュンボール	symbol スィンボル
～する	symbolisieren ズュンボリズィーレン	symbolize スィンボライズ
～主義	der Symbolismus ズュンボリスムス	symbolism スィンボリズム
商店（しょうてん）	das Geschäft ゲシェフト	store, shop ストー, シャプ
焦点（しょうてん）	der Brennpunkt ブレンプンクト	focus フォウカス
衝動的な（しょうどうてきな）	impulsiv インプルズィーフ	impulsive インパルスィヴ
上等の（じょうとうの）	erstklassig エーアストクラスィヒ	good, superior グド, スピアリア

日	独	英
しょうどく 消毒	*die* Desinfektion デスインフェクツィオーン	disinfection ディスインフェクション
〜する	desinfizieren デスインフィツィーレン	disinfect ディスインフェクト
〜薬	*das* Desinfektionsmittel デスインフェクツィオーンスミッテル	disinfectant ディスインフェクタント
じょうと 譲渡する	ab|treten アップトレーテン	transfer トランスファー
しょうとつ 衝突	*der* Zusammenstoß ツザメンシュトース	collision, clash カリジョン, クラシュ
〜する	*mit*³ zusammen|stoßen ツザメンシュトーセン	collide *with* カライド
しょうにか 小児科	*die* Pädiatrie, *die* Kinderheilkunde ペディアトリー, キンダーハイルクンデ	pediatrics ピーディアトリクス
〜医	*der*(*die*) Kinder*arzt*(*ärztin*) キンダーアールツト (-エーアツティン)	pediatrician ピーディアトリシャン
しょうにゅうせき 鐘乳石	*der* Stalaktit スタラクティート	stalactite スタラクタイト
しょうにん 商人	*der*(*die*) Händler(*in*) ヘンドラー (-レリン)	merchant マーチャント
しょうにん 証人	*der*(*die*) Zeuge(*in*) ツォイゲ (-ギン)	witness ウィトネス
しょうにん 承認	*die* Anerkennung, *die* Bewilligung アンエアケヌング, ベヴィリグング	approval, recognition アプルーヴァル, レコグニション
〜する	an|erkennen, bewilligen アンエアケネン, ベヴィリゲン	approve, recognize アプルーヴ, レコグナイズ
じょうにん 常任の	ständig, regulär シュテンディヒ, レグレーア	standing, regular スタンディング, レギュラ
じょうねつ 情熱	*die* Leidenschaft ライデンシャフト	passion, ardor パション, アーダ
しょうねん 少年	*der* Junge ユンゲ	boy ボイ
じょうば 乗馬	*das* Reiten ライテン	riding ライディング
しょうはい 勝敗	Sieg und Niederlage ズィーク ウント ニーダーラーゲ	victory or defeat ヴィクトリ オ ディフィート

日	独	英
しょうばい 商売	*das* Geschäft ゲシェフト	trade, business トレイド, ビズネス
じょうはつ 蒸発する	verdunsten フェアドゥンステン	evaporate イヴァポレイト
じょうはんしん 上半身	*der* Oberkörper オーバーケルパー	the upper half of the body ジ アパ ハフ オヴ ザ バディ
しょうひ 消費	*der* Verbrauch フェアブラオホ	consumption カンサンプション
〜する	verbrauchen フェアブラオヘン	consume, spend カンシューム, スペンド
〜者	*der*(*die*) Verbraucher(*in*) フェアブラオハー (-ヘリン)	consumer カンシューマ
〜税	*die* Verbrauchssteuer フェアブラオホスシュトイアー	consumption tax カンサンプション タクス
しょうひょう 商標	*das* Warenzeichen ヴァーレンツァイヒェン	trademark, brand トレイドマーク, ブランド
しょうひん 賞品	*der* Preis プライス	prize プライズ
しょうひん 商品	*die* Ware ヴァーレ	commodity, goods コマディティ, グツ
〜化する	kommerzialisieren コメルツィアリズィーレン	commercialize カマーシャライズ
じょうひんな 上品な	vornehm, elegant フォーネーム, エレガント	elegant, refined エリガント, リファインド
しょうぶ 勝負	*der* Wettkampf ヴェットカンプフ	game, match ゲイム, マチ
〜する	*mit*³ *um*⁴ kämpfen ケンプフェン	contest, fight カンテスト, ファイト
じょうぶな 丈夫な	stabil シュタビール	strong, robust ストロング, ロウバスト
じょうへき 城壁	*die* Mauer マオアー	castle wall キャスル ウォール
しょうべん 小便	*der* Harn, *der* Urin ハルン, ウリーン	urine ユアリン
じょうほ 譲歩	*das* Zugeständnis ツーゲシュテントニス	concession カンセション
〜する	zu|gestehen ツーゲシュテーエン	concede カンスィード

日	独	英
しょうほう 商法	*das* Handelsgesetz ハンデルスゲゼッツ	the commercial code ザ カマーシャル コウド
しょうぼう 消防	*die* Feuerwehr フォイアーヴェーア	fire fighting ファイア ファイティング
～士	*der* Feuerwehrmann フォイアーヴェーアマン	fire fighter ファイア ファイタ
～車	*das* Feuerwehrauto フォイアーヴェーアアオト	fire engine ファイア エンヂン
～署	*die* Feuerwache フォイアーヴァッヘ	firehouse ファイアハウス
じょうほう 情報	*die* Information インフォルマツィオーン	information インフォメイション
しょうほん 抄本	*der* Auszug アオスツーク	abstract アブストラクト
じょうまえ 錠前	*das* Schloss シュロス	lock ラク
しょうみ 正味の	netto ネット	net ネト
じょうみゃく 静脈	*die* Vene ヴェーネ	vein ヴェイン
じょうむいん 乗務員	*das* Personal ペルゾナール	crew member クルー メンバ
しょうめい 照明	*die* Beleuchtung ベロイヒトゥング	illumination イルーミネイション
しょうめい 証明	*der* Beweis ベヴァイス	proof, evidence プルーフ, エヴィデンス
～する	beweisen ベヴァイゼン	prove, verify プルーヴ, ヴェリファイ
～書	*die* Bescheinigung ベシャイニグング	certificate サティフィケト
しょうめん 正面	*die* Vorderseite フォルダーザイテ	the front ザ フラント
じょうやく 条約	*der* Vertrag フェアトラーク	treaty, pact トリーティ, パクト
しょうゆ 醤油	*die* Sojasoße ゾーヤゾーセ	soy sauce ソイ ソース
しょうよ 賞与	*der* Bonus ボーヌス	bonus ボウナス

日	独	英
常用する	alltäglich gebrauchen アルテークリヒ ゲブラオヘン	use habitually ユーズ ハビチュアリ
商用で	geschäftlich ゲシェフトリヒ	on business オン ビズネス
将来	*die* Zukunft ツークンフト	future フューチャ
勝利	*der* Sieg ズィーク	victory ヴィクトリ
上陸	*die* Landung ランドゥング	landing ランディング
勝率	*der* Prozentsatz der Gewinne プロツェントザッツ デア ゲヴィネ	winning percentage ウィニングパセンティヂ
省略する	ab|kürzen アップキュルツェン	omit, abridge オウミット, アブリヂ
上流	*der* Oberlauf オーバーラオフ	the upper stream ザ アパ ストリーム
～階級	höhere Stände ヘーエレ シュテンデ	the higher classes ザ ハイヤ クラスィズ
蒸留 ～する	destillieren デスティリーレン	distill ディスティル
～酒	*der* Branntwein ブラントヴァイン	distilled liquor ディスティルド リカ
少量の	ein wenig アイン ヴェーニヒ	a little ア リトル
条例	*die* Verordnung, *die* Satzung フェアオルドヌング, ザッツング	regulations, rules レギュレイションズ, ルールズ
奨励する	fördern フェルダーン	encourage インカーリヂ
常連	*der* Stammkunde シュタムクンデ	frequenter フリークウェンタ
鐘楼	*der* Glockenturm グロッケントゥルム	belfry ベルフリ
小論文	*der* Aufsatz アオフザッツ	essay エセイ
ショー	*die* Schau, *die* Show シャオ, ショー	show ショウ
女王	*die* Königin ケーニギン	queen クウィーン

日	独	英
ショーウインド	*das* Schaufenster シャオフェンスター	show window ショウ ウィンドウ
ジョーカー	*der* Joker ヨーカ, ジョーカ	joker ヂョウカ
ジョーク	*der* Witz ヴィッツ	joke ヂョウク
ショーツ	*die* Shorts ショルツ	shorts ショーツ
ショート (電気)	*der* Kurzschluss クルツシュルス	short circuit ショート サーキト
～パンツ	kurze Hosen クルツェ ホーゼン	short pants ショート パンツ
ショール	*der* Schal シャール	shawl ショール
初夏	*der* Frühsommer フリューゾマー	early summer アーリ サマ
除外する	aus|schließen アオスシュリーセン	exclude, except イクスクルード, イクセプト
初学者	*der*(*die*) Anfänger(*in*) アンフェンガー (-ゲリン)	beginner ビギナ
書簡	*der* Brief ブリーフ	letter, correspondence レタ, コーレスパンデンス
初期	*das* Anfangsstadium アンファングスシュターディウム	the first stage ザ ファースト ステイヂ
書記	*der*(*die*) Sekretär(*in*) ゼクレテーア (-リン)	clerk, secretary クラーク, セクレテリ
初級	*die* Grundstufe グルントシュトゥーフェ	the beginners' class ザ ビギナズ クラス
除去	*die* Entfernung エントフェルヌング	removal リムーヴァル
～する	*aus*³ entfernen エントフェルネン	remove, eliminate リムーヴ, イリミネイト
助教授	außerordentliche*r*(*e*) Professor(*in*) アオサーオルデントリヒャー (-ヒェ) プロフェッソーア (-フェソーリン)	assistant professor アスィスタント プロフェサ
ジョギング	*das* Jogging ジョギング	jogging ヂャギング

日	独	英
〜する	joggen ジョゲン	jog ヂャグ
職 しょく	*die* Stelle シュテレ	job, work, position ヂャブ, ワーク, ポズィション
職員 しょくいん	*der/die* Angestellte アンゲシュテルテ	staff スタフ
食塩 しょくえん	*das* Kochsalz コッホザルツ	salt ソールト
職業 しょくぎょう	*der* Beruf ベルーフ	occupation オキュペイション
〜病	*die* Berufskrankheit ベルーフスクランクハイト	occupational disease アキュペイショナル ディズィーズ
食後 しょくご	nach dem Essen ナーハ デム エッセン	after a meal アフタ ア ミール
贖罪 しょくざい	*die* Buße ブーセ	atonement, expiation アトウンメント, エクスピエイション
食事 しょくじ	*das* Essen エッセン	meal ミール
植樹 しょくじゅ	*die* Baumpflanzung バオムプフランツング	planting プランティング
食前 しょくぜん	vor dem Essen フォーア デム エッセン	before a meal ビフォー ア ミール
燭台 しょくだい	*der* Kerzenleuchter ケルツェンロイヒター	candlestick キャンドルスティク
食卓 しょくたく	*der* Esstisch エスティッシュ	dining table ダイニング テイブル
食中毒 しょくちゅうどく	*die* Nahrungsmittelvergiftung ナールングスミッテルフェアギフトゥング	food poisoning フード ポイズニング
食通 しょくつう	*der*(*die*) Feinschmecker(*in*) ファインシュメッカー (-ケリン)	gourmet グアメイ
食堂 しょくどう	*das* Esszimmer エスツィマー	dining room ダイニング ルーム
（飲食店）	*das* Restaurant レストラーン	eating house イーティング ハウス
〜車	*der* Speisewagen シュパイゼヴァーゲン	dining car ダイニング カー
職人 しょくにん	*der*(*die*) Handwerker(*in*) ハントヴェルカー (-ケリン)	workman, artisan ワークマン, アーティザン

■ 職業 ■ *der* Beruf /ベルーフ/

医者 *der(die)* Arzt(Ärztin) /アールツト（エーアツティン）/ (英doctor)

エンジニア *der(die)* Ingenieur(*in*) /インジェニエーア (-リン) / (英engineer)

会社員 *der/die* Angestellte /アンゲシュテルテ/ (英office worker)

看護師 *der(die)* Krankenpfleger(*in*) /クランケンプフレーガー (-ゲリン) / (英nurse)

教員 *der(die)* Lehrer(*in*) /レーラー (-レリン) / (英teacher)

漁師 *der(die)* Fischer(*in*) /フィッシャー (-シェリン) / (英fisherman)

銀行員 *der/die* Bankangestellte /バンクアンゲシュテルテ/ (英bank clerk)

警察官 *der(die)* Polizist(*in*) /ポリツィスト (-ティン) / (英police officer)

公務員 *der(die)* Beamte(Beamtin) /ベアムテ（ベアムティン）/ (英public official)

裁判官 *der(die)* Richter(*in*) /リヒター (-テリン) / (英judge, the court)

作家 *der(die)* Schriftsteller(*in*) /シュリフトシュテラー (-レリン) / (英writer, author)

消防士 *der(die)* Feuerwehrmann(Feuerwehrfrau) /フォイアーヴェーアマン（フォイアーヴェーアフラオ）/ (英fire fighter)

新聞記者 *der(die)* Zeitungsreporter(*in*) /ツァイトゥングスレポルター (-テリン) / (英pressman, reporter)

スタイリスト *der(die)* Stylist(*in*) /スタイリスト (-ティン) / (英stylist)

フライトアテンダント *der(die)* Flugbegleiter(*in*) /フルークベグライター (-テリン) / (英flight attendant)

セールスマン *der(die)* Vertreter(*in*) /フェアトレーター (-テリン) / (英salesman)

大工 *der* Zimmermann /ツィマーマン/ (英carpenter)

店員 *der(die)* Verkäufer(*in*) /フェアコイファー (-フェリン) / (英clerk)

美容師 *der(die)* Friseur(*in*) /フリゼーア (-リン) / (英beautician)

弁護士 *der(die)* Rechtsanwalt(Rechtsanwältin) /レヒツアンヴァルト（レヒツアンヴェルティン）/ (英lawyer, barrister)

日	独	英
しょくば 職場	*der* Arbeitsplatz アルバイツプラッツ	place of work プレイス オヴ ワーク
しょく 食パン	*das* Toastbrot トーストブロート	bread ブレド
しょくひ 食費	*die* Verpflegungskosten フェアプフレーグングスコステン	food expenses フード イクスペンスィズ
しょくひん 食品	*die* Lebensmittel レーベンスミッテル	food フード
～添加物	Zusatzstoffe für Lebensmittel ツーザッツシュトフェ フューア レーベンスミッテル	alimentary additives アリメンタリ アディティヴズ
しょくぶつ 植物	*die* Pflanze プフランツェ	plant, vegetation プラント, ヴェヂテイション
～園	botanischer Garten ボターニシャー ガルテン	botanical garden バタニカル ガードン
～学	*die* Botanik ボターニク	botany バタニ
しょくみんち 植民地	*die* Kolonie コロニー	colony カロニ
しょくむ 職務	*der* Dienst ディーンスト	duty, work デューティ, ワーク
しょくもつ 食物	*die* Nahrungsmittel ナールングスミッテル	food フード
しょくよう 食用の	essbar エスバール	for food, edible フォ フード, エディブル
しょくよく 食欲	*der* Appetit アペティート	appetite アペタイト
しょくりょう 食糧	*die* Nahrungsmittel ナールングスミッテル	food, provisions フード, プロヴィジョンズ
しょくりょうひんてん 食料品店	*das* Lebensmittelgeschäft レーベンスミッテルゲシェフト	grocery グロウサリ
じょげん 助言	*der* Ratschlag ラートシュラーク	advice, counsel アドヴァイス, カウンセル
～する	beraten, einen Ratschlag *geben* ベラーテン, アイネン ラートシュラーク ゲーベン	advise, counsel アドヴァイズ, カウンセル
じょこう 徐行する	langsam fahren ラングザーム ファーレン	go slow ゴウ スロウ

日	独	英
しょさい 書斎	*das* Arbeitszimmer, *das* Studierzimmer アルバイツツィマー, シュトゥディーアツィマー	study スタディ
しょざいち 所在地	*der* Standort シュタントオルト	location ロウケイション
じょさいない 如才ない	klug クルーク	tactful, shrewd タクトフル, シュルード
じょし 女子	*das* Mädchen, *die* Frau メートヒェン, フラオ	girl, woman ガール, ウマン
しょしき 書式	*das* Format フォルマート	form, format フォーム, フォーマト
じょじし 叙事詩	*das* Epos エーポス	epic エピク
じょしゅ 助手	*der(die)* Assistent(*in*) アスィステント (-ティン)	assistant アスィスタント
じょじゅつ 叙述	*die* Beschreibung ベシュライブング	description ディスクリプション
しょじゅん 初旬	die erste Monatsdekade ディー エーアステ モーナツデカーデ	the first third of a month ザ ファースト サード オヴ ア マンス
しょじょ 処女	*die* Jungfrau ユングフラオ	virgin, maiden ヴァーヂン, メイドン
じょじょうし 叙情詩	*die* Lyrik リューリク	lyric リリク
じょじょに 徐々に	allmählich アルメーリヒ	gradually, slowly グラヂュアリ, スロウリ
しょしんしゃ 初心者	*der(die)* Anfänger(*in*) アンフェンガー (-ゲリン)	beginner ビギナ
じょすう 序数	*die* Ordinalzahl オルディナールツァール	ordinal オーディナル
じょせい 女性	*die* Frau フラオ	woman ウマン
しょせき 書籍	*das* Buch ブーフ	book ブク
じょそう 助走	*der* Anlauf アンラオフ	approach run アプロウチ ラン
しょぞく 所属する	an|gehören アンゲヘーレン	belong *to* ビローング

日	独	英
所帯 (しょたい)	*der* Haushalt ハオスハルト	household, family ハウスホウルド, ファミリ
除隊する (じょたいする)	aus dem Militärdienst entlassen werden アオス デム ミリテーアディーンスト エントラッセン ヴェーアデン	get *one's* discharge ゲト ディスチャーヂ
初対面 (しょたいめん)	erste Begegnung エーアステ ベゲーグヌング	the first meeting ザ ファースト ミーティング
処置 (しょち)	*die* Maßnahme マースナーメ	disposition, measure ディスポズィション, メジャ
（治療）	*die* Behandlung ベハンドルング	treatment トリートメント
～する	Maßnahmen treffen マースナーメン トレッフェン	dispose *of* ディスポウズ
（治療）	behandeln ベハンデルン	treat トリート
所長 (しょちょう)	*der(die)* Direktor(*in*) ディレクトーア (ディレクトーリン)	head, director ヘド, ディレクタ
署長 (しょちょう)	*der(die)* Amtsvorsteher(*in*) アムツフォーアシュテーアー (-リン)	head ヘド
触覚 (しょっかく)	*die* Tastempfindung, *der* Tastsinn タストエンプフィンドゥング, タストズィン	the sense of touch ザ センス オヴ タチ
食器 (しょっき)	*das* Geschirr ゲシル	tableware テイブルウェア
～棚	*der* Geschirrschrank ゲシルシュランク	cupboard カバド
ジョッキ	*der* Bierkrug ビーアクルーク	jug, mug ヂャグ, マグ
ショック	*der* Schock ショック	shock シャク
ショット	*die* Aufnahme アオフナーメ	shot シャト
しょっぱい	sa*lzi*g ザルツィヒ	salty ソールティ
ショッピング	*das* Einkaufen アインカオフェン	shopping シャピング

日	独	英
～センター	*das* Einkaufszentrum アインカオフスツェントルム	shopping center シャピング センタ
書店	*die* Buchhandlung ブーフハンドルング	bookstore ブクストー

■ 食器 ■　　*das* Geschirr /ゲシル/

コップ　　*das* Glas /グラス/　(英glass)

カップ　　*die* Tasse /タッセ/　(英cup)

ティーカップ　　*die* Teetasse /テータッセ/　(英teacup)

デミタスカップ　　*die* Mokkatasse /モッカタッセ/　(英demitasse)

ソーサー　　*die* Untertasse /ウンタータッセ/　(英sauser)

グラス　　*das* Glas /グラース/　(英glass)

ワイングラス　　*das* Weinglas /ヴァイングラース/　(英wineglass)

ジョッキ　　*der* Bierkrug /ビーアクルーク/　(英jug, mug)

水差し　　*der* Krug /クルーク/ ; *die* (Wasser)kanne /(ヴァッサー)カネ/　(英pitcher)

ティーポット　　*die* Teekanne /テーカネ/　(英teapot)

コーヒーポット　　*die* Kaffeekanne /カフェカネ/　(英cofeepot)

コースター　　*der* Untersetzer /ウンターゼッツァー/　(英coaster)

皿　　*der* Teller /テラー/　(英plate, dish)

小皿　　kleiner Teller /クライナー テラー/　(英small plate)

大皿　　*die* Platte /プラッテ/　(英platter)

お碗　　*die* Holzschale /ホルツシャーレ/　(英rice-bowl)

箸　　*die* Essstäbchen /エスステープヒェン/　(英chopsticks)

スプーン　　*der* Löffel /レッフェル/　(英spoon)

フォーク　　*die* Gabel /ガーベル/　(英fork)

ナイフ　　*das* Messer /メッサー/　(英knife)

ストロー　　*der* Strohhalm /シュトローハルム/　(英straw)

サラダボール　　*die* Salatschüssel /ザラートシュッセル/　(英salad bowl)

ナプキン　　*die* Serviette /ゼルヴィエッテ/　(英napkin)

テーブルクロス　　*die* Tischdecke /ティッシュデッケ/　(英tablecloth)

日	独	英
しょとうきょういく 初等教育	*die* Elementarbildung エレメンタールビルドゥング	elementary education エレメンタリ エデュケイション
じょどうし 助動詞	*das* Hilfsverb ヒルフスヴェルプ	auxiliary verb オーグズィリャリ ヴァーブ
しょとく 所得	*das* Einkommen アインコメン	income インカム
～税	*die* Einkommenssteuer アインコメンスシュトイアー	income tax インカム タクス
しょばつする 処罰する	*für*⁴ bestrafen ベシュトラーフェン	punish パニシュ
じょばん 序盤	*die* Eröffnungsphase エアエフヌングスファーゼ	the early stage ジ アーリ ステイヂ
しょひょう 書評	*die* Buchbesprechung ブーフベシュプレヒュング	book review ブク リヴュー
じょぶん 序文	*das* Vorwort フォーアヴォルト	preface プレフィス
しょぶんする 処分する	weg|werfen ヴェックヴェルフェン	dispose *of* ディスポウズ
（処罰）	bestrafen ベシュトラーフェン	punish パニシュ
しょほ 初歩	*das* Abc アーベーツェー	ABC エイビースィー
～の［的な］	elementar エレメンタール	elementary エレメンタリ
しょほうせん 処方箋	*das* Rezept レツェプト	prescription プリスクリプション
しょみんてき 庶民的	bürgerlich ビュルガーリヒ	popular パピュラ
しょめい 署名	*die* Unterschrift ウンターシュリフト	signature スィグナチャ
～する	unterschreiben ウンターシュライベン	sign サイン
じょめいする 除名する	*aus*³ aus|schließen アオスシュリーセン	strike... off a list ストライク オーフ ア リスト
しょゆう 所有	*der* Besitz ベズィッツ	possession ポゼション
～する	besitzen ベズィッツェン	have, possess, own ハヴ, ポゼス, オウン

日	独	英
〜権	*das* Eigentumsrecht アイゲントゥームスレヒト	ownership, title オウナシプ, タイトル
〜者	*der*(*die*) Besitzer(*in*) ベズィッツァー (-ツェリン)	owner, proprietor オウナ, プライエタ
〜物	*der* Besitz ベズィッツ	property プラパティ
女優	*die* Schauspielerin シャオシュピーレリン	actress アクトレス
処理する	erledigen エアレーディゲン	dispose *of*, treat ディスポウズ, トリート
助力	*die* Hilfe ヒルフェ	help, aid ヘルプ, エイド
書類	*das* Dokument ドクメント	documents, papers ダキュメンツ, ペイパズ
〜かばん	*die* Aktentasche アクテンタッシェ	briefcase ブリーフケイス
ショルダーバッグ	*die* Umhängetasche ウムヘンゲタッシェ	shoulder bag ショウルダ バグ
地雷	*die* Mine ミーネ	mine マイン
白髪	graues Haar グラオエス ハール	gray hair グレイ ヘア
白樺	*die* Birke ビルケ	white birch (ホ) ワイト バーチ
白けさせる	die Stimmung verderben ディー シュティンムング フェアデルベン	chill チル
知らせ	*die* Nachricht ナーハリヒト	notice, information ノウティス, インフォメイション
知らせる	mit|teilen, informieren ミットタイレン, インフォルミーレン	inform, tell, report インフォーム, テル, リポート
しらばくれる	*sich*⁴ verstellen フェアシュテレン	feign ignorance フェイン イグノランス
素面	nüchtern ニュヒターン	soberness ソウバネス
調べ	*die* Untersuchung ウンターズーフング	investigation インヴェスティゲイション
（楽曲）	*die* Melodie メロディー	tune テューン

日	独	英
調(しら)べる	prüfen, überprüfen, untersuchen プリューフェン, ユーバープリューフェン, ウンターズーヘン	examine, check up イグザミン, チェク アプ
虱(しらみ)	*die* Laus ラオス	louse ラウス
尻(しり)	*das* Gesäß, *der* Hintern ゲゼース, ヒンターン	hips, buttocks ヒプス, バトクス
知(し)り合(あ)い	*der/die* Bekannte ベカンテ	acquaintance アクウェインタンス
知(し)り合(あ)う	kennen lernen ケネン レルネン	get to know ゲト トゥ ノウ
シリーズ	*die* Serie ゼーリエ	series スィリーズ
シリコン	*das* Silikon ズィリコーン	silicon スィリコン
退(しりぞ)く	zurück|treten ツリュックトレーテン	retreat, go back リトリート, ゴウ バク
退(しりぞ)ける	zurück|schlagen ツリュックシュラーゲン	drive back ドライヴ バク
(要求を)	zurück|weisen ツリュックヴァイゼン	reject, refuse リヂェクト, レフュース
自立(じりつ)する	selbstständig sein ゼルプストシュテンディヒ ザイン	become independent ビカム インディペンデント
私立(しりつ)の	privat プリヴァート	private プライヴェト
市立(しりつ)の	städtisch シュテーティシュ	municipal ミューニスィパル
支流(しりゅう)	*der* Nebenfluss ネーベンフルス	tributary, branch トリビュテリ, ブランチ
資料(しりょう)	*das* Material, *die* Unterlage マテリアール, ウンターラーゲ	materials, data マティアリアルズ, デイタ
視力(しりょく)	*die* Sehkraft ゼークラフト	sight, vision サイト, ヴィジョン
磁力(じりょく)	*der* Magnetismus マグネティスムス	magnetism マグネティズム
思慮深(しりょぶか)い	besonnen ベゾネン	prudent プルーデント

日	独	英
シリンダー	*der* Zylinder ツィリンダー	cylinder スィリンダ
汁	*der* Saft ザフト	juice ヂュース
（スープなど）	*die* Suppe ズッペ	soup スープ
知る	kennen, wissen ケネン, ヴィッセン	know ノウ
（学ぶ）	lernen レルネン	learn ラーン
（気づく）	merken メルケン	be aware *of* ビ アウェア
シルエット	*die* Silhouette ズィルエッテ	silhouette スィルエト
シルク	*die* Seide ザイデ	silk スィルク
〜ロード	*die* Seidenstraße ザイデンシュトラーセ	the Silk Road ザ スィルク ロウド
印	*das* Zeichen ツァイヒェン	mark, sign マーク, サイン
記す	schreiben シュライベン	write down ライト ダウン
司令	*die* Anweisung アンヴァイズング	command コマンド
〜官	*der*(*die*) Kommandant(*in*) コマンダント (-ティン)	commander コマンダ
〜部	*das* Hauptquartier ハオプトクヴァルティーア	headquarters ヘドクウォータズ
辞令	*die* Ernennungsurkunde エアネンヌングスウーアクンデ	written appointment リトン アポイントメント
知れ渡る	allgemein bekannt werden, *sich*[4] herum|sprechen アルゲマイン ベカント ヴェーアデン, ヘルムシュプレッヒェン	be known to all ビ ノウン トゥ オール
試練	*die* Probe プローベ	trial, ordeal トライアル, オーディール
ジレンマ	*das* Dilemma ディレマ	dilemma ディレマ

日	独	英
城 しろ	*das* Schloss シュロス	castle キャスル
白 しろ	*das* Weiß ヴァイス	white ホワイト
白い しろ	weiß ヴァイス	white ホワイト
素人 しろうと	*der(die)* Amateur(*in*), *der* Laie アマターア (-リン), ライエ	amateur アマター
白黒の しろくろ	schwarzweiß シュヴァルツヴァイス	black and white ブラク アンド ホワイト
〜フィルム	*der* Schwarzweißfilm シュヴァルツヴァイスフィルム	monochrome film マノクロウム フィルム
じろじろ見る み	an|starren アンシュタレン	stare *at* ステア
シロップ	*der* Sirup ズィールップ	syrup スィラプ
皺 しわ	*die* Falte ファルテ	wrinkles リンクルズ
（物の）	*der* Knitter クニッター	creases クリースィズ
仕分ける しわ	sortieren ゾルティーレン	classify, sort クラスィファイ, ソート
仕業 しわざ	*die* Tat タート	act, deed アクト, ディード
芯 しん	*der* Kern ケルン	core コー
（蝋燭の）	*der* Docht ドホト	wick ウィク
（鉛筆の）	*die* Mine ミーネ	lead レド
親愛なる しんあい	lieber, liebe リーバー, リーベ	dear, beloved ディア, ビラヴデ
真意 しんい	wahre Absicht ヴァーレ アップズィヒト	real intention リーアル インテンション
人為的な じんいてき	künstlich キュンストリヒ	artificial アーティフィシャル
人員 じんいん	*das* Personal ペルゾナール	staff スタフ

342

日	独	英
しんか 進化	*die* Evolution, *die* Entwicklung エヴォルツィオーン, エントヴィックルング	evolution エヴォルーション
～する	*sich*⁴ entwickeln エントヴィッケルン	evolve イヴァルヴ
シンガー	*der*(*die*) Sänger(*in*) ゼンガー (-ゲリン)	singer スィンガ
しんがい 侵害する	*in*⁴ ein|greifen アイングライフェン	infringe インフリンヂ
じんかく 人格	*die* Persönlichkeit ペルゼーンリヒカイト	character, personality キャラクタ, パーソナリティ
しんがく 進学する	in eine weiterführende Schule kommen イン アイネ ヴァイターフューレンデ シューレ コメン	go on *to* ゴウ オン
しんがた 新型	neues Modell ノイエス モデル	new model ニュー マドル
しんがっき 新学期	neues Semester ノイエス ゼメスター	new school term ニュー スクール ターム
しんかん 新刊	*die* Neuerscheinung ノイエアシャイヌング	new publication ニュー パブリケイション
しんぎ 審議	*die* Beratung ベラートゥング	discussion, deliberation ディスカション, ディリバレイション
～する	beraten ベラーテン	discuss ディスカス
しんきの 新規の	neu, frisch ノイ, フリッシュ	new, fresh ニュー, フレシュ
しんきょう 心境	*der* Seelenzustand ゼーレンツーシュタント	frame of mind フレイム オヴ マインド
しんきろう 蜃気楼	*die* Luftspiegelung ルフトシュピーゲルング	mirage ミラージ
しんきろく 新記録	neuer *Rekord* ノイアー レコルト	*new record* ニュー レコド
しんきんかん 親近感	*das* Gefühl der Vertrautheit, *die* Affinität ゲフュール デア フェアトラオトハイト, アフィニテート	affinity アフィニティ
しんぐ 寝具	*das* Bettzeug ベットツォイク	bedding ベディング
しんくう 真空	*das* Vakuum ヴァークウム	vacuum ヴァキュウム

日	独	英
〜管	*die* Vakuumröhre ヴァークウムレーレ	vacuum tube ヴァキュアム テューブ
ジンクス	unglückliches Vorzeichen ウングリュックリヒェス フォーアツァイヒェン	jinx ヂンクス
シンクタンク	*die* Denkfabrik デンクファブリーク	think tank スィンク タンク
シングル （ホテル）	*das* Einzelzimmer アインツェルツィマー	single bed スィングル ベド
シングルス	*das* Einzelspiel アインツェルシュピール	singles スィングルズ
シンクロナイズド スイミング	*das* Synchronschwimmen ズュンクローンシュヴィメン	synchronized swimming スィンクラナイズド スウィミング
しんけい 神経	*der* Nerv ネルフ	nerve ナーヴ
〜衰弱	*die* Neurasthenie ノイラステニー	nervous breakdown ナーヴァス ブレイクダウン
〜痛	*die* Neuralgie ノイラルギー	neuralgia ニュアラルヂャ
しんげつ 新月	*der* Neumond ノイモーント	new moon ニュー ムーン
しんげん 震源	*das* Hypozentrum ヒュポツェントルム	the seismic center ザ サイズミク センタ
じんけん 人権	*die* Menschenrechte メンシェンレヒト	human rights ヒューマン ライツ
しんけん 真剣な	ernst エルンスト	serious, earnest スィリアス, アーニスト
じんけんひ 人件費	*die* Personalkosten ペルゾナールコステン	personnel expenses パーソネル イクスペンスィズ
しんご 新語	*das* Neuwort ノイヴォルト	new word ニュー ワード
しんこう 信仰	*der* Glaube グラオベ	faith, belief フェイス, ビリーフ
しんこう 進行	*der* Ablauf アップラオフ	progress プラグレス
〜する	verlaufen, ab|laufen フェアラオフェン, アップラオフェン	progress, advance プログレス, アドヴァンス

日	独	英
しんごう 信号	*das* Signal, *die* Ampel ズィグナール, アンペル	signal スィグナル
じんこう 人口	*die* Bevölkerung ベフェルケルング	population パピュレイション
じんこう 人工		
〜衛星	*der* Satellit ザテリート	artificial satellite アーティフィシャル サテライト
〜呼吸	künstliche Beatmung キュンストリヒェ ベアートムング	artificial respiration アーティフィシャル レスピレイション
〜的な	künstlich キュンストリヒ	artificial アーティフィシャル
しんこきゅう 深呼吸	tiefes Atmen ティーフェス アートメン	deep breathing ディープ ブリーズィング
しんこくする 申告する	an|melden アンメルデン	report, declare リポート, ディクレア
しんこくな 深刻な	ernst エルンスト	serious, grave スィリアス, グレイヴ
しんこん 新婚	*der/die* Jungverheiratete ユングフェアハイラーテテ	newlyweds ニューリウェヅ
〜旅行	*die* Hochzeitsreise ホホツァイツライゼ	honeymoon ハニムーン
しんさ 審査	*die* Prüfung プリューフング	examination イグザミネイション
じんざい 人材	talentierter Mensch, *das* Talent タレンティーアター メンシュ, タレント	talented person タレンテド パーソン
しんさつ 診察	*die* (ärztliche) Untersuchung (エーアツトリヒェ) ウンターズーフング	medical examination メディカル イグザミネイション
〜する	untersuchen ウンターズーヘン	examine イグザミン
しんし 紳士	*der* Herr ヘル	gentleman ヂェントルマン
じんじ 人事	*die* Personalangelegenheit ペルゾナールアンゲレーゲンハイト	personnel matters パーソネル マタズ
シンジケート	*das* Syndikat ズュンディカート	syndicate スィンディケト
しんしつ 寝室	*das* Schlafzimmer シュラーフツィマー	bedroom ベドルム

日	独	英
しんじつ 真実	*die* Wahrheit ヴァールハイト	truth トルース
～の	wahr ヴァール	true, real トルー, リーアル
しんじゃ 信者	*der/die* Gläubige, Anhänger グロイビゲ, アンヘンガー	believer ビリーヴァ
じんじゃ 神社	*der* Shinto-Schrein シントシュライン	Shinto shrine シントウ シュライン
しんじゅ 真珠	*die* Perle ペルレ	pearl パール
じんしゅ 人種	*die* Rasse ラッセ	race レイス
～差別	*der* Rassismus ラスィスムス	racial discrimination レイシャル ディスクリミネイション
しんじゅう 心中	*der* Doppelselbstmord ドッペルゼルプストモルト	double suicide ダブル スーイサイド
～する	Doppelselbstmord begehen ドッペルゼルプストモルト ベゲーエン	commit suicide together コミット スーイサイド トゲザ
しんしゅつ 進出する	vor|rücken フォーアリュッケン	advance アドヴァンス
しんじょう 信条	*das* Glaubensbekenntnis グラオベンスベケントニス	belief, principle ビリーフ, プリンスィプル
しんしょく 侵食する	erodieren, ab|schwemmen エロディーレン, アップシュヴェメン	erode イロウド
しん 信じる	an⁴ glauben グラオベン	believe ビリーヴ
しんじん 新人	*der* Neuling ノイリング	new face ニュー フェイス
しんすい 浸水する	überschwemmt werden ユーバーシュヴェムト ヴェーアデン	be flooded ビ フラデド
しんせい 申請	*der* Antrag アントラーク	application アプリケイション
～する	beantragen, einen Antrag stellen ベアントラーゲン, アイネン アントラーク シュテレン	apply *for* アプライ
じんせい 人生	*das* Leben レーベン	life ライフ

日	独	英
しんせいじ 新生児	*das* Neugeborene ノイゲボーレネ	newborn baby ニューボーン ベイビ
しんせいな 神聖な	heilig ハイリヒ	holy, sacred ホウリ, セイクレド
しんせき 親戚	*der/die* Verwandte, *die* Verwandten, *die* Verwandtschaft フェアヴァンテ, フェアヴァンテン, フェアヴァントシャフト	relative レラティヴ
シンセサイザー	*der* Synthesizer ズュンテサイザー	synthesizer スィンセサイザ
しんせつ 親切	*die* Freundlichkeit フロイントリヒカイト	kindness カインドネス
～な	freundlich, nett フロイントリヒ, ネット	kind カインド
しんせっきじだい 新石器時代	*die* Jungsteinzeit ユングシュタインツァイト	the New Stone Age ザ ニュー ストウン エイヂ
しんぜん 親善	*die* Freundschaft フロイントシャフト	friendship フレンシプ
しんせん 新鮮な	frisch フリッシュ	fresh, new フレシュ, ニュー
しんそう 真相	*die* Wahrheit ヴァールハイト	truth トルース
しんぞう 心臓	*das* Herz ヘルツ	heart ハート
～病	*die* Herzkrankheit ヘルツクランクハイト	heart disease ハート ディズィーズ
～発作	*der* Herzanfall ヘルツアンファル	heart attack ハート アタク
～麻痺	*die* Herzlähmung ヘルツレームング	heart failure ハート フェイリュア
じんぞう 腎臓	*die* Niere ニーレ	kidney キドニ
じんぞうの 人造の	künstlich キュンストリヒ	artificial アーティフィシャル
しんぞく 親族	*die* Verwandtschaft フェアヴァントシャフト	relative レラティヴ

日	独	英
迅速な（じんそく）	schnell, rapid シュネル, ラピート	rapid, prompt ラピド, プランプト
身体（しんたい）	*der* Körper ケルパー	body バディ
～障害者	*der/die* körperlich Behinderte ケルパーリヒ ベヒンダーテ	physically handi-capped person フィズィカリ ハンディキャプト パースン
寝台（しんだい）	*das* Bett ベット	bed ベド
～車	*der* Schlafwagen シュラーフヴァーゲン	sleeping car スリーピング カー
人体（じんたい）	*der* menschliche Körper デア メンシュリヒェ ケルパー	human body ヒューマン バディ

■ 人体 ■ *der* Menschenkörper /メンシェンケルパー/ ⇒体

脳（のう）	*das* Gehirn /ゲヒルン/ （英brain）
骨（ほね）	*der* Knochen /クノッヘン/ （英bone）
筋肉（きんにく）	*der* Muskel /ムスケル/ （英muscle）
血管（けっかん）	*die* Ader /アーダー/ （英blood vessel）
神経（しんけい）	*der* Nerv /ネルフ/ （英nerve）
気管支（きかんし）	*die* Bronchien /ブロンヒエン/ （英bronchus）
食道（しょくどう）	*die* Speiseröhre /シュパイゼレーレ/ （英gullet）
肺（はい）	*die* Lunge /ルンゲ/ （英lungs）
心臓（しんぞう）	*das* Herz /ヘルツ/ （英heart）
胃（い）	*der* Magen /マーゲン/ （英stomach）
大腸（だいちょう）	*der* Dickdarm /ディックダルム/ （英large intestine）
小腸（しょうちょう）	*der* Dünndarm /デュンダルム/ （英small intestine）
十二指腸（じゅうにしちょう）	*der* Zwölffingerdarm /ツヴェルフフィンガーダルム/ （英duodenum）
盲腸（もうちょう）	*der* Blinddarm /ブリントダルム/ （英cecum）
肝臓（かんぞう）	*die* Leber /レーバー/ （英liver）
膵臓（すいぞう）	*die* Bauchspeicheldrüse /バオホシュパイヒェルドリューゼ/ （英pancreas）
腎臓（じんぞう）	*die* Niere /ニーレ/ （英kidney）

日	独	英
しんたく 信託	*die* Treuhand トロイハント	trust トラスト
しんだん 診断	*die* Diagnose ディアグノーゼ	diagnosis ダイアグノウスィス
～する	diagnostizieren ディアグノスティツィーレン	diagnose ダイアグノウズ
じんち 陣地	*die* Stellung シュテルング	position ポズィション
しんちゅう 真鍮	*das* Messing メッスィング	brass ブラス
しんちょう 身長	*die* Körpergröße ケルパーグレーセ	stature スタチャ
しんちょう 慎重な	sorgfältig ゾルクフェルティヒ	cautious, prudent コーシャス, プルーデント
しんちんたいしゃ 新陳代謝	*der* Stoffwechsel シュトフヴェクセル	metabolism メタボリズム
じんつう 陣痛	*die* Wehen ヴェーエン	labor レイバ
しんてん 進展	*die* Entwicklung エントヴィックルング	development, progress ディヴェロプメント, プラグレス
～する	*sich*⁴ entwickeln エントヴィッケルン	develop, progress ディヴェロプ, プログレス
しんでん 神殿	*der* Tempel テンペル	shrine シュライン
しんでんず 心電図	*das* Elektrokardiogramm, *das* EKG エレクトロカルディオグラム, エーカーゲー	electrocardiogram イレクトロウカーディオグラム
しんど 震度	*die* Erdbebenstärke エーアトベーベンシュテルケ	seismic intensity サイズミク インテンスィティ
しんどう 振動	*die* Schwingung シュヴィングング	vibration ヴァイブレイション
～する	schwingen シュヴィンゲン	vibrate ヴァイブレイト
じんどう 人道	*die* Humanität フマニテート	humanity ヒューマニティ
～主義	*der* Humanismus フマニスムス	humanitarianism ヒューマニテアリアニズム

日	独	英
～的な	human, humanitär フマーン, フマニテーア	humane ヒューメイン
シンドローム	*das* Syndrom ズィンドローム	syndrome スィンドロウム
シンナー	*die* Verdünnung フェアデュヌング	thinner スィナ
侵入する	ein|brechen アインブレッヒェン	invade インヴェイド
新入生	neuer(*neue*) Schüler(*in*) ノイアー (ノイエ) シューラー (-レリン)	new student ニュー ステューデント
（大学の）	der(*die*) Studienanfänger(*in*) シュトゥーディエンアンフェンガー (-ゲリン)	new student ニュー ステューデント
信任	*das* Vertrauen フェアトラオエン	confidence カンフィデンス
～状	*das* Beglaubigungsschreiben ベグラオビグングスシュライベン	credentials クリデンシャルズ
～投票	*das* Vertrauensvotum フェアトラオエンスヴォートゥム	vote of confidence ヴォウト オヴ カンフィデンス
新年	*das* Neujahr ノイヤール	new year ニュー イア
心配	*die* Sorge ゾルゲ	anxiety, worry アングザイエティ, ワーリ
～する	sich³ *um*⁴ Sorgen machen ゾルゲン マッヘン	be anxious *about* ビ アンクシャス
シンバル	*die* Zimbel ツィンベル	cymbals スィンバルズ
審判	*das* Urteil ウルタイル	judgment ヂャヂメント
（人）	der(*die*) Schiedsrichter(*in*) シーツリヒター (-テリン)	umpire, referee アンパイア, レファリー
神秘	*das* Mysterium ミュステーリウム	mystery ミスタリ
～的な	mysteriös ミュステリエース	mysterious ミスティアリアス
信憑性	*die* Glaubhaftigkeit グラオプハフティヒカイト	authenticity オーセンティスィティ
新品	ungebrauchte Ware ウンゲブラオホテ ヴァーレ	new article ニュー アーティクル

日	独	英
しんぷ 新婦	*die* Braut ブラオト	bride ブライド
しんぷ 神父	*der* Pater パーター	father ファーザ
じんぶつ 人物	*die* Person ペルゾーン	person, man パースン, マン
（人格）	*die* Persönlichkeit ペルゼーンリヒカイト	character, personality キャラクタ, パーソナリティ
～画	*das* Porträt ポルトレー	portrait ポートレイト
しんぶん 新聞	*die* Zeitung ツァイトゥング	newspaper, the press ニューズペイパ, ザ プレス
～記者	*der*(*die*) Zeitungsreporter(*in*) *der*(*die*) Journalist(*in*) ツァイトゥングスレポルター (-テリン), ジュルナリスト (-ティン)	pressman, reporter プレスマン, リポータ
～社	*der* Zeitungsverlag ツァイトゥングスフェアラーク	newspapre publishing company ニュースペイパ パブリシング カンパニ
じんぶんかがく 人文科学	*die* Geisteswissenschaften ガイステスヴィッセンシャフテン	the humanities ザ ヒューマニティズ
しんぽ 進歩	*der* Fortschritt フォルトシュリット	progress, advance プラグレス, アドヴァンス
～する	*in*³ Fortschritte machen フォルトシュリッテ マッヘン	make progress メイク プラグレス
～的な	fortschrittlich, progressiv フォルトシュリットリヒ, プログレスィーフ	advanced, progressive アドヴァンスト, プログレスィヴ
じんぼう 人望	*die* Beliebtheit ベリープトハイト	popularity パピュラリティ
しんぽうしゃ 信奉者	*der*(*die*) Anhänger(*in*) アンヘンガー (-ゲリン)	believer, follower ビリーヴァ, ファロウア
しんぼう 辛抱する	dulden, ertragen ドゥルデン, エアトラーゲン	endure, bear インデュア, ベア
しんぼく 親睦	*die* Freundschaft フロイントシャフト	friendship フレンドシプ
シンポジウム	*das* Symposion ズュンポーズィオン	symposium スィンポウズィアム

日	独	英
シンボル	*das* Symbol ズュンボール	symbol スィンボル
しんまい 新米	neuer Reis ノイアー ライス	new rice ニュー ライス
（初心者）	*der(die)* Anfänger(*in*) アンフェンガー (-ゲリン)	novice, newcomer ナヴィス, ニューカマ
じんましん 蕁麻疹	*der* Nesselausschlag ネッセルアオスシュラーク	nettle rash, hives ネトル ラシュ, ハイヴズ
しんみつな 親密な	vertraut フェアトラオト	close クロウス
じんみゃく 人脈	*die* Beziehungen ベツィーウンゲン	connections コネクションズ
じんみん 人民	*das* Volk フォルク	the people ザ ピープル
じんめい 人名	*der* Personenname ペルゾーネンナーメ	the name of a person ザ ネイム オヴ ア パースン
じんもん 尋問	*das* Verhör フェアヘーア	interrogation インテロゲイション
〜する	verhören フェアヘーレン	question, interrogate クウェスチョン, インテロゲイト
しんや 深夜	*die* Mitternacht ミッターナハト	midnight ミドナイト
しんやくせいしょ 新約聖書	das Neue Testament ダス ノイエ テスタメント	the New Testament ザ ニュー テスタメント
しんゆう 親友	guter (gute) Freund(*in*) グーター (-テ) フロイント (-ディン)	close friend クロウス フレンド
しんよう 信用	*das* Vertrauen, *der* Kredit フェアトラオエン, クレディート	confidence, credit カンフィデンス, クレディト
〜する	vertrauen フェアトラオエン	trust, rely トラスト, リライ
しんようじゅ 針葉樹	*der* Nadelbaum ナーデルバオム	conifer カニファ
しんらいする 信頼する	vertrauen フェアトラオエン	trust, rely トラスト, リライ
しんらつな 辛辣な	bitter, scharf ビッター, シャルフ	biting バイティング

日	独	英
しんり 心理	*der* Seelenzustand, *die* Gemütsverfassung ゼーレンツーシュタント, ゲミューツフェアファッスング	mental state メンタル ステイト
～学	*die* Psychologie プスュヒョロギー	psychology サイカロヂィ
～学者	*der*(*die*) Psychologe(*in*) プスィヒョローゲ(-ギン)	sychologist サイカロヂスト
しんり 真理	*die* Wahrheit ヴァールハイト	truth トルース
しんりゃく 侵略	*die* Invasion インヴァズィオーン	aggression アグレション
～する	invadieren, ein|fallen インヴァディーレン, アインファレン	invade, raid インヴェイド, レイド
しんりょうじょ 診療所	*die* Klinik クリーニク	clinic クリニク
しんりん 森林	*der* Wald, *der* Forst ヴァルト, フォルスト	forest, woods フォリスト, ウズ
しんるい 親類	*die* Verwandtschaft フェアヴァントシャフト	relative レラティヴ
じんるい 人類	*die* Menschheit メンシュハイト	the human race ザ ヒューマン レイス
～学	*die* Anthropologie アントロポロギー	anthropology アンスロパロヂィ
しんろ 進路	*der* Kurs, *der* Weg クルス, ヴェーク	course, way コース, ウェイ
しんろう 新郎	*der* Bräutigam ブロイティガム	bridegroom ブライドグルーム
しんわ 神話	*der* Mythos ミュートス	myth, mythology ミス, ミサロヂィ

す, ス

日	独	英
す 酢	*der* Essig エッスィヒ	vinegar ヴィニガ
す 巣	*das* Nest ネスト	nest ネスト
（ハチの）	*die* Bienenwabe ビーネンヴァーベ	beehive ビーハイヴ

日	独	英
(クモの)	*das* Spinnengewebe シュピネンゲヴェーベ	cobweb カブウェブ
ず 図	*das* Bild ビルト	picture, figure ピクチャ, フィギャ
ずあん 図案	*das* Muster ムスター	design, sketch ディザイン, スケチ
すいい 水位	*der* Wasserstand ヴァッサーシュタント	water level ウォタ レヴル
すいい 推移	*der* Wandel ヴァンデル	change チェインヂ
すいえい 水泳	*das* Schwimmen シュヴィメン	swimming スウィミング
すいおん 水温	*die* Wassertemperatur ヴァッサーテンペラトゥーア	water temperature ウォタ テンパラチャ
すいか 西瓜	*die* Wassermelone ヴァッサーメローネ	watermelon ウォタメロン
すいがい 水害	*der* Wasserschaden ヴァッサーシャーデン	flood disaster フラド ディザスタ
す がら 吸い殻	*der* Zigarettenstummel ツィガレッテンシュトゥメル	cigarette end スィガレト エンド
すいきゅう 水球	*der* Wasserball ヴァッサーバル	water polo ウォタ ポウロウ
すいぎゅう 水牛	*der* Büffel ビュッフェル	water buffalo ウォタ バファロウ
すいぎん 水銀	*das* Quecksilber クヴェックズィルバー	mercury マーキュリ
すいこう 推敲する	*an*³ feilen ファイレン	polish パリシュ
すいこう 遂行する	aus|führen アオスフューレン	execute エクセキュート
すいさいが 水彩画	*das* Aquarell アクヴァレル	watercolor ウォータカラ
すいさんぎょう 水産業	*die* Fischerei フィシェライ	fisheries フィシャリズ
すいじ 炊事	*das* Kochen コッヘン	cooking クキング
すいしつ 水質	*die* Wasserqualität ヴァッサークヴァリテート	water quality ウォタ クワリティ

日	独	英
すいしゃ 水車	*die* Wassermühle ヴァッサーミューレ	water mill ウォタ ミル
すいじゃく 衰弱する	*sich⁴* aus|zehren, schwach werden アオスツェーレン, シュヴァッハ ヴェーアデン	grow weak グロウ ウィーク
すいじゅん 水準	*das* Niveau ニヴォー	level, standard レヴル, スタンダド
すいしょう 水晶	*der* Bergkristall ベルククリスタル	crystal クリスタル
すいじょうき 水蒸気	*der* Wasserdampf ヴァッサーダンプフ	steam, vapor スティーム, ヴェイパ
すいじょう 水上スキー	*das* Wasserski ヴァッサーシー	water-skiing ウォタスキーイング
すいしん 推進する	voran|treiben フォラントライベン	drive forward ドライヴ フォーワド
すいせい 水星	*der* Merkur メルクーア	Mercury マーキュリ
すいせん 推薦	*die* Empfehlung エンプフェールング	recommendation レコメンデイション
～する	empfehlen エンプフェーレン	recommend レコメンド
すいそ 水素	*der* Wasserstoff ヴァッサーシュトフ	hydrogen ハイドロヂェン
～爆弾	*die* Wasserstoffbombe ヴァッサーシュトフボンベ	hydrogen bomb ハイドロヂェン バム
すいそう 水槽	*der* Wasserbehälter ヴァッサーベヘルター	water tank, cistern ウォタ タンク, スィスタン
(熱帯魚などの)	*das* Aquarium アクヴァーリウム	aquarium アクウェアリアム
すいそうがく 吹奏楽	*die* Blasmusik ブラースムズィーク	wind music ウィンド ミューズィク
すいぞくかん 水族館	*das* Aquarium アクヴァーリウム	aquarium アクウェアリアム
すいそく 推測する	vermuten フェアムーテン	guess, conjecture ゲス, カンヂェクチャ
すいたい 衰退する	verfallen フェアファレン	decline ディクライン

日	独	英
すいちゅうよくせん 水中翼船	*das* Tragflächenboot トラークフレッヒェンボート	hydrofoil ハイドロフォイル
すいちょく 垂直な	vertikal, senkrecht ヴェルティカール, ゼンクレヒト	vertical ヴァーティカル
スイッチ	*der* Schalter シャルター	switch スウィチ
すいてい 推定する	vermuten フェアムーテン	presume プリジューム
すいでん 水田	*das* Reisfeld ライスフェルト	rice field ライス フィールド
すいとう 水筒	*die* Trinkflasche, *die* Feldflasche トリンクフラッシェ, フェルトフラッシェ	water bottle, canteen ウォタ バトル, キャンティーン
すいどう 水道	*die* Wasserleitung ヴァッサーライトゥング	water service ウォタ サーヴィス
ずいひつ 随筆	*der* Essay エセ	essay エセイ
～家	*der*(*die*) Essayist(*in*) エセイスト(-ティン)	essayist エセイイスト
すいふ 水夫	*der* Matrose マトローゼ	sailor, seaman セイラ, スィーマン
すいぶん 水分	*der* Wassergehalt, *die* Feuchtigkeit ヴァッサーゲハルト, フォイヒティヒカイト	water, moisture ウォタ, モイスチャ
ずいぶん 随分	ziemlich, sehr ツィームリヒ, ゼーア	fairly, extremely フェアリ, イクストリームリ
すいへい 水平 ～の	waagerecht, horizontal ヴァーゲレヒト, ホリツォンタール	level, horizontal レヴル, ホーリザントル
～線	*der* Horizont ホリツォント	the horizon ザ ホライズン
すいみん 睡眠	*der* Schlaf シュラーフ	sleep スリープ
～薬	*das* Schlafmittel シュラーフミッテル	sleeping drug スリーピング ドラグ
すいめん 水面	*der* Wasserspiegel ヴァッサーシュピーゲル	the surface of the water ザ サーフィス オヴ ザ ウォタ
すいようび 水曜日	*der* Mittwoch ミットヴォッホ	Wednesday ウェンズディ

日	独	英
すいり **推理**	*die* Schlussfolgerung シュルスフォルゲルング	reasoning リーズニング
～する	schlussfolgern シュルスフォルガーン	reason, infer リーズン, インファー
～小説	*der* Krimi クリーミ	detective story ディテクティヴ ストーリ
すいりょくはつでん **水力発電**	*die* Stromgewinnung aus Wasserkraft シュトロームゲヴィンヌング アオス ヴァッサークラフト	hydroelectricity ハイドロウイレクトリスィティ
すいれん **睡蓮**	*die* Seerose ゼーローゼ	water lily ウォタ リリ
すいろ **水路**	*die* Wasserstraße ヴァッサーシュトラーセ	waterway, channel ウォタウェイ, チャネル
すいろん **推論**	*die* Folgerung フォルゲルング	reasoning リーズニング
吸う	ein|atmen アインアートメン	breathe in, inhale ブリーズ イン, インヘイル
（液体を）	saugen ザオゲン	sip, suck スィプ, サク
（たばこを）	rauchen ラオヘン	smoke スモウク
すう **数**	*die* Zahl ツァール	number, figure ナンバ, フィギャ
すうがく **数学**	*die* Mathematik マテマティーク	mathematics マセマティクス
すうこう **崇高な**	erhaben エアハーベン	sublime サブライム
すうじ **数字**	*die* Zahl, *die* Ziffer ツァール, ツィッファー	figure, numeral フィギャ, ニューメラル
すうしき **数式**	*die* Formel フォルメル	expression イクスプレション
ずうずう **図々しい**	frech, unverschämt フレヒ, ウンフェアシェームト	impudent, audacious インピュデント, オーデイシャス
スーツ	*der* Anzug アンツーク	suit スート
～ケース	*der* Koffer コッファー	suitcase シュートケイス

■ 数字 ■ *die* Ziffer /ツィファー/

- 0 *die* Null /ヌル/ (英zero)
- 1 eins /アインス/ (英one)　(序数) erst /エーアスト/ (英first)
- 2 zwei /ツヴァイ/ (英two)　(序数) zweit /ツヴァイト/ (英second)
- 3 drei /ドライ/ (英three)　(序数) dritt /ドリット/ (英third)
- 4 vier /フィーア/ (英four)　(序数) viert /フィーアト/ (英fourth)
- 5 fünf /フュンフ/ (英five)　(序数) fünft /フュンフト/ (英fifth)
- 6 sechs /ゼクス/ (英six)　(序数) sechst /ゼクスト/ (英sixth)
- 7 sieben /ズィーベン/ (英seven)　(序数) siebt /ズィープト/, siebent /ズィーベント/ (英seventh)
- 8 acht /アハト/ (英eight)　(序数) acht /アハト/ (英eighth)
- 9 neun /ノイン/ (英nine)　(序数) neunt /ノイント/ (英ninth)
- 10 zehn /ツェーン/ (英ten)　(序数) zehnt /ツェーント/ (英tenth)
- 11 elf /エルフ/ (英eleven)　(序数) elft /エルフト/ (英eleventh)
- 12 zwölf /ツヴェルフ/ (英twelve)　(序数) zwölft /ツヴェルフト/ (英twelfth)
- 13 dreizehn /ドライツェーン/ (英thirteen)　(序数) dreizehnt /ドライツェーント/ (英thirteenth)
- 14 vierzehn /フィルツェーン/ (英fourteen)　(序数) vierzehnt /フィルツェーント/ (英fourteenth)
- 15 fünfzehn /フュンフツェーン/ (英fifteen)　(序数) fünfzehnt /フュンフツェーント/ (英fifteenth)
- 16 sechzehn /ゼヒツェーン/ (英sixteen)　(序数) sechzehnt /ゼヒツェーント/ (英sixteenth)
- 17 siebzehn /ズィープツェーン/ (英seventeen)　(序数) siebzehnt /ズィープツェーント/ (英seventeenth)
- 18 achtzehn /アハツェーン/ (英eighteen)　(序数) achtzehnt /アハツェーント/ (英eighteenth)
- 19 neunzehn /ノインツェーン/ (英nineteen)　(序数) neunzehnt /ノインツェーント/ (英nineteenth)
- 20 zwanzig /ツヴァンツィヒ/ (英twenty)　(序数) zwanzigst /ツヴァンツィヒスト/ (英twentieth)
- 21 einundzwanzig /アインウントツヴァンツィヒ/ (英twenty-one)　(序数) einundzwanzigst /アインウントツヴァンツィヒスト/ (英twenty-first)

30	dreißig /ドライスィヒ/	(英thirty)	(序数)dreißigst /ドライスィヒスト/	(英thirtieth)

- 30 dreißig /ドライスィヒ/ (英thirty) (序数)dreißigst /ドライスィヒスト/ (英thirtieth)
- 40 vierzig /フィルツィヒ/ (英forty) (序数)vierzigst /フィルツィヒスト/ (英fortieth)
- 50 fünfzig /フュンフツィヒ/ (英fifty) (序数)fünfzigst /フュンフツィヒスト/ (英fiftieth)
- 60 sechzig /ゼヒツィヒ/ (英sixty) (序数)sechzigst /ゼヒツィヒスト/ (英sixtieth)
- 70 siebzig /ズィーブツィヒ/ (英seventy) (序数)siebzigst /ズィーブツィヒスト/ (英seventieth)
- 80 achtzig /アハツィヒ/ (英eighty) (序数)achtzigst /アハツィヒスト/ (英eightieth)
- 90 neunzig /ノインツィヒ/ (英ninety) (序数)neunzigst /ノインツィヒスト/ (英ninetieth)
- 100 hundert /フンダート/ (英a hundred) (序数)hundertst /フンダートット/ (英a hundredth)
- 1000 tausend /タオゼント/ (英a thousand) (序数)tausendst /タオゼントット/ (英a thousandth)
- 1万 zehntausend /ツェーンタオゼント/ (英ten thousand)
- 10万 hunderttausend /フンダートタオゼント/ (英one hundred thousand)
- 100万 *die* Million /ミリオーン/ (英one million)
- 1000万 zehn Millionen /ツェーン ミリオーネン/ (英ten million)
- 1億 hundert Millionen /フンダート ミリオーネン/ (英one hundred million)
- 2倍 doppelt /ドッペルト/, zweifach /ツヴィファッハ/ (英double)
- 3倍 dreifach /ドライファッハ/ (英triple)
- ½ halb /ハルプ/ (英a half)
- ⅔ zwei drittel /ツヴァイ ドリッテル/ (英two thirds)
- 2 ⅘ zwei und vier fünftel /ツヴァイ ウント フィーア フュンフテル/ (英two and four fifths)
- 0.1 null Komma eins /ヌル コンマ アインス/ (英point one)
- 2.14 zwei Komma vierzehn /ツヴァイ コンマ フィルツェーン/ (英two point fourteen)

日	独	英
数人（すうにん）	mehrere Personen メーレレ ベルゾーネン	several men セヴラル メン
数年（すうねん）	einige Jahre アイニゲ ヤーレ	several years セヴラル イアズ
スーパー	Super- ズーパー	super- シューパ
～スター	*der* Superstar ズーパーシュタール	superstar シューパスター
～マーケット	*der* Supermarkt ズーパーマルクト	supermarket シューパマーケト
崇拝する（すうはいする）	verehren フェアエーレン	worship, adore ワーシプ, アドー
スープ	*die* Suppe ズッペ	soup スープ
末（すえ）	*das* Ende エンデ	end エンド
スエード	*das* Velours ヴェルーア	suede スウェイド
末っ子（すえっこ）	jüngste Kind ユングステ キント	youngest child ヤンゲスト チャイルド
据える（すえる）	setzen, legen ゼッツェン, レーゲン	place, lay, set プレイス, レイ, セト
図画（ずが）	*die* Zeichnung ツァイヒヌング	drawing, picture ドローイング, ピクチャ
スカート	*der* Rock ロック	skirt スカート
スカーフ	*das* Halstuch ハルストゥーフ	scarf スカーフ
頭蓋骨（ずがいこつ）	*der* Schädel シェーデル	skull スカル
スカイダイビング	*das* Fallschirmspringen ファルシルムシュプリンゲン	skydiving スカイダイヴィング
スカウト	*der*(*die*) Abwerber(*in*), *der*(*die*) Talentsucher(*in*) アップヴェルバー (-ベリン), タレントズーハー (-ベリン)	scout スカウト
素顔（すがお）	ungeschminktes Gesicht ウンゲシュミンクテス ゲズィヒト	face without makeup フェイス ウィザウト メイカプ

日	独	英
すがすがしい 清々しい	frisch フリッシュ	refreshing, fresh リフレシング, フレシュ
すがた 姿	*die* Figur フィギーア	figure, shape フィギャ, シェイプ
ずかん 図鑑	illustriertes Lexikon イルストリーアテス レクスィコン	illustrated book イラストレイテド ブク
スカンク	*der* Skunk スクンク	skunk スカンク
すき 隙	*die* Lücke リュッケ	opening, gap オウプニング, ギャプ
（余地）	*der* Spielraum シュピールラオム	space, room スペイス, ルーム
すぎ 杉	japanische Zeder ヤパーニシェ ツェーダー	Japan cedar ヂャパン スィーダ
スキー	*der* Skilauf シーラオフ	skiing, ski スキーイング, スキー
好き嫌いがある	*in*³ wählerisch sein ヴェーレリシュ ザイン	have likes and dislikes ハヴ ライクス アンド ディスライクス
す とお 透き通った	durchsichtig ドゥルヒズィヒティヒ	transparent, clear トランスペアレント, クリア
す 好きな	Lieblings- リープリングス	favorite フェイヴァリト
すきま 隙間	*die* Lücke リュッケ	opening, gap オウプニング, ギャプ
スキムミルク	*die* Magermilch マーガーミルヒ	skim milk スキム ミルク
スキャナー	*der* Scanner スケナー	scanner スキャナ
スキャンダル	*der* Skandal スカンダール	scandal スキャンダル
スキューバ ダイビング	*das* Sporttauchen シュポルトタオヘン	scuba diving スキューバ ダイヴィング
す 過ぎる	*an*³ vorüber|gehen フォリューバーゲーエン	pass, go past パス, ゴウ パスト
（時が）	vergehen フェアゲーエン	pass, elapse パス, イラプス
（期限が）	ab|laufen アップラオフェン	be out, expire ビ アウト, イクスパイア

日	独	英
頭巾（ずきん）	die Haube ハオベ	hood フド
スキンシップ	der Hautkontakt ハオトコンタクト	physical contact フィズィカル カンタクト
スキンダイビング	das Tieftauchen ティーフタオヘン	skin diving スキン ダイヴィング
空く（すく）	leer werden レーア ヴェーアデン	become less crowded ビカム レス クラウディド
（腹が）	hungrig sein フングリヒ ザイン	feel hungry フィール ハングリ
（手が）	frei werden フライ ヴェーアデン	be free ビ フリー
直ぐ（すぐ）	sofort ゾフォルト	at once, immediately アト ワンス, イミーディエトリ
（容易に）	ohne weiteres オーネ ヴァイテレス	easily, readily イーズィリ, レディリ
（ほんの）	gerade ゲラーデ	just, right ヂャスト, ライト
掬う（すくう）	schöpfen シェプフェン	scoop, ladle スクープ, レイドル
救う（すくう）	retten レッテン	help, relieve ヘルプ, リリーヴ
スクーター	der Motorroller モートアロラー	scooter スクータ
スクープ	der Exklusivbericht エクスクルズィーフベリヒト	scoop スクープ
少ない（すくない）	wenig ヴェーニヒ	few, little フュー, リトル
少なくとも（すくなくとも）	mindestens ミンデステンス	at least アト リースト
竦む（すくむ）	zusammen|zucken ツザメンツッケン	cower, be cramped カウア, ビー クランプト
スクラップ	der Schrott シュロット	scrap スクラプ
～ブック	das Sammelalbum ザメルアルブム	scrapbook スクラプブク

日	独	英
スクランブルエッグ	das Rührei リューアアイ	scrambled eggs スクランブルド エグズ
スクリーン	die Leinwand ラインヴァント	screen スクリーン
スクリュー	die Schraube, die Schiffsschraube シュラオベ, シフスシュラオベ	screw スクルー
優(すぐ)れた	ausgezeichnet アオスゲツァイヒネット	excellent, fine エクセレント, ファイン
優(すぐ)れる	überlegen sein ユーバーレーゲン ザイン	be better, be superior *to* ビ ベタ, ビ シュピアリア
スクロール	das Scrollen スクロレン	scroll スクロウル
図形(ずけい)	die Figur フィグーア	figure, diagram フィギャ, ダイアグラム
スケート	der Eislauf, das Schlittschuhlaufen アイスラオフ, シュリットシューラオフェン	skating スケイティング
～靴	der Schlittschuh シュリットシュー	skates スケイツ
スケール	das Format フォルマート	scale スケイル
（尺度）	der Maßstab マースシュタープ	scale スケイル
スケジュール	das Programm プログラム	schedule スケデュル
スケッチ	die Skizze スキッツェ	sketch スケチ
透(す)ける	durchsichtig sein ドゥルヒズィヒティヒ ザイン	be transparent ビ トランスペアレント
スコア	die Punktzahl, das Ergebnis プンクツァール, エアゲープニス	score スコー
～ボード	die Anzeigetafel アンツァイゲターフェル	scoreboard スコーボード
凄(すご)い	wunderbar ヴンダーバール	wonderful, great ワンダフル, グレイト
少(すこ)し	ein bisschen, etwas アイン ビスヒェン, エトヴァス	a few, a little ア フュー, ア リトル

日	独	英
過ごす	verbringen フェアブリンゲン	pass, spend パス, スペンド
スコップ	die Schaufel シャオフェル	scoop, shovel スクープ, シャヴル
健やかな	gesund ゲズント	healthy ヘルスィ
すさまじい	fürchterlich フュルヒターリヒ	dreadful, terrible ドレドフル, テリーブル
杜撰な	nachlässig ナーハレスィヒ	careless, slipshod ケアレス, スリプシャド
筋	der Streifen シュトライフェン	line, stripe ライン, ストライプ
（腱）	die Sehne ゼーネ	tendon テンドン
（話の）	die Handlung ハンドルング	plot プラト
鮨詰めの	überfüllt ユーバーフュルト	jam-packed ヂャンパクト
筋道	die Logik ローギク	reason, logic リーズン, ラヂク
素性	die Herkunft, die Abstammung ヘーアクンフト, アップシュタムング	birth, origin バース, オリヂン
煤	der Ruß ルース	soot スト
鈴	die Glocke, das Glöckchen グロッケ, グレックヒェン	bell ベル
鱸	der Seebarsch ゼーバルシュ	perch パーチ
濯ぐ	spülen シュピューレン	rinse リンス
煤ける	verrußen フェアルーセン	become sooty ビカム スティ
涼しい	kühl キュール	cool クール
進む	vorwärts gehen フォーアヴェルツ ゲーエン	go forward ゴウ フォーワド

日	独	英
（進行）	fort|schreiten フォルトシュライテン	progress プログレス
（時計が）	vor|gehen フォーアゲーエン	gain ゲイン
涼む	*sich⁴* in der Kühle erfrischen イン デア キューレ エアフリッシェン	enjoy the cool air インヂョイ ザ クール エア
雀	*der* Spatz, *der* Sperling シュパッツ, シュペルリング	sparrow スパロウ
雀蜂	*die* Wespe ヴェスペ	wasp, hornet ワスプ, ホーネト
勧める	*zu*³ raten, empfehlen ラーテン, エンプフェーレン	advise アドヴァイズ
進める	voran|treiben フォラントライベン	advance, push on アドヴァンス, プシュ オン
薦める	empfehlen エンプフェーレン	recommend レコメンド
鈴蘭	*das* Maiglöckchen マイグレックヒェン	lily of the valley リリ オヴ ザ ヴァリ
啜る	schlürfen シュリュルフェン	sip, slurp スィプ, スラープ
（鼻水を）	schnüffeln シュニュッフェルン	sniff スニフ
裾	*der* Saum ザオム	skirt, train スカート, トレイン
スター	*der* Star シュタール	star スター
スタート	*der* Start シュタルト	start スタート
～ライン	*die* Startlinie シュタルトリーニエ	starting line スターティング ライン
スタイリスト	*der*(*die*) Stylist(*in*) スタイリスト (-ティン)	stylist スタイリスト
スタイル	*der* Stil シュティール	style スタイル
（容姿）	*die* Figur フィグーア	figure フィギャ
スタジアム	*das* Stadion シュターディオン	stadium ステイディアム

日	独	英
スタジオ	*das* Studio シュトゥーディオ	studio ステューディオウ
スタッフ	*der*(*die*) Mitarbeiter(*in*), *der*(*die*) Kollege(*in*) ミットアルバイター(-テリン), コレーゲ(-ギン)	staff スタフ
スタミナ	*die* Ausdauer アオスダオアー	stamina スタミナ
廃れる	verfallen フェアファレン	go out of use ゴウ アウト オヴ ユース
スタンド	*der* Zuschauerraum, *die* Tribüne ツーシャオアーラオム, トリビューネ	stand, bleachers スタンド, ブリーチャズ
（電灯）	*die* Stehlampe シュテーランペ	desk lamp デスク ランプ
スタンプ	*der* Stempel シュテンペル	stamp スタンプ
スチーム	*der* Dampf ダンプフ	steam スティーム
スチュワーデス	*die* Stewardess ステューアデス	stewardess ステュアデス
頭痛	*die* Kopfschmerzen コプフシュメルツェン	headache ヘデイク
スツール	*der* Hocker ホッカー	stool ストゥール
すっかり	ganz ガンツ	all, entirely オール, インタイアリ
酢漬け	in Essig Eingelegtes イン エッスィヒ アインゲレークテス	pickling ピクリング
酸っぱい	sauer ザオアー	sour, acid サウア, アスィド
鼈	*die* Weichschildkröte ヴァイヒシルトクレーテ	soft-shelled turtle ソフトシェルド タートル
ステーキ	*das* Steak ステーク	steak ステイク
ステージ	*die* Bühne ビューネ	stage ステイヂ
素敵な	herrlich, schön ヘルリヒ, シェーン	great, fine グレイト, ファイン

日	独	英
ステッカー	*der* Aufkleber アオフクレーバー	sticker スティカ
ステッキ	*der* Stock シュトック	cane ケイン
ステップ	*der* Schritt シュリット	step ステプ
既に	schon, bereits ショーン, ベライツ	already オールレディ
捨てる	weg|werfen ヴェックヴェルフェン	throw away, dump スロウ アウェイ, ダンプ
ステレオ	*das* Stereo, *die* Stereoanlage シュテーレオ, シュテーレオアンラーゲ	stereo スティアリオウ
～タイプ	*das* Stereotyp シュテレオテューブ	stereotype ステリオタイプ
ステンドグラス	*die* Glasmalerei グラースマーレライ	stained glass ステインド グラス
ステンレス	rostfreier Stahl ロストフライアー シュタール	stainless steel ステインレス スティール
スト	*der* Streik シュトライク	strike ストライク
ストーカー	lästiger Verfolger レスティガー フェアフォルガー	stalker ストーカ
（女の）	lästige Verfolgerin レスティゲ フェアフォルゲリン	stalker ストーカ
ストーブ	*der* Ofen オーフェン	heater, stove ヒータ, ストウヴ
ストーリー	*die* Geschichte ゲシヒテ	story ストーリ
ストール	*die* Stola シュトーラ	stole ストウル
ストッキング	*der* Strumpf シュトルンプフ	stockings スタキングズ
ストック	*der* Vorrat フォーアラート	stock スタク
（スキーの）	*der* Stock シュトック	stick スティク
ストップウォッチ	*die* Stoppuhr シュトップウーア	stopwatch スタプワチ

日	独	英
ストライキ	*der* Streik シュトライク	strike ストライク
ストライプ	*der* Streifen シュトライフェン	stripes ストライプス
ストリッパー	*der*(*die*) Stripteasetänzer(*in*) シュトリップティーステンツァー (-リン)	stripteaser ストリプティーザ
ストリップ	*der* Striptease シュトリップティース	strip show, striptease ストリプ ショウ, ストリプティーズ
ストレス	*der* Stress シュトレス	stress ストレス
ストレッチ	*das* Stretching ストレチング	stretch ストレチ
ストロー	*der* Strohhalm シュトローハルム	straw ストロー
ストローク	*der* Schlag シュラーク	stroke ストロウク
ストロボ	*der* Elektronenblitz エレクトローネンブリッツ	strobe ストロウブ
砂 (すな)	*der* Sand ザント	sand サンド
素直 (すなお) な	folgsam, gehorsam フォルクザーム, ゲホーアザーム	docile, obedient ダスィル, オビーディエント
スナック	*der* Imbiss インビス	snack スナク
スナップ	*der* Schnappschuss シュナップシュス	snapshot スナプシャト
（留め金）	*der* Verschluss フェアシュルス	snap スナプ
則ち (すなわち)	nämlich ネームリヒ	namely, that is ネイムリ, ザト イズ
スニーカー	*der* Turnschuh トゥルンシュー	sneakers スニーカズ
脛 (すね)	*der* Unterschenkel ウンターシェンケル	leg, shin レグ, シン
拗 (す) ねる	schmollend sein, missgestimmt sein シュモレント ザイン, ミスゲシュティムト ザイン	be sulky, be cynical ビ サルキ, ビ スィニカル

日	独	英
頭脳	*das* Gehirn ゲヒルン	brains, head ブレインズ, ヘド
スノーボード	*das* Snowboard スノウボード	snowboard スノウボード
スパーク	*der* Funke フンケ	spark スパーク
スパークリングワイン	*der* Sekt ゼクト	sparkling wine スパークリング ワイン
スパイ	*der*(*die*) Spion(*in*) シュピオーン (-ニン)	spy, secret agent スパイ, スィークレト エイヂェント
スパイク靴	*die* Spikes シュパイクス	spiked shoes スパイクト シューズ
スパイス	*das* Gewürz ゲヴュルツ	spice スパイス
スパゲッティ	*die* Spaghetti シュパゲッティ	spaghetti スパゲティ
すばしこい	flink フリンク	nimble, agile ニンブル, アヂル
素肌	bloße Haut ブローセ ハオト	bare skin ベア スキン
スパナ	*der* Schraubenschlüssel シュラオベンシュリュッセル	wrench, spanner レンチ, スパナ
ずば抜けて	mit Abstand, außergewöhnlich ミット アップシュタント, アオサーゲヴェーンリヒ	by far, exceptionally バイ ファー, イクセプショナリ
素早い	schnell シュネル	nimble, quick ニンブル, クウィク
素晴らしい	ausgezeichnet, wunderbar アオスゲツァイヒネット, ヴンダーバール	wonderful, splendid ワンダフル, スプレンディド
図版	*die* Abbildung, *die* Illustration イルストラツィオーン, アップビルドゥング	illustration イラストレイション
スピーカー	*der* Lautsprecher ラオトシュプレヒャー	speaker スピーカ
スピーチ	*die* Rede, *die* Ansprache レーデ, アンシュプラーヘ	speech スピーチ
スピード	*die* Geschwindigkeit ゲシュヴィンディヒカイト	speed スピード
図表	*das* Diagramm ディアグラム	chart, diagram チャート, ダイアグラム

日	独	英
スフィンクス	*die*(*der*) Sphinx スフィンクス	sphinx スフィンクス
スプーン	*der* Löffel レッフェル	spoon スプーン
ずぶ濡れの	ganz nass, pudelnass ガンツ ナス, プーデルナス	soaked to the skin ソウクト トゥ ザ スキン
スプリンクラー	*der* Rasensprenger ラーゼンシュプレンガー	sprinkler スプリンクラ
スプレー	*der*(*das*) Spray シュプレー	spray スプレイ
スペア	*das* Ersatzteil エアザッツタイル	spare, refill スペア, リーフィル
スペイン	(*das*) Spanien シュパーニエン	Spain スペイン
～語	*das* Spanisch シュパーニシュ	Spanish スパニシュ
スペース	*der* Raum ラオム	space スペイス
スペード	*das* Pik ピーク	spade スペイド
スペクタクル	*das* Spektakel シュペクターケル	spectacle スペクタクル
スペクトル	*das* Spektrum シュペクトルム	spectrum スペクトラム
スペシャリスト	*der*(*die*) Spezialist(*in*) シュペツィアリスト(-ティン)	specialist スペシャリスト
すべすべした	glatt グラット	smooth, slippery スムーズ, スリパリ
全て	alles アレス	everything, all エヴリスィング, オール
～の	all アル	all, every, whole オール, エヴリ, ホウル
滑る	rutschen ルッチェン	slip, slide スリプ, スライド
（スケートで）	gleiten グライテン	skate スケイト
（床が）	glitschig sein グリッチヒ ザイン	be slippery ビ スリパリ

日	独	英
スペル	*der* Buchstabe ブーフシュターベ	spelling スペリング
スポイト	*die* Pipette ピペッテ	syringe スィリンヂ
スポークスマン	*der*(*die*) Sprecher(*in*) シュプレッヒャー (-ヒェリン)	spokesman スポウクスマン
スポーツ	*der* Sport シュポルト	sports スポーツ
〜マン	*der*(*die*) Sportler(*in*) シュポルトラー (-レリン)	sportsman, athlete スポーツマン, **ア**スリート
スポットライト	*der* Punktscheinwerfer プンクトシャインヴェルファー	spotlight スパトライト
ズボン	*die* Hose ホーゼ	trousers トラウザズ
〜吊り	*der* Hosenträger ホーゼントレーガー	suspenders サスペンダズ
スポンサー	*der*(*die*) Sponsor(*in*) シュポンザー (シュポンゾーリン)	sponsor スパンサ
スポンジ	*der* Schwamm シュヴァム	sponge スパンヂ
スマートな	smart, schick スマルト, シック	smart, stylish スマート, スタイリシュ
住まい	*die* Wohnung ヴォーヌング	house ハウス
(住所)	*die* Adresse アドレッセ	address アドレス
済ます	erledigen エアレーディゲン	finish フィニシュ
(間に合わせる)	*mit*³ aus|kommen アオスコメン	do without ドゥ ウィザウト
隅	*die* Ecke エッケ	nook, corner ヌク, コーナ
墨	*die* Tusche トゥッシェ	China ink チャイナ インク
炭	*die* Holzkohle ホルツコーレ	charcoal チャーコウル
済みません	Entschuldigung! エントシュルディグング	I'm sorry. アイム サリ

■ スポーツ ■　*der* Sport /シュポルト/　⇒サッカー

体操（たいそう）　*das* Turnen /トゥルネン/　(英gymnastics)
新体操（しんたいそう）　*das* Kunstturnen /クンストトゥルネン/　(英rhythmic gymnastics)
バレーボール　*der* Volleyball /ヴォリバル/　(英volleyball)
バスケットボール　*der* Basketball /バ(ー)スケットバル/　(英basketball)
ハンドボール　*der* Handball /ハントバル/　(英handball)
卓球（たっきゅう）　*das* Tischtennis /ティッシュテニス/　(英table tennis)
バドミントン　*das* Federballspiel /フェーダーバルシュピール/　(英badminton)
水泳（すいえい）　*das* Schwimmen /シュヴィメン/　(英swimming)
水球（すいきゅう）　*der* Wasserball /ヴァッサーバル/　(英water polo)
テニス　*das* Tennis /テニス/　(英tennis)
スケート　*der* Eislauf /アイスラオフ/　(英skating)
ラグビー　*das* Rugby /ラクビ/　(英Rugby)
野球（やきゅう）　*der* Baseball /ベースボール/　(英baseball)
ソフトボール　*der* Softball /ソフトボール/　(英softball)
サッカー　*der* Fußball /フースバル/　(英soccer, football)
ゴルフ　*das* Golf /ゴルフ/　(英golf)
スキー　*der* Skilauf /シーラオフ/　(英skiing, ski)
マラソン　*der* Marathonlauf /マーラトンラオフ/　(英marathon)
陸上競技（りくじょうきょうぎ）　*die* Leichtathletik /ライヒトアトレーティク/　(英athletic sports)
100メートル走（そう）　*der* Hundertmeterlauf /フンデルトメーターラオフ/　(英the 100-meter dash)
障害物競走（しょうがいぶつきょうそう）　*der* Hindernislauf /ヒンダーニスラオフ/　(英obstacle race)
ハンマー投げ（な）　*das* Hammerwerfen /ハマーヴェルフェン/　(英hammer throw)
槍投げ（やりなげ）　*das* Speerwerfen /シュペーアヴェルフェン/　(英the javelin throw)
幅跳び（はばとび）　*der* Weitsprung /ヴァイトシュプルング/　(英broad jump)
走り高跳び（はしりたかとび）　*der* Hochsprung /ホーホシュプルング/　(英high jump)
棒高跳び（ぼうたかとび）　*der* Stabhochsprung /シュタープホーホシュプルング/　(英pole vault)

日	独	英
(依頼呼び掛け)	Entschuldigen Sie bitte! エントシュルディゲン ズィー ビッテ	Excuse me. イクスキューズ ミ
董(すみれ)	*das* Veilchen ファイルヒェン	violet ヴァイオレト
済む	fertig werden フェルティヒ ヴェーアデン	be finished ビ フィニシュト
住む	wohnen ヴォーネン	live リヴ
澄む	klar werden クラール ヴェーアデン	become clear ビカム クリア
スムースな	zügig ツューギヒ	smooth スムーズ
スモーカー	*der*(*die*) Raucher(*in*) ラオハー (-ヘリン)	smoker スモウカ
スモークサーモン	geräucherter Lachs ゲロイヒェルター ラクス	smoked salmon スモウクト サモン
スモッグ	*der* Smog スモック	smog スマグ
李(すもも)	*die* Pflaume プフラオメ	plum, damson プラム, ダムゾン
スライス	*die* Scheibe シャイベ	slice スライス
スライド	*das* Dia ディーア	slide スライド
ずらす	rücken リュッケン	shift, move シフト, ムーヴ
(時間を)	verschieben フェアシーベン	stagger スタガ
スラックス	*die* Hose ホーゼ	slacks スラックス
スラム	*der* Slum, *das* Elendsviertel スラム, エーレンツフィルテル	slum スラム
スラング	*der* Slang スラング	slang スラング
スランプ	*der* Tiefstand, *die* Formkrise ティーフシュタント, フォルムクリーゼ	slump スランプ
掏摸(すり)	*der*(*die*) Taschendieb(*in*) タッシェンディープ (-ビン)	pickpocket ピクパケト

日	独	英
（行為）	*der* Taschendiebstahl タッシェンディープシュタール	pickpocketing ピクパケティング
スリーブ	*der* Ärmel エルメル	sleeve スリーヴ
擦り下ろす	reiben ライベン	grind, grate グラインド, グレイト
擦り傷	*die* Schürfwunde, *die* Schramme シュルフヴンデ, シュラメ	abrasion アブレイジョン
擦り切れる	*sich⁴* ab|reiben アップライベン	wear out ウェア アウト
スリット	*der* Schlitz シュリッツ	slit スリト
スリッパ	*der* Pantoffel パントッフェル	slippers スリパズ
スリップ	*das* Unterkleid, *der* Unterrock ウンタークライト, ウンターロック	slip スリプ
スリップする	rutschen ルッチェン	slip, skid スリプ, スキド
スリムな	schlank シュランク	slim スリム
スリル	*die* Erregung, *der* Schauder エアレーグング, シャオダー	thrill スリル
為る	tun, machen トゥーン, マッヘン	do, try, play ドゥ, トライ, プレイ
擦る	reiben ライベン	rub, chafe ラブ, チェイフ
狡い	schlau シュラオ	sly スライ
ずる賢い	listig, hinterlistig リスティヒ, ヒンターリスティヒ	cunning カニング
鋭い	scharf シャルフ	sharp, pointed シャープ, ポインテド
ずる休み	*das* Schwänzen シュヴェンツェン	truancy トルーアンスィ
スレート	*der* Schiefer シーファー	slate スレイト

日	独	英
擦れ違う（すれちがう）	*aneinander vorbei|gehen* アンアイナンダー フォーアバイゲーエン	pass each other パス イーチ アザ
ずれる	*sich⁴ verschieben* フェアシーベン	shift シフト
スローガン	*das Schlagwort, die Parole* シュラークヴォルト, パローレ	slogan, motto スロウガン, マトウ
スロープ	*der Abhang* アップハング	slope スロウプ
スローモーション	*die Zeitlupe* ツァイトルーペ	slow motion スロウ モウション
スロットマシン	*der Spielautomat* シュピールアオトマート	slot machine スラト マシーン
座る（すわる）	*sich⁴ setzen* ゼッツェン	sit down, take a seat スィト ダウン, テイク ア スィート
寸法（すんぽう）	*die Größe* グレーセ	measure, size メジャ, サイズ

せ, セ

日	独	英
背（せ）	*der Rücken* リュッケン	back バク
（身長）	*die Körpergröße* ケルパーグレーセ	height ハイト
姓（せい）	*der Familienname* ファミーリエンナーメ	family name, surname ファミリ ネイム, サーネイム
性（せい）	*das Geschlecht* ゲシュレヒト	sex セクス
生（せい）	*das Leben* レーベン	life, living ライフ, リヴィング
税（ぜい）	*die Steuer* シュトイアー	tax タクス
誠意（せいい）	*die Aufrichtigkeit* アオフリヒティヒカイト	sincerity スィンセリティ
精一杯（せいいっぱい）	mit aller Kraft, nach besten Kräften ミット アラー クラフト, ナーハ ベステン クレフテン	as hard as possible アズ ハード アズ パスィブル
星雲（せいうん）	*der Nebel, die Galaxie* ネーベル, ガラクスィー	nebula ネビュラ

日	独	英
声援する	ermuntern, an|feuern エアムンターン, アンフォイアーン	encourage, cheer インカーリヂ, チア
西欧	*der* Westen ヴェステン	West Europe ウェスト ユアロプ
成果	*der* Erfolg エアフォルク	result, the fruits リザルト, ザ フルーツ
政界	politische Welt ポリティシェ ヴェルト	the political world ザ ポリティカル ワールド
正解	richtige Antwort リヒティゲ アントヴォルト	correct answer カレクト アンサ
性格	*der* Charakter カラクター	character, personality キャラクタ, パーソナリティ
声楽	*die* Vokalmusik ヴォカールムズィーク	vocal music ヴォウカル ミューズィク
正確な	exakt, richtig, genau エクサクト, リヒティヒ, ゲナオ	exact, correct イグザクト, カレクト
生活	*das* Leben レーベン	life, livelihood ライフ, ライヴリフド
～する	leben レーベン	live リヴ
税関	*der* Zoll, *das* Zollamt ツォル, ツォルアムト	customs, customhouse カスタムズ, カスタムハウス
静観する	ruhig ab|warten ルーイヒ アップヴァルテン	wait and see ウェイト アンド スィー
世紀	*das* Jahrhundert ヤールフンダート	century センチュリ
正義	*die* Gerechtigkeit ゲレヒティヒカイト	justice ヂャスティス
請求 ～する	von³ fordern フォルダーン	ask, claim, demand アスク, クレイム, ディマンド
～書	*die* Rechnung レヒヌング	bill ビル
制御する	kontrollieren コントロリーレン	control カントロウル
政局	politische Lage ポリティシェ ラーゲ	the political situation ザ ポリティカル スィチュエイション
税金	*die* Steuer シュトイアー	tax タクス

日	独	英
せいくうけん 制空権	die Lufthoheit ルフトホーハイト	the mastery of the air ザ マスタリ カマンド オヴ ジ エア
せいけい 生計	der Lebensunterhalt レーベンスウンターハルト	living リヴィング
せいけいげか 整形外科	die Orthopädie オルトペディー	plastic surgery プラスティク サージャリ
せいけつ 清潔な	sauber, rein ザオバー, ライン	clean, neat クリーン, ニート
せいけん 政権	politische Macht ポリティシェ マハト	political power ポリティカル パウア
せいげん 制限	die Beschränkung ベシュレンクング	restriction, limit リストリクション, リミト
〜する	auf⁴ beschränken ベシュレンケン	limit, restrict リミト, リストリクト
せいこう 成功	der Erfolg エアフォルク	success サクセス
〜する	gelingen ゲリンゲン	succeed *in* サクスィード
せいざ 星座	das Sternbild シュテルンビルト	constellation カンステレイション
せいさい 制裁	die Bestrafung ベシュトラーフング	punishment, sanction パニシュメント, サンクション
せいさく 政策	die Politik ポリティーク	policy パリスィ
せいさく 制作する	her|stellen, produzieren ヘーアシュテレン, プロドゥツィーレン	make, produce メイク, プロデュース
せいさん 生産	die Produktion, die Herstellung プロドゥクツィオーン, ヘーアシュテルング	production, manufacture プロダクション, マニュファクチャ
〜する	produzieren, her|stellen プロドゥツィーレン, ヘーアシュテレン	produce, manufacture プロデュース, マニュファクチャ
〜高	der Ausstoß アオスシュトース	output アウトプト
せいし 生死	Leben und Tod レーベン ウント トート	life and death ライフ アンド デス
せいじ 政治	die Politik ポリティーク	politics パリティクス

日	独	英
～家	*der*(*die*) Politiker(*in*) ポリティカー (-ケリン)	statesman, politician ステイツマン, パリティシャン
せいしき 正式な	offiziell オフィツィエル	formal, official フォーマル, オフィシャル
せいし 静止する	still|stehen シュティルシュテーエン	rest, stand still レスト, スタンド スティル
せいしつ 性質	*die* Eigenschaft アイゲンシャフト	nature, disposition ネイチャ, ディスポズィション
せいじつ 誠実な	ehrlich エーアリヒ	sincere, honest スィンスィア, アニスト
せいじゃく 静寂	*die* Stille シュティレ	stillness, silence スティルネス, サイレンス
せいしゅく 静粛	*die* Ruhe ルーエ	silence サイレンス
せいじゅく 成熟する	reif werden ライフ ヴェーアデン	ripen, mature ライプン, マテュア
せいしゅん 青春	*die* Jugend ユーゲント	youth ユース
せいしょ 清書	*die* Reinschrift ラインシュリフト	fair copy フェア カピ
せいしょ 聖書	*die* Bibel ビーベル	the Bible ザ バイブル
せいじょう 正常な	normal ノルマール	normal ノーマル
せいじょう 清浄な	rein ライン	pure, clean ピュア, クリーン
せいしょうねん 青少年	*der/die* Jugendliche ユーゲントリヒェ	the younger generation ザ ヤンガ チェナレイション
せいしょくき 生殖器	*das* Geschlechtsorgan ゲシュレヒツオルガーン	sexual organs セクシュアル オーガンズ
せいしょくしゃ 聖職者	*der/die* Geistliche ガイストリヒェ	clergyman クラーヂマン
せいしん 精神	*der* Geist ガイスト	spirit, mind スピリット, マインド
せいじん 成人	*der/die* Erwachsene エアヴァクセネ	adult, grown-up アダルト, グロウナプ

日	独	英
せいじん 聖人	*der/die* Heilige ハイリゲ	saint セイント
せいしんかい 精神科医	*der*(*die*) Psychiater(*in*) プスュヒアーター (-テリン)	psychiatrist サイカイアトリスト
せいしんびょう 精神病	*die* Geisteskrankheit ガイステスクランクハイト	mental disease メンタル ディズィーズ
せいず 製図	*die* Zeichnung ツァイヒヌング	drafting, drawing ドラフティング, ドローイング
せいすう 整数	ganze Zahl ガンツェ ツァール	integer インティヂャ
せいせき 成績	*die* Leistung ライストゥング	result, record リザルト, リコード
(評点)	*die* Note ノーテ	grade グレイド
せいせんしょくりょうひん 生鮮食料品	frische Lebensmittel フリッシェ レーベンスミッテル	perishables ペリシャブルズ
せいぜんと 整然と	ordentlich オルデントリヒ	in good order, regularly イン グド オーダ, レギュラリ
せいそう 清掃	*die* Reinigung ライニグング	cleaning クリーニング
せいぞう 製造　～する	her|stellen, produzieren ヘーアシュテレン, プロドゥツィーレン	manufacture, produce マニュファクチャ, プロデュース
～業	*die* Her|stellungsindustrie, *die* Produktionsindustrie ヘーアシュテルングスインドゥストリー, プロドゥクツィオーンスインドゥストリー	manufacturing industry マニュファクチャリング インダストリ
せいそうけん 成層圏	*die* Stratosphäre シュトラトスフェーレ	the stratosphere ザ ストラトスフィア
せいそ 清楚な	gepflegt, zierlich ゲプフレークト, ツィーアリヒ	neat ニート
せいぞん 生存する	existieren エクスィスティーレン	exist, survive イグズィスト, サヴァイヴ
せいたい 政体	*die* Regierungsform レギールングスフォルム	government ガヴァンメント
せいたいがく 生態学	*die* Ökologie エコロギー	ecology イーカロヂィ

日	独	英
せいだい 盛大な	großartig グロースアールティヒ	prosperous, grand プラスペラス, グランド
ぜいたく 贅沢	*der* Luxus ルクスス	luxury ラクシュリ
～な	luxuriös ルクスリエース	luxurious ラグジュアリアス
せいち 聖地	Heiliges Land ハイリゲス ラント	sacred ground セイクリド グラウンド
せいちょう 成長	*das* Wachstum ヴァクストゥーム	growth グロウス
～する	wachsen ヴァクセン	grow グロウ
せいつう 精通する	in³ bewandert sein ベヴァンダート ザイン	be familiar *with* ビ ファミリア
せいてき 静的な	statisch シュターティシュ	static スタティク
せいてん 晴天	heiterer Himmel ハイテラー ヒメル	fine weather ファイン ウェザ
せいでんき 静電気	statische Elektrizität シュターティシェ エレクトリツィテート	static electricity スタティク イレクトリスィティ
せいと 生徒	*der*(*die*) Schüler(*in*) シューラー (-レリン)	student, pupil ステューデント, ピュービル
せいど 制度	*die* Institution, *das* System インスティトゥツィオーン, ズュステーム	system, institution スィスティム, インスティテューション
せいとう 政党	politische Partei ポリーティシェ パルタイ	political party ポリティカル パーティ
せいどう 青銅	*die* Bronze ブローンセ	bronze ブランズ
～器時代	*die* Bronzezeit ブローンセツァイト	the Bronze Age ザ ブランズ エイヂ
せいとう 正当な	gerecht, legitim ゲレヒト, レギティーム	just, proper, legal ヂャスト, プラパ, リーガル
せいとうぼうえい 正当防衛	*die* Notwehr ノートヴェーア	self-defense セルフディフェンス
せいとん 整頓する	in Ordnung bringen イン オルドヌング ブリンゲン	put in order プト イン オーダ
せいなん 西南	*der* Südwesten ズュートヴェステン	the southwest ザ サウスウェスト

日	独	英
せいねん 青年	*der* Jüngling, *der/die* Jugendliche ユングリング, ユーゲントリヒェ	young man, youth ヤング マン, ユース
せいねん 成年	*die* Mündigkeit ミュンディヒカイト	adult age アダルト エイヂ
せいねんがっぴ 生年月日	*das* Geburtsdatum ゲブーアツダートゥム	the date of birth ザ デイト オヴ バース
せいのう 性能	*die* Leistung ライストゥング	capacity, efficiency カパスィティ, イフィシェンスィ
せいはんたい 正反対	*das* Gegenteil ゲーゲンタイル	the exact opposit ジ イグザクト アポズィト
せいび 整備する	instand halten, warten インシュタント ハルテン, ヴァルテン	arrange, adjust アレインジュ, アヂャスト
せいびょう 性病	*die* Geschlechtskrankheit ゲシュレヒツクランクハイト	venereal disease ヴィニアリアル ディズィーズ
せいひん 製品	*das* Produkt, *die* Ware プロドゥクト, ヴァーレ	product プラダクト
せいふ 政府	*die* Regierung レギールング	government ガヴァンメント
せいぶ 西部	*der* Westen ヴェステン	the west ザ ウェスト
せいふく 制服	*die* Uniform ウニフォルム	uniform ユーニフォーム
せいふく 征服	*die* Eroberung エアオーベルング	conquest カンクウェスト
～する	erobern エアオーバーン	conquer カンカ
せいぶつ 生物	*das* Lebewesen レーベヴェーゼン	living thing, life リヴィング スィング, ライフ
～学	*die* Biologie ビオロギー	biology バイアロヂィ
せいぶつが 静物画	*das* Stillleben シュティルレーベン	still life スティル ライフ
せいぶん 成分	*der* Bestandteil ベシュタントタイル	ingredient イングリーディエント
せいべつ 性別	*der* Geschlechtsunterschied ゲシュレヒツウンターシート	sex distinction セクス ディスティンクション

日	独	英
せいほうけい 正方形	das Quadrat クヴァドラート	square スクウェア
せいほく 西北	der Nordwesten ノルトヴェステン	the northwest ザ ノースウェスト
せいほん 製本	das Buchbinden ブーフビンデン	binding バインディング
せいみつ 精密な	genau, fein ゲナオ, ファイン	precise, minute プリサイス, マイニュート
ぜいむしょ 税務署	das Finanzamt フィナンツアムト	tax office タクス オフィス
せいめい 姓名	der Name ナーメ	(full) name (フル) ネイム
せいめい 生命	das Leben レーベン	life ライフ
〜保険	die Lebensversicherung レーベンスフェアズィヒェルング	life insurance ライフ インシュアランス
せいめい 声明	die Erklärung エアクレールング	declaration, statement デクラレイション, ステイトメント
せいもん 正門	das Haupttor ハオプトトーア	front gate フラント ゲイト
せいやく 制約	die Einschränkung アインシュレンクング	restriction, limitation リストリクション, リミテイション
せいやく 誓約	der Eid, der Schwur アイト, シュヴーア	oath, pledge オウス, プレヂ
せいよう 西洋	der Westen ヴェステン	the West ザ ウェスト
せいよう 静養する	sich⁴ erholen エアホーレン	take a rest テイク ア レスト
せいり 生理	die Physiologie フュズィオロギー	physiology フィズィアロヂィ
(月経)	die Monatsblutung, die Menstruation モーナツブルートゥング, メンストルアツィオーン	menstruation, period メンストルエイション, ピアリオド
〜学	die Physiologie フュズィオロギー	physiology フィズィアロヂィ
〜用品	die Damenbinde ダーメンビンデ	sanitary napkin サニテリ ナプキン

日	独	英
税理士	der(die) Steuerberater(in) シュトイアーベラーター (-テリン)	licensed tax accountant ライセンスト タクス アカウンタント
整理する	ordnen オルドネン	put in order プト イン オーダ
税率	der Steuersatz シュトイアーザッツ	tax rates タクス レイツ
成立する	zustande kommen ツシュタンデ コメン	be formed ビ フォームド
清涼飲料	das Erfrischungsgetränk エアフリッシュングスゲトレンク	soft drink, beverage ソフト ドリンク, ベヴァリヂ
勢力	die Macht マハト	influence, power インフルエンス, パウア
精力	die Energie エネルギー	energy, vitality エナヂ, ヴァイタリティ
～的な	energisch エネルギシュ	energetic, vigorous エナヂェティク, ヴィゴラス
西暦	christliche Zeitrechnung クリストリヒェ ツァイトレヒヌング	the Christian Era ザ クリスチャン イアラ
整列する	an|treten アントレーテン	stand in a row スタンド イン ア ラウ
セーター	der Pullover プローヴァー	sweater, pullover スウェタ, プロウヴァ
セール	der Ausverkauf アオスフェアカオフ	sale セイル
セールスマン	der(die) Verkäufer(in) フェアコイファー (-フェリン)	salesman セイルズマン
背負う	auf dem Rücken tragen アオフ デム リュッケン トラーゲン	carry on *one's* back キャリ オン バク
背泳ぎ	das Rückenschwimmen リュッケンシュヴィメン	the backstroke ザ バクストロウク
世界	die Welt ヴェルト	the world ザ ワールド
～遺産	das Weltkultur- und Naturerbe ヴェルトクルトゥーア ウント ナトゥーアエルベ	the World Heritage ザ ワールド ヘリティヂ
～史	die Weltgeschichte ヴェルトゲシヒテ	world history ワールド ヒストリ

せ

日	独	英
〜的な	international インターナツィオナール	worldwide ワールドワイド
急かす	hetzen ヘッツェン	expedite, hurry エクスペダイト, ハーリ
咳	*der* Husten フーステン	cough コフ
〜をする	husten フーステン	cough コフ
席	*der* Platz プラッツ	seat スィート
赤外線	infrarote Strahlen インフラローテ シュトラーレン	infrared rays インフラレド レイズ
赤十字	das Rote Kreuz ダス ローテ クロイツ	red cross レド クロス
脊髄	*das* Rückenmark リュッケンマルク	spinal cord スパイナル コード
急き立てる	zur Eile an|treiben ツーア アイレ アントライベン	hurry, hasten ハーリ, ヘイスン
石炭	*die* Steinkohle シュタインコーレ	coal コウル
赤道	*der* Äquator エクヴァートア	the equator ジ イクウェイタ
咳止め	*das* Hustenmittel フーステンミッテル	cough remedy コフ レメディ
責任	*die* Verantwortung フェアアントヴォルトゥング	responsibility リスパンスィビリティ
咳払い	*das* Räuspern ロイスパーン	cough コフ
石版画	*die* Lithographie リトグラフィー	lithograph リソグラフ
石碑	*der* Gedenkstein ゲデンクシュタイン	stone monument ストウン マニュメント
積分	*das* Integral インテグラール	integral calculus インテグラル キャルキュラス
赤面する	erröten エアレーテン	blush ブラシュ
石油	*das* Erdöl エーアトエール	petroleum, oil ピトロウリアム, オイル

日	独	英
せきり 赤痢	*die* Ruhr ルーア	dysentery ディセンテアリ
セクシーな	sinnlich, sexy ズィンリヒ, セクスィ	sexy セクスィ
セクハラ	sexuelle Belästigung ゼクスエレ ベレスティグング	sexual harassment セクシュアル ハラスメント
せけん 世間	*die* Öffentlichkeit エッフェントリヒカイト	the world, society ザ ワールド, ソサイエティ
セシウム	*das* Cäsium ツェーズィウム	cesium スィーズィアム
せしゅう 世襲	*die* Vererbung フェアエルブング	heredity ヒレディティ
ぜせい 是正する	berichtigen ベリヒティゲン	coorect カレクト
せそう 世相	gesellschaftliche Verhältnisse ゲゼルシャフトリヒェ フェアヘルトニセ	social conditions ソウシャル カンディションズ
せぞくの 世俗の	weltlich ヴェルトリヒ	worldly ワールドリ
せだい 世代	*die* Generation ゲネラツィオーン	generation ヂェナレイション
せつ 説 （理論）	*die* Theorie テオリー	theory スィオリ
ぜつえん 絶縁する	die Beziehung abbrechen ディー ベツィーウング アップブレッヒェン	break the connection ブレイク ザ カネクション
（電気）	isolieren イゾリーレン	insulate インシュレイト
せっかい 石灰	*der* Kalk カルク	lime ライム
せっかちな	ungeduldig ウンゲドゥルディヒ	hasty, impetuous ヘイスティ, インペチュアス
せっき 石器	*das* Steingerät シュタインゲレート	stone implement ストウン インプレメント
～時代	*die* Steinzeit シュタインツァイト	the Stone Age ザ ストウン エイヂ
せっきょう 説教する	predigen プレーディゲン	preach プリーチ

日	独	英
せっきょく 積極		
〜性	*die* Aktivität アクティヴィテート	positiveness パズィティヴネス
〜的な	aktiv アクティーフ	positive, active パズィティヴ, アクティヴ
せっきん 接近する	*sich⁴* nähern ネーアーン	approach, draw near アプロウチ, ドロー ニア
セックス	*der* Sex ゼクス	sex セクス
せっけい 設計	*der* Plan プラーン	plan, design プラン, ディザイン
〜する	planen プラーネン	plan, design プラン, ディザイン
〜者	*der*(*die*) Planer(*in*) プラーナー (-ネリン)	designer ディザイナ
〜図	*der* Entwurf エントヴルフ	plan, blueprint プラン, ブループリント
せっけん 石鹸	*die* Seife ザイフェ	soap ソウプ
ゼッケン	*die* Startnummer シュタルトヌマー	player's number プレイアズ ナンバ
せっこう 石膏	*der* Gips ギプス	gypsum, plaster ヂプサム, プラスタ
ぜっこう 絶交する	*die* Verbindung abbrechen ディー フェアビンドゥング アップブレッヒェン	cut contact *with* カト カンタクト
ぜっこうの 絶好の	allerbest アラーベスト	best, ideal ベスト, アイディアル
ぜっさん 絶賛する	rühmen リューメン	extol イクストウル
せっしゅ 摂取する	ein|nehmen アインネーメン	take in テイク イン
せっしょう 折衝	*die* Verhandlung フェアハンドルング	negotiation ニゴウシエイション
〜する	*mit³ über⁴* verhandeln フェアハンデルン	negotiate ニゴウシエイト
せっしょく 接触	*der* Kontakt コンタクト	contact, touch カンタクト, タチ

日	独	英
～する	berühren ベリューレン	touch タチ
（人と）	mit³ Kontakt auf|nehmen, kontaktieren コンタクト アオフネーメン, コンタクティーレン	make contact *with* メイク カンタクト
雪辱（せつじょく）	*die* Ehrenrettung エーレンレットゥング	rehabilitation リーアビリテイション
絶食（ぜっしょく）	*das* Fasten ファステン	fasting, fast ファスティング, ファスト
接（せっ）する	empfangen, mit³ in Berührung kommen エンプファンゲン, イン ベリュールング コメン	touch, make contact *with* タチ, メイク カンタクト
（隣接）	an⁴ grenzen グレンツェン	adjoin アヂョイン
節制する	sich⁴ in³ mäßigen メースィゲン	be modarate *in* ビ マダレト
接戦（せっせん）	*der* Nahkampf ナーカンプフ	close game クロウス ゲイム
接続（せつぞく）	*der* Anschluss アンシュルス	connection, joining カネクション, ヂョイング
～する	an|schließen アンシュリーセン	join, connect *with* ヂョイン, カネクト
接続詞（せつぞくし）	*die* Konjunktion コンユンクツィオーン	conjunction カンヂャンクション
接待（せったい）	*die* Bewirtung, *der* Empfang ベヴィルトゥング, エンプファング	reception, welcome リセプション, ウェルカム
～する	bewirten, empfangen ベヴィルテン, エンプファンゲン	receive リスィーヴ
絶大な（ぜつだいな）	größt, höchst グレースト, ヘーヒスト	greatest, tremendous グレイティスト, トリメンダス
絶対の（ぜったいの）	absolut アプゾルート	absolute アブソリュート
切断する（せつだん）	ab|schneiden アップシュナイデン	cut off カト オフ
接着剤（せっちゃくざい）	*der* Klebstoff クレープシュトフ	adhesive アドヒースィヴ
折衷案（せっちゅうあん）	*der* Kompromiss コンプロミス	compromise カンプロマイズ

日	独	英
絶頂（ぜっちょう）	*der* Höhepunkt ヘーエプンクト	summit, height サミト, ハイト
設定する（せっていする）	konfigurieren, ein|richten コンフィグリーレン, アインリヒテン	set up セト アプ
接点（せってん）	*der* Berührungspunkt ベリュールングスプンクト	point of contact ポイント オヴ カンタクト
セット	*der* Satz ザッツ	set セト
節度（せつど）	*das* Maß マース	moderation モダレイション
窃盗（せっとう）	*der* Diebstahl ディープシュタール	theft セフト
説得（せっとく）	*die* Überredung ユーバーレードゥング	persuasion パスウェイジョン
〜する	überreden ユーバーレーデン	persuade パスウェイド
切迫（せっぱく）	*die* Dringlichkeit ドリングリヒカイト	urgency アーヂェンスィ
絶版の（ぜっぱんの）	vergriffen フェアグリッフェン	out of print アウト オヴ プリント
設備（せつび）	*die* Einrichtung アインリヒトゥング	equipment イクウィプメント
〜投資	*die* Anlageinvestition アンラーゲインヴェスティツィオーン	plant and equipment investment プラント アンド イクウィプメント インヴェストメント
絶望（ぜつぼう）	*die* Verzweiflung フェアツヴァイフルング	despair ディスペア
〜する	an³ verzweifeln フェアツヴァイフェルン	despair *of* ディスペア
〜的な	hoffnungslos ホフヌングスロース	desperate デスパレト
説明（せつめい）	*die* Erklärung エアクレールング	explanation エクスプロネイション
〜する	erklären エアクレーレン	explain イクスプレイン
〜書	*die* Gebrauchsanweisung ゲブラオホスアンヴァイズング	explanatory note イクスプラナトーリ ノウト

日	独	英
ぜつめつ 絶滅する	aus|sterben アオスシュテルベン	become extinct ビカム イクスティンクト
せつやく 節約する	sparen シュパーレン	economize *in*, save イカノマイズ, セイヴ
せつりつ 設立する	gründen グリュンデン	establish, found イスタブリシュ, ファウンド
せともの 瀬戸物	*das* Porzellan ポルツェラーン	earthenware, china アースンウェア, チャイナ
せなか 背中	*der* Rücken リュッケン	back バク
ゼネスト	*der* Generalstreik ゲネラールシュトライク	general strike ヂェナラル ストライク
せの 背伸びする	*sich⁴* in die Höhe strecken イン ディー ヘーエ シュトレッケン	stand on tiptoe スタンド オン ティプトウ
ぜひ 是非	Recht und Unrecht レヒト ウント ウンレヒト	right and wrong ライト アンド ロング
～とも	unbedingt ウンベディングト	by all means バイ オール ミーンズ
セピア色 いろ	*die* Sepia ゼーピア	sepia スィーピア
～の	sepia ゼーピア	sepia スィーピア
せびる	schnorren シュノレン	tease ティーズ
せびろ 背広	*der* Anzug アンツーク	business suit ビズネス シュート
せぼね 背骨	*das* Rückgrat リュックグラート	backbone バクボウン
せまい 狭い	eng エング	narrow, small ナロウ, スモール
せま 迫る	*sich⁴* nähern ネーアーン	approach アプロウチ
（切迫）	drängen ドレンゲン	be on the verge *of* ビ オン ザ ヴァーヂ
（強いる）	zwingen ツヴィンゲン	press, urge プレス, アーヂ
せみ 蝉	*die* Zikade ツィカーデ	cicada スィケイダ

日	独	英
セミコロン	*das* Semikolon ゼミコーロン	semicolon セミコウロン
セミナー	*das* Seminar ゼミナール	seminar セミナー
攻める	an|greifen アングライフェン	attack, assault アタク, アソルト
責める	tadeln, vor|werfen ターデルン, フォーアヴェルフェン	blame, reproach ブレイム, リプロウチ
セメント	*der* Zement ツェメント	cement スィメント
ゼラチン	*die* Gelatine ジェラティーネ	gelatin ヂェラティン
ゼラニウム	*das* Geranium ゲラーニウム	geranium ヂレイニアム
セラピスト	*der*(*die*) Therapeut(*in*) テラポイト (-ティン)	therapist セラピスト
セラミック	*die* Keramik ケラーミク	ceramics スィラミクス
ゼリー	*das* Gelee ジェレー	jelly ヂェリ
台詞	*der* Text テクスト	speech, dialogue スピーチ, ダイアローグ
セルフサービス	*die* Selbstbedienung ゼルプストベディーヌング	self-service セルフサーヴィス
セルフタイマー	*der* Selbstauslöser ゼルプストアオスレーザー	self-timer セルフタイマ
セルロイド	*das* Zelluloid ツェルロイト	celluloid セリュロイド
セルロース	*die* Zellulose ツェルローゼ	cellulose セリュロウス
ゼロ	*die* Null ヌル	zero ズィアロウ
セロハン	*das* Zellophan ツェロファーン	cellophane セロフェイン
セロハンテープ	*der* Tesafilm, *der* Klebstreifen テーザフィルム, クレープシュトライフェン	Scotch tape スカチ テイプ
セロリ	*der* Sellerie ゼレリ	celery セラリ

日	独	英
せろん 世論	öffentliche Meinung エッフェントリヒェ マイヌング	public opinion パブリク オピニオン
せわ 世話	*die* Pflege プフレーゲ	care, aid ケア, エイド
～する	pflegen プフレーゲン	take care テイク ケア
せん 千	tausend タオゼント	thousand サウザンド
せん 栓	*der* Pfropfen プフロプフェン	stopper, plug スタパ, プラグ
せん 線	*die* Linie リーニエ	line ライン
（駅の）	*das* Gleis グライス	track トラク
ぜん 善	*das* Gute グーテ	good, goodness グド, グドネス
ぜん 膳	*das* Tablett タブレット	table, tray テイブル, トレイ
ぜんあく 善悪	*das* Gute und Böse グート ウント ベーゼ	good and evil グド アンド イーヴル
せんい 繊維	*die* Faser ファーザー	fiber ファイバ
ぜんい 善意	*die* Güte ギューテ	goodwill グドウィル
せんいん 船員	*der* Matrose マトローゼ	crew, seaman クルー, スィーマン
ぜんいん 全員	alle アレ	all members オール メンバズ
ぜんえい 前衛	*die* Avantgarde アヴァーンガルデ	advanced guard アドヴァンスト ガード
ぜんかい 前回	letztes Mal レッツテス マール	last time ラスト タイム
せんかん 戦艦	*das* Schlachtschiff シュラハトシフ	battleship バトルシプ
ぜんき 前期	erste Hälfte エーアステ ヘルフテ	first term ファースト ターム
せんきょ 選挙	*die* Wahl ヴァール	election イレクション

日	独	英
～する	wählen ヴェーレン	elect イレクト
せんきょうし 宣教師	*der*(*die*) Missionar(*in*) ミスィオナール (-リン)	missionary ミショネリ
せんくしゃ 先駆者	*der*(*die*) Pionier(*in*) ピオニーア (-リン)	pioneer パイオニア
せんげつ 先月	letzten [vorigen] Monat レッツテン［フォーリゲン］モーナト	last month ラスト マンス
せんげん 宣言する	erklären, deklarieren, manifestieren エアクレーレン, デクラリーレン, マニフェスティーレン	declare, proclaim ディクレア, プロクレイム
せんご 戦後	*die* Nachkriegszeit ナーハクリークスツァイト	after the war アフタ ザ ウォー
ぜんご 前後	vorn und hinten フォルン ウント ヒンテン	front and rear フラント アンド リア
（時間的な）	vorher und nachher フォーアヘーア ウント ナーハヘーア	before and after ビフォー アンド アフタ
（順序）	*die* Reihenfolge ライエンフォルゲ	order, sequence オーダ, スィークウェンス
（およそ）	etwa, ungefähr エトヴァ, ウンゲフェーア	about, or so アバウト, オー ソウ
せんこう 専攻	*das* Hauptfach ハオプトファッハ	special study スペシャル スタディ
～する	als Hauptfach studieren アルス ハオプトファッハ シュトゥディーレン	major *in* メイヂャ
ぜんこく 全国	*das* ganze Land ダス ガンツェ ラント	the whole country ザ ホウル カントリ
～的な	landesweit ランデスヴァイト	national ナショナル
せんこく 宣告する	verurteilen フェアウルタイレン	sentence センテンス
センサー	*der* Sensor ゼンゾア	sensor センサ
せんさい 戦災	*der* Kriegsschaden クリークスシャーデン	war damage ウォー ダミチ
せんざい 洗剤	*das* Waschmittel ヴァッシュミッテル	detergent, cleanser ディターヂェント, クレンザ

日	独	英
ぜんさい 前菜	*die* Vorspeise フォーアシュパイゼ	hors d'oeuvre オーダーヴル
せんさいな 繊細な	zart, fein ツァールト, ファイン	delicate デリケト
せんし 戦死 ～する	im Krieg fallen イム クリーク ファレン	fall in battle フォール イン バトル
～者	*der/die* Gefallene ゲファレネ	the war dead ザ ウォー デド
せんしじだい 先史時代	*die* Vorgeschichte フォーアゲシヒテ	prehistory プリヒストリ
せんしつ 船室	*die* Kabine カビーネ	cabin キャビン
せんじつ 先日	vor kurzem フォーア クルツェム	the other day ジ アザ デイ
ぜんじつ 前日	am Tag vorher, am Vortag アム ターク フォーアヘーア, アム フォーアターク	the day before ザ デイ ビフォー
せんしゃ 戦車	*der* Panzer パンツァー	tank タンク
ぜんしゃ 前者	*der/die/das* Erstere エーアステレ	former フォーマ
せんしゅ 選手	*der(die)* Spieler(*in*) シュピーラー (-レリン)	athlete, player アスリート, プレイア
～権	*die* Meisterschaft マイスターシャフト	championship チャンピオンシプ
せんしゅう 先週	letzte [vorige] Woche レッツテ[フォーリゲ] ヴォッヘ	last week ラスト ウィーク
ぜんしゅう 全集	sämtliche Werke ゼムトリヒェ ヴェルケ	the complete works ザ カンプリート ワークス
せんじゅうみん 先住民	*der/die* Eingeborene アインゲボーレネ	aborigines アボリヂニーズ
せんじゅつ 戦術	*die* Taktik タクティク	tactics タクティクス
せんしゅつする 選出する	wählen ヴェーレン	elect イレクト
ぜんじゅつの 前述の	oben erwähnt オーベン エアヴェーント	above-mentioned アバヴメンションド
せんじょう 戦場	*das* Schlachtfeld シュラハトフェルト	battlefield バトルフィールド

日	独	英
せんしょく 染色	*die* Färbung フェルブング	dyeing ダイイング
せんしょくたい 染色体	*das* Chromosom クロモゾーム	chromosome クロウモソウム
ぜんしん 全身	der ganze Körper デア ガンツェ ケルパー	the whole body ザ ホウル バディ
せんしんこく 先進国	*die* Industrieländer インドゥストリーレンダー	industrialized countries インダストリアライズド カントリズ
ぜんしん 前進する	vor|rücken, vorwärts marschieren フォーアリュッケン, フォーアヴェルツ マルシーレン	advance アドヴァンス
せんす 扇子	*der* Fächer フェッヒャー	folding fan フォウルディング ファン
せんすいかん 潜水艦	*das* U-Boot ウーボート	submarine サブマリーン
せんすい 潜水する	tauchen タオヘン	dive ダイヴ
せんせい 先生	*der*(*die*) Lehrer(*in*) レーラー (-レリン)	teacher, instructor ティーチャ, インストラクタ
医者(呼びかけ)	*der* Doktor ドクトーア	doctor ダクタ
せんせい 宣誓	*der* Eid アイト	oath オウス
～する	einen Eid ab|legen アイネン アイト アップレーゲン	take an oath, swear テイク アン オウス, スウェア
せんせい 専制	*die* Gewaltherrschaft ゲヴァルトヘルシャフト	despotism, autocracy デスパティズム, オータクラスィ
ぜんせい 全盛	*die* Blütezeit ブリューテツァイト	the height of prosperity ザ ハイト オヴ プラスペリティ
せんせいじゅつ 占星術	*die* Astrologie アストロロギー	astrology アストラロヂィ
センセーショナルな	sensationell ゼンザツィオネル	sensational センセイショナル
せんせん 戦線	*die* Front フロント	front フラント

日	独	英
せんぜん 戦前	*die* Vorkriegszeit フォーアクリークスツァイト	prewar プリーウォー
ぜんせん 前線	*die* Front フロント	front フラント
ぜんぜん 全然	gar nicht ガール ニヒト	*not* at all アト オール
せんせんしゅう 先々週	vorletzte Woche フォーアレッツテ ヴォッヘ	the week before last ザ ウィーク ビフォー ラスト
せんぞ 先祖	*der*(*die*) Vorfahr(*in*) フォーアファール (-リン)	ancestor アンセスタ
せんそう 戦争	*der* Krieg クリーク	war, warfare ウォー, ウォーフェア
ぜんそうきょく 前奏曲	*das* Präludium, *die* Ouvertüre, *das* Vorspiel プレルーディウム, ウヴェルテューレ, フォーアシュピール	overture, prelude オウヴァチャ, プレリュード
ぜんそく 喘息	*das* Asthma アストマ	asthma アズマ
センター	*das* Zentrum ツェントルム	center センタ
ぜんたい 全体	*das* Ganze ガンツェ	the whole ザ ホウル
〜の	ganz ガンツ	whole, general ホウル, ヂェナラル
せんたく 洗濯 〜する	waschen ヴァッシェン	wash ワシュ
〜機	*die* Waschmaschine ヴァッシュマシーネ	washing machine ワシング マシーン
〜屋	*die* Wäscherei ヴェシェライ	laundry ローンドリ
せんたく 選択する	aus|wählen アオスヴェーレン	select, choose スィレクト, チューズ
せんたん 先端	*die* Spitze シュピッツェ	point, tip ポイント, ティプ
ぜんちし 前置詞	*die* Präposition プレポズィツィオーン	preposition プレポズィション
センチメートル	*der*(*das*)Zentimeter ツェンティメーター	centimeter センティミータ

日	独	英
センチメンタルな	sentimental ゼンティメンタール	sentimental センティメンタル
せんちょう 船長	*der* Kapitän カピテーン	captain キャプティン
ぜんちょう 前兆	*das* Vorzeichen フォーアツァイヒェン	omen, sign, symptom オウメン, サイン, スィンプトム
ぜんてい 前提	*die* Voraussetzung フォラオスゼッツング	premise プレミス
せんでん 宣伝	*die* Werbung ヴェルブング	publicity パブリスィティ
～する	*für⁴* werben ヴェルベン	advertise アドヴァタイズ
ぜんと 前途	*die* Zukunft ツークンフト	future, prospects フューチャ, プラスペクツ
せんとう 先頭	*die* Spitze シュピッツェ	head ヘド
せんとう 銭湯	*das* Badehaus バーデハオス	public bath パブリク バス
せんどう 船頭	*der*(*die*) Bootsführer(*in*), *der* Bootsmann ボーツフューラー, ボーツマン	boatman ボウトマン
せんとうき 戦闘機	*das* Jagdflugzeug, *der* Jäger ヤークトフルークツォイク, イェーガー	fighter ファイタ
せんどう 扇動する	(*für⁴*, *gegen⁴*) agitieren アギティーレン	stir up, agitate スター アプ, アヂテイト
セントラル ヒーティング	*die* Zentralheizung ツェントラールハイツング	central heating セントラル ヒーティング
せんにゅうかん 先入観	*das* Vorurteil フォーアウルタイル	preconception プリーコンセプション
ぜんにん 善人	guter Mensch グーター メンシュ	good man グド マン
ぜんにんしゃ 前任者	*der*(*die*) Vorgänger(*in*) フォーアゲンガー (-ゲリン)	predecessor プレディセサ
せんぬき 栓抜き	*der* Korkenzieher, *der* Flaschenöffner コルケンツィーアー, フラッシェンエフナー	corkscrew, bottle opener コークスクルー, バトル オウプナ
ぜんねん 前年	voriges Jahr フォーリゲス ヤール	the previous year ザ プリーヴィアス イア

せ

396

日	独	英
せんねん 専念する	*sich⁴ auf⁴* konzentrieren コンツェントリーレン	devote *oneself to* ディヴォウト
せんのう 洗脳する	Gehirnwäsche vor|nehmen ゲヒルンヴェッシェ フォーアネーメン	brainwash ブレインウォーシュ
せんばい 専売	*das* Monopol モノポール	monopoly モナポリ
～特許	*das* Patent パテント	patent パテント
せんぱい 先輩	*der/die* Ältere エルテレ	senior, elder スィーニア, エルダ
せんばつ 選抜する	aus|wählen アオスヴェーレン	select, pick out スィレクト, ピク アウト
せんばん 旋盤	*die* Drehbank ドレーバンク	lathe レイズ
ぜんはん 前半	die erste Hälfte ディー エーアステ ヘルフテ	the first half ザ ファースト ハフ
ぜんぱんの 全般の	allgemein, ganz アルゲマイン, ガンツ	whole ホウル
せんび 船尾	*das* Heck ヘック	stern スターン
ぜんぶ 全部	*das* Ganze, alles ガンツェ, アレス	all, the whole オール, ザ ホウル
せんぷうき 扇風機	*der* Ventilator ヴェンティラートーア	electric fan イレクトレク ファン
せんぷくする 潜伏する	*sich⁴* verbergen フェアベルゲン	lie hidden ライ ヒドン
ぜんぶん 全文	der ganze Text デア ガンツェ テクスト	whole sentence ホウル センテンス
せんぽう 先方	*die* Gegenseite ゲーゲンザイテ	the other party ザ アザ パーティ
ぜんぽうの 前方の	vorder フォルダー	before, in front of ビフォー, イン フラント アヴ
せんめいな 鮮明な	klar クラール	clear クリア
ぜんめつする 全滅する	vollständig unter|gehen, vollständig vernichtet werden フォルシュテンディヒ ウンターゲーエン, フォルシュテンディヒ フェアニヒテット ヴェーアデン	be annihilated ビ アナイイレイテド

日	独	英
せんめんじょ 洗面所	*die* Toilette, *der* Waschraum トアレッテ, ヴァッシュラオム	lavatory, toilet ラヴァトーリ, トイレト
せんめんだい 洗面台	*das* Waschbecken ヴァッシュベッケン	washbasin ワシュベイスン
せんもん 専門	*das* Fach ファッハ	specialty スペシャルティ
～家	*der*(*die*) Experte(*in*) エクスペルテ(-ティン)	specialist スペシャリスト
～学校	*die* Fachschule ファッハシューレ	special school スペシャル スクール
～的な	fachlich ファッハリヒ	special, professional スペシャル, プロフェショナル
ぜんや 前夜	*der* Vorabend フォーアアーベント	the previous night ザ プリーヴィアス ナイト
せんやく 先約	eine andere Verabredung アイネ アンデレ フェアアプレードゥング	previous engagement プリーヴィアス インゲイヂメント
せんゆう 占有	*der* Besitz ベズィッツ	possession, occupancy ポゼション, アキュパンスィ
～する	besitzen ベズィッツェン	possess, occupy ポゼス, アキュパイ
せんよう 専用	*der* Privatgebrauch プリヴァートゲブラオホ	exclusive use イクスクルースィヴ ユース
せんりつ 旋律	*die* Melodie メロディー	melody メロディ
ぜんりつせん 前立腺	*die* Prostata プロスタタ	prostate プラステイト
せんりゃく 戦略	*die* Strategie シュトラテギー	strategy ストラテヂィ
せんりょう 占領	*die* Besetzung ベゼッツング	occupation アキュペイション
～する	besetzen ベゼッツェン	occupy, capture アキュパイ, キャプチャ
ぜんりょう 善良な	gutmütig グートミューティヒ	good, virtuous グド, ヴァーチュアス
ぜんりょく 全力で	mit aller Kraft ミット アラー クラフト	with all *one's* strength ウィズ オール ストレンクス
せんれい 洗礼	*die* Taufe タオフェ	baptism バプティズム

日	独	英
ぜんれい 前例	ein früheres Beispiel, das Präzedens アイン フリューエレス バイシュピール, プレツェーデンス	precedent プレスィデント
せんれん 洗練された	raffiniert ラフィニーアト	refined リファインド
せんろ 線路	das Gleis グライス	railway line レイルウェイ ライン

そ, ソ

日	独	英
そあく 粗悪な	minderwertig ミンダーヴェーアティヒ	of poor quality オヴ プア クワリティ
そ 沿う 　…に沿って	entlang[4] エントラング	along..., on... アロング, オン
そ 添う	folgen, begleiten フォルゲン, ベグライテン	accompany アカンパニ
ぞう 象	der Elefant エレファント	elephant エレファント
ぞう 像	die Statue シュタートゥエ	image, figure, statue イミヂ, フィギャ, スタチュー
そうあん 草案	der Entwurf エントヴルフ	draft ドラフト
そうい 相異［違］	der Unterschied ウンターシート	difference, variation ディフレンス, ヴェアリエイション
ぞうお 憎悪	der Hass ハス	hatred ヘイトリド
そうおん 騒音	der Lärm, das Geräusch レルム, ゲロイシュ	noise ノイズ
そうかい 総会	die Generalversammlung ゲネラールフェアザムルング	general meeting ヂェナラル ミーティング
そうがく 総額	die Summe ズメ	total (amount) トウタル (アマウント)
ぞうか 増加する	zu|nehmen ツーネーメン	increase, augment インクリース, オーグメント
そうがんきょう 双眼鏡	das Fernglas フェルングラース	binoculars バイナキュラズ

日	独	英
そうぎ 葬儀	*die* Beerdigung ベエーアディグング	funeral フューネラル
ぞうきばやし 雑木林	*der* Mischwald ミッシュヴァルト	coppice カピス
ぞうきん 雑巾	*der* Lappen ラッペン	dustcloth ダストクロース
そうきんする 送金する	überweisen ユーバーヴァイゼン	send money センド マニ
ぞうげ 象牙	*das* Elfenbein エルフェンバイン	ivory アイヴォリ
そうけい 総計	*die* Summe ズメ	total amount トウタル アマウント
ぞうけいびじゅつ 造形美術	bildende Kunst ビルデンデ クンスト	plastic arts プラスティク アーツ
そうげん 草原	*die* Wiese ヴィーゼ	plain, prairie プレイン, プレアリ
そうこ 倉庫	*das* Lager ラーガー	warehouse ウェアハウス
そうごう 総合		
～する	zusammen|fassen ツザメンファッセン	synthesize スィンセサイズ
～的な	zusammenfassend ツザメンファッセント	synthetic スィンセティク
そうこうきょり 走行距離	*die* Fahrstrecke ファールシュトレッケ	mileage マイリヂ
そうごの 相互の	gegenseitig, einander ゲーゲンザイティヒ, アイナンダー	mutual, reciprocal ミューチュアル, リスィプロカル
そうごん 荘厳な	feierlich ファイアーリヒ	solem, sublime サレム, サブライム
そうさ 捜査	*die* Ermittlung, *die* Fahndung エアミットルング, ファーンドゥング	investigation, search インヴェスティゲイション, サーチ
～する	ermitteln, fahnden エアミッテルン, ファーンデン	look for ルク フォー
そうさ 操作	*die* Bedienung ベディーヌング	operation アペレイション
～する	bedienen ベディーネン	operate アペレイト

日	独	英
そうさい 相殺する	aus|gleichen アオスグライヒェン	offset, setoff オフセト, セトーフ
そうさく 創作する	schaffen シャッフェン	create, compose クリエイト, カンポウズ
そうさく 捜索する	durchsuchen ドゥルヒズーヘン	search for サーチ フォー
そうしき 葬式	*die* Beerdigung, *die* Trauerfeier ベエーアディグング, トラオアーファイアー	funeral フューネラル
そうじしょく 総辞職	gemeinsamer Rücktritt, *der* Kabinettswechsel ゲマインザーマー リュックトリット, カビネッツヴェクセル	general resignation ヂェナラル レズィグネイション
そうじ 掃除する	reinigen, putzen, auf|räumen, sauber machen ラィニゲン, プッツェン, アオフロィメン, ザオバー マッヘン	clean, sweep クリーン, スウィープ
そうしゃ 走者	*der*(*die*) Läufer(*in*) ロイファー (-フェリン)	runner ラナ
そうじゅう 操縦	*die* Steuerung シュトイエルング	handling ハンドリング
〜する	lenken, steuern レンケン, シュトイアーン	handle, operate ハンドル, アペレイト
(飛行機を)	fliegen フリーゲン	pilot パイロト
(船を)	steuern シュトイアーン	steer スティア
〜士	*der*(*die*) Pilot(*in*) ピロート (-ティン)	pilot パイロト
そうじゅく 早熟な	frühreif フリューライフ	precocious プリコウシャス
そうしゅん 早春	*der* Vorfrühling フォーアフリューリング	early spring アーリ スプリング
そうしょ 蔵書	*die* Bibliothek ビブリオテーク	library ライブラリ
そうしょく 装飾	*die* Dekoration デコラツィオーン	decoration デコレイション

日	独	英
～する	dekorieren デコリーレン	adorn, ornament アドーン, オーナメント
装身具	*der* Schmuck シュムック	accessories アクセソリィズ
送信する	senden ゼンデン	transmit トランスミト
増税	*die* Steuererhöhung シュトイアーエアヘーウング	tax increase タクス インクリース
創設する	gründen グリュンデン	found ファウンド
造船	*der* Schiffbau シフバオ	shipbuilding シプビルディング
創造	*die* Schöpfung シェプフング	creation クリエイション
～する	schöpfen シェプフェン	create クリエイト
～的な	schöpferisch シェプフェリシュ	creative, original クリエイティヴ, オリヂナル
想像	*die* Fantasie, *die* Vorstellung ファンタズィー, フォーアシュテルング	imagination, fancy イマヂネイション, ファンスィ
～する	*sich³* vor|stellen フォーアシュテレン	imagine, fancy イマヂン, ファンスィ
～上の	imaginär イマギネーア	imaginary イマヂネリ
騒々しい	laut ラオト	noisy, loud ノイズィ, ラウド
相続	*die* Erbschaft エルプシャフト	inheritance, succession インヘリタンス, サクセション
～する	erben エルベン	inherit, succeed インヘリト, サクスィード
～税	*die* Erbschaftssteuer エルプシャフツシュトイアー	inheritance tax インヘリタンス タクス
～人	*der(die)* Erbe(*in*) エルベ(-ビン)	heir, heiress エア, エアレス
相対的な	relativ レラティーフ	relative レラティヴ

日	独	英
そうだい 壮大な	grandios グランディオース	magnificent, grand マグニフィセント, グランド
そうだん 相談	*die* Beratung, *die* Besprechung ベラートゥング, ベシュプレッヒュング	consultation カンスルテイション
～する	*sich*⁴ besprechen, *sich*⁴ beraten lassen ベシュプレッヒェン, ベラーテン ラッセン	consult *with* カンサルト
そうち 装置	*die* Vorrichtung フォーアリヒトゥング	device, equipment ディヴァイス, イクウィプメント
そうちょう 早朝に	am frühen Morgen アム フリューエン モルゲン	early in the morning アーリ イン ザ モーニング
そうてい 贈呈	*die* Schenkung シェンクング	presentation プリーゼンテイション
そうとう 相当		
～する	entsprechen エントシュプレッヒェン	suit, be fit *for* シュート, ビ フィト
～な	beachtlich ベアハトリヒ	considerable, fair コンスィダラブル, フェア
そうどう 騒動	*die* Unruhen ウンルーエン	disturbance, confusion ディスターバンス, カンフュージョン
そうなん 遭難	*das* Unglück ウングリュック	accident, disaster アクスィデント, ディザスタ
（船の）	*der* Schiffbruch シフブルフ	shipwreck シプレク
～者	*der/die* Verunglückte フェアウングリュックテ	victim, sufferer ヴィクティム, サファラ
そうにゅう 挿入する	ein|schieben, ein|fügen アインシーベン, アインフューゲン	insert インサート
そうば 相場	*der* Marktpreis マルクトプライス	the market price ザ マーケト プライス
（投機）	*der* Börsenkurs ベルゼンクルス	speculation スペキュレイション
そうび 装備	*die* Ausrüstung アオスリュストゥング	equipment, outfit イクウィプメント, アウトフィト
そうふ 送付 ～する	senden ゼンデン	send センド

日	独	英
〜先	*der* Empfänger エンプフェンガー	the addressee ジ アドレスィー
そうべつかい 送別会	*die* Abschiedsfeier アップシーツファイアー	farewell party フェアウェル パーティ
そうほう 双方	beide Seiten バイデ ザイテン	both parties ボウス パーティズ
そうむぶ 総務部	*die* Verwaltungsabteilung, die Abteilung für allgemeine Angelegenheiten フェアヴァルトゥングスアプタイルング, アプタイルング フューア アルゲマイネ アンゲレーゲンハイテン	the general affairs department ザ ヂェナラル アフェアズ ディ パートメント
そうめい 聡明な	klug, intelligent, weise クルーク, インテリゲント, ヴァイゼ	bright, intelligent ブライト, インテリヂェント
ぞうもつ 臓物	*das* Eingeweide アインゲヴァイデ	entrails エントレイルズ
ぞうよぜい 贈与税	*die* Schenkungssteuer シェンクングスシュトイアー	gift tax ギフト タクス
そうりだいじん 総理大臣	*der*(*die*) Premierminister(*in*) プレミエーミニスター (-テリン)	Prime Minister プライム ミニスタ
そうりつ 創立	*die* Gründung グリュンドゥング	establishment イスタブリシュメント
〜する	gründen グリュンデン	found, establish ファウンド, イスタブリシュ
〜者	*der*(*die*) Gründer(*in*) グリュンダー (-デリン)	founder ファウンダ
そうりょ 僧侶	*der* Mönch メンヒ	priest, bonze プリースト, バンズ
そうりょう 送料	*die* Versandkosten フェアザントコステン	postage, carriage ポウスティヂ, キャリヂ
そうりょうじ 総領事	*der*(*die*) Generalkonsul(*in*) ゲネラールコンズル (-リン)	consul general カンスル ヂェナラル
そうわ 挿話	*die* Episode エピゾーデ	episode エピソウド
ぞうわい 贈賄	(aktive) Bestechung (アクティーヴェ) ベシュテッヒュング	bribery ブライバリ
そ 添える	hinzu|fügen, bei|legen ヒンツーフューゲン, バイレーゲン	affix, attach アフィクス, アタチ

日	独	英
ソース	*die* Soße ゾーセ	sauce ソース
ソーセージ	*die* Wurst ヴルスト	sausage ソスィヂ
ソーダ	*das* Soda ゾーダ	soda ソウダ
俗語	*die* Vulgärsprache, *der* Slang ヴルゲーアシュプラーヘ, スラング	slang スラング
即死する	auf der Stelle tot sein アオフ デア シュテレ トート ザイン	be killed on the spot ビ キルド オン ザ スパト
促進する	fördern フェルダーン	promote プロモウト
属する	zu^3 gehören ゲヘーレン	belong *to* ビローング
即席の	instant, improvisiert インスタント, インプロヴィズィーアト	instant インスタント
ぞくぞくする	aufgeregt sein アオフゲレークト ザイン	be thrilled *with* ビ スリルド
(寒さで)	zittern ツィッターン	feel a chill フィール ア チル
速達	*die* Eilpost アイルポスト	special delivery スペシャル ディリヴァリ
測定	*die* Messung メッスング	measurement メジャメント
～する	messen メッセン	measure メジャ
速度	*die* Geschwindigkeit ゲシュヴィンディヒカイト	speed, velocity スピード, ヴィラスィティ
～計	*der* Tachometer タホメーター	speedometer スピダメタ
～制限	*das* Tempolimit テンポリミット	speed limit スピード リミト
即売	*der* Verkauf auf der Stelle フェアカオフ アオフ デア シュテレ	spot sale スパト セイル
束縛する	fesseln フェッセルン	restrain, restrict リストレイン, リストリクト
俗物	*der* Banause, *der* Spießer バナオゼ, シュピーサー	vulgar person, snob ヴァルガ パースン, スナブ

日	独	英
そくほう 速報	*die* Kurznachrichten クルツナーハリヒト	prompt report プランプト リポート
そくめん 側面	*die* Seite ザイテ	side サイド
そくりょう 測量する	vermessen フェアメッセン	measure, survey メジャ, サーヴェイ
そくりょく 速力	*die* Geschwindigkeit ゲシュヴィンディヒカイト	speed, velocity スピード, ヴィラスィティ
ソケット	*die* Fassung ファッスング	socket サケト
そこ 底	*der* Boden ボーデン	bottom バトム
（靴の）	*die* Sohle ゾーレ	sole ソウル
そこく 祖国	*das* Vaterland ファーターラント	motherland, fatherland マザランド, ファーザランド
そこぢから 底力	verborgene Kraft フェアボルゲネ クラフト	latent power レイテント パウア
そこ 損なう	schaden, verletzen シャーデン, フェアレッツェン	hurt, harm ハート, ハーム
そざい 素材	*das* Material マテリアール	material マティアリアル
そしき 組織	*die* Organisation オルガニザツィオーン	organization オーガニゼイション
〜する	organisieren オルガニズィーレン	organize, form オーガナイズ, フォーム
そし 阻止する	an³ hindern ヒンダーン	hinder, obstruct ヒンダ, オブストラクト
そしつ 素質	*die* Begabung, *das* Talent ベガーブング, タレント	nature, gift ネイチャ, ギフト
そして	und, dann ウント, ダン	and, then アンド, ゼン
そしょう 訴訟	*der* Prozess プロツェス	suit, action シュート, アクション
そしょく 粗食	schlichte Mahlzeit シュリヒテ マールツァイト	simple diet スィンプル ダイエト

日	独	英
祖先(そせん)	der(die) Vorfahr(in) フォーアファール (-リン)	ancestor アンセスタ
注ぐ(そそぐ)	gießen ギーセン	pour ポー
そそっかしい	unachtsam ウンアハトザーム	careless ケアレス
唆す(そそのかす)	zu³ verführen フェアフューレン	tempt, seduce テンプト, スィデュース
育つ(そだつ)	(auf|)wachsen, groß werden (アオフ)ヴァクセン, グロース ヴェーアデン	grow グロウ
育てる(そだてる)	pflegen, groß|ziehen, erziehen プフレーゲン, グロースツィーエン, エアツィーエン	bring up ブリング アプ
（動物を）	züchten ツュヒテン	rear, raise リア, レイズ
（植物を）	kultivieren クルティヴィーレン	cultivate カルティヴェイト
措置(そち)	die Maßnahme マースナーメ	measure, step メジャ, ステプ
そちら	dort ドルト	that way, there ザト ウェイ, ゼア
速記(そっき)	die Stenografie シュテノグラフィー	shorthand ショートハンド
即興(そっきょう)	die Improvisation インプロヴィザツィオーン	improvisation インプロヴィゼイション
卒業(そつぎょう)	das Absolvieren, der Schulabgang アプゾルヴィーレン, シュールアプガング	graduation グラデュエイション
～する	absolvieren アプゾルヴィーレン	graduate *from* グラデュエイト
～生	der(die) Absolvent(in) アプゾルヴェント (-ティン)	graduate グラデュエト
～論文	die Diplomarbeit, die Abschlussarbeit ディプロームアルバイト, アップシュルスアルバイト	graduation thesis グラデュエイション スィースィス
ソックス	die Socke ゾッケ	socks サクス

日	独	英
そっくり	ähnlich エーンリヒ	just like ヂャスト ライク
（全部）	alle アレ	all, entirely オール, インタイアリ
そっけない	schroff, kalt シュロフ, カルト	cold, blunt コウルド, ブラント
率直な	offen オッフェン	frank, outspoken フランク, アウトスポウクン
そっと	leise ライゼ	quietly, softly クワイエトリ, ソフトリ
ぞっとする	schaudern シャオダーン	shudder, shiver シャダ, シヴァ
卒論	*die* Diplomarbeit, *die* Abschlussarbeit ディプロームアルバイト, アップシュルスアルバイト	graduation thesis グラヂュエイション スィースィス
袖	*der* Ärmel エルメル	sleeve スリーヴ
ソテー	Kurzgebratenes, *das* Fleischgericht mit Sauce クルツゲブラーテネス, フライシュゲリヒト ミット ゾーセ	sauté ソーテイ
外の	draußen, außerhalb ドラオセン, アオサーハルプ	outdoor, external アウトドー, エクスターナル
備える	für⁴ vor|sorgen フォーアゾルゲン	provide, equip プロヴァイド, イクウィプ
（準備する）	sich⁴ für⁴ vor|bereiten フォーアベライテン	prepare *oneself for* プリペア
ソナタ	*die* Sonate ゾナーテ	sonata ソナータ
その	der, die, das デア, ディー, ダス	that ザト
その上	außerdem アオサーデーム	besides ビサイヅ
その内	bald バルト	soon スーン
その代わり	stattdessen シュタットデッセン	instead インステド

日	独	英
その後(ご)	danach ダナーハ	after that アフタ ザト
その頃(ころ)	damals ダーマールス	about that time アバウト ザト タイム
その他(た)	und so weiter ウント ゾー ヴァイター	and so on アンド ソウ オン
その時(とき)	damals ダーマールス	then, at that time ゼン, アト ザト タイム
雀斑(そばかす)	*die* Sommersprosse ゾマーシュプロッセ	freckles フレクルズ
傍(そば)に	neben ネーベン	by, beside バイ, ビサイド
聳(そび)える	auf|ragen, hervor|ragen アオフラーゲン, ヘアフォーアラーゲン	tower, rise タウア, ライズ
祖父(そふ)	*der* Großvater グロースファーター	grandfather グランファーザ
ソファー	*das* Sofa ゾーファ	sofa ソウファ
ソフトウェア	*die* Software ゾフトウェア	software ソフトウェア
ソフトクリーム	*das* Softeis ゾフトアイス	soft ice cream ソフト アイス クリーム
祖父母(そふぼ)	*die* Großeltern グロースエルターン	grandparents グランペアレンツ
ソプラノ	*der* Sopran ゾプラーン	soprano ソプラーノウ
素振(そぶ)り	*das* Benehmen ベネーメン	air, behavior エア, ビヘイヴャ
祖母(そぼ)	*die* Großmutter グロースムッター	grandmother グランマザ
素朴(そぼく)な	einfach, schlicht アインファッハ, シュリヒト	simple, artless スィンプル, アートレス
粗末(そまつ)な	schlecht シュレヒト	coarse, humble コース, ハンブル
背(そむ)く	nicht gehorchen, *sich*[4] widersetzen ニヒト ゲホルヒェン, ヴィーダーゼッツェン	disobey, betray ディスオベイ, ビトレイ

日	独	英
背ける	ab|wenden アップヴェンデン	avert アヴァート
ソムリエ（男の）	*der* Sommelier ソムリエー	sommelier サマリエイ
（女の）	*die* Sommelière ソムリエーレ	sommelier サマリエイ
染める	färben フェルベン	dye, color ダイ, カラ
微風	*das* Lüftchen リュフトヒェン	breeze ブリーズ
そよぐ	säuseln ゾイゼルン	rustle, wave ラスル, ウェイヴ
空	*der* Himmel ヒメル	the sky ザ スカイ
空豆	*die* Saubohne ザオボーネ	broad bean ブロード ビーン
橇	*der* Schlitten シュリッテン	sled, sledge スレド, スレヂ
剃る	rasieren ラズィーレン	shave シェイヴ
それ	er, sie, es, das, dies エア, ズィー, エス, ダス, ディース	it, that イト, ザト
それから	danach, seitdem ダナーハ, ザイトデーム	and, since then アンド, スィンス ゼン
それぞれ	einzeln アインツェルン	respectively リスペクティヴリ
〜の	jeder, jede, jedes イェーダー, イェーデ, イェーデス	respective, each リスペクティヴ, イーチ
それまで	bis dahin ビス ダーヒン	till then ティル ゼン
逸れる	*von*³ ab|schweifen, *von*³ ab|weichen アップシュヴァイフェン, アップヴァイヒェン	turn away ターン アウェイ
揃う	gléich werden グライヒ ヴェーアデン	be even ビ イーヴン
（整う）	angeordnet werden アンゲオルドネット ヴェーアデン	become complete ビカム カンプリート

日	独	英
(集まる)	*sich⁴* sammeln ザメルン	gather ギャザ
そろえる 揃える	gleich machen グライヒ マッヘン	make even メイク イーヴン
(まとめる)	zusammen|stellen ツザメンシュテレン	complete, collect カンプリート, カレクト
(整える)	ordnen オルドネン	arrange アレインヂ
そろばん 算盤	*der* Abakus, *das* Rechenbrett アーバクス, レッヒェンブレット	abacus アバカス
そわそわする	unruhig sein ウンルーイヒ ザイン	be nervous ビ ナーヴァス
そん 損	*der* Verlust フェアルスト	loss, disadvantage ロス, ディサドヴァンティヂ
そんがい 損害	*der* Schaden シャーデン	damage, loss ダミヂ, ロス
そんけい 尊敬する	verehren, respektieren フェアエーレン, レスペクティーレン	respect, esteem リスペクト, イスティーム
そんげん 尊厳	*die* Würde ヴュルデ	dignity, prestige ディグニティ, プレスティージュ
そんざい 存在	*die* Existenz エクスィステンツ	existence イグズィステンス
～する	existieren エクスィスティーレン	exist, be existent イグズィスト, ビ イグズィステント
ぞんざいな	grob グローブ	impolite, rough インポライト, ラフ
そんしつ 損失	*der* Verlust フェアルスト	loss, disadvantage ロス, ディサドヴァンティヂ
そんぞく 存続する	fort|bestehen フォルトベシュテーエン	continue コンティニュー
そんだい 尊大な	hochmütig ホーホミューティヒ	arrogant アロガント
そんちょう 村長	*der*(*die*) Gemeindevorsteher(*in*) ゲマインデフォーアシュテーアー (-エリン)	village chief ヴィリヂ チーフ
そんちょう 尊重する	achten アハテン	respect, esteem リスペクト, イスティーム
そんな	solch ゾルヒ	such サチ

日	独	英
# た, タ		
田	*das* Reisfeld ライスフェルト	rice field ライス フィールド
ターゲット	*das* Ziel ツィール	target ターゲト
ダース	*das* Dutzend ドゥッツェント	dozen ダズン
タートルネック	*der* Rollkragen ロルクラーゲン	turtleneck タートルネク
タービン	*die* Turbine トゥルビーネ	turbine タービン
ターボ	*der* Turbo トゥルボ	turbo ターボ
ターミナル	*der*(*das*) Terminal テーアミナル	terminal ターミナル
ターン	*die* Wende ヴェンデ	turn ターン
鯛	*die* Meerbrasse メーアブラッセ	sea bream スィー ブリーム
台	*der* Ständer, *der*(*das*) Podest シュテンダー, ポデスト	stand, pedestal スタンド, ペデスタル
体当たりする	*sich*⁴ *auf*⁴ werfen ヴェルフェン	throw *oneself* スロウ ワンセルフ
タイアップ	*die* Verbindung フェアビンドゥング	tie-up タイアプ
体育	*das* Turnen, *die* Gymnastik トゥルネン, ギュムナスティク	physical education フィズィカル エデュケイション
～館	*die* Turnhalle トゥルンハレ	gymnasium ヂムネイズィアム
第一		
～の	erst エーアスト	first ファースト
～に	erstens, zuerst エーアステンス, ツエーアスト	firstly ファーストリ
退院する	das Krankenhaus verlassen ダス クランケンハオス フェアラッセン	leave the hospital リーヴ ザ ハスピタル

日	独	英
ダイエット	*die* Diät ディエート	diet ダイエット
〜をする	eine Diät machen(halten) アイネ ディエート マッヘン(ハルテン)	go on a diet ゴウ オン ナ ダイエト
対応する	entsprechen エントシュプレッヒェン	correspond コーレスパンド
ダイオキシン	*das* Dioxin ディオクスィーン	dioxin ダイアクスィン
体温	*die* Körperwärme, *die* Körpertemperatur ケルパーヴェルメ, ケルパーテンペラトゥーア	temperature テンパラチャ
〜計	*das* Fieberthermometer フィーバーテルモメーター	thermometer サマメタ
大家	*der* Meister, *die* Autorität マイスター, アオトリテート	great master グレイト マスタ
大会	*die* Versammlung フェアザムルング	convention コンヴェンション
（総会）	*die* Hauptversammlung ハオプトフェアザムルング	general meeting ヂェナラル ミーティング
大概	meistens, im Allgemeinen マイステンス, イム アルゲマイネン	generally, almost ヂェナラリ, オールモウスト
体格	*der* Körperbau ケルパーバオ	physique, build フィズィーク, ビルド
大学	*die* Universität, *die* Hochschule ウニヴェルズィテート, ホーホシューレ	university, college ユーニヴァースィティ, カリヂ
〜院	*der* Magister- und Doktorkursus マギスター ウント ドクトアクルズス	graduate school グラヂュエイト スクール
〜生	*der(die)* Student(*in*) シュトゥデント(-ティン)	university student ユーニヴァースィティ ステューデント
退学する	von der Schule ab|gehen フォン デア シューレ アップゲーエン	leave school リーヴ スクール
大気	*die* Atmosphäre, *die* Luft アトモスフェーレ, ルフト	air, atmosphere エア, アトモスフィア
〜汚染	*die* Luftverschmutzung ルフトフェアシュムッツング	air pollution エア ポリューション

日	独	英
～圏	die Atmosphäre アトモスフェーレ	atmosphere アトモスフィア
大規模な	umfangreich ウムファングライヒ	large-scale ラーヂスケイル
退却する	sich⁴ zurück|ziehen ツリュックツィーエン	retreat *from* リトリート
耐久性	Dauerhaftigkeit ダオアーハフティヒカイト	durability デュアラビリティ
大金	eine große Summe Geld アイネ グローセ ズメ ゲルト	a large amount of money ア ラーヂ アマウント オヴ マニ
代金	der Preis プライス	price, cost プライス, コスト
大工	der Zimmermann ツィマーマン	carpenter カーペンタ
待遇	die Behandlung ベハンドルング	treatment トリートメント
退屈な	langweilig ラングヴァイリヒ	boring ボーリング
体形	die Figur フィギーア	figure フィギャ
体系	das System ズュステーム	system スィスティム
台形	das Trapez トラペーツ	trapezoid トラペゾイド
対決する	sich⁴ mit³ auseinander setzen アオスアイナンダー ゼッツェン	confront コンフラント
体験	das Erlebnis エアレープニス	experience イクスピアリエンス
～する	erleben エアレーベン	experience, go through イクスピアリエンス, ゴウ スルー
太鼓	die Trommel トロメル	drum ドラム
対抗する	sich⁴ gegen⁴ wenden, mit³ konkurrieren ヴェンデン, コンクリーレン	oppose, compete *with* オポウズ, コンピート

日	独	英
だいこう 代行する	vertreten フェアトレーテン	act *for* アクト
たいこく 大国	*die* Großmacht グロースマハト	great power グレイト パウア
だいこん 大根	*der* Rettich レッティヒ	radish ラディシュ
たいざい 滞在	*der* Aufenthalt アオフェントハルト	stay ステイ
～する	*sich*^{4} auf|halten, bleiben アオフハルテン, ブライベン	stay ステイ
だいざい 題材	*das* Sujet, *der* Gegenstand ズュジェー, ゲーゲンシュタント	subject, theme サブヂクト, スィーム
たいさく 対策	*die* Maßnahme マースナーメ	measures メジャズ
だいさん 第三		
～の	dritt ドリット	third サード
～に	drittens ドリッテンス	thirdly サードリ
～者	*der* Dritte デア ドリッテ	the third party ザ サード パーティ
たいし 大使	*der*(*die*) Botschafter(*in*) ボートシャフター (-テリン)	ambassador アンバサダ
～館	*die* Botschaft ボートシャフト	embassy エンバスィ
だいじ 大事　～な	wichtig, bedeutend ヴィヒティヒ, ベドイテント	important, precious インポータント, プレシャス
～にする	schonen ショーネン	take care of テイク ケア アヴ
ダイジェスト	*der* Auszug アオスツーク	digest ダイヂェスト
たい 大した（数量）	groß, viel グロース, フィール	great グレイト
（重大な）	wichtig ヴィヒティヒ	important インポータント
たいしつ 体質	*die* Konstitution コンスティトゥツィオーン	constitution カンスティテューション

日	独	英
たいして 大して …でない	nicht besonders ニヒト ベゾンダース	not very ナト ヴェリ
たいしゃくたいしょうひょう 貸借対照表	*die* Bilanz ビランツ	balance sheet バランス シート
たいしゅう 大衆	*das* Volk, *die* Masse フォルク, マッセ	the general public ザ ヂェナラル パブリク
たいじゅう 体重	*das* Körpergewicht ケルパーゲヴィヒト	weight ウェイト
たいしょう 対照	*der* Kontrast, *der* Vergleich コントラスト, フェアグライヒ	contrast, comparison カントラスト, カンパリスン
〜する	gegenüber|stellen, vergleichen ゲーゲンユーバーシュテレン, フェアグライヒェン	contrast, compare カントラスト, カンペア
たいしょう 対象	*der* Gegenstand ゲーゲンシュタント	object アブヂクト
たいしょう 大将	*das* Oberhaupt, *der* Führer, *der* Boss オーバーハオプト, フューラー, ボス	head, leader, boss ヘド, リーダ, バス
（軍隊の）	*der* General, *der* Admiral ゲネラール, アトミラール	general, admiral ヂェナラル, アドミラル
だいしょう 代償	*der* Ersatz, *die* Entschädigung エアザッツ, エントシェーディグング	compensation カンペンセイション
たいじょう 退場する	verlassen フェアラッセン	leave リーヴ
だいじょうぶ 大丈夫	sicher ズィヒャー	safe, secure セイフ, スィキュア
たいしょく 退職する	aus dem Dienst aus|scheiden アオス デム ディーンスト アオスシャイデン	retire *from* リタイア
だいじん 大臣	*der*(*die*) Minister(*in*) ミニスター (-テリン)	minister ミニスタ
たいしん 耐震の	erdbebensicher エーアトベーベンズィヒャー	earthquake-proof アースクウェイクプルーフ
だいず 大豆	*die* Sojabohne ゾーヤボーネ	soybean ソイビーン
たいすい 耐水の	wasserdicht ヴァッサーディヒト	waterproof ウォータプルーフ

日	独	英
だいすう 代数	*die* Algebra アルゲブラ	algebra アルヂブラ
たいせい 体制	*das* System, *die* Ordnung ズュステーム, オルドヌング	system, structure スィステム, ストラクチャ
たいせいよう 大西洋	der Atlantik デア アトランティク	the Atlantic ジ アトランティク
たいせき 体積	*der* Rauminhalt, *das* Volumen ラオムインハルト, ヴォルーメン	volume ヴァリュム
たいせつ 大切		
〜な	wichtig, wertvoll ヴィヒティヒ, ヴェーアトフォル	important, precious インポータント, プレシャス
〜に	sorgfältig, vorsichtig ゾルクフェルティヒ, フォーアズィヒティヒ	carefully, with care ケアフリ, ウィズ ケア
たいせん 対戦する	*gegen*⁴ kämpfen ケンプフェン	fight *with* ファイト
たいそう 体操	*die* Gymnastik, *das* Turnen ギュムナスティク, トゥルネン	gymnastics ヂムナスティクス
〜選手	*der*(*die*) Turner(*in*) トゥルナー (-ネリン)	gymnast ヂムナスト
だいたい 大体	ungefähr ウンゲフェーア	about アバウト
だいだいいろ 橙色	*das* Orange オラーンジェ	orange オリンヂ
だいたすう 大多数	große Mehrheit, *die* Majorität グローセ メーアハイト, マヨリテート	a large majority ア ラーヂ マヂョリティ
たいだ 怠惰な	faul ファオル	lazy レイズィ
たいだん 対談	*das* Gespräch ゲシュプレーヒ	dialogue, talk ダイアローグ, トーク
だいたん 大胆な	kühn, tapfer, mutig キューン, タプファー, ムーティヒ	bold, daring ボウルド, デアリング
だいち 台地	flache Hochebene, *die* Terrasse フラッヘ ホーホエーベネ, テラッセ	plateau, tableland プラトウ, テイブルランド

日	独	英
たいちょう 体調	*die* Kondition, körperliche Verfassung コンディツィオーン, ケルパーリヒェ フェアファッスング	physical condition フィズィカル カンディション
〜がいい	*sich*⁴ in guter Kondition befinden イン グーター コンディツィオーン ベフィンデン	be in good shape ビ イン グド シェイプ
たいちょう 隊長	*der(in)* Kommandeur(*in*), *der(die)* Führer(*in*) コマンデーア (-リン), フューラー (-レリン)	commander, captain カマンダ, キャプティン
だいちょう 大腸	*der* Dickdarm ディックダルム	the large intestine ザ ラーヂ インテスティン
タイツ	*die* Strumpfhose シュトルンプフホーゼ	tights タイツ
たいてい 大抵	im Allgemeinen, meist イム アルゲマイネン, マイスト	generally, almost ヂェナラリ, オールモウスト
〜の	meist マイスト	most モウスト
たいど 態度	*das* Verhalten, *die* Haltung フェアハルテン, ハルトゥング	attitude, manner アティテュード, マナ
たいとう 対等な	gleich, gleichwertig グライヒ, グライヒヴェーアティヒ	equal, even イークワル, イーヴン
だいとうりょう 大統領	*der(die)* Präsident(*in*) プレズィデント (-ティン)	president プレズィデント
だいどころ 台所	*die* Küche キュッヒェ	kitchen キチン
だいとし 大都市	*die* Großstadt グロースシュタット	big city ビグ スィティ
タイトル	*der* Titel ティーテル	title タイトル
だいな 台無しにする	verderben フェアデルベン	ruin, spoil ルーイン, スポイル
ダイナマイト	*das* Dynamit デュナミート	dynamite ダイナマイト
ダイナミックな	dynamisch デュナーミシュ	dynamic ダイナミク

日	独	英
第二		
〜の	zweit ツヴァイト	second セコンド
〜に	zweitens ツヴァイテンス	secondly セコンドリ
耐熱の	hitzebeständig ヒッツェベシュテンディヒ	heatproof ヒートプルーフ
ダイバー	der(die) Taucher(in) タオハー (-ヘリン)	diver ダイヴァ
退廃的な	dekadent デカデント	decadent デカダント
体罰	körperliche Züchtigung ケルパーリヒェ ツュヒティグング	corporal punishment コーポラル パニシュメント
大半	der größte Teil デア グレーステ タイル	the greater part *of* ザ グレイタ パート
堆肥	der Mist, der Haufen ミスト, ハオフェン	compost カンポウスト

■ 台所用品 ■ *das* Küchengerät /キュッヘンゲレート/

鍋　　*der* Topf /トプフ/　(英pan)

圧力鍋　　*der* Schnellkochtopf /シュネルコッホトプフ/　(英pressure cooker)

薬缶　　*der* Kessel /ケッセル/　(英kettle)

フライパン　　*die* (Brat)pfanne /(ブラート)プファネ/　(英frying pan)

包丁　　*das* Küchenmesser /キュッヒェンメッサー/　(英kitchen knife)

俎　　*das* Hackbrett /ハックブレット/　(英cutting board)

杓文字　　*der* Reislöffel /ライスレッフェル/、*der* Schöpflöffel /シェプフレッフェル/　(英ladle)

ボウル　　*die* Schüssel /シュッセル/　(英bowl)

水切りボール　　*das* Sieb /ズィープ/　(英colander)

計量カップ　　*der* Messbecher /メスベッヒャー/　(英measuring cup)

ミキサー　　*der* Mixer /ミクサー/　(英mixer)

フライ返し　　*der* Pfannenwender /プファネンヴェンダー/　(英spatula)

泡立て器　　*der* Schneebesen /シュネーベーゼン/　(英whisk)

日	独	英
だいひょう 代表（人）	*der*(*die*) Vertreter(*in*) フェアトレーター (-テリン)	representative レプリゼンタティヴ
～する	vertreten フェアトレーテン	represent レプリゼント
～団	*die* Delegation デレガツィオーン	delegation デリゲイション
～的な	repräsentativ レプレゼンタティーフ	representative レプリゼンタティヴ
タイピン	*die* Krawattennadel クラヴァッテンナーデル	tiepin タイピン
ダイビング	*das* Tauchen タオヘン	diving ダイヴィング
タイプ	*der* Typ テューブ	type タイプ
～ライター	*die* Schreibmaschine シュライプマシーネ	typewriter タイプライタ
だいぶ 大分	ziemlich ツィームリヒ	very, pretty ヴェリ, プリティ
たいふう 台風	*der* Taifun タイフーン	typhoon タイフーン
だいぶぶん 大部分	größtenteils グレーステンタイルス	for the most part フォー ザ モウスト パート
たいへいよう 太平洋	der Pazifik デア パツィーフィク	the Pacific ザ パスィフィク
たいへん 大変	sehr ゼーア	very ヴェリ
～な	ernst(haft) エルンスト(ハフト)	serious, grave スィリアス, グレイヴ
（たいした）	wunderbar, großartig ヴンダーバール, グロースアールティヒ	wonderful, splendid ワンダフル, スプレンディド
だいべん 大便	*der* Kot, *der* Stuhl コート, シュトゥール	feces フィースィーズ
たいほう 大砲	*das* Geschütz, *die* Kanone ゲシュッツ, カノーネ	gun, cannon ガン, キャノン
たいぼう 待望の	lang erwartet ラング エアヴァルテット	long-awaited ロングアウェイテド
たいほ 逮捕する	verhaften, fest|nehmen フェアハフテン, フェストネーメン	arrest, capture アレスト, キャプチャ

420

日	独	英
台本(映画の)	*das* Drehbuch ドレーブーフ	scenario スィネアリオウ
大麻	*der* Hanf ハンフ	hemp ヘンプ
(麻薬)	*das* Marihuana マリフアーナ	marijuana マリホワーナ
タイマー	*die* Schaltuhr シャルトウーア	timer タイマ
怠慢な	nachlässig ナーハレスィヒ	negligent ネグリヂェント
タイミング	*das* Timing タイミング	timing タイミング
タイム	*die* Zeit ツァイト	time タイム
(試合中の)	*die* Auszeit アオスツァイト	time-out タイマウト
(植物)	*der* Thymian テューミアーン	thyme タイム
題名	*der* Titel ティーテル	title タイトル
代名詞	*das* Pronomen プロノーメン	pronoun プロウナウン
タイヤ	*der* Reifen ライフェン	tire タイア
ダイヤ	*der* Diamant ディアマント	diamond ダイアモンド
(列車の)	*der* Fahrplan ファールプラーン	timetable タイムテイブル
ダイヤモンド	*der* Diamant ディアマント	diamond ダイアモンド
ダイヤル	*die* Wählscheibe ヴェールシャイベ	dial ダイアル
太陽	*die* Sonne ゾネ	the sun ザ サン
代用		
〜する	ersetzen エアゼッツェン	substitute サブスティテュート

日	独	英
～品	Ersatz エアザッツ	substitute サブスティテュート
たい 平らな	eben, flach エーベン, フラッハ	even, level, flat イーヴン, レヴル, フラト
だいり 代理	*die* Vertretung フェアトレートゥング	representative, proxy レプリゼンタティヴ, プラクスィ
～店	*die* Agentur アゲントゥーア	agency エイヂェンスィ
たいりく 大陸	*der* Kontinent, *das* Festland コンティネント, フェストラント	continent カンティネント
～棚	*der* Festlandsockel, *der*(*das*) Schelf フェストラントゾッケル, シェルフ	continental shelf カンティネンタル シェルフ
だいりせき 大理石	*der* Marmor マルモア	marble マーブル
たいりつ 対立	*der* Gegensatz ゲーゲンザッツ	opposition アポズィション
～する	*j³let³* entgegen|treten エントゲーゲントレーテン	be opposed *to* ビ オポウズド
たいりょう 大量	eine Menge アイネ メンゲ	mass, large quantities マス, ラーヂ クワンティティズ
～生産	*die* Massenproduktion マッセンプロドゥクツィオーン	mass production マス プロダクション
たいりょく 体力	*die* Körperkraft ケルパークラフト	physical strength フィズィカル ストレンクス
タイル	*die* Fliese, *die* Kachel フリーゼ, カッヘル	tile タイル
ダイレクトメール	*die* Postwurfsendung, *die* Direktwerbung ポストヴルフゼンドゥング, ディレクトヴェルブング	direct mail ディレクト メイル
たいわ 対話	*das* Gespräch, *der* Dialog ゲシュプレーヒ, ディアローク	dialogue ダイアローグ
たいわん 台湾	(*das*) Taiwan タイヴァン	Taiwan タイワーン
たう 田植え	*das* Reispflanzen ライスプフランツェン	rice-planting ライスプランティング

日	独	英
ダウンタウン	*das* (Stadt)zentrum (シュタット)ツェントルム	downtown ダウンタウン
ダウンロードする	herunter|laden, downloaden ヘルンターラーデン, ダウンローデン	download ダウンロウド
唾液(だえき)	*der* Speichel シュパイヒェル	saliva サライヴァ
絶(た)えず	immer, ununterbrochen イマー, ウンウンターブロッヘン	always, all the time オールウェイズ, オール ザ タイム
絶(た)える	aus|sterben アオスシュテルベン	cease, die out スィース, ダイ アウト
耐(た)える	ertragen, erdulden エアトラーゲン, エアドゥルデン	bear, stand ベア, スタンド
楕円(だえん)	*die* Ellipse エリプセ	ellipse イリプス
倒(たお)す	um|stoßen, um|werfen ウムシュトーセン, ウムヴェルフェン	knock down ナク ダウン
(負かす)	schlagen シュラーゲン	defeat, beat ディフィート, ビート
(政府などを)	stürzen シュテュルツェン	overthrow オウヴァスロウ
タオル	*das* Handtuch, *der* Waschlappen ハントトゥーフ, ヴァッシュラッペン	towel タウエル
倒(たお)れる	fallen, um|stürzen ファレン, ウムシュテュルツェン	fall フォール
(病気で)	zusammen|brechen ツザメンブレッヒェン	break down ブレイク ダウン
鷹(たか)	*der* Falke ファルケ	hawk ホーク
高(たか)い (高さ)	hoch ホーホ	high ハイ
(背が)	groß グロース	tall トール
(値段が)	teuer トイアー	expensive イクスペンスィヴ
(声が)	hell, laut ヘル, ラオト	loud ラウド

日	独	英
打開する	brechen ブレッヒェン	break ブレイク
互いに	einander, gegenseitig アイナンダー, ゲーゲンザイティヒ	mutually ミューチュアリ
多額	eine große Summe アイネ グローセ ズメ	a large sum *of* ア ラーチ サム
高さ	*die* Höhe ヘーエ	height, altitude ハイト, アルティテュード
打楽器	*das* Schlagzeug シュラークツォイク	percussion instrument パーカション インストルメント
高まる	steigen, *sich*⁴ heben シュタイゲン, ヘーベン	rise ライズ
（感情が）	*sich*⁴ auf|regen アオフレーゲン	get excited ゲト イクサイテド
高める	steigern, heben, erhöhen シュタイガーン, ヘーベン, エアヘーエン	raise レイズ
耕す	bearbeiten, bebauen ベアルバイテン, ベバオエン	cultivate, plow カルティヴェイト, プラウ
宝	*der* Schatz シャッツ	treasure トレジャ
宝籤	*das* Lotto, *die* Lotterie, *das* Los ロット, ロテリー, ロース	public lottery パブリク ラタリ
たかる（虫が）	schwärmen シュヴェルメン	swarm スウォーム
（脅す）	erpressen エアプレッセン	blackmail ブラクメイル
滝	*der* Wasserfall ヴァッサーファル	waterfall, falls ウォタフォール, フォールズ
薪	*das* Brennholz ブレンホルツ	firewood ファイアウド
タキシード	*der* Smoking スモーキング	tuxedo タクスィードウ
焚き火	*das* Feuer フォイアー	bonfire バンファイア
妥協	*der* Kompromiss コンプロミス	compromise カンプロマイズ

日	独	英
〜する	einen Kompromiss schließen アイネン コンプロミス シュリーセン	make a compromise メイク ア カンプロマイズ
炊く	kochen コッヘン	cook, boil クク, ボイル
焚く	verbrennen フェアブレネン	make a fire メイク ア ファイア
抱く	auf den Armen nehmen, umarmen アオフ デン アルメン ネーメン, ウムアルメン	hold in *one's* arms, embrace ホウルド イン アームズ, インブレイス
卓越した	hervorragend ヘアフォーアラーゲント	excellent エクセレント
沢山の	viel フィール	many, much メニ, マチ
タクシー	*das* Taxi タクスィ	taxi タクスィ
託児所	*die* Kinderkrippe キンダークリッペ	day nursery デイ ナーサリ
宅配	die Zustellung von Haus zu Haus, eine frei-Haus-Sendung ディー ツーシュテルング フォン ハオス ツー ハオス, アイネ フライハオスゼンドゥング	door-to-door delivery ドアトゥドー ディリヴァリ
逞しい	kräftig, stark, robust クレフティヒ, シュタルク, ロブスト	sturdy, stout スターディ, スタウト
巧みな	geschickt, gewandt, raffiniert ゲシックト, ゲヴァント, ラフィニーアト	skillful スキルフル
企む	planen プラーネン	plan, design プラン, ディザイン
蓄[貯]え	*der* Vorrat フォーアラート	store, reserve ストー, リザーヴ
（貯金）	*die* Ersparnisse エアシュパールニセ	savings セイヴィングズ
蓄[貯]える	auf|speichern, auf|bewahren アオフシュパイヒャーン, アオフベヴァーレン	store, keep ストー, キープ
（貯金）	sparen シュパーレン	save セイヴ

日	独	英
たけ 竹	*der* Bambus バンブス	bamboo バンブー
だげき 打撃	*der* Schlag シュラーク	blow, shock ブロウ, シャク
だけつ 妥結する	überein|stimmen ユーバーアインシュティメン	reach an agreement リーチ アナグリーメント
たこ 凧	*der* Drachen ドラッヘン	kite カイト
たこ 蛸	*der* Achtfüßler アハトフュスラー	octopus アクトパス
たこくせき 多国籍の	multinational ムルティナツィオナール	multinational マルティナショナル
たさい 多彩な	bunt ブント	colorful カラフル
ださんてき 打算的な	berechnend ベレヒネント	calculating キャルキュレイティング
だし 出汁	*die* Brühe ブリューエ	broth, stock ブロス, スタク
たし 確か	wahrscheinlich ヴァールシャインリヒ	probably プラバブリ
～な	sicher, zuverlässig ズィヒャー, ツーフェアレスィヒ	sure, certain シュア, サートン
～に	bestimmt, gewiss, sicherlich ベシュティムト, ゲヴィス, ズィヒャーリヒ	certainly サートンリ
たし 確かめる	*sich*^{4} *et*^{2} vergewissern フェアゲヴィッサーン	make sure *of* メイク シュア
た 足し算	*die* Addition アディツィオーン	addition アディション
たしな 嗜み	*der* Geschmack ゲシュマック	taste テイスト
(素養)	*die* Bildung ビルドゥング	knowledge ナリヂ
だじゃれ 駄洒落	ein schlechter Witz, *der* Kalauer アイン シュレヒター ヴィッツ, カーラオアー	cheap joke チープ チョウク
だしん 打診する	ab|klopfen アップクロプフェン	examine by percussion イグザミン バイ パーカション

日	独	英
(意向を)	sondieren ソンディーレン	sound out サウンド アウト
足す	addieren, hinzu|fügen アディーレン, ヒンツーフューゲン	add アド
出す(中から)	heraus|nehmen ヘラオスネーメン	take out テイク アウト
(提出)	ein|reichen アインライヒェン	hand in ハンド イン
(露出)	entblößen エントブレーセン	expose イクスポウズ
多数	*die* Menge, *die* Mehrheit メンゲ, メーアハイト	majority マヂョリティ
〜の	viel, zahlreich フィール, ツァールライヒ	numerous, many ニューメラス, メニ
〜決	*der* Mehrheitsbeschluss メーアハイツアップシュルス	decision by majority ディスィジョン バイ マヂョリティ
助かる	gerettet werden, *sich*⁴ retten ゲレッテット ヴェーアデン, レッテン	be rescued ビ レスキュード
(助けになる)	eine Hilfe sein, behilflich sein アイネ ヒルフェ ザイン, ベヒルフリヒ ザイン	be helped ビ ヘルプト
助ける	helfen ヘルフェン	help ヘルプ
(救助)	retten レッテン	save セイヴ
尋ねる	fragen, *sich*⁴ erkundigen フラーゲン, エアクンディゲン	ask アスク
訪ねる	besuchen ベズーヘン	visit ヴィズィト
惰性	*die* Trägheit トレークハイト	inertia イナーシャ
黄昏	*die* Dämmerung デメルング	dusk, twilight ダスク, トワイライト
唯[只](単に)	nur, bloß ヌーア, ブロース	only, just オウンリ, ヂャスト
〜の(無料)	kostenlos コステンロース	free フリー
〜で	umsonst, gratis ウムゾンスト, グラーティス	gratis グラティス

日	独	英
堕胎 (だたい)	*die* Abtreibung アップトライブング	abortion アボーション
唯[只]今 (ただいま)	jetzt, soeben イェッツト, ゾエーベン	now ナウ
（すぐに）	gleich グライヒ	soon スーン
（挨拶）	(Ich) bin wieder da. イヒ ビン ヴィーダー ダー	I'm home. アイム ホウム
称える (たたえる)	loben, preisen, rühmen ローベン, プライゼン, リューメン	praise プレイズ
戦い (たたかい)	*der* Krieg クリーク	war ウォー
（戦闘）	*die* Schlacht シュラハト	battle バトル
（闘争）	*der* Kampf カンプフ	fight ファイト
戦[闘]う (たたかう)	kämpfen, streiten ケンプフェン, シュトライテン	fight ファイト
叩く (たたく)	schlagen, klopfen シュラーゲン, クロプフェン	strike, hit, knock ストライク, ヒト, ナク
（手を）	klatschen クラッチェン	clap クラップ
但し (ただし)	allerdings, aber アラーディングス, アーバー	but, however バト, ハウエヴァ
正しい (ただしい)	richtig, gerecht, korrekt リヒティヒ, ゲレヒト, コレクト	right, correct ライト, カレクト
佇む (たたずむ)	still stehen シュティル シュテーエン	stand still スタンド スティル
直ちに (ただちに)	sofort ゾフォルト	at once アト ワンス
畳む (たたむ)	falten ファルテン	fold フォウルド
漂う (ただよう)	treiben, schweben トライベン, シュヴェーベン	drift, float ドリフト, フロウト
祟り (たたり)	*der* Fluch フルーフ	curse カース
爛れる (ただれる)	*sich*⁴ entzünden エントツュンデン	be inflamed ビ インフレイムド

日	独	英
立ち上がる	auf|stehen, *sich*⁴ erheben アオフシュテーエン, エアヘーベン	stand up スタンド アプ
立ち上げる	gründen, errichten, starten グリュンデン, エアリヒテン, シュタルテン	start up スタート アプ
立入禁止	Eintritt verboten! アイントリット フェアボーテン	No Admittance ノウ アドミタンス
立ち聞きする	lauschen, belauschen ラオシェン, ベラオシェン	overhear オウヴァヒア
立ち去る	weg|gehen, verlassen, fort|gehen ヴェックゲーエン, フェアラッセン, フォルトゲーエン	leave リーヴ
立ち止まる	stehen bleiben, still|stehen シュテーエン ブライベン, シュティルシュテーエン	stop, halt スタプ, ホールト
立ち直る	*sich*⁴ erholen, *sich*⁴ bessern エアホーレン, ベッサーン	get over, recover ゲト オウヴァ, リカヴァ
立ち退く	räumen, *sich*⁴ entfernen ロイメン, エントフェルネン	leave, move out リーヴ, ムーヴ アウト
立場	*der* Standpunkt, *die* Stellung シュタントプンクト, シュテルング	standpoint スタンドポイント
駝鳥	*der* Strauß シュトラオス	ostrich オストリチ
立ち寄る	*bei*³ vorbei|kommen フォアーバイコメン	drop by ドラブ バイ
経つ	vergehen フェアゲーエン	pass, go by パス, ゴウ バイ
建つ	gebaut werden, stehen ゲバオト ヴェーアデン, シュテーエン	be built ビ ビルト
発つ	ab|fahren, verlassen, *ab|fliegen* アップファーレン, フェアラッセン, アップフリーゲン	start, leave スタート, リーヴ
立つ	auf|gehen, auf|stehen アオフゲーエン, アオフシュテーエン	stand, rise スタンド, ライズ
卓球	*das* Tischtennis ティッシュテニス	table tennis テイブル テニス
脱臼する	*sich*³ aus|renken アオスレンケン	have dislocsted ハブ ディスロケイテド

日	独	英
脱穀する	dreschen ドレッシェン	thresh スレシュ
だっこする	auf dem Arm tragen アオフ デム アルム トラーゲン	carry キャリ
脱脂乳	entrahmte Milch, *die* Magermilch エントラームテ ミルヒ, マーガーミルヒ	skim milk スキム ミルク
脱脂綿	*die* Watte ヴァッテ	absorbent cotton アブソーベント カトン
達者な	gesund ゲズント	healthy ヘルスィ
（上手な）	gewandt, geschickt ゲヴァント, ゲシックト	good, skillful グド, スキルフル
ダッシュする	spurten, *sich*⁴ *auf*⁴ stürzen シュプルテン, シュテュルツェン	dash ダシュ
脱出する	*aus*³ entfliehen, *aus*³ aus|brechen エントフリーエン, アオスブレッヒェン	escape *from* イスケイプ
達する	erreichen, gelangen エアライヒェン, ゲランゲン	reach, arrive *at* リーチ, アライヴ
脱税	*die* Steuerhinterziehung シュトイアーヒンターツィーウング	tax evasion タクス イヴェイジョン
〜する	Steuer hinterziehen シュトイアー ヒンターツィーエン	evade a tax イヴェイド ア タクス
達成する	erreichen, erzielen, leisten エアライヒェン, エアツィーレン, ライステン	accomplish, achieve アカンプリシュ, アチーヴ
脱線する	entgleisen エントグライゼン	be derailed ビ ディレイルド
（話が）	ab|schweifen アップシュヴァイフェン	digress *from* ダイグレス
たった	nur, bloß ヌーア, ブロース	only, just オウンリ, ヂャスト
〜今	gerade jetzt, soeben グラーデ イェッツト, ゾエーベン	just now ヂャスト ナウ
脱退する	*aus*³ aus|treten アオストレーテン	withdraw *from* ウィズドロー
タッチ	*die* Berührung ベリュールング	touch タチ

日	独	英
（ピアノなどの）タッチ	der Anschlag アンシュラーク	touch タチ
脱腸（だっちょう）	der Bruch ブルッフ	hernia ハーニア
手綱（たづな）	der Zügel ツューゲル	reins, bridle レインズ, ブライドル
竜の落とし子（たつのおとしご）	das Seepferdchen ゼープフェーアトヒェン	sea horse スィー ホース
タップダンス	der Stepp シュテップ	tap dance タプ ダンス
竜巻（たつまき）	der Wirbelsturm, die Windhose ヴィルベルシュトゥルム, ヴィントホーゼ	tornado トーネイドウ
脱毛（除毛）（だつもう）	die Enthaarung エントハールング	depilation デピレイション
脱落する（だつらくする）	aus|lassen アオスラッセン	be omitted, fall off ビ オウミテド, フォール オフ
縦（たて）	die Länge レンゲ	length レンクス
盾（たて）	der Schild シルト	shield シールド
鬣（たてがみ）	die Mähne メーネ	mane メイン
縦縞の（たてじまの）	längs gestreift レングス ゲシュトライフト	with vertical stripes ウィズ ヴァーティカル ストライプス
立て札（たてふだ）	das Schild シルト	bulletin board ブレティン ボード
建物（たてもの）	das Gebäude, der Bau ゲボイデ, バオ	building ビルディング
建てる（たてる）	bauen バオエン	build, construct ビルド, カンストラクト
立てる（たてる）	stellen, aus|stellen, auf|stellen シュテレン, アオスシュテレン, アオフシュテレン	stand, put up スタンド, プト アプ
妥当（だとう）～な	gültig, angemessen, passend ギュルティヒ, アンゲメッセン, パッセント	proper, appropriate プラパ, アプロウプリエト
打倒する（だとうする）	nieder|schlagen ニーダーシュラーゲン	defeat ディフィート

日	独	英
（転覆）	um|stürzen ウムシュテュルツェン	overthrow オウヴァスロウ
たとえ	auch wenn, selbst wenn アオホ ヴェン, ゼルプスト ヴェン	even if イーヴン イフ
例えば	zum Beispiel ツム バイシュピール	for example フォー イグザンプル
例える	*mit*³ vergleichen フェアグライヒェン	compare *to* カンペア
辿る	verfolgen フェアフォルゲン	follow, trace ファロウ, トレイス
棚	*das* Wandbrett, *das* Regal ヴァントブレット, レガール	shelf, rack シェルフ, ラク
谷	*das* Tal, *die* Schlucht タール, シュルフト	valley ヴァリ
だに	*die* Zecke, *die* Milbe ツェッケ, ミルベ	tick ティク
谷川	*der* Bergbach, *der* Gebirgsfluss ベルクバッハ, ゲビルクスフルス	mountain stream マウンティン ストリーム
他人	andere Leute アンデレ ロイテ	others アザズ
（知らない人）	*der/die* Fremde フレムデ	stranger ストレインチャ
狸	*der* Dachs ダクス	raccoon dog ラクーン ドグ
種	*der* Samen, *der* Kern ザーメン, ケルン	seed スィード
～を蒔く	säen ゼーエン	sow ソウ
楽しい	lustig, froh, fröhlich, vergnügt ルスティヒ, フロー, フレーリヒ, フェアグニュークト	happy, cheerful ハピ, チアフル
楽しみ	*das* Vergnügen, *der* Spaß フェアグニューゲン, シュパース	pleasure, joy プレジャ, チョイ
楽しむ	*sich*⁴ freuen, genießen フロイエン, ゲニーセン	enjoy インヂョイ

432

た

日	独	英
<ruby>頼<rt>たの</rt></ruby>み	*die* Bitte ビッテ	request, favor リクウェスト, フェイヴァ
<ruby>頼<rt>たの</rt></ruby>む	bitten ビッテン	ask, request アスク, リクウェスト
<ruby>頼<rt>たの</rt></ruby>もしい	zuverlässig ツーフェアレスィヒ	reliable リライアブル
（有望な）	viel versprechend フィール フェアシュプレッヒェント	promising プラミスィング
<ruby>束<rt>たば</rt></ruby>	*das* Bündel, *das* Bund ビュンデル, ブント	bundle, bunch バンドル, バンチ
<ruby>煙草<rt>たばこ</rt></ruby>	*der* Tabak, *die* Zigarette, *die* Zigarre ターバク, ツィガレッテ, ツィガレ	tobacco, cigarette, cigar トバコウ, スィガレット, スィガー
<ruby>旅<rt>たび</rt></ruby>	*die* Reise ライゼ	travel, journey トラヴル, ヂャーニ
〜立つ	eine Reise an|treten, ab|reisen アイネ ライゼ アントレーテン, アップライゼン	start on a journey スタート オン ア ヂャーニ
〜人	*der/die* Reisende, *der(die)* Wanderer(rerin) ライゼンデ, ヴァンデラー (-リン)	traveler トラヴラ
<ruby>度々<rt>たびたび</rt></ruby>	oft, häufig オフト, ホイフィヒ	often オフン
ダビングする	kopieren コピーレン	dub ダブ
タブー	*das* Tabu タブー	taboo タブー
だぶだぶの	zu weit, zu groß ツー ヴァイト, ツー グロース	loose-fitting ルースフィティング
タフな	zäh, beharrlich ツェー, ベハルリヒ	tough, hardy タフ, ハーディ
ダブる	überlappen ユーバーラッペン	overlap オウヴァラプ
ダブル 〜の	doppelt ドッペルト	double ダブル
〜服	*der* Zweireiher ツヴァイライアー	double-breasted coat ダブルブレスティド コウト

日	独	英
ダブルス	*das* Doppel ドッペル	doubles ダブルズ
多分	wahrscheinlich, wohl ヴァールシャインリヒ, ヴォール	perhaps, maybe パハプス, メイビ
タペストリー	*der* Gobelin, *der* Dekorationsstoff ゴベレーン, デコラツィオーンスシュトフ	tapestry タピストリ
食べ物	*das* Essen, *die* Lebensmittel エッセン, レーベンスミッテル	food, provisions フード, プロヴィジョンズ
食べる	essen エッセン	eat イート
他方	andererseits アンデラーザイツ	on the other hand オン ザ アザ ハンド
多忙な	beschäftigt ベシェフティヒト	busy ビズィ
打撲	blauer Fleck ブラオアー フレック	bruise ブルーズ
球	*der* Ball バル	ball ボール
（電球）	*die* Birne ビルネ	bulb バルブ
玉	*die* Perle ペルレ	bead ビード
弾	*die* Kugel クーゲル	shell シェル
卵・玉子	*das* Ei アイ	egg エグ
〜焼き	*das* Omelett オムレット	omelet アムレト
魂	*die* Seele, *der* Geist ゼーレ, ガイスト	soul, spirit ソウル, スピリト
騙す	betrügen, täuschen, schwindeln, hintergehen ベトリューゲン, トイシェン, シュヴィンデルン, ヒンターゲーエン	deceive, cheat ディスィーヴ, チート
黙って	schweigend シュヴァイゲント	silently サイレントリ

日	独	英
（無断で）	ohne Erlaubnis オーネ エアラオブニス	without leave ウィザウト リーヴ
たまに	ab und zu, gelegentlich アップ ウント ツー, ゲレーゲントリヒ	occasionally オケイジョナリ
玉葱	die Zwiebel ツヴィーベル	onion アニオン
堪らない	unerträglich ウンエアトレークリヒ	unbearable アンベアラブル
溜まる	sich⁴ an|sammeln, sich⁴ an|häufen アンザメルン, アンホイフェン	accumulate, gather アキューミュレイト, ギャザ
黙る	schweigen, den Mund halten シュヴァイゲン, デン ムント ハルテン	become silent ビカム サイレント
ダミー	der Strohmann シュトローマン	dummy ダミ
ダム	der Staudamm, die Talsperre シュタオダム, タールシュペレ	dam ダム
為		
…の～の	für, um, wegen フューア, ウム, ヴェーゲン	for, to フォー, トゥー
～になる	nützlich, Gewinn bringend ニュッツリヒ, ゲヴィン ブリンゲント	good for, profitable グド フォー, プラフィタブル
駄目 ～な	nutzlos ヌッツロース	useless, no use ユースレス, ノウ ユース
…しては～だ	nicht dürfen ニヒト デュルフェン	must not マスト ナト
溜め息	der Seufzer ゾイフツァー	sigh サイ
～をつく	seufzen ゾイフツェン	sigh サイ
ダメージ	der Schaden シャーデン	damage ダミヂ
試す	probieren, versuchen, prüfen プロビーレン, フェアズーヘン, プリューフェン	try, test トライ, テスト
躊躇い	das Zögern ツェーガーン	hesitation ヘズィテイション
躊躇う	zögern ツェーガーン	hesitate ヘズィテイト

日	独	英
貯める	sparen シュパーレン	save, store セイヴ, ストー
溜める	an|häufen, sparen アンホイフェン, シュパーレン	accumulate, collect アキューミュレイト, カレクト
保つ	halten, bewahren ハルテン, ベヴァーレン	keep キープ
便り	*die* Nachricht, *der* Brief ナーハリヒト, ブリーフ	news, letter ニューズ, レタ
頼りになる	zuverlässig ツーフェアレスィヒ	reliable リライアブル
頼る	sich^4 an^4 halten, sich^4 auf^4 verlassen ハルテン, フェアラッセン	rely on, depend on リライ オン, ディペンド オン
鱈	*der* Kabeljau カーベルヤオ	cod カド
堕落する	verderben, herunter|kommen フェアデルベン, ヘルンターコメン	degenerate *into* ディヂェネレイト
だらける	faul werden, träge werden ファウル ヴェーアデン, トレーゲ ヴェーアデン	be lazy ビ レイズィ
だらしない	schlampig, nachlässig, unordentlich シュランピヒ, ナーハレスィヒ, ウンオルデントリヒ	untidy, slovenly アンタイディ, スラヴンリ
垂らす	hängen ヘンゲン	hang down ハング ダウン
タラップ	*die* Gangway, *das* Fallreep ゲングウェイ, ファルレープ	gangway, ramp ギャングウェイ, ランプ
ダリア	*die* Dahlie ダーリエ	dahlia ダリア
足りない	fehlen, *j*^{3} mangeln フェーレン, マンゲルン	be short *of* ビ ショート
多量に	in Mengen, in Massen, viel イン メンゲン, イン マッセン, フィール	abundantly アバンダントリ
足りる	genügen, aus|reichen ゲニューゲン, アオスライヒェン	be enough ビ イナフ
樽	*das* Fass ファス	barrel, cask バレル, キャスク
だるい	müde, matt, schlaff ミューデ, マット, シュラフ	feel heavy, be dull フィール ヘヴィ, ビ ダル

日	独	英
弛む (たるむ)	schlaff werden, erschlaffen シュラフ ヴェーアデン, エアシュラッフェン	be loose, slacken ビ ルース, スラクン
誰 (だれ)	wer ヴェーア	who フ
～か	jemand イェーマント	someone, somebody サムワン, サムボディ
垂れる (たれる)	hängen ヘンゲン	hang, drop ハング, ドラプ
（滴る）	tropfen トロプフェン	drop, drip ドラプ, ドリプ
だれる	träge werden トレーゲ ヴェーアデン	dull ダル
タレント	*der*(*die*) Fersehschauspieler(*in*) フェルンゼーシャオシュピーラー (-レリン)	personality パーソナリティ
タワー	*der* Turm トゥルム	tower タウア
撓む (たわむ)	*sich*⁴ krümmen クリュメン	bend ベンド
痰 (たん)	*der* Schleim, *der* Auswurf, *das* Sputum シュライム, アオスヴルフ, シュプートゥム	phlegm, sputum フレム, スピュータム
段 (だん)	*die* Stufe シュトゥーフェ	step, stair ステプ, ステア
弾圧する (だんあつする)	unterdrücken ウンタードリュッケン	suppress サプレス
単位 (たんい)	*die* Einheit アインハイト	unit ユーニト
（授業の）	*der* Anrechnungspunkt アンレヒヌングスプンクト	credit クレディト
単一の (たんいつの)	einfach, einzeln アインファッハ, アインツェルン	single, sole スィングル, ソウル
担架 (たんか)	*die* Tragbahre トラークバーレ	stretcher ストレチャ
タンカー	*der* Tanker タンカー	tanker タンカ
段階 (だんかい)	*die* Stufe, *der* Grad, *die* Ebene シュトゥーフェ, グラート, エーベネ	step, stage ステプ, ステイヂ

日	独	英
だんがい 断崖	*das* Kliff クリフ	cliff クリフ
だんがん 弾丸	*die* Kugel, *das* Geschoss クーゲル, ゲショス	bullet, shell ブレト, シェル
たんきな 短気な	ungeduldig, reizbar, hitzig ウンゲドゥルディヒ, ライツバール, ヒッツィヒ	quick-tempered クウィクテンパド
たんきの 短期の	kurzfristig クルツフリスティヒ	short-term ショートターム
たんきゅうする 探究する	erforschen エアフォルシェン	study, investigate スタディ, インヴェスティゲイト
たんきょりきょうそう 短距離競走	*der* Kurzstreckenlauf クルツシュトレッケンラオフ	short-distance race ショートディスタンス レイス
タンク	*der* Behälter ベヘルター	tank タンク
だんけつ 団結	*die* Vereinigung フェアアイニグング	union, cooperation ユーニオン, コウアパレイション
～する	zusammen|halten, *sich*⁴ vereinigen ツザメンハルテン, フェアアイニゲン	unite ユーナイト
たんけん 探検	*die* Expedition エクスペディツィオーン	exploration エクスプロレイション
～する	erforschen エアフォルシェン	explore イクスプロー
だんげんする 断言する	versichern, steif und fest behaupten, beteuern フェアズィヒャーン, シュタイフ ウント フェスト ベハオプテン, ベトイアーン	assert, affirm アサート, アファーム
たんご 単語	*das* Wort ヴォルト	word ワード
たんこう 炭坑	*das* Kohlenbergwerk コーレンベルクヴェルク	coal mine コウル マイン
だんごう 談合	*die* Besprechung ベシュプレッヒュング	bid rigging ビド リギング
ダンサー	*der*(*die*) Tänzer(*in*) テンツァー (-ツェリン)	dancer ダンサ
たんさん 炭酸	*die* Kohlensäure コーレンゾイレ	carbonic acid カーバニク アスィド

438

日	独	英
〜ガス	*das* Kohlendioxid コーレンディーオクスィート	carbon dioxide カーボン ダイアクサイド
〜水	*der* Sprudel シュプルーデル	soda water ソウダ ウォタ
男子(だんし)	*der* Junge, *der* Mann ユンゲ, マン	boy, man ボイ, マン
短縮する(たんしゅく)	verkürzen, ab|kürzen フェアキュルツェン, アップキュルツェン	shorten, reduce ショートン, リデュース
単純な(たんじゅん)	einfach, schlicht アインファッハ, シュリヒト	plain, simple プレイン, スィンプル
短所(たんしょ)	*der* Nachteil, *die* Schwäche ナーハタイル, シュヴェッヘ	shortcoming ショートカミング
誕生(たんじょう)	*die* Geburt ゲブーアト	birth バース
〜する	geboren werden ゲボーレン ヴェーアデン	be born ビ ボーン
〜石	*der* Monatsstein モーナツシュタイン	birthstone バースストウン
〜日	*der* Geburtstag ゲブーアツターク	birthday バースデイ
箪笥(たんす)	*der* Kleiderschrank クライダーシュランク	chest of drawers チェスト オヴ ドローアズ
ダンス	*der* Tanz タンツ	dancing, dance ダンスィング, ダンス
〜ホール	*der* Tanzsaal タンツザール	dance hall ダンス ホール
淡水(たんすい)	*das* Süßwasser ズュースヴァッサー	fresh water フレシュ ウォタ
単数(たんすう)	*die* Einzahl アインツァール	singular スィンギュラ
男性(だんせい)	*der* Mann マン	male メイル
胆石(たんせき)	*der* Gallenstein ガレンシュタイン	bilestone バイルストウン
断然(だんぜん)	entschieden, bestimmt, äußerst エントシーデン, ベシュティムト, オイサーストゥ	resolutely, firmly レゾルートリ, ファームリ

日	独	英
たんそ 炭素	*der* Kohlenstoff コーレンシュトフ	carbon カーボン
だんそう 断層	*die* Verwerfung フェアヴェルフング	fault フォルト
たんだい 短大	zweijährige Hochschule ツヴァイイェーリゲ ホーホシューレ	two-year college トゥーイア カリヂ
だんたい 団体	*der* Verein, *die* Gruppe, *die* Gesellschaft, *der* Verband フェアアイン, グルッペ, ゲゼルシャフト, フェアバント	party, organization パーティ, オーガニゼイション
だんだん 段々	allmählich, nach und nach アルメーリヒ, ナーハ ウント ナーハ	gradually グラヂュアリ
だんち 団地	*die* Wohnsiedlung ヴォーンズィードルング	housing development ハウズィング ディヴェロプメント
たんちょう 短調	*das* Moll モル	minor key マイナ キー
たんちょうな 単調な	eintönig, monoton アイントーニヒ, モノトーン	monotonous, dull モナトナス, ダル
たんてい 探偵	*der* Detektiv デテクティーフ	detective ディテクティヴ
たんとうする 担当する	*für*⁴ verantwortlich sein フェアアントヴォルトリヒ ザイン	take charge *of* テイク チャーヂ
たんどくの 単独の	einzeln, allein アインツェルン, アライン	sole, individual ソウル, インディヴィチュアル
だんな 旦那		
（夫）	*der* Mann マン	husband ハズバンド
（敬称）	Herr ヘル	sir サー
たん 単なる	nur, bloß ヌーア, ブロース	mere, simple ミア, スィンプル
たん 単に	nur ヌーア	only, merely オウンリ, ミアリ
たんにん 担任	*der*(*die*) Klassenlehrer(*in*) クラッセンレーラー (-レリン)	charge チャーヂ
だんねん 断念する	*auf*⁴ verzichten, auf|geben フェアツィヒテン, アオフゲーベン	give up, abandon ギヴ アプ, アバンドン

日	独	英
たんねん 丹念な	sorgfältig ゾルクフェルティヒ	careful, elaborate ケアフル, イラボレト
たんのう 胆嚢	*die* Gallenblase ガレンブラーゼ	gall ゴール
たんのう 堪能する	*mit*[3] zufrieden sein ツフリーデン ザイン	be satisfied *with* ビ サティスファイド
たんぱ 短波	*die* Kurzwelle クルツヴェレ	shortwave ショートウェイヴ
たんぱくしつ 蛋白質	*das* Eiweiß アイヴァイス	protein プロウティーン
たんぱく 淡白な	offenherzig, unbefangen オッフェンヘルツィヒ, ウンベファンゲン	frank, indifferent フランク, インディファレント
（味が）	leicht, nicht fett ライヒト, ニヒト フェット	light ライト
タンバリン	*das* Tamburin タンブリーン	tambourine タンブリーン
たんびしゅぎ 耽美主義	*der* Ästhetizismus エステティツィスムス	aestheticism エセティシズム
ダンピング	*das* Dumping ダンピング	dumping ダンピング
ダンプカー	*der* Kipper キッパー	dump truck ダンプ トラク
たんぺん 短編	kleines Stück クライネス シュテュック	short work ショート ワーク
～小説	*die* Novelle, *die* Kurzgeschichte ノヴェレ, クルツゲシヒテ	short story ショート ストーリ
だんぺん 断片	*das* Fragment フラグメント	fragment フラグメント
たんぼ 田圃	*das* Reisfeld ライスフェルト	rice field ライス フィールド
たんぽ 担保	*das* Pfand, *die* Sicherheit プファント, ズィヒャーハイト	security, mortgage スィキュアリティ, モーギヂ
だんぼう 暖房	*die* Heizung ハイツング	heating ヒーティング
ダンボール	*die* Wellpappe ヴェルパッペ	corrugated paper コラゲイティド ペイパ

日	独	英
蒲公英(たんぽぽ)	*der* Löwenzahn レーヴェンツァーン	dandelion ダンディライオン
タンポン	*der* Tampon タンポン	tampon タンパン
端末(たんまつ)	*das* Terminal テーアミナル	terminal ターミナル
断面(だんめん)	*der* Schnitt, *die* Schnittfläche シュニット, シュニットフレッヒェ	section, phase セクション, フェイズ
弾薬(だんやく)	*die* Munition ムニツィオーン	ammunition アミュニション
男優(だんゆう)	*der* Schauspieler シャオシュピーラー	actor アクタ
段落(だんらく)	*der* Absatz, *der* Einschnitt アップザッツ, アインシュニット	paragraph パラグラフ
暖流(だんりゅう)	warme Meeresströmung ヴァルメ メーレスシュトレーミング	warm current ウォーム カーレント
弾力(だんりょく)	*die* Elastizität エラスティツィテート	elasticity イラスティスィティ
鍛錬する(たんれん)	trainieren トレニーレン	train トレイン
暖炉(だんろ)	*der* Kamin, *der* Ofen カミーン, オーフェン	fireplace ファイアプレイス
談話(だんわ)	*das* Gespräch ゲシュプレーヒ	talk, conversation トーク, カンヴァセイション
～室	*die* Lounge ラウンチ	lounge ラウンヂ

ち, チ

日	独	英
血(ち)	*das* Blut ブルート	blood ブラド
チアリーダー	*der* Cheerleader チアリーダー	cheerleader チアリーダ
治安(ちあん)	öffentliche Sicherheit エッフェントリヒェ ズィヒャーハイト	public peace パブリク ピース
地位(ちい)	*die* Stellung, *der* Posten, *die* Position, *der* Rang シュテルング, ポステン, ポズィツィオーン, ラング	position ポズィション

日	独	英
（階級）	*die* Stellung, *die* Position, *der* Status シュテルング, ポズィツィオーン, シュタートゥス	rank ランク
地域(ちいき)	*das* Gebiet ゲビート	region, zone リーヂョン, ゾウン
小さい(ちい)	klein クライン	small, little スモール, リトル
チーズ	*der* Käse ケーゼ	cheese チーズ
チーター	*der* Gepard ゲーパルト	cheetah チータ
チーフ	*der*(*die*) Chef(*in*) シェフ (-フィン)	chief, head チーフ, ヘド
チーム	*die* Mannschaft, *das* Team マンシャフト, ティーム	team ティーム
～ワーク	*das* Teamwork ティームウェーク	teamwork ティームワーク
知恵(ちえ)	*die* Weisheit ヴァイスハイト	wisdom, intelligence ウィズドム, インテリヂェンス
チェーン	*die* Kette ケッテ	chain チェイン
～ソー	*die* Kettensäge ケッテンゼーゲ	chain saw チェイン ソー
～店	*der* Kettenladen ケッテンラーデン	chain store チェイン ストー
チェス	*das* Schach シャッハ	chess チェス
チェックする	checken, an|kreuzen チェッケン, アンクロイツェン	check チェク
チェック模様	kariertes Muster カリーアテス ムスター	check, checker チェク, チェカ
チェリー	*die* Kirsche キルシェ	cherry チェリ
チェロ	*das* Cello, *das* Violoncello チェロ, ヴィオロンチェロ	cello チェロウ
チェンバロ	*das* Cembalo チェンバロ	cembalo チェンバロウ

日	独	英
地下 〜の _{ちか}	unterirdisch, unter der Erde ウンターイルディシュ, ウンター デア エーアデ	underground アンダグラウンド
〜組織	*der* Untergrund ウンターグルント	underground アンダグラウンド
近い _{ちか}	nahe ナーエ	near, close *to* ニア, クロウス
地階 _{ちかい}	*das* Untergeschoss, *das* Souterrain ウンターゲショス, ズテレーン	basement ベイスメント
違い _{ちが}	*der* Unterschied ウンターシート	difference ディフレンス
違いない _{ちが}	müssen ミュッセン	must be, I am sure *that* マスト ビー, アイ アム シュア
治外法権 _{ちがいほうけん}	*die* Exterritorialität エクステリトリアリテート	extraterritorial rights エクストラテリトーリアル ライツ
誓う _{ちか}	schwören シュヴェーレン	vow, swear ヴァウ, スウェア
違う _{ちが}	*von*³ verschieden sein フェアシーデン ザイン	differ *from* ディファ
地下街 _{ちかがい}	unterirdische Geschäftsstraße ウンターイルディシェ ゲシェフツシュトラーセ	underground shopping center アンダグラウンド シャピング センタ
知覚 _{ちかく}	*die* Wahrnehmung ヴァールネームング	perception パセプション
地学 _{ちがく}	*die* Geologie ゲオロギー	physical geography フィズィカル ヂアグラフィ
近頃 _{ちかごろ}	neuerdings, heutzutage, neulich ノイアーディングス, ホイトツーターゲ, ノイリヒ	recently, these days リーセントリ, ズィーズ デイズ
地下室 _{ちかしつ}	*der* Keller ケラー	basement, cellar ベイスメント, セラ
近付く _{ちかづ}	*sich*⁴ nähern, heran|kommen, näher rücken ネーアーン, ヘランコメン, ネーアー リュッケン	approach アプロウチ
地下鉄 _{ちかてつ}	*die* U-Bahn, *die* Untergrundbahn ウーバーン, ウンターグルントバーン	subway サブウェイ

日	独	英
地下道 (ちかどう)	*die* Straßenunterführung シュトラーセンウンターフュールング	underpass, subway アンダパス, サブウェイ
近道 (ちかみち)	kürzerer Weg, *die* Abkürzung キュルツェラー ヴェーク, アップキュルツング	short cut ショート カト
近寄る (ちかよる)	*an*³ heran|kommen ヘランコメン	approach アプロウチ
力 (ちから)	*die* Kraft, *die* Macht クラフト, マハト	power, energy パウア, エナヂ
（能力）	*die* Fähigkeit フェーイヒカイト	ability, power アビリティ, パウア
地球 (ちきゅう)	*die* Erde エーアデ	the earth ジ アース
～儀	*der* Globus グローブス	globe グロウブ
千切る (ちぎる)	ab|reißen, brechen アップライセン, ブレッヒェン	tear off テア オフ
チキン	*das* Hühnerfleisch ヒューナーフライシュ	chicken チキン
地区 (ちく)	*der* Bezirk, *das* Gebiet ベツィルク, ゲビート	district, section ディストリクト, セクション
畜産 (ちくさん)	*die* Viehzucht フィーツフト	stockbreeding スタクブリーディング
畜生 (ちくしょう)	*das* Tier ティーア	beast ビースト
（ののしり）	Verdammt! フェアダムト	Damn it! ダム イト
蓄積する (ちくせきする)	*sich*⁴ an|häufen アンホイフェン	accumulate アキューミュレイト
乳首 (ちくび)	*die* Brustwarze ブルストヴァルツェ	nipple, teat ニプル, ティート
地形 (ちけい)	*das* Gelände ゲレンデ	landform ランドフォーム
チケット	*das* Ticket, *die* Eintrittskarte ティケット, アイントリッツカルテ	ticket ティケト
遅刻する (ちこくする)	*sich*⁴ verspäten, zu spät kommen フェアシュペーテン, ツー シュペート コメン	be late *for* ビ レイト

日	独	英
ちじ 知事	der(die) Gouverneur(in) グヴェルネーア (-リン)	governor ガヴァナ
ちしき 知識	die Kenntnis, das Wissen ケントニス, ヴィッセン	knowledge ナリヂ
ちしつ 地質		
〜学	die Geologie ゲオロギー	geology ヂアロヂィ
〜調査	geologische Untersuchung ゲオローギシェ ウンターズーフング	geological survey ヂーオラヂカル サーヴェイ
ちじょう 地上	die Erde エーアデ	the ground ザ グラウンド
ちじん 知人	der/die Bekannte ベカンテ	acquaintance アクウェインタンス
ちず 地図	die Landkarte, der Stadtplan ラントカルテ, シュタットプラーン	map, atlas マプ, アトラス
ちせい 知性	der Intellekt インテレクト	intellect, intelligence インテレクト, インテリヂェンス
ちそう 地層	die Erdschicht エーアトシヒト	stratum, layer ストレイタム, レイア
ちたい 地帯	die Zone ツォーネ	zone, region ゾウン, リーヂョン
ち 血だらけの	blutig ブルーティヒ	bloody ブラディ
チタン	das Titan ティターン	titanium タイテイニアム
ちち 乳	die Milch, die Muttermilch ミルヒ, ムッターミルヒ	mother's milk マザズ ミルク
ちち・ちちおや 父・父親	der Vater ファーター	father ファーザ
ちぢ 縮まる	gekürzt werden ゲキュルツト ヴェーアデン	be shortened ビ ショートンド
ちぢ 縮む	zusammen|schrumpfen, ein|laufen ツザメンシュルンプフェン, アインラオフェン	shrink シュリンク
ちぢ 縮める	verkürzen, ab|kürzen フェアキュルツェン, アップキュルツェン	shorten, abridge ショートン, アブリヂ
ちちゅうかい 地中海	das Mittelmeer ミッテルメーア	the Mediterranean ザ メディタレイニアン

日	独	英
ちぢれる 縮れる	*sich*⁴ kräuseln クロイゼルン	be curled, wrinkle ビ カールド, リンクル
ちつ 腟	*die* Vagina ヴァギーナ	vagina ヴァヂャイナ
ちつじょ 秩序	*die* Ordnung オルドヌング	order オーダ
ちっそ 窒素	*der* Stickstoff シュティックシュトフ	nitrogen ナイトロヂェン
ちっそく 窒息する	ersticken エアシュティッケン	be suffocated ビ サフォケイテド
チップ	*das* Trinkgeld トリンクゲルト	tip ティプ
ちてき 知的な	intellektuell, klug, intelligent インテレクトゥエル, クルーク, インテリゲント	intellectual インテレクチュアル
ちのう 知能	*die* Intelligenz, *der* Intellekt インテリゲンツ, インテレクト	intellect, intelligence インテレクト, インテリヂェンス
ちぶさ 乳房	*die* Brust, *der* Busen ブルスト, ブーゼン	breast ブレスト
チフス	*der* Typhus テューフス	typhoid, typhus タイフォイド, タイファス
ちへいせん 地平線	*der* Horizont ホリツォント	the horizon ザ ホライズン
ちほう 地方	*die* Region, *das* Land レギオーン, ラント	locality, the country ロウキャリティ, ザ カントリ
～の	lokal, regional ロカール, レギオナール	local, regional ロウカル, リヂョナル
～自治	regionale Selbstverwaltung レギオナーレ ゼルプストフェアヴァルトゥング	local autonomy ロウカル オータノミ
ちみつ 緻密な	genau ゲナオ	accurate, precise アキュラト, プリサイス
（精巧な）	kunstvoll クンストフォル	elaborate, fine イラバラト, ファイン
ちめい 地名	*der* Ortsname オルツナーメ	the name of a place ザ ネイム オヴ ア プレイス
ちめいど たか 知名度の高い	berühmt ベリュームト	famous フェイマス
ちゃ 茶	*der* Tee テー	tea ティー

日	独	英
チャーター		
〜する	chartern, mieten チャルターン, ミーテン	charter チャータ
〜機	*das* Charterflugzeug チャルターフルークツォイク	charter plane チャータ プレイン
〜便	*der* Charterflug チャルターフルーク	charter flight チャータ フライト
ちゃーはん 炒飯	gebratener Reis ゲブラーテナー ライス	fried rice フライド ライス
チャーミングな	charmant, reizend シャルマント, ライツェント	charming チャーミング
チャイム	*das* Glockenspiel グロッケンシュピール	chime チャイム
ちゃいろ 茶色	*das* Braun ブラオン	brown ブラウン
〜の	braun ブラオン	brown ブラウン
ちゃくじつ 着実な	sicher, solide, zuverlässig ズィヒャー, ゾリーデ, ツーフェアレスィヒ	steady ステデ
ちゃくしゅ 着手する	beginnen, an|fangen, auf|nehmen ベギネン, アンファンゲン, アオフネーメン	start スタート
ちゃくしょく 着色する	färben フェルベン	color, paint カラ, ペイント
ちゃくせき 着席する	Platz nehmen, *sich*[4] setzen プラッツ ネーメン, ゼッツェン	sit down スィト ダウン
ちゃくち 着地する	landen ランデン	land ランド
ちゃくちゃく 着々と	langsam aber sicher ラングザーム アーバー ズィッヒャー	steadily ステディリ
ちゃくばら 着払いで	per Nachnahme ペル ナーハナーメ	collect on delivery カレクト オン ディリヴァリ
ちゃくよう 着用する	tragen トラーゲン	wear ウェア
ちゃくりく 着陸	*die* Landung ランドゥング	landing ランディング
〜する	landen ランデン	land ランド

日	独	英
チャック	*der* Reißverschluss ライスフェアシュルス	zipper ズィパ
チャリティー	*die* Wohltätigkeit, *die* Karitas ヴォールテーティヒカイト, カーリタス	charity チャリティ
チャレンジ	*die* Herausforderung ヘラオスフォルデルング	challenge チャリンヂ
～する	heraus|fordern ヘラオスフォルダーン	challenge チャリンヂ
茶碗	*die* Tasse, *die* Reisschale タッセ, ライスシャーレ	rice-bowl ライスボウル
チャンス	*die* Chance, *die* Gelegenheit シャーンセ, ゲレーゲンハイト	chance, opportunity チャンス, アポチューニティ
ちゃんと	ordentlich, genau オルデントリヒ, ゲナオ	neatly ニートリ
（正しく）	richtig リヒティヒ	properly プラパリ
チャンネル	*der* Kanal カナール	channel チャネル
チャンピオン	*der* Champion チェンピエン	champion チャンピオン
注	*die* Anmerkung アンメルクング	notes ノウツ
注意	*die* Achtung, *die* Aufmerksamkeit アハトゥング, アオフメルクザームカイト	attention アテンション
（警告）	*die* Warnung, *die* Vorsicht ヴァルヌング, フォーアズィヒト	caution, warning コーション, ウォーニング
（忠告）	*der* Rat ラート	advice アドヴァイス
～する	achten, *auf*⁴ auf|passen アハテン, アオフパッセン	pay attention *to* ペイ アテンション
（警告）	warnen ヴァルネン	warn ウォーン
（忠告）	raten ラーテン	advise アドヴァイズ
チューインガム	*der*(*das*) Kaugummi カオグミ	chewing gum チューイング ガム

日	独	英
ちゅうおう 中央	*die* Mitte, *das* Zentrum ミッテ, ツェントルム	the center ザ センタ
～アメリカ	*das* Mittelamerika ミッテルアメーリカ	Central America セントラル アメリカ
ちゅうかい 仲介	*die* Vermittlung フェアミットルング	mediation ミーディエイション
～する	vermitteln フェアミッテルン	mediate *between* ミーディエイト
～者	*der(die)* Vermittler(*in*) フェアミットラー(-レリン)	mediator ミーディエイタ
ちゅうがえ 宙返り	*der* Salto ザルト	somersault サマソールト
（飛行機の）	*die* Looping ルーピング	loop ループ
ちゅうがく 中学	*die* Mittelschule ミッテルシューレ	junior high school ヂューニア ハイ スクール
～生	*der(die)* Mittelschüler(*in*) ミッテルシューラー(-レリン)	junior high school student ヂューニア ハイ スクール ステューデント
ちゅうかりょうり 中華料理	chinesische Küche ヒネーズィシェ キュッヒェ	Chinese food チャイニーズ フード
ちゅうかん 中間	*die* Mitte ミッテ	the middle ミドル
ちゅうきゅうの 中級の	mittler ミットラー	intermediate インタミーディエト
ちゅうきんとう 中近東	der Nahe und Mittlere Osten デア ナーエ ウント ミットレレ オステン	the Middle East ザ ミドル イースト
ちゅうけい 中継	*die* Übertragung ユーバートラーグング	relay リーレイ
～(放送)する	übertragen ユーバートラーゲン	relay リーレイ
ちゅうこ 中古		
～の	*gebraucht*, aus zweiter Hand ゲブラオホト, アオス ツヴァイター ハント	used, secondhand ユースト, セコンドハンド
～車	*der* Gebrauchtwagen ゲブラオホトヴァーゲン	used car ユースト カー

日	独	英
ちゅうこく 忠告	*der* Rat, *der* Ratschlag ラート, ラートシュラーク	advice アドヴァイス
〜する	raten, einen Rat geben ラーテン, アイネン ラート ゲーベン	advise アドヴァイズ
ちゅうごく 中国	(*das*) China ヒーナ	China チャイナ
〜語	*das* Chinesische ヒネーズィシェ	Chinese チャイニーズ
ちゅうさい 仲裁する	schlichten シュリヒテン	arbitrate アービトレイト
ちゅうじえん 中耳炎	*die* Mittelohrentzündung ミッテルオーアエントツュンドゥング	tympanitis ティンパナイティス
ちゅうし 中止する	ab|brechen, *mit*³ auf|hören アップブレッヒェン, アオフヘーレン	stop, suspend スタブ, サスペンド
ちゅうじつ 忠実な	treu, getreu トロイ, ゲトロイ	faithful フェイスフル
ちゅうしゃ 注射	*die* Spritze, *die* Injektion シュプリッツェ, インイェクツィオーン	injection, shot インヂェクション, シャト
〜する	spritzen シュプリッツェン	inject インヂェクト
〜器	*die* Spritze シュプリッツェ	syringe スィリンヂ
ちゅうしゃ 駐車	*das* Parken パルケン	parking パーキング
〜する	parken パルケン	park パーク
〜禁止	Parken verboten! パルケン フェアボーテン	No Parking ノウ パーキング
〜場	*der* Parkplatz パルクプラッツ	parking lot パーキング ラト
ちゅうしゃく 注釈	*die* Anmerkung アンメルクング	notes, annotation ノウツ, アノテイション
ちゅうじゅん 中旬	Mitte des Monats ミッテ デス モーナツ	the middle *of* ザ ミドル
ちゅうしょう 中傷	*die* Verleumdung フェアロイムドゥング	slander スランダ
〜する	verleumden フェアロイムデン	speak ill *of* スピーク イル

日	独	英
ちゅうしょう 抽象	*die* Abstraktion アプストラクツィオーン	abstraction アブストラクション
～的な	abstrakt アプストラクト	abstract アブストラクト
～画	abstrakte Malerei アプストラクテ マーレライ	abstract painting アブストラクト ペインティング
ちゅうしょうきぎょう 中小企業	*der* Klein- und Mittelbetrieb クライン ウント ミッテルベトリープ	smaller enterprises スモーラ エンタプライズィズ
ちゅうしょく 昼食	*das* Mittagessen ミッタークエッセン	lunch ランチ
ちゅうしん 中心	*der* Mittelpunkt, *das* Zentrum, *die* Mitte ミッテルプンクト, ツェントルム, ミッテ	the center, the core ザ センタ, ザ コー
～地	*das* Zentrum ツェントルム	center センタ
ちゅうすう 中枢	*das* Zentrum ツェントルム	the center ザ センタ
ちゅうせい 中世	*das* Mittelalter ミッテルアルター	the Middle Ages ザ ミドル エイヂズ
～の	mittelalterich ミッテルアルターリヒ	medieval メディイーヴァル
ちゅうせいし 中性子	*das* Neutron ノイトロン	neutron ニュートラン
ちゅうぜつ 中絶	*die* Schwangerschafts- unterbrechung シュヴァンガーシャフツウンターブレヒュング	abortion アボーション
妊娠～する	die Schwangerschaft unterbrechen lassen ディー シュヴァンガーシャフト ウンターブレヒュン ラッセン	have an abortion ハヴ アン アボーション
ちゅうせん 抽選	*die* Verlosung フェアローズング	lottery ラタリ
～する	verlosen フェアローゼン	draw lots *for* ドロー ラツ
ちゅうぞう 鋳造する	gießen, prägen ギーセン, プレーゲン	cast, mint キャスト, ミント
ちゅうたい 中退する	aus der Schule treten アオス デア シューレ トレーテン	dropout, leave school ドラパウト, リーヴ スクール

日	独	英
ちゅうだん 中断する	ab|brechen, unterbrechen, ab|setzen アップブレッヒェン, ウンターブレッヒェン, アップゼッツェン	interrupt インタラプト
ちゅうちょ 躊躇する	zögern ツェーガーン	hesitate ヘズィテイト
ちゅうとう 中東	der Mittlere Osten デア ミットレレ オステン	the Middle East ザ ミドル イースト
ちゅうとうきょういく 中等教育	höhere Erziehung ヘーエレ エアツィーウング	secondary education セコンデリ エデュケイション
ちゅうどく 中毒を起こす	*sich*⁴ vergiften フェアギフテン	be poisoned *by* ビ ポイズンド
ちゅうと 中途で	halbwegs, auf dem halben Weg ハルプヴェークス, アオフ デム ハルベン ヴェーク	halfway ハフウェイ
チューナー	*der* Tuner テューナー	tuner テューナ
チューニング	*das* Einstellen アインシュテレン	tuning テューニング
ちゅうねん 中年	mittleres Alter ミットレレス アルター	middle age ミドル エイヂ
チューブ	*die* Tube, *der* Luftschlauch トゥーベ, ルフトシュラオホ	tube テューブ
ちゅうぼう 厨房	*die* Küche キュッヘ	kitchen キチン
ちゅうもく 注目	*die* Aufmerksamkeit アオフメルクザームカイト	notice ノウティス
～する	*auf*⁴ achten アハテン	take notice *of* テイク ノウティス
～の的	*das* Ziel der Aufmerksamkeit ダス ツィール デア アオフメルクザームカイト	the center of attention ザ センタ オヴ アテンション
ちゅうもん 注文	*die* Bestellung, *der* Auftrag ベシュテルング, アオフトラーク	order, request オーダ, リクウェスト
～する	bestellen ベシュテレン	order オーダ
ちゅうよう 中庸の	*das* Maß マース	moderate マダレト

日	独	英
ちゅうりつ 中立	*die* Neutralität ノイトラリテート	neutrality ニュートラリティ
～の	neutral ノイトラール	neutral ニュートラル
チューリップ	*die* Tulpe トゥルペ	tulip テューリプ
ちゅうりゅうかいきゅう 中流階級	*die* Mittelklasse ミッテルクラッセ	the middle classes ザ ミドル クラスィズ
ちゅうわする 中和する	neutralisieren ノイトラリズィーレン	neutralize ニュートラライズ
ちょう 腸	*der* Darm ダルム	intestines インテスティンズ
ちょう 蝶	*der* Schmetterling, *der* Falter シュメッターリング, ファルター	butterfly バタフライ
ちょういんする 調印する	unterzeichnen ウンターツァイヒネン	sign サイン
ちょうえき 懲役	*die* Freiheitsstrafe フライハイツシュストラーフェ	imprisonment インプリズンメント
ちょうえつする 超越する	transzendieren トランスツェンディーレン	transcend トランセンド
ちょうおんぱ 超音波	*der* Ultraschall ウルトラシャル	ultrasound アルトラサウンド
ちょうか 超過	*die* Überschreitung ユーバーシュライトゥング	excess イクセス
～する	überschreiten ユーバーシュライテン	exceed イクスィード
ちょうかく 聴覚	*das* Gehör ゲヘーア	hearing ヒアリング
ちょう 腸カタル	*der* Darmkatarrh ダルムカタル	intestinal catarrh インテスティナル カター
ちょうかん 朝刊	*das* Morgenblatt, *die* Morgenausgabe モルゲンブラット, モルゲンアオスガーベ	morning paper モーニング ペイパ
ちょうきの 長期の	langfristig, lange dauernd ラングフリスティヒ, ランゲ ダオアーント	long term ロング ターム
ちょうきょうする 調教する	ab|richten, dressieren アップリヒテン, ドレスィーレン	train *in* トレイン

日	独	英
ちょうきょり 長距離	eine lange Strecke アイネ ランゲ シュトレッケ	long distance ロング ディスタンス
～電話	*das* Ferngespräch フェルンゲシュプレーヒ	long-distance call ロングディスタンス コール
ちょうこう 聴講		
～する	als Gasthörer(*in*) belegen アルス ガストヘーラー ベレーゲン	audit オーディト
～生	*der*(*die*) Gasthörer(*in*) ガストヘーラー (-レリン)	auditor オーディタ
ちょうごう 調合する	dosieren, zu|bereiten ドズィーレン, ツーベライテン	prepare, mix プリペア, ミクス
ちょうこうそう 超高層ビル	*der* Wolkenkratzer ヴォルケンクラッツァー	skyscraper スカイスクレイパ
ちょうこく 彫刻	*die* Skulptur, *die* Plastik スクルプトゥーア, プラスティク	sculpture スカルプチャ
～する	schnitzen シュニッツェン	sculpture, carve スカルプチャ, カーヴ
～家	*der*(*die*) Bildhauer(*in*) ビルトハオアー (-エリン)	sculptor, carver スカルプタ, カーヴァ
ちょうさ 調査	*die* Untersuchung ウンターズーフング	examination イグザミネイション
～する	untersuchen, nach|forschen ウンターズーヘン, ナーハフォルシェン	examine, investigate イグザミン, インヴェスティゲイト
ちょうし 調子	*der* Ton トーン	tune テューン
（拍子）	*der* Takt タクト	time, rhythm タイム, リズム
（具合）	*die* Kondition コンディツィオーン	condition カンディション
ちょうしゅ 聴取	*das* Hearing ヒアリング	hearing ヒアリング
～者	*der*(*die*) Rundfunkhörer(*in*) ルントフンクヘーラー (-レリン)	listener リスナ
ちょうしゅう 聴衆	*der*(*die*) Zuhörer(*in*), *das* Publikum ツーヘーラー (-レリン), プーブリクム	audience オーディエンス
ちょうしょ 長所	*der* Vorteil, *die* Stärke フォルタイル, シュテルケ	strong point, merit ストロング ポイント, メリト

日	独	英
長女（ちょうじょ）	die älteste Tochter ディー エルテステ トホター	oldest daughter オルディスト ドータ
頂上（ちょうじょう）	*der* Gipfel ギプフェル	summit サミト
嘲笑する（ちょうしょう）	verspotten, aus|lachen フェアシュポッテン, アオスラッヘン	laugh at, ridicule ラフ アト, リディキュール
朝食（ちょうしょく）	*das* Frühstück フリューシュテュック	breakfast ブレクファスト
超人（ちょうじん）	*der* Übermensch ユーバーメンシュ	superman シューパマン
調整する（ちょうせい）	ab|stimmen アップシュティメン	regulate, adjust レギュレイト, アヂャスト
調節（ちょうせつ）	*die* Einstellung, *die* Regulierung アインシュテルング, レグリールング	regulation, control レギュレイション, カントロウル
～する	ein|stellen, regulieren, stellen アインシュテレン, レグリーレン, シュテレン	regulate, control レギュレイト, カントロウル
挑戦（ちょうせん）	*die* Herausforderung ヘラオスフォルデルング	challenge チャリンヂ
～する	heraus|fordern ヘラオスフォルダーン	challenge チャリンヂ
～者	*der*(*die*) Herausforder*er*(*rin*) ヘラオスフォルデラー (-デリン)	challenger チャレンヂャ
朝鮮（ちょうせん）	(*das*) Korea コレーア	Korea コリア
～語	*das* Koreanische コレアーニシェ	Korean コリアン
彫像（ちょうぞう）	*die* Statue シュタートゥエ	statue スタチュー
調達する（ちょうたつ）	anschaffen アンシャフェン	supply, provide サプライ, プロヴァイド
腸チフス（ちょう）	*der* Typhus テューフス	typhoid タイフォイド
町長（ちょうちょう）	*der*(*die*) Gemeindevorsteher(*in*) ゲマインデフォーアシュテーアー (-エリン)	mayor メイア
蝶々（ちょうちょう）	*der* Schmetterling シュメッターリング	butterfly バタフライ

日	独	英
ちょうちん 提灯	*der* Lampion, *die* Laterne ランピオーン, ラテルネ	paper lantern ペイパ ランタン
ちょうつがい 蝶番	*die* Angel アンゲル	hinge ヒンヂ
ちょうていする 調停する	versöhnen, schlichten, bei|legen フェアゼーネン, シュリヒテン, バイレーゲン	arbitrate アービトレイト
ちょうてん 頂点	*der* Höhepunkt ヘーエプンクト	peak ピーク
ちょうど 丁度	gerade, eben ゲラーデ, エーベン	just, exactly ヂャスト, イグザクトリ
ちょうなん 長男	der älteste Sohn デア エルテステ ゾーン	oldest son オルディスト サン
ちょうネクタイ 蝶ネクタイ	*die* Fliege フリーゲ	bow tie バウ タイ
ちょうねんてん 腸捻転	*die* Darmverschlingung ダルムフェアシュリングング	twist in the intestines トウィスト イン ザ インテスティンズ
ちょうのうりょく 超能力	übernatürliche Kraft ユーバーナテューアリヒェ クラフト	extrasensory perception エクストラセンソリ パセプション
ちょうばつ 懲罰	*die* Bestrafung ベシュトラーフング	punishment パニシュメント
ちょうふくする 重複する	wiederholen ヴィーダーホーレン	be repeated ビ リピーテド
ちょうへい 徴兵	*die* Einberufung アインベルーフング	conscription, draft カンスクリプション, ドラフト
ちょうへんしょうせつ 長編小説	*der* Roman ロマーン	long piece novel ロング ピース ナヴェル
ちょうぼ 帳簿	*das* Geschäftsbuch ゲシェフツブーフ	account book アカウント ブク
ちょうぼう 眺望	*die* Aussicht, *der* Ausblick アオスズィヒト, アオスブリック	view ヴュー
ちょうほうけい 長方形	*das* Rechteck レヒトエック	rectangle レクタングル
ちょうほうな 重宝な	praktisch, nützlich プラクティシュ, ニュッツリヒ	handy, convenient ハンディ, コンヴィーニェント
ちょうみりょう 調味料	*das* Gewürz ゲヴュルツ	seasoning スィーズニング

日	独	英
跳躍(ちょうやく)	*der* Sprung, *der* Satz シュプルング, ザッツ	jump ヂャンプ
～する	springen シュプリンゲン	jump ヂャンプ
調理(ちょうり)	*die* Zubereitung ツーベライトゥング	cooking クキング
～する	zu|bereiten ツーベライテン	cook クク
調律(ちょうりつ)	*das* Stimmen シュティメン	tuning テューニング
潮流(ちょうりゅう)	*die* Strömung シュトレームング	current, tide カーレント, タイド
聴力(ちょうりょく)	*das* Gehör ゲヘーア	hearing ヒアリング
朝礼(ちょうれい)	*der* Morgensappell モルゲンスアペル	morning gathering モーニング ギャザリング
調和(ちょうわ)	*die* Harmonie ハルモニー	harmony ハーモニ
～する	harmonieren, überein|stimmen ハルモニーレン, ユーバーアインシュティメン	be in harmony *with* ビ イン ハーモニ
チョーク	*die* Kreide クライデ	chalk チョーク
貯金(ちょきん)	*das* Spargeld, *die* Ersparnisse シュパールゲルト, エアシュパールニセ	savings, deposit セイヴィングズ, ディパズィット
～する	Geld sparen ゲルト シュパーレン	save セイヴ
直進(ちょくしん)する	geradeaus gehen ゲラーデアオス ゲーエン	go straight ahead ゴウ ストレイト アヘド
直接(ちょくせつ)	direkt ディレクト	directly ディレクトリ
～の	direkt, unmittelbar ディレクト, ウンミッテルバール	direct ディレクト
～税	direkte Steuern ディレクテ シュトイアーン	direct tax ディレクト タクス
直線(ちょくせん)	gerade Linie, *die* Gerade ゲラーデ リーニエ, ゲラーデ	straight line ストレイト ライン

日	独	英
ちょくちょう 直腸	*der* Mastdarm マストダルム	rectum レクタム
ちょくつう 直通の	direkt ディレクト	direct, nonstop ディレクト, ナンスタプ
ちょくばい 直売	*der* Direktverkauf ディレクトフェアカオフ	direct sales ディレクト セイルズ
ちょくめん 直面する	gegenüber|stehen ゲーゲンユーバーシュテーエン	face, confront フェイス, コンフラント
ちょくやく 直訳	wörtliche Übersetzung ヴェルトリヒェ ユーバーゼッツング	literal translation リタラル トランスレイション
ちょくりつ 直立の	aufrecht アオフレヒト	vertical, erect ヴァーティカル, イレクト
ちょくりゅう 直流	*der* Gleichstrom グライヒシュトローム	direct current, DC ディレクト カーレント, ディーシー
チョコレート	*die* Schokolade ショコラーデ	chocolate チャコレト
ちょさくけん 著作権	*das* Urheberrecht ウーアヘーバーレヒト	copyright カピライト
ちょしゃ 著者	*der*(*die*) Autor(*in*), *der*(*die*) Verfasser(*in*) アオトーア(-トーリン), フェアファッサー (-セリン)	author, writer オーサ, ライタ
ちょすいち 貯水池	*das* Reservoir レゼルヴォアール	reservoir レザヴワー
ちょぞう 貯蔵する	auf|speichern, lagern アオフシュパイヒャーン, ラーガーン	store, keep ストー, キープ
ちょちく 貯蓄	*das* Spareinlage, *die* Ersparnisse シュパールアインラーゲ, エアシュパールニセ	savings, deposit セイヴィングズ, ディパズィト
〜する	sparen シュパーレン	save セイヴ
ちょっかく 直角	rechter Winkel レヒター ヴィンケル	right angle ライト アングル
ちょっかん 直感	*die* Intuition イントゥイツィオーン	intuition インテュイション
ちょっかん 直観	*die* Intuition, *die* Anschauung イントゥイツィオーン, アンシャウウング	intuition インテュイション
〜的な	intuitiv イントゥイティーフ	intuitive インテューイティヴ

ち

日	独	英
チョッキ	*die* Weste ヴェステ	vest ヴェスト
ちょっけい 直径	*der* Durchmesser ドゥルヒメッサー	diameter ダイアメタ
ちょっこう 直行する	durch|fahren ドゥルヒファーレン	go direct ゴウ ディレクト
ちょっと	einen Augenblick アイネン アオゲンブリック	for a moment フォー ア モウメント
（少し）	ein bisschen, ein wenig アイン ビスヒェン, アイン ヴェーニヒ	a little ア リトル
（呼びかけ）	Hallo! ハロ	Hey!, Say! ヘイ, セイ
ちょめい 著名な	prominent プロミネント	famous フェイマス
ち 散らかる	umher|liegen ウムヘーアリーゲン	be scattered ビ スキャタド
散らし	*das* Flugblatt フルークブラット	leaflet, handbill リーフレト, ハンドビル
ちり 塵	*der* Staub シュタオプ	dust, dirt ダスト, ダート
ちり 地理	*die* Geographie, *die* Erdkunde ゲオグラフィー, エーアトクンデ	geography ヂアグラフィ
ちりょう 治療	ärztliche Behandlung エーアツトリヒェ ベハンドルング	medical treatment メディカル トリートメント
～する	behandeln, kurieren ベハンデルン, クリーレン	treat, cure トリート, キュア
ち 散る	ab|fallen, zerstreut sein アップファレン, ツェアシュトロイト ザイン	scatter, disperse スキャタ, ディスパース
（花が）	fallen ファレン	fall フォール
ちんあ 賃上げ	*die* Lohnerhöhung ローンエアヘーウング	wage increase ウェイヂ インクリース
ちんがし 賃貸しする	vermieten フェアミーテン	rent, lease レント, リース
ちんか 沈下する	ab|sinken, sinken アップズィンケン, ズィンケン	sink スィンク

日	独	英
ちんが 賃借りする	mieten ミーテン	rent, lease レント, リース
ちんぎん 賃金	*der* Lohn ローン	wages, pay ウェイヂズ, ペイ
ちんじゅつ 陳述	*die* Aussage アオスザーゲ	statement ステイトメント
ちんじょう 陳情	*das* Gesuch ゲズーフ	petition ピティション
～する	ein Gesuch ein|reichen アイン ゲズーフ アインライヒェン	make a petition メイク ア ピティション
ちんせいざい 鎮静剤	*das* Beruhigungsmittel ベルーイグングスミッテル	sedative セダティヴ
ちんたい 賃貸する	vermieten フェアミーテン	rent レント
ちんつうざい 鎮痛剤	*das* Linderungsmittel, *das* Schmerzmittel リンデルングスミッテル, シュメルツミッテル	analgesic アナルヂーズィク
ちんでん 沈殿する	*sich*⁴ nieder|schlagen ニーダーシュラーゲン	settle セトル
チンパンジー	*der* Schimpanse シンパンゼ	chimpanzee チンパンズィー
ちんぼつ 沈没する	sinken, unter|gehen ズィンケン, ウンターゲーエン	sink スィンク
ちんもく 沈黙	*das* Schweigen シュヴァイゲン	silence サイレンス
～する	schweigen シュヴァイゲン	be silent ビ サイレント
ちんれつ 陳列	*die* Ausstellung アオスシュテルング	exhibition エクスィビション
～する	aus|stellen アオスシュテレン	exhibit, display イグズィビト, ディスプレイ

つ, ツ

ツアー	*die* Tour トゥーア	tour トゥア
つい 対	*das* Paar パール	pair, couple ペア, カプル

日	独	英
ついか 追加	*der* Zusatz, *der* Nachtrag ツーザッツ, ナーハトラーク	addition アディション
〜する	nach|tragen, zu|setzen ナーハトラーゲン, ツーゼッツェン	add *to* アド
ついきゅう 追及	*die* Befragung ベフラーグング	questioning クウェスチョニング
〜する	befragen ベフラーゲン	cross-examine クロースイグザミン
ついきゅう 追求する	verfolgen, nach|jagen フェアフォルゲン, ナーハヤーゲン	pursue, seek after パシュー, スィーク アフタ
ついきゅう 追究する	forschen フォルシェン	investigate インヴェスティゲイト
ついしけん 追試験	*die* Nachprüfung ナーハプリューフング	supplementary examination サプリメンタリ イグザミネイション
ついしん 追伸	*die* Nachschrift, *das* Postskriptum ナーハシュリフト, ポストスクリプトゥム	postscript, P.S. ポウストスクリプト, ピーエス
ついせき 追跡	*die* Verfolgung フェアフォルグング	pursuit, chase パシュート, チェイス
〜する	verfolgen, nach|gehen フェアフォルゲン, ナーハゲーエン	pursue, chase パシュー, チェイス
ついたち 一日	der erste Tag des Monats デア エーアステ ターク デス モーナツ	the first day ザ ファースト デイ
つ 次いで	dann, darauf ダン, ダラオフ	next, after that ネクスト, アフタ ザト
ついている （幸運）	Glück haben グリュック ハーベン	be lucky ビ ラキ
ついとう 追悼する	trauern トラオアーン	mourn モーン
ついとつ 追突する	*auf*⁴ auf|fahren アオフファーレン	crash into the rear *of* クラシュ イントゥ ザ リア
つい 遂に	*schließlich*, endlich シュリースリヒ, エントリヒ	at last アト ラスト
ついほう 追放する	vertreiben, verbannen フェアトライベン, フェアバネン	banish, expel バニシュ, イクスペル

日	独	英
費やす	auf|wenden, verbrauchen アオフヴェンデン, フェアブラオヘン	spend スペンド
墜落	*der* Sturz シュトゥルツ	fall, drop フォール, ドラプ
（飛行機の）	*der* Absturz アップシュトゥルツ	crash クラシュ
～する	stürzen シュテュルツェン	fall, drop フォール, ドラプ
（飛行機が）	ab|stürzen アップシュテュルツェン	crash クラシュ
ツインルーム	*das* Zweibettzimmer ツヴァイベットツィマー	twin room トゥイン ルーム
通貨	*die* Währung ヴェールング	currency カーレンスィ
通学する	Schule besuchen, zur Schule gehen シューレ ベズーヘン, ツーア シューレ ゲーエン	go to school ゴウ トゥ スクール
通過する	passieren, durch|gehen, vorbei|gehen パスィーレン, ドゥルヒゲーエン, フォーアバイゲーエン	pass by パス バイ
通関	*die* Zollabfertigung ツォルアプフェルティグング	customs clearance カスタムズ クリアランス
通勤する	zur Arbeit fahren ツーア アルバイト ファーレン	go to the office ゴウ トゥー ザ オフィス
通行		
～する	gehen, fahren ゲーエン, ファーレン	pass パス
～人	*der*(*die*) Fußgänger(*in*), *der*(*die*) Passant(*in*) フースゲンガー (-ゲリン), パサント (-ティン)	passer-by パサバイ
通商	*der* Handel ハンデル	commerce, trade カマス, トレイド
通常	normalerweise, gewöhnlich ノルマーラーヴァイゼ, ゲヴェーンリヒ	usually ユージュアリ
～の	gewöhnlich, normal, üblich ゲヴェーンリヒ, ノルマール, ユープリヒ	usual, ordinary ユージュアル, オーディネリ

日	独	英
通(つう)じる		
（道などが）	führen フューレン	go *to*, lead *to* ゴウ, リード
（電話が）	verbunden werden フェアブンデン ヴェーアデン	get through *to* ゲト スルー
（知る）	et² kundig sein クンディヒ ザイン	be familiar *with* ビ ファミリア
通信(つうしん)	*die* Korrespondenz, *die* Kommunikation コレスポンデンツ, コムニカツィオーン	communication カミューニケイション
～員	*der* Korrespondent コレスポンデント	correspondent コーレスポンデント
～社	*die* Nachrichtenagentur ナーハリヒテンアゲントゥーア	news agency ニューズ エイチェンスィ
通知(つうち)する	mit|teilen, benachrichtigen, melden, an|zeigen ミットタイレン, ベナーハリヒティゲン, メルデン, アンツァイゲン	inform, notify インフォーム, ノウティファイ
通帳(つうちょう)	*das* Sparbuch シュパールブーフ	passbook パスブク
ツーピース	*das* Jackenkleid ヤッケンクライト	two-piece トゥーピース
痛風(つうふう)	*die* Gicht ギヒト	gout ガウト
通訳(つうやく)	*der*(*die*) Dolmetscher(*in*) ドルメッチャー (-チェリン)	interpreter インタープリタ
～する	dolmetschen ドルメッチェン	interpret インタープリト
通用(つうよう)する	gelten, gültig sein ゲルテン, ギュルティヒ ザイン	pass *for*, be in use パス, ビ イン ユース
ツーリスト	*der*(*die*) Tourist(*in*) トゥリスト (-ティン)	tourist トゥアリスト
痛烈(つうれつ)な	hart, bitter ハルト, ビッター	severe, bitter スィヴィア, ビタ
通路(つうろ)	*der* Gang, *der* Durchgang ガング, ドゥルヒガング	passage, path パスィヂ, パス
通話(つうわ)	*das* Telefongespräch テレフォーンゲシュプレーヒ	call コール

日	独	英
杖（つえ）	*der* Stock シュトック	stick, cane スティク, ケイン
使い（つかい）	*der* Botengang ボーテンガング	errand エランド
（人）	*der*(*die*) Bote(*in*) ボーテ (-ティン)	messenger メスィンヂャ
使い方（つかいかた）	*die* Gebrauchsweise ゲブラオホスヴァイゼ	how to use ハウ トゥー ユース
使いこなす（つかいこなす）	beherrschen, gut handhaben ベヘルシェン, グート ハントハーベン	have a good command ハヴ ア グド カマンド
使う（つかう）	gebrauchen, benutzen ゲブラオヘン, ベヌッツェン	use, employ ユース, インプロイ
（費やす）	aus|geben, verwenden アオスゲーベン, フェアヴェンデン	spend スペンド
仕える（つかえる）	bedienen, dienen ベディーネン, ディーネン	serve サーヴ
束の間の（つかのまの）	kurz, vorübergehend クルツ, フォリューバーゲーエント	momentary モウメンテリ
掴［捕］まえる（つかまえる）	fangen, fassen, erwischen ファンゲン, ファッセン, エアヴィッシェン	catch キャチ
（逮捕する）	fest|nehmen フェストネーメン	arrest アレスト
掴［捕］まる（つかまる）	gefangen werden ゲファンゲン ヴェーアデン	be caught ビ コート
（すがる）	*sich*⁴ *an*⁴ fest|halten フェストハルテン	grasp, hold on *to* グラスプ, ホウルド オン
掴む（つかむ）	greifen, fassen, fangen グライフェン, ファッセン, ファンゲン	seize, catch スィーズ, キャチ
浸かる（つかる）	eingetaucht werden アインゲタオホト ヴェーアデン	be soaked ビ ソウクト
疲れ（つかれ）	*die* Ermüdung エアミュードゥング	fatigue ファティーグ
疲れる（つかれる）	müde werden ミューデ ヴェーアデン	be tired ビ タイアド
月（つき）	*der* Mond モーント	the moon ザ ムーン
（暦の）	*der* Monat モーナト	month マンス

日	独	英
継ぎ	*der* Flicken フリッケン	patch パチ
次	*der/die* Nächste ネーヒステ	the next one ザ ネクスト ワン
～に	dann, als Nächstes ダン, アルス ネーヒステス	next, secondly ネクスト, セコンドリ
～の	folgend, nächst フォルゲント, ネーヒスト	next, following ネクスト, ファロウイング
付き合い	*der* Umgang, *die* Bekanntschaft ウムガング, ベカントシャフト	association アソウスィエイション
付き合う	*mit³* um|gehen, *mit³* verkehren ウムゲーエン, フェアケーレン	keep company *with* キープ カンパニ
（男女が）	*mit³* gehen, *mit³* aus|gehen ゲーエン, アオスゲーエン	go out *with* ゴウ アウト
突き当たり	*das* Ende エンデ	end エンド
突き当たる	*an⁴* stoßen, *mit³* zusammen|stoßen シュトーセン, ツザメンシュトーセン	run against ラン アゲインスト
突き刺す	stoßen, stechen シュトーセン, シュテッヒェン	thrust, pierce スラスト, ピアス
付き添い	*der(die)* Begleiter(*in*) ベグライター (-テリン)	attendant, escort アテンダント, エスコート
付き添う	begleiten ベグライテン	attend *on*, accompany アテンド, アカンパニ
突き出す	aus|strecken アオスシュトレッケン	thrust out スラスト アウト
（警察に）	übergeben ユーバーゲーベン	hand over ハンド オウヴァ
継ぎ足す	hinzu|fügen ヒンツーフューゲン	add *to* アド
月々	Monat für Monat モーナト フューア モーナト	every month エヴリ マンス
次々	einer nach dem anderen, nacheinander アイナー ナーハ デム アンデレン, ナーハアイナンダー	one after another ワン アフタ アナザ

日	独	英
突き付ける	richten リヒテン	point, thrust ポイント, スラスト
突き出る	vor|stehen, hervor|treten フォーアシュテーエン, ヘアフォーアトレーテン	stick out, project スティク アウト, プロヂェクト
突き止める	fest|stellen, heraus|bekommen フェストシュテレン, ヘラオスベコメン	find out, trace ファインド アウト, トレイス
月並みな	gewöhnlich ゲヴェーンリヒ	common カモン
月日	*die* Tage, *die* Zeit ターゲ, ツァイト	days, time デイズ, タイム
付き纏う	*j*³ nach|laufen ナーハラオフェン	follow... about ファロウ アバウト
継ぎ目	*die* Fuge フーゲ	joint, juncture ヂョイント, ヂャンクチャ
月夜	*die* Mondnacht モーントナハト	moonlight night ムーンライト ナイト
尽きる	aus|gehen, *sich*⁴ erschöpfen アオスゲーエン, エアシェプフェン	be exhausted ビ イグゾーステド
就く (仕事に)	an|treten アントレーテン	get a job ゲト ア ヂャブ
(床に)	zu Bett gehen ツー ベット ゲーエン	go to bed ゴウ トゥ ベド
着く	an|kommen, ein|treffen アンコメン, アイントレッフェン	arrive *at, in* アライヴ
(席に)	Platz nehmen, *sich*⁴ setzen プラッツ ネーメン, ゼッツェン	take *one's* seat テイク スィート
突く	stoßen, stechen, an|stoßen シュトーセン, シュテッヒェン, アンシュトーセン	thrust, pierce スラスト, ピアス
付く	kleben, haften クレーベン, ハフテン	stick *to* スティク
継ぐ	die Nachfolge an|treten, übernehmen ディー ナーハフォルゲ アントレーテン, ユーバーネーメン	succeed, *inherit* サクスィード, インヘリト
注ぐ	gießen, ein|schenken ギーセン, アインシェンケン	pour ポー
机	*der* (Schreib)tisch (シュライブ)ティッシュ	desk, bureau デスク, ビュアロウ

日	独	英
つくす 尽くす	*sich*[4] bemühen ベミューエン	serve, endeavor サーヴ, インデヴァ
つぐな 償う	entschädigen, ersetzen エントシェーディゲン, エアゼッツェン	compensate *for* カンペンセイト
つぐみ 鶫	*die* Drossel ドロッセル	thrush スラシュ
つく かた 作り方	die Weise, ... zu machen ディー ヴァイゼ ツー マッヘン	how to make ハウ トゥ メイク
つく ばなし 作り話	*die* Erfindung, *die* Fabel エアフィンドゥング, ファーベル	made-up story メイドアプ ストーリ
つく 作る	machen マッヘン	make メイク
（創造）	schaffen シャッフェン	create クリエイト
（製造・産出）	her|stellen, produzieren ヘーアシュテレン, プロドゥツィーレン	manufacture, produce マニュファクチャ, プロデュース
（形成）	formen フォルメン	form, organize フォーム, オーガナイズ
（建設）	bauen バオエン	build, construct ビルド, カンストラクト
つくろ 繕う	flicken, aus|bessern, reparieren フリッケン, アオスベッサーン, レパリーレン	repair, mend リペア, メンド
つ あ 付け合わせ	*die* Garnierung ガルニールング	garnish ガーニシュ
つ くわ 付け加える	hinzu|setzen, hinzu|fügen ヒンツーゼッツェン, ヒンツーフューゲン	add アド
つ こ 付け込む	aus|nutzen, *sich*[3] zu Nutze machen アオスヌッツェン, ツー ヌッツェ マッヘン	take advantage *of* テイク アドヴァンティヂ
つけもの 漬物	*das* Eingelegte アインゲレークテ	pickles ピクルズ
つ 付ける	befestigen, heften, kleben ベフェスティゲン, ヘフテン, クレーベン	put, attach プト, アタチ
つ 着ける	an|legen, an|stecken アンレーゲン, アンシュテッケン	put on, wear プト オン, ウェア
つ 点ける	an|machen, an|zünden アンマッヘン, アンツュンデン	light, set fire ライト, セト ファイア

日	独	英
つ 告げる	mit|teilen, benachrichtigen, an|sagen ミットタイレン, ベナーハリヒティゲン, アンザーゲン	tell, inform テル, インフォーム
つごう 都合	*der* Umstand, *die* Gelegenheit ウムシュタント, ゲレーゲンハイト	convenience カンヴィーニエンス
〜のよい	günstig, passend, recht ギュンスティヒ, パッセント, レヒト	convenient コンヴィーニエント
つじつま あ 辻褄が合う	konsequent コンゼクヴェント	be consistent *with* ビ コンスィステント
つた 蔦	*der* Efeu エーフォイ	ivy アイヴィ
つた 伝える	übermitteln, mit|teilen ユーバーミッテルン, ミットタイレン	tell, report テル, リポート
（伝承）	überliefern ユーバーリーファーン	hand down *to* ハンド ダウン
（伝授）	ein|weihen アインヴァイエン	teach, initiate ティーチ, イニシエイト
つた 伝わる	übermittelt werden ユーバーミッテルト ヴェーアデン	be conveyed ビ カンヴェイド
（伝承）	überliefert werden ユーバーリーファート ヴェーアデン	be handed down *from* ビ ハンディド ダウン
（噂が）	*sich*^{4} verbreiten フェアブライテン	spread, pass スプレド, パス
つち 土	*die* Erde エーアデ	earth, soil アース, ソイル
つちか 培う	kultivieren クルティヴィーレン	cultivate, foster カルティヴェイト, フォスタ
つつ 筒	*das* Rohr, *die* Röhre ローア, レーレ	pipe, tube パイプ, テューブ
つづ 続き	*die* Fortsetzung フォルトゼッツング	sequel スィークウェル
つつ 突付く	an|stoßen, picken アンシュトーセン, ピッケン	poke *at* ポウク
つづ 続く	dauern, *sich*^{4} fort|setzen ダオアーン, フォルトゼッツェン	continue, last カンティニュー, ラスト
（後に）	folgen, *sich*^{4} an|schließen フォルゲン, アンシュリーセン	follow, succeed *to* ファロウ, サクスィード

日	独	英
続ける	weiter|machen, fort|setzen ヴァイターマッヘン, フォルトゼッツェン	continue カンティニュー
突っ込む	stecken シュテッケン	thrust... into スラスト イントゥ
躑躅	*die* Azalee, *die* Azalie アツァレーエ, アツァーリエ	azalea アゼイリァ
慎む	*sich*[4] *et*[2] enthalten, *sich*[4] zurück|halten エントハルテン, ツリュックハルテン	refrain *from* リフレイン
慎ましい	bescheiden ベシャイデン	modest, humble マディスト, ハンブル
包み	*die* Packung, *das* Bündel パックング, ビュンデル	package, parcel パキヂ, パースル
包む	ein|packen, verpacken, ein|wickeln アインパッケン, フェアパッケン, アインヴィッケルン	wrap, envelop *in* ラプ, インヴェロプ
綴り	*die* Silbe ズィルベ	spelling スペリング
綴る	buchstabieren ブーフシュタビーレン	spell スペル
勤め	*der* Dienst ディーンスト	business, work ビズネス, ワーク
務め	*die* Pflicht プフリヒト	duty, service デューティ, サーヴィス
勤める	arbeiten アルバイテン	work ワーク
務める	dienen ディーネン	serve サーヴ
努める	*sich*[4] bemühen, streben ベミューエン, シュトレーベン	try *to* トライ
綱	*das* Seil, *das* Tau, *die* Leine ザイル, タオ, ライネ	rope ロウプ
〜引き	*das* Tauziehen タオツィーエン	tug of war タグ オヴ ウォー
〜渡り	*das* Seiltanzen ザイルタンツェン	ropewalking ロウプウォーキング

日	独	英
つな　　 繋がる	*mit*³ verbunden sein フェアブンデン ザイン	be connected with ビ カネクテド ウィズ
つな 繋ぐ	binden, an|knüpfen, *mit*³ verbinden ビンデン, アンクニュプフェン, フェアビンデン	tie, connect タイ, カネクト
つなみ 津波	*der* Tsunami, *die* Flutwelle ツナーミ, フルートヴェレ	tsunami, tidal wave ツナーミ, タイドル ウェイヴ
つね 常に	immer, stets, ständig イマー, シュテーツ, シュテンディヒ	always, usually オールワズ, ユージュアリ
つね 抓る	kneifen クナイフェン	pinch, nip ピンチ, ニプ
つの 角	*das* Horn, *das* Geweih ホルン, ゲヴァイ	horn ホーン
つば 唾	*der* Speichel, *die* Spucke シュパイヒェル, シュプッケ	spittle, saliva スピトル, サライヴァ
つばき 椿	*die* Kamelie カメーリエ	camellia カミーリア
つばさ 翼	*der* Flügel フリューゲル	wing ウィング
つばめ 燕	*die* Schwalbe シュヴァルベ	swallow スワロウ
つぶ 粒	*das* Korn コルン	grain, drop グレイン, ドラプ
つぶ 潰す	zerdrücken, quetschen ツェアドリュッケン, クヴェッチェン	break, crush ブレイク, クラシュ
(暇・時間を)	vertreiben フェアトライベン	kill キル
つぶや 呟く	murmeln ムルメルン	murmur マーマ
つぶ 瞑る	zu|tun, zu|machen ツートゥーン, ツーマッヘン	shut, close シャト, クロウズ
つぶ 潰れる	zerdrückt werden ツェアドリュックト ヴェーアデン	break, be crushed ブレイク, ビ クラシュド
(破産)	Bankrott gehen バンクロット ゲーエン	go bankrupt ゴウ バンクラプト
ツベルクリン	*das* Tuberkulin トゥベルクリーン	tuberculin テュバーキュリン

日	独	英
壺(つぼ)	*der* Krug クルーク	jar, pot ヂャー, パト
蕾(つぼみ)	*die* Knospe クノスペ	bud バド
妻(つま)	*die* Frau, *die* Ehefrau, *die* Gattin フラオ, エーエフラオ, ガッティン	wife ワイフ
爪先(つまさき)	*die* Zehenspitze ツェーエンシュピッツェ	tiptoe ティプトウ
倹(つま)しい	sparsam, bescheiden シュパールザーム, ベシャイデン	frugal フルーガル
躓(つまず)く	stolpern シュトルパーン	stumble スタンブル
摘(つ)まみ	*der* Knopf クノプフ	knob ナブ
(一つまみ)	eine Prise アイネ プリーゼ	a pinch ア ピンチ
(酒の)	*das* Relish レリシュ	relish レリシュ
摘(つ)まむ	kneifen クナイフェン	pick, pinch ピク, ピンチ
爪楊枝(つまようじ)	*der* Zahnstocher ツァーンシュトッハー	toothpick トゥースピク
詰(つ)まらない	wertlos, uninteressant ヴェーアトロース, ウンインテレサント	worthless, trivial ワースレス, トリヴィアル
詰(つ)まり	nämlich, also, das heißt ネームリヒ, アルゾ, ダス ハイスト	after all, in short アフタ オール, イン ショート
詰(つ)まる	stocken, *sich*⁴ verstopfen シュトッケン, フェアシュトプフェン	be stuffed ビ スタフト
罪(つみ)	*die* Schuld, *die* Sünde シュルト, ズュンデ	sin スィン
(犯罪)	*das* Verbrechen フェアブレッヒェン	crime, offense クライム, オフェンス
〜を犯(おか)す	*ein* Verbrechen begehen アイン フェアブレッヒェン ベゲーエン	commit a crime カミト ア クライム
積(つ)み重(かさ)ねる	aufeinader legen アオフアイナンダー レーゲン	pile up パイル アプ

日	独	英
積み木	*die* Bauklötze バオクレッツェ	blocks, bricks ブラクス, ブリクス
積み込む	laden ラーデン	load ロウド
積み出す	schicken, senden, fördern シッケン, ゼンデン, フェルダーン	send, forward センド, フォーワド
積み立てる	zurück|legen ツリュックレーゲン	deposit ディパズィト
積み荷	*die* Ladung ラードゥング	load, freight, cargo ロウド, フレイト, カーゴウ
積む	an|häufen アンホイフェン	pile, lay パイル, レイ
（積載）	laden, beladen ラーデン, ベラーデン	load ロウド
摘む	pflücken, lesen プフリュッケン, レーゼン	pick, pluck ピク, プラク
紡ぐ	spinnen シュピネン	spin スピン
爪	*der* Nagel ナーゲル	nail ネイル
（動物の）	*die* Kralle クラレ	claw クロー
～切り	*die* Nagelschere ナーゲルシェーレ	nail clipper ネイル クリパ
詰め合わせ	*die* Geschenkpackung ゲシェンクパックング	assortment アソートメント
詰め込む	stopfen シュトプフェン	pack パク
（知識を）	ein|pauken アインパオケン	cram クラム
冷たい	kalt, kühl カルト, キュール	cold, chilly コウルド, チリ
詰める	packen, ein|packen, füllen, stopfen パッケン, アインパッケン, フュレン, シュトプフェン	stuff, fill スタフ, フィル
（席を）	rücken リュッケン	make room メイク ルーム

日	独	英
つ 積もり	*die* Absicht アップズィヒト	intention インテンション
つ 積もる	*sich*⁴ an|sammeln, *sich*⁴ an|häufen アンザメルン, アンホイフェン	accumulate アキューミュレイト
つや 艶	*der* Glanz グランツ	gloss, luster グロス, ラスタ
つゆ 梅雨	*die* Regenzeit レーゲンツァイト	the rainy season ザ レイニ スィーズン
つゆ 露	*der* Tau タオ	dew, dewdrop デュー, デュードラプ
つよ 強い	stark, kräftig シュタルク, クレフティヒ	strong, powerful ストロング, パウアフル
つよき 強気の	aggressiv, herausfordernd アグレスィーフ, ヘラオスフォルダーント	strong, aggressive ストローング, アグレスィヴ
つよ 強さ	*die* Stärke シュテルケ	strength ストレンクス
つよび 強火で	auf starkem Feuer アオフ シュタルケム フォイアー	in high flame イン ハイ フレイム
つよ 強まる	stärker werden シュテルカー ヴェーアデン	become strong ビカム ストロング
つよ 強める	stärken, verstärken シュテルケン, フェアシュテルケン	strengthen ストレンクスン
つら 辛い	hart, schmerzlich ハルト, シュメルツリヒ	hard, painful ハード, ペインフル
つら 連なる	*sich*⁴ aneinander reihen アンアイナンダー ライエン	stretch, run ストレチ, ラン
つらぬ 貫く	durchbohren ドゥルヒボーレン	pierce, penetrate ピアス, ペネトレイト
つらら 氷柱	*der* Eiszapfen アイスツァプフェン	icicle アイスィクル
つ 釣り	*das* Angeln アンゲルン	fishing フィシング
～糸	*die* Angelleine アンゲルライネ	line ライン
～竿	*die* Angelrute アンゲルルーテ	fishing rod フィシング ラド

日	独	英
〜針	*der* Angelhaken アンゲルハーケン	fishhook フィシュフク
釣り合い	*das* Gleichgewicht グライヒゲヴィヒト	balance バランス
〜をとる	balancieren バランスィーレン	balance, harmonize バランス, ハーモナイズ
釣り合う	im Gleichgewicht sein イム グライヒゲヴィヒト ザイン	balance バランス
（調和）	passen, im Einklang stehen パッセン, イム アインクラング シュテーエン	match マチ
釣り鐘	*die* Glocke グロッケ	temple bell テンプル ベル
吊り皮	*der* Halteriemen ハルテリーメン	strap ストラプ
釣り銭	*das* Wechselgeld, *das* Kleingeld ヴェクセルゲルト, クラインゲルト	change チェインヂ
吊り橋	*die* Hängebrücke ヘンゲブリュッケ	suspension bridge サスペンション ブリヂ
釣る	angeln, fischen アンゲルン, フィッシェン	fish フィシュ
鶴	*der* Kranich クラーニヒ	crane クレイン
吊るす	auf|hängen アオフヘンゲン	hang, suspend ハング, サスペンド
鶴嘴	*die* Spitzhacke シュピッツハッケ	pickax ピクアクス
連れ	*der(die)* Begleiter(*in*) ベグライター (-テリン)	companion カンパニオン
連れ出す	*heraus*|holen, heraus|locken ヘラオスホーレン, ヘラオスロッケン	take out テイク アウト
連れて行く	mit|nehmen, mit|bringen ミットネーメン, ミットブリンゲン	take テイク
悪阻	*das* Schwangerschafts- erbrechen シュヴァンガーシャフツエアブレッヒェン	morning sickness モーニング スィクネス

日	独	英

て, テ

手	*die* Hand ハント	hand ハンド
(腕)	*der* Arm アルム	arm アーム
(手段・方法)	*die* Weise ヴァイゼ	way, means ウェイ, ミーンズ
出会い	*die* Begegnung ベゲーグヌング	encounter インカウンタ
出会う	treffen, begegnen トレッフェン, ベゲーグネン	meet, come across ミート, カム アクロース
手足	*das* Glied グリート	hands and feet ハンヅ アンド フィート
手厚い	warmherzig, innig ヴァルムヘルツィヒ, イニヒ	cordial, warm コーヂャル, ウォーム
手当て(治療)	*die* Behandlung ベハンドルング	medical treatment メディカル トリートメント
(お金)	*der* Zuschuss ツーシュス	allowance アラウアンス
手洗い	*der* Waschraum, *die* Toilette ヴァッシュラオム, トアレッテ	washroom, lavatory ワシュルム, ラヴァトーリ
提案	*der* Vorschlag, *der* Antrag フォーアシュラーク, アントラーク	proposal プロポウザル
～する	vor|schlagen フォーアシュラーゲン	propose, suggest プロポウズ, サグヂェスト
ティー	*der* Tee テー	tea ティー
(ゴルフの)	*das* Tee ティー	tee ティー
～カップ	*die* Teetasse テータッセ	teacup ティーカプ
～バッグ	*der* Teebeutel テーボイテル	teabag ティーバグ
～ポット	*die* Teekanne テーカネ	teapot ティーパト
Tシャツ	*das* T-Shirt ティーシャート	T-shirt ティーシャート

日	独	英
ディーゼル エンジン	*der* Dieselmotor ディーゼルモートア	Diesel engine ディーゼル エンヂン
ていいん 定員	*die* Sitzkapazität, maximal zugelassene Personenzahl ズィッツカパツィテート, マクスィマール ツーゲラッセネ ペルゾーネンツァール	capacity カパスィティ
ていえん 庭園	*der* Garten ガルテン	garden ガードン
ていおう 帝王	*der* Kaiser カイザー	emperor エンペラ
〜切開	*der* Kaiserschnitt カイザーシュニット	Caesarean operation スィゼアリアン アペレイション
ていか 定価	fester Preis フェスター プライス	fixed price フィクスト プライス
ていかん 定款	*die* Satzung ザッツング	the articles of association ジ アーティクルズ オヴ アソウスィエイション
ていき(銀行の) 定期	*das* Festgeld フェストゲルト	deposit account ディパズィト アカウント
〜券	*die* Dauerkarte, *die* Monatskarte ダオアーカルテ, モーナツカルテ	commutation ticket カミュテイション ティケト
〜的な	regelmäßig, periodisch レーゲルメースィヒ, ペリオーディシュ	regular, periodic レギュラ, ピアリアディク
ていぎ 定義	*die* Definition, *die* Bestimmung デフィニツィオーン, ベシュティムング	definition デフィニション
〜する	definieren デフィニーレン	define ディファイン
ていきあつ 低気圧	*der* Tiefdruck, *das* Tief ティーフドルック, ティーフ	low pressure, depression ロウ プレシャ, ディプレション
ていきゅうな 低級な	niedrig, gemein ニードリヒ, ゲマイン	inferior, low インフィアリア, ロウ
ていきゅうび 定休日	*der* Ruhetag ルーエターク	regular holiday レギュラ ハリデイ

日	独	英
ていきょう 提供する	an|bieten アンビーテン	offer, supply オファ, サプライ
テイクアウトの	zum Mitnehmen ツム ミットネーメン	takeout テイカウト
ていけい 提携する	*sich*⁴ *mit*³ verbinden フェアビンデン	cooperate *with* コウアペレイト
ていけつあつ 低血圧	niedriger Blutdruck ニードリガー ブルートドルック	low blood pressure ロウ ブラド プレシャ
ていこう 抵抗	*der* Widerstand ヴィーダーシュタント	resistance リズィスタンス
～する	Widerstand leisten ヴィーダーシュタント ライステン	resist, oppose リズィスト, オポウズ
ていこくしゅぎ 帝国主義	*der* Imperialimus インペリアリスムス	imperialism インピアリアリズム
ていさい 体裁	*das* Aussehen, *der* Anschein アオスゼーエン, アンシャイン	appearance アピアランス
ていさつ 偵察する	aus|kundschaften アオスクントシャフテン	reconnoiter リーコノイタ
ていじ 定時	festgesetzte Zeit フェストゲゼッツテ ツァイト	fixed time フィクスト タイム
ていし 停止する	ein|stellen, halten アインシュテレン, ハルテン	stop, suspend スタプ, サスペンド
ていしゃ 停車する	halten ハルテン	stop スタプ
ていしゅ 亭主	*der* Mann マン	husband ハズバンド
（主人）	*der*(*die*) Wirt(*in*) ヴィルト (-ティン)	master, host マスタ, ホウスト
ていじゅう 定住する	*sich*⁴ nieder|lassen ニーダーラッセン	settle セトル
ていしゅつ 提出する	vor|legen, ab|geben フォーアレーゲン, アップゲーベン	present, submit プレゼント, サブミト
ていしょう 提唱する	vor|schlagen フォーアシュラーゲン	advocate, propose アドヴォケイト, プロポウズ
ていしょく 定食	*das* Menü, *das* Tagesgericht メニュー, ターゲスゲリヒト	table d'hote テイブル ドウト
ていすう 定数	bestimmte Zahl ベシュティムテ ツァール	fixed number フィクスト ナンバ

日	独	英
（数学）	*die* Konstante コンスタンテ	constant カンスタント
ディスカウント	*das* Sonderangebot ゾンダーアンゲボート	discount ディスカウント
ディスク	*die* Diskette ディスケッテ	disk ディスク
～ジョッキー	*der* Diskjockey ディスクジョキ	disk jockey ディスク チャキ
ディスコ	*die* Disko, *die* Diskothek ディスコ, ディスコテーク	disco, discotheque ディスコウ, ディスコテク
ディスプレイ	*der* Bildschirm, *der* Monitor ビルトシルム, モーニトーア	display ディスプレイ
ていせい 訂正する	korrigieren, verbessern コリギーレン, フェアベッサーン	correct, revise カレクト, リヴァイズ
ていせつ 定説	etablierte Theorie エタブリーアテ テオリー	established theory イスタブリシュト スィオリ
ていせん 停戦	*der* Waffenstillstand ヴァッフェンシュティルシュタント	truce, cease-fire トルース, スィースファイア
ていそ 提訴する	einen Prozess an|strengen アイネン プロツェス アンシュトレンゲン	file a suit ファイル ア スート
ていぞく 低俗な	vulgär ヴルゲーア	vulgar, lowbrow ヴァルガ, ロウブラウ
ていたい 停滞する	stocken シュトッケン	stagnate スタグネイト
ていたく 邸宅	*die* Villa ヴィラ	residence レズィデンス
ていちゃく 定着する	fixieren フィクスィーレン	fix フィクス
ていちょう 丁重な	höflich, anständig ヘーフリヒ, アンシュテンディヒ	polite, courteous ポライト, カーティアス
ていちょう 低調な	träge, flau トレーゲ, フラオ	inactive, dull イナクティヴ, ダル
ティッシュ	*das* Papiertaschentuch パピーアタッシェントゥーフ	tissue ティシュー
ていでん 停電	*der* Stromausfall シュトロームアオスファル	power failure パウア フェイリュア
ていど 程度	*der* Grad, *das* Maß グラート, マース	degree, grade ディグリー, グレイド

日	独	英
抵当(ていとう)	das Pfand プファント	mortgage モーギチ
〜に入れる	verpfänden フェアプフェンデン	mortgage モーギチ
ディナー	das Diner ディネー	dinner ディナ
丁寧(ていねい)な	höflich ヘーフリヒ	polite, courteous ポライト, カーティアス
定年(ていねん)	die Altersgrenze アルタースグレンツェ	the retirement age ザ リタイアメント エイヂ
停泊(ていはく)する	ankern アンカーン	anchor アンカ
定評(ていひょう)のある	anerkannt アンエアカント	acknowledged アクナリヂド
ディフェンス	die Verteidigung フェアタイディグング	defense ディフェンス
堤防(ていぼう)	der Deich, der Damm ダイヒ, ダム	bank, embankment バンク, インバンクメント
低迷(ていめい)する	flau sein フラオ ザイン	be sluggish ビ スラギシュ
定理(ていり)	das Theorem テオレーム	theorem スィオレム
停留所(ていりゅうじょ)	die Haltestelle, die Station ハルテシュテレ, シュタツィオーン	stop スタプ
手入(てい)れ	die Pflege プフレーゲ	maintenance メインテナンス
(警察の)	die Razzia ラツィア	police raid ポリース レイド
〜する	pflegen, unterhalten プフレーゲン, ウンターハルテン	take care *of* テイク ケア
ディレクター (テレビの)	der(die) Aufnahmeleiter(in), der(die) Regisseur(in) アオフナーメライター (-テリン), レジセーア (-リン)	director ディレクタ
ティンパニー	die Pauke パオケ	timpani ティンパニ

日	独	英
テーゼ	*die* These テーゼ	thesis スィースィス
データ	*die* Daten ダーテン	data デイタ
〜ベース	*die* Datenbasis ダーテンバーズィス	data base デイタ ベイス
デート	*die* Verabredung, *das* Date フェアアップレードゥング, デート	date デイト
〜する	*sich*⁴ *mit*³ treffen トレッフェン	date *with* デイト
テープ	*das* Band, *der* Streifen バント, シュトライフェン	tape テイプ
〜レコーダー	*das* Tonbandgerät トーンバントゲレート	tape recorder テイプ リコーダ
テーブル	*der* Tisch ティッシュ	table テイブル
〜クロス	*die* Tischdecke ティッシュデッケ	tablecloth テイブルクロス
テーマ	*das* Thema テーマ	theme, subject スィーム, サブヂクト
テールランプ	*das* Rücklicht リュックリヒト	taillight テイルライト
ておく 手遅れである	zu spät sein ツー シュペート ザイン	be too late ビ トゥー レイト
てが 手掛かり	*der* Anhaltspunkt アンハルツプンクト	clue, key クルー, キー
てが 手書きの	handgeschrieben ハントゲシュリーベン	handwritten ハンドリトン
でか 出掛ける	aus|gehen, ab|reisen アオスゲーエン, アップライゼン	go out ゴウ アウト
てがた 手形	*der* Wechsel ヴェクセル	note, bill ノウト, ビル
てがみ 手紙	*der* Brief ブリーフ	letter レタ
てがら 手柄	*das* Verdienst フェアディーンスト	exploit イクスプロイト
てがる 手軽な	leicht, einfach ライヒト, アインファッハ	easy, light イーズィ, ライト

日	独	英
てき 敵	*der*(*die*) Feind(*in*), *der*(*die*) Gegner(*in*) ファイント(-ディン), ゲーグナー (-ネリン)	enemy, opponent エネミ, オポウネント
できあい 溺愛する	abgöttisch lieben アップゲッティシュ リーベン	dote ドウト
できあ 出来上がる	fertig werden, vollendet werden フェルティヒ ヴェーアデン, フォルエンデット ヴェーアデン	be completed ビ カンプリーテド
てきい 敵意	*die* Feindschaft ファイントシャフト	hostility ハスティリティ
てきおう 適応する	*sich*⁴ an|passen アンパッセン	adjust *oneself to* アヂャスト
てきかく 的確な	passend, treffend パッセント, トレッフェント	precise, exact プリサイス, イグザクト
てきごう 適合する	passen パッセン	conform *to* コンフォーム
できごと 出来事	*das* Ereignis, *der* Vorfall エアアイグニス, フォーアファル	event, incident イヴェント, インスィデント
てきし 敵視する	als Feind betrachten アルス ファイント ベトラハテン	be hostile *tio* ビ ハストル
てきしゅつ 摘出する	heraus|nehmen ヘラオスネーメン	remove, extract リムーヴ, イクストラクト
テキスト	*der* Text テクスト	text テクスト
（教科書）	*das* Lehrbuch レーアブーフ	textbook テクストブク
てき 適する	*zu*³ passen, *sich*⁴ *für*⁴ eignen パッセン, アイグネン	fit, suit フィト, スート
てきせい 適性	*die* Eignung アイグヌング	aptitude アプティテュード
てきせつ 適切な	recht, richtig, passend レヒト, リヒティヒ, パッセント	proper, adequate プラパ, アディクウェト
できだか *出来高*	*die* Produktion プロドゥクツィオーン	output, yield アウトプト, イールド
～払いで	im Akkord イム アコルト	on a piece rate オン ナ ピース レイト

日	独	英
出来立ての	frisch, ganz neu フリッシュ, ガンツ ノイ	new ニュー
適当な	passend, geeignet パッセント, ゲアイグネット	fit *for*, suitable *to, for* フィト, シュータブル
適度の	mäßig メースィヒ	moderate, temperate マダレト, テンパレト
てきぱきと	schnell, flott シュネル, フロト	promptly プランプトリ
出来物	*die* Geschwulst, *der* Furunkel ゲシュヴルスト, フルンケル	swelling, eruption スウェリング, イラプション
適用する	an|wenden アンヴェンデン	apply アプライ
出来る	können ケネン	can キャン
（能力がある）	fähig, begabt フェーイヒ, ベガープト	able, good エイブル, グド
（仕上がる）	fertig sein, entstehen フェルティヒ ザイン, エントシュテーエン	be ready, be finished ビ レディ, ビ フィニシュト
手際のよい	geschickt, gewandt ゲシックト, ゲヴァント	skillful スキルフル
手口	Art und Weise, *der* Trick アールト ウント ヴァイゼ, トリック	way, style ウェイ, スタイル
出口	*der* Ausgang, *die* Ausfahrt アオスガング, アオスファールト	exit, way out エクスィト, ウェイ アウト
テクニック	*die* Technik テヒニク	technique テクニーク
手首	*das* Handgelenk ハントゲレンク	wrist リスト
梃子	*der* Hebel ヘーベル	lever レヴァ
手心を加える	auf⁴ Rücksicht nehmen リュックスィヒト ネーメン	use *one's* discretion ユーズ ディスクレション
てこずる	mit³ viel Ärger haben フィール エルガー ハーベン	have trouble *with* ハヴ トラブル
手応えがある	Wirkung haben, effektiv sein ヴィルクング ハーベン, エフェクティーフ ザイン	have effect ハヴ イフェクト
凸凹な	uneben, holprig ウンエーベン, ホルプリヒ	uneven, bumpy アニーヴン, バンピ

日	独	英
デコレーション	die Dekoration, der Schmuck デコラツィオーン, シュムック	decoration デコレイション
手頃な	handlich, angemessen ハントリヒ, アンゲメッセン	handy, reasonable ハンディ, リーズナブル
手強い	stark, hartnäckig シュタルク, ハルトネッキヒ	tough, formidable タフ, フォーミダブル
デザート	der Nachtisch, das Dessert ナーハティッシュ, デセーア	dessert ディザート
デザイナー	der(die) Designer(in) デザイナー (-ネリン)	designer ディザイナ
デザイン	das Design, das Muster ディザイン, ムスター	design ディザイン
手先（手下）	das Werkzeug ヴェルクツォイク	pawn ポーン
手探りする	tasten タステン	grope グロウプ
手提げ鞄	die Handtasche ハントタッシェ	briefcase ブリーフケイス
手触り	das Fühlen フューレン	touch, feel タチ, フィール
弟子	der(die) Schüler(in) シューラー (-レリン)	pupil, disciple ピュービル, ディサイブル
手仕事	die Handarbeit ハントアルバイト	manual work マニュアル ワーク
手下	der/die Untergebene ウンターゲーベネ	follower ファロウア
デジタルの	digital ディギタール	digital ディヂタル
手品	die Zauberei, das Zauberkunststück ツァオベライ, ツァオバークンストシュテュック	magic tricks マヂク トリクス
出しゃばる	sich⁴ vor|drängen, sich⁴ ein|mischen フォーアドレンゲン, アインミッシェン	thrust one's nose into スラスト ノウズ
手順	die Ordnung, das Programm オルドヌング, プログラム	order, process オーダ, プラセス
手錠	die Handfessel ハントフェッセル	handcuffs ハンドカフズ

日	独	英
手数料（てすうりょう）	*die* Gebühr ゲビューア	commission カミション
デスク	*der* Schreibtisch シュライプティッシュ	desk デスク
〜トップ	*der* Desktop デスクトップ	desk-top デスクタプ
〜ワーク	*die* Büroarbeit ビューローアルバイト	deskwork デスクワーク
テスト	*die* Prüfung, *der* Test, *die* Probe プリューフング, テスト, プローベ	test テスト
手摺（てすり）	*das* Geländer, *der* Handlauf ゲレンダー, ハントラオフ	handrail ハンドレイル
手相（てそう）	*die* Handlinien ハントリーニエン	the lines of the palm ザ ラインズ オヴ ザ パーム
出鱈目な（でたらめな）	verantwortungslos フェアアントヴォルトゥングスロース	irresponsible イリスパンスィブル
手違い（てちがい）	*das* Versehen, *der* Fehler フェアゼーエン, フェーラー	mistake ミステイク
手帳（てちょう）	*das* Notizbuch, *das* Taschenbuch ノティーツブーフ, タッシェンブーフ	notebook ノウトブク
鉄（てつ）	*das* Eisen アイゼン	iron アイアン
撤回する（てっかいする）	widerrufen, zurück|ziehen ヴィーダールーフェン, ツリュックツィーエン	withdraw ウィズドロー
哲学（てつがく）	*die* Philosophie フィロゾフィー	philosophy フィラソフィ
〜者	*der*(*die*) Philosoph(*in*) フィロゾーフ (-フィン)	philosopher フィラソファ
鉄橋（てっきょう）	*die* Eisenbahnbrücke アイゼンバーンブリュッケ	iron bridge アイアン ブリヂ
鉄筋コンクリート（てっきん）	*der* Stahlbeton, *der* Eisenbeton シュタールベトーン, アイゼンベトーン	ferroconcrete フェロウカンクリート
手作りの（てづくりの）	handgemacht ハントゲマハト	handmade ハンドメイド

日	独	英
てつけきん 手付け金	*das* Handgeld ハントゲルト	earnest money アーニスト マニ
てっこう 鉄鋼	Eisen und Stahl アイゼン ウント シュタール	iron and steel アイアン アンド スティール
てっこうせき 鉄鉱石	*das* Eisenerz アイゼンエーァツ	iron ore アイアン オー
てっこつ 鉄骨	*das* Eisengerüst アイゼンゲリュスト	iron frame アイアン フレイム
デッサン	*die* Skizze, *die* Zeichnung スキッツェ, ツァイヒヌング	sketch スケチ
てつだ 手伝い	*die* Hilfe ヒルフェ	help ヘルプ
（人）	*der*(*die*) Helfer(*in*) ヘルファー (-フェリン)	help, assistant ヘルプ, アスィスタント
てったい 撤退する	*sich*⁴ zurück|ziehen ツリュックツィーエン	withdraw, pull out ウィズドロー, プル アウト
てつだ 手伝う	*j*³ *bei*³ helfen ヘルフェン	help, assist ヘルプ, アスィスト
てつづ 手続き	*das* Verfahren, *die* Formalitäten フェアファーレン, フォルマリテーテン	procedure プロスィージャ
てっていてき 徹底的な	gründlich, radikal, genau グリュントリヒ, ラディカール, ゲナオ	thorough, complete サロ, コンプリート
てつどう 鉄道	*die* Eisenbahn, *die* Bahn アイゼンバーン, バーン	railroad レイルロウド
デッドヒート	totes Rennen トーテス レネン	dead heat デド ヒート
てっぱん 鉄板（料理用）	*die* Kochplatte コッホプラッテ	iron plate アイアン プレイト
てつぼう 鉄棒	*der* Eisenstab アイゼンシュターブ	iron bar アイアン バー
（体操の）	*das* Reck レック	horizontal bar ホリザンタル バー
てっぽう 鉄砲	*das* Gewehr ゲヴェーア	gun ガン

日	独	英
徹夜する	die ganze Nacht durch|wachen [auf|bleiben] ディー ガンツェ ナハト ドゥルヒヴァッヘン [アオフブライベン]	stay up all night ステイ アプ オール ナイト
テナー	der Tenor テノーア	tenor テナ
テナント	der(die) Mieter(in) ミーター (-テリン)	tenant テナント
テニス	das Tennis テニス	tennis テニス
〜コート	der Tennisplatz テニスプラッツ	tennis court テニス コート
手荷物	das Handgepäck ハントゲペック	baggage バギヂ
〜預かり所	die Aufbewahrung アオフベヴァールング	baggage room バギヂ ルーム
〜預かり証	der Gepäckaufbewahrungs-schein ゲペックアオフベヴァールングスシャイン	claim tag クレイム タグ
手拭い	das Handtuch ハントトゥーフ	hand towel ハンド タウエル
テノール	der Tenor テノーア	tenor テナ
手の甲	der Handrücken ハントリュッケン	the back of the hand ザ バク オヴ ザ ハンド
掌・手の平	die Handfläche ハントフレッヒェ	the palm of the hand ザ パーム オヴ ザ ハンド
デノミネーション	die Denomination デノミナツィオーン	redenomination リーディナミネイション
デパート	das Kaufhaus, das Warenhaus カオフハオス, ヴァーレンハオス	department store ディパートメント ストー
手配する	bereit|stellen, vorbereiten ベライトシュテレン, フォーアベライテン	arrange アレインジ
手放す	auf|geben, weg|geben アオフゲーベン, ヴェックゲーベン	dispose of ディスポウズ
デビュー	das Debüt デビュー	debut デイビュー

日	独	英
てぶくろ 手袋	*die* Handschuhe ハントシューエ	gloves グラヴズ
て 手ぶらで	mit leeren Händen ミット レーレン ヘンデン	empty-handed エンプティハンディド
デフレ	*die* Deflation デフラツィオーン	deflation ディフレイション
てほん 手本	*das* Beispiel, *das* Vorbild, *das* Muster バイシュピール, フォーアビルト, ムスター	example, model イグザンプル, マドル
てま 手間	*die* Umstände ウムシュテンデ	time and labor タイム アンド レイバ
デマ	*die* Demagogie, *das* Gerücht デマゴギー, ゲリュヒト	false rumor フォルス ルーマ
でまえ 出前	*das* Catering ケイタリング	catering service ケイタリング サーヴィス
てみやげ 手土産	*das* Geschenk ゲシェンク	present プレゼント
でむか 出迎える	ab|holen, empfangen アップホーレン, エンプファンゲン	meet, receive ミート, リスィーヴ
デメリット	*der* Nachteil ナーハタイル	demerit ディーメリト
デモ	*die* Demonstration デモンストラツィオーン	demonstration デモンストレイション
デモクラシー	*die* Demokratie デモクラティー	democracy ディマクラスィ
てもと 手許[元]に	zur Hand ツーア ハント	at hand アト ハンド
デモンストレーション(実演)	*die* Demonstration デモンストラツィオーン	demonstration デモンストレイション
デュエット	*das* Duett ドゥエット	duet デュエト
てら 寺	*der* Tempel テンペル	temple テンプル
て 照らす	beleuchten ベロイヒテン	light, illuminate ライト, イリューミネイト
デラックスな	luxuriös ルクスリエース	deluxe デルクス

日	独	英
デリケートな	fein, heikel ファイン, ハイケル	delicate デリケト
テリトリー	*das* Hoheitsgebiet ホーハイツゲビート	territory テリトーリ
照る	scheinen シャイネン	shine シャイン
出る	aus|gehen アオスゲーエン	go out ゴウ アウト
（出席・参加）	anwesend sein アンヴェーゼント ザイン	attend, join アテンド, ヂョイン
（現れる）	erscheinen エアシャイネン	come out, appear カム アウト, アピア
テレックス	*der* Fernschreiber フェルンシュライバー	telex テレクス
テレパシー	*die* Telepathie テレパティー	telepathy テレパスィ
テレビ	*das* Fernsehen, *der* Fernseher フェルンゼーエン, フェルンゼーアー	television テレヴィジョン
〜電話	*das* Bildtelefon ビルトテレフォーン	videophone ヴィディオウフォウン
テレフォンカード	*die* Telefonkarte テレフォーンカルテ	telephone card テレフォウン カード
照れる	*sich*[4] schämen シェーメン	be shy ビ シャイ
テロ	*der* Terror テローア	terrorism テラリズム
〜リスト	*der*(*die*) Terrorist(*in*) テロリスト(-テイン)	terrorist テラリスト
手渡す	geben, überreichen ゲーベン, ユーバーライヒェン	hand ハンド
天	*der* Himmel ヒメル	the sky ザ スカイ
点	*der* Punkt プンクト	dot, point ダト, ポイント
（点数）	*der* Punkt, *die* Note, *die* Zensur プンクト, ノーテ, ツェンズーア	score, point スコー, ポイント

日	独	英
（品物の数）	*das* Stück シュテュック	piece, item ピース, アイテム
でんあつ 電圧	*die* Spannung シュパヌング	voltage ヴォウルティヂ
てんい 転移する	metastasieren メタスタズィーレン	metastasize メタスタサイズ
てんいん 店員	*der*(*die*) Verkäufer(*in*) フェアコイファー (-フェリン)	clerk クラーク
でんえん 田園	*das* Land, *die* Provinz ラント, プロヴィンツ	country カントリ
てんか 天下	Welt ヴェルト	the world ザ ワールド
でんか 電化	*die* Elektrifizierung エレクトリフィツィールング	electrification イレクトリフィケイション
〜製品	*das* Elektrogerät エレクトロゲレート	electric appliance イレクトリック アプライアンス
てんかい 展開	*die* Entwicklung エントヴィックルング	development ディヴェロプメント
〜する	entwickeln, entfalten エントヴィッケルン, エントファルテン	develop ディヴェロプ
てんか 点火する	entzünden, an|zünden エントツュンデン, アンツュンデン	ignite, light イグナイト, ライト
てんかぶつ 添加物	*der* Zusatz ツーザッツ	additive アディティヴ
てんかん 癲癇	*die* Epilepsie, *die* Fallsucht エピレプスィー, ファルズフト	epilepsy エピレプスィ
てんき 天気	*das* Wetter ヴェッター	weather ウェザ
（晴天）	schönes Wetter シェーネス ヴェッター	fine weather ファイン ウェザ
〜予報	*der* Wetterbericht, *die* Wettervorhersage ヴェッターベリヒト, ヴェッターフォーアヘーアザーゲ	the weather forecast ザ ウェザ フォーキャスト
でんき 伝記	*die* Biografie ビオグラフィー	biography バイアグラフィ
でんき 電気	*die* Elektrizität, *der* Strom エレクトリツィテート, シュトローム	electricity イレクトリスィティ

490

日	独	英
（電灯）	*das* Licht リヒト	electric light イレクトレク ライト
でんきゅう 電球	*die* Glühbirne グリュービルネ	electric bulb イレクトレク バルブ
てんきん 転勤	*die* Versetzung フェアゼッツング	transfer トランスファ

■ 電気製品 ■ *das* Elektrogerät /エレクトロゲレート/

れいぼう
冷房　*die* Klimaanlage /クリマアンラーゲ/ (⊕air conditioning)

せんぷうき
扇風機　*der* Ventilator /ヴェンティラートーア/ (⊕electric fan)

だんぼう
暖房　*die* Heizung /ハイツング/ (⊕heating)

ストーブ　*der* Ofen /オーフェン/ (⊕heater, stove)

そうじき
掃除機　*der* Staubsauger /シュタオプザオガー/ (⊕vacuum cleaner)

せんたくき
洗濯機　*die* Waschmaschine /ヴァッシュマシーネ/ (⊕washing machine)

かんそうき
乾燥機　*der* Wäschetrockner /ヴェッシェトロックナー/ (⊕dryer)

ドライヤー　*der* Haartrockner /ハールトロックナー/ (⊕drier)

でんとう
電灯　*das* Licht /リヒト/, *die* Lampe /ランペ/ (⊕electric light)

れいぞうこ
冷蔵庫　*der* Kühlschrank /キュールシュランク/ (⊕refrigerator)

れいとうこ
冷凍庫　*das* Gefrierfach /ゲフリーアファッハ/ (⊕freezer)

でんし
電子レンジ　*der* Mikrowellenherd /ミークロヴェレンヘーアト/ (⊕microwave oven)

テレビ　*der* Fernseher /フェルンゼーアー/ (⊕television)

ビデオデッキ　*das* Videogerät /ヴィーデオゲレート/ (⊕video tape recorder)

ラジカセ　*der* Kassettenrecorder /カセッテンレコルダー/ (⊕boom box)

テレビゲーム　*das* Videospiel /ヴィーデオシュピール/ (⊕video game)

パソコン　*der* PC /ペーツェー/ (⊕personal computer)

プリンター　*der* Drucker /ドルッカー/ (⊕printer)

ファックス　*das* Fax /ファクス/ (⊕fax)

コピー機　*das* Kopiergerät /コピーアゲレート/ (⊕copier)

日	独	英
～になる	versetzt werden フェアゼッツト ヴェーアデン	be transferred ビ トランスファード
典型 (てんけい)	*der* Typus テュープス	model, type マドル, タイプ
～的な	typisch, musterhaft テューピシュ, ムスターハフト	typical, ideal ティピカル, アイディアル
電源 (でんげん)	*die* Stromquelle シュトロームクヴェレ	power supply パウア サプライ
点検する (てんけん)	prüfen, überprüfen, nach|sehen プリューフェン, ユーバープリューフェン, ナーハゼーエン	inspect, check インスペクト, チェク
天候 (てんこう)	*das* Wetter ヴェッター	weather ウェザ
転向 (てんこう)	*die* Bekehrung ベケールング	conversion カンヴァーション
～する	*sich*⁴ bekehren ベケーレン	be converted *to* ビ コンヴァーテド
電光 (でんこう)	*der* Blitz ブリッツ	flash of lightning フラシュ オヴ ライトニング
転校する (てんこう)	die Schule wechseln ディー シューレ ヴェクセルン	change *one's* school チェインヂ スクール
天国 (てんごく)	*der* Himmel, *das* Paradies ヒメル, パラディース	Heaven, Paradise ヘヴン, パラダイス
伝言 (でんごん)	*die* Bestellung ベシュテルング	message メスィヂ
～する	aus|richten アオスリヒテン	give a message ギヴ ア メスィヂ
天才 (てんさい)	*das* Genie ジェニー	genius ヂーニアス
天災 (てんさい)	*die* Naturkatastrophe ナトゥーアカタストローフェ	calamity, disaster カラミティ, ディザスタ
添削する (てんさく)	korrigieren コリギーレン	correct カレクト
天使 (てんし)	*der* Engel エンゲル	angel エインヂェル
展示 (てんじ)	*die* Ausstellung アオスシュテルング	exhibition エクスィビション

日	独	英
～する	aus|stellen アオスシュテレン	exhibit イグズィビト
～会	*die* Ausstellung, *die* Schau アオスシュテルング, シャオ	exhibition, show エクスィビション, ショウ
てんじ 点字	*die* Blindenschrift ブリンデンシュリフト	braille ブレイル
でんし 電子	*das* Elektron エーレクトロン	electron イレクトラン
～工学	*die* Elektronik エレクトローニク	electronics イレクトラニクス
でんじ 電磁		
～石	*der* Elektromagnet エレクトロマグネート	electromagnet イレクトロウマグネト
～波	elektromagnetische Welle エレクトロマグネーティシェ ヴェレ	electromagnetic wave イレクトロウマグネティク ウェイヴ
でんしゃ 電車	*die* Bahn, *der* Zug バーン, ツーク	electric train イレクトレク トレイン
てんじょう 天井	*die* Decke デッケ	ceiling スィーリング
～桟敷	*die* Galerie ガレリー	gallery ギャラリ
でんしょう 伝承	*die* Überlieferung ユーバーリーフェルング	tradition トラディション
てんじょういん 添乗員	*der*(*die*) Reisebegleiter(*in*) ライゼベグライター (-テリン)	tour conductor トゥア カンダクタ
てんしょく 天職	*der* Beruf, *die* Berufung ベルーフ, ベルーフング	vocation ヴォウケイション
てんしょく 転職する	den Beruf wechseln デン ベルーフ ヴェクセルン	change *one's* occupation チェインヂ アキュペイション
でんしん 電信	*die* Telegrafie テレグラフィー	telegraphic communication テレグラフィク カミューニケイション
てんすう 点数 （得点）	*der* Punkt プンクト	score スコー
（評点）	*die* Zensur, *die* Note ツェンズーア, ノーテ	marks マークス
てんせい 天性の	von Natur aus フォン ナトゥーア アオス	natural ナチュラル

日	独	英
伝説	*die* Legende, *die* Sage レゲンデ, ザーゲ	legend レヂェンド
点線	*die* Punktlinie プンクトリーニエ	dotted line ダテド ライン
伝染 ～する	an|stecken アンシュテッケン	be infectious ビ インフェクシャス
～病	ansteckende Krankheit アンシュテッケンデ クランクハイト	infectious disease インフェクシャス ディズィーズ
電線	*der* Draht, *die* Leitung ドラート, ライトゥング	electric wire イレクトレク ワイア
転送する	nach|senden ナーハゼンデン	forward フォーワド
天体	*der* Himmelskörper, *das* Gestirn ヒメルスケルパー, ゲシュティルン	heavenly body ヘヴンリ バディ
電卓	*der* Taschenrechner タッシェンレヒナー	calculator キャルキュレイタ
伝達	*die* Mitteilung, *die* Übermittlung ミットタイルング, ユーバーミットルング	communication カミューニケイション
～する	mit|teilen, übermitteln ミットタイレン, ユーバーミッテルン	communicate コミューニケイト
天地	Himmel und Erde ヒメル ウント エーアデ	heaven and earth ヘヴン アンド アース
～無用	Nicht umwerfen! ニヒト ウムヴェルフェン	Do not turn over! ドゥ ナト ターン オウヴァ
電池	*die* Batterie, *die* Zelle バテリー, ツェレ	electric cell イレクトレク セル
電柱	*der* Leitungsmast ライトゥングスマスト	telegraph pole テレグラフ ポウル
点滴	*die* Tropfeninfusion トロプフェンインフズィオーン	intravenous drip injection イントラヴィーナス ドリプ インヂェクション
テント	*das* Zelt ツェルト	tent テント
伝統	*die* Tradition, *die* Überlieferung トラディツィオーン, ユーバーリーフェルング	tradition トラディション

日	独	英
〜の	traditionell トラディツィオネル	traditional トラディショナル
でんとう 電灯	das Licht, die Lampe リヒト, ランペ	electric light イレクトレク ライト
でんどう 伝道	die Mission ミスィオーン	mission ミション
てんとう 転倒する	stürzen, um|fallen, fallen シュテュルツェン, ウムファレン, ファレン	fall down フォール ダウン
てんとうむし 天道虫	der Marienkäfer マリーエンケーファー	ladybug, ladybird レイディバグ, レイディバード
てんねん 天然 〜の	natürlich ナテューアリヒ	natural ナチュラル
〜ガス	das Erdgas エーアトガース	natural gas ナチュラル ギャス
てんねんとう 天然痘	die Pocken ポッケン	smallpox スモールパクス
てんのう 天皇	der Kaiser, der Tenno カイザー, テンノ	emperor エンペラ
てんのうせい 天王星	der Uranus ウーラヌス	Uranus ユアラナス
でんぱ 電波	elektrische Welle エレクトリシェ ヴェレ	electric wave イレクトレク ウェイヴ
てんぴ 天火	der Backofen, die Röhre バックオーフェン, レーレ	oven アヴン
てんびきする 天引する	ab|rechnen アップレヒネン	deduct ディダクト
でんぴょう 伝票	der Zettel ツェッテル	slip スリプ
てんびんざ 天秤座	die Waage ヴァーゲ	the Balance, Libra ザ バランス, ライブラ
てんぷくする 転覆する	um|stürzen, kentern ウムシュテュルツェン, ケンターン	turn over ターン オウヴァ
てんぷする 添付する	bei|legen バイレーゲン	attach アタチ
てんぶん 天分	die Begabung, das Talent ベガーブング, タレント	gift ギフト
でんぷん 澱粉	das Stärkemehl, die Stärke シュテルケメール, シュテルケ	starch スターチ

日	独	英
テンポ	*das* Tempo テンポ	tempo テンポウ
てんぼう 展望	*die* Aussicht, *der* Überblick アオスズィヒト, ユーバーブリック	view ヴュー
でんぽう 電報	*das* Telegramm テレグラム	telegram テレグラム
てんまつ 顛末	*das* Detail デターイ	details ディーテイルズ
（事情）	*die* Umstände ウムシュテンデ	the whole circumstances ザ ホウル サーカムスタンスィズ
てんまど 天窓	*das* Dachfenster ダッハフェンスター	skylight スカイライト
てんめつ 点滅する	blinken ブリンケン	blink ブリンク
てんもんがく 天文学	*die* Astronomie アストロノミー	astronomy アストラノミ
てんもんだい 天文台	*die* Sternwarte シュテルンヴァルテ	astronomical observatory アストロナミカル オブザーヴァトリ
てんらく 転落する	stürzen シュテュルツェン	fall フォール
てんらんかい 展覧会	*die* Ausstellung アオスシュテルング	exhibition エクスィビション
でんりゅう 電流	elektrischer Strom エレクトリシャー シュトローム	electric current イレクトレク カーレント
でんりょく 電力	*die* Elektrizität エレクトリツィテート	electric power イレクトレク パウア
でんわ 電話	*das* Telefon テレフォーン	telephone テレフォウン
〜する	an|rufen, telefonieren アンルーフェン, テレフォニーレン	call コール
〜局	*die* Telefonzentrale テレフォーンツェントラーレ	telephone exchange テレフォウン イクスチェインヂ
〜帳	*das* Telefonbuch テレフォーンブーフ	telephone book テレフォウン ブク
〜番号	*die* Telefonnummer テレフォーンヌマー	telephone number テレフォウン ナンバ
〜ボックス	*die* Telefonzelle テレフォーンツェレ	telephone booth テレフォウン ブース

日	独	英

と, ト

日	独	英
戸	*die* Tür テューア	door ドー
度 (回)	*das* Mal マール	time タイム
(角度・温度)	*der* Grad グラート	degree ディグリー
ドア	*die* Tür テューア	door ドー
問い	*die* Frage フラーゲ	question クウェスチョン
問い合わせる	an|fragen, *sich*[4] erkundigen アンフラーゲン, エアクンディゲン	inquire インクワイア
砥石	*der* Wetzstein ヴェッツシュタイン	whetstone ホウェトストウン
ドイツ	(*das*) Deutschland ドイチュラント	Germany ヂャーマニ
～語	*das* Deutsch ドイチュ	German ヂャーマン
トイレ(ット)	*die* Toilette, *das* Klosett, *das* WC トアレッテ, クロゼット, ヴェーツェー	toilet トイレト
～ペーパー	*das* Toilettenpapier トアレッテンパピーア	toilet paper トイレト ペイパ
党	*die* Partei パルタイ	party パーティ
塔	*der* Turm トゥルム	tower タウア
等	*der* Grad グラート	grade グレイド
(賞)	*der* Preis プライス	prize プライズ
(など)	und so weiter ウント ゾー ヴァイター	etc エトセトラ
胴	*der* Rumpf ルンプフ	trunk トランク

日	独	英
どう 銅	*das* Kupfer クプファー	copper カパ
とうあん ようし 答案 (用紙)	*die* Prüfungsarbeit プリューフングスアルバイト	(examination) paper (イグザミネイション) ペイパ
どうい 同意	*die* Zustimmung, *das* Einverständnis ツーシュティムング, アインフェアシュテントニス	agreement アグリーメント
～する	*mit*³ einverstanden sein, zu|stimmen アインフェアシュタンデン ザイン, ツーシュティメン	agree *with*, consent アグリー, カンセント
どういげんそ 同位元素	*das* Isotop イゾトープ	isotope アイソトウプ
とういつ 統一	*die* Einheit, *die* Vereinigung アインハイト, フェアアイニグング	unity, unification ユーニティ, ユーニフィケイション
～する	vereinigen, vereinheitlichen フェアアイニゲン, フェアアインハイトリヒェン	unite, unify ユーナイト, ユーニファイ
どういつ 同一		
～の	derselbe/dieselbe/dasselbe, gleich デーアゼルベ/ディーゼルベ/ダスゼルベ, グライヒ	the same, identical ザ セイム, アイデンティカル
～性	*die* Identität イデンティテート	identity アイデンティティ
とういん 党員	*der*(*die*) Parteigenosse(*in*) パルタイゲノッセ (-スィン)	party member パーティ メンバ
どういん 動員する	mobilisieren モビリズィーレン	mobilize モウビライズ
とうおう 東欧	*das* Osteuropa オストオイローパ	East Europe イースト ユアロプ
どうかく 同格	der gleiche Rang デア グライヒェ ラング	the same rank ザ セイム ランク
どうか 同化する	assimilieren アスィミリーレン	assimilate アスィミレイト
どうかせん 導火線	*die* Zündschnur ツュントシュヌーア	fuse フューズ
とうがらし 唐辛子	*der* Paprika, roter Pfeffer パプリカ, ローター プフェッファー	red pepper レド ペパ
とうかん 投函する	ein|werfen アインヴェルフェン	mail a letter メイル ア レタ

日	独	英
どうかん 同感である	derselben Meinung sein デアゼルベン マイヌング ザイン	agree *with* アグリー
とうき 冬期	*die* Winterzeit ヴィンターツァイト	wintertime ウィンタタイム
とうき 投機	*die* Spekulation シュペクラツィオーン	speculation スペキュレイション
とうき 陶器	*die* Keramik ケラーミク	earthenware アースンウェア
とうぎ 討議	*die* Erörterung, *die* Debatte, *die* Diskussion エアエルテルング, デバッテ, ディスクスィオーン	discussion ディスカション
どうき 動機	*der* Anlass, *das* Motiv アンラス, モティーフ	motive モウティヴ
どうぎ 動議	*der* Antrag アントラーク	motion モウション
どうぎご 同義語	*das* Synonym ズュノニューム	synonym スィノニム
とうきゅう 等級	*der* Grad, *der* Rang, *die* Klasse グラート, ラング, クラッセ	class, rank クラス, ランク
とうぎゅう 闘牛	*der* Stierkampf シュティーアカンプフ	bullfight ブルファイト
～士	*der* Stierkämpfer シュティーアケンプファー	bullfighter, matador ブルファイタ, マタドー
～場	*die* (Stierkampf)arena (シュティーアカンプフ) アレーナ	bullring ブルリング
どうきゅうせい 同級生	*der*(*die*) Klassenkamerad(*in*), *der*(*die*) Mitschüler(*in*) クラッセンカメラート (-ディン), ミットシューラー (-レリン)	classmate クラスメイト
とうきょく 当局	zuständige Behörde ツーシュテンディゲ ベヘーアデ	the authorities ジ オサリティズ
どうきょする 同居する	*mit*³ unter einem Dach wohnen, *bei*³ wohnen ウンター アイネム ダッハ ヴォーネン, ヴォーネン	live with... リヴ ウィズ
どうぐ 道具	*das* Werkzeug, *das* Gerät, *der* Apparat ヴェルクツォイク, ゲレート, アパラート	tool トゥール

日	独	英
どうくつ 洞窟	*die* Höhle ヘーレ	cave ケイヴ
とうげ 峠	*der* Pass パス	pass パス
とうけい 統計	*die* Statistik シュタティスティク	statistics スタティスティクス
〜学	*die* Statistik シュタティスティク	statistics スタティスティクス
とうげい 陶芸	*die* Keramik ケラーミク	ceramics スィラミクス
どうけし 道化師	*der* Clown クラオン	clown, buffoon クラウン, バフーン
とうけつ 凍結する	zu|frieren ツーフリーレン	freeze フリーズ
（賃金を）	ein|frieren アインフリーレン	freeze フリーズ
とうごう 統合	*die* Vereinigung, *die* Integration フェアアイニグング, インテグラツィオーン	unity, unification ユーニティ, ユーニフィケイション
〜する	vereinigen, integrieren フェアアイニゲン, インテグリーレン	unite, unify ユーナイト, ユーニファイ
どうこう 動向	*die* Tendenz, *der* Trend テンデンツ, トレント	trend, tendency トレンド, テンデンスィ
とうこう 登校する	in die Schule gehen イン ディ シューレ ゲーエン	go to school ゴウ トゥ スクール
どうこう 同行する	mit|gehen ミットゲーエン	go together ゴウ トゲザ
どうさ 動作	*die* Bewegung ベヴェーグング	action アクション
どうさつ 洞察	*die* Einsicht アインズィヒト	insight インサイト
とうざよきん 当座預金	*das* Girokonto ジーロコント	current deposit カーレント ディパズィット
とうさん 倒産	*der* Bankrott, *die* Pleite バンクロット, プライテ	bankruptcy バンクラプトスィ
〜する	Bankrott gehen バンクロット ゲーエン	go bankrupt ゴウ バンクラプト

日	独	英
どうさん 動産	bewegliche Habe, *die* Mobilien ベヴェークリヒェ ハーベ, モビーリエン	movables ムーヴァブルズ
とうし 投資	*die* Anlage, *die* Investition アンラーゲ, インヴェスティツィオーン	investment インヴェストメント
～する	an|legen, investieren アンレーゲン, インヴェスティーレン	invest インヴェスト
～家	*der*(*die*) Investor(*in*) インヴェストーア (-ヴェストーリン)	investor インヴェスタ
とうし 闘志	*die* Kampflust, *der* Kampfgeist カンプフルスト, カンプフガイスト	fighting spirit ファイティング スピリト
とうじ 冬至	*die* Wintersonnenwende ヴィンターゾネンヴェンデ	the winter solstice ザ ウィンタ サルスティス
とうじ 当時	damals, zu jener Zeit, da ダーマルス, ツー イェーナー ツァイト, ダー	at that time アト ザット タイム
～の	damalig ダーマーリヒ	of those days オヴ ゾウズ デイズ
どうし 動詞	*das* Verb ヴェルプ	verb ヴァーブ
どうし 同士	*der*(*die*) Genosse(*in*), *der*(*die*) Kamerad(*in*) ゲノッセ (-スィン), カメラート (-ディン)	friends, comrades フレンヅ, カムラヅ
どうじ 同時 ～に	gleichzeitig, zugleich グライヒツァイティヒ, ツグライヒ	at the same time アト ザ セイム タイム
とうじき 陶磁器	*die* Keramik ケラーミク	pottery, ceramics パタリ, スィラミクス
とうしする 凍死する	erfrieren エアフリーレン	be frozen to death ビー フロウズン トゥ デス
どうじだいの 同時代の	*zeit*gen*öss*isch ツァイトゲネスィシュ	contemporary コンテンポレリ
とうじつ 当日	an dem Tag アン デム ターク	*on* that day ザト デイ
どうしつの 同質の	homogen ホモゲーン	homogeneous ホウモヂーニアス
どうして	warum, wieso ヴァルム, ヴィゾー	why ホワイ

日	独	英
（如何にして）	wie, auf welche Weise ヴィー, アオフ ヴェルヒェ ヴァイゼ	how ハウ
どうしても	auf jeden Fall, unbedingt アオフ イェーデン ファル, ウンベディングト	by all means バイ オール ミーンズ
とうしゃばん 謄写版	*der* Vervielfältigungsapparat フェアフィールフェルティグングスアパラート	mimeograph ミミオグラフ
とうじょう 搭乗　〜する	an Bord gehen アン ボルト ゲーエン	board ボード
〜ゲート	*der* Flugsteig フルークシュタイク	boarding gate ボーディング ゲイト
〜券	*die* Bordkarte ボルトカルテ	boarding pass ボーディング パス
どうじょう 同情	*das* Mitleid ミットライト	sympathy スィンパスィ
〜する	mit³ mit|fühlen ミットフューレン	sympathize *with* スィンパサイズ
とうじょう 登場する	auf|treten アオフトレーテン	enter, appear エンタ, アピア
とうしょ 投書する	für⁴ schreiben シュライベン	contribute *to* カントリビュト
とうすい 陶酔する	entzückt werden エントツュックト ヴェーアデン	be intoxicated *with* ビ インタクスィケイテド
どうせ	sowieso, jedenfalls ゾヴィゾー, イェーデンファルス	anyway エニウェイ
とうせい 統制	*die* Kontrolle コントロレ	control, regulation カントロウル, レギュレイション
〜する	kontrollieren コントリーレン	control, regulate カントロウル, レギュレイト
どうせい 同性	das gleiche Geschlecht ダス グライヒェ ゲシュレヒト	the same sex ザ セイム セクス
どうせい 同棲する	zusammen|leben ツザメンレーベン	cohabit *with* コウハビト
とうぜん 当然	selbstverständlich, mit Recht ゼルプストフェアシュテントリヒ, ミット レヒト	naturally ナチュラリ
〜の	selbstverständlich, natürlich ゼルプストフェアシュテントリヒ, ナテューアリヒ	natural, right ナチュラル, ライト
とうせん 当選する	gewählt werden ゲヴェールト ヴェーアデン	be elected ビ イレクテド

日	独	英
（懸賞に）	den Preis bekommen デン プライス ベコメン	win the prize ウィン ザ プライズ
どうぞ	bitte ビッテ	please プリーズ
闘争	der Kampf, der Streit カンプフ, シュトライト	fight, struggle ファイト, ストラグル
同窓		
～会	der Verein alter Schulfreunde デア フェアアイン アルター シュールフロインデ	alumni association アラムナイ アソウシエイション
～生	der(die) Mitschüler(in) ミットシューラー (-レリン)	alumnus, alumna アラムナス, アラムナ
銅像	die Bronzestatue ブロンセシュタートゥエ	bronze statue ブランズ スタチュー
灯台	der Leuchtturm ロイヒトトゥルム	lighthouse ライトハウス
胴体	der Körper ケルパー	body, trunk バディ, トランク
（飛行機の）	der Rumpf ルンプフ	fuselage フューズラージュ
統治する	regieren, herrschen レギーレン, ヘルシェン	govern ガヴァン
到着	die Ankunft アンクンフト	arrival アライヴァル
～する	in³ an|kommen アンコメン	arrive *at* アライヴ
盗聴する	ab|hören, lauschen アップヘーレン, ラオシェン	tap タプ
同調する	sympathisieren ズュンパティズィーレン	sympathize スィンパサイズ
到底	überhaupt nicht ユーバーハオプト ニヒト	*not* at all アト オール
同点	der Gleichstand, der Ausgleich グライヒシュタント, アオスグライヒ	tie タイ
尊い	edel, vornehm エーデル, フォーアネーム	noble ノウブル
（貴重な）	kostbar コストバール	precious プレシャス

日	独	英
とうとう 到頭	endlich エントリヒ	at last アト ラスト
どうどう 堂々と	würdevoll ヴュルデフォル	with great dignity ウィズ グレイト ディグニティ
どうとう 同等の	gleich グライヒ	equal イークワル
どうとく 道徳	*die* Moral, *die* Sittlichkeit, *die* Sitte モラール, ズィットリヒカイト, ズィッテ	morality モラリティ
～的な	moralisch, sittlich モラーリシュ, ズィットリヒ	moral モラルズ
とうなん 東南	*der* Südosten ズュートオステン	the southeast ザ サウスイースト
～アジア	(*das*) Südostasien ズュートオストアーズィエン	Southeast Asia サウスイースト エイジャ
とうなん 盗難	*der* Diebstahl ディープシュタール	robbery ラバリ
～保険	*die* Diebstahlversicherung ディープシュタールフェアズィヒェルング	burglary insurance バーグラリ インシュアランス
どうにゅうする 導入する	ein|führen アインフューレン	introduce イントロデュース
とうにょうびょう 糖尿病	*der* Diabetes, *die* Zuckerkrankheit ディアベーテス ツッカークランクハイト	diabetes ダイアビーティーズ
～患者	*der*(*die*) Diabetiker(*in*) ディアベーティカー (-リン)	diabetic ダイアベティク
どうねんぱいの 同年輩の	vom gleichen Alter フォム グライヒェン アルター	of the same age オヴ ザ セイム エイヂ
とうばん 当番	*der* Dienst ディーンスト	turn ターン
どうはんが 銅版画	*der* Kupferstich クプファーシュティヒ	drypoint ドライポイント
どうはんする 同伴する	*von*³ begleitet sein ベグライテット ザイン	be accompanied *by* ビ アカンパニド
とうひ 逃避	*die* Flucht フルフト	escape イスケイプ
～する	*vor*³ fliehen フリーエン	escape *from* イスケイプ

日	独	英
とうひょう 投票	*die* Abstimmung, *das* Wählen アップシュティムング, ヴェーレン	voting ヴォウティング
～する	stimmen, ab|stimmen, wählen シュティメン, アップシュティメン, ヴェーレン	vote *for* ヴォウト
～者	*der*(*die*) Wähler(*in*) ヴェーラー (ーレリン)	voter ヴォウタ
～箱	*die* Wahlurne ヴァールウルネ	ballot box バロト バクス
～用紙	*der* Stimmzettel シュティムツェッテル	voting paper ヴォウティング ペイパ
とうぶ 東部	*der* Osten オステン	the eastern part ザ イースタン パート
どうふう 同封する	bei|legen バイレーゲン	enclose インクロウズ
どうぶつ 動物	*das* Tier ティーア	animal アニマル
～園	*der* Zoo, *der* Tiergarten ツォー, ティーアガルテン	zoo ズー
～学	*die* Zoologie ツォオロギー	zoology ゾウアロヂィ
～的な	tierisch ティーリシュ	animal アニマル
とうぶん 当分	vorläufig フォーアロイフィヒ	for the time being フォー ザ タイム ビーイング
とうぶん 糖分	*der* Zucker, *der* Zuckergehalt ツッカー, ツッカーゲハルト	sugar シュガ
とうぼう 逃亡	*die* Flucht フルフト	escape イスケイプ
～する	flüchten, fliehen フリュヒテン, フリーエン	escape *from* イスケイプ
どうほう 同胞	*die* Brüder ブリューダー	brethren ブレズレン
とうほく 東北	*der* Nordosten ノルトオステン	the northeast ザ ノースイースト
どうみゃく 動脈	*die* Arterie, *die* Schlagader アルテーリエ, シュラークアーダー	artery アータリ

■ 動物 ■ *das* Tier /ティーア/

ライオン	*der(die)* Löwe(*Löwin*) /レーヴェ (レーヴィン)/	(英lion)
虎(とら)	*der* Tiger /ティーガー/	(英tiger)
豹(ひょう)	*der* Leopard /レオパルト/	(英leopard, panther)
麒麟(きりん)	*die* Giraffe /ギラッフェ/	(英giraffe)
象(ぞう)	*der* Elefant /エレファント/	(英elephant)
鹿(しか)	*der* Hirsch /ヒルシュ/	(英deer)
豚(ぶた)	*das* Schwein /シュヴァイン/	(英pig)
牛(うし)	*das* Rind /リント/, *die* Kuh /クー/	(英cattle, cow)
羊(ひつじ)	*das* Schaf /シャーフ/	(英sheep)
山羊(やぎ)	*die* Ziege /ツィーゲ/	(英goat)
熊(くま)	*der* Bär /ベア/	(英bear)
駱駝(らくだ)	*das* Kamel /カメール/	(英camel)
河馬(かば)	*das* Nilpferd /ニールプフェーアト/, *das* Flusspferd /フルスプフェーアト/	(英hippopotamus)
パンダ	*der* Panda /パンダ/	(英panda)
コアラ	*der* Koala /コアーラ/	(英koala)
カンガルー	*das* Känguru /ケングル/	(英kangaroo)
栗鼠(りす)	*das* Eichhörnchen /アイヒヘルンヒェン/	(英squirrel)
猿(さる)	*der* Affe /アッフェ/	(英monkey, ape)
ゴリラ	*der* Gorilla /ゴリラ/	(英gorilla)
狼(おおかみ)	*der* Wolf /ヴォルフ/	(英wolf)
狸(たぬき)	*der* Dachs /ダクス/	(英raccoon dog)
狐(きつね)	*der* Fuchs /フクス/	(英fox)
猪(いのしし)	*das* Wildschwein /ヴィルトシュヴァイン/	(英wild boar)
兎(うさぎ)	*das* Kaninchen /カニーンヒェン/	(英rabbit)
野兎(のうさぎ)	*der* Hase /ハーゼ/	(英hare)
鼠(ねずみ)	*die* Ratte /ラッテ/, *die* Maus /マオス/	(英rat, mouse)
犬(いぬ)	*der* Hund /フント/	(英dog)
猫(ねこ)	*die* Katze /カッツェ/	(英cat)
鯨(くじら)	*der* Wal /ヴァール/	(英whale)
海豹(あざらし)	*der* Seehund /ゼーフント/	(英seal)
海豚(いるか)	*der* Delphin /デルフィーン/	(英dolphin)

日	独	英
～硬化	*die* Arterienverkalkung アルテーリエンフェアカルクング	arteriosclerosis アーティアリオウスクレロウスィス
とうみん 冬眠	*der* Winterschlaf ヴィンターシュラーフ	hibernation ハイバネイション
～する	den Winterschlaf halten デン ヴィンターシュラーフ ハルテン	hibernate ハイバネイト
どうめい 同盟	*der* Bund, *das* Bündnis ブント, ビュントニス	alliance アライアンス
とうめい 透明な	durchsichtig, transparent ドゥルヒズィヒティヒ, トランスパレント	transparent トランスペアレント
どう 銅メダル	*die* Bronzemedaille ブローンセメダリェ	bronze medal ブランズ メドル
とうめん 当面	vorläufig フォーアロイフィヒ	for the present フォー ザ プレズント
どうもう 獰猛な	wild ヴィルト	fierce フィアス
とうもろこし 玉蜀黍	*der* Mais マイス	corn コーン
とうゆ 灯油	*das* Petroleum, *das* Leuchtöl ペトローレウム, ロイヒトエール	kerosene ケロスィーン
とうよう 東洋	*der* Orient オーリエント	the East, the Orient ジ イースト, ジ オリエント
どうよう 動揺	*das* Schwanken, *die* Aufregung, *die* Unruhe シュヴァンケン, アオフレーグング, ウンルーエ	agitation アヂテイション
～する	schwanken シュヴァンケン	be agitated ビ アヂテイテド
どうよう 同様		
～の	gleich グライヒ	similar, like スィミラ, ライク
～に	ebenfalls, gleichfalls エーベンファルス, グライヒファルス	in the same way イン ザ セイム ウェイ
どうらく 道楽（趣味）	*das* Hobby ホビ	hobby, pastime ハビ, パスタイム
どうり 道理	*die* Vernunft フェアヌンフト	reason リーズン
どうりょう 同僚	*der*(*die*) Kollege(*in*) コレーゲ(-ギン)	colleague カリーグ

日	独	英
どうりょく 動力	*die* Kraft クラフト	power パウア
どうろ 道路	*die* Straße, *der* Weg, *die* Gasse シュトラーセ, ヴェーク, ガッセ	road ロウド
～交通法	*die* Straßenverkehrsordnung, StVO シュトラーセンフェアケーアスオルドヌング, エステーファオオー	the Road Traffic Control Law ザ ロウド トラフィク カントロウル ロー
とうろう 灯籠	*die* Laterne ラテルネ	lantern ランタン
とうろく 登録	Eintrag アイントラーク	registration レヂストレイション
～する	ein|tragen, an|melden アイントラーゲン, アンメルデン	register, enter *in* レヂスタ, エンタ
～商標	eingetragenes Warenzeichen アインゲトラーゲネス ヴァーレンツァイヒェン	registered trademark レヂスタド トレイドマーク
とうろん 討論	*die* Debatte, *die* Diskussion デバッテ, ディスクスィオーン	discussion ディスカション
～する	diskutieren ディスクティーレン	discuss ディスカス
どうわ 童話	*das* Märchen メーアヒェン	fairy tale フェアリ テイル
とうわく 当惑する	verlegen sein フェアレーゲン ザイン	be embarrassed ビ インバラスト
とお 遠い	fern, entfernt, weit フェルン, エントフェルント, ヴァイト	far, distant ファー, ディスタント
とお 遠くに	in der Ferne, weit イン デア フェルネ, ヴァイト	far away ファー アウェイ
とお 遠ざかる	*sich*⁴ entfernen エントフェルネン	go away ゴウ アウェイ
とお 遠ざける	von *sich*³ fern halten フォン ジッヒ フェルン ハルテン	keep away キープ アウェイ
とお 通す	*durch|lassen* ドゥルヒラッセン	pass through パス スルー
（部屋に）	leiten ライテン	show in ショウ イン

日	独	英
トースター	*der* Toaster トースター	toaster トウスタ
トースト	*der* Toast トースト	toast トウスト
ドーナツ	*der* Doughnut [Donut] ドウナット	doughnut ドウナト
トーナメント	*das* Turnier トゥルニーア	tournament トゥアナメント
ドーピング	*das* Doping ドーピング	doping ドウピイング
遠回しに	andeutungsweise アンドイトゥングスヴァイゼ	indirectly インディレクトリ
遠回り	*der* Umweg ウムヴェーク	detour ディートゥア
～する	einen Umweg machen アイネン ウムヴェーク マッヘン	make a detour メイク ア ディートゥア
ドーム	*der* Dom ドーム	dome ドウム
通り	*die* Straße, *der* Weg, *die* Gasse シュトラーセ, ヴェーク, ガッセ	road, street ロウド, ストリート
通り掛る	vorbei|kommen, vorbei|gehen フォーアバイコメン, フォーアバイゲーエン	happen to pass ハプン トゥ パス
通り過ぎる	vorüber フォリューバー	pass by パス バイ
通り抜ける	*durch*⁴ durch|gehen ドゥルヒゲーエン	pass through パス スルー
通り道	*der* Durchgang ドゥルヒガング	the way *to* ザ ウェイ
通る	gehen, fahren ゲーエン, ファーレン	pass パス
都会	*die* Stadt シュタット	city, town スィティ, タウン
蜥蜴	*die* Eidechse アイデクセ	lizard リザド
溶かす	schmelzen, auf|lösen シュメルツェン, アオフレーゼン	melt, dissolve メルト, ディザルヴ

日	独	英
と 梳かす	kämmen ケーメン	comb コウム
とが 尖った	spitzig, scharf シュピッツィヒ, シャルフ	pointed ポインテド
とが 咎める	vor|werfen フォーアヴェルフェン	blame ブレイム
気が〜	*sich*[4] schuldig fühlen シュルディヒ フューレン	feel guilty フィール ギルティ
とき 時	*die* Zeit, *die* Stunde ツァイト, シュトゥンデ	time, hour タイム, アウア
…する〜	wenn... ヴェン	when ホウェン
どき 土器	*das* Tongefäß, *die* Keramik トーンゲフェース, ケラーミク	earthen vessel アースン ヴェセル
どぎつい	grell グレル	loud ラウド
どきっとする	geschockt sein ゲショックト ザイン	be shocked ビ シャクド
ときどき 時々	manchmal, ab und zu マンヒマール, アップ ウント ツー	sometimes サムタイムズ
どきどきする	pochen ポッヘン	beat, throb ビート, スラブ
ドキュメンタリー	*die* Dokumentation ドクメンタツィオーン	documentary ダキュメンタリ
どきょう 度胸	*der* Mut ムート	courage, bravery カーリヂ, ブレイヴァリ
とぎ 途切れる	unterbrochen werden ウンターブロッヘン ヴェーアデン	break, stop ブレイク, スタプ
と 解く	lösen レーゼン	untie, undo アンタイ, アンドゥー
（問題を）	lösen レーゼン	solve, answer サルヴ, アンサ
とく 得 （儲け）	*der* Gewinn ゲヴィン	profit, gains プラフィト, ゲインズ
（有利）	*der* Vorteil フォーアタイル	advantage, benefit アドヴァンティヂ, ベニフィト
と 説く	erklären, überreden エアクレーレン, ユーバーレーデン	explain イクスプレイン

日	独	英
研ぐ	schleifen, schärfen シュライフェン, シェルフェン	grind, whet グラインド, ホウェト
退く（脇へ）	aus dem Weg gehen アオス デム ヴェーク ゲーエン	get out of the way ゲト アウト オヴ ザ ウェイ
毒	*das* Gift ギフト	poison ポイズン
～ガス	*das* Giftgas ギフトガス	poison gas ポイズン ギャス
特異		
～な	eigentümlich, sonderbar アイゲンテュームリヒ, ゾンダーバール	peculiar ピキューリア
～体質	*die* Idiosynkrasie イディオズュンクラズィー	idiosyncrasy イディオスィンクラスィ
得意		
～である	*in*³ gut sein イン グート ザイン	be good *at* ビ グド
～になる	*auf*⁴ stolz sein シュトルツ ザイン	be proud *of* ビ プラウド
～先	*der* Kunde クンデ	customer, patron カスタマ, ペイトロン
独学	*der* Selbstunterricht, *das* Selbststudium ゼルプストウンターリヒト, ゼルプストシュトゥーディウム	self-teaching セルフティーチング
～する	*sich*⁴ autodidaktisch bilden アオトディダクティシュ ビルデン	teach *oneself* ティーチ
特技	eine besondere Fähigkeit アイネ ベゾンデレ フェーイヒカイト	specialty スペシャルティ
独裁	*die* Diktatur ディクタトゥーア	dictatorship ディクテタシプ
～者	*der*(*die*) Diktator(*in*) ディクタートア (-タトーリン)	dictator ディクテイタ
特撮	*die* Spezialeffekte シュペツィアールエフェクテ	special effects スペシャル イフェクツ
特産品	*die* Spezialität シュペツィアリテート	special product スペシャル プラダクト
独自の	eigen アイゲン	original, unique オリヂナル, ユーニーク

日	独	英
<ruby>読者<rt>どくしゃ</rt></ruby>	*der*(*die*) Leser(*in*) レーザー (-ゼリン)	reader リーダ
<ruby>特集<rt>とくしゅう</rt></ruby> （記事）	*der* Sonderartikel ゾンダーアルティーケル	feature articles フィーチャ アーティクルズ
<ruby>特殊<rt>とくしゅ</rt></ruby>な	speziell シュペツィエル	special, unique スペシャル, ユーニーク
<ruby>読書<rt>どくしょ</rt></ruby>	*das* Lesen, *die* Lektüre レーゼン, レクテューレ	reading リーディング
～する	lesen レーゼン	read リード
<ruby>特色<rt>とくしょく</rt></ruby>	*die* Eigenart, *der* Charakterzug アイゲンアールト, カラクターツーク	characteristic キャラクタリスティク
<ruby>独身<rt>どくしん</rt></ruby>		
～の	ledig, unverheiratet レーディヒ, ウンフェアハイラーテット	celibate, single セリベト, スィングル
～者	*der*/*die* Ledige レーディゲ	unmarried person アンマリド パースン
<ruby>毒舌<rt>どくぜつ</rt></ruby>	böse Zunge, boshafte Zunge ベーゼ ツンゲ, ボースハフテ ツンゲ	spiteful tongue スパイトフル タング
<ruby>独占<rt>どくせん</rt></ruby>	*das* Monopol モノポール	monopoly モナポリ
～する	monopolisieren モノポリズィーレン	monopolize モナポライズ
<ruby>独創的<rt>どくそう</rt></ruby>な	original, originell, schöpferisch オリギナール, オリギネル, シェプフェリシュ	original オリヂナル
<ruby>督促<rt>とくそく</rt></ruby>する	auf|fordern, mahnen アオフフォルダーン, マーネン	press, urge プレス, アーヂ
<ruby>独断<rt>どくだん</rt></ruby>で	eigenmächtig アイゲンメヒティヒ	on *one's* own judgment オン オウン ヂャヂメント
<ruby>特徴<rt>とくちょう</rt></ruby>	*das* Merkmal メルクマール	characteristic キャラクタリスティク
<ruby>特長<rt>とくちょう</rt></ruby>	*die* Stärke シュテルケ	strong point ストロング ポイント
<ruby>特定<rt>とくてい</rt></ruby>の	bestimmt ベシュティムト	specific, specified スピスィフィク, スペスィファイド

日	独	英
とくてん 得点	*der* Punkt プンクト	score, runs スコー, ランズ
～する	einen Punkt erzielen アイネン プンクト エアツィーレン	score スコー
どくとく 独特の	eigen, eigentümlich アイゲン, アイゲンテュームリヒ	unique, peculiar ユーニーク, ピキューリア
とく 特に	besonders, vor allem ベゾンダース, フォーア アレム	especially イスペシャリ
とくばい 特売	*der* Ausverkauf, *das* Sonderangebot アオスフェアカオフ, ゾンダーアンゲボート	sale セイル
とくはいん 特派員	*der(die)* Sonderbericht- erstatter(*in*) ゾンダーベリヒトエアシュタッター (-テリン)	correspondent コレスパンデント
とくべつ 特別の	besonder, speziell, außerordentlich ベゾンダー, シュペツィエル, アオサーオルデントリヒ	special, exceptional スペシャル, イクセプショナル
どくへび 毒蛇	*die* Giftschlange ギフトシュランゲ	venomous snake ヴェノマス スネイク
とくめい 匿名	*die* Anonymität アノニュミテート	anonymity アノニミティ
～の	anonym アノニューム	anonymous アナナマス
とくゆう 特有の	eigentümlich, eigen アイゲンテューリヒ, アイゲン	peculiar *to* ピキューリア
どくりつ 独立	*die* Unabhängigkeit, *die* Selbstständigkeit ウンアプヘンギヒカイト, ゼルプストシュテンディヒカイト	independence インディペンデンス
～する	*von*[3] unabhängig werden, *sich*[4] selbstständig machen ウンアプヘンギヒ ヴェーアデン, ゼルプストシュテンディヒ マッヘン	become independent of ビカム インディペンデント
～の	unabhängig, selbstständig ウンアプヘンギ, ゼルプストシュテンディヒ	independent インディペンデント
どくりょく 独力で	allein, ohne Hilfe アライン, オーネ ヒルフェ	by *oneself* バイ

日	独	英
とげ 刺	*der* Stachel, *der* Dorn シュタッヘル, ドルン	thorn, prickle ソーン, プリクル
とけい 時計	*die* Uhr ウーア	watch, clock ワチ, クラク
～店	*das* Uhrengeschäft ウーレンゲシェフト	watch store ワチ ストー
と 解ける	locker werden ロッカー ヴェーアデン	get loose ゲト ルース
（問題が）	*sich*⁴ lösen, auf|gehen レーゼン, アオフゲーエン	be solved ビ サルヴド
と 溶ける	*sich*⁴ auf|lösen, schmelzen アオフレーゼン, シュメルツェン	melt, dissolve メルト, ディザルヴ
と 遂げる	erreichen エアライヒェン	accomplish, complete アカンプリシュ, カンプリート
ど 退ける	weg|schaffen ヴェックシャッフェン	remove リムーヴ
とこ 床	*das* Bett ベット	bed ベド
どこ	wo ヴォー	where ホウェア
どこか	irgendwo イルゲントヴォー	somewhere サムホウェア
とこや 床屋	*der* Friseur フリゼーア	barbershop バーバシャプ
ところ 所	*der* Ort オルト	place, spot プレイス, スパト
（点）	*die* Stelle シュテレ	point ポイント
（部分）	*der* Teil タイル	part パート
ところどころ 所々	hier und da ヒーア ウント ダー	here and there ヒア アンド ゼア
とさか 鶏冠	*der* Kamm カム	crest クレスト
と 閉ざす	schließen, ab|sperren シュリーセン, アップシュペレン	shut, close シャト, クロウズ
とざん 登山	*das* Bergsteigen ベルクシュタイゲン	mountain climbing マウンティン クライミング

日	独	英
～する	berg|steigen ベルクシュタイゲン	climb クライム
～家	*der*(*die*) Bergsteiger(*in*) ベルクシュタイガー (-ゲリン)	mountaineer マウティニア
～電車	*die* Bergbahn ベルクバーン	mountain train マウンティン トレイン
都市	*die* Stadt シュタット	city スィティ
年	*das* Jahr ヤール	year イア
（年齢）	*das* Alter アルター	age, years エイヂ, イアズ
～を取る	alt werden アルト ヴェーアデン	grow old グロウ オウルド
年上の	älter エルター	older オウルダ
年越しする	das Jahr ausklingen lassen ダス ヤール アオスクリンゲン ラッセン	pass the year パス ジ イア
閉じ込める	ein|sperren, ein|schließen アインシュペレン, アインシュリーセン	shut, imprison シャト, インプリズン
閉じ籠もる	*sich*⁴ *in*⁴ ein|schließen アインシュリーセン	shut *oneself* up シャト アプ
年頃の	erwachsen エアヴァクセン	marriageable マリヂャブル
年下の	jünger ユンガー	younger ヤンガ
年月	*die* Jahre ヤーレ	years イアズ
戸締まりする	die Tür schließen ディー テューア シュリーセン	lock the doors ラク ザ ドーズ
土砂	Erde und Sand エーアデ ウント ザント	earth and sand アース アンド サンド
～崩れ	*der* Erdrutsch エーアトルッチュ	landslide ランドスライド
図書	*das* Buch ブーフ	books ブクス
～館	*die* Bibliothek, *die* Bücherei ビブリオテーク, ビューヒェライ	library ライブラリ

日	独	英
土壌(どじょう)	*der* Boden ボーデン	soil ソイル
泥鰌(どじょう)	*die* Schmerle シュメルレ	loach ロウチ
年寄り(としより)	ein alter Mensch, *der/die* Alte, *die* Senioren アイン アルター メンシュ, アルテ, ゼニオーレン	the aged ジ エイヂド
綴じる(とじる)	ein|heften, binden アインヘフテン, ビンデン	bind, file バインド, ファイル
閉じる(とじる)	schließen, zu|machen シュリーセン, ツーマッヘン	shut, close シャト, クロウズ
都心(としん)	*die* Innenstadt, *die* Stadtmitte, *das* Stadtzentrum イネンシュタット, シュタットミッテ, シュタットツェントルム	the center of a city ザ センタ オヴ ア スィティ
土星(どせい)	*der* Saturn ザトゥルン	Saturn サタン
土葬(どそう)	*die* Beerdigung ベエーアディグング	burial ベリアル
塗装する(とそうする)	an|streichen アンシュトライヒェン	paint, coat ペイント, コウト
土足で(どそくで)	mit Schuhen ミット シューエン	with *one's* shoes on ウィズ シューズ オン
土台(どだい)	*der* Grund, *das* Fundament グルント, フンダメント	foundation, base ファウンデイション, ベイス
途絶える(とだえる)	ab|brechen アップブレッヒェン	stop, cease スタプ, スィース
戸棚(とだな)	*der* Schrank シュランク	cabinet, locker キャビネト, ラカ
土壇場(どたんば)	letzter Augenblick レッツター アオゲンブリック	the last moment ザ ラスト モウメント
土地(とち)	*der* Grund, *das* Grundstück グルント, グルントシュテュック	land ランド
途中(とちゅう)		
〜で	unterwegs, auf dem Weg ウンターヴェークス, アオフ デム ヴェーク	on *one's* way オン ウェイ
〜下車する	die Fahrt unterbrechen ディ ファールト ウンターブレヒェン	stop over *at* スタプ オウヴァ

日	独	英
どちら	welcher/welche/welches ヴェルヒャー/ヴェルヒェ/ヴェルヒェス	which ホウィチ
(場所)	wo ヴォー	where ホウェア
特価	der Sonderpreis ゾンダープライス	special price スペシャル プライス
読解力	die Lesefertigkeit レーゼフェルティヒカイト	reading ability リーディング アビリティ
特急	der Expresszug エクスプレスツーク	special express スペシャル イクスプレス
特許	das Patent パテント	patent パテント
ドッキング	das Docking ドッキング	docking ダキング
〜する	an|docken, koppeln アンドッケン, コッペルン	dock ダク
ドック	das Dock ドック	dock ダク
特訓	das Spezialtraining シュペツィアールトレーニング	special training スペシャル トレイニング
特権	das Vorrecht, das Privileg フォーアレヒト, プリヴィレーク	privilege プリヴィリヂ
ドッジボール	der Völkerball フェルカーバル	dodge ball ダヂ ボール
どっしりした	wuchtig, massiv ヴフティヒ, マスィーフ	heavy, dignified ヘヴィ, ディグニファイド
突進する	rasen ラーゼン	rush *at*, dash *at* ラシュ, ダシュ
突然	plötzlich プレッツリヒ	suddenly サドンリ
取っ手	der Griff, der Henkel グリフ, ヘンケル	handle, knob ハンドル, ナブ
取って来る	holen, ab|holen ホーレン, アップホーレン	bring, fetch ブリング, フェチ
突入する	der Einbruch アインブルフ	rush into ラシュ イントゥ
突破する	durchbrechen ドゥルヒブレッヒェン	break through ブレイク スルー

日	独	英
とっぴな 突飛な	ungewöhnlich, extravagant ウングヴェーンリヒ, エクストラヴァガント	extravagant イクストラヴァガント
トッピング	*die* Spitze シュピッツェ	topping タピング
トップ	*die* Spitze シュピッツェ	the top ザ タプ
とつめんきょう 凸面鏡	*der* Konvexspiegel コンヴェクスシュピーゲル	convex mirror カンヴェクス ミラ
とつ 凸レンズ	*die* Konvexlinse コンヴェクスリンゼ	convex lens カンヴェクス レンズ
どて 土手	*der* Damm, *der* Deich ダム, ダイヒ	bank, embankment バンク, インバンクメント
とてい 徒弟	*der* Lehrling レーアリング	apprentice アプレンティス
とても	sehr, ganz ゼーア, ガンツ	very ヴェリ
とど 届く	erreichen エアライヒェン	reach リーチ
とど 届け	*die* Anmeldung, *die* Meldung アンメルドゥング, メルドゥング	report, notice リポート, ノウティス
とど 届ける(届け出る)	an|melden アンメルデン	report *to*, notify リポート, ノウティファイ
（送る）	schicken, liefern シッケン, リーファーン	send, deliver センド, ディリヴァ
とどこお 滞る	stocken シュトッケン	be delayed ビ ディレイド
ととの 整う	in Ordnung sein イン オルドヌング ザイン	be in good order ビ イン グド オーダ
（準備が）	vorbereitet sein フォーアベライテット ザイン	be ready ビ レディ
ととの 整える	ordnen オルドネン	put in order プト イン オーダ
（調整）	ein|richten アインリヒテン	adjust, fix アヂャスト, フィクス
（準備）	vor|bereiten フォーアベライテン	prepare プリペア
とど 止[留]まる	bleiben ブライベン	stay, remain ステイ, リメイン

日	独	英
とど 止[留]める （動かさせない）	fest|halten フェストハルテン	detain ディティン
（保つ）	behalten ベハルテン	retain テイン
とどろ 轟く	dröhnen ドレーネン	roar, thunder ロー, サンダ
ドナー	*der*(*die*) Organspender(*in*) オルガーンシュペンダー (-デリン)	donor ドウナ
とな 唱える	skandieren スカンディーレン	recite, chant リサイト, チャント
となかい	*das* Rentier レーンティーア	reindeer, caribou レインディア, キャリブー
となり 隣	*die* Nachbarschaft ナハバールシャフト	the next door ザ ネクスト ドー
～の	neben ネーベン	next ネクスト
～近所	*die* Nachbarschaft ナハバールシャフト	neighborhood ネイバフド
どな 怒鳴る	brüllen, schreien ブリュレン, シュライエン	cry, yell クライ, イェル
と　かく 兎に角	jedenfalls, auf jeden Fall イェーデンファルス, アオフ イェーデン ファル	anyway エニウェイ
どの	welcher/welche/welches ヴェルヒャー/ヴェルヒェ/ヴェルヒェス	which ホウィチ
どのくらい	wie ヴィー	how ハウ
（時間）	wie lange ヴィー ランゲ	how long ハウ ローング
（距離）	wie weit ヴィー ヴァイト	how far ハウ ファー
（回数）	wie oft ヴィー オフト	how often ハウ オーフン
トパーズ	*der* Topas トパース	topaz トウパズ
とばく 賭博	*das* Glücksspiel グリュックスシュピール	gambling ギャンブリング

日	独	英
と 飛ばす	fliegen lassen フリーゲン ラッセン	fly フライ
（省く）	überspringen ユーバーシュプリンゲン	skip スキプ
とび 鳶	*der* Milan ミーラン	kite カイト
と あ 跳び上がる	auf|springen アオフシュプリンゲン	jump up, leap ヂャンプ アプ, リープ
とびうお 飛魚	*der* Flugfisch フルークフィッシュ	flying fish フライイング フィシュ
と お 飛び降りる	ab|springen アップシュプリンゲン	jump down ヂャンプ ダウン
と こ 跳び越える	setzen, *über*⁴ springen ゼッツェン, シュプリンゲン	jump over ヂャンプ オウヴァ
と こ 飛び込み	*der* Sprung シュプルング	diving, plunge ダイヴィング, プランヂ
と こ 飛び込む	*in*⁴ springen シュプリンゲン	jump *into*, dive *into* ヂャンプ, ダイヴ
と だ 飛び出す	(hinaus|)stürzen (ヒナオス)シュテュルツェン	fly out, jump out *of* フライ アウト, ヂャンプ アウト
と た 飛び立つ	ab|fliegen アップフリーゲン	fly away, take off フライ アウェイ, テイク オフ
と ち 飛び散る	sprühen, spritzen シュプリューエン, シュプリッツェン	scatter スキャタ
と つ 飛び付く	an|springen アンシュプリンゲン	jump *at*, fly *at* ヂャンプ, フライ
トピック	*der* Gesprächsgegenstand, *das* Thema ゲシュプレーヒスゲーゲンシュタント, テーマ	topic タピク
と の 飛び乗る	auf|springen アオフシュプリンゲン	jump *into*, hop ヂャンプ, ハプ
と は 飛び跳ねる	hüpfen, hoppeln ヒュプフェン, ホッペルン	hop, jump ハプ, ヂャンプ
とびら 扉	*die* Tür テューア	door ドー
と 跳ぶ	springen, hüpfen シュプリンゲン, ヒュプフェン	jump, leap ヂャンプ, リープ

日	独	英
と 飛ぶ	fliegen フリーゲン	fly, soar フライ, ソー
どぶ 溝	*die* Gosse ゴッセ	ditch ディチ
とぼ 惚[恍]ける	so tun, als ob er [sie] davon nichts wüsste ゾー トゥーン アルス オップ エア [ズィー] ダフォン ニヒツ ヴュステ	pretend not to know プリテンド ナト トゥ ノウ
とぼ 乏しい	arm, knapp アルム, クナップ	scarce, scanty スケアス, スキャンティ
とほ 徒歩で	zu Fuß ツー フース	on foot オン フト
トマト	*die* Tomate トマーテ	tomato トマートウ
とまど 戸惑う	vor Verlegenheit hilflos sein フォーア フェアレーゲンハイト ヒルフロース ザイン	be at a loss ビ アト ア ロス
と 止まる	halten, stehen bleiben ハルテン, シュテーエン ブライベン	stop, halt スタプ, ホールト
と 泊まる	übernachten ユーバーナハテン	stay *at* ステイ
とみ 富	*der* Reichtum ライヒトゥーム	wealth ウェルス
と 富む	reich werden ライヒ ヴェーアデン	become rich ビカム リチ
とむら 弔う	trauern トラオアーン	hold a funeral ホウルド ア フューネラル
と がね 留め金	*die* Schnalle, *der* Verschluss シュナレ, フェアシュルス	clasp, hook クラスプ, フク
と 止める	stoppen, an|halten シュトッペン, アンハルテン	stop スタプ
（抑止）	auf|halten アオフハルテン	hold, check ホウルド, チェク
（スイッチを）	ab|stellen アップシュテレン	turn off ターン オフ
と 泊める	beherbergen ベヘルベルゲン	take... in テイク イン
と 留める	an|stecken, befestigen アンシュテッケン, ベフェスティゲン	fasten, fix ファスン, フィクス

日	独	英
とも 友	*der*(*die*) Freund(*in*) フロイント (-ディン)	friend フレンド
とも 艫	*das* Heck ヘック	stern スターン
とも 灯[点]す	an|machen アンマッヘン	burn, light バーン, ライト
ともだち 友達	*der*(*die*) Freund(*in*) フロイント (-ディン)	friend フレンド
ともな 伴う	von³ begleitet werden ベグライテット ヴェーアデン	be accompanied *by* ビ アカンパニド
…を伴って	mit ミット	with... ウィズ
とも 共に	beide バイデ	both ボウス
（一緒に）	zusammen, mit ツザメン, ミット	with ウィズ
どようび 土曜日	*der* Samstag, *der* Sonnabend ザムスターク, ゾンアーベント	Saturday サタディ
とら 虎	*der* Tiger ティーガー	tiger タイガ
どら 銅鑼	*der* Gong ゴング	gong ゴング
トライ	*der* Versuch フェアズーフ	try トライ
～する	versuchen フェアズーヘン	try トライ
ドライ		
～な	geschäftsmäßig ゲシェフツメースィヒ	realistic リーアリスティク
～クリーニング	chemische Reinigung ヒェーミシェ ライニグング	dry cleaning ドライ クリーニング
トライアングル	*der* Triangel トリーアンゲル	triangle トライアングル
ドライバー	*der*(*die*) Autofahrer(*in*) アオトファーラー (-レリン)	driver ドライヴァ
（ねじ回し）	*der* Schraubenzieher シュラオベンツィーアー	screwdriver スクルードライヴァ

日	独	英
(ゴルフの)	*der* Driver ドライヴァー	driver ドライヴァ
ドライブ	*die* Autofahrt, *die* Spazierfahrt アオトファールト, シュパツィーアファールト	drive ドライヴ
～する	spazieren fahren シュパツィーレン ファーレン	drive ドライヴ
～イン	*das* Rasthaus ラストハオス	drive-in ドライヴイン
ドライヤー	*der* Haartrockner, *der* Fön ハールトロックナー, フェーン	drier ドライア
捕える	fangen, ergreifen, fest|nehmen ファンゲン, エアグライフェン, フェストネーメン	catch, capture キャチ, キャプチャ
トラクター	*der* Traktor トラクトーア	tractor トラクタ
トラック	*der* Lastkraftwagen, *der* LKW ラストクラフトヴァーゲン, エルカーヴェー	truck トラク
(競走路)	*die* Rennbahn レンバーン	track トラク
トラブル	*die* Schwierigkeit, *der* Zwist シュヴィーリヒカイト, ツヴィスト	trouble トラブル
トラベラーズ チェック	*der* Reisescheck ライゼシェック	traveler's check トラヴラズ チェク
トラホーム	*das* Trachom トラホーム	trachoma トラコウマ
ドラマ	*das* Drama ドラーマ	drama ドラーマ
ドラマティックな	dramatisch ドラマーティシュ	dramatic ドラマティク
ドラム	*die* Trommel トロメル	drum ドラム
トランク	*der* Koffer コッファー	trunk, suitcase トランク, スートケイス
(車の)	*der* Kofferraum コッファーラオム	trunk トランク

日	独	英
トランクス	*die* Boxershorts ボクサーショルツ	trunks トランクス
トランジスター	*der* Transistor トランズィストーア	transistor トランズィスタ
トランジット	*der* Transit トランズィート	transit トランスィト
トランプ	*die* Spielkarte シュピールカルテ	cards カーヅ
トランペット	*die* Trompete トロンペーテ	trumpet トランペト
トランポリン	*das* Trampolin トランポリーン	trampoline トランポリン
鳥	*der* Vogel フォーゲル	bird バード
取り敢えず	vorläufig, sofort フォーアロイフィヒ, ゾフォールト	at once アト ワンス
取り上げる	auf|nehmen アオフネーメン	take up テイク アプ
（奪う）	nehmen, ab|nehmen, weg|nehmen ネーメン, アップネーメン, ヴェックネーメン	take away テイク アウェイ
取り扱い	*die* Handhabung, *die* Behandlung ハントハーブング, ベハンドルング	handling, treatment ハンドリング, トリートメント
取り扱う	behandeln, nehmen ベハンデルン, ネーメン	handle, treat ハンドル, トリート
トリートメント	*das* Treatment トリートメント	treatment トリートメント
取り入れ	*die* Ernte エルンテ	harvest ハーヴィスト
取り入れる	ernten エルンテン	harvest ハーヴィスト
（受け入れる）	ein|führen, auf|nehmen アインフューレン, アオフネーメン	adopt アダプト
取り柄	*die* Stärke, *der* Vorzug シュテルケ, フォーアツーク	merit メリト
執り行う	aus|führen, durch|führen アオスフューレン, ドゥルヒフューレン	perform パフォーム

日	独	英
と かえ 取り返す	zurück|nehmen, nach|holen ツリュックネーメン, ナーハホーレン	take back, recover テイク バク, リカヴァ
と か 取り替える	tauschen, wechseln タオシェン, ヴェクセルン	exchange, replace イクスチェインヂ, リプレイス

■ 鳥 ■ *der* Vogel /フォーゲル/

にわとり
鶏　　*das* Huhn /フーン/　(英fowl, chicken)

しちめんちょう
七面鳥　　*der* Puter /プーター/　(英turkey)

あひる
家鴨　　*die* Hausente /ハオスエンテ/　(英(domestic) duck)

はくちょう
白鳥　　*der* Schwan /シュヴァーン/　(英swan)

つる
鶴　　*der* Kranich /クラーニヒ/　(英crane)

たか
鷹　　*der* Falke /ファルケ/　(英hawk)

わし
鷲　　*der* Adler /アードラー/　(英eagle)

コンドル　　*der* Kondor /コンドア/　(英condor)

きつつき
啄木鳥　　*der* Specht /シュペヒト/　(英woodpecker)

つばめ
燕　　*die* Schwalbe /シュヴァルベ/　(英swallow)

みずとり
水鳥　　*der* Wasservogel /ヴァッサーフォーゲル/　(英waterfowl)

かっこう
郭公　　*der* Kuckuck /クックク/　(英cuckoo)

はと
鳩　　*die* Taube /タオベ/　(英pigeon, dove)

あほうどり
阿呆鳥　　*der* Albatros /アルバトロス/　(英albatross)

うぐいす
鶯　　japanische Nachtigall /ヤパーニッシェ ナハティガル/　(英Japanese nightingale)

かもめ
鴎　　*die* Möwe /メーヴェ/　(英sea gull)

ひばり
雲雀　　*die* Lerche /レルヒェ/　(英lark)

つぐみ
鶫　　*die* Drossel /ドロッセル/　(英thrush)

からす
烏　　*der* Rabe /ラーベ/　(英crow)

ふくろう
梟　　*die* Eule /オイレ/　(英owl)

ペンギン　　*der* Pinguin /ピングイーン/　(英penguin)

すずめ
雀　　*der* Spatz /シュパッツ/, *der* Sperling /シュペルリング/　(英sparrow)

かも
鴨　　*die* Ente /エンテ/　(英duck)

きじ
雉　　*der* Fasan /ファザーン/　(英pheasant)

日	独	英
取り交わす	aus|tauschen アオスタオシェン	exchange イクスチェインヂ
取り決め	*die* Verabredung, *die* Vereinbarung フェアアップレードゥング, フェアアインバールング	agreement アグリーメント
取り決める	aus|machen, ab|machen アオスマッヘン, アップマッヘン	arrange, agree *on* アレインヂュ, アグリー
取り組む	an|packen アンパッケン	tackle タクル
取り消す	widerrufen, zurück|nehmen ヴィーダールーフェン, ツリュックネーメン	cancel キャンセル
虜	*der/die* Gefangene ゲファンゲネ	captive キャプティヴ
取締役	*das* Vorstandsmitglied フォーアシュタンツミットグリート	director ディレクタ
取り締まる	kontrollieren コントロリーレン	control, regulate カントロウル, レギュレイト
取り調べ	*die* Untersuchung ウンターズーフング	examination イグザミネイション
取り調べる	untersuchen ウンターズーヘン	investigate, inquire インヴェスティゲイト, インクワイア
取り出す	heraus|nehmen, aus|packen ヘラオスネーメン, アオスパッケン	take out テイク アウト
取り立てる	ein|treiben, ein|ziehen アイントライベン, アインツィーエン	collect カレクト
取り違える	*mit*³ verwechseln フェアヴェクセルン	take... *for* テイク
トリック	*der* Trick トリク	trick トリク
取り付ける	ein|richten, an|bringen アインリヒテン, アンブリンゲン	install インストール
砦	*die* Festung フェストゥング	fortress フォートレス
取り留めのない	zusammenhanglos ツザンメンハングロース	incoherent インコウヒアレント
鶏肉	*das* Hühnerfleisch ヒューナーフライシュ	chicken チキン

日	独	英
取り除く	beseitigen, entfernen ベザイティゲン, エントフェルネン	remove リムーヴ
取引	der Handel, das Geschäft ハンデル, ゲシェフト	transactions トランサクションズ
～する	mit³ im Handel stehen イム ハンデル シューテーエン	do business *with* ドゥ ビズネス
ドリブルする	dribbeln ドリッベルン	dribble ドリブル
取り分	der Anteil アンタイル	share シェア
取り巻く	umgeben ウムゲーベン	surround サラウンド
取り乱す	die Fassung verlieren ディー ファッスング フェアリーレン	be confused ビ カンフューズド
トリミング	das Schneiden シュナイデン	trimming トリミング
取り戻す	zurück|gewinnen, zurück|nehmen ツリュックゲヴィネン, ツリュックネーメン	take back, recover テイク バク, リカヴァ
取り止める	ab|sagen アップザーゲン	cancel, call off キャンセル, コール オフ
トリュフ	die Trüffel トリュッフェル	truffle トラフル
塗料	die Farbe ファルベ	paint ペイント
努力	die Anstrengung, die Bemühung アンシュトレングング, ベミューウング	effort エファト
～する	sich⁴ bemühen, sich⁴ an|strengen ベミューエン, アンシュトレンゲン	make an effort メイク アン ネフォト
取り寄せる	bestellen ベシュテレン	order オーダ
ドリル	der Drillbohrer ドリルボーラー	drill ドリル
（練習問題）	Übung ユーブング	drill ドリル

日	独	英
取(と)り分(わ)け	besonders ベゾンダース	above all アバヴ オール
取(と)り分(わ)ける	servieren ゼルヴィーレン	distribute, serve ディストリビュト, サーヴ
ドリンク	*das* Getränk ゲトレンク	drink ドリンク

■ 度量衡 ■ Maße und Gewichte /マーセ ウント ゲヴィヒテ/

ミリ　　der(*das*) Millimeter /ミリメーター/　(英millimeter)

センチ　　der(*das*) Zentimeter /ツェンティメーター/　(英centimeter)

メートル　　der(*das*) Meter /メーター/　(英meter)

キロメートル　　der Kilometer /キロメーター/　(英kilometer)

ヤード　　das Yard /ヤールト/　(英yard)

マイル　　*die* Meile /マイレ/　(英mile)

平方(へいほう)メートル　　der(*das*) Quadratmeter /クヴァドラートメーター/　(英square meter)

平方(へいほう)キロメートル　　der(*das*) Quadratkilometer /クヴァドラートキロメーター/　(英square kilometer)

アール　　das(*der*) Ar /アール/　(英are)

ヘクタール　　das(*der*) Hektar /ヘクタール/　(英hectare)

エーカー　　der Acre /エーカー/　(英acre)

グラム　　das Gramm /グラム/　(英gram)

キログラム　　*das* Kilogramm /キログラム/　(英kilogram)

オンス　　*die* Unze /ウンツェ/　(英ounce)

ポンド　　das Pfund /プフント/　(英pound)

トン　　*die* Tonne /トネ/　(英ton)

立方(りっぽう)センチ　　der(*das*) Kubikzentimeter /クビークツェンティメーター/　(英cubic centimeter)

リットル　　der(*das*) Liter /リーター/　(英liter)

立方(りっぽう)メートル　　der(*das*) Kubikmeter /クビークメーター/　(英cubic meter)

摂氏(せっし)　　Celsius /ツェルズィウス/　(英Celsius)

華氏(かし)　　Fahrenheit /ファーレンハイト/　(英Fahrenheit)

日	独	英
捕[獲]る	fangen ファンゲン	catch, capture キャチ, キャプチャ
採る	ein|nehmen アインネーメン	adopt, take アダプト, テイク
（採集）	sammeln ザメルン	gather, pick ギャザ, ピク
取る	nehmen ネーメン	take, hold テイク, ホウルド
（除去）	ab|nehmen, weg|nehmen アップネーメン, ヴェックネーメン	take off, remove テイク オフ, リムーヴ
（盗む）	stehlen シュテーレン	steal, rob スティール, ラブ
ドル	*der* Dollar ドラー	dollar ダラ
ドル箱	Goldgrube ゴルトグルーベ	gold mine ゴウルド マイン
どれ	welcher/welche/welches ヴェルヒァー/ヴェルヒェ/ヴェルヒェス	which ホウィチ
奴隷	*der(die)* Sklave(Sklavin) スクラーヴェ(-ヴィン)	slave スレイヴ
トレースする	pausen パオゼン	trace トレイス
トレード	*der* Tausch タオシュ	trading トレイディング
トレーナー	*der* Trainer トレーナー	trainer トレイナ
（シャツ）	*der* Trainingsanzug, *das* Sweatshirt トレーニングスアンツーク, スヴェットシャート	sweat shirt スウェト シャート
トレーニング	*das* Training トレーニング	training トレイニング
トレーラー	*der* Anhänger アンヘンガー	trailer トレイラ
ドレス	*das* Kleid クライト	dress ドレス
ドレッサー	Frisiertisch フリズィーアティッシュ	dresser ドレサ

日	独	英
ドレッシング	*das* Dressing ドレッスィング	dressing ドレッスィング
と 取れる	erhältlich エアヘルトリヒ	be obtainable ビ オプテイナブル
（脱落）	los sein ロース ザイン	come off カム オフ
トレンチコート	*der* Trenchcoat トレンチコウト	trench coat トレンチ コウト
どろ 泥	*der* Schlamm, *der* Dreck シュラム, ドレック	mud, dirt マド, ダート
とろう お 徒労に終わる	vergebens sein フェアゲーベンス ザイン	come to nothing カム トゥ ナスィング
トロッコ	*die* Lore ローレ	truck トラク
ドロップ	*die* Drops ドロップス	drop ドラプ
どろどろの	matschig, breiartig マッチヒ, ブライアールティヒ	muddy, pasty マディ, パスティ
トロフィー	*die* Trophäe トロフェーエ	trophy トロウフィ
どろぼう 泥棒	*der*(*die*) Dieb(*in*), *der*(*die*) Einbrecher(*in*) ディープ(-ビン), アインブレッヒャー(-ヒェリン)	thief, burglar スィーフ, バーグラ
トロリーバス	*der* Trolleybus トロリブス	trolleybus トラリバス
トロンボーン	*die* Posaune ポザオネ	trombone トランボウン
どわす 度忘れする	j^3 entfallen エントファレン	slip from *one's* memory スリプ フラム メモリ
トン	*die* Tonne トネ	ton タン
とん 豚カツ	*das* Schweinekotelett シュヴァイネコテレット	pork cutlet ポーク カトレト
どんかん 鈍感な	stumpfsinnig, unempfindlich シュトゥンプフズィニヒ, ウンエンプフィントリヒ	stupid, dull ステューピド, ダル
どんぐり 団栗	*die* Eichel アイヒェル	acorn エイコーン

日	独	英
どんこう 鈍行	*der* Bummelzug ブメルツーク	local train ロウカル トレイン
どんちゃん 騒ぎする	auf die Pauke hauen アオフ ディ パオケ ハオエン	have a spree ハヴ ア スプリー
とんちんかん 頓珍漢な	ungereimt, absurd ウンゲライムト, アプズルト	incoherent インコウヒアレント
どんつう 鈍痛	dumpfe Schmerzen ドゥンプフェ シュメルツェン	dull pain ダル ペイン
とんでもない	widersinnig ヴィーダーズィニヒ	surprising, shocking サプライズィング, シャキング
（否定）	Überhaupt nicht! ユーバーハオプト ニヒト	Of course not! アヴ コース ナト
どんな	was für... ヴァス フューア	what ホワト
どんなに	wie ヴィー	however ハウエヴァ
トンネル	*der* Tunnel トゥネル	tunnel タネル
どんぶり 丼	*die* Schüssel シュッセル	bowl ボウル
とんぼ 蜻蛉	*die* Libelle リベレ	dragonfly ドラゴンフライ
とんぼがえ 蜻蛉返り	*der* Salto ザルト	somersault サマソールト
（帰還）	schnelle Rückkehr シュネレ リュックケーア	quick return クウィク リターン
とんや 問屋	*der* Großhandel グロースハンデル	wholesale store ホウルセイル ストー
どんよく 貪欲な	geizig, habgierig ガイツィヒ, ハープギーリヒ	greedy グリーディ

日	独	英

な, ナ

名	*der* Name ナーメ	name ネイム
無い	Es gibt... nicht, Es gibt keinen/keine/kein... エス ギープト ニヒト, エス ギープト カイネン/カイネ/カイン	There is no... ゼア イズ ノウ
(持っていない)	nicht haben ニヒト ハーベン	have no... ハヴ ノウ
内科	innere Medizin イネレ メディツィーン	internal medicine インターナル メディスィン
～医	*der*(*die*) Internist(*in*) インテルニスト(-ティン)	physician フィズィシャン
内閣	*das* Kabinett カビネット	Cabinet, Ministry キャビネト, ミニストリ
内向的な	introvertiert イントロヴェルティーアト	introverted イントロヴァーテド
内需	*die* Inlandsnachfrage インランツナーハフラーゲ	domestic demand ドメスティク ディマンド
内緒	*das* Geheimnis ゲハイムニス	secret スィークレト
内職	*die* Nebenarbeit ネーベンアルバイト	side job サイド ヂャブ
内心	innerlich, im Herzen イナーリヒ, イム ヘルツェン	in *one's* heart イン ハート
内政	*die* Innenpolitik イネンポリティーク	domestic affairs ドメスティク アフェアズ
内戦	*der* Bürgerkrieg ビュルガークリーク	civil war スィヴィル ウォー
内臓	innere Organe イネレ オルガーネ	the internal organs ザ インターナル オーガンズ
ナイター	*das* Flutlichtspiel フルートリヒトシュピール	night game ナイト ゲイム
内定	informeller Beschluss インフォルメラー ベシュルス	unofficial decision アナフィシャル ディスィジョン
内的な	innerlich イナーリヒ	inner, internal イナ, インターナル

日	独	英
ナイトクラブ	*der* Nachtklub ナハトクルプ	nightclub ナイトクラブ
ナイフ	*das* Messer メッサー	knife ナイフ
内部	*die* Innenseite イネンザイテ	the inside ジ インサイド
内服薬	*das* innerlich anzuwendende Mittel イナーリヒ アンツーヴェンデンデ ミッテル	internal medicine インターナル メディスィン
内紛	interne Querelen インテルネ クヴェレーレン	internal trouble インターナル トラブル
内面	*die* Innenseite イネンザイテ	inside インサイド
内容	*der* Inhalt インハルト	contents, substance カンテンツ, サブスタンス
内乱	*der* Bürgerkrieg ビュルガークリーク	civil war スィヴィル ウォー
ナイロン	*das* Nylon ナイロン	nylon ナイラン
苗	*der* Sämling ゼームリング	seedling スィードリング
尚更	umso mehr ウムゾ メーア	still more スティル モー
直す	verbessern, korrigieren フェアベッサーン, コリギーレン	correct, reform カレクト, リフォーム
（修理）	reparieren レパリーレン	mend, repair メンド, リペア
治す	heilen ハイレン	cure キュア
直る	*korrigiert werden* コリギーアト ヴェーアデン	be corrected ビ カレクテド
（修理して）	repariert werden レパリーアト ヴェーアデン	be repaired ビ リペアド
治る	heilen ハイレン	get well ゲト ウェル
中	*das* Innere イネレ	the inside ザ インサイド

日	独	英
〜に	in, innerhalb イン, イナーハルプ	in, within イン, ウィズィン
なか 仲	*die* Freundschaft フロイントシャフト	relations リレイションズ
なが 長い	lang ラング	long ロング
ながい 長生きする	lange leben ランゲ レーベン	live long リヴ ロング
ながいす 長椅子	*das* Sofa, *die* Couch ゾーファ, カウチ	sofa, couch ソウファ, カウチ
なかがいにん 仲買人	*der*(*die*) Vermittler(*in*) フェアミットラー (-レリン)	broker ブロウカ
ながぐつ 長靴	*der* Stiefel シュティーフェル	boots ブーツ
なが 長さ	*die* Länge レンゲ	length レンクス
なが 流し	*das* Spülbecken シュピュールベッケン	sink スィンク
なが 流す	vergießen フェアギーセン	pour, drain ポー, ドレイン
ながそで 長袖	lange Ärmel ランゲ エルメル	long sleeves ロング スリーヴズ
なかたが 仲違いする	*mit*³ streiten シュトライテン	quarrel *with* クウォレル
なかなお 仲直りする	*sich*⁴ *mit*³ versöhnen フェアゼーネン	get reconciled *with* ゲト レコンサイルド
なかなか 中々	ziemlich, sehr ツィームリヒ, ゼーア	very, quite ヴェリ, クワイト
なかにわ 中庭	*der* Hof ホーフ	courtyard コートヤード
ながねん 長年	langjährig ラングイェーリヒ	for years フォー イアズ
なか 半ば	*die* Hälfte ヘルフテ	half ハフ
ながび 長引く	*sich*⁴ hin|ziehen ヒンツィーエン	be prolonged ビ プロロングド

日	独	英
仲間(なかま)	*der(die)* Kollege(*in*), *der(die)* Kamerad(*in*) コレーゲ (-ギン), カメラート (-ディン)	friend, comrade フレンド, カムラド
中身(なかみ)	*der* Inhalt インハルト	contents, substance カンテンツ, サブスタンス
眺め(ながめ)	*der* Ausblick アオスブリック	view ヴュー
眺める(ながめる)	an|schauen, überblicken アンシャオエン, ユーバーブリッケン	see, look at スィー, ルク アト
長持ちする(ながもちする)	*sich*⁴ gut halten グート ハルテン	be durable ビ デュアラブル
中指(なかゆび)	*der* Mittelfinger ミッテルフィンガー	the middle finger ザ ミドル フィンガ
仲良し(なかよし)	gute Freunde グーテ フロインデ	close friend, chum クロウス フレンド, チャム
流れ(ながれ)	*die* Strömung シュトレームング	stream, current ストリーム, カーレント
流れ星(ながれぼし)	*die* Sternschnuppe, *der* Meteor シュテルンシュヌッペ, メテオーア	shooting star シューティング スター
流れる(ながれる)	fließen, strömen フリーセン, シュトレーメン	flow, run フロウ, ラン
泣き声(なきごえ)	*der* Schrei シュライ	cry クライ
鳴き声(なきごえ)	*das* Zwitschern ツヴィッチャーン	twitter トウィタ
泣き虫(なきむし)	*die* Heulsuse ホイルズーゼ	crybaby クライベイビ
泣き喚く(なきわめく)	heulen ホイレン	scream スクリーム
泣く(なく)	weinen ヴァイネン	weep ウィープ
（声を出して）	schreien シュライエン	cry クライ
鳴く(なく)（小鳥）	singen ズィンゲン	sing スィング
（犬）	bellen ベレン	bark バーク

日	独	英
（猫）	miauen ミアオエン	mew ミュー
慰め	*der* Trost トロースト	comfort, solace カムファト, サリス
慰める	trösten トレーステン	console, comfort カンソウル, カムファト
亡[無]くす	verlieren フェアリーレン	lose ルーズ
無くなる	verloren gehen フェアローレン ゲーエン	get lost ゲト ロスト
（消滅）	verschwinden フェアシュヴィンデン	disappear ディサピア
（尽きる）	aus|gehen アオスゲーエン	run short ラン ショート
殴り合い	*die* Rauferei ラオフェライ	fight ファイト
殴り倒す	nieder|schlagen ニーダーシュラーゲン	knock down ナク ダウン
殴る	schlagen, prügeln シュラーゲン, プリューゲルン	strike, beat ストライク, ビート
嘆かわしい	beklagenswert ベクラーゲンスヴェーアト	deplorable ディプローラブル
嘆く	klagen クラーゲン	lament, grieve ラメント, グリーヴ
投げ捨てる	weg|werfen ヴェックヴェルフェン	throw away スロウ アウェイ
投げる	werfen ヴェルフェン	throw, cast スロウ, キャスト
仲人	*der*(*die*) Heiratsvermittler(*in*) ハイラーツフェアミットラー (-レリン)	matchmaker マチメイカ
和やかな	friedlich フリートリヒ	peaceful, friendly ピースフル, フレンドリ
名残	*die* Spur シュプーア	trace, vestige トレイス, ヴェスティヂ
情け	*die* Sympathie ズュンパティー	sympathy スィンパスィ
（慈悲）	*die* Barmherzigkeit バルムヘルツィヒカイト	mercy マースィ

日	独	英
情け無い（なさけない）	bedauernswert ベダオアーンスヴェーアト	miserable, lamentable ミザラブル, ラメンタブル
梨（なし）	*die* Birne ビルネ	pear ペア
成し遂げる（なしとげる）	vollenden フォルエンデン	accomplish アカンプリシュ
馴染む（なじむ）	vertraut werden フェアトラオト ヴェーアデン	become attached *to* ビカム アタチト
ナショナリズム	*der* Nationalismus ナツィオナリスムス	nationalism ナショナリズム
詰る（なじる）	vor|werfen フォーアヴェルフェン	rebuke, blame リビューク, ブレイム
茄子（なす）	*die* Aubergine オベルジーネ	eggplant, aubergine エグプラント, オウバジーン
何故（なぜ）	warum, wieso ヴァルム, ヴィゾー	why ホワイ
何故なら（なぜなら）	weil ヴァイル	because, for ビコズ, フォー
謎（なぞ）	*das* Rätsel レーツェル	riddle, mystery リドル, ミスタリ
謎々（なぞなぞ）	*das* Rätselraten レーツェルラーテン	riddle リドル
鉈（なた）	*das* Beil バイル	hatchet ハチト
名高い（なだかい）	berühmt ベリュームト	famous, well-known フェイマス, ウェルノウン
菜種（なたね）	*der* Raps ラプス	rape レイプ
宥める（なだめる）	beruhigen ベルーイゲン	calm, soothe カーム, スーズ
なだらかな	sanft ザンフト	gentle, fluent ヂェントル, フルエント
雪崩（なだれ）	*die* Lawine ラヴィーネ	avalanche アヴァランチ
夏（なつ）	*der* Sommer ゾマー	summer サマ
捺印する（なついんする）	stempeln シュテンペルン	seal スィール

日	独	英
懐(なつ)かしい	lieb, teuer リープ, トイアー	sweet スウィート
懐(なつ)かしむ	*sich*⁴ *nach*³ sehnen ゼーネン	long for ロング フォー
名付(なづ)け親(おや)	*der*(*die*) Pate, Patin パーテ, パーティン	godfather, godmother ガドファーザ, ガドマザ
名付(なづ)ける	nennen ネネン	name, call ネイム, コール
ナッツ	*die* Nuss ヌス	nut ナト
納得(なっとく)する	*sich*⁴ überzeugen ユーバーツォイゲン	consent *to* カンセント
棗(なつめ)	*die* Dattel ダッテル	jujube ヂューヂュブ
ナツメグ	*die* Muskatnuss ムスカートヌス	nutmeg ナトメグ
撫子(なでしこ)	*die* Nelke ネルケ	pink ピンク
撫(な)でる	streichen シュトライヒェン	stroke, pat ストロウク, パト
等(など)	und so weiter ウント ゾー ヴァイター	and so on アンド ソウ オン
ナトリウム	*das* Natrium ナートリウム	sodium ソウディアム
斜(なな)めの	schief, schräg シーフ, シュレーク	slant, oblique スラント, オブリーク
何(なに)	was ヴァス	what ホワト
（聞き返し）	Wie bitte? ヴィー ビッテ	What! ホワト
何(なに)か	etwas エトヴァス	something サムスィング
何気(なにげ)ない	unüberlegt ウンユーバーレークト	casual キャジュアル
何(なに)より	vor allem フォーア アレム	above all アバヴ オール
名乗(なの)る	*sich*⁴ vor|stellen フォーアシュテレン	introduce *oneself as* イントロデュース

日	独	英
靡く	flattern／フラッターン	flutter／フラタ
(屈する)	*sich*⁴ hingeben／ヒンゲーベン	yield *to*／イールド
ナビゲーター	*der*(*die*) Navigator(*in*)／ナヴィガートア (-ガトーリン)	navigator／ナヴィゲイタ
ナプキン	*die* Serviette／ゼルヴィエッテ	napkin／ナプキン
名札	*das* Namensschild／ナーメンスシルト	name tag／ネイム タグ
ナフタリン	*das* Naphthalin／ナフタリーン	naphthalene／ナフサリーン
鍋	*der* Topf／トプフ	pan／パン
生暖かい	lau／ラオ	uncomfortably warm／アンカムフォタブリ ウォーム
生意気な	frech／フレヒ	insolent, saucy／インソレント, ソースィ
名前	*der* Name／ナーメ	name／ネイム
生臭い	nach Fisch riechen／ナーハ フィッシュ リーヒェン	fishy／フィシ
怠け者	*der* Faulpelz／ファオルペルツ	lazy person／レイズィ パースン
怠ける	faulenzen／ファオレンツェン	be idle／ビ アイドル
海鼠	*die* Seegurke／ゼーグルケ	sea cucumber／スィー キューカンバ
鯰	*der* Wels／ヴェルス	catfish／キャトフィシュ
生々しい	frisch, lebhaft／フリッシュ, レープハフト	fresh, vivid／フレシュ, ヴィヴィド
生温い	lauwarm／ラオヴァルム	lukewarm／ルークウォーム
生の	roh／ロー	raw／ロー
生ビール	*das* Fassbier／ファスビーア	draft beer／ドラフト ビア

日	独	英
生放送(なまほうそう)	*die* Livesendung ライフゼンドゥング	live broadcast ライヴ ブロードキャスト
生物(なまもの)	Frisches フリッシェス	uncooked food アンククト フード
鉛(なまり)	*das* Blei ブライ	lead レド
波(なみ)	*die* Welle ヴェレ	wave ウェイヴ
並木(なみき)	*die* Alleebäume アレーボイメ	roadside trees ロウドサイド トリーズ
涙(なみだ)	*die* Träne トレーネ	tears ティアズ
～を流す	Tränen vergießen トレーネン フェアギーセン	shed tears シェド ティアズ
並の(なみの)	durchschnittlich ドゥルヒシュニットリヒ	ordinary, common オーディナリ, カモン
並外れた(なみはずれた)	außergewöhnlich アオサーゲヴェーンリヒ	extraordinary イクストローディナリ
蛞蝓(なめくじ)	*die* Nacktschnecke ナックトシュネッケ	slug スラグ
鞣し革(なめしがわ)	gegerbtes Leder ゲゲルプテス レーダー	leather レザ
鞣す(なめす)	gerben ゲルベン	tan タン
滑らかな(なめらかな)	glatt グラット	smooth スムーズ
舐める(なめる)	lecken レッケン	lick, lap リク, ラプ
納屋(なや)	*die* Scheune ショイネ	barn, shed バーン, シェド
悩ます(なやます)	*mit*³ belästigen ベレスティゲン	torment, worry トーメント, ワーリ
悩み(なやみ)	*die* Sorge ゾルゲ	anxiety, worry アングザイエティ, ワーリ
悩む(なやむ)	leiden, *sich*⁴ quälen ライデン, クヴェーレン	suffer *from* サファ
習う(ならう)	lernen レルネン	learn ラーン

日	独	英
慣(な)らす	gewöhnen ゲヴェーネン	accustom アカスタム
鳴(な)らす	läuten ロイテン	sound, ring サウンド, リング
並(なら)ぶ	$sich^4$ an|stellen アンシュテレン	line up ライン アプ
並(なら)べる	an|ordnen アンオルドネン	arrange アレインジュ
習(なら)わし	*die* Sitte ズィッテ	custom カスタム
成(な)り金(きん)	*der/die* Neureiche ノイライヒェ	upstart アプスタート
成(な)り立(た)ち	*die* Entstehung エントシュテーウング	formation フォーメイション
(起源)	*die* Herkunft ヘーアクンフト	origin オリヂン
成(な)り行(ゆ)き	*der* Verlauf フェアラオフ	the course *of* ザ コース
成(な)る	werden ヴェーアデン	become ビカム
(変わる)	$sich^4$ entwickeln エントヴィッケルン	turn *into* ターン
…から〜	aus^3 bestehen ベシュテーエン	consist *of* コンスィスト
生(な)る	tragen トラーゲン	grow, bear グロウ, ベア
鳴(な)る	tönen, läuten, klingen テーネン, ロイテン, クリンゲン	sound, ring サウンド, リング
ナルシスト	*der*(*die*) Narzisst(*in*) ナルツィスト(-ティン)	narcissist ナースィスィスト
成(な)る可(べ)く	möglichst メークリヒスト	if possible イフ パスィブル
成(な)る程(ほど)	tatsächlich タートゼヒリヒ	indeed インディード
ナレーション	*die* Erzählung エアツェールング	narration ナレイション
ナレーター	*der*(*die*) Sprecher(*in*) シュプレッヒャー (-ヒェリン)	narrator ナレイタ

日	独	英
馴れ馴れしい	aufdringlich アオフドリングリヒ	familiar ファミリア
慣れる	sich⁴ an⁴ gewöhnen ゲヴェーネン	get used *to* ゲト ユースト
縄	*das* Seil ザイル	rope ロウプ
縄跳び	*das* Seilspringen ザイルシュプリンゲン	jump rope ヂャンプ ロウプ
縄張り	*das* Territorium, *der* Einflussbereich テリトーリウム, **ア**インフルースベライヒ	territory テリトーリ
南欧	(*das*) Südeuropa ズートオイローパ	Southern Europe サザン ユアロプ
難解な	schwerverständlich シュヴェーアフェアシュテントリヒ	very difficult ヴェリ ディフィカルト
南極	*der* Südpol ズートポール	the South Pole ザ サウス ポウル
南京豆	*die* Erdnuss エーアトヌス	peanut ピーナト
南京虫	*die* Wanze ヴァンツェ	bedbug ベドバグ
軟膏	*die* Salbe ザルベ	ointment オイントメント
何時	wie spät, wann, um wie viel Uhr ヴィー シュペート, ヴァン, ウム ヴィー フィール ウーア	what time, when ホワト タイム, ホウェン
南西	*der* Südwest ズートヴェスト	the southwest ザ サウスウェスト
ナンセンス	*der* Unsinn ウンズィン	nonsense ナンセンス
軟体動物	*die* Mollusken モルスケン	mollusc マラスク
難聴	*die* Schwerhörigkeit シュヴェーアヘーリヒカイト	difficulty in hearing ディフィカルティ イン ヒアリング
何と	wie, was für ein ヴィー, ヴァス フューア アイン	what, how ホワト, ハウ

日	独	英
なんとう 南東	*der* Südost ズュートオスト	the southeast ザ サウスイースト
ナンバー	*die* Nummer ヌマー	number ナンバ
〜プレート	*das* Autokennzeichen アオトケンツァイヒェン	license plate ライセンス プレイト
ナンバーワン	die Nummer eins ディー ヌマー アインス	Number 1 ナンバ ワン
なんぱ 難破する	scheitern シャイターン	be wrecked ビ レクド
なんびょう 難病	unheilbare Krankheit ウンハイルバーレ クランクハイト	incurable disease インキュアラブル ディズィーズ
なんぴょうよう 南氷洋	*das* Südpolarmeer ズュートポラールメーア	the Antarctic Ocean ジ アンタークティク オウシャン
なんぶ 南部	*der* Süden ズューデン	the southern part ザ サザン パート
なんべい 南米	*das* Südamerika ズュートアメーリカ	South America サウス アメリカ
なんぼく 南北	Norden und Süden ノルデン ウント ズューデン	north and south ノース アンド サウス
なんみん 難民	*der* Flüchtling フリュヒトリング	refugees レフュヂーズ

に, ニ

日	独	英
に 荷	*die* Fracht フラハト	load ロウド
にあ 似合う	passen, gut stehen パッセン, グート シュテーエン	become, suit ビカム, シュート
ニアミス	*der* Beinahezusammenstoß バイナーエツザメンシュトース	near miss ニア ミス
ニーズ	*der* Bedarf ベダルフ	necessity, need ニセスィティ, ニード
に 煮える	kochen コッヘン	boil ボイル
にお 匂い	*der* Duft, *der* Geruch ドゥフト, ゲルフ	smell, odor スメル, オウダ
にお 臭う	riechen, stinken リーヒェン, シュティンケン	stink スティンク

日	独	英
匂う	duften, riechen ドゥフテン, リーヒェン	smell スメル
二階	erster Stock エーアスター シュトック	the second floor ザ セコンド フロー
苦い	bitter ビッター	bitter ビタ
逃がす	befreien ベフライエン	let go, set free レト ゴウ, セト フリー
(取り逃がす)	entkommen lassen エントコメン ラッセン	let... escape, miss レト イスケイプ, ミス
二月	*der* Februar フェーブルアール	February フェブルエリ
苦手である	*in*³ schwach sein シュヴァッハ ザイン	be weak *in* ビ ウィーク
苦々しい	bitter ビッター	unpleasant アンプレザント
膠	*der* Leim ライム	glue グルー
苦笑いする	bitter lächeln ビッター レッヒェルン	smile bitterly スマイル ビタリ
面皰	*der* Pickel, *die* Akne ピッケル, アクネ	pimple ピンプル
賑やかな	lebhaft レープハフト	crowded クラウディド
(活気のある)	lebendig レベンディヒ	lively ライヴリ
握る	greifen, fassen グライフェン, ファッセン	grasp グラスプ
賑わう	belebt sein ベレープト ザイン	be crowded ビ クラウディド
肉	*das* Fleisch フライシュ	flesh, meat フレシュ, ミート
憎い	abscheulich, *verabscheuenswert* アプショイリヒ, フェアアップショイエンスヴェーアト	hateful, detestable ヘイトフル, ディテスタブル
肉眼	bloßes Auge ブローセス アオゲ	naked eye ネイキド アイ

日	独	英
憎しみ	der Hass ハス	hatred ヘイトリド
肉親	der/die Blutsverwandte ブルーツフェアヴァンテ	near relatives ニア レラティヴズ
肉体	der Leib, der Körper ライブ, ケルパー	the body, the flesh ザ バディ, ザ フレシュ
～労働	körperliche Arbeit ケルパーリヒェ アルバイト	physical labor フィジカル レイバ
肉離れ	die Muskelzerrung ムスケルツェルング	torn muscle トーン マスル

■ 肉 ■ *das* Fleisch /フライシュ/

牛肉　*das* Rindfleisch /リントフライシュ/ (英beef)

子牛肉　*das* Kalbfleisch /カルプフライシュ/ (英veal)

豚肉　*das* Schweinefleisch /シュヴァイネフライシュ/ (英pork)

鶏肉　*das* Hühnerfleisch /ヒューナーフライシュ/ (英chicken)

羊の肉　*das* Schaf /シャーフ/ (英ram)

子羊の肉　*das* Lamm /ラム/ (英lamb)

挽肉　*das* Hackfleisch /ハックフライシュ/ (英ground meat)

赤身　mageres Fleisch /マーゲレス フライシュ/ (英lean)

ロース　*das* Roastbeef /ローストビーフ/ (英sirloin)

リブロース　*die* Lende /レンデ/ (英loin)

ヒレ肉　*das* Filet /フィレー/ (英fillet)

サーロイン　*das* Roastbeef /ローストビーフ/ (英sirloin)

タン　*die* Zunge /ツンゲ/ (英tongue)

レバー　*die* Leber /レーバー/ (英liver)

鶏の股肉　*die* Keule /コイレ/ (英leg)

ハム　*der* Schinken /シンケン/ (英ham)

燻製の　geräuchert /ゲロイヒャート/ (英smoked)

ソーセージ　*die* Wurst /ヴルスト/ (英sausage)

ベーコン　*der* Speck /シュペック/ (英bacon)

サラミ　*die* Salami /ザラーミ/ (英salami)

野兎　*der* Hase /ハーゼ/ (英hare)

日	独	英
憎む	hassen ハッセン	hate ヘイト
肉屋 （人）	der(die) Metzger(in), der(die) Fleischer(in) メッツガー (-ゲリン), フライシャー (-シェリン)	butcher ブッチャー
（店）	die Metzgerei メッツゲライ	meat shop ミート シャプ
憎らしい	unausstehlich ウンアオスシュテーリヒ	hateful, detestable ヘイトフル, ディテスタブル
荷車	die Karre カレ	cart カート
逃げる	fliehen フリーエン	run away, escape ラン アウェイ, イスケイプ
ニコチン	das Nikotin ニコティーン	nicotine ニコティーン
にこにこする	lächeln レッヒェルン	smile, beam スマイル, ビーム
にこやかな	lächelnd レッヒェルント	cheerful, smiling チアフル, スマイリング
濁る	sich^4 trüben トリューベン	become muddy ビカム マディ
二酸化炭素	das Kohlendioxid コーレンディーオクスィート	carbon dioxide カーボン ダイアクサイド
西	der Westen ヴェステン	the west ザ ウェスト
〜半球	westliche Hemisphäre ヴェストリヒェ ヘミスフェーレ	the Western Hemisphere ジ ウェスタン ヘミスフィア
虹	der Regenbogen レーゲンボーゲン	rainbow レインボウ
錦	der Brokat ブロカート	brocade ブロウケイド
虹鱒	die Regenbogenforelle レーゲンボーゲンフォレレ	rainbow trout レインボウ トラウト
滲む	sickern ズィッカーン	blot ブラト

日	独	英
にじゅう 二重の	doppelt, zweifach ドッペルト, ツヴァイファッハ	double, dual ダブル, デュアル
にしん 鰊	*der* Hering ヘーリング	herring ヘリング
ニス	*der* Firnis フィルニス	varnish ヴァーニシュ
にせい 二世	die zweite Generation ディー ツヴァイテ ゲネラツィオーン	the second generation ザ セコンド チェナレイション
にせ 偽の	falsch, unecht ファルシュ, ウンエヒト	imitation イミテイション
にせもの 偽物	*die* Fälschung フェルシュング	imitation, counterfeit イミテイション, カウンタフィト
にそう 尼僧	*die* Nonne ノネ	nun, sister ナン, スィスタ
にちじ 日時	*das* Datum ダートゥム	the time, the date ザ タイム, ザ デイト
にちじょう 日常の	alltäglich アルテークリヒ	daily デイリ
にちどく 日独の	japanisch-deutsch ヤパーニシュ ドイチュ	Germano-Japanese ジャーマノウチャパニーズ
にちぼつ 日没	*der* Sonnenuntergang ゾネンウンターガング	sunset サンセト
にちや 日夜	Tag und Nacht ターク ウント ナハト	night and day ナイト アンド デイ
にちようだいく 日曜大工	*das* Do-it-yourself ドゥーイトユアセルフ	do-it-yourself ドゥーイトユアセルフ
にちようび 日曜日	*der* Sonntag ゾンターク	Sunday サンディ
にちようひん 日用品	Artikel für den täglichen Bedarf アルティーケル フューア デン テークリヒェン ベダルフ	daily necessaries デイリ ネセセリズ
にっか 日課	*das* Tagespensum ターゲスペンズム	daily work デイリ ワーク
にっき 日記	*das* Tagebuch ターゲブーフ	diary ダイアリ
にっきゅう 日給	*der* Tagelohn ターゲローン	day's wage デイズ ウェイヂ

日	独	英
ニックネーム	*der* Spitzname シュピッツナーメ	nickname ニクネイム
荷造りする	ein|packen アインパッケン	pack パク
ニッケル	*das* Nickel ニッケル	nickel ニクル
日光	*der* Sonnenschein ゾネンシャイン	sunlight, sunshine サンライト, サンシャイン
日誌	*das* Tagebuch ターゲブーフ	diary, journal ダイアリ, ヂャーナル
日射病	*der* Sonnenstich ゾネンシュティヒ	sunstroke サンストロウク
日食	*die* Sonnenfinsternis ゾネンフィンスターニス	solar eclipse ソウラ イクリプス
日数	*die* Zahl der Tage ツァール デア ターゲ	the number of days ザ ナンバ オヴ デイズ
日程	*das* Tagesprogramm ターゲスプログラム	day's program デイズ プロウグラム
日当	*der* Tagelohn ターゲローン	daily allowance デイリ アラウアンス
ニットウエア	*die* Strickwaren シュトリックヴァーレン	knitwear ニトウェア
煮詰める	ein|kochen アインコッヘン	boil down ボイル ダウン
二等	zweite Klasse ツヴァイテ クラッセ	the second class ザ セコンド クラス
二等分	*die* Halbierung ハルビールング	halve ハヴ
ニトログリセリン	*das* Nitroglyzerin ニトログリュツェリーン	nitroglycerine ナイトロウグリセリン
担う	tragen トラーゲン	carry, bear キャリ, ベア
二倍の	doppelt, zweifach ドッペルト, ツヴィファッハ	double ダブル
二番	die Nummer zwei ディー ヌマー ツヴァイ	number two ナンバ トゥー
ニヒルな	nihilistisch ニヒリスティシュ	nihilistic ナイイリスティク

日	独	英
鈍い	dumpf ドゥンプフ	dull, blunt ダル, ブラント
荷札	*der* Anhänger アンヘンガー	tag タグ
日本	(*das*) Japan ヤーパン	Japan ヂャパン
～海	das Japanische Meer ダス ヤパーニシェ メーア	the Sea of Japan ザ スィー オヴ ヂャパン
～語	*das* Japanisch ヤパーニシュ	Japanese ヂャパニーズ
～酒	*der* Reiswein ライスヴァイン	*sake* サーキ
～人	*der*(*die*) Japaner(*in*) ヤパーナー (-ネリン)	Japanese ヂャパニーズ
～料理	japanische Küche ヤパーニシェ キュッヒェ	Japanese cooking ヂャパニーズ クキング
荷物	*das* Gepäck ゲペック	baggage バギヂ
にやにやする	grinsen グリンゼン	grin グリン
入院する	ins Krankenhaus aufgenommen werden インス クランケンハオス アオフゲノメン ヴェーアデン	enter the hospital エンタ ザ ハスピタル
入会する	ein|treten アイントレーテン	join ヂョイン
入学	*der* Eintritt in die Schule アイントリット イン ディ シューレ	entrance エントランス
～する	in die Schule ein|treten イン ディ シューレ アイントレーテン	enter a school エンタ ア スクール
～金	*die* Aufnahmegebühr アオフナーメゲビューア	entrance fee エントランス フィー
入荷する	an|kommen アンコメン	arrive アライヴ
乳癌	*der* Brustkrebs ブルストクレープス	breast cancer ブレスト キャンサ
乳牛	*die* Milchkuh ミルヒクー	milk cow ミルク カウ

日	独	英
にゅうきん 入金	*die* Einzahlung アインツァールング	money received マニ リスィーヴド
にゅうこく 入国する	ein|reisen アインライゼン	enter a country エンタ ア カントリ
にゅうさつ 入札する	submittieren, aus|schreiben ズブミッティーレン, アオスシュライベン	bid, tender ビド, テンダ
にゅうさんきん 乳酸菌	*die* Milchsäurebakterien ミルヒゾイレバクテーリエン	lactic acid bacteria ラクティク アスィッド バクティアリア
にゅうし 入試	*die* Aufnahmeprüfung アオフナーメプリューフング	entrance examination エントランス イグザミネイション
にゅうしゃ 入社する	in eine Firma ein|treten イン アイネ フィルマ アイントレーテン	join a company ヂョイン ア カンパニ
にゅうしゅ 入手する	erhalten エアハルテン	get, acquire ゲト, アクワイア
にゅうじょう 入場 ～する	ein|treten アイントレーテン	enter, get in エンタ, ゲト イン
～券	*die* Eintrittskarte アイントリッツカルテ	admission ticket アドミション ティケト
～料	*das* Eintrittsgeld アイントリッツゲルト	admission fee アドミション フィー
ニュース	*die* Nachricht ナーハリヒト	news ニューズ
～キャスター	*der*(*die*) Nachrichten-sprecher(*in*) ナーハリヒテンシュプレッヒャー (-ヒェリン)	newscaster ニューズキャスタ
～速報	*die* Sondermeldung ゾンダーメルドゥング	news flash ニューズ フラシュ
にゅうせいひん 乳製品	*die* Milchprodukte ミルヒプロドゥクテ	dairy products デアリ プラダクツ
にゅうとう 乳頭	*die* Brustwarze ブルストヴァルツェ	nipple ニブル
ニューフェイス	*der*(*die*) Debütant(*in*) デビュタント (-ティン)	new face ニュー フェイス
にゅうもん 入門する	Schüler werden シューラー ヴェーアデン	become a pupil *of* ビカム ア ピューピル
にゅうよく 入浴する	baden バーデン	take a bath テイク ア バス

日	独	英
にゅうりょく 入力	*die* Eingabe アインガーベ	input インプト
～する	ein|geben アインゲーベン	input インプト
にょう 尿	*der* Urin ウリーン	urine ユアリン
～毒症	*die* Harnvergiftung ハルンフェアギフトゥング	uremia ユアリーミア
にょうぼう 女房	*die* Ehefrau エーエフラオ	wife ワイフ
にら 韭	chinesischer Lauch ヒネーズィシャー ラオホ	leek リーク
にら 睨む	starren シュタレン	glare *at* グレア
にりゅう 二流	zweite Klasse ツヴァイテ クラッセ	second-rate セコンドレイト
に 似る	ähnlich sein エーンリヒ ザイン	resemble リゼンブル
に 煮る	kochen コッヘン	boil, cook ボイル, クク
にれ 楡	*die* Ulme ウルメ	elm エルム
にわ 庭	*der* Garten ガルテン	garden, yard ガードン, ヤード
にわ あめ 俄か雨	*der* Regenschauer レーゲンシャオアー	shower シャウア
にわとり 鶏	*das* Huhn, *der* Hahn, *das* Hähnchen フーン, ハーン, ヘーンヒェン	fowl, chicken ファウル, チキン
～小屋	*der* Hühnerstall ヒューナーシュタル	coop, henhouse クープ, ヘンハウス
にんか 認可する	genehmigen ゲネーミゲン	authorize オーソライズ
にんき 人気	*die* Beliebtheit ベリープトハイト	popularity パピュラリティ
～のある	beliebt ベリープト	popular パピュラ

に

日	独	英
にんぎょ 人魚	*die* Seejungfrau ゼーユングフラオ	mermaid マーメイド
にんぎょう 人形	*die* Puppe プッペ	doll ダル
～劇	*das* Puppentheater プッペンテアーター	puppet show パペト ショウ
にんげん 人間	*der* Mensch メンシュ	human being ヒューマン ビーイング
にんしき 認識	*die* Erkenntnis エアケントニス	recognition レコグニション
～する	erkennen エアケネン	recognize レコグナイズ
にんじょう 人情	*die* Menschlichkeit メンシュリヒカイト	human nature ヒューマン ネイチャ
にんしん 妊娠	*die* Schwangerschaft シュヴァンガーシャフト	pregnancy プレグナンスィ
～する	schwanger werden シュヴァンガー ヴェーアデン	become pregnant ビカム プレグナント
にんじん 人参	*die* Karotte, *die* Möhre カロッテ, メーレ	carrot キャロト
にんずう 人数	*die* Zahl der Personen ツァール デア ペルゾーネン	the number ザ ナンバ
にんそう 人相	*die* Gesichtszüge, *die* Physiognomie ゲズィヒツツューゲ, フュズィオグノミー	physiognomy フィズィアグノミ
にんたい 忍耐	*die* Geduld ゲドゥルト	patience ペイシェンス
にんてい 認定する	bestätigen ベシュテーティゲン	authorize, recognize オーソライズ, レコグナイズ
にんにく 大蒜	*der* Knoblauch クノープラオホ	garlic ガーリク
にんぷ 妊婦	*die* Schwangere シュヴァンゲレ	pregnant woman プレグナント ウマン
にんむ 任務	*die* Aufgabe アオフガーベ	duty, office デューティ, オフィス
にんめい 任命する	ernennen エアネネン	appoint アポイント

日	独	英

ぬ, ヌ

縫いぐるみ	*das* Stofftier シュトフティーア	stuffed toy スタフト トイ
縫い目	*die* Naht ナート	seam スィーム
縫う	nähen ネーエン	sew, stitch ソウ, スティチ
ヌード	*der* Akt アクト	nude ニュード
糠	*die* Kleie クライエ	rice bran ライス ブラン
泥濘	*der* Schlamm シュラム	mud マド
抜きん出る	*sich*[4] aus|zeichnen アオスツァイヒネン	surpass, excel サーパス, イクセル
抜く	aus|ziehen アオスツィーエン	pull out プル アウト
（省く）	kürzen キュルツェン	omit, skip オウミト, スキプ
（追い抜く）	überholen ユーバーホーレン	outrun アウトラン
脱ぐ	*sich*[4] aus|ziehen アオスツィーエン	put off プト オフ
拭う	wischen ヴィッシェン	wipe ワイプ
脱け殻	*die* Exuvien エクスーヴィエン	cast-off skin キャストーフ スキン
抜ける	aus|fallen アオスファレン	come off カム オフ
（脱退）	aus|treten アオストレーテン	leave, withdraw リーヴ, ウィズドロー
主	*der* Herr ヘル	master, owner マスタ, オウナ
盗み	*der* Diebstahl ディープシュタール	theft セフト
盗む	stehlen シュテーレン	steal, rob スティール, ラブ

日	独	英
布ぬの	*das* Tuch トゥーフ	cloth クロス
沼ぬま	*das* Moor, *der* Sumpf モーア, ズンプフ	marsh, bog マーシュ, バグ
濡ぬらす	nass machen ナス マッヘン	wet, moisten ウェト, モイスン
塗ぬる	malen マーレン	paint ペイント
（薬などを）	schmieren, streichen シュミーレン, シュトライヒェン	apply アプライ
温ぬるい	lauwarm ラオヴァルム	tepid, lukewarm テピド, ルークウォーム
濡ぬれる	nass werden ナス ヴェーアデン	get wet ゲト ウェト

ね, ネ

日	独	英
根ね	*die* Wurzel ヴルツェル	root ルート
値上ねあがり	*die* Preissteigerung プライスシュタイゲルング	rise in price ライズ イン プライス
値上ねあげする	den Preis erhöhen デン プライス エアヘーエン	raise the price レイズ ザ プライス
値打ねうち	*der* Wert ヴェーアト	value, merit ヴァリュ, メリト
ネームバリュー	*die* Berühmtheit ベリュームトハイト	celebrity スィレブリティ
ネオン	*das* Neon ネーオン	neon ニーアン
ネガ	*das* Negativ ネーガティーフ	negative ネガティヴ
願ねがい	*der* Wunsch ヴンシュ	wish, desire ウィシュ, ディザイア
願ねがう	wünschen ヴュンシェン	wish ウィシュ
寝ねかす	ins Bett bringen インス ベット ブリンゲン	put to bed プト トゥ ベド
（横にする）	legen レーゲン	lay down レイ ダウン

日	独	英
葱（ねぎ）	*der* Lauch ラオホ	leek リーク
値切る（ねぎる）	feilschen ファイルシェン	bargain バーギン
ネクタイ	*die* Krawatte クラヴァッテ	necktie, tie ネクタイ, タイ
ネグリジェ	*das* Nachthemd ナハトヘムト	night gown ナイト ガウン
猫（ねこ）	*die* Katze カッツェ	cat キャト
寝言をいう（ねごとをいう）	im Schlaf sprechen イム シュラーフ シュプレッヒェン	talk in *one's* sleep トーク イン スリープ
寝込む（ねこむ）	ein|schlafen アインシュラーフェン	fall asleep フォール アスリープ
（病気で）	*das* Bett hüten ダス ベット ヒューテン	be ill in bed ビ イル イン ベド
寝転ぶ（ねころぶ）	*sich*⁴ hin|legen ヒンレーゲン	lie down ライ ダウン
値下がり（ねさがり）	*die* Preissenkung プライスゼンクング	fall in price フォール イン プライス
値下げする（ねさげする）	den Preis senken デン プライス ゼンケン	reduce the price リデュース ザ プライス
螺子（ねじ）	*die* Schraube シュラオベ	screw スクルー
～回し	*der* Schraubenzieher シュラオベンツィーアー	screwdriver スクルードライヴァ
捻る（ねじる）	drehen ドレーエン	twist, turn トゥイスト, ターン
寝過ごす（ねすごす）	*sich*⁴ verschlafen フェアシュラーフェン	oversleep オウヴァスリープ
鼠（ねずみ）	*die* Ratte, *die* Maus ラッテ, マオス	rat, mouse ラト, マウス
寝たきり老人（ねたきりろうじん）		
（男）	bettlägeriger Alter ベットレーゲリガー アルター	bedridden old person ベドリドン オウルド パースン
（女）	bettlägerige Alte ベットレーゲリゲ アルテ	bedridden old person ベドリドン オウルド パースン

日	独	英
妬む	*um*[4] beneiden ベナイデン	be jealous *of*, envy ビ ヂェラス, エンヴィ
値段	*der* Preis プライス	price プライス
熱	*die* Hitze ヒッツェ	heat ヒート
（病気の）	*das* Fieber フィーバー	fever フィーヴァ
熱意	*der* Eifer アイファー	zeal, eagerness ズィール, イーガネス
ネッカチーフ	*das* Halstuch ハルストゥーフ	neckerchief ネカチフ
熱気球	*der* Heißluftballon ハイスルフトバローン	hot-air balloon ホッテア バルーン
熱狂的な	fanatisch ファナーティシュ	enthusiastic インスューズィアスティク
根付く	Wurzeln schlagen ヴルツェルン シュラーゲン	take root テイク ルート
ネックレス	*die* Halskette ハルスケッテ	necklace ネクリス
熱心な	fleißig, eifrig フライスィヒ, アイフリヒ	eager, ardent イーガ, アーデント
熱する	erhitzen エアヒッツェン	heat ヒート
熱帯	*die* Tropen トローペン	the Torrid Zone ザ トリド ゾウン
〜の	tropisch トローピシュ	tropical トラピカル
熱中する	*für*[4] schwärmen シュヴェルメン	be absorbed *in* ビ アブソーブド
ネット	*das* Internet, *das* Netz インターネット, ネッツ	net ネト
〜サーフィン	*das* Internet-Surfing インターネットサーフィング	net-surfing ネトサーフィング
〜ワーク	*das* Netzwerk ネッツヴェルク	network ネトワーク
熱湯	kochendes Wasser コッヘンデス ヴァッサー	boiling water ボイリング ウォタ

日	独	英
熱病(ねっぴょう)	*das* Fieber フィーバー	fever フィーヴァ
根強い(ねづよい)	tief verwurzelt ティーフ フェアヴルツェルト	deep-rooted ディープルーテド
熱烈な(ねつれつな)	leidenschaftlich, begeistert ライデンシャフトリヒ, ベガイスタート	passionate, ardent パショネト, アーデント
ねばねばの	klebrig クレーブリヒ	sticky スティキ
粘り(ねばり)	*die* Klebrigkeit クレーブリヒカイト	stickiness スティキネス
粘り強い(ねばりづよい)	beharrlich ベハルリヒ	tenacious, persistent ティネイシャス, パスィステント
粘る(ねばる)	kleben クレーベン	be sticky ビ スティキ
（根気よく）	ausdauernd sein アオスダオアーント ザイン	persevere パースィヴィア
値引き(ねびき)	Ermäßigung エアメースィグング	discount ディスカウント
～する	einen Rabatt geben アイネン ラバット ゲーベン	discount ディスカウント
寝袋(ねぶくろ)	*der* Schlafsack シュラーフザック	sleeping-bag スリーピングバグ
寝不足(ねぶそく)	*der* Schlafmangel シュラーフマンゲル	want of sleep ワント オヴ スリープ
値札(ねふだ)	*der* Preiszettel プライスツェッテル	price tag プライス タグ
寝坊(ねぼう)（人）	*der(die)* Langschläfer(*in*) ラングシュレーファー (-フェリン)	late riser レイト ライザ
～する	*sich*⁴ verschlafen フェアシュラーフェン	get up late ゲト アプ レイト
寝惚ける(ねぼける)	noch nicht ganz wach sein ノホ ニヒト ガンツ ヴァッハ ザイン	be half asleep ビ ハフ アスリープ
寝巻(ねまき)	*der* Schlafanzug, *das* Nachthemd シュラーフアンツーク, ナハトヘムト	pajamas パヂャーマズ
根回しする(ねまわしする)	die Grundlagen schaffen ディ グルントラーゲン シャフェン	lay the groundwork レイ ザ グラウンドワーク

ね

日	独	英
眠(ねむ)い	müde ミューデ	be sleepy ビ スリービ
眠気(ねむけ)	*die* Müdigkeit ミューディヒカイト	drowsiness ドラウズィネス
眠(ねむ)り	*der* Schlaf シュラーフ	sleep スリープ
眠(ねむ)る	schlafen シュラーフェン	sleep スリープ
狙(ねら)い	*das* Ziel ツィール	aim エイム
狙(ねら)う	*auf*⁴ zielen ツィーレン	aim *at* エイム
練(ね)り歯(は)磨(みが)き	*die* Zahnpasta ツァーンパスタ	toothpaste トゥースペイスト
寝(ね)る	schlafen シュラーフェン	sleep スリープ
(寝床に入る)	ins Bett gehen インス ベット ゲーエン	go to bed ゴウ トゥベド
練(ね)る	kneten クネーテン	knead ニード
(文章などを)	polieren, überarbeiten ポリーレン, ユーバーアルバイテン	polish パリシュ
年(ねん)	*das* Jahr ヤール	year イア
念入(ねんい)りな	sorgfältig ゾルクフェルティヒ	careful, deliberate ケアフル, ディリバレイト
年賀状(ねんがじょう)	*die* Neujahrskarte ノイヤールスカルテ	New Year's card ニュー イアズ カード
年月日(ねんがっぴ)	*das* Datum ダートゥム	date デイト
年鑑(ねんかん)	*das* Jahrbuch, *der* Almanach ヤールブーフ, アルマナハ	almanac オールマナク
年間(ねんかん)の	jährlich イェーアリヒ	annual, yearly アニュアル, イアリ
年金(ねんきん)	*die* Rente レンテ	pension, annuity パーンスィアン, アニュイティ
年月(ねんげつ)	*die* Jahre ヤーレ	time, years タイム, イアズ

日	独	英
ねんこうじょれつ 年功序列	*die* Anciennität アンスィエニテート	seniority スィニオリティ
ねんざ 捻挫する	sich³ verstauchen フェアシュタオヘン	sprain スプレイン
ねんしゅう 年収	*das* Jahreseinkommen ヤーレスアインコメン	annual income アニュアル インカム
ねんじゅう 年中	das ganze Jahr (hindurch) ダス ガンツェ ヤール (ヒンドゥルヒ)	all the year オール ジ イア
ねんしゅつ 捻出する	zusammen|kratzen ツザメンクラッツェン	manage to rise マニヂ トゥ ライズ
ねんしょう 燃焼する	brennen ブレネン	burn バーン
ねんすう 年数	*die* Jahre ヤーレ	years イアズ
ねんだい 年代	*die* Epoche, *das* Zeitalter エポッヘ, ツァイトアルター	age, era エイヂ, イアラ
ねんちゅうぎょうじ 年中行事	*die* Jahresfeste ヤーレスフェステ	annual event アニュアル イヴェント
ねんちょう 年長の	älter エルター	senior スィーニア
ねんど 粘土	*der* Ton トーン	clay クレイ
ねんぱい 年配の	älter エルター	elderly, middle-aged エルダリ, ミドルエイヂド
ねんぴょう 年表	*die* Zeittafel ツァイトターフェル	chronological table クラノラヂカル テイブル
ねんぽう 年俸	*das* Jahresgehalt ヤーレスゲハルト	annual salary アニュアル サラリ
ねんまつ 年末	*das* Jahresende ヤーレスエンデ	the end of the year ジ エンド オヴ ザ イア
ねんりき 念力	*die* Willenskraft ヴィレンスクラフト	willpower ウィルパウア
ねんりょう 燃料	*der* Brennstoff ブレンシュトフ	fuel フュエル
ねんりん 年輪	*der* Jahresring ヤーレスリング	annual ring アニュアル リング
ねんれい 年齢	*das* Alter アルター	age エイヂ

日	独	英

の, ノ

ノイローゼ	*die* Neurose ノイローゼ	neurosis ニュアロウスィス
のう 脳	*das* Gehirn ゲヒルン	the brain ザ ブレイン
のういっけつ 脳溢血	*die* Gehirnblutung ゲヒルンブルートゥング	cerebral hemorrhage セリーブラル ヘモリヂ
のうえん 農園	*der* Bauernhof バオアーンホーフ	farm, plantation ファーム, プランテイション
のうか 農家	*das* Bauernhaus バオアーンハオス	farmhouse ファームハウス
のうがく 農学	*die* Landwirtschaftswissen- schaft, *die* Agronomie ラントヴィルトシャフツヴィッセンシャフト, アグロノミー	agriculture アグリカルチャ
のうき 納期	*die* Lieferzeit リーファーツァイト	the delivery date ザ ディリヴァリ デイト
(金の)	*der* Zahlungstermin ツァールングステルミーン	the date of payment ザ デイト オヴ ペイメント
のうぎょう 農業	*die* Landwirtschaft ラントヴィルトシャフト	agriculture アグリカルチャ
のうぐ 農具	*das* Ackergerät アッカーゲレート	farming tool ファーミング トゥール
のうこう 農耕	*der* Ackerbau アッカーバオ	farming ファーミング
のうさんぶつ 農産物	*das* Agrarprodukt アグラールプロドゥクト	farm produce ファーム プロデュース
のうしゅく 濃縮する	konzentrieren コンツェントリーレン	concentrate カンセントレイト
のうじょう 農場	*der* Bauernhof バオアーンホーフ	farm ファーム
のうしんとう 脳震盪	*die* Gehirnerschütterung ゲヒルンエアシュッテルング	concussion of the brain カンカション オヴ ザ ブレイン
のうぜい 納税	*die* Steuerzahlung シュトイアーツァールング	payment of taxes ペイメント オヴ タクスィズ

日	独	英
のうそっちゅう 脳卒中	*die* Apoplexie, *der* Gehirnschlag アポプレクスィー, ゲヒルンシュラーク	apoplexy アポプレクスィ
のうそん 農村	*das* Bauerndorf バオアーンドルフ	farm village ファーム ヴィリヂ
のうたん 濃淡	*die* Schattierung シャティールング	light and shade ライト アンド シェイド
のうち 農地	*das* Ackerland アッカーラント	agricultural land アグリカルチュラル ランド
のうど 濃度	*die* Dichte ディヒテ	density デンスィティ
のうどうてき 能動的な	aktiv アクティーフ	active アクティヴ
のうにゅう 納入する	liefern リーファーン	deliver ディリヴァ
ノウハウ	*das* Know-how ノウハウ	know-how ノウハウ
のうひん 納品する	liefern リーファーン	deliver ディリヴァ
のうみん 農民	*der(die)* Bauer(Bäuerin) バオアー (ボイエリン)	peasant, farmer ペザント, ファーマ
のうむ 濃霧	dichter Nebel ディヒター ネーベル	dense fog デンス フォグ
のうやく 農薬	künstlicher Dünger キュンストリヒャー デュンガー	agricultural chemicals アグリカルチュラル ケミカルズ
のうりつ 能率	*die* Effizienz エフィツィエンツ	efficiency イフィシェンスィ
～的な	effizient エフィツィエント	efficient イフィシェント
のうりょく 能力	*die* Fähigkeit フェーイヒカイト	ability, capacity アビリティ, カパスィティ
ノーコメント	Kein Kommentar! カイン コメンタール	No comment. ノウ カメント
ノート	*das* Heft ヘフト	notebook ノウトブク
のが 逃す	frei|lassen フライラッセン	let go, set free レト ゴウ, セト フリー

日	独	英
(取り損なう)	verpassen フェアパッセン	fail to catch フェイル トゥ キャチ
逃^{のが}れる	entfliehen エントフリーエン	escape, get off イスケイプ, ゲト オフ
軒^{のき}	*die* Traufe トラオフェ	eaves イーヴズ
鋸^{のこぎり}	*die* Säge ゼーゲ	saw ソー
遺^{のこ}す	hinterlassen ヒンターラッセン	bequeath ビクウィーズ
残^{のこ}す	übrig lassen, hinterlassen ユーブリヒ ラッセン, ヒンターラッセン	leave behind, leave リーヴ ビハインド, リーヴ
残^{のこ}り	*der* Rest レスト	the rest ザ レスト
残^{のこ}る	(übrig) bleiben (ユーブリヒ) ブライベン	stay, remain ステイ, リメイン
ノズル	*die* Düse デューゼ	nozzle ナズル
載^のせる	legen, setzen レーゲン, ゼッツェン	put, set プト, セト
(記載)	ein|tragen アイントラーゲン	record, publish リコード, パブリシュ
乗^のせる	fahren, tragen ファーレン, トラーゲン	give a lift, pick up ギヴ ア リフト, ピク アプ
除^{のぞ}く	beseitigen ベザイティゲン	remove リムーヴ
(除外)	aus|schließen アオスシュリーセン	exclude, omit イクスクルード, オウミト
覗^{のぞ}く	verstohlen, gucken フェアシュトーレン, グッケン	peep ピープ
望^{のぞ}み	*der* Wunsch ヴンシュ	wish, desire ウィシュ, ディザイア
(期待)	*die* Hoffnung ホフヌング	hope, expectation ホウプ, エクスペクテイション
(見込み)	*die* Erwartung エアヴァルトゥング	prospect, chance プラスペクト, チャンス
望^{のぞ}む	wünschen ヴュンシェン	want, wish ワント, ウィシュ

日	独	英
（期待）	hoffen ホッフェン	hope, expect ホウプ, イクスペクト
のちほど 後ほど	später, nachher シュペーター, ナーハヘーア	later レイタ
ノックアウト	*der* Knockout, *der* K.-o.-Sieg ノックアウト, カーオーズィーク	knockout ナクアウト
ノックする	klopfen クロプフェン	knock ナク
の と 乗っ取る	übernehmen ユーバーネーメン	take over テイク オウヴァ
（飛行機を）	entführen エントフューレン	hijack ハイヂャク
のっぽ	*die* Bohnenstange ボーネンシュタンゲ	tall person トール パースン
のど 喉	*der* Hals, *die* Kehle ハルス, ケーレ	the throat ザ スロウト
のどか 長閑な	friedlich フリートリヒ	peaceful, quiet ピースフル, クワイエト
ののし 罵る	schimpfen シンプフェン	abuse アビューズ
の 延ばす	verlängern フェアレンガーン	lengthen, extend レンクスン, イクステンド
（延期）	verschieben フェアシーベン	put off, delay プト オフ, ディレイ
の 伸ばす	aus|dehnen アオスデーネン	lengthen, stretch レンクスン, ストレチ
（まっすぐにする）	aus|strecken アオスシュトレッケン	straighten ストレイトン
（才能を）	entfalten エントファルテン	develop ディヴェロプ
のはら 野原	*das* Feld フェルト	fields フィールヅ
の の 伸び伸びと	frei und unbefangen フライ ウント ウンベファンゲン	free and easy フリー アンド イーズィ
の 延びる	*sich*⁴ verlängern フェアレンガーン	be put off ビ プト オフ
（距離が）	aus|dehnen アオスデーネン	be prolonged ビ プロロングド

日	独	英
伸びる	*sich*⁴ dehnen デーネン	extend, stretch イクステンド, ストレチ
（発展・成長）	wachsen ヴァクセン	develop, grow ディヴェロプ, グロウ
ノブ	*die* Klinke クリンケ	knob ナブ
延べ	insgesamt インスゲザムト	total トウタル
述べる	sagen, dar|stellen ザーゲン, ダールシュテレン	tell, state テル, ステイト
のぼせる	aufgeregt sein アオフゲレークト ザイン	be flushed ビ フラシュド
（夢中）	*für*⁴ schwärmen シュヴェルメン	be crazy *about* ビ クレイズィ
昇る	auf|steigen アオフシュタイゲン	rise ライズ
上る	auf|steigen アオフシュタイゲン	go up ゴウ アプ
登る	steigen シュタイゲン	climb クライム
蚤	*der* Floh フロー	flea フリー
飲み薬	*die* Arznei zur innerlichen Anwendung アールツナイ ツーア イナーリヒェン アンヴェンドゥング	internal medicine インターナル メディスィン
飲み込む	schlucken シュルッケン	swallow スワロウ
ノミネートする	ernennen エアネネン	nominate ナミネイト
飲み干す	aus|trinken アオストリンケン	gulp down ガルプ ダウン
飲み水	*das* Trinkwasser トリンクヴァッサー	drinking water ドリンキング ウォタ
飲み物	*das* Getränk ゲトレンク	drink, beverage ドリンク, ベヴァリヂ
飲み屋	*die* Kneipe クナイペ	tavern, bar タヴァン, バー

■ 飲み物 ■ *das* Getränk /ゲトレンク/

水 *das* Wasser /ヴァッサー/ (英water)

ミネラルウォーター *das* Mineralwasser /ミネラールヴァッサー/ (英mineral water)

炭酸水 *der* Sprudel /シュプルーデル/ (英soda water)

赤ワイン *der* Rotwein /ロートヴァイン/ (英red wine)

白ワイン *der* Weißwein /ヴァイスヴァイン/ (英white wine)

ロゼ *der* Rosé /ロゼー/ (英rosé)

スパークリングワイン *der* Schaumwein /シャオムヴァイン/, *der* Sekt /ゼクト/ (英sparkling wine)

ビール *das* Bier /ビーア/ (英beer)

生ビール *das* Fassbier /ファスビーア/ (英draft beer)

ウイスキー *der* Whisky /ヴィスキー/ (英whiskey)

コニャック *der* Cognac /コニャック/ (英cognac)

シャンパン *der* Champagner /シャンパニャー/ (英champagne)

日本酒 *der* Reiswein /ライスヴァイン/ (英sake)

カクテル *der* Cocktail /コクテール/ (英cocktail)

コーラ *das(die)* Cola /コーラ/ (英coke)

ジュース *der* Saft /ザフト/ (英juice)

レモネード *die* Limonade /リモナーデ/ (英lemonade)

ミルク *die* Milch /ミルヒ/ (英milk)

コーヒー *der* Kaffee /カフェ/ (英coffee)

カフェオレ *der* Kaffee mit Milch /カフェ ミット ミルヒ/ (英café au lait)

カプチーノ *der* Cappuccino /カプチーノ/ (英cappuccino)

アイスコーヒー *der* Eiskaffee /アイスカフェ/ (英iced coffee)

紅茶 *der* Tee /テー/ (英tea)

ミルク[レモン]ティー *der* Tee mit Milch [Zitrone] /テー ミット ミルヒ[ツィトローネ]/ (英tea with milk [lemon])

アイスティー *der* Tee mit Eis /テー ミット アイス/ (英iced tea)

緑茶 grüner Tee /グリューナー テー/ (英green tea)

ハーブティー *der* Kräutertee /クロイターテー/ (英herb tea)

ココア *der* Kakao /カカオ/ (英cocoa)

日	独	英
飲む	trinken, ein|nehmen トリンケン, アインネーメン	drink, take ドリンク, テイク
糊	*der* Klebstoff クレープシュトフ	paste, starch ペイスト, スターチ
乗り遅れる	verpassen フェアパッセン	miss ミス
（時代に）	hinter der Zeit zurück|bleiben ヒンター デア ツァイト ツリュックブライベン	be left behind ビ レフト ビハインド
乗り換える	um|steigen ウムシュタイゲン	change チェインヂ
乗組員	*die* Besatzung ベザッツング	crew クルー
乗り越す	zu weit fahren ツー ヴァイト ファーレン	pass パス
乗り場	*der* Bahnsteig, *die* Haltestelle バーンシュタイク, ハルテシュテレ	stop, platform スタプ, プラトフォーム
乗り物	*das* Fahrzeug ファールツォイク	vehicle ヴィーイクル
載る	*auf*³ liegen リーゲン	be mentioned ビ メンションド
乗る	*auf*⁴ [*in*⁴] auf|steigen アオフシュタイゲン	get on [in] ゲト オン [イン]
ノルマ	*das* Pensum ペンズム	assignment アサインメント
呪い	*der* Fluch フルーフ	curse カース
呪う	verfluchen フェアフルーヘン	curse カース
鈍間な	langsam ラングザーム	stupid, dull ステューピド, ダル
暢気な	sorgenfrei ゾルゲンフライ	easy, carefree イーズィ, ケアフリー
のんびりと	*behaglich* ベハークリヒ	free from care フリー フラム ケア
ノンフィクション	*die*(*das*) Nonfiction ノンフィクション	nonfiction ナンフィクション

は, ハ

日	独	英
歯	*der* Zahn ツァーン	tooth トゥース
刃	*die* Klinge, *die* Schneide クリンゲ, シュナイデ	edge, blade エヂ, ブレイド
葉	*das* Blatt, *das* Laub ブラット, ラオプ	leaf, blade リーフ, ブレイド
場	*der* Platz プラッツ	place, the field プレイス, ザ フィールド
（劇）	*die* Szene スツェーネ	scene スィーン
バー	*die* Bar バール	bar バー
（高跳びなどの）	*die* Latte ラッテ	bar バー
場合	*der* Fall, *die* Umstände ファル, ウムシュテンデ	case, occasion ケイス, オケイジョン
把握する	begreifen, fassen ベグライフェン, ファッセン	grasp グラスプ
バーゲン	*der* Ausverkauf, *der* Schlussverkauf アオスフェアカオフ, シュルスフェアカオフ	bargain sale バーギン セイル
バーコード	*der* Strichkode シュトリヒコーデ	bar code バー コウド
バージョン	*die* Version, *die* Fassung ヴェルズィオーン, ファッスング	version ヴァージョン
パーセント	*das* Prozent プロツェント	percent パセント
パーソナリティー	*die* Persönlichkeit ペルゼーンリヒカイト	personality パーソナリティ
バーター取引	*der* Tauschhandel タオシュハンデル	barter バータ
バーチャル リアリティー	virtuelle Realität ヴィルトゥエレ レアリテート	virtual reality ヴァーチュアル リアリティ
パーティー	*die* Party パーティ	party パーティ

日	独	英
バーテン	*der* Barmixer バールミクサー	bartender, barman バーテンダ, バーマン
ハート	*das* Herz ヘルツ	heart ハート
ハード ～な	hart ハルト	hard ハード
～ウェア	*die* Hardware ハードウェア	hardware ハードウェア
パート	*die* Teilzeitarbeit タイルツァイトアルバイト	part-time パートタイム
～タイマー	*der/die* Teilzeitbeschäftigte タイルツァイトベシェフティヒテ	part-timer パートタイマ
～で働く	Teilzeit arbeiten タイルツァイト アルバイテン	work part-time ワーク パートタイム
バード ウオッチング	*die* Vogelbeobachtung フォーゲルベオーバハトゥング	bird watching バード ワチング
パートナー	*der*(*die*) Partner(*in*) パルトナー (-ネリン)	partner パートナ
ハードル	*die* Hürde ヒュルデ	hurdle ハードル
バーナー	*der* Brenner ブレナー	burner バーナ
ハーブ	*das* Kraut クラオト	herb ハーブ
ハープ	*die* Harfe ハルフェ	harp ハープ
ハーフタイム	*die* Halbzeit ハルプツァイト	half time ハフ タイム
バーベキュー	*das* Grillen グリレン	barbecue バービキュー
バーボン	*der* Bourbon バーボン	bourbon ブアボン
パーマ	*die* Dauerwelle ダオアーヴェレ	permanent パーマネント
ハーモニー	*die* Harmonie ハルモニー	harmony ハーモニ
ハーモニカ	*die* Mundharmonika ムントハルモーニカ	harmonica ハーマニカ

日	独	英
灰（はい）	*die* Asche アッシェ	ash アシュ
肺（はい）	*die* Lunge ルンゲ	lung ラング
胚（はい）	*der* Embryo エンブリョ	embryo エンブリオウ
倍（ばい）	doppelt, zweifach ドッペルト, ツヴァイファッハ	double, twice ダブル, トワイス
3[4]〜	dreifach [vierfach] ドライファッハ[フィーアファッハ]	three [four] times スリー［フォー］タイムズ
パイ	*die* Pastete パステーテ	pie, tart パイ, タート
バイアスロン	*der* Biathlon ビーアトロン	biathlon バイアスロン
灰色（はいいろ）	*das* Grau グラオ	gray グレイ
〜の	grau グラオ	gray グレイ
ハイウェイ	*die* Autobahn, *die* Schnellstraße アオトバーン, シュネルシュトラーセ	expressway イクスプレスウェイ
背泳（はいえい）	*das* Rückenschwimmen リュッケンシュヴィメン	the backstroke ザ バクストロウク
ハイエナ	*die* Hyäne ヒュエーネ	hyena ハイイーナ
肺炎（はいえん）	*die* Lungenentzündung ルンゲンエントツュンドゥング	pneumonia ニュモウニア
煤煙（ばいえん）	*der* Ruß ルース	smoke, soot スモウク, スト
バイオ	Bio- ビーオ	bio- バイオウ
〜テクノロジー	*die* Biotechnik, *die* Biotechnologie ビーオテヒニク, ビーオテヒノロギー	biotechnology バイオウテクナロディ
〜センサー	*der* Biosensor ビーオセンサー	biosensor バイオセンサ
〜マス	*die* Biomasse ビーオマッセ	biomass バイオマス

日	独	英
～リズム	*der* Biorhythmus ビーオリュトムス	biorhythm バイオリズム
パイオニア	*der(die)* Pionier(*in*), *der(die)* Bahnbrecher(*in*) ピオニーア (-リン), バーンブレッヒャー (-ヒェリン)	pioneer パイオニア
バイオリン	*die* Geige, *die* Violine ガイゲ, ヴィオリーネ	violin ヴァイオリン
ハイカー	*der(die)* Wanderer(*in*) ヴァンデラー (-レリン)	hiker ハイカ
ばいかい 媒介する	vermitteln フェアミッテルン	mediate ミーディエイト
はいかつりょう 肺活量	*die* Vitalkapazität ヴィタールカパツィテート	the breathing capacity ザ ブリーズィング カパスィティ
はいがん 肺癌	*der* Lungenkrebs ルンゲンクレープス	lung cancer ラング キャンサ
はいき 排気ガス	*das* Abgas, *die* Auspuffgase アップガース, アオスプフガーゼ	exhaust gas イグゾースト ギャス
はいきぶつ 廃棄物	*der* Abfall, *der* Müll アップファル, ミュル	waste ウェイスト
はいきょ 廃虚	*die* Ruine, *die* Trümmer ルイーネ, トリュマー	ruins ルーインズ
ばいきん 黴菌	*die* Bakterien, *der* Bazillus バクテーリエン, バツィルス	bacteria, germ バクティアリア, ヂャーム
ハイキング	*der* Ausflug アオスフルーク	hiking ハイキング
バイキング	*der* Wikinger ヴィーキンガー	Viking ヴァイキング
～料理	*das* Büfett ビュフェット	smorgasbord スモールガスボード
はいぐうしゃ 配偶者	*der(die)* Ehepartner(*in*) エーエパルトナー (-ネリン)	spouse スパウズ
はいけい 背景	*der* Hintergrund ヒンターグルント	background バクグラウンド
はいけっかく 肺結核	*die* Lungentuberkulose ルンゲントゥベルクローゼ	tuberculosis テュバーキュロウスィス

日	独	英
はいけつしょう 敗血症	*die* Blutvergiftung, *die* Septikämie ブルートフェアギフトゥング, ゼプティケミー	septicemia セプティスィーミア
はいご 背後	*der* Rücken リュッケン	the back, the rear ザ バク, ザ リア
はいざら 灰皿	*der* Aschenbecher アッシェンベッヒャー	ashtray アシュトレイ
はいし 廃止する	ab|schaffen, auf|heben アップシャッフェン, アオフヘーベン	abolish, repeal アバリシュ, リピール
はいしゃ 歯医者	*der* Zahnarzt ツァーンアールツト	dentist デンティスト
ばいしゃくにん 媒酌人	*der* Ehevermittler エーエフェアミットラー	go-between ゴウビトウィーン
ハイジャック	*die* Luftpiraterie, *die* Flugzeugentführung ルフトピラテリー, フルークツォイクエントフュールング	hijack ハイチャク
～する	ein Flugzeug entführen アイン フルークツォイク エントフューレン	hijack ハイチャク
ばいしゅう 買収する	kaufen, bestechen カオフェン, ベシュテッヒェン	purchase, bribe パーチェス, ブライブ
ばいしゅん 売春	*die* Prostitution プロスティトゥツィオーン	prostitution プラスティテューション
～する	*sich*[4] prostituieren プロスティトゥイーレン	prostitute *oneself* プラスティテュート
～婦	*die* Prostituierte プロスティトゥイーアテ	prostitute プラスティテュート
ばいしょう 賠償	*die* Entschädigung エントシェーディグング	reparation, compensation レパレイション, カンペンセイション
～する	entschädigen エントシェーディゲン	compensate カンペンセイト
はいすい 排水する	entwässern エントヴェッサーン	drain ドレイン
はいせき 排斥する	aus|schließen アオスシュリーセン	exclude イクスクルード
はいせつ 排泄	*die* Ausscheidung アオスシャイドゥング	excretion イクスクリーション

日	独	英
～物	*die* Exkremente エクスクレメンテ	excrement エクスクレメント
敗戦	*die* Niederlage ニーダーラーゲ	defeat ディフィート
ハイソックス	*der* Kniestrumpf クニーシュトルンプフ	knee socks ニー サクス
歯痛	*der* Zahnschmerz ツァーンシュメルツ	toothache トゥーセイク
媒体	*das* Medium メーディウム	medium ミーディアム
配達	*die* Lieferung, *die* Zustellung リーフェルング, ツーシュテルング	delivery ディリヴァリ
排他的な	ausschließlich, exklusiv アオスシュリースリヒ, エクスクルズィーフ	exclusive イクスクルースィヴ
バイタリティー	*die* Vitalität ヴィタリテート	vitality ヴァイタリティ
配置	*die* Anordnung アンオルドヌング	arrangement アレインジュメント
～する	an|ordnen, auf|stellen アンオルドネン, アオフシュテレン	arrange, dispose アレインジ, ディスポウズ
ハイテク	*das* Hightech ハイテック	high tech ハイ テク
売店	*der* Stand, *der* Kiosk シュタント, キーオスク	stall, stand ストール, スタンド
バイト	*der* Job, *die* Nebenarbeit ジョップ, ネーベンアルバイト	part-time job パートタイム ヂャブ
（コンピュータ）	*das* Byte バイト	byte バイト
配当	*der* Anteil, *die* Dividende アンタイル, ディヴィデンデ	dividend ディヴィデンド
梅毒	*die* Syphilis ズューフィリス	syphilis スィフィリス
パイナップル	*die* Ananas アナナス	pineapple パイナプル
売買	*der* Handel, *das* Geschäft ハンデル, ゲシェフト	dealing ディーリング
～する	handeln ハンデルン	deal *in* ディール

日	独	英
バイパス	*die* Umgehungsstraße ウムゲーウングスシュトラーセ	bypass バイパス
ハイヒール	*der* Stöckelschuh シュテッケルシュー	high-heeled shoes ハイヒールド シューズ
パイプ	*die* Pfeife プファイフェ	pipe パイプ
（管）	*die* Röhre レーレ	pipe パイプ
パイプオルガン	*die* Orgel オルゲル	pipe organ パイプ オーガン
はいふ 配布する	verteilen, aus|teilen フェアタイレン, アオスタイレン	distribute ディストリビュート
はいぶつ 廃物	*der* Müll ミュル	waste materials ウェイスト マティアリアルズ
パイプライン	*die* Pipeline パイプライン	pipeline パイプライン
ハイフン	*der* Bindestrich ビンデシュトリヒ	hyphen ハイフン
はいぼく 敗北	*die* Niederlage ニーダーラーゲ	defeat ディフィート
ハイヤー	*der* Mietwagen ミートヴァーゲン	hired car ハイアド カー
バイヤー	*der*(*die*) Käufer(*in*) コイファー (-フェリン)	buyer バイア
はいやく 配役	*die* Rollenbesetzung ロレンベゼッツング	the cast ザ キャスト
はいゆう 俳優	*der*(*die*) Schauspieler(*in*) シャオシュピーラー (-レリン)	actor, actress アクタ, アクトレス
はいりょ 配慮	*die* Rücksicht リュックズィヒト	consideration カンスィダレイション
〜する	berücksichtigen ベリュックズィヒティゲン	take into consideration テイク イントゥ カンスィダレイション
はい 入る	hinein|gehen, ein|treten ヒナインゲーエン, アイントレーテン	enter, go in エンタ, ゴウ イン
（収容できる）	fassen ファッセン	hold ホウルド
はいれつ 配列	*die* Anordnung, *die* Ordnung アンオルドヌング, オルドヌング	arrangement アレインジュメント

日	独	英
パイロット	*der*(*die*) Pilot(*in*) ピロート (-ティン)	pilot パイロト
～ランプ	die Kontrolllampe コントロルランペ	pilot lamp パイロト ランプ
バインダー	der Hefter ヘフター	binder バインダ
這う	kriechen クリーヒェン	crawl, creep クロール, クリープ
パウダー	*der*(*das*) Puder プーダー	powder パウダ
バウンドする	springen, hüpfen シュプリンゲン, ヒュプフェン	bound バウンド
蝿	die Fliege フリーゲ	fly フライ
生える	wachsen ヴァクセン	grow, come out グロウ, カム アウト
墓	das Grab グラープ	grave, tomb グレイヴ, トゥーム
馬鹿	der Dummkopf ドゥムコプフ	fool フール
～な	dumm, töricht, blöde ドゥム, テーリヒト, ブレーデ	foolish フーリシュ
破壊する	zerstören, vernichten ツェアシュテーレン, フェアニヒテン	destroy ディストロイ
葉書	die Postkarte ポストカルテ	postal card ポウスタル カード
剥がす	lösen, ab|reißen レーゼン, アップライセン	tear, peel テア, ピール
博士	der Doktor ドクトーア	doctor ダクタ
捗る	voran|gehen フォランゲーエン	make progress メイク プラグレス
儚い	vergänglich フェアゲングリヒ	transient, vain トランシェント, ヴェイン
墓場	der Friedhof フリートホーフ	graveyard グレイヴヤード
馬鹿馬鹿しい	lächerlich レッヒャーリヒ	ridiculous, absurd リディキュラス, アブサード

日	独	英
歯痒い（はがゆ）	irritierend イリティーレント	irritating イリテイティング
秤（はかり）	*die* Waage ヴァーゲ	balance, scales バランス, スケイルズ
計り売りする（はかう）	nach Gewicht [Maß] verkaufen ナーハ ゲヴィヒト[マース] フェアカオフェン	sell by measure セル バイ メジャ
計[測・量]る（はか）	messen, wiegen メッセン, ヴィーゲン	measure, weigh メジャ, ウェイ
図る（はか）	planen, beabsichtigen プラーネン, ベアップズィヒティゲン	plan, attempt プラン, アテンプト
吐き気（はきけ）	*der* Brechreiz ブレヒライツ	nausea ノーズィア
破棄する（はき）	ab|sagen アップザーゲン	cancel キャンセル
（判決を）	auf|heben アオフヘーベン	reverse リヴァース
履き物（はきもの）	*die* Fußbekleidung フースベクライドゥング	footwear フトウェア
波及する（はきゅう）	sich⁴ aus|breiten, sich⁴ aus|dehnen アオスブライテン, アオスデーネン	spread, influence スプレド, インフルエンス
破局（はきょく）	*die* Katastrophe カタストローフェ	catastrophe カタストロフィ
掃く（は）	fegen, kehren フェーゲン, ケーレン	sweep, clean スウィープ, クリーン
吐く（は）	aus|speien アオスシュパイエン	spit スピト
（へどを）	erbrechen エアブレッヒェン	vomit ヴァミト
履く（は）	an|ziehen, tragen アンツィーエン, トラーゲン	put on, wear プト オン, ウェア
剥ぐ（は）	ab|ziehen, ab|decken アップツィーエン, アップデッケン	bark, skin バーク, スキン
麦芽（ばくが）	*das* Malz マルツ	malt モルト
迫害する（はくがい）	verfolgen フェアフォルゲン	persecute パースィキュート

日	独	英
はぐき 歯茎	*das* Zahnfleisch ツァーンフライシュ	gums ガムズ
ばくげき 爆撃	*die* Bombardierung ボンバルディールング	bombing バミング
〜する	bombardieren ボンバルディーレン	bomb バム
〜機	*der* Bomber ボンバー	bomber バマ
はくさい 白菜	*der* Chinakohl ヒーナコール	Chinese cabbage チャイニーズ キャビヂ
はくし 白紙	weißes Blatt ヴァイセス ブラット	blank paper ブランク ペイパ
はくし 博士	*der* Doktor ドクトーア	doctor ダクタ
〜課程	*der* Doktorkurs ドクトーアクルス	doctor's course ダクタズ コース
〜号	*der* Doktor(grad) ドクトーア(グラート)	doctor's degree ダクタズ ディグリー
はくしゃく 伯爵	*der* Graf グラーフ	count カウント
はくしゅ 拍手	*der* Beifall バイファル	handclap ハンドクラプ
〜する	in die Hände klatschen, applaudieren イン ディー ヘンデ クラッチェン, アプラオディーレン	clap *one's* hands クラプ ハンヅ
はくしょ 白書	*das* Weißbuch ヴァイスブーフ	white book ホワイト ブク
はくじょう 白状する	gestehen, ein|gestehen ゲシュテーエン, アインゲシュテーエン	confess カンフェス
はくじょう 薄情な	herzlos, unfreundlich ヘルツロース, ウンフロイントリヒ	coldhearted コウルドハーテド
はくじん 白人	*der/die* Weiße ヴァイセ	white ホワイト
ばくぜん 漠然と(した)	vage ヴァーゲ	vague(ly) ヴェイグリ

日	独	英
ばくだい 莫大な	ungeheuer, riesengroß, enorm ウンゲホイアー, リーゼングロース, エノルム	vast, immense ヴァスト, イメンス
ばくだん 爆弾	*die* Bombe ボンベ	bomb バム
はくちょう 白鳥	*der* Schwan シュヴァーン	swan スワン
バクテリア	*die* Bakterien バクテーリエン	bacterium バクティアリアム
ばくは 爆破する	sprengen, zersprengen シュプレンゲン, ツェアシュプレンゲン	blast ブラスト
はくはつ 白髪	graues [weißes] Haar グラオエス [ヴァイセス] ハール	white hair ホワイト ヘア
ばくはつ 爆発する	explodieren, platzen エクスプロディーレン, プラッツェン	explode イクスプロウド
（火山が）	aus|brechen アオスブレッヒェン	erupt イラプト
はくぶつがく 博物学	*die* Naturkunde ナトゥーアクンデ	natural history ナチュラル ヒストリ
はくぶつかん 博物館	*das* Museum ムゼーウム	museum ミューズィアム
はくぼく 白墨	*die* Kreide クライデ	chalk チョーク
はくらんかい 博覧会	*die* Ausstellung アオスシュテルング	exposition エクスポズィション
はぐるま 歯車	*das* Zahnrad ツァーンラート	cogwheel, gear カグホウィール, ギア
はけ 刷毛	*die* Bürste, *der* Pinsel ビュルステ, ピンゼル	brush ブラシュ
はげ 激しい	heftig, leidenschaftlich, stark ヘフティヒ, ライデンシャフトリヒ, シュタルク	violent, intense ヴァイオレント, インテンス
は 禿げた	kahl カール	bald ボールド
はげたか 禿鷹	*der* Geier ガイアー	vulture ヴァルチャ
バケツ	*der* Eimer アイマー	pail, bucket ペイル, バケト

日	独	英
励ます (はげます)	ermuntern, ermutigen エアムンターン, エアムーティゲン	encourage インカーリヂ
励む (はげむ)	*sich⁴ um⁴* bemühen, *an³* eifrig arbeiten ベミューエン, アイフリヒ アルバイテン	work hard ワーク ハード
化け物 (ばけもの)	*das* Gespenst, *das* Ungeheuer ゲシュペンスト, ウンゲホイアー	bogy, monster ボウギ, マンスタ
禿げる (はげる)	kahl werden, Glatze bekommen カール ヴェーアデン, グラッツェ ベコメン	become bald ビカム ボールド
剥げる (はげる)	ab|gehen アップゲーエン	come off カム オフ
派遣する (はけんする)	ab|senden, schicken アップゼンデン, シッケン	send, dispatch センド, ディスパチ
箱 (はこ)	*der* Kasten, *die* Kiste, *die* Schachtel, *die* Büchse カステン, キステ, シャハテル, ビュクセ	box, case バクス, ケイス
運ぶ（手で）(はこぶ)	tragen, bringen トラーゲン, ブリンゲン	carry キャリ
（乗物で）	transportieren, fördern トランスポルティーレン, フェルダーン	transport トランスポート
バザー	*der* Basar バザール	charity bazaar チャリティ バザー
バザール	*der* Basar バザール	bazaar バザー
挟まる (はさまる)	eingeklemmt werden アインゲクレムト ヴェーアデン	get in *between* ゲト イン
鋏 (はさみ)	*die* Schere シェーレ	scissors スィザズ
挟む (はさむ)	ein|klemmen, stecken アインクレメン, シュテッケン	put, hold プト, ホウルド
破産する (はさんする)	Bankrott machen [gehen] バンクロット マッヘン [ゲーエン]	go bankrupt ゴウ バンクラプト
橋 (はし)	*die* Brücke ブリュッケ	bridge ブリヂ
端 (はし)	*das* Ende エンデ	end, tip エンド, ティプ

日	独	英
（縁）	*der* Rand ラント	the edge, corner ジ エヂ, コーナ
はし 箸	*die* Essstäbchen エスステーブヒェン	chopsticks チャプスティクス
はじ 恥	*die* Schande シャンデ	shame, humiliation シェイム, ヒューミリエイション
～をかく	*sich*⁴ schämen シェーメン	be put to shame ビ プト トゥ シェイム
はしか 麻疹	*die* Masern マーザーン	the measles ザ ミーズルズ
はしけ 艀	*der* Leichter ライヒター	barge バーヂ
はしご 梯子	*die* Leiter ライター	ladder ラダ
～車	*das* Löschfahrzeug mit Leiter レッシュファールツォイク ミット ライター	ladder truck ラダ トラク
はじ 始まる	an|fangen, beginnen, los|gehen アンファンゲン, ベギネン, ロースゲーエン	begin, start ビギン, スタート
はじ 初め	*der* Anfang アンファング	the beginning, the start ザ ビギニング, ザ スタート
はじ 初めて	zum ersten Mal ツム エーアステン マール	for the first time フォー ザ ファースト タイム
はじ 初めての	erst エーアスト	first ファースト
はじ 始める	an|fangen, beginnen アンファンゲン, ベギネン	begin, start, open ビギン, スタート, オウプン
ばしゃ 馬車	*die* Kutsche クッチェ	carriage キャリヂ
パジャマ	*der* Schlafanzug, *der* Pyjama シュラーフアンツーク, ピュジャーマ	pajamas パヂャーマズ
ばじゅつ 馬術	*die* Reitkunst ライトクンスト	horsemanship ホースマンシプ
はしゅつじょ 派出所	*die* Polizeiwache ポリツァイヴァッヘ	police box ポリース バクス
ばしょ 場所	*der* Platz, *der* Ort, *die* Stelle, プラッツ, オルト, シュテレ	place, site プレイス, サイト

は

日	独	英
（余地）	*der* Raum ラオム	room, space ルーム, スペイス
はしら 柱	*die* Säule, *der* Pfeiler, *der* Pfosten ゾイレ, プファイラー, プフォステン	pillar, post ピラ, ポウスト
～時計	*die* Wanduhr ヴァントウーア	(wall) clock （ウォール）クラク
バジリコ	*das* Basilikum バズィーリクム	basil バズィル
はし たかと 走り高跳び	*der* Hochsprung ホーホシュプルング	high jump ハイ ヂャンプ
はし はばと 走り幅跳び	*der* Weitsprung ヴァイトシュプルング	broad jump ブロード ヂャンプ
はし 走る	laufen, rennen ラオフェン, レネン	run, dash ラン, ダシュ
（乗物が）	fahren ファーレン	drive ドライヴ
は 恥じる	*sich*[4] schämen シェーメン	be ashamed ビ アシェイムド
はす 蓮	*der* Lotos ロートス	lotus ロウタス
バス	*der* Bus ブス	bus バス
（音楽）	*der* Bass バス	bass バス
パス（球技）	*der* Pass, *das* Zuspiel パス, ツーシュピール	pass パス
は 恥ずかしい	beschämend ベシェーメント	shameful シェイムフル
（きまりがわるい）	*sich*[4] schämen シェーメン	be ashamed ビ アシェイムド
はずかし 辱める	beleidigen ベライディゲン	humiliate, insult ヒューミリエイト, インサルト
ハスキーな	heiser, rauchig ハイザー, ラオヒヒ	husky ハスキ
バスケット	*der* Korb コルプ	basket バスケト

日	独	英
〜ボール	*der* Basketball バ(ー)スケットバル	basketball バスケトボール
外す	ab|nehmen, los|machen, ab|setzen アップネーメン, ロースマッヘン, アップゼッツェン	take off, remove テイク オフ, リムーヴ
(ボタンを)	auf|knöpfen アオフクネプフェン	unbutton アンバトン
パスタ	*die* Nudeln ヌーデルン	pasta パスタ
バスタオル	*das* Badetuch バーデトゥーフ	bath towel バス タウエル
バス停	*die* Bushaltestelle ブスハルテシュテレ	bus stop バス スタプ
パステル	*die* Pastellfarbe パステルファルベ	pastel パステル
バスト	*die* Büste ビュステ	bust バスト
パスポート	*der* Reisepass ライゼパス	passport パスポート
弾み	*der* Satz, *der* Sprung ザッツ, シュプルング	bound, momentum バウンド, モウメンタム
弾む	springen シュプリンゲン	bounce, bound バウンス, バウンド
(話などが)	lebhaft werden レープハフト ヴェーアデン	become lively ビカム ライヴリ
パズル	*das* Puzzle パズル	puzzle パズル
バスルーム	*das* Badezimmer バーデツィマー	bathroom バスルム
外れ (空くじ)	*die* Niete ニーテ	blank ブランク
(町の)	*der* Rand ラント	the suburbs ザ サバーブズ
外れる	ab sein, raus sein アップ ザイン, ラオス ザイン	come off カム オフ
(当たらない)	verfehlen フェアフェーレン	miss, fail ミス, フェイル

日	独	英
バスローブ	*der* Bademantel バーデマンテル	bathrobe バスロウブ
パスワード	*das* Passwort パスヴォルト	password パスワード
は せい 派生する	*aus*³ stammen, *sich*⁴ ab‖leiten シュタメン, アップライテン	derive *from* ディライヴ
パセリ	*die* Petersilie ペターズィーリエ	parsley パースリ
パソコン	*der* PC ペーツェー	personal computer パーソナル カンピュータ
は そん 破損する	beschädigt werden ベシェーディクト ヴェーアデン	be damaged ビ ダミチド
はた 旗	*die* Fahne, *die* Flagge ファーネ, フラッゲ	flag, banner フラグ, バナ
はだ 肌	*die* Haut ハオト	the skin ザ スキン
バター	*die* Butter ブッター	butter バタ
パターン	*das* Muster ムスター	pattern パタン
はたお 機織り（人）	*der*(*die*) Weber(*in*) ヴェーバー (-ベリン)	weaver ウィーヴァ
はだか 裸の	nackt, bloß ナックト, ブロース	naked ネイキド
はだぎ 肌着	*das* Unterhemd, *die* Leibwäsche ウンターヘムト, ライプヴェッシェ	underwear アンダウェア
はたけ 畑	*der* Acker, *das* Feld アッカー, フェルト	field, farm フィールド, ファーム
はだざむ 肌寒い	kühl キュール	chilly チリ
はだし 裸足で	barfuß バールフース	barefoot ベアフト
は 果たす	erfüllen, aus‖führen エアフュレン, アオスフューレン	realize, carry out リアライズ, キャリ アウト
はたち 二十歳	zwanzig Jahre alt ツヴァンツィヒ ヤーレ アルト	twenty years old トウェンティ イアズ オウルド

日	独	英
畑地（はたち）	*das* Feld フェルト	fields, farm フィールヅ, ファーム
バタフライ	*das* Delphinschwimmen デルフィーンシュヴィメン	the butterfly stroke ザ バタフライ ストロウク
はためく	flattern フラッターン	flutter フラタ
働き（はたらき）	*die* Tätigkeit テーティヒカイト	work, activity ワーク, アクティヴィティ
（機能）	*die* Funktion フンクツィオーン	function ファンクション
（功績）	*das* Verdienst フェアディーンスト	achievement アチーヴメント
働く（はたらく）	arbeiten アルバイテン	work ワーク
（機能する）	funktionieren フンクツィオニーレン	funktion ファンクション
（作用する）	*auf*^{4} wirken ヴィルケン	act *on* アクト
鉢（はち）	*die* Schüssel, *die* Schale, *der* Topf シュッセル, シャーレ, トプフ	bowl, pot ボウル, パト
蜂（はち）	*die* Biene, *die* Wespe ビーネ, ヴェスペ	bee ビー
〜蜜	*der* Honig ホーニヒ	honey ハニ
罰（ばち）	verdiente Strafe, *die* Bestrafung フェアディーンテ シュトラーフェ, ベシュトラーフング	punishment パニシュメント
八月（はちがつ）	*der* August アオグスト	August オーガスト
爬虫類（はちゅうるい）	*das* Reptil, *das* Kriechtier レプティール, クリーヒティーア	the reptiles ザ レプタイルズ
波長（はちょう）	*die* Wellenlänge ヴェレンレンゲ	wavelength ウェイヴレンクス
罰（ばつ）	*die* Strafe シュトラーフェ	punishment, penalty パニシュメント, ペナルティ

日	独	英
発育 はついく	*die* Entwicklung エントヴィックルング	growth グロウス
発音 はつおん	*die* Aussprache アオスシュプラーヘ	pronunciation プロナンスィエイション
～する	aus|sprechen アオスシュプレッヒェン	pronounce プロナウンス
薄荷 はっか	*die* Pfefferminze プフェッファーミンツェ	peppermint ペパミント
発芽する はつが	keimen カイメン	germinate ヂャーミネイト
二十日鼠 はつかねずみ	*die* Maus マオス	mouse マウス
発癌 はつがん		
～性の	krebserregend クレープスエアレーゲント	cancer-causing キャンサコーズィング
～物質	*das* Karzinogen, *das* krebserregende Mittel カルツィノゲーン, クレープスエアレーゲンデ ミッテル	carcinogen カスィノチェン
発揮する はっき	entfalten, zeigen, beweisen エントファルテン, ツァイゲン, ベヴァイゼン	display, show ディスプレイ, ショウ
はっきりした	deutlich, klar ドイトリヒ, クラール	clearly クリアリ
白金 はっきん	*das* Platin プラーティーン	platinum プラティナム
罰金 ばっきん	*das* Strafgeld シュトラーフゲルト	fine ファイン
パッキング	*die* Verpackung フェアパックング	packing パキング
バッグ	*die* Tasche タッシェ	bag バグ
バックアップ	*die* Unterstützung ウンターシュテュッツング	backup バカブ
発掘する はっくつ	*aus|graben* アオスグラーベン	excavate エクスカヴェイト

日	独	英
抜群の（ばつぐんの）	ausgezeichnet, hervorragend, außerordentlich アオスゲツァイヒネット, ヘアフォーラーゲント, アオサーオルデントリヒ	outstanding アウトスタンディング
パッケージ	*die* Packung パックング	package パキヂ
白血球（はっけっきゅう）	weißes Blutkörperchen ヴァイセス ブルートケルパーヒェン	white blood cell ホワイト ブラド セル
白血病（はっけつびょう）	*die* Leukämie, *der* Blutkrebs ロイケミー, ブルートクレープス	leukemia ルーキーミア
発見（はっけん）	*die* Entdeckung エントデックング	discovery ディスカヴァリ
〜する	entdecken エントデッケン	discover, find out ディスカヴァ, ファインド アウト
発言（はつげん）	*die* Bemerkung, *die* Äußerung, *die* Aussage ベメルクング, オイセルング, アオスザーゲ	utterance アタランス
〜する	sprechen, äußern, aus|sagen シュプレッヒェン, オイサーン, アオスザーゲン	speak スピーク
初恋（はつこい）	erste Liebe エーアステ リーベ	first love ファースト ラヴ
発行する（はっこうする）	heraus|geben, veröffentlichen ヘラオスゲーベン, フェアエッフェントリヒェン	publish, issue パブリシュ, イシュー
発散する（はっさんする）	aus|strömen アオスシュトレーメン	emit イミト
バッジ	*das* Abzeichen アップツァイヒェン	badge バヂ
発射（はっしゃ）	*der* Schuss シュス	firing ファイアリング
〜する	*schießen* シーセン	fire, shoot ファイア, シュート
発車（はっしゃ）	*die* Abfahrt アップファールト	departure ディパーチャ
〜する	ab|fahren アップファーレン	leave, start リーヴ, スタート
発信（はっしん） 〜する	übersenden ユーバーゼンデン	transmit トランスミト

日	独	英
～人	*der* Absender アップゼンダー	sender センダ
バッシング	*das* Einprügeln アインプリューゲルン	bashing バシング
抜粋（ばっすい）	*der* Auszug アオスツーク	extract エクストラクト
～する	aus|ziehen アオスツィーエン	extract イクストラクト
発する（はっ）	aus|strahlen アオスシュトラーレン	give off, emit ギヴ オフ, イミト
（声を）	aus|stoßen アオスシュトーセン	utter アタ
罰する（ばっ）	bestrafen, strafen ベシュトラーフェン, シュトラーフェン	punish パニシュ
ハッスルする	alles daran|setzen アレス ダランゼッツェン	hustle ハスル
発生（はっせい）	*die* Entstehung エントシュテーウング	outbreak, birth アウトブレイク, バース
～する	entstehen, *sich*⁴ *aus*³ entwickeln エントシュテーエン, エントヴィッケルン	occur オカー
発送する（はっそう）	ab|senden, ab|schicken アップゼンデン, アップシッケン	send out センド アウト
飛蝗（ばった）	*die* Heuschrecke ホイシュレッケ	grasshopper グラスハパ
発達（はったつ）	*die* Entwicklung, *die* Entfaltung エントヴィックルング, エントファルトゥング	development ディヴェロプメント
～する	*sich*⁴ entwickeln エントヴィッケルン	develop, advance ディヴェロプ, アドヴァンス
発注（はっちゅう）	*die* Bestellung ベシュテルング	order オーダ
～する	bestellen ベシュテレン	order オーダ
パッチワーク	*das* Patchwork パッチワーク	patchwork パチワーク
バッテリー	*die* Batterie バッテリー	battery バタリ

日	独	英
発展	*die* Entwicklung エントヴィックルング	development ディヴェロプメント
〜する	*sich*⁴ entwickeln エントヴィッケルン	develop, expand ディヴェロプ, イクスパンド
〜途上国	*das* Entwicklungsland エントヴィックルングスラント	developing country ディヴェロピング カントリ
発電する	*die* Elektrizität erzeugen エレクトリツィテート エアツォイゲン	generate electricity ヂェナレイト イレクトリスィティ
〜機	*der* Generator ゲネラートーア	dynamo ダイナモウ
〜所	*das* Kraftwerk クラフトヴェルク	power plant パウア プラント
発動機	*der* Motor モートーア	motor モウタ
ハットトリック	*der* Hattrick ハットトリック	hat trick ハト トリク
発破	*die* Explosion エクスプロズィオーン	blast ブラスト
発売	*der* Verkauf フェアカオフ	sale セイル
〜する	zum Verkauf an|bieten ツム フェアカオフ アンビーテン	put on sale プト オン セイル
ハッピーエンド	*das* Happyend ヘピエント	happy ending ハピ エンディング
発病する	krank werden クランク ヴェーアデン	get sick ゲト スィク
発表する	bekannt machen ベカント マッヘン	announce アナウンス
（刊行）	veröffentlichen フェアエッフェントリヒェン	publish パブリシュ
（研究などを）	ein Referat halten アイン レフェラート ハルテン	present プレゼント
発明	*die* Erfindung エアフィンドゥング	invention インヴェンション
〜する	erfinden エアフィンデン	invent, devise インヴェント, ディヴァイズ
パテ	*der* Kitt キット	putty パティ

日	独	英
果てしない	endlos エントロース	endless エンドレス
派手な	grell, schreiend, auffallend グレル, シュライエント, アオフファレント	gay, showy ゲイ, ショウイ
パテント	*das* Patent パテント	patent パテント
鳩	*die* Taube タオベ	pigeon, dove ピヂョン, ダヴ
罵倒する	schimpfen シンプフェン	denounce ディナウンス
パトカー	*der* Polizeiwagen, *der* Streifenwagen ポリツァイヴァーゲン, シュトライフェンヴァーゲン	squad car スクワド カー
波止場	*der* Kai, *der* Anlegeplatz カイ, アンレーゲプラッツ	wharf, pier ホウォーフ, ピア
バドミントン	*der* Federball, *das* Federballspiel フェーダーバル, フェーダーバルシュピール	badminton バドミントン
パトロール	*die* Patrouille, *die* Streife パトルリェ, シュトライフェ	patrol パトロウル
～する	patrouillieren パトルリュイーレン	patrol パトロウル
パトロン	*der*(*die*) Gönner(*in*), *der*(*die*) Mäzen(*in*) ゲナー (-ネリン), メツェーン (-ニン)	patron ペイトロン
バトン(リレー)	*der* Staffelstab シュタッフェルシュタープ	baton バタン
花	*die* Blume, *die* Blüte ブルーメ, ブリューテ	flower フラウア
鼻	*die* Nase ナーゼ	nose ノウズ
(動物の)	*die* Schnauze シュナオツェ	muzzle マズル
話	*die* Rede, *das* Gespräch レーデ, ゲシュプレーヒ	talk, conversation トーク, カンヴァセイション
(物語)	*die* Erzählung, *die* Geschichte エアツェールング, ゲシヒテ	story ストーリ

日	独	英
話し合い	*die* Besprechung ベシュプレッヒュング	talk, discussion トーク, ディスカション
話し合う	sich⁴ besprechen, sprechen ベシュプレッヒェン, シュプレッヒェン	talk *with*, discuss *with* トーク, ディスカス
話し好きな	gesprächig, redselig ゲシュプレーヒヒ, レートゼーリヒ	talkative トーカティヴ
放す	los|lassen ロースラッセン	free, release フリー, リリース

■ 花 ■ *die* Blume /ブルーメ/ , *die* Blüte /ブリューテ/

蒲公英　*der* Löwenzahn /レーヴェンツァーン/　(英dandelion)

菜の花　*der* Raps /ラプス/　(英rape blossoms)

チューリップ　*die* Tulpe /トゥルペ/　(英tulip)

紫陽花　*die* Hortensie /ホルテンズィエ/　(英hydrangea)

薔薇　*die* Rose /ローゼ/　(英rose)

向日葵　*die* Sonnenblume /ゾネンブルーメ/　(英sunflower)

朝顔　*die* Winde /ヴィンデ/　(英morning glory)

百合　*die* Lilie /リーリエ/　(英lily)

菖蒲　*die* Schwertlilie /シュヴェーアトリーリエ/ , *die* Iris /イーリス/　(英flag, iris)

菊　*die* Chrysantheme /クリュザンテーメ/　(英chrysanthemum)

コスモス　*das* Schmuckkörbchen /シュムックケルプヒェン/　(英cosmos)

椿　*die* Kamelie /カメーリエ/　(英camellia)

水仙　*die* Narzisse /ナルツィッセ/　(英narcissus)

シクラメン　*das* Alpenveilchen /アルペンファイルヒェン/　(英cyclamen)

カーネーション　*die* Nelke /ネルケ/　(英carnation)

マーガレット　*das* Gänseblümchen /ゲンゼブリュームヒェン/　(英marguerite)

スイートピー　*die* Gartenwicke /ゲルテンヴィッケ/　(英sweet pea)

ガーベラ　*die* Gerbera /ゲルベラ/　(英gerbera)

蘭　*die* Orchidee /オルヒデー (エ) /　(英orchid)

鈴蘭　*das* Maiglöckchen /マイグレックヒェン/　(英lily of the valley)

菫　*das* Veilchen /ファイルヒェン/　(英violet)

日	独	英
はな 離す	trennen, los|lassen トレネン, ロースラッセン	separate, detach セパレイト ディタチ
はな 話す	sprechen, reden シュプレッヒェン, レーデン	speak, talk スピーク, トーク
はなたば 花束	*der* Blumenstrauß ブルーメンシュトラオス	bouquet ブーケイ
はなぢ 鼻血	*das* Nasenbluten ナーゼンブルーテン	nosebleed ノウズブリード
バナナ	*die* Banane バナーネ	banana バナナ
はな あな 鼻の穴	*das* Nasenloch ナーゼンロッホ	nostril ナストリル
はなは 甚だしい	enorm エノルム	gross グロウス
はなばな 華々しい	glänzend, prachtvoll グレンツェント, プラハトフォル	brilliant ブリリアント
はなび 花火	*das* Feuerwerk フォイアーヴェルク	fireworks ファイアワークス
はな 花びら	*das* Blütenblatt ブリューテンブラット	petal ペタル
はなみず 鼻水	*der* Nasenschleim, *der* Rotz ナーゼンシュライム, ロッツ	snivel スニヴル
はなむこ 花婿	*der* Bräutigam ブロイティガム	bridegroom ブライドグルーム
はなも 鼻持ちならない	widerlich, anstößig ヴィーダーリヒ, アンシュテースィヒ	stinking スティンキング
はなもよう 花模様	*das* Blumenmuster ブルーメンムスター	floral pattern フローラル パタン
はなや 花屋	*der* Blumenladen ブルーメンラーデン	flower shop フラウア シャプ
はな 華やかな	prächtig, feierlich プレヒティヒ, ファイアーリヒ	gorgeous, bright ゴーヂャス, ブライト
はなよめ 花嫁	*die* Braut ブラオト	bride ブライド
はな 離れる	*sich*[4] entfernen, verlassen エントフェルネン, フェアラッセン	go away, leave ゴウ アウェイ, リーヴ
はなわ 花輪	*der* Kranz クランツ	wreath リース

日	独	英
はにかむ	schüchtern sein, scheu sein シュヒターン ザイン, ショイ ザイン	be shy ビ シャイ
パニック	die Panik パーニク	panic パニク
バニラ	die Vanille ヴァニリェ	vanilla ヴァニラ
羽(はね)	die Feder フェーダー	feather, plume フェザ, プルーム
（翼）	der Flügel フリューゲル	wing ウィング
ばね	die Feder フェーダー	spring スプリング
ハネムーン	die Flitterwochen フリッターヴォッヘン	honeymoon ハニムーン
跳(は)ねる	hüpfen, springen ヒュプフェン, シュプリンゲン	leap, jump リープ, ヂャンプ
パネル	die Tafel, die Platte ターフェル, プラッテ	panel パネル
パノラマ	das Panorama パノラーマ	panorama パノラマ
母(はは)	die Mutter ムッター	mother マザ
幅(はば)・巾	die Breite ブライテ	width, breadth ウィドス, ブレドス
パパ	der Papa, der Vater パパ, ファーター	dad, papa, pa ダド, パーパ, パー
パパイヤ	die Papaya パパーヤ	papaya パパイア
母親(ははおや)	die Mutter ムッター	mother マザ
羽(は)ばたく	flattern フラッターン	flutter, flap フラタ, フラブ
派閥(はばつ)	die Fraktion フラクツィオーン	faction ファクション
幅跳(はばと)び	der Weitsprung ヴァイトシュプルング	broad jump ブロード ヂャンプ
幅広(はばひろ)い	breit, weit ブライト, ヴァイト	wide, broad ワイド, ブロード

日	独	英
阻む	verhindern, hindern フェアヒンダーン, ヒンダーン	prevent *from*, block プリヴェント, ブラク
パビリオン	*der* Pavillon パヴィリョン	pavilion パヴィリオン
パフォーマンス	*die* Aufführung, *die* Darstellung アオフフューリング, ダールシュテルング	performance パフォーマンス
省く	aus|lassen, weg|lassen アオスラッセン, ヴェックラッセン	omit, exclude オウミット, イクスクルード
ハプニング	*der* Zwischenfall ツヴィッシェンファル	happening ハプニング
歯ブラシ	*die* Zahnbürste ツァーンビュルステ	toothbrush トゥースブラシュ
パプリカ	*der* Paprika パプリカ	paprika パプリカ
浜	*der* Strand シュトラント	beach, seashore ビーチ, スィーショー
葉巻	*die* Zigarre ツィガレ	cigar スィガー
蛤	*die* Venusmuschel ヴェーヌスムッシェル	clam クラム
浜辺	*der* Strand シュトラント	beach, seashore ビーチ, スィーショー
嵌まる（適合）	*in*⁴ hinein|passen ヒナインパッセン	fit *into* フィト
歯磨き	*die* Zahnpasta ツァーンパスタ	toothpaste トゥースペイスト
ハミング	*das* Summen ズメン	humming ハミング
ハム	*der* Schinken シンケン	ham ハム
ハムスター	*der* Hamster ハムスター	hamster ハムスタ
破滅する	ruiniert werden ルイニールト ヴェーアデン	be ruined ビ ルーインド
嵌める	stecken, ein|legen シュテッケン, アインレーゲン	put in プト イン

日	独	英
（着用）	tragen トラーゲン	wear, put on ウェア, プト オン
（騙す）	herein|legen ヘラインレーゲン	entrap, cheat イントラプ, チート
ばめん 場面	*die* Szene スツェーネ	scene スィーン
はもの 刃物	*das* Schneidewerkzeug, *das* Schneidegerät シュナイダーヴェルクツォイク, シュナイデゲレート	edged tool エヂド トゥール
はもん 波紋	kleine Welle クライネ ヴェレ	ripple リプル
はもん 破門する	verbannen, aus|stoßen フェアバネン, アオスシュトーセン	expel イクスペル
はや 早い	schnell, rasch, früh シュネル, ラッシュ, フリュー	early アーリ
はや 速い	schnell, rasch シュネル, ラッシュ	quick, fast クウィク, ファスト
はやお 早起きする	früh auf|stehen フリュー アオフシュテーエン	get up early ゲト アプ アーリ
はや 早く	früh フリュー	early アーリ
（まもなく）	bald バルト	soon スーン
はや 速く	schnell シュネル	quickly, fast クウィクリ, ファスト
はやくちことば 早口言葉	*der* Zungenbrecher ツンゲンブレッヒャー	tongue twister タング トウィスタ
はや 速さ	*die* Geschwindigkeit, *das* Tempo ゲシュヴィンディヒカイト, テムポ	quickness, speed クウィクネス, スピード
はやし 林	*der* Wald, *das* Gehölz, *das* Wäldchen ヴァルト, ゲヘルツ, ヴェルトヒェン	forest, wood フォリスト, ウド
は 生やす	wachsen lassen ヴァクセン ラッセン	grow グロウ
はやね 早寝する	früh ins Bett gehen フリュー インス ベット ゲーエン	go to bed early ゴウ トゥ ベド アーリ

日	独	英
早めに	etwas früher エトヴァス フリューアー	early, in advance アーリ, イン アドヴァンス
速める	beschleunigen ベシュロイニゲン	quicken, hasten クウィクン, ヘイスン
流行る	in Mode sein イン モーデ ザイン	be in fashion, be popular ビ イン ファション, ビ パピュラ
(店が)	viel besucht sein フィール ベズーフト ザイン	be prosperous ビ プラスペラス
(病気が)	weit verbreitet sein ヴァイト フェアブライテット ザイン	be prevalent ビ プレヴァレント
腹	*der* Bauch バオホ	belly ベリ
(腸)	*der* Darm ダルム	bowels バウエルズ
(胃)	*der* Magen マーゲン	stomach スタマク
薔薇	*die* Rose ローゼ	rose ロウズ
バラード	*die* Ballade バラーデ	ballade バラード
払い戻し	*die* Rückzahlung リュックツァールング	repayment, refund リペイメント, リファンド
払い戻す	zurück|zahlen ツリュックツァーレン	refund, repay リファンド, リペイ
払う	zahlen, bezahlen ツァーレン, ベツァーレン	pay ペイ
腹黒い	boshaft, hinterhältig ボースハフト, ヒンターヘルティヒ	wicked, malicious ウィキド, マリシャス
パラシュート	*der* Fallschirm ファルシルム	parachute パラシュート
晴らす	vertreiben フェアトライベン	dispel ディスペル
(うさを)	*sich⁴* zerstreuen ツェアシュトロイエン	divert ディヴァート
(恨みを)	*sich⁴* rächen レッヒェン	revenge *oneself* リヴェンヂ

日	独	英
ばらす	zerlegen ツェアレーゲン	take to pieces テイク トゥ ピースィズ
（暴露）	auf|decken, enthüllen アオフデッケン, エントヒュレン	disclose, expose ディスクロウズ, イクスポウズ
パラソル	*der* Sonnenschirm ゾネンシルム	parasol パラソル
パラドックス	*das* Paradox パラドクス	paradox パラドクス
ばらばらの	getrennt, separat ゲトレント, ゼパラート	separate, scattered セパレイト, スキャタド
パラフィン	*das* Paraffin パラフィーン	paraffin パラフィン
パラボラ	*die* Parabolantenne パラボールアンテネ	parabolic antenna パラボリク アンテナ
ばら撒く	verstreuen, aus|streuen フェアシュトロイエン, アオスシュトロイエン	scatter スキャタ
パラリンピック	*die* Paralympics パラリュンピクス	the Paralympics ザ パラリンピクス
腸（はらわた）	*die* Eingeweide アインゲヴァイデ	bowels, intestines バウエルズ, インテスティンズ
バランス	*das* Gleichgewicht グライヒゲヴィヒト	balance バランス
針（はり）	*die* Nadel ナーデル	needle ニードル
（釣り針）	*der* Angelhaken アンゲルハーケン	hook フク
（時計の）	*der* Zeiger ツァイガー	hand ハンド
バリウム	*das* Barium バーリウム	barium ベアリアム
バリエーション	*die* Variation ヴァリアツィオーン	variation ヴェアリエイション
針金（はりがね）	*der* Draht ドラート	wire ワイア
張り紙（はりがみ）	*das* Plakat プラカート	bill, poster ビル, ポウスタ
バリカン	*die* Haarschneidemaschine ハールシュナイダーマシーネ	hair clippers ヘア クリパズ

日	独	英
馬力(ばりき)	*die* Pferdestärke プフェーアデシュテルケ	horsepower ホースパウア
張り切る(はりきる)	mit großer Begeisterung bei³ sein ミット グローサー ベガイステルング バイ ザイン	be vigorous ビ ヴィゴラス
バリケード	*die* Sperre, *die* Barrikade シュペレ, バリカーデ	barricade バリケイド
張り出す(はりだす)	an|schlagen アンシュラーゲン	put up, post プト アプ, ポウスト
磔(はりつけ)	*die* Kreuzigung クロイツィグング	crucifixion クルースィフィクション
バリトン	*der* Bariton バーリトン	baritone バリトウン
針鼠(はりねずみ)	*der* Igel イーゲル	hedgehog ヘヂホグ
春(はる)	*der* Frühling フリューリング	spring スプリング
張る(はる)	spannen, strecken, ziehen シュパネン, シュトレッケン, ツィーエン	stretch, extend ストレチ, イクステンド
貼る(はる)	kleben クレーベン	stick, put on スティク, プト オン
遥かに(ずっと)(はるかに)	viel フィール	much マチ
バルコニー	*der* Balkon バルコン	balcony バルコニ
遥々(はるばる)	von weit her フォン ヴァイト ヘーア	all the way *from* オール ザ ウェイ
バルブ	*das* Ventil ヴェンティール	valve ヴァルヴ
パルプ	*der* Zellstoff ツェルシュトフ	pulp パルプ
晴れ(はれ)	schönes [heiteres] Wetter シェーネス〔ハイテレス〕ヴェッター	fine weather ファイン ウェザ
バレエ	*das* Ballett バレット	ballet バレイ
ハレー彗星(すいせい)	der Halleysche Komet デア ハリシェ コメート	Halley's comet ハリズ カメト

日	独	英
パレード	*die* Parade パラーデ	parade パレイド
バレーボール	*der* Volleyball ヴォリバル	volleyball ヴァリボール
破裂する	explodieren エクスプロディーレン	explode, burst イクスプロウド, バースト
パレット	*die* Palette パレッテ	palette パレト
腫れ物	*die* Schwellung, *die* Beule, *das* Geschwür シュヴェルング, ボイレ, ゲシュヴュア	swelling, boil スウェリング, ボイル
バレリーナ	*die* Ballerina バレリーナ	ballerina バレリーナ
腫れる	an|schwellen アンシュヴェレン	become swollen ビカム スウォウルン
晴れる	heiter werden, *sich*⁴ auf|klären ハイター ヴェーアデン, アオフクレーレン	clear up クリア アプ
ばれる	heraus|kommen ヘラオスコメン	be exposed, come out ビ イクスポウズド, カム アウト
破廉恥な	schamlos, unverschämt シャームロース, ウンフェアシェームト	infamous, shameless インフェマス, シェイムレス
バロック	*das*(*der*) Barock バロック	Baroque バロウク
パロディー	*die* Parodie パロディー	parody パロディ
バロメーター	*der* Barometer バロメーター	barometer バラミタ
パワー	*die* Kraft クラフト	power パウア
判	*der* Stempel シュテンペル	seal, stamp スィール, スタンプ
半	halb ハルプ	half ハフ
晩	*der* Abend アーベント	evening, night イーヴニング, ナイト
パン	*das* Brot, *das* Brötchen ブロート, ブレートヒェン	bread ブレド

日	独	英
範囲	*der* Kreis, *der* Bereich, *der* Umfang クライス, ベライヒ, ウムファング	limit, sphere リミト, スフィア
反意語	*das* Antonym アントニューム	antonym アントニム
繁栄する	blühen, florieren, gedeihen ブリューエン, フロリーレン, ゲダイエン	be prosperous ビ プラスペラス
版画	*der* Druck ドルック	print プリント
（木）	*der* Holzschnitt ホルツシュニット	woodcut ウドカト
（銅）	*der* Kupferstich クプファーシュティヒ	copperplate カパプレイト
ハンガー	*der* Kleiderbügel クライダービューゲル	hanger ハンガ
繁華街	belebtes Stadtviertel ベレープテス シュタットフィルテル	busy street ビズィ ストリート
半額	halber Preis ハルバー プライス	half the price ハフ ザ プライス
ハンカチ	*das* Taschentuch タッシェントゥーフ	handkerchief ハンカチフ
バンガロー	*der* Bungalow ブンガロ	bungalow バンガロウ
反感	*die* Antipathie, *die* Abneigung アンティパティー, アップナイグング	antipathy アンティパスィ
反逆する	rebellieren, *sich*⁴ empören レベリーレン, エンペーレン	rebel リベル
半球	*die* Halbkugel ハルプクーゲル	hemisphere ヘミスフィア
反響	*das* Echo, *der* Widerhall エヒョ, ヴィダーハル	echo エコウ
〜する	wider|hallen ヴィーダーハレン	echo, resound エコウ, リザウンド
パンク	*die* Reifenpanne ライフェンパネ	puncture パンクチャ
番組	*das* Programm プログラム	program プロウグラム

日	独	英
ハングリーな	hungrig フングリヒ	hungry ハングリ
はんけい 半径	*der* Halbmesser, *der* Radius ハルプメッサー, ラーディウス	radius レイディアス
はんげき 反撃	*der* Gegenangriff ゲーゲンアングリフ	counterattack カウンタアタク
〜する	zurück|schlagen ツリュックシュラーゲン	strike back ストライク バク
はんけつ 判決	*das* Urteil ウルタイル	judgment ヂャヂメント
はんげつ 半月	*der* Halbmond ハルプモーント	half-moon ハフムーン
ばんけん 番犬	*der* Wachhund ヴァッハフント	watchdog ワチドグ
はんこ 判子	*der* Stempel シュテンペル	seal, stamp スィール, スタンプ
はんご 反語	rhetorische Frage レトーリシェ フラーゲ	rhetorical question リトリカル クウェスチョン
（皮肉）	*die* Ironie イロニー	irony アイアロニ
はんこう 反抗	*der* Trotz, *der* Widerstand トロッツ, ヴィーダーシュタント	resistance レズィスターンス
ばんごう 番号	*die* Nummer ヌマー	number ナンバ
はんざい 犯罪	*das* Verbrechen フェアブレッヒェン	crime クライム
〜者	*der*(*die*) Verbrecher(*in*), *der*/*die* Kriminelle フェアブレッヒャー (-ヒェリン), クリミネレ	criminal クリミナル
ばんざい 万歳	*der* Hurraruf フラールーフ	cheers チアズ
ハンサムな	hübsch, gut aussehend ヒュプシュ, グート アオスゼーエント	handsome ハンサム
はんさよう 反作用	*die* Gegenwirkung ゲーゲンヴィルクング	reaction リアクション
ばんさん 晩餐	*das* Abendessen, *die* Abendmahlzeit アーベントエッセン, アーベントマールツァイト	dinner ディナ

日	独	英
判事（はんじ）	*der*(*die*) Richter(*in*) リヒター (-テリン)	judge ヂャヂ
パンジー	*das* Stiefmütterchen シュティーフミュッターヒェン	pansy パンズィ
反射（はんしゃ）	*die* Reflexion, *die* Spiegelung レフレクスィオーン, シュピーゲルング	reflection, reflex リフレクション, リーフレクス
〜する	reflektieren レフレクティーレン	reflect リフレクト
半熟卵（はんじゅくたまご）	weich gekochtes Ei ヴァイヒ ゲコッホテス アイ	soft-boiled egg ソフトボイルド エグ
繁盛する（はんじょう）	blühen, florieren ブリューエン, フロリーレン	be prosperous ビ プラスペラス
バンジョー	*das* Banjo バンジョ	banjo バンヂョウ
繁殖する（はんしょく）	*sich*⁴ fort|pflanzen, *sich*⁴ vermehren フォルトプフランツェン, フェアメーレン	propagate プラパゲイト
ハンスト	*der* Hungerstreik フンガーシュトライク	hunger strike ハンガ ストライク
パンスト	*die* Strumpfhose シュトルンプフホーゼ	pantihose パンティホウズ
半ズボン（はん）	*die* Kniehose, kurze Hose クニーホーゼ, クルツェ ホーゼ	shorts, knee pants ショーツ, ニー パンツ
反する（はん）	*gegen*⁴ verstoßen, *j*³/*et*³ widersprechen フェアシュトーセン, ヴィーダーシュプレッヒェン	be contrary *to* ビ カントレリ
反省する（はんせい）	*über*⁴ reflektieren, *über*⁴ nach|denken レフレクティーレン, ナーハデンケン	reflect *on* リフレクト
帆船（はんせん）	*das* Segelschiff ゼーゲルシフ	sailer セイラ
伴奏する（ばんそう）	begleiten ベグライテン	accompany アカンパニ
絆創膏（ばんそうこう）	*das* Heftpflaster ヘフトプフラスター	plaster プラスタ
反則（はんそく）	*das* Foul, *die* Regelwidrigkeit ファオル, レーゲルヴィードリヒカイト	foul ファウル

日	独	英
半袖(はんそで)	kurzer Ärmel クルツァー エルメル	short sleeves ショート スリーヴズ
パンダ	*der* Panda パンダ	panda パンダ
ハンター	*der* Jäger イェーガー	hunter ハンタ
反対(はんたい)	*das* Gegenteil ゲーゲンタイル	the opposite, the contrary ジ アポズィト, ザ カントレリ
(抵抗・異議)	*die* Opposition, *der* Widerstand オポズィツィオーン, ヴィーダーシュタント	opposition, objection アポズィション, オブヂェクション
〜側	*die* Gegenseite ゲーゲンザイテ	the opposite side ジ アポズィト サイド
〜する	sich⁴ widersetzen, widersprechen ヴィーダーゼッツェン, ヴィーダーシュプレッヒェン	oppose, object *to* オポウズ, アブヂクト
バンタム級(きゅう)	*das* Bantamgewicht バンタムゲヴィヒト	bantamweight バンタムウェイト
パンタロン	*die* Pantalons パンタローンス	pantaloons パンタルーンズ
判断(はんだん)	*das* Urteil, *die* Beurteilung ウルタイル, ベウルタイルング	judgment ヂャヂメント
〜する	beurteilen, *über*⁴ urteilen ベウルタイレン, ウルタイレン	judge ヂャヂ
番地(ばんち)	*die* Hausnummer ハオスヌマー	street number ストリート ナンバ
範疇(はんちゅう)	*die* Kategorie カテゴリー	category キャティゴーリ
パンツ	*die* Unterhose ウンターホーゼ	briefs, shorts ブリーフス, ショーツ
(ズボン)	*die* Hose ホーゼ	pants パンツ
〜スーツ	Hosenanzug ホーゼンアンツーク	pantsuit パントスート
判定(はんてい)	*das* Urteil ウルタイル	judgment, decision ヂャヂメント, ディスィジョン

日	独	英
パンティー	*der* Schlüpfer, *der* Slip シュリュプファー, スリップ	panties パンティズ
〜ストッキング	*die* Strumpfhose シュトルンプフホーゼ	pantihose パンティホウズ
ハンディキャップ	*das* Handikap ヘンディケプ	handicap ハンディキャプ
斑点（はんてん）	*der* Fleck, *der* Punkt フレック, プンクト	spot, speck スパト, スペク
バンド	*der* Gürtel ギュルテル	strap, belt ストラプ, ベルト
（楽団）	*die* Kapelle, *die* Band カペレ, バント	band バンド
半島（はんとう）	*die* Halbinsel ハルプインゼル	peninsula ペニンシュラ
半導体（はんどうたい）	*der* Halbleiter ハルプライター	semiconductor セミコンダクタ
ハンドバッグ	*die* Handtasche ハントタッシェ	handbag, purse ハンドバグ, パース
ハンドブック	*das* Handbuch ハントブーフ	handbook ハンドブク
ハンドボール	*der* Handball ハントバル	handball ハンドボール
パントマイム	*die* Pantomime パントミーメ	pantomime パントマイム
ハンドル（車の）	*das* Lenkrad, *das* Steuer レンクラート, シュトイアー	steering wheel スティアリング ホウィール
（自転車の）	*die* Lenkstange レンクシュタンゲ	handlebar ハンドルバー
（機械の）	*die* Klinke クリンケ	handle ハンドル
半日（はんにち）	ein halber Tag アイン ハルバー ターク	half a day ハフ ア デイ
犯人（はんにん）	*der*(*die*) Täter(*in*), *der*(*die*) Verbrecher(*in*) テーター (-テリン), フェアブレッヒャー (-ヒェリン)	offender, criminal オフェンダ, クリミナル

日	独	英
番人(ばんにん)	der(die) Wächter(in), die Wache ヴェヒター (-テリン), ヴァッヘ	watch, guard ワチ, ガード
晩年(ばんねん)	der Lebensabend レーベンスアーベント	last years ラスト イアズ
反応(はんのう)	die Reaktion, die Wirkung レアクツィオーン, ヴィルクング	reaction, response リアクション, リスパンス
〜する	auf⁴ reagieren レアギーレン	react to, respond to リアクト, リスパンド
万能の(ばんのうの)	allmächtig アルメヒティヒ	almighty オールマイティ
バンパー	die Stoßstange シュトースシュタンゲ	bumper バンパ
ハンバーガー	der Hamburger ハンブルガー	hamburger ハンバーガ
ハンバーグステーキ	deutsches Beefsteak, die Frikadelle ドイチェス ビーフステーク, フリカデッレ	hamburg steak ハンバーグ ステイク
販売する(はんばいする)	verkaufen フェアカオフェン	sell セル
反発する(はんぱつする)	zurück|weisen ツリュックヴァイゼン	repulse, repel リパルス, リペル
反復する(はんぷくする)	wiederholen ヴィーダーホーレン	repeat リピート
パンプス	der Pumps ペンプス	pumps パンプス
万物(ばんぶつ)	alle Dinge [Wesen] アレ ディンゲ [ヴェーゼン]	all things オール スィングズ
パンフレット	die Broschüre, der Prospekt, die Flugschrift ブロシューレ, プロスペクト, フルークシュリフト	pamphlet, brochure パンフレト, ブロウシュア
半分(はんぶん)	die Hälfte ヘルフテ	half ハフ
ハンマー	der Hammer ハマー	hammer ハマ
〜投げ	das Hammerwerfen ハマーヴェルフェン	hammer throw ハマ スロウ

日	独	英
反目(はんもく)	*der* Antagonismus アンタゴニスムス	antagonism アンタゴニズム
ハンモック	*die* Hängematte ヘンゲマッテ	hammock ハモク
パン屋(や)	*die* Bäckerei ベッケライ	bakery ベイカリ
（人）	*der*(*die*) Bäcker(*in*) ベッカー (-ケリン)	baker ベイカ
反乱(はんらん)	*der* Aufstand, *der* Aufruhr アオフシュタント, アオフルーア	revolt リヴォウルト
氾濫(はんらん)する	überschwemmen ユーバーシュヴェメン	flood, overflow フラド, オウヴァフロウ
凡例(はんれい)	*die* Vorbemerkungen フォーアベメルクンゲン	explanatory notes イクスプラナトーリ ノウツ
反論(はんろん)する	j^3/et^3 widersprechen, widerlegen ヴィーダーシュプレッヒェン, ヴィーダーレーゲン	argue *against* アーギュー

ひ, ヒ

日	独	英
火(ひ)	*das* Feuer フォイアー	fire ファイア
日(ひ)	*die* Sonne ゾネ	the sun, sunlight ザ サン, サンライト
（時間）	*der* Tag ターク	day, date デイ, デイト
美(び)	*die* Schönheit シェーンハイト	beauty ビューティ
悲哀(ひあい)	*die* Traurigkeit, *das* Trübsal トラオリヒカイト, トリューブザール	sadness サドネス
ピアス	*der* Ohrstecker オーアシュテッカー	pierced earrings ピアスド イアリングズ
日当(ひあ)たりのよい	sonnig ゾニヒ	sunny サニ
ピアニスト	*der*(*die*) Pianist(*in*) ピアニスト (-ティン)	pianist ピアニスト
ピアノ	*das* Klavier クラヴィーア	piano ピアーノウ

日	独	英
ヒアリング	*das* Hörverständnis ヘーアフェアシュテントニス	listening comprehension リスニング カンプリヘンション
（公聴会）	*die* Anhörung アンヘールング	hearing ヒアリング
ピーアール	*die* Öffentlichkeitsarbeit エッフェントリヒカイツアルバイト	public relations パブリック リレイションズ
～する	Reklame machen レクラーメ マッヘン	do publicity ドゥー パブリスィティ
ビーカー	*das* Becherglas ベッヒャーグラース	beaker ビーカ
贔屓する	begünstigen ベギュンスティゲン	favor フェイヴァ
ピーク	*der* Gipfel ギプフェル	peak ピーク
（頂点）	*der* Höhepunkt ヘーエプンクト	peak ピーク
美意識	*der* Schönheitssinn シェーンハイツズィン	sense of beauty センス オヴ ビューティ
ビーズ	*die* Perlen ペルレン	beads ビーヅ
ヒーター	*die* Heizung, *das* Heizgerät ハイツング, ハイツゲレート	heater ヒータ
ビー玉	*die* Murmel ムルメル	marbles マーブルズ
ビーチ	*der* Strand シュトラント	beach ビーチ
秀でる	*sich*⁴ *in*³ aus|zeichnen アオスツァイヒネン	excel イクセル
ビーナス	*die* Venus ヴェーヌス	Venus ヴィーナス
ピーナッツ	*die* Erdnuss エーアトヌス	peanut ピーナト
ビーバー	*der* Biber ビーバー	beaver ビーヴァ
ビーフ	*das* Rindfleisch リントフライシュ	beef ビーフ
～シチュー	*das* Rindergulasch リンダーグーラシュ	beef stew ビーフ ステュー

日	独	英
〜ステーキ	*das* Beefsteak ビーフステーク	beefsteak ビーフステイク
ピーマン	*der* Paprika パプリカ	green pepper グリーン ペパ
ビール	*das* Bier ビーア	beer ビア
ヒーロー	*der* Held ヘルト	hero ヒアロウ
冷え性である	gegen Kälte empfindlich sein ゲーゲン ケルテ エンプフィントリヒ ザイン	have poor blood circulation ハヴ プア ブラド サーキュレイション
冷えた	kalt, gekühlt カルト, ゲキュールト	cold コウルド
冷える	kalt werden, *sich*⁴ ab|kühlen カルト ヴェーアデン, アップキューレン	get cold ゲト コウルド
ピエロ	*der* Pierrot, *der* Clown ピエロー, クラオン	pierrot ピエロウ
鼻炎	*die* Nasenentzündung ナーゼンエントツュンドゥング	nasal inflammation ネイザル インフラメイション
ビオラ	*die* Viola, *die* Bratsche ヴィオーラ, ブラーチェ	viola ヴァイオラ
被害	*der* Schaden, *der* Verlust シャーデン, フェアルスト	damage ダミヂ
〜者	*das* Opfer オプファー	sufferer, victim サファラ, ヴィクティム
控え	*die* Kopie, *das* Duplikat コピー, ドゥプリカート	copy, duplicate カピ, デュープリケト
控え目な	bescheiden, zurückhaltend ベシャイデン, ツリュックハルテント	moderate マダレト
日帰り旅行	*die* Tagesreise ターゲスライゼ	day trip デイ トリプ
控える	*sich*⁴ enthalten, zurück|halten エントハルテン, ツリュックハルテン	refrain *from* リフレイン
(メモ)	notíeren ノティーレン	write down ライト ダウン
(待機する)	warten ヴァルテン	wait ウェイト

日	独	英
比較(ひかく)	der Vergleich フェアグライヒ	comparison カンパリスン
～する	vergleichen フェアグライヒェン	compare カンペア
美学(びがく)	die Ästhetik エステーティク	aesthetics エスセティクス
日陰(ひかげ)	der Schatten シャッテン	the shade ザ シェイド
日傘(ひがさ)	der Sonnenschirm ゾネンシルム	sunshade, parasol サンシェイド, パラソル
東(ひがし)	der Osten オステン	the east ジ イースト
～側	die Ostseite オストザイテ	the esat side ジ イースト サイド
～半球	die östliche Hemisphäre ディー エストリヒェ ヘミスフェーレ	the Eastern Hemisphere ジ イースタン ヘミスフィア
ぴかぴかする	glänzen, blinken グレンツェン, ブリンケン	glitter, twinkle グリタ, トウィンクル
光(ひかり)	das Licht, der Schein リヒト, シャイン	light, ray ライト, レイ
光る(ひかる)	leuchten, scheinen, strahlen, glänzen ロイヒテン, シャイネン, シュトラーレン, グレンツェン	shine, flash シャイン, フラシュ
惹(ひ)かれる	bezaubert sein ベツァオバート ザイン	be charmed *with, by* ビ チャームド
悲観(ひかん)		
～する	schwarz sehen, pessimistisch denken シュヴァルツ ゼーエン, ペスィミスティシュ デンケン	be pessimistic *about* ビ ペスィミスティク
～的な	pessimistisch ペスィミスティシュ	pessimistic ペスィミスティク
彼岸(ひがん)	die äquinoktiale Woche エクヴィノクツィアーレ ヴォッヘ	equinoctial week イークウィナクシャル ウィーク
美顔術(びがんじゅつ)	die Schönheitspflege シェーンハイツプフレーゲ	beauty culture ビューティ カルチャ

日	独	英
引き上[揚]げる	auf|ziehen, heben アオフツィーエン, ヘーベン	pull up プル アプ
（値段）	erhöhen エアヘーエン	raise レイズ
（戻る）	zurück|kehren, um|kehren ツリュックケーレン, ウムケーレン	return リターン
率いる	führen フューレン	lead, conduct リード, カンダクト
引き受ける	übernehmen ユーバーネーメン	undertake アンダテイク
引き起こす	verursachen フェアウーアザッヘン	cause コーズ
引き返す	um|kehren, zurück|kehren ウムケーレン, ツリュックケーレン	return リターン
引き換える	um|tauschen ウムタオシェン	exchange イクスチェインヂ
蟇	*die* Kröte クレーテ	toad トウド
引き金	*der* Abzug アプツーク	trigger トリガ
引き裂く	zerreißen ツェアライセン	tear up テア アプ
引き下げる	herab|setzen, senken ヘラップゼッツェン, ゼンケン	pull down, reduce プル ダウン, リデュース
引き算	*das* Abziehen, *die* Subtraktion アプツィーエン, ズプトラクツィオーン	subtraction サブトラクション
〜する	ab|ziehen アプツィーエン	subtract *from* サブトラクト
引き潮	*die* Ebbe エッベ	the ebb tide ジ エブ タイド
引き締める	ein|schränken アインシュレンケン	tighten タイトン
引き摺る	schleifen, schleppen シュライフェン, シュレッペン	trail, drag トレイル, ドラグ
引き出し	*die* Schublade シューブラーデ	drawer ドローア

日	独	英
引き出す	ab|leiten アップライテン	draw out ドロー アウト
（預金を）	ab|heben アップヘーベン	withdraw ウィズドロー
引き立てる	begünstigen ベギュンスティゲン	favor フェイヴァ
引き継ぐ	übernehmen ユーバーネーメン	succeed to サクスィード
引き付ける	an|ziehen アンツィーエン	attract アトラクト
引き続き	anschließend アンシュリーセント	continuously カンティニュアスリ
引き留［止］める	auf|halten, zurück|halten アオフハルテン, ツリュックハルテン	keep, stop キープ, スタプ
引き取る	zurück|nehmen ツリュックネーメン	receive リスィーヴ
ビギナー	*der* Anfänger アンフェンガー	beginner ビギナ
ビキニ	*der* Bikini ビキーニ	bikini ビキーニ
挽き肉	*das* Hackfleisch ハックフライシュ	minced meat ミンスド ミート
轢き逃げ	*die* Fahrerflucht ファーラーフルヒト	hit and run ヒト アンド ラン
引き抜く	heraus|ziehen ヘラオスツィーエン	pull out プル アウト
引き延［伸］ばす	aus|strecken, strecken アオスシュトレッケン, シュトレッケン	stretch ストレチ
（写真を）	vergrößern フェアグレーサーン	enlarge インラーヂ
引き払う	aus|ziehen アオスツィーエン	move out ムーヴ アウト
卑怯な	feige, gemein ファイゲ, ゲマイン	mean, foul ミーン, ファウル
引き分け	*das* Unentschieden ウンエントシーデン	draw, drawn game ドロー, ドローン ゲイム
引き渡す	übergeben, ab|geben ユーバーゲーベン, アップゲーベン	hand over, deliver ハンド オウヴァ, ディリヴァ

日	独	英
引く	ziehen, schleppen ツィーエン, シュレッペン	pull, draw プル, ドロー
（注意などを）	an|ziehen アンツィーエン	attract アトラクト
（辞書を）	im Wörterbuch nach|schlagen イム ヴェルターブーフ ナーハシュラーゲン	consult カンサルト
（差し引く）	ab|ziehen, subtrahieren アップツィーエン, ズプトラヒーレン	deduct ディダクト
（電話などを）	installieren インスタリーレン	install インストール
弾く	spielen シュピーレン	play プレイ
轢く	überfahren ユーバーファーレン	run over, hit ラン オウヴァ, ヒト
低い（位置）	nieder, niedrig ニーダー, ニードリヒ	low ロウ
（背が）	klein クライン	short ショート
卑屈な	kriecherisch, unterwürfig クリーヒェリシュ, ウンターヴュルフィヒ	servile サーヴァル
ピクニック	*das* Picknick ピックニック	picnic ピクニク
びくびくする	*vor*³ ängstlich sein エングストリヒ ザイン	be scared *of* ビ スケアド
羆	*der* Braunbär ブラオンベーア	brown bear ブラウン ベア
ピクルス	*die* Pickles ピクルス	pickles ピクルズ
日暮れ	*die* Abenddämmerung アーベントデメルング	evening, dusk イーヴニング, ダスク
髭	*der* Bart バールト	mustache マスタシュ
（口の）	*der* Schnurrbart シュヌルバールト	mustache マスタシュ
（頬の）	*der* Backenbart バッケンバールト	whiskers ホウィスカズ
～を剃る	*sich*⁴ rasieren ラズィーレン	shave シェイヴ

日	独	英
悲劇 (ひげき)	*die* Tragödie, *das* Trauerspiel トラゲーディエ, トラオアーシュピール	tragedy トラヂェディ
卑下する (ひげ)	*sich*⁴ demütigen デミューティゲン	humble *oneself* ハンブル
秘訣 (ひけつ)	*das* Geheimnis, *der* Tipp ゲハイムニス, ティップ	secret スィークレト
否決する (ひけつ)	ab|lehnen, nieder|stimmen アップレーネン, ニーダーシュティメン	reject リヂェクト
庇護 (ひご)	*der* Schutz シュッツ	protection プロテクション
飛行 (ひこう)	*der* Flug フルーク	flight フライト
〜機	*das* Flugzeug フルークツォイク	airplane, plane エアプレイン, プレイン
〜場	*der* Flughafen フルークハーフェン	airport, airfield エアポト, エアフィールド
〜船	*das* Luftschiff ルフトシフ	airship エアシプ
非公式の (ひこうしきの)	inoffiziell, außerdienstlich インオフィツィエル, アオサーディーンストリヒ	unofficial, informal アナフィシャル, インフォーマル
尾行する (びこう)	beschatten ベシャッテン	follow ファロウ
非合法の (ひごうほう)	illegal, ungesetzlich イレガール, ウンゲゼッツリヒ	illegal イリーガル
被告 (ひこく)	*der/die* Beklagte, *der/die* Angeklagte ベクラークテ, アンゲクラークテ	defendant, the accused ディフェンダント, ジ アキューズド
被雇用者 (ひこようしゃ)	*der*(*die*) Arbeitnehmer(*in*) アルバイトネーマー (-メリン)	employee インプロイイー
日頃 (ひごろ)	gewöhnlich ゲヴェーンリヒ	usually, always ユージュアリ, オールワズ
膝 (ひざ)	*das* Knie クニー	knee ニー
(ひざから腰まで)	*der* Schoß ショース	lap ラプ
ビザ	*das* Visum ヴィーズム	visa ヴィーザ

日	独	英
ピザ	*die* Pizza ピッツァ	pizza ピーツァ
被災者（ひさいしゃ）	*das* Opfer des Unglücks オプファー デス ウングリュックス	sufferer サファラ
庇（ひさし）	*das* Vordach フォーアダッハ	eaves イーヴズ
（帽子の）	*der* Mützenschirm ミュッツェンシルム	visor ヴァイザ
日差し（ひざし）	*der* Sonnenschein ゾンネンシャイン	sunlight サンライト
久し振りに（ひさしぶりに）	nach langer Zeit ナーハ ランガー ツァイト	after a long time アフタ ア ロング タイム
跪く（ひざまずく）	*sich*[4] knien, auf das Knie fallen クニーン, アオフ ダス クニー ファレン	kneel down ニール ダウン
悲惨な（ひさんな）	elend, miserabel エーレント, ミゼラーベル	miserable, wretched ミザラブル, レチド
肘（ひじ）	*der* Ellbogen エルボーゲン	elbow エルボウ
肘掛け椅子（ひじかけいす）	*der* Armstuhl, *der* Sessel アルムシュトゥール, ゼッセル	armchair アームチェア
菱形（ひしがた）	*der* Rhombus, *die* Raute ロンブス, ラオテ	rhombus, lozenge ランバス, ラズィンチ
ビジネス	*das* Geschäft ゲシェフト	business ビズネス
～マン	*der*(*die*) Geschäftsmann(*frau*) ゲシェフツマン (-フラオ)	businessman ビズニスマン
柄杓（ひしゃく）	*der* Schöpflöffel シェプフレッフェル	dipper, ladle ディパ, レイドル
比重（ひじゅう）	spezifisches Gewicht シュペツィーフィシェス ゲヴィヒト	specific gravity スピスィフィク グラヴィティ
美術（びじゅつ）	*die* Kunst, *die* bildende Kunst クンスト, ビルデンデ クンスト	art, the fine arts アート, ザ ファイン アーツ
～館	*die* Kunsthalle, *das* Kunstmuseum クンストハレ, クンストムゼーウム	art museum アート ミューズィアム
批准する（ひじゅんする）	ratifizieren ラティフィツィーレン	ratify ラティファイ

日	独	英
ひしょ 秘書	*der*(*die*) Sekretär(*in*) ゼクレテーア (-リン)	secretary セクレテリ
ひじょう 非常	*der* Notfall ノートファル	emergency イマーヂェンスィ
～階段	*die* Treppe zum Notausgang トレッペ ツム ノートアオスガング	emergency staircase イマーヂェンスィ ステアケイス
～口	*der* Notausgang ノートアオスガング	emergency exit イマーヂェンスィ エクスィト
びしょう 微笑	*das* Lächeln レッヒェルン	smile スマイル
ひじょうきん 非常勤の	Teilzeit- タイルツァイト	part-time パートタイム
ひじょうしき 非常識な	unvernünftig ウンフェアニュンフティヒ	absurd, unreasonable アブサード, アンリーズナブル
ひじょう 非情な	herzlos ヘルツロース	heartless ハートレス
ひしょち 避暑地	*die* Sommerfrische ゾマーフリッシェ	summer resort サマ リゾート
びしょ濡れの	klitschnass クリッチュナス	wet through ウェト スルー
ビジョン	*die* Vision, *das* Zukunftsbild ヴィズィオーン, ツークンフツビルト	vision ヴィジョン
びじん 美人	*die* Schöne シェーネ	beauty ビューティ
ひすい 翡翠	*der* Jade ヤーデ	jade ヂェイド
ビスケット	*das* Gebäck, *der* Keks ゲベック, ケークス	biscuit ビスキト
ヒステリー	*die* Hysterie ヒュステリー	hysteria ヒスティアリア
ヒステリックな	hysterisch ヒュステーリシュ	hysterical ヒステリカル
ピストル	*die* Pistole ピストーレ	pistol ピストル
ピストン	*der* Kolben コルベン	piston ピストン
びせいぶつ 微生物	*die* Mikrobe ミクローベ	microorganism マイクロウオーガニズム

日	独	英
ひそ 砒素	*das* Arsen アルゼーン	arsenic アースニク
ひぞう 脾臓	*die* Milz ミルツ	spleen スプリーン
ひそう 悲壮な	pathetisch, schmerzlich パテーティシュ, シュメルツリヒ	pathetic, grievous パセティク, グリーヴァス
ひそ 密かな	heimlich, leise ハイムリヒ, ライゼ	secret, private スィークレト, プライヴェト
ひだ 襞	*die* Falte ファルテ	fold フォウルド
ひたい 額	*die* Stirn シュティルン	the forehead ザ フォヘド
ひた 浸す	tauchen タオヘン	soak *in*, dip *in* ソウク, ディプ
ビタミン	*das* Vitamin ヴィタミーン	vitamin ヴァイタミン
ひだり 左	*das* Links リンクス	the left ザ レフト
〜側	linke Seite リンケ ザイテ	the left side ザ レフト サイド
ひつう 悲痛な	schmerzlich シュメルツリヒ	grievous, sorrowful グリーヴァス, サロウフル
ひ か 引っ掛かる	*an*[3] hängen ヘンゲン	get caught *in, on* ゲト コート
ひ か 引っ掻く	kratzen, schaben クラッツェン, シャーベン	scratch スクラチ
ひ か 引っ掛ける	hängen ヘンゲン	hang ハング
ひつぎ 棺	*der* Sarg ザルク	coffin コフィン
ひっきしけん 筆記試験	schriftliche Prüfung シュリフトリヒェ プリューフング	written examination リトン イグザミネイション
ひ く かえ 引っ繰り返す	um|werfen, um|kippen, wenden ウムヴェルフェン, ウムキッペン, ヴェンデン	overturn オウヴァターン
ひ く かえ 引っ繰り返る	*sich*[4] um|kehren ウムケーレン	overturn オウヴァターン

日	独	英
(倒れる)	um|fallen ウムファレン	fall over フォール オウヴァ
びっくりする	erstaunt sein, überrascht sein エアシュタオント ザイン, ユーバーラッシュト ザイン	be surprised ビ サプライズド
日付	*das* Datum ダートゥム	date デイト
ピッケル	*der* Pickel ピッケル	ice-ax アイスアクス
引っ越し	*der* Umzug ウムツーク	moving ムーヴィング
引っ越す	um|ziehen ウムツィーエン	move, remove ムーヴ, リムーヴ
引っ込む	$sich^4$ zurück|ziehen, zurück|treten ツリュックツィーエン, ツリュックトレーテン	retire リタイア
引っ込める	zurück|ziehen ツリュックツィーエン	take back テイク バク
ピッコロ	*die* Pikkoloflöte ピッコロフレーテ	piccolo ピコロウ
羊	*das* Schaf シャーフ	sheep シープ
(子羊)	*das* Lamm ラム	lamb ラム
必死の	verzweifelt フェアツヴァイフェルト	desperate デスパレト
必修の	obligatorisch オブリガトーリシュ	compulsory カンパルソリ
必需品	täglicher Bedarf テークリヒャー ベダルフ	necessaries ネセセリズ
必須の	unentbehrlich ウンエントベーアリヒ	indispensable インディスペンサブル
筆跡	*die* Handschrift ハントシュリフト	handwriting ハンドライティング
ひっそりと	still, ganz ruhig シュティル, ガンツ ルーイヒ	quietly クワイエトリ
ひったくる	j^3 et^4 entreißen エントライセン	snatch スナチ

日	独	英
ヒッチハイク	*das* Trampen トランペン	hitchhike ヒチハイク
〜する	per Anhalter fahren, trampen ペル アンハルター ファーレン, トランペン	hitchhike ヒチハイク
匹敵する	j^3/et^3 gewachsen sein ゲヴァクセン ザイン	be equal *to* ビ イークワル
ヒット(成功)	*der* Hit ヒット	hit ヒト
引っ張る	ziehen ツィーエン	stretch ストレチ
ヒップ	*die* Hüfte ヒュフテ	the hip ザ ヒプ
蹄	*der* Huf フーフ	hoof フーフ
必要	*der* Bedarf ベダルフ	necessity, need ニセスィティ, ニード
〜な	nötig, notwendig, erforderlich ネーティヒ, ノートヴェンディヒ, エアフォルダーリヒ	necessary ネセセリ
ビデ	*das* Bidet ビデー	bidet ビーデイ
否定する	verneinen フェアナイネン	deny ディナイ
ビデオ	*das* Video ヴィーデオ	video ヴィディオウ
〜テープ	*das* Videoband ヴィーデオバント	videotape ヴィディオウテイプ
美的な	ästhetisch エステーティシュ	aesthetic エスセティク
日照り	*die* Dürre デュレ	drought ドラウト
秘伝	*das* Geheimnis ゲハイムニス	secret スィークレト
人	*die* Person ペルゾーン	person, one パーソン, ワン

日	独	英
（男）	*der* Mann マン	man マン
（女）	*die* Frau フラオ	woman ウマン
（人類）	*der* Mensch メンシュ	mankind マンカインド
（他人）	andere Leute アンデレ ロイテ	others, other people アザズ, アザ ピープル
ひどい 酷い	schauderhaft, furchtbar, grausam, schrecklich シャオダーハフト, フルヒトバール, グラオザーム, シュレックリヒ	cruel, terrible クルエル, テリーブル
ひといき 一息　〜で	in einem Atem イン アイネム アーテム	at a breath アト ア ブレス
〜入れる	Atem holen アーテム ホーレン	catch *one's* breath キャッチ ブレス
ひとかげ 人影	*die* Gestalt, *die* Figur, *der* Schatten ゲシュタルト, フィグーア, シャッテン	shadow, figure シャドウ, フィギャ
ひとがら 人柄	*der* Charakter, *die* Persönlichkeit カラクター, ペルゼーンリヒカイト	character キャラクタ
ひとき 一切れ	ein Stück アイン シュトゥック	a piece *of* ア ピース
びとく 美徳	*die* Tugend トゥーゲント	virtue ヴァーチュー
ひとくち 一口	*das* Bissen ビッセン	a mouthful ア マウスフル
（飲み物）	*der* Schluck シュルック	a gulp ア ガルプ
ひどけい 日時計	*die* Sonnenuhr ゾネンウーア	sundial サンダイアル
ひとごみ 人込み	*das* Gedränge ゲドレンゲ	crowd クラウド
ひとごろ 人殺し	*der* Mord モルト	murder マーダ
（人）	*der*(*die*) Mörder(*in*) メルダー (-デリン)	murderer マーダラ

日	独	英
人差し指	der Zeigefinger ツァイゲフィンガー	forefinger フォーフィンガ
等しい	gleich グライヒ	equal イークワル
人質	die Geisel ガイゼル	hostage ハスティヂ
一揃い	ein Satz アイン ザッツ	a set ア セト
人だかり	das Gedränge, der Haufen ゲドレンゲ, ハオフェン	crowd クラウド
一つ	eins アインス	one ワン
海星	der Seestern ゼーシュテルン	starfish スターフィシュ
人手（他人）	anderer Mensch アンデラー メンシュ	other person アザ パースン
（他人の力）	die Hand, die Hilfe ハント, ヒルフェ	help, hand ヘルプア, ハンド
人通りの多い	belebt ベレープト	busy ビズィ
人懐っこい	liebenswürdig, freundlich リーベンスヴュルディヒ, フロイントリヒ	amiable エイミアブル
人並みの	durchschnittlich, normal ドゥルヒシュニットリヒ, ノルマール	ordinary, average オーディネリ, アヴァリヂ
人々	die Menschen, die Leute メンシェン, ロイテ	people, men ピープル, メン
人前で	vor anderen Leuten, in der Öffentlichkeit フォーア アンダーン ロイテン, イン デア エッフェントリヒカイト	in public イン パブリク
瞳	die Pupille プピレ	the pupil ザ ピューピル
人見知りする	scheu, schüchtern ショイ, シュヒターン	be shy ビ シャイ
一目で	auf den ersten Blick アオフ デン エーアステン ブリック	at a glance アト ア グランス
一休みする	eine Pause machen アイネ パオゼ マッヘン	take a rest テイク ア レスト

日	独	英
ひとり 一人	eine(r) アイネ(-ナー)	one ワン
～で	allein アライン	alone, by oneself アロウン, バイ ワンセルフ
～ぼっちで	allein, einsam アライン, アインザーム	alone アロウン
ひとりごと い 独り言を言う	mit *sich*[3] selbst sprechen ミット ゼルプスト シュプレッヒェン	talk to *oneself* トーク トゥ
ひとり こ 一人っ子	*das* Einzelkind アインツェルキント	only child オウンリ チャイルド
ひと よ 独り善がりの	selbstgerecht ゼルプストゲレヒト	self-satisfied セルフサティスファイド
ひな 雛	*das* Junge, *das* Küken ユンゲ, キューケン	chick チク
ひなぎく 雛菊	*das* Gänseblümchen ゲンゼブリュームヒェン	daisy デイズィ
ひなた 日向で	in der Sonne イン デア ゾネ	in the sun イン ザ サン
ひな 鄙びた	ländlich, entlegen レントリヒ, エントレーゲン	rural ルアラル
ひなん 避難　～する	flüchten フリュヒテン	take refuge *in, from* テイク レフューヂ
～所	*die* Zuflucht ツーフルフト	refuge, shelter レフューヂ, シェルタ
ひなん 非難	*der* Vorwurf, *der* Tadel フォーアヴルフ, ターデル	blame, censure ブレイム, センシュア
～する	vor|werfen, tadeln フォーアヴェルフェン, ターデルン	blame, accuse ブレイム, アキューズ
ビニール	*der* Kunststoff, *das* Plastik クンストシュトフ, プラスティク	vinyl ヴァイニル
～袋	*der* Plastikbeutel プラスティクボイテル	plastic bag プラスティク バグ
ひにく 皮肉	*die* Ironie イロニー	sarcasm, irony サーキャズム, アイアロニ
～な	ironisch イローニシュ	sarcastic, ironical サーキャスティク, アイラニカル
ひにょうき 泌尿器	*das* Harnorgan ハルンオルガーン	the urinary organs ザ ユアリネリ オーガンズ

日	独	英
ひにん 避妊	*die* Empfängnisverhütung エンプフェングニスフェアヒュートゥング	contraception カントラセプション
ひにん 否認する	verneinen フェアナイネン	deny ディナイ
びねつ 微熱	leichtes Fieber ライヒテス フィーバー	slight fever スライト フィーヴァ
ひね 捻る	an|drehen, drehen アンドレーエン, ドレーエン	twist, twirl トウィスト, トワール
ひ い 日の入り	*der* Sonnenuntergang ゾネンウンターガング	sunset サンセト
ひ で 日の出	*der* Sonnenaufgang ゾネンアオフガング	sunrise サンライズ
ひばち 火鉢	*das* Kohlenbecken コーレンベッケン	brazier ブレイジャ
ひばな 火花	*der* Funke フンケ	spark スパーク
ひばり 雲雀	*die* Lerche レルヒェ	lark ラーク
ひはん 批判	*die* Kritik クリティーク	criticism クリティスィズム
〜する	kritisieren クリティズィーレン	criticize クリティサイズ
ひばん 非番の	dienstfrei, außer Dienst ディーンストフライ, アオサー ディーンスト	off duty オフ デューティ
ひび 皸	*die* Schrunde シュルンデ	chap チャプ
ひび 罅	*der* Riss, *der* Sprung リス, シュプルング	crack クラク
ひび 響き	*der* Klang クラング	sound サウンド
ひび 響く	klingen, schallen クリンゲン, シャレン	sound, resound サウンド, リザウンド
ひひょう 批評	*die* Kritik クリティーク	criticism, comment クリティスィズム, カメント
ひふ 皮膚	*die* Haut ハオト	the skin ザ スキン
〜科	dermatologische Abteilung デルマトローギシェ アップタイルング	dermatology デーマタロヂィ

日	独	英
ビフテキ	*das* Beefsteak ビーフステーク	beefsteak ビーフステイク
碑文(ひぶん)	*die* Inschrift インシュリフト	inscription インスクリプション
美貌(びぼう)	*die* Schönheit シェーンハイト	beauty ビューティ
誹謗する(ひぼうする)	verleumden フェアロイムデン	slander スランダ
非凡な(ひぼんな)	außergewöhnlich, genial アオサーゲヴェーンリヒ, ゲニアール	exceptional イクセプショナル
暇(ひま)	*die* Freizeit, *die* Zeit フライツァイト, ツァイト	time, leisure タイム, リージャ
～な	frei フライ	free, not busy フリー, ナト ビズィ
曾孫(ひまご)	*der*(*die*) Urenkel(*in*) ウーアエンケル(-リン)	great-grandchild グレイト グランチャイルド
向日葵(ひまわり)	*die* Sonnenblume ゾネンブルーメ	sunflower サンフラウア
肥満(ひまん)	*die* Fettleibigkeit フェットライビヒカイト	obesity オウビースィティ
秘密(ひみつ)	*das* Geheimnis ゲハイムニス	secret スィークレト
～の	geheim, heimlich ゲハイム, ハイムリヒ	secret スィークレト
美味な(びみな)	köstlich, lecker ケストリヒ, レッカー	delicate デリカト
微妙な(びみょうな)	heikel, delikat, subtil ハイケル, デリカート, ズプティール	subtle, delicate サトル, デリケト
姫(ひめ)	*die* Prinzessin プリンツェスィン	princess プリンセス
悲鳴(ひめい)	*der* Schrei シュライ	scream, cry スクリーム, クライ
罷免する(ひめんする)	ab|setzen アップゼッツェン	dismiss ディスミス
紐(ひも)	*die* Schnur, *das* Band シュヌーア, バント	string, cord ストリング, コード
火元(ひもと)	*die* Quelle des Feuers クヴェレ デス フォイアース	the origin of a fire ザ オリヂン オヴ ア ファイア

日	独	英
ビヤガーデン	*der* Biergarten ビーアガルテン	beer garden ビア ガーデン
ひやかす 冷やかす	*sich*[4] lustig machen ルスティヒ マッヘン	banter, tease バンタ, ティーズ
ひゃく 百	hundert フンダート	hundred ハンドリド
ひゃくしょう 百姓	*der*(*die*) Bauer(Bäuerin) バオアー (ボイエリン)	farmer ファーマ
ひやくする 飛躍する	einen Aufschwung nehmen アイネン アオフシュヴング ネーメン	leap, jump リープ, ヂャンプ
ひゃくにちぜき 百日咳	*der* Keuchhusten コイヒフーステン	whooping cough ホウーピング コフ
ひゃくにちそう 百日草	*die* Zinnie ツィニエ	zinnia ズィニア
ひゃくまん 百万	*die* Million ミリオーン	million ミリオン
びゃくや 白夜	*die* Nacht mit der Mitternachtssonne ナハト ミット デア ミッターナハツゾネ	night with the midnight sun ナイト ウィズ ザ ミドナイト サン
ひやけ 日焼け	*der* Sonnenbrand ゾネンブラント	sunburn, suntan サンバーン, サンタン
～する	einen Sonnenbrand bekommen アイネン ゾネンブラント ベコメン	get sunburnt ゲト サンバーント
～止め	*die* Sonnencreme ゾネンクレーメ	sunscreen サンスクリーン
ヒヤシンス	*die* Hyazinthe ヒュアツィンテ	hyacinth ハイアスィンス
ひやす 冷やす	abkühlen アップキューレン	cool, ice クール, アイス
ひゃっかじてん 百科事典	*die* Enzyklopädie エンツュクロペディー	encyclopedia エンサイクロウピーディア
ひゃっかてん 百貨店	*das* Kaufhaus カオフハオス	department store ディパートメント ストー
ビヤホール	*die* Bierhalle ビーアハレ	beer hall ビア ホール
ひややかな 冷ややかな	kalt, kühl カルト, キュール	cold, indifferent コウルド, インディファレント

日	独	英
比喩(ひゆ)	*das* Gleichnis グライヒニス	figure of speech フィギャ オヴ スピーチ
（隠喩）	*die* Metapher メタファー	metaphor メタファ
～的な	bildlich, übertragen ビルトリヒ, ユーバートラーゲン	figurative フィギュラティヴ
ヒューズ	*die* Sicherung ズィヒェルング	fuse フューズ
ヒューマニズム	*der* Humanismus フマニスムス	humanism ヒューマニズム
ピューレ	*das* Püree ピュレー	puree ピュレイ
ビュッフェ	*das* Büfett ビュフェット	buffet バフェト
票(ひょう)	*die* Stimme シュティメ	vote ヴォウト
表(ひょう)	*die* Tabelle, *die* Liste タベレ, リステ	table, diagram テイブル, ダイアグラム
豹(ひょう)	*der* Leopard レオパルト	leopard, panther レパド, パンサ
雹(ひょう)	*der* Hagel ハーゲル	hail ヘイル
費用(ひよう)	*die* Kosten, *die* Ausgaben コステン, アオスガーベン	cost コスト
秒(びょう)	*die* Sekunde ゼクンデ	second セコンド
美容(びよう)	*die* Kosmetik, *die* Schönheitspflege コスメーティク, シェーンハイツプフレーゲ	beauty treatment ビューティ トリートメント
～院	*der* Friseursalon, *der* Damensalon フリゼーアザローン, ダーメンザローン	beauty salon ビューティ サラン
病院(びょういん)	*das* Krankenhaus, *die* Klinik クランケンハオス, クリーニク	hospital ハスピタル
（小規模の）	*das* Hospital ホスピタール	hospital ハスピタル

■ 病院 ■ das Krankenhaus /クランケンハオス/ ⇒病気

救急病院(きゅうきゅうびょういん) das Unfallkrankenhaus /ウンファルクランケンハオス/ (英emergency hospital)

総合病院(そうごうびょういん) die Poliklinik /ポーリクリニク/ (英general hospital)

医者(いしゃ) (英doctor) der(die) Arzt(Ärztin) /アールツト（エーアツティン）/

看護師(かんごし) der(die) Krankenpfleger(in) /クランケンプフレーガー (-ゲリン)/ (英nurse)

レントゲン技師(ぎし) der(die) Röntgenassistent(in) /レントゲンアスィステント/ (英radiographer)

薬剤師(やくざいし) der(die) Apotheker(in) /アポテーカー (-ケリン)/ (英pharmacist, druggist)

患者(かんじゃ) der(die) Patient(in) /パツィエント (-ティン)/ (英patient, case)

診察室(しんさつしつ) das Sprechzimmer /シュプレヒツィマー/ (英consulting room)

手術室(しゅじゅつしつ) der Operationssaal /オペラツィオーンスザール/ (英operating room)

病棟(びょうとう) die Station /シュタツィオーン/ (英ward)

病室(びょうしつ) das Krankenzimmer /クランケンツィマー/ (英sickroom, ward)

薬局(やっきょく) die Apotheke /アポテーケ/ (英drugstore)

内科(ないか) innere Medizin /インネレ メディツィーン/ (英internal medicine1)

外科(げか) die Chirurgie /ヒルルギー/ (英surgery)

歯科(しか) die Zahnmedizin /ツァーンメディツィーン/ (英dental surgery)

眼科(がんか) die Augenheilkunde /アオゲンハイルクンデ/ (英ophthalmology)

産婦人科(さんふじんか) die Gynäkologie /ギュネコロギー/ (英obsterics and gynecology)

小児科(しょうにか) die Pädiatrie /ペディアトリー/, die Kinderheilkunde /キンダーハイルクンデ/ (英pediatrics)

耳鼻咽喉科(じびいんこうか) die Hals-Nasen-Ohren-Heilkunde /ハルスナーゼンオーレンハイルクンデ/ (英otorhinolaryngology)

整形外科(せいけいげか) die Orthopädie /オルトペディー/ (英plastic surgery)

レントゲン die Röntgenstrahlen /レントゲンシュトラーレン/ (英X rays)

日	独	英
ひょうが 氷河	*der* Gletscher グレッチャー	glacier グレイシャ
ひょうかする 評価する	schätzen, bewerten, würdigen, ein|schätzen シェッツェン, ベヴェーアテン, ヴュルディゲン, アインシェッツェン	estimate, evaluate エスティメイト, イヴァリュエイト
びょうき 病気	*die* Krankheit クランクハイト	sickness, disease スィクネス, ディズィーズ
～になる	krank werden, erkranken クランク ヴェーアデン, エアクランケン	get ill ゲトイル
ひょうぎかい 評議会	*der* Rat ラート	council カウンスィル
ひょうきんな 剽軽な	witzig ヴィッツィヒ	facetious, funny ファスィーシャス, ファニ
ひょうけつ 票決	*die* Abstimmung アップシュティムング	vote ヴォウト
びょうけつ 病欠	*die* Abwesenheit wegen Krankheit アップヴェーゼンハイト ヴェーゲン クランクハイト	sick leave スィク リーヴ
ひょうげん 表現	*der* Ausdruck, *die* Darstellung アオスドルック, ダールシュテルング	expression イクスプレション
～する	aus|drücken, dar|stellen アオスドリュッケン, ダールシュテレン	express イクスプレス
びょうげんきん 病原菌	*der* Krankheitserreger クランクハイツエアレーガー	disease germ ディズィーズ ヂャーム
ひょうご 標語	*das* Schlagwort, *das* Motto シュラークヴォルト, モット	slogan スロウガン
ひょうさつ 表札	*das* Namensschild ナーメンスシルト	doorplate ドープレイト
ひょうざん 氷山	*der* Eisberg アイスベルク	iceberg アイスバーグ
ひょうし 表紙	*der* Buchdeckel, *der* Deckel ブーフデッケル, デッケル	cover カヴァ
びようし 美容師	*der*(*die*) Kosmetiker(*in*) コスメーティカー (-ケリン)	beautician ビューティシャン

■ 病気 ■　*die* Krankheit /クランクハイト/　⇒病院

赤痢(せきり)　*die* Ruhr /ルーア/　(英dysentery)

コレラ　*die* Cholera /コーレラ/　(英cholea)

チフス　*der* Typhus /テーフス/　(英typhoid, typhus)

マラリア　*die* Malaria /マラーリア/　(英malaria)

ジフテリア　*die* Diphtherie /ディフテリー/　(英diphtheria)

結核(けっかく)　*die* Tuberkulose /トゥベルクローゼ/　(英tuberculosis)

エイズ　*das* Aids /エイズ/　(英AIDS)

アルツハイマー病(びょう)　*die* Alzheimerkrankheit /アルツハイマークランクハイト/　(英Alzheimer's disease)

麻疹(はしか)　*die* Masern /マーザーン/　(英measles)

風邪(かぜ)　*die* Erkältung /エアケルトゥング/　(英cold, flu)

おたふく風邪(かぜ)　*der* Mumps /ムンプス/　(英mumps)

癌(がん)　*der* Krebs /クレープス/　(英cancer)

頭痛(ずつう)　*die* Kopfschmerzen /コプフシュメルツェン/　(英headache)

生理痛(せいりつう)　*die* Menstruationsschmerzen /メンストルアツィオーンスシュメルツェン/　(英menstrual pain)

食中毒(しょくちゅうどく)　*die* Nahrungsmittelvergiftung /ナールングスミッテルフェアギフトゥング/　(英food poisoning)

盲腸炎(もうちょうえん)・盲腸　*die* Blinddarmentzündung /ブリントダルムエントツュンドゥング/　(英appendicitis)

腹痛(ふくつう)　*die* Magenschmerzen /マーゲンシュメルツェン/　(英stomachache)

ストレス　*der* Stress /シュトレス/　(英stress)

虫歯(むしば)　*die* Karies /カーリエス/, fauler Zahn /ファオラー ツァーン/　(英decayed tooth)

捻挫(ねんざ)する　*sich³ et⁴* verstauchen /フェアシュタオヘン/　(英sprain)

骨折(こっせつ)　*der* Knochenbruch /クノッヘンブルフ/　(英fracture)

打撲(だぼく)　blauer Fleck /ブラオアー フレック/　(英bruise)

脱臼(だっきゅう)　*die* Verrenkung /フェアレンクング/　(英dislocation)

日	独	英
ひょうしき 標識	*das* Schild シルト	sign, mark サイン, マーク
ひょうじ 表示する	hin|weisen ヒンヴァイゼン	indicate インディケイト
びょうしつ 病室	*das* Krankenzimmer クランケンツィマー	sickroom, ward スィクルーム, ウォード
びょうじゃく 病弱な	kränklich, gebrechlich クレンクリヒ, ゲブレヒリヒ	sickly スィクリ
びょうしゃ 描写する	beschreiben, schildern ベシュライベン, シルダーン	describe ディスクライブ
ひょうじゅん 標準	*der* Maßstab マースシュタープ	standard スタンダド
～語	*die* Standardsprache シュタンダルトシュプラーヘ	the standard language ザ スタンダド ラングウィヂ
～的な	durchschnittlich, Standard- ドゥルヒシュニットリヒ, シュタンダルト	standard, normal スタンダド, ノーマル
ひょうじょう 表情	*die* Miene, *der* Gesichtsausdruck ミーネ, ゲズィヒツアオスドルック	expression イクスプレション
びょうじょう 病状	*der* Krankheitszustand クランクハイツツーシュタント	condition カンディション
ひょうしょう 表彰する	aus|zeichnen, ehren アオスツァイヒネン, エーレン	commend, honor カメンド, アナ
びょうしょう 病床にある	krank im Bett liegen クランク イム ベット リーゲン	be ill in bed ビ イル イン ベド
びょうしん 秒針	*der* Sekundenzeiger ゼクンデンツァイガー	the second hand ザ セコンド ハンド
ひょうせつ 剽窃	*das* Plagiat プラギアート	plagiarism プレイヂアリズム
ひょうたん 瓢箪	*der* Flaschenkürbis フラッシェンキュルビス	gourd グアド
ひょうてき 標的	*die* Schießscheibe シースシャイベ	target ターゲト
びょうてき 病的な	krankhaft, morbid クランクハフト, モルビート	morbid モービド
ひょうてん 氷点	*der* Gefrierpunkt ゲフリーアプンクト	the freezing point ザ フリーズィング ポイント

日	独	英
びょうどう 平等	*die* Gleichheit グライヒハイト	equality イクワリティ
〜な	unparteiisch, gleichwertig ウンパルタイイシュ, グライヒヴェーアティヒ	equal イークワル
びょうにん 病人	*der/die* Kranke クランケ	sick person スィック パーソン
ひょうはく 〜する 漂白	bleichen ブライヒェン	bleach ブリーチ
〜剤	*das* Bleichmittel ブライヒミッテル	bleach ブリーチ
ひょうばん 評判	*der* Ruf, *das* Gerücht ルーフ, ゲリュヒト	reputation レピュテイション
ひょうほん 標本	*das* Muster, *das* Präparat ムスター, プレパラート	specimen, sample スペスィメン, サンプル
ひょうめい 表明する	kund|geben, äußern クントゲーベン, オイサーン	manifest マニフェスト
ひょうめん 表面	*die* Oberfläche, *die* Außenseite オーバーフレッヒェ, アオセンザイテ	surface サーフェス
〜張力	*die* Oberflächenspannung オーバーフレッヒェンシュパヌング	surface tension サーフィス テンション
びょうりがく 病理学	*die* Pathologie パトロギー	pathology パサロディ
ひょうりゅう 漂流する	hin und her treiben, *sich*⁴ dahin|treiben lassen ヒン ウント ヘーア トライベン, ダヒントライベン ラッセン	drift ドリフト
ひょうろん 評論	*die* Kritik, *die* Rezension クリティーク, レツェンズィオーン	criticism, review クリティスィズム, リヴュー
〜家	*der* Kritiker クリーティカー	critic, reviewer クリティク, リヴューア
ひよくな 肥沃な	fruchtbar フルフトバール	fertile ファーティル
ひよ *日除け*	*die* Markise マルキーゼ	sunshade サンシェイド
ひよこ 雛	*das* Küken キューケン	chick チク

日	独	英
ビラ	*das* Flugblatt, *der* Zettel フルークブラット, ツェッテル	bill, handhill ビル, ハンドビル
ひらおよ 平泳ぎ	*das* Brustschwimmen ブルストシュヴィメン	the breast stroke ザ ブレスト ストロウク
ひら 開く	öffnen エフネン	open オウプン
ひら 開ける	*sich*[4] entwickeln エントヴィッケルン	develop ディヴェロプ
ひら 平たい	flach フラッハ	flat, level フラト, レヴル
ピラニア	*der* Piranha ピラニャ	piranha ピラニア
ピラフ	*der* Pilau ピラオ	pilaf ピラーフ
ピラミッド	*die* Pyramide ピュラミーデ	pyramid ピラミド
ひらめ 平目	*der* Butt ブット	flatfish フラトフィシュ
ひらめ 閃く	auf|blitzen, auf|leuchten アオフブリッツェン, アオフロイヒテン	flash, gleam フラシュ, グリーム
ピリオド	*der* Punkt プンクト	period ピアリオド
ひりつ 比率	*das* Verhältnis フェアヘルトニス	ratio レイシオウ
ビリヤード	*das* Billard ビリヤルト	billiards ビリアヅ
ひりょう 肥料	*der* Dünger デュンガー	fertilizer, manure ファーティライザ, マニュア
ひる 昼　(正午)	*der* Mittag ミッターク	noon ヌーン
ひる 蛭	*der* Egel エーゲル	leech リーチ
ビル	*das* Hochhaus ホーホハオス	building ビルディング
ピル	*die* Pille ピレ	the pill ザ ビル
ひるがえ 翻る	flattern フラッターン	flutter フラタ

日	独	英
昼御飯 (ひるごはん)	*das* Mittagessen ミッタークエッセン	lunch ランチ
ビルディング	*das* Hochhaus ホーホハオス	building ビルディング
昼寝する (ひるね)	einen Mittagsschlaf machen, ein Schläfchen halten アイネン ミッタークスシュラーフ マッヘン, アイン シュレーフヒェン ハルテン	have a nap ハヴ ア ナプ
昼間 (ひるま)	*der* Tag ターク	the daytime ザ デイタイム
昼休み (ひるやすみ)	*die* Mittagspause ミッタークスパオゼ	noon recess ヌーン リセス
鰭 (ひれ)	*die* Flosse フロッセ	fin フィン
比例 (ひれい)	*das* Verhältnis フェアヘルトニス	proportion プロポーション
卑劣な (ひれつ)	niederträchtig, gemein ニーダートレヒティヒ, ゲマイン	mean ミーン
ヒレ肉 (にく)	*das* Filet フィレー	fillet フィレト
広い (ひろ)	groß, weit, breit グロース, ヴァイト, ブライト	wide, broad ワイド, ブロード
ヒロイン	*die* Heldin ヘルディン	heroine ヘロウイン
拾う (ひろ)	finden, auf|lesen フィンデン, アオフレーゼン	pick up ピク アプ
披露宴 (ひろうえん)	*die* Hochzeitsparty ホーホツァイツパーティ	wedding banquet ウェディング バンクウィト
ビロード	*der* Samt ザムト	velvet ヴェルヴェト
広がる (ひろ)	*sich*⁴ aus|dehnen アオスデーネン	extend, expand イクステンド, イクスパンド
広げる (ひろ)	erweitern, entfalten エアヴァイターン, エントファルテン	extend, enlarge イクステンド, インラーヂ
広さ (ひろ)	*die* Größe, *die* Weite グレーセ, ヴァイテ	width ウィドス
広場 (ひろば)	*der* Platz, *der* Marktplatz プラッツ, マルクトプラッツ	open space オウプン スペイス

日	独	英
ひろま 広間	*der* Saal ザール	hall, saloon ホール, サルーン
ひろ 広まる	*sich*⁴ verbreiten フェアブライテン	spread スプレド
ひろ 広める	verbreiten フェアブライテン	spread スプレド
びわ 枇杷	*die* Japanmispel, *die* Wollmispel ヤーパンミスペル, ヴォルミスペル	loquat ロウクワト
ひん 品	*die* Eleganz エレガンツ	elegance エリガンス
びん 瓶	*die* Flasche フラッシェ	bottle バトル
びん 便	*der* Flug フルーク	flight フライト
ピン	*die* Nadel ナーデル	pin ピン
ひんい 品位	*die* Eleganz, *die* Würde エレガンツ, ヴュルデ	dignity ディグニティ
びんかん 敏感な	empfindlich, feinfühlig エンプフィントリヒ, ファインフューリヒ	sensitive *to* センスィティヴ
ピンク	*das* Rosa ローザ	pink ピンク
～の	rosa ローザ	pink ピンク
ひんけつ 貧血	*die* Blutarmut, *die* Anämie ブルートアルムート, アネミー	anemia アニーミア
ひんこん 貧困	*die* Armut, *die* Not アルムート, ノート	poverty パヴァティ
ひんし 品詞	*die* Wortart ヴォルトアールト	part of speech パート オヴ スピーチ
ひんしつ 品質	*die* Qualität クヴァリテート	quality クワリティ
ひんし 瀕死の	sterbend, tödlich シュテルベント, テートリヒ	dying ダイイング
ひんじゃく 貧弱な	schäbig, arm シェービヒ, アルム	poor, meager プア, ミーガ

日	独	英
品種(ひんしゅ)	die Sorte ゾルテ	kind, variety カインド, ヴァライエティ
敏捷な(びんしょう)	flink フリンク	agile アヂル
ピンセット	die Pinzette ピンツェッテ	tweezers トウィーザズ
便箋(びんせん)	der Briefbogen, das Briefpapier ブリーフボーゲン, ブリーフパピーア	letter paper レタ ペイパ
ピンチ	die Klemme, die Not クレメ, ノート	pinch ピンチ
ヒント	der Hinweis, die Andeutung ヒンヴァイス, アンドイトゥング	hint ヒント
頻度(ひんど)	die Häufigkeit ホイフィヒカイト	frequency フリークウェンスィ
ピント	der Fokus, der Brennpunkt フォークス, ブレンプンクト	focus フォウカス
ピン撥ね(はね)	der Rabatt ラバット	kickback, rake-off キクバク, レイコーフ
頻繁に(ひんぱん)	häufig, öfter ホイフィヒ, エフター	frequently フリークウェントリ
貧乏(びんぼう)	die Armut アルムート	poverty パヴァティ
〜な	arm アルム	poor プア
ピンぼけの	unscharf ウンシャルフ	out of focus アウト オヴ フォウカス

ふ, フ

日	独	英
部(ぶ) (部局)	die Abteilung アプタイルング	section セクション
ファーストフード	der Imbiss, das Fastfood インビス, ファーストフート	fast food ファスト フード
歩合(ぶあい)	das Verhältnis, der Prozentsatz フェアヘルトニス, プロツェントザッツ	rate, percentage レイト, パセンティヂ
無愛想な(ぶあいそう)	unfreundlich ウンフロイントリヒ	unsociable アンソウシャブル

日	独	英
ファイト	*der* Kampfgeist カンプフガイスト	fighting spirits ファイティング スピリツ
ファイル	*die* Mappe, *der* Aktenordner マッペ, アクテンオルドナー	file ファイル
（コンピュータの）	*die* Datei ダタイ	file ファイル
ファインダー	*der* Sucher ズーハー	viewfinder ヴューファインダ
ファインプレー	meisterhaftes Spiel マイスターハフテス シュピール	fine play ファイン プレイ
ファウル	*das* Foul ファオル	foul ファウル
ファゴット	*das* Fagott ファゴット	bassoon バスーン
ファジーな	fuzzy ファズィ	fuzzy ファズィ
ファシスト	*der* Faschist ファシスト	fascist ファシスト
ファシズム	*der* Faschismus ファシスムス	fascism ファシズム
ファスナー	*der* Reißverschluss ライスフェアシュルス	fastener ファスナ
分厚い	dick ディック	thick スィク
ファックス	*das* Fax ファクス	fax ファクス
ファッション	*die* Mode モーデ	fashion ファション
ファミコン	*das* Videospiel ヴィーデオシュピール	video game ヴィディオウ ゲイム
ファン	*der*(*die*) Anhänger(*in*), *der* Fan アンヘンガー (-ゲリン), フェン	fan ファン
不安	*die* Angst, *die* Unruhe アングスト, ウンルーエ	uneasiness アニーズィネス
〜な	ängstlich, unruhig エングストリヒ, ウンルーイヒ	uneasy, anxious アニーズィ, アンクシャス

日	独	英
ふ|あんてい 不安定な	unsicher ウンズィヒャー	unstable アンステイブル
ファンデーション	*das* Make-up メイクアップ	foundation ファウンデイション
ファンファーレ	*die* Fanfare ファンファーレ	fanfare ファンフェア
ふい 不意の	plötzlich, unerwartet プレッツリヒ, ウンエアヴァルテット	sudden, unexpected サドン, アニクスペクティド
ブイ	*die* Boje ボーイェ	buoy ブーイ
フィアンセ	*der/die* Verlobte フェアローブテ	fiancé(e) フィアーンセイ
フィート	*der* Fuß フース	feet フィート
フィーリング	*das* Gefühl ゲフュール	feeling フィーリング
フィールド	*das* Sportfeld シュポルトフェルト	field フィールド
～ワーク	*die* Feldforschung フェルトフォルシュング	fieldwork フィールドワーク
フィギュア スケート	*der* Eiskunstlauf アイスクンストラオフ	figure skating フィギャ スケイティング
フィクション	*die* Fiktion フィクツィオーン	fiction フィクション
ふいご 鞴	*der* Blasebalg ブラーゼバルク	bellows ベロウズ
ふいちょう 吹聴する	prahlen プラーレン	announce, trumpet アナウンス, トランペト
ふいっち 不一致	*die* Uneinigkeit ウンアイニヒカイト	disagreement ディサグリーメント
フィットネス クラブ	*das* Fitnesscenter フィトネスセンター	fitness center フィトネス センタ
フィルター	*der* Filter フィルター	filter フィルタ
フィルム	*der* Film フィルム	film フィルム
フーガ	*die* Fuge フーゲ	fugue フューグ

日	独	英
ふうか 風化する	verwittern フェアヴィッターン	weather ウェザ
ふうがわりな 風変わりな	bizarr, sonderbar ビツァル, ゾンダーバール	curious キュアリアス
ふうき 風紀	*die* Sitte ズィッテ	discipline ディスィプリン
ふうきり 封切	*die* Uraufführung ウーアアオフフュールング	release リリース
ブーケ	*das* Bukett ブケット	bouquet ブーケイ
ふうけい 風景	*die* Landschaft ラントシャフト	scenery スィーナリ
～画	*die* Landschaft, *das* Landshaftsbild ラントシャフト, ラントシャフツビルト	landscape ランスケイプ
ふうさい 風采	*das* Aussehen アオスゼーエン	appearance アピアランス
ふうさ 封鎖する	sperren, blockieren シュペレン, ブロキーレン	blockade ブラケイド
ふうし 風刺	*die* Satire ザティーレ	satire サタイア
～する	satirisieren ザティリズィーレン	satirize サタライズ
ふうしゃ 風車	*die* Windmühle ヴィントミューレ	windmill ウィンドミル
ふうしゅう 風習	*der* Gebrauch, *die* Sitte ゲブラオホ, ズィッテ	customs カスタムズ
ふうしん 風疹	*die* Röteln レーテルン	rubella ルーベラ
ふうせん 風船	*der* Luftballon ルフトバロン	balloon バルーン
ふうそく 風速	*die* Windgeschwindigkeit ヴィントゲシュヴィンディヒカイト	wind velocity ウィンド ヴィラスィティ
ふうぞく 風俗	*die* Sitte ズィッテ	customs, manners カスタムズ, マナズ
ふうちょう 風潮	*der* Trend トレント	trend トレンド

日	独	英
ブーツ	*die* Stiefel シュティーフェル	boots ブーツ
ふうど 風土	*das* Klima クリーマ	climate クライメト
ふうとう 封筒	*der* Umschlag, *das* Kuvert ウムシュラーク, クヴェーア	envelope エンヴェロウプ
ふうふ 夫婦	*das* Ehepaar エーエパール	couple カプル
ふうみ 風味	*der* Geschmack ゲシュマック	flavor, taste フレイヴァ, テイスト
ブーム	*der* Boom ブーム	boom ブーム
ブーメラン	*der* Bumerang ブーメラン	boomerang ブーマラング
ふうりょく 風力	*die* Windstärke ヴィントシュテルケ	the force of the wind ザ フォース オヴ ザ ウィンド
プール	*das* Schwimmbad シュヴィムバート	swimming pool スウィミング プール
ふうん 不運な	unglücklich ウングリュックリヒ	unlucky アンラキ
ふえ 笛	*die* Pfeife プファイフェ	whistle ホウィスル
（横笛）	*die* Flöte フレーテ	flute フルート
フェイント	*die* Finte フィンテ	feint フェイント
フェーン現象 げんしょう	*der* Föhn フェーン	foehn phenomenon フェイン フィナメノン
フェザー級 きゅう	*das* Federgewicht フェーダーゲヴィヒト	featherweight フェザウェイト
フェスティバル	*das* Festival フェスティヴァル	festival フェスティヴァル
フェミニスト	*der* Feminist フェミニスト	feminist フェミニスト
フェミニズム	*der* Feminismus フェミニスムス	feminism フェミニズム
フェリー	*die* Fähre フェーレ	ferry フェリ

日	独	英
ふえる 増える	zu|nehmen, *sich*⁴ vermehren, wachsen ツーネーメン, フェアメーレン, ヴァクセン	increase *in* インクリース
フェルト	*der* Filz フィルツ	felt フェルト
フェンシング	*das* Fechten フェヒテン	fencing フェンスィング
フェンス	*der* Zaun ツァオン	fence フェンス
ぶえんりょな 無遠慮な	unhöflich, grob ウンヘーフリヒ, グロープ	rude ルード
フォーク	*die* Gabel ガーベル	fork フォーク
フォーマット	*das* Format フォルマート	format フォーマット
フォーム	*die* Form フォルム	form フォーム
フォーラム	*das* Forum フォールム	forum フォーラム
フォルマリン	*das* Formalin フォルマリーン	formalin フォーマリン
フォワード	*der* Stürmer シュテュルマー	forward フォーワド
ふおんな 不穏な	unruhig, bedrohlich ウンルーイヒ, ベドローリヒ	threatening スレトニング
ぶか 部下	*der/die* Untergeordnete ウンターゲオルドネテ	subordinate サブオーディネト
ふかい 深い	tief ティーフ	deep, profound ディープ, プロファウンド
ふかいな 不快な	unangenehm, widerlich ウンアンゲネーム, ヴィーダーリヒ	unpleasant アンプレザント
ふかかいな 不可解な	unbegreiflich, unverständlich ウンベグライフリヒ, ウンフェアシュテントリヒ	incomprehensible インカンプリヘンスィブル
ふかけつな 不可欠な	unentbehrlich, unerlässlich ウンエントベーアリヒ, ウンエアレスリヒ	indispensable インディスペンサブル
ふかさ 深さ	*die* Tiefe ティーフェ	depth デプス

日	独	英
ふか 孵化する	aus|brüten アオスブリューテン	hatch ハチ
ふかっこう 不格好な	unförmig ウンフェルミヒ	unshapely アンシェイプリ
ふかのう 不可能な	unmöglich ウンメークリヒ	impossible インパスィブル
ふかんぜん 不完全な	unvollkommen ウンフォルコメン	imperfect インパーフィクト
ふき 蕗	*die* Pestwurz ペストヴルツ	giant butterbur ジャイアント バタバー
ぶき 武器	*die* Waffe ヴァッフェ	arms, weapon アームズ, ウェポン
ふ か 吹き替え	*die* Synchronisation ズュンクロニザツィオーン	stand-in スタンディン
ふきげん 不機嫌な	verdrießlich, schlecht gelaunt フェアドリースリヒ, シュレヒト ゲラオント	bad-tempered バドテンパド
ふきそく 不規則な	unregelmäßig ウンレーゲルメースィヒ	irregular イレギュラ
ふ だ 吹き出す	aus|strömen, hervor|schießen アオスシュトレーメン, ヘアフォーアシーセン	spout スパウト
（笑い出す）	in Gelächter aus|brechen イン ゲレヒター アオスブレッヒェン	burst out laughing バースト アウト ラフィング
ふきつ 不吉な	unglücksverheißend, verhängnisvoll ウングリュックスフェアハイセント, フェアヘングニスフォル	ominous アミナス
ふ でもの 吹き出物	*der* Ausschlag アオスシュラーク	pimple ピンプル
ぶきみ 不気味な	unheimlich ウンハイムリヒ	weird, uncanny ウィアド, アンキャニ
ふきゅう 普及する	*sich*[4] verbreiten フェアブライテン	spread, diffuse スプレド, ディフューズ
ふきょう 不況	*die* Flaute, *die* Depression フラオテ, デプレスィオーン	depression, slump ディプレション, スランプ
ぶきよう 不器用な	ungeschickt ウンゲシックト	clumsy, awkward クラムズィ, オークワド
ふきん 付近	*die* Nachbarschaft ナッハバールシャフト	the neighborhood ザ ネイバフド

日	独	英
ふきんこう 不均衡	*die* Unausgeglichenheit ウンアオスゲグリヒェンハイト	imbalance インバランス
ふ 拭く	putzen, ab|wischen プッツェン, アップヴィッシェン	wipe ワイプ
吹く（息を）	blasen ブラーゼン	blow ブロウ
（風が）	wehen ヴェーエン	blow ブロウ
（大言する）	prahlen プラーレン	talk big トーク ビグ
ふく 服	*das* Kleid, *die* Kleidung クライト, クライドゥング	clothes クロウズ
ふぐ 河豚	*der* Kugelfisch クーゲルフィッシュ	globefish グロウブフィシュ
ふくいんしょ 福音書	*das* Evangelium エヴァンゲーリウム	the Gospels ザ ガスペルズ
ふくえき 服役する	im Gefängnis sitzen イム ゲフェングニス ズィッツェン	serve *one's* term サーヴ ターム
ふくげん 復元する	restaurieren レスタオリーレン	restore リストー
ふくごう 複合の	komplex コンプレクス	compound カンパウンド
ふくざつ 複雑な	kompliziert コンプリツィーアト	complicated カンプリケイテド
ふくさよう 副作用	*die* Nebenwirkung ネーベンヴィルクング	side effect サイド イフェクト
ふくさんぶつ 副産物	*das* Nebenprodukt ネーベンプロドゥクト	by-product バイプロダクト
ふくし 副詞	*das* Adverb アトヴェルプ	adverb アドヴァーブ
ふくし 福祉	*das* Wohl, *die* Wohlfahrt ヴォール, ヴォールファールト	welfare ウェルフェア
ふくじ 服地	*der* Kleiderstoff クライダーシュトフ	cloth クロス
ふくしゃ 複写	*die* Kopie コピー	duplication デュープリケイション
〜する	kopieren コピーレン	copy, duplicate カピ, デュープリケト

日	独	英
ふくしゅう 復習	*die* Wiederholung ヴィーダーホールング	review リヴュー
～する	wiederholen ヴィーダーホーレン	review リヴュー
ふくしゅう 復讐	*die* Rache ラッヘ	revenge リヴェンヂ
～する	*sich*[4] rächen レッヒェン	revenge *on* リヴェンヂ
ふくじゅうする 服従する	gehorchen ゲホルヒェン	obey, submit *to* オベイ, サブミト
ふくすう 複数	*die* Mehrzahl メーアツァール	the plural ザ プルアラル
ふくせい 複製	*die* Reproduktion レプロドゥクツィオーン	reproduction リープロダクション
ふくそう 服装	*die* Kleidung クライドゥング	dress, clothes ドレス, クロウズズ
ふくだい 副題	*der* Untertitel ウンターティーテル	sub-title サブタイトル
ふくつう 腹痛	*das* Bauchweh, *die* Bauchschmerzen バオホヴェー, バオホシュメルツェン	stomachache スタマケイク
ふくびき 福引き	*die* Tombola トンボラ	lottery ラタリ
ふくまく 腹膜	*das* Bauchfell バオホフェル	peritoneum ペリトニーアム
～炎	*die* Peritonitis ペリトニーティス	peritonitis ペリトナイティス
ふく 含む	enthalten エントハルテン	contain, include カンテイン, インクルード
ふく 含める	ein|schließen アインシュリーセン	include インクルード
ふくめん 覆面	*die* Maske マスケ	mask マスク
ふくよう 服用 ～する	ein|nehmen アインネーメン	take medicine テイク メディスィン
～量	*die* Dosis ドーズィス	dose ドウス

日	独	英
ふくらし粉	*das* Backpulver バックプルファー	baking powder ベイキング パウダ
ふくらはぎ 脹ら脛	*die* Wade ヴァーデ	the calf ザ キャフ
脹[膨]らます	auf|blasen アオフブラーゼン	swell スウェル
脹[膨]らむ	schwellen シュヴェレン	swell スウェル
ふくり 複利	*die* Zinseszinsen ツィンゼスツィンゼン	compound interest カンパウンド インタレスト
膨れる	*sich*⁴ auf|blähen, schwellen アオフ ブレーエン, シュヴェレン	swell スウェル
ふくろ 袋	*der* Sack, *die* Tüte, *der* Beutel ザック, テューテ, ボイテル	bag, sac バグ, サク
ふくろう 梟	*die* Eule オイレ	owl アウル
ふくろこうじ 袋小路	*die* Sackgasse ザックガッセ	blind alley ブラインド アリ
ふくわじゅつ 腹話術	*das* Bauchreden バオホレーデン	ventriloquism ヴェントリロクウィズム
ふけいき 不景気	*die* Flaute フラオテ	depression ディプレション
ふけいざい 不経済な	unwirtschaftlich ウンヴィルトシャフトリヒ	uneconomical アンイーコナミカル
ふけつ 不潔な	schmutzig, unsauber シュムッツィヒ, ウンザオバー	unclean, dirty アンクリーン, ダーティ
ふ 老ける	alt werden, altern アルト ヴェーアデン	grow old グロウ オウルド
ふこう 不幸	*das* Unglück ウングリュック	unhappiness アンハピネス
〜な	unglücklich ウングリュックリヒ	unhappy アンハピ
ふごう 符号	*das* Zeichen ツァイヒェン	sign サイン
ふごうかく 不合格	*der* Durchfall ドゥルヒファル	failure フェイリュア
ふこうへい 不公平な	ungerecht ウンゲレヒト	unfair, partial アンフェア, パーシャル

日	独	英
ふごうり 不合理な	unvernünftig, irrational ウンフェアニュンフティヒ, イラツィオナール	unreasonable アンリーズナブル
房	*das* Büschel ビュッシェル	tuft, tassel タフト, タセル
（果実の）	*die* Traube トラオベ	bunch バンチ
ブザー	*der* Summer ズマー	buzzer バザ
ふざい 不在の	abwesend アップヴェーゼント	absent アブセント
ふさ 塞がる（傷が）	*sich*⁴ schließen シュリーセン	be closed ビ クロウズド
（部屋・席などが）	besetzt sein ベゼット ザイン	be occupied ビ アキュパイド
ふさく 不作	schlechte Ernte, *die* Missernte シュレヒテ エルンテ, ミスエルンテ	bad harvest バド ハーヴィスト
ふさ 塞ぐ	zu|machen, verschließen ツーマッヘン, フェアシュリーセン	close, block クロウス, ブラク
（占める）	besetzen ベゼッツェン	occupy アキュパイ
ふざける	Spaß machen シュパース マッヘン	joke, jest ヂョウク, ヂェスト
ぶさほう 無作法な	grob, unhöflich グロープ, ウンヘーフリヒ	rude ルード
ふさわ 相応しい	passend, entsprechend パッセント, エントシュプレッヒェント	suitable, becoming シュータブル, ビカミング
ふし 節（木・板の）	*der* Knorren クノレン	knot, gnarl ナト, ナール
（歌の）	*die* Melodie メロディー	tune, melody テューン, メロディ
ふじ 藤	*die* Glyzine グリュツィーネ	wistaria ウィステアリア
ふしぎ 不思議な	wunderbar, verwunderlich ヴンダーバール, フェアヴンダーリヒ	mysterious, strange ミスティアリアス, ストレインヂ
ふしぜん 不自然な	unnatürlich ウンナテューアリヒ	unnatural アンナチャラル

日	独	英
ふしちょう不死鳥	*der* Phönix フェーニクス	phoenix フィーニクス
ぶじに無事に	heil, ohne Zwischenfall ハイル, オーネ ツヴィッシェンファル	safely セイフリ
ふじみ不死身の	unsterblich ウンシュテルプリヒ	immortal イモータル
ふじゆう不自由な	unfrei ウンフライ	inconvenient インコンヴィーニェント
ふじゅうぶん不十分な	ungenügend ウンゲニューゲント	insufficient インサフィシェント
ぶしょ部署	*der* Posten ポステン	post ポウスト
ふしょう負傷	*die* Wunde, *die* Verletzung ヴンデ, フェアレッツング	wound ウーンド
～する	*sich*⁴ verletzen, *sich*³ eine Verwundung zu|ziehen フェアレッツェン, アイネ フェアヴンドゥング ツーツィーエン	be injured ビ インヂャド
～者	*der/die* Verletzte フェアレッツテ	injured person インヂャド パースン
ふ[無]精な不[無]精な	faul, träge ファオル, トレーゲ	lazy レイズィ
ふしょく腐食する	ätzen エッツェン	corrode コロウド
ぶじょく侮辱する	beleidigen, beschimpfen ベライディゲン, ベシンプフェン	insult インサルト
ふしん不信	*das* Misstrauen ミストラオエン	distrust ディストラスト
ふじん夫人	*die* Frau フラオ	wife ワイフ
ふじん婦人	*die* Frau, *die* Dame フラオ, ダーメ	woman, lady ウマン, レイディ
ふしんせつ不親切な	unfreundlich ウンフロイントリヒ	unkind アンカインド
ふしんにん不信任	*das* Misstrauen ミストラオエン	nonconfidence ナンカンフィデンス
ぶすい無粋な	unfein, ungeschliffen ウンファイン, ウンゲシュリフェン	inelegant イネリガント

日	独	英
不正(ふせい)	das Unrecht ウンレヒト	injustice インヂャスティス
〜な	unrecht ウンレヒト	unjust, foul アンヂャスト, ファウル
不正確な(ふせいかくな)	ungenau ウンゲナオ	inaccurate イナキュレト
防ぐ(ふせぐ)	ab|wehren, verteidigen アップヴェーレン, フェアタイディゲン	defend, protect ディフェンド, プロテクト
(防止)	verhindern フェアヒンダーン	prevent プリヴェント
伏せる(ふせる)	sich⁴ legen レーゲン	turn down ターン ダウン
(隠す)	verheimlichen フェアハイムリヒェン	conceal カンスィール
武装(ぶそう)	die Rüstung リュストゥング	armaments アーマメンツ
〜する	sich⁴ aus|rüsten アオスリュステン	arm アーム
〜解除	die Abrüstung アップリュストゥング	disarmament ディサーマメント
不足(ふそく)	der Mangel マンゲル	want, lack ワント, ラク
〜する	fehlen フェーレン	be short *of*, lack ビ ショート, ラク
不測の(ふそくの)	unvorhergesehen ウンフォーアヘーアゲゼーエン	unforeseen アンフォースィーン
付属の(ふぞくの)	zugehörig ツーゲヘーリヒ	attached アタチト
蓋(ふた)	der Deckel デッケル	lid リド
札(ふだ)	der Zettel ツェッテル	label, tag レイベル, タグ
豚(ぶた)	das Schwein シュヴァイン	pig ピグ
舞台(ぶたい)	die Bühne ビューネ	the stage ザ ステイヂ
双子(ふたご)	der Zwilling ツヴィリング	twins トウィンズ

日	独	英
ふたしかな 不確かな	unsicher ウンズィヒャー	uncertain アンサートン
ふたたび 再び	wieder ヴィーダー	again, once more アゲイン, ワンス モー
ぶたにく 豚肉	*das* Schweinefleisch シュヴァイネフライシュ	pork ポーク
ふたり 二人	zwei Personen, die beiden ツヴァイ ペルゾーネン, ディー バイデン	two persons トゥー パースンズ
〜部屋	*das* Doppelzimmer ドッペルツィマー	twin room トゥィン ルーム
ふたん 負担	*die* Belastung, *die* Last ベラストゥング, ラスト	burden バードン
〜する	tragen トラーゲン	bear, share ベア, シェア
ふだん 普段 〜の	gewöhnlich ゲヴェーンリヒ	usual ユージュアル
〜着	*die* Alltagskleidung アルタークスクライドゥング	casual wear キャジュアル ウェア
ふち 縁	*der* Rand ラント	edge, brink エヂ, ブリンク
ぶち 斑	*der* Fleck フレック	spots スパッツ
ふちゅういな 不注意な	achtlos, unaufmerksam, unvorsichtig アハトロース, ウンアオフメルクザーム, ウンフォーアズィヒティヒ	careless ケアレス
ぶちょう 部長	*der*(*die*) Direktor(*in*), *der*(*die*) Abteilungsleiter(*in*) ディレクトーア (ディレクトーリン), アプタイルングスライター (-テリン)	director ディレクタ
ふつう 普通 〜の	gewöhnlich, normal ゲヴェーンリヒ, ノルマール	usual, general ユージュアル, ヂェネラル
〜は	gewöhnlich, normalerweise ゲヴェーンリヒ, ノルマーラーヴァイゼ	usually ユージュアリ
〜選挙	allgemeine Wahl アルゲマイネ ヴァール	universal suffrage ユーニヴァーサル サフリヂ

日	独	英
〜預金	*das* Sparkonto シュパールコント	ordinary deposit オーディネリ ディパズィト
物価	*der* Preis プライス	prices プライスィズ
復活	*die* Auferstehung, *die* Wiederbelebung アオフエアシュテーウング, ヴィーダーベレーブング	revival リヴァイヴァル
〜する	auf|erstehen, wieder auf|leben アオフエアシュテーエン, ヴィーダーアオフレーベン	revive リヴァイヴ
〜祭	*das* Ostern オースターン	Easter イースタ
ぶつかる	an|stoßen, zusammen|stoßen アンシュトーセン, ツザメンシュトーセン	hit, strike ヒト, ストライク
復旧する	wieder|her|stellen, wieder auf|bauen ヴィーダーヘーアシュテレン, ヴィーダー アオフバオエン	be restored ビ リストード
仏教	*der* Buddhismus ブディスムス	Buddhism ブディズム
〜徒	*der* Buddhist ブディスト	Buddhist ブディスト
ぶつける	stoßen シュトーセン	bump *against* バンプ
復興する	wieder auf|bauen ヴィーダー アオフバオエン	reconstruct リーコンストラクト
不都合な	ungünstig ウンギュンスティヒ	inconvenient インコンヴィーニェント
復刻	*der* Neudruck ノイドゥルック	reproduction リープロダクション
物質	*die* Materie マテーリエ	matter, substance マタ, サブスタンス
〜的な	materiell マテリエル	material マティアリアル
プッシュホン	*das* Drucktastentelefon ドルックタステンテレフォーン	push-button telephone プシュバトン テレフォウン

日	独	英
ぶっしょく 物色する	*nach*³ suchen ズーヘン	look for ルク フォー
ふっそ 弗素	*das* Fluor フルーオーア	fluorine フルオリーン
ぶつぞう 仏像	*der* Buddha ブッダ	Buddhist image ブディスト イミヂ
ものそう 物騒な	gefährlich ゲフェーアリヒ	dangerous デインヂャラス
ぶったい 物体	*der* Gegenstand, *der* Körper ゲーゲンシュタント, ケルパー	object, thing アブヂクト, スィング
ふっとう 沸騰する	sieden, kochen ズィーデン, コッヘン	boil ボイル
フットライト	*das* Rampenlicht ランペンリヒト	footlights フトライツ
フットワーク	*die* Beinarbeit バインアルバイト	footwork フトワーク
ぶつぶつ言う	brummen ブルメン	murmur マーマ
（文句）	murren ムレン	grumble グランブル
ぶつぶつこうかん 物々交換	*der* Tauschhandel タオシュハンデル	barter バータ
ぶつり 物理	*die* Physik フュズィーク	physics フィズィクス
〜学者	*der* Physiker フューズィカー	physicist フィズィスィスト
ふで 筆	*der* Pinsel, *die* Feder ピンゼル, フェーダー	writing brush ライティング ブラシュ
ふてい 不定		
〜の	unbestimmt ウンベシュティムト	indefinite インデフィニト
〜冠詞	unbestimmter Artikel ウンベシュティムター アルティーケル	indefinite article インデフィニト アーティクル
〜詞	*der* Infinitiv インフィニティーフ	infinitive インフィニティヴ
ブティック	*die* Boutique ブティーク	boutique ブーティーク

日	独	英
プディング	*der* Pudding プディング	pudding プディング
ふてきとう 不適当な	ungeeignet, unangemessen ウンゲアイグネット, ウンアンゲメセン	unsuitable アンスュータブル
ふと	plözlich, zufällig プレッツリヒ, ツーフェリヒ	suddenly, by chance サドンリ, バイ チャンス
ふと 太い	dick, stark ディック, シュタルク	big, thick ビグ, スィク
（声が）	tief ティーフ	deep ディープ
ぶどう 葡萄	*die* Rebe, *die* Weintraube レーベ, ヴァイントラオベ	grapes グレイプス
～酒	*der* Wein ヴァイン	wine ワイン
ふどうさん 不動産	*die* Immobilien イモビーリエン	immovables イムーヴァブルズ
ふとう 不当な	ungerecht ウンゲレヒト	unjust アンヂャスト
ふところ 懐	*der* Busen ブーゼン	the breast ザ ブレスト
（懐中・財布）	*die* Tasche タッシェ	pocket, purse パケト, パース
ふと 太さ	*die* Dicke ディッケ	thickness スィクネス
ふとじ 太字	fette Schrift, *der* Fettdruck フェッテ シュリフト, フェットドルック	bold type ボウルド タイプ
～の	fett フェット	bold ボウルド
ふともも 太股	*der* (Ober)schenkel (オーバー)シェンケル	thigh サイ
ふと 太［肥］る	zu|nehmen ツーネーメン	grow fat グロウ ファト
ふとん 布団	*das* Bettzeug ベットツォイク	bedclothes ベドクロウズズ
ふな 鮒	*die* Karausche カラオシェ	crucian carp クルーシアン カープ
ふなの 船乗り	*der* Seemann ゼーマン	sailor セイラ

日	独	英
ふなびん 船便で	per Schiff ペル シフ	by surface mail バイ サーフィス メイル
ふなよい 船酔い	*die* Seekrankheit ゼークランクハイト	seasickness スィースィクネス
ぶなんな 無難な	sicher ズィヒャー	safe, pretty good セイフ, プリティ グド
ふにんしょう 不妊症	*die* Sterilität シュテリリテート	sterility ステリリティ
ふね 船・舟	*das* Schiff シフ	boat, ship ボウト, シプ
ふねんせいの 不燃性の	nicht entflammbar, feuerfest ニヒト エントフラムバール, フォイアーフェスト	nonflammable ナンフラマブル
ふはい 腐敗	*die* Fäulnis フォイルニス	putrefaction ピュートレファクション
（精神の）	*die* Verdorbenheit フェアドルベンハイト	corruption カラプション
～する	verderben, faulen, verfaulen フェアデルベン, ファオレン, フェアファオレン	rot ラト
ぶひん 部品	*das* Zubehör, *das* Teil ツーベヘーア, タイル	parts パーツ
ふぶき 吹雪	*der* Schneesturm シュネーシュトゥルム	snowstorm スノウストーム
ぶぶん 部分	*der* Teil タイル	part パート
ふへい 不平	*die* Beschwerde ベシュヴェーアデ	dissatisfactions ディスサティスファクションズ
～を言う	*sich*⁴ beschweren ベシュヴェーレン	grumble グランブル
ぶべつ 侮蔑	*der* Hohn ホーン	contempt コンテンプト
ふへんてきな 普遍的な	allgemein, universal アルゲマイン, ウニヴェルザール	universal ユーニヴァーサル
ふべんな 不便な	unbequem, unpraktisch ウンベクヴェーム, ウンプラクティシュ	inconvenient インコンヴィーニエント
ふぼ 父母	*die* Eltern エルターン	parents ペアレンツ
ふほうな 不法な	rechtswidrig, gesetzwidrig レヒツヴィードリヒ, ゲゼッツヴィードリヒ	unlawful アンローフル

日	独	英
ふまん 不満	*die* Unzufriedenheit ウンツフリーデンハイト	discontent ディスコンテント
〜な	unzufrieden ウンツフリーデン	discontented ディスコンテンテド
ふみきり 踏切	*der* Bahnübergang バーンユーバーガング	crossing クロスィング
ふ だい 踏み台	Fußbank フースバンク	footstool フトストゥール
（手段）	*das* Sprungbrett シュプルングブレット	stepping-stone ステピングストウン
ふみんしょう 不眠症	*die* Schlaflosigkeit シュラーフローズィヒカイト	insomnia インサムニア
ふ 踏む	treten, betreten トレーテン、ベトレーテン	step, tread ステプ、トレド
（手続きなどを）	erledigen エアレーディゲン	go through ゴウ スルー
ふめい 不明な	unklar ウンクラール	unknown アンノウン
ふめいよ 不名誉	*die* Schande シャンデ	dishonor ディスアナ
〜な	schändlich シェントリヒ	dishonorable ディサナラブル
ふめいりょう 不明瞭な	undeutlich ウンドイトリヒ	not clear ナト クリア
ふもう 不毛な	unfruchtbar ウンフルフトバール	sterile ステリル
ふもと 麓	*der* Fuß フース	the foot ザ フト
ぶもん 部門	*die* Abteilung, *die* Sektion アップタイルング、ゼクツィオーン	section セクション
ふ 増やす	vermehren フェアメーレン	increase インクリース
ふゆ 冬	*der* Winter ヴィンター	winter ウィンタ
ふゆかい 不愉快な	unangenehm ウンアンゲネーム	unpleasant アンプレザント
ふよう 扶養 〜する	unterhalten ウンターハルテン	support サポート

日	独	英
〜家族	*der/die* Familienangehörige mit Anspruch auf Unterhalt ファミーリエンアンゲヘーリゲ ミット アンシュプルフ アオフ ウンターハルト	dependent ディペンデント
舞踊 (ぶよう)	*der* Tanz タンツ	dance ダンス
不用な (ふよう)	unnötig ウンネーティヒ	unnecessary アンネセセリ
フライ級 (きゅう)	*das* Fliegengewicht フリーゲンゲヴィヒト	flyweight フライウェイト
フライト	*der* Flug フルーク	flight フライト
プライド	*der* Stolz シュトルツ	pride プライド
フライにする	fritieren フリティーレン	fry フライ
プライバシー	*die* Privatsphäre プリヴァートスフェーレ	privacy プライヴァスィ
〜の侵害	*das* Eindringen in die Privatsphäre アインドリンゲン イン ディー プリヴァートスフェーレ	invasion of privacy インヴェイジョン オヴ プライヴァスィ
フライパン	*die* (Brat)pfanne (ブラート)プファネ	frying pan フライイング パン
プライベートな	privat プリヴァート	private プライヴェト
フライング	*der* Fehlstart フェールシュタルト	false start フォールス スタート
ブラインド	*die* Jalousie ジャルズィー	blind ブラインド
ブラウス	*die* Bluse ブルーゼ	blouse ブラウズ
プラカード	*das* Plakat, *der* Anschlag プラカート, アンシュラーク	placard プラカード
プラグ	*der* Stecker シュテッカー	plug プラグ
ぶら下がる (さ)	hängen ヘンゲン	hang, dangle ハング, ダングル

日	独	英
ぶら下げる	hängen ヘンゲン	hang, suspend ハング, サスペンド
ブラシ	*die* Bürste ビュルステ	brush ブラシュ
ブラジャー	*der* Büstenhalter, *der* BH ビュステンハルター, ベーハー	brassiere, bra ブラズィア, ブラー
プラス	plus プルス	plus プラス
フラスコ	*der* Glaskolben グラースコルベン	flask フラスク
プラスチック	*der* Kunststoff, *das* Plastik クンストシュトフ, プラスティク	plastic プラスティク
フラストレーション	*die* Frustration フルストラツィオーン	frustration フラストレイション
ブラスバンド	*die* Blaskapelle ブラースカペレ	brass band ブラス バンド
プラズマ	*das* Plasma プラズマ	plasma プラズマ
プラタナス	*die* Platane プラターネ	plane tree プレイン トリー
プラチナ	*das* Platin プラーティーン	platinum プラティナム
ぶらつく	bummeln, schlendern ブメルン, シュレンダーン	walk about ウォーク アバウト
ブラックリスト	schwarze Liste シュヴァルツェ リステ	blacklist ブラクリスト
フラッシュ	*das* Blitzlicht ブリッツリヒト	flashlight フラシュライト
プラットホーム	*der* Bahnsteig バーンシュタイク	platform プラトフォーム
プラネタリウム	*das* Planetarium プラネターリウム	planetarium プラニテアリアム
ぶらぶらする	baumeln, schwingen バオメルン, シュヴィンゲン	swing, dangle スウィング, ダングル
(怠ける)	faulenzen ファオレンツェン	be lazy ビ レイズィ
フラミンゴ	*der* Flamingo フラミンゴ	flamingo フラミンゴウ

日	独	英
プラム	*die* Pflaume プフラオメ	plum プラム
フラメンコ	*der* Flamenco フラメンコ	flamenco フラメンコウ
プラモデル	*der* Modellbaukasten モデルバオカステン	plastic toy-model kit プラスティク トイマドル キト
プラン	*der* Plan プラーン	plan プラン
ブランク	Lücke リュッケ	blank ブランク
プランクトン	*das* Plankton プランクトン	plankton プランクトン
ぶらんこ	*die* Schaukel シャオケル	swing, trapeze スウィング, トラピーズ
フランス	(*das*) Frankreich フランクライヒ	France フランス
～の	französisch フランツェーズィシュ	French フレンチ
～語	*das* Französisch フランツェーズィシュ	French フレンチ
～料理	französische Küche フランツェーズィシェ キュッヒェ	French food フレンチ フード
プランター	*das* Pflanzgefäß プフランツゲフェース	planter プランタ
ブランデー	*der* Brandy, *der* Branntwein ブレンディ, ブラントヴァイン	brandy ブランディ
ブランド	*das* Markenzeichen マルケンツァイヒェン	brand ブランド
プラント	*die* Anlage アンラーゲ	plant プラント
不利	*der* Nachteil ナーハタイル	disadvantage ディサドヴァンティヂ
～な	nachteilig, ungünstig ナーハタイリヒ, ウンギュンスティヒ	disadvantageous ディサドヴァンテイヂャス
フリーザー	*das* Gefrierfach, *die* Tiefkühltruhe ゲフリーアファッハ, ティーフキュールトゥルーエ	freezer フリーザ

日	独	英
プリーツ	*das* Plissee プリセー	pleat プリート
フリーの	freiberuflich, freischaffend フライベルーフリヒ, フライシャッフェント	free, freelance フリー, フリーランス
ブリーフ	*der* Slip スリップ	briefs ブリーフス
ブリーフケース	*die* Aktentasche アクテンタッシェ	briefcase ブリーフケイス
フリーランサー	*der* Freiberufler フライベルーフラー	freelance フリーランス
不利益	*der* Nachteil ナーハタイル	disadvantage ディサドヴァンティヂ
振替	*die* Überweisung ユーバーヴァイズング	transfer トランスファー
振り返る	*sich*⁴ um|drehen ウムドレーエン	look back *at, upon* ルク バク
ブリキ	*das* Blech ブレヒ	tinplate ティンプレイト
振り子	*das* Pendel ペンデル	pendulum ペンヂュラム
振り込む	überweisen, an|weisen ユーバーヴァイゼン, アンヴァイゼン	transfer *to* トランスファー
プリズム	*das* Prisma プリスマ	prism プリズム
プリペイド	im Voraus bezahlen イム フォラオス ベツァーレン	prepaid プリーペイド
プリマドンナ	*die* Primadonna プリマドナ	prima donna プリーマ ダナ
振り向く	*sich*⁴ um|drehen ウムドレーエン	turn *to*, look back ターン, ルク バク
不良	*der*(*die*) Randalierer(*in*) ランダリーラー (-レリン)	juvenile delinquent ヂューヴィナイル ディリンクウェント
武力	*die* Waffengewalt ヴァッフェンゲヴァルト	military power ミリテリ パウア
フリル	*die* Rüsche リューシェ	frill フリル
不倫	*der* Ehebruch エーエブルフ	adultery アダルタリ

日	独	英
プリン	*der* Pudding プディング	pudding プディング
プリンス	*der* Prinz プリンツ	prince プリンス
プリンセス	*die* Prinzessin プリンツェスィン	princess プリンセス
プリンター	*der* Drucker ドルッカー	printer プリンタ
プリント	*der* Druck ドルック	print プリント
降る	fallen ファレン	fall フォール
雨が〜	Es regnet. エス レーグネット	It rains. イト レインズ
雪が〜	Es schneit. エス シュナイト	It snows. イト スノウズ
振る	schütteln シュッテルン	shake シェイク
（手を）	winken ヴィンケン	wave ウェイヴ
古い	alt アルト	old, ancient オウルド, エインシェント
ブルー	*das* Blau ブラオ	blue ブルー
〜カラー	*der* Arbeiter, *die* Arbeiterklasse アルバイター, アルバイタークラッセ	blue-collar worker ブルーカラ ワーカ
ブルース	*der* Blues ブルース	the blues ザ ブルーズ
フルーツ	*das* Obst, *die* Frucht オープスト, フルフト	fruit フルート
フルート	*die* Flöte フレーテ	flute フルート
ブルーベリー	*die* Heidelbeere ハイデルベーレ	blueberry ブルーベリ
震える	schaudern, zittern シャオダーン, ツィッターン	tremble, shiver トレンブル, シヴァ

日	独	英
プルオーバー	*der* Pullover プローヴァー	pullover プロウヴァ
古臭い（ふるくさ）	veraltet, altmodisch フェアアルテット, アルトモーディシュ	old-fashioned オウルドファッションド
フルコース	ein vollständiges Menü アイン フォルシュテンディゲス メニュー	six-course dinner スィクスコース ディナ
故郷（ふるさと）	*die* Heimat ハイマート	home, home town ホウム, ホウム タウン
ブルジョア	*der* Bourgeois ブルジョア	bourgeois ブアジュワー
（階級）	*die* Bourgeoisie ブルジョアズィー	the bourgeoisie ザ ブアジュワーズィー
ブルゾン	*das* Blouson ブルゾン	blouson ブルーサン
ブルドーザー	*der* Bulldozer ブルドーザー	bulldozer ブルドウザ
ブルドッグ	*die* Bulldogge ブルドゲ	bulldog ブルドグ
プルトニウム	*das* Plutonium プルトーニウム	plutonium プルートウニアム
古本（ふるほん）	*das* Antiquariat アンティクヴァリアート	used book ユースト ブク
振る舞う（ふ・ま）	*sich*⁴ verhalten, *sich*⁴ benehmen フェアハルテン, ベネーメン	behave ビヘイヴ
古めかしい（ふる）	altmodisch アルトモーディシュ	old-fashioned オウルドファッションド
震わせる（ふる）	schütteln シュッテルン	shake, tremble *with* シェイク, トレンブル
無礼な（ぶれい）	unhöflich, grob ウンヘーフリヒ, グローブ	impolite, rude インポライト, ルード
プレー	*das* Spiel シュピール	play プレイ
〜オフ	*das* Play-off プレイオフ	play-off プレイオフ
ブレーキ	*die* Bremse ブレムゼ	the brake ザ ブレイク

日	独	英
〜をかける	bremsen ブレムゼン	put on the brake プト オン ザ ブレイク
プレート	*der* Teller テラー	plate プレイト
プレーボーイ	*der* Playboy プレーボイ	playboy プレイボイ
フレーム	*der* Rahmen ラーメン	frame フレイム
プレーヤー	*der* Spieler シュピーラー	player プレイア
ブレーン	*das* Gehirn ゲヒルン	brains ブレインズ
ブレザー	*der* Blazer ブレーザー	blazer ブレイザ
プレス	*der* Druck ドルック	press プレス
（報道機関）	*die* Presse プレッセ	the press ザ プレス
フレスコ画	*das* Fresko フレスコ	fresco フレスコウ
ブレスレット	*das* Armband アルムバント	bracelet ブレイスレト
プレゼンテーション	*die* Vorstellung フォーアシュテルング	presentation プリーゼンテイション
プレゼント	*das* Geschenk ゲシェンク	present プレズント
フレックスタイム	gleitende Arbeitszeit グライテンデ アルバイツツァイト	flextime フレクスタイム
プレッシャー	*der* Druck ドルック	pressure プレシャ
プレハブ住宅	*das* Fertighaus フェルティヒハオス	prefabricated house プリーファブリケイテド ハウス
プレミアム	*die* Prämie プレーミエ	premium プリーミアム
触れる	berühren ベリューレン	touch タチ
（言及）	erwähnen エアヴェーネン	mention メンション

日	独	英
フレンチドレッシング	*die* Vinaigrette ヴィネグレッテ	French dressing フレンチ ドレスィング
ブレンドする	mischen ミッシェン	blend ブレンド
風呂(ふろ)	*das* Bad バート	bath バス
〜に入る	baden バーデン	take a bath テイク ア バス
プロ	*der* Profi プローフィ	pro プロウ
〜の	professionell プロフェスィオネル	pro プロウ
フロア	*der* Flur フルーア	floor フロー
ブロイラー	*das* Brathähnchen ブラートヘーンヒェン	broiler ブロイラ
ブローカー	*der* Makler マークラー	broker ブロウカ
ブローチ	*die* Brosche ブロッシェ	brooch ブロウチ
付録(ふろく)	*der* Anhang アンハング	supplement サプリメント
プログラマー	*der*(*die*) Programmierer(*in*) プログラミーラー (-レリン)	programmer プロウグラマ
プログラミング	*das* Programmieren プログラミーレン	programming プロウグラミング
プログラム	*das* Programm プログラム	program プロウグラム
プロジェクト	*das* Projekt プロイェクト	project プロヂェクト
プロセス	*der* Prozess プロツェス	process プラセス
ブロック	*der* Betonblock ベトーンブロック	block ブラク
(街区)	*der* Wohnblock, *der* Häuserblock ヴォーンブロック, ホイザーブロック	block ブラク

日	独	英
フロックコート	*der* Gehrock ゲーロック	frock coat フラク コウト
ブロッコリー	*die* Brokkoli ブロッコリ	broccoli ブラコリ
プロット	*die* Handlung, *der* Geheimplan ハンドルング, ゲハイムプラーン	plot プラト
フロッピー ディスク	*die* Diskette ディスケッテ	floppy フラピ
プロテクター	*der* Schutz, *der* Schützer シュッツ, シュッツァー	protector プロテクタ
プロテスタント	*der* Protestantismus プロテスタンティスムス	Protestantism プラティスタンティズム
～の	evangelisch, protestantisch エヴァンゲーリシュ, プロテスタンティシュ	Protestant プラティスタント
プロデューサー	*der*(*die*) Produzent(*in*) プロドゥツェント(-ティン)	producer プロデューサ
プロバイダー	*der* Provider プロヴァイダー	provider プロヴァイダ
プロパンガス	*das* Propangas プロパーンガース	propane プロウペイン
プロフィール	*das* Profil プロフィール	profile プロウファイル
プロペラ	*der* Propeller プロペラー	propeller プロペラ
プロポーション	*das* Verhältnis フェアヘルトニス	proportion プロポーション
プロポーズする	einen Heiratsantrag machen アイネン ハイラーツアントラーク マッヘン	propose marriage *to* プロポウズ マリヂ
プロムナード	*die* Promenade プロメナーデ	promenade プラメネイド
プロモーション	*die* Förderung フェルデルング	promotion プロモウション
（販促）	*die* Werbung ヴェルブング	promotion プロモウション
プロレス	professioneller Ringkampf プロフェスィオネラー リングカンプフ	professional wrestling プロフェショナル レスリング

日	独	英
プロレタリア	*das* Proletariat プロレタリアート	proletarian プロウレテアリアン
プロローグ	*der* Prolog プロローク	prologue プロウログ
ブロンズ	*die* Bronze ブローンセ	bronze ブランズ
フロント	*die* Rezeption, *der* Empfang レツェプツィオーン, エンプファング	front desk フラント デスク
～ガラス	*die* Windschutzscheibe ヴィントシュッツシャイベ	windshield ウィンシールド
ブロンドの	blond ブロント	blonde ブランド
ふわ 不和	*der* Zwist, *der* Missklang ツヴィスト, ミスクラング	discord ディスコード
ふわた 不渡り	*die* Nichtbezahlung ニヒトベツァーツング	dishonor ディスアナ
ふん 分	*die* Minute ミヌーテ	minute ミヌト
ふん 糞	*der* Kot コート	feces, excrements フィースィーズ, エクスクレメンツ
ふん 文	*der* Satz ザッツ	sentence センテンス
ふんいき 雰囲気	*die* Atmosphäre アトモスフェーレ	atmosphere アトモスフィア
ぶんか 文化	*die* Kultur クルトゥーア	culture カルチャ
～的な	kulturell クルトゥレル	cultural カルチャラル
ふんがい 憤慨する	entrüsten エントリュステン	be indignant *at* ビ インディグナント
ぶんかい 分解する	zerlegen, *sich*⁴ zersetzen ツェアレーゲン, ツェアゼッツェン	resolve *into*, decompose リザルヴ, ディーコンポウズ
ぶんがく 文学	*die* Literatur リテラトゥーア	literature リテラチャ
～の	literarisch リテラーリシュ	literary リタレリ

日	独	英
ふんか 噴火する	aus|brechen アオスブレヒェン	erupt イラプト
ぶんかつ 分割	*die* Einteilung アインタイルング	division ディヴィジョン
〜する	ein|teilen アインタイレン	divide ディヴァイド
〜払い	*die* Abzahlung アップツァールング	installment plan インストールメント プラン
ふんきゅう 紛糾する	*sich*[4] verwickeln フェアヴィッケルン	become complicated ビカム カンプリケイテド
ぶんぎょう 分業	*die* Arbeitsteilung アルバイツタイルング	division of labor ディヴィジョン オヴ レイバ
ぶんげい 文芸	*die* Literatur, *die* Dichtung リテラトゥーア, ディヒトゥング	literature リテラチャ
ぶんけん 文献	*die* Literatur リテラトゥーア	literature, documents リテラチャ, ダキュメンツ
〜学	*die* Philologie フィロロギー	philology フィラロディ
ぶんこ 文庫	*die* Bibliothek ビブリオテーク	library ライブラリ
〜本	*das* Taschenbuch タッシェンブーフ	pocket book パケト ブク
ぶんご 文語	*die* Schriftsprache シュリフトシュプラーヘ	literary language リタレラリ ラングウィヂ
ふんさい 粉砕する	zerschlagen ツェアシュラーゲン	smash, crush スマシュ, クラシュ
ぶんし 分子	*das* Molekül モレキュール	molecule マレキュール
(数学)	*der* Zähler ツェーラー	numerator ニューマレイタ
ふんしつ 紛失する	verlieren, verloren gehen フェアリーレン, フェアローレン ゲーエン	lose ルーズ
ぶんしょ 文書	*die* Akten, *die* Urkunde アクテン, ウーアクンデ	document ダキュメント
ぶんしょう 文章	*der* Satz ザッツ	sentence センテンス
ふんすい 噴水	*der* Brunnen ブルネン	fountain ファウンティン

日	独	英
ぶんすいれい 分水嶺	die Wasserscheide ヴァッサーシャイデ	watershed ウォタシェド
ぶんすう 分数	der Bruch ブルフ	fraction フラクション
ぶんせき 分析	die Analyse アナリューゼ	analysis アナリスィス
〜する	analysieren アナリュズィーレン	analyze アナライズ
ふんそう 紛争	der Konflikt, der Streit コンフリクト, シュトライト	conflict カンフリクト
ぶんたい 文体	der Stil シュティール	style スタイル
ぶんたん 分担する	sich⁴ teilen タイレン	share シェア
ぶんちん 文鎮	der Briefbeschwerer ブリーフベシュヴェーラー	paperweight ペイパウェイト
ぶんつう 文通	der Briefwechsel ブリーフヴェクセル	correspondence コレスパンデンス
〜する	mit³ Briefe wechseln ブリーフェ ヴェクセルン	correspond *with* コレスパンド
ぶんどき 分度器	der Winkelmesser ヴィンケルメッサー	protractor プロトラクタ
ぶんぱい 分配する	verteilen フェアタイレン	distribute ディストリビュート
ぶんぴ 分泌	die Absonderung アップゾンデルング	secretion スィクリーション
ぶんぷ 分布する	sich⁴ verbreiten フェアブライテン	be distributed ビ ディストリビューテド
ふんべつ 分別	der Verstand フェアシュタント	discretion, good sense ディスクレション, グド センス
ぶんべん 分娩	die Entbindung エントビンドゥング	childbirth チャイルドバース
〜する	entbinden エントビンデン	be delivered *of* ビ ディリヴァド
ぶんぼ 分母	der Nenner ネナー	denominator ディナミネイタ
ぶんぽう 文法	die Grammatik グラマティク	grammar グラマ

日	独	英
ぶんぼうぐ 文房具	*die* Schreibwaren シュライブヴァーレン	stationery ステイショネリ
～店	*das* Schreibwarengeschäft シュライブヴァーレンゲシェフト	stationery store ステイショネリ ストー
ふんまつ 粉末	*das* Pulver プルファー	powder パウダ
ぶんみゃく 文脈	*der* Kontext コンテクスト	context カンテクスト
ふんむき 噴霧器	*die* Zerstäuber ツェアシュトイバー	spray スプレイ
ぶんめい 文明	*die* Zivilisation ツィヴィリザツィオーン	civilization スィヴィリゼイション
ぶんや 分野	*das* Gebiet, *der* Bereich ゲビート, ベライヒ	field, line フィールド, ライン
ぶんり 分離する	trennen トレネン	separate セパレイト
ぶんりょう 分量	*die* Menge メンゲ	quantity クワンティティ
ぶんるい 分類	*die* Einteilung, *die* Klassifizierung アインタイルング, クラスィフィツィールング	classification クラスィフィケイション
～する	klassifizieren, ein|teilen クラスィフィツィーレン, アインタイレン	classify *into* クラスィファイ
ぶんれつ 分裂	*die* Spaltung シュパルトゥング	split, division スプリト, ディヴィジョン
～する	sich⁴ spalten シュパルテン	split *into* スプリト

へ, ヘ

日	独	英
へ 屁	*der* Wind ヴィント	wind ウィンド
ヘア	*das* Haar ハール	hair ヘア
～スタイル	*die* Frisur フリズーア	hairstyle ヘアスタイル
～トニック	*das* Haarwasser ハールヴァッサー	hair tonic ヘア タニク

■ 文房具 ■ *die* Schreibwaren /シュライブヴァーレン/

鉛筆(えんぴつ)　*der* Bleistift /ブライシュティフト/　(㋳pencil)

万年筆(まんねんひつ)　*der* Füller /フュラー/　(㋳fountain pen)

ボールペン　*der* Kugelschreiber /クーゲルシュライバー/　(㋳ball-point)

シャープペンシル　*der* Druckbleistift /ドルックブライシュティフト/　(㋳mechanical pencil)

消(け)しゴム　*der* Radiergummi /ラディーアグミ/　(㋳eraser, rubber)

インク　*die* Tinte /ティンテ/　(㋳ink)

コンパス　*der* Zirkel /ツィルケル/　(㋳compasses)

絵(え)の具(ぐ)　*die* Farbe /ファルベ/　(㋳paints, colors)

クレヨン　*der* Krayon /クレヨーン/　(㋳crayon)

色鉛筆(いろえんぴつ)　*der* Farbstift /ファルプシュティフト/　(㋳color pencil)

パレット　*die* Palette /パレッテ/　(㋳palette)

ノート　*das* Heft /ヘフト/　(㋳notebook)

スケッチブック　*das* Skizzenbuch /スキッツェンブーフ/　(㋳sketch-book)

手帳(てちょう)　*das* Notizbuch /ノティーツブーフ/　;　*das* Taschenbuch /タッシェンブーフ/　(㋳notebook)

日記帳(にっきちょう)　*das* Tagebuch /ターゲブーフ/　(㋳diary)

ルーズリーフ　*das* Ringbuch /リングブーフ/　(㋳loose-leaf notebook)

葉書(はがき)　*die* Postkarte /ポストカルテ/　(㋳postal card)

便箋(びんせん)　*das* Briefpapier /ブリーフパピーア/　(㋳letter paper)

封筒(ふうとう)　*der* Briefumschlag /ブリーフウムシュラーク/　(㋳envelope)

バインダー　*der* Hefter /ヘフター/　(㋳binder)

糊(のり)　*der* Klebstoff /クレープシュトフ/　(㋳paste, starch)

画鋲(がびょう)　*der* Reißnagel /ライスナーゲル/　(㋳thumbtack)

セロハンテープ　*der* Tesafilm /テーザフィルム/　,　*der* Klebstreifen /クレープシュトライフェン/　(㋳Scotch tape)

クリップ　*die* Büroklammer /ビューロクラマー/　(㋳clip)

ホッチキス　*die* Heftmaschine /ヘフトマシーネ/　(㋳stapler)

日	独	英
〜ネット	*das* Haarnetz ハールネッツ	hairnet ヘアネット
〜ピース	*das* Haarteil ハールタイル	hairpiece ヘアピース
〜ピン	*die* Haarnadel ハールナーデル	hairpin ヘアピン
〜ブラシ	*die* Haarbürste ハールビュルステ	hairbrush ヘアブラシ
ペア	*das* Paar パール	pair ペア
ベアリング	*das* Lager, *das* Kugellager ラーガー, クーゲルラーガー	bearing ベアリング
へい 塀	*die* Mauer マオアー	wall, fence ウォール, フェンス
へいえき 兵役	*der* Wehrdienst ヴェーアディーンスト	military service ミリテリ サーヴィス
へいおん 平穏な	ruhig ルーイヒ	calm カーム
べいか 米価	*der* Reispreis ライスプライス	the price of rice ザ プライス オヴ ライス
へいがい 弊害	*das* Übel ユーベル	evil, abuse イーヴル, アビューズ
へいかいする 閉会する	schließen シュリーセン	close クロウズ
へいき 兵器	*die* Waffe ヴァッフェ	arms, weapon アームズ, ウェポン
〜庫	*das* Arsenal アルゼナール	arsenal アースィナル
へいきな 平気な	gelassen ゲラッセン	calm カーム
へいきん 平均	*der* Durchschnitt ドゥルヒシュニット	average アヴァリヂ
〜する	den Durchschnitt nehmen [berechnen] デン ドゥルヒシュニット ネーメン [ベレヒネン]	average アヴァリヂ
〜台	*der* Schwebebalken シュベーベバルケン	balance beam バランス ビーム

日	独	英
へいげん 平原	*die* Ebene エーベネ	plain プレイン
へいこう 平行		
〜の	parallel パラレール	parallel *to* パラレル
〜四辺形	*das* Parallelogramm パラレログラム	parallelogram パラレログラム
〜線	*die* Parallele パラレーレ	parallel lines パラレル ラインズ
〜棒	*der* Barren バレン	parallel bars パラレル バーズ
へいこう 平衡	*das* Gleichgewicht グライヒゲヴィヒト	equilibrium イークウィリブリアム
へいこう 閉口する	verlegen sein フェアレーゲン ザイン	be embarrassed *at, by* ビ インバラスト
へいごう 併合する	absorbieren アプゾルビーレン	absorb アブソーブ
へいこうゆにゅう 並行輸入	*der* Parallelimport パラレルインポルト	parallel imports パラレル インポーツ
へいさ 閉鎖する	sperren シュペレン	close クロウズ
へいし 兵士	*der* Soldat ゾルダート	soldier ソウルヂャ
へいじつ 平日	*der* Werktag, *der* Wochentag ヴェルクターク, ヴォッヘンターク	weekday ウィークデイ
へいじょうの 平常の	gewöhnlich ゲヴェーンリヒ	normal ノーマル
へいぜん 平然と	ruhig, gelassen ルーイヒ, ゲラッセン	calmly カームリ
へいたい 兵隊	*der*(*die*) Soldat(*in*) ゾルダート	soldier ソウルヂャ
へいち 平地	*die* Ebene, *die* Fläche エーベネ, フレッヒェ	flat ground フラト グラウンド
へいてん *閉店する*	*das* Geschäft schließen ダス ゲシェフト シュリーセン	close クロウズ
へいねつ 平熱	normale Körpertemperatur ノルマーレ ケルパーテンペラトゥーア	normal temperature ノーマル テンパラチャ

日	独	英
へいねん 平年	gewöhnliches Jahr, das Durchschnittsjahr ゲヴェーンリヒェス ヤール, ドゥルヒシュニッツヤール	ordinary year オーディネリ イア
へいふく 平服	der Straßenanzug, das Straßenkleid シュトラーセンアンツーク, シュトラーセンクライト	plain clothes プレイン クロウズズ
へいほう 平方	das Quadrat クヴァドラート	square スクウェア
～キロメートル	der(das) Quadratkilometer クヴァドラートキロメーター	square kilometer スクウェア キロミータ
～根	die Wurzel ヴルツェル	square root スクウェア ルート
～メートル	der(das) Quadratmeter クヴァドラートメーター	square meter スクウェア ミータ
へいぼん 平凡な	mittelmäßig ミッテルメースィヒ	common, ordinary カモン, オーディネリ
へいめん 平面	die Ebene, die Fläche エーベネ, フレッヒェ	plane プレイン
へいや 平野	die Ebene エーベネ	plain プレイン
へいわ 平和	der Friede(n) フリーデ(ン)	peace ピース
～な	friedlich フリートリヒ	peaceful ピースフル
ペイント	die Farbe ファルベ	paint ペイント
ベーカリー	die Bäckerei ベッケライ	bakery ベイカリ
ベーキングパウダー	das Backpulver バックプルファー	baking powder ベイキング パウダ
ベーコン	der Speck シュペック	bacon ベイコン
ページ	die Seite ザイテ	page ペイヂ

日	独	英
ベージュの	beige ベージュ	beige ベイジュ
ベース(音楽)	*der* Bass バス	bass ベイス
～ギター	*die* Bassgitarre バスギタレ	bass guitar ベイス ギター
ペース	*der* Schritt, *das* Tempo シュリット, テンポ	pace ペイス
ベースアップ	*die* Erhöhung der Lohnbasis, *die* Lohnerhöhung エアヘーウング デア ローンバーズィス, ローンエアヘーウング	raise in wages レイズ イン ウェイチズ
ペースト	*die* Paste パステ	paste ペイスト
ペースメーカー	*der* Herzschrittmacher ヘルツシュリットマッハー	pacemaker ペイスメイカ
(マラソン)	*der* Schrittmacher シュリットマッハー	pacemaker ペイスメイカ
ペーパーバック	*das* Paperback, *das* Taschenbuch ペイパーベック, タッシェンブーフ	paperback ペイパバク
ベール	*der* Schleier シュライアー	veil ヴェイル
壁画	*die* Wandmalerei ヴァントマーレライ	mural ミュアラル
僻地	abgelegene Gegend アップゲレーゲネ ゲーゲント	remote place リモウト プレイス
ヘクタール	*das*(*der*) Hektar ヘクタール	hectare ヘクテア
ベクトル	*der* Vektor ヴェクトーア	vector ヴェクタ
凹む	ein|sinken, *sich*⁴ ein|drücken アインズィンケン, アインドリュッケン	be dented, sink ビ デンテド, スィンク
凹んだ	hohl, vertieft, eingedrückt ホール, アインゲドリュックト	dented デンテド
舳先	*der* Bug ブーク	the prow ザ プラウ

日	独	英
ペシミスト	*der*(*die*) Pessimist(*in*) ペスィミスト(-ティン)	pessimist ペシミスト
ベスト	*das* Beste ベステ	best ベスト
（衣服の）	*die* Weste ヴェステ	vest ヴェスト
ペスト	*die* Pest ペスト	the plague ザ プレイグ
ベストセラー	*der* Bestseller ベストセラー	best seller ベスト セラ
臍	*der* Nabel ナーベル	the navel ザ ネイヴェル
下手な	ungeschickt ウンゲシックト	clumsy, poor クラムズィ, プア
隔たり	*der* Abstand, *die* Entfernung アップシュタント, エントフェルヌング	distance ディスタンス
（差異）	*der* Unterschied ウンターシート	difference ディフレンス
隔たる	*von*³ entfernt sein エントフェルント ザイン	be away *from* ビ アウェイ
隔てる	ab|trennen, distanzieren アップトレンネン, ディスタンツィーレン	partition パーティション
ペダル	*das* Pedal ペダール	pedal ペドル
ペチコート	*der* Petticoat ペティコート	petticoat ペティコウト
別館	*das* Nebengebäude ネーベンゲボイデ	annex アネクス
別居する	getrennt leben ゲトレント レーベン	live separately ライヴ セパレトリ
別荘	*die* Villa, *das* Landhaus ヴィラ, ラントハオス	villa ヴィラ
ベッド	*das* Bett ベット	bed ベド
～カバー	*der* Bettbezug ベットベツーク	bedspread ベドスプレド
ペット	*das* Haustier ハオスティーア	pet ペト

日	独	英
ヘッドホン	*der* Kopfhörer コプフヘーラー	headphone ヘドフォウン
ヘッドライト	*der* Scheinwerfer シャインヴェルファー	headlight ヘドライト
別に	getrennt, extra ゲトレント, エクストラ	apart アパート
別の	ander アンダー	different, another ディフレント, アナザ
別々に	getrennt, einzeln ゲトレント, アインツェルン	separate, respective セパレイト, リスペクティヴ
諂う	schmeicheln シュマイヒェルン	flatter フラタ
別離	*der* Abschied, *die* Trennung アップシート, トレヌング	separation セパレイション
ヘディング	*der* Kopfstoß, *der* Kopfball コプフシュトース, コプフバル	heading ヘディング
ベテラン （熟練者）	*der(die)* Veteran(*in*), *der(die)* Experte(*in*) ヴェテラーン(-ニン), エクスペルテ(-ティン)	veteran, expert ヴェテラン, エクスパート
ペテン	*der* Betrug, *der* Schwindel ベトルーク, シュヴィンデル	fraud フロード
へどろ	*der* Schlamm, *der* Matsch シュラム, マッチュ	colloidal sediment カロイドル セディメント
ペナルティー	*die* Strafe シュトラーフェ	penalty ペナルティ
～キック	*der* Strafstoß, *der* Elfmeter シュトラーフシュトース, エルフメーター	penalty kick ペナルティ キク
ペニシリン	*das* Penizillin ペニツィリーン	penicillin ペニスィリン
ペニス	*der* Penis ペーニス	the penis ザ ピーニス
ベニヤ板	*die* Furnierplatte フルニーアプラッテ	plywood プリウド
ペパーミント	*die* Pfefferminze プフェッファーミンツェ	peppermint ペパミント
蛇	*die* Schlange シュランゲ	snake, serpent スネイク, サーペント

日	独	英
ヘビー級	*das* Schwergewicht シュヴェーアゲヴィヒト	heavyweight ヘヴィウェイト
へま	*der* Schnitzer, *die* Stümperei シュニッツァー, シュテュンペライ	blunder, goof ブランダ, グーフ
ヘモグロビン	*das* Hämoglobin ヘモグロビーン	hemoglobin ヒーモグロウビン
部屋	*das* Zimmer ツィマー	room ルーム
減らす	reduzieren, vermindern レドゥツィーレン, フェアミンダーン	decrease, reduce ディークリース, リデュース
ベランダ	*die* Veranda ヴェランダ	veranda ヴェランダ
縁	*der* Rand ラント	edge, border エヂ, ボーダ
ヘリウム	*das* Helium ヘーリウム	helium ヒーリアム
ペリカン	*der* Pelikan ペーリカーン	pelican ペリカン
謙[遜]る	demütig sein デミューティヒ ザイン	be humble ビ ハンブル
ヘリコプター	*der* Hubschrauber フープシュラオバー	helicopter ヘリカプタ
ヘリポート	*der* Heliport ヘリポルト	heliport ヘリポート
経る（経過）	vorüber|gehen, verstreichen フォリューバーゲーエン, フェアシュトライヘン	pass, go by パス, ゴウ バイ
…を経て	via, über ヴィーア, ユーバー	via, by way of ヴァイア, バイ ウェイ オヴ
減る	ab|nehmen, sich⁴ vermindern, sich⁴ verringern アップネーメン, フェアミンダーン, フェアリンガーン	decrease, diminish ディークリース, ディミニシュ
ベル	*die* Glocke グロッケ	bell ベル
ヘルツ	*das* Hertz ヘルツ	hertz ハーツ
ベルト	*der* Gürtel ギュルテル	belt ベルト

日	独	英
~コンベアー	*das* Fließband フリースバント	belt conveyor ベルト カンヴェイア
ヘルニア	*die* Hernie ヘルニエ	hernia ハーニア
ヘルメット	*der* Schutzhelm, *der* Sturzhelm シュッツヘルム, シュトゥルツヘルム	helmet ヘルメト
ベレー帽	*die* Baskenmütze バスケンミュッツェ	beret ベレイ
ヘロイン	*das* Heroin ヘロイーン	heroin ヘロウイン
辺 (図形の)	*die* Seite ザイテ	side サイド
便	*die* Bequemlichkeit ベクヴェームリヒカイト	convenience カンヴィーニエンス
(大便)	*der* Stuhl シュトゥール	bowel movement バウエル ムーヴメント
弁	*das* Ventil ヴェンティール	valve ヴァルヴ
ペン	*die* Feder フェーダー	pen ペン
変圧器	*der* Transformator トランスフォルマートーア	transformer トランスフォーマ
変化	*die* Änderung, *der* Wechsel エンデルング, ヴェクセル	change チェインチ
~する	*sich*⁴ ändern, wechseln, *sich*⁴ aus|reden エンダーン, ヴェクセルン, アオスレーデン	change チェインチ
弁解する	*sich*⁴ rechtfertigen, *sich*⁴ aus|reden レヒトフェルティゲン, アオスレーデン	explain, excuse *oneself* イクスプレイン, イクスキューズ
変革	*die* Reform レフォルム	change, reform チェインチ, リフォーム
返還する	zurück|geben, wieder|geben ツリュックゲーベン, ヴィーダーゲーベン	return リターン
便器	*das* Klosettbecken クロゼットベッケン	toilet トイレト

日	独	英
べんぎ 便宜	*die* Bequemlichkeit ベクヴェームリヒカイト	convenience カンヴィーニェンス
ペンキ	*die* Ölfarbe エールファルベ	paint ペイント
へんきゃく 返却する	zurück|geben ツリュックゲーベン	return リターン
べんきょう 勉強	*das* Studium, *das* Lernen シュトゥーディウム, レルネン	study, work スタディ, ワーク
～する	lernen, studieren レルネン, シュトゥディーレン	study, work スタディ, ワーク
へんきょく 編曲	*die* Bearbeitung ベアルバイトゥング	arrangement アレインジュメント
～する	bearbeiten ベアルバイテン	arrange アレインジュ
ペンギン	*der* Pinguin ピングイーン	penguin ペングウィン
へんけん 偏見	*das* Vorurteil フォーアウルタイル	prejudice, bias プレデュディス, バイアス
べんご 弁護	*die* Verteidigung フェアタイディグング	defense ディフェンス
～する	verteidigen フェアタイディゲン	plead, defend プリード, ディフェンド
～士	*der*(*die*) Rechtsanwalt(*wältin*) レヒツアンヴァルト(-ヴェルティン)	lawyer, barrister ローヤ, バリスタ
へんこう 変更する	ändern, verändern エンダーン, フェアエンダーン	change, alter チェインヂ, オルタ
へんさい 返済	*die* Rückzahlung, *die* Rückerstattung リュックツァールング, リュックエアシュタットゥング	repayment リペイメント
へんさん 編纂する	heraus|geben ヘラオスゲーベン	*edit, compile* エディト, コンパイル
へんじ 返事	*die* Antwort アントヴォルト	answer, reply アンサ, リプライ
～をする	antworten アントヴォルテン	answer, reply アンサ, リプライ
へんしつきょう 偏執狂	*die* Monomanie モノマニー	monomania マノメイニア

日	独	英
（人）	*der*(*die*) Monomane(*in*) モノマーネ (-ニン)	monomaniac マノメイニアク
編集	*die* Herausgabe, *die* Redaktion ヘラオスガーベ, レダクツィオーン	editing エディティング
～する	heraus|geben, redigieren アントヴォルテン, レディギーレン	edit エディト
～者	*der*(*die*) Redakteur(*in*), *der*(*die*) Herausgeber(*in*) レダクテーア (-リン), ヘラオスゲーバー (-ベリン)	editor エディタ
～長	*der*(*die*) Chefredakteur(*in*) シェフレダクテーア (-リン)	the editor in chief ジ エディタ イン チーフ
便所	*die* Toilette, *das* WC トアレッテ, ヴェーツェー	lavatory, toilet ラヴァトーリ, トイレト
弁償する	entschädigen エントシェーディゲン	pay for ペイ フォー
変色する	*sich*⁴ verfärben フェアフェルベン	discolor ディスカラ
ペンション	*die* Pension パンズィオーン	pension パーンスィアン
変人	*der* Sonderling ゾンダーリング	eccentric person イクセントリク パースン
ベンジン	*das* Benzin ベンツィーン	benzine ベンズィーン
偏頭痛	*die* Migräne ミグレーネ	migraine マイグレイン
編成	*die* Organisation, *die* Formation オルガニザツィオーン, フォルマツィオーン	formation フォーメイション
～する	zusammen|stellen ツザメンシュテレン	form, organize フォーム, オーガナイズ
変装する	*sich*⁴ verkleiden フェアクライデン	disguise *oneself as* ディスガイズ
ペンダント	*der* Anhänger アンヘンガー	pendant ペンダント
ベンチ	*die* Bank バンク	bench ベンチ

日	独	英
ペンチ	*die* Zange ツァンゲ	pincers ピンサズ
べんとう 弁当	*der* Imbiss, *der* Proviant イムビス, プロヴィアント	lunch ランチ
へんどう 変動する	schwanken シュヴァンケン	fluctuate フラクチュエイト
へんとうせん 扁桃腺	*die* Mandeln マンデルン	the tonsils ザ タンスィルズ
～炎	*die* Mandelentzündung マンデルエントツュンドゥング	tonsillitis タンスィライティス
へん 変な	merkwürdig, seltsam メルクヴュルディヒ, ゼルトザーム	strange, peculiar ストレインヂ, ピキューリア
ペンネーム	*der* Künstlername キュンストラーナーメ	pen name ペン ネイム
べんぴ 便秘	*die* Verstopfung フェアシュトプフング	constipation カンスティペイション
～する	Verstopfung haben フェアシュトプフング ハーベン	be constipated ビ カンスティペイテド
へんぴ 辺鄙な	abgelegen アップゲレーゲン	remote リモウト
へんぴん 返品する	zurück|geben ツリュックゲーベン	return リターン
ペンフレンド	*der*(*die*) Brieffreund(*in*) ブリーフフロイント(-ディン)	pen pal ペン パル
へんぼう 変貌する	*sich*⁴ um|gestalten ウムゲシュタルテン	undergo a complete change アンダゴウ ア コンプリート チェインヂ
べんり 便利な	praktisch, günstig プラクティシュ, ギュンスティヒ	handy, convenient ハンディ, カンヴィーニェント
べんろんたいかい 弁論大会	*der* Redewettbewerb レーデヴェットベヴェルプ	speech contest スピーチ カンテスト

ほ, ホ

日	独	英
ほ 帆	*der* Segel ゼーゲル	sail セイル
ほ 穂	*die* Ähre エーレ	ear イア

日	独	英
保安(ほあん)	*die* Sicherheit ズィヒャーハイト	security スィキュアリティ
補遺(ほい)	*der* Nachtrag ナーハトラーク	supplement サプリメント
保育所(ほいくしょ)	*der* Kinderhort キンダーホルト	day nursery デイ ナーサリ
ボイコット	*der* Boykott ボイコット	boycott ボイカト
～する	boykottieren ボイコッティーレン	boycott ボイカト
ボイスレコーダー	*der* Flugschreiber フルークスシュライバー	voice recorder ヴォイス リコーダ
ホイッスル	*die* Pfeife プファイフェ	whistle ホウィスル
ボイラー	*der* (Dampf)kessel (ダンプフ)ケッセル	boiler ボイラ
母音(ぼいん)	*der* Vokal ヴォカール	vowel ヴァウエル
拇印(ぼいん)	*der* Daumenabdruck ダオメンアップドルック	thumb impression サム インプレション
ポイント	*der* Punkt プンクト	point ポイント
（鉄道）	*die* Weiche ヴァイヒェ	switch スウィチ
方(ほう)（方角）	*die* Richtung リヒトゥング	direction, side ディレクション, サイド
法(ほう)	*das* Recht レヒト	law, rule ロー, ルール
（方法）	*die* Methode, *die* Art メトーデ, アールト	method, way メソド, ウェイ
棒(ぼう)	*der* Stock, *der* Stab, *die* Stange シュトック, シュターブ, シュタンゲ	stick, rod スティク, ラド
法案(ほうあん)	*der* Gesetzentwurf ゲゼッツエントヴルフ	bill ビル
方位(ほうい)	*die* Himmelsrichtung ヒンメルスリヒトゥング	direction ディレクション

日	独	英
ほういがく **法医学**	*die* Gerichtsmedizin ゲリヒツメディツィーン	legal medicine リーガル メディスィン
ぼうえい **防衛**	*die* Verteidigung フェアタイディグング	defense ディフェンス
〜する	verteidigen フェアタイディゲン	defend ディフェンド
ほうえい **放映する**	aus|strahlen, senden アオスシュトラーレン, ゼンデン	telecast テレキャスト
ぼうえき **貿易**	*der* (Außen)handel (アオセン) ハンデル	trade, commerce トレイド, カマス
ぼうえんきょう **望遠鏡**	*das* Teleskop, *das* Fernrohr テレスコープ, フェルンローア	telescope テレスコウプ
ぼうえん **望遠レンズ**	*das* Teleobjektiv テーレオブイェクティーフ	telephoto lens テレフォウトウ レンズ
ほうおう **法王**	*der* Papst パープスト	the Pope ザ ポウプ
ぼうおん **防音の**	schalldicht シャルディヒト	soundproof サウンドプルーフ
ほうか **放火**	*die* Brandstiftung ブラントシュティフトゥング	incendiary fire インセンディエリ ファイア
〜する	in Brand stecken [setzen] イン ブラント シュテッケン [ゼッツェン]	set fire *to* セト ファイア
ぼうか **防火**	*der* Feuerschutz フォイアーシュッツ	fire prevention ファイア プリヴェンション
ほうかい **崩壊**	*der* Zusammenbruch, *der* Zerfall ツザメンブルフ, ツェアファル	collapse カラプス
〜する	zusammen|brechen, zerfallen ツザメンブレッヒェン, ツェアファレン	collapse カラプス
ぼうがい **妨害する**	stören, hindern シュテーレン, ヒンダーン	disturb, hinder ディスターブ, ハインダ
ほうがく **方角**	*die* Richtung リヒトゥング	direction ディレクション
ほうかご **放課後**	nach der Schule ナーハ デア シューレ	after school アフタ スクール
ぼうかん **傍観する**	zu|schauen, zu|sehen ツーシャオエン, ツーゼーエン	look on ルク オン

日	独	英
～者	*der(die)* Zuschauer(*in*) ツーシャオアー（-エリン）	onlooker アンルカ
砲丸投げ	*das* Kugelstoßen クーゲルシュトーセン	the shot put ザ シャト プト
箒	*der* Besen ベーゼン	broom ブルム
俸給	*das* Gehalt ゲハルト	pay, salary ペイ, サラリ
防御	*die* Verteidigung, *die* Abwehr フェアタイディグング, アップヴェーア	defense ディフェンス
～する	verteidigen, ab|wehren フェアタイディゲン, アップヴェーレン	defend, protect ディフェンド, プロテクト
防空壕	*der* (Luftschutz)bunker (ルフトシュッツ) ブンカー	(air-raid) shelter エアレイド シェルタ
暴君	*der* Tyrann, *der* Despot テュラン, デスポート	tyrant タイアラント
封建		
～制	*der* Feudalismus フォイダリスムス	feudalism フューダリズム
～的な	feudal, feudalistisch フォイダール, フォイダリスティシュ	feudal フューダル
放言	taktlose Bemerkung タクトローゼ ベメルクング	unreserved talk アンリザーヴド トーク
方言	*der* Dialekt, *die* Mundart ディアレクト, ムントアールト	dialect ダイアレクト
冒険	*das* Abenteuer アーベントイアー	adventure アドヴェンチャ
～する	ein Risiko ein|gehen アイン リーズィコ アインゲーエン	run the risk ラン ザ リスク
暴言	verletzende Äußerung フェアレッツェンデ オイセルング	abusive words アビュースィヴ ワーツ
方向	*die* Richtung リヒトゥング	direction ディレクション
暴行	*die* Gewalttat ゲヴァルトタート	violence, outrage ヴァイオレンス, アウトレイヂ
報告	*der* Bericht ベリヒト	report リポート

日	独	英
～する	berichten ベリヒテン	report, inform リポート, インフォーム
ぼうさい 防災	*die* Unfallverhütung ウンファルフェアヒュートゥング	prevention of disasters プリヴェンション オヴ ディザスタズ
ほうさく 豊作	gute Ernte グーテ エルンテ	good harvest グド ハーヴィスト
ほうさん 硼酸	*die* Borsäure ボーアゾイレ	boric acid ボーリク アスィド
ぼうし 帽子	*der* Hut フート	hat ハト
（つばなしの）	*die* Mütze ミュッツェ	hat, cap ハト, キャプ
ほうしき 方式	*das* System, *die* Methode ズュステーム, メトーデ	form, method フォーム, メソド
ほうし 奉仕する	dienen ディーネン	serve サーヴ
ほうしゃ 放射	*die* Strahlung シュトラールング	radiation レイディエイション
～線	radioaktive Strahlen ラディオアクティーヴェ シュトラーレン	radiant rays レイディアント レイズ
～能	*die* Radioaktivität ラディオアクティヴィテート	radioactivity レイディオウアクティヴィティ
ほうしゅう 報酬	*die* Belohnung, *der* Lohn ベローヌング, ローン	remuneration リミューナレイション
ほうしん 方針	*das* Prinzip, *der* Plan プリンツィープ, プラーン	course, policy コース, パリスィ
ほうじん 法人	juristische Person ユリスティシェ ペルゾーン	juridical person ヂュアリディカル パースン
ほうすい 防水の	wasserdicht ヴァッサーディヒト	waterproof ウォタプルーフ
ほうせき 宝石	*der* Edelstein, *das* Juwel エーデルシュタイン, ユヴェール	jewel ヂューエル
ぼうぜん 茫然と	zerstreut, fassungslos ツェアシュトロイト, ファッスングスロース	blankly ブランクリ
ほうそう 包装	*die* Verpackung フェアパックング	wrapping ラピング
～する	verpacken フェアパッケン	wrap ラプ

ほ

日	独	英
ほうそう 放送	*die* Sendung ゼンドゥング	broadcast ブロードキャスト
～する	senden, übertragen ゼンデン, ユーバートラーゲン	broadcast ブロードキャスト
～局	*der* Rundfunk, *der* Fernsehsender ルントフンク, フェルンゼーゼンダー	broadcasting station ブロードキャスティング ステイション
ほうそうぞく 暴走族	*der* Rocker ロッカー	hot-rodder ハトラダ
ほうそく 法則	*das* Gesetz ゲゼッツ	law, rule ロー, ルール
ほうたい 包帯	*der* Verband フェアバント	bandage バンディヂ
～をする	verbinden フェアビンデン	bandage, dress バンディヂ, ドレス
ぼうだいな 膨大な	ungeheuer, gewaltig ウンゲホイアー, ゲヴァルティヒ	enormous, huge イノーマス, ヒューヂ
ぼうたかとび 棒高跳び	*der* Stabhochsprung シュタープホホシュプルング	pole vault ポウル ヴォールト
ほうちする 放置する	lassen, liegen [stehen] lassen ラッセン, リーゲン [シュテーエン] ラッセン	leave... alone, neglect リーヴ アロウン, ニグレクト
ぼうちゅうざい 防虫剤	*das* Insektizid インゼクティツィート	insecticide インセクティサイド
ほうちょう 包丁	*das* Küchenmesser キュッヒェンメッサー	kitchen knife キチン ナイフ
ぼうちょうする 膨張する	*sich*⁴ aus|dehnen アオスデーネン	expand, swell イクスパンド, スウェル
ほうっておく 放って置く	stehen lassen, vernachlässigen シュテーエン ラッセン, フェアナハレシゲン	neglect, leave... alone ニグレクト, リーヴ アロウン
ほうてい 法廷	*das* Gericht ゲリヒト	court コート
ほうていしき 方程式	*die* Gleichung グライヒュング	equation イクウェイション
ほうてきな 法的な	gesetzlich, rechtlich ゲゼッツリヒ, レヒトリヒ	legal リーガル

日	独	英
ほうどう 報道	*die* Meldung, *der* Bericht, *die* Nachricht メルドゥング, ベリヒト, ナーハリヒト	news, report ニューズ, リポート
～する	melden メルデン	report, inform リポート, インフォーム
ぼうどう 暴動	*der* Aufruhr, *der* Aufstand アオフルーア, アオフシュタント	riot ライオト
ぼうとくする 冒涜する	lästern, schänden レスターン, シェンデン	profane プラフェイン
ほうにんする 放任する	freien Lauf lassen フライエン ラオフ ラッセン	leave リーヴ
ぼうはてい 防波堤	*der* Hafendamm, *der* Wellenbrecher ハーフェンダム, ヴェレンブレッヒャー	breakwater ブレイクウォータ
ぼうはん 防犯	*die* Verbrechensbekämpfung フェアブレッヒェンスベケンプフング	crime prevention クライム プリヴェンション
ほうび 褒美	*die* Belohnung, *der* Preis ベローヌング, プライス	reward リウォード
ほうふ 抱負	*der* Plan, *das* Vorhaben, *der* Ehrgeiz プラーン, フォーアハーベン, エーアガイツ	ambition アンビション
ぼうふう 暴風	*der* Sturm シュトゥルム	storm, gale ストーム, ゲイル
～雨	*das* Unwetter ウンヴェッター	storm, rainstorm ストーム, レインストーム
ぼうふうりん 防風林	*der* Schutzwald, *der* Windbrecher シュッツヴァルト, ヴィントブレッヒャー	windbreak ウィンドブレイク
ほうふくする 報復する	vergelten フェアゲルテン	retaliate リタリエイト
ぼうふざい 防腐剤	*das* Konservierungsmittel コンゼルヴィーレングスミッテル	preservative プリザーヴァティヴ
ほうふな 豊富な	reichlich, reich ライヒリヒ, ライヒ	rich *in*, abundant *in* リチ, アバンダント
ほうべん 方便	*der* Notbehelf, *das* Mittel ノートベヘルフ, ミッテル	expedient イクスピーディエント

日	独	英
ほうほう 方法	*die* Methode, *die* Art und Weise メトーデ, アールト ウント ヴァイゼ	way, method ウェイ, メソド
ほうぼく 放牧する	weiden ヴァイデン	pasture パスチャ
ほうまん 豊満な	üppig ユッピヒ	plump プランプ
ほうむだいじん 法務大臣	*der*(*die*) Justizminister(*in*) ユスティーツミニスター (-テリン)	the Minister of Justice ザ ミニスタ オヴ ヂャスティス
ほうむ 葬る	begraben ベグラーベン	bury ベリ
ほうめい 亡命	*die* Emigration, *das* Exil エミグラツィオーン, エクスィール	political asylum ポリティカル アサイラム
～する	emigrieren, ins Exil gehen エミグリーレン, インス エクスィール ゲーエン	seek refuge *in* スィーク レフューヂ
ほうめん 方面	*die* Gegend ゲーゲント	district ディストリクト
（方向）	*die* Richtung リヒトゥング	direction ディレクション
（分野）	*das* Gebiet ゲビート	field フィールド
ほうもつ 宝物	*der* Schatz シャッツ	treasure トレジャ
ほうもん 訪問	*der* Besuch ベズーフ	visit, call ヴィズィト, コール
～する	besuchen ベズーヘン	visit ヴィズィト
～販売	*der* Vertreterverkauf フェアトレーターフェアカオフ	door-to-door selling ドータドー セリング
ほうよう 抱擁する	umarmen ウムアルメン	embrace インブレイス
ほうらく 暴落する	stürzen シュテュルツェン	fall heavily フォール ヘヴィリ
ほうり 暴利	*der* Wucher ヴーハー	excessive profits イクセスィヴ プラフィッツ
ほう だ 放り出す	hinaus|werfen ヒナオスヴェルフェン	throw out スロウ アウト

日	独	英
ほうりつ 法律	*das* Gesetz, *das* Recht ゲゼッツ, レヒト	law ロー
ほう な 放り投げる	werfen ヴェルフェン	throw, toss スロウ, トス
ぼうりゃく 謀略	*die* List, *die* Intrige リスト, イントリーゲ	plot プラ
ほうりゅう 放流	*das* Ablassen アップラッセン	discharge ディスチャーヂ
（魚を）	*das* Aussetzen アオスゼッツェン	stock スタク
ぼうりょく 暴力	*die* Gewalt ゲヴァルト	violence ヴァイオレンス
～団	*der* Gangster ゲングスター	gang ギャング
ボウリング	*das* Bowling ボーリング	bowling ボウリング
ほう 放る	werfen ヴェルフェン	throw, toss スロウ, トス
ボウル	*die* Schüssel シュッセル	bowl ボウル
ほうれい 法令	Gesetze und Verordnungen ゲゼッツェ ウント フェアオルドヌンゲン	law, ordinance ロー, オーディナンス
ぼうれい 亡霊	*das* Gespenst, *der* Geist ゲシュペンスト, ガイスト	ghost ゴウスト
ほうれんそう 菠薐草	*der* Spinat シュピナート	spinach スピニチ
ほうろう 琺瑯	*das* Email エマイ	enamel イナメル
ほうろう 放浪する	wandern ヴァンダーン	wander ワンダ
ほ 吠える	bellen, brüllen ベレン, ブリュレン	*bark, howl,* roar バーク, ハウル, ロー
ほお 頬	*die* Backe, *die* Wange バッケ, ヴァンゲ	cheek チーク
ボーイ	*der* Kellner, *der* Ober ケルナー, オーバー	waiter, bellboy ウェイタ, ベルボイ
～フレンド	*der* Freund フロイント	boyfriend ボイフレンド

日	独	英
ポーカー	*das* Poker ポーカー	poker ポウカ
ボーキサイト	*der* Bauxit バオクスィート	bauxite ボークサイト
ホース	*der* Schlauch シュラオホ	hose ホウズ
ポーズ	*die* Haltung, *die* Pose ハルトゥング, ポーゼ	pose ポウズ
〜をとる	eine Pose ein|nehmen アイネ ポーゼ アインネーメン	pose ポウズ
ポーター	*der* Gepäckträger ゲペックトレーガー	porter ポータ
ポータブルの	tragbar トラークバール	portable ポータブル
ボート	*das* Boot ボート	boat ボウト
ポートレート	*das* Porträt ポルトレー	portrait ポートレイト
ボーナス	*der* Bonus ボーヌス	bonus ボウナス
ホープ	*die* Hoffnung ホフヌング	hope ホウプ
頬紅(ほおべに)	*die* Rouge ルージュ	rouge ルージュ
頬骨(ほおぼね)	*die* Backenknochen バッケンクノッヘン	cheekbones チークボウンズ
ホーム	*das* Heim ハイム	home ホウム
（駅の）	*der* Bahnsteig バーンシュタイク	platform プラトフォーム
ホームシック	*das* Heimweh ハイムヴェー	homesickness ホウムスィクネス
〜になる	an Heimweh leiden アン ハイムヴェー ライデン	get homesick ゲト ホウムスィク
ホームステイ	*der* Homestay ホウムステイ	homestay ホウムステイ
ホームページ	*die* Homepage ホウムペイジ	home-page ホウムペイヂ

日	独	英
ホームレス	*der/die* Obdachlose オブダッハローゼ	the homeless ザ ホウムレス
ホール	*die* Halle, *der* Saal ハレ, ザール	hall ホール
（ゴルフの）	*das* Loch ロッホ	hole ホウル
～インワン	*das* Hole-in-One ホール イン ワン	hole in one ホウル イン ワン
ボール	*der* Ball バル	ball ボール
ポール	*der* Pfahl, *der* Stab, *die* Stange プファール, シュタープ, シュタンゲ	pole ポウル
ボール紙	*die* Pappe パッペ	cardboard カードボード
ボールペン	*der* Kugelschreiber, *der* Kuli クーゲルシュライバー, クーリ	ball-point ボールポイント
捕獲する	fangen ファンゲン	capture キャプチャ
量す	schattieren, ab|stufen シャティーレン, アップシュトゥーフェン	shade off シェイド オフ
外に	sonst, außerdem ゾンスト, アオサーデーム	besides, else ビサイヅ, エルス
外の	ander アンダー	another, other アナザ, アザ
朗らかな	heiter, froh, munter ハイター, フロー, ムンター	cheerful チアフル
保管	*die* Aufbewahrung アオフベヴァールング	storage ストーリヂ
～する	auf|bewahren アオフベヴァーレン	keep, store キープ, ストー
簿記	*die* Buchführung, *die* Buchhaltung ブーフフュールング, ブーフハルトゥング	bookkeeping ブクキーピング
ボキャブラリー	*der* Wortschatz, *das* Vokabular ヴォルトシャッツ, ヴォカブラール	vocabulary ヴォウキャビュレリ

日	独	英
ほきゅう 補給する	versorgen, zu|führen フェアゾルゲン, ツーフューレン	supply, replenish サプライ, リプレニシュ
（燃料を）	auf|tanken アオフタンケン	refuel リーフユーエル
ぼきん 募金	*die* Spende シュペンデ	fund raising ファンド レイズィング
ぼく 僕	ich イヒ	I, me アイ, ミ
ほくおう 北欧	*das* Nordeuropa ノルトオイローパ	Northern Europe ノーザン ユアロプ
ボクサー	*der* Boxer ボクサー	boxer バクサ
ぼくし 牧師	*der* Pfarrer プファラー	pastor, parson パスタ, パースン
ぼくじょう 牧場	*die* Weide ヴァイデ	pasture, ranch パスチャ, ランチ
ボクシング	*das* Boxen, *der* Boxkampf ボクセン, ボクスカンプフ	boxing バクスィング
ほくせい 北西	*der* Nordwesten ノルトヴェステン	the northwest ザ ノースウェスト
ぼくそう 牧草	*das* Wiesengras ヴィーゼングラース	grass グラス
〜地	*die* Wiese ヴィーゼ	pasture, meadow パスチャ, メドウ
ぼくちく 牧畜	*die* Viehzucht フィーツフト	stock farming スタク ファーミング
ほくとう 北東	*der* Nordosten ノルトオステン	the northeast ザ ノースイースト
ほくとしちせい 北斗七星	der Große Bär デア グローセ ベーア	the Big Dipper ザ ビグ ディパ
ほくぶ 北部	*der* Norden ノルデン	the northern part ザ ノーザン パート
ぼくめつ 撲滅する	vertilgen, aus|rotten フェアティルゲン, アオスロッテン	exterminate イクスターミネイト
ほくろ 黒子	*das* Muttermal ムッターマール	mole モウル
ほげい 捕鯨	*der* Walfang ヴァールファング	whale fishing ホウェイル フィシング

日	独	英
〜船	*der* Walfänger ヴァールフェンガー	whaler ホウェイラ
ほけつ 補欠	*der* Ersatz エアザッツ	substitute サブスティテュート
ポケット	*die* Tasche タッシェ	pocket パケト
ぼ 惚ける	senil werden ゼニール ヴェーアデン	grow senile グロウ スィーナイル
ほけん 保健	*die* Gesundheitspflege ゲズントハイツプフレーゲ	health, hygiene ヘルス, ハイヂーン
ほけん 保険	*die* Versicherung フェアズィヒェルング	insurance インシュアランス
〜会社	*die* Versicherungsgesellschaft フェアズィヒェルングスゲゼルシャフト	insurance company インシュアランス カンパニ
〜金	*die* Versicherungssumme フェアズィヒェルングスズメ	insurance money インシュアランス マニ
〜を掛ける	versichern フェアズィヒャーン	insure インシュア
ほご 保護	*der* Schutz シュッツ	protection プロテクション
〜する	schützen シュッツェン	protect プロテクト
〜色	*die* Schutzfärbung シュッツフェルブング	protective coloration プロテクティヴ カラレイション
〜貿易主義	*der* Protektionismus プロテクツィオニスムス	protectionism プロテクショニズム
ほこう 母校	*die* Alma Mater アルマ マーター	alma mater アルマ メイタ
ほこうしゃ 歩行者	*der* Fußgänger フースゲンガー	walker, pedestrian ウォーカ, ペデストリアン
ほこく 母国	*das* Vaterland ファーターラント	mother country マザ カントリ
ほこ 誇り	*der* Stolz シュトルツ	pride プライド
ほこ 誇る	auf⁴ stolz sein シュトルツ ザイン	be proud *of* ビ プラウド
ほころ 綻びる	auf|gehen アオフゲーエン	be rent ビ レント

日	独	英
星 (ほし)	*der* Stern シュテルン	star スター
ポジ	*das* Positiv ポーズィティーフ	positive パズィティヴ
欲しい (ほしい)	wünschen, mögen, wollen ヴュンシェン, メーゲン, ヴォレン	want, wish *for* ワント, ウィシュ
星占い (ほしうらない)	*die* Astrologie, *die* Sterndeutung アストロロギー, シュテルンドイトゥング	horoscope ホロスコウプ
欲しがる (ほしがる)	wünschen, wollen ヴュンシェン, ヴォレン	want, wish *for* ワント, ウィシュ
干し草 (ほしくさ)	*das* Heu ホイ	hay ヘイ
穿る (ほじる)	bohren ボーレン	pick ピク
（詮索）	*in*⁴ *seine* Nase stecken ナーゼ シュテッケン	pry *into* プライ
干し葡萄 (ほしぶどう)	*die* Rosine ロズィーネ	raisins レイズンズ
保釈 (ほしゃく)	*die* Freilassung gegen Kaution ディー フライラスング ゲーゲン カオツィオーン	bail ベイル
～金	*die* Kaution カオツィオーン	bail ベイル
補習 (ほしゅう)	*die* Nachhilfe ナーハヒルフェ	extra lessons エクストラ レスンズ
補充する (ほじゅうする)	ergänzen エアゲンツェン	supplement サプリメント
募集する (ぼしゅうする)	werben ヴェルベン	invite インヴァイト
保守的な (ほしゅてきな)	konservativ コンゼルヴァティーフ	conservative コンサーヴァティヴ
保証 (ほしょう)	*die* Garantie, *die* Versicherung ガランティー, フェアズィヒェルング	guarantee ギャランティー
～する	versichern, garantieren フェアズィヒャーン, ガランティーレン	guarantee, assure ギャランティー, アシュア
～書	*der* Garantieschein ガランティーシャイン	written guarantee リトン ギャランティー

日	独	英
～人	*der*(*die*) Bürge(*in*) ビュルゲ(-イン)	surety シュアティ
補色	*die* Ergänzungsfarbe エアゲンツングスファルベ	complementary colors カンプリメンタリ カラズ
補助する	unterstützen ウンターシュテュッツェン	assist アスィスト
乾[干]す	trocknen トロックネン	dry, air ドライ, エア
ボス	*der* Boss ボス	boss バス
ポスター	*das* Plakat プラカート	poster ポウスタ
ホステス	*die* Gastgeberin, *die* Bardame ガストゲーベリン, バールダーメ	hostess ホウステス
ホスト	*der* Gastgeber ガストゲーバー	host ホウスト
ポスト	*der* Briefkasten ブリーフカステン	mailbox メイルバクス
（地位）	*die* Stellung シュテルング	post ポウスト
ホスピス	*die* Sterbeklinik シュテルベクリーニク	hospice ハスピス
母性	*die* Mutterschaft ムッターシャフト	motherhood マザフド
細い	schmal, schlank シュマール, シュランク	thin, small スィン, スモール
（細かい）	fein ファイン	fine ファイン
舗装する	pflastern プフラスターン	pave ペイヴ
補足する	ergänzen エアゲンツェン	supplement サプリメント
細長い	schmal, länglich シュマール, レンクリヒ	long and slender ロング アンド スレンダ
保存	*die* Erhaltung エアハルトゥング	preservation プレザヴェイション
～する	erhalten エアハルテン	preserve, keep プリザーヴ, キープ

日	独	英
(コンピュータに)	speichern シュパイヒャーン	save セイヴ
ポタージュ	die Cremesuppe クレームズッペ	potage ポウタージュ
ぼたい 母胎	der Mutterleib ムッターライプ	the mother's womb ザ マザズ ウーム
ぼだいじゅ 菩提樹	die Linde, der Lindenbaum リンデ, リンデンバオム	linden リンデン
ほたてがい 帆立貝	die Kammuschel カムムッシェル	scallop スカロプ
ほたる 蛍	der Leuchtkäfer, das Glühwürmchen ロイヒトケーファー, グリューヴュルムヒェン	firefly ファイアフライ
ボタン	der Knopf クノプフ	button バトン
ぼち 墓地	der Friedhof フリートホーフ	graveyard グレイヤード
ほちょう 歩調	der Schritt シュリット	pace, step ペイス, ステプ
ぼっき 勃起	die Erektion エレクツィオーン	erection イレクション
ほっきにん 発起人	der(die) Stifter(in), der(die) Initiator(in) シュティフター (-テリン), イニツィアートーア (-トーリン)	promoter プロモウタ
ほっきょく 北極	der Nordpol ノルトポール	the North Pole ザ ノース ポウル
～圏	die Arktis アルクティス	the Arctic Circle ジ アークティク サークル
～星	der Polarstern, der Nordstern ポラールシュテルン, ノルトシュテルン	the polestar ザ ポウルスター
ホック	der Haken ハーケン	hook フク
ホッケー	das Hockey ホッキ	hockey ハキ
ほっさ 発作	der Anfall アンファル	fit, attack フィト, アタク

日	独	英
ぼっしゅう **没収する**	beschlagnahmen ベシュラークナーメン	confiscate カンフィスケイト
ぼっ **没する**	sinken ズィンケン	sink スィンク
ほっそく **発足**	*die* Gründung グリュンドゥング	inauguration イノーギュレイション
ホッチキス	*die* Heftmaschine ヘフトマシーネ	stapler ステイプラ
ポット	*die* Kanne カネ	pot パト
（魔法瓶）	*die* Thermosflasche テルモスフラッシェ	thermos サーモス
ほっとう **没頭する**	sich⁴ in⁴ vertiefen フェアティーフェン	be absorbed *in* ビ アブソーブド
ほっとする	auf|atmen, sich⁴ erleichtern アオフアートメン, エアライヒターン	feel relieved フィール リリーヴド
ホットドッグ	*das(der)* Hotdog ホットドック	hot dog ハト ドグ
ホットニュース	heiße Nachricht ハイセ ナーハリヒト	hot news ハト ニューズ
ホットライン	heißer Draht ハイサー ドラート	the hot line ザ ハト ライン
ポップコーン	*das* Popcorn ポップコルン	popcorn パプコン
ポップス	*die* Popmusik ポップムズィーク	pop music パプ ミューズィク
ぼつらく **没落**	*der* Untergang ウンターガング	ruin, fall ルーイン, フォール
〜する	unter|gehen ウンターゲーエン	be ruined ビ ルーインド
ボディーガード	*der* Leibwächter ライプヴェヒター	bodyguard バディガード
ボディーチェック	*die* Leibesvisitation ライベスヴィズィタツィオーン	body seach バディ サーチ
ボディービル	*die* Körperbildung, *das* Bodybuilding ケルパービルドゥング, ボディビルディング	body building バディ ビルディング

日	独	英
ホテル	*das* Hotel ホテル	hotel ホウテル
火照る	glühen グリューエン	feel hot フィール ハト
程 (適度)	*das* Maß マース	degree ディグリー
(限度)	*die* Grenze グレンツェ	bounds, limit バウンツ, リミト
舗道	gepflasterte Straße ゲプフラスターテ シュトラーセ	paved road ペイヴド ロウド
歩道	*der* Bürgersteig, *der* Gehweg ビュルガーシュタイク, ゲーヴェーク	sidewalk サイドウォーク
～橋	*die* Fußgängerbrücke フースゲンガーブリュッケ	footbridge フトブリヂ
解く	lösen, auf|machen レーゼン, アオフマッヘン	untie, unfasten アンタイ, アンファスン
仏	*der* Buddha ブッダ	Buddha ブダ
(死者)	*der/die* Tote トーテ	dead person デド パースン
施す	geben, spenden ゲーベン, シュペンデン	give ギヴ
時鳥	*der* kleine Kuckuck クライネ クックック	cuckoo ククー
辺	*der* Rand ラント	by, near バイ, ニア
ボトル	*die* Flasche フラッシェ	bottle バトル
殆ど	beinah(e), fast バイナー (エ), ファスト	almost, nearly オールモウスト, ニアリ
～…ない	kaum カオム	hardly ハードリ
ポニーテール	*der* Pferdeschwanz プフェーアデシュヴァンツ	ponytail ポウニテイル
母乳	*die* Muttermilch ムッターミルヒ	mother's milk マザズ ミルク
哺乳動物	*das* Säugetier ゾイゲティーア	mammal ママル

日	独	英
骨(ほね)	*der* Knochen クノッヘン	bone ボウン
(魚の)	*die* Gräte グレーテ	bone ボウン
骨折り(ほねお)	*die* Mühe, *die* Bemühung ミューエ, ベミューウング	pains ペインズ
骨組み(ほねぐ)	*das* Gerüst, *der* Umriss ゲリュスト, ウムリス	frame, structure フレイム, ストラクチャ
骨休め(ほねやす)	*die* Ruhe ルーエ	rest レスト
炎・焔(ほのお)	*die* Flamme フラメ	flame フレイム
仄(ほの)かな	leise, sacht ライゼ, ザハト	faint フェイント
仄(ほの)めかす	an|deuten アンドイテン	hint, suggest ヒント, サグヂェスト
ホバークラフト	*das* Hovercraft ホーヴァクラーフト	Hovercraft ハヴァクラフト
帆柱(ほばしら)	*der* Mast マスト	mast マスト
ポピュラーな	beliebt, populär ベリープト, ポプレーア	popular パピュラ
ボブスレー	*der* Bob ボップ	bobsleigh バブスレイ
ポプラ	*die* Pappel パッペル	poplar パプラ
歩兵(ほへい)	*der* Infanterist インファンテリスト	the infantry ジ インファントリ
保母(ほぼ)	*die* Kindergärtnerin キンダーゲルトネリン	nurse ナース
微笑(ほほえ)ましい	erfreulich エアフロイリヒ	pleasing プリーズィング
微笑(ほほえ)み	*das* Lächeln レッヒェルン	smile スマイル
微笑(ほほえ)む	lächeln レッヒェルン	smile *at* スマイル
ポマード	*die* Pomade ポマーデ	pomade ポウメイド

日	独	英
褒める	loben, rühmen ローベン, リューメン	praise プレイズ
ホモ（人）	*der* Homosexuelle ホモゼクスエレ	homosexual ホウモセクシュアル
ぼやく	*sich⁴* beschweren ベシュヴェーレン	complain カンプレイン
ぼやける	verschwimmen, unklar werden フェアシュヴィメン, ウンクラール ヴェーアデン	grow dim グロウ ディム
（記憶が）	verblassen フェアブラッセン	fade フェイド
保養	*die* Erholung, *die* Kur エアホールング, クーア	rest レスト
～地	*der* Kurort クーアオルト	health resort ヘルス ゾート
法螺（貝）	*das* Tritonshorn トリートンスホルン	triton トライトン
（大言）	*die* Prahlerei プラーレライ	brag, boast ブラグ, ボウスト
～吹き	*der*(*die*) Prahler(*in*), *der*(*die*) Großtuer(*in*) プラーラー (-レリン), グロースト゛ゥーアー (-エリン)	brag, boaster ブラグ, ボウスタ
～を吹く	prahlen, auf|schneiden プラーレン, アオフシュナイデン	talk big トーク ビグ
鯔	*die* Meeräsche メーアエッシェ	gray mullet グレイ マレト
洞穴	*die* Höhle ヘーレ	cave ケイヴ
ボランティア		
（男の）	freiwilliger Helfer フライヴィリガー ヘルファー	volunteer ヴァランティア
（女の）	freiwillige Helferin フライヴィリゲ ヘルフェリン	volunteer ヴァランティア
堀	*der* Graben グラーベン	moat, ditch モウト, ディチ
ポリープ	*der* Polyp ポリューフ゜	polyp パリプ

日	独	英
ポリエステル	*der* Polyester ポリュエスター	polyester パリエスタ
ポリエチレン	*das* Polyäthylen ポリュエテュレーン	polyethylene パリエスィリーン
ポリオ	*die* Polio ポーリオ	polio ポウリオウ
ポリシー	*das* Prinzip プリンツィープ	policy パリスィ
掘り出し物	guter Fund グーター フント	find ファインド
掘り出す	aus|graben アオスグラーベン	dig out ディグ アウト
ポリ袋	*die* Plastiktüte プラスティクテューテ	poly bag パリ バグ
保留する	vor|behalten フォーアベハルテン	reserve リザーヴ
ボリューム(音の)	*die* Lautstärke ラオトシュテルケ	volume ヴァリュム
捕虜	*der/die* Kriegsgefangene クリークスゲファンゲネ	prisoner プリズナ
掘る	graben, bohren グラーベン, ボーレン	dig, excavate ディグ, エクスカヴェイト
彫る	schnitzen, aus|hauen, schneiden シュニッツェン, アオスハオエン, シュナイデン	carve, engrave カーヴ, イングレイヴ
ぼる	neppen ネッペン	charge high チャーヂ ハイ
ボルト(工具)	*der* Bolzen ボルツェン	bolt ボウルド
ポルトガル	(*das*) Portugal ポルトゥガル	Portugal ポーチュガル
～語	*das* Portugal ポルトゥガル	Portuguese ポーチュギーズ
ポルノ	*der* Porno, *die* Pornografie ポルノ, ポルノグラフィー	pornography ポーナグラフィ
ホルマリン	*das* Formalin フォルマリーン	formalin フォーマリン

日	独	英
ホルモン	*das* Hormon ホルモーン	hormone ホーモウン
ホルン	*das* Horn ホルン	horn ホーン
ほ 惚れる	*sich⁴ in⁴* verlieben フェアリーベン	fall in love *with* フォール イン ラヴ
ぼろ 襤褸	*der* Lumpen, *der* Fetzen ルンペン, フェッツェン	rags ラグズ
ポロシャツ	*das* Polohemd ポロヘムト	polo shirt ポウロウ シャート
にが ほろ苦い	leicht bitter ライヒト ビッター	slightly bitter スライトリ ビタ
ほろ 亡[滅]びる	zu Grunde gehen, unter|gehen ツー グルンデ ゲーエン, ウンターゲーエン	fall, perish フォール, ペリシュ
ほろ 亡[滅]ぼす	vernichten, zu Grunde richten フェアニヒテン, ツ(ー)グルンデ リヒテン	ruin, destroy ルーイン, ディストロイ
ぼろぼろの	zerfetzt, zerlumpt ツェアフェッツト, ツェアルンプト	ragged ラギド
ほん 本	*das* Buch ブーフ	book ブク
ほん 盆	*das* Tablett タブレット	tray トレイ
ほんかくてき 本格的な	richtig リヒティヒ	real, genuine リーアル, ヂェニュイン
ほんかん 本館	*das* Hauptgebäude ハオプトゲボイデ	main building メイン ビルディング
ほんき 本気で	im Ernst, ernst イム エルンスト, エルンスト	seriously スィリアスリ
ほんきょち 本拠地	*der* Stützpunkt シュテュッツプンクト	base ベイス
ほんしつ 本質	*das* Wesen, *der* Kern ヴェーゼン, ケルン	essence エセンス
～的な	wesentlich ヴェーゼントリヒ	essential イセンシャル
ほんしゃ 本社	*die* Zentrale, *das* Hauptgeschäft ツェントラーレ, ハオプトゲシェフト	the head office ザ ヘド オフィス

日	独	英
ほんしょう **本性**	wahrer Charakter, *die* Natur ヴァーラー カラクター, ナトゥーア	nature ネイチャ
ほんしん **本心**	*die* wahre Absicht ヴァーレ アップズィヒト	real intention リーアル インテンション
ぼんじん **凡人**	durchschnittlicher Mensch ドゥルヒシュニットリヒャー メンシュ	mediocre person ミーディオウカ パースン
ほんせき **本籍**	familienrechtlicher Wohnort, *der* Hauptwohnsitz ファミーリエンレヒトリヒャー ヴォーンオルト, ハオプトヴォーンズィッツ	registered domicile レヂスタド ダミサイル
ほんそう **奔走する**	*sich*⁴ bemühen, hin- und her|laufen ベミューエン, ヒン ウント ヘーアラオフェン	make efforts メイク エファツ
ほんたい **本体**	*der* Hauptteil ハオプトタイル	main body メイン バディ
ほんだな **本棚**	*das* (Bücher)regal (ビューヒャー) レガール	bookshelf ブクシェルフ
ぼんち **盆地**	*die* Mulde ムルデ	basin ベイスン
ほんてん **本店**	*das* Hauptgeschäft ハオプトゲシェフト	the head office ザ ヘド オフィス
ほんど **本土**	*das* Festland フェストラント	the mainland ザ メインランド
ポンド	*das* Pfund プフント	pound パウンド
ほんとう **本当** 〜に	wirklich, tatsächlich ヴィルクリヒ, タートゼヒリヒ	truly, really トルーリ, リーアリ
〜の	wahr, echt ヴァール, エヒト	true, real トルー, リーアル
ほんにん **本人**	betreffende Person ベトロッフェンデ ペルゾーン	the person in question ザ パースン イン クウェスチョン
ほんね **本音**	wahre Gedanken ヴァーレ ゲダンケン	true mind トルー マインド
ボンネット	*die* Kühlerhaube キューラーハオベ	bonnet バネト
ほんの	nur, bloß ヌーア, ブロース	just, only ヂャスト, オウンリ

日	独	英
本能(ほんのう)	*der* Instinkt, *der* Trieb インスティンクト, トリープ	instinct インスティンクト
～的な	instinktiv インスティンクティーフ	instinctive インスティンクティヴ
ほんのり	ein bisschen, leicht アイン ビスヒェン, ライヒト	faintly, slight フェイントリ
本場(ほんば)	das Zentrum für⁴ ツェントルム	the home *of* ザ ホウム
本部(ほんぶ)	*die* Zentrale, leitende Dienststelle ツェントラーレ, ライテンデ ディーンストシュテレ	the head office ザ ヘド オフィス
ポンプ	*die* Pumpe プンペ	pump パンプ
本文(ほんぶん)	*der* Text テクスト	text テクスト
ボンベ	*die* Gasflasche ガースフラッシェ	gas cylinder ギャス スィリンダ
本名(ほんみょう)	richtiger Name リヒティガー ナーメ	real name リーアル ネイム
本命(ほんめい)	*der* Favorit ファヴォリート	favorite フェイヴァリト
本物の(ほんもの)	echt エヒト	genuine ヂェニュイン
本屋(ほんや)	*die* Buchhandlung, *der* Buchladen ブーフハンドルング, ブーフラーデン	bookstore ブクストー
翻訳(ほんやく)	*die* Übersetzung ユーバーゼッツング	translation トランスレイション
～する	übersetzen ユーバーゼッツェン	translate *into* トランスレイト
～家	*der*(*die*) Übersetzer(*in*) ユーバーゼッツァー (-リン)	translator トランスレイタ
ぼんやりと	undeutlich ウンドイトリヒ	dimly, vaguely ディムリ, ヴェイグリ
本来は(ほんらい)	eigentlich, ursprünglich アイゲントリヒ, ウーアシュプリュングリヒ	originally オリヂナリ
本論(ほんろん)	*der* Hauptteil ハオプトタイル	main subject メイン サブヂクト

日	独	英

ま, マ

間 （部屋）	*das* Zimmer ツィマー	space, room スペイス, ルーム
（時間的）	*die* Pause パオゼ	time, interval タイム, インタヴァル
マーガリン	*die* Margarine マルガリーネ	margarine マーチャリン
マーク	*die* Marke マルケ	mark マーク
〜する	markieren マルキーレン	mark マーク
マーケット	*der* Markt マルクト	market マーケト
マーケティング	*das* Marketing マルケティング	marketing マーケティング
麻雀	*das* Mah-Jongg マジョング	mah-jong マーヂャング
マージン	*die* Marge マルジェ	margin マーヂン
マーマレード	*die* Marmelade マルメラーデ	marmalade マーマレイド
枚	*das* Blatt ブラット	sheet, piece シート, ピース
毎	jeder, jedes, jede イェーダー, イェーデス, イェーデ	every, each エヴリ, イーチ
毎朝	jeden Morgen イェーデン モルゲン	every morning エヴリ モーニング
マイク	*das* Mikrofon ミクロフォーン	microphone マイクロフォウン
マイクロバス	*der* Kleinbus クラインブス	minibus ミニバス
マイクロフィルム	*der* Mikrofilm ミークロフィルム	microfilm マイクロウフィルム
迷子	verlaufenes Kind フェアラオフェネス キント	stray child ストレイ チャイルド
舞い込む	unerwartet kommen ウンエアヴァルテット コメン	come unexpectedly カム アニクスペクティドリ

日	独	英
まいじ 毎時	jede Stunde, stündlich イェーデ シュトゥンデ, シュテュントリヒ	an hour アン ナウア
まいしゅう 毎週	jede Woche, wöchentlich イェーデ ヴォッヘ, ヴェッヒェントリヒ	every week エヴリ ウィーク
まいそう 埋葬する	beerdigen, begraben ベエーアディゲン, ベグラーベン	bury ベリ
まいぞう 埋蔵する	vergraben, ein|graben フェアグラーベン, アイングラーベン	bury ベリ
まいつき 毎月	jeden Monat, monatlich イェーデン モーナト, モーナトリヒ	every month エヴリ マンス
まいとし 毎年	jedes Jahr, jährlich イェーデス ヤール, イェーアリヒ	every year エヴリ イア
マイナーな	klein, Neben- クライン, ネーベン	minor マイナ
マイナス	minus ミーヌス	minus マイナス
まいにち 毎日	jeden Tag, täglich イェーデン ターク, テークリヒ	everyday エヴリデイ
まいねん 毎年	jedes Jahr, jährlich イェーデス ヤール, イェーアリヒ	every year エヴリ イア
まいばん 毎晩	jeden Abend イェーデン アーベント	every evening エヴリ イーヴニング
マイペースで	in eigenem Tempo イン アイゲネム テンポ	at *one's* own pace アト オウン ペイス
マイホーム	das eigene Heim, *das* Eigenheim ダス アイゲネ ハイム, アイゲンハイム	own house オウン ハウス
マイル	*die* Meile マイレ	mile マイル
マイルドな	sanft, weich ザンフト, ヴァイヒ	mild マイルド
ま 舞う	tanzen タンツェン	dance ダンス
まうえ 真上に	gerade oben, gerade *über*[3(4)], gerade *auf*[3(4)] ゲラーデ オーベン, ゲラーデ ユーバー, ゲラーデ アオフ	right above ライト アバヴ

日	独	英
マウス	*die* Maus マオス	mouse マウス
マウンテンバイク	*das* Mountainbike, *das* Geländefahrrad マオンテンバイク, ゲレンデファールラート	mountain bike マウンティン バイク
前	*die* Vorderseite フォルダーザイテ	the front ザ フラント
～に（時間）	vor, früher フォーア, フリューアー	before, ago ビフォー, アゴウ
（位置）	vor, vorn フォーア, フォルン	front, former フラント
～の	ehemalig エーエマーリヒ	former フォーマー
前足	*das* Vorderbein, *die* Pfote フォルダーバイン, プフォーテ	forefoot フォーフト
前売り	*der* Vorverkauf フォーアフェアカオフ	advance sale アドヴァンス セイル
～する	im Voraus verkaufen イム フォラオス フェアカオフェン	sell in advance セル イン アドヴァンス
～券	*die* Vorverkaufskarte フォーアフェアカオフスカルテ	advance ticket アドヴァンス ティケト
前書き	*das* Vorwort フォーアヴォルト	preface プレフィス
前掛け	*die* Schürze シュルツェ	apron エイプロン
前髪	*das* Stirnhaar シュティルンハール	the forelock ザ フォーラク
前金	*die* Anzahlung アンツァールング	advance アドヴァンス
前歯	*der* Schneidezahn シュナイデツァーン	front tooth フラント トゥース
前払いをする	voraus|zahlen ファラオスツァーレン	pay in advance ペイ イン アドヴァンス
前向きの	positiv ポーズィティーフ	positive パズィティヴ
前以て	vorher, im Voraus フォーアヘーア, イム フォラオス	beforehand ビフォーハンド

日	独	英
任せる	überlassen, an|vertrauen, übergeben ユーバーラッセン, アンフェアトラオエン, ユーバーゲーベン	leave, entrust リーヴ, イントラスト
曲がり角	die Ecke エッケ	corner コーナ
曲がる	biegen ビーゲン	bend, turn *to* ベンド, ターン
マカロニ	die Makkaroni マカローニ	macaroni マカロウニ
薪	das Brennholz ブレンホルツ	firewood ファイアウド
巻き尺	das Bandmaß バントマース	tape measure テイプ メジャ
紛らわしい	irreführend イレフューレント	confusing カンフューズィング
紛れる	verwechselt werden, abgewechselt werden フェアヴェクセルト ヴェーアデン, アップゲヴェクセルト ヴェーアデン	be confused *with* ビ カンフューズド
（気が）	$sich^4$ ab|lenken アップレンケン	be diverted *by* ビ ディヴァーテド
幕	der Vorhang フォーアハング	curtain カートン
（芝居）	der Akt アクト	act アクト
巻く	rollen, wickeln ロレン, ヴィッケルン	roll ロウル
撒く	streuen, spritzen シュトロイエン, シュプリッツェン	sprinkle, scatter スプリンクル, スキャタ
蒔く	säen ゼーエン	sow ソウ
幕間	die Pause パオゼ	intermission インタミション
マグニチュード	die Erdbebenstärke エールトベーベンシュテルケ	magnitude マグニテュード
マグネシウム	das Magnesium マグネーズィウム	magnesium マグニーズィアム

日	独	英
マグマ	*das* Magma マグマ	magma マグマ
枕	*das* Kopfkissen コプフキッセン	pillow ピロウ
捲る	auf|krempeln アオフクレンペルン	turn up ターン ナプ
まぐれ	*der* Zufall ツーファル	fluke フルーク
鮪	*der* Thunfisch トゥーンフィッシュ	tuna テューナ
負け	*die* Niederlage, *der* Verlust ニーダーラーゲ, フェアルスト	defeat ディフィート
負ける	verlieren, besiegt werden フェアリーレン, ベズィークト ヴェーアデン	be defeated, lose ビ ディフィーテド, ルーズ
（値段を）	billiger machen, reduzieren ビリガー マッヘン, レドゥツィーレン	reduce リデュース
曲げる	biegen, beugen ビーゲン, ボイゲン	bend ベンド
孫	*der(die)* Enkel(*in*) エンケル(-リン)	grandchild グランチャイルド
真心	*die* Aufrichtigkeit アオフリヒティヒカイト	sincerity スィンセリティ
まごつく	in Verwirrung geraten, aus der Fassung kommen イン フェアヴィルング ゲラーテン, アオス デア ファッスング コメン	be embarrassed ビ インバラスト
誠・真	*die* Wahrheit ヴァールハイト	truth トルース
（真心）	*die* Aufrichtigkeit アオフリヒティヒカイト	sincerity スィンセリティ
マザコン	*der* Mutterkomplex ムッターコンプレクス	mother complex マザ カンプレクス
摩擦	*die* Reibung ライブング	friction フリクション
正に	eben, genau エーベン, ゲナオ	just, exactly ヂャスト, イグザクトリ
勝[優]る	überlegen sein ユーバーレーゲン ザイン	be superior *to* ビ シュピアリア

日	独	英
マジック	*die* Zauberei ツァオベライ	magic マヂク
呪い（まじな）	*der* Zauber, *die* Zauberformel ツァオバー, ツァオバーフォルメル	charm, spell チャーム, スペル
真面目な（まじめ）	ernst, anständig エルンスト, アンシュテンディヒ	serious スィリアス
魔術（まじゅつ）	*der* Zauber ツァオバー	magic マヂク
～師	*der*(*die*) Zauberer(*in*) ツァオベラー（-レリン）	magician マヂシャン
魔女（まじょ）	*die* Hexe ヘクセ	witch ウィチ
混［交］じる（ま）	vermischt sein フェアミッシュト ザイン	be mixed *with* ビ ミクスト
交わる（まじ）	*sich*⁴ kreuzen クロイツェン	cross クロス
鱒（ます）	*die* Forelle フォレレ	trout トラウト
増す（ま）	*an*³ zu|nehmen, wachsen ツーネーメン, ヴァクセン	increase インクリース
麻酔（ますい）	*die* Betäubung, *die* Narkose ベトイブング, ナルコーゼ	anesthesia アニススィージャ
不味い（まず）	nicht gut, schlecht ニヒト グート, シュレヒト	not good ナト グド
マスカット	*die* Muskattraube ムスカットトラオベ	muscat マスカト
マスカラ	*die* Mascara マスカーラ	mascara マスキャラ
マスク	*die* Maske マスケ	mask マスク
マスコット	*das* Maskottchen マスコットヒェン	mascot マスコト
マスコミ	*die* Massenmedien マッセンメーディエン	mass media マス ミーディア
貧しい（まず）	arm アルム	poor プア
マスター	*der* Meister マイスター	master マスタ

日	独	英
～キー	*der* Hauptschlüssel ハオプトシュリュッセル	master key マスタ キー
～する	beherrschen, meistern ベヘルシェン, マイスターン	master マスタ
マスタード	*der* Senf ゼンフ	mustard マスタド
マスト	*der* Mast マスト	mast マスト
益々	mehr und mehr, immer mehr メーア ウント メーア, イマー メーア	more and more モー アンド モー
マスメディア	*die* Massenmedien マッセンメーディエン	mass media マス ミーディア
ませた	altklug アルトクルーク	precocious プリコウシャス
混[交]ぜる	mischen ミッシェン	mix, blend ミクス, ブレンド
マゾ	*der* Masochismus マゾヒスムス	masochism マソキズム
（人）	*der*(*die*) Masochist(*in*) マゾヒスト(-ティン)	masochist マソキスト
股	*der* Schenkel シェンケル	the crotch ザ クラチ
又 （再び）	wieder ヴィーダー	again アゲイン
（そして）	und ウント	and アンド
（その上）	außerdem アオサーデーム	moreover, besides モーロウヴァ, ビサイヅ
…も～	auch アオホ	too, also トゥー, オールソウ
未だ	noch ノッホ	yet, still イェト, スティル
跨る	*auf*⁴ steigen シュタイゲン	mount マウント
跨ぐ	überschreiten ユーバーシュライテン	step over, cross ステプ オウヴァ, クロス
股下	*die* Schrittlänge シュリットレンゲ	inside leg インサイド レグ

日	独	英
待たせる	warten lassen ヴァルテン ラッセン	keep waiting キープ ウェイティング
瞬く	zwinkern ツヴィンカーン	wink, blink ウィンク, ブリンク
〜間に	im Nu イム ヌー	in no time イン ノウ タイム
マタニティー ドレス	*das* Umstandskleid ウムシュタンツクライト	maternity wear マターニティ ウェア
又は	oder オーダー	or オー
斑の	scheckig シェッキヒ	spotted スパッティド
街	*die* Stadt シュタット	town, city タウン, スィティ
待合室	*das* Wartezimmer, *der* Warteraum ヴァルテツィマー, ヴァルテラオム	waiting room ウェイティング ルーム
待ち合わせる	*sich*⁴ *mit*³ verabreden フェアアップレーデン	wait *for* ウェイト
間違い	*der* Fehler, *der* Irrtum フェーラー, イルトゥーム	mistake, error ミステイク, エラ
間違える	*sich*⁴ irren, einen Fehler machen イレン, アイネン フェーラー マッヘン	make a mistake メイク ア ミステイク
(取り違える)	*j*⁴/*et*⁴ *für*⁴ halten ハルテン	take *for* テイク
街角	*die* Straßenecke シュトラーセンエッケ	street corner ストリート コーナ
間近の	sehr nahe, *an*³ dicht ゼーア ナーエ, ディヒト	near by ニア バイ
(時間)	bevorstehend ベフォーアシュテーエント	forthcoming フォースカミング
待ち遠しい	kaum erwarten können, *sich*⁴ *auf*⁴ freuen カオム エアヴァルテン ケネン, フロイエン	be looking forward *to* ビ ルキング フォーワド
町並み	*das* Stadtbild シュタットビルト	houses on the street ハウズィズ オン ザ ストリート

日	独	英
松(まつ)	*die* Kiefer キーファー	pine パイン
待(ま)つ	*auf*⁴ warten ヴァルテン	wait ウェイト
末裔(まつえい)	*der* Nachkomme ナーハコメ	descendant ディセンダント
真(ま)っ赤(か)な	ganz rot, feuerrot ガンツ ロート, フォイアーロート	bright red ブライト レド
末期(まっき)	letzte Periode レッツテ ペリオーデ	end, last stage エンド, ラスト ステイヂ
真(ま)っ暗(くら)な	finster フィンスター	pitch-dark ピチダーク
真(ま)っ黒(くろ)な	ganz schwarz, rabenschwarz ガンツ シュヴァルツ, ラーベンシュヴァルツ	deep-black ディープブラク
睫毛(まつげ)	*die* Augenwimper アオゲンヴィンパー	the eyelashes ジ アイラシズ
マッサージ	*die* Massage マサージェ	massage マサージュ
真(ま)っ青(さお)な	tiefblau ティーフブラオ	deep blue ディープ ブルー
(顔の色が)	blass ブラス	pale ペイル
真(ま)っ先(さき)に	zuerst, am allerersten ツエーアスト, アム アラーエーアステン	first of all ファースト オヴ オール
マッシュルーム	*der* Pilz ピルツ	mushroom マシュルム
真(ま)っ白(しろ)な	ganz weiß, schneeweiß ガンツ ヴァイス, シュネーヴァイス	snow-white スノウホワイト
真(ま)っ直(す)ぐ〜な	gerade, *aufrecht* ゲラーデ, アオフレヒト	straight ストレイト
〜に	geradeaus ゲラーデアオス	straight ストレイト
全(まった)く	gar, ganz, völlig ガール, ガンツ, フェリヒ	quite, entirely クワイト, インタイアリ
(否定で)	gar nicht, niemals, nie ガール ニヒト, ニーマルス, ニー	at all アト オール

日	独	英
末端	das Ende エンデ	the end ジ エンド
マッチ	das Streichholz シュトライヒホルツ	match マチ
（試合）	das Spiel シュピール	match マチ
マット	die Matte マッテ	mat マト
～レス	die Matratze マトラッツェ	mattress マトレス
松葉杖	die Krücke クリュッケ	crutches クラチズ
松脂	das Kiefernharz キーファーンハルツ	pine resin パイン レズィン
祭り	das Fest, die Feier フェスト, ファイアー	festival フェスティヴァル
まで （程度）	bis ビス	to, as far as, till トゥー, アズ ファー アズ, ティル
（強意）	sogar ゾガール	even イーヴン
的	die Zielscheibe, das Ziel ツィールシャイベ, ツィール	mark, target マーク, ターゲト
窓	das Fenster フェンスター	window ウィンドウ
～枠	der Fensterrahmen フェンスターラーメン	window frame ウィンドウ フレイム
窓口	der Schalter シャルター	window ウィンドウ
纏まる	zusammen|kommen ツザメンコメン	be collected ビ カレクテド
纏め	die Zusammenfassung ツザンメンファッスング	summary サマリ
纏める	zusammen|stellen, vereinigen ツザンメンシュテレン, フェアアイニゲン	collect, get together カレクト, ゲト トゲザ
（整理する）	zusammen|fassen ツザメンファッセン	put together プト トゲザ

日	独	英
(解決する)	zum Erfolg bringen ツム エアフォルク ブリンゲン	settle セトル
間取り	*die* Anordnung der Zimmer アンオルドヌング デア ツィマー	the layout of a house ザ レイアウト アヴ ア ハウス
微睡む	schlummern シュルマーン	take a nap テイク ア ナプ
マナー	*die* Manieren, *das* Benehmen マニーレン、ベネーメン	manners マナズ
俎	*das* Hackbrett ハックブレット	cutting board カティング ボード
眼差し	*der* Blick ブリック	look ルク
真夏	*der* Hochsommer ホーホゾマー	midsummer ミドサマ
学ぶ	lernen, studieren レルネン、シュトゥディーレン	learn, study ラーン、スタディ
マニア	*der/die* Besessene ベゼッセネ	maniac メイニアク
間に合う	rechtzeitig kommen レヒトツァイティヒ コメン	be in time *for* ビ イン タイム
(満たす)	erfüllen エアフュレン	answer, be enough アンサ、ビ イナフ
間に合わせの	behelfsmäßig ベヘルフスメースィヒ	makeshift メイクシフト
間に合わせる	*sich*[4] *mit*[3] behelfen ベヘルフェン	make... do メイク ドゥ
マニキュア	*die* Maniküre, *der* Nagellack マニキューレ、ナーゲルラック	manicure マニキュア
マニュアル	*die* Anweisung アンヴァイズング	manual マニュアル
免れる	entgehen エントゲーエン	escape イスケイプ
(回避)	vermeiden フェアマイデン	avoid, evade アヴォイド、イヴェイド
間抜けな	doof ドーフ	stupid, silly ステューピド、スィリ
マネージャー	*der*(*die*) Manager(*in*) メニジャー (-リン)	manager マニヂャ

日	独	英
マネキン	*das* Mannequin マネケーン	manikin マニキン
招く	ein|laden アインラーデン	invite インヴァイト
（招来）	verursachen フェアウーザッヘン	cause コーズ
真似る	nach|ahmen ナーハアーメン	imitate, mimic イミテイト, ミミク
疎らな	dünn デュン	scattered スキャタド
麻痺	*die* Lähmung レームング	paralysis パラリスィス
〜する	lahm werden ラーム ヴェーアデン	be paralysed ビ パラライズド
真昼	*der* Mittag ミッターク	midday, noon ミドデイ, ヌーン
マフィア	*die* Mafia マフィア	the Mafia ザ マーフィア
眩しい	blendend, grell ブレンデント, グレル	glaring, dazzling グレアリング, ダズリング
瞼	*das* Augenlid アオゲンリート	eyelid アイリド
真冬	*der* tiefe Winter ティーフェ ヴィンター	midwinter ミドウィンタ
マフラー	*das* Halstuch, *der* Schal ハルストゥーフ, シャール	muffler マフラ
魔法	*die* Magie, *der* Zauber マギー, ツァオバー	magic マヂク
マホガニー	*das* Mahagoni マハゴーニ	mahogany マハガニ
幻	*die* Illusion, *die* Vision イルズィオーン, ヴィズィオーン	phantom ファントム
継子	*das* Stiefkind シュティーフキント	stepchild ステプチャイルド
継母	*die* Stiefmutter シュティーフムッター	stepmother ステプマザ

日	独	英
まみず 真水	frisches Wasser, *das* Süßwasser フリッシェス ヴァッサー, ズースヴァッサー	fresh water フレシュ ウォタ
まむし 蝮	*die* Otter オッター	viper ヴァイパ
まめ 豆	*die* Bohne ボーネ	bean ビーン
まもなく 間も無く	bald バルト	soon スーン
まも 守り	*der* Schutz, *die* Abwehr シュッツ, アップヴェーア	defense ディフェンス
まも 守る	schützen シュッツェン	protect プロテクト
（防衛）	verteidigen フェアタイディゲン	defend ディフェンド
まやく 麻薬	*das* Rauschgift ラオシュギフト	narcotic, drug ナーカティク, ドラグ
～中毒	*die* Drogenabhängigkeit ドローゲンアップヘンギヒカイト	drug addiction ドラグ アディクション
まゆ 眉	*die* Augenbraue アオゲンブラオエ	eyebrow アイブラウ
～墨	*der* Augenbrauenstift アオゲンブラオエンシュティフト	eyebrow pencil アイブラウ ペンスル
まよ 迷う	zögern ツェーガーン	hesitate ヘズィテイト
道に～	*sich*⁴ verlaufen フェアラオフェン	lose *one's* way ルーズ ウェイ
まよなか 真夜中	*die* Mitternacht ミッターナハト	midnight ミドナイト
マヨネーズ	*die* Majonäse マヨネーゼ	mayonnaise メイオネイズ
マラソン	*der* Marathonlauf マーラトンラオフ	marathon マラソン
マラリア	*die* Malaria マラーリア	malaria マレアリア
まり 鞠	*der* Ball バル	ball ボール

日	独	英
マリーナ	*die* Marina, *der* Jachthafen マリーナ, ヤハトハーフェン	marina マリーナ
マリネ	*die* Marinade マリナーデ	marinade マリネイド
マリファナ	*das* Marihuana マリフアーナ	marihuana マリホワーナ
丸	*der* Kreis クライス	circle, ring サークル, リング
円[丸]い	rund ルント	round, circular ラウンド, サーキュラ
丸首の	mit rundem Halsausschnitt ミット ルンデム ハルスアオスシュニット	round-neck ラウンドネク
丸太	*der* Klotz クロッツ	log ログ
まるで	ganz und gar, vollständig ガンツ ウント ガール, フォルシュテンディヒ	completely, quite カンプリートリ, クワイト
丸々	ganz ガンツ	completely カンプリートリ
〜とした	mollig, rundlich モリヒ, ルントリヒ	plump プランプ
丸屋根	*die* Kuppel クッペル	dome ドウム
稀 〜な	selten ゼルテン	rare レア
〜に	selten, fast nie ゼルテン, ファスト ニー	rarely, seldom レアリ, セルドム
回す	drehen, um|drehen ドレーエン, ウムドレーエン	turn, spin ターン, スピン
(順に渡す)	weiter|geben ヴァイターゲーベン	pass パス
(転送)	nach|schicken ナーハシッケン	forward フォーワド
回[周]り	*der* Umkreis ウムクライス	circumference サカムフェレンス
回り道	*der* Umweg ウムヴェーク	detour ディートゥア
回る	kreisen, *sich*⁴ drehen クライゼン, ドレーエン	turn round, spin ターン ラウンド, スピン

日	独	英
（循環）	zirkulieren ツィルクリーレン	circulate サーキュレイト
まん 万	zehntausend ツェーンタオゼント	ten thousand テン サウザンド
まんいち 万一	falls (es der Fall sein sollte) ファルス (エス デア ファル ザイン ゾルテ)	by any chance バイ エニ チャンス
まんいん 満員	ganz voll, proppenvoll ガンツ フォル, プロッペンフォル	crowded クラウディド
〜である	überfüllt sein ユーバーフュルト ザイン	be full ビ フル
まんえん 蔓延する	$sich^4$ aus|breiten, um $sich^4$ greifen アオスブライテン, グライフェン	spread スプレド
まんが 漫画	*die* Comics, *das*(*der*) Manga コミックス, マンガ	cartoon, the comics カートゥーン, ザ カミクス
まんかいの 満開の	in voller Blüte イン フォラー ブリューテ	in full bloom イン フル ブルーム
マンガン	*das* Mangan マンガーン	manganese マンガニーズ
まんき 満期	*der* Ablauf, *die* Fälligkeit アップラオフ, フェリヒカイト	expiration エクスピレイション
まんきつする 満喫する	in vollen Zügen genießen イン フォレン ツューゲン ゲニーセン	enjoy fully インヂョイ フリ
まんげきょう 万華鏡	*das* Kaleidoskop カライドスコープ	kaleidoscope カライドスコウプ
まんげつ 満月	*der* Vollmond フォルモーント	full moon フル ムーン
マンゴー	*die* Mango マンゴ	mango マンゴウ
まんじょういっちで 満場一致で	einstimmig アインシュティミヒ	unanimously ユーナニマスリ
マンション	*der* Wohnblock, *die* Eigentumswohnung ヴォーンブロック, アイゲントゥームスヴォーヌング	condominium カンドミニアム
まんせいの 慢性の	chronisch クローニシュ	chronic クラニク

日	独	英
満足 まんぞく	*die* Zufriedenheit ツーフリーデンハイト	satisfaction サティスファクション
～する	*mit³* zufrieden sein ツーフリーデン ザイン	be satisfied *with* ビ サティスファイド
満潮 まんちょう	*die* Flut フルート	high tide ハイ タイド
満点 まんてん	beste Zensur, volle Punktzahl ベステ ツェンズーア, フォレ プンクトツァール	perfect mark パーフィクト マーク
マント	*der* Mantel マンテル	mantle, cloak マントル, クロウク
マンドリン	*die* Mandoline マンドリーネ	mandolin マンドリン
真ん中 まなか	*die* Mitte ミッテ	the center *of* ザ センタ
マンネリ	*der* Manierismus マニリスムス	mannerism マナリズム
～な	stereotyp シュテレオテューブ	stereotyped ステリオタイプト
万年筆 まんねんひつ	*der* Füller, *der* Füllfederhalter フュラー, フュルフェーダーハルター	fountain pen ファウンティン ペン
万引きする まんびき	einen Ladendiebstahl begehen, klauen アイネン ラーデンディープシュタール ベゲーエン, クラオエン	shoplift シャプリフト
満腹した まんぷく	satt, voll ザット, フォル	full フル
万遍なく まんべん	gleichmäßig グライヒメースィヒ	evenly イーヴンリ
マンホール	*das* Einsteigloch アインシュタイクロッホ	manhole マンホウル
万歩計 まんぽけい	*der* Schrittzähler シュリットツェーラー	pedometer ピダメタ
マンモス	*der* Mammut マムット	mammoth マモス

日	独	英

み, ミ

実	*die* Frucht フルフト	fruit フルート
(イチゴなど)	*die* Beere ベーレ	berry ベリ
(くるみなど)	*die* Nuss ヌス	nut ナト
身	*der* Körper ケルパー	body バディ
見飽きる	sich⁴ an³ satt sehen ザット ゼーエン	be sick of seeing ビ スィク オヴ スィーイング
見上げる	hinauf|blicken ヒナオフブリッケン	look up *at, to* ルク アプ
見合わせる		
(顔を)	sich⁴ (einander) an|sehen (アイナンダー) アンゼーエン	look at each other ルク アト イーチ アザ
(延期)	verschieben フェアシーベン	put off プト オフ
ミーティング	*das* Treffen, *die* Konferenz, *die* Gesprächsrunde トレッフェン, コンフェレンツ, ゲシュプレースルンデ	meeting ミーティング
ミイラ	*die* Mumie ムーミエ	mummy マミ
見失う	aus den Augen verlieren アオス デン アオゲン フェアリーレン	miss ミス
身内	*der/die* Verwandte フェアヴァンテ	relatives レラティヴズ
見栄	*die* Eitelkeit アイテルカイト	show, vanity ショウ, ヴァニティ
見えすいた	durchsichtig, offensichtlich ドゥルヒズィヒティヒ, オッフェンズィヒトリヒ	transparent トランスペアレント
見える	sehen, sichtbar werden ゼーエン, ズィヒトバール ヴェーアデン	see, be seen スィー, ビ スィーン
(…のように)	aus|sehen wie... アオスゼーエン ヴィー	look, seem ルク, スィーム

日	独	英
見送る	zu^3 begleiten, zum Abschied winken ベグライテン, ツム アップシート ヴィンケン	see off, see スィー オフ
見落とす	übersehen, $sich^4$ versehen ユーバーゼーエン, フェアゼーエン	overlook, miss オウヴァルク, ミス
見下ろす	hinab|sehen, herab|blicken ヒナップゼーエン, ヘラップブリッケン	look down ルク ダウン
未解決の	offen オッフェン	unsolved アンサルヴド
未開の	wild, primitiv ヴィルト, プリミティーフ	primitive, uncivilized プリミティヴ, アンスィヴィライズド
見返り	der Lohn ローン	rewards リウォーヅ
味覚	der Geschmack ゲシュマック	taste, palate テイスト, パレト
磨く	putzen, polieren, schleifen プッツェン, ポリーレン, シュライフェン	polish, brush パリシュ, ブラシュ
味方	der(die) Freund(in), der/die Verbündete フロイント(-ディン), フェアビュンデテ	friend, ally フレンド, アライ
三日月	die Mondsichel モーントズィヒェル	crescent クレセント
蜜柑	die Mandarine マンダリーネ	mandarin マンダリン
未完成の	unvollendet ウンフォルエンデット	unfinished, incomplete アンフィニシュト, インコンプリート
幹	der Stamm シュタム	trunk トランク
右	rechte Seite レヒテ ザイテ	the right ザ ライト
右腕	rechter Arm レヒター アルム	right arm ライト アーム
(頼れる人)	rechte Hand レヒテ ハント	right hand ライト ハンド
ミキサー	der Mixer ミクサー	mixer ミクサ
右手	rechte Hand レヒテ ハント	right hand ライト ハンド

日	独	英
見苦しい	unanständig, unfein ウンアンシュテンディヒ, ウンファイン	unsightly, indecent アンサイトリ, インディーセント
ミクロン	*der* Mikrometer ミクロメーター	micron マイクラン
見事な	schön, herrlich, prima シェーン, ヘルリヒ, プリーマ	beautiful, fine ビューティフル, ファイン
見込み	*die* Aussicht アオスズィヒト	prospect プラスペクト
（可能性）	*die* Möglichkeit メークリヒカイト	possibility パスィビリティ
未婚の	ledig, unverheiratet レーディッヒ, ウンフェアハイラーテット	unmarried, single アンマリド, スィングル
ミサ	*die* Messe メッセ	mass マス
ミサイル	*die* Rakete, *das* Fernlenkgeschoss ラケーテ, フェルンレンクゲショス	missile ミスィル
岬	*das* Kap カップ	cape ケイプ
短い	kurz クルツ	short, brief ショート, ブリーフ
惨めな	elend, miserabel エーレント, ミゼラーベル	miserable ミザラブル
未熟な	unreif ウンライフ	unripe アンライプ
（技能が）	unerfahren ウンエアファーレン	immature イマテュア
見知らぬ	fremd, unbekannt フレムト, ウンベカント	strange, unfamiliar ストレインヂ, アンファミリア
ミシン	*die* Nähmaschine ネーマシーネ	sewing machine ソウイング マシーン
ミス	*das* Fräulein フロイライン	Miss ミス
（誤り）	*der* Fehler フェーラー	mistake ミステイク
水	*das* Wasser ヴァッサー	water ウォタ

日	独	英
<ruby>水浴<rt>みずあ</rt></ruby>びする	baden バーデン	bathe ベイズ
<ruby>未遂<rt>みすい</rt></ruby>の	versucht フェアズーフト	attempted アテンプティド
<ruby>水色<rt>みずいろ</rt></ruby>	helles Blau ヘレス ブラオ	light blue ライト ブルー
〜の	hellblau ヘルブラオ	light blue ライト ブルー
<ruby>湖<rt>みずうみ</rt></ruby>	*der* See ゼー	lake レイク
<ruby>水瓶座<rt>みずがめざ</rt></ruby>	*der* Wassermann ヴァッサーマン	the Water Bearer, Aquarius ザ ウォータ ベアラ, アクウェァリアス
<ruby>自<rt>みずか</rt></ruby>ら	selbst, selber, persönlich ゼルプスト, ゼルバー, ペルゼーンリヒ	personally, in person パーソナリ, イン パーソン
<ruby>水着<rt>みずぎ</rt></ruby>	*der* Badeanzug バーデアンツーク	swimming suit スウィミング シュート
<ruby>水臭<rt>みずくさ</rt></ruby>い	zurückhaltend, fremd ツリュックハルテント, フレムト	reserved, cold リザーヴド, コウルド
<ruby>水差<rt>みずさ</rt></ruby>し	*der* Krug, *die* Kanne クルーク, カネ	pitcher ピチャ
<ruby>水商売<rt>みずしょうばい</rt></ruby>	*das* Unterhaltungsgewerbe, *der* Amüsierbetrieb ウンターハルトゥングスゲヴェルベ, アミュズィーアベトリープ	entertaining trade エンタテイニング トレイド
<ruby>見<rt>み</rt></ruby>ず<ruby>知<rt>し</rt></ruby>らずの	fremd フレムト	strange ストレインヂ
<ruby>水玉模様<rt>みずたまもよう</rt></ruby>	*der* Tupfen トゥプフェン	polka dots ポウルカ ダッツ
<ruby>水溜<rt>みずた</rt></ruby>まり	*die* Pfütze, *der* Pfuhl プフュッツェ, プフール	pool, puddle プール, パドル
<ruby>水<rt>みず</rt></ruby>っぽい	wässerig, verwässert ヴェッセリヒ, フェアヴェサート	watery, diluted ウォタリ, ダイリューテド
ミステリー	*das* Mysterium, *das* Rätsel ミュステーリウム, レーツェル	mystery ミスタリ
<ruby>見捨<rt>みす</rt></ruby>てる	verlassen フェアラッセン	abandon アバンドン

日	独	英
水脹れ（みずぶくれ）	*die* Blase ブラーゼ	blister ブリスタ
ミスプリント	*der* Druckfehler ドルックフェーラー	misprint ミスプリント
水疱瘡（みずほうそう）	*die* Windpocken ヴィントポッケン	chicken pox チキン パクス
みすぼらしい	schäbig シェービヒ	shabby シャビ
瑞々しい（みずみずしい）	jung und frisch, taufrisch ユング ウント フリッシュ, タオフリッシュ	fresh フレシュ
水虫（みずむし）	*der* Fußpilz フースピルツ	water eczema ウォタ エクスィマ
店（みせ）	*das* Geschäft, *der* Laden ゲシェフト, ラーデン	store, shop ストー, シャプ
未成年（みせいねん） 〜の	minderjährig ミンダーイェーリヒ	under age アンダ エイヂ
〜者	*der/die* Minderjährige ミンダーイェーリゲ	minor マイナ
見せ掛けの（みせかけの）	scheinbar, anscheinend シャインバール, アンシャイネント	make-believe メイクビリーヴ
見せびらかす（みせびらかす）	stolz zeigen, zur Schau stellen シュトルツ ツァイゲン, ツァ シャオ シュテレン	show off ショウ オフ
店開き（みせびらき）	Eröffnung エアエフヌング	opening オウプニング
見世物（みせもの）	*die* Schaustellung シャオシュテルング	show ショウ
見せる（みせる）	zeigen ツァイゲン	show ショウ
溝（みぞ）	*der* Graben, *die* Rille, *die* Gosse グラーベン, リレ, ゴッセ	ditch, gutter ディチ, ガタ
（隔たり）	*der* Riss, *die* Distanz リス, ディスタンツ	gap ギャプ
鳩尾（みぞおち）	*die* Magengrube マーゲングルーベ	the pit ザ ピト
見損なう（みそこなう）	versäumen フェアゾイメン	fail to see フェイル トゥー スィー

日	独	英

(評価を誤る) | *sich⁴* verschätzen /フェアシェッツェン/ | misjudge /ミスヂャヂ/

見(み)初(そ)める | *sich⁴ in⁴* verlieben /フェアリーベン/ | fall in love *with* /フォール イン ラヴ/

■ 店 ■   *das* Geschäft /ゲシェフト/, *der* Laden /ラーデン/

八百屋(やおや)   *der* Gemüseladen /ゲミューゼラーデン/ (英vegetable store)

花屋(はなや)   *der* Blumenladen /ブルーメンラーデン/ (英flower shop)

魚屋(さかなや)   *der* Fischhändler /フィッシュヘンドラー/ (英fish shop)

肉屋(にくや)   *die* Fleischerei /フライシェライ/ (英meat shop)

酒屋(さかや)   *der* Spirituosenladen /シュピリトゥオーゼンラーデン/ (英liquor store)

パン屋(や)   *die* Bäckerei /ベッケライ/ (英bakery)

薬屋(くすりや)   *die* Apotheke /アポテーケ/, *die* Drogerie /ドロゲリー/ (英pharmacy, drugstore)

文房具店(ぶんぼうぐてん)   *das* Schreibwarengeschäft /シュライブヴァーレンゲシェフト/ (英stationery store)

靴屋(くつや)   *das* Schuhgeschäft /シューゲシェフト/ (英shoe store)

本屋(ほんや)   *die* Buchhandlung /ブーフハンドルング/ (英bookstore)

雑貨屋(ざっかや)   *die* Haushaltswarenhandlung /ハオスハルツヴァーレンハンドルング/ (英variety store)

時計屋(とけいや)   *das* Uhrengeschäft /ウーレンゲシェフト/ (英watch store)

床屋(とこや)   *der* Friseur /フリゼーア/ (英barbershop)

クリーニング店(てん)   *die* Reinigung /ライニグング/, *die* Wäscherei /ヴェシェライ/ (英laundry)

煙草屋(たばこや)   *der* Tabakladen /タバクラーデン/ (英tobacconist's)

ケーキ屋(や)   *die* Konditorei /コンディトライ/ (英pastry shop)

玩具店(がんぐてん)   *das* Spielwarengeschäft /シュピール ヴァーレン ゲシェフト/ (英toyshop)

家具屋(かぐや)   *das* Möbelgeschäft /メーベルゲシェフト/ (英furniture store)

スーパー   *der* Supermarkt /ズーパーマルクト/ (英supermarket)

デパート   *das* Kaufhaus /カオフハオス/ (英department store)

古本屋(ふるほんや)   *das* Antiquariat /アンティクヴァリアート/ (英secondhand bookstore)

美容院(びよういん)   *der* Friseursalon /フリゼーアザローン/ (英beauty parlor)

日	独	英
みぞれ 霙	der Schneeregen シュネーレーゲン	sleet スリート
みだ 見出し	die Schlagzeile, der Titel シュラークツァイレ, ティーテル	heading ヘディング
～語	das Stichwort シュティヒヴォルト	entry, headword エントリ, ヘドワード
み 満たす	erfüllen, füllen エアフュレン, フュレン	fill フィル
（満足させる）	zufrieden stellen ツフリーデン シュテレン	satisfy サティスファイ
みだ 乱す	in Unordnung bringen, verwirren イン ウンオルドヌング ブリンゲン, フェアヴィレン	throw into disorder スロウ イントゥ ディスオーダ
みだ 乱れる	in Unordnung geraten, durcheinander geraten イン ウンオルドヌング ゲラーテン, ドゥルヒアイナンダー ゲラーテン	be out of order ビ アウト オヴ オーダ
みち 道	der Weg ヴェーク	way, road ウェイ, ロウド
（通り）	die Straße シュトラーセ	street ストリート
みち 未知　～の	unbekannt ウンベカント	unknown アンノウン
～数	unbekannte Größe ウンベカンテ グレーセ	unknown quantity アンノウン クワンティティ
みちくさ く 道草を食う	auf dem Weg herum|tödeln, bummeln アオフ デム ヴェーク ヘルムテーデルン, ブメルン	loiter about on the way ロイタ アバウト オン ザ ウェイ
みちじゅん 道順	die Route, der Weg ルーテ, ヴェーク	route, course ルート, コース
みちしるべ 道標	der Wegweiser ヴェークヴァイザー	guide, signpost ガイド, サインポウスト
みちのり 道程	die Strecke, der Weg シュトレッケ, ヴェーク	distance ディスタンス
みちび 導く	führen, lenken フューレン, レンケン	lead, guide リード, ガイド

日	独	英
満ちる	*von*³ voll werden, *von*³ erfüllt werden フォル ヴェーアデン, エアフュルト ヴェーアデン	be filled *with* ビ フィルド
(潮が)	steigen シュタイゲン	rise, flow ライズ, フロウ
蜜	*der* Honig ホーニヒ	honey ハニ
見つかる	*sich*⁴ finden フィンデン	be found ビ ファウンド
蜜月	*die* Flitterwochen フリッターヴォッヘン	the honeymoon ザ ハニムーン
見つける	finden, entdecken フィンデン, エントデッケン	find, discover ファインド, ディスカヴァ
密航	als blinder Passagier reisen アルス ブリンダー パサジーア ライゼン	secret passage スィークレト パスィヂ
密告する	denunzieren デヌンツィーレン	inform *against* インフォーム
密集した	dicht ディヒト	crowded クラウディド
密接な	eng, nahe, dicht エング, ナーエ, ディヒト	close, intimate クロウス, インティメイト
密度	*die* Dichte ディヒテ	density デンスィティ
みっともない	unschicklich, ungehörig ウンシックリヒ, ウンゲヘーリヒ	disgraceful ディスグレイスフル
密入国	illegale Einreise イレガーレ アインライゼ	illegal entry into a country イリーガル エントリ イントゥ ア カントリ
密売	*der* Schwarzhandel シュヴァルツハンデル	illicit sale イリスィト セイル
蜜蜂	*die* Biene ビーネ	bee ビー
密閉する	ab(schließen アップシュリーセン	close up クロウズ アプ
見詰める	starren, starr blicken シュタレン, シュタル ブリッケン	gaze *at* ゲイズ

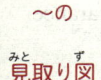

日	独	英
見積もり	*die* Schätzung シェッツング	estimate エスティメイト
見積もる	schätzen シェッツェン	estimate エスティメイト
密約	geheime Vereinbarung, geheimer Vertrag ゲハイメ フェアアインバールング, ゲハイマー フェアトラーク	secret understanding スィークレト アンダスタンディング
密輸	*der* Schmuggel, *die* Schmuggelei シュムッゲル, シュムッゲライ	smuggling スマグリング
密猟・密漁	*die* Wilderei ヴィルデライ	poaching ポウチング
〜する	wildern, illegal fangen ヴィルダーン, イレガール ファンゲン	poach ポウチ
密林	dichter Wald, *der* Dschungel ディヒター ヴァルト, ジュンゲル	dense forest デンス フォリスト
未定の	unbestimmt, unentschieden ウンベシュティムト, ウンエントシーデン	undecided アンディサイデド
未踏の	unerreicht, unbetreten ウンエアライヒト, ウンベトレーテン	unexplored アニクスプロード
見通し	*die* Aussicht, *die* Sicht アオスズィヒト, ズィヒト	prospect プラスペクト
認める	erkennen, wahr|nehmen エアケネン, ヴァールネーメン	recognize レコグナイズ
（承認）	an|erkennen, zu|geben アンエアケネン, ツーゲーベン	accept, acknowledge アクセプト, アクナリヂ
緑	*das* Grün グリューン	green グリーン
〜の	grün グリューン	green グリーン
見取り図	*der* Plan プラーン	plan プラン
ミドル級	*das* Mittelgewicht ミッテルゲヴィヒト	middleweight ミドルウェイト

日	独	英
見とれる	bestaunen, von³ fasziniert sein ベシュタオネン, ファスツィニールト ザイン	look admiringly *at* ルク アドマイアリングリ
皆	alle アレ	all オール
見直す	sich³ anders überlegen アンダース ユーバーレーゲン	have second thoughts ハヴ セカンド ソーツ
見なす	j⁴/et⁴ für⁴ halten ハルテン	think of... *as* スィンク オヴ
港	*der* Hafen ハーフェン	harbor, port ハーバ, ポート
南	*der* Süden ズューデン	the south ザ サウス
～アメリカ	(*das*) Südamerika ズュートアメーリカ	South America サウス アメリカ
～十字星	das Kreuz des Südens ダス クロイツ デス ズューデンス	the Southern Cross ザ サザン クロス
～半球	die südliche Halbkugel ディー ズュートリヒェ ハルプクーゲル	the Southern Hemisphere ザ サザン ヘミスフィア
源	*die* Quelle, *der* Ursprung クヴェレ, ウーアシュプルング	the source ザ ソース
見習い (人)	*der* Lehrling レーアリング	apprentice アプレンティス
～期間	*die* Lehrzeit レーアツァイト	probationary period プロウベイショナリ ピアリオド
見習う	nach|ahmen, nach|eifern ナーハアーメン, ナーハアイファーン	learn, imitate ラーン, イミテイト
身形	*die* Kleidung クライドゥング	dress, appearance ドレス, アピアランス
見慣れた	bekannt, vertraut ベカント, フェアトラオト	familiar ファミリア
見難い	schwer zu sehen シュヴェーア ツー ゼーエン	hard to see ハード トゥ スィー
醜い	hässlich ヘスリヒ	ugly アグリ

日	独	英
ミニスカート	*der* Minirock ミニロック	mini ミニ
ミニチュア	*die* Miniatur ミニアトゥーア	miniature ミニアチャ
見抜く	durchschauen, ein|sehen ドゥルヒシャオエン, アインゼーエン	see through スィー スルー
峰	*der* Gipfel ギプフェル	peak, top ピーク, タプ
（刃の）	*der* Rücken リュッケン	the back ザ バク
ミネラル	*das* Mineral ミネラール	mineral ミナラル
～ウォーター	*das* Mineralwasser ミネラールヴァッサー	mineral water ミナラル ウォタ
身の上	*die* Umstände ウムシュテンデ	circumstances サーカムスタンスィズ
未納の	unbezahlt ウンベツァールト	unpaid アンペイド
見逃す	nach|sehen, übersehen ナーハゼーエン, ユーバーゼーエン	overlook オウヴァルク
（黙認）	stillschweigend übersehen, ein Auge zu|drücken シュティルシュヴァイゲント ユーバーゼーエン, アイン アオゲ ツードゥリュッケン	connive *at* カナイヴ
身代金	*das* Lösegeld レーゼゲルト	ransom ランソム
身の回り品	*die* Habseligkeiten ハープゼーリヒカイテン	belongings ビローンギングズ
実る	reifen ライフェン	ripen ライプン
（実を結ぶ）	Früchte tragen フリュヒテ トラーゲン	bear fruit ベア フルート
見晴らし	*die* Aussicht, *der* Ausblick アオスズィヒト, アオスブリック	view ヴュー
～台	*die* Aussichtsplattform アオスズィヒトプラットフォルム	lookout ルカウト
見張る	bewachen, überwachen ベヴァッヘン, ユーバーヴァッヘン	watch ワチ

日	独	英
み ぶ り 身振り	*die* Gebärde, *die* Geste ゲベーアデ, ゲステ	gesture ヂェスチャ
み ぶ ん 身分	*der* Stand, *der* Rang シュタント, ラング	social status ソウシャル ステイタス
～証明書	*der* Personalausweis ペルゾナールアオスヴァイス	identity card アイデンティティ カード
み ぼうじん 未亡人	*die* Witwe ヴィトヴェ	widow ウィドウ
み ほん 見本	*das* Muster, *das* Vorbild, *die* Probe ムスター, フォーアビルト, プローベ	sample サンプル
～市	*die* Messe メッセ	trade fair トレイド フェア
み ま 見舞う	besuchen ベズーヘン	visit, inquire after ヴィズィト, インクワイア アフタ
み まも 見守る	*über*⁴ wachen ヴァッヘン	keep *one's* eyes *on* キープ アイズ
み まわ 見回す	*sich*⁴ um|sehen, um *sich*⁴ sehen ウムゼーエン, ウム ズィヒ ゼーエン	look about ルク アバウト
み まん 未満	unter ウンター	under, less than アンダ, レス ザン
み み 耳	*das* Ohr オーア	ear イア
～かき	*der* Ohrlöffel オーアレッフェル	earpick イアピク
～たぶ	*das* Ohrläppchen オーアレップヒェン	lobe ロウブ
み みず 蚯蚓	*der* Regenwurm レーゲンヴルム	earthworm アースワーム
み みずく 木菟	*der* Uhu ウーフ	horned owl ホーンド アウル
み めい 未明に	vor Tagesanbruch フォーア ターゲスアンブルフ	before daybreak ビフォー デイブレイク
み もと 身元	*die* Identität イデンティテート	identity アイデンティティ
～を確認する	identifizieren イデンティフィツィーレン	identify アイデンティファイ

日	独	英
みゃく 脈	*der* Puls プルス	pulse パルス
（希望）	*die* Hoffnung ホフヌング	promise, hope プラミス, ホウプ
みやげ 土産	*das* Mitbringsel, *das* Reiseandenken, *das* Souvenir ミットブリングゼル, ライゼアンデンケン, ズヴェニーア	souvenir スーヴニア
みやこ 都	*die* Hauptstadt, *die* Stadt ハオプトシュタット, シュタット	capital キャピタル
ミュージカル	*das* Musical ミューズィケル	musical ミューズィカル
ミュージシャン	*der* Musiker ムーズィカー	musician ミューズィシャン
みょうぎ 妙技	außergewöhnliche Geschicklichkeit, *das* Meisterwerk アオサーゲヴェーンリヒェ ゲシックリヒカイト, マイスターヴェルク	wonderful skill ワンダフル スキル
みょうごにち 明後日	übermorgen ユーバーモルゲン	the day after tomorrow ザ デイ アフタ トマロウ
みょうじ 苗［名］字	*der* Familienname ファミーリエンナーメ	family name, surname ファミリ ネイム, サーネイム
みょうじょう 明星	*die* Venus ヴェーヌス	Venus ヴィーナス
みょう 妙な	merkwürdig, komisch メルクヴュルディヒ, コーミシュ	strange ストレインヂ
みょうにち 明日	morgen モルゲン	tomorrow トマロウ
みょうれい 妙齢の	jung, blühend ユング, ブリューエント	young, blooming ヤング, ブルーミング
みらい 未来	*die* Zukunft ツークンフト	future フューチャ
〜の	zukünftig ツーキュンフティヒ	future フューチャ
ミリグラム	*das* Milligramm ミリグラム	milligram ミリグラム

日	独	英
ミリメートル	*der* Millimeter ミリメーター	millimeter ミリミータ
魅了する	bezaubern ベツァオバーン	fascinate ファスィネイト
魅力	*der* Reiz, *die* Anziehungskraft ライツ, アンツィーウングスクラフト	charm チャーム
～的な	reizvoll, attraktiv, charmant ライツフォル, アトラクティーフ, シャルマント	charming チャーミング
見る	sehen, schauen, gucken, blicken ゼーエン, シャオエン, グッケン, ブリッケン	see, look *at* スィー, ルク
（世話）	für⁴ sorgen, sich⁴ um⁴ kümmern ゾルゲン, キュマーン	look *after* ルク アフタ
ミルク	*die* Milch ミルヒ	milk ミルク
～セーキ	*der* Milchshake ミルヒシェイク	milk shake ミルク シェイク
ミレニアム	*das* Millennium ミレニウム	millennium ミレニアム
未練	*die* Anhänglichkeit アンヘングリヒカイト	attachment, regret アタチメント, リグレト
見分ける	unterscheiden, erkennen ウンターシャイデン, エアケネン	distinguish *from* ディスティングィシュ
見渡す	übersehen ユーバーゼーエン	look out *over* ルク アウト
民意	*die* Volksstimme フォルクスシュティメ	public opinion パブリク オピニオン
民間の	privat, zivil プリヴァート, ツィヴィール	private, civil プライヴェト, スィヴィル
ミンク	*der* Nerz ネルツ	mink ミンク
民芸品	volkstümliche Handarbeit フォルクスデュームリヒェ ハントアルバイト	folk-art article フォウクアート アーティクル
民事訴訟	*der* Zivilprozess ツィヴィールプロツェス	civil action スィヴィル アクション
民衆	*das* Volk フォルク	the people ザ ピープル

日	独	英
みんしゅか 民主化	*die* Demokratisierung デモクラティズィールング	democratization ディマクラティゼイション
みんしゅく 民宿	*die* Pension パンズィオーン	tourist home トゥアリスト ホウム
みんしゅしゅぎ 民主主義	*die* Demokratie デモクラティー	democracy ディマクラスィ
みんぞく 民俗	*die* Volkssitte, *die* Bräuche フォルクスズィッテ, ブロイヒェ	folk customs フォウク カスタムズ
みんぞく 民族	*das* Volk, *die* Nation フォルク, ナツィオーン	race, nation レイス, ネイション
～自決	*die* Selbstbestimmung eines Volkes ゼルプストベシュティムング アイネス フォルケス	racial self-determination レイシャル セルフディターミネイション
～性	*der* Volkscharakter フォルクスカラクター	racial characteristics レイシャル キャラクタリスティクス
ミント	*die* Minze ミンツェ	mint ミント
みんぽう 民法	bürgerliches Recht, *das* Zivilrecht ビュルガーリヒェス レヒト, ツィヴィールレヒト	the civil law ザ スィヴィル ロー
みんよう 民謡	*das* Volkslied フォルクスリート	folk song フォウク ソング
みんわ 民話	*das* Volksmärchen, *die* Volkssage フォルクスメーアヒェン, フォルクスザーゲ	folk tale フォウク テイル

む, ム

日	独	英
む 無	*das* Nichts ニヒツ	nothing ナスィング
むいしき 無意識に	unbewusst, automatisch ウンベヴスト, アオトマーティシュ	unconsciously アンカンシャスリ
むいちもん 無一文の	mittellos ミッテルロース	penniless ペニレス
むいみ 無意味な	sinnlos, absurd ズィンロース, アプズルト	meaningless ミーニングレス

日	独	英
ムード	*die* Stimmung, *die* Atmosphäre シュティムング, アトモスフェーレ	mood ムード
無益な	nutzlos, vergeblich ヌッツロース, フェアゲープリヒ	futile フューティル
無害な	harmlos, unschädlich ハルムロース, ウンシェートリヒ	harmless ハームレス
向かい合う	*j*³ gegenüber|stehen ゲーゲンユーバーシュテーエン	face フェイス
向かい側	gegenüberliegende Seite ゲーゲンユーバーリーゲンデ ザイテ	the opposite side ジ アポズィト サイド
向かう（進む）	gehen ゲーエン	go *to*, leave *for* ゴウ, リーヴ
迎える	empfangen, begrüßen エンプファンゲン, ベグリューセン	meet, welcome ミート, ウェルカム
昔	alte Zeit アルテ ツァイト	old times オウルド タイムズ
（かつて）	einst アインスト	long ago ロング アゴウ
むかつく	*j*³ übel sein ユーベル ザイン	feel sick フィール スィク
（腹が立つ）	*sich*⁴ angewidert fühlen アンゲヴィーダート フューレン	get disgusted ゲト ディスガスティド
百足	*der* Tausendfüßler タオゼントフュースラー	centipede センティピード
無関係な	unabhängig ウンアプヘンギヒ	irrelevant イレレヴァント
無関心	*die* Gleichgültigkeit グライヒギュルティヒカイト	indifference インディファレンス
～な	gleichgültig, indifferent グライヒギュルティヒ, インディフェレント	indifferent インディファレント
向き	*die* Richtung リヒトゥング	direction ディレクション
…～の	nach ナーハ	for フォー
麦　（小麦）	*der* Weizen ヴァイツェン	wheat ホウィート

日	独	英
（大麦）	die Gerste ゲルステ	barley バーリ
むきげん 無期限の	unbefristet ウンベフリステット	indefinite インデフィニト
む だ 剥き出しの	bloß, nackt ブロース, ナックト	bare, naked ベア, ネイキド
むきちょうえき 無期懲役	lebenslängliche Gefängnisstrafe レーベンスレンクリヒェ ゲフェングニスシュトラーフェ	life imprisonment ライフ インプリズンメント
むき 無機の	anorganisch アンオルガーニッシュ	inorganic イノーギャニク
むきりょく 無気力な	schlapp, mutlos シュラップ, ムートロース	inactive, lazy イナクティヴ, レイズィ
むぎわら 麦藁	das Stroh, der Strohhalm シュトロー, シュトローハルム	straw ストロー
むきん 無菌の	sterilisiert, keimfrei シュテリリズィーアト, カイムフライ	germ-free ヂャームフリー
む 向く	sich⁴ richten, sich⁴ zu|wenden, sich⁴ wenden リヒテン, ツーヴェンデン, ヴェンデン	turn to ターン
（適する）	für⁴ geeignet sein ゲアイグネット ザイン	suit シュート
む 剥く	pellen, schälen ペレン, シェーレン	peel, pare ピール, ペア
む 報いる	lohnen, belohnen, vergelten ローネン, ベローネン, フェアゲルテン	reward for リウォード
むくち 無口な	schweigsam, wortkarg シュヴァイクザーム, ヴォルトカルク	taciturn, silent タスィターン, サイレント
むくどり 椋鳥	der Star シュタール	starling スターリング
むくむ	an|schwellen アンシュヴェレン	swell スウェル
むけい 無形の	immateriell, unfühlbar インマテリエル, ウンフュールバール	intangible インタンヂブル
む 向ける	richten, zu|wenden リヒテン, ツーヴェンデン	turn to, direct to ターン, ディレクト

日	独	英
むげん 無限の	unendlich, endlos, unbegrenzt ウンエントリヒ, エントロース, ウンベグレンツト	infinite インフィニト
むこ 婿 （花婿）	*der* Bräutigam ブロイティガム	bridegroom ブライドグルーム
（娘の）	*der* Schwiegersohn シュヴィーガーゾーン	son-in-law サンインロー
む 向こう	die andere Gruppe ディー アンデレ グルッペ	the opposite side ジ アポジット サイド
〜に［で］	(da) drüben (ダー) ドリューベン	over there オウヴァ ゼア
む ずね 向こう脛	*das* Schienbein シーンバイン	shin シン
むこう 無効の	ungültig ウングュルティヒ	invalid インヴァリド
む み 向こう見ずな	tollkühn, verwegen トルキューン, フェアヴェーゲン	reckless レクレス
むこくせき 無国籍の	staatenlos シュターテンロース	stateless ステイトレス
むごん 無言の	stumm, schweigend シュトゥム, シュヴァイゲント	silent サイレント
むざい 無罪	*die* Unschuld ウンシュルト	innocence イノセンス
むざん 無惨な	grausam グラオザーム	miserable, cruel ミザラブル, クルエル
むし 虫 （昆虫）	*das* Insekt インゼクト	insect インセクト
（みみずなど）	*der* Wurm ヴルム	worm ワーム
む あつ 蒸し暑い	schwül, feuchtwarm シュヴュール, フォイヒトヴァルム	sultry サルトリ
むしくだ 虫下し	*das* Wurmmittel ヴルムミッテル	vermifuge ヴァーミフューヂ
むし 無視する	*ignorieren*, vernachlässigen, übersehen イグノリーレン, フェアナーハレスィゲン, ユーバーゼーエン	ignore イグノー

日	独	英
むじつ 無実の	unschuldig ウンシュルディヒ	innocent イノセント
むじ 無地の	einfarbig, ohne Muster アインファルビヒ, オーネ ムスター	plain プレイン
むしば 虫歯	*die* Karies, fauler Zahn カーリエス, ファオラー ツァーン	decayed tooth ディケイド トゥース
むしば 蝕む	zerfressen, an|greifen ツェアフレッセン, アングライフェン	spoil, affect スポイル, アフェクト
むじひ 無慈悲な	unbarmherzig ウンバルムヘルツィヒ	merciless マースィレス
むしめがね 虫眼鏡	*das* Vergrößerungsglas, *die* Lupe フェアグレーセルングスグラース, ルーペ	magnifying glass マグニファイイング グラス
むじゃきな 無邪気な	unschuldig, naiv ウンシュルディヒ, ナイーフ	innocent イノセント
むじゅん 矛盾	*der* Widerspruch ヴィーダーシュプルフ	contradiction カントラディクション
〜する	*j³/et³* widersprechen ヴィーダーシュプレッヒェン	be inconsistent *with* ビ インコンスィステント
むじょう 無常	*die* Vergänglichkeit フェアゲングリヒカイト	mutability ミュータビリティ
むじょうけん 無条件の	unbedingt ウンベディングト	unconditional アンコンディショナル
むしょうで 無償で	umsonst, gratis ウムゾンスト グラーティス	gratis, voluntary グラティス, ヴァランタリリ
むじょうな 無情な	herzlos, gefühllos ヘルツロース, ゲフュールロース	heartless, cold ハートレス, コウルド
むしょくの 無色の	farblos ファルブロース	colorless カラレス
むしょくの 無職の	beschäftigungslos ベシェフティグングスロース	without occupation ウィザウト アキュペイション
むし 毟る	rupfen, ab|reißen ルプフェン, アップライセン	pluck, pick プラク, ピク
むし 寧ろ	lieber, eher, vielmehr リーバー, エーアー, フィールメーア	rather *than* ラザ
むしんけいな 無神経な	unempfindlich, dickfellig ウンエンプフィントリヒ, ディックフェリヒ	insensible インセンスィブル

日	独	英
むじんぞう 無尽蔵の	unerschöpflich ウンエアシェプフリヒ	inexhaustible イニグゾースティブル
むじんとう 無人島	unbewohnte Insel ウンベヴォーンテ インゼル	desert island デザト アイランド
むしん 無心に	unschuldig ウンシュルディヒ	innocently イノセントリ
むしんろん 無神論	*der* Atheismus アテイスムス	atheism エイスィイズム
む 蒸す	dämpfen デンプフェン	steam スティーム
むすう 無数の	zahllos, unzählbar ツァールロース, ウンツェールバール	innumerable イニューマラブル
むずか 難しい	schwer, schwierig シュヴェーア, シュヴィーリヒ	difficult, hard ディフィカルト, ハード
むすこ 息子	*der* Sohn ゾーン	son サン
むす つ 結び付く	sich⁴ an⁴ knüpfen クニュプフェン	be tied up *with* ビ タイド アプ
むす め 結び目	*der* Knoten クノーテン	knot ナト
むす 結ぶ	verbinden, an|knüpfen フェアビンデン, アンクニュプフェン	tie, bind タイ, バインド
（契約を）	einen Vertrag schließen アイネン フェアトラーク シュリーセン	make, conclude メイク, カンクルード
むすめ 娘	*die* Tochter トホター	daughter ドータ
（女の子）	*das* Mädchen メートヒェン	girl ガール
むせいげん 無制限の	unbeschränkt ウンベシュレンクト	free, unrestricted フリー, アンリストリクティド
むせきにん 無責任	*die* Unverantwortlichkeit ウンフェアアントヴォルトリヒカイト	irresponsibility イリスパンスィビリティ
～な	unverantwortlich ウンフェアアントヴォルトリヒ	irresponsible イリスパンスィブル
む 噎せる	sich⁴ an³ verschlucken フェアシュルッケン	be choked *by, with* ビ チョウクド
むせん 無線	*der* Funk, *das* Funkgerät フンク, フンクゲレート	wireless ワイアレス

日	独	英
むだ 無駄な	sinnlos, vergeblich ズィンロース, フェアゲーブリヒ	useless, futile ユースレス, フューティル
むだぼね　お 無駄骨を折る	*sich*⁴ umsonst bemühen ウムゾンスト ベミューエン	make vain efforts メイク ヴェイン エファツ
むだん 無断で	unerlaubt ウンエアラオプト	without notice ウィザウト ノウティス
むたんぽ 無担保で	ohne Sicherheit, ohne Pfand オーネ ズィッヒャーハイト, オーネ プファント	without security ウィザウト スィキュアリティ
むち 無知な	unwissend, dumm ウンヴィッセント, ドゥム	ignorant イグノラント
むちゃ 無茶な	unvernünftig, albern ウンフェアニュンフティヒ, アルバーン	unreasonable アンリーズナブル
むちゅう 夢中である	verrückt sein, begeistert sein フェアリュックト ザイン, ベガイスタート ザイン	be absorbed *in* ビ アブソーブド
むちんじょうしゃ 無賃乗車 〜をする	schwarzfahren シュヴァルツファーレン	steal a ride スティール ア ライド
むてんか 無添加の	frei von Zusatzstoffen フライ フォン ツーザッツシュトッフェン	additive-free アディティヴフリー
むとんちゃく 無頓着な	unbekümmert, gleichgültig ウンベキュマート, グライヒギュルティヒ	indifferent インディファレント
むな 虚[空]しい	leer, vergeblich, umsonst レーア, フェアゲーブリヒ, ウムゾンスト	empty, vain エンプティ, ヴェイン
むね 胸	*die* Brust ブルスト	the breast, the chest ザ ブレスト, ザ チェスト
〜焼け	*das* Sodbrennen ゾートブレネン	heartburn ハートバーン
むのう 無能な	unbegabt, unfähig, untüchtig ウンベガープト, ウンフェーイヒ, ウンテュヒティヒ	incompetent インカンピテント
むのうやく 無農薬の	pestizidfrei ペスティツィートフライ	organic オーギャニク
むふんべつ 無分別な	unvernünftig ウンフェアニュンフティヒ	imprudent インプルーデント
むほう 無法な	rechtswidrig レヒツヴィードリヒ	unjust, unlawful アンヂャスト, アンローフル
むぼう 無謀な	tollkühn, unbesonnen トルキューン, ウンベゾネン	reckless レクレス

日	独	英
むほん 謀叛	*die* Rebellion, *die* Verschwörung レベリオーン, フェアシュヴェールング	rebellion リベリオン
むめい 無名の	unbekannt, anonym ウンベカント, アノニューム	nameless, unknown ネイムレス, アンノウン
むゆうびょう 夢遊病	*die* Mondsucht モーントズフト	somnambulism サムナンビュリズム
むら 村	*das* Dorf ドルフ	village ヴィリヂ
むら 群がる	schwärmen シュヴェルメン	crowd, flock クラウド, フラク
むらさき 紫	*das* Lila, *das* Violett リーラ, ヴィオレット	purple, violet パープル, ヴァイオレット
～の	lila, violett リーラ, ヴィオレット	purple, violet パープル, ヴァイオレット
むり 無理な	unmöglich ウンメークリヒ	unreasonable アンリーズナブル
（不可能）	unmöglich ウンメークリヒ	impossible インパスィブル
むりょう 無料の	frei, kostenlos, umsonst フライ, コステンロース, ウムゾンスト	free フリー
むりょく 無力な	hilflos, kraftlos, ohnmächtig ヒルフロース, クラフトロース, オーンメヒティヒ	powerless パウアレス
むれ 群	*die* Gruppe, *die* Schar グルッペ, シャール	group, crowd グループ, クラウド
むろん 無論	natürlich, selbstverständlich ナテューアリヒ, ゼルプストフェアシュテントリヒ	of course アヴ コース

め, メ

日	独	英
め 芽	*der* Keim, *der* Spross カイム, シュプロス	bud バド
～を出す	keimen, knospen カイメン, クノスペン	bud バド
め 目	*das* Auge アオゲ	eye アイ
めあたら 目新しい	neu, neuartig ノイ, ノイアールティヒ	novel, new ナヴェル, ニュー

日	独	英
目当て	*das* Ziel ツィール	aim エイム
姪	*die* Nichte ニヒテ	niece ニース
名案	gute Idee グーテ イデー	good idea グド アイディア
冥王星	*der* Pluto プルート	Pluto プルートウ
名画	berühmtes Gemälde ベリュームテス ゲメールデ	famous picture フェイマス ピクチャ
（映画）	berühmter Film ベリュームター フィルム	good film グド フィルム
明快な	klar, deutlich クラール, ドイトリヒ	clear, lucid クリア, ルースィド
明確な	bestimmt, deutlich, klar ベシュティムト, ドイトリヒ, クラール	clear, accurate クリア, アキュレト
銘柄	*die* Marke, *das* Muster マルケ, ムスター	brand, description ブランド, ディスクリプション
名義	*der* Name ナーメ	name ネイム
名曲	berühmtes Musikstück ベリュームテス ムズィークシュテュック	famous piece of music フェイマス ピース オヴ ミューズィック
明細	*die* Einzelheiten アインツェルハイテン	details ディーテイルズ
名作	*das* Meisterstück マイスターシュテュック	masterpiece マスタピース
名刺	*die* Visitenkarte ヴィズィーテンカルテ	visiting card ヴィズィティング カード
名詞	*das* Substantiv, *das* Nomen ズプスタンティーフ, ノーメン	noun ナウン
名所	*die* Sehenswürdigkeit ゼーエンスヴュルディヒカイト	noted place ノウティド プレイス
名称	*die* Bezeichnung ベツァイヒヌング	name, appellation ネイム, アペレイション
命じる	befehlen ベフェーレン	order オーダ
迷信	*der* Aberglaube アーバーグラオベ	superstition シューパスティション

日	独	英
めいじん 名人	*der* Meister, *der* Künstler マイスター, キュンストラー	master, expert マスタ, エクスパート
めいせい 名声	*der* Ruhm, *das* Ansehen ルーム, アンゼーエン	fame, reputation フェイム, レピュテイション
めいそう 瞑想	*die* Meditation, *die* Besinnung メディタツィオーン, ベズィンヌング	meditation メディテイション
めいちゅうする 命中する	treffen トレッフェン	hit ヒト
めいにち 命日	*der* Todestag トーデスターク	the anniversary of *a person's* death ジ アニヴァーサリ オヴ デス
めいはくな 明白な	klar, ausdrücklich, deutlich クラール, アオスドリュックリヒ, ドイトリヒ	clear, evident クリア, エヴィデント
めいぶつ 名物	*die* Spezialität シュペツィアリテート	special product スペシャル プラダクト
めいぼ 名簿	*die* Namenliste ナーメンリステ	list of names リスト オヴ ネイムズ
めいめい 銘々	jeder, jede イェーダー, イェーデ	each, everyone イーチ, エヴリワン
めいよ 名誉	*die* Ehre エーレ	honor アナ
～毀損	*die* Verunglimpfung, *die* Rufschädigung フェアウングリンプフング, ルーフシェーディグング	libel, slander ライベル, スランダ
めいりょうな 明瞭な	klar, deutlich クラール, ドイトリヒ	clear, plain クリア, プレイン
めい 滅入る	deprimiert sein デプリミーアト ザイン	feel depressed フィール ディプレスト
めいれい 命令	*der* Befehl ベフェール	order, command オーダ, カマンド
～する	befehlen, einen Befehl geben ベフェーレン, アイネン ベフェール ゲーベン	order オーダ
めいろ 迷路	*das* Labyrinth ラビュリント	maze メイズ
めいろう 明朗な	heiter, froh ハイター, フロー	cheerful, bright チアフル, ブライト

日	独	英
迷惑（めいわく） ～な	lästig, unangenehm レスティヒ, ウンアンゲネーム	troublesome トラブルサム
～をかける	j^3 Schwierigkeiten machen シュヴィーリヒカイテン マッヘン	trouble, bother トラブル, バザ
目上（めうえ）（人）	der/die Vorgesetzte フォーアゲゼッツテ	superiors シュピアリアズ
雌牛（めうし）	die Kuh クー	cow カウ
メーカー	der Hersteller, der Produzent ヘーアシュテラー, プロドゥツェント	maker メイカ
メーキャップ	das Make-up メークアップ	makeup メイカプ
メーター	der Zähler ツェーラー	meter ミータ
メートル	der(das) Meter メーター	meter ミータ
～法	metrisches System メートリッシェス ズュステーム	the metric system ザ メトリク スィスティム
目隠し（めかくし）	die Augenbinde アオゲンビンデ	blindfold ブラインドフォウルド
妾（めかけ）	die Nebenfrau ネーベンフラオ	mistress ミストレス
目が覚める（めがさめる）	auf|wachen, wach werden アオフヴァヘン, ヴァッハ ヴェーアデン	wake up ウェイク アプ
目方（めかた）	das Gewicht ゲヴィヒト	weight ウェイト
メカニズム	der Mechanismus メヒャニスムス	mechanism メカニズム
眼鏡（めがね）	die Brille ブリレ	glasses グラスィズ
メガヘルツ	das Megahertz メガヘルツ	megahertz メガハーツ
メガホン	das Megafon メガフォーン	megaphone メガフォウン
女神（めがみ）	die Göttin ゲッティン	goddess ガデス
めきめき	merklich, zusehends メルクリヒ, ツーゼーエンツ	remarkably リマーカブリ

日	独	英
芽キャベツ	*der* Rosenkohl ローゼンコール	Brussels sprouts ブラスルズ スプラウツ
目薬	*die* Augentropfen アオゲントロプフェン	eye lotion アイ ロウション
目配せ	Zwinkern, Blinzeln ツヴィンカーン, ブリンツェルン	wink ウィンク
恵まれる	*mit*³ gesegnet sein ゲゼーグネット ザイン	be blessed *with* ビ ブレスィド
恵み	*der* Segen, *die* Gnade, *die* Wohltat ゼーゲン, グナーデ, ヴォールタート	blessing ブレスィング
巡らす	umgeben ウムゲーベン	surround サラウンド
捲る	*in*³ blättern ブレッターン	turn over ターン オウヴァ
巡る	*sich*⁴ drehen, *um*⁴ kreisen ドレーエン, クライゼン	travel around トラヴル アラウンド
目指す	*auf*⁴ zielen ツィーレン	aim *at* エイム
目覚ましい	glänzend, auffallend グレンツェント, アオフファレント	remarkable リマーカブル
目覚まし時計	*der* Wecker ヴェッカー	alarm clock アラーム クラク
目覚める	auf|wachen, wach werden アオフヴァッヘン, ヴァッハ ヴェーアデン	awake アウェイク
飯 （食事）	*das* Essen エッセン	meal ミール
（米飯）	*der* Reis ライス	rice ライス
目下	*der/die* Untergebene ウンターゲーベネ	inferiors インフィアリアズ
雌蕊	*der* Stempel シュテンペル	pistil ピスティル
目印	*das* Kennzeichen, *das* Zeichen ケンツァイヒェン, ツァイヒェン	sign, mark サイン, マーク
雌	*das* Weibchen ヴァイプヒェン	female フィーメイル

日	独	英
珍しい	selten, rar, seltsam ゼルテン, ラール, ゼルトザーム	rare, novel レア, ナヴェル
目立つ	auf|fallen, *sich*⁴ aus|zeichnen アオフファレン, アオスツァイヒネン	be conspicuous ビ カンスピキュアス
目玉	*der* Augapfel アオクアプフェル	eyeball アイボール
～商品	*der* Lockartikel ロックアルティーケル	loss leader ロス リーダ
～焼き	*das* Spiegelei シュピーゲルアイ	sunny-side up サニサイド アプ
メダル	*die* Medaille メダリェ	medal メドル
メタン	*das* Methan メターン	methane メセイン
～ガス	*das* Methangas メターンガース	methane gas メセイン ギャス
滅茶苦茶な	verrückt, blöd, durcheinander フェアリュックト, ブレート, ドゥルヒアイナンデr	absurd アブサード
メチルアルコール	*der* Methylalkohol メティールアルコホール	methyl alcohol メスィル アルコホル
メッカ	*das* Mekka メッカ	Mecca メカ
鍍金	*der* Metallüberzug メタルユーバーツーク	plating プレイティング
目付き	*der* Blick ブリック	eyes, look アイズ, ルク
メッセージ	*die* Botschaft, *die* Nachricht ボートシャフト, ナーハリヒト	message メスィヂ
メッセンジャー	*der* Bote ボーテ	messenger メスィンチャ
滅多に	selten ゼルテン	seldom, rarely セルドム, レアリ
滅亡する	unter|gehen, zu Grunde gehen ウンターゲーエン, ツー グルンデ ゲーエン	be ruined ビ ルーインド
メディア	*das* Medium メーディウム	media ミーディア

日	独	英
目出度い	glücklich / グリュックリヒ	good, happy / グド, ハピ
目処	*die* Aussicht / アオスズィヒト	prospect / プラスペクト
メドレー(音楽)	*das* Potpourri / ポットプリ	medley / メドリ
〜リレー	*die* Lagenstaffel / ラーゲンシュタッフェル	medley relay / メドリ リーレイ
メニュー	*die* Speisekarte / シュパイゼカルテ	menu / メニュー
瑪瑙	*der* Achat / アハート	agate / アゲト
芽生える	keimen / カイメン	sprout / スプラウト
目眩い	*der* Schwindel / シュヴィンデル	dizziness / ディズィネス
〜がする	j^3 schwindeln / シュヴィンデルン	be dizzy / ビ ディズィ
目まぐるしい	schwindlig, rasch / シュヴィンドリヒ, ラッシュ	bewildering, rapid / ビウィルダリング, ラピド
メモ	*die* Notizen / ノティーツェン	memo / メモウ
目盛り	*die* Skala / スカーラ	graduation / グラデュエイション
メモリ	*der* Speicher / シュパイヒャー	memory / メモリ
目安	*das* Ziel, *die* Norm / ツィール, ノルム	standard, aim / スタンダド, エイム
目脂	*die* Augenbutter / アオゲンブッター	eye mucus / アイ ミューカス
メリーゴーラウンド	*das* Karussell / カルセル	merry-go-round / メリゴウラウンド
減り込む	ein|sinken, versinken / アインズィンケン, フェアズィンケン	sink *into* / スィンク
メリット	*der* Vorteil / フォルタイル	merit / メリト
メリヤス	*der* Trikot / トリコー	knitted goods / ニッテド グツ

日	独	英
メルヘン	*das* Märchen メーアヒェン	fairy tale フェアリ テイル
メレンゲ	*die* Meringe メリンゲ	meringue メラング
メロディー	*die* Melodie, *die* Weise メロディー, ヴァイゼ	melody メロディ
メロドラマ	*das* Melodrama メロドラーマ	melodrama メロドラーマ
メロン	*die* Melone メローネ	melon メロン
綿	*die* Baumwolle バオムヴォレ	cotton カトン
面（お面）	*die* Maske マスケ	mask マスク
（表面）	*die* Fläche フレッヒェ	the face ザ フェイス
（側面）	*die* Seite ザイテ	aspect, side アスペクト, サイド
免疫	*die* Immunität イムニテート	immunity イミューニティ
面会する	besuchen, (*mit*³) sprechen ベズーヘン, シュプレッヒェン	meet, see ミート, スィー
免許	*die* Lizenz リツェンツ	license ライセンス
～証	*der* Führerschein フューラーシャイン	license ライセンス
面食らう	ganz verwirrt sein ガンツ フェアヴィルト ザイン	be bewildered ビ ビウィルダド
面識	*die* Bekanntschaft ベカントシャフト	acquaintance アクウェインタンス
免状	*das* Zeugnis ツォイクニス	diploma, license ディプロウマ, ライセンス
免職する	entlassen エントラッセン	dismiss ディスミス
免除する	befreien ベフライエン	exempt イグゼンプト
メンス	*die* Menstruation, *die* Periode メンストルアツィオーン, ペリオーデ	period ピアリオド

日	独	英
<ruby>面<rt>めん</rt></ruby>する	*et³* gegenüber|liegen ゲーゲンユーバーリーゲン	face, look フェイス, ルク
<ruby>免税<rt>めんぜい</rt></ruby> 〜の	zollfrei ツォルフライ	duty-free デューティフリー
〜店	*der* Duty-free-Shop デューティフリーショップ	duty-free shop デューティフリー シャプ
〜品	zollfreie Waren ツォルフライエ ヴァーレン	tax-free articles タクスフリー アーティクルズ
<ruby>面積<rt>めんせき</rt></ruby>	*die* Fläche, *der* Flächeninhalt フレッヒェ, フレッヒェンインハルト	area エアリア
<ruby>面接<rt>めんせつ</rt></ruby>	*das* Interview インタヴュー	interview インタヴュー
<ruby>面談<rt>めんだん</rt></ruby>する	*mit³* ein Interview machen アイン インタヴュー マッヘン	have a interview *with* ハヴ アン インタヴュー
メンテナンス	*die* Unterhaltung, *die* Wartung, *die* Erhaltung ウンターハルトゥング, ヴァルトゥング, エアハルトゥング	maintenance メインテナンス
<ruby>面倒<rt>めんどう</rt></ruby>な	lästig レスティヒ	troublesome, difficult トラブルサム, ディフィカルト
<ruby>雌鳥<rt>めんどり</rt></ruby>	*die* Henne ヘネ	hen ヘン
メンバー	*das* Mitglied ミットグリート	member メンバ
<ruby>綿密<rt>めんみつ</rt></ruby>な	sorgfältig, genau ゾルクフェルティヒ, ゲナオ	close, minute クロウス, マイニュート
<ruby>面目<rt>めんもく</rt></ruby>を<ruby>失<rt>うしな</rt></ruby>う	die Ehre verlieren ディー エーレ フェアリーレン	lose *one's* face ルーズ フェイス
<ruby>麺類<rt>めんるい</rt></ruby>(商品)	*die* Teigwaren タイクヴァーレン	pasta パスタ
(食事)	*die* Nudeln ヌーデルン	noodles ヌードルズ

も, モ

日	独	英
<ruby>喪<rt>も</rt></ruby>	*die* Trauer トラオアー	mourning モーニング
もう	jetzt イェッツト	now ナウ

日	独	英
（既に）	schon, bereits ショーン, ベライツ	already オールレディ
（まもなく）	nun, bald ヌン, バルト	soon スーン
儲かる	einträglich, rentabel アイントレークリヒ, レンターベル	be profitable ビ プラフィタブル
儲け	*der* Gewinn, *der* Profit ゲヴィン, プロフィート	profit, gains プラフィット, ゲインズ
儲ける	verdienen, Gewinn machen フェアディーネン, ゲヴィン マッヘン	make a profit, gain メイク ア プラフィット, ゲイン
申し合わせ	*die* Verabredung フェアアップレードゥング	agreement アグリーメント
申し入れ	*das* Angebot アンゲボート	proposition プラポズィション
申し込み	*die* Anmeldung, *die* Bewerbung アンメルドゥング, ベヴェルブング	application *for* アプリケイション
（予約などの）	Bestellung ベシュテルング	subscription サブスクリプション
申し込む	*sich*⁴ *zu*³ an|melden アンメルデン	apply *for, to* アプライ
（予約などを）	bestellen ベシュテレン	book, subscribe ブク, サブスクライブ
申し立てる	aus|sagen, behaupten アオスザーゲン, ベハオプテン	state, allege ステイト, アレヂ
申し出る	*sich*⁴ melden, *um*⁴ an|halten メルデン, アンハルテン	offer, propose オファ, プロポウズ
猛獣	*das* Raubtier ラオプティーア	fierce animal フィアス アニマル
盲信する	*blind* glauben ブリント グラオベン	believe blindly ビリーヴ ブラインドリ
もうすぐ	bald, demnächst バルト, デームネーヒスト	soon スーン
もう少し	noch ein bisschen ノッホ アイン ビスヒェン	some more サム モー
猛然と	heftig, wütend ヘフティヒ, ヴューテント	fiercely フィアスリ

日	独	英
もうそう 妄想	*der* Wahn ヴァーン	delusion ディルージョン
もうちょう 盲腸	*der* Blinddarm ブリンドダルム	the appendix ジ アペンディクス
～炎	Blinddarmentzündung ブリンドダルムエントツュンドゥング	appendicitis アペンディサイティス
もうどうけん 盲導犬	*der* Blindenhund ブリンデンフント	seeing-eye dog スィーイングアイ ドグ
もうどく 猛毒	tödliches Gift テートリヒェス ギフト	deadly poison デドリ ポイズン
もうはつ 毛髪	*das* Haar ハール	hair ヘア
もうふ 毛布	*die* Wolldecke ヴォルデッケ	blanket ブランケト
もうまく 網膜	*die* Netzhaut ネッツハオト	retina レティナ
もうもく 盲目の	blind ブリント	blind ブラインド
もうれつ 猛烈な	heftig, wild ヘフティヒ, ヴィルト	violent, furious ヴァイオレント, フュアリアス
もうろう 朦朧とした	trübe, dunkel, verschwommen トリューベ, ドゥンケル, フェアシュヴォメン	dim, indistinct ディム, インディスティンクト
も 燃え尽きる	aus|brennen アオスブレネン	burn out バーン ナウト
も 燃える	brennen ブレネン	burn, blaze バーン, ブレイズ
モーター	*der* Motor モートア	motor モウタ
～ボート	*das* Motorboot モートアボート	motorboat モウタボウト
モード	*die* Mode モーデ	fashion ファション
もがく	zappeln, strampeln ツァッペルン, シュトランペルン	struggle, writhe ストラグル, ライズ
もくげき 目撃 ～する	Zeuge sein ツォイゲ ザイン	see, witness スィー, ウィトネス

日	独	英
～者	der(die) Zeuge(in) ツォイゲ(-ギン)	eyewitness アイウィトネス
もくざい 木材	das Holz ホルツ	wood, lumber ウド, ランバ
もくじ 目次	das Inhaltsverzeichnis インハルツフェアツァイヒニス	contents カンテンツ
もくせい 木星	der Jupiter ユーピター	Jupiter ヂュピタ
もくぞうの 木造の	hölzern, aus Holz ヘルツァーン, アオス ホルツ	wooden ウドン
もくたん 木炭	die Holzkohle ホルツコーレ	charcoal チャーコウル
もくちょう 木彫	die Schnitzerei シュニッツェライ	wood carving ウド カーヴィング
もくてき 目的	der Zweck, das Ziel ツヴェック, ツィール	purpose パーパス
～地	das Ziel ツィール	destination デスティネイション
もくにん 黙認する	stillschweigend dulden シュティルシュヴァイゲント ドゥルデン	give a tacit consent ギヴ ア タスィット カンセント
もくば 木馬	das Schaukelpferd シャオケルプフェーアト	wooden horse ウドン ホース
もくはんが 木版画	der Holzschnitt ホルツシュニット	woodcut ウドカト
もくひけん 黙秘権	das Aussageverweigerungsrecht アオスザーゲフェアヴァイゲルングスレヒト	the right of silence ザ ライト オヴ サイレンス
もくひょう 目標	das Ziel ツィール	mark, target マーク, ターゲト
もくもくと 黙々と	stumm, schweigend シュトゥム, シュヴァインゲント	silently サイレントリ
もくようび 木曜日	der Donnerstag ドナースターク	Thursday スーズディ
もぐら 土竜	der Maulwurf マオルヴルフ	mole モウル
もぐる 潜る	tauchen タオヘン	dive into ダイヴ
もくろく 目録	der Katalog, das Verzeichnis カタローク, フェアツァイヒニス	list, catalog リスト, キャタローグ

日	独	英
模型（もけい）	*das* Modell, *das* Muster モデル, ムスター	model マドル
モザイク	*das* Mosaik モザイーク	mosaic モウゼイイク
もし	wenn, falls ヴェン, ファルス	if イフ
文字（もじ）	*die* Schrift, *der* Buchstabe シュリフト, ブーフシュターベ	letter レタ
もしもし	Hallo! ハロー	Hello! ヘロウ
模写（もしゃ）	*die* Kopie コピー	copy カピ
もじゃもじゃの	zottig ツォッティヒ	shaggy シャギ
モスリン	*der* Musselin ムセリーン	muslin マズリン
模造（もぞう）	*die* Nachahmung, *die* Imitation ナーハアームング, イミタツィオーン	imitation イミテイション
凭せ掛ける（もたせかける）	an|lehnen, lehnen アンレーネン, レーネン	rest... *against* レスト
齎す（もたらす）	bringen, ein|bringen ブリンゲン, アインブリンゲン	bring ブリング
凭れる（もたれる）	*sich*⁴ *an*⁴ an|lehnen アンレーネン	lean *on, against*, rest リーン, レスト
（胃に）	schwer verdaulich シュヴェーア フェアダオリヒ	lie heavy on the stomach ライ ヘヴィ オン ザ スタマク
モダンな	modern モデルン	modern マダン
持ち上げる（もちあげる）	an|heben, heben アンヘーベン, ヘーベン	lift, raise リフト, レイズ
持ち味（もちあじ）	*die* Eigentümlichkeit, *die* Eigenart アイゲンテュームリヒカイト, アイゲンアールト	peculiar flavor ピキューリア フレイヴァ
（特色）	*der* Charakterzug カラクターツーク	characteristic キャラクタリスティク

日	独	英
持ち歩く	bei *sich*³ tragen バイ トラーゲン	carry about キャリ アバウト
用いる	gebrauchen, benutzen ゲブラオヘン, ベヌッツェン	use ユーズ
（応用）	an|wenden アンヴェンデン	apply アプライ
持ち帰る	zurück|tragen, nach Hause tragen ツリュックトラーゲン, ナーハ ハオゼ トラーゲン	bring... home ブリング ホウム
（テイクアウト）	mit|nehmen ミットネーメン	take out テイク アウト
持ち堪える	*sich*⁴ halten, überstehen ハルテン, ユーバーシュテーエン	hold on, endure ホウルド オン, インデュア
持ち込む	hinein|bringen, hinein|tragen ヒナインブリンゲン, ヒナイントラーゲン	carry in キャリ イン
持ち逃げする	*mit*³ durch|gehen ドゥルヒゲーヘン	go away *with* ゴウ アウェイ
持ち主	*der* Besitzer, *der* Inhaber ベズィッツァー, インハーバー	owner オウナ
持ち運ぶ	tragen トラーゲン	carry キャリ
持ち物	*die* Sachen ザッヘン	belongings ビローンギングズ
勿論	freilich, natürlich, selbstverständlich フライリヒ, ナテューアリヒ, ゼルプストフェアシュテントリヒ	of course アヴ コース
持つ	haben ハーベン	hold ホウルド
（携帯）	bei *sich*³ haben, dabei haben バイ ズィヒ ハーベン, ダバイ ハーベン	have ハヴ
（所有）	besitzen ベズィッツェン	have, possess ハヴ, ポゼス
木管楽器	*das* Holzblasinstrument ホルツブラースインストルメント	the woodwind ザ ウドウィンド
木琴	*das* Xylofon クスュロフォーン	xylophone ザイロフォウン

日	独	英
もったい 勿体ぶる	wichtig tun, *sich*[4] auf|spielen ヴィヒティヒ トゥーン, アオフシュピーレン	give *oneself* airs ギヴ エアズ
も 持って行く	mit|bringen, mit|nehmen ミットブリンゲン, ミットネーメン	take, carry テイク, キャリ
も 持って来る	bringen, ab|holen ブリンゲン, アップホーレン	bring, fetch ブリング, フェチ
もっと	mehr メーア	more モー
モットー	*das* Motto, *das* Schlagwort モット, シュラークヴォルト	motto マトウ
もっと 最も	meist マイスト	most モウスト
もっと 尤もな	begreiflich, vernünftig ベグライフリヒ, フェアニュンフティヒ	reasonable, natural リーズナブル, ナチュラル
もっぱ 専ら	ausschließlich アオスシュリースリヒ	chiefly, mainly チーフリ メインリ
もつ 縺れる	*sich*[4] verwickeln, *sich*[4] verwirren フェアヴィッケルン, フェアヴィレン	be tangled ビ タングルド
もてあそ 弄ぶ	*mit*[3] spielen シュピーレン	play *with* プレイ
もてなす	bewirten, unterhalten ベヴィルテン, ウンターハルテン	entertain エンタテイン
も はや 持て囃す	rühmen リューメン	talk much *about* トーク マチ
モデム	*der*(*das*) Modem モーデム	modem モウデム
も 持てる	*bei*[3] beliebt sein ベリープト ザイン	be popular *with, among* ビ パピュラ
モデル	*das* Modell モデル	model マドル
～チェンジ	*der* Modellwechsel モデルヴェクセル	model changeover マドル チェインヂョウヴァ
～ハウス	*das* Modellhaus モデルハオス	model house マドル ハウス
もと 元	*der* Ursprung, *die* Wurzel ウーアシュプルング, ヴルツェル	the origin ザ オリヂン

日	独	英
戻す (元へ)	zurück|geben, zurück|legen ツリュックゲーベン, ツリュックレーゲン	return リターン
(吐く)	sich⁴ erbrechen, sich⁴ übergeben エアブレッヒェン, ユーバーゲーベン	throw up, vomit スロウ アプ, ヴァミト
元栓	der Haupthahn ハオプトハーン	main cock メイン カク
基づく	auf³ beruhen, sich⁴ auf⁴ gründen ベルーエン, グリュンデン	be based on ビ ベイスド
元手	das Kapital カピタール	capital, fund キャピタル, ファンド
求める	wollen ヴォレン	want ワント
(買う)	kaufen カオフェン	buy バイ
元々	ursprünglich, eigentlich ウーアシュプリュングリヒ, アイゲントリヒ	originally オリヂナルリ
(生来)	von Natur フォン ナトゥーア	by nature バイ ネイチャ
戻る	zurück|kommen, zurück|kehren ツリュックコメン, ツリュックケーレン	return, come back リターン, カム バク
(引き返す)	um|kehren ウムケーレン	turn back ターン バク
モニター	der Monitor モーニトーア	monitor マニタ
者	die Person ペルゾーン	person パースン
物	das Ding, die Sache ディング, ザッヘ	thing, object スィング, アブヂクト
物置	der Abstellraum, der Schuppen アプシュテルラオム, シュッペン	storeroom ストールーム
物音	das Geräusch ゲロイシュ	noise, sound ノイズ, サウンド

日	独	英
物語(ものがたり)	*die* Erzählung, *die* Geschichte エアツェールング, ゲシヒテ	story ストーリ
モノクロの	monochrom, einfarbig モノクローム, アインファルビヒ	monochrome マノクロウム
物乞いする(ものご)	betteln ベッテルン	beg ベグ
物事(ものごと)	*das* Ding, *die* Sache ディング, ザッヘ	things スィングズ
物差し(ものさ)	*das* Lineal, *der* Maßstab リネアール, マースシュタープ	rule, measure ルール, メジャ
物知り(ものし)	*der*/*die* Kenntnisreiche ケントニスライヒェ	learned man ラーニド マン
物好きな(ものず)	neugierig, begierig ノイギーリヒ, ベギーリヒ	curious キュアリアス
物凄い(ものすご)	schrecklich, furchtbar シュレックリヒ, フルヒトバール	terrible, horrible テリーブル, ホリブル
(素晴らしい)	wunderbar, herrlich ヴンダーバール, ヘルリヒ	wonderful, great ワンダフル, グレイト
物足りない(ものた)	*mit*³ nicht zufrieden sein ニヒト ツーフリーデン ザイン	be not satisfied *with* ビ ナト サティスファイド
物干し(ものほ)	*die* Wäscheleine ヴェッシェライネ	clothesline クロウズズライン
物真似する(ものまね)	imitieren, nach|ahmen イミティーレン, ナーハアーメン	take off テイク オーフ
モノレール	*die* Einschienenbahn アインシーネンバーン	monorail マノレイル
モノローグ	*der* Monolog モノローク	monolog マノログ
物分かりのよい(ものわ)	verständig, einsichtig フェアシュテンディヒ, アインズィヒティヒ	sensible センスィブル
モバイル	*der* Mobilfunk モビールフンク	mobile telephony モウビル テレフォニ
モバイルの	mobil モビール	mobile モウビル
最早(もはや)	schon, bereits ショーン, ベライツ	already, now オールレディ, ナウ

日	独	英
〜…ない	nicht... mehr ニヒト…メーア	not... any more ナト…エニ モー
もはん 模範	das Vorbild フォーアビルト	example, model イグザンプル, マドル
もふく 喪服	die Trauerkleidung トラオアークライドゥング	mourning dress モーニング ドレス
もほう 模倣	die Nachahmung ナーハアームング	imitation イミテイション
〜する	nach|ahmen ナーハアーメン	imitate イミテイト
もみ 樅	die Tanne タネ	fir ファー
もみじ 紅葉	der Ahorn アーホルン	maple メイプル
（葉）	die Herbstfärbung der Blätter ヘルプストフェルブング デア ブレッター	red leaves レド リーヴズ
も 揉む	massieren マスィーレン	rub, massage ラブ, マサージュ
もごと 揉め事	der Streit, die Querele シュトライト, クヴェーレレ	trouble トラブル
も 揉める（喧嘩）	mit³ streiten シュトライテン	get into trouble ゲト イントゥ トラブル
（気が）	sich⁴ beängstigen ベエンクスティゲン	be worried *about* ビ ワーリド
もめん 木綿	die Baumwolle バオムヴォレ	cotton カトン
もも 股	der Oberschenkel オーバーシェンケル	the thigh ザ サイ
もも 桃	der Pfirsich プフィルズィヒ	peach ピーチ
ももいろ 桃色	das Rosa ローザ	pink ピンク
〜の	rosa ローザ	rosy ロウズィ
もや 靄	der Dunst ドゥンスト	haze, mist ヘイズ, ミスト
もやし	der Sojabohnenspross ゾーヤボーネンシュプロス	bean sprout ビーン スプラウト

日	独	英
燃やす	brennen, verbrennen ブレネン, フェアブレネン	burn バーン
模様	*das* Muster ムスター	pattern, design パタン, ディザイン
（様子）	*das* Aussehen アオスゼーエン	appearance アピアランス
（状態）	*der* Zustand ツーシュタント	condition カンディション
催す	veranstalten, geben, ab|halten. フェアアンシュタルテン, ゲーベン, アップハルテン	hold, give ホウルド, ギヴ
最寄りの	*der/die/das* Nächste ネーヒステ	nearby ニアバイ
貰う	bekommen, erhalten, kriegen ベコメン, エアハルテン, クリーゲン	get, receive ゲト, リスィーヴ
…して〜	lassen ラッセン	have *a person do* ハヴ
洩［漏］らす	durch|sickern lassen ドゥルヒズィッカーン ラッセン	leak リーク
（秘密を）	ein Geheimnis verraten アイン ゲハイムニス フェアラーテン	let out, leak レト アウト, リーク
小便を〜	in die Hose machen イン ディー ホーゼ マッヘン	wet *one's* pants ウェト パンツ
モラル	*die* Moral モラール	morals モラルズ
森	*der* Wald ヴァルト	woods, forest ウッヅ, フォリスト
盛る	füllen フュレン	pile up パイル アプ
（食べ物を）	servieren セルヴィーレン	dish up ディシュ アプ
モルタル	*der* Mörtel メルテル	mortar モータ
モルヒネ	*das* Morphium モルフィウム	morphine モーフィーン
モルモット	*das* Meerschweinchen メーアシュヴァインヒェン	guinea pig ギニ ピグ

日	独	英
も 洩[漏]れる 　（容器が）	lecken レッケン	leak, come through カム スルー
（水・情報が）	durch|sickern, sickern ドゥルヒズィッカーン, ズィッカーン	leak out リーク アウト
もろ 脆い	zerbrechlich, brüchig ツェアブレヒリヒ, ブリュッヒヒ	fragile フラヂル
もん 紋	*das* Wappen, *das* Muster ヴァッペン, ムスター	family crest ファミリ クレスト
もん 門	*das* Tor, *die* Pforte トーア, プフォルテ	gate ゲイト
もん 文句	*die* Worte ヴォルテ	expression, phrase イクスプレション, フレイズ
（不平）	*die* Beschwerde, *die* Klage ベシュヴェーアデ, クラーゲ	complaint カンプレイント
〜を言う	Vorwürfe machen, *sich*⁴ beschweren フォーアヴュルフェ マッヘン, ベシュヴェーレン	complain コンプレイン
もんげん 門限	*der* Torschluss トーアシュルス	curfew カーフュー
もんしょう 紋章	*das* Wappen ヴァッペン	crest クレスト
モンタージュ	*die* Montage モンタージェ	montage マンタージュ
もんだい 問題	*das* Problem, *die* Frage プロブレーム, フラーゲ	question, problem クウェスチョン, プラブレム
（課題）	*die* Aufgabe, *die* Übung アオフガーベ, ユーブング	exercise エクササイズ

日	独	英

や, ヤ

矢	*der* Pfeil プファイル	arrow アロウ
やえい 野営する	lagern ラーガーン	make camp メイク キャンプ
やおちょう 八百長をする	*sich*⁴ vorher ab|sprechen フォーアヘーア アップシュプレッヒェン	fix a game フィクス ア ゲイム
やおや 八百屋	*der* Gemüseladen ゲミューゼラーデン	vegetable store ヴェヂタブル ストー
やがい 野外で	im Freien イム フライエン	outdoor, open-air アウトドー, オウプネア
やがて	bald バルト	soon スーン
やかま 喧しい	laut ラオト	noisy, clamorous ノイズィ, クラモラス
やかん 夜間	*die* Nacht ナハト	night, nighttime ナイト, ナイトタイム
やかん 薬缶	*der* Kessel ケッセル	kettle ケトル
やぎ 山羊	*die* Ziege ツィーゲ	goat ゴウト
～座	*der* Steinbock シュタインボック	the Goat, Capricorn ザ ゴウト, ケプリコーン
や　ざかな 焼き魚	gebratener Fisch ゲブラーテナー フィッシュ	grilled fish グリルド フィシュ
や　つ 焼き付ける	ab|ziehen アップツィーエン	print プリント
や　にく 焼き肉	*der* Braten ブラーテン	roast meat ロウスト ミート
や　ま 焼き増し	*der* Abzug アップツーク	extra print エクストラ プリント
や　もち 焼き餅	*die* Eifersucht アイファーズフト	jealousy ヂェラスィ
やきゅう 野球	*der* Baseball ベースボール	baseball ベイスボール
やきん 夜勤	*der* Nachtdienst ナハトディーンスト	night duty ナイト デューティ

日	独	英
焼く	brennen, braten, backen ブレネン, ブラーテン, バッケン	burn, bake バーン, ベイク
役	*die* Position ポズィツィオーン	post, position ポウスト, ポズィション
（劇の）	*die* Rolle ロレ	the part, the role ザ パート, ザ ロウル
〜に立つ	nützlich sein ニュッツリヒ ザイン	be useful ビ ユースフル
約	etwa エトヴァ	about アバウト
訳	*die* Übersetzung ユーバーゼッツング	translation トランスレイション
役員	*das* Vorstandsmitglied フォーアシュタンツミットグリート	officer, official オフィサ, オフィシャル
薬学	*die* Pharmazie, *die* Pharmakologie ファルマツィー, ファルマコロギー	pharmacy ファーマスィ
訳語	*die* Übersetzung ユーバーゼッツング	translation トランスレイション
やくざ	*der* Gangster ガングスター	gangster, hoodlum ギャングスタ, フードラム
薬剤師	*der*(*die*) Apotheker(*in*) アポテーカー (-ケリン)	pharmacist, druggist ファーマスィスト, ドラギスト
役者	*der*(*die*) Schauspieler(*in*) シャオシュピーラー (-レリン)	actor, actress アクタ, アクトレス
役所	*das* Amt, *die* Behörde アムト, ベヘーアデ	public office パブリク オフィス
躍進する	Aufschwung nehmen アオフシュヴング ネーメン	make progress メイク プラグレス
訳す	übersetzen ユーバーゼッツェン	translate into トランスレイト
薬草	*das* Heilkraut ハイルクラオト	medicinal herb メディスィナル ハーブ
約束	*das* Versprechen フェアシュプレッヒェン	promise プラミス
〜する	versprechen フェアシュプレッヒェン	promise プラミス

日	独	英
役立つ (やくだつ)	nützlich, brauchbar ニュッツリヒ, ブラオホバール	be useful ビ ユースフル
役人 (やくにん)	*der(die)* Beamte(*in*) ベアムテ(-ティン)	government official ガヴァンメント オフィシャル
役場 (やくば)	*das* Amt, *die* Behörde アムト, ベヘーアデ	town office タウン オフィス
薬品 (やくひん)	*das* Arzneimittel アールツナイミッテル	medicines メディスィンズ
薬味 (やくみ)	*das* Gewürz ゲヴュルツ	spice スパイス
役目 (やくめ)	*die* Pflicht プフリヒト	duty デューティ
役割 (やくわり)	*die* Rolle ロレ	part, role パート, ロウル
夜景 (やけい)	*der* Anblick bei Nacht アンブリック バイ ナハト	night view ナイト ヴュー
火傷 (やけど)	*die* Brandwunde ブラントヴンデ	burn バーン
〜する	*sich*[4] verbrennen フェアブレネン	burn, get burnt バーン, ゲト バーント
焼ける (やける)	brennen ブレネン	be burnt ビ バーント
(肉・魚などが)	gebraten werden ゲブラーテン ヴェーアデン	be roasted, be broiled ビ ロウステド, ビ ブロイルド
夜行性の (やこうせいの)	nachtaktiv ナハトアクティーフ	nocturnal ナクターナル
夜光塗料 (やこうとりょう)	*die* Leuchtfarbe ロイヒトファルベ	luminous paint ルーミナス ペイント
夜行列車 (やこうれっしゃ)	*der* Nachtzug ナハトツーク	night train ナイト トレイン
野菜 (やさい)	*das* Gemüse ゲミューゼ	vegetables ヴェヂタブルズ
易しい (やさしい)	leicht, einfach ライヒト, アインファッハ	easy, plain イーズィ, プレイン
優しい (やさしい)	freundlich, nett フロイントリヒ, ネット	gentle, kind ヂェントル, カインド
椰子 (やし)	*die* Palme パルメ	palm パーム

■ 野菜 ■ *das* Gemüse /ゲミューゼ/

胡瓜(きゅうり)	*die* Gurke /グルケ/ (英cucumber)
茄子(なす)	*die* Aubergine /オベルジーネ/ (英eggplant, aubergine)
人参(にんじん)	*die* Karotte /カロッテ/, *die* Möhre /メーレ/ (英carrot)
大根(だいこん)	*der* Rettich /レッティヒ/ (英radish)
じゃが芋(いも)	*die* Kartoffel /カルトッフェル/ (英potato)
南瓜(かぼちゃ)	*der* Kürbis /キュルビス/ (英pumpkin)
牛蒡(ごぼう)	*die* Schwarzwurzel /シュヴァルツヴルツェル/ ; *die* Klette /クレッテ/ (英burdock)
白菜(はくさい)	*der* Chinakohl /ヒーナコール/ (英Chinese cabbage)
菠薐草(ほうれんそう)	*der* Spinat /シュピナート/ (英spinach)
葱(ねぎ)	*der* Lauch /ラオホ/, *der* Porree /ポレ/ (英leek)
玉葱(たまねぎ)	*die* Zwiebel /ツヴィーベル/ (英onion)
莢隠元(さやいんげん)	*die* Stangenbohne /シュタンゲンボーネ/ (英green bean)
大蒜(にんにく)	*der* Knoblauch /クノーブラオホ/ (英garlic)
トマト	*die* Tomate /トマーテ/ (英tomato)
ピーマン	*der* Paprika /パプリカ/ (英green pepper)
キャベツ	*der* Kohl /コール/ (英cabbage)
芽(め)キャベツ	*der* Rosenkohl /ローゼンコール/ (英Brussels sprouts)
レタス	*der* Kopfsalat /コプフザラート/ (英lettuce)
アスパラガス	*der* Spargel /シュパルゲル/ (英asparagus)
カリフラワー	*der* Blumenkohl /ブルーメンコール/ (英cauliflower)
ブロッコリー	*die* Brokkoli /ブロッコリ/ (英broccoli)
セロリ	*der* Sellerie /ゼレリ/ (英celery)
パセリ	*die* Petersilie /ペターズィーリエ/ (英parsley)
グリーンピース	grüne Erbse /グリューネ エルプセ/ (英pea)
玉蜀黍(とうもろこし)	*der* Mais /マイス/ (英corn)
茸(きのこ)	*der* Pilz /ピルツ/ (英mushroom)
ズッキーニ	*die* Zucchini /ツッキーニ/ (英zucchini)
アーティチョーク	*die* Artischocke /アルティショッケ/ (英artichoke)
エシャロット	*die* Schalotte /シャロッテ/ (英shallot)
クレソン	*die* Kresse /クレッセ/ (英watercress)

日	独	英
〜の実	die Kokosnuss コーコスヌス	coconut コウコナト
野次(やじ)	der Buhruf ブールーフ	catcall キャトコール
養う(やしな)(扶養)	unterhalten ウンターハルテン	support, keep サポート, キープ
野獣(やじゅう)	die Bestie ベスティエ	wild beast ワイルド ビースト
野次る(やじ)	dazwischen|rufen ダーツヴィシェンルーフェン	hoot, catcall フート, キャトコール
矢印(やじるし)	der Richtungspfeil リヒトゥングスプファイル	arrow アロウ
野心的な(やしんてき)	ehrgeizig エーアガイツィヒ	ambitious アンビシャス
安い(やす)	billig ビリヒ	cheap, inexpensive チープ, イニクスペンスィヴ
安売り(やすう)	der Sonderverkauf ゾンダーフェアカオフ	bargain sale バーギン セイル
安月給(やすげっきゅう)	niedriges Gehalt ニードリゲス ゲハルト	small salary スモール サラリ
安っぽい(やす)	billig ビリヒ	cheap, flashy チープ, フラシ
安値(やすね)	niedriger Preis ニードリガー プライス	low price ロウ プライス
休み(やす)	die Pause パウゼ	rest レスト
(休日)	der Feiertag, die Ferien ファイアータ-ク, フェーリエン	holiday, vacation ハリデイ, ヴェイケイション
休む(やす)	sich⁴ aus|ruhen アオスルーエン	rest レスト
(欠席)	in³ fehlen フェーレン	be absent *from* ビ アブセント
安らかな(やす)	friedlich フリートリヒ	peaceful, quiet ピースフル, クワイエト
安らぎ(やす)	die Ruhe ルーエ	peace ピース
鑢(やすり)	die Feile ファイレ	file ファイル

日	独	英
やせい 野生の	wild ヴィルト	wild ワイルド
や 痩せた	schlank, mager シュランク, マーガー	thin, slim スィン, スリム
や 痩せる	ab|nehmen, schlank werden アップネーメン, シュランク ヴェーアデン	become thin ビカム スィン
やそう 野草	*das* Kraut クラオト	wild grass ワイルド グラス
やたい 屋台	*die* Bude ブーデ	stall, stand ストール, スタンド
やたら 矢鱈に	übermäßig ユーバーメースィヒ	at random アト ランダム
やちょう 野鳥	wilder Vogel ヴィルダー フォーゲル	wild bird ワイルド バード
やちん 家賃	*die* Miete ミーテ	rent レント
やつ 奴	*der* Kerl ケルル	fellow, chap フェロウ, チャプ
やっかいな 厄介な	umständlich, lästig ウムシュテントリヒ, レスティヒ	troublesome, annoying トラブルサム, アノイイング
やっきょく 薬局	*die* Apotheke, *die* Drogerie アポテーケ, ドロゲリー	drugstore ドラグストー
や つ しごと 遣っ付け仕事	schlampige Arbeit シュランピゲ アルバイト	rough-and-ready work ラフアンレディ ワーク
や つ 遣っ付ける	besiegen ベズィーゲン	beat, defeat ビート, ディフィート
(処理)	fertig machen フェルティヒ マッヘン	finish, fix フィニシュ, フィクス
やっと	endlich エントリヒ	at last アト ラスト
(かろうじて)	knapp クナップ	barely ベアリ
やつれる	ab|magern アップマーガーン	be worn out ビ ウォーン アウト
やど 宿	*das* Hotel, *die* Unterkunft ホテル, ウンタークンフト	hotel, inn ホウテル, イン
やと ぬし 雇い主	*der*(*die*) Arbeitgeber(*in*) アルバイトゲーバー (-ベリン)	employer インプロイア

日	独	英
やと 雇う	an|stellen, ein|stellen アンシュテレン, アインシュテレン	employ インプロイ
やとう 野党	*die* Opposition オポズィツィオーン	opposition party アポズィション パーティ
やどちょう 宿帳	*das* Gästebuch ゲステブーフ	hotel register ホウテル レヂスタ
やどや 宿屋	*das* Gasthaus, *der* Gasthof ガストハオス, ガストホーフ	inn, hotel イン, ホウテル
やなぎ 柳	*die* Weide ヴァイデ	willow ウィロウ
やに 脂	*das* Harz ハールツ	resin レズィン
（たばこの）	*der* Teer テーア	nicotine ニコティーン
やぬし 家主	*der*(*die*) Vermieter(*in*) フェアミーター (-テリン)	the owner of a house ジ オウナ オヴ ア ハウス
やね 屋根	*das* Dach ダッハ	roof ルーフ
～裏	*der* Dachboden ダッハボーデン	garret, attic ギャレト, アティク
～瓦	*der* Dachziegel ダッハツィーゲル	roof tile ルーフ タイル
やは 矢張り	auch アオホ	too, also トゥー, オールソウ
（依然として）	noch ノッホ	still スティル
（結局）	schließlich シュリースリヒ	after all アフタ オール
やばん 野蛮な	barbarisch バルバーリシュ	barbarous, savage バーバラス, サヴィヂ
やぶ 藪	*der* Busch ブッシュ	bush ブシュ
やぶ 破る	zerreißen ツェアライセン	tear テア
（約束を）	brechen ブレッヒェン	break ブレイク
やぶ 破れる	zerreißen, zerbrechen ツェアライセン, ツェアブレッヒェン	be torn ビ トーン

日	独	英
やぶ 敗れる	verlieren フェアリーレン	be beaten ビ ビートン
やぼう 野望	*der* Ehrgeiz エーアガイツ	ambition アンビション
やぼ 野暮な	geschmacklos ゲシュマックロース	senseless センスレス
やま 山	*der* Berg ベルク	mountain マウンティン
やまい 病	*die* Krankheit クランクハイト	disease ディズィーズ
やまかじ 山火事	*der* Waldbrand ヴァルトブラント	forest fire フォリスト ファイア
やま 疾しい	ein schlechtes Gewissen haben アイン シュレヒテス ゲヴィッセン ハーベン	feel guilty フィール ギルティ
やまねこ 山猫	*die* Wildkatze ヴィルトカッツェ	wildcat ワイルドキャト
やまのぼ 山登り	*das* Bergsteigen ベルクシュタイゲン	mountaineering マウンティニアリング
やまびこ 山彦	*das* Echo エヒョ	echo エコウ
やみ 闇	*die* Finsternis フィンスターニス	darkness ダークネス
やみくも 闇雲に	blindlings ブリントリングス	at random, rashly アト ランダム, ラシュリ
や 止む	auf|hören アオフヘーレン	stop, be over スタプ, ビ オウヴァ
や 止める	auf|hören アオフヘーレン	stop, end スタプ, エンド
や 辞める	auf|hören アオフヘーレン	resign, leave リザイン, リーヴ
（退職）	zurück|treten ツリュックトレーテン	retire リタイア
やもめ 寡婦	*die* Witwe ヴィトヴェ	widow ウィドウ
やもり 守宮	*der* Gecko ゲコ	gecko ゲコウ

日	独	英
稍（やや）	etwas, ein wenig エトヴァス, アイン ヴェーニヒ	a little, somewhat ア リトル, サムホワト
ややこしい	kompliziert コンプリツィーアト	complicated カンプリケイテド
槍（やり）	*der* Speer, *die* Lanze シュペーア, ランツェ	spear, lance スピア, ランス
遣り甲斐のある	lohnend, der Mühe wert sein ローネント, デア ミューエ ヴェーアト ザイン	worthwhile ワースホワイル
遣り損なう	verpfuschen フェアプフッシェン	fail フェイル
遣り遂げる	durch|führen ドゥルヒフューレン	accomplish アカンプリシュ
遣り直す	von neuem an|fangen フォン ノイエム アンファンゲン	try again トライ アゲイン
槍投げ	*das* Speerwerfen シュペーアヴェルフェン	the javelin throw ザ ヂャヴェリン スロウ
遣り抜く	vollenden フォルエンデン	carry through キャリ スルー
遣る	geben ゲーベン	give ギヴ
（する）	machen マッヘン	do ドゥ
遣る気	*der* Wille ヴィレ	will, drive ウィル, ドライヴ
柔らかい	weich ヴァイヒ	soft, tender ソフト, テンダ
和らぐ	*sich*⁴ mildern ミルダーン	soften ソフン
（苦痛などが）	nach|lassen ナーハラッセン	lessen レスン
和らげる	mildern ミルダーン	soften ソフン
（苦痛などを）	lindern リンダーン	allay, ease アレイ, イーズ
やんちゃな	unartig ウンアールティヒ	naughty ノーティ

日	独	英

ゆ, ユ

湯
warmes [heißes] Wasser
ヴァルメス [ハイセス] ヴァッサー
hot water
ハト ウォタ

唯一の
einzig
アインツィヒ
only, unique
オウンリ, ユーニーク

遺言
das Testament,
das Vermächtnis
テスタメント, フェアメヒトニス
will
ウィル

優位
der Vorrang
フォーアラング
advantage
アドヴァンティヂ

有意義な
sinnvoll
ズィンフォル
significant
スィグニフィカント

憂鬱な
melancholisch
メランコーリシュ
melancholy, gloomy
メランカリ, グルーミ

有益な
nützlich
ニュッツリヒ
useful, beneficial
ユースフル, ベニフィシャル

優越感
das Überlegenheitsgefühl
ユーバーレーゲンハイツゲフュール
sense of *one's* own superiority
センス オヴ オウン シュピアリオリティ

遊園地
der Vergnügungspark
フェアグニューグングスパルク
amusement park
アミューズメント パーク

誘拐する
entführen, kidnappen
エントフューレン, キットネッペン
kidnap, abduct
キドナプ, アブダクト

有害な
schädlich
シェートリヒ
bad, harmful
バド, ハームフル

有価証券
das Wertpapier
ヴェーアトパピーア
valuable securities
ヴァリュアブル スィキュアリティズ

夕方
der Abend
アーベント
evening
イーヴニング

優雅な
anmutig
アンムーティヒ
graceful, elegant
グレイスフル, エリガント

ユーカリ
der Eukalyptus
オイカリュプトゥス
eucalyptus
ユーカリプタス

夕刊
das Abendblatt
アーベントブラット
evening paper
イーヴニング ペイパ

勇敢な
tapfer, mutig
タプファー, ムーティヒ
brave, courageous
ブレイヴ, カレイヂャス

日	独	英
<ruby>勇気<rt>ゆうき</rt></ruby>	*der* Mut ムート	courage, bravery カーリヂ, ブレイヴァリ
〜のある	mutig ムーティヒ	courageous カレイヂャス
<ruby>遊戯<rt>ゆうぎ</rt></ruby>	*das* Spiel シュピール	play, game プレイ, ゲイム
<ruby>有給休暇<rt>ゆうきゅうきゅうか</rt></ruby>	bezahlter Urlaub ベツァールター ウーアラオブ	paid holiday ペイド ハリデイ
<ruby>優遇する<rt>ゆうぐう</rt></ruby>	bevorzugen ベフォーアツーゲン	treat warmly トリート ウォームリ
<ruby>有限会社<rt>ゆうげんがいしゃ</rt></ruby>	Gesellschaft mit beschränkter Haftung, *die* GmbH ゲゼルシャフト ミット ベシュレンクター ハフトゥング, ゲーエムベーハー	incorporated company インコーポレイティド カンパニ
<ruby>有権者<rt>ゆうけんしゃ</rt></ruby>	*der/die* Wahlberechtigte ヴァールベレヒティヒテ	the electorate ジ イレクトレト
<ruby>友好<rt>ゆうこう</rt></ruby>		
〜関係	*die* Freundschaft フロイントシャフト	friendly relations フレンドリ リレイションズ
〜国	befreundete Staaten ベフロインデテ シュターテン	friendly nation フレンドリ ネイション
<ruby>融合<rt>ゆうごう</rt></ruby>	*die* Fusion フズィオーン	fusion フュージョン
〜する	verschmelzen フェアシュメルツェン	fuse フューズ
<ruby>有効な<rt>ゆうこう</rt></ruby>	gültig ギュルティヒ	valid, effective ヴァリド, イフェクティヴ
ユーザー	*der*(*die*) Benutzer(*in*) ベヌッツアー (-ツェリン)	user ユーザ
<ruby>有罪の<rt>ゆうざい</rt></ruby>	schuldig シュルディヒ	guilty ギルティ
<ruby>有志<rt>ゆうし</rt></ruby>	*der/die* Freiwillige フライヴィリゲ	volunteer ヴァランティア
<ruby>融資する<rt>ゆうし</rt></ruby>	finanzieren フィナンツィーレン	finance フィナンス
<ruby>優秀な<rt>ゆうしゅう</rt></ruby>	ausgezeichnet, hervorragend アオスゲツァイヒネト, ヘアフォーアラーゲント	excellent エクセレント

日	独	英
ゆうしょう 優勝	*der* Sieg ズィーク	championship チャンピオンシプ
～する	siegen ズィーゲン	win a championship ウィン ア チャンピオンシプ
ゆうじょう 友情	*die* Freundschaft フロイントシャフト	friendship フレンシプ
ゆうしょく 夕食	*das* Abendessen アーベントエッセン	supper, dinner サパ, ディナ
ゆうじん 友人	*der*(*die*) Freund(*in*) フロイント(-ディン)	friend フレンド
ゆうずう 融通する	leihen ライエン	lend レンド
ユースホステル	*die* Jugendherberge ユーゲントヘアベルゲ	youth hostel ユース ハステル
ゆうせい 優勢な	überwiegend ユーバーヴィーゲント	superior, predominant シュピアリア, プリダミナント
ゆうせん 優先する	den Vorrang geben デン フォーアラング ゲーベン	have priority ハヴ プライオーリティ
ゆうぜん 悠然と	gelassen ゲラッセン	composedly カンポウズィドリ
ゆうせんほうそう 有線放送	*der* Kabelrundfunk カーベルルントフンク	wired radio system ワイアド レイディオウ スィステム
ゆうそう 郵送 ～する	per Post schicken ペル ポスト シッケン	send by mail センド バイ メイル
～料	*die* Postgebühr ポストゲビューア	postage ポウスティヂ
ゆうそう 勇壮な	heroisch ヘローイシュ	brave, heroic ブレイヴ, ヒロウイク
ユーターンする	um|wenden ウムヴェンデン	take a U-turn テイク ア ユーターン
ゆうたいけん 優待券	*die* Freikarte フライカルテ	complimentary ticket カンプリメンタリ ティケト
ゆうだい 雄大な	herrlich ヘルリヒ	grand, magnificent グランド, マグニフィセント
ゆうだち 夕立	*der* Platzregen プラッツレーゲン	shower シャウア
ゆうどう 誘導する	leiten ライテン	lead リード

日	独	英
ゆうどく 有毒な	giftig ギフティヒ	poisonous ポイズナス
ユートピア	*die* Utopie ウトピー	Utopia ユートウピア
ゆうのう 有能な	begabt, fähig, tüchtig ベガープト, フェーイヒ, テュヒティヒ	able, capable エイブル, ケイパブル
ゆうはつ 誘発する	veranlassen フェアアンラッセン	cause コーズ
ゆうひ 夕日	*die* Abendsonne アーベントゾネ	the setting sun ザ セティング サン
ゆうび 優美な	anmutig アンムーティヒ	graceful, elegant グレイスフル, エリガント
ゆうびん 郵便	*die* Post ポスト	mail, post メイル, ポウスト
～受け	*der* Briefkasten ブリーフカステン	letter box レタ バクス
～為替	*die* Postanweisung ポストアンヴァイズング	money order マニ オーダ
～局	*das* Postamt ポストアムト	post office ポウスト オフィス
～貯金	*die* Postsparkasse ポストシュパールカッセ	post-office saving ポウスト オフィス セイヴィング
～番号	*die* Postleitzahl ポストライトツァール	zip code ズィプ コウド
～物	*die* Postsendung ポストゼンドゥング	mail matter メイル マタ
～ポスト	*der* Briefkasten ブリーフカステン	mailbox メイルバクス
ユーフォー	*das* UFO ウーフォ	UFO ユーエフオウ
ゆうふく 裕福な	reich, wohlhabend ライヒ, ヴォールハーベント	rich, wealthy リチ, ウェルスィ
ゆうべ 昨夜	gestern Abend ゲスターン アーベント	last night ラスト ナイト
ゆうべん 雄弁な	beredt ベレート	eloquent エロクウェント

日	独	英
ゆうぼう 有望な	hoffnungsvoll, viel versprechend ホフヌングスフォル, フィール フェアシュプレッヒェント	promising, hopeful プラミスィング, ホウプフル
ゆうぼくみん 遊牧民	das Nomadenvolk ノマーデンフォルク	nomad ノウマド
ゆうほどう 遊歩道	die Promenade プロメナーデ	promenade プラメネイド
ゆうめい 有名な	berühmt ベリュームト	famous, well-known フェイマス, ウェルノウン
ユーモア	der Humor フモーア	humor ヒューマ
ユーモラスな	humorvoll フモーアフォル	humorous ヒューマラス
ゆうや 夕焼け	das Abendrot アーベントロート	evening glow イーヴニング グロウ
ゆうやみ 夕闇	die Abenddämmerung アーベントデメルング	dusk, twilight ダスク, トワイライト
ゆうよ 猶予	der Aufschub アオフシューブ	delay, grace ディレイ, グレイス
～期間	die Frist フリスト	grace period グレイス ピアリアド
ゆうらん 遊覧		
～船	das Rundfahrtschiff ルントファールトシフ	pleasure boat プレジャ ボウト
～バス	der Rundfahrtbus ルントファールトブス	sight-seeing bus サイドスィーイング バス
ゆうり 有利な	vorteilhaft フォルタイルハフト	advantageous アドヴァンテイヂャス
ゆうりょう 優良な	vorzüglich フォーアツューク リヒ	superior, excellent シュピアリア, エクセレント
ゆうりょう 有料の	gebührenpflichtig ゲビューレンプフリヒティヒ	pay ペイ
ゆうりょく 有力な	einflussreich アインフルスライヒ	strong, powerful ストロング, パウアフル
ゆうれい 幽霊	das Gespenst, der Geist ゲシュペンスト, ガイスト	ghost ゴウスト

日	独	英
ユーロ	*der* Euro オイロ	Euro ユアロ
誘惑する	*zu*³ verführen フェアフューレン	tempt, seduce テンプト, スィデュース
床	*der* Fußboden フースボーデン	floor フロー
愉快な	lustig ルスティヒ	pleasant, cheerful プレザント, チアフル
歪む	*sich*⁴ verzerren フェアツェレン	be distorted ビ ディストーテド
歪める	verdrehen フェアドレーエン	distort, bend ディストート, ベンド
雪	*der* Schnee シュネー	snow スノウ
〜が降る	schneien シュナイエン	snow スノウ
行方	*die* Spur シュプーア	whereabouts ホウェアアバウツ
〜不明の	vermisst フェアミスト	missing ミスィング
湯気	*der* Dampf ダンプフ	steam, vapor スティーム, ヴェイパ
輸血する	eine Bluttransfusion geben アイネ ブルートトランスフズィオーン ゲーベン	transfuse blood トランスフューズ ブラド
揺さぶる	schütteln シュッテルン	shake, move シェイク, ムーヴ
輸出	*der* Export, *die* Ausfuhr エクスポルト, アオスフーア	export エクスポート
〜する	exportieren, aus|führen エクスポルティーレン, アオスフューレン	export エクスポート
濯ぐ	spülen シュピューレン	rinse リンス
強請	*die* Erpressung エアプレッスング	blackmail ブラクメイル
譲り受ける	*von*³ übernehmen ユーバーネーメン	take over テイク オウヴァ
強請る	erpressen エアプレッセン	blackmail ブラクメイル

日	独	英
ゆず譲る	geben ゲーベン	hand over, give ハンド オウヴァ, ギヴ
（譲歩）	nach|geben ナーハゲーベン	concede to カンスィード
ゆせい油性の	ölig エーリヒ	oily オイリ
ゆそう輸送する	transportieren, befördern トランスポルティーレン, ベフェルダーン	transport, carry トランスポート, キャリ
ゆた豊かな	reich ライヒ	abundant, rich アバンダント, リチ
ゆだ委ねる	überlassen ユーバーラッセン	entrust with イントラスト
ユダヤ		
～教	*das* Judentum ユーデントゥム	Judaism ヂューダイズム
～人	*der*(*die*) Jude(Jüdin), *das* Judentum ユーデ(-ディン), ユーデントゥーム	Jew ヂュー
ゆだん油断する	*auf*⁴ nicht auf|passen ニヒト アオフパッセン	be off *one's* guard ビ オフ ガード
ゆちゃく癒着する	*an*⁴ kleben クレーベン	adhere アドヒア
ゆっくり	langsam ラングザーム	slowly スロウリ
ゆ たまご茹で卵	gekochtes Ei ゲコッホテス アイ	boiled egg ボイルド エグ
ゆ茹でる	kochen コッヘン	boil ボイル
ゆでん油田	*das* Ölfeld エールフェルト	oil field オイル フィールド
ゆとり	*der* Spielraum シュピールラオム	room ルーム
ユニット	*die* Einheit アインハイト	unit ユーニト
ユニバーシアード	*die* Universiade ウニヴェルズィアーデ	the Universiade ザ ユーニヴァースィアード
ユニフォーム	*die* Uniform ウニフォルム	uniform ユーニフォーム

日	独	英
ゆにゅう 輸入	*der* Import, *die* Einfuhr インポルト, アインフーア	import インポート
〜する	importieren, ein|führen インポルティーレン, アインフューレン	import, introduce インポート, イントロデュース
ゆび 指	*der* Finger フィンガー	finger フィンガ
（足の）	*die* Zehe ツェーエ	toe トウ
ゆびわ 指輪	*der* Ring リング	ring リング
ゆみ 弓	*der* Bogen ボーゲン	bow バウ
ゆめ 夢	*der* Traum トラオム	dream ドリーム
〜を見る	träumen トロイメン	dream ドリーム
ゆらい 由来	*die* Herkunft ヘーアクンフト	the origin ジ オリヂン
ゆり 百合	*die* Lilie リーリエ	lily リリ
ゆ いす 揺り椅子	*der* Schaukelstuhl シャオケルシュトゥール	rocking chair ラキング チェア
ゆ かご 揺り籠	*die* Wiege ヴィーゲ	cradle クレイドル
ゆりかもめ 百合鴎	*die* Lachmöwe ラッハメーヴェ	laughing gull ラフィング ガル
ゆる 緩い	locker ロッカー	loose ルース
（規制が）	mild ミルト	lenient リーニエント
ゆ 揺るがす	erschüttern エアシュッターン	shake, swing シェイク, スウィング
ゆる 許す （許可）	erlauben, genehmigen エアラオベン, ゲネーミゲン	allow, permit アラウ, パミト
（容赦）	entschuldigen, verzeihen エントシュルディゲン, フェアツァイエン	forgive, pardon フォギヴ, パードン
ゆる 緩む	locker werden ロッカー ヴェーアデン	loosen ルースン

日	独	英
(気が)	*sich⁴* entspannen エントシュパネン	relax リラクス
ゆる 緩める	lockern ロッカーン	loosen, unfasten ルースン, アンファスン
ゆる 緩やかな	locker ロッカー	loose ルース
(傾斜が)	sanft ザンフト	gentle ヂェントル
ゆ 揺れ	*das* Beben ベーベン	shaking シェイキング
ゆ 揺れる	beben, schwanken ベーベン, シュヴァンケン	shake, sway シェイク, スウェイ
ゆわか き 湯沸し器	*der* Heißwasserbereiter ハイスヴァッサーベライター	water heater ウォータ ヒータ

よ, ヨ

日	独	英
よ 世	*die* Welt ヴェルト	the world, life ザ ワールド, ライフ
(時代)	*das* Zeitalter ツァイトアルター	the age ジ エイヂ
よあ 夜明け	*die* Morgendämmerung モルゲンデメルング	dawn, daybreak ドーン, デイブレイク
～前に	vor Tagesanbruch フォーア ターゲスアンブルフ	before dawn ビフォー ドーン
よ 酔い	*die* Betrunkenheit ベトルンケンハイト	drunkenness ドランクンネス
(船の)	*die* Seekrankheit ゼークランクハイト	seasickness スィースィクネス
(車の)	*die* Reisekrankheit ライゼクランクハイト	car sickness カー スィクネス
(飛行機の)	*die* Luftkrankheit ルフトクランクハイト	airsickness エアスィクネス
よ 良[善]い	gut グート	good グド
よいん 余韻	*der* Nachklang ナーハクラング	reverberations リヴァーバレイションズ
よ 酔う	*sich⁴* betrinken ベトリンケン	get drunk ゲト ドランク

日	独	英
船に〜	seekrank werden ゼークランク ヴェーアデン	get seasick ゲト スィースィク
車に〜	reisekrank werden ライゼクランク ヴェーアデン	get carsick ゲト カースィク
飛行機に〜	flugkrank werden フルーククランク ヴェーアデン	get airsick ゲト エアスィク
よう 用	*die* Angelegenheit アンゲレーゲンハイト	business ビズネス
ようい 用意	*die* Vorbereitung フォーアベライトゥング	preparations プレパレイションズ
〜する	vor|bereiten フォーアベライテン	prepare プリペア
ようい 容易な	leicht ライヒト	easy, simple イーズィ, スィンプル
よういん 要因	*der* Faktor ファクトーア	factor ファクタ
ようえき 溶液	*die* Lösung レーズング	solution ソルーション
ようかい 溶解する	*sich*⁴ *in*³ auf|lösen アオフレーゼン	melt メルト
ようがん 溶岩	*die* Lava ラーヴァ	lava ラーヴァ
ようき 容器	*der* Behälter ベヘルター	receptacle リセプタクル
ようぎ 容疑	*der* Verdacht フェアダハト	suspicion サスピション
〜者	*der*/ *die* Verdächtige フェアデヒティゲ	suspect サスペクト
ようき 陽気な	heiter, lustig ハイター, ルスティヒ	cheerful, lively チアフル, ライヴリ
ようきゅう 要求	*die* Forderung, *das* Verlangen フォルデルング, フェアランゲン	demand, request ディマンド, リクウェスト
〜する	fordern, verlangen フォルダーン, フェアランゲン	demand, require ディマンド, リクワイア
ようぐ 用具	*die* Utensilien ウテンズィーリエン	tools トゥールズ
ようけい 養鶏	*die* Geflügelzucht ゲフリューゲルツフト	poultry farming ポウルトリ ファーミング

日	独	英
ようけん 用件	*die* Angelegenheit アンゲレーゲンハイト	business ビズネス
ようご 用語	*der* Fachausdruck ファッハアオスドルック	wording ワーディング
（語彙）	*der* Wortschatz ヴォルトシャッツ	vocabulary ヴォウキャビュレリ
（術語）	*die* Terminologie テルミノロギー	term, terminology ターム, テーミナロヂィ
ようさい 要塞	*die* Burg ブルク	fortress フォートレス
ようさん 養蚕	*die* Seidenraupenzucht ザイデンラオペンツフト	sericulture セリカルチャ
ようし 用紙	*das* Formular フォルムラール	form フォーム
ようし 養子	*das* Adoptivkind アドプティーフキント	adopted child アダプテド チャイルド
ようじ 幼児	*das* Kleinkind クラインキント	baby, child ベイビ, チャイルド
ようじ 用事	*das* Geschäft ゲシェフト	business ビズネス
ようしき 様式	*der* Stil シュティール	mode, style モウド, スタイル
ようしゃ 容赦する	verzeihen フェアツァイエン	pardon, forgive パードン, フォギヴ
ようじょ 養女	*die* Adoptivtochter アドプティーフトホター	adopted daughter アダプティド ドータ
ようしょく 養殖する	züchten ツュヒテン	cultivate, raise カルティヴェイト, レイズ
ようじん 要人	wichtige Persönlichkeit ヴィヒティゲ ペルゼーンリヒカイト	important person インポータント パースン
ようじん 用心する	*auf*^{4} auf|passen アオフパッセン	be careful *of, about* ビ ケアフル
ようす 様子	*der* Zustand ツーシュタント	the state of affairs ザ ステイト オヴ アフェアズ
（態度）	*das* Verhalten フェアハルテン	attitude アティテュード
よう 要する	brauchen ブラオヘン	require, need リクワイア, ニード

日	独	英
ようするに 要するに	kurz gesagt クルツ ゲザークト	in short イン ショート
ようせい 要請する	fordern フォルダーン	demand ディマンド
ようせき 容積	*das* Volumen ヴォルーメン	capacity, volume カパスィティ, ヴァリュム
ようせつ 溶接する	schweißen シュヴァイセン	weld ウェルド
ようそ 要素	*das* Element エレメント	element, factor エレメント, ファクタ
ようそう 様相	*das* Aussehen アオスゼーエン	appearance アピアランス
ようだい 容体	*der* Gesundheitszustand ゲズントハイツツーシュタント	condition カンディション
ようちえん 幼稚園	*der* Kindergarten キンダーガルテン	kindergarten キンダーガートン
ようち 幼稚な	kindisch キンディシュ	childish チャイルディシュ
ようちゅう 幼虫	*die* Larve ラルフェ	larva ラーヴァ
ようつう 腰痛	*die* Rückenschmerzen, *der* Hexenschuss リュッケンシュメルツェン, ヘクセンシュス	lumbago ランベイゴウ
ようてん 要点	*der* Hauptpunkt ハオプトプンクト	the point, the gist ザ ポイント, ザ ヂスト
ようと 用途	*der* Gebrauch ゲブラオホ	use, purpose ユース, パーパス
ようとん 養豚	*die* Schweinezucht シュヴァイネツフト	pig-farming ピグ ファーミング
ようばい 溶媒	*das* Lösungsmittel レーズングスミッテル	solvent サルヴェント
ようび 曜日	*der* Wochentag ヴォッヘンターク	day デイ
ようふ 養父	*der* Pflegevater プフレーゲファーター	foster father フォスタ ファーザ
ようふく 洋服	*die* Kleidung クライドゥング	clothes, dress クロウズズ, ドレス

日	独	英
ようぶん 養分	*die* Nahrung ナールング	nourishment ナーリシュメント
ようぼ 養母	*die* Pflegemutter プフレーゲムッター	foster mother フォスタ マザ
ようほう 養蜂	*die* Imkerei イムケライ	apiculture エイピカルチャ
ようぼう 容貌	*das* Gesicht ゲズィヒト	looks ルクス
ようもう 羊毛	*die* Wolle ヴォレ	wool ウル
ようやく 要約する	zusammen|fassen ツザンメンファッセン	summarize サマライズ
ようや 漸く	endlich エントリヒ	at last アト ラスト
ようりょう 要領（要点）	*der* Kernpunkt ケルンプンクト	the point, the gist ザ ポイント, ザ ヂスト
（こつ）	*der* Kniff クニフ	knack ナク

■ 曜日 ■ *der* Wochentag /ヴォッヘンターク/

にちようび 日曜日	*der* Sonntag /ゾンターク/	(英)Sunday
げつようび 月曜日	*der* Montag /モーンターク/	(英)Monday
かようび 火曜日	*der* Dienstag /ディーンスターク/	(英)Tuesday
すいようび 水曜日	*der* Mittwoch /ミットヴォッホ/	(英)Wednesday
もくようび 木曜日	*der* Donnerstag /ドナースターク/	(英)Thursday
きんようび 金曜日	*der* Freitag /フライターク/	(英)Friday
どようび 土曜日	*der* Samstag /ザムスターク/, *der* Sonnabend /ゾンアーベント/	(英)Saturday

しゅう
週　*die* Woche /ヴォッヘ/ (英)week
しゅうまつ
週末　*das* Wochenende /ヴォッヘンエンデ/ (英)weekend
へいじつ
平日　*der* Werktag /ヴェルクターク/, *der* Wochentag /ヴォッヘンターク/ (英)weekday
きゅうじつ
休日　*der* Feiertag /ファイアーターク/ (英)holiday
さいじつ
祭日　*der* Feiertag /ファイアーターク/ (英)national holiday, festival day

日	独	英
ようりょくそ 葉緑素	*das* Chlorophyll クロロフュル	chlorophyll クローラフィル
ようれい 用例	*das* Beispiel バイシュピール	example イグザンプル
ヨーグルト	*der* Joghurt ヨーグルト	yoghurt ヨウガト
ヨード	*das* Jod ヨート	iodine アイオダイン
～チンキ	*die* Jodtinktur ヨートティンクトゥーア	tincture of iodine ティンクチャ オヴ アイオダイン
ヨーロッパ	*das* Europa オイローパ	Europe ユアロプ
～連合	Europäische Union (EU) オイロペーイシェ ウニオーン	the European Union ザ ユアロピーアン ユーニアン
よか 余暇	*die* Freizeit フライツァイト	leisure リージャ
ヨガ	*der*(*das*) Yoga ヨーガ	yoga ヨウガ
よかん 予感	*die* Ahnung アーヌング	presentiment プリゼンティメント
～する	ahnen アーネン	have a hunch ハヴ ア ハンチ
よき 予期する	erwarten エアヴァルテン	anticipate アンティスィペイト
よきん 預金	*die* Spareinlage シュパールアインラーゲ	savings, deposit セイヴィングズ, ディパズィト
～する	ein|legen アインレーゲン	deposit money *in* ディパズィト マニ
よく 欲	*die* Begierde ベギーアデ	desire ディザイア
よ 良く	gut グート	well ウェル
（十分に）	genug ゲヌーク	fully, well フリ, ウェル
（しばしば）	oft オフト	often, frequently オーフン, フリークウェントリ
よくあさ 翌朝	nächsten Morgen ネーヒステン モルゲン	the next morning ザ ネクスト モーニング

日	独	英
よくあつ 抑圧する	unterdrücken ウンタードリュッケン	oppress オプレス
よくげつ 翌月	nächsten Monat ネーヒステン モナート	next month ネクスト マンス
よくしつ 浴室	*das* Badezimmer, *das* Bad バーデツィマー, バート	bathroom バスルム
よくじつ 翌日	der nächste Tag ネーヒステ ターク	the next day ザ ネクスト デイ
よくせい 抑制する	*sich*⁴ enthalten エントハルテン	control カントロウル
よくそう 浴槽	*die* Badewanne バーデヴァネ	bathtub バスタブ
よくねん 翌年	nächstes Jahr ネーヒステス ヤール	the next year ザ ネクスト イア
よくば 欲張りな	geizig ガイツィヒ	greedy グリーディ
よくぼう 欲望	*die* Begierde ベギーアデ	desire, ambition ディザイア, アンビション
よくよう 抑揚	*die* Intonation イントナツィオーン	intonation イントウネイション
よくりゅう 抑留	*die* Festnahme フェストナーメ	detention ディテンション
よけい 余計な	überflüssig ユーバーフリュスィヒ	excessive, surplus イクセスィヴ, サープラス
（不必要な）	unnötig ウンネーティヒ	unnecessary アンネスィセリ
よ 避[除]ける	vermeiden, aus|weichen フェアマイデン, アオスヴァイヒェン	avoid アヴォイド
よげん 予言	*die* Prophezeiung プロフェツァイウング	prediction プリディクション
～する	prophezeien プロフェツァイエン	predict, foretell プリディクト, フォーテル
～者	*der*(*die*) Prophet(*in*) プロフェート(-ティン)	prophet プラフェト
よけん 予見する	voraus|sehen フォラオスゼーエン	foresee フォースィー
よこ 横	*die* Seite ザイテ	the side ザ サイド

日	独	英
（幅）	*die* Breite ブライテ	the width ザ ウィドス
…の横に[へ]	neben ネーベン	beside ビサイド
予行	*die* Probe プローベ	rehearsal リハーサル
横顔	*das* Profil プロフィール	profile プロウファイル
横切る	durchqueren ドゥルヒクヴェーレン	cross クロス
予告する	an|kündigen アンキュンディゲン	announce beforehand アナウンス ビフォーハンド
汚す	schmutzig machen, verschmutzen シュムッツィヒ マッヘン, フェアシュムッツェン	soil, stain ソイル, ステイン
横たえる	legen レーゲン	lay down レイ ダウン
横たわる	liegen リーゲン	lie down ライ ダウン
横目で見る	einen Seitenblick werfen アイネン ザイテンブリック ヴェルフェン	cast a glance キャスト ア グランス
汚れ	*der* Schmutz シュムッツ	dirt, stain ダート, ステイン
汚れる	schmutzig werden シュムッツィヒ ヴェーアデン	become dirty ビカム ダーティ
予算	*der* Haushalt, *das* Budget, *der* Etat ハオスハルト, ビュジェー, エター	budget バヂェト
〜を立てる	den Haushalt auf|stellen ハウスハルト アオフシュテレン	make a budget メイク ア バヂェト
予習	*die* Vorbereitung フォーアベライトゥング	preparation プレパレイション
〜する	sich⁴ auf⁴ vor|bereiten フォーアベライテン	prepare *one's* lessons プリペア レスンズ
捩る	drehen ドレーエン	twist トゥィスト
余震	*das* Nachbeben ナーハベーベン	aftershock アフタショク

よ

日	独	英
よ 止す	auf|hören アオフヘーレン	stop スタプ
よ 寄せる	näher bringen ネーアー ブリンゲン	draw up ドロー アプ
よせん 予選	*die* Qualifikationsrunde クヴァリフィカツィオーンスルンデ	preliminary contest プリリミネリ カンテスト
よそ 余所	anderswo アンダースヴォー	another place アナザ プレイス
よそう 予想する	erwarten エアヴァルテン	expect, anticipate イクスペクト, アンティスィペイト
よそお 装う	*sich*[4] an|kleiden アンクライデン	wear ウェア
（ふりをする）	vor|täuschen フォーアトイシェン	pretend プリテンド
よそく 予測する	vermuten フェアムーテン	forecast フォーキャスト
よそみ 余所見する	weg|sehen ヴェックゼーエン	look away ルク アウェイ
よそもの 余所者	*der/die* Fremde フレムデ	stranger ストレインチャ
よそよそしい	distanziert ディスタンツィールト	cold コウルド
（無関心な）	gleichgültig グライヒギュルティヒ	indifferent インディファレント
よだれ 涎	*der* Sabber ザッバー	slaver スラヴァ
～をたらす	sabbern ザッバーン	slaver スラヴァ
よち 余地	*der* Raum ラオム	room, space ルーム, スペイス
よ かど 四つ角	*die* Kreuzung クロイツング	crossing クロスィング
よっきゅう 欲求	*das* Bedürfnis ベデュルフニス	desire ディザイア
ヨット	*die* Jacht ヤハト	yacht ヤト
よ ばら 酔っ払い	*der/die* Betrunkene ベトルンケネ	drunk ドランク

日	独	英
酔っ払う (よっぱらう)	sich⁴ betrinken ベトリンケン	get drunk ゲト ドランク
予定 (よてい)	der Plan プラーン	plan, program プラン, プロウグラム
与党 (よとう)	die Regierungspartei レギールングスパルタイ	the Government party ザ ガヴァンメント パーティ
夜通し (よどおし)	die ganze Nacht hindurch ディー ガンツェ ナハト ヒンドゥルヒ	all night オール ナイト
淀む (よどむ)	stagnieren シュタグニーレン	be stagnant ビ スタグナント
夜中に (よなかに)	um Mitternacht ウム ミッターナハト	at midnight アト ミドナイト
世の中 (よのなか)	die Welt ヴェルト	the world ザ ワールド
余白 (よはく)	der Rand ラント	blank, space ブランク, スペイス
予備の (よびの)	Reserve-, Ersatz- レゼェルヴェ, エアザッツ	reserve, spare リザーヴ, スペア
呼び掛ける (よびかける)	an⁴ appellieren アペリーレン	call コール
呼び鈴 (よびりん)	die Klingel クリンゲル	ring, bell リング, ベル
呼ぶ (よぶ)	rufen ルーフェン	call コール
（招く）	zu³ ein|laden アインラーデン	invite to インヴァイト
（称する）	nennen ネネン	call, name コール, ネイム
余分な (よぶんな)	überflüssig, extra ユーバーフリュスィヒ, エクストラ	extra, surplus エクストラ, サープラス
予報 (よほう)	die Vorhersage フォーアヘーアザーゲ	forecast フォーキャスト
予防 ～する (よぼう)	vor|beugen, verhüten フォーアボイゲン, フェアヒューテン	prevent from プリヴェント
～注射	die Impfung インプフング	preventive injection プリヴェンティヴ インヂェクション
蘇る (よみがえる)	auf|erstehen アオフエアシュテーエン	revive リヴァイヴ

日	独	英
読み物	*die* Lektüre レクテューレ	reading リーディング
読む	lesen レーゼン	read リード
嫁	*die* Braut ブラオト	bride ブライド
（妻）	*die* Frau フラオ	wife ワイフ
（息子の妻）	*die* Schwiegertochter シュヴィーガートホター	daughter-in-law ドータインロー
予約	*die* Reservierung レゼルヴィールング	reservation レザヴェイション
〜する	buchen, reservieren ブーヘン, レゼルヴィーレン	reserve, book リザーヴ, ブク
余裕	*der* Raum ラオム	room ルーム
（時間）	*die* Zeit ツァイト	time to spare タイム トゥ スペア
（金銭）	*das* Geld ゲルト	money to spare マニ トゥ スペア
寄り掛かる	*sich*⁴ *an*⁴ lehnen レーネン	lean *against* リーン
（頼る）	*von*³ abhängig sein アップヘンギヒ ザイン	depend *on* ディペンド
寄り添う	*sich*⁴ *an*⁴ schmiegen シュミーゲン	draw close ドロー クロウス
寄り道する	einen Abstecher machen アイネン アップシュテッヒャー マッヘン	stop on *one's* way スタプ オン ウェイ
依る	ab|hängen アップヘンゲン	be based *on* ビ ベイスド
因る	*von*³ verursacht sein フェアウーアザハト ザイン	be due *to* ビ デュー
寄る	*sich*⁴ nähern ネーアーン	approach アプロウチ
（立ち寄る）	*bei*³ vorbei|kommen フォアバイコメン	call *at, on* コール
夜	*die* Nacht ナハト	night ナイト

日	独	英
よろい 鎧	*die* Rüstung リュストゥング	armor アーマ
よろいど 鎧戸	*der* Fensterladen フェンスターラーデン	shutter シャタ
よろこ 喜ばす	*mit*³ erfreuen エアフロイエン	please, delight プリーズ, ディライト
よろこ 喜び	*die* Freude フロイデ	joy, delight ヂョイ, ディライト
よろこ 喜ぶ	*sich*⁴ *über*⁴ freuen フロイエン	be glad, be pleased ビ グラド, ビ プリーズド
よろめく	taumeln タオメルン	stagger スタガ
よろん 世論	öffentliche Meinung エッフェントリヒェ マイヌング	public opinion パブリク オピニオン
よわ 弱い	schwach シュヴァッハ	weak ウィーク
（身体が）	schwächlich, empfindlich シュヴェヒリヒ, エンプフィントリヒ	poor *in*, delicate プア, デリケト
（光などが）	sanft ザンフト	feeble, faint フィーブル, フェイント
よわ 弱さ	*die* Schwäche シュヴェッヒェ	weakness ウィークネス
よわ 弱まる	nach|lassen ナーハラッセン	weaken ウィークン
よわ 弱み	*die* Schwäche シュヴェッヒェ	weak point ウィーク ポイント
よわむし 弱虫	*der* Feigling ファイクリング	coward カウアド
よわ 弱める	schwächen シュヴェッヒェン	weaken, enfeeble ウィークン, インフィーブル
よわ 弱る	schwach werden シュヴァッハ ヴェーアデン	grow weak グロウ ウィーク
（困る）	in Verlegenheit kommen イン フェアレーゲンハイト コメン	be worried ビ ワーリド

日	独	英

ら, ラ

ラード	*das* (Schweine)schmalz (シュヴァイネ)シュマルツ	lard ラード
ラーメン	chinesische Nudelsuppe ヒネーズィシェ ヌーデルズッペ	Chinese noodles チャイニーズ ヌードルズ
雷雨(らいう)	*das* Gewitter ゲヴィッター	thunderstorm サンダストーム
雷雲(らいうん)	*die* Gewitterwolke ゲヴィッターヴォルケ	thundercloud サンダクラウド
ライオン	*der* Löwe レーヴェ	lion ライオン
(雌)	*die* Löwin レーヴィン	lioness ライオネス
来月(らいげつ)	nächsten Monat ネーヒステン モーナト	next month ネクスト マンス
来週(らいしゅう)	nächste Woche ネーヒステ ヴォッヘ	next week ネクスト ウィーク
来世(らいせ)	*das* Jenseits イェンザイツ	the next world ザ ネクスト ワールド
ライセンス	*die* Lizenz リツェンツ	license ライセンス
ライター		
(タバコの)	*das* Feuerzeug フォイアーツォイク	lighter ライタ
(文筆家)	*der*(*die*) Schreiber(*in*) シュライバー (-ベリン)	writer ライタ
雷鳥(らいちょう)	*das* Schneehuhn シュネーフーン	ptarmigan ターミガン
ライト (明かり)	*das* Licht リヒト	light ライト
ライト級(きゅう)	*das* Leichtgewicht ライヒトゲヴィヒト	lightweight ライトウェイト
ライトバン	*der* Kombiwagen コンビヴァーゲン	van, station wagon ヴァン, ステイション ワゴン
来日(らいにち)する	Japan besuchen ヤーパン ベズーヘン	visit Japan ヴィズィト チャパン

日	独	英
来年(らいねん)	nächstes Jahr ネーヒステス ヤール	next year ネクスト イア
ライバル	*der(die)* Rivale(in) リヴァーレ (-リン)	rival ライヴァル
来賓(らいひん)	*der* Ehrengast エーレンガスト	guest ゲスト
ライブ	*das* Livekonzert ライヴコンツェルト	live ライヴ
ライフスタイル	*der* Lebensstil レーベンスシュティール	lifestyle ライフスタイル
ライブラリー	*die* Bibliothek ビブリオテーク	library ライブラリ
ライフル	*das* Gewehr, *die* Büchse ゲヴェーア, ビュクセ	rifle ライフル
ライフワーク	*das* Lebenswerk レーベンスヴェルク	lifework ライフワーク
ライ麦(むぎ)	*der* Roggen ロゲン	rye ライ
雷鳴(らいめい)	*der* Donner ドナー	roll of thunder ロウル オヴ サンダ
ライラック	*der* Flieder フリーダー	lilac ライラク
来歴(らいれき)	*die* Vorgeschichte フォアゲシヒテ	history ヒストリ
(起源)	*der* Ursprung ウーアシュプルング	origin オリヂン
楽園(らくえん)	*das* Paradies パラディース	paradise パラダイス
落書(らくが)き	*das* Geschmier ゲシュミーア	scribble, graffiti スクリブル, グラフィーティ
～する	schmieren シュミーレン	scribble スクリブル
落伍(らくご)する	zurück|bleiben ツりュックブライベン	drop out *of* ドラプ アウト
落差(らくさ)	*das* Gefälle ゲフェレ	gap ギャプ
落札(らくさつ)する	den Zuschlag erhalten デン ツーシュラーク エアハルテン	make a successful bid メイク ア サクセスフル ビド

日	独	英
らくせん 落選する	eine Wahl verlieren アイネ ヴァール フェアリーレン	be defeated *in* ビ ディフィーテド
らくだ 駱駝	*das* Kamel カメール	camel キャメル
らくだい 落第する	im Examen durch|fallen イム エクサーメン ドゥルヒファレン	fail *in* フェイル
らくたん 落胆する	*von*³ enttäuscht sein エントトイシュト ザイン	be discouraged ビ ディスカリヂド
らくてんてき 楽天的な	optimistisch オプティミスティシュ	optimistic アプティミスティク
らく 楽な	leicht ライヒト	easy イーズィ
（安楽な）	bequem ベクヴェーム	comfortable カンフォタブル
らくのう 酪農	*die* Milchwirtschaft ミルヒヴィルトシャフト	dairy デアリ
ラグビー	*das* Rugby ラクビ	Rugby ラグビ
らくようじゅ 落葉樹	*der* Laubbaum ラオプバオム	deciduous tree ディスィデュアス トリー
らくらい 落雷	*der* Blitzschlag ブリッツシュラーク	thunderbolt サンダボウルト
ラケット	*der* Schläger シュレーガー	racket ラケト
ラザニア	*die* Lasagne ラザーニエ	lasagna ラザーニア
ラジウム	*das* Radium ラーディウム	radium レイディアム
ラジエーター	*der* Heizkörper ハイツケルパー	radiator レイディエイタ
ラジオ	*das* Radio ラーディオ	radio レイディオウ
ラジカセ	*der* Kassettenrekorder カセッテンレコルダー	boom box ブーム バクス
ラジコン	*die* Funksteuerung フンクシュトイエルング	radio control レイディオウ カントロウル
らしんばん 羅針盤	*der* Kompass コンパス	compass カンパス

日	独	英
ラスト	*der/das/die* Letzte レツテ	the last ザ ラスト
ラズベリー	*die* Himbeere ヒンベーレ	raspberry ラズベリ
らせん 螺旋	*die* Spirale シュピラーレ	spiral スパイアラル
～階段	*die* Wendeltreppe ヴェンデルトレッペ	spiral staircase スパイアラル ステアケイス
らたい 裸体の	nackt ナクト	naked, nude ネイキド, ニュード
らち 拉致する	verschleppen フェアシュレッペン	take away テイク アウェイ
ラッカー	*die* Lackfarbe ラックファルベ	lacquer ラカ
らっかさん 落下傘	*der* Fallschirm ファルシルム	parachute パラシュート
らっか 落下する	fallen ファレン	drop, fall ドラプ, フォール
らっかせい 落花生	*die* Erdnuss エーアトヌス	peanut ピーナト
らっかん 楽観 ～する	optimistisch sein オプティミスティシュ ザイン	be optimistic *about* ビ アプティミスティク
～的な	optimistisch オプティミスティシュ	optimistic アプティミスティク
ラッキーな	glücklich グリュックリヒ	lucky ラキ
らっきょう 辣韭	*die* Schalotte シャロッテ	shallot シャラト
ラッコ	*der* Seeotter ゼーオッター	sea otter スィー アタ
ラッシュアワー	*die* Hauptverkehrszeit, *die* Stoßzeit ハオプトフェアケーアスツァイト, シュトースツァイト	the rush hour ザ ラシュ アウア
らっぱ 喇叭	*die* Trompete トロンペーテ	trumpet, a bugle トランペト, ア ビューグル
ラップ	*die* Zellophan-Folie ツェロファーンフォーリエ	wrap ラプ

日	独	英
（音楽）	*die* Rapmusik ラップムズィーク	rap music ラプ ミューズィク
ラップタイム	*die* Zwischenzeit ツヴィッシェンツァイト	lap time ラプ タイム
辣腕の（らつわん）	geschickt, tüchtig ゲシックト, テュヒティヒ	shrewd, able シュルード, エイブル
ラテン ～の	lateinisch ラタイニシュ	Latin ラティン
～語	*das* Latein ラタイン	Latin ラティン
騾馬（らば）	*der* Maulesel マオルエーゼル	mule ミュール
ラブシーン	*die* Liebesszene リーベススツェーネ	love scene ラヴ スィーン
ラフな	locker ロッカー	rough ラフ
ラブレター	*der* Liebesbrief リーベスブリーフ	love letter ラヴ レタ
ラベル	*das* Etikett エティケット	label レイベル
ラベンダー	*der* Lavendel ラヴェンデル	lavender ラヴィンダ
ラム	*das* Lamm ラム	lamb ラム
（ラム酒）	*der* Rum ルム	rum ラム
ラリー	*die* Rallye ラリ	rally ラリ
欄（らん）	*die* Spalte, *die* Rubrik シュパルテ, ルブリーク	column カラム
蘭（らん）	*die* Orchidee オルヒデーエ	orchid オーキド
卵黄（らんおう）	*das* Eigelb アイゲルプ	the yolk ザ ヨウク
欄外（らんがい）	*der* Rand ラント	the margin ザ マーヂン
ランキング	*das* Ranking ランキング	ranking ランキング

日	独	英
ランク	*der* Rang ラング	rank ランク
らんざつ 乱雑な	ungeordnet ウンゲオルドネット	disorderly ディスオーダリ
らんし 乱視	*der* Astigmatismus アスティグマティスムス	astigmatism アスティグマティズム
ランジェリー	*die* Damenunterwäsche ダーメンウンターヴェッシェ	lingerie ランジェリー
らんそう 卵巣	*das* Ovarium, *der* Eierstock オヴァーリウム, アイアーシュトック	ovary オウヴァリ
ランチ	*der* Lunch ランチ	lunch ランチ
らんとう 乱闘	*die* Rauferei ラオフェライ	confused fight カンフューズド ファイト
ランドセル	*der* Ranzen ランツェン	satchel サチェル
ランドリー	*die* Wäscherei ヴェッシェライ	laundry ローンドリ
ランナー	*der*(*die*) Läufer(*in*) ロイファー (-フェリン)	runner ラナ
ランニング	*das* Rennen レネン	running ラニング
らんぱく 卵白	*das* Eiweiß アイヴァイス	albumen アルビューメン
ランプ	*die* Lampe ランペ	lamp ランプ
らんぼう 乱暴　〜な	wild, gewalttätig ヴィルト, ゲヴァルトテーティヒ	violent, rough ヴァイオレント, ラフ
〜する	*die* Gewalt an|tun ゲヴァルト アントゥーン	do violence ドゥ ヴァイオレンス
らんよう 濫用する	missbrauchen ミスブラオヘン	abuse アビューズ

り, リ

リアリズム	*der* Realismus レアリスムス	realism リーアリズム
リアルタイム	*die* Echtzeit エヒトツァイト	real time リーアル タイム

日	独	英
リアルな	realistisch, echt レアリスティシュ, エヒト	real リーアル
リーグ	*die* Liga リーガ	league リーグ
～戦	*das* Spiel der Liga シュピール デア リーガ	the league series ザ リーグ スィアリーズ
リース	*das* Leasing リーズィング	lease リース
リーダー	*der*(*die*) Leiter(*in*) ライター (-テリン)	leader リーダ
～シップ	*die* Führung フュールング	leadership リーダシプ
リードする	Vorsprung *vor*³ haben, führen フォーアシュプルング ハーベン, フューレン	lead *by* リード
リール	*die* Rolle, *die* Spule ロレ, シュプーレ	reel リール
利益	*der* Gewinn, *der* Profit ゲヴィン, プロフィート	profit, return プラフィット, リターン
理科	*die* Naturkunde ナトゥーアクンデ	science サイエンス
理解	*das* Verständnis フェアシュテントニス	comprehension カンプリヘンション
～する	verstehen フェアシュテーエン	understand アンダスタンド
利害	*das* Interesse インテレッセ	interests インタレスツ
力学	*die* Dynamik デュナーミク	dynamics, mechanics ダイナミクス, メキャニクス
力説する	nachdrücklich betonen, *heraus|stellen* ナーハドリュックリヒ ベトーネン, ヘラオスシュテレン	emphasize エンファサイズ
リキュール	*der* Likör リケーア	liqueur リカー
力量	*das* Können ケネン	ability アビリティ
陸	*das* Land ラント	land ランド

日	独	英
リクエスト	*der* Wunsch ヴンシュ	request リクウェスト
陸軍（りくぐん）	*das* Heer ヘーア	the army ジ アーミ
陸上競技（りくじょうきょうぎ）	*die* Leichtathletik ライヒトアトレーティク	athletic sports アスレティク スポーツ
陸地（りくち）	*das* Festland フェストラント	land ランド
理屈（りくつ）	*die* Logik, *die* Theorie ローギク, テオリー	reason, logic リーズン, ラヂク
リクライニングシート	*der* Liegesitz リーゲズィッツ	reclining seat リクライニング スィート
陸路で（りくろで）	auf dem Landweg アオフ デム ラントヴェーク	by land バイ ランド
利権（りけん）	*das* Recht, *die* Konzession レヒト, コンツェスィオーン	rights, concessions ライツ, カンセションズ
利己 ～的な（りこ）	egoistisch エゴイスティシュ	egoistic イーゴウイスティク
～主義	*der* Egoismus エゴイスムス	selfishness セルフィシュネス
利口な（りこう）	klug クルーク	clever, bright クレヴァ, ブライト
リコール	*die* Abberufung アップベルーフング	recall リコール
（欠陥車の）	*der* Rückruf リュックルーフ	recall リコール
離婚（りこん）	*die* Ehescheidung エーエシャイドゥング	divorce ディヴォース
～する	*sich*⁴ *von*³ scheiden lassen シャイデン ラッセン	divorce ディヴォース
リサイクル	*das* Recycling リサイクリング	recycling リーサイクリング
リサイタル	*das* Solokonzert, *das* Konzert ゾーロコンツェルト, コンツェルト	recital リサイタル
利鞘（りざや）	*die* Gewinnspanne ゲヴィンシュパンネン	margin マーヂン
離散する（りさん）	getrennt werden ゲトレント ヴェーアデン	be scattered ビ スキャタド

日	独	英
利子(りし)	*die* Zinsen ツィンゼン	interest インタレスト
理事(りじ)	*das* Vorstandsmitglied フォーアシュタンツミットグリート	director, manager ディレクタ, マニヂャ
利潤(りじゅん)	*der* Gewinn ゲヴィン	profit, gain プラフィト, ゲイン
利殖(りしょく)	*das* Geldmachen ゲルトマッヘン	money-making マニメイキング
栗鼠(りす)	*das* Eichhörnchen アイヒヘルンヒェン	squirrel スクワーレル
リスク	*das* Risiko リーズィコ	risk リスク
リスト	*die* Liste リステ	list リスト
リストラ	*die* Umstrukturierung ウムシュトルクトゥリールング	restructuring リーストラクチャリング
（解雇）	*die* Entlassung エントラッスング	dismissal ディスミサル
リズミカルな	rhythmisch リュトミシュ	rhythmical リズミカル
リズム	*der* Rhythmus リュトムス	rhythm リズム
理性(りせい)	*die* Vernunft フェアヌンフト	reason リーズン
〜的な	vernünftig フェアニュンフティヒ	rational ラショナル
理想(りそう)	*das* Ideal イデアール	ideal アイディアル
〜郷	*die* Utopie ウトピー	Utopia ユートウピア
〜主義	*der* Idealismus イデアリスムス	idealism アイディアリズム
〜的な	ideal イデアール	ideal アイディアル
リゾート	*der* Erholungsort エアホールングスオルト	resort リゾート
利息(りそく)	*die* Zinsen ツィンゼン	interest インタレスト

日	独	英
リチウム	*das* Lithium リティウム	lithium リスィアム
律義な	ehrlich エーアリヒ	honest アニスト
理知的な	intellektuell インテレクトゥエル	intellectual インテレクチュアル
率	*die* Rate ラーテ	rate レイト
（百分率）	*der* Prozentsatz プロツェントザッツ	percentage パセンティヂ
陸橋	*der*(*das*) Viadukt ヴィアドゥクト	viaduct ヴァイアダクト
立候補 ～する	kandidieren カンディディーレン	run for ラン フォー
～者	*der*(*die*) Kandidat(*in*) カンディダート(-ティン)	candidate キャンディデイト
立証する	beweisen ベヴァイゼン	prove プルーヴ
立身出世	*die* Karriere カリエーレ	success in life サクセス イン ライフ
立像	*die* Statue シュタトゥーエ	statue スタチュー
立体	fester Körper フェスター ケルパー	solid サリド
～交差	*die* Überführung ユーバーフュールング	grade separation グレイド セパレイション
～的な	kubisch クービシュ	solid サリド
立地条件	Bedingungen eines Standortes ベディングンゲン アイネス シュタンドオルテス	conditions of location コンディションズ オヴ ロウケイション
リットル	*der*(*das*) Liter リーター	liter リータ
立派な	großartig グロースアールティヒ	excellent, splendid エクセレント, スプレンディド
立方	*die* Kubikzahl クビークツァール	cube キューブ

日	独	英
〜根	*die* Kubikwurzel クビークヴルツェル	the cube root *of* ザ キューブ ルート
〜体	*der* Würfel ヴュルフェル	cube キューブ
〜メートル	*der(das)* Kubikmeter クビークメーター	cubic meter キュービク ミータ
立法権	*die* Legislative レギスラティーヴェ	legislative power レヂスレイティヴ パウア
利点	*der* Vorteil フォルタイル	advantage アドヴァンティヂ
離島	einsame Insel アインザーメ インゼル	isolated island アイソレイティド アイランド
リトグラフ	*die* Lithographie リトグラフィー	lithograph リソグラフ
リトマス試験紙	*das* Lackmuspapier ラックムスパピーア	litmus paper リトマス ペイパ
リニアモーターカー	*die* Magnetschwebebahn マグネートシュヴェーベバーン	linear motorcar リニア モウタカー
離乳食	*die* Babynahrung, *die* Säuglingskost ベイビナールング, ゾイクリングスコスト	baby food ベイビ フード
理念	*die* Idee イデー	idea アイディア
リハーサル	*die* Probe プローベ	rehearsal リハーサル
理髪店	*der* Friseursalon フリゼーアザローン	barbershop バーバシャプ
リハビリ	*die* Rehabilitation レハビリタツィオーン	rehabilitation リハビリテイション
利払い	*die* Zinszahlung ツィンスツァールング	interest payment インタレスト ペイメント
離反する	*sich*⁴ entfremden エントフレムデン	be estranged *from* ビ イストレインヂド
リビングルーム	*das* Wohnzimmer ヴォーンツィマー	living room リヴィング ルーム
リフォームする	um|gestalten, renovieren ウムゲシュタルテン, レノヴィーレン	remodel リーマドル

日	独	英
り ふ じん 理不尽な	unvernünftig ウンフェアニュンフティヒ	unreasonable アンリーズナブル
リフト（スキー）	*der* Skilift, *der* Sessellift シーリフト, ゼッセルリフト	chair lift チェア リフト
リベート	*der* Rabatt ラバット	rebate リーベイト
り べつ 離別する	*sich*⁴ *von*³ verabschieden フェアアップシーデン	separate セパレイト
リベラルな	liberal リベラール	liberal リベラル
リポート	*der* Bericht ベリヒト	report リポート
リボン	*das* Band バント	ribbon リボン
り まわ 利回り	*der* Zinsfuß, *die* Rendite ツィンスフース, レンディーテ	yield イールド
リムジン	*die* Limousine リムズィーネ	limousine リムズィーン
リモコン	*die* Fernbedienung フェルンベディーヌング	remote control リモウト カントロウル
りゃくご 略語	*die* Abkürzung アップキュルツング	abbreviation アブリヴィエイション
りゃくしき 略式の	unförmlich ウンフェルムリヒ	informal インフォーマル
りゃく 略す	ab|kürzen アップキュルツエン	abridge, abbreviate アブリヂ, アブリーヴィエイト
（省く）	aus|lassen アオスラッセン	omit オウミト
りゃくだつ 略奪する	rauben ラオベン	plunder, pillage プランダ, ピリヂ
りゅう 竜	*der* Drache ドラッヘ	dragon ドラゴン
り ゆう 理由	*der* Grund グルント	reason, cause リーズン, コーズ
りゅういき 流域	*das* Flussgebiet フルスゲビート	valley, basin ヴァリ, ベイスン
りゅうい 留意する	berücksichtigen ベリュックスィヒティゲン	pay attention *to* ペイ アテンション

日	独	英
りゅうがく 留学	*das* Studium im Ausland シュトゥーディウム イム アオスラント	studying abroad スタディング アブロード
～する	im Ausland studieren イム アオスラント シュトゥディーレン	study abroad スタディ アブロード
～生	ausländischer(*e*) Student(*in*) アオスレンディッシャー (-シェ) シュトゥデント (-ティン)	foreign student フォリン スチューデント
りゅうかん 流感	*die* Grippe グリッペ	influenza インフルエンザ
りゅうこう 流行	*die* Mode モーデ	fashion, vogue ファション, ヴォウグ
(病気・思想などの)	*die* Verbreitung フェアブライトゥング	prevalence プレヴァレンス
～する	in Mode kommen イン モーデ コメン	be in fashion ビ イン ファション
～歌	*der* Schlager シュラーガー	popular song パピュラ ソング
りゅうさん 硫酸	*die* Schwefelsäure シュヴェーフェルゾイレ	sulfuric acid サルフュアリク アスィド
りゅうざん 流産する	eine Fehlgeburt haben アイネ フェールゲブアト ハーベン	have a miscarriage ハヴ ア ミスキャリヂ
りゅうし 粒子	*das* Korpuskel コルプスケル	particle パーティクル
りゅうしゅつ 流出する	aus|fließen アオスフリーセン	flow out フロウ アウト
りゅうせい 隆盛	*das* Gedeihen ゲダイエン	prosperity プラスペリティ
りゅうせんけい 流線型の	stromlinienförmig シュトロームリーニエンフェルミヒ	streamlined ストリームラインド
りゅうちょう 流暢に	fließend フリーセント	fluently フルエントリ
りゅうつう 流通する	um|laufen ウムラオフェン	circulate サーキュレイト
りゅうどう 流動 ～する	fließen フリーセン	flow フロウ
～的な	beweglich ベヴェークリヒ	fluid フルーイド

日	独	英
流入する	zu|fließen ツーフリーセン	flow in フロウ イン
留年する	sitzen bleiben ズィッツェン ブライベン	remain in the same class リメイン イン ザ セイム クラス
流派	*die* Schule シューレ	school スクール
リューマチ	*der* Rheumatismus ロイマティスムス	rheumatism ルーマティズム
リュックサック	*der* Rucksack ルックザック	rucksack ラクサク
漁	*der* Fischfang フィッシュファング	fishing フィシング
寮	*das* Wohnheim ヴォーンハイム	dormitory ドーミトーリ
猟	*die* Jagd ヤークト	hunting, shooting ハンティング, シューティング
量	*die* Menge メンゲ	quantity クワンティティ
利用	*die* Benutzung ベヌッツング	usage ユースィヂ
～する	benutzen ベヌッツェン	use, utilize ユーズ, ユーティライズ
領域	*der* Bereich ベライヒ	domain ドウメイン
了解	*das* Einverständnis アインフェアシュテントニス	understanding アンダスタンディング
～する	verstehen フェアシュテーエン	understand アンダスタンド
両替	*der* Wechsel ヴェクセル	exchange イクスチェインヂ
～する	wechseln ヴェクセルン	change, exchange チェインヂ, イクスチェインヂ
～機	*der* Geldwechselautomat ゲルトヴェクセルアオトマート	money changer マニ チェインヂャ
陵駕する	übertreffen ユーバートレッフェン	surpass サーパス
両側に	auf beiden Seiten アオフ バイデン ザイテン	both sides ボウス サイヅ

日	独	英
りょうきん 料金	*die* Gebühr ゲビューア	charge, fee チャーヂ, フィー
りょうくう 領空	*der* Luftraum ルフトラオム	airspace エアスペイス
りょうこう 良好な	gut グート	good グド
りょうし 漁師	*der*(*die*) Fischer(*in*) フィッシャー (-シェリン)	fisherman フィシャマン
りょうし 猟師	*der*(*die*) Jäger(*in*) イェーガー (-ゲリン)	hunter ハンタ
りょうし 理容師	*der*(*die*) Friseur(*se*) フリゼーア (-ゼ)	hairdresser ヘアドレサ
りょうじ 領事	*der*(*die*) Konsul(*in*) コンズル (-リン)	consul カンスル
〜館	*das* Konsulat コンズラート	consulate カンスレト
りょうしき 良識	gesunder Menschenverstand ゲズンダー メンシェンフェアシュタント	good sense グド センス
りょうじゅう 猟銃	*das* Jagdgewehr ヤークトゲヴェーア	hunting gun ハンティング ガン
りょうしゅうしょ 領収書	*die* Quittung クヴィットゥング	receipt リスィート
りょうしょう 了承する	*mit*³ einverstanden sein アインフェアシュタンデン ザイン	consent コンセント
りょうじょく 凌辱する (性的)	vergewaltigen フェアゲヴァルティゲン	violate ヴァイオレイト
りょうしん 両親	*die* Eltern エルターン	parents ペアレンツ
りょうしん 良心	*das* Gewissen ゲヴィッセン	conscience カンシェンス
りょうせいの 良性の	gutartig グートアールティヒ	benign ビナイン
りょうせいるい 両生類	*die* Amphibie アンフィービエ	the amphibia ジ アンフィビア
りょうて 両手	beide Hände バイデ ヘンデ	both hands ボウス ハンヅ

日	独	英
りょうど 領土	*das* Territorium, *das* Staatsgebiet テリトーリウム, シュターツゲビート	territory テリトーリ
りょうはんてん 量販店	*der* Massenhändler マッセンヘンドラー	volume retailer ヴァリュム リーテイラ
りょうほう 両方	beide バイデ	both ボウス
りょうめん 両面	beide Seiten バイデ ザイテン	both sides ボウス サイヅ
りょうよう 療養する	*sich*⁴ kurieren lassen クリーレン ラッセン	recuperate リキューパレイト
りょうり 料理	*das* Kochen コッヘン	cooking クキング
～する	kochen, zu|bereiten コッヘン, ツーベライテン	cook クク
～店	*das* Restaurant レストラーン	restaurant レストラント
りょうりつ 両立する	*sich*⁴ *mit*³ vertragen フェアトラーゲン	be compatible *with* ビ カンパティブル
りょかく 旅客	*der/die* Reisende ライゼンデ	traveler トラヴラ
（乗客）	*der*(*die*) Passagier(*in*) パサジーア(-リン)	passenger パセンヂャ
～機	*das* Passagierflugzeug パサジーアフルークツォイク	passenger plane パセンヂャ プレイン
りょかん 旅館	*das* Hotel, *das* Gasthaus ホテル, ガストハオス	hotel, inn ホウテル, イン
りょくちゃ 緑茶	grüner Tee グリューナー テー	green tea グリーン ティー
りょけん 旅券	*der* Reisepass ライゼパス	passport パスポート
りょこう 旅行	*die* Reise ライゼ	travel, trip トラヴル, トリプ
～する	reisen ライゼン	travel トラヴル
～社	*die* Reiseagentur, *das* Reisebüro ライゼアゲントゥーア, ライゼビュロー	travel agency トラヴル エイヂェンスィ

日	独	英
旅費 (りょひ)	*die* Reisekosten ライゼコステン	traveling expenses トラヴリング イクスペンスィズ
リラックスする	*sich*⁴ entspannen エントシュパネン	relax リラクス
離陸する (りりく)	ab|fliegen アップフリーゲン	take off テイク オフ
利率 (りりつ)	*der* Zinssatz, *der* Zinsfuß ツィンスザッツ, ツィンスフース	the rate of interest ザ レイト オヴ インタレスト
リレー	*der* Staffellauf シュタッフェルラオフ	relay リーレイ
履歴書 (りれきしょ)	*der* Lebenslauf レーベンスラオフ	curriculum vitae カリキュラム
理論 (りろん)	*die* Theorie テオリー	theory スィオリ
〜的な	theoretisch テオレーティシュ	theoretical スィオレティカル
燐 (りん)	*der* Phosphor フォスフォア	phosphorus ファスフォラス
輪郭 (りんかく)	*der* Umriss ウムリス	outline アウトライン
林業 (りんぎょう)	*die* Forstwirtschaft フォルストヴィルトシャフト	forestry フォリストリ
リンク	*die* Eisbahn アイスバーン	skating rink スケイティング リンク
リング	*der* Ring リング	ring リング
林檎 (りんご)	*der* Apfel アプフェル	apple アプル
隣国 (りんこく)	*das* Nachbarland ナッハバールラント	neighboring country ネイバリング カントリ
臨時の (りんじの)	provisorisch プロヴィゾーリシュ	temporary, special テンポレリ, スペシャル
臨終 (りんじゅう)	*die* Todesstunde トーデスシュトゥンデ	death, deathbed デス, デスベド
臨床の (りんしょうの)	klinisch クリーニシュ	clinical クリニカル
隣人 (りんじん)	*der*(*die*) Nachbar(*in*) ナッハバール (-リン)	neighbor ネイバ

日	独	英
リンスする	die Haare spülen ディー ハーレ シュピューレン	rinse リンス
隣接の	angrenzend アングレンツェント	neighboring, adjacent ネイバリング, アヂェイセント
リンチ	*die* Lynchjustiz リュンヒユスティーツ	lynch リンチ
輪廻	*die* Seelenwanderung ゼーレンヴァンデルング	metempsychosis メテンプスィコウスィス
リンネル	*das* Leinen ライネン	linen リネン
リンパ	*die* Lymphe リュンフェ	lymph リンフ
～腺	*der* Lymphknoten リュンフクノーテン	lymph gland リンフ グランド
倫理	*die* Moral モラール	ethics エスィクス
～的な	ethisch エーティシュ	ethical, moral エスィカル, モラル

る, ル

日	独	英
類	*die* Art, *die* Gattung アールト, ガットゥング	kind, sort カインド, ソート
類型	*der* Typ テュープ	type, pattern タイプ, パタン
類語	*das* Synonym ズィノニューム	synonym スィノニム
類似する	ähnlich sein エーンリヒ ザイン	resemble リゼンブル
類推する	aus einer Analogie schlussfolgern, analogisch schließen アオス アイナー アナロギー シュルスフォルガーン, アナローギシュ シュリーセン	infer インファー
累積する	an(häufen アンホイフェン	accumulate アキューミュレイト
ルーキー	*der* Neuling ノイリング	rookie ルキ

日	独	英
ルーズな	nachlässig ナーハレスィヒ	loose ルース
ルーズリーフ	lose Blätter ローゼ ブレッター	loose-leaf notebook ルースリーフ ノウトブク
ルーツ	die Wurzeln ヴルツェルン	roots ルーツ
ルート	die Route ルーテ	route, channel ルート, チャネル
（平方根）	die Wurzel ヴルツェル	root ルート
ルーペ	die Lupe ルーペ	loupe ループ
ルームメイト	der(die) Mitbewohner(in) ミットベヴォーナー (-ネリン)	roommate ルームメイト
ルール	die Regel レーゲル	rule ルール
ルーレット	das Roulett ルレット	roulette ルーレト
留守	die Abwesenheit アップヴェーゼンハイト	absence アブセンス
～にする	nicht zu Hause sein ニヒト ツー ハオゼ ザイン	be out ビ アウト
～番	das Haushüten ハオスヒューテン	caretaking ケアテイキング
（人）	der(die) Haushüter(in) ハオスヒューター (-テリン)	caretaker ケアテイカ
～番電話	der Anrufbeantworter アンルーフベアントヴォルター	answerphone アンサフォウン
ルネッサンス	die Renaissance レネサーンス	the Renaissance ザ レネサーンス
ルビー	der Rubin ルビーン	ruby ルービ
ルポルタージュ	die Reportage レポルタージェ	reportage リポーティヂ
ルンバ	die Rumba ルンバ	rumba ランバ

日	独	英

れ, レ

例	*das* Beispiel バイシュピール	example イグザンプル
礼 (感謝)	*die* Dankbarkeit ダンクバールカイト	thanks サンクス
レイアウト	*die* Gestaltung ゲシュタルトゥング	the layout ザ レイアウト
霊園	*der* Friedhof フリートホーフ	cemetery セミテリ
レイオフ	vorübergehende Entlassung, *die* Entlassung フォリューバーゲーエンデ エントラッスング, エントラッスング	lay-off レイオーフ
零下	unter Gefrierpunkt ウンター ゲフリーアプンクト	below zero ビロウ ズィアロウ
例外	*die* Ausnahme アオスナーメ	exception イクセプション
霊感	*die* Inspiration インスピラツィオーン	inspiration インスピレイション
冷気	*die* Kälte, *die* Kühle ケルテ, キューレ	chill, cold チル, コウルド
礼儀	*die* Höflichkeit ヘーフリヒカイト	etiquette, manners エティケト, マナズ
冷却する	ab|kühlen アップキューレン	cool クール
霊柩車	*der* Leichenwagen ライヒェンヴァーゲン	hearse ハース
冷遇する	schlecht behandeln シュレヒト ベハンデルン	treat coldly トリート コウルドリ
冷酷な	kaltblütig カルトブルーティヒ	cruel クルエル
霊魂	*die* Seele ゼーレ	the soul ザ ソウル
礼状	*der* Dankbrief ダンクブリーフ	letter of thanks レタ オヴ サンクス
令状	*der* Haftbefehl ハフトベフェール	warrant ウォラント

日	独	英
れいせい 冷静な	nüchtern ニュヒターン	cool, calm クール, カーム
れいせん 冷戦	kalter Krieg カルター クリーク	cold war コウルド ウォー
れいぞうこ 冷蔵庫	*der* Kühlschrank キュールシュランク	refrigerator リフリヂャレイタ
れいたん 冷淡な	kalt, gleichgültig カルト, グライヒギュルティヒ	cold, indifferent コウルド, インディファレント
れいだんぼう 冷暖房	*die* Klimaanlage クリーマアンラーゲ	air conditioning エア カンディショニング
れいとう 冷凍 ～する	tief|kühlen ティーフキューレン	freez フリーズ
～庫	*das* Gefrierfach ゲフリーアファハ	freezer フリーザ
～食品	*die* Tiefkühlkost ティーフキュールコスト	frozen foods フロウズン フーヅ
れいはい 礼拝	*der* Gottesdienst ゴッテスディーンスト	worship, service ワーシプ, サーヴィス
～する	an|beten アンベーテン	worship ワーシプ
～堂	*die* Kapelle カペレ	chapel チャペル
れいふく 礼服	*der* Gesellschaftsanzug ゲゼルシャフトアンツーク	full dress フル ドレス
れいぼう 冷房	*die* Klimaanlage クリーマアンラーゲ	air conditioning エア カンディショニング
レインコート	*der* Regenmantel レーゲンマンテル	raincoat レインコウト
レーザー	*der* Laser レーザー	laser レイザ
レース	*die* Spitze シュピッツェ	lace レイス
（競走）	*der* Wettlauf ヴェットラオフ	race レイス
レーズン	*die* Rosine ロズィーネ	raisin レイズン
レーダー	*der* Radar ラダール	radar レイダー

れ

日	独	英
レート	*der* Wechselkurs ヴェクセルクルス	rate レイト
レール	*die* Schiene シーネ	rail レイル
レオタード	*das* Trikot トリコー	leotard リーオタード
歴史	*die* Geschichte ゲシヒテ	history ヒストリ
～の	historisch ヒストーリッシュ	historic, historical ヒストーリク, ヒストーリカル
歴代の	aufeinander folgend アオフアイナンダー フォルゲント	successive サクセスィヴ
レギュラーの	regulär レグレーア	regular レギュラ
レクリエーション	*die* Erholung エアホールング	recreation レクリエイション
レコーディング	*die* Aufnahme アオフナーメ	recording リコーディング
レコード	*der* Rekord レコルト	record レコド
（音盤）	*die* Schallplatte シャルプラッテ	record, disk レコド, ディスク
レジ	*die* Kasse カッセ	cash register キャシュ レヂスタ
レシート	*die* Quittung クヴィットゥング	receipt リスィート
レシーバー	*der* Empfänger エンプフェンガー	receiver リスィーヴァ
レシーブする	empfangen エンプファンゲン	receive リスィーヴ
レジスタンス	*der* Widerstand ヴィダーシュタント	resistance レズィスターンス
レシピ	*das* Rezept, *das* Kochrezept レツェプト, コッホレツェプト	recipe レスィピ
レジャー	*die* Freizeit フライツァイト	leisure リージャ

日	独	英
レジュメ	*das* Resümee レズュメー	résumé レズュメイ
レズ	*die* Lesbierin レスビエリン	lesbian レズビアン
レストラン	*das* Restaurant レストラーン	restaurant レストラント
レスリング	*der* Ringkampf リングカンプフ	wrestling レスリング
レセプション	*der* Empfang エンプファング	reception リセプション
レタス	*der* Kopfsalat, *der* Salat コプフザラート, ザラート	lettuce レティス
列	*die* Reihe, *die* Linie ライエ, リーニエ	line, row, queue ライン, ラウ, キュー
劣悪な	minderwertig ミンダーヴェーアティヒ	inferior, poor インフィアリア, プア
レッカー車	*der* Abschleppwagen アップシュレップヴァーゲン	wrecker レカ
列挙する	auf|listen, auf|zählen アオフリステン, アオフツェーレン	enumerate イニューメレイト
列車	*der* Zug ツーク	train トレイン
レッスン	*der* Unterricht ウンターリヒト	lesson レスン
列席する	bei|wohnen バイヴォーネン	attend アテンド
レッテル	*das* Etikett エティケット	label レイベル
列島	*die* Inseln, *die* Inselkette インゼルン, インゼルケッテ	islands アイランツ
レディー	*die* Dame ダーメ	lady レイディ
レトリック	*die* Rhetorik レトーリク	rhetoric レトリク
レトロな	retrospektiv レトロスペクティーフ	retrospective レトロスペクティヴ
レバー	*die* Leber レーバー	liver リヴァ

日	独	英
（取っ手）	*der* Hebel ヘーベル	lever レヴァ
レパートリー	*das* Repertoire レペルトアール	repertory レパトーリ
レフェリー	*der*(*die*) Schiedsrichter(*in*) シーツリヒター (-テリン)	referee レファリー
レベル	*das* Niveau, *die* Ebene ニヴォー, エーベネ	level レヴル
レポーター	*der*(*die*) Reporter(*in*) レポルター (-テリン)	reporter リポータ
レポート	*das* Referat レフェラート	report リポート
レモネード	*die* Limonade リモナーデ	lemonade レモネイド
レモン	*die* Zitrone ツィトローネ	lemon レモン
レリーフ	*das* Relief レリエフ	relief リリーフ
れんあい 恋愛	*die* Liebe リーベ	love ラヴ
〜結婚	*die* Liebesheirat リーベスハイラート	love match ラヴ マチ
れんが 煉瓦	*der* Ziegel ツィーゲル	brick ブリク
れんきゅう 連休	langes Wochenende ランゲス ヴォッヘンエンデ	consecutive holidays カンセキュティヴ ハリデイズ
れんきんじゅつ 錬金術	*die* Alchimie アルヒミー	alchemy アルケミ
れんけい 連携	*die* Kooperation コオペラツィオーン	cooperation, tie-up コウアパレイション, タイアプ
れんけつ 連結する	*an*^{3,4} an|schließen アンシュリーセン	connect コネクト
れんこう 連行する	*zu*^{3}/*nach*^{3} weg|führen ヴェックフューレン	take *to* テイク
れんごう 連合する	vereinigen フェアアイニゲン	be united ビ カンバインド
れんこん 蓮根	*die* Lotoswurzel ロートスヴュルツェル	lotus root ロウタス ルート

日	独	英
れんさい 連載	*die* Serie ゼーリエ	serial publication スィリアル パブリケイション
れんさはんのう 連鎖反応	*die* Kettenreaktion ケッテンレアクツィオーン	chain reaction チェイン リアクション
レンジ	*der* Küchenherd キュッヒェンヘーアト	range レインヂ
電子〜	*der* Mikrowellenherd ミークロヴェレンヘーアト	microwave oven マイクロウェイヴ アヴン
れんじつ 連日	jeden Tag イェーデン ターク	every day エヴリ デイ
れんしゅう 練習	*die* Übung ユーブング	practice, exercise プラクティス, エクササイズ
〜する	üben, trainieren ユーベン, トレニーレン	practice, train プラクティス, トレイン
レンズ	*die* Linse リンゼ	lens レンズ
れんそう 連想する	*mit*³ assoziieren アソツィイーレン	associate *with* アソウシエイト
れんぞく 連続する	*sich*⁴ fort|setzen, fort|dauern フォルトゼッツェン, フォルトダオアーン	continue カンティニュー
れんたい 連帯	*die* Solidarität ゾリダリテート	solidarity サリダリティ
〜感	*das* Solidaritätsgefühl ゾリダリテーツゲフュール	sense of solidarity センス オヴ サリダリティ
〜保証人	*der*(*die*) Solidarbürge(*in*) ゾリダールビュルゲ(-ギン)	joint surety ヂョイント シュアティ
レンタカー	*der* Mietwagen, *der* Leihwagen ミートヴァーゲン, ライヴァーゲン	rent-a-car レンタカー
レンタル	*die* Vermietung フェアミートゥング	rental レンタル
レントゲン	*die* Röntgenstrahlen レントゲンシュトラーレン	X rays エクス レイズ
れんぽう 連邦	*der* Bund ブント	federation フェデレイション
れんめい 連盟	*der* Verband フェアバント	league リーグ

日	独	英
れんらく 連絡する	*sich⁴ mit³* in Verbindung setzen イン フェアビンドゥング ゼッツェン	connect *with* カネクト
れんりつ 連立	*die* Koalition コアリツィオーン	coalition コウアリション
～政権	*die* Koalitionsregierung コアリツィオーンスレギールング	coalition government コウアリション ガヴァンメント

ろ, ロ

日	独	英
ろ 炉	*der* Herd ヘアート	fireplace ファイアプレイス
原子～	*der* Atomreaktor アトームレアクトーア	nuclear reactor ニュークリア リアクタ
ろ 櫓	*das* Ruder ルーダー	oar オー
ろう 蝋	*das* Wachs ヴァクス	wax ワクス
ろうあしゃ 聾唖者	*der/die* Taubstumme タオプシュトゥメ	deaf-mute デフミュート
ろうか 廊下	*der* Flur, Korridor フルーア, コリドーア	corridor コリダ
ろうか 老化	*die* Alterung アルテルング	senility スィニリティ
ろうがん 老眼	*die* Alterssichtigkeit アルタースズィヒティヒカイト	presbyopia プレズビオウピア
ろうきゅうかした 老朽化した	veraltet フェアアルテット	old, decrepit オウルド, ディクレピト
ろうご 老後	*der* Lebensabend レーベンスアーベント	old age オウルド エイヂ
ろうごく 牢獄	*das* Gefängnis ゲフェングニス	prison, jail プリズン, ヂェイル
ろうし 労使	Arbeitgeber und Arbeitnehmer アルバイトゲーバー ウント アルバイトネーマー	labor and management レイバ アンド マニヂメント
ろうじん 老人	*der/die* Alte アルテ	old person オウルド パースン
ろうすい 老衰	*die* Altersschwäche アルタースシュヴェッヒェ	senility スィニリティ

810

日	独	英
蝋燭（ろうそく）	*die* Kerze ケルツェ	candle キャンドル
労働（ろうどう）	*die* Arbeit アルバイト	labor, work レイバ, ワーク
〜する	arbeiten アルバイテン	labor, work レイバ, ワーク
〜組合	*die* Gewerkschaft ゲヴェルクシャフト	labor union レイバ ユーニオン
〜災害	*der* Arbeitsunfall アルバイツウンファル	labor accident レイバ アクスィデント
〜時間	*die* Arbeitszeit アルバイツツァイト	working hours ワーキング アウアズ
〜者	*der*(*die*) Arbeiter(*in*) アルバイタ (-テリン)	laborer, worker レイバラ, ワーカ
〜争議	*der* Arbeitskampf アルバイツカンプフ	labor dispute レイバ ディスピュート
〜力	*die* Arbeitskräfte アルバイツクレフテ	manpower, labor マンパウア, レイバ
朗読（ろうどく）	*die* Vorlesung フォアレーズング	reading リーディング
〜する	vor|lesen フォアレーゼン	read, recite リード, リサイト
蝋人形（ろうにんぎょう）	*die* Wachsfigur ヴァクスフィグーア	wax doll ワクス ダル
老年（ろうねん）	hohes Alter ホーエス アルター	old age オウルド エイヂ
狼狽する（ろうばいする）	verwirrt sein フェアヴィルト ザイン	be upset ビ アプセト
浪費する（ろうひする）	verschwenden フェアシュヴェンデン	waste ウェイスト
労力（ろうりょく）	*die* Mühe ミューエ	pains, trouble ペインズ, トラブル
老齢（ろうれい）	hohes Alter ホーエス アルター	old age オウルド エイヂ
ローション	*die* Lotion ロツィオーン	lotion ロウション
ロース	*das* Roastbeef ローストビーフ	sirloin サーロイン

日	独	英
ロースト	*der* Braten ブラーテン	roast ロウスト
〜ビーフ	*der* Rinderbraten リンダーブラーテン	roast beef ロウスト ビーフ
ロータリー	*der* Kreisverkehr クライスフェアケーア	rotary, roundabout ロウタリ, ラウンダバウト
〜エンジン	*der* Rotationskolbenmotor ロタツィオーンスコルベンモトーア	rotary engine ロウタリ エンヂン
ローテーション	*die* Rotation ロタツィオーン	rotation ロウテイション
ロードショー	*die* Filmvorschau, *die* Roadshow フィルムフォーアシャオ, ロウドショー	road show ロウド ショウ
ロープ	*das* Seil ザイル	rope ロウプ
〜ウエイ	*die* Seilbahn ザイルバーン	ropeway ロウプウェイ
ローラースケート	*das* Rollschuhlaufen ロルシューラオフェン	roller skating ロウラ スケイティング
ロールキャベツ	*die* Kohlroulade コールルラーデ	stuffed cabbage スタフト キャビヂ
ローン	*der* Kredit クレディート	loan ロウン
ろか 濾過する	filtern フィルターン	filter フィルタ
ろくおん 録音する	auf|nehmen アオフネーメン	record, tape リコード, テイプ
ろくが 録画する	auf|zeichnen アオフツァイヒネン	record *on* リコード
ろくがつ 六月	*der* Juni ユーニ	June ヂューン
ろくまく 肋膜	*das* Rippenfell リッペンフェル	the pleura ザ プルラ
〜炎	*die* Rippenfellentzündung リッペンフェルエントツュンドゥング	pleurisy プルアリスィ
ろくろ 轆轤	*die* Drechslerbank ドレクスラーバンク	potter's wheel パタズ ホウィール

日	独	英
ロケーション	*die* Location, *die* Außenaufnahme ロケイシォン, アオセンアオフナーメ	location ロウケイション
ロケット	*die* Rakete ラケーテ	rocket ラケト
露骨な	unverhüllt ウンフェアヒュルト	plain, blunt プレイン, ブラント
路地	*die* Gasse ガッセ	alley, lane アリ, レイン
ロシア	(*das*) Russland ルスラント	Russia ラシャ
～語	*das* Russisch ルッスィシュ	Russian ラシャン
露出	*die* Entblößung エントブレースング	exposure イクスポウジャ
（写真）	*die* Belichtung ベリヒトゥング	exposure イクスポウジャ
ロス	*der* Verlust フェアルスト	loss ロス
路線	*die* Linie リーニエ	route, line ルート, ライン
～図	*die* Straßenkarte, *der* Liniennetzplan シュトラーセンカルテ, リーニエンネッツプラーン	route map ルート マプ
ロッカー	*das* Schließfach シュリースファッハ	locker ラカ
ロッキングチェア	*der* Schaukelstuhl シャオケルシュトゥール	rocking chair ラキング チェア
ロッククライミング	*das* Felsklettern フェルスクレッターン	rock-climbing ラククライミング
ロックンロール	*der* Rock and Roll, *die* Rockmusik ロック エント ロール, ロックムズィーク	rock'n'roll ラクンロウル
肋骨	*die* Rippe リッペ	rib リブ
ロッジ	*die* Berghütte ベルクヒュッテ	lodge ラヂ

日	独	英
露店（ろてん）	*die* Bude ブーデ	stall, booth ストール, ブース
驢馬（ろば）	*der* Esel エーゼル	ass, donkey アス, ダンキ
ロビー	*das* Foyer フォワイエー	lobby ラビ
ロブスター	*der* Hummer フマー	lobster ラブスタ
ロボット	*der* Roboter ロボター	robot ロウボト
ロマン主義（しゅぎ）	*der* Romantizismus, *die* Romantik ロマンティツィスムス, ロマンティク	romanticism ロウマンティスィズム
ロマンス	*die* Liebesgeschichte リーベスゲシヒテ	romance ロウマンス
ロマンチスト	*der*(*die*) Romantiker(*in*) ロマンティカー (-ケリン)	romanticist ロウマンティスィスト
路面電車（ろめんでんしゃ）	*die* Straßenbahn, *die* Tram シュトラーセンバーン, トラム	streetcar ストリートカー
論議（ろんぎ）	*die* Diskussion ディスクスィオーン	discussion, argument ディスカション, アーギュメント
論拠（ろんきょ）	*das* Argument アルグメント	basis of an argument ベイスィス オヴ アン ナーギュメント
ロングセラー	*der* Longseller ロングセラ	longtime seller ローングタイム セラ
ロングラン	*der* Dauererfolg ダオアーエアフォルク	long run ロング ラン
論（ろん）じる	diskutieren ディスクティーレン	discuss, argue ディスカス, アーギュー
論争（ろんそう）	*die* Debatte, *der* Streit デバッテ, シュトライト	dispute, controversy ディスピュート, カントロヴァースィ
論点（ろんてん）	*der* Streitpunkt シュトライトプンクト	the point at issue ザ ポイント アト イシュー
論文（ろんぶん）	*der* Aufsatz, *die* Arbeit, *die* Abhandlung アオフザッツ, アルバイト, アップハンドゥルング	essay, thesis エセイ, スィースィス
論理（ろんり）	*die* Logik ローギク	logic ラヂク

日	独	英
～学	*die* Logik ローギク	logic ラヂク
～的な	logisch ローギシュ	logical ラヂカル

わ, ワ

日	独	英
輪(わ)	*der* Kreis, *der* Ring クライス, リング	circle, ring サークル, リング
和(わ)	*die* Summe ズメ	the sum ザ サム
（調和）	*die* Harmonie ハルモニー	harmony ハーモニ
ワープロ	*der* Wordprocessor, *das* Textverarbeitungssystem ワードプロセサー, テクストフェアアルバイトゥングスズュステーム	word processor ワード プロセサ
ワールドカップ	*die* Weltmeisterschaft, *die* WM ヴェルトマイスターシャフト, ヴェーエム	the World Cup ザ ワールド カプ
ワイシャツ	*das* Oberhemd オーバーヘムト	shirt シャート
猥褻(わいせつ)な	obszön オプスツェーン	obscene, indecent オプスィーン, インディーセント
ワイパー	*der* Scheibenwischer シャイベンヴィッシャー	wiper ワイパ
ワイヤー	*der* Draht ドラート	wire ワイア
賄賂(わいろ)	*die* Bestechungsgelder ベシュテッヒュングスゲルダー	bribery, bribe ブライバリ, ブライブ
ワイン	*der* Wein ヴァイン	wine ワイン
和音(わおん)	*der* Akkord アコルト	harmony ハーモニ
若(わか)い	jung ユング	young ヤング
和解(わかい)する	sich⁴ mit³ versöhnen フェアゼーネン	be reconciled *with* ビ レコンサイルド

日	独	英
若返る	*sich*[4] verjüngen フェアユンゲン	grow younger グロウ ヤンガ
若さ	*die* Jugendlichkeit ユーゲントリヒカイト	youth ユース
沸かす	kochen コッヘン	boil ボイル
若葉	frisches Grün フリッシェス グリューン	young leaves ヤング リーヴズ
我が儘な	eigensinnig アイゲンズィニヒ	selfish, willful セルフィシュ, ウィルフル
若者	*der* Junge ユンゲ	young man ヤング マン
(総称)	*der/die* Jugendliche ユーゲントリヒェ	youth ユース
分からず屋	*der* Starrkopf シュタルコプフ	blockhead ブラクヘド
分かり難い	schwer verständlich シュヴェーア フェアシュテントリヒ	hard to understand ハード トゥー アンダスタンド
分かり易い	leicht verständlich ライヒト フェアシュテントリヒ	easy, simple イーズィ, スィンプル
分かる	verstehen, begreifen フェアシュテーエン, ベグライフェン	understand, realize アンダスタンド, リアライズ
(知る)	wissen ヴィッセン	know ノウ
別れ	*der* Abschied アップシート	parting, farewell パーティング, フェアウェル
分かれる	ab|zweigen アップツヴァイゲン	branch off *from* ブランチ オーフ
(区分)	geteilt sein ゲタイルト ザイン	be divided *into* ビ ディヴァイデド
別れる	*sich*[4] verabschieden, *sich*[4] trennen フェアアップシーデン, トレネン	part *from* パート
若々しい	jung und frisch, blühend ユング ウント フリッシュ, ブリューエント	young and fresh ヤング アンド フレシュ
脇	*die* Seite ザイテ	side サイド

日	独	英
脇の下 (わきのした)	die Achselhöhle アクセルヘーレ	armpit アームピト
脇腹 (わきばら)	die Seite ザイテ	side サイド
脇道 (わきみち)	die Nebenstraße ネーベンシュトラーセ	bypath バイパス
脇役 (わきやく)	die Nebenrolle ネーベンロレ	supporting player サポーティング プレイア
沸く (わく)	kochen コッヘン	boil ボイル
湧く (わく)	quellen クヴェレン	gush, flow ガシュ, フロウ
枠 (わく)	der Rahmen ラーメン	frame, rim フレイム, リム
（範囲）	der Umfang ウムファング	framework, limit フレイムワーク, リミト
惑星 (わくせい)	der Planet プラネート	planet プラネト
ワクチン	die Vakzine ヴァクツィーネ	vaccine ヴァクスィン
訳 (わけ)	der Grund グルント	reason, cause リーズン, コーズ
分け前 (わけまえ)	der Anteil アンタイル	share シェア
分ける (わける)	teilen タイレン	divide, part ディヴァイド, パート
（分離）	von³ trennen トレネン	separate, part セパレイト, パート
（区別）	sortieren ゾルティーレン	classify クラスィファイ
（分配）	verteilen フェアタイレン	distribute, share ディストリビュト, シェア
輪ゴム (わゴム)	der Gummiring グミリング	rubber band ラバ バンド
ワゴン	der Waggon ヴァゴン	wagon ワゴン
（自動車）	der Kombiwagen コンビヴァーゲン	station wagon ステイション ワゴン

日	独	英
わざ 技	*die* Kunstfertigkeit クンストフェルティヒカイト	performance パフォーマンス
わざ 業	*die* Arbeit, *die* Tat アルバイト, タート	act, work アクト, ワーク
わざと	absichtlich アップズィヒトリヒ	on purpose オン パーパス
わさび 山葵	japanischer Meerrettich ヤパーニッシャー メーアレティヒ	horseradish ホースラディシュ
わざわ 災い	*das* Unglück ウングリュック	misfortune ミスフォーチョン
わし 鷲	*der* Adler アードラー	eagle イーグル
わしつ 和室	*das* Zimmer im japanischen Stil ツィマー イム ヤパーニシェン シュティール	Japanese-style room ヂャパニーズスタイル ルーム
わじゅつ 話術	*die* Redekunst レーデクンスト	art of talking アート オヴ トーキング
わしょく 和食	japanisches Essen ヤパーニシェス エッセン	Japanese food ヂャパニーズ フード
わず 僅かな	gering, wenig ゲリング, ヴェーニヒ	a few, a little ア フュー, ア リトル
わずら 煩わしい	lästig レスティヒ	troublesome トラブルサム
わずら 煩わす	belästigen ベレスティゲン	trouble トラブル
わす 忘れっぽい	vergesslich フェアゲスリヒ	have a poor memory ハヴ ア プア メモリ
わす もの 忘れ物	*die* Fundsache フントザッヘ	thing left behind スィング レフト ビハインド
〜をする	liegen lassen リーゲン ラッセン	forget, leaveg フォゲト, リーヴ
わす 忘れる	vergessen フェアゲッセン	forget フォゲト
わせい 和声	*die* Harmonie ハルモニー	harmony ハーモニ
ワセリン	*das* Vaselin ヴァゼリーン	vaseline ヴァゼリーン

日	独	英
<ruby>綿<rt>わた</rt></ruby>	*die* Watte ヴァッテ	cotton カトン
<ruby>話題<rt>わだい</rt></ruby>	*das* Gesprächsthema ゲシュプレーヒステーマ	topic タピク
<ruby>蟠り<rt>わだかま</rt></ruby>	*die* Hemmung ヘムング	bad feelings バド フィーリングズ
<ruby>私<rt>わたし</rt></ruby>	ich イヒ	I, myself アイ, マイセルフ
〜の	mein マイン	my マイ
<ruby>私たち<rt>わたし</rt></ruby>	wir ヴィーア	we ウィー
〜の	unser ウンザー	our アウア
<ruby>渡す<rt>わた</rt></ruby>	ab|geben, aus|händigen アップゲーベン, アオスヘンディゲン	hand ハンド
（引き渡す）	übergeben ユーバーゲーベン	hand over, surrender ハンド オウヴァ, サレンダ
<ruby>轍<rt>わだち</rt></ruby>	*die* Wagenspur, *die* Radspur ヴァーゲンシュプーア, ラートシュプーア	rut, track ラト, トラク
<ruby>渡<rt>わた</rt></ruby>り<ruby>鳥<rt>どり</rt></ruby>	*der* Zugvogel ツークフォーゲル	migratory bird マイグラトーリ バード
<ruby>渡る<rt>わた</rt></ruby>	hinüber|gehen ヒニューバーゲーエン	cross, go over クロス, ゴウ オウヴァ
ワックス	*das* Wachs ヴァクス	wax ワクス
〜をかける	wachsen ヴァクセン	wax ワクス
ワット	*das* Watt ヴァット	watt ワト
<ruby>罠<rt>わな</rt></ruby>	*die* Falle ファレ	trap トラプ
<ruby>鰐<rt>わに</rt></ruby>	*der* Alligator, *das* Krokodil アリガートーア, クロコディール	crocodile, alligator クラカダイル, アリゲイタ
<ruby>侘しい<rt>わび</rt></ruby>	einsam アインザーム	lonely ロウンリ
（みすぼらしい）	elend エーレント	poor, miserable プア, ミザラブル

日	独	英
詫びる	sich⁴ bei³ für⁴ entschuldigen エントシュルディゲン	apologize to アポロチャイズ
和風の	japanisch ヤパーニシュ	Japanese チャパニーズ
和服	japanische Kleidung ヤパーニシェ クライドゥング	Japanese clothes チャパニーズ クロウズズ
和平交渉	die Friedensverhandlungen フリーデンスフェアハンドルンゲン	peace negotiation ピース ニゴウシエイション
喚く	schreien シュライエン	give a cry ギヴ ア クライ
和訳	japanische Übersetzung ヤパーニシェ ユーバーゼッツング	Japanese translation チャパニーズ トランスレイション
～する	ins Japanische übersetzen インス ヤパーニシェ ユーバーゼッツエン	translate into Japanese トランスレイト イントゥ チャパニーズ
藁	das Stroh シュトロー	straw ストロー
笑い	das Lachen ラッヘン	laugh, laughter ラフ, ラフタ
～話	komische Geschichte コーミッシェ ゲシヒテ	funny story ファニ ストーリ
笑う	lachen ラッヘン	laugh ラフ
（ほほえむ）	lächeln レッヒェルン	smile スマイル
笑わせる	zum Lachen bringen ツム ラッヘン ブリンゲン	make laugh メイク ラフ
（滑稽）	jeder Beschreibung spotten イェーダー ベシュライブング シュポッテン	ridiculous, absurd リディキュラス, アブサード
割合	die Rate ラーテ	rate, ratio レイト, レイシオウ
割り当て	der Anteil アンタイル	assignment アサインメント
割り当てる	zu|teilen ツータイレン	assign アサイン
割り勘にする	getrennt zahlen ゲトレント ツァーレン	go Dutch for ゴウ ダチ
割り込む	sich⁴ in⁴ ein|schieben アインシーベン	cut in カト イン

日	独	英
割り算	die Division ディヴィズィオーン	division ディヴィジョン
割引	die Ermäßigung エアメースィグング	discount ディスカウント
〜する	Rabatt *auf*⁴ geben ラバット ゲーベン	make a discount メイク ア ディスカウント
割引歩合	der Diskontsatz ディスコントザッツ	discount rate ディスカウント レイト
割り引く	ermäßigen エアメースィゲン	discount, reduce ディスカウント, リデュース
割り増し	der Zuschlag ツーシュラーク	premium プリーミアム
〜料金	die Zuschlaggebühr ツーシュラークゲビューア	extra charge エクストラ チャーヂ
割る	zerbrechen, kaputt|machen ツェアブレッヒェン, カプットマッヘン	break, crack ブレイク, クラク
（分割）	teilen, dividieren タイレン, ディヴィディーレン	divide *into* ディヴァイド
（裂く）	spalten シュパルテン	split, chop スプリト, チャプ
悪い	schlecht シュレヒト	bad, wrong バド, ロング
悪賢い	schlau シュラオ	cunning, sly カニング, スライ
悪口を言う	*von*³ schlecht reden シュレヒト レーデン	speak ill *of* スピーク イル
ワルツ	der Walzer ヴァルツァー	waltz ウォールツ
悪者	schlechter Mensch, der Schurke シュレヒター メンシュ, シュルケ	bad guy, villain バド ガイ, ヴィリン
悪酔いする	*j*³ wegen des Trinkens übel werden ヴェーゲン デス トリンケンス ユーベル ヴェーアデン	get sick from drink ゲト スィク フラム ドリンク
割れ目	der Riss リス	crack, split クラク, スプリト

日	独	英
割れる	zerbrechen ツェアブレッヒェン	break ブレイク
（裂ける）	zerreißen ツェアライセン	crack, split クラク, スプリト
我々	wir ヴィーア	we, ourselves ウィー, アウアセルヴズ
湾	*die* Bucht ブフト	bay ベイ
（大きな）	*der* Golf ゴルフ	gulf ガルフ
湾岸	*die* Küste キュステ	coast コウスト
湾曲する	biegen ビーゲン	curve, bend カーヴ, ベンド
腕章	*die* Armbinde アルムビンデ	arm band アーム バンド
腕白な	ungezogen ウンゲツォーゲン	naughty ノーティ
ワンピース	*das* Kleid クライト	dress, one-piece ドレス, ワンピース
ワンマン	*der* Autokrat アオトクラート	dictator, autocrat ディクテイタ, オートクラト
腕力	*die* Brachialgewalt ブラヒアールゲヴァルト	physical strength フィズィカル ストレンクス

日常会話表現

あいさつ 823	電話 834
お礼を言う 825	道を尋ねる 835
謝る 825	交通機関の利用 836
肯定・同意 826	食事 837
否定・拒否 826	買い物 840
尋ねる 827	トラブル 842
問い返す 829	助けを求める 842
許可・依頼 829	苦情を言う 843
紹介 830	宿泊 844
誘う 831	病院・薬局 846
感情・好み 832	時刻・日にち・曜日・月・季節
約束・予約 833	 847

■あいさつ■

●おはようございます.
Good morning.
Guten Morgen!
グーテン モルゲン

●こんにちは.
Good afternoon.
Guten Tag!
グーテン ターク

●こんばんは.
Good evening.
Guten Abend!
グーテン アーベント

●おやすみなさい.
Good night.
Gute Nacht!
グーテ ナハト

●(親しい人に) やあ.
Hello./ Hi!
Guten Tag!/ Hallo!
グーテン ターク／ハロー

●はじめまして.
How do you do?/ Nice to meet you.
Sehr angenehm!/ Freut mich, Sie kennen zu lernen.
ゼーア アンゲネーム／フロイト ミヒ ズィー ケネン ツー レルネン

●お元気ですか.
How are you?
Wie geht es Ihnen?
ヴィー ゲート エス イーネン

●まあまあです.
So-so.
So lala.
ゾー ララ

●調子はどう？
How are you doing?
Wie geht es denn so?
ヴィー ゲート エス デン ゾー

日常会話

- はい，元気です．あなたは？
  I'm fine. And you?
  Mir geht es gut. Und Ihnen?
  ミーア ゲート エス グート ウント イーネン

- まあどうということもなくやってます．
  Nothing to complain about.
  Ich kann mich nicht beklagen.
  イヒ カン ミヒ ニヒト ベクラーゲン

- お久しぶりです．
  I haven't seen you for a long time.
  Ich habe Sie lange nicht mehr gesehen.
  イヒ ハーベ ズィー ランゲ ニヒト メーア ゲゼーエン

- お目にかかれてうれしいです．
  Nice [Good] to see you.
  Freut mich, Sie kennen zu lernen.
  フロイト ミヒ ズィー ケネン ツー レルネン

- またいつかお会いしたいです．
  I hope to see you again sometime.
  Ich hoffe, Sie einmal wiederzusehen.
  イヒ ホッフェ ズィー アインマール ヴィーダーツーゼーエン

- また明日．
  See you tomorrow.
  Bis morgen!
  ビス モルゲン

- また近いうちに．
  See you soon.
  Bis bald!
  ビス バルト

- じゃあまたあとで．
  See you later.
  Bis später!
  ビス シュペーター

- よい1日を．
  Have a nice day!
  Einen schönen Tag!
  アイネン シェーネン ターク

- よい週末を．
  Have a nice weekend!
  Schönes Wochenende!
  シェーネス ヴォッヘンエンデ

- あなたもね！
  You too!/ The same to you!
  Ihnen auch!/ Sie auch!
  イーネン アオホ／ズィー アオホ

- どうぞ，楽しい旅を！
  Have a nice trip!
  Haben Sie eine gute Reise!/ Gute Reise!
  ハーベン ズィー アイネ グーテ ライゼ／グーテ ライゼ

- さようなら．
  Good-bye./ See you.
  Auf Wiedersehen.
  アオフ ヴィーダーゼーエン

- バイバイ．
  bye(-bye).
  Auf Wiedersehen./ Tschüss!
  アオフ ヴィーダーゼーエン／チュス

■お礼を言う■

● ありがとう．
Thank you./ Thanks.
Danke schön!/ Danke!
ダンケ シェーン／ダンケ

● どうもありがとう．
Thanks a lot.
Vielen Dank!
フィーレン ダンク

● どうもありがとうございます．
Thank you very much.
Danke vielmals!
ダンケ フィールマールス

● いろいろとお世話になりました．
Thank you for everything.
Danke für alles!
ダンケ フューア アレス

● ご親切にありがとう．
Thank you for your kindness.
Das war sehr nett von Ihnen. Vielen Dank!
ダス ヴァール ゼーア ネット フォン イーネン フィーレン ダンク

● おみやげをありがとう．
Thank you for the present.
Danke für das Geschenk!
ダンケ フューア ダス ゲシェンク

● お礼の申し上げようもありません．
I can't thank you enough.
Ich kann Ihnen nicht genug danken.
イヒ カン イーネン ニヒト ゲヌーク ダンケン

● どういたしまして．
You are welcome.
Bitte schön!
ビッテ シェーン

● こちらこそ．
The pleasure is mine./ My pleasure.
Ganz meinerseits!/ Für mich auch.
ガンツ マイナーザイツ／フューア ミヒ アオホ

■謝る■

● ごめんなさい．／どうもすみません．
Excuse me./ Pardon me!
Entschuldigen Sie!/ Pardon!
エントシュルディゲン ズィー／パルドーン

● だいじょうぶですか．
Are you all right?
Sind Sie in Ordnung?
ズィント ズィー イン オルドヌング

● だいじょうぶです．
That's all right.
Das ist in Ordnung.
ダス イスト イン オルドヌング

●気にしなくていいです。
Don't worry about it.
Alles in Ordnung.
アレス イン オルドヌング

●遅れてすみません。
Sorry [I'm sorry] I'm late.
Entschuldigung, dass ich zu spät komme!
エントシュルディグング ダス イヒ ツー シュペート コメ

●待たせてすみません。
I'm sorry to have kept you waiting.
Es tut mir Leid, Sie haben warten zu lassen.
エス トゥート ミーア ライト ズィー ハーベン ヴァルテン ツー ラッセン

■肯定・同意■

●はい (そうです)。
Yes.
Ja.
ヤー

●そのとおりです。
That's right./ Exactly!
Das ist richtig./ Genau!
ダス イスト リヒティヒ／ゲナオ

●そうだと思います。
I think so.
Ich glaube schon.
イヒ グラオベ ショーン

●わかりました。
I understand.
Ich verstehe.
イヒ フェアシュテーエ

●いいですよ。
All right.
In Ordnung.
イン オルドヌング

●まったく同感です。
I quite agree.
Ich stimme Ihnen vollkommen zu.
イヒ シュティメ イーネン フォルコメン ツー

●時と場合によります。
That depends.
Das hängt davon ab./Das kommt darauf an.
ダス ヘンクト ダフォン アップ／ダス コムト ダラオフ アン

■否定・拒否■

●いいえ。
No.
Nein.
ナイン

●いいえ，結構です。
No, thank you.
Nein, danke!
ナイン ダンケ

●もう十分です。
That's enough.
Das ist genug.
ダス イスト ゲヌーク

● それは別の問題です.
That's another matter thing.
Das ist eine andere Sache. /Das ist etwas anderes.
ダス イスト アイネ アンデレ ザッヘ／ダス イスト エトヴァス アンダース

● 知りません.
I don't know.
Ich weiß nicht.
イヒ ヴァイス ニヒト

● そうは思いません.
I don't think so.
Ich glaube es nicht.
イヒ グラオベ エス ニヒト

● 今は忙しいのです.
I'm busy now.
Ich bin jetzt beschäftigt.
イヒ ビン イェッツト ベシェフティヒト

● 急いでいますので.
I'm in a hurry.
Ich bin in Eile.
イヒ ビン イン アイレ

● 先約があります.
I have an appointment.
Ich habe eine Verabredung.
イヒ ハーベ アイネ フェアアップレードゥング

■ 尋ねる ■

● すみませんが….
Excuse me, but...
Entschuldigen Sie bitte,
エントシュルディゲン ズィー ビッテ

● ちょっとお尋ねしたいのですが.
May I ask you a question?
Kann ich Ihnen eine Frage stellen?
カン イヒ イーネン アイネ フラーゲ シュテレン

● 最寄の駅はどこですか.
Where is the nearest station?
Wo ist der nächste Bahnhof?
ヴォー イスト デア ネーヒステ バーンホーフ

● ベッカーさんではありませんか.
Aren't you Mr. Becker?
Sind Sie nicht Herr Becker?
ズィント ズィー ニヒト ヘル ベッカー

● 私を覚えていらっしゃいますか.
Do you remember me?
Können Sie sich an mich erinnern?/Kennen Sie mich noch?
ケネン ズィー ズィヒ アン ミヒ エアインナーン／ケネン ズィー ミヒ ノホ

● お名前はなんとおっしゃいますか.
May I have your name please?
Wie ist Ihr Name bitte?
ヴィー イスト イーア ナーメ ビッテ

● お名前はどう書きますか.
How do you spell your name?
Können Sie bitte Ihren Namen buchstabieren?
ケネン ズィー ビッテ イーレン ナーメン ブーフシュタビーレン

● どこからいらしたのですか.
Where are you from?
Woher sind Sie?
ヴォヘーア ズィント ズィー

● お仕事は何をなさっていますか.
What do you do?
Was sind Sie von Beruf?
ヴァス ズィント ズィー フォン ベルーフ

● これは何ですか.
What's this?
Was ist das?
ヴァス イスト ダス

● 何時まであいていますか.
Until what time are you open?
Bis wann sind Sie geöffnet?
ビス ヴァン ズィント ズィー ゲエフネット

● それはどこにあるのですか.
Where is it?
Wo ist das?
ヴォー イスト ダス

● この席はあいていますか.
Is this seat taken?
Ist dieser Platz frei?
イスト ディーザー プラッツ フライ

● いいレストランを教えてくれませんか.
Could you recommend a good restaurant?
Können Sie mir bitte ein gutes Restaurant empfehlen?
ケネン ズィー ミーア ビッテ アイン グーテス レストラーン エンプフェーレン

● トイレはどこですか.
Where is the rest room?
Wo ist die Toilette?
ヴォー イスト ディー トワレッテ

● それはどういう意味ですか.
What does that mean?
Was bedeutet das?
ヴァス ベドイテット ダス

● なぜですか.
Why?
Warum?
ヴァルム

■問い返す■

● もう一度おっしゃってください．
Could you say that again, please?
Können Sie das nochmals sagen, bitte?
ケネン ズィー ダス ノホマールス ザーゲン ビッテ

● なに？
What?
Wie bitte?/ Was?
ヴィー ビッテ／ヴァス

● よく聞こえません．
I can't hear you.
Ich kann Sie nicht gut hören.
イヒ カン ズィー ニヒト グート ヘーレン

● ちょっと待って．
Wait a minute.
Warten Sie eine Minute!/Einen Augenblick, bitte!
ヴァルテン ズィー アイネ ミヌーテ／アイネン アオゲンブリック ビッテ

● なるほど．
Well, I see.
Ach, wirklich?/Aha!
アッハ ヴィルクリヒ／アハー

■許可・依頼■

● たばこを吸ってもいいですか．
Do you mind if I smoke?
Darf ich rauchen?
ダルフ イヒ ラオヘン

● これをもらってもいいですか．
May I have this?
Kann ich das behalten?
カン イヒ ダス ベハルテン

● お願いがあるのですが．
Can I ask you a favor?
Können Sie mir einen Gefallen tun?
ケネン ズィー ミア アイネン ゲファレン トゥーン

● ちょっと２，３分いいですか．
Can you spare me a few minutes?
Haben Sie ein paar Minuten Zeit für mich?
ハーベン ズィー アイン パール ミヌーテン ツァイト フューア ミヒ

● ここで写真を撮ってもいいですか．
Is it all right to take pictures here?
Darf man hier fotografieren?
ダルフ マン ヒーア フォトグラフィーレン

●中に入ってもいいですか.
May I go inside?
Kann ich hineingehen?
カン イヒ ヒナインゲーエン

●写真を撮っていただけませんか.
Could you please take a photo of us?
Können Sie bitte ein Foto von uns machen?
ケネン ズィー ビッテ アイン フォート フォン ウンス マッヘン

●ここに書いてください.
Could you write that down?
Können Sie das bitte aufschreiben?
ケネン ズィー ダス ビッテ アオフシュライベン

●急いでください.
Please hurry.
Beeilen Sie sich, bitte!
ベアイレン ズィー ズィヒ ビッテ

●砂糖を取ってください.
Could you pass me the sugar?
Können Sie mir bitte den Zucker reichen?
ケネン ズィー ミーア ビッテ デン ツッカー ライヒェン

●もう少しゆっくり話してください.
Speak more slowly, please.
Sprechen Sie langsamer, bitte!
シュプレッヒェン ズィー ラングザーマー ビッテ

●会社へ電話してください.
Call me at the office, please.
Rufen Sie mich bitte im Büro an!
ルーフェン ズィー ミヒ ビッテ イム ビュロー アン

●書類をファックスしてくれませんか.
Would you fax that document, please?
Können Sie bitte das Dokument faxen?
ケネン ズィー ビッテ ダス ドクメント ファクセン

●メールで連絡してもらえますか.
Could you send me a message by e-mail?
Können Sie mir eine Nachricht per E-Mail senden?
ケネン ズィー ミーア アイネ ナーハリヒト ペル イーメイル ゼンデン

■紹介■

●私は鈴木健次です.
My name is Kenji Suzuki.
Mein Name ist Kenji Suzuki.
マイン ナーメ イスト ケンジ スズキ

- 日本から来ました．
  I'm from Japan.
  Ich komme aus Japan.
  イヒ コメ アオス ヤーパン
- 友人の田中君を紹介します
  Can I introduce my friend Tanaka?
  Kann ich Ihnen meinen Freund Tanaka vorstellen?
  カン イヒ イーネン マイネン フロイント タナカ フォーアシュテレン
- こちらは斉藤さんの奥さんです．
  This is Mrs Saito.
  Das ist Frau Saito.
  ダス イスト フラオ サイトウ
- 学生[看護師]です．
  I am a student [nurse].
  Ich bin Student [Krankenschwester].
  イヒ ビン シュトゥデント [クランケンシュヴェスター]
- 銀行[コンピューター会社]に勤めています．
  I work in a bank [for a computer firm].
  Ich arbeite in einer Bank [in einer Computerfirma].
  イヒ アルバイテ イン アイナー バンク [イン アイナー コンピューターフィルマ]
- こちらへは休暇で来ました．
  I am on vacation here.
  Ich bin hier im Urlaub.
  イヒ ビン ヒーア イム ウーアラオプ
- 仕事で来ています．
  I am here on business.
  Ich bin geschäftlich hier.
  イヒ ビン ゲシェフトリヒ ヒーア

■誘う■

- 映画に行きませんか．
  Shall we go to the movies?
  Wollen wir ins Kino gehen?
  ヴォレン ヴィーア インス キーノ ゲーエン
- コーヒーでも飲みませんか．
  Would you like a cup of coffee?
  Möchten Sie eine Tasse Kaffee?
  メヒテン ズィー アイネ タッセ カフェー
- いっしょに行きませんか．
  Won't you come along?
  Möchten Sie nicht mitkommen?
  メヒテン ズィー ニヒト ミットコメン

- あなたもどうですか.
  How about you?
  Wie ist es mit Ihnen?/Möchten Sie auch?
  ヴィー イスト エス ミット イーネン／メヒテン ズィー アオホ

- はい，もちろん.
  Yes, I'd love to.
  Ja, sehr gerne.
  ヤー ゼーア ゲルネ

- ぜひうちにいらしてください.
  Please come to visit me.
  Besuchen Sie mich bitte!
  ベズーヘン ズィー ミヒ ビッテ

■感情・好み■

- 来てくれるとうれしいのですが.
  I'd be glad [happy] if you could come.
  Ich würde mich sehr freuen, wenn Sie kommen könnten.
  イヒ ヴュルデ ミヒ ゼーア フロイエン, ヴェン ズィー コメン ケンテン

- 楽しかった.
  I've had a good time.
  Ich hatte eine schöne Zeit.
  イヒ ハッテ アイネ シェーネ ツァイト

- わあ，おいしい.
  How delicious!
  Wie köstlich!
  ヴィー ケストリヒ

- すごい.
  Great!/ Terrific!
  Großartig!/ Fantastisch!
  グロースアールティヒ／ファンタスティシュ

- おもしろい.
  What fun!
  Interessant!
  インテレサント

- 感動しました.
  That's very moving.
  Das hat *mich tief ergriffen*.
  ダス ハット ミヒ ティーフ エアグリッフェン

- わくわくします.
  I'm so excited!
  Ich bin so aufgeregt!
  イヒ ビン ゾー アオフゲレークト

- 信じられません.
  I can't believe it.!
  Ich kann das nicht glauben!
  イヒ カン ダス ニヒト グラオベン

- どうしよう.
  What shall [should] I do?
  Was soll ich machen?
  ヴァス ゾル イヒ マッヘン

- 驚きました.
  What a surprise!
  Was für eine Überraschung!
  ヴァス フューア アイネ ユーバーラッシュング

- 寂しいです.
  I'm lonely.
  Ich bin einsam.
  イヒ ビン アインザーム

- 悲しいです.
  I feel sad.
  Ich bin traurig.
  イヒ ビン トラオリヒ

- 怖いです.
  I'm scared.
  Ich habe Angst.
  イヒ ハーベ アングスト

- 心配です.
  I'm worried.
  Ich mache mir Sorgen.
  イヒ マッヘ ミーア ゾルゲン

- 残念です.
  That's too bad.
  Das ist sehr schlecht.
  ダス イスト ゼーア シュレヒト

- 気に入りました.
  I like it.
  Ich mag es.
  イヒ マーク エス

- 気に入りません.
  I don't like it.
  Ich mag es nicht.
  イヒ マーク エス ニヒト

■約束・予約■

- いつお会いしましょうか.
  When shall we meet?
  Wann sollen wir uns treffen?
  ヴァン ゾレン ヴィーア ウンス トレッフェン

- 5時でご都合はいかがでしょうか.
  Would 5 o'clock be a convenient time to meet?
  Können wir uns um 5 Uhr treffen?
  ケネン ヴィーア ウンス ウム フュンフ ウーア トレッフェン

日常会話

- 何曜日がいいですか.
  What day will suit you?
  Welcher Tag würde Ihnen passen?
  ヴェルヒャー ターク ヴュルデ イーネン パッセン

- 金曜日はいかがですか.
  How about Friday?
  Wie wäre es mit Freitag?
  ヴィー ヴェーレ エス ミット フライターク

- 私はそれで結構です.
  That suits me fine.
  Das passt mir gut.
  ダス パスト ミーア グート

- レストランに電話して席を予約したら？
  Why don't you call the Restaurant and reserve a table?
  Warum rufen Sie nicht im Restaurant an und lassen einen Tisch reservieren?
  ヴァルム ルーフェン ズィー ニヒト イム レストラーン アン ウント ラッセン アイネン ティッシュ レゼルヴィーレン

- お約束ですか.
  Do you have an appointment?
  Haben Sie eine Verabredung?
  ハーベン ズィー アイネ フェアアップレードゥング

- 予約が必要ですか.
  Is an appointment necessary?
  Ist eine Verabredung notwendig?
  イスト アイネ フェアアップレードゥンク ノートヴェンディヒ

- 4時に歯医者の予約があります.
  I've got a dental appointment at 4 o'clock.
  Ich habe einen Zahnarzttermin um 4 Uhr.
  イヒ ハーベ アイネン ツァーンアルツトテルミーン ウム フィーア ウーア

■電話■

- もしもし，シュタイナーさんはいらっしゃいますか.
  Hello. Is Mr. Steiner there?
  Hallo. Ist Herr Steiner anwesend?
  ハロー イスト ヘル シュタイナー アンヴェーゼント

- 私は田中と申します.
  My name is Tanaka.
  Mein Name ist Tanaka.
  マイン ナーメ イスト タナカ

- ウェーバーさんをお願いしたいのですが.
  May I speak to Mr. Weber?
  Kann ich Herrn Weber sprechen?
  カン イヒ ヘルン ヴェーバー シュプレッヒェン

- 何番におかけですか.
  What number are you calling?
  Welche Nummer haben Sie gewählt?
  ヴェルヒェ ヌマー ハーベン ズィー ゲヴェールト

- そのままでお待ちください.
  Please hold (the line).
  Bitte bleiben Sie am Apparat!
  ビッテ ブライベン ズィー アム アパラート

- ただ今ほかの電話に出ております.
  She is on another line right now.
  Sie ist [spricht] gerade an einer anderen Leitung.
  ズィー イスト [シュプリヒト] ゲラーデ アン アイナー アンデレン ライトゥング

- 電話があったことを彼女にお伝えください.
  Please tell her I called.
  Bitte sagen Sie ihr, ich habe angerufen!
  ビッテ ザーゲン ズィー イーア イヒ ハーベ アンゲルーフェン

- あとでこちらからかけなおします.
  I'll call you back later.
  Ich rufe später nochmals an.
  イヒ ルーフェ シュペーター ノッホマルス アン

■道を尋ねる■

- …はどこでしょうか.
  Where's ...?
  Wo ist ...?
  ヴォー イスト…

- …に行きたいのですが.
  I'd like to go to ...
  Ich würde gerne zu/nach... gehen
  イヒ ヴュルデ ゲルネ ツー/ナーハ … ゲーエン

- ここはどこでしょうか.
  Where am I?
  Wo bin ich?
  ヴォー ビン イヒ

- この道は市庁舎へ行けますか.
  Does this street lead to City Hall?
  Führt diese Straße zum Rathaus?
  フュールト ディーゼ シュトラーセ ツム ラートハオス

- 遠いですか.
  Is it far from here?
  Ist es weit von hier?
  イスト エス ヴァイト フォン ヒーア

- 歩いて行けますか．
  Can I walk there?
  Kann ich zu Fuß dorthin gehen?
  カン イヒ ツー フース ドルトヒン ゲーエン

- すぐそこですよ．
  It's only a short distance.
  Es ist nur ein Katzensprung.
  エス イスト ヌーア アイン カッツェンシュプルング

- ここからだとかなりありますよ．
  It's quite a distance from here.
  Das ist recht weit entfernt.
  ダス イスト レヒト ヴァイト エントフェルント

■交通機関の利用■

- 地下鉄の駅はどこですか．
  Where is the subway station?
  Wo ist die U-Bahn-Station?
  ヴォー イスト ディー ウーバーンシュタツィオーン

- 切符売り場はどこですか．
  Where is the ticket office?
  Wo ist der Schalter?
  ヴォー イスト デア シャルター

- この電車は…に行きますか．
  Does this train stop at...?
  Hält dieser Zug in...?
  ヘルト ディーザー ツーク イン…

- 乗り換えが必要ですか．
  Do I need to transfer?
  Muss ich umsteigen?
  ムス イヒ ウムシュタイゲン

- どこで乗り換えるのですか．
  At which station do I transfer?
  In welcher Station muss ich umsteigen?
  イン ヴェルヒァー シュタツィオーン ムス イヒ ウムシュタイゲン

- どこで降りたらいいですか．
  Where should I get off?
  Wo soll ich aussteigen?
  ヴォー ゾル イヒ アオスシュタイゲン

- タクシー乗り場はどこですか．
  Where can I get a taxi?
  Wo kann ich ein Taxi bekommen?
  ヴォー カン イヒ アイン タクスィ ベコメン

- ●…ホテルまでお願いします.
  To the Hotel..., please.
  Zum Hotel..., bitte!
  ツム ホテル … ビッテ

- ●いくらですか.
  How much is the fare?
  Wie viel kostet die Fahrt?
  ヴィー フィール コステット ディー ファールト

- ●おつりは取っておいてください.
  Keep the change.
  Der Rest ist für Sie.
  デア レスト イスト フューア ズィー

- ●ブレーメンまで2枚ください.
  Two tickets to Bremen, please.
  Zwei Fahrkarten nach Bremen, bitte.
  ツヴァイ ファールカルテン ナーハ ブレーメン ビッテ

- ●片道です / 往復です.
  One way, please./ Round-trip, please.
  Einfach, bitte! / Hin und zurück, bitte!
  アインファハ ビッテ／ヒン ウント ツリュック ビッテ

■食事■

- ●夕食はふだんは何時ごろですか.
  When do you usually eat dinner?
  Wann essen Sie normalerweise zu Abend?
  ヴァン エッセン ズィー ノルマーラーヴァイゼ ツー アーベント

- ●お昼は何を食べようか.
  What shall we eat for lunch?
  Was wollen wir zu Mittag essen?
  ヴァス ヴォレン ヴィーア ツー ミッターク エッセン

- ●食事に行きませんか.
  Shall we go and eat together?
  Wollen wir zusammen essen gehen?
  ヴォレン ヴィーア ツザメン エッセン ゲーエン

- ●イタリア料理なんかどうですか.
  How about Italian dishes?
  Wie wäre es mit italienischem Essen?
  ヴィー ヴェーレ エス ミット イタリエーニッシェム エッセン

- ●ごちそうしますよ.
  I'll treat you.
  Ich lade Sie ein.
  イヒ ラーデ ズィー アイン

日常会話

- サラダをどうぞ．
  Help yourself to the salad.
  Nehmen Sie sich doch Salat.
  ネーメン ズィー ズィヒ ドッホ ザラート

- スープの味はいかがですか．
  What do you think of the soup?
  Wie schmeckt Ihnen die Suppe?
  ヴィー シュメックト イーネン ディー ズッペ

- たいへんおいしかったです，ごちそうさま．
  The meal was delicious, thank you.
  Das Essen war köstlich. Danke.
  ダス エッセン ヴァール ケストリヒ ダンケ

- 気に入ってもらえてうれしいです．
  I'm glad you liked it.
  Ich bin froh, dass es Ihnen gefallen hat.
  イヒ ビン フロー ダス エス イーネン ゲファレン ハット

- コーヒーはブラック［甘いの］がいいです．
  I'd like my coffee black [sweet].
  Ich möchte meinen Kaffee schwarz [süß].
  イヒ メヒテ マイネン カフェー シュヴァルツ［ズュース］

- この店は食べ物はおいしくて値段も手ごろだよ．
  The food in this restaurant is good and the prices aren't bad.
  Das Essen in diesem Restaurant ist gut und es ist auch preisgünstig.
  ダス エッセン イン ディーゼム レストラーン イスト グート ウント エス イスト アオホ プライスギュンスティヒ

- 7時に予約をしました．
  I have a reservation for seven o'clock.
  Ich habe eine Reservierung für sieben Uhr.
  イヒ ハーベ アイネ レゼルヴィールング フューア ズィーベン ウーア

- 2［3］人ですが席はありますか．
  Do you have a table for two [three]?
  Haben Sie einen Tisch für zwei [drei]?
  ハーベン ズィー アイネン ティッシュ フューア ツヴァイ［ドライ］

- メニューを見せてください．
  Could I have a menu, please?
  Können Sie mir bitte die Speisekarte bringen?
  ケネン ズィー ミア ビッテ ディー シュパイゼカルテ ブリンゲン

- お勧めはなんですか．
  What *do you recommend*?
  Was empfehlen Sie?
  ヴァス エンプフェーレン ズィー

- この店の自慢料理は何ですか.
  What's your specialty?
  Was ist Ihre Spezialität?
  ヴァス イスト イーレ シュペツィアリテート

- ハム・ソーセージの盛り合わせをください.
  I'd like a sausage plate, please.
  Ich hätte gerne eine Wurstplatte.
  イヒ ヘッテ ゲルネ アイネ ヴルストプラッテ

- 魚[肉]のほうにします.
  I'd like the fish [meat].
  Ich hätte gerne den Fisch [das Fleisch].
  イヒ ヘッテ ゲルネ デン フィッシュ [ダス フライシュ]

- ステーキの焼き具合はどのようにしましょうか.
  How would you like your steak?
  Wie möchten Sie Ihr Steak?
  ヴィー メヒテン ズィー イーア ステーク

- ミディアム[レア,ウエルダン]にしてください.
  Medium [Rare, Well-done], please.
  Nicht durchgebraten [Nur schwach gebraten, Durchgebraten], bitte!
  ニヒト ドゥルヒゲブラーテン [ヌーア シュヴァッハ ゲブラーテン,ドゥルヒゲブラーテン] ビッテ

- ミックスサラダもください.
  I'd like a mixed salad too, please.
  Ich möchte auch einen Salat, bitte.
  イヒ メヒテ アオホ アイネン ザラート ビッテ

- デザートには何がありますか.
  What do you have for dessert?
  Was haben Sie zum Nachtisch?
  ヴァス ハーベン ズィー ツム ナーハティッシュ

- 私はアイスクリームにします.
  I'd like some ice-cream.
  Ich hätte gerne Eis.
  イヒ ヘッテ ゲルネ アイス

- ワインをグラスでください.
  A glass of wine please.
  Ein Glas Wein, bitte!
  アイン グラース ヴァイン ビッテ

- お勘定をお願いします.
  Check, please.
  Zahlen, bitte!
  ツァーレン ビッテ

- クレジットカードでお願いします.
  By credit card, please.
  Mit Kreditkarte, bitte!
  ミット クレディートカルテ ビッテ

- テイクアウトでハンバーガー2個をお願いします.
  Two hamburgers to go, please.
  Zwei Hamburger zum Mitnehmen, bitte!
  ツヴァイ ハンブルガー ツム ミットネーメン ビッテ

日常会話

日常会話

- サンドイッチとオレンジジュースをください.
  A sandwich and an orange juice, please.
  Ein Sandwich und einen Orangensaft, bitte!
  アイン ゼントヴィチ ウント アイネン オラーンジェンザフト ビッテ

- スモール [ミディアム, ラージ] をお願いします.
  A small [Medium, Large], please.
  Ein Kleines [Mittleres, Großes], bitte!
  アイン クライネス [ミットレレス, グローセス] ビッテ

- ここで食べます.
  I'll eat it here.
  Ich werde es hier essen.
  イヒ ヴェーアデ エス ヒーア エッセン

- 持ち帰ります.
  I'd like this to go, please.
  Ich möchte das mitnehmen.
  イヒ メヒテ ダス ミットネーメン

■買い物■

- いらっしゃいませ.
  May I help you?
  Kann ich Ihnen helfen?
  カン イヒ イーネン ヘルフェン

- ちょっと見ているだけです.
  I'm just looking, thank you.
  Ich schaue nur, danke.
  イヒ シャオエ ヌーア ダンケ

- …はありますか.
  Do you have ...?
  Haben Sie ...?
  ハーベン ズィー …

- あれを見せてくださいますか.
  Could you show me that one, please?
  Können Sie mir das zeigen, bitte?
  ケネン ズィー ミーア ダス ツァイゲン ビッテ

- ほかのを見せてくださいますか.
  Could you show me another one, please?
  Können Sie *mir ein anderes* zeigen, bitte?
  ケネン ズィー ミーア アイン アンデレス ツァイゲン ビッテ

- サイズがわかりません.
  I don't know my size.
  Ich kenne meine Größe nicht.
  イヒ ケネ マイネ グレーセ ニヒト

- 素材はなんですか.
  What kind of fabric is this?
  Woraus besteht das?
  ヴォラオス ベシュテート ダス

- 色違いのものはありますか.
  Do you have another color?
  Haben Sie das in einer anderen Farbe?
  ハーベン ズィー ダス イン アイナー アンデレン ファルベ

- 違うデザインはありますか.
  Do you have another style?
  Haben Sie ein anderes Design?
  ハーベン ズィー アイン アンデレス ディザイン

- 試着してもいいですか.
  Can I try this on?
  Kann ich das anprobieren?
  カン イヒ ダス アンプロビーレン

- ぴったりです.
  It fits me perfectly!
  Es passt mir perfekt!
  エス パスト ミーア ペルフェクト

- ちょっときつい [ゆるい] です.
  It's a bit tight [loose].
  Es ist ein bisschen eng [lose].
  エス イスト アイン ビスヒェン エング [ローゼ]

- いくらですか.
  How much (is it)?
  Wie viel kostet das?
  ヴィー フィール コステット ダス

- 気に入りましたが値段がちょっと高すぎます.
  I like it but the price is a bit too high.
  Ich mag es, aber der Preis ist ein bisschen zu hoch.
  イヒ マーク エス アーバー デア プライス イスト アイン ビスヒェン ツー ホーホ

- まけてもらえますか.
  Can you give me a discount?
  Können Sie mir einen Rabatt geben?
  ケネン ズィー ミーア アイネン ラバット ゲーベン

- これ [このワンピース/このシャツ] をください.
  I'll take this, please.
  Ich nehme das [dieses Kleid/dieses Hemd].
  イヒ ネーメ ダス [ディーゼス クライト/ディーゼス ヘムト]

- 袋をいただけますか.
  Could I have a paper [plastic] bag?
  Kann ich eine Tüte haben?
  カン イヒ アイネ テューテ ハーベン

■トラブル■

● ちょっと困っています.
I have a problem.
Ich habe ein Problem.
イヒ ハーベ アイン プロブレーム

● 道に迷いました.
I think I got lost.
Ich glaube, ich habe mich verirrt.
イヒ グラオベ イヒ ハーベ ミヒ フェアイルト

● 息子がいなくなりました.
My son is lost.
Mein Sohn ist vermisst.
マイン ゾーン イスト フェアミスト

● パスポートをなくしました.
I lost my passport.
Ich habe meinen Reisepass verloren.
イヒ ハーベ マイネン ライゼパス フェアローレン

● 部屋に鍵を忘れました.
I've locked myself out.
Ich habe mich ausgesperrt.
イヒ ハーベ ミヒ アオスゲシュペルト

● 財布をすられました.
I've been pickpocketed.
Ich bin von einem Taschendieb bestohlen worden.
イヒ ビン フォン アイネム タッシェンディープ ベシュトーレン ヴォルデン

● かばんを盗まれました.
Someone has stolen my bag.
Jemand hat mir die Tasche gestohlen.
イェーマント ハット ミーア ディー タッシェ ゲシュトーレン

● これを通りで拾いました.
I found this on the street.
Ich habe das auf der Straße gefunden.
イヒ ハーベ ダス アオフ デア シュトラーセ ゲフンデン

● 警察はどこですか.
Where is the police station?
Wo ist die Polizei?
ヴォー イスト ディー ポリツァイ

■助けを求める■

● 助けて！
Help!
Hilfe!
ヒルフェ

● 火事だ！
Fire!
Feuer!
フォイアー

- ●どろぼう！
  Thief!
  Dieb!
  ディープ

- ●おまわりさん！
  Police!
  Polizei!
  ポリツァイ

- ●お医者さんを呼んで！
  Call a doctor!
  Rufen Sie einen Arzt!
  ルーフェン ズィー アイネン アールツト

- ●救急車を！
  Get an ambulance!
  Holen Sie einen Krankenwagen!
  ホーレン ズィー アイネン クランケンヴァーゲン

- ●交通事故です！
  There's been an accident!
  Ein Verkehrsunfall!
  アイン フェアケアースウンファル

■苦情を言う■

- ●計算が間違っています。
  This calculation is wrong.
  Die Rechnung ist falsch.
  ディー レヒヌング イスト ファルシュ

- ●おつりが足りません。
  This is not the correct change.
  Das Wechselgeld stimmt nicht.
  ダス ヴェクセルゲルト シュティムト ニヒト

- ●話が違います。
  That's not what you said.
  Das ist nicht was Sie gesagt haben.
  ダス イスト ニヒト ヴァス ズィー ゲザークト ハーベン

- ●これは火が通っていません。
  This isn't cooked.
  Das ist nicht gekocht.
  ダス イスト ニヒト ゲコッホト

- ●スープがしょっぱ過ぎます。
  The soup is a bit too salty.
  Die Suppe ist ein bisschen zu salzig.
  ディー ズッペ イスト アイン ビスヒェン ツー ザルツィヒ

- ●これは注文していません。
  I didn't order this.
  Ich habe das nicht bestellt.
  イヒ ハーベ ダス ニヒト ベシュテルト

- 頼んだものがまだきません.
  Our order hasn't arrived yet.
  Unsere Bestellung ist bis jetzt nicht gekommen.
  ウンゼレ ベシュテルング イスト ビス イェッツト ニヒト ゲコメン

- 値段が高すぎます.
  The bill is too much.
  Die Rechnung ist zu hoch.
  ディー レヒヌング イスト ツー ホーホ

- お湯が出ません.
  There isn't any hot water.
  Da ist kein heißes Wasser.
  ダー イスト カイン ハイセス ヴァッサー

- シャワーが出ません.
  The shower doesn't work.
  Die Dusche funktioniert nicht.
  ディー ドゥーシェ フンクツィオニールト ニヒト

- この部屋はうるさいです.
  This room is too noisy.
  Dieses Zimmer ist zu laut.
  ディーゼス ツィマー イスト ツー ラオト

■宿泊■

- 1泊100ユーロ以下のホテルを紹介してください.
  Could you recommend a hotel less than 100 euros per night?
  Können Sie mir ein Hotel um weniger als 100 Euro pro Nacht empfehlen?
  ケネン ズィー ミーア アイン ホテル ウム ヴェニガー アルス フンダート オイロ プロ ナハト エンプフェーレン

- 今晩は部屋はありますか.
  Do you have a room for the night?
  Haben Sie noch ein Zimmer für heute frei?
  ハーベン ズィー ノッホ アイン ツィマー フューア ホイテ フライ

- ツイン[シングル]をお願いします.
  A twin [single] room, please.
  Ein Doppelzimmer [Einzelzimmer], bitte!
  アイン ドッペルツィマー [アインツェルツィマー] ビッテ

- バス[シャワー]付きの部屋をお願いします.
  I'd like a room with a bath [shower].
  Ich möchte bitte ein Zimmer mit Bad [Dusche].
  イヒ メヒテ ビッテ アイン ツィマー ミット バート [ドゥーシェ]

- 眺めのいい部屋をお願いします.
  I'd like a room with a nice view.
  Ich möchte bitte ein Zimmer mit schönem Ausblick.
  イヒ メヒテ ビッテ アイン ツィマー ミット シェーネム アオスブリック

- 1泊です． / 2[3]泊です．
  One night./ Two [Three] nights.
  Eine Nacht./ Zwei [Drei] Nächte.
  アイネ ナハト／ツヴァイ［ドライ］ネヒテ

- 朝食は付いてますか．
  Is breakfast included?
  Ist das Frühstück inbegriffen?
  イスト ダス フリューシュトゥック インベグリフェン

- 木村です．チェックインをお願いします．
  I'd like to check in. My name is Kimura.
  Ich möchte gerne einchecken. Mein Name ist Kimura.
  イヒ メヒテ ゲルネ アインチェッケン マイン ナーメ イスト キムラ

- 日本から予約しました．
  I made a reservation in Japan.
  Ich habe in Japan eine Reservierung gemacht.
  イヒ ハーベ イン ヤーパン アイネ レゼルヴィールング ゲマハト

- 部屋を見せてください．
  Please show me the room.
  Bitte zeigen Sie mir das Zimmer!
  ビッテ ツァイゲン ズィー ミーア ダス ツィマー

- もっと静かな部屋はありますか．
  Do you have any quieter rooms?
  Haben Sie ein noch ruhigeres Zimmer?
  ハーベン ズィー アイン ノホ ルーイゲレス ツィマー

- この部屋にします．
  I'll take this room.
  Ich nehme das Zimmer.
  イヒ ネーメ ダス ツィマー

- クレジットカードは使えますか．
  Can I use a credit card?
  Kann ich mit der Kreditkarte zahlen?
  カン イヒ ミット デア クレディートカルテ ツァーレン

- 朝食はどこでできますか．
  Where can I have breakfast?
  Wo kann ich frühstücken?
  ヴォー カン イヒ フリューシュテュッケン

- チェックアウトは何時ですか．
  What time is check-out?
  Bis wann muss ich das Zimmer verlassen?
  ビス ヴァン ムス イヒ ダス ツィマー フェアラッセン

■病院・薬局■

● この近くに病院［薬局］はありますか．
Is there a hospital [drugstore] near here?
Ist hier in der Nähe ein Krankenhaus [eine Apotheke]?
イスト ヒーア イン デア ネーエ アイン クランケンハオス［アイネ アポテーケ］

● 病院に連れて行ってください．
Please take me to a hospital.
Bitte bringen Sie mich in ein Krankenhaus!
ビッテ ブリンゲン ズィー ミヒ イン アイン クランケンハオス

● 日本語の話せる医師はいますか．
Is there a Japanese-speaking doctor?
Ist da ein japanischsprechender Arzt?
イスト ダー アイン ヤパーニシュシュプレッヒェンダー アールツト

● 気分が悪いのですが．
I don't feel well.
Ich fühle mich schlecht.
イヒ フューレ ミヒ シュレヒト

● 下痢をしています．
I have diarrhea.
Ich habe Durchfall.
イヒ ハーベ ドゥルヒファル

● 胃が痛みます．
My stomach hurts.
Mein Magen tut weh.
マイン マーゲン トゥート ヴェー

● 頭が痛いです．
I have a headache.
Ich habe Kopfweh.
イヒ ハーベ コプフヴェー

● ここがとても痛いんです．
It hurts a lot here.
Es schmerzt hier sehr.
エス シュメルツト ヒーア ゼーア

● 熱があります．
I have a fever.
Ich habe Fieber.
イヒ ハーベ フィーバー

● 咳がひどいんです．
I'm coughing a lot.
Ich huste ziemlich.
イヒ フーステ ツィームリヒ

● けがをしました．
I've injured myself.
Ich habe mich verletzt.
イヒ ハーベ ミヒ フェアレッツト

● 目に何か入りました．
I have something in my eye.
Ich habe etwas in meinem Auge.
イヒ ハーベ エトヴァス イン マイネム アオゲ

● やけどをしました．
I've burned myself.
Ich habe mich verbrannt.
イヒ ハーベ ミヒ フェアブラント

● 風邪薬をください．
I'd like some medicine for a cold, please.
Ich hätte gerne etwas gegen meine Erkältung.
イヒ ヘッテ ゲルネ エトヴァス ゲーゲン マイネ エアケルトゥング

- 頭痛薬はありますか.
  Do you have medicine for a headache?
  Haben Sie Medizin gegen Kopfweh?
  ハーベン ズィー メディツィーン ゲーゲン コプフヴェー

- 眠くならないのにしてください.
  I'd like something that won't make me sleepy.
  Ich möchte gerne etwas, was mich nicht müde macht.
  イヒ メヒテ ゲルネ エトヴァス ヴァス ミヒ ニヒト ミューデ マハト

- 便秘の薬をください.
  I'd like a laxative, please.
  Ich möchte gerne ein Abführmittel.
  イヒ メヒテ ゲルネ アイン アップフュールミッテル

- 私はアレルギー体質です.
  I have allergies.
  Ich habe eine Allergie.
  イヒ ハーベ アイネ アレルギー

- 1日に何回飲むのですか.
  How many times a day should I take this?
  Wie oft am Tag soll ich das einnehmen?
  ヴィー オフト アム ターク ゾル イヒ ダス アインネーメン

■時刻・日にち・曜日・月・季節■

- (今)何時ですか.
  What time is it (now)?
  Wie spät ist es (jetzt)?
  ヴィー シュペート イスト エス (イェッツト)

- 2時です.
  It's two o'clock.
  Es ist zwei Uhr.
  エス イスト ツヴァイ ウーア

- 1時半です.
  Half past one.
  Halb zwei.
  ハルプ ツヴァイ

- 3時を回ったところです.
  It's just after three (o'clock).
  Es ist kurz nach 3 (Uhr).
  エス イスト クルツ ナーハ ドライ (ウーア)

- 4時15分です.
  Quarter past four./ Four fifteen.
  Viertel nach vier. / Vier Uhr fünfzehn.
  フィルテル ナーハ フィーア／フィーア ウーア フュンフツェーン

- 6時10分前です.
  Ten to six.
  Zehn vor sechs.
  ツェーン フォーア ゼクス

- 私の時計は少し進んで[遅れて]います．
  My watch is a little fast [slow].
  Meine Uhr geht ein bisschen vor [nach].
  マイネ ウーア ゲート アイン ビスヒェン フォーア [ナーハ]

- こちらへは３月２日に来ました．
  I got here on 2nd of March.
  Ich kam hierher am zweiten März.
  イヒ カーム ヒーアヘーア アム ツヴァイテン メルツ

- 今日は何日ですか．
  What's the date (today)?
  Welches Datum ist heute?
  ヴェルヒェス ダートゥム イスト ホイテ

- 今日は何曜日ですか．
  What day [of the week] is it today?
  Welcher Tag [Wochentag] ist heute?
  ヴェルヒァー ターク [ヴォッヘンターク] イスト ホイテ

- ４月 18 日です．
  It's April 18th.
  Es ist 18. April.
  エス イスト アハツェーンター アプリル

- 火曜です．
  Tuesday.
  Dienstag.
  ディーンスターク

- 彼とは木曜日に会います．
  I'll meet him on Thursday.
  Ich treffe ihn am Donnerstag.
  イヒ トレッフェ イーン アム ドナスターク

- 先週の金曜日は大雨[大雪]でした．
  We had heavy rain [snow] last Friday.
  Wir hatten starken Regen [Schnee] letzten Freitag.
  ヴィーア ハッテン シュタルケン レーゲン [シュネー] レッツテン フライターク

- ５月に[の上旬に]ドレスデンへ発ちます．
  I'll leave for Dresden in May [at the beginning of May].
  Ich fahre nach Dresden im Mai [Anfang Mai].
  イヒ ファーレ ナーハ ドレスデン イム マイ [アンファング マイ]

- 季節でいちばん好きなのはどれですか．
  Which season do you like best?
  Welche Jahreszeit mögen Sie am liebsten?
  ヴェルヒェ ヤーレスツァイト メーゲン ズィー アム リープステン

- 春[秋]がいちばん好きです．
  I like spring [fall] best.
  Ich mag Frühling [Herbst] am liebsten.
  イヒ マーク フリューリンク [ヘルプスト] アム リープステン

- 冬にはスキーに行きます．
  I go skiing in [during] winter.
  Ich gehe Skifahren im Winter [während des Winters].
  イヒ ゲーエ シーファーレン イム ヴィンター [ヴェーレント デス ヴィンタース]

独日英
辞典

Deutsch-Japanisch-Englisch

A, a

ab /アップ/ **1** 前 ((3・4格支配))((英from))((時間的・基準))((3・4格と))…から, …以降;((空間的・起点))((3格と))…から;((数量))((3・4格と))…から, …以上 ¶ ab nächstem [nächsten] Monat 来月から / ab hier ここから **2** 副 ①((時間的: von… abの形で))…から ¶ von morgen ab 明日から ②((場所))(時刻表で)…発 ¶ Berlin ab 8.30 ベルリン発8時30分 ③((空間的))((英off))((話))…から離れて, あっちへ ¶ Ab in dein Zimmer! 自分の部屋へ行きなさい ④外れて **ab sein** 離れている;(ボタンなどが)取れて[外れて]いる;疲れている **ab und zu** = **ab und an** 時折;ときどき

ab|biegen /アップビーゲン/ 動 ((英turn off))(車・道が)曲がる

die **Ab·bildung** /アップビルドゥング/ ((英illustration))挿絵, イラスト;図版, 図表;描写, 模写

ab|drehen /アップドレーエン/ 動 ((英turn off))(水道などを栓・スイッチをひねって)止める, 消す

der **Abend** /アーベント/ ((英evening))晩, 夕方 ¶ gestern [heute, morgen] Abend (um 7 Uhr) 昨晩[今晩, 明晩](7時に) / am Abend 夕方に **gegen Abend** 夕方ごろ **Guten Abend!** こんばんは **zu Abend essen** 夕食をとる

das **Abend·essen** /アーベントエッセン/ ((英dinner))夕食, 夕飯

abends /アーベンツ/ 副 ((英in the evening))晩[夕方]に ¶ um sechs Uhr abends 夕方6時に

das **Abenteuer** /アーベントイアー/ ((-s/-))((英adventure))冒険

aber /アーバー/ **1** 接 ((英but))しかし, だが;でも **2** 副 ((強調して))本当に ¶ Das ist aber schön! 実にきれいだ / Aber natürlich! そりゃそうだよ, もちろんですとも / Aber nein! とんでもない

abergläubisch /アーバーグロイビッシュ/ 形 ((英superstitious))迷信深い

ab|fahren /アップファーレン/ 動 ((英leave))出発する, 発車する ¶ Wann fährt der Zug ab? 列車は何時に出るの?

die **Ab·fahrt** /アップファールト/ ((英departure))出発, 発車, 出航

der **Ab·fall** /アップファル/ ((英rubbish, garbage))ごみ, 生ごみ;廃棄物;(信仰などからの)離反

ab|fliegen /アップフリーゲン/ 動 ((英take off))(飛行機が)飛び立つ, 離陸する;(飛行機で)出発する

der **Ab·flug** /アップフルーク/ ((英departure))(飛行機の)出発, 離陸

das **Ab·gas** /アップガース/ ((英exhaust fumes))排気ガス

ab|geben /アップゲーベン/ 動 ① ((英hand in))提出する, 預ける;(人に…を)(譲り)渡す, 分け与える ②(見解を)表明する;(熱・光を)発する

der/die **Abgeordnete** /アップゲオルドネテ/ ((-n/-n))((英Congressman))議員, 代議士

abgeschlossen /アップゲシュロッセン/ 形 ((英isolated))孤立した;独立した形式の, (家などが)一戸建ての;完結した

ab|hängen /アップヘンゲン/ 動 ① (hing ab; abgehangen) ((英depend on))依存する, 頼る;((von j^3/et^3))…次第である, (…に)左右される ¶ Das hängt vom Wetter [von den Umständen] ab. 天気次第だ[状況による] ② (hängte ab; abgehängt) ((英take down))外す;(競技の相手・追跡者を)振り切る, 引き離す

abhängig /アップヘンギヒ/ 形 ((英dependent))((von j^3/et^3))(…に)依存した, …次第の;従属的な

ab|heben /アップヘーベン/ 動 ((英lift off))(ふた・受話器などを)

ab|holen /アップホーレン/ 動 (英collect, pick up) 取りに行く, 取って来る；(人を) 拾う, 迎えに行く, 出迎える ¶ Er holte mich vom [am] Bahnhof ab. 彼が駅に迎えに来てくれた

das **Abitur** /アビトゥーア/ 《-s/》 (英Abitur) アビトゥーア (ギムナジウム・高校の卒業試験)

das **Abkommen** /アップコメン/ 《-s/-》 (英agreement) 協定, 取り決め

ab|kürzen /アップキュルツェン/ 動 (英cut short, abbreviate) 短くする, 短縮する；(語を) 略す

die **Ab·kürzung** /アップキュルツング/ (英abbreviation) 短縮；略語；近道

ab|laufen /アップラオフェン/ 動 (英expire, flow away) (期限が) 過ぎ去る；(物事が) 進行する

ab|legen /アップレーゲン/ 動 ① (英take off) (衣服を) 脱ぐ ② (特定の行為を) 行う, (告白・証言などを) する, (試験を) 受ける

ab|lehnen /アップレーネン/ 動 (英turn down) 断る, 拒否 [拒絶] する；却下する

ab|lenken /アップレンケン/ 動 (英distract) (注意・嫌疑を) そらす；(人の) 気を紛らす

ab|machen /アップマッヘン/ 動 (英take off) 取り外す；取り決める ¶ Abgemacht, ich komme mit. わかった, 一緒に行くよ

die **Abmachung** /アップマッフング/ 《-/-en》 (英agreement) 取り決め, 協定

ab|melden /アップメルデン/ 動 (英notify one's moving out) (人の) 転居 [退学, 退会] を届け出る；(電話などの) 契約 [登録] を取り消す

ab|nehmen /アップネーメン/ 動 ① (英take off) 取る, 外す；取り上げる；(荷物・仕事などを) 引き受ける；(話) (人の話を) 真に受ける ② (英decrease) (数量が) 減る；(強さなどが) 弱まる, 衰える；体重が減る, やせる

das **Abonnement** /アボネマーン/ 《-s/-s》 (英subscription) (新聞・雑誌などの) 予約購読

ab|raten /アップラーテン/ 動 (英advise against) 《j^3 von et^3》 (人に…を) しないよう [思いとどまるよう] 助言する

ab|räumen /アップロイメン/ 動 (英clear away) (食器を) 片づける；(食卓の) 後片づけをする

ab|rechnen /アップレヒネン/ 動 (英deduct) 差し引く；清算 [決算] する

die **Ab·rechnung** /アップレヒヌング/ (英deduction) 差し引き, 控除；清算, 決算

die **Ab·reise** /アップライゼ/ (英departure) 旅立ち, 出発

ab|reisen /アップライゼン/ 動 (英leave) 旅に出る, 旅立つ

ab|reißen /アップライゼン/ 動 (英tear off) (紙などを) 引きはがす；(建物を) 取り壊す；ちぎれる；(通話などが) 途切れる

ab|sagen /アップザーゲン/ 動 (英cancel) (会などを) 取りやめる, 中止する

der **Ab·satz** /アップザッツ/ ① (英heel) (靴の) かかと ② (英paragraph) (文章の) 段落, 節；区切り, 改行

ab|schalten /アップシャルテン/ 動 (英switch off) (ラジオなどの) スイッチを切る；(スイッチを回して電気・音楽などを) 切る

der **Abschied** /アップシート/ (英parting, farewell) 別れ, 別離 **von j^3 Abschied nehmen** (人に) 別れを告げる

ab|schließen /アップシュリーセン/ 動 (英lock) (戸・部屋・家・車などに) 鍵をかけ(て閉め)る, 閉め切る；(話・研究などを) 終える, 終了する；(契約などを) 結ぶ

ab|schneiden /アップシュナイ

Abschnitt

デン/動(英cut off)切り取る,切り離す[落とす];(髪・つめを)切る;((bei et^3))(試験などで…の)成績をとる[収める]

der Ab·schnitt /アップシュニット/(英paragraph)部分;段落,章;(人生などの)時期

ab|schreiben /アップシュライベン/動(英copy out)書き写す;清書する;カンニングする

abseits /アップザイツ/ ❶前((英off))((2格支配))…から離れて ❷副離れて;[球技]オフサイドで

der Absender /アップゼンダー/(–s/–)(英sender)差出人, 発信人

ab|setzen /アップゼッツェン/動 ① (英take off)(帽子・めがねを)取る, はずす;(人を(場所で))降ろす;(人を)罷免[解任]する;(一時的に)離す, わきへ置く ② ((et^4 von et^3))(項目などを…から)削除する, 取りやめる;(金額を税金などから)差し引く, 控除する ③ (大量に)売りさばく ④ (($sich^4$))沈殿[堆積]する

die Ab·sicht /アップズィヒト/ (英intention)意図, もくろみ, 意向, 考え **die Absicht haben** ((+zu不定詞句))…するつもりである **mit Absicht** 意図的に, 故意に **ohne Absicht** 何気なく

absichtlich /アップズィヒトリヒ/ 形(英intentional)意図的な, 故意の, わざとの

der Ab·stand /アップシュタント/(英distance)距離;間隔

ab|stellen /アップシュテレン/動 ① (英put down)(重いものを)(下へ)置く;しまっておく,(車を)停めておく ② (スイッチを切って…を)止める;(弊害・悪習などを)取り除く, 廃止する

ab|stimmen /アップシュティメン/(動(英vote)投票する;((über et^4))(…について)票決[採決]する

die Ab·stimmung /アップシュティミング/(英vote, ballot)投票, 採決

abstrakt /アプストラクト/ 形(英abstract)抽象的な

ab|stürzen /アップシュテュルツェン/動(英crash)墜落[転落]する;[コンピュータ]クラッシュする

das Ab·teil /アップタイル/(英compartment)コンパートメント, 車室

die Ab·teilung /アップタイルング/(英department)(企業などの)部, 課, 局;(病院の)科, 部

die Abtreibung /アップトライブング/(–/–en)(英abortion)中絶, 堕胎

ab|trocknen /アップトロックネン/動(英dry)ふく,(ふいて)乾かす

ab|wägen /アップヴェーゲン/動(英weigh)(じっくりと, 慎重に)比較検討する

abwärts /アップヴェルツ/ 副(英downward)下方へ

ab|waschen /アップヴァッシェン/動(英wash off)(汚れなどを)洗い落とす;洗ってきれいにする

die Abwechslung /アップヴェクスルング/(–/–en)(英change)気分転換, 気晴らし

abwesend /アップヴェーゼント/ 形(英absent)不在の, 欠席[欠勤]の

ab|wischen /アップヴィッシェン/(英wipe up)ふき取る

das Ab·zeichen /アップツァイヒェン/(英badge)記章, バッジ;階級章

ab|ziehen /アップツィーエン/動 ① (英take off)(指輪などを)抜き取る;(シーツなどを)外す;((et^4 von et^3))(…を…から)差し引く ② 複写[コピー]する ③ (部隊などを)撤収する;(話)立ち去る ④ (霧・煙などが)流れ去る

ab|zielen /アップツィーレン/動(英aim)((auf j^4/et^4))(…を)目標にする, ねらう

ach /アッハ/ 間(英oh)ああ, あっ(悲嘆・驚き・当惑・合点などの声)

acht /アハト/ (英eight)((基数))8;(英eighth)((序数))第8

の, 8番目の

die Acht /アハト/ ❶ 《-/-en》《㊤eight》8 ❷《-/》《㊤attention》注意, 顧慮, 用心　*auf j⁴/et⁴ Acht geben* (…に)注意を払う, 留意[配慮]する　*et⁴ in Acht nehmen* (…に)気をつける, 注意する

das Achtel /アハテル/ 《-s/-》《㊤eighth》8分の1; 8分音符

achten /アハテン/ 動《㊤ respect》尊重する;《*auf j⁴/et¹*》(…に)留意[配慮]する

die Achter·bahn /アハターバーン/ 《㊤roller coaster》ジェットコースター

die Achtung /アハトゥング/ 《-/-》《㊤ attention》注意, 用心;《㊤ respect》尊敬, 敬意　*Achtung!* 危ない!;《《揭示》》注意!;《《注意を喚起して》》注目!

achtzehn /アハツェーン/ 《㊤eighteen》《基数》18

achtzig /アハツィヒ/ 《㊤eighty》《基数》80

der Acker /アッカー/ 《-s/Äcker》《㊤field》耕地, 畑

die Ader /アーダー/ 《-/-n》《㊤vein》血管; 葉脈

der Adler /アードラー/ 《-s/-》《㊤eagle》ワシ(鷲)

adoptieren /アドプティーレン/ 動《㊤adopt》(人を)養子にする

die Adresse /アドレッセ/ 《-/-n》《㊤address》あて名, 住所　*Wie ist Ihre (neue) Adresse?* (新しい)住所はどこですか

der Affe /アッフェ/ 《-n/-n》《die Äffin》《㊤monkey》サル(猿)

(das) Afrika /アーフリカ/ 《-s/》《㊤Africa》アフリカ(大陸)

ähneln /エーネルン/ 動《㊤ be similar to》《*j³/et³*》(…に)似ている

ähnlich /エーンリヒ/ 形《㊤similar》似た;《*j³/et³*》(…に)似た, (…と)類似の, 同じような　*j³/et³ ähnlich sehen* (…に)似ている　*... und Ähnliche(s)* そ

の他これに類するもの, …など

die Ähnlichkeit /エーンリヒカイト/ 《-/-en》《㊤similarity》似ていること, 類似(性)

die Ahnung /アーヌング/ 《-/-en》《㊤presentiment, knowledge》予感; 心当たり　¶ *Keine Ahnung!* 全然わからない

das Aids /エイズ/ 《-/》《㊤Aids》エイズ(後天性免疫不全症候群)

die Akte /アクテ/ 《-/-n》《㊤file》書類, 文書; 記録; 綴じ込み(帳)

die Akten·tasche /アクテンタッシェ/ 《㊤briefcase》書類かばん, ブリーフケース

die Aktie /アクツィエ/ 《-/-n》《㊤share》株, 株式, 株券

aktiv /アクティーフ/ 形《㊤active》活発な, 積極的な; 前向きな

die Aktivität /アクティヴィテート/ 《-/-en》《㊤activity》行動性; 活気; 行動, 活動

aktuell /アクトゥエル/ 形《㊤current, actual》今の, 現在の; 流行の, 最新の

der Akzent /アクツェント/ 《-(e)s/-e》《㊤accent》アクセント, 強勢; なまり

der Alarm /アラルム/ 《-(e)s/-e》《㊤alarm》警報; 非常事態

alarmieren /アラルミーレン/ 動《㊤call》(消防・警察を)呼ぶ

der Alb·traum /アルプトラオム/ 《㊤nightmare》悪夢

das Album /アルブム/ 《-s/-s, Alben》《㊤album》(写真の)アルバム;(レコードの)アルバム

der Alkohol /アルコホール/ 《-s/-e》《㊤alcohol》アルコール; アルコール飲料, 酒

alkoholfrei /アルコホールフライ/ 形《㊤alcohol-free》ノンアルコールの　¶ *alkoholfreie Getränke* 清涼飲料, ソフトドリンク

all /アル/ 《㊤all》①あらゆる, すべての　¶ *Der Bus fährt alle zehn Minuten.* バスは10分ごとに走っています　②すべて, 全部　¶ *Sonst noch etwas?–Nein, das*

allein ▶

ist alles. ほかには何かございますかーいいえ、それだけです ***alles in allem*** 全部ひっくるめて、全体として ***vor allem*** 特に、とりわけ

allein /アライン/ **❶** 形 (英alone) ひとりだけの、他(人)を交えない **❷** 副 (英alone) ひとりで、単独で；(英only) ただ…だけ ***von allein(e)*** ひとりでに、おのずと

allerdings /アラーディングス/ 副 (英though) ただし、しかし、そうはいうものの；もちろん ¶ Hast du das gewusst?–Allerdings! 知ってたの？ーもちろん

die **Allergie** /アレルギー/ (-/-n) (英allergy) アレルギー

allergisch /アレルギッシュ/ 形 (英allergic) アレルギー性の；アレルギー体質の；過敏な

allgemein /アルゲマイン/ 形 (英general) 一般の；普遍的な；全般的な ***im Allgemeinen*** 一般に；概して

allmählich /アルメーリヒ/ **❶** 副 (英gradually) 次第に、だんだんと **❷** 形 漸次の、ゆるやかな

der **All·tag** /アルターク/ (英everyday life)（単調な）日常(生活)；(英weekday) 平日

alltäglich 形 /アルテークリヒ/ (英daily) 毎日の、日々の；/アルテークリヒ/ (英ordinary) 平凡な；月並みな；/アルテークリヒ/ (英weekday) 平日(用)の

alltags /アルタークス/ 副 (英weekdays) 平日に[は]

die **Alpen** /アルペン/ (英alps) アルプス(山脈) ¶ in die Alpen zum Skifahren fahren アルプスにスキーに行く

das **Alphabet** /アルファベート/ (-(e)s/-e) (英alphabet) アルファベット

der **Alp·traum** /アルプトラオム/ (英nightmare) = Albtraum

als /アルス/ 接 ① (英when, as) ((過去の一回のことについて))…(した)とき ¶ gleich als ich zu Hause ankam 家に着いたとたんに ② (英than) ((比較級と))…より ¶ Er ist größer als ich. 彼は私より背が高い ③ (英as) …として ¶ als Sekretärin arbeiten 秘書として働く ④…以外の、…よりほかの ¶ alles andere als... sein …ということだけはない、…だなんてとんでもない ***als ob [wenn]...*** (英as if) あたかも…であるかのように

also /アルゾ/ 副 (英well) それでは；(英therefore) それゆえ、したがって；(英that is) つまりは ¶ Also dann, auf Wiedersehen! それじゃあ、さようなら

alt /アルト/ 形 (älter; ältest) (英old) ①年をとった、老いた、高齢の；…歳の ¶ Wie alt sind Sie? おいくつですか ②古い、古くからの；旧式の；以前の、昔の ¶ eine alte Bekannte von mir 私の旧友の一人 ***Alt und Jung*** 老いも若きも；だれもが

älter /エルター/ 形 (英older) 年上の；年配［年寄り］の ¶ mein älterer Bruder 私の兄

der/die **Alte** /アルテ/ (-n/-n) (英old person) 老人、年寄り、高齢者

das **Alter** /アルター/ (英age) 年、年齢；年数；老年、高齢 ¶ im Alter 年をとって /Er ist in meinem Alter. 彼は私と同年輩だ ***im Alter von...*** …歳で[の時に]

altern /アルターン/ 動 (英age) 年をとる、老ける；老(朽)化する；(ワインが)熟成する[させる]

alternativ /アルタァナティーフ/ 形 (英alternative) 二者択一の；代替の

das **Altersheim** /アルタースハイム/ (英old people's home) 老人ホーム

ältest /エルテスト/ 形 (英oldest) 最年長の ¶ seine älteste Tochter 彼の長女

altmodisch /アルトモーディシュ/ 形 (英old-fashioned) 時代[流

行] 後れの, 古くさい, 古風な

die **Ameise** /アーマイゼ/ ((-/-n)) ((英ant)) アリ (蟻)

(das) **Amerika** /アメーリカ/ ((-s/)) ((英America)) アメリカ (大陸); 米国

der **Amerikaner** /アメリカーナー/ ((-s/-)) ((英American)) アメリカ人

amerikanisch /アメリカーニシュ/ [形] ((英American)) アメリカ (人, 英語) の

die **Ampel** /アンペル/ ((英traffic light)) 信号, 交通信号機 ¶ Biegen Sie an der Ampel ab. あの信号を曲がってください

das **Amt** /アムト/ ((-es (-s)/Ämter)) ① ((英office)) 公職, 官職;官(公)庁, 役所 ¶ Auswärtiges Amt (ドイツの) 外務省 ② ((英task, duty)) 職務, 務め ¶ von Amts wegen 職務上, 仕事柄, 職務[仕事]で

amtlich /アムトリヒ/ [形] ((英official)) 公の, 官庁の; 職務上の, 公式の; (表情などが) しかつめらしい

amüsant /アミュザント/ [形] ((英amusing)) 人を楽しませる, 愉快な, おもしろい

amüsieren /アミュズィーレン/ [動] ((英amuse)) おもしろがらせる, 楽しませる; ((sich⁴)) 楽しむ, 愉快に過ごす ¶ Amüsieren Sie sich? 楽しんでいますか

an /アン/ ❶ [前] ((an + dem = am)) ((3・4格支配)) ① ((英on)) ((場所)) ((3・4格と)) …で[へ], …に (くっついて); …のわき[そば]に [へ] ¶ Halten Sie bitte an der Ecke. その角で停めてください ② ((英at)) ((時間)) ((3格と)) …に ¶ an meinem Geburtstag 私の誕生日に / am Sonntag [Abend] 日曜日[晩]に ③ ((3格と)) ((手段)) …を手がかりとして; ((原因)) …で; ((関連)) …に関して, …の点で; ((関心・行為の対象)) …に対する[対して]; ((従事)) …にとりかかって; ((状態・動作の進行)) …して; ((責任・担当)) …にかかって; ((4格と)) …あてに, …に対して ¶ Sie fasste das Kind fest an der Hand. 彼女は子供の手をしっかりと握っていた / Sein Vater starb an Krebs. 彼のお父さんはがんで死んだ / Brief an Herrn Meyer マイヤー氏あての手紙 ❷ [副] ((英on)) (明かり・ガスなどが) ついて; (機械の) スイッチが入って; (時刻表で) …着 ¶ Das Licht ist an. 明かりがついている / Hamburg an 19.30 Uhr ハンブルク着19時30分 *an (und für) sich* それ自体;本来, そもそも *von et³ an* (場所・時間) から

analysieren /アナリュズィーレン/ [動] ((英analyse)) 分析[分解] する

die **Ananas** /アナナス/ ((-/-se)) ((英pineapple)) パイナップル

an|bieten /アンビーテン/ [動] ① ((英offer)) (人に飲食物などを) 勧める, (助力などを) 申し出る; (商品を) 売りに出す, 提供する ② ((sich⁴ für et⁴)) (…に) 適している ¶ es bietet sich an, ((+ zu不定詞)) …するいいチャンスである, …するのにもってこいである

das **Andenken** /アンデンケン/ ((-s/-)) ((英memory)) 思い出; 記念; おみやげ

ander /アンダー/ [形] ((英other)) (その) ほかの; 異なった, 別の ¶ Haben Sie eine andere Farbe? ほかの色はありますか

andererseits /アンデラーザイッ/ [副] ((英on the other hand)) 他方では, また一方では, その反面 ¶ einerseits..., andererseits... 一方では…, 他方では…

ändern /エンダーン/ [動] ((英change)) 変える, 変更する, 改める; ((sich⁴)) 変わる, 変化する ¶ Ich möchte meine Reservierung ändern. 予約を変更したいのですが

anders /アンダース/ [副] ((英differently) 異なって, 別のやり方で ¶ **anders ausgedrückt** 別の言い方をすれば / **Ich konnte nicht anders.** どうしようもなかった, そうする以外なかったんだ

anderthalb /アンダートハルプ/ (英one and a half) 1と2分の1の, 1つ半の ¶ **anderthalb Stunden** 1時間半

die **Änderung** /エンデルング/ (–/–en) (英change) 変更, 改正

der **An·fall** /アンファル/ (英attack) 〔医〕発作

der **Anfang** /アンファング/ (–(e)s /..fänge) (英beginning) 初め, 始まり, 最初 ¶ **Aller Anfang ist schwer.** (詰) 何事も最初は難しいものだ **am Anfang = zu Anfang** 初めに［は］, 最初は **von Anfang an** 初めから

an|fangen /アンファンゲン/ 動 (英begin) 始める, 開始する; 始まる; ((mit et^3)) (…で) 始まる, (…から) 始める ¶ **Es fing an zu regnen.** 雨が降り出した

der **Anfänger** /アンフェンガー/ (–s/ –) (英beginner) 初心者, 初学者, ビギナー

anfangs /アンファングス/ 副 (英at first) 初めに［は］, 当初

an|fassen /アンファッセン/ 動 (英touch) (…に手で) 触れる, 触(さわ)る; (…を) 握る, つかむ; (人に対して…の) 接し方をする

die **An·frage** /アンフラーゲ/ (英inquiry) 問い合わせ, 照会

an|geben /アンゲーベン/ 動 (英declare) 告げる, 申告する; 述べる; ((mit et^3)) (…のことを) 自慢する

angeblich /アンゲープリヒ/ 形 (英alleged) 自称の, 本人の言うところでは; 表向きの［は］

das **Angebot** /アンゲボート/ (–(e)s/–e) (英offer) 申し出, 提案; 提供(品); 供給

an|gehen /アンゲーエン/ 動 ① (英concern) (事柄が…に) 関係する, かかわる ¶ **Das geht mich nichts an.** それは私には関係ない / **was mich angeht,...** 私に関しては［関する限り］… ② 始まる; (火・ストーブが) 燃えだす, (明かりが) つく, (エンジンが) かかる

der/die **Angehörige** /アンゲヘーリゲ/ (–n/–n) (英relative) 親戚; (グループの) 構成員, メンバー

die **Angel** /アンゲル/ (–/–n) (英fishing rod) 釣りざお

die **An·gelegenheit** /アンゲレーゲンハイト/ (英affair) 事柄, 問題; 用事, 用件

angeln /アンゲルン/ 動 (英fish) 魚釣りをする

angenehm /アンゲネーム/ 形 (英pleasant) 快適な, 心地よい, 気持ちのいい; (人が) 好ましい ¶ **Mein Name ist Ueno.–Sehr angenehm [Angenehm]. Ich heiße Meyer.** 私は上野と申します—はじめまして. 私はマイヤーです

angesichts /アンゲズィヒツ/ 前 (英in the face of) ((2格支配)) …に直面して, …の点からして

der/die **Angestellte** /アンゲシュテルテ/ (–n/–n) (英employee) (会) 社員, サラリーマン, 職員

die **An·gewohnheit** /アンゲヴォーンハイト/ (英habit) (主に悪い) 習慣, 癖

an|greifen /アングライフェン/ 動 (英attack) 攻撃する; (激しく) 非難［批判］する

der **Angriff** /アングリフ/ (英attack) 攻撃; 批判 **et^4 in Angriff nehmen** (…に) 取りかかる［着手する］

die **Angst** /アングスト/ (–/Ängste) (英anxiety) 不安, 恐れ; 心配, 気がかり ¶ **um j^4/et^4 Angst haben** …のことを気遣っている

ängstlich /エングストリヒ/ 形 (英anxious) 不安［心配］そうな, おどおどした; 細心の注意を払った

an|haben /アンハーベン/ 動 (英wear) (衣服を) 着ている, (ズボン・靴を) はいている

an|halten /アンハルテン/ 動
(英stop)(車・機械・息を)止める;
止まる;(状態が)続く

der **Anhalter** /アンハルター/ 《-s/-》
(英 hitch-hiker) ヒッチハイカー
per Anhalter fahren 《話》
ヒッチハイクする

der **Anhänger** /アンヘンガー/ 《-s/
-》①(英supporter) 信奉者, 支
持者;ファン ②トレーラー ③ペ
ンダント

der **Anker** /アンカー/ 《-s/-》
(英anchor) 錨(いかり)

an|klagen /アンクラーゲン/ 動
(英 charge, accuse) 《wegen
et²》(…のことで人を) 訴える, 起訴
[告訴]する;非難する

an|klicken /アンクリッケン/ 動
(英click on)〖広→〗(マウスで…を)
クリックする

an|kommen /アンコメン/ 動
①(英 arrive) (場所に) 着く, 到
着する;届く; ¶ Um wie viel
Uhr kommt der Flug in Berlin
an? その飛行機はベルリンに何
時に着きますか ②《bei *et³*》(人
に) 受け入れられる, もてる ***Es
kommt auf j⁴/et⁴ an.*** …次
第である;…が重要[問題]であ
る ***Es [Das] kommt darauf
an.*** 状況次第である

die **Ankunft** /アンクンフト/ 《-/》
(英 arrival) 到着 ¶ Nach der
Ankunft melde ich mich sofort.
着いたらすぐ連絡します

die **An·la·ge** /アンラーゲ/ ①
(英facilities) 施設;公共施設,
公園;設備, 装置 ②素質

der **Anlass** /アンラス/ 《-es/..lässe》
(英cause) きっかけ, 動機;機会

an|machen /アンマヘン/ 動
①(英turn on)(明かり・暖房など
の)スイッチを入れる,(火を)つ
ける ②取り付ける, 固定する

an|melden /アンメルデン/ 動①
(英make an appointment) (《*j⁴*
[*sich⁴*] (bei *j³*)》) ((医者に) 診療の)
予約を入れる;(《*j⁴* [*sich⁴*] zu [in]
et³》)(人の…への参加・入学などを)

申し込む ¶ *sich⁴* zu einem Kurs
anmelden 講座への参加を申し込
む ②届け出る, 申告[申請]する

die **Anmeldung** /アンメルドゥン
グ/ 《-/》(英making an appoint-
ment) 申し込み;通告, 通知;
(役所などへの) 届け出

die **Annahme** /アンナーメ/ 《-/-n》
(英 acceptance) 受け入れ, 受け
付け, 採用;(英assumption) 推
測, 推定, 仮定

an|nehmen /アンネーメン/ 動
(英 accept) 受け取る;受け入れ
る;(提案などを) 採用する

die **Annonce** /アノー(ン)セ/
《-/-n》(英advertisement) 広告

anonym /アノニューム/ 形
(英anonymous) 匿名の

an|passen /アンパッセン/ 動
(英fit) (《*sich⁴* *et³*》)(…に) 適応する,
適応[順応]する

anpassungsfähig /アン
パッスングスフェーイヒ/ 形(英adapt-
able) 適応[順応]力のある

der **An·ruf** /アンルーフ/ (英 call)
電話, 通話

der **Anrufbeantworter**
/アンルーフベアントヴォルター/ 《-s/-》
(英answering machine) 留守
番電話機

an|rufen /アンルーフェン/ 動
(英call) 電話する

die **Ansage** /アンザーゲ/ 《-/-n》
(英announcement)(番組などの)
アナウンス;発表

an|sagen /アンザーゲン/ 動
(英 announce) アナウンスする,
告げる;予告する

an|schaffen /アンシャッフェン/
動(英get) 購入[調達]する

an|schauen /アンシャオエン/
動(英stare at)〈じっくりと〉見る,
見つめる

anscheinend /アンシャイネン
ト/ 副(英apparently) 見たとこ
ろ, どうやら…らしい

an|schlagen /アンシュラーゲン/
動①(英 put up) 掲示する, はり
つける ②(《*sich³* *et⁴* (an *et³*)》)(体

の一部を(…に)ぶつける

an|schließen /アンシュリーセン/ 動 ①(英connect)(電化製品などを)接続する ②((sich⁴ et³))(…に)つながる, 続く;(…の)仲間に加わる

der **An·schluss** /アンシュルス/ (英connection)(電気・ガス・電話などの)接続;(列車・バスの)接続, 乗り継ぎ;(人との)結びつき, つながり ¶ Habe ich in Frankfurt Anschluss nach....? フランクフルトで…行きへの接続はありますか

an|schnallen /アンシュナレン/ 動 (英fasten)(ベルトなどで)固定する;((sich⁴))(自動車・飛行機で)シートベルトをする

die **An·schrift** /アンシュリフト/ (英address) あて名, 住所

die **Anschuldigung** /アンシュルディグング/ (–/–en)(英accusation) 告発;非難

an|sehen /アンゼーエン/ 動 ①(英look at)(意識して…を)見る;((sich³ j⁴/et⁴))(…を)じっくり見る, (試合などを)観戦する ②((j³ et⁴))(人の様子から…を)見て取る, 看取する ③((j⁴/et⁴ für [als] j⁴/et⁴))(…を…と)見なす

die **Ansicht** /アンズィヒト/ (–/–en)(英view) ①意見, 見解 ¶ meiner Ansicht nach 私の考えでは ②(風景などの)絵, 写真

die **Ansichtskarte** /アンズィヒツカルテ/ (英picture postcard) 絵はがき

der **An·spruch** /アンシュプルフ/ (英claim)(an j⁴/et⁴)(…への)要求;期待;((auf et⁴))(…に対する)権利 j⁴/et⁴ **in Anspruch nehmen**(人に)時間[手間]を取らせる, (労力を)費やさせる

anstatt /アンシュタット/ **1** 前 (英instead of)((2格支配))…の代わりに **2** 接((zu不定詞, dass文と))…する代わりに

an|stellen /アンシュテレン/ 動 ①(英turn on)(電化製品の)スイッチを入れる ②(人を)雇う, 採用する ③((話))やる, しでかす ④((sich⁴ (um et⁴)))(…を手に入れようと)列に並ぶ

an|strengen /アンシュトレンゲン/ 動 ①(英strain)(…を)疲れさせる ②((sich⁴))努力する, 頑張る, 骨を折る

anstrengend /アンシュトレンゲント/ 形(英strenuous) 骨の折れる, 疲れさせる

die **Anstrengung** /アンシュトレングング/ (–/–en)(英strain) 努力, 苦労, 骨折り;疲労, 消耗

das **Antibiotikum** /アンティビオーティクム/ (–s/..ka)(英antibiotic) 抗生物質

antik /アンティーク/ 形 (英antique) 古代の;古風な

der **Antrag** /アントラーク/ (–(e)s/..träge)(英proposal)((auf et⁴))(…への)申請, 申し込み;結婚の申し込み, プロポーズ;動議, 提案;申し込み用紙, 申請書

die **Antwort** /アントヴォルト/ (–/–en)(英answer)((auf et⁴))(…への)答え, 返事, 回答 ¶ Sie haben mir noch keine Antwort auf meine Frage gegeben. あなたはまだ私の質問に答えていない

antworten /アントヴォルテン/ 動((英answer))(((j³) auf j⁴/et⁴))(人に…に対して)答える, 返事をする[出す], 回答する

der **Anwalt** /アンヴァルト/ (–(e)s/..wälte)(*die* Anwältin)(英lawyer) 弁護士

anwesend /アンヴェーゼント/ 形(英present)(その場に)居合わせている, 出席している

die **Anzahl** /アンツァール/ (–/)(英number)((eine ~))(いくつかの)数;((die ~))総数

die **An·zahlung** /アンツァールング/ (英deposit) 頭金[初回金]の支払い;初回金, 頭金

die **Anzeige** /アンツァイゲ/ (–/–n) ①(英announcement)(書状・新聞などでの)通知;広告 ②(警察への)届け出, 訴え, 告発 ③(計

器などの）表示

an|zeigen /アンツァイゲン/ 動 ①(㊤report)（悪事を警察に）届け出る，告発する ②（計器などが…を）示す，表示する

an|ziehen /アンツィーエン/ ① 動 (㊤put on)（服を）着る，（ズボン・靴を）はく，（帽子を）かぶる；((sich⁴)) get dressed)服を着る；(dress)((j³ et⁴))（人に…を）着せる ¶ sich⁴ warm [dick] anziehen 暖かい格好をする，厚着する ②(㊤attract)（人の心を）引き付ける；（磁石が）引き寄せる；（…を手元へ）引き寄せる

der **An·zug** /アンツーク/ (㊤suit) 背広，スーツ

an|zünden /アンツュンデン/ 動 (㊤light)（…に）火をつける，点火する

der **Apfel** /アプフェル/ (–s/Äpfel) (㊤apple) リンゴ（の木） ***in den sauren Apfel beißen*** ((話))いやなことを仕方なくする

die **Apfelsine** /アプフェルズィーネ/ (–/–n) (㊤orange) オレンジ（の木）

die **Apotheke** /アポテーケ/ (–/–n) (㊤drugstore) 薬局

der **Apotheker** /アポテーカー/ (–s/–) (㊤pharmacist) 薬剤師

der **Apparat** /アパラート/ (–(e)s/–e) (㊤apparatus) 器具，装置；テレビ，ラジオ，カメラ，電話 ¶ (Ja, ich bin) am Apparat.（電話口で）(はい,) 私です

das **Appartement** /アパルトマーン/ (–s/–s) (㊤apartment) アパート［マンション］の部屋

der **Appetit** /アペティート/ (–(e)s/–e) (㊤appetite) 食欲 ¶ Guten Appetit! どうぞ召し上がれ；いただきます

die **Aprikose** /アプリコーゼ/ (–/–n) (㊤apricot) アンズ（の木）

der **April** /アプリル/ (–(s)/–e) (㊤April) 4月

der **Äquator** /エクヴァートア/ (–s/–en) (㊤equator) 赤道

die **Arbeit** /アルバイト/ (–/–en) (㊤work) ①労働，仕事，作業；勉強 ¶ körperliche [geistige] Arbeit 肉体［精神］労働／zur Arbeit gehen 仕事に行く ②骨折り，苦労；作品，著作，論文

arbeiten /アルバイテン/ 動 (㊤work) 働く；勉強［研究］する；勤めている；作用［作動］する，作る

der **Arbeiter** /アルバイター/ (–s/–) (㊤worker) 労働者

der **Arbeitgeber** /アルバイトゲーバー/ (–s/–) (㊤employer) 雇用者，雇い主，使用者

der **Arbeitnehmer** /アルバイトネーマー/ (–s/–) (㊤employee) 被雇用者，従業員

arbeitslos /アルバイツロース/ 形 (㊤unemployed) 仕事のない，失業している

der **Ärger** /エルガー/ (–s/) (㊤anger) 立腹，腹立ち，怒り

ärgerlich /エルガーリヒ/ 形 (㊤angry) 怒った，不機嫌な；不愉快な，腹立たしい

ärgern /エルガーン/ 動 (㊤make angry)（人を）怒らせる；((sich⁴ über j⁴/et⁴))（…のことで）怒る

arm /アルム/ 形 (ärmer; ärmst) (㊤poor) ①貧しい，貧乏な ②((an et³))（…に）乏しい；わずかばかりの ③かわいそうな，気の毒な

der **Arm** /アルム/ (–(e)s/–e) (㊤arm) 腕；（器具などの）腕 j³ ***unter die Arme greifen***（苦境に陥った人に）援助の手を差し伸べる

das **Arm·band** /アルムバント/ (㊤bracelet) 腕輪，ブレスレット；（腕時計の）バンド

die **Armband·uhr** /アルムバントウーア/ (㊤watch) 腕時計

der **Ärmel** /エルメル/ (–s/–) (㊤sleeve) 袖

die **Armut** /アルムート/ (–/) (㊤poverty) 貧乏，貧困，貧しさ

arrangieren /アランジーレン/ 動 ①(㊤arrange)（…の）手配す

る，手はずを整える；配列［配置］する ②〔楽〕編曲する

arrogant /アロガント/ 形 (英arrogant) 傲慢(ごうまん)な，思い上がった，尊大な

der **Arsch** /アルシュ/ (-(e)s/Ärsche) (英ass) (卑)しり，けつ

die **Art** /アールト/ (-/-en) ① (英way) やり方，仕方，方法 ¶ auf diese Art このように ② (英kind) 種類；(動植物の)種 ¶ Ich lese Bücher aller Art. どんな本でも読みます ③性質，気質 *aus der Art schlagen* (家族の)変り種である

artig /アールティヒ/ 形 (英well-behaved) (子供が)おとなしい，行儀のよい

der **Artikel** /アルティーケル/ (-s/-) (英article) ① (新聞・雑誌などの)記事，論文，論説 ②商品，品(物) ③ (契約・法律などの)条項，項目，箇条 ④〔文法〕冠詞

der **Arzt** /アールツト/ (-es/Ärzte) (*die* Ärztin) (英doctor) 医者 ¶ zum Arzt gehen 医者に行く

ärztlich /エーアツトリヒ/ 形 (英medical) 医師の

die **Asche** /アッシェ/ (-/-n) (英ash) 灰

der **Aschenbecher** /アッシェンベッヒャー/ (-s/-) (英ashtray) 灰皿

der **Asiat** /アズィアート/ (-en/-en) (英Asian) アジア人

asiatisch /アズィアーティッシュ/ 形 (英Asian) アジア(人)の

(*das*) **Asien** /アーズィエン/ (英Asia) アジア(大陸)

der **Assistent** /アスィステント/ (-en/-en) (英assistant) (大学などの)助手；アシスタント

der **Ast** /アスト/ (-(e)s/Äste) (英branch) (木の)枝

die **Astronomie** /アストロノミー/ (-/) (英astronomy) 天文学

das **Asyl** /アズュール/ (-s/-e) (英asylum) ① (亡命者などの)保護，庇護(ひご) ¶ j^3 politisches Asyl gewähren (人に)政治亡命を認める ② (被災者などの)収容［保護］施設；避難場所

der **Asylant** /アズュラント/ (-en/-en) (英person seeking political asylum) 政治亡命を求める人

der **Atem** /アーテム/ (-s/) (英breath) 呼吸，息 ¶ außer Atem sein [geraten] 息切れしている［する］ / wieder zu Atem kommen 一息つく；息を吹き返す *j^4 in Atem halten* (人に)息つく暇を与えない

atemlos /アーテムロース/ 形 (英breathless) 息を切らした；(緊張などで)息詰まるような；息つく暇もない

der **Athlet** /アトレート/ (-en/-en) (英athlete) 運動選手，スポーツマン

der **Atlantik** /アトランティク/ (-s/) (英Atlantic) 大西洋

der **Atlas** /アトラス/ (-(ses)/..lanten, -se) (英Atlas) 地図帳

atmen /アートメン/ 動 (英breathe) 呼吸する，息をする

die **Atmosphäre** /アトモスフェーレ/ (-/-n) (英atmosphere) ①大気；大気圏 ②雰囲気

attraktiv /アトラクティーフ/ 形 (英attractive) 人を引きつける，興味をそそる；魅力的な

au /アオ/ 間 (英oh, ouch) ああ，わあ，おお (苦痛・歓喜の声)

die **Aubergine** /オーベルジーネ/ (-/-n) (英eggplant) ナス (茄子)

auch /アオホ/ 副 (英also) …も(また)；その上(さらに)

auf /アオフ/ ❶ 前 ((auf + das = aufs)) ((3・4格支配)) ① ((上面への接触)) ((3・4格と)) (英on, upon) …の上に［へ］ ¶ Das Gepäck stellen Sie bitte auf den Tisch. 荷物はその机の上に置いてください ② ((場所・施設)) ((3・4格と)) …で［へ］；…に面して；((出席・参加)) ((3・4格と)) …に参加して［出て］ ¶ Wir hätten gern das Frühstück auf unserem Zimmer. 朝

食を部屋で取りたいのですが ③《用件》《3・4格と》…で；…しに；…の途中で ¶ Ich bin hier auf Urlaub [einer Geschäftsreise]. ここへは休暇[出張]で来ています ④《方法》《4格と》…の仕方で；《手段》《3格と》…で ¶ auf diese Weise こうやって ⑤《目標》《4格と》…をめざして《4格と》《空間的距離》…にわたって；《時間・継続》…にかけて ⑦《根拠》《4格と》…に基づいて **2** 副《省略的・命令的》①開けろ ¶ Tür auf! 扉を開けろ ②（せかして）さあ ③起き上がって ④上へ *auf und ab* 行ったり来たり；あちこちに[へ]

aufeinander /アオフアイナンダー/ 副（㊧against [on top of] each other）互いに（向かい合って）；相前後して；重なり合って

der **Aufenthalt** /アオフエントハルト/（-(e)s/-e）(㊧stay) 滞在（期間）；（列車の）停車（時間）

auffällig /アオフフェリヒ/ 形（㊧striking）目立つ、人目を引く

auf|fordern /アオフフォルダーン/ 動（㊧request）《j^4 zu et^3》（人に…を）要求[要請]する、促す；督促する

die **Auf·führung** /アオフフュールング/（㊧performance）公演、上演、上映、演奏

die **Aufgabe** /アオフガーベ/（-/-n）(㊧task) ①任務、使命；役目 ②宿題、課題、練習問題 ③中止、断念

auf|geben /アオフゲーベン/ 動 ①（㊧give up）（仕事・喫煙・飲酒などを）やめる、放棄[断念]する；（競技で）棄権する；あきらめる、見放す ②（…の処理を）委託する ③（生徒に宿題を）課す

auf|heben /アオフヘーベン/ 動 ①（㊧lift, pick up）持ち上げる、拾う ②保管[保存]する、取っておく ¶ gut [schlecht] aufgehoben sein 保存状態がいい[悪い] ③（法律などを）廃止する ④相殺する、帳消しにする

auf|hören /アオフヘーレン/ 動（㊧stop）《mit et^3》（…を）やめる；終わる、やむ；とぎれる ¶ Es hat aufgehört zu regnen. 雨がやんだ

auf|klären /アオフクレーレン/ 動（㊧clear up）（犯罪・誤謬などを）解明する；《j^4 über et^4》（人に…について）啓蒙[教化]する、知らせる；（子供に）性教育をする

der **Aufkleber** /アオフクレーバー/（-s/-）(㊧sticker) ラベル、ステッカー、シール

auf|legen /アオフレーゲン/ 動（㊧put on）（テーブルクロスなどを）かける；（まきなどを）くべる；（受話器を）置く；（レコードを）かける

auf|machen /アオフマッヘン/ 動 ①（㊧open）（窓・荷物などを）開ける、開く；（ボタンを）はずす ②（店などが[を]）開く；《話》開店する、オープンする

aufmerksam /アオフメルクザーム/ 形（㊧attentive）注意深い；親切な ¶ dem Lehrer aufmerksam zuhören 先生の言うことを注意深く聞く

die **Aufnahme** /アオフナーメ/（-/-n）①（㊧start）（交渉・対話・仕事などの）開始、着手 ②（㊧reception）受け入れ、収容、採用 ③撮影、録音、録画、収録

auf|nehmen /アオフネーメン/ 動 ①（㊧start）（交渉・対話・戦いを）始める、（…に）着手する ②（人を）泊める、収容する；（㊧receive）《j^4 in et^4》（人を組織に）受け入れる ③（建物・容器が…だけ）収容できる ④（…を…だと）受け止める ⑤撮影する；録音する、録画する

auf|passen /アオフパッセン/ 動（㊧watch）注意する；《auf j^4/et^4》（…に）気をつける、注意を払う ¶ Pass auf! Da kommt ein Auto. 気をつけて、車が来るよ

auf|räumen /アオフロイメン/ 動（㊧clear up）整理する、かたづける；《mit et^3》（…を）取り除く

auf|regen /アオフレーゲン/ 動 (英 excite) (人を)興奮させる; ((sich⁴))興奮する; ((sich⁴ über j³/et³))(…に)憤慨する

aufregend /アオフレーゲント/ 形 (英 exciting) 興奮させる, はらはら[どきどき]するような;(人・服などが)魅力的な, セクシーな

die **Aufregung** /アオフレーグング/ (-/-en) (英 excitement) 興奮;パニック

aufrichtig /アオフリヒティヒ/ 形 (英 sincere) 正直な, 誠実な;心からの

der **Aufsatz** /アオフザッツ/ (英 essay) 作文;小論文

auf|schließen /アオフシュリーセン/ 動 (英 unlock)(ドアを鍵で)開ける

der **Aufschnitt** /アオフシュニット/ (-(e)s/-e) (英 slice) (ハムなどの)薄切り

auf|schreien /アオフシュライエン/ 動 (英 cry out) (突然)叫び声を上げる

die **Aufsicht** /アオフズィヒト/ (-/-en) (英 supervision) 監督, 監視

auf|stehen /アオフシュテーエン/ 動 (英 stand up) 立ち上がる, 起き上がる;(英 get up) 起床する ¶ Ich stehe um 7.00 Uhr auf. 私は7時に起きます

auf|tauchen /アオフタオヘン/ 動 (英 surface) (ダイバー・潜水艦が)(水面に)浮かび上がる, 浮上する;(急に)姿を現す, 現れる

der **Auftrag** /アオフトラーク/ (-(e)s/..träge) (英 task, instructions) 任務, 指図;(英 order) 依頼, 注文, 委託;使命

auf|wachen /アオフヴァッヘン/ 動 (英 wake up) 目を覚ます, 目が覚める

auf|wachsen /アオフヴァクセン/ 動 (英 grow up) 育つ, 成長する

der **Aufwand** /アオフヴァント/ (-(e)s/) (英 expenditure) 支出

aufwärts /アオフヴェルツ/ 副 (英 upward) 上方へ, 上って Es geht mit j³/et³ aufwärts. (…は経済[健康]状態などが)上向く

auf|wecken /アオフヴェッケン/ 動 (英 wake up) (人を)目覚めさせる, 起こす

auf|ziehen /アオフツィーエン/ 動 ① (英 draw) (カーテンなどを)開ける;(旗・帆などを)引き上げる ②(子供・動植物を)育てる (あらし・危険などが)近づく;(軍隊などが)行進してくる

der **Auf·zug** /アオフツーク/ (英 elevator) エレベーター

das **Auge** /アオゲ/ (-s/-n) (英 eye) 目;目つき, まなざし;視力;(さいころの)目 *Auge um Auge, Zahn um Zahn.* 目には目を, 歯には歯を

der **Augen·blick** /アオゲンブリック/ (英 moment) 瞬間, ちょっとの間 ¶ Einen Augenblick, bitte. 少々お待ちください

augenblicklich /アオゲンブリックリヒ/ 形 (英 immediate) 即座の;目下の

die **Augenbraue** /アオゲンブラオエ/ (-/-n) (英 eyebrow) 眉(まゆ), 眉毛

das **Augenlid** /アオゲンリート/ (-(e)s/-er) (英 eyelid) まぶた

der **August** /アオグスト/ (-, -(e)s/-e) (英 August) 8月

aus /アオス/ ❶ 前((3格支配))①(英 out of)((空間の))(…の中)から(外へ) ②(英 from)((出身・由来))…出身の, …の出の, …産の;…から;(起源)…時代の ¶ Ich komme aus Japan. 日本から来ました ③((原料・構成要素))…からできた, …製の ¶ eine Jacke aus Leder 革製の上着 ④((原因・基準))…から, …に基づいて ⑤((変化))…から ❷ 副((話))①(英 out) (明かり・火などが)消えて;(機械のスイッチが)切れて ②(英 over) だめになって;終わって ③外出して *Von mir aus!* ((話)) 私はかまわない

aus|beuten /アオスボイテン/

> **ausmachen**

動((英)exploit) 搾取する；(資源などを)徹底的に利用する

die **Aus·bildung** /アオスビルドゥング/ ((英)training) 職業教育[訓練]

aus|borgen /アオスボルゲン/ 動((英)borrow, lend) 借りる；貸す

der **Ausdruck** /アオスドルック/ ①(–(e)s/..drücke) ((英)expression)（言葉による）表現, 言い回し；表情 ②(–(e)s/–e) プリントアウト(されたもの) *et⁴ zum Ausdruck bringen*(…を) 表現する, 表す

aus|drücken /アオスドリュッケン/ 動①((英)express)（気持ちなどを) 表明[表現]する；((sich⁴))自分の気持ちを表現する ②(果汁・果実を) 搾る

auseinander /アオスアイナンダー/ 副((英)apart) 離れ離れに, ばらばらに

die **Aus·fahrt** /アオスファールト/ ((英)exit)（乗り物の) 出口；(高速道路の) 出口(用ランプ)

aus|fallen /アオスファレン/ 動 ①((英)fall out)（歯・毛髪などが) 抜け落ちる ②((英)be canceled)（予定が) 取りやめになる；(学校・講義が) 休み[休講]になる ③(機械などが) 動かなくなる, 故障する ④(…の) 結果になる

der **Ausflug** /アオスフルーク/ ((英)excursion) ハイキング, 遠足

ausführlich /アオスフューアリヒ/ 形((英)detailed) 詳細な, 詳しい

aus|füllen /アオスフュレン/ 動 ((英)fill) ((*et⁴ mit et³*))(…を…で) 埋める, 満たす；((英)fill in)（用紙の空欄を) 埋める；((*j⁴*))（物事・考えなどが人の心を) 占める

die **Ausgabe** /アオスガーベ/ ①(–/–n) ①((英)expense) 支出, 出費；引き渡し, 交付 ②((英)edition)（書籍の) 版,（新聞・雑誌の) 号

der **Aus·gang** /アオスガング/ ((英)exit)（建物などの) 出口；結末, 結果

aus|geben /アオスゲーベン/ 動 ①((英) spend)（金を) 支出する, 使う ②((*et⁴* (*an j⁴*)))(…を(人に))配る, 支給する ③((*sich⁴ für* [*als*] *et⁴*))(…と) 自称する

aus|gehen /アオスゲーエン/ 動 ①((英)go out) 外出する,（外へ) 出かける ②(蓄えなどが) 尽きる, なくなる ③(明かり・火などが) 消える；(エンジンなどが) 止まる ④(…の) 結果に終わる ⑤((*von et³*))(…から) 出発する ¶ *Gehen wir mal davon aus, dass...* …だとまず仮定してみよう ⑥(毛髪・歯・羽毛などが) 抜け落ちる

ausgeschlossen /アオスゲシュロッセン/ 形((英)impossible) 不可能な, 絶対にありえない

ausgezeichnet /アオスゲツァイヒネット/ 形((英)excellent) 抜群の, すばらしい, すぐれた ¶ *Hat das Essen geschmeckt?–Das war ausgezeichnet.* 食事はお口に合いましたか–大変おいしかったです

aus|halten /アオスハルテン/ 動 ((英)bear) 耐える, 我慢する；持ちこたえる；((話))((*j⁴*))(恋人・愛人の) 生活費を出す

die **Aus·hilfe** /アオスヒルフェ/ ((英)temporary worker) 臨時雇い, パートタイマー

die **Auskunft** /アオスクンフト/ (–/..künfte) ①((英)information) 情報；(問い合わせに対する) 回答 ②((英) information desk [office])（駅などの) 案内所；(電話局の) 番号案内

das **Ausland** /アオスラント/ (–(e)s/ ((英)foreign countries) 外国, 国外 ¶ *ins Ausland fahren* 外国に行く / *im Ausland leben* 外国で暮らす

der **Ausländer** /アオスレンダー/ (–s/–) ((英)foreigner) 外国人

ausländisch /アオスレンディッシュ/ 形((英)foreign) 外国の

aus|machen /アオスマッヘン/ 動①((英)put out)（明かり・火などを) 消す；((話))（電気製品・エンジン

Ausnahme

などを）切る ②（…の本質を）成す ③（期日などを）取り決める ④（(*f* etwas [nichts]*)*）人の気に障る［気にならない］ ¶ Das macht mir nichts aus. なんでもないですよ，いいですよ

die **Ausnahme** /アオスナーメ/ (–/–n) ((英)exception) 例外 ***Ausnahmen bestätigen die Regel.*** 例外があるのは規則のある証拠

aus|nutzen /アオスヌッツェン/ 動((英)take advantage of) （物・人を）利用し尽くす；有効に利用［活用］する

aus|packen /アオスパッケン/ 動((英)unpack) （鞄・包みなどを）開けて中身を出す；（プレゼントなどの）包装を解く

der **Auspuff** /アオスプフ/ (–(e)s/–e) ((英)exhaust) 排気

aus|rechnen /アオスレヒネン/ 動((英)calculate) 計算して解く；計算［算出］する

die **Aus·rede** /アオスレーデ/ ((英)excuse) 言い訳［逃れ］, 口実

aus|reichen /アオスライヒェン/ 動((英)be sufficient) 足りる, 十分である

ausreichend /アオスライヒェント/ 形((英)sufficient) 十分な；（成績で）可

aus|ruhen /アオスルーエン/ 動((英)rest) ((*sich*⁴)) 休息［休養］する, 体を休める

die **Ausrüstung** /アオスリュストゥング/ ((英)equipment) 装備, 設備（一式）

aus|schalten /アオスシャルテン/ 動((英)turn off) （電気の）スイッチを切る；締め出す, 排除する

aus|schließen /アオスシュリーセン/ 動((英)exclude) 除名［排除］する；否定する

aus|schneiden /アオスシュナイデン/ 動((英)cut out) （記事などを）切り抜く, 切り取る

der **Ausschuss** /アオスシュス/ ((英)committee) 委員会

aus|sehen /アオスゼーエン/ 動((英)look) （…のように）見える；((nach *et*³)) （…のように）思われる ¶ Sie sehen schlecht aus. 具合が悪そうですね／Es sieht nach Regen aus. 雨になりそうだ

außen /アオセン/ 副((英)outside) 外に［で］, 外側［外部］に ¶ von außen 外［外部］から

der **Außen·minister** /アオセンミニスター/ ((英)Foreign Minister) 外務大臣

außer /アオサー/ **1** 前((3格支配)) ①((除外))((英)except) …以外は, …を除いて ¶ Alle außer ihm waren da. 彼以外は皆いた ②((追加))…に加えて, …以外に ③((時間・場所・範囲))((英)out of) …の外に［で］；…の範囲外に ¶ außer Sicht [Hörweite] sein 見えないところ［呼んでも聞こえないところ］にいる ***außer sich³ sein*** （喜び・怒り・苦痛のあまり）我を忘れている **2** 接 …を除いて；((außer dass...))…ということを除いて；((außer wenn...))…でなければ, …のとき以外は ¶ Ich gehe jeden Tag spazieren, außer wenn es regnet. 雨が降る以外は毎日散歩に行く

äußer /オイサー/ 形((英)outer) 外の, 外側［外部］の

außerdem /アオサーデーム/ 副((英)besides) その上, そのほかに, それに加えて

außergewöhnlich /アオサーゲヴェーンリヒ/ 形((英)unusual) 普通でない, 異常な；並外れた, 抜群の；((他の形容詞を強めて))非常［異常］に, ものすごく ¶ Heute ist es außergewöhnlich heiß. 今日は異様に暑い

außerhalb /アオサーハルプ/ **1** 前((英)outside) ((2格支配))((時間・場所))…の外に［で］ **2** 副 外［屋外, 郊外］に

äußerlich /オイサーリヒ/ 形((英)external) 外部の；（薬が）外用の；見かけ上の, 外面的な ¶

eine äußerliche Verletzung 外傷
äußern /オイサーン/ 動 (㊈ express) 言葉に表す, 表現する, 述べる; ((*sich*⁴ **über** *et*⁴ [*zu et*³])) (…について) 意見を言う

außerordentlich /アオサーオルデントリヒ/ 形 (㊈ extraordinary) 異常な; 並外れた, 抜群の; 臨時の; ((副詞的)) 非常に, すごく, きわめて

äußerst /オイサースト/ 副 (㊈ extremely) きわめて, 極度に

die **Aussicht** /アオスズィヒト/ (–/–en) ① (㊈ view) 眺め, 眺望, 見晴らし ¶ Ein Zimmer mit Aussicht, bitte. 眺めのよい部屋をお願いします ② (㊈ prospect) 見通し, 見込み

die **Aussprache** /アオスシュプラーヘ/ (–/–n) (㊈ pronunciation) 発音; 討議, 話し合い

aus|sprechen /アオスシュプレッヒェン/ 動 ① (㊈ pronounce) 発音する ② (㊈ express) (意見などを) 口に出して言う, 述べる; 言いたいことを言う ¶ *sich*⁴ **für** [**gegen**] *j*⁴/*et*⁴ aussprechen …に賛成 [反対] する

aus|steigen /アオスシュタイゲン/ 動 (㊈ get out) (乗り物から) 降りる, 下車する

aus|stellen /アオスシュテレン/ 動 ① (㊈ exhibit) 展示する, 陳列 [出品] する ② (文書などを) 交付 [発行] する

die **Ausstellung** /アオスシュテルング/ (–/–en) ① (㊈ exhibition) 展覧会, 展示会, 博覧会 ② (証明書などの) 発行, 交付

aus|suchen /アオスズーヘン/ 動 (㊈ choose) 選ぶ, 選び出す

der **Austausch** /アオスタオシュ/ (–(e)s/–) (㊈ exchange) 交換, 取り替え; 交流

aus|trinken /アオストリンケン/ 動 (㊈ drink up) (飲み物を) 飲み干す; (グラスを) 飲んで空にする

der **Aus·verkauf** /アオスフェアカオフ/ (㊈ (clearance) sale) (在庫一掃) 大売り出し, バーゲンセール

die **Aus·wahl** /アオスヴァール/ (㊈ selection) 選択; 品数 ¶ Dieser Laden hat eine große Auswahl an DVDs. この店はDVDを豊富に取りそろえてある

aus|wandern /アオスヴァンダーン/ 動 (㊈ emigrate) (他国へ) 移住する

auswärts /アオスヴェルツ/ 副 (㊈ outward) 外で, よそで

der **Ausweis** /アオスヴァイス/ (–es/–e) (㊈ (identity) card) (身分・資格などの) 証明書

auswendig /アオスヴェンディヒ/ 副 (㊈ by heart) 暗記して, そらで ¶ *et*⁴ auswendig wissen (…を) 暗記している

aus|wirken /アオスヴィルケン/ 動 (㊈ have an effect) ((*sich*⁴ **auf** *j*⁴/*et*⁴)) 作用する, 影響を及ぼす

aus|ziehen /アオスツィーエン/ 動 ① (㊈ take off) (服を) 脱ぐ; (㊈ get undressed) ((*sich*³)) 服を脱ぐ; (㊈ undress) ((*j*⁴)) (人の) 服を脱がす ② ((**aus** *et*³)) (住居などから) 立ち退く, 出ていく

der/die **Auszubildende** /アオスツービルデンデ/ (㊈ trainee) (職業教育の) 訓練 [実習, 研修] 生, 見習い

das **Auto** /アオト/ (–s/–s) (㊈ car) 自動車 ¶ Wie lange dauert es mit dem Auto? 車でどの位時間がかかりますか

die **Auto·bahn** /アオトバーン/ (㊈ autobahn) アウトバーン, 高速道路

der **Auto·bus** /アオトブス/ (㊈ bus) バス

das **Autogramm** /アオトグラム/ (–s/–e) (㊈ autograph) (有名人の) サイン

der **Automat** /アオトマート/ (–en/–en) (㊈ automat) 自動販売機

automatisch /アオトマーティシュ/ 形 (㊈ automatic) 自動的な; 自動式の, オートマチックの;

機械的な, 無意識的な

die Auto·nummer /アオトヌマー/ (㊥ car registration number) 自動車ナンバー

der Autor /アオトーア/ 《-s/-en》 (㊥ author) 著者, 作者, 執筆者, 作家

die Autorität /アオトリテート/ 《-/-en》 (㊥ authority) 権威, 権力; 威信; (その道の) 権威, 大家

die Axt /アクスト/ 《-/Äxte》 (㊥ ax) 斧(おの), まさかり

B, b

das Baby /ベービ/ 《-s/-s》 (㊥ baby) 赤ん坊, 赤ちゃん

der Bach /バッハ/ 《-(e)s/Bäche》 (㊥ brook) 小川

die Backe /バッケ/ 《-/-n》 (㊥ cheek) ほお

backen /バッケン/ 《backte; gebacken》 動 (㊥ bake) (オーブンでパン・ケーキなどを) 焼く; 焼ける

der Bäcker /ベッカー/ 《-s/-》 (㊥ baker) パン屋 (人)

die Bäckerei /ベッケライ/ 《-/-en》 (㊥ bakery) パン屋 (店), ベーカリー, パン製造業者

die Back·pflaume /バックプフラオメ/ (㊥ prune) プルーン

das Bad /バート/ 《-(e)s/Bäder》 (㊥ bath) 入浴, お風呂; 水浴び, 海水浴; 浴室, バスルーム ¶ ein Bad nehmen お風呂に入る, 入浴する

der Bade·anzug /バーデアンツーク/ (㊥ swimsuit) 水着

die Bade·hose /バーデホーゼ/ (㊥ swimming trunks) 水泳パンツ

baden /バーデン/ 動 (㊥ bathe) 風呂に入る [入れる]; 《sich⁴》風呂に入る; 《sich⁴》泳ぐ, 水浴びをする; (水などに) 浸す ¶ baden gehen 泳ぎに行く; 《話》失敗する

die Bade·wanne /バーデヴァネ/ (㊥ bathtub) 浴槽, バスタブ

das Bade·zimmer /バーデツィマー/ (㊥ bathroom) 浴室

die Bahn /バーン/ 《-/-en》 ① (㊥ lane) 道; 軌道; (道路の) 車線; (競走用の) コース ② (㊥ railroad) 鉄道; 列車, 電車

der Bahnhof /バーンホーフ/ (㊥ station) 駅 ¶ Wie komme ich zum Bahnhof? 駅へはどう行ったらいいですか

der Bahnsteig /バーンシュタイク/ 《-(e)s/-e》 (㊥ platform) (駅の) ホーム

der Bahn·übergang /バーンユーバーガング/ (㊥ crossing) 踏切

bald /バルト/ 副 《eher; am ehesten》 (㊥ soon) まもなく, やがて; たやすく; 《話》ほとんど **bald..., bald...** ときには…, ときには… **Bis [Auf] bald!** 《話》《別れるときに》じゃあまたね

der Balkon /バルコン/ 《-s/-s》 (㊥ balcony) バルコニー; (劇場の) 2階席

der Ball /バル/ 《-(e)s/Bälle》 (㊥ ball) ❶ ボール, 球, まり ❷ 舞踏会, ダンスパーティー

das Ballett /バレット/ (㊥ ballet) バレエ; バレエ団

die Banane /バナーネ/ 《-/-n》 (㊥ banana) バナナ; バナナの木

der Band /バント/ 《-(e)s/Bände》 (㊥ volume) (書籍の) 巻, 冊

das Band /バント/ 《-(e)s/Bänder》 (㊥ ribbon, tape) リボン, ひも, ベルト; (録音・録画用の) テープ

die Bande /バンデ/ 《-/-n》 ❶ (㊥ gang, group) (犯罪者などの) 一団, 一味; (若者の) グループ, 一隊 ❷ (ビリヤード台の) ふち, クッション; (サッカー場などの) 囲い

die Bank /バンク/ ❶ 《-/Bänke》 (㊥ bench) ベンチ; (店の) 売り台 ❷ 《-/-en》 (㊥ bank) 銀行

bankrott /バンクロット/ 形 (㊥ bankrupt) 破産 [倒産] した

der Bankrott /バンクロット/ (㊥ bankruptcy) 破産, 倒産

bar /バール/ 形 (㊥ (in) cash) 現

金の ¶ in bar 現金で
- *die* **Bar** /バール/ (–/–s) (英bar) バー, 酒場；(バーの)カウンター
- *der* **Bär** /ベーア/ (–en/–en) (英bear) クマ（熊）
- **barfuß** /バールフース/ 副 (英barefoot) はだしで
- *das* **Bar·geld** /バールゲルト/ (英cash) 現金
- *der* **Barren** /バレン/ (–s/–) (英bar) (貴金属の)延べ棒；(体操の)平行棒
- *der* **Bart** /バールト/ (–(e)s/Bärte) (英beard) ひげ ¶ einen Bart tragen ひげを生やしている
- **bärtig** /ベーアティヒ/ 形 (英bearded) ひげをはやした
- *die* **Basis** /バーズィス/ (–/Basen) (英base) 基礎, 基盤, 土台
- **basteln** /バステルン/ 動 (英do handicraft work) (趣味で)工作をする；組み立てる, 作る
- *die* **Batterie** /バッテリー/ (–/–n) (英battery) 電池, バッテリー
- *der* **Bau** /バオ/ ①(–(e)s/) (英construction) 建設, 建築, 建造；建設［建築, 工事］現場 ¶ im [in] Bau sein 建設［工事］中である ②(–(e)s/) (英structure) 構造, 構成；体格 ③(–(e)s/–ten) 建築物, 建物 ④(–(e)s/–e) (キツネなどの)巣穴；〔軍事〕営倉
- *der* **Bauch** /バオホ/ (–(e)s/Bäuche) ①(英belly) 腹；腹の脂肪；《話》(英stomach) おなか ②(たる・瓶などの)胴；船腹
- *die* **Bauch·schmerzen** /バオホシュメルツェン/ (英stomachache) 腹痛
- **bauen** /バオエン/ 動①(英build) (建物を)建てる；家を建てる；(道路・橋などの) 建設［建造］する；建築に従事する；(鳥などが巣を) 作る；(英construct) (機械などを)組み立てる, 製作する ②((auf *j⁴/et⁴*)) (…を)頼り［当て]にする
- *der* **Bauer** /バオアー/ (–n/–n) (*die* Bäuerin) (英farmer) 農民, 農夫；田舎者；〔将〕ポーン；〔将〕ジャック
- *der* **Bauern·hof** /バオエルンホーフ/ (英farm) 農場
- *der* **Baum** /バオム/ (–(e)s/Bäume) (英tree) 木；クリスマスツリー
- *die* **Baum·wolle** /バオムヴォレ/ (英cotton) 綿(%)，綿の木；木綿, コットン, 綿布
- *die* **Bausparkasse** /バオシュパールカッセ/ (–/–n) (英building society) 住宅貯蓄組合
- *die* **Bau·stelle** /バオシュテレ/ (英building site) 建築現場, 工事現場
- (*das*) **Bayern** /バイアーン/ (英Bavaria) バイエルン
- **beabsichtigen** /ベアップズィヒティゲン/ 動(英intend) 意図する；((+ zu不定詞句))(…する)つもりである
- **beachten** /ベアハテン/ 動 (英observe) (規則などを)守る；(英pay attention to) (…に)注意を払う, 留意する
- *der* **Beamte** /ベアムテ/ (*die* Beamtin) (英official, civil servant) 公務員, 役人, 職員
- *die* **Beanstandung** /ベアンシュタンドゥング/ (–/–en) (英claim) 文句, 苦情, クレーム
- **beantragen** /ベアントラーゲン/ 動 (英apply for) 申請する；(刑を) 求刑する；提案［提議］する
- **beantworten** /ベアントヴォルテン/ 動(英answer) (質問に)答える, (手紙に)返事を出す；((*et⁴* mit *et³*))(…に…で) 応答する
- **beauftragen** /ベアオフトラーゲン/ 動(英entrust) ((*j⁴* mit *et³*)) (人に…を) 委託［委任］する
- *der* **Becher** /ベッヒャー/ (–s/–) (英glass, cup) グラス, コップ；(ヨーグルトなどの)容器
- *das* **Becken** /ベッケン/ (–s/–) ①(英basin) 洗面器, (台所の)流し；(水洗便所の)便器；プール, 貯水池 ②骨盤
- **bedanken** /ベダンケン/ 動 (英thank) ((*sich⁴* bei *j³* für *et⁴*))(…

Bedarf ➤

のことを) 感謝する

der **Bedarf** /ベダルフ/ ((-(e)s/-e) (㊥need) 必要, 需要 ¶ je nach Bedarf 必要に応じて

bedauerlicherweise /ベダオアーリヒャーヴァイゼ/ [副] (㊥regrettably) 残念ながら；あいにく

bedauern /ベダオアーン/ [動] ① (㊥feel pity for) (人を) 気の毒に思う ② (…を) 残念に思う；後悔する ¶ Bedaure! 残念です

bedecken /ベデッケン/ [動] (㊥cover) 覆う；覆っている

bedeckt /ベデックト/ [形] (㊥covered) (空が) 曇った

be·denken /ベデンケン/ [動] (㊥consider) 熟慮 [考慮] する；考慮に入れる, 斟酌する

die **Bedenken** /ベデンケン/ ((複数)) (㊥doubt) 疑念

bedenklich /ベデンクリヒ/ [形] (㊥alarming) 憂慮すべき, ゆゆしい, 深刻な；(㊥dubious) 疑念を抱いた, 懐疑的な；あやしい

bedeuten /ベドイテン/ [動] (㊥mean) 意味する, 表す；もたらす；意味がある

bedeutend /ベドイテント/ [形] (㊥important) 重要 [重大] な；すぐれた；著しい, かなりの

die **Bedeutung** /ベドイトゥング/ ((-/-en) ① (㊥meaning) 意味 ② 意義, 価値, 重要性

bedienen /ベディーネン/ [動] ① (㊥serve) (店員が客に) 応対する, サービスする；(人の) 世話をする ② ((sich⁴)) (料理などを) 自分で取る ¶ Bitte bedienen Sie sich! (料理などを) 自由にお取りください ③ (機械などを) 操作する

die **Bedienung** /ベディーヌング/ ((-/-en) (㊥service) サービス, 給仕；(機械などの) 操作

die **Bedingung** /ベディングング/ ((-/-en) ① (㊥condition) 条件, 前提 ② 状況, 諸条件

bedingungslos /ベディングングスロース/ [形] (㊥unconditional)

無条件の

die **Bedrohung** /ベドローウング/ ((-/-en) (㊥threat) 脅し；脅威

bedürftig /ベデュルフティヒ/ [形] (㊥needy) 貧しい, 困窮した

das **Bedürfnis** /ベデュルフニス/ ((-ses/-se) (㊥need) ((nach et³)) (…への) 欲求, 必要；需要

beeilen /ベアイレン/ [動] (㊥hurry) ((sich⁴)) 急ぐ ¶ Bitte beeil dich! 急いで！

beeindrucken /ベアインドルッケン/ [動] (㊥impress) (人に) 強い印象を与える

beeinflussen /ベアインフルッセン/ [動] (㊥influence) (…に) 影響を及ぼす, 影響する

beenden /ベエンデン/ [動] (㊥finish) 終える, 終わらせる

die **Beerdigung** /ベエーアディグング/ ((-/-en) (㊥burial) 埋葬, 葬式

die **Beere** /ベーレ/ ((-/-n) (㊥berry) ベリー (イチゴ・ブドウなどの実)

das **Beet** /ベート/ ((-(e)s/-e) (㊥bed) 苗床, 花壇

der **Befehl** /ベフェール/ ((-(e)s/-e) (㊥order) 命令；指揮権, 命令権；[コンピュータ]コマンド

befehlen /ベフェーレン/ (befahl; befohlen) [動] (㊥order) (人に…を) 命じる

befestigen /ベフェスティゲン/ [動] (㊥fasten) ((et⁴ an et³)) (…を…に) 固定する

be·finden /ベフィンデン/ [動] (㊥be) ((sich⁴)) (ある場所 [状態] に) いる, ある ¶ Wo befindet sich die Kasse? レジはどこですか

befördern /ベフェルダーン/ [動] ① (㊥transport) 運ぶ, 輸送する；送る ② ((j⁴ zu et³)) (人を…に) 昇進 [昇格] させる

befreien /ベフライエン/ [動] (㊥free) ((j⁴/et⁴ aus [von] j-et³)) (人・国などを…から) 解放する, 自由にする；((j⁴ von et³)) (人を義務などから) 免除する

die **Befreiung** /ベフライウング/ 《-/-en》(㊥freeing) 解放；免除

befreunden /ベフロインデン/ [動](㊥make friends) ((*sich*⁴ *mit j*³))(人と) 友達になる，親しくなる

befriedigen /ベフリーディゲン/ [動](㊥satisfy) (人・欲求・好奇心などを) 満足させる，満たす

befriedigend /ベフリーディゲント/ [形](㊥satisfactory) 満足できる；まずまずの；(成績で) 良

die **Befugnis** /ベフークニス/ 《-/-se》(㊥authority) 権限，資格

begabt /ベガープト/ [形](㊥talented) ((für *et*⁴))(…の) 才能のある，天分に恵まれた

die **Begabung** /ベガーブング/ 《-/-en》(㊥talent) ((für *et*⁴))(…の) 才能

begegnen /ベゲーグネン/ [動](㊥meet) ((*j*³/*et*³))(…に) 出会う；遭遇する

die **Begegnung** /ベゲーグヌング/ 《-/-en》(㊥encounter, meeting) 出会い，遭遇

begehen /ベゲーエン/ [動](㊥commit) ①(過ちなどを) 犯す ②(祭りなどを) 催す，執り行う

begeistert /ベガイスタート/ [形](㊥enthusiastic) 感激[熱狂]した

die **Begeisterung** /ベガイステルング/ 《-/》(㊥enthusiasm) 感激，感動；熱狂，熱中

der **Beginn** /ベギン/ 《-(e)s/》(㊥beginning) 初め，最初，開始 *zu* [*am*] *Beginn* 初め[最初]に[は]

beginnen /ベギネン/ 《begann; begonnen》[動](㊥begin) 始める，開始する；始まる；((mit *et*³))(…を) 始める，(物事が…で) 始まる

begleiten /ベグライテン/ [動](㊥accompany) (人に) 同行する；(人を) 送って行く；((*j*⁴ *auf* [*an*] *et*³))(人に…で) 伴奏する

beglückwünschen /ベグリュックヴュンシェン/ [動](㊥congratulate) ((*j*⁴ *zu et*³))(人に…の) お祝いを述べる

begnadigen /ベグナーディゲン/ [動](㊥pardon) (人に) 恩赦を与える；減刑する

be·graben /ベグラーベン/ [動](㊥bury) (人を) 埋葬する，埋める；(土砂崩れなどが人を) 生き埋めにする；(計画などを) あきらめる

be·greifen /ベグライフェン/ [動](㊥understand) 理解する

begrenzen /ベグレンツェン/ [動](㊥bound) (…に) 境界をもうける；境をなす；制限する

der **Begriff** /ベグリフ/ 《-(e)s/-e》(㊥concept) 概念，観念；把握，理解 *im Begriff sein* ((＋zu 不定詞句))(まさしく)…しようとしているところだ

begründen /ベグリュンデン/ [動] ①(㊥give reasons for) 根拠づける；正当化する ②(㊥found) 創設[創立]する

die **Begründung** /ベグリュンドゥング/ 《-/-en》(㊥reason, grounds) 根拠(づけ)，理由

begrüßen /ベグリューセン/ [動](㊥greet) (人に) あいさつする；(提案・決定などを) 歓迎する

begünstigen /ベギュンスティゲン/ [動](㊥favor) ひいきする，優遇する；(…に) 有利に働く；助成[助長]する

be·halten /ベハルテン/ [動](㊥keep) 保持[保有]する；(ある状態に) 保つ；記憶しておく

der **Behälter** /ベヘルター/ 《-s/-》(㊥container) 入れ物，容器

behandeln /ベハンデルン/ [動](㊥treat) ①(取り) 扱う；(問題などを) 議論する ②(人・病気を) 治療する；処理[加工]する

die **Behandlung** /ベハンドルング/ 《-/-en》(㊥treatment) 取り扱い，待遇；手当て，治療

behaupten /ベハオプテン/ [動](㊥claim) ①主張する；(意見・立場などを) 譲らない ②((*sich*⁴)) 頑張り通す，地歩を固める

die **Behauptung** /ベハオプトゥ

ング / (–/–en) (㊥claim) 主張

beherrschen /ベヘルシェン/ 動 ①(㊥govern) 支配［統治］する；(考え・心などを) 占める, 占領する ②(感情を) 抑える；((sich⁴)) 自制する ③(㊥master) マスターしている

behilflich /ベヒルフリヒ/ 形 (㊥helpful) 役に立つ, 助けになる

behindern /ベヒンダーン/ 動 (㊥hinder) 妨げる, 邪魔する

behindert /ベヒンダート/ 形 (㊥handicapped) (身体・精神に) 障害のある

der/die **Behinderte** /ベヒンダーテ/ (㊥handicapped person) (身体・精神) 障害者

die **Behörde** /ベヘーアデ/ (–/–n) (㊥authority) 役所, 官庁, 当局

behüten /ベヒューテン/ 動 (㊥protect) ((j³/et¹ vor j³/et³)) (…を…から) 守る, 保護する

bei /バイ/ 前 ((bei + dem = beim)) ((3格支配)) ①(㊥by) ((空間的))…のそばに；…のところで；(人) のもとで ¶ Ich arbeite bei einer Bank. 銀行に勤めています ②((接触)) (身体部分・衣服などを) つかんで, 引っ張って ¶ j⁴ bei der Hand nehmen 人の手をつかむ ③((時間的))…の時に, …の際に ¶ Ich helfe dir beim Aufräumen. 片づけるのを手伝うよ ④((条件))…の場合には；((理由))…なので；…の時に et⁴ bei sich³ haben (…を) 携帯する

bei|bringen /バイブリンゲン/ 動 (㊥teach) ((j³ et⁴)) (人に…を) 教える

beide /バイデ/ ((不定代名詞)) (㊥both) 両方［双方］の, 両方とも ¶ Meine beiden Brüder sind berufstätig. = Meine Brüder sind beide berufstätig. 兄は2人とも働いています

der **Beifall** /バイファル/ (–(e)s/) (㊥applause) 拍手, かっさい

die **Beilage** /バイラーゲ/ (–/–n) (㊥garnish) (料理の) 付け合わせ

beiläufig /バイロイフィヒ/ 形 (㊥casual) ついでの, 付随的な；なにげない；((副)) おおよその

das **Bein** /バイン/ (–(e)s/–e) (㊥leg) 脚；(家具などの) 脚

beinah(e) /バイナー (エ) / 副 (㊥almost) 危うく；ほとんど

beiseite /バイザイテ/ 副 (㊥aside) わきへ

das **Bei·spiel** /バイシュピール/ (㊥example) 例, 実例；手本, 模範 *zum Beispiel* 例えば

beißen /バイセン/ (biss; gebissen) 動 (㊥bite) かむ；((in et¹)) (…に) かみつく, かじりつく

der **Beitrag** /バイトラーク/ (–(e)s/..träge) (㊥contribution) 会費；貢献, 寄与；寄稿 (文)

bekämpfen /ベケンプフェン/ 動 (㊥fight) (…と) 戦う；(…を) 克服［撲滅］しようとする

bekannt /ベカント/ 形 ①(㊥well-known) (よく) 知られた, 有名な ②知り合いの, 知っている ¶ Darf ich (Sie mit Frau Meyer) bekannt machen? (マイヤーさんを) 紹介します

der/die **Bekannte** /ベカンテ/ (㊥acquaintance) 知り合い

die **Bekanntschaft** /ベカントシャフト/ (–/–en) (㊥acquaintance) 付き合い, 交際

beklagen /ベクラーゲン/ 動 (㊥mourn) 悲しむ, 嘆く；((sich⁴ über et¹)) (…のことで) ぐちをこぼす, 苦情を言う

die **Bekleidung** /ベクライドゥング/ (–/–en) (㊥clothing) 衣服

be·kommen /ベコメン/ 動 ①(㊥get) もらう, 受け取る；入手［獲得］する, (印象などを) 受ける ②((過去分詞とともに)) (…を…して) もらう ¶ Sie hat von ihm Blumen geschenkt bekommen. 彼女は彼に花をプレゼントされた ③(肉体的・心理的に…に) なる ¶ Durst bekommen のどが渇く

der **Belag** /ベラーク/ (–(e)s/Beläge) (㊥coating) (表面の) コー

ティング, さび;(ピザ, パンなどの)トッピング, オープンサンドの具

belästigen /ベレスティゲン/ 動 (英bother)(人を)悩ませる, わずらわせる;(…に)付きまとう

beleidigen /ベライディゲン/ 動 (英insult, offend)(人を)侮辱する;(人に)不快感を与える

die **Beleidigung** /ベライディグング/ (-/-en)(英insult) 侮辱

die **Beleuchtung** /ベロイヒトゥング/ (-/-en)(英lighting) 照明

(das) **Belgien** /ベルギエン/ (英Belgium) ベルギー

belichten /ベリヒテン/ 動 (英expose)(フィルムを)感光させる, 露出する

beliebig /ベリービヒ/ 形 (英any) 随意の, 任意の

beliebt /ベリープト/ 形 (英popular) 人気のある, 評判のよい, 好評の

bellen /ベレン/ 動 (英bark)(犬が)ほえる

belohnen /ベローネン/ 動 (英reward)((j⁴ für et⁴ mit et³))(人の…に報酬などで)報いる

bemerkbar /ベメルクバール/ 形 (英noticeable) 気がつく

bemerken /ベメルケン/ 動 ① (英notice)(…に)気づく ②(…と)言う, 言い添える

die **Bemerkung** /ベメルクング/ (-/-en)(英remark, comment) 発言, 意見, コメント

bemühen /ベミューエン/ 動 ① (英make an effort, try)((sich⁴ + zu 不定詞句))(…するために)努力[苦心]する;((sich⁴ um et⁴))(…を得ようと)努める ②((sich⁴ um j⁴))(人の)面倒を見る, 世話をする

die **Bemühung** /ベミューウング/ (-/-en)(英effort) 努力, 尽力

benachrichtigen /ベナーハリヒティゲン/ 動 (英inform)((j⁴ von et³))(人に…について)知らせる;((j⁴ + dass...))(人に…だと)知らせる

be·nehmen /ベネーメン/ 動 (英behave)((sich⁴)) 振る舞う

das **Benehmen** /ベネーメン/ (-s/)(英behavior) 態度, 振る舞い

beneiden /ベナイデン/ 動 (英envy)((j⁴ um et⁴))(人を…のことで)うらやむ

benötigen /ベネーティゲン/ 動 (英need) 必要とする

benutzen /ベヌッツェン/ 動 (英use) 使う;利用する

das **Benzin** /ベンツィーン/ (-s/(-e))(英gasoline) ガソリン

beobachten /ベオーバハテン/ 動 (英observe) 観察する;監視する

bequem /ベクヴェーム/ 形 (英comfortable) 快適な ¶ Machen Sie es sich bequem! どうぞ楽にしてください

be·raten /ベラーテン/ 動 (英advise) 忠告[助言]する;((et⁴ mit j⁴))(…のことを人と)相談[協議]する

der **Berater** /ベラーター/ (-s/-)(英adviser) (-s/-) 助言者, コンサルタント

die **Beratung** /ベラートゥング/ (-/-en)(英advice) 助言, 忠告

der **Bereich** /ベライヒ/ (-(e)s/-e)(英area) 地域;領域, 分野

bereit /ベライト/ 形 (英ready)((zu et³))(…の)用意[準備]ができた;((+ zu 不定詞句))(進んで…する)つもりがある

bereits /ベライツ/ 副 (英already) もう, すでに

bereuen /ベロイエン/ 動 (英regret) 後悔する, 遺憾に思う

der **Berg** /ベルク/ (-(e)s/-e) ① (英mountain) 山 ¶ in die Berge gehen 山へ行く ②多量, 多数 ***über den Berg sein*** ((話))(患者が)危機を脱している

der **Berg·arbeiter** /ベルクアルバイター/ (英miner) 鉱山労働者

bergen /ベルゲン/(barg; geborgen) 動 (英rescue) 救出する;収容する;含んでいる

der **Bergsteiger** /ベルクシュタイガー/ (-s/-)(英mountaineer) 登

山家

das **Berg·werk** /ベルクヴェルク/ (㊥mine) 鉱山, 採掘所

der **Bericht** /ベリヒト/ (-(e)s/-e) (㊥report) 報告；記事, 報道

berichten /ベリヒテン/ 動 (㊥ report) ((*j³* über *et⁴* [von *et³*])) (人に…について) 報告［報道］する

berücksichtigen /ベリュックズィヒティゲン/ 動 (㊥consider) 考慮する；尊重する

der **Beruf** /ベルーフ/ (-(e)s/-e) (㊥occupation) 職業, 仕事 ¶ Was sind Sie von Beruf? お仕事は何をされてますか

beruflich /ベルーフリヒ/ 形 (㊥occupational) 職業（上）の

die **Berufs·beratung** /ベルーフスベラートゥング/ (㊥vocational guidance) 職業指導［相談］

berufstätig /ベルーフステーティヒ/ 形 (㊥working) 職業に就いている

beruhen /ベルーエン/ 動 (㊥be based on) ((auf *et³*)) (…に) 基づく

beruhigen /ベルーイゲン/ 動 (㊥ calm) (人を) 落ち着かせる, 安心させる；((*sich⁴*)) 落ち着く

berühmt /ベリュームト/ 形 (㊥famous) 有名な, 名高い

berühren /ベリューレン/ 動 (㊥touch) (…に) 触れる, さわる, 接触する；(人を) 感動させる；(テーマなどに) 言及する

beschädigen /ベシェーディゲン/ 動(㊥damage) 破損する

beschäftigen /ベシェフティゲン/ 動 ①(㊥employ) (人を) 従事させる, 雇う ②(人の) 気にかかる ③(㊥occupy oneself with) ((*sich⁴* mit *j³/et³*)) (…に) かかわり合う；(…に) 取り組む

beschäftigt /ベシェフティヒト/ 形(㊥busy) 忙しい

die **Beschäftigung** /ベシェフティグング/ (-/-en) (㊥occupation) ((mit *et³*)) (…への) かかわり, 取り組み；(㊥job) 職業, 仕事

der **Bescheid** /ベシャイト/ (-(e)s/-e) (㊥information) ((über *j³/et⁴*)) (…に関する) 知らせ, 情報；回答 ¶ Bescheid wissen 事情に通じている

bescheiden /ベシャイデン/ 形 (㊥ modest) (人が) つつましい, 控えめな；(生活・食事などが) 質素な；(給与などが) 十分でない

die **Bescheinigung** /ベシャイニグング/ (-/-en) (㊥certificate) 証明書

beschimpfen /ベシンプフェン/ 動(㊥swear) (人を) ののしる, 罵倒(ばとう)する

beschlagnahmen /ベシュラークナーメン/ 動 (㊥confiscate) 押収する, 差し押さえる

beschleunigen /ベシュロイニゲン/ 動(㊥speed up) (…の) 速度を速める, (歩みなどを) 速める；((*sich⁴*)) 速まる

be·schließen /ベシュリーセン/ 動 (㊥decide) (よく考えて) 決意［決心］する；((über *et⁴*)) (…を) 採決［議決］する

beschränken /ベシュレンケン/ 動 (㊥limit) ((*et⁴* auf *et⁴*)) (…を…に) 制限［限定］する

be·schreiben /ベシュライベン/ 動 (㊥describe) (…を言葉で) 描写する, 記述する

die **Beschreibung** /ベシュライブング/ (-/-en) (㊥description) 描写, 記述

beschuldigen /ベシュルディゲン/ 動 (㊥accuse) ((*j⁴* *et²*)) (人に…の) 罪を着せる；(人が…したと) 責める

beschützen /ベシュッツェン/ 動(㊥protect) (人を) 守る, 保護［庇護(ひご)］する

die **Beschwerde** /ベシュヴェーアデ/ (-/-n) (㊥complaint) 苦情, 不平

beschweren /ベシュヴェーレン/ 動(㊥complain) ((*sich⁴* bei *j³* über *j⁴/et⁴*)) (人に…のことで) 苦情［不平］を言う

beseitigen /ベザィティゲン/ 動 (英remove) 取り除く, 片づける

der **Besen** /ベーゼン/ ((-s/-)) (英broom) ほうき

besetzen /ベゼッツェン/ 動 (英occupy) (席を) 取っておく; (場所を) 占める; (国・都市を) 占拠 [占領] する

besetzt /ベゼット/ 形 (英occupied) (座席・トイレが) ふさがった, 使用中で; (電話などが) 話し中の ¶ Ist dieser Platz besetzt? この席はふさがっていますか

besichtigen /ベズィヒティゲン/ 動 (英visit) 見物する

die **Besichtigung** /ベズィヒティグング/ ((-/-en)) (英sightseeing) 見物

besinnungslos /ベズィヌングスロース/ 形 (英unconscious) 意識 [気] を失った; 我を忘れた

der **Besitz** /ベズィッツ/ ((-es/)) (英possession) 所有物, 財産; 所有

be·sitzen /ベズィッツェン/ 動 (英possess) 持っている, 所有している; (性質などを) 備えている

der **Besitzer** /ベズィッツァー/ ((-s/-)) (英owner) 所有者, 持ち主

besonder /ベゾンダー/ 形 (英special) 特別の, 格別の; 変わった ¶ im Besonderen 特に

besonders /ベゾンダース/ 副 (英especially) 特に, とりわけ

besorgen /ベゾルゲン/ 動 (英get) 手に入れる, 調達する

besorgt /ベゾルクト/ 形 (英worried) 心配した

be·sprechen /ベシュプレッヒェン/ 動 ① (英discuss) (…について) 話し合う; 相談する ② (本・催し物などを) 批評する

die **Besprechung** /ベシュプレッヒュング/ ((-/-en)) ① (英discussion) 話し合い; 打ち合わせ, 協議 ② (英review) 批評; 書評

besser /ベッサー/ ((gut, wohl の比較級)) 形 (英better) よりよい, より優れた; 上流 (階級) の

die **Besserung** /ベッセルング/ ((-/-)) (英recovery) (病気の) 回復 ¶ Gute Besserung! お大事に

best /ベスト/ ((gut, wohl の最上級)) 形 (英best) いちばんよい, 最高の

beständig /ベシュテンディヒ/ 形 (英constant) 安定した, 不変の; 絶え間ない; ((gegen *et*)) (…に対して) 抵抗力のある

bestätigen /ベシュテーティゲン/ 動 (英confirm) 確認する; 証明する; ((*sich*⁴)) 正しいと認められる

die **Bestätigung** /ベシュテーティグング/ ((-/-en)) (英confirmation) 確認, 証明; 確認 [証明] 書

die **Bestechung** /ベシュテッヒュング/ ((-/-en)) (英bribery) 贈収賄, 買収

das **Besteck** /ベシュテック/ ((-(e)s/-e)) (英cutlery setting) (ナイフ・フォーク・スプーンの) セット

be·stehen /ベシュテーエン/ 動 ① (英exist) ある, 存在する ② (英consist of) ((aus *et*³)) (…から) 成る, 構成されている; (英consist in) ((in *et*³)) (…に内容・本質が) ある ③ (試験などに) 合格する ④ ((auf *et*³)) (…を) 強く主張する

bestellen /ベシュテレン/ 動 ① (英order) 注文する; 予約する; (場所などに人を) 呼び出す ② (土地などを) 耕作する

die **Be·stellung** /ベシュテルング/ ((-/-en)) (英order) 注文; 予約; 注文品

bestimmen /ベシュティメン/ 動 (英determine) 決める, 決定する; ((*et*⁴ *für j*⁴/*et*⁴)) (…を…用だと) 決めておく

bestimmt /ベシュティムト/ ❶ 形 (英certain) 一定の; ある (種の); 明確な; 断固とした ❷ 副 確かに, きっと

die **Bestimmung** /ベシュティムング/ ((-/-en)) ① (英regulation) 規則, 規定 ② 定め, 宿命; 用途

bestrafen /ベシュトラーフェン/ 動 (英punish) ((*j*⁴ *für* [*wegen*] *et*⁴)) (人を…のことで) 罰する

bestreiten /ベシュトライテン/ 動 (英dispute) 否定する；(…に)反論する

bestürzt /ベシュテュルツト/ 形 (英upset) 気が動転した

der **Besuch** /ベズーフ/ 〈-(e)s/-e〉 (英visit) 見物；訪問；訪問客 ¶ Besuch haben 客がある

besuchen /ベズーヘン/ 動 (英visit) (人を)訪問する；(人に)会いに行く；(コンサートなどを)訪れる, 見物する

der **Besucher** /ベズーハー/ 〈-s/-〉 (英visitor) 訪問者, 来客；見物人

die **Betäubung** /ベトイブング/ 〈-/-en〉 (英anesthetization) 麻酔, もうろう[失神]状態

beteiligen /ベタイリゲン/ 動 (英participate in) 《$sich^4$ an et^3》(…に) 参加する, 関与する；《j^4 an et^3》(人を…に) 参加させる

beten /ベーテン/ 動 (英pray) 祈る

der **Beton** /ベトン/ 〈-s/(-s, -e)〉 (英concrete) コンクリート

betonen /ベトーネン/ 動 (英stress) (音節・単語に)アクセントを置く；(英emphasize) (…を)強調する

betrachten /ベトラハテン/ 動 ①(英look at) じっくりと見る, 観察する ②《j^4/et^4 als j^4/et^4》(…を…と)みなす

der **Betrag** /ベトラーク/ 〈-(e)s/..träge〉 (英sum) 金額, 額

be·tragen /ベトラーゲン/ 動 ①(英amount to) (金額・距離などが…に) なる, 達する ②《$sich^4$》(…のように) 振る舞う

be·treffen /ベトレッフェン/ 動 (英concern) (…に) 関係する, 関する, 該当する **was mich betrifft,...** 私に関する限り

be·treten /ベトレーテン/ ❶ 動 (英enter) (部屋などに) 入る, 立ち入る, 踏み込む ❷ 形 困惑 [当惑] した

der **Betrieb** /ベトリープ/ 〈-(e)s/-e〉 ①(英firm, business) 企業, 会社 ②(英operation) (機械の)運転 ③混雑；(人・車の)往来

be·trinken /ベトリンケン/ 動 (英get drunk) 《$sich^4$》酔っぱらう

der **Betrug** /ベトルーク/ 〈-(e)s/-e〉 (英deception) ごまかし, 詐欺

betrügen /ベトリューゲン/ 動 (betrog; betrogen) (英deceive) (人を)だます, 欺く

betrunken /ベトルンケン/ 形 (英drunk) 酔っぱらった

das **Bett** /ベット/ 〈-(e)s/-en〉 (英bed) ベッド, 寝床 ¶ zu Bett [ins Bett] gehen 床につく, 寝る

betteln /ベッテルン/ 動 (英beg) せがむ, ねだる；物ごいをする

der **Bettler** /ベットラー/ 〈-s/-〉 (英beggar) 物ごい, 乞食(ゃ)。

die **Bettwäsche** /ベットヴェッシェ/ (英bed linen) シーツ, ベッドカバー

das **Bettzeug** /ベットツォイク/ 〈-(e)s/〉 (英bedclothes) 寝具類, ベッド用品

beugen /ボイゲン/ 動 ①(英bend) (体(の一部)を)曲げる, かがめる；《$sich^4$》身をかがめる ②《$sich^4$ j^3/et^3》(…に)屈服する

die **Beule** /ボイレ/ 〈-/-n〉 (英bump, swelling) こぶ, はれ；(ぶつかってできた)へこみ, 膨らみ

beurteilen /ベウアタイレン/ 動 (英judge) 判断する；評価する

der **Beutel** /ボイテル/ 〈-s/-〉 (英bag) 袋

die **Bevölkerung** /ベフェルケルング/ 〈-/-en〉 (英population) 人口

bevor /ベフォーア/ 接 (英before) …(する)前に, …しないうちに ¶ bevor ich abreise 旅行に行く前に

bevorzugen /ベフォーアツーゲン/ 動 (英prefer) 《j^4/et^4 vor j^3/et^3》(…を…よりも)好む；ひいきする, 優遇する

bewachen /ベヴァッヘン/ 動 (英guard) 見張る；警護する

bewahren /ベヴァーレン/ 動 ((英)protect) ((j^4/et^3 vor j^3/et^3)) (…を…から) 守る, 保護する

bewährt /ベヴェーアト/ 形 ((英)proven) 実証済みの；確かな

bewegen /ベヴェーゲン/ 動 ① (bewegte; bewegt) ((英)move) 動かす；(人の) 心を動かす；(($sich^4$)) 身動きする ② (bewog; bewogen) ((j^4 zu et^3 + zu 不定詞句)) (人を…する) 気にさせる

die **Bewegung** /ベヴェーグング/ (–/-en) ① ((英)movement) 運動, 動き；(機械などの) 作動 ② ((英)emotion) 感動, 興奮

der **Beweis** /ベヴァイス/ (–es/-e) ((英)proof) 証拠, 証明

be·weisen /ベヴァイゼン/ 動 ((英)prove) 証明する；((j^3 et^4)) (人に…を) 突きつける；示す

be·werben /ベヴェルベン/ 動 ((英)apply for) (($sich^4$ um et^4)) (…に) 申し込む, 応募する, 出願する

die **Bewerbung** /ベヴェルブング/ (–/) ((英)application) 申し込み, 応募, 出願

bewilligen /ベヴィリゲン/ 動 ((英)grant) 認可する, 承認する

der **Bewohner** /ベヴォーナー/ (–s/–) ((英)inhabitant) 住民, 居住者

bewundern /ベヴンダーン/ 動 ((英)admire) 感嘆 [驚嘆] する, すばらしいと思う

bewusst /ベヴスト/ 形 ① ((英)conscious) 意識している, 自覚している ② ((j^3)) (人には) わかっている, 知っている

bewusstlos /ベヴストロース/ 形 ((英)unconscious) 意識のない, 意識不明の, 失神した

das **Bewusstsein** /ベヴストザイン/ (–s/) ((英)consciousness) 意識, 自覚

bezahlen /ベツァーレン/ 動 ((英)pay) (金額を) 払う, 支払う；((j^4)) (人に) 報酬を支払う ¶ Ich möchte bezahlen. お勘定をお願いします

die **Bezahlung** /ベツァールング/ (–/-en) ((英)payment) 支払い；給料, 報酬

be·ziehen /ベツィーエン/ 動 ① ((英)relate, apply) ((et^4 auf et^4)) (…を…に) 関連づける, 適用する；(($sich^4$ auf et^4)) (…に) 関連する, (…を) 引き合いに出す ② ((英)cover) (…にカバーなどを) かける ③ (金などを) 受け取る

die **Beziehung** /ベツィーウング/ (–/-en) ((英)relation) ((mit [zu] j^3/et^3)) (…との) 関連, 関係；交流, 交際；縁故, コネ

beziehungsweise /ベツィーウングスヴァイゼ/ 接 ((英)or) または；(2つのものについて) それぞれ (…と…)；詳しく言うと

der **Bezirk** /ベツィルク/ (–(e)s/-e) ((英)district) 区域, 地区

bezweifeln /ベツヴァイフェルン/ 動 ((英)doubt) 疑う, 疑問に思う

der **BH** /ベーハー/ (–(s)/-(s)) ((英)bra) ((話)) ブラジャー (<Büstenhalter)

die **Bibel** /ビーベル/ (–/-n) ((英)Bible) 聖書

die **Bibliothek** /ビブリオテーク/ (–/-en) ((英)library) 図書館, 図書室；蔵書

biegen /ビーゲン/ (bog; gebogen) 動 ((英)bend) (…を) 曲げる；((英)turn) 曲がる, 方向を変える；(($sich^4$)) 曲がる, たわむ

die **Biene** /ビーネ/ (–/-n) ((英)bee) ミツバチ (蜜蜂)

das **Bier** /ビーア/ (–(e)s/(-e)) ((英)beer) ビール ¶ Bier vom Fass 生ビール /Ein Bier, bitte. ビールを (1杯) ください

bieten /ビーテン/ (bot; geboten) 動 ((英)offer) ((j^3) et^4) (人に…を) 提供する, 申し出る；(($sich^4$)) (機会などが) 現れる, 訪れる

das **Bild** /ビルト/ (–(e)s/-er) ① ((英)picture) 絵, 絵画；写真 ② ((英)sight) 光景 ③ ((英)image) イメージ

bilden /ビルデン/ 動 ① ((英)form) 形成する, 形作る, 成す；

((*sich*^{4})) 形作られる, 生じる ② ([英]educate) 教育［教化］する

der **Bild·schirm** /ビルトシルム/ ([英]screen)（テレビ・コンピュータなどの）ディスプレー, 画面

die **Bildung** /ビルドゥング/ ((–/–en)) ([英]formation) 形成, 生成；([英]education) 教育；教養

das **Billet** /ビリエット/ ((–(e)s/–e (–s))) ([英]ticket) ((スイス)) 切符

billig /ビリッヒ/ [形] ([英]cheap)（値段が）安い；安っぽい

die **Billion** /ビリオーン/ ((–/–en)) ([英]million million) 1 兆

bin /ビン/ ([英]am) sein の一人称・単数・現在形

die **Binde** /ビンデ/ ((–/–n)) ([英]bandage) 包帯；眼帯；生理用ナプキン

binden /ビンデン/ ((band; gebunden)) [動] ① ([英]bind) ((*j*^{4}/*et*^{4} (mit *et*^{3}) an *et*^{4}))（…を（…で）…に）結びつける；((*j*^{3} [*sich*^{3}] *et*^{4}))（…に［自分で］靴ひも・ネクタイなどを）結ぶ；束ねて（…を）作る, 製本する ② ((*sich*^{4})) 婚約［結婚］する

der **Bindestrich** /ビンデシュトリヒ/ ((–(e)s/–e)) ([英]hyphen) ハイフン (-)

der **Bind·faden** /ビントファーデン/ ([英]string) 結びひも, 細ひも

die **Bindung** /ビンドゥング/ ((–/–en)) ([英]relation) 結びつき, きずな；拘束, 束縛

binnen /ビネン/ [前] ([英]within) ((３格支配；まれに２格支配))…以内に, …の内に

die **Biografie** /ビオグラフィー/ ((–/–n)) ([英]biography) 伝記

die **Bio·kost** /ビーオコスト/ ([英]organic food) 自然食品

die **Biologie** /ビオロギー/ ((–/)) ([英]biology) 生物学

die **Birne** /ビルネ/ ((–/–n)) ① ([英]pear) セイヨウナシ（西洋梨）② ([英]bulb) 電球

bis /ビス/ [前] ((４格支配)) ① ([英]till, until) ((時間・空間))…まで ¶ von Montag bis Freitag 月曜から金曜まで ② ((数量・程度))…まで, …以下［以内］で ¶ Es sind nur ein bis zwei Kilometer. １, ２キロあるだけです ***Bis bald [später]!*** またあとで

der **Bischof** /ビショフ/ ((–s/Bischöfe)) ([英]bishop)（カトリックの）司教；（プロテスタントの）監督

bisher /ビスヘーア/ [副] ([英]up to now) 今まで, これまで

bisschen /ビスヒェン/ ([英]a little) わずか, 少量 ¶ Ich kann nur ein bisschen Deutsch sprechen. ドイツ語は少ししか話せません

bitte /ビッテ/ [副] ([英]please) ① ((依頼などを表して)) どうぞ, どうか；（どうぞ）…して下さい ¶ Noch einmal, bitte. もう一度お願いします ② ((感謝・謝罪に対して)) どういたしまして ¶ Vielen Dank!–Bitte! ありがとうございます－どういたしまして ③ ((ものを差し出して)) どうぞ ***Bitte schön [sehr]!*** どういたしまして；（はい）どうぞ ***Na, bitte!*** ほらね, 言ったでしょう ***Wie bitte?*** 何とおっしゃいましたか

die **Bitte** /ビッテ/ ((–/–n)) ([英]request) ((um *et*^{4}))（…についての）願い, 頼み ¶ Ich hätte eine Bitte. お願いがあるのですが

bitten /ビッテン/ ((bat; gebeten)) [動] ([英]beg, ask) ((*j*^{4} um *et*^{4}))（人に…を）頼む, 願う, 請う ¶ Ich bitte um Verzeihung! 申し訳ありませんでした ***Ich bitte Sie!***（お願いだから）やめてください

bitter /ビター/ [形] ([英]bitter) 苦い；つらい, 苦しい；厳しい

blamieren /ブラミーレン/ [動] ([英]disgrace) 恥をかかせる, 笑いものにする；((*sich*^{4})) 笑いものになる, 恥をさらす

die **Blase** /ブラーゼ/ ((–/–n)) ① ([英]bubble) 泡, あぶく；水ぶくれ ② 膀胱(ぼうこう)

blasen /ブラーゼン/ ((blies; geblasen)) [動] ([英]blow) 息を吹きつ

ける；(風が強く)吹く；(楽器・メロディーを)吹く

blass /ブラス/ 形(blasser; blassest / blässer; blässest) ((英)pale) ①青ざめた ②(色が)淡い, 薄い

das **Blatt** /ブラット/ (-(e)s/Blätter) ①((英)leaf) 葉 ②((英)sheet) 紙；1枚 ③((英)paper) 新聞

blau /ブラオ/ 形①((英)blue) 青い；青ざめた ②((話)) 酒に酔った

das **Blech** /ブレヒ/ (-(e)s/-e) ((英)tin) ブリキ；(ケーキ用の)型

das **Blei** /ブライ/ (-(e)s/-e) ((英)lead) 鉛

bleiben /ブライベン/ ((blieb, geblieben)) 動((英)stay, remain) (場所に)とどまる, 滞在する；(ある状態の)ままである；((bei *et*³)) (見解・決意などを)変えない；((*j*³)) (希望などが人に)残っている

bleich /ブライヒ/ 形((英)pale) (顔色などが)青ざめた, 蒼白(そうはく)の；(色が)青白い

bleifrei /ブライフライ/ 形((英)lead-free) 無鉛の

der **Blei·stift** /ブライシュティフト/ ((英)pencil) 鉛筆

der **Bleistiftspitzer** /ブライシュティフトシュピッツァー/ (-s/-) ((英)sharpener) 鉛筆削り

blenden /ブレンデン/ 動((英)blind) まぶしがらせる；(人を)眩惑(げんわく)する

der **Blick** /ブリック/ (-(e)s/-e) ①((英)look) 視線；一瞥(いちべつ)；目つき, まなざし ¶ auf den ersten Blick ひと目で ②((英)view) 眺め, 眺望

blind /ブリント/ 形((英)blind) 目の見えない, 盲目の；盲目的な
blind schreiben (キーボードを)ブラインドタッチで打つ

der **Blind·darm** /ブリントダルム/ ((英)appendix) 盲腸

der/die **Blinde** /ブリンデ/ ((英)blind person) 目の見えない人, 盲人

blinken /ブリンケン/ 動((英)twinkle) きらきら[ちかちか]光る；(車の)ウィンカーを点滅させる

der **Blinker** /ブリンカー/ (-s/-) ((英)winker) (車の)ウィンカー

der **Blitz** /ブリッツ/ (-es/-e) ①((英)lightening) 電光, 稲妻 ②((英)flash) (カメラの)フラッシュ
wie ein Blitz aus heiterem Himmel 青天の霹靂(へきれき)のように

blitzen /ブリッツェン/ 動((英)there is a flash of lightning) ((Es blitzt.)) 稲光がする, ぴかっと光る；((話))(…を)フラッシュを使って撮影する

der **Block** /ブロック/ ① (-(e)s/Blöcke) ((英)block) (木・金属・石などの大きな)かたまり；丸太, 角材；(政治・経済上の)ブロック, 連合体 ② (-(e)s/-s, Blöcke) (家屋の立ち並ぶ)一区画, 街区；(はぎ取り式の)ノート, メモ帳

die **Block·flöte** /ブロックフレーテ/ ((英)recorder) 〔音楽〕ブロックフレーテ, リコーダー

blöde /ブレーデ/ 形((英)silly) ((話)) まぬけな；不快な, 腹立たしい

der **Blöd·sinn** /ブレートズィン/ ((英)nonsense) ばかげたこと

blond /ブロント/ 形((英)blond) ブロンドの, 金髪の

die **Blondine** /ブロンディーネ/ (-/-n) ((英)blonde) 金髪[ブロンド]の女性

bloß /ブロース/ ❶ 形①((英)bare) 裸の, むきだしの ②((英)mere) 単なる ❷ 副①((英)only) ただ (…だけ), 単に (…でしかない)；((疑問文で)) いったい；((命令文で)) まあ, とにかく

blühen /ブリューエン/ 動((英)bloom) 花が咲いている；栄えている

die **Blume** /ブルーメ/ (-/-n) ((英)flower) 花, 草花

der **Blumenkohl** /ブルーメンコール/ (-(e)s/-e) ((英)cauliflower) カリフラワー

die **Bluse** /ブルーゼ/ (-/-n) ((英)blouse) ブラウス

das **Blut** /ブルート/ (-(e)s/)

Blüte

(㊥blood) 血, 血液 ¶ Blut ist dicker als Wasser. ((諺)) 血は水よりも濃い

die **Blüte** /ブリューテ/ 《-/-n》 (㊥blossom) (樹木などの) 花；開花；花盛り, 全盛期

bluten /ブルーテン/ [動](㊥bleed) 血が出る, 出血する

der **Bock** /ボック/ 《-(e)s/Böcke》 (㊥buck) 雄ヤギ, 鋸挽(のこびき)台；(体操の) 跳馬

der **Boden** /ボーデン/ 《-s/Böden》 ①(㊥soil) 土, 土壌, 土地 ②(㊥ground) 地面；(㊥floor) 床 ③(㊥bottom) 底, 底部

der **Bogen** /ボーゲン/ 《-s/-》 ①(㊥arc) (弓形の) 曲線, 弧, カーブ；[建築]アーチ, 迫持(せりもち) ②(㊥bow) 弓；(弦楽器の) 弓

die **Bohne** /ボーネ/ 《-/-n》 (㊥bean) 豆 (インゲンマメ・ソラマメなど)

bohren /ボーレン/ [動] ①(㊥bore) (穴などを) くり抜く, 掘る；((nach et³)) (…を求めて) 掘る ②((話))しつこく尋ねる

der **Bohrer** /ボーラー/ 《-s/-》 (㊥drill) きり, ドリル

der **Bolzen** /ボルツェン/ 《-s/-》 (㊥bolt) ボルト

die **Bombe** /ボンベ/ 《-/-n》 (㊥bomb) 爆弾

der **Bonbon** /ボンボン/ 《-s/-s》 (㊥candy) ボンボン (あめ玉など)

das **Boot** /ボート/ 《-(e)s/-e》 (㊥boat) 小舟, ボート

borgen /ボルゲン/ [動] (㊥borrow) (人に…を) 貸す；(((sich³) et³ von j³)) (…を人から) 借りる

die **Börse** /ベルゼ/ 《-/-n》 (㊥stock market) 証券取引所

böse /ベーゼ/ [形] ①(㊥bad) 悪い, 邪悪な；いやな, 不快な ②(㊥angry) 腹を立てた, 怒った

boshaft /ボースハフト/ [形] (㊥malicious) 意地の悪い

der **Bote** /ボーテ/ 《-n/-n》 (*die* Botin) (㊥messenger) 使者, メッセンジャー；先ぶれ, 兆候

die **Botschaft** /ボートシャフト/ 《-/-en》 ①(㊥message) (重要な) 通知, 知らせ；メッセージ ②(㊥embassy) 大使館

der **Botschafter** /ボートシャフター/ 《-s/-》 (㊥ambassador) 大使

die **Bowle** /ボーレ/ 《-/-n》 (㊥punch) パンチ (ワイン・果実・香料などを混ぜた飲み物)

boxen /ボクセン/ [動](㊥box) (人をこぶしで) 殴る；ボクシングをする

die **Branche** /ブラーンシェ/ 《-/-n》 (㊥branch) (経済などの) 部門

das **Branchen・verzeichnis** /ブラーンシェンフェアツァイヒニス/ (㊥yellow pages) 業種別電話帳

der **Brand** /ブラント/ 《-(e)s/Brände》 (㊥fire) 火事, 火災

die **Brandung** /ブランドゥング/ 《-/-en》 (㊥breakers) (岸などに打ち寄せて) 砕け散る波

braten /ブラーテン/ (briet; gebraten) [動](㊥roast) (肉・魚・野菜を) 焼く, 炒(いた)める；揚げる；焼ける, 揚がる

der **Braten** /ブラーテン/ 《-s/-》 (㊥roast) 焼き肉；焼き肉用の肉

die **Brat・pfanne** /ブラートプファネ/ (㊥frying pan) フライパン

der **Brauch** /ブラオホ/ 《-(e)s/Bräuche》 (㊥custom) 風習, 慣習

brauchen /ブラオヘン/ [動] ①(㊥need) (…を) 必要とする；使用する, 消費する ②((+zu 不定詞句))((否定文で))…する必要はない, …しなくてもよい

die **Brauerei** /ブラオエライ/ 《-/-en》 (㊥brewery) ビール醸造(所), ビール工場[会社]

braun /ブラオン/ [形](㊥brown) 茶色の, 褐色の；日に焼けた

die **Bräune** /ブロイネ/ 《-/-》 (㊥tan) (日焼けなどの) 小麦色

die **Brause** /ブラオゼ/ 《-/-n》 (㊥shower) シャワー；(シャワーなどの) ノズル

die **Braut** /ブラオト/ 《-/Bräute》

((英)bride) 花嫁, 新婦;(女性の)婚約者, フィアンセ

der Bräutigam /ブロイティガム/ 《-s/-e》 ((英)bridegroom) 花婿, 新郎;(男性の)婚約者, フィアンセ

brav /ブラーフ/ 形 ①((英)good)(子供が)行儀のよい;(服装などが)おとなしい ②きまじめな

die BRD /ベーエルデー/ ((英)FRG) ドイツ連邦共和国 (＜Bundesrepublik Deutschland)

brechen /ブレッヒェン/ 《brach; gebrochen》 動 ((英)break) ①壊す, 壊れる;割る, 割れる;破る, 破れる;折る, 折れる ②((sich³ et⁴))(手・足などを)折る, 骨折する ③(約束・法律などを)破る ④((mit j³/et³))(人と)手を切る, (伝統などと)決別する ⑤吐く

der Brei /ブライ/ 《-(e)s/-e》 ((英)porridge) かゆ

breit /ブライト/ 形 ①((英)wide)(幅の)広い;横が…の, (…の)幅がある;たっぷり[ゆったり]とした ②(話が)回りくどい, 冗長な ③(社会的に)広範囲の

die Breite /ブライテ/ 《-/-n》 ①((英)width) 横幅, (横への)広がり ②((英)latitude)〔地学〕緯度;(ある緯度の)地帯

die Bremse /ブレムゼ/ 《-/-n》 ((英)brake) ブレーキ

bremsen /ブレムゼン/ 動 ((英)brake)(車などに)ブレーキをかける;(…を)抑制する

brennen /ブレネン/ 《brannte; gebrannt》 動 ((英)burn) ①燃える;((sich⁴))やけどをする ②(明かりが)ともる;(太陽が)照る ③(傷が)ひりひりする, しみる;((vor et³))(愛に)身を焦がす

die Brennnessel /ブレンネセル/ 《-/-n》 ((英)stinging nettle)〔植物〕イラクサ

der Brenn·punkt /ブレンプンクト/ ((英)focus)(レンズなどの)焦点;(注目・関心の)的

das Brett /ブレット/ 《-(e)s/-er》 ((英)board)(木の)板;(チェスの)盤 *das schwarze Brett* 掲示板

der Brief /ブリーフ/ 《-(e)s/-e》 ((英)letter) 手紙

der Brief·freund /ブリーフフロイント/ ((英)pen pal, pen-friend) ペンフレンド, ペンパル

der Brief·kasten /ブリーフカステン/ ((英)postbox);((英)letterbox)(家の)郵便受け

die Brief·marke /ブリーフマルケ/ ((英)stamp)(郵便)切手

die Brief·tasche /ブリーフタッシェ/ ((英)wallet)(お札用の)財布

der Briefträger /ブリーフトレーガー/ 《-(e)s/-》 ((英)mail-carrier) 郵便配達人

der Brief·umschlag /ブリーフウムシュラーク/ ((英)envelope) 封筒

der Brillant /ブリリャント/ 《-en/-en》 ((英)brilliant) ブリリアントカット(のダイヤモンド)

die Brille /ブリレ/ 《-/-n》 ((英)glasses) 眼鏡 ¶ eine Brille tragen 眼鏡をかけている

bringen /ブリンゲン/ 《brachte; gebracht》 動 ①((英)bring) ((j³ et⁴))(人に…を)持って来る[行く];(人をある場所へ)連れて来る[行く];((j⁴ zu et³))(人を…の状態に)する ¶ Bringen Sie mir bitte eine Tasse Kaffee. コーヒーを1杯お願いします ②もたらす, 生み出す

die Brise /ブリーゼ/ 《-/-n》 ((英)breeze)(海上の)微風, そよ風

britisch /ブリティッシュ/ 形 ((英)British) イギリスの, 英国の

die Brombeere /ブロムベーレ/ 《-/-n》 ((英)blackberry) ブラックベリー

die Brosche /ブロッシェ/ 《-/-n》 ((英)brooch) ブローチ

die Broschüre /ブロシューレ/ 《-/-n》 ((英)booklet, pamphlet) 小冊子, パンフレット

das Brot /ブロート/ 《-(e)s/-e》

Brötchen

(英bread) パン

das **Brötchen** /ブレートヒェン/ 《−s/−》(英roll) ブレートヒェン（表面のやや堅い小型の丸パン）

der **Bruch** /ブルフ/ 《−(e)s/Brüche》(英break) ①壊れる［割れる, 折れる］こと; 破損, 破裂, 崩壊; 骨折 ②（契約・約束の）破棄; 断絶, 決裂;（法律・協定などに対する）違反

der **Bruch·teil** /ブルッフタイル/ (英fraction) 一部分

die **Brücke** /ブリュッケ/ 《−/−n》(英bridge) 橋; 橋渡し, 仲立ち

der **Bruder** /ブルーダー/ 《−s/Brüder》(英brother) 兄, 弟, 兄弟; 仲間, 同志 ¶ Ich habe einen Bruder. 兄弟が一人います

die **Brühe** /ブリューエ/ 《−/−n》(英broth, stock) （肉・野菜などの）煮出し汁, ブイヨン

brüllen /ブリュレン/ 動 (英roar) 叫ぶ;（動物が）うなる, ほえる

brummen /ブルメン/ 動 (英buzz) （歌を）口ずさむ; ぶつぶつ言う;（虫・機械などがぶーんと）うなる

der **Brunnen** /ブルネン/ 《−s/−》(英well) 井戸;（英fountain) 泉

die **Brust** /ブルスト/ 《−/Brüste》(英chest, breast) 胸, 胸部;（女性の）乳房

brutal /ブルタール/ 形 (英brutal) 冷酷な, 残酷な, 残忍な, 粗暴な

brutto /ブルット/ 副 (英gross) 風袋(ふうたい)込みで, グロスで; 税引き前で

der **Bub** /ブープ/ 《−en/−en》(英boy, lad) 《南部・墺・スイス》男の子, 少年

das **Buch** /ブーフ/ 《−(e)s/Bücher》 ①(英book) 本, 書籍;（書物の）巻;（芝居・映画などの）台本, 脚本 ②帳簿 *das Buch der Bücher* 聖書 *wie es im Buche steht* 典型的な

buchen /ブーヘン/ 動 (英book) （座席などを）予約する

die **Bücherei** /ビューヒェライ/ 《−/−en》(英library) （小さな）図書館

der **Buchhalter** /ブーフハルター/ (英bookkeeper) 経理係, 会計係

die **Buch·handlung** /ブーフハンドルング/ (英bookstore) 書店, 本屋

die **Büchse** /ビュクセ/ 《−/−n》(英can) 缶; 缶詰

der **Buchstabe** /ブーフシュターベ/ 《−ns/−n》(英letter) 文字

buchstabieren /ブーフシュタビーレン/ 動 (英spell) （語の）つづりを言う

die **Bucht** /ブフト/ 《−/−en》(英bay) 湾, 入江

bücken /ビュッケン/ 動 (英bend) 《sich⁴》かがむ, 身をかがめる

der **Buddhismus** /ブディスムス/ 《−/》(英Buddhism) 仏教

die **Bude** /ブーデ/ 《−/−n》(英stall, booth) 屋台, 売店; ぼろ屋

der **Bügel** /ビューゲル/ 《−s/−》(英hanger) ハンガー, 洋服かけ

das **Bügel·eisen** /ビューゲルアイゼン/ (英iron) アイロン

bügeln /ビューゲルン/ 動 (英iron) （…に）アイロンをかける

die **Bühne** /ビューネ/ 《−/−n》(英stage) 舞台; 劇場

der **Bulle** /ブレ/ 《−n/−n》(英ox) 雄牛

bummeln /ブメルン/ 動 (英stroll) （ぶらぶら）歩く

der **Bund** /ブント/ 《−(e)s/Bünde》(英alliance) 連合, 連盟; 連邦

der **Bundes·kanzler** /ブンデスカンツラー/ (英Federal Chancellor) （ドイツ・オーストリアの）連邦首相

das **Bundes·land** /ブンデスラント/ (英(federal) state) （連邦国家の）州

der **Bundes·minister** /ブンデスミニスター/ (英Federal Minister) （ドイツ・オーストリアの）連邦大臣

der **Bundes·präsident** /ブンデスプレズィデント/ (英(federal)

der **Bundes·rat** /ブンデスラート/ (㊨Upper House) (ドイツの) 連邦参議院；(オーストリアの) 連邦上院；(スイスの) 連邦評議会

die **Bundesrepublik** /ブンデスレプブリーク/ 《–/》(㊨Federal Republic) 連邦共和国

der **Bundes·staat** /ブンデスシュタート/ (㊨federal state) 連邦国家；(連邦国家内の) 州

der **Bundestag** /ブンデスターク/ 《–(e)s/》(㊨Lower House) (ドイツの) 連邦議会 (Bundesratと国会を構成する)

die **Bundeswehr** /ブンデスヴェーア/ 《–/》(㊨Federal Armed Forces) (ドイツの) 連邦国防軍

bunt /ブント/ 形 ① (㊨colorful) 色のついた；カラフルな ② さまざまな，多様な

der **Bunt·stift** /ブントシュティフト/ (㊨colored pencil) 色鉛筆

die **Burg** /ブルク/ 《–/–en》(㊨castle) 城，山城，城塞(じょうさい)

bürgen /ビュルゲン/ 動 (㊨guarantee) ((für *et*⁴)) (…を) 保証する；((für *j*⁴)) (人の) 保証人となる

der **Bürger** /ビュルガー/ 《–s/–》(㊨citizen) 国民；市民

bürgerlich /ビュルガーリヒ/ 形 (㊨civil) 市民［国民］の

der **Bürger·meister** /ビュルガーマイスター/ (㊨mayor) 市長，町［村］長

der **Bürgersteig** /ビュルガーシュタイク/ 《–(e)s/–e》(㊨sidewalk) 歩道

das **Büro** /ビューロー/ 《–s/–s》(㊨office) 事務所，会社

die **Büro·klammer** /ビューロクラマー/ (㊨paper clip) クリップ

die **Bürokratie** /ビュロクラティー/ 《–/–n》(㊨bureaucracy) 官僚機構；官僚制；役人根性

die **Bürste** /ビュルステ/ 《–/–n》(㊨brush) ブラシ，刷毛

bürsten /ビュルステン/ 動 (㊨brush) (…に) ブラシをかける

der **Bus** /ブス/ 《–ses/–se》(㊨bus) バス ¶ Fährt dieser Bus zum Flughafen? このバスは飛行場へ行きますか

der **Busch** /ブッシュ/ 《–(e)s/Büsche》(㊨bush) 低木，潅木，茂み

der **Busen** /ブーゼン/ 《–s/–》(㊨breast) (女性の) 胸，バスト

der **Büstenhalter** /ビュステンハルター/ 《–s/–》(㊨brassier) ブラジャー

die **Butter** /ブッター/ 《–/》(㊨butter) バター

das **Butter·brot** /ブッターブロート/ (㊨bread and butter) バターを塗ったパン

bzw. /ベツィーウングスヴァイゼ/ = beziehungsweise

C, c

ca. /ツィルカ/ = zirca

das **Café** /カフェー/ 《–s/–s》(㊨café) 喫茶店，カフェ

das **Camping** /ケンピング/ 《–s/》(㊨camping) キャンピング

der **Campingplatz** /ケンピングプラッツ/ (㊨campsite) キャンプ場

die **CD** /ツェーデー/ (㊨CD) 《–/–s》コンパクトディスク，シーディー

die **CD-ROM** /ツェーデーロム/ 《–/–s》(㊨CD-ROM) CDロム

der **CD-Spieler** /ツェーデーシュピーラー/ (㊨CD-player) CDプレーヤー

Celsius /ツェルズィウス/ 《–/》(㊨Celsius) 摂氏(せっし)

der **Champignon** /シャンピニョーン/ 《–s/–s》(㊨mushroom) マッシュルーム，シャンピニオン

die **Chance** /シャーンセ/ 《–/–n》(㊨chance) 機会；見込み

der **Charakter** /カラクター/ 《–s/–e》(㊨character) (人の) 性格；

(事物の)特徴, 特色

charakteristisch /カラクテリスティッシュ/ 形 (英characteristic) 特徴的な; 特有の

charmant /シャルマント/ 形 (英charming) チャーミングな

der **Chauffeur** /ショフーア/ (–s/–e) (英chauffeur) (職業としての自家用車の) 運転手

der **Chef** /シェフ/ (–s/–s) (英chief) 長, 上司, ボス

die **Chemie** /ヒェミー/ (–/) (英chemistry) 化学

der **Chemiker** /ヒェーミカー/ (–s/–) (英chemist) 化学者

chemisch /ヒェーミッシュ/ 形 (英chemical) 化学の, 化学的な

(das) **China** /ヒーナ/ (英China) 中国

der **Chirurg** /ヒルルク/ (–en/–en) (英surgeon) 外科医

der **Chor** /コーア/ (–(e)s/Chöre) (英chorus) 合唱団; コーラス, 合唱〔曲〕

der **Christ** /クリスト/ (–en/–en) (英Christian) キリスト教徒

das **Christentum** /クリステントゥーム/ (–s/) (英Christianity) キリスト教

christlich /クリストリヒ/ 形 (英Christian) キリスト教(徒)の

circa /ツィルカ/ 副 = zirca

der **Clown** /クラオン/ (–s/–s) (英clown) ピエロ, 道化師

der **Club** /クルップ/ (–s/–s) = Klub

das (die) **Cola** /コーラ/ (–(s)/–s) (英cola) コーラ

der **Comic** /コミック/ (–s/–s) (英comic) (コマの連続した) 漫画

das **Comic-heft** /コミックヘフト/ (英comic) 漫画本, コミック

der **Computer** /コンピューター/ (英computer) コンピュータ

der **Container** /コンテーナー/ (–s/–) (英container) コンテナ

die **Couch** /カウチ/ (–/–es) (英couch) 寝いす, ソファー

die **Creme** /クレーム/ (–/–s) (英cream) (料理用の) クリーム;

(化粧用の) クリーム

D, d

da /ダー/ ❶ 副 ① (英there) そこに[で], あそこに[で]; ここに[で] ② (英then) その[あの, この]とき; すると ③ その点[事]では ④ そうすれば; だから; それなら **da sein** ある, いる; 生存している ❷ 接 (英as) ((理由・原因))…なので, …だから

dabei /ダバイ/ 副 (英with it) そのそばに; その場に; その時に, その際 **dabei sein** ((bei et³))((…の場に)) 居合わせる; 参加する

dabei|bleiben /ダバイブライベン/ 動 (英stick to it) (活動を) 継続する

das **Dach** /ダッハ/ (–(e)s/Dächer) (英roof) 屋根 j³ **aufs Dach steigen** ((話)) (人を) とっちめる

der **Dach·boden** /ダッハボーデン/ (英attic) 屋根裏部屋

der **Dackel** /ダッケル/ (–s/–) (英dachshund) ダックスフント

dadurch /ダドゥルヒ/ ❶ 前 (英through it) ((空間的)) そこを通って ❷ 副 ((手段・方法)) それによって; ((理由)) そのために

dafür /ダフューア/ 副 (英for it) それに賛成して; そのために; その代わりに; ((話)) それに対して

dagegen /ダゲーゲン/ 副 (英against it) それに反対[抵抗]して; それに比べて[反して]; その代わりに

daher /ダヘーア/ 副 (英hence) ((理由)) だから, そのため **von daher** そこから

dahin /ダヒン/ 副 そこへ, その場所へ **bis dahin** その時まで(に)

dahinter /ダヒンター/ 副 (英behind it) その後ろに[で]

da|lassen /ダーラッセン/ 動 (英leave (here, there)) ((そこ[こに]へ)) 置いていく

damals /ダーマールス/ 副 (英then) 当時, その[あの]ころ

> **darunter**

die **Dame** /ダーメ/ 《-/-n》① 《英lady》婦人, 女性;貴婦人, 淑女 ¶ Meine Damen und Herren! (スピーチの最初で)(紳士淑女の)皆様 ②《英queen》(トランプ・チェスで)クイーン

damit /ダミット/ ❶ 副《英with it》それでもって;従って ❷ 接 …(する)ために, …(する)ように

der **Damm** /ダム/ 《-(e)s/Dämme》《英dam》ダム;土手;堤防

dämmern /デマールン/ 動《英dawn》①《Es dämmert.》明るくなる, 暗くなる ②《話》《j³》(記憶が人に)はっきりしてくる

die **Dämmerung** /デメルング/ 《-/-en》《英twilight》夕暮れ, たそがれ;夜明け

der **Dampf** /ダムプフ/ 《-(e)s/Dämpfe》《英steam》蒸気;湯気

dampfen /ダンプフェン/ 動《英steam》蒸気[湯気]を出す

dämpfen /デンプフェン/ 動《英muffle》(光・音・感情などを)和らげる, 抑える

danach /ダナーハ/ 副《英after that》(時間的に)その後で;その後ろに;その方へ;それに従って

daneben /ダネーベン/ 副《英beside it》その横に[へ], その隣に[へ], それと並んで[並べて];そのほかに;それと比べると

(das) **Dänemark** /デーネマルク/ 《英Denmark》デンマーク

der **Dank** /ダンク/ 《-(e)s/-》《英thanks》ありがとう(の言葉), 感謝, お礼 *Besten [Herzlichen, Schönen, Vielen] Dank!* どうもありがとう

dankbar /ダンクバール/ 形 ①《英grateful》《für et³》感謝している, ありがたいと思う ②(仕事が)やりがいのある, 報われる

danke /ダンケ/ 間《英thanks》ありがとう ¶ Wie geht es Ihnen?–Danke, gut. お元気ですかーありがとう, 元気です *Danke für et⁴!* (…を)ありがとう *Nein, danke.* いえ, 結構です

danken /ダンケン/ 動《英thank》(《j³ für et⁴》)(人に…のことで)ありがとうと言う, 礼を言う *Nichts zu danken!* どういたしまして

dann /ダン/ 副《英then》それから, それに続いて;そうすれば;その場合, だから;その時 *Bis dann!*(《話》)じゃあまた

daran /ダラン/ 副《英on it》それに接して;その点で;それに関して

darauf /ダラオフ/ 副《英on it》《位置》その上に, その上へ;《時間》その後で, それに続いて

daraufhin /ダラオフヒン/ 副《英thereupon》それに基づいて, それゆえに;その点に関して

daraus /ダラオス/ 副《英from [out of] it》その中から, そこから;それを材料にして

darin /ダリン/ 副《英in it》その中に[で];その点で

das **Darlehen** /ダールレーエン/ 《-s/-》《英loan》貸付(金), ローン

der **Darm** /ダルム/ 《-(e)s/Därme》《英intestines》腸

dar|stellen /ダールシュテレン/ 動《英describe》描く, 表現[説明, 記述]する;(…の役を)演じる;意味する

der **Darsteller** /ダールシュテラー/ 《-s/-》《英actor》俳優, 役者

die **Darstellung** /ダールシュテルング/ 《-/-en》《英description》描写, 叙述;演技

darüber /ダリューバー/ 副《英over it》①その上(方)に, それを越えて;それより多く ②それに関して ③そうしている間に *darüber hinaus* そのうえ, おまけに

darum /ダルム/ 副①《英around it》その周りに;それに関して ② /ダールム/《英for that reason》だから;そのため

darunter /ダルンター/ 副《英under it》①その下で, その下へ;それ以下で ②その中に

das ▶

das /ダス/ ❶ ((定冠詞；中性1・4格))(2格 des, 3格 dem) ((英)the) その, あの, この；((種属を総称して))…というもの ❷ ((指示代名詞・関係代名詞；中性1・4格))(2格 dessen, 3格 dem) それ, あれ, これ, その[あの, この] 人；…であるところの ¶ das Auto, das ich gekauft habe 私が買った車

das **Dasein** /ダーザイン/ 〈-s/〉 ((英)existence) 生存；生活

dass /ダス/ 接 ① ((英)that) ((名詞節を導いて))…ということ；((名詞と同格となる節を導いて))…という ¶ Es tut mir Leid, dass ich Sie stören muss. お邪魔してごめんなさい ②その結果 [ため]；…（する）ため [よう]に ¶ Er spricht so leise, dass wir ihn kaum verstehen können. 彼は私たちにほとんど分からないほど小さな声で話す

dasselbe /ダスゼルベ/ ((英)the same)((指示代名詞；中性1 [4]格；das は定冠詞の変化, selbe は形容詞の弱変化)) 同一の, 同じ人 [事物]；((話)) 同じような

die **Datei** /ダタイ/ 〈-/-en〉 ((英)data file)【認→】データファイル

die **Daten** /ダーテン/ ((英)data) ((複数)) 数値, 資料；データ；Datum の複数形

die **Datenverarbeitung** /ダーテンフェアアルバイトゥング/ ((英)data processing) 情報処理

datieren /ダティーレン/ 動 ((英)date) (手紙などに)日付を入れる；(…の)年代を特定する；((aus e³)) (ある時代の)ものである

das **Datum** /ダートゥム/ 〈-s/Daten〉 ((英)date) 日付, 年月日

die **Dauer** /ダオアー/ 〈-/〉 ((英)duration) 継続時間, 期間；*持続* **auf (die) Dauer** ((話)) 長い間には, このまま続くと

der **Dauer·auftrag** /ダオアーアオフトラーク/ ((英)standing order) (口座からの)自動振込(の依頼)

die **Dauer·karte** /ダオアーカル テ/ ((英)season ticket) 定期券

dauern /ダオアーン/ 動 ((英)last) 続く, (時間が)かかる ¶ Wie lange dauert es? 時間はどの位かかりますか

dauernd /ダオアント/ 形 ((英)lasting) 持続する；絶え間のない

die **Dauer·welle** /ダオアーヴェレ/ ((英)permanent) パーマ

der **Daumen** /ダオメン/ 〈-s/-〉 ((英)thumb) (手の)親指 *j³* **den [die] Daumen drücken [halten]** ((話)) 成功を祈る

die **Daunen·decke** /ダオネンデッケ/ ((英)down-filled quilt) 羽布団

davon /ダフォン/ 副 ((英)from [about] it) そこから；それがもとで；それについて；その中から

davor /ダフォーア/ 副 ((英)in front of [before] it) その前方に, その前面に；それ以前に

dazu /ダツー/ 副 ((英)to [with, about] it) その方へ；そのために；それに向けて；それに加えて；それについて

dazu|gehören /ダツーゲヘーレン/ 動 ((英)belong to it) それに属している [付いている]

dazu|kommen /ダツーコメン/ 動 ((英)arrive) そこに来あわせる；付け加わる

dazwischen /ダツヴィシェン/ 副 ((英)between them) その間に [へ]；その中に交じって；その時間 [期間] 中に

dazwischen|kommen /ダツヴィッシェンコメン/ 動 ((英)prevent) (*j³*) (不測の事態が起きて)(人がするのを)妨げる

die **Debatte** /デバッテ/ 〈-/-n〉 ((英)debate) 討議, 討論, 論争

die **Decke** /デッケ/ 〈-/-n〉 ① ((英)cover) 掛け布団, 毛布；テーブルクロス；覆い, カバー ② ((英)ceiling) 天井

der **Deckel** /デッケル/ 〈-s/-〉 ((英)lid) ふた

decken /デッケン/ 動 ① (英cover) 覆う; ((*et*⁴ **über** *et*⁴)) (…を…に) かぶせる ② (需要・要求などを) 満たす, 充足する ③ (塗料が) 下地 [下塗り] を隠す ④ ((sich⁴ **mit** *et*³)) (…と) 一致する **den Tisch decken** (食器などを出して) 食事の用意をする

die **Deckung** /デックング/ (–/–en) ① (英covering) 防御, 援護; 〔軍事〕掩蔽(えんぺい);〔究〕ディフェンス (陣);〔ボクシング〕ガード ② (需要の) 充足 ③ (意見の) 一致

das **Defizit** /デーフィツィット/ (–s/–e) (英deficit) 不足 (額), 赤字

der **Degen** /デーゲン/ (–s/–) (英sword) 剣

dehnbar /デーンバール/ 形 (英elastic) 弾力 [伸縮性] のある; (意味の) あいまいな

dehnen /デーネン/ 動 (英stretch) 伸ばす, 引き伸ばす; (空間的に) 広げる

der **Deich** /ダイヒ/ (–(e)s/–e) (英dike) 堤防

dein /ダイン/ ((所有代名詞; du に対応; 変化は⇒ mein)) (英your) 君 [あなた, おまえ] の ¶ dein Bruder [Buch] 君のお兄さん [本] /deine Schwester [Eltern] 君のお姉さん [両親]

der **Delphin** /デルフィーン/ (–s/–e) (英dolphin) イルカ (海豚)

dem /デム/ 冠詞 der, das の 3 格

demnächst /デムネーヒスト/ 副 (英shortly) まもなく, やがて

die **Demokratie** /デモクラティー/ (–/–n) (英democracy) 民主主義; 民主主義国家 [社会]

demokratisch /デモクラーティシュ/ 形 (英democratic) 民主的な, 民主主義の, 民主制の

der **Demonstrant** /デモンストラント/ (–en/–en) (英demonstrator) デモ参加者

die **Demonstration** /デモンストラツィオーン/ (–/–en) (英demonstration) デモ, 示威運動

den /デン/ 冠詞 der の 4 格, die (複数) の 3 格

denen /デーネン/ 指示 [関係] 代名詞複数 die の 3 格

denkbar /デンクバール/ 形 (英conceivable) 考えられる

denken /デンケン/ (dachte; gedacht) 動 ① (英think) 考える, 思う ¶ Das denke ich auch. 私もそう思います ② ((**über** *j*³/*et*⁴/**von** *j*³/*et*³)) (…を) 評価 [判断] する ¶ Wie denkst du über den Vorschlag? この提案をどう思う ③ ((sich³ *et*⁴)) (…を) 想像する, 思い描く ④ ((**an** *j*⁴/*et*⁴)) (…のことを) 思う, 考える; (((daran) + zu 不定詞句)) (…する) つもりである

das **Denkmal** /デンクマール/ (–(e)s/..mäler) (英monument) 記念碑 [像], 記念建造物; 文化遺産

denn /デン/ ❶ 接 (英for) ((理由を表して)) というのは [なぜなら] (…だからだ) ❷ 副 ((疑問文を強めて)) いったい, そもそも

dennoch /デノッホ/ 副 (英nevertheless) それでもなお, それにもかかわらず

deprimieren /デプリミーレン/ 動 (英depress) (人を) 意気消沈 [落胆] させる, 憂うつにさせる

der ❶ /デア/ ① ((定冠詞; 男性 1 格)) (2 格 des, 3 格 dem, 4 格 den) (英the) その, あの, この; ((種を総称して)) …というもの ② 冠詞 die の 2 [3] 格 ❷ /デーア/ ((指示代名詞・関係代名詞; 男性 1 格)) (2 格 dessen, 3 格 dem, 4 格 den) それ, あれ, これ, その [あの, この] 人; …であるところの ¶ Gibt es jemand, der Englisch spricht? どなたか英語の話せる人はいませんか

deren /デーレン/ 指示 [関係] 代名詞 die (女性・複数) の 2 格

derjenige /デアイェーニゲ/ ((指示代名詞男性 1 格)) (英the (one)) その; それ, その人

derselbe /デアゼルベ/ ((指示代名詞男性 1 格)) (英the same) 同じ, 同一の; 同じ人 [物]

des /デス/ 冠詞 der, das の2格
deshalb /デスハルプ/ 副 (英therefore) だから, それゆえ
desinfizieren /デスインフィツィーレン/ 動 (英disinfect) 消毒する
dessen /デッセン/ 指示[関係]代名詞 der, das の2格
das **Dessert** /デセーア/ (–s/–s) (英dessert) デザート
desto /デスト-/ 副 (英(all) the) ((比較級と))それだけいっそう, それだけますます；それだからいっそう
deswegen /デスヴェーゲン/ 副 (英therefore) それゆえに
der **Detektiv** /デテクティーフ/ (–s/–e) (英detective) 私立探偵；(英米の) 刑事
deutlich /ドイトリヒ/ 形 (英clear) はっきりした, 明白な, 明らかな；ありありと
deutsch /ドイチュ/ 形 (英German) ドイツの, ドイツ人[ふう]の；ドイツ語の
das **Deutsch** /(–(s)/) (英German) ドイツ語 *auf Deutsch* ドイツ語で
der/die **Deutsche** /ドイチェ/ (英German) ドイツ人
das **Deutschland** /ドイチュラント/ (英Germany) ドイツ
der **Dezember** /デツェンバー/ (–(s)/–) (英December) 12月
d.h. /ダス ハイスト/ das heißt すなわち, つまり
das **Dia** /ディーア/ (–s/–s) (英slide) スライド
der **Dialekt** /ディアレクト/ (–(e)s/–e) (英dialect) 方言, なまり
der **Diamant** /ディアマント/ (–en/–en) (英diamond) ダイヤモンド
die **Diät** /ディエート/ (–/–) (英diet) (病人用の) 規定食；食餌(しょくじ)療法；(減量のための) ダイエット *Diät machen* [*leben*] ダイエットする [している]
dich /ディッヒ/ (英you) du の4格

dicht /ディヒト/ 形 ① (英dense) 密な, ぎっしり詰まった；見通しがきかない, (霧が) 濃い ② (英tight) (中身を) 漏らさない, 密閉された ③ (英close) すぐ近く, 密接して；すれすれに
der **Dichter** /ディヒター/ (–s/–) (英poet) 詩人, 作家
die **Dichtung** /ディヒトゥング/ (–/–en) ① (英literary work) 文芸作品；文芸 ②詰めもの
dick /ディック/ 形 ① (英thick) 厚い；(…の) 厚さのある ② (英fat) (人が) 太った
die /ディー/ (英the) ❶ ((定冠詞；女性・複数1[4]格))(女性2・3格, 複数2格 der, 複数3格 den) その [それらの], あの [あれらの], この [これらの]；((種を総称して))…というもの ❷ ((指示代名詞・関係代名詞；女性・複数1[4]格))(2格 deren, 3格女性 der, 3格複数 denen) それ [それら], あれ [あれら], これ [これら]；その [あの, この] 人 (たち)；…であるところの
der **Dieb** /ディープ/ (–(e)s/–e) (英thief) 泥棒 (人)
der **Diebstahl** /ディープシュタール/ (–(e)s/..stähle) (英theft) 盗み
die **Diele** /ディーレ/ (–/–n) (英floorboard) 床板；(英hall) (住居の) 玄関 (ホール)
dienen /ディーネン/ 動 (英serve) ((*j³*/*et³*))(会社などに) 勤務する；(人に) 仕える, 奉仕する；(…に) 役立つ；((*j³*) *als et¹* [*zu et³*])((人に) …として) 利用できる
der **Dienst** /ディーンスト/ (–(e)s/–e) ① (英service) 勤務, 当番, 勤め；公職 ②貢献, サービス
der **Dienstag** /ディーンスターク/ (–(e)s/–e) (英Tuesday) 火曜日 ¶ *am Dienstag* 火曜日に /*jeden* [*letzten, nächsten*] *Dienstag* 毎週 [この前の, 今度の] 火曜日に
dienstags /ディーンスタークス/ 副 (英Tuesdays) (毎) 火曜日に
dienstfrei /ディーンストフライ/ 形 (英free) 勤務のない, 非番の

dienstlich /ディーンストリヒ/ 形 (英official, business) 職務[仕事]上の, 公用[社用]の

die **Dienst·reise** /ディーンストライゼ/ (英business trip) 出張

dies /ディース/ (英this) = dieses

diese /ディーゼ/ 《定冠詞; 女性・複数1・4格》(英this) 《女性2・3格, 複数2格 dieser, 複数3格 diesen》 この[これらの], これ[これら]; こ(れら)の人;《 jeneと呼応して》後者

dieselbe /ディーゼルベ/ (英the same) 《指示代名詞; 女性1・4格》同一の; 同じ人[事物];《話》同じような

dieser /ディーザー/ (英this) 《指示代名詞; 男性1格》《2格 dieses, 3格 diesem, 4格 diesen》この; これ, この人;《 jenerと呼応して》後者

dieses /ディーゼス/ (英this) 《指示代名詞; 中性1[2, 4]格》《3格 diesem》《1[4]格の別形 dies》この; これ, この人;《 jenesと呼応して》後者;《指示代名詞; 男性単数2格》この

diesmal /ディースマール/ 副 (英this time) 今度は, 今回は

die **Digital·uhr** /ディギタールウーア/ (英digital watch) デジタル時計

das **Diktat** /ディクタート/ (–(e)s/–e) (英dictation) 口述筆記; 書き取り, ディクテーション

die **Diktatur** /ディクタトゥーア/ (–/–en) (英dictatorship) 独裁

die **Dimension** /ディメンズィオーン/ (–/–en) (英dimension) 広がり, 規模; 次元

das **Ding** /ディング/ (–(e)s/–e, –er) (英thing) 物, 事, 事物; (不特定の)物, しろもの; 事柄, 用件 **vor allen Dingen** 何にもまして, とりわけ

das **Diplom** /ディプローム/ (–(e)s/–e) (英diploma) (大学の) 学士号 (の認定証書), 卒業証書, (技能の) 資格認定証書

der **Diplomat** /ディプロマート/ (–en/–en) (英diplomat) 外交官; 外交家, 駆け引きのうまい人

diplomatisch /ディプロマーティシュ/ 形 (英diplomatic) 外交の; 外交的な, 駆け引きのうまい

dir /ディーア/ (英you) duの3格

direkt /ディレクト/ 1 形 (英 direct) まっすぐな, 直行の; 直接の 2 副《話》まさに

der **Direktor** /ディレクトーア/ (–s/–en) (英director) (役所などの) 長, 所長;(学校・企業などの) 管理者, 校長, 理事, 社長, 取締役, 重役

der **Dirigent** /ディリゲント/ (–en/–en) (英conductor) 指揮者

die **Diskette** /ディスケッテ/ (–/–n) (英floppy disc) フロッピーディスク

die **Disko** /ディスコ/ (–/–s) (英disco) ディスコ

die **Diskothek** /ディスコテーク/ (–/–en) (英discotheque) ディスコ

die **Diskussion** /ディスクスィオーン/ (–/–en) (英discussion) 討論, 議論, 討議

diskutieren /ディスクティーレン/ 動 (英discuss) 《über *et*⁴》(…について) 討議[論議] する

die **Disziplin** /ディスツィプリーン/ (–/–en) (英discipline) 規律

doch /ドッホ/ 副 ① (英but) しかし, だが, でも ② それにもかかわらず; そうは言っても, (それでも)《否定詞を含む問いに対して》いいえ, とんでもない; 確かに, もちろん ¶ **Bist du nicht eingeladen? – Doch!** 君は招待されていないの? ―されているさ ③《話者の気持ち》でも (…ではないか); さあ, ほら; でさえあればなあ; 本当に (…) だろうね

der **Doktor** /ドクトーア/ (–s/–en) (英doctor) 医者; ドクター (の称号), 博士 (号)

das **Dokument** /ドクメント/ (–(e)s/–e) (英document) (公的な) 書類, 文書, 記録 (文書)

Dokumetarfilm ➤

der **Dokumetarfilm** /ドキュメンタールフィルム/ ((-s/-)) ((英documentary)) 記録映画, ドキュメント映画

dolmetschen /ドルメッチェン/ 動 ((英interpret)) 通訳する

der **Dolmetscher** /ドルメッチャー/ ((-s/-)) ((英interpreter)) 通訳者

der **Dom** /ドーム/ ((-(e)s/-e)) ((英cathedral)) 大聖堂

die **Donau** /ドーナオ/ ((英Danube)) ドナウ川

der **Donner** /ドナー/ ((-s/-)) ((英thunder)) 雷, 雷鳴

donnern /ドナーン/ 動 ((英It thunders.)) ((Es donnert.)) 雷が鳴る; (雷のように) とどろく

der **Donnerstag** /ドナースターク/ ((-(e)s/-e)) ((英Thursday)) 木曜日

donnerstags /ドナースタークス/ 副 ((英Thursdays)) 木曜日に

doof /ドーフ/ 形 ((英stupid)) ((話)) ばかな, 愚かな

das **Doppel** /ドッペル/ ((-s/-)) ((英copy)) 写し, コピー; (テニス・卓球の) ダブルス

der **Doppel·punkt** /ドッペルプンクト/ ((英colon)) コロン (:)

doppelt /ドッペルト/ 形 ((英double)) 二重の, 2倍の

das **Dorf** /ドルフ/ ((-(e)s/Dörfer)) ((英village)) 村, 村落

der **Dorn** /ドルン/ ((-(e)s/-en (Dörner))) ((英thorn)) (植物の) とげ

dort /ドルト/ 副 ((英there)) そこに, そこで, あそこに [で]

die **Dose** /ドーゼ/ ((-/-n)) ((英box)) (円筒形でふた付きの) 小容器; 缶詰 (の缶)

der **Dosen·öffner** /ドーゼンエフナー/ ((英can opener)) 缶切り

die **Dosis** /ドーズィス/ ((-/-)) ((英dose)) (薬の) 服用量; 分量

der **Dozent** /ドツェント/ ((-en/-en)) ((英docent)) (大学や講座の) 講師

der **Drache** /ドラッヘ/ ((-n/-n)) ((英dragon)) 竜(½)

der **Drachen** /ドラッヘン/ ((-s/-)) ((英kite)) 凧(½); ハンググライダー

das **Drachenfliegen** /ドラッヘンフリーゲン/ ((-/-)) ((英hanggliding)) ハンググライディング

der **Draht** /ドラート/ ((-(e)s/Drähte)) ((英wire)) 針金; 電線, ケーブル

heißer Draht ホットライン

das **Drama** /ドラーマ/ ((-s/Dramen)) ((英drama)) 戯曲; ドラマ; 劇的な事件 [状況]

dran /ドラン/ 副 daran の口語形

drängen /ドレンゲン/ 動 ① ((英push)) (人を) 押しやる; ((sich⁴)) (大勢が) 押し合う ② ((j⁴ zu et³)) (…するよう人を) せき立てる; ((sich⁴ nach et³)) (…を得ようと) 必死に頑張る

dran|kommen /ドランコメン/ 動 ((英have one's turn)) ((話)) (自分の) 番になる; (授業中に) あてられる

drauf /ドラオフ/ 副 ((話)) darauf の口語形

draußen /ドラオセン/ 副 ((英outside)) 外で; 戸外で

der **Dreck** /ドレック/ ((-(e)s/-)) ((英dirt)) よごれ; 泥; ごみ

dreckig /ドレッキヒ/ 形 ((英dirty)) 泥だらけの; 汚れた, きたならしい

das **Drehbuch** /ドレーブーフ/ ((英screenplay)) (映画の) 脚本

drehen /ドレーエン/ 動 ((英turn)) 回す, 回転させる; ((an et³)) (スイッチなどを) ひねる; ((sich⁴ um et³)) (…の回りを) 回る, 回転する; (映画を) 撮影する **Es dreht sich um et⁴.** ((話)) (…が) 問題である

drei /ドライ/ ((基数)) ((英three)) 3

das **Dreieck** /ドライエック/ ((-(e)s/-e)) ((英triangle)) 三角形

dreifach /ドライファッハ/ 形 ((英triple)) 3倍 [3重] の

dreißig /ドライスィヒ/ ((基数)) ((英thirty)) 30

die **Dreiviertel·stunde** /ドライフィルテルシュトゥンデ/ ((英three-quarters of an hour)) 45分

dreizehn /ドライツェーン/ ((基数)) ((英thirteen)) 13

dressieren /ドレスィーレン/ 動 ((英)train) (動物を)調教する

dringend /ドリンゲント/ 形 ((英)urgent) 緊急の, さし迫った; 切実な

drinnen /ドリンネン/ 副 ((英)inside) 中に[で], 屋内に[で]

dritt /ドリット/ 形 ((序数))((英)third) 3番目の ¶ der Dritte 第三者

das **Drittel** /ドリッテル/ ((-s/-)) ((英)third) 3分の1

drittens /ドリッテンス/ 副 ((英)thirdly) 3番目に

die **Droge** /ドローゲ/ ((-/-n)) ((英)drug) 麻薬, ドラッグ

drogensüchtig /ドローゲンズュヒティヒ/ 形 ((英)addicted to drugs) 麻薬依存(症)の

die **Drogerie** /ドロゲリー/ ((-/-n)) ((英)drugstore) ドラッグストア, 薬屋

drohen /ドローエン/ 動 ((英)threaten) ((j³ mit et³)) (人を…で)脅す; ((+ zu 不定詞句))(…すると)脅す; ((j³)) (危険などが人・組織に)迫る, (人・組織に)…の危険がある[迫っている]

die **Drohung** /ドローウング/ ((-/-en)) ((英)threatening) 脅し, 脅迫

drüben /ドリューベン/ 副 ((英)over there) あちら側で, 向こう側で

der **Druck** /ドルック/ ① ((-(e)s/Drücke)) ((英)pressure) ((auf et⁴)) (…を)押すこと, 圧迫; 圧迫感; 圧力 ② ((-(e)s/)) ((英)print) 印刷; プリント; 印刷物; 複製画

drucken /ドルッケン/ 動 ((英)print) ((et⁴ auf et⁴)) (文字・模様などを…へ)印刷する, プリントする; 印刷物として作る

drücken /ドリュッケン/ 動 ① ((英)press) ((auf j⁴/et⁴)) (…を)押す, 押しつける; 圧迫する; (賃金などを)抑える; (圧迫感を与えて人を)苦しめる; (靴などが)きつい ② ((*sich*⁴ vor et³ [von et³])) (義務・仕事などを)怠る

der **Drucker** /ドルッカー/ ((-s/-)) ((英)printer) 印刷工, 印刷業者; (コンピュータの)プリンター

die **Druck·sache** /ドルックザッヘ/ ((英)printed matter) 印刷物

die **Druck·schrift** /ドルックシュリフト/ ((英)block letters) 活字体

der **Dschungel** /ジュンゲル/ ((-s/-)) ((英)jungle) ジャングル

du /ドゥー/ ((人称代名詞: 2人称単数 1格))((2格 deiner, 3格 dir, 4格 dich))((親称))((英)you) 君, おまえ, あなた; ねえ

der **Duft** /ドゥフト/ ((-(e)s/Düfte)) ((英)scent, smell) 香り, 芳香

duften /ドゥフテン/ 動 ((英)smell) 香る, におう; ((nach et³)) (…の)香りがする

dumm /ドゥム/ 形 ((dümmer; dümmst))((英)foolish) ばかな, 愚かな, まぬけの; ((話))不快な, いやな

dunkel /ドゥンケル/ 形 ((英)dark) 暗い; (肌・目などが)黒っぽい; (色が)濃い; (音が)低音の; はっきりしない *im Dunkeln tappen* 暗中模索する

die **Dunkelheit** /ドゥンケルハイト/ ((-/-en)) ((英)darkness) 暗やみ

dünken /デュンケン/ 動 ((英)it seems to... that))((es dünkt..., dass...)) (人には…だと)思われる

dünn /デュン/ 形 ((英)thin) (厚さが)薄い; 細い, やせた

das **Duo** /ドゥーオ/ ((-s/-s)) ((英)duet) 二重奏[二重唱]曲; ((話))二人組

durch /ドゥルヒ/ **1** 前 ((durch + das = durchs))((4格支配))((英)through) ①((場所))…を通って; …じゅうを; ((時間))…の間じゅう ¶ Morgen führe ich Sie durch die Stadt. 明日は町を案内してあげます ②((媒介・原因))…を通して; …(すること)によって; …のおかげで; …のせいで **2** 副 ①…(の間)じゅう(ずっと); …時過ぎ ¶ die ganze Nacht durch 夜中じゅう(ずっと) ②通り去った; 通り抜けて *durch et⁴ hindurch* (…を)(ずっと)通り抜けて; (…の)間じゅうずっ

と *durch und durch* 完全に

durchaus /ドゥルヒアオス/ 副 ((英absolutely)) まったく；ぜひとも, どうしても

durch|brechen /ドゥルヒブレッヒェン/ 動 ((英break in two)) 二つに割る[折る, 破る]；二つに割れる[折れる, 破れる]

durch・brechen /ドゥルヒブレッヒェン/ 動 ((英break through)) (障害物を)突き破る, 突破する

durcheinander /ドゥルヒアイナンダー/ 副 ((英in a mess)) ごちゃごちゃに, 入り乱れて

das **Durcheinander** /ドゥルヒアイナンダー/ (-s/) ((英mess)); ((英confusion)) 乱雑；混乱, 混同

der **Durch・fall** /ドゥルヒファル/ ((英diarrhea)) 下痢

durch|fallen /ドゥルヒファレン/ 動 ((英fall through)) (…の間から)落ちる；((bei [in] *et*³)) ((話))(試験に)落ちる

durch|führen /ドゥルヒフューレン/ 動 ((英carry out)) 実施する, 実行する；行う

der **Durchgang** /ドゥルヒガング/ ((英passage)) 通路 *Kein Durchgang!* 通り抜け禁止

durch|gehen /ドゥルヒゲーエン/ 動 ((英go through)) ① ((*et*⁴ auf *et*⁴ (hin))) (本・論文などに)…を軸に)詳しく目を通す ② ((durch *et*³)) (門・戸などを)通り抜ける；(物が…を)通る；(ある地点[時点]まで)続く；(列車が)直通である

durch|halten /ドゥルヒハルテン/ 動 ((英hold out)) 持ちこたえる

durch|kommen /ドゥルヒコメン/ 動 ((英come through)) 通り抜ける；(困難・危機などを)切り抜ける；((話))試験に受かる；((bei *j*³) mit *et*³)) ((人と)…で) なんとかやる[折り合いをつけていく]；((話))(電話が)つながる

durch|lassen /ドゥルヒラセン/ 動 ((英let... pass)) 通す, 通過させる ¶ *Lassen Sie mich bitte durch.* ちょっと通してください

der **Durch・messer** /ドゥルヒメッサー/ ((英diameter)) 直径

die **Durchsage** /ドゥルヒザーゲ/ ((英announcement)) (放送・電話などによる)伝達, アナウンス

der **Durchschnitt** /ドゥルヒシュニット/ (-(e)s/-) ((英average)) 平均値；平均；月並み, 人並み *im Durchschnitt* 平均して；概して

durchschnittlich /ドゥルヒシュニットリヒ/ 形 ((英average)) 平均の；普通の, (世間)並の

durch|setzen /ドゥルヒゼッツェン/ 動 ((英carry through)) (意志・提案などを)押し通す；((*sich*⁴)) 自分の意志を貫く；(考えなどが)認められる

durchsichtig /ドゥルヒズィヒティヒ/ 形 ((英clear, transparent)) 透けて見える, 透明な, シースルーの

durch|streichen /ドゥルヒシュトライヒェン/ 動 ((英cross)) (文字などを)線を引いて削除する

durch|wählen /ドゥルヒヴェーレン/ 動 ((英dial direct)) 直通電話をかける

der **Durchzug** /ドゥルヒツーク/ (-(e)s/) ((英draft)) 風通し

dürfen /デュルフェン/ (ich [er] darf, du darfst; 過去 durfte; 過分 dürfen, gedurft) ((話法の助動詞；過去分詞は dürfen)) ① ((英may)) …してもよい；((否定文で))…してはいけない；((疑問文で))…していいですか ¶ *Darf ich bitte Ihr Telefon benutzen?* 電話をお借りしていいですか ② ((疑問文で；丁寧な申し出))…いたしましょうか ¶ *Darf es sonst noch (et)was sein?* ((店で)) ほかに何かお持ちしましょうか ③ ((dürfte で：推量))…だろう

die **Dürre** /デュレ/ (-/-n) ((英drought)) 干ばつ, 日照り

der **Durst** /ドゥルスト/ (-(e)s/) ((英thirst)) (のどの)渇き ¶ *Durst haben* のどが渇いている

durstig /ドゥルスティヒ/ 形

(英thirsty) のどが渇いた

die **Dusche** /ドゥッシェ/ 《–/–n》 (英shower) シャワー

duschen /ドゥッシェン/ [動] (英take a shower) 《(*sich*⁴)》 シャワーを浴びる；(子供などに) シャワーを浴びさせる

das **Düsen·flugzeug** /デューゼンフルークツォイク/ (英jet plane) ジェット機

düster /デュースター/ [形] (英gloomy) 薄暗い；陰気な, 陰うつな, どんよりした

das **Dutzend** /ドゥッツェント/ 《–s/–e》 (英dozen) ダース；かなりの数, 多数

duzen /ドゥーツェン/ [動] (英call... 'du') (人に) du で話しかける

der **D-Zug** /デーツーク/ (英express train) 急行列車

E, e

die **Ebbe** /エッベ/ 《–/–n》 (英ebb) 引き潮, 干潮

eben /エーベン/ **1** [形] (英flat) 平らな, 平坦な **2** [副] (英just) 今しがた；まさにちょうど；かろうじて

die **Ebene** /エーベネ/ 《–/–n》 ① (英plain) 平野, 平原 ② (英level) レベル, 水準

ebenfalls /エーベンファルス/ [副] (英likewise) 同じく, 同様に

ebenso /エーベンゾー/ [副] (英just as) 同じ程度に, 全く同様に

echt /エヒト/ **1** [形] (英real) 本物の, 純粋[純正]の；真の **2** [副] 実に；本当に

der **Eck·ball** /エックバル/ (英corner kick) 〖サッカー〗コーナーキック；〖ハンドボール〗コーナースロー

die **Ecke** /エッケ/ 《–/–n》 (英corner) 隅；角(かど)；街角；コーナー；コーナーキック

eckig /エッキヒ/ [形] (英angular) 角のある, 角張った；(動きが) ぎこちない

edel /エーデル/ [形] (英noble) 優れた；高貴な；気高い

der **Edel·stein** /エーデルシュタイン/ (英gem) 宝石

der **Efeu** /エーフォイ/ 《–s/》 (英ivy) キヅタ (木蔦)

egal /エガール/ [形] (英it's all the same to) 《(*j*³)》 (人にとって) どうでもよい

egoistisch /エゴイスティシュ/ [形] (英egoistic) 利己的な

ehe /エーエ/ [接] (英before) …する前に；…しないうちに

die **Ehe** /エーエ/ 《–/–n》 (英marriage) 結婚；婚姻

die **Ehe·frau** /エーエフラオ/ (英wife) 妻

ehemalig /エーエマーリヒ/ [形] (英former) かつての, 以前の

der **Ehe·mann** /エーエマン/ (英husband) 夫

das **Ehe·paar** /エーエパール/ (英married couple) 夫婦

eher /エーアー/ [副] 《bald の比較級》 ① (英earlier) もっと以前に, もっと早くに ② (英rather) (…より は) むしろ；どちらかといえば

die **Ehre** /エーレ/ 《–/–n》 (英honor) 名誉(心)；自尊心；敬意；体面

ehren /エーレン/ [動] (英honor) (人を) 尊敬する；《*j*⁴ mit *et*³ [für *et*⁴]》 (人を…をもって[…のことで]) 表彰する

der **Ehrgeiz** /エーアガイツ/ 《–es/》 (英ambition) 功名心, 野心

ehrgeizig /エーアガイツィヒ/ [形] (英ambitious) 野心的な

ehrlich /エーアリヒ/ [形] (英honest) 正直な, 誠実な, 信用できる；本当の

das **Ei** /アイ/ 《–(e)s/–er》 (英egg) 卵 *j*⁴/ [*et*] ⁴ ***wie ein rohes Ei behandeln*** 《話》 (…を) 慎重に取り扱う

die **Eiche** /アイヒェ/ 《–/–n》 (英oak) オーク (カシワ・ナラなど)

das **Eichhörnchen** /アイヒヘルンヒェン/ 《–s/–》 (英squirrel) リス

der **Eid** /アイト/ 《–(e)s/–e》 (英oath) 宣誓；誓約

die **Eidechse** /アイデクセ/ 《–/–n》

([英]lizard) トカゲ

der **Eifer** /アイファー/ ((-s/)) ([英]enthusiasm) 熱中, 熱意

eifersüchtig /アイファーズュヒティヒ/ [形] ([英]jealous) 嫉妬(しっと)深い; ((auf *j*⁴/*et*⁴)) (…に) 嫉妬して, (…を) ねたんで

eigen /アイゲン/ [形] ([英]own) 自分(自身)の, 自家用の; 専用の; 独特の; 特有[固有]の

eigenartig /アイゲンアールティヒ/ [形] ([英]peculiar) 独特の; 特異な, 奇妙な

die **Eigenschaft** /アイゲンシャフト/ ((-/-en)) ([英]quality) 性質; 特性

eigentlich /アイゲントリヒ/ ❶ [形] ([英]real) 本当の, 本来の, 実際の ❷ [副] 本当は; そもそも

das **Eigentum** /アイゲントゥーム/ ((-s/)) ([英]property) 所有物, 財産

der **Eigentümer** /アイゲンテューマー/ ((-s/-)) ([英]owner) 所有者

eignen /アイグネン/ [動] ([英]be suitable) ((*sich*⁴ für *et*⁴)) 適している, 向いている, ふさわしい

die **Eile** /アイレ/ ((-/)) ([英]hurry) 急ぐこと, 急ぎ; 慌ただしさ ¶ Ich bin in Eile. = Ich habe Eile. 急いでいます

eilen /アイレン/ [動] ([英]hurry) 急ぐ; (物事が) 急を要する

eilig /アイリヒ/ [形] ([英]hurried) 急を要する, 急いでいる; 慌ただしい ***es eilig haben*** 急いでいる

der **Eimer** /アイマー/ ((-s/-)) ([英]bucket) バケツ, おけ

ein /アイン/ ((不定冠詞; 男性1格, 中性1[4]格)) ((男性・中性2格 **eines**, 男性・中性3格 **einem**, 男性4格 **einen**, 女性1[4]格 **eine**, 女性2[3]格 **einer**)) ([英]a, an) ある…; ((種を総称して))…というもの; ([英]one) 一つの; 一方の ¶ der/die/das eine (2つのうちの) 一方[片方]の

einander /アイナンダー/ [副] ([英]each other) 互いに

die **Einbahn·straße** /アインバーンシュトラーセ/ ([英]one-way street) 一方通行路

ein|bauen /アインバオエン/ [動] ([英]build in) 取り付ける, 作りつける; 挿入[追加]する

die **Einbau·küche** /アインバオキュヒェ/ ([英]fitted kitchen) システムキッチン

ein|biegen /アインビーゲン/ [動] ([英]turn) (…の方へ) 曲がる

ein|bilden /アインビルデン/ [動] ([英]imagine, have an illusion) ((*sich*³ *et*⁴)) 錯覚する, 思い込む; ((*sich*³ etwas [viel] **auf** *j*⁴/*et*⁴)) (…を) ちょっと[大いに]うぬぼれる

ein|brechen /アインブレッヒェン/ [動] ([英]break in) ((in *et*⁴)) (…に) 押し入る; 崩れ落ちる

der **Einbrecher** /アインブレッヒャー/ ((-s/-)) ([英]burglar) 押し込み強盗

eindeutig /アインドイティヒ/ [形] ([英]clear) 一義的な; 明瞭な, 端的な, はっきりした

der **Ein·druck** /アインドルック/ ([英]impression) 印象, 感想

eineinhalb /アインアインハルプ/ ([英]one and a half) ((数詞)) 1と2分の1 (の)

einerseits /アイナーザイツ/ [副] ([英]on the one side) 一方[一面]では

einfach /アインファッハ/ ❶ [形] ([英]simple) 単純な, 簡単な, 容易な; 簡素な, つましい; 片道の ¶ Einmal einfach nach Frankfurt, bitte. フランクフルトまで片道を1枚ください ❷ [副] とにかく; 理屈抜きで; まったく

die **Ein·fahrt** /アインファールト/ ([英]entry) 乗り入れ(口), 入り口; (アウトバーンの) 進入口

der **Ein·fall** /アインファル/ ① ([英]idea) 思いつき, 着想, アイデア ② ((in *et*⁴)) (…への) 侵入

ein|fallen /アインファレン/ [動] ① ([英]occur to) ((*j*³)) (あることが人に) 思いつく ② (建物などが) 倒壊する ③ ((in *et*⁴)) (…に) 侵入する

der **Ein·fluss** /アインフルス/ ([英]influence) 影響(力);勢力

ein|frieren /アインフリーレン/ [動] ([英]freeze) 冷凍する;(預金・賃金を)凍結する,(交渉・関係を)打ち切る;凍る

die **Einfuhr** /アインフーア/ ⦅–/–en⦆ ([英]import) 輸入

ein|führen /アインフューレン/ [動] ① ([英]import) 輸入する ② ([英]insert) ⦅*et*⁴ in *et*⁴⦆ (…を…に) 差し込む,挿入する ③ ([英]introduce) ⦅*j*⁴ in *et*⁴⦆ (人に…を) 手ほどきする;(…を) 導入[採用]する

die **Ein·führung** /アインフュールング/ ([英]introduction) 入門解説,概説;導入

der **Ein·gang** /アインガング/ ([英]entrance) 入り口

ein|geben /アインゲーベン/ [動] ([英] administer) (薬を) 投与する;([英] input) 〘コンピュータ〙入力[インプット]する

eingebildet /アインゲビルデット/ [形] ([英] imaginary) 思い込みの;思い上がった,うぬぼれた

der/die **Eingeborene** /アインゲボーレネ/ ([英]native) 土地[土着]の人;原住民

ein|gehen /アインゲーエン/ [動] ([英]enter into) ① ⦅*et*⁴ mit *j*³⦆ (人と関係などを) 結ぶ,(人と取り引きを) する ② ⦅auf *j*⁴/*et*⁴⦆ (問題などに) 取り組む;(提案などに) 応じる ③ (布などが) 縮む ④ ⦅an *et*³⦆ (…で) (動物が) 死ぬ,(植物が) 枯れ死にする

ein|gießen /アインギーセン/ [動] ([英]pour) (コーヒーなどを) つぐ,注ぎ入れる

der **Ein·griff** /アイングリフ/ ([英]intervention) ⦅in *et*⁴⦆ (…への) 介入,干渉;侵害;⦅話⦆ 手術

einheimisch /アインハイミシュ/ [形] ([英] native) その土地の,土着の;自国の

die **Einheit** /アインハイト/ ⦅–/–en⦆ ([英]unity) 統一(体);まとまり,一体;([英]unit) 単位

einheitlich /アインハイトリヒ/ [形] ([英] uniform) (服装・規制が) 画一的な;まとまりのある

einhundert /アインフンダート/ ([英]one hundred) ⦅基数⦆100

einig /アイニヒ/ [形] ([英]agreed) ⦅mit *j*³ über *et*⁴⦆ (意見・考えなどが) 一致した;同意した

einige /アイニゲ/ ⦅不定代名詞・数詞;女性・複数1[4]格⦆ ⦅男性1格,女性2[3]格,複数2格 **einiger**;男性2[4]格,中性2格,複数3格 **einigen**;男性・中性3格 **einigem**;中性1[4]格 **einiges**⦆ ([英] some) いくつかの,若干の;少々の ¶ einige Mal(e) 2,3度[回]

einigen /アイニゲン/ [動] ([英]reach an agreement) ⦅*sich*⁴ mit *j*³ auf [über] *et*⁴⦆ (人と…について) 意見が一致する,和解する

einigermaßen /アイニガーマーセン/ [副] ([英]somewhat) かなり,だいぶ;ある程度,まあまあ

der **Ein·kauf** /アインカオフ/ ([英]purchase) 買い物

ein|kaufen /アインカオフェン/ [動] ([英]buy) 買い物をする;買う

das **Einkaufs·zentrum** /アインカオフスツェントルム/ ([英] shopping center) ショッピングセンター

das **Einkommen** /アインコメン/ ⦅–s/–⦆ ([英]income) 収入,所得

die **Einkommens·steuer** /アインコメンスシュトイアー/ ([英] income tax) 所得税

ein|laden /アインラーデン/ ⦅lud ein; eingeladen⦆ [動] ① ([英]invite) ⦅*j*⁴ zu *et*³⦆ (人を…に) 招待する;誘う ② (荷を) 積み込む

die **Ein·ladung** /アインラードゥング/ ([英]invitation) 招待(状)

die **Ein·leitung** /アインライトゥング/ ([英]introduction) 導入(部);序論,序文

ein|lösen /アインレーゼン/ [動] ([英] cash) (小切手などを) 現金化する;(担保などを) 買い戻す

E

einmal /アインマール/ 副 (英once) 1回, 1度；かつて ¶ Noch einmal, bitte. もう一度お願いします /nicht einmal 一度も…ない *auf einmal* 一度に；突然

einmalig /アインマーリヒ/ 形 (英unique) 一回(限り)の

ein|mischen /アインミッシェン/ 動 (英interfere) ((sich⁴ in et⁴))(…に)干渉する

ein|ordnen /アインオルドネン/ 動 (英arrange) 整理[配列]する；((sich⁴ in et⁴))(…に)順応する

ein|packen /アインパッケン/ 動 (英wrap) (et⁴ in et⁴) (…を…に)包む, 包装する；(…をかばんなどに)詰める

ein|reichen /アインライヒェン/ 動 (英hand in) 提出する

die **Ein·reise** /アインライゼ/ (英entry) 入国

ein|richten /アインリヒテン/ 動 (英furnish) (家具・設備を入れて家・店などを)整える；設立する

die **Ein·richtung** /アインリヒトゥング/ (英furnishing) 家具(調度), 設備；施設

eins /アインス/ ((基数))(英one) 1, 一つ *mit j³ eins sein* (人と)同じ意見である

einsam /アインザーム/ 形 (英lonely) 孤独な, 独りぼっちの

der **Ein·satz** /アインザッツ/ (英use) (人員などの) 投入；動員；(合奏・合唱の) 出だし

ein|schalten /アインシャルテン/ 動 (英switch on) (…の)スイッチを入れる, (明かりを)つける；((sich⁴ in et⁴))(…に)関与する

ein|schicken /アインシッケン/ 動 (英send) (j³ et⁴)(人に…を)送付する, 送る

ein|schlafen /アインシュラーフェン/ 動 (英fall asleep) 寝入る, 眠り込む；次第に途絶える

ein|schließen /アインシュリーセン/ 動 (英lock up) (人を)閉じ込める；(鍵をかけて…を)しまう；取り囲む；包囲する

einschließlich /アインシュリースリヒ/ ❶ 前 (英including) ((2格支配))…を含めて, …込みで ❷ 副 ((bisと))…を含めて (…まで)

ein|schränken /アインシュレンケン/ 動 (英restrict) 制限する, 抑える；((sich⁴))(生活を)切り詰める, 倹約する

das **Einschreiben** /アインシュライベン/ (-s/-) (英registered letter) 書留(郵便物) ¶ per Einschreiben 書留で

ein|sehen /アインゼーエン/ 動 (英see, understand) 理解する；(英realize) 悟る；(書類などを)閲覧する

einseitig /アインザイティヒ/ 形 (英one-sided) 一方[一面]的な

ein|senden /アインゼンデン/ 動 (英send) 送付する

ein|setzen /アインゼッツェン/ 動 ① (英put in) (et⁴ (in et⁴)) (…を(…へ)) 入れる, はめ込む；((j⁴ als et⁴ [zu et³])) (人を…に) 任命[指名]する；(金・命などを)かける ② 始まる

die **Einsicht** /アインズィヒト/ (-/-en) ① (英insight) 認識, 洞察；理解, 分別 ② (書類などの) 閲覧

ein|sperren /アインシュペレン/ 動 (英lock up) 閉じ込める

der **Ein·spruch** /アインシュプルフ/ (英objection) 異議, 抗議

einspurig /アインシュプーリヒ/ 形 (英single-track) 一車線の

einst /アインスト/ 副 (英once) かつて, 以前

ein|steigen /アインシュタイゲン/ 動 (英get on [in]) (車・列車・バスに)乗る；(…に)加わる

ein|stellen /アインシュテレン/ 動 ① (英employ) (人を)雇う；(大きなものを)しまう ② ((et⁴ auf et⁴)) (機械などを…に)合わせて調節する ③ ((sich⁴ auf j⁴/et⁴))(…に対して)心の準備をする

die **Ein·stellung** /アインシュテルング/ (英employment) 雇用；中

止, 停止；((zu et³))(…に対する)考え方, 態度

einstöckig /アインシュテッキヒ/ 形 ((英 single-story)) 2階建ての, 1階建ての

ein|stürzen /アインシュトゥルツェン/ 動 ((英collapse))(建物・壁などが)倒壊[崩壊]する, 崩れる

einstweilen /アインストヴァイレン/ 副 ((英for the time being)) 差し当たり, 当分の間

eintausend /アインタオゼント/ ((基数))((英one thousand)) 1000

ein|teilen /アインタイレン/ 動 ((英divide))((et¹ in et¹))(…を…に)分割[区分]する, 分ける；分類する；((j⁴ zu et³ [für et¹]))(人に仕事などを)割り当てる

der **Ein·topf** /アイントプフ/ ((英stew)) 煮込み料理

der **Eintrag** /アイントラーク/ (-(e)s/..träge) ((英entry)) 記載；登録

ein|tragen /アイントラーゲン/ 動 ((英register)) 記入する, 登録する；(人に利害を)もたらす

ein|treten /アイントレーテン/ 動 ① ((英 kick in))(戸を)蹴破る；((英enter))((in et³))(…に)入る ② 始まる, 生じる, 起こる ③ ((für j⁴/et¹))(…を)支持する

der **Ein·tritt** /アイントリット/ ((英entry)) 入場；加入, 入会, 入学；開始, 発生

die **Eintritts·karte** /アイントリッツカルテ/ ((英ticket)) 入場券

einverstanden /アインフェアシュタンデン/ 形 ((英agreed))((mit j³/et³))(…に)同意した, (…を)了承[了解]した

der **Ein·wand** /アインヴァント/ ((英objection)) 異議, 反論

der **Einwanderer** /アインヴァンデラー/ (-s/-) ((英immigrant)) (外国からの)移住者, 移民

einwandfrei /アインヴァントフライ/ 形 ((英flawless)) 申し分のない, 非の打ち所のない；明白な

die **Einweg·flasche** /アインヴェークフラッシェ/ ((英non-returnable bottle)) 使い捨て瓶

ein|weichen /アインヴァイヒェン/ 動 ((英soak))(液体に浸して)柔らかくする；(洗濯物を)洗剤につけおきする

ein|weisen /アインヴァイゼン/ 動 ((英introduce))((j⁴ in et⁴))(人に…の)手ほどきをする；(人を…に)入居[入院]させる

ein|werfen /アインヴェルフェン/ 動 ① ((英mail))((et⁴ in et⁴))(手紙を(ポストに))投函する；(お金を)入れる ② (物を投げて窓などを)壊す, 割る ③ (言葉を)差し挟む

ein|wickeln /アインヴィッケルン/ 動 ((英wrap)) 包む, くるむ；((話))(人を)言いくるめる

ein|willigen /アインヴィリゲン/ 動 ((英agree)) 同意する

der **Einwohner** /アインヴォーナー/ (-s/-) ((英inhabitant)) 住民

der **Ein·wurf** /アインヴルフ/ ((英insertion)) (硬貨の)投入, (郵便物の)投函；異議, 反論；(球技で)スローイン

die **Ein·zahl** /アインツァール/ ((英singular))【文法】単数

ein|zahlen /アインツァーレン/ 動 ((英pay in))((et⁴ auf et⁴))(お金を口座などに)払い込む

das **Einzel** /アインツェル/ (-s/-) ((英singles))【スポーツ】シングルス

der **Einzel·handel** /アインツェルハンデル/ ((英retail)) 小売(業)

die **Einzelheit** /アインツェルハイト/ (-/-en) ((英detail)) 詳細

das **Einzel·kind** /アインツェルキント/ ((英only child)) 一人っ子

einzeln /アインツェルン/ 形 ((英individual)) 個々の, 一つ一つの

das **Einzel·teil** /アインツェルタイル/ ((英individual part)) 部品

das **Einzel·zimmer** /アインツェルツィマー/ ((英single room)) (ホテルなどの)シングルルーム

ein|ziehen /アインツィーエン/ 動 ((英)) (旗・網・帆などを)引き上

げる[下ろす]；引っ込める；入居する；入場[進入]する

einzig /アインツィヒ/ ❶形 ((英only)) 唯一の，ただ一つ[一人]の ❷副 唯一，ただ一つ

das **Eis** /アイス/ (-es/) ((英ice)) 氷；アイスクリーム *Eis laufen* (アイス)スケートをする

die **Eis・bahn** /アイスバーン/ ((英ice rink)) スケートリンク

das **Eisen** /アイゼン/ (-s/-) ((英iron)) 鉄 *ein heißes Eisen* やっかいな問題

die **Eisen・bahn** /アイゼンバーン/ ((英railroad)) 鉄道；列車

eisig /アイスィヒ/ 形((英icy)) 氷のように冷たい；冷ややかな

der **Eis・lauf** /アイスラオフ/ ((英ice skating)) (アイス)スケート

der **Eiszapfen** /アイスツァプフェン/ (-s/-) ((英icicle)) つらら

die **Eis・zeit** /アイスツァイト/ ((英ice age)) 氷河期

eitel /アイテル/ 形((英vain)) 虚栄心[うぬぼれ]の強い

der **Eiter** /アイター/ (-s/) ((英pus)) 【医学】うみ，膿(のう)

das **Eiweiß** /アイヴァイス/ (-es/-e) ((英white)) 卵の白身，卵白；((英protein)) たんぱく(質)

der **Ekel** /エーケル/ (-s/) ((英disgust)) 吐き気，嫌悪(感)

ekeln /エーケルン/ 動 ((英 be disgusted)) ((*sich*[4] *vor et*[3])) (…に)吐き気を催す；((*es ekelt j*[4] *vor j*[3]/*et*[3])) (人は…に)吐き気を催す

eklig /エークリヒ/ 形((英disgusting)) 吐き気を催させる；気難しい，意地の悪い

elastisch /エラスティシュ/ 形 ((英elastic)) 弾力のある

der **Elefant** /エレファント/ (-en/-en) ((英elephant)) 【動】ゾウ(象)

der **Elektriker** /エレクトリカー/ (-s/-) ((英electrician)) 電気技師

elektrisch /エレクトリシュ/ 形 ((英electric)) 電気の

die **Elektrizität** /エレクトリツィテート/ (-/) ((英electricity)) 電気

die **Elektronik** /エレクトローニク/ (-/-en) ((英electronics)) 電子工学；((総称的)) 電子機器

elektronisch /エレクトローニシュ/ 形((英electronic)) 電子(工学)の

das **Elend** /エーレント/ (-s/) ((英misery)) 悲惨，貧困

elf /エルフ/ ((基数)) ((英eleven)) 11

der **Elf・meter** /エルフメーター/ ((英penalty)) ペナルティキック

der **Ell・bogen** /エルボーゲン/ ((英elbow)) ひじ

die **Eltern** /エルターン/ ((英parents)) 両親，父母

das **Email** /エマイ/ (-s/-s) ((英enamel)) ほうろう，エナメル

die **E-Mail** /イーメイル/ (-/-s) ((英e-mail)) Eメール，電子メール

die **Emanzipation** /エマンツィパツィオーン/ (-/-en) ((英emancipation)) 解放

der **Emp・fang** /エンプファング/ ((英 reception)) 受領；(客の)出迎え，もてなし；歓迎会，レセプション；受付；(放送の)受信

emp・fangen /エンプファンゲン/ 動((英receive)) 受け取る；(人を)迎える；(放送を)受信する

der **Empfänger** /エンプフェンガー/ (-s/-) ((英recipient)) 受け取り人；((英receiver)) 受信機

die **Empfängnisverhütung** /エンプフェングニスフェアヒュートゥング/ (-/-en) ((英contraception)) 避妊

empfehlen /エンプフェーレン/ (empfahl; empfohlen) 動 ((英recommend)) (人に…を)勧める，推薦する

emp・finden /エンプフィンデン/ 動 ((英 feel)) (…を)感じる；((*et*[4] *als et*[3])) (…を…と)思う

empfindlich /エンプフィントリヒ/ 形((英sensitive)) 感じやすい，敏感な；傷つきやすい

das **Ende** /エンデ/ (-s/-n) ((英end)) 終わり，最後；結末

enden /エンデン/ 動((英end)) 終

わる；死ぬ
endgültig /エントギュルティヒ/ 形 (英final) 最終的な, 決定的な
endlich /エントリヒ/ 副 (英finally) ついに, 最後に(は)；やっと；もういいかげんに
die **End·station** /エントシュタツィオーン/ (英terminus) 終着駅
die **Energie** /エネルギー/ (−/−n) (英energy) 精力；エネルギー
energisch /エネルギシュ/ 形 (英energetic) 精力的な；断固とした
eng /エング/ 形 (英narrow) 狭い；きつい, ぴったりした；空きの少ない；親しい, 親密な
der **Engel** /エンゲル/ (−s/−) (英angel) 天使 (のような人)
(das) **England** /エングラント/ (英England) イギリス, 英国；イングランド
der **Engländer** /エングレンダー/ (−s/−) (英Englishman) イギリス人, 英国人；イングランド人
englisch /エングリシュ/ 形 (英English) イギリス[英国]の, イギリス人[風]の；英語の
das **Englisch** /エングリシュ/ (−(s)/) (英English) 英語
der **Enkel** /エンケル/ (−s/−) (英grandchild) 孫
das **Enkel·kind** /エンケルキント/ (英grandchild) 孫
entdecken /エントデッケン/ 動 (英discover) 発見する, (人を) 見つける
die **Ent·deckung** /エントデックング/ (英discovery) 発見
die **Ente** /エンテ/ (−/−n) ① (英duck) カモ (鴨), アヒル ② (新聞などの) 誤報
entfernen /エントフェルネン/ 動 (英remove) 取り除く；遠ざける；((sich⁴)) 遠ざかる, 離れる
entfernt /エントフェルント/ 形 (英distant) (遠く) 離れた；(…の) 距離にある
die **Entfernung** /エントフェルヌング/ (−/−en) (英distance) 距離, 隔たり

ent·führen /エントフューレン/ 動 (英kidnap) 誘拐する；(飛行機などを) 乗っ取る
entgegen /エントゲーゲン/ 前 (英against, contrary to) ((3格支配)) …に反して
entgegengesetzt /エントゲーゲンゲゼッット/ 形 (英opposite) (正) 反対の, 逆の；対立した
entgegenkommend /エントゲーゲンコメント/ 形 (英obliging) 親切な, 好意的な；協力的な
ent·gehen /エントゲーエン/ 動 (英escape) ((j³/et³)) (…から) 逃れる, 免れる
das **Entgelt** /エントゲルト/ (−(e)s/−e) (英compensation, reward) 代償, 報酬
das **Enthaarungs·mittel** /エントハールングスミッテル/ (英hair remover) 脱毛剤
ent·halten /エントハルテン/ ❶ 動 (英contain) 含む, 含有する ❷ 形 含まれている
ent·kommen /エントコメン/ 動 (英escape) ((j³/et³)) (…から) 逃れる, 脱する
entlang /エントラング/ 前 (英along) ((4・3格支配)) …に沿って, …伝いに；((an et³；副詞的)) ¶ den Gang entlang その通路に沿って
entlang|gehen /エントラングゲーエン/ 動 (英go along) ((et⁴/an et³)) (…に沿って) 行く, 歩く
ent·lassen /エントラッセン/ 動 (英dismiss) 解雇する；退院させる
die **Entlassung** /エントラッスング/ (−/−en) (英dismissal) 解雇；退院, 釈放
die **Entschädigung** /エントシェーディグング/ (−/−en) (英compensation) 弁償, 補償
ent·scheiden /エントシャイデン/ 動 (英decide) 決定する；判決を下す；((über et⁴)) (…を) 決める, 決定する；((sich⁴)) 決心する；

決まる, 決着がつく
entscheidend /エントシャイデント/ 形 (英decisive) 決定的な
die **Ent·scheidung** /エントシャイドゥング/ (英decision) 決定
ent·schließen /エントシュリーセン/ 動 (英decide) ((sich⁴ zu et³)) (…をする) 決心を固める
entschlossen /エントシュロッセン/ 形 (英determined) 決心した；決然とした
der **Ent·schluss** /エントシュルス/ (英decision) 決心, 決断
entschuldigen /エントシュルディゲン/ 動 (英excuse) 許す；(人の) 不参加 [欠席] を届け出る；(英apologize) ((sich⁴ bei j³ für et⁴ [wegen et²])) 人に…のことで) 謝罪する *Entschuldigen Sie, bitte.* すみません, ごめんなさい *Entschuldigen Sie, bitte!* ((注文で))すみません, お願いします
die **Entschuldigung** /エントシュルディグング/ (-/-en) (英excuse) 弁解, 言い訳 *Entschuldigung.* すみません(が)：失礼(ですが)
ent·setzen /エントゼッツェン/ 動 (英terrify) ぎょっとさせる
entsetzlich /エントゼッツリヒ/ 形 (英terrible) 恐ろしい
ent·spannen /エントシュパネン/ 動 (英relax) ((sich⁴)) リラックスする；緊張が緩和する
die **Ent·spannung** /エントシュパヌング/ (英relaxation) 緊張緩和, 息抜き, リラックス
entsprechend /エントシュプレッヒェント/ (英corresponding) ❶ 形 ((et³)) (…に) 適した, 適当な, ふさわしい ❷ 前 ((3格支配：しばしば後置)) …に応じて, 従って
ent·stehen /エントシュテーエン/ 動 (英arise) 発生する, 起こる
enttäuschen /エントトイシェン/ 動 (英disappoint) (人の) 期待を裏切る, (人を) 失望させる
enttäuschend /エントトイシェント/ 形 (英disappointing) (人を) がっかり [失望] させるような
die **Ent·täuschung** /エントトイシュング/ (英disappointment) 期待外れ, 幻滅；失望
entweder /エントヴェーダー/ 接 (英either... or) *entweder... oder...* …か…か (どちらか)
entwerten /エントヴェルテン/ 動 (英cancel) (乗車券・入場券などの) 価値 [効力] をなくす, (切手に) 消印を押す
entwickeln /エントヴィッケルン/ 動 (英develop) ① (製品などを) 開発する；(能力などを) 展開 [発揮] する, (理論などを) 展開する；((sich⁴ zu j³/et³)) (…へと) 発達 [発展] する, 成長する ② (フィルムを) 現像する
die **Entwicklung** /エントヴィックルング/ (-/-en) (英development) 発展, 展開, 開発；発達；現像
das **Entwicklungs·land** /エントヴィックルングスラント/ (英developing country) 発展 [開発] 途上国
der **Ent·wurf** /エントヴルフ/ (英design) 設計 (図)；(英sketch) 下書き, スケッチ；(英draft) 草案, 草稿
entzünden /エントツュンデン/ 動 (英become inflamed) ((sich⁴)) (傷が) 炎症を起こす
die **Ent·zündung** /エントツュンドゥング/ (英inflammation) 炎症
die **Epoche** /エポッヘ/ (-/-n) (英epoch) 時期, 時代
er /エーア/ ((人称代名詞：3人称男性単数1格)) [2格 seiner, 3格 ihm, 4格 ihn] (英he, it) 彼；それ
der **Erbe** /エルベ/ (-n/-n) (*die* Erbin) (英heir) 相続人
das **Erbe** /エルベ/ (-s/) (英inheritance, heritage) 遺産
erben /エルベン/ 動 (英inherit) 相続する；(遺伝的に) 受け継ぐ
erblich /エルプリヒ/ 形 (英hereditary) 遺伝性の
die **Erbschaft** /エルプシャフト/ (-/-en) (英inheritance) 遺産

die **Erbse** /エルブセ/ (–/–n) (㊧pea) エンドウ **grüne Erbsen** グリーンピース

das **Erd·beben** /エーアトベーベン/ (㊧earthquake) 地震

die **Erd·beere** /エーアトベーレ/ (㊧strawberry) イチゴ（苺）

die **Erde** /エーアデ/ (–/–n) (㊧earth) ①地球 ②大地, 地面；土, 土壌

das **Erdgeschoss** /エーアトゲショス/ (–es/–e) (㊧first floor)（建物の）1 階

die **Erdkunde** /エーアトクンデ/ (–/) (㊧geography) 地理学

die **Erd·nuss** /エーアトヌス/ (㊧peanut) 落花生, ピーナツ

ereignen /エアアイグネン/ (㊧happen) ((*sich*⁴))（事故などが）起こる, 生じる

das **Ereignis** /エアアイグニス/ (–ses/–se) (㊧event) 出来事, 事件

er·fahren /エアファーレン/ ① (㊧learn) ((*et*⁴ durch *j*⁴ [von *j*³] über *j*⁴/*et*⁴))（人から…について）知る, 聞く；((*et*⁴ von [aus] *et*³))（新聞などから…のことを）知る ② (㊧experience) 経験する

die **Erfahrung** /エアファールング/ (–/–en) (㊧experience) 経験

er·finden /エアフィンデン/ (㊧invent) 発明する；でっち上げる

die **Erfindung** /エアフィンドゥング/ (–/–en) (㊧invention) 発明, 考案；発明品；作り事［話］

der **Erfolg** /エアフォルク/ (–(e)s/–e) (㊧success) 成果, 成功 ¶ (Ich wünsche Ihnen) viel Erfolg! ご成功を祈ります

erfolglos /エアフォルクロース/ 形 (㊧unsuccessful) 不成功の

erfolgreich /エアフォルクライヒ/ 形 (㊧successful) 成功した

erforderlich /エアフォルダーリヒ/ 形 (㊧necessary) 必要な

erforschen /エアフォルシェン/ 動 (㊧explore) 探究［調査］する

die **Erfrischung** /エアフリッシュング/ (–/–en) (㊧refreshment) 清涼飲料；元気を回復させること

erfüllen /エアフュレン/ 動 (㊧fill) 果たす, 遂行する；（要求などを）満たす；((*sich*⁴))（願いが）かなう

das **Ergebnis** /エアゲープニス/ (–ses/–se) (㊧result) 結果, 成果；（数式の）答え

er·halten /エアハルテン/ 動 ① (㊧get) 受け（取）る ②保つ, 保存［維持］する

erhältlich /エアヘルトリヒ/ 形 (㊧obtainable) 入手できる

er·heben /エアヘーベン/ 動 ① (㊧raise) 上げる；((*sich*⁴)) 立ち［起き］上がる,（歓声などが）上がる ②（苦情などを）申し立てる

erheblich /エアヘーブリヒ/ 形 (㊧considerable)（数量的に）かなりの, 相当な

erhöhen /エアヘーエン/ 動 (㊧make higher) 高くする；（価格・速度などを）上げる；((*sich*⁴)) 高まる, 上がる

erholen /エアホーレン/ 動 (㊧recover) ((*sich*⁴))（健康・体力を）回復する, 元気を取り戻す；休養［保養］する

erholsam /エアホールザーム/ 形 (㊧restful) 休養になる

die **Erholung** /エアホールング/ (–/) (㊧rest) 休養, 休息, 保養

erinnern /エアイナーン/ 動 (㊧remind) ((*j*⁴ an *et*¹))（人に…を）思い出させる；((㊧ remember)) ((*sich*⁴ an *j*⁴/*et*⁴))（…を）思い出す, 覚えている

die **Erinnerung** /エアイネルング/ (–/–en) (㊧memory) 記憶, 思い出, 回想；記憶力

erkälten /エアケルテン/ 動 (㊧catch a cold) ((*sich*⁴)) 風邪を引く ¶ Ich habe mich erkältet. 風邪を引きました

die **Erkältung** /エアケルトゥング/ (–/–en) (㊧cold) 風邪, 感冒

er·kennen /エアケネン/ 動 (㊧ recognize) ((*j*⁴/*et*⁴ (an *et*³))) (（…で）…を) 識別する, わか

erklären /エアクレーレン/ 動 ① (㊥explain) ((j³ et¹)) (人に…を) 説明[解説]する；(物・事が…の) 説明となる；((sich³ et⁴)) (…を) 理解する ② (㊥declare) ((j⁴/et⁴ für et⁴)) (…を…と) 宣言[宣告]する

die **Erklärung** /エアクレールング/ (–/–en) (㊥explanation) 解説，説明；(㊥declaration) 宣言

erkundigen /エアクンディゲン/ 動 (㊥inquire) ((sich⁴ (bei j³) nach j³/et³)) ((人に) …を) 問い合わせる，尋ねる，照会する

die **Erkundigung** /エアクンディグング/ (–/–en) (㊥inquiry) 問い合わせ，照会

erlauben /エアラオベン/ 動 (㊥allow) 許可する；(物事が(人に) …を) 可能にする；((sich³ et⁴)) あえて (…) する

die **Erlaubnis** /エアラオプニス/ (–/–se) (㊥permission) 許可

erleben /エアレーベン/ 動 (㊥experience) 体験[経験]する

das **Erlebnis** /エアレープニス/ (–ses/–se) (㊥experience) 経験，体験

erledigen /エアレーディゲン/ 動 (㊥deal with) (仕事などを) 片づける，処理する

erledigt /エアレーディヒト/ 形 (㊥closed) 解決済みの，済んだ；(話)疲れはてた，へとへとの

der **Erlös** /エアレース/ (–es/–e) (㊥proceeds) 売上金，収益

die **Ermäßigung** /エアメースィグング/ (–/–en) (㊥reduction) 割引，値下げ

ermorden /エアモルデン/ 動 (㊥murder) (人を) 殺害する

ermutigen /エアムーティゲン/ 動 (㊥encourage) (人を) 励ます，元気[勇気]づける

ernähren /エアネーレン/ 動 (㊥feed) 食事[餌]を与える；((sich⁴ von et³)) (…を) 食べて生きる，(…で) 生計を立てる

die **Ernährung** /エアネールング/ (–/–en) (㊥feeding) 栄養を与えること；食物

erneut /エアノイト/ 形 (㊥renewed) 新たな，再度の

ernst /エルンスト/ 形 (㊥serious) まじめな，真剣な；本気の；重大な，深刻な

ernstlich /エルンストリヒ/ 形 (㊥serious) 本気の，真剣な

die **Ernte** /エルンテ/ (–/–n) (㊥harvest) 収穫；収穫物

ernten /エルンテン/ 動 (㊥harvest) 収穫する；(成果などを) 手に入れる

erobern /エアオーバーン/ 動 (㊥conquer) 征服する；(((sich³) j⁴/et⁴)) (…を) 手に入れる；(人の心を) つかむ

die **Eroberung** /エアオーベルング/ (–/–en) (㊥conquest) 征服；獲得 (したもの)

eröffnen /エアエフネン/ 動 (㊥open) 開く，オープンする；(会議などを) 開始する

die **Er·öffnung** /エアエフヌング/ (㊥opening) 開始，開業；開会

erpressen /エアプレッセン/ 動 (㊥blackmail) (人を) 恐喝する，ゆする；(人から) 脅し取る

der **Erreger** /エアレーガー/ (–s/–) (㊥pathogen) 病原体

erreichbar /エアライヒバール/ 形 (㊥reachable) 到達できる；連絡のつく

erreichen /エアライヒェン/ 動 (㊥reach) (…に) 届く，(…に) 到達する；(…を) 達成する；(乗り物に) 間に合う；(人と電話などで) 連絡がとれる

erröten /エアレーテン/ 動 (㊥blush) 顔を赤らめる

der **Ersatz** /エアザッツ/ (–es/) (㊥substitute) 代理 (人)，代用 (物)，代役；交替 (選手)

das **Ersatz·teil** /エアザッツタイル/ (㊥spare part) 予備の部品，スペア

er·scheinen /エアシャイネン/

動 ((英 appear)) ① (ある場所に)現れる；出版[刊行]される ② ((j³)) (人には…と)思われる

erschrecken /エアシュレッケン/ 動 ① (erschrak; erschrocken) ((英 be startled)) ((vor j³/et³ [über j⁴/et⁴])) (…に) 驚く，びっくりする ② (erschreckte; erschreckt) ((英frighten)) (人を) 驚かす

ersetzen /エアゼッツェン/ 動 ((英replace)) (…の) 代わりをする；((j⁴/et⁴ (durch j⁴/et⁴))) (…を(…と)) 取り替える；((j³)et⁴)) (人に) …を補償[弁償]する

erst /エーアスト/ ① ((序数)) 第一の，最初の；最上等の ② 副 ((英first)) 最初に；初めて；やっと；とにかく

erstaunlich /エアシュタオンリヒ/ 形 ((英astonishing)) 驚くべき

erstens /エーアステンス/ 副 ((英first(ly))) まず第一に，最初に

erster /エーアスター/ 形 ((英former)) 前者の

erteilen /エアタイレン/ 動 ((英give)) 与える，授ける

der **Ertrag** /エアトラーク/ ((–(e)s/..träge)) ((英yield)) (農作物などの) 収穫(高)；収益

er·tragen /エアトラーゲン/ 動 ((英bear)) 我慢する，耐える

er·trinken /エアトリンケン/ 動 ((英drown)) おぼれ死ぬ

er·wachsen /エアヴァクセン/ ❶ 動 ((英grow)) ((aus et³)) (…から) 生じる，起こる ❷ 形 ((英grown-up)) 成人した，おとなの

der/die **Erwachsene** /エアヴァクセネ/ ((英adult)) 成人，おとな

erwähnen /エアヴェーネン/ 動 ((英mention)) (…に) 言及する

erwarten /エアヴァルテン/ 動 ① ((英wait for)) (…を) 待ち受けている ② ((英expect)) (…を) 期待[予想]する

die **Er·wartung** /エアヴァルトゥング/ ((英expectation)) 期待，予想，見込み

erzählen /エアツェーレン/ 動 ((英tell)) 物語る，話して聞かせる；((et⁴ (von j³/et³))) ((…について) …を) 伝える

die **Er·zählung** /エアツェールング/ ((英story)) 話；物語，(短編)小説

das **Er·zeugnis** /エアツォイクニス/ ((英product)) 生産物；製品

er·ziehen /エアツィーエン/ 動 ((英educate)) ((j⁴ (zu et³))) (人を(…へと)) 教育する

die **Erziehung** /エアツィーウング/ ((–/)) ((英education)) 教育；しつけ

es /エス/ ❶ ((人称代名詞；3人称中性単数1 [4]格)) ((2格 seiner, 3格 ihm)) ((英it; he, she)) それ，これ，あれ ② ((er, sieの代わりや前文を受けて)) ¶ Anna wird Johann heiraten.–Ich habe es erwartet. アナがヨハンと結婚するって―そうだろうと思っていたわ ❷ ((非人称)) ① ((形式的主語として)) ¶ Wie geht es Ihnen? お元気ですか ② ((自然現象を表して)) ¶ Es regnet. 雨が降る ③ ((時間・距離を表して)) ¶ Ist es weit? 遠いですか ④ ((形式上の主語・目的語として)) ¶ Es ist klüger, ein Taxi zu nehmen. タクシーに乗るほうが賢明だ

der **Esel** /エーゼル/ ((–s/–)) ((英donkey)) ロバ；愚か者

essbar /エスバール/ 形 ((英eatable, edible)) 食べられる，食用になる

essen /エッセン/ ((du [er] isst; aß; gegessen)) 動 ((英eat)) 食べる；食事をする *essen gehen* (外へ) 食事に行く，外食する

das **Essen** /エッセン/ ((–s/–)) ((英meal)) 食事；宴会；((英food)) 食物，料理

der **Essig** /エッスィヒ/ ((–s/–e)) ((英vinegar)) 酢

das **Ess·zimmer** /エスツィマー/ ((英dining room)) 食堂，ダイニングルーム

die **Etage** /エタージェ/ ((–/–n)) ((英floor)) (建物の) 階

das **Etikett** /エティケット/ ((–(e)s/

das **Etui** /エトヴィー/ ((-s/-s)) ((英case)) (眼鏡入れ・タバコケースなどの) 入れ物

etwa /エトヴァ/ 副 ① ((英about)) およそ, 約, ほぼ ② 例えば ③ ひょっとして, もしかしたら *wie etwa* 例えば

etwas /エトヴァス/ ((不定代名詞)) ① ((英something)) (何か) あるもの, あること ¶ Haben Sie etwas Billigeres? もう少し安いものはありますか ② ((英a little)) ((副詞的)) いくらか ¶ Noch etwas Brot, bitte. パンをもう少しください

die **EU** /エーウー/ ((英EU)) ヨーロッパ連合 (＜Europäische Union)

euch /オイヒ/ ((英you)) 人称代名詞 ihr の 3 [4] 格

euer /オイアー/ ((ihr の所有代名詞; 男性 1 格, 中性 1 [4] 格)) ((男 [中] 性 2 格 eu(e)r(e)s; 男 [中] 性 3 格 eu(e)r(e)m; 男性 4 格・複数 3 格 eu(e)r(e)n; 女性・複数 1 [4] 格 eu(e)re; 女性 2 [3] 格, 複数 2 格 eu(e)rer) ((英your)) 君らの, あなたがた [君たち] の

die **Eule** /オイレ/ ((-/-n)) ((英owl)) フクロウ

der **Euro** /オイロ/ ((-(s)/-(s))) ((英euro)) ユーロ (EU の通貨単位) ¶ Ich möchte japanischen Yen in Euro wechseln. 日本円をユーロに両替したいのですが

(das) **Europa** /オイローパ/ ((英Europe)) ヨーロッパ, 欧州

der **Europäer** /オイロペーア/ ((-s/-)) ((英European)) ヨーロッパ人

europäisch /オイロペーイシュ/ 形 ((英European)) ヨーロッパの, 欧州の *das Europäische Parlament* 欧州議会

evangelisch /エヴァンゲーリシュ/ 形 ((英Protestant)) プロテスタントの, 新教の

eventuell /エヴェントゥエル/ 形 ① ((英possible)) 万一の ② ((副詞的)) 場合によって (は); ひょっとすると

ewig /エーヴィヒ/ 形 ((英eternal)) 永遠の, 永久の; 不変の

das **Examen** /エクサーメン/ ((-s/-, Examina)) ((英examination)) 試験

das **Exemplar** /エクセンプラール/ ((-s/-e)) ((英specimen)) サンプル, 見本; 個体

die **Existenz** /エクスィステンツ/ ((-/-en)) ((英existence)) 存在, 実在; 実存; 生活, 生計

existieren /エクスィスティーレン/ 動 ((英exist)) 存在する, ある

explodieren /エクスプロディーレン/ 動 ((英explode)) 爆発 [破裂] する; 爆発的に増加 [増大] する

die **Explosion** /エクスプロズィオーン/ ((-/-en)) ((英explosion)) 爆発

der **Export** /エクスポルト/ ((-(e)s/-e)) ((英export)) 輸出; 輸出品

extra /エクストラ/ 形 ((英extra)) 別の, 別個の; 特別に; ((副詞的)) わざわざ, 特に

extrem /エクストレーム/ 形 ((英extreme)) 極端な; 過激な

F, f

die **Fabel** /ファーベル/ ((-/-n)) ((英fable)) 寓話(ぐうわ); ((話)) 作り話

fabelhaft /ファーベルハフト/ 形 ((英fantastic)) ((話)) すばらしい

die **Fabrik** /ファブリーク/ ((-/-en)) ((英factory)) 工場, 製造所

das **Fach** /ファッハ/ ((-(e)s/Fächer)) ((英shelf)) ① (家具・容器の) 仕切り, 引き出し, 整理棚 ② 専門分野; 学科, 科目 *vom Fach sein* 専門家である

der **Fächer** /フェッヒャー/ ((-s/-)) ((英fan)) 扇, 扇子

der **Fachmann** /ファッハマン/ ((-(e)s/..leute)) (*die* Fachfrau) ((英expert)) 専門家

die **Fach·schule** /ファッハシューレ/ ((英technical college)) 専門学校

der **Faden** /ファーデン/ ((-s/Fäden)) ((英thread)) 糸

fähig /フェーイヒ/ 形(英able) 有能な；((zu et³))(…の)能力がある

die **Fahndung** /ファーンドゥング/ ((-/-en)) (英search) (警察による)追跡，捜査

die **Fahne** /ファーネ/ ((-/-n)) (英flag) 旗

die **Fahr·bahn** /ファールバーン/ (英carriageway) 車道，車線

die **Fähre** /フェーレ/ ((-/-n)) (英ferry) フェリー，渡し船

fahren /ファーレン/ ((fuhr; gefahren)) 動(英drive) (乗り物が)走る，進む；((mit et³))(人が乗り物で)行く，ドライブする；走る；(乗り物を)運転［操縦］する；(…を乗り物で)運ぶ，乗せて行く ¶ Ich fahre einkaufen. (車で)買物に行きます

der **Fahrer** /ファーラー/ ((-s/-)) (英driver) 運転者，ドライバー；(職業)運転手

der **Fahr·gast** /ファールガスト/ (英passenger) 乗客

das **Fahr·geld** /ファールゲルト/ (英fare) (旅客)運賃

die **Fahr·karte** /ファールカルテ/ (英ticket) 乗車［船］券，切符

der **Fahr·plan** /ファールプラーン/ (英timetable) 時刻表，ダイヤ

fahrplanmäßig /ファールプラーンメーシヒ/ 形(英scheduled) 時刻表どおりの，定刻の

der **Fahr·preis** /ファールプライス/ (英fare) 運賃

das **Fahr·rad** /ファールラート/ (英bicycle) 自転車

der **Fahr·schein** /ファールシャイン/ (英ticket) 乗車券，切符

die **Fahr·schule** /ファールシューレ/ (英driving school) 自動車教習所

der **Fahr·stuhl** /ファールシュトゥール/ (英elevator) エレベーター

die **Fahrt** /ファールト/ ((-/-en)) (英journey) (乗り物の)走行；(乗り物での)旅行

das **Fahr·zeug** /ファールツォイク/ (英vehicle) 乗り物

fair /フェア/ 形(英fair) 公平［公正］な，フェアな，正々堂々の

der **Fall** /ファル/ ((-(e)s/Fälle)) ①(英fall) 落下，転倒 ②(英case) 場合；事件，出来事 *auf alle Fälle* = *auf jeden Fall* 必ず；いずれにしろ *auf keinen Fall* 決して…でない

die **Falle** /ファレ/ ((-/-n)) (英trap) わな；たくらみ

fallen /ファレン/ ((fiel; gefallen)) 動①(英fall) 落ちる；((durch et⁴))(試験に)落ちる ②転倒［転落］する；(戦で)倒れる，戦死する；(障壁・タブーが)なくなる ③(光・影などが)差す ④(程度・価値が)下がる ⑤((in et⁴))(ある状態に)陥る

fällig /フェリヒ/ 形(英due) 支払期限のきた；実施時期のきた

falls /ファルス/ 接(英if) もし…ならば，…の場合に

der **Fall·schirm** /ファルシルム/ (英parachute) パラシュート，落下傘

falsch /ファルシュ/ 形①(英wrong) まちがった，誤りの，偽りの；(英false) にせの，偽造の ②不適切な

fälschen /フェルシェン/ 動(英forge) 偽造する

die **Fälschung** /フェルシュング/ ((-/-en)) (英forging) 偽造；偽造［模造］品

die **Falte** /ファルテ/ ((-/-n)) (英fold) (布地の)折り目；(顔の)しわ

falten /ファルテン/ 動①(英fold) 折り畳む ②(手・指を)組む

die **Familie** /ファミーリエ/ ((-/-n)) (英family) 家族，家庭；一族；家系

der **Familien·name** /ファミーリエンナーメ/ (英family name) 姓，名字

fangen /ファンゲン/ ((fing; gefangen)) 動①(英catch) つかまえる；受け止める ②((sich⁴))バランス［落ち着き］を取り戻す

die **Fantasie** /ファンタズィー/

fantastisch ▶

⟨–/–n⟩ (㋕fantasy) 空想, 幻想
fantastisch /ファンタスティシュ/ 形 (㋕fantastic) 空想的[幻想的]な;現実離れした;((話))すばらしい;信じられないような
die **Farbe** /ファルベ/ ⟨–/–n⟩ ① (㋕color) 色, 色彩;(健康的な)肌の色 ②(㋕paint) 絵の具, 染料, 塗料
farbecht /ファルプエヒト/ 形 (㋕color-fast) 色落ちしない, 変色しない
färben /フェルベン/ 動 (㋕color) 着色する;((sich⁴)) 色づく
der **Farb·film** /ファルプフィルム/ (㋕color film) カラー映画, カラーフィルム
farbig /ファルビヒ/ 形 (㋕colorful) 多色の, 多彩な;色のついた;(人種が) 有色の
der **Farb·stoff** /ファルプシュトフ/ (㋕dye) 染料
der **Fasching** /ファッシング/ ⟨–s/–e, –s⟩ (㋕carnival) ((ドィッ南部・ｵｰｽﾄﾘｱ)) 謝肉祭, カーニバル
die **Faser** /ファーザー/ ⟨–/–n⟩ (㋕fiber) 繊維;筋
das **Fass** /ファス/ ⟨–es/Fässer⟩ (㋕barrel) 樽(たる)
fassen /ファッセン/ 動 ① (㋕grasp) (物を) つかむ;(人を) つかまえる ②理解[把握]する;(考えなどを) まとめる ③(…の量が) 入る;(人数を) 収容できる ④((sich⁴)) 心を落ち着ける
die **Fassung** /ファッスング/ ⟨–/–en⟩ ① (㋕holder) (電球の) ソケット, (宝石などの) 台 ② (㋕version) バージョン, 版 ③自制, 落ち着き
fast /ファスト/ 副 (㋕almost) ほとんど, ほぼ;危うく
die **Fastnacht** /ファストナハト/ ⟨–/–⟩ (㋕carnival) カーニバル, 謝肉祭
faszinieren /ファスツィニーレン/ 動 (㋕fascinate) 魅了する
faul /ファオル/ 形 ① (㋕rotten) 腐った, 腐敗した ②(㋕lazy) 怠

惰な, だらけた
faulenzen /ファオレンツェン/ 動 (㋕laze about) 怠惰に過ごす
die **Faust** /ファオスト/ ⟨–/Fäuste⟩ (㋕fist) 握りこぶし, げんこつ
das **Fax** /ファクス/ ⟨–/–(e)⟩ (㋕fax) ファックス ¶per Fax ファックスで
faxen /ファクセン/ 動 (㋕fax) ファックスを[で] 送る
der **Februar** /フェーブルアール/ ⟨–(s)/–e⟩ (㋕February) 2月
fechten /フェヒテン/ (focht; gefochten) 動 (㋕fence) フェンシングをする
die **Feder** /フェーダー/ ⟨–/–n⟩ ① (㋕feather) 羽毛, 羽;ベッド ②スプリング, ばね
der **Feder·ball** /フェーダーバル/ (㋕badminton) バドミントン;バドミントンの羽根, シャトルコック
die **Federung** /フェーデルング/ ⟨–/–en⟩ (㋕suspension) (車の) サスペンション, (㋕spring) (ベッドなどの) スプリング
die **Fee** /フェー/ ⟨–/–n⟩ (㋕fairy) 妖精(ようせい)
fegen /フェーゲン/ 動(㋕sweep) 掃く, ほうきで掃除する
fehl /フェール/ 副 **fehl am Platze sein** (㋕be out of place) 場違いである
fehlen /フェーレン/ 動 (㋕be missing, lack) (ある物が) 欠けている, (人が) いない, 欠席している;((j³)) なくて困っている, いなくて寂しい
der **Fehler** /フェーラー/ ⟨–s/–⟩ ① (㋕error) 誤り, 間違い, ミス ② (㋕fault) 欠陥, 欠点
die **Feier** /ファイアー/ ⟨–/–n⟩ (㋕celebration) 祝典, 祭典, 式典;記念祭 (の行事)
der **Feier·abend** /ファイアーアーベント/ (㋕finishing time) 終業, 終業後の時間
feierlich /ファイアーリヒ/ 形 (㋕solemn) 厳かな, 荘重な
feiern /ファイアーン/ 動

([英]celebrate) 祝う；(人を) 祝福する，(祝典・祝宴などを) 催す；パーティーを開く

der **Feier·tag** /ファイアーターク/ ([英]holiday) 休日；祝［祭］日

feige /ファイゲ/ [形] ([英]cowardly) 臆病(おくびょう)な；ひきょうな

die **Feige** /ファイゲ/ 《–/–n》 ([英]fig) イチジク

der **Feigling** /ファイクリング/ 《–s/–e》 ([英]coward) 臆病(おくびょう)者

die **Feile** /ファイレ/ 《–/–n》 ([英]file) やすり

fein /ファイン/ **1** [形] ① ([英]fine) (糸などが) 細い，繊細な；(粒が) 細かい；精巧な ② (感情が) 細やかな，微妙な；(感覚が) 鋭敏な ③ 上質な；《話》優秀な，立派な **2** [副]《話》ちゃんと，みごとに

der **Feind** /ファイント/ 《–(e)s/–e》 ([英]enemy) 敵，敵対者；敵国

feindlich /ファイントリヒ/ [形] ([英]enemy, hostile) 敵の；敵意のある

das **Feld** /フェルト/ 《–(e)s/–er》 ([英]field) ①畑；競技場，フィールド；戦場 ②分野，活動領域

das **Fell** /フェル/ 《–(e)s/–e》 ([英]fur) (動物の) 毛，毛皮

der **Fels** /フェルス/ 《–(e)s/–》 ([英]rock) 岩，岩盤

der **Felsen** /フェルゼン/ 《–s/–》 ([英]rock, cliff) 岩山，岩壁

das **Fenster** /フェンスター/ 《–s/–》 ([英]window) 窓；〖コンピュータ〗ウインドウ ¶ das Fenster öffnen [schließen] 窓を開ける［閉める］

die **Ferien** /フェーリエン/ 《複数》([英]vacation) (学校・官庁・個人の) 休暇 ¶ in Ferien sein 休暇を取っている

fern /フェルン/ [形] ([英]far) (時間・空間的に) 遠い，遠くの ***sich⁴ von j³ fern halten*** (…に) 近づかない

die **Ferne** /フェルネ/ 《–/–n》 ([英]distance) 遠いこと，遠距離，遠方；遠い未来［過去］

das **Fern·gespräch** /フェルンゲシュプレーヒ/ ([英]long-distance call) 市外通話，長距離電話

ferngesteuert /フェルンゲシュトイアート/ [形] ([英]remote-controlled) 遠隔操作による

das **Fern·glas** /フェルングラース/ ([英]binoculars) 双眼鏡

das **Fern·rohr** /フェルンローア/ ([英]telescope) 望遠鏡

der **Fernseh·apparat** /フェルンゼーアパラート/ ([英]television (set)) テレビ (受像機)

fern|sehen /フェルンゼーエン/ [動] ([英]watch television) テレビを見る

das **Fernsehen** /フェルンゼーエン/ 《–s/》 ([英]television) テレビ

der **Fernseher** /フェルンゼーアー/ 《–s/–》 ([英]television) 《話》テレビ (受像機)

die **Ferse** /フェルゼ/ 《–/–n》 ([英]heel) かかと

fertig /フェルティヒ/ [形] ([英]ready) 用意［準備］のできた；でき上がった，完成した；疲れ果てた，(精神的に) まいった ***j⁴/et⁴ fertig machen*** 《話》(…を) 仕上げる，完成する；(人を) まいらせる

fesseln /フェッセルン/ [動] ([英]tie up) 縛る，拘束する；(人を) 引き付ける，夢中にする

fest /フェスト/ [形] ① ([英]solid) 固体［固形］の ② ([英]firm) 固い，堅固な；しっかりした；丈夫な，頑丈な；固定した

das **Fest** /フェスト/ 《–(e)s/–e》 ([英]celebration) 祭，祝祭；パーティー

fest|binden /フェストビンデン/ [動] ([英]tie (up)) 縛り［結び］つける

fest|halten /フェストハルテン/ [動] ① ([英]hold) しっかりとつかんでいる；《*sich⁴* **an** *et³*》(…に) しっかりつかまる ② 《**an** *et³*》(…に) 固執する

fest|legen /フェストレーゲン/ [動] ① ([英]fix) (価格・日にちなどを) 決める ② 《*j⁴* **auf** *et⁴*》(人に…の) 責

F

festmachen ➤

任を持たせる

fest|machen /フェストマッヘン/ 動(英fix) 固定する, 留める;((話)) 取り決める;停泊する

fest|nehmen /フェストネーメン/ 動(英arrest) 逮捕する

fest|stehen /フェストシュテーエン/ 動(英be fixed [certain]) 確定[決定]している

fest|stellen /フェストシュテレン/ 動 ①(英establish)(身元・原因・事実などを)確かめる, 突きとめる;(英detect)(…に)気づく ②(…と)断言する

die **Festung** /フェストゥング/ 《-/-en》(英fortress) 砦, 要塞(さい)

fett /フェット/ 形(英fat) ①脂肪の多い, 脂っこい ②太った, 肥満の;太字の, ボールド体の

das **Fett** /フェット/ 《-es(-s)/-e》(英fat) 脂肪, 油脂

fettarm /フェットアルム/ 形(英low-fat) 低脂肪の

fettig /フェッティヒ/ 形(英greasy) 脂肪質の;脂っこい

feucht /フォイヒト/ 形(英moist) 湿った, 湿度の高い

die **Feuchtigkeit** /フォイヒティヒカイト/ 《-/》(英moisture) 湿気;湿度

das **Feuer** /フォイアー/ 《-s/-》 ①(英fire) 火;火事 ¶ Feuer an|zünden [aus|löschen] 火をつける[消す] ②射撃, 砲撃, 砲火 ③激情, 情熱

der **Feuerlöscher** /フォイアーレッシャー/ 《-s/-》(英fire extinguisher) 消火器

die **Feuerwehr** /フォイアーヴェーア/ 《-/-en》(英fire service) 消防(隊)

das **Feuer·werk** /フォイアーヴェルク/ (英firework) 花火

das **Feuer·zeug** /フォイアーツォイク/ (英lighter) ライター

das **Fieber** /フィーバー/ 《-s/-》(英fever) 熱, 発熱 ¶ Ich habe Fieber. 熱があります

die **Figur** /フィグーア/ 《-/-en》(英figure) 姿;スタイル;(小説などの)登場人物;(彫刻などの)像;(チェスの)駒

die **Filiale** /フィリアーレ/ 《-/-n》(英branch) 支店, 支社

der **Film** /フィルム/ 《-(e)s/-e》(英film) ①フィルム;映画 ②(油などの)被膜[層]

der **Filz** /フィルツ/ 《-es/-e》(英felt) 【織】フェルト

der **Filz·stift** /フィルツシュティフト/ (英felt-tip pen) フェルトペン

finanziell /フィナンツィエル/ 形(英financial) 金融[財政]上の

finanzieren /フィナンツィーレン/ 動(英finance)(…に)出資する, 資金を調達する

finden /フィンデン/ 《fand; gefunden》動(英find) ①(たまたま)見つける;(探して)見つけ出す, 発見する ②(…を…であると)思う, みなす ¶ Wie finden Sie es?–Das finde ich gut. いかがですか–いいと思います

der **Finger** /フィンガー/ 《-s/-》(英finger) 指

(*das*) **Finnland** /フィンラント/ (英Finland) フィンランド

finster /フィンスター/ 形 ①(英dark) 暗い, 真っ暗な;陰気な ②陰険な, 不機嫌な

die **Firma** /フィルマ/ 《-/Firmen》(英company) 会社

der **Fisch** /フィッシュ/ 《-(e)s/-e》(英fish) 魚;魚座

der **Fischer** /フィッシャー/ 《-s/-》(英fisherman) 漁師, 釣り人

fit /フィット/ 形(英fit)(体の)調子がよい, 元気な

fix /フィクス/ 形(英quick)((話)) 素早い, 機敏な;固定した

flach /フラッハ/ 形 ①(英flat) 平らな;ぺしゃんこの ②(英shallow) 低い, 浅い;浅薄な

die **Fläche** /フレッヒェ/ 《-/-n》(英surface) 平面, 表面;(英area) 面積;平地, 平野

flackern /フラッカーン/ 動(英flicker)(火が)ゆらめく

die **Flagge** /フラッゲ/ 《-/-n》(㊥flag) 旗 *Flagge zeigen* 旗幟(き)を鮮明にする

die **Flamme** /フラメ/ 《-/-n》(㊥flame) 炎

die **Flasche** /フラッシェ/ 《-/-n》(㊥bottle) 瓶, ボトル ¶ Eine Flasche Weißwein bitte. 白ワインをボトルでください

flechten /フレヒテン/ 《flocht; geflochten》動 (㊥plait) (髪などを) 編む, 編んで作る

der **Fleck** /フレック/ 《-(e)s/-e》(㊥stain) 染み, 汚れ；汚点；斑点 *ein blauer Fleck* 青あざ

die **Fleder·maus** /フレーダーマオス/ (㊥bat) 〔動〕コウモリ

das **Fleisch** /フライシュ/ 《-(e)s/》(㊥flesh) 肉；(㊥meat) (食用の) 肉；果肉

der **Fleischer** /フライシャー/ 《-s/-》(㊥butcher) 肉屋 (人)

fleißig /フライスィヒ/ 形 (㊥diligent) 勤勉な, 熱心な

die **Fliege** /フリーゲ/ 《-/-n》(㊥fly) 〔動〕ハエ (蝿)；蝶(ちょう)ネクタイ

fliegen /フリーゲン/ 《flog; geflogen》動 (㊥fly) (鳥・飛行機が) 飛ぶ；(飛行機で) 行く, 飛ぶ；(飛行機を) 操縦する；《話》退学[首]になる

fliehen /フリーエン/ 《floh; geflohen》動 (㊥flee) 《aus *et³* [vor *j³/et³*]》(…から) 逃げる, 逃亡する

die **Fliese** /フリーゼ/ 《-/-n》(㊥tile) タイル

fließen /フリーセン/ 《floss; geflossen》動 (㊥flow) 流れる；流れ出る [落ちる]

fließend /フリーセント/ 形 (㊥fluent) 流れる (ような), 流ちょうな；流動的な

flirten /フレーアテン/ 動 (㊥flirt) 《mit *j³*》(人に) 色目を使う；(人と) いちゃつく

die **Flitter·wochen** /フリッターヴォッヘン/ (㊥honeymoon) ハネムーン

die **Flocke** /フロッケ/ 《-/-n》(㊥flake) 薄片, 小片；フレーク

der **Floh** /フロー/ 《-(e)s/Flöhe》(㊥flea) 〔虫〕ノミ

der **Floh·markt** /フローマルクト/ (㊥fleamarket) 蚤の市

die **Flosse** /フロッセ/ 《-/-n》(㊥fin) (魚の) ひれ；(㊥flipper) (ダイビングの) フリッパー

die **Flöte** /フレーテ/ 《-/-n》(㊥flute) 笛, フルート

die **Flotte** /フロッテ/ 《-/-n》(㊥fleet) 艦隊, 船団

der **Fluch** /フルーフ/ 《-(e)s/Flüche》(㊥curse) ののしり, 悪態；のろい, 呪文；たたり, 災い

fluchen /フルーヘン/ 動 (㊥curse) 《auf *et⁴* [über *j⁴/et⁴*]》(…を) ののしる, (…に) 悪態をつく

die **Flucht** /フルフト/ 《-/-en》(㊥escape) 逃走, 逃亡

flüchten /フリュヒテン/ 動 (㊥flee) 《vor *et³*》(…から) 逃げる, 逃亡する；逃避する

der **Flüchtling** /フリュヒトリング/ 《-s/-e》(㊥refugee) 難民；亡命者

der **Flug** /フルーク/ 《-(e)s/Flüge》(㊥flight) 飛行, 飛ぶこと；(飛行機の) 便, フライト ¶ Wie viel kostet ein Flug von Frankfurt nach Berlin? フランクフルトからベルリン行きのフライトはいくらですか

der **Flügel** /フリューゲル/ 《-s/-》① (㊥wing) (鳥・昆虫・飛行機の) 翼, 羽 ② (両開きの窓・戸の) 扉；(建物の) 翼部, そで；(サッカーなどの) ウイング ③ グランドピアノ

der **Flug·gast** /フルークガスト/ (㊥(air) passenger) (飛行機の) 乗客

der **Flug·hafen** /フルークハーフェン/ (㊥airport) 空港

der **Flug·platz** /フルークプラッツ/ (㊥airfield) (小さな) 飛行場

der **Flug·schein** /フルークシャイン/ (㊥air ticket) 航空券

der **Flugsteig** /フルークシュタイク/

Flugzeug ➤

(-(e)s/-e) (英gate) ゲート

das Flug·zeug /フルークツォイク/ (英airplane) 飛行機

der Flur /フルーア/ (-(e)s/-e) (英corridor) 廊下, 通路

der Fluss /フルス/ (-es/Flüsse) (英river) 川, 河川；流れ

flüssig /フリュスィヒ/ 形 ① (英liquid) 液体の, 液状の ②流暢(りゅうちょう)な；スムーズな

die Flüssigkeit /フリュスィヒカイト/ (-/-en) ①(英liquid) 液体 ②流動性, 流暢(りゅうちょう)さ

flüstern /フリュスターン/ 動 (英whisper) ささやく, 小声で言う

die Flut /フルート/ (-/-en) (英flood) 上げ潮, 満潮；洪水 *eine Flut von et^3* たくさんの…

der Föhn /フェーン/ (-(e)s/-e) (英foehn; hair drier) 〔気象〕フェーン；ヘアドライヤー

die Folge /フォルゲ/ (-/-n) ① (英sequence) 連続；シリーズ, 続き ②(英consequence) 結果, 成り行き

folgen /フォルゲン/ 動 (英follow) ((j^3/et^3)) (…に) ついて行く, 追跡する；(授業・会話などに) ついていく；(…に) 倣う；((j^3/et^3 / auf j^4/et^4)) (…に) 続いて生じる[起こる], (…の) 後を継ぐ

folgend /フォルゲント/ 形 (英following) 以下の (ような)

folglich /フォルクリヒ/ 副 (英consequently) したがって

die Folie /フォーリエ/ (-/-n) (英foil) (アルミ(ばく))箔, ホイル

der Fön /フェーン/ (-(e)s/-e) (英hair drier) ((商標))フェーン, ヘアドライヤー

fordern /フォルダーン/ 動 (英demand) 要求[請求]する；必要とする；(人に) 多大な要求をする, 時間をとらせる

fördern /フェルダーン/ 動 ① (英support) 援助[支援]する, 助成[育成, 振興]する ②採掘する

die Forderung /フォルデルング/ (-/-en) (英demand) 要求, 要請；請求(額)

die Forelle /フォレレ/ (-/-n) (英trout) マス (鱒)

die Form /フォルム/ (-/-en) (英form) ①形, 形態；形式；(菓子の) 型, 型枠 ②作法, 礼儀 ③体調, コンディション

formen /フォルメン/ 動(英form) (…の) 形を作る；形成する

förmlich /フェルムリヒ/ 形 (英formal) 形式ばった；正式の

das Formular /フォルムラール/ (-s/-e) (英form) 申込[届出]用紙

der Forscher /フォルシャー/ (-s/-) (英researcher) 研究者, 学者

die Forschung /フォルシュング/ (-/-en) (英research) 研究, (学術) 調査

der Förster /フェルスター/ (-s/-) (英ranger) 営林署員, 林務官

fort /フォルト/ 副(英away) 立ち去って, なくなって *und so fort* 等々

fort|bewegen /フォルトベヴェーゲン/ 動(英move) (($sich^4$)) 移動する, 進む

die Fort·bildung /フォルトビルドゥング/ (-/) (英further education) 継続教育, 研修

fort|führen /フォルトフューレン/ 動(英continue) 続ける, 受け継ぐ

fortgeschritten /フォルトゲシュリッテン/ 形(英advanced) 進んだ, 進歩した

der/die Fortgeschrittene /フォルトゲシュリッテネ/ (英advanced learner) 中級[上級]者

fort|schicken /フォルトシッケン/ 動(英send off) 発送する；(人を) 追い出す

der Fortschritt /フォルトシュリット/ (-(e)s/-e) (英progress) 進歩, 発達, 上達

fort|setzen /フォルトゼッツェン/ 動(英continue) 続ける, 続行す

る；((sich⁴))続く
die Fortsetzung /フォルトゼッツング/ ((-/-en))(㋳continuation) 継続, 続行；連続；（番組などの）続き, 続編　*Fortsetzung folgt.* 次号［次回］に続く
das Foto /フォート/ ((-s/-s))(㋳Photo) 写真　¶ Könnten Sie ein Foto von uns machen? 私たちの写真を撮っていただけますか
der Foto·apparat /フォートアパラート/ (㋳camera) カメラ, 写真機
der Fotograf /フォトグラーフ/ ((-en/-en))(㋳photographer) カメラマン, 写真家
die Fotografie /フォトグラフィー/ ((-/-n))(㋳photography) 写真術, 写真
fotografieren /フォトグラフィーレン/ (動)(㋳photograph) (…の) 写真を撮る
die Fracht /フラハト/ ((-/-en))(㋳freight) 貨物；貨物室
der Frack /フラック/ ((-(e)s/Fräcke, -s))(㋳tails) 燕尾(えんび)服
die Frage /フラーゲ/ ((-/-n))(㋳question) 問い, 質問；問題, 疑問　¶ *j³* eine Frage stellen 人に質問する *in Frage [nicht in Frage] kommen* 問題になる［問題外である］
der Frage·bogen /フラーゲボーゲン/ (㋳questionnaire) 質問表, アンケート用紙
fragen /フラーゲン/ (動)(㋳ask) ①((*j⁴ et¹*))(人に…を) 尋ねる, 聞く, 質問する；((*j⁴* nach *j³/et³*))(人に) …を) 尋ねる　¶ *Darf ich Sie etwas fragen?* ちょっとお伺いしてもいいですか　②((um *et⁴*))(許可などを) 求める, 頼む
(das) Frankreich /フランクライヒ/ (㋳France) フランス
der Franzose /フランツォーゼ/ ((-n/-n))(㋳Frenchman) (*die* Französin) フランス人
französisch /フランツェーズィシュ/ (形)(㋳French) フランス(人, 語)の
das Französisch /フランツェーズィシュ/ ((-(s)/))(㋳French) フランス語
die Frau /フラオ/ ((-/-en)) (㋳woman) 女性, 女の人；(㋳wife) 妻, 夫人；((女性の姓につけて))…さん, …夫人, …様
das Fräulein /フロイライン/ ((-s/-, 話-s/-s))(㋳Miss) お嬢さん, (未婚の) 女性；((未婚の女性に対して))((まれ))…さん
frech /フレヒ/ (形)(㋳impudent) 厚かましい, ずうずうしい, 生意気な；挑発的な, 思いきった
die Frechheit /フレヒハイト/ ((-/-en))(㋳impudence) 厚かましさ
frei /フライ/ (形)①(㋳free) 自由な　②無料の；とらわれない　③空いている；独立した, フリーの；暇な　④((von *et³*))(…の) ない, (…を) 免れた
das Frei·bad /フライバート/ (㋳outdoor swimming pool) 屋外プール
das Freie /フライエ/ (㋳open) 戸外, 屋外　*im Freien* 屋外で
frei|haben /フライハーベン/ (動) (㋳have... off) ((話))(仕事・授業が) 休みである
die Freiheit /フライハイト/ ((-/-en))①(㋳freedom) 自由　②勝手；特権
frei|machen /フライマッヘン/ (動)(㋳put a stamp on) 切手をはる
frei|sprechen /フライシュプレッヒェン/ (動)(㋳acquit) (人に) 無罪を言い渡す
der Frei·spruch /フライシュプルフ/ (㋳acquittal) 無罪判決
der Frei·stoß /フライシュトース/ (㋳free kick)【蹴】フリーキック
der Frei·tag /フライターク/ (㋳Friday) 金曜日
freitags /フライタークス/ (副)(㋳on Friday) 金曜日に
freiwillig /フライヴィリヒ/ (形)

Freizeit ▶

(英voluntary) 自由意志の, 自発的な

die Frei·zeit /フライツァイト/ (英 leisure) 余暇, 休み, 暇; 自由時間

fremd /フレムト/ 形 ① (英 foreign) よその, 外国の; 他人の, 別の ② (英 strange) 見知らぬ, 未知の

der/die Fremde /フレムデ/ (英 foreigner) よその人, 外国人; (英 stranger) 見知らぬ人

der Fremden·verkehr /フレムデンフェアケーア/ (英 tourism) 観光(事業)

die Fremd·sprache /フレムトシュプラーヘ/ (英 foreign language) 外国語

fressen /フレッセン/ (fraß; gefressen) 動 (英 eat) (動物が)食べる; ((話))(人が)食う; (燃料などを)消費する, 食う

die Freude /フロイデ/ (-/-n) (英 joy) 喜び, うれしさ; 楽しみ

freuen /フロイエン/ 動 ((sich⁴ auf et⁴)) (英 look forward to) (…を)楽しみにしている, ((sich⁴ über et⁴)) (…を)喜ぶ; 喜ばせる ¶ Es freut mich, Sie kennen zu lernen. はじめましてよろしく

der Freund /フロイント/ (-(e)s/-e) (英 friend) 友人, 友達; ボーイフレンド, 彼氏; ファン

die Freundin /フロインディン/ (-/-nen) (英 friend) (女性の)友達; ガールフレンド, 彼女

freundlich /フロイントリヒ/ 形 (英 friendly) 親切な; 友好的な, 好意的な; 愛想のいい; 好ましい ¶ Das ist sehr freundlich. ご親切にありがとうございます

die Freundschaft /フロイントシャフト/ (-/-en) (英 friendship) 友情

der Frieden /フリーデン/ (-s/-) (英 peace) 平和, 平穏; 和平

der Fried·hof /フリートホーフ/ (英 cemetery) 墓地

friedlich /フリートリヒ/ 形 (英 peaceful) 平和(的)な

frieren /フリーレン/ (fror; gefroren) 動 (英 freeze) 凍る; ((es friert.)) 氷点下になる; (人が)寒い; ((an et³)) (身体部分が)凍える, 冷える ¶ Ich friere. 寒い

die Frikadelle /フリカデッレ/ (-/-n) (英 rissole) フリカデレ (ハンバーグに似たひき肉料理)

frisch /フリッシュ/ 形 ① (英 fresh) 新鮮な, 新しい; 取れたての, できたての, 焼きたての; 清潔な ② 元気な; さわやかな, すがすがしい sich⁴ frisch machen (身体的・精神的に) さっぱりする

der Friseur /フリゼーア/ ((-s/-e)) (英 hairdresser) 理容師, 床屋

frisieren /フリズィーレン/ 動 ① (英 do a person's hair) ((j³)) (人の髪を)整える, セットする ② (帳簿・統計などを)改ざんする; (車・エンジンを)改造する

die Frisur /フリズーア/ (-/-en) (英 hairstyle) ヘアスタイル

froh /フロー/ 形 (英 happy) 楽しい, 愉快な, 朗らかな; ((über et⁴)) (…のことを)喜んで ¶ Ich bin froh, dass es Ihnen gut geht. お元気でうれしく思います

fröhlich /フレーリヒ/ 形 (英 happy, cheerful) 楽しそうな[に], 喜んでいる; 陽気な[に], うれしい

fromm /フロム/ 形 (英 religious) 敬虔(けいけん)な, 信心深い

der Frosch /フロッシュ/ (-(e)s/Frösche) (英 frog) カエル (蛙)

die Frucht /フルフト/ (-/Früchte) (英 fruit) ①果実, 果物 ②成果

fruchtbar /フルフトバール/ 形 (英 fruitful) 実り豊かな; (土地が)肥えた; 繁殖力の強い

früh /フリュー/ ❶ 形 (英 early) (時刻・時期の)早い; 早期[初期]の ❷ 副 早く; 朝に ¶ morgen früh um 7 Uhr 明日の朝7時に

früher /フリューアー/ 副 (英 formerly) 以前, かつて

frühestens /フリューエステンス/ 副 (英at the earliest) 早くとも

der **Frühling** /フリューリング/ (–s/–e) (英spring) 春

das **Frühstück** /フリューシュテュック/ (–(e)s/–e) (英breakfast) 朝食 ¶ Wann gibt es Frühstück? 朝食は何時ですか

frühstücken /フリューシュテュッケン/ 動 (英have breakfast) 朝食を食べる

der **Fuchs** /フクス/ (–es/Füchse) (英fox) 〖動〗キツネ(狐);ずる賢い[狡猾な]人

fühlen /フューレン/ 動 (英feel) (肉体的・心理的に)感じる;((mit j^3)) (人に)同情する ¶ Ich fühle mich ausgezeichnet [nicht wohl]. とても元気です[具合がよくありません]

führen /フューレン/ 動 ① (英lead) (人・家畜を)導く,連れて行く;案内する;(人を…へ)導く,至らしめる ¶ Ich führte ihn durch die Stadt. 彼に町を案内してあげた ②指揮[指導]する,率いる,経営[管理]する ③(乗り物を)運転[操縦]する ④(商品を)扱っている ⑤(道などが…へ)通じている;((zu et^3))(…の)結果となる

der **Führer** /フューラー/ (–s/–) ① (英guide) 案内人,ガイド;案内書,ガイドブック ②(英leader) 指導者,リーダー;総統(ナチスのヒトラーの称号)

der **Führer·schein** /フューラーシャイン/ (英driver's license) 運転免許証

die **Führung** /フュールング/ (–/–en) (英guidance) 案内,ガイド付き見学;指導部

füllen /フュレン/ 動 (英fill) ((et^4 mit et^3)) (容器などを…で)満たす,詰める;(空間・場所を)ふさぐ,占める,満たす;(($sich^4$ mit et^3))(…で)いっぱい[満員]になる

der **Füller** /フュラー/ (–s/–) (英(fountain) pen) 万年筆

das **Fundament** /フンダメント/ (–(e)s/–e) (英foundation) 基礎,土台

das **Fund·büro** /フントビュロー/ (英lost and found office) 遺失物取扱[保管]所

fünf /フュンフ/ ((基数))(英five) 5

fünftel /フュンフテル/ ((分数))(英fifth) 5分の1の

fünfzehn /フュンフツェーン/ ((基数))(英fifteen) 15

fünfzig /フュンフツィヒ/ ((基数))(英fifty) 50

der **Funk** /フンク/ (–s/) (英radio) ラジオ放送(局)

der **Funke** /フンケ/ (–ns/–n) (英spark) 火花;閃光(せんこう)

funktionieren /フンクツィオニーレン/ 動 (英function) 機能する;働く;作動する

für /フューア/ 前 ((für+das=fürs))((4格支配))①((利益・目的))(英for) …のために[の], …に適した ¶ Das ist für Sie. これはあなたへのものです ((味方))…に賛成して;((理由))…のことで ¶ Ich bin ganz für den Vorschlag. その提案に大賛成だ ③((関連))…にとって(は);…としては;((比較))…にしては,…の割には ④((代価))(ある金額)とひきかえに;…に(対して);((代理・代表))…の代わりに,…を代表して,…の立場で ⑤((期間・予定))…の間(の予定で);…に ¶ Wie lange bleiben Sie hier?– Für drei Tage. こちらにはどのくらい滞在ですか–3日間です ⑥((人・物の属性を表して))…として;((共感などの対象))…に対する,…に **für sich^4** 独りだけで,単独で

die **Furcht** /フルヒト/ (–/) (英fear) ((vor j^3/et^3))(…への)恐れ,恐怖;不安,心配

furchtbar /フルヒトバール/ 形 (英terrible) 恐ろしい,怖い;((話))ひどい,ものすごい ¶ Was für ein furchtbares Wetter! なんてひどい天気でしょう

fürchten /フュルヒテン/ 動 ((英 fear)) ((et⁴/sich⁴ vor j³/et³)) (…を) 恐れる, 怖がる；((für [um] j⁴/et⁴)) (…のことを) 心配する

fürchterlich /フュルヒターリヒ/ 形 ((英 terrible)) 恐ろしい, ぞっとするような；((話)) ひどい；非常な, 大変な

die **Fürsorge** /フューアゾルゲ/ (–/–) ((英 care)) 世話, 保護, 福祉 (事業), 福祉手当

furzen /フルツェン/ 動 ((英 fart)) ((話)) おならをする

der **Fuß** /フース/ (–es/Füße) ((英 foot)) 足；(家具の) 脚 **zu Fuß** 徒歩で ¶ Wie lange dauert es zu Fuß? 歩くとどの位かかりますか

der **Fuß·ball** /フースバル/ ((英 football)) サッカー；サッカーボール ¶ Fußball spielen サッカーをする

der **Fuß·boden** /フースボーデン/ ((英 floor)) 床

der **Fußgänger** /フースゲンガー/ (–s/–) ((英 pedestrian)) 歩行者

die **Fußgänger·zone** /フースゲンガーツォーネ/ ((英 pedestrian precinct)) 歩行者専用区域, 歩行者天国

der **Fuß·weg** /フースヴェーク/ ((英 footpath)) 歩道；徒歩での行程

das **Futter** /フッター/ (–s/) ((英 feed)) 飼料, えさ；(衣服の) 裏地

füttern /フュッターン/ 動 ((英 feed)) (動物に) えさをやる；((j⁴ mit et³)) (人に食べ物を) 食べさせる；(…に) 裏地をつける

G, g

die **Gabel** /ガーベル/ (–/–n) ((英 fork)) フォーク

gähnen /ゲーネン/ 動 ((英 yawn)) あくびをする

die **Galerie** /ガレリー/ (–/–n) ((英 gallery)) ギャラリー

der **Gang** /ガング/ (–(e)s/Gänge) ① ((英 walk)) 歩き方；歩くこと；(機械などの) 動き, 作動；(物事の) 進行 ② 通路, 廊下 ③ (コースの) 一品 ④ (自動車の) ギア

gängig /ゲンギヒ/ 形 ((英 common)) 一般的な, 知られている；よく売れている

die **Gans** /ガンス/ (–/Gänse) ((英 goose)) ガチョウ (鵞鳥)

das **Gänseblümchen** /ゲンゼブリュームヒェン/ (–s/–) ((英 daisy)) ヒナギク, デイジー

ganz /ガンツ/ ❶ 副 ((英 quite)) 非常に, きわめて, とても；完全に；かなり, 比較的, 相当 ¶ Es ist ganz in der Nähe. すぐ近くです ❷ 形 ((英 whole)) 全部の；丸々の, 完全な；((話)) 壊れて [破れて] いない ¶ den ganzen Tag 一日中 **ganz und gar** まったく, すっかり, 完全に **ganz und gar nicht** 全然…ない

ganztägig /ガンツテーギヒ/ 形 ((英 all-day)) 一日中の

gar /ガール/ ❶ 副 ((否定詞と)) ((英 not at all)) 全然, まったく (…しない)；((zu, so などと)) 極めて ¶ Das gefällt mir gar nicht. まるで気に入らない ❷ 形 (食べ物が) よく焼けた [火の通った]

die **Garage** /ガラージェ/ (–/–n) ((英 garage)) 車庫, ガレージ

die **Garantie** /ガランティー/ (–/–n) ((英 guarantee)) 保証

garantieren /ガランティーレン/ 動 ((英 guarantee)) 保証する

die **Garderobe** /ガルデローベ/ (–/–n) ((英 wardrobe)) (劇場などの) クローク, 携帯品預かり所；コート [帽子] 掛け；((集合的に)) 衣服

die **Gardine** /ガルディーネ/ (–/–n) ((英 curtain)) (薄地の) カーテン

das **Garn** /ガルン/ (–(e)s/–e) ((英 yarn)) (紡いだ) 糸

die **Garnele** /ガルネーレ/ (–/–n) ((英 shrimp)) (小) エビ

der **Garten** /ガルテン/ (–s/Gärten) ((英 garden)) 庭, 庭園

der **Gärtner** /ゲルトナー/ (–s/–)

(㋐gardener) 庭師；園芸家

das **Gas** /ガース/ ⟨–es/–e⟩ (㋐gas) 気体；ガス

die **Gasse** /ガッセ/ ⟨–/–n⟩ (㋐lane) 路地, 小道；横丁

der **Gast** /ガスト/ ⟨–(e)s/Gäste⟩ (㋐guest) 客, 来客；（ホテル・レストランなどの）客

der **Gast·arbeiter** /ガストアルバイター/ (㋐foreign worker) 外国人労働者

gastfreundlich /ガストフロイントリヒ/ 形 (㋐hospitable)（客に対する）もてなしのいい, 親切な

die **Gast·freundschaft** /ガストフロイントシャフト/ (㋐hospitality) 歓待, もてなし

der **Gastgeber** /ガストゲーバー/ ⟨–s/–⟩ (㋐host)（客をもてなす）主人, ホスト；[スポーツ]ホームチーム

das **Gast·haus** /ガストハオス/ (㋐inn)（レストランを兼ねた）宿屋, 旅館

der **Gast·hof** /ガストホーフ/ (㋐inn) 宿屋, 旅館

die **Gaststätte** /ガストシュテッテ/ ⟨–/–n⟩ (㋐restaurant) 飲食店, レストラン

der **Gast·wirt** /ガストヴィルト/ (㋐landlord) 宿屋［飲食店］の主人

das **Gebäck** /ゲベック/ ⟨–(e)s/–e⟩ (㋐cookies, biscuits) お菓子, クッキー, ビスケット

gebären /ゲベーレン/ ⟨gebar; geboren⟩ 動 (㋐bear)（子を）産む

das **Gebäude** /ゲボイデ/ ⟨–s/–⟩ (㋐building) 建物；建造物

geben /ゲーベン/ ⟨gab; gegeben⟩ 動 ① (㋐give) ⟨*j*³ *et*⁴⟩（人に…を）与える, あげる；売る ¶ Können Sie mir bitte den Schlüssel geben? キーをいただけますか ② ⟨*j*³ *et*⁴ für *et*³⟩（人に）…の代金を…）支払う ③ ⟨*et*⁴ zu *et*³ [in *et*⁴]⟩（…を修理などに）出す；（…を…のために）託す ④（パーティーなどを）催す ⑤⟨Es gibt *et*⁴.⟩ (㋐there is [are])（…が）ある, いる, 存在する ¶ Gibt es eine Bank hier in der Nähe? この近くに銀行はありますか ⑥（自然現象などが）生じる ⑦⟨*sich*⁴⟩（…の）態度をとる, ふるまう ⑧⟨*sich*⁴ (wieder)⟩ 弱まる, 和らぐ

das **Gebet** /ゲベート/ ⟨–(e)s/–e⟩ (㋐prayer) 祈り, 礼拝

das **Gebiet** /ゲビート/ ⟨–(e)s/–e⟩ (㋐area) 地域, 地帯, 地方；(㋐territory)（国家の）領土；(㋐field) 分野, 領域

gebildet /ゲビルデット/ 形 (㋐educated) 教養のある

das **Gebirge** /ゲビルゲ/ ⟨–s/–⟩ (㋐mountain range) 山地, 山脈；山岳（地域）

gebirgig /ゲビルギヒ/ 形 (㋐mountainous) 山の多い, 山岳地帯の

das **Gebiss** /ゲビス/ ⟨–es/–e⟩ (㋐denture) 歯並び, 入れ歯

geboren /ゲボーレン/ 形 ① (㋐born)（…年に［…で］）生まれた ¶ Meine Frau ist in der Schweiz geboren. 妻はスイス生まれです ②生まれながらの, 生来の, 生粋の ③旧姓（…）の

der **Gebrauch** /ゲブラオホ/ ⟨–(e)s/Gebräuche⟩ ① (㋐use) 使用（法）, 利用 ②風習, 習慣, しきたり *in [im] Gebrauch sein* 使われている

gebrauchen /ゲブラオヘン/ 動 (㋐use) 使う, 使用［利用］する；必要とする

gebraucht /ゲブラオホト/ 形 (㋐used) 中古の

gebrochen /ゲブロッヘン/ 形 (㋐broken) ふさぎ込んだ, 意気消沈した；中断された；壊れた；ブロークンな

die **Gebühr** /ゲビューア/ ⟨–/–en⟩ (㋐charge, fee)（公共の）料金；手数［使用］料

gebührenfrei /ゲビューレンフライ/ 形 (㋐free of charge) 無料の

gebührenpflichtig /ゲビューレンプフリヒティヒ/ 形

([英]chargeable) 有料の

die **Geburt** /ゲブーアト/ 《–/–en》 ([英] birth) 出産；誕生 ¶ von Geburt (an) 生まれながら

der **Geburts·ort** /ゲブーアツオルト/ ([英]place of birth) 出生地

der **Geburts·tag** /ゲブーアツターク/ ([英] birthday) 誕生日；生年月日 ¶ Herzlichen Glückwunsch zum Geburtstag! 誕生日おめでとう

die **Geburts·urkunde** /ゲブーアツウーアクンデ/ ([英] birth certificate) 出生証明書

das **Gedächtnis** /ゲデヒトニス/ 《–ses/–se》 ([英]memory) 記憶力, 記憶；思い出

der **Gedanke** /ゲダンケ/ 《–ns/–n》 ([英]thought) 考え, 思考；アイデア, 思いつき；理念, 概念；意見, 見解 *sich^3* ***Gedanken über et^4 machen*** (…を) 熟考する ***Kein Gedanke (daran)!*** 《話》とんでもないよ, そんなことあるもんか

gedankenlos /ゲダンケンロース/ [形] ([英]thoughtless) 軽率な, うかつな, ぼんやりした

das **Gedeck** /ゲデック/ 《–(e)s/–e》 ([英] place setting) テーブルセッティング

das **Gedicht** /ゲディヒト/ 《–(e)s/–e》 ([英]poem) 詩, 韻文

die **Geduld** /ゲドゥルト/ 《–/》 ([英]patience) 我慢, 忍耐, 辛抱, 根気

geduldig /ゲドゥルディヒ/ [形] ([英]patient) 忍耐［我慢］強い

geehrt /ゲエーアト/ [形] ([英]honored) 尊敬された ¶ Sehr geehrter Herr [geehrte Frau]... (拝啓) …様

geeignet /ゲアイグネット/ [形] ([英]suitable) 適切な, ふさわしい；…向きの

die **Gefahr** /ゲファール/ 《–/–en》 ([英] danger) 危険；危険なもの［人］, 脅威 ***Gefahr laufen*** 危険を冒す

gefährlich /ゲフェーアリヒ/ [形] ([英]dangerous) (物事が) 危険な, 危ない, 物騒な

ge·fallen /ゲファレン/ [動] ([英]likes) 《j^3》(人の) 気に入る

der **Gefallen** /ゲファレン/ 《–s/–》 ([英]favor) 親切

der/die **Gefangene** /ゲファンゲネ/ ([英]prisoner) 囚人, 捕虜

das **Gefängnis** /ゲフェングニス/ 《–ses/–se》 ([英]prison) 刑務所

das **Gefäß** /ゲフェース/ 《–es/–e》 ([英]vessel) 容器, 入れ物；血管

gefasst /ゲファスト/ [形] ([英]composed) 落ち着いた, 覚悟した

das **Ge·flügel** /ゲフリューゲル/ ([英]poultry) 鳥

gefrieren /ゲフリーレン/ [動] ([英]freeze) 凍る

der **Gefrier·schrank** /ゲフリーアシュランク/ ([英]freezer) 冷凍庫

das **Gefühl** /ゲフュール/ 《–(e)s/–e》 ([英]feeling) 感覚；感情, 気持ち；予感；感性, センス

gegebenenfalls /ゲゲーベネンファルス/ [副] ([英]if necessary) 必要ならば, 場合によっては

gegen /ゲーゲン/ [1] [前] 《4格支配》 ① 《方向》([英]toward) …へ向かって, …の方へ, …向きの ② 《反対・対立》([英]against) …に逆らって, …に反対して, …に対抗［敵対］して, …に反して；(スポーツで) …対… ③ 《時間》…ごろに ¶ Die Tour beginnt gegen zehn Uhr. このツアーは10時ごろに始まります ④…と引き換えに ⑤…と比べると [2] [副] 《数詞と》([英]about) およそ, 約

die **Gegend** /ゲーゲント/ 《–/–en》 ([英] area) 地域, 地方, 地区；付近

gegeneinander /ゲーゲンアイナンダー/ [副] ([英]against each other) 相対して, お互いに

das **Gegen·mittel** /ゲーゲンミッテル/ ([英]antidote) 解毒剤

der Gegen·satz /ゲーゲンザッツ/ (英 contrast) 反対, 対照; 対立 **im Gegensatz zu** j^3/et^3 (…と)比べて; (…と)逆に

gegenseitig /ゲーゲンザイティヒ/ 形 (英 mutual) 互いの, 相互の; 双方[両者]の

der Gegen·stand /ゲーゲンシュタント/ (英 object) 物, 物体; 対象; 主題, テーマ

das Gegen·teil /ゲーゲンタイル/ (英 opposite) 逆, 反対 **(Ganz) im Gegenteil!** (話) まったく逆ですよ, とんでもない

gegenüber /ゲーゲンユーバー/ **1** 前 ((3格支配: 名詞の後ろにも置く)) (英 opposite) (空間で) …の向かい側に; (比較で) …と比べると, …に対して **2** 副 向かい側に, 向かい合って

die Gegenwart /ゲーゲンヴァルト/ (–/–) (英 present) 現在, 現代; (英 presence) 居合わせること, 出席 ¶ **in** j^2 **Gegenwart** (人の)面前で

der Gegner /ゲーグナー/ (–s/–) (英 opponent) 敵 (軍), (対戦)相手; 反対者

das Gehalt /ゲハルト/ (–(e)s/Gehälter) (英 salary) 給与, 俸給

geheim /ゲハイム/ 形 (英 secret) 秘密の

das Geheimnis /ゲハイムニス/ (–ses/–se) (英 secret) 秘密

geheimnisvoll /ゲハイムニスフォル/ 形 (英 mysterious) 秘密めいた, 神秘的な

gehen /ゲーエン/ ((ging, gegangen)) 動 ① (英 go) 歩く; 行く ¶ **Gehen Sie geradeaus.** まっすぐ行ってください ② (**an** et^4) (ある活動を) 始める ③ (…の) 服装をしている ④ ((**mit** j^3)) (異性と)つきあう ⑤ ((**in** et^4)) (…に物が)入る, 収容する ⑥ ((**nach** j^3/et^3))(基準に)従う, (要望に) 応える ⑦ (…に) 向かって [面して] いる; ((**an** j^4))…宛てである ⑧ (機械などが) 作動する ⑨容認できる ⑩ ((**über** et^4)) (人の能力・限界などを) 越える **Es geht** j^3 **...** (人の) 具合が…である ¶ **Es geht ihr besser.** 彼女は前より調子がいい **Es geht um** et^4**.** (…が) 問題である; 大事なのは…である

das Gehirn /ゲヒルン/ (–(e)s/–e) (英 brain) 脳; (話) 頭脳

das Gehör /ゲヘーア/ (–(e)s/–) (英 hearing) 聴覚

gehorchen /ゲホルヒェン/ 動 (英 obey) ((j^3/et^3)) (…に) 従う, 服従する; (人の) 言うことを聞く

gehören /ゲヘーレン/ 動 (英 belong to) ((j^3)) (人の) もの [所有] である; ((**zu** j^3/et^3)) (…の) 一部 [一員] である; ((**zu** et^3)) (…に) 必要である ¶ **Das gehört mir nicht.** これは私のではない

gehorsam /ゲホーアザーム/ 形 (英 obedient) 従順な, すなおな

der Gehsteig /ゲーシュタイク/ (英 sidewalk) 歩道

die Geige /ガイゲ/ (–/–n) (英 violin) バイオリン **die erste [die zweite] Geige spielen** 第一 [第二] バイオリンを弾く; (話) 指導的な役割 [脇役] を演じる

der Geisel /ガイゼル/ (–/–n) (英 hostage) 人質

der Geist /ガイスト/ (–(e)s/–er) (英 mind) 精神; 知力; 才気; 本質; (英 spirit) 霊, 精霊; (英 ghost) 幽霊, 亡霊

die Geistes·wissenschaften /ガイステスヴィッセンシャフテン/ ((複数)) (英 humanities) 人文科学, 精神科学

geistig /ガイスティヒ/ 形 (英 mental) 精神的な, 知的な

der/die Geistliche /ガイストリヒェ/ (英 clergyman) 聖職者

geizig /ガイツィヒ/ 形 (英 mean) けちな, しみったれた

das Gelächter /ゲレヒター/ (–s/) (英 laughter) 笑い

das Geländer /ゲレンダー/ (–s/) (英 banisters) 手すり, 欄干

gelassen /ゲラッセン/ 形

gelaunt (㈼calm) 平然とした，落ち着いた

gelaunt /ゲラォント/ 形(㈼in a... mood) …の気分で

gelb /ゲルプ/ 形(㈼yellow) 黄色の

das **Geld** /ゲルト/ (-(e)s/-er) (㈼money) 金(㋕)，貨幣；財産 ¶ Man hat mein Geld gestohlen. お金が盗まれました

der **Geld·automat** /ゲルトアオトマート/ (㈼ATM) ATM，現金自動引き出し預け入れ機

der **Geld·beutel** /ゲルトボイテル/ (㈼purse) 財布

der **Geld·schein** /ゲルトシャイン/ (㈼banknote) お札

die **Geld·strafe** /ゲルトシュトラーフェ/ 罰金(刑)

die **Gelegenheit** /ゲレーゲンハイト/ (-/-en) (㈼opportunity) 機会，チャンス，好機

gelegentlich /ゲレーゲントリヒ/ 形(㈼occasional) 時折の

das **Gelenk** /ゲレンク/ (-(e)s/-e) (㈼joint) 関節

der/die **Geliebte** /ゲリープテ/ (㈼lover) 愛人

gelingen /ゲリンゲン/ (gelang; gelungen) 動(㈼succeed) ((*j*³))(事が人に) 成功する，うまくいく

gelten /ゲルテン/ (galt; gegolten) 動①(㈼be worth) (…の)価値がある；通用する，有効である；((für *j*⁴/*et*⁴)) (…に) 適用される；((*j*⁴*et*³)) (…に) 向けられている ¶ Der Pass gilt fünf Jahre. パスポートは5年有効だ ②((als~/für *et*⁴))(…と) 見なされている，(…で) 通っている ¶ Sie gilt als zuverlässig. 彼女は信頼できる人物で通っている

das **Gemälde** /ゲメールデ/ (-s/-) (㈼painting) 絵，絵画

gemäß /ゲメース/ 前(㈼in accordance with) ((3格支配))…に従って

gemein /ゲマイン/ 形①(㈼mean) 卑しい，卑劣な ②公共の *j*⁴/*et*⁴ **mit** *j*³/*et*³ **gemein haben** (…を…と) 共有する

die **Gemeinde** /ゲマインデ/ (-/-n) (㈼community) 地方公共団体[自治体]，市町村；教区

gemeinsam /ゲマインザーム/ 形(㈼common) 共同の，共有の

die **Gemeinschaft** /ゲマインシャフト/ (-/-en) (㈼community) 共同体，共同社会，ゲマインシャフト；(考え方を同じくする人たちの)グループ；連帯

das **Gemüse** /ゲミューゼ/ (-s/-) (㈼vegetable) 野菜；野菜料理

das **Gemüt** /ゲミュート/ (-(e)s/-er) (㈼disposition) 心情，心根；気質；(ある気質の) 人

gemütlich /ゲミュートリヒ/ 形(㈼comfortable) 居心地のよい，快適な；くつろいだ；ゆったりした，感じのいい *es sich*³ *gemütlich machen* 楽にする，くつろぐ

genau /ゲナオ/ ❶ 形(㈼exact) 正確な，精密な；詳細な，厳密な ❷ 副まさに；よく；しっかり *genau genommen* 厳密[正確]に言えば

genauso /ゲナオゾー/ 副(㈼just as) まったく同じように；((wie を伴って))(…と) 同じくらい

die **Generation** /ゲネラツィオーン/ (-/-en) (㈼generation) 世代；同世代の人々；一世代

generell /ゲネレル/ 形(㈼general) 一般的な

(*das*) **Genf** /ゲンフ/ (㈼Geneva) ジュネーブ

genial /ゲニアール/ 形(㈼brilliant) 天才的な；すばらしい

das **Genick** /ゲニック/ (-(e)s/-e) (㈼nape) 首筋

das **Genie** /ジェニー/ (-s/-s) (㈼genius) 天才

genießen /ゲニーセン/ (genoss; genossen) 動(㈼enjoy) 楽しむ，味わう，享受する；(尊敬などを)得る

genug /ゲヌーク/ 副(㈼enough) 十分に，たっぷりと ¶ Das ist genug, danke. それで充分です

von j³/et³ genug haben (…には)うんざりしている

genügend /ゲニューゲント/ 形 (英sufficient) 十分な

der **Genuss** /ゲヌス/ 《-es/Genüsse》(英enjoyment) 喜び, 楽しみ

geöffnet /ゲエフネット/ 形 (英open) 開いている, 営業中の

das **Gepäck** /ゲペック/ 《-(e)s/》(英baggage) (旅行用の)荷物

der **Gepäck・schein** /ゲペックシャイン/ (英baggage check) 手荷物引換券

der **Gepäck・träger** /ゲペックトレーガー/ (英porter) ポーター; (自転車の)荷台

gerade /ゲラーデ/ ❶ 形 (英straight) まっすぐな, 一直線の; 正直[率直]な; まったくの ¶ eine gerade Linie 直線 ❷ 副 (英just) 今ちょうど, たった今; まさしく; よりによって

geradeaus /ゲラーデアオス/ 副 (英straight on) まっすぐに, 一直線に

das **Gerät** /ゲレート/ 《-(e)s/-e》(英tool) 道具; 器械, 装置; 体操用具

geraten /ゲラーテン/ 《geriet; geraten》動 ①(英get) (ある場所に)偶然に[誤って]行き着く;《in et¹》(…な状態に)陥る[なる];《an j⁴/et⁴》(好ましくない…と)偶然かかわり合う ②《j³》(物事が人に)…なように)運ぶ ③《nach j³》(人に)似ている

das **Geräusch** /ゲロイシュ/ 《-(e)s/-e》(英noise) 雑音, 騒音; 音, 物音

gerecht /ゲレヒト/ 形 (英fair) 公正な, 公平な; 正当な, 当然の ***j³/et³ gerecht werden*** (…を)正当に評価する[扱う]

die **Gerechtigkeit** /ゲレヒティヒカイト/ 《-/》(英justice) 正義

das **Gericht** /ゲリヒト/ 《-(e)s/-e》① (英dish) 料理 ② (英court) 裁判所, 法廷;《集合的に》裁判官; 裁判; 審判

gering /ゲリング/ 形 (英little) わずかな, 少ない; 小さい, ささいな ***nicht im Geringsten*** 全然…でない

das **Gerippe** /ゲリッペ/ 《-s/-》(英skeleton) 骸骨

gerissen /ゲリッセン/ 形 (英crafty) ずるがしこい

gern(e) /ゲルン/[ア] 副《lieber; am liebsten》(英gladly) 喜んで, 好んで, 進んで; …してもかまわない ¶ Kommen Sie mit?–Ja, gern! 一緒に行きますか–ええ, 喜んで ***j⁴ gern haben***(人…が)好きだ

der **Geruch** /ゲルフ/ 《-(e)s/Gerüche》(英smell) におい, 香り

das **Gerücht** /ゲリュヒト/ 《-(e)s/-e》(英rumor) うわさ, 風説

das **Gerüst** /ゲリュスト/ 《-(e)s/-e》(英scaffolding) 足場, 骨組み

gesamt /ゲザムト/ 形(英whole) すべての, 全部の, 全員の

die **Gesamt・schule** /ゲザムトシューレ/ 《-/》comprehensive school》総合学校

das **Geschäft** /ゲシェフト/ 《-(e)s/-e》(英business) 仕事, 商売, 取引, ビジネス; 店, 商店, 会社

der **Geschäfts・führer** /ゲシェフツフューラー/ (英manager) 経営者

geschehen /ゲシェーエン/ 《geschah; geschehen》動(英happen) 起こる, 生じる; 実施[実行]される;《j³》(人の身に)ふりかかる ***Gern(e) geschehen!*** どういたしまして

gescheit /ゲシャイト/ 形 (英clever) 賢い, 利口な

das **Geschenk** /ゲシェンク/ 《-(e)s/-e》(英present) 贈り物, プレゼント ***j³ ein Geschenk machen***(人に)贈り物をする ***j³ et⁴ zum Geschenk machen***(人に…を)贈る

die **Geschichte** /ゲシヒテ/ 《-/-n》① (英history) 歴史, (学科としての)歴史(学); 歴史書 ②

(英story) 物語, 話;《話》作り話 ③《話》出来事

das Geschick /ゲシック/ (–(e)s/–e) (英skill) 器用, 要領

geschickt /ゲシックト/ 形 (英skilful) 器用な, 上手な, 巧みな;(英clever) 賢い, 利口な

geschieden /ゲシーデン/ 形 (英divorced) 離婚した

das **Geschirr** /ゲシル/ (–(e)s/–e) (英dishes) 食器類;食器一式

das **Geschlecht** /ゲシュレヒト/ (–(e)s/–er) (英sex) 性;性別

geschlossen /ゲシュロッセン/ 形 (英closed) 閉ざされた, 閉鎖[排他]的な, 非公開の

der **Geschmack** /ゲシュマック/ (–(e)s/Geschmäcke) (英taste) 味, 風味;味覚;好み, 嗜好(しこう);(美的)センス *Die Geschmäcke(r) sind verschieden.* 《諺》蓼(たで)食う虫も好き好き

geschmacklos /ゲシュマックロース/ 形 (英tasteless) 趣味の悪い

die **Geschwindigkeit** /ゲシュヴィンディヒカイト/ (–/–en) (英speed) 速度, 速さ, スピード

die **Geschwindigkeits-beschränkung** /ゲシュヴィンディヒカイツベシュレンクング/ (–/–en) (英speed limit) 速度制限

das **Geschwister** /ゲシュヴィスター/ (–s/–) (英sibling) 兄弟姉妹

der/die **Geschworene** /ゲシュヴォーレネ/ (英juror) 陪審員

gesellig /ゲゼリヒ/ 形 (英sociable) 人付き合いのよい;楽しい

die **Gesellschaft** /ゲゼルシャフト/ (–/–en) ①(英society) 社会;団体, 協会;集い, パーティー ②(英company) 連れ, 仲間;つき合い;会社

das **Gesetz** /ゲゼッツ/ (–es/–e) (英law) 法, 法律, おきて;(行動の)規準, 規範;法則

gesetzlich /ゲゼッツリヒ/ 形 (英legal) 法律(上)の;法定の

das **Gesicht** /ゲズィヒト/ (–(e)s/–er) (英face) 顔;顔つき, 表情 *das Gesicht verlieren* 面目を失う *ein langes Gesicht machen* がっかりした顔をする

gespannt /ゲシュパント/ 形 (英expectant) わくわくした, 緊張した

das **Gespenst** /ゲシュペンスト/ (–(e)s/–er) (英ghost) 幽霊, 亡霊, お化け

das **Gespräch** /ゲシュプレーヒ/ (–(e)s/–e) (英conversation) 会話, 対話;話し合い;通話;話題 *im Gespräch sein* 話題[議題]になっている

die **Gestalt** /ゲシュタルト/ (–/–en) (英figure) 姿, 形, 格好;人影, 物影;登場人物 *Gestalt an|-nehmen* (計画などが)具体化する

gestatten /ゲシュタッテン/ 動 (英allow) ((j³ et⁴ [zu不定詞句])) (人に…(すること)を)許す *Gestatten Sie?* ((人の前を通るとき))失礼します;((どいてもらうとき))ちょっとよろしいですか;((人に飲み物を勧めて))いかがですか

gestern /ゲスターン/ 副 (英yesterday) きのう, 昨日 ¶ gestern Morgen [Nachmittag, Abend] きのうの朝[午後, 晩](に) *nicht von gestern sein* 《話》昨日や今日生まれたわけではない, (そんな手に乗るほど)うぶではない

gestreift /ゲシュトライフト/ 形 (英striped) 縞模様の

gesund /ゲズント/ 形 (英healthy) 健康(的)な, じょうぶな;健全な

die **Gesundheit** /ゲズントハイト/ (–/) (英health) 健康 *Gesundheit!* (くしゃみをした人に)お大事に

das **Getränk** /ゲトレンク/ (–(e)s/–e) (英drink) 飲み物

die **Getränke·karte** /ゲトレンケカルテ/ (英list of beverages)

飲み物のメニュー

das **Getreide** /ゲトライデ/ (–s/–) (㉎grain) 穀物, 穀類

die **Gewalt** /ゲヴァルト/ (–/–en) (㉎power) 権力, 権限, 支配権;(㉎violence) 暴力, 腕力;(㉎force)(自然の)猛威 *mit Gewalt* 力ずくで;なんとしても

gewalttätig /ゲヴァルトテーティヒ/ [形](㉎violent) 乱暴な, 暴力的な

das **Gewehr** /ゲヴェーア/ (–(e)s/–e) (㉎rifle)(小)銃, 銃器, 鉄砲

die **Gewerkschaft** /ゲヴェルクシャフト/ (–/–en) (㉎trade union) 労働組合

das **Gewicht** /ゲヴィヒト/ (–(e)s/–e) (㉎weight) ①重さ, 重量;体重 ②重要性, 重み ③(はかりの)分銅;おもり

der **Gewinn** /ゲヴィン/ (–(e)s/–e) (㉎profit) 利益, 利潤, もうけ;賞金

gewinnen /ゲヴィネン/ (gewann; gewonnen) [動]①(㉎win) 得る, 手に入れる, 取得する, 獲得する;(勝負に)勝つ;(尊敬・信頼・愛などを)勝ち取る;((*j*⁴ *für et*⁴)) (人を…の)味方にする[つける] ②(くじ・賞金を)当てる;(くじが)当たる

gewiss /ゲヴィス/ [形]①(㉎sure) ((*j*³))(人にとって)確実な, 確かな ②(副詞的)きっと, 確かに ¶ gewiss..., aber ... 確かに…だが, …

das **Gewissen** /ゲヴィッセン/ (–s/–) (㉎conscience) 良心 ¶ ein gutes [schlechtes] Gewissen haben 心にやましいところがない[ある] *j*³ *ins Gewissen reden* (人の)良心に訴える

gewissenhaft /ゲヴィッセンハフト/ [形](㉎conscientious) 良心的な, 丁寧な, きちんとした

das **Gewitter** /ゲヴィッター/ (–s/–) (㉎thunderstorm) 雷雨

gewöhnen /ゲヴェーネン/ [動] (㉎accustom oneself) ((*sich*⁴ an *j*⁴/*et*⁴))(…に)なじむ, 慣れる

die **Gewohnheit** /ゲヴォーンハイト/ (–/–en) (㉎habit) 習慣, 癖

gewöhnlich /ゲヴェーンリヒ/ [形](㉎common) 普通の, ありふれた;いつもの

gewohnt /ゲヴォーント/ [形] (㉎accustomed) 慣れ親しんだ, よく知っている

das **Gewürz** /ゲヴュルツ/ (–es/–e) (㉎spice) 香辛料, スパイス;調味料

gierig /ギーリヒ/ [形](㉎greedy) がつがつした, 食欲な

gießen /ギーセン/ (goss, gegossen)[動](㉎pour) 注ぐ;(植物に)水をやる

das **Gift** /ギフト/ (–(e)s/–e) (㉎poison) 毒, 毒薬, 毒物

giftig /ギフティヒ/ [形](㉎poisonous) 毒性の, 毒のある

der **Gipfel** /ギプフェル/ (–s/–) (㉎peak) 山頂, 頂上;頂点, 絶頂;(㉎summit) 最高首脳会議, サミット

der **Gips** /ギプス/ (–es/) (㉎plaster) 石膏;ギプス

das **Giro・konto** /ジーロコント/ (㉎current account) 当座預金口座

die **Gitarre** /ギタレ/ (–/–n) (㉎guitar) ギター ¶ Gitarre spielen ギターを弾く[演奏する]

das **Gitter** /ギター/ (–s/–) (㉎bars) 格子;(格子状の)柵

der **Glanz** /グランツ/ (–es/) (㉎shine) 輝き;つや, 光沢

glänzen /グレンツェン/ [動] (㉎shine) 輝く, きらめく

glänzend /グレンツェント/ [形] (㉎brilliant) 素晴らしい

das **Glas** /グラース/ (–es/Gläser) (㉎glass) ガラス;グラス, コップ;ガラス瓶;グラス[コップ]1杯の量;眼鏡 ¶ ein Glas Wein ワイン1杯

glatt /グラット/ [形](㉎smooth) 滑らかな;しわのない;(凍ったりして)つるつるした[滑る];円滑な,

問題のない；《話》明らかな、まったくの；《話》《副詞的》きっぱりと

das **Glatt·eis** /グラットアイス/ (英black ice) (道路などの) つるつるの氷［氷結面］

der **Glaube** /グラオベ/ 《-ns/-n》 (英belief) 信念, 確信；信仰

glauben /グラオベン/ 動 (英believe) 信じる；(…だと) 思う；《j^4》(人の言うことを) 信用する；《an j^4/et^4》(人を正しいと) 信じる, (神・幽霊などの) 存在を信じる ¶ Ja, ich glaube schon. ええ, そうだと思います／Nein, ich glaube nicht. いえ, 違うと思う **dran glauben müssen** 《話》死ぬはめになる；いやな目にあう, 貧乏くじを引く

gleich /グライヒ/ ❶ 形 ① (英equal) 同じ (に), 等しい [く], イコールの；同様の, 似通った ¶ am gleichen Tag 同じ日に ② 《j^3》(人にとって) どう［どちら］でもよい, 重要でない ❷ 副 (英at once) すぐ, 直ちに；すぐ近くに ¶ Er kommt gleich. 彼はすぐに来ます

gleichberechtigt /グライヒベレヒティヒト/ 形 (英with equal rights) 権利の同等な, 平等な

gleichen /グライヒェン/ 《glich; geglichen》 動 (英be like) 《j^3/et^3 in et^3》(…の点で…に) 似ている

gleichfalls /グライヒファルス/ 副 (英 likewise) 同じく, 同様に ¶ Schönes Wochenende!–Danke, gleichfalls. よい週末を―ありがとう, あなたもね

das **Gleichgewicht** /グライヒゲヴィヒト/ 《-(e)s/》(英balance) 釣り合い, 均衡；落ち着き

gleichgültig /グライヒギュルティヒ/ 形 (英indifferent) 無関心な, 無頓着な；《j^3》(人にとって) どうでもよい, 重要でない

gleichmäßig /グライヒメースィヒ/ 形 (英regular) 規則正しい；一様な, 平等な

gleichzeitig /グライヒツァイティヒ/ 形 (英simultaneous) 同時の

das **Gleis** /グライス/ 《-es/-e》(英track) 番線, ホーム；レール, 軌道

das **Glied** /グリート/ 《-(e)s/-er》(英 limb) (人間・動物の) 手足；関節

die **Glocke** /グロッケ/ 《-/-n》(英 bell) 鐘, 釣り鐘；呼び鈴, ベル

das **Glück** /グリュック/ 《-(e)s/》(英 (good) luck) 幸運；(英 happiness) 幸福, 幸せ ¶ Ich wünsche dir viel Glück! = Viel Glück! 幸運［成功］を祈る **sein Glück versuchen [probieren]** 運試しをする **zum Glück** 幸運にも；運よく

glücklich /グリュックリヒ/ 形 (英lucky) 幸運な；無事な；幸せな；具合［都合］のいい

glücklicherweise /グリュックリヒァーヴァイゼ/ 副 (英luckily) 幸運にも, 幸い

der **Glück·wunsch** /グリュックヴンシュ/ (英congratulation) お祝いの言葉 ¶ Herzlichen Glückwunsch zum Geburtstag [zur Geburt Ihres Kindes]! 誕生日［お子さんのご誕生］おめでとう

die **Glüh·birne** /グリュービルネ/ (英light bulb) 電球

glühen /グリューエン/ 動 (英 glow) 赤く燃える；《vor et^3》(顔・ほおが) 紅潮する

die **Glut** /グルート/ 《-/-en》(英embers) 燃えさし；灼熱 (しゃくねつ)；激情

die **Gnade** /グナーデ/ 《-/-n》(英mercy) 赦免, 恩赦

das **Gold** /ゴルト/ 《-(e)s/》(英gold) 金 *Es ist nicht alles Gold, was glänzt.* 《諺》輝くもの必ずしも金にあらず

das **Golf** /ゴルフ/ 《-(e)s/-e》(英golf) ゴルフ ¶ Golf spielen ゴルフをする

der **Gott** /ゴット/ 《-(e)s/Götter》(英god) 神 *Gott sei Dank!* やれやれ；よかった *Gott weiß* 《挿

入句として疑問詞と》)…かは神のみぞ知る[だれも知らない] *Grüß Gott!* ((⦅南部・⦆)) こんにちは

der **Gottes·dienst** /ゴッテスディーンスト/ (⦅英⦆Mass) 礼拝, ミサ

die **Göttin** /ゲッティン/ (⦅-/-nen⦆) (⦅英⦆goddess) 女神

das **Grab** /グラープ/ (⦅-(e)s/Gräber⦆) (⦅英⦆grave) 墓, 墓穴 *sich³ sein eigenes Grab graben [schaufeln]* 墓穴を掘る

graben /グラーベン/ (grub; gegraben) 動 (⦅英⦆dig) (穴などを)掘る

der **Grad** /グラート/ (⦅-(e)s/-e(-)⦆) (⦅英⦆degree) (温度・緯度などの)度;程度;階級, 位

der **Graf** /グラーフ/ (⦅-en/-en⦆) (*die Gräfin*) (⦅英⦆count) 伯爵, 伯

das **Gramm** /グラム/ (⦅-s/-e(-)⦆) (⦅英⦆gram) グラム

die **Grammatik** /グラマティク/ (⦅-/-en⦆) (⦅英⦆grammar) 文法(書)

das **Gras** /グラース/ (⦅-es/Gräser⦆) (⦅英⦆grass) 草;草地, 芝生

grässlich /グレスリヒ/ 形 (⦅英⦆horrible) 恐ろしい, ぞっとするような;残忍な;ひどい

die **Gräte** /グレーテ/ (⦅-/-n⦆) (⦅英⦆(fish) bone) 魚の骨

gratis /グラーティス/ 副 (⦅英⦆free (charge)) 無料で, ただで

gratulieren /グラトゥリーレン/ 動 (⦅英⦆congratulate) ((*j³*))(人に)お祝いを言う ¶ *Ich gratuliere!* おめでとう

grau /グラオ/ 形 (⦅英⦆gray) 灰色の, ねずみ色の;白髪の;わびしい, 単調な, 悲観的な

grausam /グラオザーム/ 形 (⦅英⦆cruel) 残酷な, 残忍な;恐ろしい;ひどい

greifen /グライフェン/ (griff; gegriffen) 動 (⦅英⦆grasp) つかむ;(つかもうとして…へ) 手を伸ばす

grell /グレル/ 形 (⦅英⦆glaring) まぶしい;(声が)甲高い;(色が)どぎつい

die **Grenze** /グレンツェ/ (⦅-/-n⦆) (⦅英⦆border) 境界(線), 国境;(⦅英⦆limit) 限界, 限度 ¶ *an der Grenze* 国境で(の) / *über die Grenze gehen* 国境を越える *seine Grenzen kennen* 節度[能力の限界]を心得ている

grenzen /グレンツェン/ 動 (⦅英⦆border) 境界で接している

der **Grieche** /グリーヒェ/ (⦅-n/-n⦆) (*die Griechin*) (⦅英⦆Greek) ギリシャ人

(*das*) **Griechenland** /グリーヒェンラント/ (⦅英⦆Greece) ギリシャ

griechisch /グリーヒシュ/ 形 (⦅英⦆Greek) ギリシャ(人, 語)の

der **Griff** /グリフ/ (⦅-(e)s/-e⦆) (⦅英⦆grip) つかむこと, 握ること;(道具などの)握り, 柄(ᵃ), 取っ手 *et⁴ im Griff(e) haben* (…を)掌握[コントロール]している

der **Grill** /グリル/ (⦅-s/-s⦆) (⦅英⦆grill) (肉を焼くための)グリル

die **Grille** /グリレ/ (⦅-/-n⦆) (⦅英⦆cricket) こおろぎ

grillen /グリレン/ 動 (⦅英⦆grill) グリルで焼く

grinsen /グリンゼン/ 動 (⦅英⦆grin) にやにや笑う

die **Grippe** /グリッペ/ (⦅-/-n⦆) (⦅英⦆influenza) インフルエンザ, 流感

grob /グロープ/ 形 (gröber; gröbst) (⦅英⦆coarse) 粗い;粗削りの, ごつごつした;粗野な, 不作法な;大まかな;はなはだしい

der **Groschen** /グロッシェン/ (⦅-s/-⦆) (⦅英⦆groschen) グロッシェン (ユーロ導入以前のオーストリアの貨幣)

groß /グロース/ 形 (größer; größt) (⦅英⦆big) ①大きい, 大規模な, 広大な;数量の多い;背が高い ②偉大な;重要[重大]な;盛大な;すばらしい;感嘆すべき ③年長の;成長した *Groß und Klein* 大人も子供も, だれもかれも *im Großen und Ganzen* 大体において

großartig /グロースアールティヒ/

Großbritannien ▶

形 (英magnificent) すばらしい, りっぱな；堂々たる

(das) **Großbritannien** /グロースブリタニエン/ (英Great Britain) イギリス連合王国

die **Größe** /グレーセ/ (–/–n) ① (英size) 大きさ, 規模, 身長, 面積, 容積, 寸法, サイズ ②重要性；偉大さ：大物 ③値

die **Groß·eltern** /グロースエルターン/ (英grand parents) 祖父母

die **Groß·mutter** /グロースムッター/ (英grandmother) 祖母

groß|schreiben /グロースシュライベン/ 動 (英write with a capital) 大文字で書く

die **Groß·stadt** /グロースシュタット/ (英big city) 大都市

der **Groß·vater** /グロースファーター/ (英grandfather) 祖父

großzügig /グロースツューギヒ/ 形 (英generous) 気まえのいい；寛大な

grün /グリューン/ 形① (英green) 緑の, 緑色の ¶ Ein grüner Salat, bitte. グリーンサラダを一つお願いします ②未熟な, 青くさい, 経験の乏しい

der **Grund** /グルント/ (–es(–s)/Gründe) ①(英 ground) 土地, 地面；(川・容器などの)底；地 ② (英reason) ((für *et*)) (…の)理由, 根拠 ¶ ohne Grund 理由もなく *im Grunde* (*genommen*) 根本において；要するに

gründen /グリュンデン/ 動 (英found) (…を) 創設する

die **Grund·lage** /グルントラーゲ/ (英basis) 基礎, 基盤

gründlich /グリュントリヒ/ 形 (英thorough) 徹底的な, 綿密な

grundsätzlich /グルントゼッツリヒ/ 形 (英on [in] principle) 原則 [原理, 基本] 的な；大体の

die **Grund·schule** /グルントシューレ/ (英primary school) 小学校

das **Grund·stück** /グルントシュテュック/ (英plot (of land)) 土地, 地所

die **Gruppe** /グルッペ/ (–/–n) (英group) グループ, 集団, 群

der **Gruß** /グルース/ (–es/Grüße) (英greeting) あいさつ(の言葉), 会釈

grüßen /グリューセン/ 動 (英greet) (人に)あいさつする *Grüß dich!* ((話))こんにちは

gucken /グッケン/ ((話))動 (英look) 見る, のぞく；(…な)目つきをしている ¶ Guck mal! 見て(ごらん)

gültig /ギュルティヒ/ 形(英valid) 有効な, 通用している；妥当な

der (das) **Gummi** /グミ/ ①(–s/–(s)) (英rubber) ゴム ②(–s/–s) 消しゴム；((話))コンドーム

das **Gummi·band** /グミバント/ (英rubber band) 輪ゴム

günstig /ギュンスティヒ/ 形 (英favorable) 好都合な, 有利な, 恵まれた

die **Gurke** /グルケ/ (–/–n) (英cucumber) きゅうり

der **Gurt** /グルト/ (–(e)s/–e) (英belt) バンド, ベルト

der **Gürtel** /ギュルテル/ (–s/–) (英 belt) (衣服の) ベルト, バンド *den Gürtel enger schnallen* ((話))財布のひもを締める, 支出を切り詰める

gut /グート/ 形 (besser; best) (英good) ①よい, 善良な；誠実な；親切な；(技量の)優れた, 有能な；(成績評価で)優の ¶ ein guter Arzt 優秀な医者 ②健全な；上等の, 良質の；すばらしい；上品な；行儀のよい；好ましい ¶ Das Essen war gut. 料理はおいしかった ③(数・量の)十分な, たっぷりの ¶ Ich kenne ihn nicht gut. 彼のことはよく知らない *so gut wie …* ほとんど…(である)

die **Güte** /ギューテ/ (–/) (英kindness) 親切, 好意 *Ach, du meine [liebe] Güte!* ((話))へ

え, おやおや, これは驚いた
der **Güter·zug** /ギューターツーク/ 《英freight train》貨物列車
der **Gut·schein** /グートシャイン/ 《英voucher》商品券
das **Gymnasium** /ギュムナーズィウム/ 《-s/..sien》《英grammar school》ギムナジウム
die **Gymnastik** /ギュムナスティク/ 《-/-》《英physical exercises》体操

H, h

das **Haar** /ハール/ 《-(e)s/-e》《英hair》髪の毛；体毛；(動物の)毛 **um ein Haar**《話》危うく, 間一髪で
der **Haarschnitt** /ハールシュニット/ 《-(e)s/-e》《英haircut》ヘアカット；髪型, ヘアスタイル
haben /ハーベン/ 《hatte; gehabt》❶ 動① 《英have》持っている；(…が)ある；手に入れる ¶ Ich habe drei Kinder. 子供が3人います ② 感じる, 心に抱く；(病気などに)かかっている ③ (天候などが…で)ある, (…が)ある ④《es+形容詞》(状態などで)ある；(…をある場所に…して)ある ¶ Ich habe es eilig. 急いでいます ⑤《+zu不定詞句》(…)しなければならない ¶ Ich habe nichts zu verzollen. 何も課税申告するものはありません ❷ 助動《過去分詞とともに完了形を作る》¶ Ich habe meinen Pass verloren. パスポートをなくしました **et⁴ hinter sich³ haben**（辛いことなどを）経験済みである **j⁴/et⁴ vor sich³ haben** (…を)目前にしている **Ich hab's!**《話》分かった；見つけた
hacken /ハッケン/ 動① 《英chop》(おのなどで…を)割る, (野菜・肉などを)刻む ② (くわで…を)耕す
das **Hack·fleisch** /ハックフライシュ/ 《英minced meat》ひき肉
der **Hafen** /ハーフェン/ 《-s/Häfen》《英harbor》港
haften /ハフテン/ 動① 《英stick》くっついて[貼りついて]いる ② 《英be liable》《für et⁴》(…の)責任を負う, 請け合う
die **Haftung** /ハフトゥング/ 《-/-》《英liability》責任, 損害賠償の義務
der **Hagel** /ハーゲル/ 《-s/-》《英hail》ひょう, あられ
hageln /ハーゲルン/ 動《英hail》《Es hagelt.》ひょう[あられ]が降る；(非難などが)雨あられと降る
der **Hahn** /ハーン/ 《-(e)s/Hähne》《英cock》おんどり；《-(e)s/-en》(水道などの)栓, コック, 蛇口
das **Hähnchen** /ヘーンヒェン/ 《-s/-》《英chicken》雄の若鶏；ブロイラー
der **Hai** /ハイ/ 《-(e)s/-e》《英shark》サメ（鮫）
häkeln /ヘーケルン/ 動《英crochet》鉤針(かぎばり)で編む
der **Haken** /ハーケン/ 《-s/-》《英hook》留め金；(洋服・帽子の)掛け釘；鉤(かぎ), フック；かぎ印；難点, 問題点 *Die Sache hat einen Haken.* それには一つ難点がある
halb /ハルプ/ 形《英half》2分の1, 半分の；《副詞的》《話》ほとんど, ほぼ, 途中 ¶ in einer halben Stunde 30分後(に) /um halb fünf 4時半 **halb..., halb...** 半ば…半ば… **halb und halb** だいたい
halbieren /ハルビーレン/ 動《英halve》半分にする
die **Halb·insel** /ハルプインゼル/ 《英peninsula》半島
das **Halb·jahr** /ハルプヤール/ 《英a half year》半年
der **Halb·kreis** /ハルプクライス/ 《英semicircle》半円
die **Halb·pension** /ハルプペンズィオーン/ 《英half board》2食付きの宿泊
halbwegs /ハルプヴェークス/ 副《英to some extent》一応, ある

Halbzeit

程度, まあまあ

die Halb·zeit /ハルプツァイト/ (英half time) ハーフタイム

die Hälfte /ヘルフテ/ 《-/-n》(英half) 半分, 2分の1 *meine bessere Hälfte*《ふざけて》私の女房[夫]

die Halle /ハレ/ 《-/-n》(英hall) ホール, 体育館, 展示場;(駅・ホテルなどの) ロビー

das Hallen·bad /ハレンバート/ (英indoor swimming pool) 屋内プール

hallo 間 /ハロ/ (英hello) (呼びかけて) ちょっと, やあ;(電話で)もしもし

der Hals /ハルス/ 《-es/Hälse》(英neck) 首, 首筋, うなじ;(英throat) のど;(びんなどの) 首 *j⁴ auf dem Halse haben* 《話》(人に)煩わされている

das Hals·band /ハルスバント/ (英collar) 首輪

halt /ハルト/ 間 (英stop) 止まれ, やめろ;まあ…だから(仕方がない), とにかく

der Halt /ハルト/ 《-(e)s/-e》① (英hold) 支え, よりどころ ② 停車, 停止 *Halt machen* 止まる, 休憩する

haltbar /ハルトバール/ 形 (英keep)(食品・製品が)長持ち[日持ち]する;(主張などが)しっかりしている

halten /ハルテン/ 《hielt; gehalten》動 ①(英hold) 持っている, つかんでいる ¶ Kannst du bitte kurz die Tasche halten? ちょっとバッグを持っていてくれる ② (英keep) 維持する, 続ける;(約束などを)守る;(一定の状態に)保つ;(動物を)飼っている ③【球】(ゴールキーパーがシュートを)防ぐ ④《j³/et⁴ für j³/et⁴》(…を…と)見なす, 思う ¶ Was halten Sie von Österreich? オーストリアはいかがですか ⑤《動作を表す名詞と》行う, する ⑥ (英stop) 止まる, 停車する ¶ Halten Sie bitte hier. ここで止めてください ⑦ (関係・状態などが)持続する, 長持ちする;《sich⁴》持ちこたえる, もつ;(食品が)日持ちする ⑧《sich⁴ an j⁴》(人に)頼る, すがる;《zu j³》(人に)味方する

die Halte·stelle /ハルテシュテレ/ (英stop) (バス・路面電車の)停留所;(地下鉄などの) 駅

die Haltung /ハルトゥング/ 《-/-en》① (英attitude) 姿勢, 構え;態度, 振る舞い ② 飼育

das Hammel·fleisch /ハメルフライシュ/ (英mutton) マトン, 羊肉

der Hammer /ハマー/ 《-s/Hämmer》① (英hammer) 金づち, 木づち, ハンマー ②《話》大きなミス[間違い]

hämmern /ヘマーン/ 動 (英hammer) ハンマーで加工する;(…を…に)たたき込む;トントン打つ[たたく];(心臓が) どきどきする

die Hand /ハント/ 《-/Hände》(英hand) 手 (手首から先) *et⁴ in die Hand nehmen* (…を)引き受ける *j² rechte Hand sein* (人の) 右腕である *et⁴ zur Hand nehmen* (…を)手に取る

die Hand·arbeit /ハントアルバイト/ (英handicraft) 手仕事, 手作りの品

der Handel /ハンデル/ 《-s/Händel》(英trade) 取り引き, 商売

handeln /ハンデルン/ 動 ① (英trade)《mit et³》(…を) 商う, 売買する;《um et⁴》(…の値段を)値切る ②(英act) 行動する, ふるまう;(英deal with)《von et³》(…を) 取り扱う, 論じる *Es handelt sich⁴ um j³/et⁴.* (…が)問題[重要]である

die Handels·schule /ハンデルスシューレ/ (英commercial college) 商業学校

die Hand·fläche /ハントフレッヒェ/ (英palm) 掌

das **Hand·gelenk** /ハントゲレンク/ (英wrist) 手首

das **Hand·gepäck** /ハントゲペック/ (英baggage) 手荷物

handhaben /ハントハーベン/ 動(英handle) (道具を)使いこなす；(法律を)適用する

der **Händler** /ヘンドラー/ (-s/-) (英dealer) 商人，小売商人

die **Handlung** /ハンドルング/ (-/-en) ①(英act) 行為, 行動, 行い ②(小説・劇の)ストーリー, 筋 ③商店

die **Hand·schrift** /ハントシュリフト/ (英handwriting) 筆跡；写本

der **Hand·schuh** /ハントシュー/ (英glove) 手袋 ¶ Handschuhe tragen [an|ziehen] 手袋をしている[はめる]

die **Hand·tasche** /ハントタッシェ/ (英handbag) ハンドバッグ

das **Hand·tuch** /ハントトゥーフ/ (英towel) タオル, 手ぬぐい

der **Handwerker** /ハントヴェルカー/ (-s/-) (英craftsman) 職人, 手工業者

das **Handy** /ヘンディ/ (-s/-s) (英mobile (phone)) 携帯電話

die **Hänge·matte** /ヘンゲマッテ/ (英hammock) ハンモック

hängen /ヘンゲン/ 動(hing; gehangen) ①(英hang) ぶら下っている, 垂れ下がっている；引っ掛かっている；くっついている ¶ Eine Lampe hängt an der Decke. 電気が1つ天井から下がっている ②掛ける, ぶら下げる, つるす；(体の一部を)垂らす；(動物を)つなぐ；(人を)絞首刑にする ③((an *j³*/*et³*)) (…に)執着する, 愛着がある；…次第である

hängen bleiben (ある場所に)引っ掛かっている；((話))留年する

die **Harfe** /ハルフェ/ (-/-n) (英harp) ハープ, たて琴

harmlos /ハルムロース/ 形 (英harmless) 悪意のない, 無邪気な；無害の, 危険のない

die **Harmonie** /ハルモニー/ (-/-n) (英harmony) ハーモニー；調和, 協調

hart /ハルト/ 形 (härter; härtest) ①(英hard) 堅[固]い, 硬質の ¶ harte Kontaktlinsen ハードコンタクトレンズ ②辛い, 苦しい；厳しい, 苛酷な ③非情［冷酷］な, 容赦のない *Es geht hart auf hart.* 緊迫した[厳しい]事態である

die **Härte** /ヘルテ/ (-/-n) (英hardness) 硬さ, 硬度；厳しさ, 辛さ；強烈さ, 激しさ

der **Hase** /ハーゼ/ (-n/-n) (*die* Häsin) (英hare) ウサギ(兎)

die **Hasel·nuss** /ハーゼルヌス/ (英hazelnut) ヘーゼルナッツ

der **Hass** /ハス/ (-es/) (英hatred) 憎しみ, 憎悪, 嫌悪

hassen /ハッセン/ 動(英hate) 憎む, 憎悪する；大嫌いである

hässlich /ヘスリヒ/ 形(英ugly) 醜い, 見苦しい；不快な, いやな

hastig /ハスティヒ/ 形(英hasty) 性急な, 慌しい, 慌てた

die **Haube** /ハオベ/ (-/-n) (英bonnet) (女性用の)帽子, ずきん；(自動車の)ボンネット

hauen /ハオエン/ (haute, hieb; gehauen) 動(英hit) ((話))打つ, たたく, 殴る；((*et¹* in *et³*))(…を刻んで…に)作り上げる

der **Haufen** /ハオフェン/ (-s/-) (英heap) 堆積；…の山；多量, 多数 ¶ ein Haufen Geld kosten お金がたくさんかかる

häufig /ホイフィヒ/ 形(英frequent) たびたび[しばしば]の, よくある ¶ Ich habe häufig Magenschmerzen. 胃が痛くなることがよくあります

der **Haupt·bahnhof** /ハオプトバーンホーフ/ (英main station) (大都市の)中央駅

der **Haupt·eingang** /ハオプトアインガング/ (英main entry) 正門, 表玄関, 中央口

das **Haupt·gericht** /ハオプト

Hauptrolle

ゲリヒト/ ((英) main dish) メインディッシュ

die **Haupt·rolle** /ハオプトロレ/ ((英)leading role) 主役

die **Haupt·sache** /ハオプトザッヘ/ ((英) most important thing) 最も重要な事 *in der Hauptsache* とりわけ, まず第一に

hauptsächlich /ハオプトゼヒリヒ/ 副((英)mainly) 主として, 特に, とりわけ

die **Haupt·stadt** /ハオプトシュタット/ ((英)capital) 首都；州都

die **Haupt·straße** /ハオプトシュトラーセ/ ((英)main street) 大通り, メインストリート

das **Haus** /ハオス/ (–es/Häuser) ① ((英)house) 家, 家屋；(公共の)建物, 施設；会社 ②家族；建物の居住者 *nach Hause gehen [fahren, kommen]* 家へ帰る, 帰宅する *zu Haus(e)* 自宅で

die **Haus·arbeit** /ハオスアルバイト/ ((英)homework) 家事；宿題

die **Haus·frau** /ハオスフラオ/ ((英)housewife) 主婦

der **Haus·halt** /ハオスハルト/ ((英) household) 家事；家計, 世帯；(国家の)財政, 予算

der **Haus·meister** /ハオスマイスター/ ((英)caretaker) (建物の)管理人

der **Haus·schlüssel** /ハオスシュリュッセル/ ((英)house key) 家の鍵

der **Haus·schuh** /ハオスシュー/ ((英)slipper) 室内履き

das **Haus·tier** /ハオスティーア/ ((英)pet) ペット

die **Haus·tür** /ハオステューア/ ((英)front door) 玄関のドア

die **Haut** /ハオト/ (–/Häute) ((英)skin) (人間の)皮膚, 肌, (動物の)皮；果皮 *aus der Haut fahren* ((話))怒る *nur noch Haut und Knochen sein* ((話))がりがりにやせている

die **Hebamme** /ヘーバアメ/ (–/–n) ((英)midwife) 助産婦, 産婆

der **Hebel** /ヘーベル/ (–s/–) ((英)lever) てこ, レバー

heben /ヘーベン/ (hob; gehoben) 動((英) lift) (持ち)上げる；向上[増進]させる；(財宝などを) 掘り出す；(沈んだ船を) 引き揚げる

die **Hecke** /ヘッケ/ (–/–n) ((英)hedge) 生垣, 垣根

der **Heer** /ヘーア/ (–(e)s/–) ((英)army) 軍, 軍隊；陸軍

die **Hefe** /ヘーフェ/ (–/) ((英)yeast) イースト

das **Heft** /ヘフト/ (–(e)s/–e) ((英) notebook) ノート；(雑誌の)号

heften /ヘフテン/ 動((英) pin, clip) (紙などを)とじる, (ポスターなどを)ピンでとめる

heftig /ヘフティヒ/ 形((英)violent) 激しい, 猛烈[強烈]な

die **Heft·klammer** /ヘフトクラマー/ ((英)stapler) ホチキスの針, クリップ

die **Heft·zwecke** /ヘフトツヴェッケ/ ((英)thumbtack) 画鋲

heil /ハイル/ 形((英)healed) 治った；無傷の, 無事な

heilen /ハイレン/ 動((英)heal) (病気・傷などが)治る；治す

heilig /ハイリヒ/ 形((英)holy) 神聖な, 聖なる

der **Heilig·abend** /ハイリヒアーベント/ ((英)Christmas Eve) クリスマスイブ

der/die **Heilige** /ハイリゲ/ ((英)saint) 聖人

das **Heim** /ハイム/ (–(e)s/–e) ((英)home) わが家, 住まい；施設, ホーム

die **Heimat** /ハイマート/ (–/–en) ((英)home) 故郷, ふるさと, 国

die **Heim·fahrt** /ハイムファールト/ ((英)journey home) 帰宅, 帰路

heimlich /ハイムリヒ/ 形((英)secret) 秘密の；こっそりとの

die **Heim·weg** /ハイムヴェーク/ ((英)way home) 帰宅, 家路

das **Heim・weh** /ハイムヴェー/ (㊥homesickness) ホームシック, 郷愁

die **Heirat** /ハイラート/ (-/-en) (㊥marriage) 結婚

heiraten /ハイラーテン/ 動 (㊥marry) (人と) 結婚する

heiser /ハイザー/ 形(㊥hoarse) しわがれた, かすれた, ハスキーな

heiß /ハイス/ 形(㊥hot) 熱い, 暑い; 熱烈な, 情熱的な ¶ heißes Wasser お湯

heißen /ハイセン/ (hieß; geheißen) 動 (㊥be called) …という名前である;…という意味である; (ある事柄が…を) 意味する ¶ Wie heißen Sie?–Ich heiße... お名前はなんといいますか–私は…と申します /Was soll das heißen? それはどういう意味ですか *das heißt* すなわち, つまり

heiter /ハイター/ 形 ① (㊥cheerful) (人が) 朗らかな, 明るい, 陽気な ② (天気が) よい, 晴れた

heizen /ハイツェン/ 動(㊥heat) 暖房する; (ストーブなどを) たく; (…を燃やして) 暖まる

die **Heizung** /ハイツング/ (-/-en) (㊥heating) 暖房, ヒーター

der **Held** /ヘルト/ (-en/-en) (㊥hero) 英雄, ヒーロー; (小説などの) 主人公

helfen /ヘルフェン/ (half; geholfen) 動(㊥help) ((j³)) (人に) 手を貸す, 助ける; 支援 [援助] する; ((j³ bei et³)) (人が…するのを) 手伝う; 役立つ; (薬などが) 効く; ((sich³)) 自力でなんとか切り抜ける ¶ Kann ich Ihnen helfen? 何かお困りですか; (店員が) いらっしゃいませ

der **Helfer** /ヘルファー/ (-s/-) (㊥help(er)) お手伝い; 支援者

hell /ヘル/ 形(㊥bright) 明るい; (色が) 明るい; (音が) 澄んだ

hellwach /ヘルヴァッハ/ 形 (㊥wide awake) はっきりと目が覚めた; 頭がさえた

der **Helm** /ヘルム/ (-(e)s/-e) (㊥helmet) ヘルメット

das **Hemd** /ヘムト/ (-(e)s/-en) (㊥shirt) ワイシャツ; 肌着

der **Hengst** /ヘングスト/ (-(e)s/-e) (㊥stallion) (雄の) 馬

der **Henkel** /ヘンケル/ (-s/-) (㊥handle) 取っ手

die **Henne** /ヘネ/ (-/-n) (㊥hen) めんどり

her /ヘーア/ 副(㊥here) ((空間的)) こちらへ, こちらの方へ; ((時間的)) 今まで, これまで *von... her* (…に) 基づいて, …からすると

herab /ヘラップ/ 副(㊥down) (こちらに) 下って

herab|setzen /ヘラップゼッツェン/ 動(㊥reduce) (価格などを) 下げる, (速度を) 落とす; 見くびる, 過小評価する

heran /ヘラン/ 副 (㊥here, near) こちらへ, 近寄って

heran|kommen /ヘランコメン/ 動(㊥come near) こっちへ来る, ((an j⁴/et⁴)) (…へ) 近づいてくる; (…に) 手が届く; 手にする

herauf /ヘラオフ/ 副(㊥up) (こちらに) 上がって

herauf|kommen /ヘラオフコメン/ 動(㊥come up) (話し手に向かって) やって来る; (太陽・月が) 昇ってくる

heraus /ヘラオス/ 副 (㊥out) (中からこちらの) 外へ (出て)

heraus|finden /ヘラオスフィンデン/ 動(㊥find out) 見つけ出す; (調べて) 突きとめる, わかる; ((sich⁴) aus et⁴)) (…から) 抜け出す

heraus|geben /ヘラオスゲーベン/ 動(㊥edit) (本などを) 編集する; (㊥publish) 出版する

heraus|kommen /ヘラオスコメン/ 動(㊥come out) (外へ) 出てくる; (新製品が) 市場に出回る, 発売される; (話) 明るみに出る, 公になる; 結果として出る

heraus|stellen /ヘラオスシュテレン/ 動(㊥put out) (中から外へ) 出す; 強調する; ((sich⁴)) 明ら

かになる
der **Herbst** /ヘルプスト/ (-(e)s/-e) (㊥autumn) 秋
der **Herd** /ヘーアト/ (-(e)s/-e) (㊥stove) レンジ, かまど, コンロ
die **Herde** /ヘーアデ/ (-/-n) (㊥herd) (牛などの) 群れ
herein /ヘライン/ 副 (㊥in) (外から) (こちらの) 中へ
herein|fallen /ヘラインファレン/ 動 (㊥be taken in) ((auf j^4/et^4)) (…に) だまされる
herein|kommen /ヘラインコメン/ 動 (㊥come in) 入ってくる
her|geben /ヘーアゲーベン/ 動 (㊥hand over) (こちらへ) 手渡す, よこす; 手放す, 譲り渡す
der **Hering** /ヘーリング/ (-s/-e) (㊥herring) 〖魚〗ニシン (鯡)
her|kommen /ヘーアコメン/ 動 (㊥come here) こちらへ来る; (…の) 出身である
die **Herkunft** /ヘーアクンフト/ (-/Herkünfte) (㊥origin) (人の) 出身, 家柄; (物事の) 起源, 由来
der **Herr** /ヘル/ (-n/-en) (㊥gentleman) 男の人, 男性, 殿方; 紳士; (㊥ Mr.) (呼びかけで) …さん, …様; …氏, (男の) 主人, あるじ; 主君, 支配者
her|richten /ヘーアリヒテン/ 動 (㊥get ready) 用意する; 修繕する; ((*sich*⁴)) 身なりを整える
herrlich /ヘルリヒ/ 形 (㊥marvelous) すばらしい, 見事な; 華麗な
herrschen /ヘルシェン/ 動 (㊥rule) 支配する, 統治する
her|stellen /ヘーアシュテレン/ 動 (㊥produce) 生産 [製造] する; 作り上げる, 築く
die **Herstellung** /ヘーアシュテルング/ (-/-en) (㊥production) 生産, 製造; (関係の) 成立, 樹立
herüber /ヘリューバー/ 副 (㊥over) (越えて) こちらへ, こちらの方へ
herum /ヘルム/ 副 (㊥around) ((um j^4/et^4)) (…の) 周りに; 周辺に

herum|drehen /ヘルムドレーエン/ 動 (㊥turn) (ハンドル・鍵などを) 回す; ((an et^3)) (…のつまみなどを) ぐるぐる回す; (焼き肉・コインなどを) 裏返す
herum|gehen /ヘルムゲーエン/ 動 (㊥go around) ((um j^4/et^4)) (…の周りを) ぐるりと回る, 避けて通る; (目的もなく) 歩き回る
herunter /ヘルンター/ 副 (㊥down) (こちらへ) 下って
herunter|fallen /ヘルンターファレン/ 動 (㊥fall down) こちらへ落ちてくる, 下りてくる
hervorragend /ヘアフォーアラーゲント/ 形 (㊥excellent) 抜きんでた, ずば抜けた, 抜群の
das **Herz** /ヘルツ/ (-ens/-en) (㊥heart) 心臓; 心; 心臓部, 中心 [中央] 部; ハート形のもの; 〖ジ〗ハート j^3 *am Herzen liegen* (…が人にとって) 気にかかる; 重要である j^3 *das Herz brechen* (人を) ひどく悲しませる *sich*³ *ein Herz fassen* 勇気を奮い起こす *von (ganzem) Herzen* 心より j^3 *wird [ist] das Herz schwer.* (人は) 気が重い
der **Herz・anfall** /ヘルツアンファル/ (㊥heart attack) 心臓発作, 心臓麻痺
herzlich /ヘルツリヒ/ 形 (㊥hearty) 心からの, 心のこもった; 親しげな ¶ *Herzlichen Glückwunsch!* おめでとう
herzlos /ヘルツロース/ 形 (㊥heartless) そっけない, 冷たい
der **Herzog** /ヘルツォーク/ (-(e)s/Herzöge) (㊥duke) 公爵
der **Herz・schlag** /ヘルツシュラーク/ (㊥heartbeat) 心臓の鼓動, 心拍; 心臓麻痺
hetzen /ヘッツェン/ 動 (㊥rush) (動物を) けしかける; (人を) 挑発する; ((*sich*⁴)) せかせかする
das **Heu** /ホイ/ (-(e)s/) (㊥hay) わら, 干草
heulen /ホイレン/ 動 (㊥howl)

(犬・狼が) 遠ぼえをする; (風・サイレンなどが) うなる; ((話)) 泣き叫ぶ, わめく

die **Heuschrecke** /ホイシュレッケ/ (-/-n) (英 grasshopper) バッタ, イナゴ

heute /ホイテ/ 副 (英 today) きょう; 今日, 現代

heutig /ホイティヒ/ 形 (英 today) きょうの, 今日の, 現代 [現在] の

heutzutage /ホイトツーターゲ/ 副 (英 nowadays) 今日 (では)

die **Hexe** /ヘクセ/ (-/-n) (英 witch) 魔女

hier /ヒーア/ 副 (英 here) ここに [で], この場で; 今, この時点で

hierher /ヒーアヘーア/ 副 (英 here) こちらへ, ここへ

hierhin /ヒーアヒン/ 副 (英 here) ここへ

die **Hilfe** /ヒルフェ/ (-/-n) (英 help) 助け, 手伝い, 援助, 支援; 手伝いの人, アシスタント ¶ Hilfe! 助けて *mit j²/et² Hilfe* (…の) 協力で; (…の) おかげで

hilflos /ヒルフロース/ 形 (英 helpless) 助けのない, なすすべがない, 途方に暮れた

hilfsbereit /ヒルフスベライト/ 形 (英 helpful) (人に) 進んで手をさしのべる, 親切な

die **Him・beere** /ヒンベーレ/ (英 raspberry) ラズベリー, キイチゴ

der **Himmel** /ヒメル/ (-s/-) (英 sky) 空, 天; (英 heaven) 天国 *im siebten Himmel sein* ((話)) この上なく幸せである

hin /ヒン/ 副 (英 there) ((空間的)) あちらへ, 向こうへ; ((時間的)) (ある時点に) 向かって, (…まで) ずっと *auf et⁴ hin* (…に) 基づいて *hin und her* 行ったり来たり; あちこち *hin und wieder* ときどき *hin und zurück* (切符で) 往復 ¶ Zweimal Bonn hin und zurück, bitte. ボンまで往復を2枚ください

hinauf /ヒナオフ/ 副 (英 up) (向こうの) 上へ

hinaus /ヒナオス/ 副 (英 out) (向こうの) 外へ

hinaus|gehen /ヒナオスゲーエン/ 動 (英 go out) 出て行く; (窓などが…に) 面して [通じて] いる; ((über j⁴/et⁴)) (…を) 越える

hindern /ヒンダーン/ 動 (英 hinder) ((j⁴ an [bei] et³)) (人が…するのを) 妨げる, 邪魔する, 妨害する

das **Hindernis** /ヒンダーニス/ (-ses/-se) (英 obstacle) 障害 (物); 差しさわり, 支障

hindurch /ヒンドゥルヒ/ 副 (英 through) ((durch et⁴)) ((空間的)) (…を) 通して, 貫いて; ((時間的)) (…の) 間じゅう, ずっと

hinein /ヒナイン/ 副 (英 in) (向こうの) 中へ

hinein|gehen /ヒナインゲーエン/ 動 (英 go in) ((in et⁴)) (…の) 中に入る; 収容できる

hin|fahren /ヒンファーレン/ 動 (英 go there) (乗り物で・人が乗り物で) 走って行く; (車で…を) 乗せて [運んで] いく

die **Hin・fahrt** /ヒンファールト/ (英 journey there) 行き, 往路

hin|fallen /ヒンファレン/ 動 (英 fall down) 転ぶ, 倒れる

hin|gehen /ヒンゲーエン/ 動 (英 go there) 行く; まあまあの出来である

hinken /ヒンケン/ 動 (英 limp) 足をひきずる

hin|kommen /ヒンコメン/ 動 (英 get there) (そこへ) 行く

hin|legen /ヒンレーゲン/ 動 (英 put) 置く; ((sich⁴)) 横になる

die **Hin・reise** /ヒンライゼ/ (英 journey there) 往路

hin|setzen /ヒンゼッツェン/ 動 (英 sit down) ((sich⁴)) 腰を下ろす

die **Hinsicht** /ヒンズィヒト/ (-/-en) (英 respect) 観点, 見地 *in Hinsicht auf et⁴* (…に) 関して; (…を) 考慮して

hin|stellen /ヒンシュテレン/ 動

(英put)(…をある場所に)立てる, 置く;((j⁴/et⁴ als j⁴/et⁴))(…を…と)みなす, 呼ぶ

hinten /ヒンテン/ 副(英behind) 後ろ[背後]に;終わりに

hinter /ヒンター/ 前(3・4格支配)(英behind)((3・4格と)…の後ろに[へ];((3格と)…のあとで;((3・4格と))…の次に

hintereinander /ヒンターアイナンダー/ 副(英one behind the other)(空間的に)相前後して;(時間的に)連続して, 続いて

der **Hinter·grund** /ヒンターグルント/ (英background) 背景;(事件などの)背景

hinterher /ヒンターヘーア/ 副(英behind)(空間的に)後ろから;(英afterward)(時間的に)後から, 後で **hinterher sein** ((話))((j³))(人の)後を追っている;(人に)遅れを取っている

hinterlistig /ヒンターリスティヒ/ 形(英deceitful) 狡猾な

der **Hintern** /ヒンターン/ (–s/) (英behind) おしり

hinüber /ヒニューバー/ 副 (英there)(越えて)あちらへ

hinunter /ヒヌンター/ 副 (英under)(向こうの)下へ

der **Hin·weg** /ヒンヴェーク/ (英way there) 行きの道

der **Hinweis** /ヒンヴァイス/ (–es/–e)(英indication) 指示, ヒント, 手がかり;予兆

hin|weisen /ヒンヴァイゼン/ 動 (英indicate)((j⁴ auf et⁴))(人に…を)指摘する

hinzu /ヒンツー/ 副(英in addition) それに加えて

hinzu|fügen /ヒンツーフューゲン/ 動(英add) 付け加える[足す]

hinzu|kommen /ヒンツーコメン/ 動(英arrive) 来合わせる

das **Hirn** /ヒルン/ (–(e)s/–e) (英brain)((話))頭脳, 知力;(人間の)脳

der **Hirsch** /ヒルシュ/ (–(e)s/–e) (英deer) シカ(鹿)

der **Hirte** /ヒルテ/ ((–n/–n)) (英shepherd) 羊飼い **der Gute Hirte** 善良なる羊飼い(キリストのこと)

historisch /ヒストーリシュ/ 形 (英historical) 歴史的な, 歴史上の, 歴史に関する

der **Hit** /ヒット/ (–(s)/–s) (英hit) ((話))ヒット曲[商品]

die **Hitze** /ヒッツェ/ (–/) (英heat) 暑さ, 暑気, 熱波;熱さ

das **Hobby** /ホビィ/ (–s/–s) (英hobby) 趣味

hoch /ホーホ/ 形(höher; höchst) (英high) (空間的に)高い;((数量を表す語と))…の高さの;(音・身分・価格・品質などが)高い;((副詞的))非常に ¶ Der Turm ist 68 m hoch. 塔の高さは68メートルだ **die höchste Zeit sein** 潮時である **et⁴ hoch schätzen** (…を)高く評価する

das **Hoch** /ホーホ/ (–s/–s) (英high) 万歳(の声);高気圧

das **Hoch·haus** /ホーホハオス/ (英high-riser) 高層ビル

hoch|heben /ホーホヘーベン/ 動(英lift up) 持ち上げる

die **Hoch·schule** /ホーホシューレ/ (英college) 単科大学

höchst /ヘーヒスト/ ❶形 hoch の最上級 ❷副(英extremely) 極めて, 非常に

höchstens /ヘーヒステンス/ 副 (英at most) せいぜい, 多くて(も)

die **Hoch·zeit** /ホッホツァイト/ (英wedding) 結婚式, 結婚披露宴

der **Hochzeits·tag** /ホッホツァイツターク/ (英wedding day) 結婚式の日;(毎年の)結婚記念日

hocken /ホッケン/ 動(英squat) しゃがむ

der **Hocker** /ホッカー/ (–s/–) (英stool) (背のない)丸椅子

der **Hof** /ホーフ/ (–(e)s/Höfe) (英courtyard) 中庭, 裏庭;(英farm) 農家(屋敷);(英court) (皇帝・諸侯などの)宮廷, 宮殿

hoffen /ホッフェン/ 動 (英hope) 希望する, 望む, (…であればよいと) 思う;((auf *j⁴/et⁴*))(…を) 期待する ¶ Wir hoffen auf besseres Wetter. 天気がよくなることを願っている

hoffentlich /ホッフェントリヒ/ 副 (英hopefully) 願わくば;…だとよいのだが ¶ Hoffentlich wird er bald gesund. 彼がすぐ元気になるといいのだが

die **Hoffnung** /ホフヌング/ (–/–en) (英hope) 希望, 期待, 望み, 見込み;期待される人 [物]

hoffnungslos /ホフヌングスロース/ 形 (英hopeless) 絶望的な, 期待できない

höflich /ヘーフリヒ/ 形 (英polite) 礼儀正しい, 丁寧な

die **Höflichkeit** /ヘーフリヒカイト/ (–/–en) (英politeness) 礼儀正しさ, 丁寧さ

die **Höhe** /ヘーエ/ (–/–n) ① (英height) 高さ;標高 ② (金額・温度などの) 大きさ, 程度;レベル;頂点;全盛(期)

der **Höhe·punkt** /ヘーエプンクト/ (英peak) 頂点, クライマックス

hohl /ホール/ 形 (英hollow) 空(から)の, 空虚な, 内容のない

die **Höhle** /ヘーレ/ (–/–n) (英cave) ほら穴, 空洞, 洞窟

holen /ホーレン/ 動 ① (英fetch) (取りに行って) 持ってくる, 取って [買って] くる, (人を) 連れてくる;((*et¹ aus et³*))(…を入れ物から) 取り出す ② ((*sich³ et⁴*))(病気に) かかる ③ (息を) 吸い込む

die **Hölle** /ヘレ/ (–/–n) (英hell) 地獄

das **Holz** /ホルツ/ (–es/Hölzer) (英wood) 材木, 木材

der **Honig** /ホーニヒ/ (–s/(–e)) (英honey) はちみつ (蜂蜜)

das **Honorar** /ホノラール/ (–s/–e) (英fee) 謝礼, 報酬

horchen /ホルヒェン/ 動 (英eavesdrop) 盗み聞きする

hören /ヘーレン/ 動 (英hear) 聞こえる;聞く, ((über *j⁴/et⁴*)) (…について) 耳にする, 聞く;((von *j³*))(人の) 消息を聞く [知る];((auf *j⁴/et⁴*))(…の) 言うことを聞く, (…に) 従う ***Hör mal! = Hören Sie mal!*** ((話)) あのね, まあ話を聞いてよ

der **Hörer** /ヘーラー/ (–s/–) (英listener) 聞き手;(ラジオの) リスナー, 聴取者;(英receiver) (電話の) 受話器

der **Horizont** /ホリツォント/ (–(e)s/–e) (英horizon) 地平線, 水平線;視野;(関心などの) 範囲

das **Hörnchen** /ヘルンヒェン/ (–s/–) (英croissant) クロワッサン

die **Hose** /ホーゼ/ (–/–n) (英pants) ズボン, スラックス;パンツ

das **Hotel** /ホテル/ (–s/–s) (英hotel) ホテル

hübsch /ヒュプシュ/ 形 (英pretty) きれいな, かわいい;響きのよい;((話)) かなりの, 著しい

der **Hubschrauber** /フープシュラオバー/ (–s/–) (英helicopter) ヘリコプター

der **Huf** /フーフ/ (–(e)s/–e) (英hoof) ひづめ (蹄)

das **Huf·eisen** /フーフアイゼン/ (英horseshoe) 蹄鉄(ていてつ)

der **Hüfte** /ヒュフテ/ (–/–n) (英hip) 腰, ヒップ

der **Hügel** /ヒューゲル/ (–s/–) (英hill) 丘, 丘陵

das **Huhn** /フーン/ (–(e)s/Hühner) (英fowl) ニワトリ (鶏);めんどり;鶏(肉)

die **Hülle** /ヒュレ/ (–/–n) (英cover) 覆い, 包み, カバー, ケース ***in Hülle und Fülle*** 豊富に, たっぷり, たくさん

der **Hummer** /フマー/ (–s/–) (英lobster) ロブスター

der **Humor** /フモーア/ (–s/–e) (英humor) ユーモア, 機知, しゃれ;明朗快活 (な性格)

humpeln /フンペルン/ 動 (英walk with a limp) (けがなどで) 足を引きずって歩く

Hund

der **Hund** /フント/ (–(e)s/–e) (*die* Hündin) (英dog) 犬;((話))やつ, 野郎 **vor die Hunde gehen** ((話))破滅する **wie Hund und Katze sein [leben]** ((話))犬猿の仲である

die **Hunde·hütte** /フンデヒュッテ/ (英kennel) 犬小屋

hundert /フンダート/ ((基数))(英hundred) 100

der **Hunger** /フンガー/ (–s/) (英hunger) 空腹;飢え, 飢餓 ¶ **Hunger haben** おなかがすく[減る]

die **Hungers·not** /フンガースノート/ (英famine) 飢餓, 食糧危機

hungrig /フングリヒ/ 形 (英hungry) 空腹の

die **Hupe** /フーペ/ (–/–n) (英horn) クラクション

hupen /フーペン/ 動 (英sound the horn) 警笛を鳴らす, クラクションを鳴らす

hüpfen /ヒュプフェン/ 動 (英hop) ぴょんぴょん (飛び) 跳ねる

hurra /フラー/ 間 (英hurray) やった！, 万歳！

husten /フーステン/ 動 (英cough) 咳(せき)をする

der **Husten** /フーステン/ (–s/–) (英cough) 咳(せき)

der **Hut** /フート/ (–es/–s/Hüte) (英hat) (縁のある) 帽子

hüten /ヒューテン/ 動 (英look after) (動物などの) 番をする;((*sich*4 vor *j*3/*et*3)) (…に) 用心する

die **Hütte** /ヒュッテ/ (–/–n) (英hut) 小屋;山小屋, ヒュッテ

die **Hyäne** /ヒュエーネ/ (–/–n) (英hyena) ハイエナ

die **Hypothek** /ヒュポテーク/ (–/–en) (英mortgage) 抵当 (権), 担保

hysterisch /ヒュステーリシュ/ 形 (英hysterical) ヒステリックな

I, i

der **IC** /イーツェー/ (英IC) インターシティ特急 (＜Intercityzug)

ich /イヒ/ ((人称代名詞;1人称単数1格))((2格 meiner, 3格 mir, 4格 mich)) (英I) 私, 僕 ¶ **Ich bin Japaner.** 日本人です

die **Idee** /イデー/ (–/–n) (英idea) 思いつき, 案, アイデア;考え, 理念 ¶ **Das ist aber eine gute Idee.** それはいい考えだ

identifizieren /イデンティフィツィーレン/ 動 (英identify) 確認する, 同定する;((*j*4 mit *et*3)) (人を…と) 同一視する;((*sich*4 mit *j*3/*et*3)) (…と) 一体化する

identisch /イデンティシュ/ 形 (英identical) ((mit *j*3/*et*3)) 一致した;同一の

der **Idiot** /イディオート/ (–en/–en) (英idiot) ((話))ばか

idiotisch /イディオーティシュ/ 形 (英stupid) ((話))ばかな

der **Igel** /イーゲル/ (–s/–) (英hedgehog) ハリネズミ

ihr /イーア/ ((人称代名詞;親称)) ①((2人称複数1格))((2格 euer, 3 [4]格 euch)) (英you) 君たち, おまえたち, あなたたち ②3人称女性単数 sie の3格 ③((所有代名詞))(英her, its, their) 彼女の;それの;彼らの;それらの

Ihr /イーア/ ((所有代名詞))(英your) あなた (がた) の, 君 (ら) の, お前 (たち) の

die **Illustrierte** /イルストリーアテ/ (英magazine) グラビア雑誌

der **Imbiss** /インビス/ (–es/–e) (英snack) 軽食

imitieren /イミティーレン/ 動 (英imitate) まねをする, 模倣する

immer /イマー/ 副 ① (英always) いつも, 常に, 絶えず;…のたびごとに, 毎回 ②((比較級を強めて)) ますます;((wann, was, wer, wo, wie とともに)) たとえ…しようとも **immer noch = noch immer** 今なお, 相変わらず, 未だ

immerzu /イマツー/ 副 (英all the time) いつも, しょっちゅう

impfen /インプフェン/ 動

(㊀vaccinate) 予防接種する
der **Import** /インポルト/ ((-(e)s/-e))
(㊀import) 輸入；輸入品
imstande, im Stande /イムシュタンデ/ 副 *imstande sein* ((+ zu 不定詞句))(㊀be able to do) …（することが）できる
in /イン/ 前 ((in + dem = im, in + das = ins)) ((3・4格支配))(㊀in, into) ① ((場所))((3・4格と))…の中に[で, へ]；((所属))…に入って ¶ Ich wohne in einer kleinen Stadt. 小さな都市に住んでいます／ins Haus gehen 家の中に入る ② ((時点・期限))((3格と))…(中)に；…のうち[間]に；(今から)…後に ¶ im Herbst 秋に ③ ((方法))((3格と))…の仕方で；((関係・状態))((3・4格と))…では, …について；…の状態で[へ] ¶ in großer Eile 大急ぎで
inbegriffen /インベグリフェン/ 形 (㊀included) 含まれている
indem /インデーム/ 接 (㊀by doing...) …することによって
die **Industrie** /インドゥストリー/ ((-/-n)) (㊀industry) 工業, 産業
die **Infektion** /インフェクツィオーン/ ((-/-en)) (㊀infection) 伝染病
infizieren /イフィツィーレン/ 動 (㊀infect) (人に) 病気[伝染病]を移す；((sich⁴)) 伝染病が移る
die **Inflation** /インフラツィオーン/ ((-/-en)) (㊀inflation) インフレ
infolge /インフォルゲ/ 前 (㊀as a result of) ((2格支配))…のために, …の結果 *infolge von et³* …の結果
die **Informatik** /インフォルマーティク/ ((-/)) (㊀informatics) 情報処理学
die **Information** /インフォルマツィオーン/ ((-/-en)) (㊀information) 情報, 知らせ；(駅などの) 案内所
informieren /インフォルミーレン/ 動 (㊀inform) ((j⁴ über et⁴)) (人に…について) 知らせる, 教える

der **Ingenieur** /インジェニエーア/ ((-s/-e)) (㊀engineer) 技師, エンジニア, 技術者
der **Ingwer** /イングヴァー/ ((-s/-)) (㊀ginger) ショウガ（生姜）
der **Inhaber** /インハーバー/ ((-s/-)) (㊀owner) 所有者, 持ち主
der **Inhalt** /インハルト/ ((-s/-e)) (㊀content) 中身, 内容
das **Inhaltsverzeichnis** /インハルツフェアツァイヒニス/ ((-ses/-se)) (㊀contents) 目次
innen /イネン/ 副 (㊀inside) 中に[で], 内側に[で]
die **Innen·stadt** /イネンシュタット/ (㊀downtown) (大都市の) 市街, 市の中心部
inner /イナー/ 形 (㊀inside) 内部の, 内側の；内面的な, 精神的な；国内の
innerhalb /イナーハルプ/ 前 (㊀within) ((2格支配))…の中[内側]に；…以内に *innerhalb von et³* (…の) 中で；…以内に
innerlich /イナーリヒ/ 形 (㊀internal) 内部の, (薬が) 内服用の；内面的な, 心の中の
das **Insekt** /インゼクト/ ((-(e)s/-en)) (㊀insect) 昆虫
die **Insel** /インゼル/ ((-/-n)) (㊀island) 島
insgesamt /インスゲザムト/ 副 (㊀altogether) 全部で
der **Installateur** /インスタラテーア/ ((-s/-e)) (㊀plumber) (電気などの) 取り付け業者, 配管工
der **Instinkt** /インスティンクト/ ((-(e)s/-e)) (㊀instinct) 本能, 勘
das **Institut** /インスティトゥート/ ((-(e)s/-e)) (㊀institute) 研究所, 機関, 協会, 施設
das **Instrument** /インストゥルメント/ ((-(e)s/-e)) (㊀instrument) 楽器；器具, 道具；手段
intelligent /インテリゲント/ 形 (㊀intelligent) 聡明な, 頭のいい
die **Intelligenz** /インテリゲンツ/ ((-/-en)) (㊀intelligence) 知能, 知力, 聡明さ

interessant /インテレサント/ 形(英interesting) (物事が)おもしろい, 興味[関心]を引く

das **Interesse** /インテレッセ/ (-s/-n) (英interest) ①興味, 関心 ②利益;利害(関係) **an** *et*³ **Interesse haben** (…に)興味[関心]がある

interessieren /インテレスィーレン/ 動 (英interest) (人の)興味を引く;((*j*⁴ **für** *et*⁴ [**an** *et*³])) (人に…に対する)興味[関心]を持たせる;((*sich*⁴ **für** *et*⁴)) (…に)興味[関心]を持つ ¶ Er ist an Musik nicht interessiert. = Er interessiert sich nicht für Musik. 彼は音楽には興味がない

das **Internat** /インターナート/ (-(e)s/-e) (英boarding school) 全寮制学校

international /インターナツィオナール/ 形(英international) 国際間の;国際的な

das **Internet** /インターネット/ (-s/-) (英Internet) インターネット

das **Interview** /インタヴュー/ (-s/-s) (英interview) インタビュー;面接

inzwischen /インツヴィッシェン/ 副(英in the meantime) そうこうするうちに, その間に

irgend /イルゲント/ 副 ((so ein とともに)) 何か, だれか;((従属節で)) なんとか, とにかく

irgendein /イルゲントアイン/ ((不定代名詞))(英some) (特定できない, または任意の)だれか, 何か

irgendetwas /イルゲントエトヴァス/ ((不定代名詞))(英something) だれか, 何か

irgendjemand /イルゲントイェーマント/ ((不定代名詞))(英someone) だれか

irgendwann /イルゲントヴァン/ 副(英some time) いつか

irgendwas /イルゲントヴァス/ ((不定代名詞))(英something)((話)) 何か

irgendwie /イルゲントヴィー/ 副(英somehow) なんとか

irgendwo /イルゲントヴォー/ 副 (英somewhere) どこか

irgendwohin /イルゲントヴォーヒン/ 副 (英somewhere) どこかへ[で]

ironisch /イローニシュ/ 形 (英ironical) 皮肉な

irre /イレ/ 形(英crazy) 気の狂った

irren /イレン/ 動 (英err) ①((*sich*⁴)) 思い違いをする;((*sich*⁴ **in** *j*³/*et*³)) (道・電話番号などを)間違える;人違いをする ②(当てもなく)さすらう

der **Irrtum** /イルトゥーム/ (-s/Irrtümer) (英error) 誤り, 間違い;勘違い, 思い違い

isolieren /イゾリーレン/ 動 (英isolate) 隔離する, 孤立させる

(das) **Italien** /イターリエン/ (英Italy) イタリア

der **Italiener** /イタリエーナー/ (-s/-) (英Italian) イタリア人

italienisch /イタリエーニシュ/ 形(英Italian) イタリアの, イタリア人[語]の

J, j

ja /ヤー/ 副(英yes) ((同意)) はい;((文末で疑問符とともに))…だよね;((疑念・驚きで問い返して)) ほんとうなの?;((強め)) いや(それどころか);((驚きなどを表して)) 本当に ¶ Machst du mit?–Ja klar. 君も一緒にやる—もちろん/Du liebst mich, ja? 愛してくれている, よね

die **Jacht** /ヤハト/ (-/-en) (英yacht) ヨット

die **Jacke** /ヤッケ/ (-/-n) (英jacket) 上着, ジャケット

das **Jackett** /ジャケット/ (-s/-s) (英jacket) (背広の)上着

die **Jagd** /ヤークト/ (-/-en) (英hunt) 狩り, 狩猟;追跡

jagen /ヤーゲン/ 動(英hunt) (獲物を)狩る;狩猟をする;追跡する

der **Jäger** /イェーガー/ (-s/-)
(英hunter) 狩人

das **Jahr** /ヤール/ (-(e)s/-e)
(英year) 年, 1年(間) ¶ dieses [nächstes, letztes] Jahr 今年[来年, 去年] / jedes Jahr 毎年

der **Jahres・tag** /ヤーレスターク/
(英anniversary) 記念日

die **Jahres・zeit** /ヤーレスツァイト/ (英season) 季節 *die vier Jahreszeiten* 四季

der **Jahr・gang** /ヤールガング/
(英year) …年生まれの人；同年生まれの人；…年産

das **Jahrhundert** /ヤールフンダート/ (-s/-e) (英century) 世紀

die **Jahrhundert・wende** /ヤールフンダートヴェンデ/ (英turn of the century) 世紀の変わり目

jährlich /イェーアリヒ/ 形
(英annual) 毎年の, 例年の

der **Jahr・markt** /ヤールマルクト/
(英fair) 歳の市

das **Jahr・tausend** /ヤールタオゼント/ (英thousand years, millennium) 1000年(間)

das **Jahrzehnt** /ヤールツェーント/ (-(e)s/-e) (英decade) 10年(間)

jammern /ヤマーン/ 動
(英wail) ((über j⁴/et⁴)) (…を)嘆く

der **Januar** /ヤヌアール/ (-(s)/-e)
(英January) 1月

(das) **Japan** /ヤーパン/ (英Japan) 日本

der **Japaner** /ヤパーナー/ (-s/-)
(英Japanese) 日本人

japanisch /ヤパーニシュ/ 形
(英Japanese) 日本の, 日本人[語]の

das **Japanisch** /ヤパーニシュ/ (-(e)s/-) (英Japanese) 日本語

jawohl /ヤヴォール/ 副
(英certainly) そうですとも；承知しました

der **Jazz** /ジャズ, ジェス, ヤッツ/ (-/-)
(英jazz) ジャズ

je /イェー/ **1** 副 (英ever) かつて, これまで；いつか；((数詞と))それ
ぞれ ¶ Diese kosten je 5 Euro. これはどれも1つ5ユーロです **2** 接 je +比較級 ..., desto [um so] +比較級 ... …であればあるほどますます… ¶ Je schneller, desto besser. 早ければ早いほどいい *je nachdem* ... …次第で

die **Jeans** /ジーンズ/ (-/-)
(英jeans) ジーンズ, ジーパン

jede /イェーデ/ ((不定代名詞))jeder の女性[複数]形

jedenfalls /イェーデンファルス/
副(英anyway) いずれにせよ；とにかく；きっと

jeder /イェーダー/ ((不定代名詞男性1格, 女性2[3]格))；((変化は dieser と同じ))(英every) すべての；おのおの[それぞれ]の；((名詞的に))だれ[どれ]も, すべて；おのおの

jederzeit /イェーダーツァイト/ 副
(英anytime) いつでも；今にも

jedes /イェーデス/ (英every)
jederの中性1[4]格

jedoch /イェドッホ/ 副
(英however) しかしながら

jemand /イェーマント/ ((不定代名詞男性1格))；((2格 jemand(e)s, 3格 jemand(em), 4格 jemand(en))) (英someone) (だれか)ある人 ¶ Ist jemand da? だれかいますか

jener /イェーナー/ ((指示代名詞男性1格, 女性2[3]格, 複数2格))；((変化は dieserと同じ))(英that) あの；かの(有名な)；((名詞的に))((dieserと対照して))あれ；後者

jenseits /イェーンザイツ/ 前
(英beyond) ((2格支配)) …の向こう側で

jetzt /イェッツト/ 副(英now) 今, 現在；今や

jeweils /イェーヴァイルス/ 副
(英each time) そのつど；それぞれに

der **Job** /ジョップ/ (-s/-s) (英job)
((話))(一時的な)仕事, アルバイト；勤め口, 職

jobben /ジョベン/ 動(英work part-time) アルバイトをする

joggen /ジョゲン/ 動(英jog)

Jogging ➤

ジョギングをする

das **Jogging** /ジョギング/ 《-s/》
(英jogging) ジョギング

der **Joghurt** /ヨーグルト/ 《-(s)/-s》
(英yoghurt) ヨーグルト

die **Johannis·beere** /ヨハニスベーレ/ 《-/-n》(英currant) スグリの実

der **Journalist** /ジュルナリスト/ 《-en/-en》(英journalist) ジャーナリスト,新聞[雑誌,報道]記者

jubeln /ユーベルン/ 動 (英applaud) 歓声をあげる,歓呼する

das **Jubiläum** /ユビレーウム/ 《-s/-läen》(英anniversary) …周年記念日

jucken /ユッケン/ 動 (英itch) 《(j⁴)》(人が) かゆい;(衣類が) ちくちくする;《es juckt j⁴ an et³》(人の体の部位が) かゆい;《es juckt er⁴ + zu不定詞句》(話)(人は…) したくてたまらない

der **Jude** /ユーデ/ 《-n/-n》 (*die* Jüdin) (英Jew) ユダヤ人

jüdisch /ユーディシュ/ 形 (英Jewish) ユダヤ人[教]の

die **Jugend** /ユーゲント/ 《-/》
(英youth) 青春期[時代],青春;((集合的に)) 青少年,若者

die **Jugendherberge** /ユーゲントヘルベルゲ/ 《-/-n》(英youth hostel) ユースホステル

der/die **Jugendliche** /ユーゲントリヒェ/ 《-n/-n》(英youth) 青少年

der **Juli** /ユーリ/ 《-(s)/-s》(英July) 7月

jung /ユング/ 形 (jünger; jüngst)
(英young) 若い,幼い;若々しい;新しい;近ごろの

der **Junge** /ユンゲ/ 《-n/-n》
(英boy) 男の子,少年;息子

die **Jung·frau** /ユングフラオ/ (英virgin) 処女;おとめ座

der **Junggeselle** /ユングゲゼレ/ 《-n/-n》(英bachelor) 独身男性

der **Juni** /ユーニ/ 《-(s)/-e》(英June) 6月

die **Jura** /ユーラ/ (英law) 法学

der **Jury** /ジュリー/ 《-/-s》(英jury) 審査員

K, k

das **Kabarett** /カバレット/ 《-s/-e, -s》(英cabaret) (風刺劇などを行う) 小劇場

das **Kabel** /カーベル/ 《-s/-》
(英cable) ケーブル,(電気器具の) コード

die **Kabine** /カビーネ/ 《-/-n》
(英cabin) (試着室の) 小部屋;(客船・飛行機の) 客室

die **Kachel** /カッヘル/ 《-/-n》
(英tile) タイル

der **Käfer** /ケーファー/ 《-s/-》
(英beetle) 甲虫

der **Kaffee** /カフェ/ 《-s/(-s)》
(英coffee) コーヒー (豆);コーヒーの木;コーヒーブレイク ¶ Ich hätte gern einen Kaffee. コーヒーをいただきたいのですが

der **Käfig** /ケーフィヒ/ 《-s/-e》
(英cage) 檻(おり)

kahl /カール/ 形 (英bald) はげた;葉[草木]のない;(部屋・壁などが) 家具[飾り]のない

der **Kai** /カイ/ 《-s/-s》(英quay) 埠頭,波止場

der **Kaiser** /カイザー/ 《-s/-》
(英emperor) 皇帝,天皇

der **Kakao** /カカオ/ 《-s/(-s)》
(英cocoa) カカオ (の木);ココア

der **Kakerlak** /カーカーラク/ 《-s, -en/-en》(英cockroach) ゴキブリ

der **Kaktus** /カクトゥス/
《-/Kakteen; -ses/-se》(英cactus) サボテン

das **Kalb** /カルプ/ 《-(e)s/Kälber》
(英calf) 子牛;子牛の肉;(シカ・キリンなどの) 子

der **Kalender** /カレンダー/ 《-s/-》
(英calendar) カレンダー,暦

der **Kalk** /カルク/ 《-(e)s/(-e)》
(英lime) 石灰;しっくい

die **Kalorie** /カロリー/ 《-/-n》
(英calorie) カロリー

kalorienarm /カロリーエンアルム/ 形 (英low-calorie) 低カロリーの

kalt /カルト/ 形 (**kälter; kältest**) (英 cold) 冷たい，寒い；(料理などが)冷めた；冷淡な ¶ Draußen ist es kalt. 外は寒い

die **Kälte** /ケルテ/ 《-/》 (英 cold) 寒さ，冷たさ；氷点下 (…度)；(態度などの)冷淡さ

das **Kamel** /カメール/ 《-(e)s/-e》 (英 camel) ラクダ

die **Kamera** /カメラ/ 《-/-s》 (英 camera) カメラ

der **Kamerad** /カメラート/ 《-en/-en》 (英 classmate) 同級生，仲間；チームメイト

der **Kamin** /カミーン/ 《-s/-e》 (英 fireplace) 暖炉；煙突

der **Kamm** /カム/ 《-(e)s/Kämme》 ① (英 comb) くし ② (山の) 尾根；波頭

kämmen /ケーメン/ 動 (英 comb) 櫛で髪をとく

die **Kammer** /カマー/ 《-/-n》 (英 chamber) 小部屋，納戸；(心臓の)室；議院，国会

der **Kampf** /カンプフ/ 《-(e)s/Kämpfe》 (英 fight, battle) 戦い，戦闘；闘争

kämpfen /ケンプフェン/ 動 (英 fight) ((für [um] *j⁴/et⁴*)) (…のために[を求めて])戦う；((gegen *j⁴/et⁴* [mit *j³/et³*])) (…と)戦う；((mit *sich³*)) 思いあぐねる

der **Kämpfer** /ケンプファー/ 《-s/-》 (英 fighter) 闘争者，戦う人

der **Kanal** /カナール/ 《-s/Kanäle》 ① (英 canal) 運河，水路；下水道 ② (テレビ・ラジオの)周波数帯，チャンネル

die **Kanalisation** /カナリザツィオーン/ 《-/-en》 (英 sewerage system) 下水道

der **Kandidat** /カンディダート/ 《-en/-en》 (英 candidate) 候補者

das **Känguru** /ケングル/ 《-s/-s》 (英 kangaroo) カンガルー

das **Kaninchen** /カニーンヒェン/ 《-s/-》 (英 rabbit) カイウサギ (兎)

das **Kännchen** /ケンヒェン/ 《-s/-》 (英 pot) 小ポット ¶ Ein Kännchen Kaffee, bitte. コーヒーをポットでひとつお願いします

die **Kanne** /カネ/ 《-/-n》 (英 pot) ポット，(持ち手のついた)水差し

die **Kantine** /カンティーネ/ 《-/-n》 (英 canteen) 社員食堂

das **Kanu** /カーヌ/ 《-s/-s》 (英 canoe) カヌー

der **Kanzler** /カンツラー/ 《-s/-》 (英 chancellor) (ドイツ・オーストリアの)首相

die **Kapelle** /カペレ/ 《-/-n》 (英 chapel) 礼拝堂，チャペル

kapieren /カピーレン/ 動 (英 understand) 《話》わかる，理解する

das **Kapital** /カピタール/ 《-s/-e, -ien》 (英 capital) 資本 (金)

der **Kapitalismus** /カピタリスムス/ 《-/》 (英 capitalism) 資本主義

der **Kapitän** /カピテーン/ 《-s/-e》 (英 captain) 船長；機長；(スポーツの)主将，キャプテン

das **Kapitel** /カピテル/ 《-s/-》 (英 chapter) (本などの)章

die **Kappe** /カッペ/ 《-/-n》 (英 cap) (縁なしの)帽子；(瓶などの)キャップ，ふた

kaputt /カプット/ 形 (英 broken) 《話》壊れた，故障した；疲れきった，くたくたの

kaputt|gehen /カプットゲーエン/ 動 (英 break down) 《話》壊れる；だめになる

kaputt|machen /カプットマッヘン/ 動 (英 break) 《話》壊す；だめにする

die **Kapuze** /カプーツェ/ 《-/-n》 (英 hood) (コートやジャケットなどの)フード

der **Karfreitag** /カールフライターク/ 《-(e)s/-e》 (英 Good Friday) 【宗教】聖金曜日 (イースターの前の金曜日)

kariert /カリーアト/ 形 (英 checked) チェック模様の，格子縞(じま)の

der **Karneval** /カルネヴァル/ 《-s

Karotte

/–e, -s/ (㊤carnival) カーニバル

die **Karotte** /カロッテ/ 《–/–n》 (㊤carrot) ニンジン

die **Karriere** /カリエーレ/ 《–/–n》 (㊤career) (職業上の)経歴, キャリア **Karriere machen** 出世する

die **Karte** /カルテ/ 《–/–n》 (㊤card) カード；(絵)はがき；(乗り物の)切符, 乗車券；(映画・芝居の)チケット, 入場券；(レストランなどの)メニュー；地図；(トランプ・ゲームの)カード, 札；クレジットカード ¶ Wo kann man Karten kaufen? 切符[チケット]はどこで買えますか **alles auf eine Karte setzen** いちかばちかの勝負に出る

die **Kartoffel** /カルトッフェル/ 《–/–n》 (㊤potato) ジャガイモ

der **Karton** /カルトーン/ 《–s/–s》 (㊤cardboard box) ボール箱；厚紙

das **Karussell** /カルセル/ 《–s/–e》 (㊤merry-go-round) 回転木馬, メリーゴーラウンド

der **Käse** /ケーゼ/ 《–s/–》 (㊤cheese) チーズ

die **Kasse** /カッセ/ 《–/–n》 (㊤cashier) 金庫；(売り場などの)レジ, 支払いカウンター；(切符・入場券の)売り場；(銀行などの)出納窓口

die **Kassette** /カセッテ/ 《–/–n》 (㊤cassette) カセットテープ

der **Kassettenrekorder** /カセッテンレコルダー/ 《–s/–》 (㊤cassette recorder) カセットテープレコーダー

kassieren /カッスィーレン/ 《動》 (㊤collect) 徴収する, 勘定をする

die **Kastanie** /カスターニエ/ 《–/–n》 (㊤chestnut) クリ (栗)；マロニエ(の実)

der **Kasten** /カステン/ 《–s/Kästen》 (㊤box, case) 箱, ケース；戸棚

der **Katalog** /カタローク/ 《–(e)s/–e》 (㊤catalogue) 目録, カタログ；一覧表

der **Katalysator** /カタリューザートーア/ 《–s/–en》 (㊤catalytic converter) (自動車の)排気ガス浄化装置；触媒

die **Katastrophe** /カタストローフェ/ 《–/–n》 (㊤catastrophe) 大災害, 大事故, 破滅

die **Kategorie** /カテゴリー/ 《–/–n》 (㊤category) カテゴリー, 範疇(はんちゅう)

der **Kater** /カーター/ 《–s/–》 (㊤tomcat) 雄猫；《話》二日酔い

die **Kathedrale** /カテドラーレ/ 《–/–n》 (㊤cathedral) 大聖堂

katholisch /カトーリッシュ/ 《形》 (㊤Catholic) カトリックの

die **Katze** /カッツェ/ 《–/–n》 (㊤cat) 猫；雌猫；ネコ属 **für die Katz sein** 《話》無益[無駄]である

kauen /カオエン/ 《動》 (㊤chew) かむ, かみ砕く；《an [auf] et^3》 (…を)かむ, かじる

der **Kauf** /カオフ/ 《–(e)s/Käufe》 (㊤buying) 買うこと, 買い物

kaufen /カオフェン/ 《動》 (㊤buy) 買う, 購入する；《$sich^3$ et^4》 (…を自分のために)買う ¶ Wo kann ich Fahrkarten kaufen? 切符はどこで買えますか

der **Käufer** /コイファー/ 《–s/–》 (㊤buyer) 買い物客

die **Kauf·frau** /カオフフラオ/ (㊤merchant) (女性の)商人

das **Kauf·haus** /カオフハオス/ (㊤department store) デパート

der **Kauf·mann** /カオフマン/ (㊤merchant) 商人, 営業マン

der **Kau·gummi** /カオグミ/ (㊤chewing gum) チューインガム

kaum /カオム/ 《副》 (㊤hardly) ほとんど…ない；かろうじて **kaum dass...** …するやいなや

die **Kaution** /カオツィオーン/ 《–/–en》 (㊤deposit) 敷金, 保証金；保釈金

der **Kegel** /ケーゲル/ 《–s/–》 (㊤cone, pin) 円錐(えんすい)；(ボウリ

ングの)ピン

kehren /ケーレン/ (動)① ((英)turn)(…を…に[へ])向ける ② ((英)sweep) 掃く, 掃除する

kein /カイン/ ① ((英)no) (《不定代名詞・数詞；男性1格, 中性1[4]格》) 一つも…ない ¶ Er braucht keinen Wecker. 彼には目覚ましはいらない / Sie haben keine Kinder. 彼らには子供はいません ② (《名詞的；男性単数1格は keiner, 中性単数1[4]格は kein(e)s》) だれ[どれ]も…ない

keinesfalls /カイネスファルス/ (副) ((英)on no account) 決して…ない

keineswegs /カイネスヴェークス/ (副) ((英)by no means) 決して…ない

keinmal /カインマール/ (副) ((英)not once) 一度も…ない

der **Keks** /ケークス/ (-(es)/-(e)) ((英)biscuit) クッキー

der **Keller** /ケラー/ (-s/-) ((英)cellar) (家の) 地下；地下室

das **Kellergeschoss** /ケラーゲショス/ (-es/-e) ((英)basement) 地階, 地下室

der **Kellner** /ケルナー/ (-s/-) ((英)waiter) ウエーター, ボーイ

die **Kellnerin** /ケルネリン/ (-/-nen) ((英)waitress) ウエートレス

kennen /ケネン/ (kannte; gekannt) (動) ((英)know) 知っている, わかっている；(人と) 知り合いである j⁴/et⁴ **kennen lernen** (人と) 知り合いになる；(…を) 知るようになる ¶ Es freut mich, Sie kennen zu lernen. お目にかかれてうれしいです

die **Kenntnis** /ケントニス/ (-/-se) ((英)knowledge) (特に専門の) 知識；情報 **von et³ Kenntnis nehmen** (…に) 注目[注意]する **et⁴ zur Kenntnis nehmen** (…を) 心に留める, 承知する

das **Kenn·zeichen** /ケンツァイヒェン/ ((英)mark) 目じるし, 特徴；(自動車の) ナンバー

der **Kerl** /ケルル/ (-s (-es)/-e (-s)) ((英)fellow) やつ, 男

der **Kern** /ケルン/ (-(e)s/-e) ((英)core) (果実の) 種(たね)；(アーモンドなどの) 仁, 実；(原子) 核；核心, 本質, 中心 (部)

die **Kern·energie** /ケルンエネルギー/ ((英)nuclear energy) 核エネルギー, 原子力

das **Kern·kraftwerk** /ケルンクラフトヴェルク/ ((英)nuclear power plant) 原子力発電所

die **Kerze** /ケルツェ/ (-/-n) ((英)candle) ろうそく

der **Kessel** /ケッセル/ (-s/-) ((英)kettle) やかん；タンク；盆地

die **Kette** /ケッテ/ (-/-n) ((英)chain) 鎖, チェーン；ネックレス；(商店などの) チェーン店；連鎖, 連続

keuchen /コイヒェン/ (動) ((英)pant) あえぐ, 息を切らす

der **Keuch·husten** /コイヒフーステン/ ((英)whooping cough) 百日ぜき

kichern /キッヒャーン/ (動) ((英)giggle) くすくす笑う

der **Kiefer** /キーファー/ (-s/-) ((英)jaw) あご

die **Kiefer** /キーファー/ (-/-n) ((英)pine) 松

der **Kiesel** /キーゼル/ ((英)pebble) 砂利

das **Kilo** /キーロ/ (-s/-(s)) ((英)kilo) キログラム

der **Kilometer** /キロメーター/ (-s/-) ((英)kilometer) キロメートル ¶ Es ist zehn Kilometer von hier. ここから10キロです

das **Kind** /キント/ (-(e)s/-er) ((英)child) 子供 ¶ Haben Sie Kinder? お子さんはいらっしゃいますか？

der **Kinder·garten** /キンダーガルテン/ ((英)kindergarten) 幼稚園

der **Kinder·wagen** /キンダーヴァーゲン/ ((英)baby carriage) 乳母車

Kindheit

die **Kindheit** /キントハイト/ 《-/》(英childhood) 幼年[子供]時代

kindisch /キンディシュ/ 形 (英childish) 子供っぽい, 子供じみた

kindlich /キントリヒ/ 形 (英childlike) 子供の(ような), 子供らしい

das **Kinn** /キン/ 《-(e)s/-e》(英chin) あご

das **Kino** /キーノ/ 《-s/-s》(英cinema) 映画館 ¶ ins Kino gehen 映画に行く

der **Kiosk** /キオスク/ 《-(e)s/-e》(英kiosk) 売店, キオスク

kippen /キッペン/ 動 (英 tilt, tip) 傾く, (傾いて)倒れる; (傾けて…を…へ) 空ける

die **Kirche** /キルヒェ/ 《-/-n》(英 church) 教会; 礼拝 ¶ in die Kirche gehen 教会に行く

die **Kirsche** /キルシェ/ 《-/-n》(英cherry) サクランボ; 桜の木

das **Kissen** /キッセン/ 《-s/-》(英cushion) クッション, 座布団; まくら

die **Kiste** /キステ/ 《-/-n》(英chest) 木箱, 箱

kitschig /キッチヒ/ 形 (英kitschy) 低俗な, 趣味の悪い

kitzeln /キッツェルン/ 動 (英tickle) くすぐる; くすぐったい

die **Klage** /クラーゲ/ 《-/-n》(英 grief) 苦情, 不平; 嘆き, 悲嘆; 告訴

klagen /クラーゲン/ 動 (英complain) 《$j^3\ et^4$》(人に…を)訴える, こぼす; 《über j^4/et^4》(…について)苦情[不平]を言う; 《gegen j^4/et^4》(…を)告訴する

die **Klammer** /クラマー/ 《-/-n》(英 clip) クリップ, ホチキスの針, 洗濯挟み; かっこ

der **Klang** /クラング/ 《-(e)s/ Klänge》(英sound) 音, 音色

die **Klappe** /クラッペ/ 《-/-n》(英 flap) (郵便箱・上着のポケットの) 垂れ[はね]ぶた

klappen /クラッペン/ 動 (英 bang) ① (…を…へ)パタンと開く[閉める, 閉まる] ②《話》うまくいく, 成功する ¶ Alles hat geklappt. すべてうまくいった

klar /クラール/ 形 (英clear) 澄んだ; (空が)晴れた; 明確な, 明らかな ***Na, klar!*** あたりまえだ

klären /クレーレン/ 動 (英clear up) 解明する; 浄化する; 《*sich*⁴》澄む, 晴れる, わかる

die **Klarinette** /クラリネッテ/ 《-/-n》(英clarinet) クラリネット

klasse /クラッセ/ 形 (英great) 《話》すばらしい, すごい

die **Klasse** /クラッセ/ 《-/-n》① (英 class) クラス, 学級; 学年; 教室 ② (社会的) 階級, 階層; 等級, ランク ***Das ist Klasse!*** 《話》そいつはすごい

das **Klassen·zimmer** /クラッセンツィマー/ (英classroom) 教室

die **Klassik** /クラスィク/ 《-/》(英 classic) (古代ギリシャ・ローマの) 古典文化; 古典主義; クラシック音楽

klassisch /クラスィシュ/ 形 (英classical) 古代ギリシャ・ローマの; 古典派[主義]の, クラシックの; 古典的な, 典型的な

der **Klatsch** /クラッチュ/ 《-(e)s/-e》(英smack) パチッ[ピシャッ]という音; おしゃべり, うわさ話

klatschen /クラッチェン/ 動 (英 slap) パチッ[ピシャッ]と鳴る; 手をたたく, 拍手する

klauen /クラオエン/ 動 (英pinch) 《話》盗む, かっぱらう

das **Klavier** /クラヴィーア/ 《-s/-e》(英piano) ピアノ ¶ Klavier spielen ピアノを弾く

kleben /クレーベン/ 動 (英stick) はりつける, くっつける; はりつく, くっついている; ねばつく

klebrig /クレーブリヒ/ 形 (英sticky) ねばねばする, べとつく

der **Kleb·stoff** /クレープシュトフ/ (英adhesive) 糊, 接着剤

der **Kleb·streifen** /クレープシュ

トライフェン/(英adhesive tape) 粘着テープ

der Klee /クレー/ (-s/) (英clover) クローバ, シロツメクサ

das Kleid /クライト/ (-(e)s/-er) (英dress) ドレス, ワンピース; 衣服 ¶ Kann ich dieses Kleid anprobieren? このドレスを試着してもいいですか

der Kleider·bügel /クライダービューゲル/ (英clothes hanger) ハンガー

der Kleider·schrank /クライダーシュランク/ (英wardrobe) 洋服ダンス

die Kleidung /クライドゥング/ (-/-en) (英clothes) 衣服; 服装

klein /クライン/ 形 (英little) 小さい; 幼い; 短時間の; ささいな ¶ Haben Sie es kleiner? もっと小さいものはありますか **von klein an [auf]** 小さいころから

das Klein·geld /クラインゲルト/ (英change) 小銭

die Kleinigkeit /クライニヒカイト/ (-/-en) (英small gift) (贈り物など) ちょっとしたもの; とるにたらないこと

kleinlich /クラインリヒ/ 形 (英mean) けちな

klemmen /クレメン/ 動 (英tuck) 挟む; ((sich⁴)) 挟まれる; (戸などが) きつい, 開かない

klettern /クレッターン/ 動 (英climb) よじ登る, はい降りる

klicken /クリッケン/ 動 (英click) 【ﾋﾟｭｰﾀｰ】(マウスで) クリックする

das Klima /クリーマ/ (-s/-s, -te) (英climate) 気候; 雰囲気

die Klima·anlage /クリーマアンラーゲ/ (英air-conditioning) エアコン, 空調設備

die Klinge /クリンゲ/ (-/-n) (英blade) (ナイフなどの) 刃

die Klingel /クリンゲル/ (-/-n) (英bell) ベル, 呼び鈴

klingeln /クリンゲルン/ 動 (英ring) ベルを鳴らす; (電話などが) 鳴る; ((Es klingelt.)) ベル[呼び鈴] が鳴る

klingen /クリンゲン/ (klang; geklungen) 動 (英ring) 響く, 鳴る; (…のように) 聞こえる

die Klinik /クリーニク/ (-/-en) (英clinic) (専門の) 病院

die Klinke /クリンケ/ (-/-n) (英door handle) ドアノブ

die Klippe /クリッペ/ (-/-n) (英rock) 岩礁; ((話)) 障害

das Klo /クロー/ (-s/-s) (英loo) ((話)) トイレ

klopfen /クロプフェン/ 動 (英knock) ((auf [an] et⁴)) (…を) 軽くたたく, ノックする; (心臓が) 鼓動する ¶ Es klopft. (誰かが) ノックする音が聞こえる

das Klosett /クロゼット/ (-s/-s, -e) (英lavatory) トイレ

das Kloster /クロースター/ (-s/ Klöster) (英monastery) 修道院

der Klotz /クロッツ/ (-es/Klötze) (英log) 丸太

der Klub /クルプ/ (-s/-s) (英club) クラブ, サークル, 同好[愛好]会; クラブハウス

klug /クルーク/ 形 (klüger; klügst) (英clever) 利口な, 賢い; 経験豊富な ¶ Es ist klug, ein Taxi zu nehmen. タクシーを使うのが賢明だ

knabbern /クナッバーン/ 動 (英nibble) ぽりぽりかじる

der Knall /クナル/ (-(e)s/-e) (英bang) (銃声などの激しい) バン[ドン]という音, 爆音

knallen /クナレン/ 動 (英crack) バシッと鳴る; ((gegen et⁴)) (…に) ぶつかる; (…を…へ) ぶつける

knapp /クナップ/ 形 (英short) 乏しい, ぎりぎりの; (あげた数字に) わずかに足りない; (衣服が) きつい; 簡潔な ¶ mit einer knappen Mehrheit 僅差の多数で

knarren /クナレン/ 動 (英creak) (廊下などが) きしむ

knautschen /クナオチェン/ 動 (英crumple) くしゃくしゃに丸める; (衣類などが) しわになる

kneifen /クナイフェン/ (kniff; gekniffen) 動 (英pinch) (人を)つねる, つまむ ¶ j⁴ in den Arm kneifen (人の)腕をつねる

die **Kneipe** /クナイペ/ (–/–n) (英pub) 飲み屋, 居酒屋

kneten /クネーテン/ 動 (英knead) こねる; ((et⁴ aus et³)) (粘土などから…を) 形づくる

knicken /クニッケン/ 動 (英crease) 折り曲げる[曲がる]

das **Knie** /クニー/ (–s/–) (英knee) ひざ

knien /クニーン/ 動 (英kneel) ひざまずく

knipsen /クニプセン/ 動 (英snap, punch) シャッターを押す; (切符に)パンチを入れる

der **Knoblauch** /クノーブラオホ/ (–(e)s/) (英garlic) ニンニク

der **Knöchel** /クネッヒェル/ (–s/–) (英ankle) くるぶし;指の関節

der **Knochen** /クノッヘン/ (–s/–) (英bone) 骨

der **Knödel** /クネーデル/ (–s/–) (英dumpling) ((ドイツ南部・オーストリア)) クネーデル, (ジャガイモなどの)団子

der **Knopf** /クノプフ/ (–(e)s/Knöpfe) (英button) (服の)ボタン;(スイッチの)ボタン, つまみ ¶ auf einen Knopf drücken ボタンを押す

die **Knospe** /クノスペ/ (–/–n) (英bud) つぼみ

der **Knoten** /クノーテン/ (–s/–) (英knot) 結び目;束ねた髪;結節;ノット (船の速度単位)

knurren /クヌレン/ 動 (英growl) (犬が)うなる

knusprig /クヌスプリヒ/ 形 (英crisp) ぱりっとした

der **Koch** /コッホ/ (–(e)s/Köche) (*die* Köchin) (英cook) コック, 料理人

kochen /コッヘン/ 動 (英cook, boil) 料理する;沸かす, 沸く;煮る, 煮える

der **Koffer** /コッファー/ (–s/–) (英suitcase) トランク, スーツケース

der **Koffer·raum** /コッファーラオム/ (英boot) (車の)トランク

der **Kohl** /コール/ (–(e)s/(–e)) (英cabbage) キャベツ

die **Kohle** /コーレ/ (–/–n) (英coal) 石炭

der **Kohlen·stoff** /コーレンシュトフ/ (英carbon) 炭素

die **Kokos·nuss** /コーコスヌス/ (英coconut) ココナッツ

der **Kollege** /コレーゲ/ (–n/–n) (*die* Kollegin) (英colleague) 同僚

(*das*) **Köln** /ケルン/ (英Cologne) ケルン

die **Kombination** /コンビナツィオーン/ (–/–en) (英deduction) 推理, 連想;(combination) 組み合わせ

komisch /コーミシュ/ 形 (英funny) (人・話などが)こっけいな;変な, 妙な

das **Komma** /コマ/ (–s/–s, –ta) (英comma) (句読点の)コンマ; (数学の)小数点

kommen /コメン/ (kam; gekommen) 動 ①(英come) 来る, 到着する;(相手の方へ)行く;(施設などへ)入る ¶ Woher kommen Sie?–Ich komme aus Japan. ご出身はどちらですか—日本です/Ich komme gleich. すぐ行きます ②(建物などが)見えてくる, 現れる ③((j³))(考えなどが人に)生じる;((über j⁴))(感情などが人を)襲う;(事が)起こる ④((auf et⁴))(…を)思いつく ⑤((zu et³))(目的・結果などに)達する, 至る;(名声・金などを)手に入れる;((an et⁴))(任務などに)就く ⑥((um et⁴))(…を)失う ⑦((hinter et⁴))(…を)見抜く **Es kommt zu** et³**.** (好ましくない事態・出来事が)起こる (**wieder**) **zu sich³ kommen** 正気に戻る

kommerziell /コメルツィエル/ 形 (英commercial) 商業の

der **Kommissar** /コミサール/

die **Kommission** /コミスィオーン/ (–/–en) (英commission) (専門)委員会

die **Kommode** /コモーデ/ (–/–n) (英chest of drawers) たんす

die **Kommunikation** /コムニカツィオーン/ (–/–en) (英communication) 通信;(意志・情報などの)伝達

der **Kommunismus** /コムニスムス/ (–/) (英communism) 共産主義(体制)

die **Komödie** /コメーディエ/ (–/–n) (英comedy) 喜劇, コメディー

der **Kompass** /コンパス/ (–es/–e) (英compass) コンパス

komplett /コンプレット/ 形 (英complete) 完全な, 全部[全員]そろった

das **Kompliment** /コンプリメント/ (–(e)s/–e) (英compliment) お世辞

kompliziert /コンプリツィーアト/ 形 (英complicated) 複雑な

der **Komponist** /コンポニスト/ (–en/–en) (英composer) 作曲家

das **Kompott** /コンポット/ (–(e)s/–e) (英compote) コンポート(果物の砂糖煮)

der **Kompromiss** /コンプロミス/ (–es/–e) (英compromise) 妥協

die **Konditorei** /コンディトライ/ (–/–en) (英cake-shop) ケーキ屋

das (der) **Kondom** /コンドーム/ (–s/–e) (英condom) コンドーム

das **Konfekt** /コンフェクト/ (–(e)s/(–e)) (英confectionery) 砂糖菓子

die **Konferenz** /コンフェレンツ/ (–/–en) (英conference) 会議

die **Konfitüre** /コンフィテューレ/ (–/–n) (英jam) (粒入りの)ジャム

der **Konflikt** /コンフリクト/ (–(e)s/–e) (英conflict) 紛争, 対立, 衝突;葛藤

der **König** /ケーニヒ/ (–s/–e) (英king) 国王

die **Königin** /ケーニギン/ (–/–nen) (英queen) 女王, 王妃;クィーン

das **König·reich** /ケーニヒライヒ/ (英kingdom) 王国

die **Konkurrenz** /コンクレンツ/ (–/–en) (英competition) 競争;競争相手

konkurrenzfähig /コンクレンツフェーイヒ/ 形 (英competitive) 競争力のある

können /ケネン/ (ich [er] kann, du kannst; 過去 konnte; 過分 können, gekonnt) ① ((話法の助動詞;過去分詞は können)) (英 can) …できる;(許可)…してもよい;(可能性)…かもしれない ¶ Kann ich bitte das Zimmer sehen? 部屋を見せていただけますか ② ((本動詞的;過去分詞は gekonnt))(…が)できる (*Das*) *kann sein.* そうかもしれない

der **Könner** /ケナー/ (–s/–) (英expert) できる人

die **Konsequenz** /コンゼクヴェンツ/ (–/–en) (英consequence) 結果, 帰結

konservativ /コンゼルヴァティーフ/ 形 (英conservative) 保守的な

der **Konsum** /コンズーム/ (–s/–s) (英consumption) 消費

der **Kontakt** /コンタクト/ (–(e)s/–e) (英contact) 接触, 連絡

die **Kontakt·linse** /コンタクトリンゼ/ (–/–n) (英contact lens) コンタクトレンズ

der **Kontinent** /コンティネント/ (–(e)s/–e) (英continent) 大陸

das **Konto** /コント/ (–s/Konten, –s, Konti) (英account) 口座 ¶ bei einer Bank ein Konto eröffnen 銀行に口座を開く

die **Kontrolle** /コントロレ/ (–/–n) (英 control) 検査, チェック;統制, 支配, 管理

der **Kontrolleur** /コントロレーア/ (–s/–e) (英inspector) 監視員, 検査官

kontrollieren /コントロリーレン/ 動 (英 control) 検査する, チェックする; 統制[支配]する

konzentrieren /コンツェントリーレン/ 動 (英 concentrate) ((*sich*⁴ *auf et*⁴)) (…に)精神[注意]を集中する

das **Konzert** /コンツェルト/ (–(e)s/–e) (英 concert) コンサート, 演奏会; 協奏曲, コンチェルト

der **Kopf** /コプフ/ (–(e)s/Köpfe) (英 head) 頭;(集団の)頭(かしら), 首脳; 人数 ***auf dem Kopf stehen*** 逆立ちしている; 逆さになる ***den Kopf hängen lassen*** しょんぼりする ***den Kopf verlieren*** うろたえる ***et⁴ im Kopf behalten [haben]*** (…を)覚えている ***im Kopf rechnen*** 暗算する ***von [vom] Kopf bis Fuß*** 頭のてっぺんからつま先まで; すっかり

köpfen /ケプフェン/ 動 (英 behead) (首を)はねる; 先を切り取る; ヘディングをする

der **Kopf·hörer** /コプフヘーラー/ (英 headphones) ヘッドフォン

das **Kopf·kissen** /コプフキッセン/ (英 pillow) 枕

die **Kopf·schmerzen** /コプフシュメルツェン/ (英 headache) 頭痛

die **Kopie** /コピー/ (–/–n) (英 copy) コピー, 写し;(芸術作品の)模写, 複製

kopieren /コピーレン/ 動 (英 copy) コピーする, ダビングする;(…の)まねをする

der **Kopierer** /コピーラー/ (–s/–) (英 copier) コピー機

der **Korb** /コルプ/ (–(e)s/Körbe) (英 basket) かご; 編み細工

der **Kork** /コルク/ (–(e)s/–e) (英 cork) コルク

der **Korken** /コルケン/ (–s/–) (英 cork) コルク栓

der **Korkenzieher** /コルケンツィーアー/ (–s/–) (英 corkscrew) コルク栓抜き

das **Korn** /コルン/ (–(e)s/Körner) (英 corn) (穀物の)種子; 粒;((総称的に))穀物

der **Körper** /ケルパー/ (–s/–) (英 body) 体, 身体; 物体; 立体

der **Körper·bau** /ケルパーバオ/ (英 physique) 体型, 体格

körperlich /ケルパーリヒ/ 形 (英 physical) 肉体の, 体の

der **Korridor** /コリドーア/ (–s/–e) (英 corridor) 廊下

korrigieren /コリギーレン/ 動 (英 correct) 訂正する, 添削する

korrupt /コルプト/ 形 (英 corrupt) 賄賂のきく

die **Kosmetik** /コスメーティク/ (–/–en) (英 beauty culture) 化粧

die **Kost** /コスト/ (–/) (英 food) 食物

kostbar /コストバール/ 形 (英 valuable) 高価な, 値打ちのある; 貴重な, 大切な

kosten /コステン/ 動 (英 cost) ①(…の)値段である;(費用が)かかる;((*j*⁴ [*j*³] *et*⁴))(人に…を)費やさせる, 失わせる ¶ *Was kostet das?* いくらですか ②味見する, 試食[試飲]をする

die **Kosten** /コステン/ (英 cost) 費用, 経費, コスト ***auf Kosten von j³/et³ gehen*** (…を)犠牲にする

kostenlos /コステンロース/ 形 (英 free) ただの, 無料の

köstlich /ケストリヒ/ 形 ① (英 delicious) 美味な, 上等な ②《話》楽しい, すばらしい

das **Kostüm** /コステューム/ (–s/–e) (英 costume) (女性用の)スーツ; 舞台衣装, コスチューム

das **Kotelett** /コトレット/ (–s/–s (–e)) (英 cutlet) (豚・子牛などの)あばら肉;(骨付きの)カツレツ

die **Krabbe** /クラッベ/ (–/–n) (英 crab) カニ (蟹)

der **Krach** /クラッハ/ (–(e)s/Kräche) (英 crash) (ぶつかる)すさまじい音

krachen /クラッヘン/ 動

(㊖crash)すさまじい音を立てる;(…に)ドカンとぶつかる;(すごい音を立てて)壊れる

krächzen /クレヒツェン/ 動
(㊖caw)(カラスなどが)鳴く;しわがれ声で話す

die **Kraft** /クラフト/ (–/Kräfte)
(㊖strength)力,能力 *außer Kraft sein* [*treten*] 無効である[になる] *in Kraft treten* [*bleiben*] 発効する[効力がある]

kräftig /クレフティヒ/ 形
(㊖strong)力強い;激しい

der **Kraft·stoff** /クラフトシュトフ/
(㊖fuel)燃料

der **Kraft·wagen** /クラフトヴァーゲン/ (㊖motor-car)自動車

das **Kraft·werk** /クラフトヴェルク/ (㊖power station)発電所

der **Kragen** /クラーゲン/ (–s/–)
(㊖collar)襟

die **Krähe** /クレーエ/ (–/–n)
(㊖crow)カラス(鳥)

die **Kralle** /クラレ/ (–/–n)
(㊖claw)(鳥・猫などの)つめ

der **Kram** /クラーム/ (–(e)s/)
(㊖junk)がらくた,つまらない物[事]

der **Krampf** /クランプフ/ (–(e)s/Krämpfe) (㊖cramp)けいれん

der **Kran** /クラーン/ (–(e)s/Kräne, -e) (㊖crane)クレーン

der **Kranich** /クラーニヒ/ (–s/–e)
(㊖crane)ツル(鶴)

krank /クランク/ 形 (kränker; kränkst) (㊖sick)病気の;悩んだ

der/die **Kranke** /クランケ/
(㊖patient)患者

kränken /クレンケン/ 動
(㊖hurt)(気持ちを)傷つける

das **Kranken·haus** /クランケンハオス/ (㊖hospital)病院

der **Kranken·schein** /クランケンシャイン/ ((㊖health insurance certificate)健康保険証

die **Kranken·schwester** /クランケンシュヴェスター/ (㊖nurse)看護師

der **Kranken·wagen** /クランケンヴァーゲン/ (㊖ambulance)救急車

die **Krankheit** /クランクハイト/
(–/–en) (㊖disease)病気

kratzen /クラッツェン/ 動
(㊖scratch) ((j⁴ [*sich*⁴]))(人を[を])かく,引っかく;(衣類などが人に)ちくちくする;((*et*¹ von [aus] *et*³))(…を…から)かき取る

der **Kratzer** /クラッツァー/ (–s/–)
(㊖scratch)ひっかき傷

kraulen /クラオレン/ 動 ①
(㊖tickle)(指先で)軽くなでる ②クロールで泳ぐ

das **Kraut** /クラオト/ (–(e)s/Kräuter) (㊖herb)薬草,ハーブ;(食用にしない)茎,葉;キャベツ

der **Krawall** /クラヴァル/ (–s/–e)
(㊖row)暴動,騒乱;騒音

die **Krawatte** /クラヴァッテ/ (–/–n) (㊖tie)ネクタイ

der **Krebs** /クレプス/ (–es/–e) ①
(㊖crayfish)ザリガニ,カニ(蟹);かに座 ②癌(がん)

der **Kredit** /クレディート/ (–(e)s/–e)
(㊖credit)クレジット;ローン

die **Kredit·karte** /クレディートカルテ/ (㊖credit card)クレジットカード

die **Kreide** /クライデ/ (–/–n)
(㊖chalk)チョーク,白墨

der **Kreis** /クライス/ (–es/–e)
(㊖circle)円,輪;集まり,サークル;(人の)群れ

der **Kreis·lauf** /クライスラオフ/
(㊖cycle)循環;血行

das **Kreuz** /クロイツ/ (–es/–e)
(㊖cross)十字架(像);十字(形),ばつ印;[音楽]シャープ(♯);[トランプ]クローバ(の札);腰

kreuzen /クロイツェン/ 動
(㊖cross)交差させる;(…を)横切っている;交配させる

die **Kreuzung** /クロイツング/
(–/–en) (㊖crossing)交差点,十字路;異種交配

das **Kreuzwort·rätsel** /クロイツヴォルトレーツェル/

(㊥crossword puzzle) クロスワードパズル

kriechen /クリーヒェン/ (kroch; gekrochen) [動] (㊥creep) はう, はって進む

der **Krieg** /クリーク/ (-(e)s/-e) (㊥war) 戦争, 闘い, 争い

kriegen /クリーゲン/ [動] (㊥get) 《話》もらう, 得る, 受け取る

der **Krimi** /クリーミ/ (-(s)/-(s)) (㊥crime thriller) 推理小説, ミステリー小説［映画］

kriminell /クリミネル/ [形] (㊥criminal) 犯罪の, 犯罪的な

die **Krise** /クリーゼ/ (-/-n) (㊥crisis) 危機, 難局

die **Kritik** /クリティーク/ (-/-en) (㊥criticism) 批判, 非難；論評, 評論

kritisch /クリーティシュ/ [形] (㊥critical) 批判的な；危険な

kritisieren /クリティズィーレン/ [動] (㊥criticize) 批評［批判］する；けなす

das **Krokodil** /クロコディール/ (-s/-e) (㊥crocodile) ワニ

die **Krone** /クローネ/ (-/-n) ① (㊥crown) 冠(紘), 王冠 ②樹冠；歯冠；最高のもの, 極致

krönen /クレーネン/ [動] (㊥crown) 王座につける

der **Krug** /クルーク/ (-(e)s/Krüge) (㊥mug, pitcher) ジョッキ

krumm /クルム/ [形] (㊥bent) 曲がった, 湾曲した, ゆがんだ

krümmen /クリュメン/ [動] (㊥bend) 曲げる；((sich⁴)) 曲がる

die **Kruste** /クルステ/ (-/-n) (㊥crust) (パンなどの) 皮；かさぶた

die **Küche** /キュッヒェ/ (-/-n) (㊥kitchen) 台所；料理 (法)

der **Kuchen** /クーヘン/ (-s/-) (㊥cake) ケーキ, (洋) 菓子

die **Küchenschabe** /キュッヒェンシャーベ/ (-/-n) (㊥cockroach) ゴキブリ

der **Kuckuck** /クックク/ (-s/-e) (㊥cuckoo) カッコウ (郭公)

die **Kugel** /クーゲル/ (-/-n) (㊥ball) 球；砲丸；弾丸

der **Kugelschreiber** /クーゲルシュライバー/ (-s/-) (㊥ball-point pen) ボールペン

die **Kuh** /クー/ (-/Kühe) (㊥cow) 雌牛；牛；(象などの) 雌

kühl /キュール/ [形] (㊥cool) 涼しい, 冷たい；冷淡な, 冷静な

kühlen /キューレン/ [動] (㊥cool) 冷やす

der **Kühler** /キューラー/ (-s/-) (㊥radiator) ラジエーター

der **Kühl·schrank** /キュールシュランク/ (㊥refrigerator) 冷蔵庫

die **Kultur** /クルトゥーア/ (-/-en) (㊥culture) ①文化, 教養 ②耕作, 開墾；栽培

kulturell /クルトゥレル/ [形] (㊥cultural) 文化的な, 文化の

der **Kummer** /クマー/ (-s/) (㊥sorrow) 苦悩, 悩み；心配

kümmern /キュマーン/ [動] (㊥look after) ((sich⁴ um j⁴/et⁴)) (…の) 世話をする；((sich⁴ um er⁴)) (…を) 心にかける；((j⁴)) (人に) かかわりがある

der **Kunde** /クンデ/ (-n/-n) (die Kundin) (㊥customer) 顧客

der **Kunden·dienst** /クンデンディーンスト/ (㊥ after-sales service) 顧客［アフター］サービス；サービスセンター

kündigen /キュンディゲン/ [動] (㊥cancel) 解約する；解雇通告をする；解約を申し出る

künftig /キュンフティヒ/ [形] (㊥future) 来るべき, 未来の

die **Kunst** /クンスト/ (-/Künste) ① (㊥ art) 芸術, 美術；芸術作品, 美術品 ②技術, 技能 ③人工のもの, 人造物

der **Künstler** /キュンストラー/ (-s/-) (㊥artist) 芸術家；名人

künstlerisch /キュンストレリシュ/ [形] (㊥artistic) 芸術的な, 芸術家の

künstlich /キュンストリヒ/ 形 (英 artificial) 人工の, 人造の; 不自然な

der **Kunst·stoff** /クンストシュトフ/ (英 plastic) プラスチック, 合成樹脂

das **Kunst·werk** /クンストヴェルク/ (英 work of art) 芸術(作)品

das **Kupfer** /クプファー/ 《–s/》 (英 copper) 銅

die **Kur** /クーア/ 《–/–en》 (英 cure) 療養, 保養

der **Kurs** /クルス/ 《–es/–e》 ① (英 course) (船・飛行機などの)針路;(政治的な)路線 ②講習(会) ③相場

die **Kurve** /クルヴェ/ 《–/–n》 (英 curve) 曲線, カーブ

kurz /クルツ/ 形 《kürzer; kürzest》 (英 short) 短い; 短期間の; 簡潔な *über kurz oder lang* 遅かれ早かれ *vor kurzem* 少し前に

kurzärmelig /クルツエルメリヒ/ 形 (英 short-sleeved) 半袖の

kürzen /キュルツェン/ 動 (英 cut) 短くする, 短縮する; 少なくする

kürzlich /キュルツリヒ/ 副 (英 recently) 最近, この前

kurzsichtig /クルツズィヒティヒ/ 形 (英 short-sighted) 近眼の; 近視眼的な

die **Kusine** /クズィーネ/ 《–/–n》 (英 cousin) 従姉妹(いとこ)

der **Kuss** /クス/ 《–es/Küsse》 (英 kiss) キス, 口づけ

küssen /キュッセン/ 動 (英 kiss) (…に) キスする

die **Küste** /キュステ/ 《–/–n》 (英 coast) 海岸, 沿岸(地方)

die **Kutsche** /クッチェ/ 《–/–n》 (英 coach) 馬車

L, l

das **Labor** /ラボーア/ 《–s/–s, –e》 (英 laboratory) 研究[実験]室

lächeln /レッヒェルン/ 動 (英 smile) ほほえむ;《über j⁴/et⁴》(…を) おかしがる

lachen /ラッヘン/ 動 (英 laugh) 笑う;《über j⁴/et⁴》(…を) あざ笑う

lächerlich /レッヒャーリヒ/ 形 (英 ridiculous) おかしい, ばかげた; 取るに足りない, ささいな

der **Lachs** /ラクス/ 《–es/–e》 (英 salmon) サケ (鮭)

der **Lack** /ラック/ 《–(e)s/(–e)》 (英 varnish) ニス, ラッカー

lackieren /ラキーレン/ 動 (英 varnish) ニスを塗る

der **Laden** /ラーデン/ 《–s/Läden》 (英 store) 店

die **Ladung** /ラードゥング/ 《–/–en》 (英 cargo) 積荷;(弾丸の)装填;(裁判所への)召喚

die **Lage** /ラーゲ/ 《–/–n》 (英 situation) 状況, 立場; 環境; 姿勢 ¶ Was würden Sie in meiner Lage tun? あなたが私の立場だったらどうしますか *in der Lage sein, ... zu tun* …できる(立場にある)

das **Lager** /ラーガー/ 《–s/–》 (英 stockroom) 倉庫; 宿泊地, 宿営地;(政治的な)陣営

lagern /ラーガーン/ 動 (英 store) 貯蔵しておく; 置いておく, 寝かせる;(話)キャンプをする

die **Lähmung** /レームング/ 《–/–en》 (英 paralysis) 麻痺

der **Laie** /ライエ/ 《–n/–》 (英 amateur) 素人, アマチュア

das **Laken** /ラーケン/ 《–s/–》 (英 sheet) シーツ

das **Lamm** /ラム/ 《–(e)s/Lämmer》 (英 lamb) 子羊; ラム

die **Lampe** /ランペ/ 《–/–n》 (英 lamp) ランプ, 電灯, 電球

das **Land** /ラント/ 《–(e)s/Länder》 (英 land) 陸地; 耕地, 農地; 田舎, 田園(地方); 国, 国家;(ドイツ・オーストリアの)州 ¶ im Urlaub aufs Land fahren 休暇で田舎へ行く

landen /ランデン/ 動 (英 land) 着陸する[させる], 上陸する[させる]

die Land·kar·te /ラントカルテ/ (英map) 地図 ¶ auf der Landkarte zeigen 地図で示す

länd·lich /レントリヒ/ 形 (英rural) 田舎の, 郊外の；田舎っぽい

die **Land·schaft** /ラントシャフト/ ((-/-en)) (英landscape) 景色, 風景；風景画

der **Land·tag** /ラントターク/ (英state parliament) 州議会

die **Land·wirt·schaft** /ラントヴィルトシャフト/ (英agriculture) 農業

lang /ラング/ 形 (länger; längst) (英long) (空間的に) 長い [く], 長さが…の；長時間の；詳細な ¶ seit langem ずっと以前から

lan·ge /ランゲ/ 副 (länger; am längsten) (英long) 長い間, 長時間 ¶ Wie lange dauert es zu Fuß? 歩くとどの位時間がかかりますか

die **Län·ge** /レンゲ/ ((-/-n)) (英length) ((空間的)) 長さ, 丈；((時間的)) 長さ；ページ数

die **Lan·ge·wei·le** /ランゲヴァイレ/ ((-/)) (英boredom) 退屈

lang·sam /ラングザーム/ ① 形 (英slow) 遅い, ゆっくりした, のろい ¶ Bitte sprechen Sie etwas langsamer. もう少しゆっくり話してください ② 次第に, だんだん

längst /レングスト/ 副 (英long since) とっくに, ずっと前から ¶ längst nicht ... とうてい…ない, はるかに…に及ばない

lang·wei·len /ラングヴァイレン/ 動 (英bore) 退屈させる；((sich⁴)) 退屈する

lang·wei·lig /ラングヴァイリヒ/ 形 (英boring) 退屈な；単調な

der **Lärm** /レルム/ ((-(e)s/)) (英noise) 騒音 *Viel Lärm um nichts.* から騒ぎ

der **La·ser** /レーザー/ ((-s/-)) (英laser) レーザー

las·sen /ラッセン/ (ließ; gelassen, lassen) 動 (英let) ① (人・物に…) させる；してもらう；させておく, させてやる；(物を…)してもらう；(人が…するのを)ほうっておく；(場所に)置いておく；((sich⁴))(…)されうる, できる ¶ Lassen Sie mich bitte hier aussteigen. ここで降ろしてください ② (人に…を) 貸す ③ やめておく, やらない ¶ Lass das! やめなさい *Lass [Lasst] uns* ((+不定詞句)) (…) しよう

läs·sig /レッスィヒ/ 形 (英casual) さりげない；いい加減な

die **Last** /ラスト/ ((-/-en)) (英load) 荷物, 積み荷；負担；借金

läs·tig /レスティヒ/ 形 (英tiresome) 煩わしい, しつこい

der **Last·(kraft)wa·gen** /ラスト(クラフト)ヴァーゲン/ (英truck) トラック

das **La·tein** /ラタイン/ ((-s/-)) (英Latin) ラテン語

das **Laub** /ラオプ/ ((-(e)s/)) (英leaf) 葉, 木の葉；落ち葉

der **Lauf** /ラオフ/ ((-(e)s/Läufe)) (英run) 走ること, ランニング；競走；(物事の) 経過；(川などの) 流れ, (天体の) 軌道 *im Lauf(e) et²* (時間の) たつうちに

die **Lauf·bahn** /ラオフバーン/ (英career) 職歴, キャリア；トラック；(天体の) 軌道

lau·fen /ラオフェン/ (lief; gelaufen) 動 ① (英run) 走る, 歩いて行く；(スキー・スケートなどを)する；(水などが…へ) 流れる, (鼻が) 出る ② (機械などが) 作動 [回転] する；(映画・番組などが) 上映 [放映] される；(事態が) 進行する

lau·fend /ラオフェント/ 形 (英current) 現行の；持続的な, 絶え間ない, 連続している

der **Läu·fer** /ロイファー/ ((-s/-)) (英runner) ランナー, 走者；(茶)ビショップ；(廊下・階段用の) 細長いじゅうたん

das **Lauf·werk** /ラオフヴェルク/ (英disk drive) 【記号】ディスクドライブ；動力 [駆動] 装置

die **Laune** /ラオネ/ (−/−n) (英mood) 機嫌, 気分; 気まぐれ ¶ gute [schlechte] Laune haben 機嫌がいい[悪い]

launisch /ラオニシュ/ 形 (英capricious) 移り気な, 変わりやすい

die **Laus** /ラオス/ (−/Läuse) (英louse) シラミ

lauschen /ラオシェン/ 動 (英listen) ((*j³/et³*))(…に)耳を澄ます; (…を)立ち聞き[盗み聞き]をする

laut /ラオト/ ❶ 形 (英loud) 音[声]の大きい, うるさい ❷ 前((2格または3格支配))…に従えば; …によると

der **Laut** /ラオト/ (−(e)s/−e) (英sound) 音, 声

lauten /ラオテン/ 動 (英be, run) (…と)書かれている ¶ Wie lautet Ihre Adresse? あなたの住所はどこですか

läuten /ロイテン/ 動 (英ring) (鐘が)鳴る; (ベルを)鳴らす

lauter /ラオター/ ❶ 形 (英honest) 純粋な, 誠実な ❷ 副 ただ…ばかり, まったくの

der **Lautsprecher** /ラオトシュプレヒャー/ (−s/−) (英loudspeaker) 拡声器, (ラウド)スピーカー

die **Laut・stärke** /ラオトシュテルケ/ (英volume) (音・スピーカーの)ボリューム

lau・warm /ラオヴァルム/ 形 (英lukewarm) ぬるい

die **Lawine** /ラヴィーネ/ (−/−n) (英avalanche) 雪崩

das **Leben** /レーベン/ (−s/−) (英life) 命, 生命; 生存; 一生, 人生; 生活, 暮らし; 実生活 *auf Leben und Tod* 生死をかけて; すべてか無かで *ums Leben kommen* 死ぬ

leben /レーベン/ 動 (英live) 生きている, (…な)暮らし[生活]をする; (場所に)住んでいる; ((von *et³*))(…で)生活する ¶ Ich lebe gesund. 元気に暮らしています / Mein Bruder lebt in Frankreich. 私の兄[弟]はフランスに住んでいる *Leben Sie wohl!* ごきげんよう

lebendig /レベンディヒ/ 形 (英alive) 活発な, 元気[活力]にあふれた; 生き生きとした, 生々しい; 生きている

die **Lebens・gefahr** /レーベンスゲファール/ (英mortal danger) 生命の危険

lebensgefährlich /レーベンスゲフェーアリヒ/ 形 (英highly dangerous) 生死にかかわる

lebenslänglich /レーベンスレングリヒ/ 形 (英lifelong) (刑罰などが)終身の

der **Lebens・lauf** /レーベンスラオフ/ (英curriculum vitae) 履歴書

das **Lebens・mittel** /レーベンスミッテル/ (英food) 食料(品)

das **Lebensmittel・geschäft** /レーベンスミッテルゲシェフト/ (英food shop) 食料品店

der **Lebensunterhalt** /レーベンスウンターハルト/ (−(e)s/−) (英living expenses) 生活費

die **Lebens・versicherung** /レーベンスフェアズィッヒェルング/ (英life insurance) 生命保険

die **Leber** /レーバー/ (−/−n) (英liver) 肝臓; レバー

das **Lebe・wesen** /レーベヴェーセン/ (英being) 生命, 生き物

lebhaft /レープハフト/ 形 (英lively) 活発な, 活気に満ちた; 鮮明な; 力強い; 盛んな

leblos /レープロース/ 形 (英lifeless) 生気のない

lecken /レッケン/ 動 (英lick) なめる

lecker /レカー/ 形 (英delicious) おいしそうな, おいしい

das **Leder** /レーダー/ (−s/−) (英leather) 革, 皮革

ledig /レーディヒ/ 形 (英single) 独身の, 未婚の

lediglich /レーディクリヒ/ 副

(㋈only) …だけ
leer /レーア/ 形(㋈empty) (容器が)空(から)の;(部屋・道路などが)人のいない,がらんとした;(紙が)まっさらの;空虚な
leeren /レーレン/ 動(㋈empty) (容器・瓶などを)空にする;((sich))空になる
die **Leerung** /レールング/ (–/–en) (㋈collection) 空にすること
legen /レーゲン/ 動(㋈lay) ①横たえる,寝かせる;(…をある場所に)置く;((sich⁴))横になる,寝る ②(鳥が卵を)産む
die **Legende** /レゲンデ/ (–/–n) (㋈legend) 伝説;(地図などの)記号の説明,凡例
der **Lehm** /レーム/ (–(e)s/–e) (㋈clay) 粘土
die **Lehne** /レーネ/ (–/–n) (㋈back) (いすの)背もたれ,ひじ掛け
lehnen /レーネン/ 動(㋈lean) (壁などに)寄りかかっている,立てかけてある;((sich⁴ an))(…に)寄りかかる;((sich⁴ aus et³))(…から)身を乗り出す
das **Lehr·buch** /レーアブーフ/ (㋈textbook) 教科書
die **Lehre** /レーレ/ (–/–n) (㋈apprenticeship) 職業訓練;教え,教訓;学説,教義
lehren /レーレン/ 動(㋈teach) ((j⁴ et⁴))((人に)…を)教える;(物事が)示して[教えて]いる ¶ Physik [an der Universität] lehren 物理学を[大学で]教える
der **Lehrer** /レーラー/ (–s/–) (㋈teacher) 先生,教師
der **Lehrling** /レーアリング/ (–s/–e) (㋈apprentice) 実習生;職業訓練生,徒弟,見習い
der **Leib** /ライプ/ (–(e)s/–er) (㋈body) 肉体,体 *mit Leib und Seele* 全身全霊をかたむけて
der **Leib·wächter** /ライプヴェヒター/ (㋈bodyguard) ボディガード

die **Leiche** /ライヒェ/ (–/–n) (㋈dead body) 死体,遺体
leicht /ライヒト/ 形①(㋈light) 軽い;薄い;わずかの;軽やかな ②(㋈easy) 容易な,易しい,簡単な
die **Leichtathletik** /ライヒトアトレーティク/ (–/) (㋈athletics) 陸上競技
leichtsinnig /ライヒトズィニヒ/ 形(㋈careless) 不注意な,軽率な;軽薄な
leid /ライト/ 形 j⁴/et⁴ *leid sein* (㋈be tired of) (…に)うんざりしている ¶ Ich bin es leid, dass ... 私は…にはうんざりだ
das **Leid** /ライト/ (–s/) (㋈sorrow) 苦悩,苦痛,悲しみ ♪ *Leid tun* (人を)気の毒[残念]がらせる ¶ Es tut mir Leid, dass ich zu spät komme. 遅れてごめんなさい
leiden /ライデン/ (litt; gelitten) 動(㋈suffer) (苦痛・損害などを)我慢する,耐える;((an et³))(病気に)かかっている;((unter et³))(人が…に)苦しむ
die **Leidenschaft** /ライデンシャフト/ (–/–en) (㋈passion) ((für j⁴/et⁴))(…への)情熱,愛着,熱中
leidenschaftlich /ライデンシャフトリヒ/ 形(㋈passionate) 情熱的な,激しい;熱狂的な
leider /ライダー/ 副(㋈unfortunately) 残念ながら,あいにく ¶ Morgen können wir leider nicht kommen. 明日は残念ながら行かれない
leihen /ライエン/ (lieh; geliehen) 動(㋈lend) (人に…を)貸す;((sich³ et⁴ (von j³)))((人から) …を)借りる
die **Leih·gebühr** /ライゲビューア/ (㋈rental charge) 貸出料,レンタル料
der **Leih·wagen** /ライヴァーゲン/ (㋈rental car) レンタカー
die **Leine** /ライネ/ (–/–n) (㋈line) (物干し用の)綱,ロープ;(犬用の)リード

das **Leinen** /ライネン/ 《-s/-》（英linen）リネン, 亜麻布

die **Lein·wand** /ラインヴァント/ 《英canvas》キャンバス, スクリーン

leise /ライゼ/ 形 《英quiet》（音・声などが）小さい, 静かな；かすかな ¶ leise sprechen 小声で話す

leisten /ライステン/ 動 《英achieve》成し遂げる, 遂行する；…する, 行なう ② 《sich³ et⁴》（間違いなどを）やってしまう, しでかす；（奮発して）買う

die **Leistung** /ライストゥング/ 《-/-en》《英performance》業績, 成績, 成果；性能；給付

leiten /ライテン/ 動《英lead》（集団を）率いる, 指導する, （会社・組織を）運営［経営］する；案内する, 導く, 誘導する；（熱・電気を）伝導する

der **Leiter** /ライター/ ① 《-s/-》《英leader》指導者, 管理［監督］者, リーダー ②導体

die **Leiter** /ライター/ 《-/-n》《英ladder》はしご

die **Leitplanke** /ライトプランケ/ 《-/-n》《英crash barrier》ガードレール

die **Leitung** /ライトゥング/ 《-/-en》 ①《英leading》指揮, 指導；首脳部, 経営陣 ② （水道・ガスの）導管；電線；（電話の）回線

das **Leitungs·wasser** /ライトゥングスヴァッサー/ 《英tap water》水道水

die **Lektion** /レクツィオーン/ 《-/-en》《英lesson》（テキストの）課；教訓

lenken /レンケン/ 動《英steer》運転する, （運転［操縦］して）方向を変える；（国家・経済などを）舵取りする；《et⁴ auf et⁴》（注意などを…へ）向ける

das **Lenk·rad** /レンクラート/ 《英steering wheel》ハンドル

die **Lenk·stange** /レンクシュタンゲ/ 《英handlebars》（自転車・オートバイの）ハンドル

die **Lenkung** /レンクング/ 《-/-en》《英control》管理, コントロール；（車の）ステアリング

lernen /レルネン/ 動《英learn》習う, 学ぶ, 習得する；（技術などを）覚える

lesen /レーゼン/ 《las; gelesen》動 ①《英read》読む；（ミサを）挙げる；《sich⁴》（…のように）読める ② （ブドウなどを）摘む

das **Lese·zeichen** /レーゼツァイヒェン/ 《英bookmark》ブックマーク, しおり

letzt /レッツト/ 形《英last》最後の, 最終の；最近［最新］の, この前の ¶ der letzte Zug [Bus] 終電［終バス］

letztens /レッツテンス/ 副《英lately》最近, この前

letzter /レッツター/ 形《英the latter》後者の

leuchten /ロイヒテン/ 動《英shine》光る, 輝く；照る, 照らす

der **Leucht·turm** /ロイヒトトゥルム/ 《英lighthouse》灯台

leugnen /ロイグネン/ 動《英deny》否定［否認］する

die **Leute** /ロイテ/ 《英people》人々, 人たち

das **Lexikon** /レクスィコン/ 《-s/Lexika》《英encyclopedia》（百科的な）事典；《話》辞書

liberal /リベラール/ 形《英liberal》自由な；自由主義の

das **Licht** /リヒト/ 《-(e)s/-er》《英light》光；照明, 電気, 明かり et⁴ ans Licht bringen （…を）明るみに出す ans Licht kommen 明るみに出る

das **Licht·bild** /リヒトビルト/ 《英photograph》証明写真；スライド

die **Lichtung** /リヒトゥング/ 《-/-en》《英clearing》（森の中の）開けたところ, 空き地

das **Lid** /リート/ 《-(e)s/-er》《英eyelid》まぶた

der **Lid·schatten** /リートシャッ

テン/（㊧eye shadow）アイシャドー

lieb /リープ/ 形（㊧dear）大切な, かわいい；親切な, 好意的な ¶ Das war sehr lieb von Ihnen. ご親切さまでした *j⁴ lieb haben* （人が）好きである

die **Liebe** /リーベ/（-/-n）（㊧love）愛, 恋愛, 愛情；恋人；愛好, お気に入り *Liebe auf den ersten Blick* 一目ぼれ

lieben /リーベン/ 動（㊧love）愛する, 大好きである；大事にする；（人と）セックスをする

lieber /リーバー/ 副（㊧rather）より好んで；((als とともに))(…より…のほうが)ましである ¶ Ich esse lieber Schweinefleisch als Rindfleisch. 私は牛肉よりも豚肉の方を好んで食べる

liebevoll /リーベフォル/ 形（㊧affectionate）愛情豊かな；心のこもった

der **Liebhaber** /リープハーバー/（-s/-）（㊧lover）愛好家, ファン；愛人, 不倫の相手

lieblich /リープリヒ/ 形（㊧lovely）愛らしい, かわいらしい；好ましい；（ワインが）甘口の, まろやかな

der **Liebling** /リープリング/（-s/-e）（㊧favorite）お気に入り；((呼びかけで))おまえ, あなた

das **Lied** /リート/（-(e)s/-er）（㊧song）歌

liefern /リーファーン/ 動（㊧deliver）配達［配送］する；（ハチがみつなどを）作りだす

die **Lieferung** /リーフェルング/（-/-en）（㊧delivery）配達（品）

der **Liefer·wagen** /リーファーヴァーゲン/（㊧delivery van）配達車

liegen /リーゲン/（lag; gelegen）動 ①（㊧lie）横になっている, 寝ている；（水平に）置かれている；（ある場所・状態に）ある；（町・建物が…に）位置している；（雪が）積もっている ¶ Sie liegt noch im Bett. 彼女はまだベッドの中だ ② ((*j³*))(あることが人に)向いている, (ある人が人の)性に合っている *bei j³ liegen*（責任などが人に）ある

der **Liege·stuhl** /リーゲシュトゥール/（㊧deckchair）安楽いす, デッキチェア

der **Lift** /リフト/（-(e)s/-e, -s）（㊧elevator）エレベーター；（スキー場などの）リフト

lila /リーラ/ 形（㊧purple）紫色の

die **Lilie** /リーリエ/（-/-n）（㊧lily）ユリ（百合）

die **Limonade** /リモナーデ/（-/-n）（㊧lemonade）レモネード

die **Linde** /リンデ/（-/-n）（㊧lime tree）ボダイジュ（菩提樹）

lindern /リンダーン/ 動（㊧ease）（苦痛などを）和らげる, 鎮める

das **Lineal** /リネアール/（-s/-e）（㊧ruler）定規

die **Linie** /リーニエ/（-/-n）（㊧line）線；列；（交通の）路線；方針, （政治上の）路線 ¶ Welche Linie fährt nach Hamburg? ハンブルクへはどの線で行けばいいですか *in erster Linie* まず第一［初め］に

die **Linke** /リンケ/（-n/-n）（㊧left）左側, 左手；（政治上の）左派, 左翼

links /リンクス/ ❶ 副（㊧on the left）左に, 左側に；（思想が）左寄りで *j⁴ links liegen lassen*（人を）無視する ❷ 前((2格支配))…の左（側）に

die **Linse** /リンゼ/（-/-n）（㊧lens）①レンズ；（目の）水晶体 ②レンズマメ

die **Lippe** /リッペ/（-/-n）（㊧lip）唇

der **Lippen·stift** /リッペンシュティフト/（㊧lipstick）口紅

die **List** /リスト/（-/-en）（㊧trick）策略, ペテン；トリック

die **Liste** /リステ/（-/-n）（㊧list）リスト, 一覧表；名簿

listig /リスティヒ/ 形（㊧cunning）

ずるい、狡猾な

der (das) **Liter** /リ(−)ター/ 《-s/-》(英liter)《単位》リットル

die **Literatur** /リテラトゥーア/ 《-/-en》(英literature) 文学；文芸作品；文献

der **Lkw, LKW** /エルカヴェー/ 《-(s)/-(s)》(英truck) トラック（< Lastkraftwagen）

das **Lob** /ロープ/ 《-(e)s/-e》(英praise) 称賛、賛美

loben /ローベン/ 動(英praise) 褒める、称賛する

das **Loch** /ロッホ/ 《-(e)s/Löcher》(英hole) 穴、くぼみ

die **Locke** /ロッケ/ 《-/-n》(英curl) 巻き毛

locken /ロッケン/ 動(英lure) おびき出す、誘い出す

locker /ロッカー/ 形(英loose) （ねじ・釘などが）緩んだ、ぐらぐらの；（規則などが）厳しくない；《話》（性格的に）気楽な

lockig /ロッキヒ/ 形(英curly) （髪が）カールした

der **Löffel** /レッフェル/ 《-s/-》(英spoon) スプーン、さじ；スプーン1杯（の量）

logisch /ローギシュ/ 形(英logical) 論理的な、筋の通った；《話》当たり前な

der **Lohn** /ローン/ 《-(e)s/Löhne》(英pay) 賃金、給料；《für et⁴》（…の）報い、ほうび

lohnen /ローネン/ 動(英worth) 《sich⁴》割に合う、報われる

das **Lokal** /ロカール/ 《-s (-es)/-e》(英pub) レストラン；居酒屋

die **Lokomotive** /ロコモティーヴェ/ 《-/-n》(英locomotive) 機関車

los /ロース/ ❶ 形(英loose) ① 《j³/et⁴》（…から）解放された；（…を）失った ② 起こった、始まった ¶ Was ist los? どうしましたか ❷ 副《催促して》さあ、始めろ、やれ

das **Los** /ロース/ 《-es/-e》(英lot) くじ；抽選

...hen /レッシェン/ 《losch; geloschen》動(英put out) （火・明かりなどを）消す；削除する

lose /ローゼ/ 形(英loose) （ボタンなどが）取れた；（結び目などが）緩い；ばらばらの ¶ Ein Knopf an der Jacke ist lose. 上着のボタンがひとつ取れ（そうになっ）ている

lösen /レーゼン/ 動 ① (英remove) 《et⁴ von [aus] et³》（…を…から）はがす、離す；《et⁴》（ねじなどを）緩める、（結び目などを）解く、ほどく；（問題を）解決する；（問題が）解決する ② （痛み・緊張などを）和らげる；《sich⁴》（痛み・障害などが）緩和される；《et⁴ in et³》（…を…に）溶かす；《sich⁴ in et³》（液体などに）溶ける ③ （切符などを）買う

los|fahren /ロースファーレン/ 動 (英move off) （乗り物で）出発する；発車［発進］する

los|gehen /ロースゲーエン/ 動 (英start) 《話》（催し物などが）始まる；《auf j⁴》（…に）襲いかかる

los|lassen /ロースラッセン/ 動 (英let go) 放す；解放する

die **Lösung** /レーズング/ 《-/-en》(英solution) 解決、解明、解決策；答え；溶解；溶液

los|werden /ロースヴェーアデン/ 動 (英get rid of) 《j⁴/et⁴》（…から）解放される

die **Lotterie** /ロテリー/ 《-/-n》(英lottery) 宝くじ、抽選

das **Lotto** /ロット/ 《-s/-s》(英lottery) ナンバーくじ

der **Löwe** /レーヴェ/ 《-n/-n》(*die* Löwin) (英lion) ライオン；獅子(し)座

die **Lücke** /リュッケ/ 《-/-n》(英gap) すきま、割れ目；不備、欠陥、落ち

die **Luft** /ルフト/ 《-/Lüfte》(英air) 空気、大気；空中；外気；息 *in der Luft hängen [schweben]* 未定である *in die Luft gehen* 《話》かんしゃくを起こす；（爆発などで）吹き飛ぶ

der Luftballon /ルフトバロン/ (–s/ –s, –e) (英balloon) 風船

lüften /リュフテン/ 動 (英air) 換気する；(秘密などを) 明かす

die Luft·post /ルフトポスト/ (英 airmail) 航空便, エアメール ¶ mit [per] Luftpost 航空便で

die Lüftung /リュフトゥング/ (–/ –en) (英ventilation) 換気 (扇)

die Luft·waffe /ルフトヴァッフェ/ (英air force) 空軍

die Lüge /リューゲ/ (–/–n) (英lie) うそ ¶ eine glatte Lüge 真っ赤なうそ **Lügen haben kurze Beine.** うそはすぐばれる

lügen /リューゲン/ (log; gelogen) 動 (英lie) うそをつく

der Lügner /リューグナー/ (–s/–) (英liar) うそつき

die Lunge /ルンゲ/ (–/–n) (英lung) 肺

die Lungen·entzündung /ルンゲンエントツュンドゥング/ (英pneumonia) 肺炎

die Lupe /ルーペ/ (–/–n) (英 magnifying glass) ルーペ, 虫眼鏡

die Lust /ルスト/ (–/Lüste) (英pleasure) ((auf et^4)) (…が欲しい[したい]) 気持ち, 欲求；((zu et^3)) (…する) 意欲；((an et^3)) (…への) 喜び, 楽しみ；性的な欲望 ¶ Ich habe Lust auf Eis. アイスクリームが食べたい /Ich habe keine Lust zu kochen. 料理する気分ではない

lustig /ルスティヒ/ 形 (英merry) 楽しい, 愉快な, 陽気な；おもしろい, おかしい

lutschen /ルッチェン/ 動 (英suck) (アイス・キャンディーなどを) なめる；(指を) しゃぶる

der Luxus /ルクスス/ (–/–) (英luxury) ぜいたく, 豪華

M, m

machen /マッヘン/ 動 ① (英 make) 作る ¶ Woraus ist das gemacht? これは何でできていますか ② (英do) する, 行う ¶ Was machen Sie beruflich? お仕事は何ですか ③ (…を…に) する ¶ Darf ich bekannt machen? ご紹介いたします ④ (($j^3/et^3\ et^4$)) (…に…を) 引き起こす, (人に喜びなどを) もたらす；(($sich^3\ et^4$)) (心配などを) する ⑤ ((話)) (数・金額が…に) なる ⑥ (ベッド・髪などを) 整える ⑦ (($sich^4$ (an et^4))) (…に) 向かう, 取りかかる

(Das) macht nichts! ((話)) 何でもないよ；(お礼などに対して) どういたしまして

Mach's [Machs] gut! ((話))((別れのあいさつ)) 元気でね, うまくやれよ

die Macht /マハト/ (–/Mächte) (英power) 力；権力；大国；超自然的な力 ¶ an der Macht sein 権力の座にある

mächtig /メヒティヒ/ 形 (英powerful) 強大な, 勢力のある；巨大な；力強い；((j^2/et^2)) (…を) コントロールできる

das Mädchen /メートヒェン/ (–s /–) (英girl) 少女, 女の子；若い女性；お手伝い

der Mädchen·name /メートヒェンナーメ/ (英 maiden name) (女性の) 旧姓；女の子の名前

die Made /マーデ/ (–/–n) (英maggot) 幼虫；ウジ

das Magazin /マガツィーン/ (–s/ –e) (英magazine) 雑誌

der Magen /マーゲン/ (–s/Mägen, –) (英stomach) 胃

mager /マーガー/ 形 (英lean) やせた；脂肪分の少ない；乏しい

die Magie /マギー/ (–/) (英magic) マジック, 魔術, 奇術

mähen /メーエン/ 動 ① (英mow) 草刈をする ② (羊が) 鳴く

mahlen /マーレン/ (mahlte; gemahlen) 動 (英grind) (穀物・コーヒーなどを) 挽く

die Mahl·zeit /マール

(㊥meal) 食事　*Mahlzeit!*《話》召しあがれ, いただきます

die **Mahnung** /マーヌング/ 《-/-en》(㊥admonition) 催告, 警告, 注意；督促状

der **Mai** /マイ/ 《-(e)s/-e》(㊥May) 5月

der **Mais** /マイス/ 《-es/(-e)》(㊥corn) トウモロコシ

der **Major** /マヨーア/ 《-s/-e》(㊥major) (陸軍・空軍の) 少佐

der **Makler** /マークラー/ 《-s/-》(㊥estate agent) 不動産屋

mal /マール/ 副①《話》以前, かつて；いつか, そのうち ②《話》(命令文・疑問文で) ちょっと ¶ Probier doch mal! 試してごらんよ ③(㊥times) …倍, 掛ける ¶ Zwei mal vier ist acht. 2×4＝8

das **Mal** /マール/ 《-(e)s/-e》① (㊥time) 回, 度 ¶ mehrere Male 何回も ② (皮膚の) あざ, ほくろ *ein für alle Mal* きっぱりと *jedes Mal* 毎回, そのつど *zum ersten Mal* 初めて

malen /マーレン/ 動 (㊥paint) (絵の具で) 描く；(…の) 絵を描く；(…に) 色を塗る

der **Maler** /マーラー/ 《-s/-》(㊥painter) 画家, 絵かき；ペンキ屋, 塗装工

die **Malerei** /マーレライ/ 《-/-en》(㊥painting) 絵画；絵

man /マン/《不定代名詞；男性単数扱い》(㊥one, they) (不特定な) 人

manch /マンヒ/《不定代名詞》《男性1格 mancher, 女性・複数1格 manche, 中性1格 manches》(㊥many a) いくつもの, 何人もの, たびたびの；《名詞的》いくつか ¶ manches Erlebnis haben ＝ manches erleben いろいろなことを経験する

manchmal /マンヒマール/ 副 (㊥sometimes) 時々；時に

die **Mandel** /マンデル/ 《-/-n》(㊥almond) アーモンド；扁桃腺

löschngel /マンゲル/ 《-s/Män-gel》(㊥lack) ①(an *et*³) (…の) 不足, 欠乏, 欠如 ②欠陥, 欠点

mangelhaft /マンゲルハフト/ 形 (㊥faulty) 欠陥のある；(成績で) 不可

der **Mann** /マン/ 《-(e)s/Männer》(㊥man) (成人の) 男性；(㊥husband) 夫, 主人；スタッフ

das **Mannequin** /マネケーン/ 《-s/-s》(㊥model) ファッションモデル

männlich /メンリヒ/ 形 (㊥male) 男性の, 雄の；男らしい

die **Mannschaft** /マンシャフト/ 《-/-en》(㊥team) (スポーツなどの) チーム；(船・飛行機の) クルー；(軍隊の) 隊員

die **Manschette** /マンシェッテ/ 《-/-n》(㊥cuff) そで口, カフス；(植木鉢の紙製などの) 縁飾り

der **Mantel** /マンテル/ 《-s/Mäntel》①(㊥coat) コート, オーバー, マント ②(チューブを覆う) タイヤ

die **Mappe** /マッペ/ 《-/-n》(㊥briefcase) 書類かばん, ブリーフケース；ファイル, バインダー

das **Märchen** /メーアヒェン/ 《-s/-》(㊥fairy tale) 童話, おとぎ話

die **Margarine** /マルガリーネ/ 《-/-》(㊥margarine) マーガリン

der **Marien·käfer** /マリーエンケーファー/ (㊥ladybird) テントウムシ

die **Marine** /マリーネ/ 《-/-n》(㊥navy) 海軍；艦隊

die **Mark** /マルク/ 《-/-》(㊥mark) マルク (ユーロ導入以前のドイツの貨幣)

das **Mark** /マルク/ 《-(e)s/》(㊥marrow) 髄, 骨髄；【料理】ピューレ

die **Marke** /マルケ/ 《-/-n》①(㊥coupon) 券, 札；(㊥stamp) 切手 ②(㊥mark) 標識, 目印；(㊥brand) 商標, 銘柄

das **Marken·zeichen** /マルケンツァイヒェン/ (㊥trade mark) 商標, トレードマーク

markieren /マルキーレン/ 動

(英mark)(…に)印をつける；強調する

der Markt /マルクト/ 《-(e)s/Märkte》 ①(英market) 市(いち)，市場(いちば) ②(市の立つ)広場，中央広場 ③市場(しじょう)；市況；需要

die Marmelade /マルメラーデ/ 《-/-n》(英jam) ジャム，マーマレード

der Marmor /マルモア/ 《-s/-e》(英marble) 大理石

der Marsch /マルシュ/ 《-(e)s/Märsche》(英march) 行進；行軍；行進曲，マーチ

der März /メルツ/ 《-(es)/-e》(英March) 3月

die Masche /マッシェ/ 《-/-n》(英stitch) メッシュ，(網の)目

die Maschine /マシーネ/ 《-/-n》(英machine) 機械；飛行機；タイプライター

die Maske /マスケ/ 《-/-n》(英mask) 仮面，お面；マスク，ガスマスク

das Maß /マース/ 《-es/-e》(英measure) 計量[測定]単位；基準，尺度；サイズ，寸法；程度

die Masse /マッセ/ 《-/-n》(英mass) 塊；大量，大群，大衆；[物理]質量

massenhaft /マッセンハフト/ 形(英in huge numbers) 大量の，多数の，大群をなして

massieren /マスィーレン/ 動(英massage) マッサージする

mäßig /メースィヒ/ 形(英moderate) 適度の；並の；あまり[さほど]よくない

die Maßnahme /マースナーメ/ 《-/-n》(英measure) 措置，対策

der Maßstab /マースシュターブ/ 《-(e)s/Maßstäbe》(英scale) (地図などの)縮尺；尺度，基準

der Mast /マスト/ 《-(e)s/-e 《-en》》(英mast) (船の)マスト；支柱

das Material /マテリアール/ 《-s/-ien》(英material) 材料，原料，素材；資料，データ

die Mathe /マテ/ 《-/》(英math)《話》数学

die Mathematik /マテマティーク/ 《-/》(英mathematics) 数学

die Matratze /マトラッツェ/ 《-/-n》(英mattress) マットレス，敷布団

der Matrose /マトローゼ/ 《-n/-n》(英sailor) 船員，マドロス

matt /マット/ 形(英weak, matt) ぐったりした；弱々しい；つやのない，(光・色が)鈍い；(写真が)つや消しの

die Matte /マッテ/ 《-/-n》(英mat) (玄関)マット

die Mauer /マオアー/ 《-/-n》(英wall) 壁；外壁，塀

das Maul /マオル/ 《-(e)s/Mäuler》(英month)(動物の)口

der Maul·korb /マオルコルプ/ (英muzzle)(犬の)口輪

das Maul·tier /マオルティーア/ (英mule) ラバ(騾馬)

der Maul·wurf /マオルヴルフ/ (英mole) モグラ

der Maurer /マオラー/ 《-s/-》(英bricklayer) れんが職人，左官

die Maus /マオス/ 《-/Mäuse》(英mouse)(ハツカ)ネズミ；[コンピュータ]マウス

der Mechaniker /メヒャーニカー/ 《-s/-》(英mechanic) 機械工；(自動車などの)整備[修理]工

mechanisch /メヒァーニシュ/ 形(英mechanical) 機械の，機械による；機械的な，自動của

meckern /メッカーン/ 動(英grumble) ①《über j⁴/et¹》《話》(…に)文句[不平]を言う ②(ヤギが)メーメー鳴く

die Medaille /メダリエ/ 《-/-n》(英medal) メダル

die Medien /メーディエン/ (英media)《複数》メディア

das Medikament /メディカメント/ 《-(e)s/-e》(英medicine) 薬 ¶ein Medikament gegen Grippe 風邪薬

die Medizin /メディツィーン/ 《-/

–en) (英medicine) 医学；薬

medizinisch /メディツィーニシュ/ 形 (英medical) 医学の, 医学的な

das **Meer** /メーア/ (–(e)s/–e) ① (英sea, ocean) 海 ②多量, 無数

das **Mehl** /メール/ (–(e)s/(–e)) (英flour) 小麦粉；粉末

mehr /メーア/ ((vielの比較級)) (英more) ❶ 形 より多くの, 一層の ¶ Wir trinken mehr Tee als Kaffee. 私たちはコーヒーよりも紅茶を飲む ❷ 副 もっと, いっそう；((否定詞と))もはや(…ない) ¶ Ich habe kein Geld mehr. もうお金がありません *mehr oder weniger [minder]* 多かれ少なかれ *mehr und mehr* ますます

mehrere /メーレレ/ ((不定代名詞)) (英several) いくつかの, 数個の, 数人の；様々な

mehrfach /メーアファッハ/ 形 (英multiple) 何回[何倍]かの, 重複した, 多重の

die **Mehrheit** /メーアハイト/ (–/–en) (英majority) 大多数, 大半；(表決での)過半数, 多数

mehrmals /メーアマールス/ 副 (英several times) 数回, 何度か

die **Mehrwert·steuer** /メーアヴェーアトシュトイアー/ (英value added tax) 付加価値税

die **Mehr·zahl** /メーアツァール/ (英plural) 複数；多数

meiden /マイデン/ ((mied; gemieden)) 動 (英avoid) 避ける, 回避する；控える

die **Meile** /マイレ/ (–/–n) (英mile) マイル

mein /マイン/ ((所有代名詞；男性1格, 中性1[4]格))((男性·中性2格 meines, 男性4格, 複数3格 meinen, 女性複数1·4格 meine, 女性2·3格, 複数2格 meiner)) (英my) 私の ¶ Das ist mein Sohn [meine Tochter]. これは私の息子[娘]です

meinen /マイネン/ 動 ① (英think) ((*et*⁴ zu *j*³))(…について…と)思う；(…という)意見である ¶ Was meinen Sie dazu? それをどう思いますか ②(…のことを)指して言う, 意味する；((…を…の)つもりで言う；((zu *j*³) *et*⁴))((人に)…と)言う ¶ Es war nicht so gemeint. そういうつもりではなかったのです

meinet·wegen /マイネットヴェーゲン/ 副 (英on my account) ((話))私としては ¶ Meinetwegen! ((依頼などに対して))私は構いませんよ

die **Meinung** /マイヌング/ (–/–en) (英opinion) 意見, 見解, 考え, 信念 ¶ meiner Meinung nach = nach meiner Meinung 私の意見[考え]では

meist /マイスト/ 形 (英most) 最も多くの, 最大の；たいていの

meistens /マイステンス/ 副 (英mostly) たいてい, たいがいの場合

der **Meister** /マイスター/ (–s/–) (英master) (資格のある)親方, マイスター；名人, 大家；[スポーツ]チャンピオン

die **Meisterschaft** /マイスターシャフト/ (–/–en) ①(英championship) [スポーツ]選手権(試合), タイトル ②名人芸

melden /メルデン/ 動 (英report) 報道[報告]する；((*j*⁴/*et*¹ (*j*³ bei *j*³)))(…を(人に))届け出る, 通報する；((sich⁴ (bei *j*³))) (人に)連絡を取る, 消息を知らせる；((sich⁴))電話に出る；発言を求める；((sich⁴ zu *et*³ [für *et*⁴]))(…への)参加を申し出る

die **Melodie** /メロディー/ (–/–n) (英melody) メロディー, 旋律, 曲

die **Melone** /メローネ/ (–/–n) (英melon) メロン

die **Menge** /メンゲ/ (–/–n) (英amount) 量；大量, 多数, 大勢；[数]集合 ¶ eine Menge Bücher たくさんの本

die **Mensa** /メンザ/ (–/–s,

Mensen) (英canteen) 学生食堂

der **Mensch** /メンシュ/ (-en/-en) (英human being) 人間, 人類；人

die **Menschheit** /メンシュハイト/ (-/) (英mankind) 人類, 人間

menschlich /メンシュリヒ/ 形 (英human) 人間の, 人間的な；人間味[思いやり]のある

die **Mentalität** /メンタリテート/ (-/-en) (英mentality) メンタリティー, 気質

das **Menü** /メニュー/ (-s/-s) (英menu) コース料理，（レストランの）定食；{亞江}メニュー

merken /メルケン/ 動 (英notice) (…に)気づく；((sich³ et⁴)) (…を)覚えておく，心に留める

das **Merkmal** /メルクマール/ (-(e)s/-e) (英characteristic) 特徴, 目印

merkwürdig /メルクヴュルディヒ/ 形 (英odd) 奇妙な，変な，怪しげな；珍しい

die **Messe** /メッセ/ (-/-n) ① (英mass) {カト} ミサ ② (英fair) 見本市, メッセ

messen /メッセン/ (maß; gemessen) 動 (英measure) 測る，測定[計量]する；(…の)大きさがある；((j⁴/et⁴ an j³/et³)) (…を…と)比較する

das **Messer** /メッサー/ (-s/-) (英knife) ナイフ

das **Messing** /メッスィング/ (-s/-e) (英brass) 真鍮（しんちゅう）

das **Metall** /メタル/ (-s/-e) (英metal) 金属

der (das) **Meter** /メーター/ (-s/-) (英meter) メートル

das **Meter·maß** /メーターマース/ (英tape measure) 巻尺, メジャー

die **Methode** /メトーデ/ (-/-n) (英method) 方法

der **Metzger** /メッツガー/ (-s/-) (英butcher) ({ﾄﾞｲﾂ南部}) 肉屋（人）

die **Metzgerei** /メッツゲライ/ (-/-en) (英butcher's shop) ({ﾄﾞｲﾂ南部}・{ｵｰｽﾄﾘｱ・ｽｲｽ}) 肉屋

miauen /ミアオエン/ 動 (英miaow) (猫が)鳴く

mich /ミヒ/ (英me) 人称代名詞 ich の4格

mies /ミース/ 形 (英terrible) ((話)) 嫌な, 不快な；ひどい

die **Miete** /ミーテ/ (-/-n) (英rent) 家賃；レンタル料

mieten /ミーテン/ 動 (英rent) 賃借りする

der **Miet·wagen** /ミートヴァーゲン/ (英rental car) レンタカー

das **Mikrofon** /ミクロフォーン/ (-s/-e) (英microphone) マイク

der **Mikrowellen·herd** /ミークロヴェレンヘーアト/ (英microwave oven) 電子レンジ

die **Milch** /ミルヒ/ (-/) (英milk) 牛乳；ミルク, 乳；(ゴムノキなどの)樹乳；(化粧品の)乳液

mild(e) /ミルト[デ]/ 形(英mild) 寛大な, 寛容な；穏やかな, 温和な；(味が)まろやかな

das **Militär** /ミリテーア/ (-s/) (英military) 軍隊, 軍(部)

der **Militär** /ミリテーア/ (-s/-s) (英officer) 軍人, 将校

die **Milliarde** /ミリアルデ/ (-/-n) (英thousand million) 10億

die **Million** /ミリオーン/ (-/-en) (英million) 100万

der **Millionär** /ミリオネーア/ (-s/-e) (英millionaire) 百万長者

die **Minderheit** /ミンダーハイト/ (-/-en) (英minority) 少数(派)

minderjährig /ミンダーイェーリヒ/ 形 (英under age) 未成年の

mindest /ミンデスト/ 形 (英least) 最も少ない

mindestens /ミンデステンス/ 副 (英at least) 少なくとも；せめて, とにかく

die **Mine** /ミーネ/ (-/-n) (英mine) 鉱脈；(鉛筆などの)芯；地雷

der **Minister** /ミニスター/ (-s/-) (英minister) 大臣

das **Ministerium** /ミニステーリウム/ (-s/..rien) (英ministry) 官

庁, 省(庁)

die Minute /ミヌーテ/ (-/-n) (英minute) 分 ¶ Es ist zwei Minuten vor zehn. 10時2分前です *in letzter Minute = in der letzten Minute* 最後の最後で, ぎりぎりに

mir /ミーア/ (英me) 人称代名詞 ich の3格

mischen /ミッシェン/ 動 (英mix) ((*et*⁴ (mit *et*³))) (…を(…と)) 混ぜる, 調合する;(トランプを) 切る;((*sich*⁴ *unter j*⁴)) (人込みなどに) 紛れ込む;((*sich*⁴ *in et*³)) (…に) 介入[干渉]する

die Mischung /ミッシュング/ (-/-en) (英mixture) 混合物, ブレンド, ミックス

miserabel /ミゼラーベル/ 形 (英miserable) 惨めな, 悲惨な, ひどい;お粗末な

missbrauchen /ミスブラオヘン/ 動 (英misuse) 濫用する, 悪用する;犯す, 虐待する

der Miss·erfolg /ミスエアフォルク/ (英failure) 失敗

missglücken /ミスグリュッケン/ 動 (英fail) ((*j*³)) (物事が人に) うまくいかない, 失敗に終わる

misshandeln /ミスハンデルン/ 動 (英maltreat) (動物・子供などを) 虐待する

misslingen /ミスリンゲン/ (misslang; misslungen) 動 (英fail) ((*j*³)) (人に) 失敗に終わる

misstrauen /ミストラオエン/ 動 (英mistrust) 信用しない

das Misstrauen /ミストラオエン/ (-s/) (英mistrust) 不信, 疑念

das Missverständnis /ミスフェアシュテントニス/ (-ses/-se) (英misunderstanding) 誤解

miss·verstehen /ミスフェアシュテーエン/ 動 (英misunderstand) 誤解する

der Mist /ミスト/ (-(e)s/) (英dung) 堆肥(たいひ), (家畜の) 糞尿(ふんにょう);((話)) くだらぬこと, ばかげたこと

mit /ミット/ ❶ 前 ((3格支配))((英with)) ((共同))…といっしょに;…のついた, …を身につけて;((手段・材料))…で, …を使って;…しながら;…歳のときに;((関連))…に関して ¶ Ich bin mit meiner Familie hier. 家族といっしょに来ています /Wie lange dauert es mit dem Auto? 車でどの位かかりますか ❷ 副 ((話)) いっしょに, ともに

mit|arbeiten /ミットアルバイテン/ 動 (英collaborate) 共同で仕事をする;((an *et*³)) (…に) 参加する

der Mit·arbeiter /ミットアルバイター/ (英employee) 従業員, 共同作業者, 協力者

die Mitbestimmung /ミットベシュティムング/ (-/) (英co-determination) 共同決定

mit|bringen /ミットブリンゲン/ 動 (英bring) 連れて来る[行く], 持参する;(才能・能力などを) 身につけている

miteinander /ミットアイナンダー/ 副 (英together) いっしょに, 互いに

mit|fahren /ミットファーレン/ 動 (英go with) (乗り物で) いっしょに行く, 同乗する

mit|gehen /ミットゲーエン/ 動 (英go with) いっしょに行く;(講演・演奏などに) 引き込まれる

das Mitglied /ミットグリート/ (-(e)s/-er) (英member) (団体などの) 会員, メンバー

mit|helfen /ミットヘルフェン/ 動 (英help) いっしょに手伝う

mit|kommen /ミットコメン/ 動 (英come along) いっしょに来る;(遅れずに) ついて行く

das Mitleid /ミットライト/ (-(e)s/) (英pity) 同情, 思いやり, 哀れみ

mit|machen /ミットマッヘン/ 動 (英join in) ((話)) (…に) 参加する, 加わる;((話)) (他人に代わって) やってやる

mit|nehmen /ミットネーメン/ 動 (英take away) ①持っていく;

連れていく, 同伴する ②《話》(ついでに) 買って帰る

der Mit·schüler /ミットシューラー/ (㊤schoolfellow) 同級生

der Mittag /ミッターク/ 《-s/-e》 (㊤noon) 昼, 正午 ¶ zu Mittag essen 昼食を取る

das Mittag·essen /ミッタークエッセン/ (㊤lunch) 昼食

mittags /ミッタークス/ 副 (㊤at midday) お昼に, 正午に

die Mitte /ミッテ/ 《-/-n》 (㊤middle) 中央, 中心; 中間, 中道

mit|teilen /ミットタイレン/ 動 (㊤inform) (*j³ et⁴*) (人に…を) 知らせる, 通知する, 伝える;《*sich⁴ j³*》(人に) 自分の気持ち [考え] などを打ち明ける

die Mit·teilung /ミットタイルング/ (㊤announcement) 知らせ, 通知

das Mittel /ミッテル/ 《-s/-》 ① (㊤means) 手段, 方策 ②薬, 薬品 ③資金, 資力

das Mittel·alter /ミッテルアルター/ (㊤Middle Ages) 中世

mittelmäßig /ミッテルメースィヒ/ 形 (㊤mediocre) 平均的な, 月並みな

das Mittelmeer /ミッテルメーア/ 《-(e)s/》 (㊤Mediterranean Sea) 地中海

der Mittel·punkt /ミッテルプンクト/ (㊤center) 中心; 中心人物, 中核

der Mittelstand /ミッテルシュタント/ 《-(e)s/》 (㊤middle class) 中流階級, 中間層

mitten /ミッテン/ 副 (㊤in the middle) (…の) まん中に [で], まっただ中に [へ]

die Mitternacht /ミッターナハト/ 《-/》 (㊤midnight) 午前零時, 真夜中

mittlerweile /ミットラーヴァイレ/ 副 (㊤in the mean time) その間に, そうこうするうちに

der Mittwoch /ミットヴォッホ/ 《-(e)s/-e》 (㊤Wednesday) 水曜日

mittwochs /ミットヴォッホス/ 副 (㊤on Wednesday) 水曜日に

das Möbel /メーベル/ 《-s/》 (㊤furniture) 家具

das Mobil·telefon /モビールテレフォーン/ (㊤mobile phone) 携帯電話

möblieren /メブリーレン/ 動 (㊤furnish) (家・部屋に) 家具を備えつける ¶ ein möbliertes Zimmer 家具付きの部屋

möchte /メヒテ/《話法の助動詞 mögen の接続法II 1 [3] 人称単数》(㊤want to) …したい; (…が) 欲しい ¶ Ich möchte einen Platz buchen. 座席を一つ予約したいのですが

die Mode /モーデ/ 《-/-n》 (㊤fashion) 流行, はやり; ファッション ¶ in Mode sein はやりである, 人気がある

der Moderator /モデラートーア/ 《-s/-en》 (㊤presenter) (テレビ・ラジオの) 司会者

modern /モデルン/ 形 (㊤modern) 今 [現代] 風の, モダンな, 流行の; 近代 [現代] の

modisch /モーディシュ/ 形 (㊤fashionable) 流行の

mögen /メーゲン/ (ich [er] mag, du magst; 過去 mochte; 過分 mögen, gemocht) (㊤want to) ❶《願望; 接続法IIで》…したい;《可能性》…かも知れない, …だろう;《要求; ふつう接続法で》してもらいたい, …であらんことを ❷《本動詞的; 過去分詞は gemocht》(…を) 好む; (…が) 欲しい; …したい ¶ Ich mag Erdbeeren. イチゴが好きです

möglich /メークリヒ/ 形 (㊤possible) 可能な, できる; 起こりうる, 考えうる ¶ wenn es möglich ist できれば

möglicherweise /メークリヒャーヴァイゼ/ 副 (㊤possibly) もしかすると, 場合によっては

die Möglichkeit /メークリヒカイト/ 《-/-en》 (㊤possibility) 可能

➤ Mundharmonika

性, 見込み；機会, チャンス

möglichst /メークリヒスト/ 副 ((英)as far as possible) 可能な限り, できるだけ, なるべく

die **Möhre** /メーレ/ 《-/-n》 ((英)carrot) ニンジン

der **Moment** /モメント/ 《-(e)s/-e》 ((英)moment) 瞬間；(…に決定的な) 瞬間, 機会 *Einen Moment bitte!* 少々お待ちください *im Moment* 目下, 今のところ *Moment (mal)!* ((話))(相手を遮って) ちょっと待って

momentan /モメンターン/ 形 ((英)momentary) 目下の

der **Monat** /モーナト/ 《-(e)s/-e》 ((英) month) (暦の) 月, 1 か月 ¶ diesen [letzten, nächsten] Monat 今月 [先月, 来月]

monatlich /モーナトリヒ/ 形 ((英)monthly) 月々の, 毎月の

der **Mond** /モーント/ 《-(e)s/-e》 ((英)moon) 月

der **Monitor** /モーニトーア/ 《-s/-en》 ((英)monitor) モニター【ﾓﾆﾀｰ】；モニター；ディスプレー

der **Montag** /モーンターク/ 《-(e)s/-e》 ((英)Monday) 月曜日

montags /モンタークス/ 副 ((英)on Monday) 月曜日に

das **Moos** /モース/ 《-es/-e》 ((英)moss) 苔

die **Moral** /モラール/ 《-/》 ((英)moral) 倫理, モラル；士気

moralisch /モラーリシュ/ 形 ((英) moral) モラルに関わる, 倫理上の；道徳的な, 品行方正な

der **Mord** /モルト/ 《-(e)s/-e》 ((英)murder) 殺人

der **Mörder** /メルダー/ 《-s/-》 ((英)killer) 殺人者

morgen /モルゲン/ 副 ((英) tomorrow) 明日；(近い) 将来 ¶ morgen früh [Abend] 明日の朝 [晩] *Bis morgen!* じゃあまた明日

der **Morgen** /モルゲン/ 《-s/-》 ((英) morning) 朝 ¶ heute [gestern] Morgen 今朝 [昨日の朝] /jeden Morgen um 7.00 Uhr 毎朝 7 時に *Guten Morgen!* おはよう (ございます)

morgens /モルゲンス/ 副 ((英)in the morning) 朝に, 午前に

die **Mosel** /モーゼル/ ((英)Moselle) モーゼル川

der **Moslem** /モスレム/ 《-s/-s》 ((英)Muslim) イスラム教徒

das **Motiv** /モティーフ/ 《-s/-e》 ① ((英)motive) 動機 ② 題材；主題, モチーフ

der **Motor** /モートーア/ 《-s/-en》 ((英)engine) エンジン, モーター

das **Motor·rad** /モートーアラート/ ((英)motorcycle) オートバイ

die **Motte** /モッテ/ 《-/-n》 ((英)moth) ガ (蛾)

die **Möwe** /メーヴェ/ 《-/-n》 ((英)gull) カモメ

die **Mücke** /ミュッケ/ 《-n/-n》 ((英)mosquito) 蚊(ｶ)

müde /ミューデ/ 形 ((英)tired) 疲れた；弱々しい；((j²/et²)) (…に) うんざり [飽き飽き] した

die **Müdigkeit** /ミューディヒカイト/ 《-/》 ((英)tiredness) 疲れ, 疲労

die **Mühe** /ミューエ/ 《-/-n》 ((英)pains) 苦労, 骨折り, 努力

die **Mühle** /ミューレ/ 《-/-n》 ((英)mill) 製粉機 [所]；ミル

mühsam /ミューザーム/ 形 ((英)laborious) 骨の折れる, つらい

der **Müll** /ミュル/ 《-(e)s/》 ((英)waste) ごみ, 廃棄物

der **Müll·eimer** /ミュルアイマー/ ((英)waste bin) ごみバケツ

die **Müll·tonne** /ミュルトネ/ ((英)dustbin) ごみバケツ

die **Mumie** /ムーミエ/ 《-/-n》 ((英)mummy) ミイラ

(*das*) **München** /ミュンヒェン/ ((英)Munich) ミュンヘン

der **Mund** /ムント/ 《-(e)s/Münder》 ((英) mouth) (人間の) 口 *den Mund halten* 黙っている

die **Mundharmonika** /ムントハルモーニカ/ 《-/-s, ..ken》 ((英) mouth organ) ハーモニカ

mündig /ミュンディヒ/ 形 (英of age) 成人の, 大人の；一人前の

mündlich /ミュントリヒ/ 形 (英oral) 口頭による, 口述の

die **Mündung** /ミュンドゥング/ (–/–en) (英estuary) 河口

munter /ムンター/ 形 (英lively) 活発［快活］な, 生き生きとした；明るい；目が覚めている

die **Münze** /ミュンツェ/ (–/–n) (英coin) 硬貨, コイン；貨幣

murmeln /ムルメルン/ 動 (英murmur) つぶやく；(小声で)ぶつぶつ言う

murren /ムレン/ 動 (英grumble) ぶつぶつ言う

mürrisch /ミュリシュ/ 形 (英grumpy) 不機嫌な, 不満そうな

die **Muschel** /ムシェル/ (–/–n) (英shell) 貝, 貝殻；(電話の)受話［送話］口

das **Museum** /ムゼーウム/ (–s /Museen) (英museum) 博物館；美術館

die **Musik** /ムズィーク/ (–/–en) (英music) 音楽

der **Musiker** /ムーズィカー/ (–s/–) (英musician) 音楽家

der **Muskel** /ムスケル/ (–s/–n) (英muscle) 筋肉

müssen /ミュッセン/ (ich [er] muss, du musst；過去musste；過分müssen, gemusst) ❶ ((話法の助動詞；過去分詞はmüssen)) ((義務・強制・必要)) (英must) …しなければならない, …せずにはいられない；((否定文で)) …しなくてもよい ¶ Wo muss ich umsteigen? どこで乗りかえるのですか ② ((強い勧告；2人称現在形で)) ぜひ…しなさい［してほしい］, …であってほしい ¶ Du musst dir die Haare kämmen! 髪をとかした方がいいよ！ ③…に違いない, …のはずだが ❷ ((本動詞的に；過去分詞はgemusst)) (…へ) 行かなければならない, (物を…へ) 運ばなければ［持って行かなければ］ならない ¶ Er muss ins Krankenhaus. 彼は入院しなくてはなりません

das **Muster** /ムスター/ (–s/–) (英model) 模様, 柄；(品物の)サンプル, 見本；手本, 模範

der **Mut** /ムート/ (–(e)s/) (英courage) 勇気；気力

mutig /ムーティヒ/ 形 (英brave) 勇気のある, 大胆な

die **Mutter** /ムッター/ ❶ (–/Mütter) (英mother) 母, 母親 ❷ (–/–n) ナット

die **Mutter·sprache** /ムッターシュプラーヘ/ (英mother tongue) 母語, 自国語

der **Mutter·tag** /ムッタータ-ク/ (英Mother's Day) 母の日

die **Mutti** /ムッティ/ (–/–s) (英mom) ((話)) ママ, お母さん

die **Mütze** /ミュッツェ/ (–/–n) (英cap) 縁なし帽

der **Mythos** /ミュートス/ (–/Mythen) (英myth) 神話

N, n

na /ナー/ 間 (英well) ((話)) ねえ, ああ, おい *Na gut!* まあいいや *Na, so (et)was!* え, なんてこった *Na und?* それがどうした

der **Nabel** /ナーベル/ (–s/–) (英navel) へそ

nach /ナーハ/ 前 ((3格支配)) ① (英after) ((時間)) …の後で, …過ぎ ¶ Es ist Viertel nach sieben. 7時15分です ② (英to) ((方向)) …へ向かって；に向いて［面して］いる ¶ Wir sind zu Fuß nach Hause gegangen. 私たちは歩いて家に帰った ③ ((順序)) …の次に ¶ Bitte, nach Ihnen! どうぞお先に ④ ((規準)) …によれば, …から判断すると；…に従って；…にならって, …流［風］の ⑤ ((追求)) …を求めて *nach wie vor* 相変わらず

nach|ahmen /ナーハアーメン/ 動 (英imitate) (…を) まねる

der **Nachbar** /ナッハバール/ (–(e)n/

–n) ((英)neighbor) 隣人, 隣[近所]の人；隣り合わせた人
nachdem /ナーハデーム/ 接 ((英)after) …した後で[に]
nach|denken /ナーハデンケン/ 動 ((英)think) ((über et^4))(…を)よく考えてみる, 熟考する
nachdenklich /ナーハデンクリヒ/ 形 ((英)thoughtful) 物思いにふけった, 考えこんでいる
nacheinander /ナーハアイナンダー/ 副 ((英)one after the other) 相次いで, 次々に
die **Nach·frage** /ナーハフラーゲ/ ((英)demand) 需要
nach|geben /ナーハゲーベン/ 動① ((英)give way) ((j^3/et^3))(…に)屈する ②（押されて）へこむ
nach|gehen /ナーハゲーエン/ 動① ((英)follow) ((j^3/et^3))（人の）後を追う；(…を)調べる；(仕事などに)従事する；（人の）心から離れない ②（時計が）遅れる
nachher /ナーハヘーア/ 副 ((英)later) 後で, その後で ¶ Ich rufe Sie nachher nochmal an. 後でもう一度お電話します
nach|kommen /ナーハコメン/ 動 ((英)follow) ①後から来る[行く]；（遅れずに）ついて行く ② ((et^3))(…に)応じる
nach|lassen /ナーハラッセン/ 動 ((英)decrease) 衰える, 弱まる
nachlässig /ナーハレッスィヒ/ 形 ((英)careless) いいかげんな
nach|machen /ナーハマッヘン/ 動 ((英)imitate) 模造する
der **Nach·mittag** /ナーハミッターク/ ((英)afternoon) 午後 ¶ heute [gestern, morgen] Nachmittag 今日[昨日, 明日]の午後に /am Nachmittag 午後に
nachmittags /ナーハミッタークス/ 副 ((英)in the afternoon) 午後に
die **Nachnahme** /ナーハナーメ/ ((–/–n) ((英)cash on delivery) 着払い（の品）
der **Nach·name** /ナーハナーメ/ ((英)surname) 苗字, 姓
nach|prüfen /ナーハプリューフェン/ 動 ((英)check) 再点検する
die **Nachricht** /ナーハリヒト/ ((–/–en) ((英)news) ①知らせ, 便り, 伝言 ②ニュース, 報道番組
nach|schlagen /ナーハシュラーゲン/ 動 ((英)consult) ((et^4 in et^3)) (辞書などで…を) 調べる
nach|sehen /ナーハゼーエン/ 動① ((英)gaze after) ((j^3/et^3))(…を) 見送る, 目で追う ②調べる；チェックする ③ ((j^3 et^4))（人の間違いなどを）大目に見る
nach|sitzen /ナーハズィッツェン/ 動 ((英)be in detention)（学校で）居残りになる
die **Nach·speise** /ナーハシュパイゼ/ ((英)dessert) デザート
nächst /ネーヒスト/ 形 ((英)next) もっとも近い；次の, 今度の
der/die **Nächste** /ネーヒステ/ ((英)neighbor) 隣人
die **Nacht** /ナハト/ ((–/Nächte) ((英)night) 夜, 夜間, 晩 *die Heilige Nacht* 聖夜, クリスマスイブ *Gute Nacht!* おやすみ *über Nacht* 一夜にして
der **Nach·teil** /ナーハタイル/ ((英)disadvantage) 不利, 不都合；短所, 欠点
der **Nachtfalter** /ナハトファルター/ ((–s/–) ((英)moth) ガ (蛾)
das **Nacht·hemd** /ナハトヘムト/ ((英)nightshirt) 寝間着, パジャマ
die **Nachtigall** /ナハティガル/ ((–/–en) ((英)nightingale) ナイチンゲール（鳥）
der **Nachtisch** /ナーハティッシュ/ ((–(e)s/) ((英)dessert) デザート ¶ zum Nachtisch デザートに
nachträglich /ナーハトレークリヒ/ 形 ((英)belated) 遅ればせの
nachts /ナハツ/ 副 ((英)at night) 夜に, 夜中に
der **Nacken** /ナッケン/ ((–s/–) ((英)neck) 首, 首筋, うなじ
nackt /ナックト/ 形 ((英)naked) 裸の, むき出しの；赤裸々な；ど

Nadel ▶

うにか…だけ

die **Nadel** /ナーデル/ (–/–n) (㊥needle) 針, 縫い針；ヘアピン；レコード針；(計器などの)指針；(針葉樹の)葉

der **Nagel** /ナーゲル/ (–s/Nägel) (㊥nail) ①くぎ ②つめ

nageln /ナーゲルン/ 動 (㊥pin) くぎ[びょう]で留める

nah(e) /ナー(エ)/ ❶形 (näher; nächst) (㊥near) ((空間的に)) 近い, 近くの, そばの；((時間的に)) 間近の, 間もなくの, すぐの ¶ Kommen Sie mir bloß nicht zu nahe! あまり近寄らないで ❷前 ((3格支配)) …の近くに ¶ nahe der Schule 学校の近くに

die **Nähe** /ネーエ/ (–/) (㊥proximity) ((空間的)) 近く, 近い所

nähen /ネーエン/ 動 (㊥sew) 縫う, 縫って作る；繕う

näher /ネーアー/ 形 (㊥shorter) より近い, より詳しい

nähern /ネーアーン/ 動 (㊥approach) ((sich⁴ j³/et³)) (…に) 近寄る, 接近する；((sich⁴)) (季節などが) 近づく

das **Näh·garn** /ネーガルン/ (㊥sewing cotton) 縫い糸

die **Nahrung** /ナールング/ (–/) (㊥food) 食物, 栄養, 養分

das **Nahrungs·mittel** /ナールングスミッテル/ (㊥food) 食物, 食料品

die **Naht** /ナート/ (–/Nähte) (㊥seam) 縫い目；(傷口などの) 縫合(部)

naiv /ナイーフ/ 形 (㊥naive) 素朴な, 無邪気な；単純な

der **Name** /ナーメ/ (–ns/–n) (㊥name) 名, 名前；名称 ¶ Ich habe ein Zimmer auf den Namen... reserviert. …の名前で部屋を予約してあるのですが

nämlich /ネームリヒ/ 副 (㊥namely) すなわち, つまり；詳しく言うと；というのは

die **Narbe** /ナルベ/ (–/–n) (㊥scar) 傷跡

die **Nase** /ナーゼ/ (–/–n) (㊥nose) 鼻；((話)) 嗅覚, 勘 *seine* **Nase in alles stecken** ((話)) 何にでも首を突っ込む

das **Nasen·loch** /ナーゼンロッホ/ (㊥nostril) 鼻の穴

das **Nashorn** /ナースホルン/ (–(e)s /..hörner) (㊥rhinoceros) サイ(犀)

nass /ナス/ 形 (nasser; nassest/nässer; nässest) (㊥wet) ぬれた, 湿った；雨模様の, じめじめした；(ペンキなどが) 乾いていない

die **Nation** /ナツィオーン/ (–/–en) (㊥nation) 国民；国家 *die* **Vereinten Nationen** 国連

national /ナツィオナール/ 形 (㊥national) 国民の, 国家の

die **Nationalhymne** /ナツィオナールヒュムネ/ (–/–n) (㊥national anthem) 国歌

die **Nationalität** /ナツィオナリテート/ (–/–en) (㊥nationality) 国籍；(国内の) 少数民族

die **Natur** /ナトゥーア/ (–/–en) (㊥nature) 自然；本質, 性分 *von Natur (aus)* 生まれつき, 本来

natürlich /ナテューアリヒ/ ❶形 (㊥natural) 自然の, 天然の；当然の, あたりまえの；生まれつきの；ありのままの ❷副 もちろん；もっとも(…だが)；やっぱり, 思ったとおり ¶ Kommen Sie mit?–Aber natürlich! いっしょに行きますかーええもちろん

das **Naturschutz·gebiet** /ナトゥーアシュッツゲビート/ (㊥nature reserve) 自然保護地域

die **Natur·wissenschaft** /ナトゥーアヴィッセンシャフト/ (㊥natural science) 自然科学

der **Nebel** /ネーベル/ (–s/–) (㊥fog) 霧；【天文】星雲

neben /ネーベン/ 前 ((3格・4格支配)) ①(㊥beside) (隣接) ((3・4格と))…の隣に[へ], …の横に[へ], …と並んで ¶ Die

Toilette ist links neben dem Eingang. トイレは入口の近く左側です ②((3格と))…のほかに ¶ Er spricht neben Englisch auch Französisch. 彼は英語のほかにフランス語も話す

nebenan /ネーベンアン/ 副 ((英next door)) 隣接して

nebenbei /ネーベンバイ/ 副 ((英besides)) そのかたわら

nebensächlich /ネーベンゼヒリヒ/ 形 ((英unimportant)) 副次的な, 重要でない

neblig /ネーブリヒ/ 形 ((英foggy)) 霧のかかった

necken /ネッケン/ 動 ((英tease)) ((j⁴ mit et³))(人の…を) からかう, ひやかす；((sich⁴)) ふざけ合う

der **Neffe** /ネッフェ/ ((-n/-n)) ((英nephew)) おい (甥)

negativ /ネーガティーフ/ 形 ((英negative)) 否定的な；思わしくない；陰性の；負[マイナス]の

das **Negativ** /ネーガティーフ/ ((-s/-e)) ((英negative)) (写真の) ネガ

nehmen /ネーメン/ ((nahm; genommen)) 動 ① ((英take)) 手に取る[持つ]；選び取る ¶ Als Hauptgericht nehme ich... メインディッシュは…にします ② (交通機関などを) 利用する；(薬を) 飲む；((et⁴ zu sich³))(…を) 食べる；(((sich³) j⁴)) (弁護士などを) 雇う ¶ Nehmen wir mal den Fahrstuhl. エレベーターを使おう ③ 受け取る；(休暇などを) とる；((et⁴ an sich⁴))(…を手元に) 保管する；((et⁴ auf sich⁴))(責任・罪などを進んで) 引き受ける ¶ Nehmen Sie Kreditkarten? クレジットカードは使えますか ④ ((j³ et⁴))(人から…を) 取り上げる；(人の…を) そぐ；((et⁴ von j³))(人から不安などを) 取り除く ⑤ (…を…に) 解する, 考える

der **Neid** /ナイト/ ((-(e)s/)) ((英envy)) ねたみ, 嫉妬(しっと)

neidisch /ナイディシュ/ 形 ((英envious)) ねたましい, うらやましい **auf j⁴/et⁴ neidisch sein** (…を) うらやむ, ねたむ

neigen /ナイゲン/ 動 ((英incline)) 傾ける；((zu et³))(…の) 傾向がある, (…) しがちである

die **Neigung** /ナイグング/ ((-/-en)) ((英tendency)) 傾き, 傾斜；((zu et³))(…への) 傾向；関心

nein /ナイン/ 副 ((英no)) いいえ, いや；((驚きを表して)) まさか；((否定文の最後につけ, 同意を求めて)) ねえそうでしょ

die **Nelke** /ネルケ/ ((-/-n)) ((英pink)) ナデシコ類 (ナデシコ・カーネーションなど)

nennen /ネネン/ ((nannte; genannt)) 動 ((英name)) ((j⁴/et⁴ et⁴))(…を…と) 名づける, 呼ぶ；((et⁴))(…に) 言及する ¶ Wir nennen ihn Ludo. 彼のことはルードと呼ぶ

der **Nerv** /ネルフ/ ((-s/-en)) ((英nerve)) 神経 j³ **auf die Nerven gehen [fallen]** ((話))(人の) 神経に障る

nervös /ネルヴェース/ 形 ((英nervous)) 神経質な, いらだった, 緊張した；神経の

die **Nessel** /ネッセル/ ((-/-n)) ((英nettle)) イラクサ

das **Nest** /ネスト/ ((-(e)s/-er)) ((英nest)) (鳥などの) 巣

nett /ネット/ 形 ① ((英nice)) 感じのよい, 親切な, 優しい；すてきな ¶ Das ist nett von Ihnen. ご親切さま /Nett, Sie kennen zu lernen. 初めまして, よろしく ② ((話)) 相当な, かなり

netto /ネット/ 副 ((英net)) (容器・包装を除いた) 正味で；(税金などを差し引いた) 手取りで

das **Netz** /ネッツ/ ((-es/-e)) ① ((英net)) 網, ネット；ゴールネット；クモの巣 ② 道路[水道, 電気] 網, (放送の) ネットワーク

neu /ノイ/ 形 ((英new)) 新しい, 新品の, 初めての；最近の

neuerdings /ノイアーディングス/ 副 ((英recently)) このごろ, 最近

die **Neugier** /ノイギーア/ ((-/))

(英curiosity) 好奇心
neugierig /ノイギーリヒ/ [形] (英curious) 好奇心の強い；詮索好きな；((auf j^4/et^4))(…のことを) 知りたがって
die **Neuigkeit** /ノイイヒカイト/ ((–/–en)) (英news) 最新の出来事
das **Neu·jahr** /ノイヤール/ (英New Year) 元日, 正月 ***Prosit Neujahr!*** 新年おめでとう
neulich /ノイリヒ/ [副] (英recently) この間, 先日, 最近
neun /ノイン/ ((基数))(英nine) 9
neunzehn /ノインツェーン/ ((基数))(英nineteen) 19
neunzig /ノインツィヒ/ ((基数))(英ninety) 90
neutral /ノイトラール/ [形] (英neutral) 中立の, 不偏不党の；当たり障りのない
nicht /ニヒト/ [副] (英not) …ではない, …しない ¶ Ich fühle mich nicht wohl. 気分が悪いです ***..., nicht (wahr)?*** …でしょう, …ですよね
die **Nichte** /ニヒテ/ ((–/–n)) (英niece) めい（姪）
der **Nicht·raucher** /ニヒトラオハー/ (英non-smoker) タバコを吸わない人；禁煙車［室］
nichts /ニヒツ/ ((不定代名詞))(英nothing) 何も…ない ***nichts als ...*** …だけ
nicken /ニッケン/ [動](英nod) うなずく, 首を縦に振る, 肯定する
nie /ニー/ [副](英never) 決して…ない, 一度も…ない
nieder /ニーダー/ [形](英low) 低い；下級［下層］の；低劣な
die **Nieder·lage** /ニーダーラーゲ/ (英defeat) 敗北
die **Niederlande** /ニーダーランデ/ (英the Netherlands) オランダ
niedlich /ニートリヒ/ [形] (英cute)（小さくて）感じのいい, かわいらしい, 愛くるしい
niedrig /ニードリヒ/ [形](英low) 低い；少ない；低次元の, 下劣な
niemals /ニーマールス/ [副] (英never) 決して…ない
niemand /ニーマント/ ((不定代名詞))((2格 **niemand(e)s**, 3格 **niemand(em)**, 4格 **niemand(en)**)) (英nobody) だれも…ない ¶ Niemand ist da. だれもいない
die **Niere** /ニーレ/ ((–/–n)) (英kidney) 腎臓(じんぞう)
niesen /ニーゼン/ [動](英sneeze) くしゃみする
das **Nil·pferd** /ニールプフェーアト/ (英hippopotamus) カバ（河馬）
nirgends /ニルゲンツ/ [副] (英nowhere) どこにも…ない
das **Niveau** /ニヴォー/ ((–s/–s)) (英level) 水準, レベル；程度
noch /ノッホ/ [副](英still) まだ, なお；いずれ, …のうちに, ついに；その上, さらに；なんとか, まだしも；((比較級と))いっそう, さらに ¶ Sonst noch etwas?（質問や注文が）ほかにまだありますか ***noch einmal*** もう一度, もう一つ ***noch nicht*** まだ…ない
nochmals /ノッホマールス/ [副] (英again) もう一度, 重ねて
die **Nonne** /ノネ/ ((–/–n)) (英nun) 尼僧, シスター
der **Nord** /ノルト/ ((–(e)s/–e)) (英north) 北
der **Norden** /ノルデン/ ((–s/)) (英north) 北, 北部, 北国
nördlich /ネルトリヒ/ **1** [形] (英northern) 北の, 北部の **2** [前]((2格支配))…の北［北方］に
nörgeln /ネルゲルン/ [動] (英grumble) あら探しをする, 不平を言う
die **Norm** /ノルム/ ((–/–en)) (英standard) 規範, 規準；標準, スタンダード；規格；ノルマ
normal /ノルマール/ [形] (英normal) 普通の, 通常の；(心身が) 正常な, まともな
normalerweise /ノルマーラーヴァイゼ/ [副](英usually) 通常は, 普通［いつも］なら

(das) Norwegen /ノルヴェーゲン/ (英Norway) ノルウェー

norwegisch /ノルヴェーギシュ/ 形(英Norwegian) ノルウェーの

die **Not** /ノート/ (–/Nöte) (英need) 困窮, 貧苦；苦しみ, 悩み ¶ aus Not 貧苦から

der **Not·ausgang** /ノートアオスガング/ (英emergency exit) 非常口

der **Not·dienst** /ノートディーンスト/ (英night duty) (病院などの) 当直, 夜勤

die **Note** /ノーテ/ (–/-n) (英note) ①音符；楽譜 ②(学校での) 評点, 成績；{ネッ} 得点

der **Not·fall** /ノートファル/ (英emergency) 非常 [緊急] 事態

notfalls /ノートファルス/ 副(英if necessary) (緊急で) 必要なら

notieren /ノティーレン/ 動 (英note down) (…の) メモをとる, 書き留める

nötig /ネーティヒ/ 形(英necessary) ((für j^4/et^4 [zu et^3])) (…に) 必要な, 不可欠な ¶ et^4 nötig haben (…を) 必要としている

die **Notiz** /ノティーツ/ (–/-en) (英note) 覚え書き, メモ；(新聞の) 短い記事, 短信

die **Not·lage** /ノートラーゲ/ (英serious difficulties) 緊急事態；苦境, 窮地

der **Not·ruf** /ノートルーフ/ (英emergency call) (警察・消防署などへの) 緊急通報

notwendig /ノートヴェンディヒ/ 形 (英necessary) 必要不可欠な；不可避の, やむをえない

die **Notwendigkeit** /ノートヴェンディヒカイト/ (–/-en) (英necessity) 必要 (性)

der **November** /ノヴェンバー/ (–(s)/–) (英November) 11月

nüchtern /ニュヒターン/ 形 ①(英sober) しらふの, 酔っていない ②(胃が) 空っぽの ③冷静な, 感情を入れない

die **Nudel** /ヌーデル/ (–/-n) (英noodle) 麺(%), パスタ

null /ヌル/ ((基数))(英zero) 0, 零, ゼロ

die **Null** /ヌル/ (–/-en) (英zero) (数字の) ゼロ

die **Nummer** /ヌマー/ (–/-n) (英number) 数, 数字；電話番号；(自動車の) ナンバー；(靴などの) サイズ；(雑誌などの) 号；(音楽の) ナンバー ¶ Sie können mich unter dieser Nummer erreichen. この番号にかければ私と話せます *auf Nummer Sicher [sicher] gehen* ((話)) 安全な道を取る

nummerieren /ヌメリーレン/ 動(英number) 番号をつける

das **Nummern·schild** /ヌマーンシルト/ (英number plate) (自動車の) ナンバープレート；(市街電車・建物などの) 番号表示板

nun /ヌーン/ 副(英now) 今, 今や；今度は, 今日 ({現在}) [現在] では；さあ, それでは；そもそも, いったい *nun mal [einmal]* とにかく, なにしろ

nur /ヌーア/ 副 ①(英only) …だけ, …しか, 単なる…, ほんの… ¶ Ich sehe mich nur um. 見せていただいているだけです ②ただ, ただし ③((疑問文で)) いったい；((命令文などで)) さあ；((願望文・条件文で)) (せめて) …さえ *nicht nur ..., sondern auch ...* …だけでなく…も *nur so* ((話)) なんとなく

die **Nuss** /ヌス/ (–/Nüsse) (英nut) 木の実, ナッツ

nutzen /ヌッツェン/ 動(英use) 利用する, 役立てる；役に立つ

der **Nutzen** /ヌッツェン/ (–s/) (英profit) 利益；利点

nützen /ニュッツェン/ 動(英use) (({南独}))= nutzen

nützlich /ニュッツリヒ/ 形 (英useful) 有益な；役に立つ, ため [助け] になる

nutzlos /ヌッツロース/ 形

(《英》useless) 役に立たない

O, o

ob /オップ/ 接(《英》if, whether) …かどうか ¶ Man weiß nicht, ob es ein Unfall war oder nicht. 事故なのかどうか分かっていない **Ob…, ob…** …であれ…であれ

obdachlos /オップダッハロース/ 形(《英》homeless) 住むところのない, ホームレスの

oben /オーベン/ 副(《英》above) 上に, 上の方に, 高い所[空]に；(社会的に)上位に；(文書で)上記[前の箇所]で；《話》北で[に] ¶ Dieser Zahn oben tut weh. この上の歯が痛みます **von oben bis unten** 上から下まで, 全部

der **Ober** /オーバー/ 《-s/-》 (《英》waiter) ボーイ, ウエーター

der/die **Obere** /オーベレ/ (《英》superior) 上役, 上司, 幹部

die **Ober·fläche** /オーバーフレヒェ/ (《英》surface) 表面；外面；表層

oberflächlich /オーバーフレヒリヒ/ 形(《英》superficial) 表面的な；うわべだけの, 浅薄な

das **Ober·hemd** /オーバーヘムト/ (《英》shirt) ワイシャツ, ポロシャツ

der **Ober·schenkel** /オーバーシェンケル/ (《英》thigh) 太腿

die **Ober·schule** /オーバーシューレ/ (《英》secondary school) 高等学校

objektiv /オブイェクティーフ/ 形 (《英》objective) 客観的な

das **Obst** /オープスト/ 《-es/》 (《英》fruit) 果物, フルーツ

obszön /オプスツェーン/ 形 (《英》obscene) わいせつな, ひわいな

obwohl /オプヴォール/ 接 (《英》although) …だけれども ¶ Die Suppe schmeckt gut, obwohl sie aus der Dose ist. このスープは缶詰だがおいしい

der **Ochse** /オクセ/ 《-n/-n》 (《英》ox) (去勢した)雄牛

öde /エーデ/ 形 (《英》waste) 荒れ果てた, 不毛の；退屈な

oder /オーダー/ 接 (《英》or) …か…, …あるいは[または]…；つまり, 言い換えれば；《命令文で》さもないと；《話》《文末で同意を求めて》そうだろ ¶ Raucher oder Nichtraucher? 喫煙席と禁煙席, どちらにしますか

der **Ofen** /オーフェン/ 《-s/Öfen》 (《英》stove) ストーブ；オーブン

offen /オッフェン/ 形 ① (《英》open) (窓・扉などが)開いている；(店などが)開いている；(視界が)開けた；通行できる ②未決定[未解決]の；未払いの；(地位などが)空いている；(競技などが)出場制限のない ¶ offen für j⁴/et⁴ sein (新しいことなどに対して)開かれている ③率直な, オープンな；あからさまな ④ばら[量り]売りの；(髪を)束ねて[まとめて]いない

offenbar /オッフェンバール/ ❶ 形(《英》obvious) 明らかな；はっきりした ❷ 副 どうやら…らしい

offensichtlich /オッフェンズィヒトリヒ/ 形(《英》evident) 明らかな, 明白な

öffentlich /エッフェントリヒ/ 形 ①(《英》public) 公開の；公然たる ②公共の；公的な, 公立の

die **Öffentlichkeit** /エッフェントリヒカイト/ 《-/-》 (《英》public) 世間, 公衆

offiziell /オフィツィエル/ 形 (《英》official) 正式の；公式の

der **Offizier** /オフィツィーア/ 《-s/-e》(《英》officer) 将校, 士官

öffnen /エフネン/ 動 (《英》open) (戸などを)開ける；(店などが)開く；《sich⁴》(ドア・つぼみなどが)開く；開通する ¶ Ist das Museum sonntags geöffnet? 美術館は日曜日は開いていますか

die **Öffnung** /エフヌング/ 《-/-en》 (《英》opening) 開口部, 穴, 透き間；開ける[開く]こと

oft /オフト/ 副 《öfter; am öftesten》

《英often》しばしば，何度も，よく，たびたび

öfter(s) /エフター(ス)/ 副 《英very often》より頻繁に；何度か，数回

ohne /オーネ/ 前《英without》…なしに[で]，…を持たずに[連れずに]，…を含めずに；…をつけずに ¶ Mit oder ohne Bad? 風呂つき，風呂なし，どちらにしますか *Ohne mich!* 私は除外してください *ohne weiteres* 簡単に，あっさり

die **Ohnmacht** /オーンマハト/ 《-/-en》《英faint》失神，気絶；無力，脱力感

ohnmächtig /オーンメヒティヒ/ 形 《英unconscious》気絶した，失神した；無力な

das **Ohr** /オーア/ 《-(e)s/-en》《英ear》耳；聴覚 *die Ohren spitzen* 《話》(注意して，興味しんしんで) 耳を傾ける

der **Ohr·ring** /オーアリング/ 《英earring》イヤリング

der **Öko·laden** /エーコラーデン/ 《英eco-store》自然食料品店

die **Ökologie** /エコロギー/ 《-/》《英ecology》生態学，エコロジー

der **Oktober** /オクトーバー/ 《-(s)/-》《英October》10月

das **Öl** /エール/ 《-(e)s/-(e)》《英oil》油，オイル；石油 *Öl ins Feuer gießen* 火に油を注ぐ

die **Olympiade** /オュンピアーデ/ 《-/-n》《英Olympics》オリンピック

die **Oma** /オーマ/ 《-/-s》《英grandma》おばあちゃん；《話》(老婦人をさして) おばあさん

der **Omni·bus** /オムニブス/ 《英omnibus》バス

der **Onkel** /オンケル/ 《-s/- 《話-s》》《英uncle》おじ (伯父・叔父)

der **Opa** /オーパ/ 《-s/-s》《英grandpa》おじいちゃん；《話》(老人をさして) おじいさん

die **Oper** /オーパー/ 《-/-n》《英opera》オペラ，歌劇；オペラハウス，オペラ座 ¶ in die Oper gehen オペラを見に行く

die **Operation** /オペラツィオーン/ 《-/-en》《英operation》手術；(軍隊の) 作戦；(機械の) 操作，処理

operieren /オペリーレン/ 動 ① 《英operate》(人を) 手術する ② 行動する

das **Opfer** /オプファー/ 《-s/-》《英sacrifice》犠牲(者)，被害者；(神への) いけにえ；(教会などへの) 寄付 *j³/et³ zum Opfer fallen* (…の) 犠牲になる

die **Opposition** /オポズィツィオーン/ 《-/-en》《英opposition》野党；反対(派)

der **Optiker** /オプティカー/ 《-s/-》《英optician》眼鏡屋；眼鏡[光学器械]製造業者

die **Orange** /オラーンジェ/ 《-/-n》《英orange》オレンジ(の木)

das **Orchester** /オルケスター/ 《-s/-》《英orchestra》オーケストラ，管弦楽団

ordentlich /オルデントリヒ/ 形 《英orderly, tidy》①秩序のある，整然たる；几帳面な；まともな ②《話》甚だしい，相当な

ordinär /オルディネーア/ 形 《英vulgar》下品な，卑俗な；ありきたりの，安物の

ordnen /オルドネン/ 動 《英order》並べる，整理[分類]する，(問題などを) 処理する

die **Ordnung** /オルドヌング/ 《-/-en》①《英order》整理，秩序 ②規則，規律 ③序列，順序 *in Ordnung* 順調で，元気で *In Ordnung!* 《話》それでいい，了解

das **Organ** /オルガーン/ 《-s/-e》①《英organ》器官，臓器 ②機関；機関紙 ③《話》音声，声

die **Organisation** /オルガニザツィオーン/ 《-/-en》《英organization》組織，団体；(催しなどの) 準備，段取り

organisieren /オルガニズィーレン/ 動 《英organize》(催しなどを) 計画[準備]する，(活動・団体な

どを)組織する；((sich⁴))(人々が)結束する；組織[団体]を作る

die Orgel /オルゲル/ 《-/-n》(英organ) パイプオルガン

orientieren /オリエンティーレン/ 動①(英inform)((j⁴ über et⁴))(人に)知らせる，情報を与える ②((sich⁴))自分の位置[方向]を知る；((sich⁴ an j³/et³))(考え・行動などを…に)合わせる

original /オリギナール/ 形 (英original) 本物の，原産の；原物[原作]の，オリジナルの

das Original /オリギナール/ 《-s/-e》 ①(英original) 原物，オリジナル，実物 ②《話》変わり者

originell /オリギネル/ 形 ①(英original) 独創的な，独特な ②奇抜な，奇妙な

der Orkan /オルカーン/ 《-(e)s/-e》 (英hurricane) ハリケーン

der Ort /オルト/ 《-(e)s/-e》 (英place) 場所，所；村，町 ***vor Ort*** 現場で，現地で

örtlich /エルトリヒ/ 形(英local) その土地[地方]の；局所[局部]的な

die Ortschaft /オルトシャフト/ 《-/-en》 (英village) (小規模の)町村；村落，集落

der Ost /オスト/ 《-(e)s/》 (英east) 東

der Osten /オステン/ 《-s/》 (英east) 東；東部，東欧圏 ¶ der Ferne [Mittlere, Nahe] Osten 極東[中東，近東]

das Ostern /オースターン/ 《-/-》 (英Easter) 【キリスト教】イースター，復活祭

(das) Österreich /エーステライヒ/ (英Austria) オーストリア

der Österreicher /エーステライヒャー/ 《-s/-》 (英Austrian) オーストリア人

österreichisch /エーステライヒシュ/ 形(英Austrian) オーストリア(人)の

östlich /エストリヒ/ ❶ 形(英eastern) 東の；東部の ❷ 前《2格支配》…の東に

die Ostsee /オストゼー/ (英Baltic Sea) バルト海

der Ozean /オーツェアーン/ 《-s/-e》 (英ocean) 大洋，海洋

der(das) Ozon /オツォーン/ 《-s/》 (英ozone) 【化】オゾン

P, p

paar /パール/ 《不定数詞》(英a few)((ein paarで)) 2，3の，いくつか[少し]の ¶ ein paar Einkäufe machen. 少し買い物をする

das Paar /パール/ 《-(e)s/-e》(英pair) (2つで)一組のもの，対；カップル ¶ Ich hätte gern ein Paar Schuhe. 靴が1足欲しいのですが

das Päckchen /ペックヒェン/ 《-s/-》 (英small parcel) 郵便小包；小さい包み[束]

packen /パッケン/ 動 ①(英pack)((et⁴ in et⁴))(…を…に)詰める，詰め込む ②((j⁴ an et³))(人の…を)ぐいとつかむ；(激情などが人を)襲う ③(…を)うまくやる

die Packung /パックング/ 《-/-en》 (英package) (商品の)1包み[袋，箱]；包装(紙)

der Pädagoge /ペダゴーゲ/ 《-n/-n》 (die Pädagogin)(英teacher) 教師；教育学者

paddeln /パッデルン/ 動 (英paddle) (ボートを)漕ぐ

das Paket /パケート/ 《-(e)s/-e》 (英parcel) 小包；(商品の)1箱

der Palast /パラスト/ 《-(e)s/Paläste》 (英palace) 宮殿；大邸宅

die Palme /パルメ/ 《-/-n》 (英palm) ヤシ，シュロ

die Panik /パーニク/ 《-/-en》 (英panic) パニック ¶ Nur keine Panik! いいから落ち着いて

die Panne /パンネ/ 《-/-n》 (英breakdown) 故障，パンク

der Papagei /パパガイ/ 《-en/-en; -s/-e》 (英parrot) オウム

das Papier /パピーア/ 《-s/-e》 (英paper) 紙；文書，書類；身分

証明書, 免許証

der **Papier·korb** /パピーアコルプ/ (英waste-paper basket) くずかご

die **Pappe** /パッペ/ ((–/–n)) (英cardboard) 厚紙, ダンボール

der **Papp·karton** /パップカルトーン/ (英cardboard) ダンボール箱

der **Papst** /パープスト/ ((–(e)s/Päpste)) (英pope) (ローマ) 教皇

die **Parabolantenne** /パラボールアンテネ/ ((–/–n)) (英parabolic antenna) パラボラアンテナ

das **Paradies** /パラディース/ ((–es/–e)) (英paradise) 楽園, エデンの園 ; 天国

der **Paragraf** /パラグラーフ/ ((–en/–en)) (英paragraph) (法律などの) 条 ; (文章の) 段落, 節

das **Parfüm** /パルフューム/ ((–s/–e, –s)) (英perfume) 香水

der **Park** /パルク/ ((–s/–s)) (英park) 公園

parken /パルケン/ [動] (英park) 駐車する ¶ Parken verboten 駐車禁止

das **Park·haus** /パルクハオス/ (英multistory car park) パーキングビル

der **Park·platz** /パルクプラッツ/ (英car park) 駐車場

die **Park·uhr** /パルクウーア/ (英parking meter) パーキングメーター

das **Parlament** /パルラメント/ ((–(e)s/–e)) (英parliament) 議会, 国会 ; 国会議事堂

die **Partei** /パルタイ/ ((–/–en)) (英party) 党, 政党 ; 派, 派閥 ; (訴訟などの) 当事者

das **Parterre** /パルテル/ ((–s/–s)) (英ground floor) 1階 ; (劇場の) 1階席

die **Partie** /パルティー/ ((–/–n)) (英part) 部分 ; (トランプなどの) 一勝負

der **Partner** /パルトナー/ ((–s/–)) (英partner) パートナー, 相手 ; 伴侶 ; (事業の) 共同経営者

die **Party** /パーティ/ ((–/–s)) (英party) パーティー

der **Pass** /パス/ ((–es/Pässe)) (英passport) 旅券, パスポート

der **Passagier** /パサジーア/ ((–s/–e)) (英passenger) (飛行機・船の) 乗客

passen /パッセン/ [動] ① (英fit) (服などのサイズが) ぴったり合う ; ((in *et*⁴)) (…に) 収まる, 入る ¶ Das passt gut. Ich nehme es. ぴったりです. これをいただきます ② ((zu *j*³)) (…に) 似合う, ふさわしい ; ((*j*³)) (人にとって) 都合がよい

passend /パッセント/ [形] (英right) ちょうどよい, ふさわしい, 合っている

passieren /パスィーレン/ [動] (英happen) 起こる, 生じる, 発生する ; ((*j*³)) (人の身に) 起こる

passiv /パスィーフ/ [形] (英passive) 消極的な, 受動的な

der **Pate** /パーテ/ ((–n/–n)) (*die* Patin) (英godfather) (洗礼時の) 代父

das **Paten·kind** /パーテンキント/ (英godchild) 代子

patent /パテント/ [形] (英ingenious, clever) ((話)) 実用的な, 役に立つ ; (人が) 有能な, 感じのよい

das **Patent** /パテント/ ((–(e)s/–e)) (英patent) 特許

der **Patient** /パツィエント/ ((–en/–en)) (英patient) 患者, 病人

die **Pause** /パオゼ/ ((–/–n)) (英pause) 休憩, 中休み, 間(ま)

pausenlos /パオゼンロース/ [形] (英incessant) ぶっ続けの, 絶え間ない

der **Pazifik** /パツィーフィク/ ((–s/)) (英Pacific) 太平洋

das **Pech** /ペヒ/ ((–s/(–e))) (英pitch) 不運, 災難 ¶ Pech haben 運が悪い, ついていない

das **Pedal** /ペダール/ ((–s/–e)) (英pedal) ペダル

peinlich /パインリヒ/ [形]

P

Peitsche ➤

(㊥embarrassing) 気まずい, 困った, きまりが悪い
die **Peitsche** /パイチェ/ 《-/-n》 (㊥whip) むち (鞭)
der **Pelz** /ペルツ/ 《-es/-e》 (㊥fur) 毛皮 (製品)
der **Pendler** /ペンドラー/ 《-s/-》 (㊥commuter) 通勤者
die **Pension** /パンズィオーン/ 《-/-en》(㊥pension) ①(㊥pension) (公務員の) 年金; 年金生活 ② (食事付きの) ペンション
pensionieren /パンズィオニーレン/ 動 (㊥retire) (人を) 年金生活に入らせる
per /ペル/ 前 《4格支配》(㊥by) 《手段》…で, …によって; …につき, …あたり ¶ per Luftpost 航空便で
perfekt /ペルフェクト/ 形 (㊥perfect) 完全な, 完璧(かんぺき)な
die **Perle** /ペルレ/ 《-/-n》 (㊥pearl) 真珠, (小さい) 玉 *Perlen vor die Säue werfen* 豚に真珠
die **Person** /ペルゾーン/ 《-/-en》 (㊥person) (個々の) 人; 人員; 女性; 〔文法〕人称
das **Personal** /ペルゾナール/ 《-s/》 (㊥staff) 従業員, スタッフ
der **Personal·ausweis** /ペルゾナールアオスヴァイス/ (㊥identity card) 身分証明書
persönlich /ペルゼーンリヒ/ 形 (㊥personal) 個人的な, 個人[本人]の, 私的な
die **Perücke** /ペリュッケ/ 《-/-n》 (㊥wig) かつら
pessimistisch /ペスィミスティシュ/ 形 (㊥pessimistic) 悲観的な
die **Pest** /ペスト/ 《-/》 (㊥plague) ペスト
der **Pfad** /プファート/ 《-(e)s/-e》 (㊥path) 小道, 細道
das **Pfand** /プファント/ 《-(e)s/Pfänder》 (㊥pawn) 担保, 抵当; 保証金
die **Pfanne** /プファネ/ 《-/-n》 (㊥pan) フライパン

der **Pfann·kuchen** /プファンクーヘン/ (㊥pancake) ((ドッ南部)) パンケーキ; ((ドッ北部)) 揚げパン
der **Pfarrer** /プファラー/ 《-s/-》 (㊥pastor) (プロテスタントの) 牧師; (カトリックの) 主任司祭
der **Pfau** /プファウ/ 《-(e)s/-en》 (㊥peacock) クジャク (孔雀)
der **Pfeffer** /プフェッファー/ 《-s/(-)》 (㊥pepper) コショウ (の実)
der **Pfeffer·kuchen** /プフェッファークーヘン/ (㊥gingerbread) レープクーヘン
die **Pfeife** /プファイフェ/ 《-/-n》 (㊥pipe) 笛, ホイッスル; (タバコを吸うための) パイプ
pfeifen /プファイフェン/ 《pfiff; gepfiffen》 動 (㊥whistle) 口笛を吹く, (笛などを) 吹く; ((話))((auf *j*⁴/*et*⁴))(…を) もはや問題にしない
der **Pfeil** /プファイル/ 《-(e)s/-e》 (㊥arrow) 矢; 矢印
der **Pfeiler** /プファイラー/ 《-s/-》 (㊥pillar) 柱
der **Pfennig** /プフェニヒ/ 《-s/-(e)》 (㊥pfennig) ペニヒ (ユーロ導入以前のドイツ貨幣)
das **Pferd** /プフェーアト/ 《-(e)s/-e》 (㊥horse) 馬; 〔チェス〕ナイト
der **Pferde·schwanz** /プフェーアデシュヴァンツ/ (㊥horse's tail) 馬の尻尾; (㊥ponytail) ポニーテール
das **Pfingsten** /プフィングステン/ 《-/-》 (㊥Whitsun) (キリスト教で) 聖霊降臨祭
der **Pfirsich** /プフィルズィヒ/ 《-s/-e》 (㊥peach) モモ (桃)
die **Pflanze** /プフランツェ/ 《-/-n》 (㊥plant) 植物, 草木
pflanzen /プフランツェン/ 動 (㊥plant) 植える, 植え込む
das **Pflaster** /プフラスター/ 《-s/-》 ①(㊥road surface) 舗装, (道の) 敷石, 舗道 ②ばんそうこう
die **Pflaume** /プフラオメ/ 《-/-n》 (㊥plum) プラム, スモモ
die **Pflege** /プフレーゲ/ 《-/》 (㊥care) 世話, 看護, 介護; 手

入れ

pflegen /プフレーゲン/ 動 (英care for)（人の）世話をする，（人を）介護［介助］する；（…の）手入れをする

der **Pfleger** /プフレーガー/ (–s/–) (英nurse) 介護士, 看護士

die **Pflicht** /プフリヒト/ (–/–en) (英duty) 義務, 職務

pflichtbewusst /プフリヒトベヴスト/ 形 (英conscientious) 義務［責任］感のある

pflücken /プフリュッケン/ 動 (英pick)（花・果実などを）摘む，摘み取る

pflügen /プフリューゲン/ (英plough) 動（すきで）耕す

die **Pforte** /プフォルテ/ (–/–n) (英gate)（小さい）門；（守衛のいる）受付

der **Pförtner** /プフェルトナー/ (–s/–) (英porter) 門番, 守衛

die **Pfote** /プフォーテ/ (–/–n) (英paw)（動物の）足；《話》手

pfui /プフイ/ 間(英ugh) まいった, くそ, ちぇっ

das **Pfund** /プフント/ (–(e)s/–e, –) (英pound) ポンド（重量単位；500g）；ポンド（イギリスなどの通貨）

die **Pfütze** /プフュッツェ/ (–/–n) (英puddle) 水たまり

der **Philosoph** /フィロゾーフ/ (–en/–en)(英philosopher)哲学者

die **Philosophie** /フィロゾフィー/ (–/–n) (英philosophy) 哲学

die **Physik** /フュズィーク/ (–/) (英physics) 物理学

der **Pickel** /ピッケル/ (–s/–) (英pimple) にきび

das **Picknick** /ピックニック/ (–s/–s) (英picnic) 野外での食事

die **Pille** /ピレ/ (–/–n) (英pill) 丸薬, 錠剤；経口避妊薬, ピル

der **Pilz** /ピルツ/ (–es/–e) (英mushroom) キノコ；菌類

der **Pinguin** /ピングイーン/ (–s/–e) (英penguin) ペンギン

der **Pinsel** /ピンゼル/ (–s/–) (英brush) 絵筆, はけ

die **Pistole** /ピストーレ/ (–/–n) (英pistol) ピストル, けん銃

der **Pkw** /ペーカーヴェー/ (–(s)/–s) (英car) 乗用車 （＜Personenkraftwagen）

die **Plage** /プラーゲ/ (–/–n) (英torment) 悩みの種, やっかいごと；きつい仕事

plagen /プラーゲン/ 動 (英torment) 悩ませる, 苦しめる；((sich⁴)) 苦しむ, 苦労する；((j⁴ mit et¹))（人を…で）困らせる

das **Plakat** /プラカート/ (–(e)s/–e) (英poster) ポスター, 張り紙

der **Plan** /プラーン/ (–(e)s/Pläne) (英plan) 計画, プラン；意図, もくろみ；設計図, 地図

planen /プラーネン/ 動(英plan) (…を）計画する, 予定する, …するつもりである；設計する

das **Plastik** /プラスティク/ (–s/–s) (英plastic) プラスチック

die **Plastik** /プラスティク/ (–/–en) (英sculpture) 彫刻

die **Platte** /プラッテ/ (–/–n) (英plate)（木・石などの）板, プレート, パネル；平皿, 盆；皿に載った料理；レコード

der **Plattenspieler** /プラッテンシュピーラー/ (–s/–) (英record player) レコードプレーヤー

der **Platz** /プラッツ/ (–es/Plätze) (英place) 広場；座席；余地, スペース；順位 ¶ Ist dieser Platz frei [besetzt]? この席は空いて［ふさがって］いますか **Platz nehmen** 席に着く, 腰かける

platzen /プラッツェン/ 動 ① (英burst)（風船などが）破裂する ②《話》（交渉などが）つぶれる, 流れる；（約束が）果たされない

plaudern /プラオダーン/ 動 (英chat) おしゃべりする

die **Pleite** /プライテ/ (–/–n) (英bankruptcy)《話》破産, 倒産 ¶ Pleite gehen 破産する

plötzlich /プレッツリヒ/ 形 (英sudden) 突然の, いきなりの

plump /プルンプ/ 形 (英plump) 鈍重な；(態度が)あつかましい；(うそなどが)見え透いた

der **Po** /ポー/ (-s/-s) (英bottom) 《話》おしり

die **Poesie** /ポエズィー/ (-/-n) (英poetry) 詩, 韻文

der **Pokal** /ポカール/ (-s/-e) (英cup) 優勝カップ；(脚つきの高価な)杯

der **Pole** /ポーレ/ (-n/-n) (*die* Polin) (英Pole) ポーランド人

(*das*) **Polen** /ポーレン/ (英Poland) ポーランド

die **Police** /ポリーセ/ (-/-n) (英policy) 保険証券

die **Politik** /ポリティーク/ (-/-) (英politics) 政治；策略

der **Politiker** /ポリーティカー/ (-s/-) (英politician) 政治家

politisch /ポリーティシュ/ 形 (英political) 政治の, 政治的な

die **Polizei** /ポリツァイ/ (-/-en) (英police) 警察；警察官 (1人または全体) ¶ Rufen Sie bitte die Polizei. 警察を呼んでください

polizeilich /ポリツァイリヒ/ 形 (英police) 警察の

die **Polizei·wache** /ポリツァイヴァッヘ/ (英police station) 交番

der **Polizist** /ポリツィスト/ (-en/-en) (英police officer) 警(察)官

polnisch /ポルニシュ/ 形 (英Polish) ポーランド(語)の

das **Polster** /ポルスター/ (-s/-) (英upholstery) (ソファーなどの)クッション；《話》蓄え, 貯金

die **Pommes frites** /ポンフリット/ (《複数》)(英French fries) フライドポテト

das **Pony** /ポニー/ (-s/-s) (英pony) ポニー

der **Pony** /ポニー/ (-s/-s) (英fringe) おかっぱ(の前髪)

populär /ポプレーア/ 形 (英popular) 大衆的な, 人気のある, 評判の；分かりやすい

der **Portier** /ポルティエー/ (-s/-s) (英porter) (ホテルの)ドアマン, ポーター

die **Portion** /ポルツィオーン/ (-/-en) (英portion) (飲食物の)一人前

das **Portmonee** /ポルトモネー/ (-s/-s) (英purse) 財布

das **Porto** /ポルト/ (-s/-s) (英postage) 郵便料金, 送料

das **Porzellan** /ポルツェラーン/ (-s/-e) (英porcelain) (陶)磁器

positiv /ポーズィティーフ/ 形 (英positive) 肯定的な；積極的な, 前向きの；好都合な；[医学]陽性の；[数学]正[プラス]の

die **Post** /ポスト/ (-/-en) (英post) 郵便；郵便局；郵便物 ¶ Ist Post für mich da? 私あてに郵便は来てますか

das **Post·amt** /ポストアムト/ (英post office) 郵便局

der **Post·bote** /ポストボーテ/ (英postman) 郵便配達人

der **Posten** /ポステン/ (-s/-) (英post) (職業上の)地位, ポスト；[軍]歩哨

das **Post·fach** /ポストファッハ/ (英post-office box) 私書箱

die **Post·karte** /ポストカルテ/ (英postcard) 郵便はがき

die **Postleit·zahl** /ポストライトツァール/ (英postcode) 郵便番号

prächtig /プレヒティヒ/ 形 (英splendid) 華麗な；みごとな

prahlen /プラーレン/ 動 (英boast) 自慢する

der **Praktikant** /プラクティカント/ (-en/-en) (英student trainee) 実習[研修]生

praktisch /プラクティシュ/ 形 (英practical) 実際[実地]の, 実践的な；実用的な, 便利な

die **Praline** /プラリーネ/ (-/-n) (英chocolate) プラリネ, ボンボンチョコレート

das **Präservativ** /プレゼルヴァティーフ/ (-s/-e) (英condom) コンドーム

der **Präsident** /プレズィデント/ (-en/-en) (英president) 大統領；

理事長, 社長, 会長

die **Praxis** /プラクスィス/ (–/Praxen) ① (㊛practice) 実践, 実行；職務経験, キャリア ② 診療所；法律事務所

predigen /プレーディゲン/ [動] (㊛give a sermon)（司祭・牧師が）説教する；くどくど言う

der **Preis** /プライス/ (–es/–e) ① (㊛price) 価格；物価 ¶ *er⁴ für den halben Preis bekommen* …を半額で買う ② 賞, 賞品, 賞金 *um jeden Preis* 何が何でも, 是が非でも *um keinen Preis* 決して…しない

preiswert /プライスヴェアト/ [形] (㊛good value) お買い得の, 割安の

die **Prellung** /プレルング/ (–/–en) (㊛bruise) 打ち身, 打撲

der **Premier·minister** /プレミエーミニスター/ (㊛prime minister) 首相

die **Presse** /プレッセ/ (–/–n) (㊛press) 新聞, 雑誌；報道陣, ジャーナリズム

pressen /プレッセン/ [動] (㊛press) 押す, 押し込む；プレスする；（レモンなどを）絞る；（…を…に）押しつける

prima /プリーマ/ [形] (㊛great) すばらしい, すてきな, 最高の

primitiv /プリミティーフ/ [形] (㊛primitive) 原始的な, 未開の；素朴な, 単純な；低級な

der **Prinz** /プリンツ/ (–en/–en) (㊛prince) 王子, プリンス

die **Prinzessin** /プリンツェッスィン/ (–/–nen) (㊛princess) 王女, プリンセス

das **Prinzip** /プリンツィープ/ (–s/–ien, –e) (㊛principle) 主義, 信条；原理, 原則 *im Prinzip* 原則としては

privat /プリヴァート/ [形] (㊛private) 個人的 [私的] な；私有の；民間の, 私立の；内々の

pro /プロ/ [前] (㊛per)《4格支配》…当たり, …につき

die **Probe** /プローベ/ (–/–n) (㊛test) 検査, 試験, テスト；見本, サンプル；リハーサル, けいこ *auf Probe* 試しに

probeweise /プローベヴァイゼ/ [副] (㊛on a trial basis) 試しに

probieren /プロビーレン/ [動] (㊛test) 試みる, やってみる；試食 [試飲] する, 試着する

das **Problem** /プロブレーム/ (–s/–e) (㊛problem) 問題, 課題；困ったこと, もめごと, トラブル ¶ *Ich habe Probleme.* 困っているのです *Kein Problem!*《話》簡単だ, わけないよ

problemlos /プロブレームロース/ [形] (㊛problem-free) 問題のない

das **Produkt** /プロドゥクト/ (–(e)s/–e) (㊛product) 製品, 生産物, 作物；成果；〔数学〕積

die **Produktion** /プロドゥクツィオーン/ (–/–en) (㊛production) 生産, 製造, 制作；生産物, 製品, 作品

produzieren /プロドゥツィーレン/ [動] (㊛produce) 生産する, 製造 [製作] する；(映画を) プロデュースする

der **Professor** /プロフェッソーア/ (–s/–en) (㊛professor) 教授；(ギムナジウムの) 教師

der **Profi** /プローフィ/ (–s/–s) (㊛pro) プロ選手

das **Programm** /プログラーム/ (–s/–e) (㊛program) 番組, プログラム；番組表, パンフレット；チャンネル；計画, 予定；〔コンピュータ〕プログラム；(商品の) シリーズ

programmieren /プログラミーレン/ [動] (㊛program)〔コンピュータ〕プログラミングをする

der **Programmierer** /プログラミーラー/ (–s/–) (㊛programmer) プログラマー

das **Projekt** /プロイェクト/ (–(e)s/–e) (㊛project) (開発・研究などの) 計画, 企画, プロジェクト

die **Prosa** /プローザ/ (–/) (㊛prose) 散文；散文体

Prospekt ▸

der Prospekt /プロスペクト/ (-(e)s/-e) (英leaflet) (宣伝用の)パンフレット, カタログ；価格表

prost /プロースト/ 間 (英cheers) 乾杯

der Protest /プロテスト/ (-(e)s/-e) (英protest) 抗議, 異議

protestantisch /プロテスタンティシュ/ 形 (英Protestant) プロテスタントの, 新教(徒)の

protestieren /プロテスティーレン/ 動 (英protest) ((gegen j⁴/et⁴)) (…に)抗議する, 異議を唱える

das Protokoll /プロトコル/ (-s/-e) (英report) 議事録, 記録；(外交上の)儀典

protzen /プロッツェン/ 動 (英swank) ((mit et³)) (…を)自慢する, ひけらかす

das Prozent /プロツェント/ (-(e)s/-e, -) ①(英percent) パーセント, 百分率 ②利子, 利息

der Prozent·satz /プロツェントザッツ/ (英percentage) パーセンテージ

der Prozess /プロツェス/ (-es/-e) ①(英trial) 訴訟, 裁判 ②過程, 経過, 推移 *kurzen Prozess mit et ³ machen* ((話))(…を)手早く処理する

prüfen /プリューフェン/ 動 (英test) 検査［審査］する；よく考える；(人に)試験をする

die Prüfung /プリューフング/ (-/-en) (英examination) 試験；検査, テスト ¶ *eine mündliche Prüfung* 口頭試問

die Prügelei /プリューゲライ/ (-/-en) (英stick) 殴り合い

prügeln /プリューゲルン/ 動 (英beat) (人を)殴る, 殴打する

der Psychiater /プジュヒアーター/ (-s/-) (英psychiatrist) 心理療法士, 精神科医

psychisch /プスューヒシュ/ 形 (英psychological) 心理的な

die Psychologie /プスュヒョロギー/ (-/-) (英psychology) 心理学；心理洞察

das Publikum /プーブリクム/ (-s/) (英audience) 聴衆, 観衆, 視聴者；読者, (映画・演劇などの)ファン；(レストランなどの)客

der Pudding /プディング/ (-s/-e, -s) (英blancmange) プリン

der Puder /プーダー/ (-s/-) (英powder) パウダー, おしろい

der Pulli /プリ/ (-s/-s) (英pullover) セーター

der Pullover /プローヴァー/ (-s/-) (英pullover) セーター

der Puls /プルス/ (-es/-e) (英pulse) 脈, 脈拍(数)

das Pult /プルト/ (-(e)s/-e) (英lectern) 演台, 譜面台；(学校の)机

das Pulver /プルファー, プルヴァー/ (-s/-) (英powder) パウダー, 粉；火薬

der Pulver·kaffee /プルファーカフェー/ (英instant coffee) インスタントコーヒー

die Pumpe /プンペ/ (-/-n) (英pump) ポンプ；((話))心臓

pumpen /プンペン/ 動 ①(英pump) (ポンプで)入れる, くみ出す ②((話))(人に…を)貸す

der Punkt /プンクト/ (-(e)s/-e) (英spot, point) ①点, 斑点；ピリオド ②地点, 場所；時点, 段階 ¶ *in einigen Punkten* いくつかの点[箇所]で ③得点, 点数 ④論点, 問題点 *Punkt für Punkt* 一つ一つ, 念入りに

pünktlich /ピュンクトリヒ/ 形 (英punctual) 時間どおりの, 時間を守る

die Puppe /プッペ/ (-/-n) (英doll) 人形；操り人形

der Purzel·baum /プルツェルバオム/ (英somersault) 前転, でんぐり返し

pusten /プステン/ 動 (英blow) (ほこりなどを)吹き払う；(冷ますために…を)吹く；息を切らす

der Putz /プッツ/ (-es/) (英plaster) しっくい, モルタル

putzen /プッツェン/ 動 (英clean) 磨く；(野菜の泥や食べない部分を)きれいにする, 取り去る；掃除する

putzig /プッツィヒ/ 形 (英sweet) 《話》かわいい, かわいらしい

das **Puzzle** /パズル/ (-s/-s) (英jigsaw puzzle) ジグソーパズル

die **Pyramide** /ピュラミーデ/ (-/-n) (英pyramid) 角錐；ピラミッド

Q, q

das **Quadrat** /クヴァドラート/ (-(e)s/-e) (英square) 正方形, 真四角；〔数学〕2乗, 平方

der (das) **Quadrat·meter** /クヴァドラートメーター/ (英square meter) 平方メートル

quaken /クヴァーケン/ 動 (英croak, quack) (カエル・アヒルなどが) ゲロゲロ [ガアガア] 鳴く

die **Qual** /クヴァール/ (-/-en) (英pain) 苦しみ, 苦痛；苦悩, 苦渋

quälen /クヴェーレン/ 動 (英pain) (人を) 苦しめる, 責める；((j⁴ mit et³)) (人を…で) 困らせる

die **Qualität** /クヴァリテート/ (-/-en) (英quality) 質, 品質；《複数で》(人の) 資質

die **Qualle** /クヴァレ/ (-/-n) (英jellyfish) クラゲ

der **Qualm** /クヴァルム/ (-(e)s/) (英thick smoke) もうもうとした煙

die **Quantität** /クヴァンティテート/ (-/-en) (英quantity) 量, 数量

der **Quark** /クヴァルク/ (-s/) (英quark) 凝乳；《話》くだらない [ばかげた] こと

das **Quartett** /クヴァルテット/ (-(e)s/-e) (英quartet) カルテット, 四重奏

das **Quartier** /クヴァルティーア/ (-s/-e) (英accommodations) 宿, 宿泊所；(軍隊で) 宿営

der **Quatsch** /クヴァッチュ/ (-(e)s/-) (英rubbish) 《話》くだらないこと；ばかばかしいこと

quatschen /クヴァッチェン/ 動 (英gossip) (くだらない) おしゃべりをする

die **Quelle** /クヴェレ/ (-/-n) (英spring) 泉；水源, 源泉；(英source) 源

quer /クヴェーア/ 副 (英across) 横に, (斜めに) 横切って

die **Quer·straße** /クヴェーアシュトラーセ/ (英side street) (本通りと) 交差する通り [道]

quetschen /クヴェッチェン/ 動 (英crush) (挟んだりして体の一部を) 押しつぶす

quietschen /クヴィーチェン/ 動 (英squeak) (ドアなどが) きしむ, キーキー音をたてる；《話》(キャーキャーと) 黄色い声を出す

die **Quittung** /クヴィットゥング/ (-/-en) (英receipt) 領収書, レシート；《話》報い

R, r

der **Rabatt** /ラバット/ (-(e)s/-e) (英discount) 値引き；リベート

der **Rabe** /ラーベ/ (-n/-n) (英raven) カラス (鳥)

die **Rache** /ラッヘ/ (-/) (英revenge) 復讐(ふくしゅう), 報復, 仕返し

rächen /レッヒェン/ 動 (英avenge) ((j³)) (人の) 復讐(ふくしゅう)をする；((sich⁴ an j³ für et⁴)) (人に…の) 仕返しをする；((sich⁴)) (行いなどが) 報いを受ける

das **Rad** /ラート/ (-(e)s/Räder) (英wheel) 車輪；歯車；自転車 ¶ Rad fahren 自転車に乗る, サイクリングする

der **Rad·fahrer** /ラートファーラー/ (英cyclist) 自転車に乗った人, サイクリスト

der **Radier·gummi** /ラディーアグミ/ (英rubber) 消しゴム

das **Radieschen** /ラディースヒェン/ (-s/-) (英radish) ハツカダイコン, ラディッシュ

radikal /ラディカール/ 形 (英radical) 徹底的な, 過激な

das **Radio** /ラーディオ/ 《-s/-s》 (英radio) ラジオ；ラジオ放送

der **Rad·weg** /ラートヴェーク/ (英bikeway) 自転車道

raffiniert /ラフィニーアト/ 形 (英refined) 洗練された

der **Rahmen** /ラーメン/ 《-s/-》 (英frame) 枠；額縁；枠組み

die **Rakete** /ラケーテ/ 《-/-n》 (英rocket) ロケット, ミサイル；打ち上げ花火

ran /ラン/ 副 (英close to) こちらに近づいて

der **Rand** /ラント/ 《-(e)s/Ränder》 (英edge) 縁, へり, 端；外れ；欄外

der **Rand·streifen** /ラントシュトライフェン/ (英shoulder) 路肩

der **Rang** /ラング/ 《-(e)s/Ränge》 (英rank) 地位, 身分, 階級, 序列；順位；(劇場の)階上席

rangieren /ランジーレン/ 動 (英shunt) (車両を)入れ替える；(…の)位置[順位]にいる

rasch /ラッシュ/ 形 (英quick) 速い, 素早い

rascheln /ラッシェルン/ 動 (英rustle) カサカサ音がする

rasen /ラーゼン/ 動 ① (英rush) (猛スピードで)走る；(時が)過ぎ去る ② 暴れ回る, 荒れ狂う

der **Rasen** /ラーゼン/ 《-s/-》 (英lawn) 芝；芝生

der **Rasier·apparat** /ラズィーアアパラート/ (英electric shaver) 電気かみそり

rasieren /ラズィーレン/ 動 (英shave) ((j⁴ [sich⁴])) (人[自分]の)ひげをそる；((j³ [sich³] et⁴)) (人[自分]の…を)そる

das **Rasier·wasser** /ラズィーアヴァッサー/ (英aftershave) アフターシェーブローション

die **Rasse** /ラッセ/ 《-/-n》 (英race) 人種, 種族；品種

rassisch /ラッスィシュ/ 形 (英racial) 人種的な, 人種上の

rasten /ラステン/ 動 (英rest) (ハイキング・ドライブの途中で)休憩する, 休息をとる

die **Raststätte** /ラストシュテッテ/ 《-/-n》 (英service area) レストハウス

der **Rat** /ラート/ 《-(e)s/Räte》 ① (英advice) 助言, 忠告, 勧告, アドバイス ¶ j³ einen Rat geben 人に助言する ② 評議会, 委員会；(*die* Rätin) 評議員

raten /ラーテン/ 《riet; geraten》 動 ① (英advise) ((j³ et⁴)) (人に…を)助言[忠告, 勧告]する, アドバイスする ② (英guess) 言い当てる, 推測する

das **Rat·haus** /ラートハオス/ (英city hall) 市役所, 市庁舎

rational /ラツィオナール/ 形 (英rational) 合理的な

rationell /ラツィオネル/ 形 (英efficient) 効率のよい

ratlos /ラートロース/ 形 (英baffled) 途方にくれた

ratsam /ラートザーム/ 形 (英advisable) 賢明な, 得策な

der **Rat·schlag** /ラートシュラーク/ (英advice) 忠告, 助言

das **Rätsel** /レーツェル/ 《-s/-》 (英riddle, puzzle) 謎なぞ；クロスワードパズル；謎

rätselhaft /レーツェルハフト/ 形 (英mysterious) 不思議な, 不可解な；謎めいた

die **Ratte** /ラッテ/ 《-/-n》 (英rat) (大型の)ネズミ

rau /ラオ/ 形 (英rough) (表面・肌が)ざらざらした；悪天候の；(態度などが)ぞんざいな

der **Raub** /ラオプ/ 《-es/-》 (英robbery) 強奪(品)

rauben /ラオベン/ 動 (英rob) ((j³ et⁴)) (人から…を)奪う

der **Räuber** /ロイバー/ 《-s/-》 (英robber) 盗賊, 強盗

das **Raub·tier** /ラオプティーア/ (英carnivore) 肉食獣

der **Rauch** /ラオホ/ 《-(e)s/》 (英smoke) 煙

rauchen /ラオヘン/ [動] ([英]smoke) タバコを吸う；(煙突などが) 煙を出す；((Es raucht.)) 煙っている

der **Raucher** /ラオハー/ ((–s/–)) ① ([英]smoker) 喫煙者 ② (列車などの) 喫煙車［席］ ¶ Raucher oder Nichtraucher? 喫煙席と禁煙席, どちらにしますか

rauf /ラオフ/ [副]([英]up) 上へ

der **Raum** /ラオム/ ((–(e)s/Räume)) ([英]room) 部屋；空間；余地；宇宙

räumen /ロイメン/ [動]([英]clear) 取りのける, どかす；(場所を) 立ち退く, 明け渡す

die **Raum·fahrt** /ラオムファールト/ ([英]space flight) 宇宙飛行

das **Raum·schiff** /ラオムシフ/ ([英]spaceship) 宇宙船

die **Raupe** /ラオペ/ ((–/–n)) ([英]caterpillar) 幼虫

raus /ラオス/ [副]([英]out) 外へ

das **Rausch·gift** /ラオシュギフト/ ([英]drug) 麻薬

rauschgiftsüchtig /ラオシュギフトズュヒティヒ/ [形] ([英]drug-addicted) 麻薬中毒の

die **Razzia** /ラツィア/ ((–/Razzien)) ([英]raid) (警察の) 手入れ

reagieren /レアギーレン/ [動] ([英]react) ((auf *j*⁴/*et*⁴))(…に) 反応する

die **Reaktion** /レアクツィオーン/ ((–/–en)) ([英]reaction) 反応

realisieren /レアリズィーレン/ [動]([英]realize) 実現する

realistisch /レアリスティシュ/ [形] ([英]realistic) 現実［実際］的な；写実(主義) 的な

rebellieren /レベリーレン/ [動] ([英]rebel) 反乱を起こす

die **Recherche** /レシェルシェ/ ((–/–n)) ([英]research) 調査

rechnen /レヒネン/ [動] ([英] calculate) 計算する；((mit *j*³/*et*³)) (…を) 予期する, 当てにする；(お金を) やりくりする

der **Rechner** /レヒナー/ ((–s/–)) ([英]calculator) 計算する人, 計算機

die **Rechnung** /レヒヌング/ ((–/–en)) ([英]bill) 計算書, 請求書；見込み；計算, 計算問題

recht /レヒト/ [形]([英]right) ①右の ¶ das rechte Auge 右目 ② 適切な；都合のいい；正しい；かなりの ¶ Das ist mir recht. それは都合がいい

das **Recht** /レヒト/ ((–(e)s/–e)) ① ([英]law) 法, 法律 ② ([英]right) 権利；正当性, 正義 ¶ Sie haben Recht. あなたは正しい ***mit* [*zu*] *Recht*** 正当に

das **Rechteck** /レヒトエック/ ((–s/–e)) ([英]rectangle) 長方形

rechteckig /レヒトエッキヒ/ [形] ([英]rectangular) 長方形の

rechtfertigen /レヒトフェルティゲン/ [動]([英]justify) (行為を) 正当化する, 弁護する

rechtlich /レヒトリヒ/ [形] ([英]legal) 法律的に

rechts /レヒツ/ **1** [副]([英]on the right) 右に, 右側に；(思想的に) 右寄りの ¶ Bei der Ampel rechts abbiegen. 信号を右に曲がってください **2** [前] ((2格支配)) …の右(側) に

der **Rechts·anwalt** /レヒツアンヴァルト/ ([英]lawyer) 弁護士

die **Rechtschreibung** /レヒトシュライブング/ ((–/)) ([英]orthography) 正書法

rechtzeitig /レヒトツァイティヒ/ [形]([英]timely) ちょうどいい時に

der **Redakteur** /レダクテーア/ ((–s/–e)) ([英]editor) 編集者

die **Rede** /レーデ/ ((–/–n)) ([英] speech) 演説, スピーチ ¶ eine Rede halten 演説する

reden /レーデン/ [動] ([英] talk) ((über *j*⁴/*et*⁴ [von *j*³/*et*³])) (…について) 話す ***Reden ist Silber, Schweigen ist Gold.*** ((ことわざ)) 雄弁は銀, 沈黙は金

reduzieren /レドゥツィーレン/ [動]([英]reduce) ((*et*⁴ auf *et*⁴)) (数量・

金額などを(…に)減らす,削減する,引き下げる;((sich⁴ auf et¹))(…にまで)減る,落ち込む

die **Reform** /レフォルム/ (-/-en) (英reform) 改革, 改良

das **Reform·haus** /レフォルムハオス/ (英health-food shop) 自然食品店

reformiert /レフォルミーアト/ 形(英reformed) 改革[改良]された

das **Regal** /レガール/ (-s/-e) (英shelf) 棚;本棚

rege /レーゲ/ 形(英lively) 活気のある,盛んな;活動的な

die **Regel** /レーゲル/ (-/-n) (英rule) 規則,決まり;いつものこと;月経 *in der [aller] Regel* 通例は,たいてい

regelmäßig /レーゲルメースィヒ/ 形(英regular) 規則正しい,規則的な;((話))しょっちゅう

regeln /レーゲルン/ 動(英regulate) 規制する;調節する

die **Regelung** /レーゲルング/ (-/) (英regulation) 規則;規制

der **Regen** /レーゲン/ (-s/-) (英rain) 雨 ¶ Es wird Regen geben. 雨になるだろう

der **Regen·bogen** /レーゲンボーゲン/ (英rainbow) 虹

der **Regen·schirm** /レーゲンシルム/ (英umbrella) 傘,雨傘

der **Regen·wurm** /レーゲンヴルム/ (英earthworm) ミミズ

die **Regie** /レジー/ (-/) (英direction) (映画・演劇などの)演出

regieren /レギーレン/ 動(英govern) 統治[支配]する

die **Regierung** /レギールング/ (-/-en) (英government) 政府

der **Regisseur** /レジセーア/ (-s/-e) (英director) 演出家,監督

regnen /レーグネン/ 動(英rain) ((Es regnet.)) 雨が降る[降っている];((話))(雨のように)降る ¶ Wird es regnen? 雨になりますかね/Es regnet in Strömen. 土砂降りです

reiben /ライベン/ (rieb; gerieben) 動(英rub) こすりつける;こすりとる;(果物などを)すりおろす;(衣服などが)こすれる;((sich³ et¹))(目などを)こする

reich /ライヒ/ 形(英rich) 金持ちの,裕福な;豪華な;((an et³))(…の)豊富な

das **Reich** /ライヒ/ (-(e)s/-e) (英empire) 帝国,王国;(特定の)世界 *das Dritte Reich* (ナチスの支配した)第三帝国

reichen /ライヒェン/ 動 ① (英reach) (人に…を)差し出す,手渡す ② (…まで)届く,達する;間に合う *Mir reicht's! = Jetzt reicht es mir!* ((話))もうたくさんだ

reichlich /ライヒリヒ/ 形(英large) 豊富な,十分な;(ある数)以上の;((副詞的))((話))かなり

der **Reichtum** /ライヒトゥーム/ (-s/..tümer) (英wealth) 富,財産;豊かさ

reif /ライフ/ 形(英ripe) 熟した;分別のある,円熟した

der **Reifen** /ライフェン/ (-s/-) (英tire) (車の)タイヤ;輪

die **Reifen·panne** /ライフェンパネ/ (英puncture) (タイヤの)パンク

die **Reihe** /ライエ/ (-/-n) (英row) 列,並び;一連,連続;順番 *eine Reihe von ...* かなりの数の… *an der Reihe sein* 順番が回ってきている

die **Reihen·folge** /ライエンフォルゲ/ (英order) 順番,順序

das **Reihen·haus** /ライエンハオス/ (英terraced house) (同じ型の住宅が連なった)テラスハウス

reimen /ライメン/ 動(英rhyme) ((sich⁴))韻をふむ

rein /ライン/ 形(英pure) 純粋な;(色・音が)澄んだ;清潔な;まったくの,純然たる ¶ aus reiner Wolle 純毛の

reinigen /ライニゲン/ 動(英clean) きれいにする,掃除[ク

リーニング］する
die **Reinigung** /ライニグング/ ((–/–en)) ([英]cleaning) 清掃, 浄化, クリーニング；クリーニング店
der **Reis** /ライス/ ((–es/(–)e)) ([英]rice) 稲, 米；ご飯
die **Reise** /ライゼ/ ((–/–n)) ([英]travel) 旅, 旅行 ***auf Reisen sein*** 旅行中である ***Gute Reise!*** いい旅［楽しいご旅行］を, 行ってらっしゃい
das **Reise·büro** /ライゼビュロー/ ([英]travel agency) 旅行代理店
der **Reise·führer** /ライゼフューラー/ ([英]guidebook) 旅行案内書；観光ガイド, 添乗員
reisen /ライゼン/ [動] ([英]travel) 旅行する ¶ Reisen Sie gern? 旅行はお好きですか
der/die **Reisende** /ライゼンデ/ ([英]traveler) 旅行者；乗客
der **Reise·pass** /ライゼパス/ ([英]passport) パスポート
der **Reise·scheck** /ライゼシェック/ ([英]traveler's check) トラベラーズチェック
reißen /ライセン/ ((riss; gerissen)) [動] ①([英]tear) ちぎれる, 裂ける, 破れる；((an *et*³)) (…を勢いよく［無理に］) 引っ張る；((*et*⁴ (in *et*⁴))) (…を(…状に)) 引き裂く, 破る ②((*et*⁴ an *sich*⁴)) (…を) 無理やり手に入れる, 奪う；((*sich*⁴ um *j*⁴/*et*⁴)) ((話)) (…を) 何とかして手に入れようとする
der **Reiß·verschluss** /ライスフェアシュルス/ ([英]zip) ファスナー
die **Reißzwecke** /ライスツヴェッケ/ ((–/–n)) ([英]drawing pin) 画びょう, ピン
reiten /ライテン/ ((ritt; geritten)) [動] ([英]ride) ((*et*⁴/auf *et*³)) (馬などに) 乗って行く［来る］；乗馬をする
der **Reiter** /ライター/ ((–s/–)) ([英]rider) (馬の) 乗り手, 騎手
der **Reiz** /ライツ/ ((–es/–e)) ([英]attraction) 刺激；魅力
reizen /ライツェン/ [動] ([英]attract) (人を) 魅惑する, 引き付ける；((*j*⁴ zu *et*³)) (人を) 刺激して…させる；(人・動物を) いらだたせる；(体を) 刺激する
reizend /ライツェント/ [形] ([英]charming) 魅力的な
reizvoll /ライツフォル/ [形] ([英]attractive) 魅力のある
die **Reklame** /レクラーメ/ ((–/–n)) ([英]advertising) 宣伝, 広告；((話)) チラシ, ポスター
der **Rekord** /レコルト/ ((–(e)s/–e)) ([英]record) (最高) 記録, レコード
der **Rektor** /レクトーア/ ((–s/–en)) ([英]Rector) 校長, 学長
relativ /レラティーフ/ [形] ([英]relative) 相対的な；比較的, わりと
die **Religion** /レリギオーン/ ((–/–en)) ([英]religion) 宗教
religiös /レリギエース/ [形] ([英]religious) 宗教の, 宗教的な
rennen /レネン/ ((rannte; gerannt)) [動] ([英]run) 走る, 駆ける
das **Rennen** /レネン/ ((–s/–)) ([英]race) 競走, レース
renovieren /レノヴィーレン/ [動] ([英]renovate) (建物を) リフォームする, 改修する
die **Renovierung** /レノヴィールング/ ((–/–en)) ([英]renovation) (建物の) リフォーム, 改修
die **Rente** /レンテ/ ((–/–n)) ([英]pension) 年金, 恩給；利子, 地代, 家賃
der **Rentner** /レントナー/ ((–s/–)) ([英]pensioner) 年金生活者
die **Reparatur** /レパラトゥーア/ ((–/–en)) ([英]repair) 修理, 修復
reparieren /レパリーレン/ [動] ([英]repair) 修理する
die **Republik** /レプブリーク/ ((–/–en)) ([英]republic) 共和国［制］
reservieren /レゼルヴィーレン/ [動] ([英]reserve) (部屋・席などを) 予約する ¶ Ich habe ein Zimmer reservieren lassen. ひと部屋予約していたのですが
respektieren /レスペクティーレン/ [動] ([英]respect) 尊敬する；

（意見などを）尊重する；（感情などに）配慮する

der Rest /レスト/ ((-(e)s/-e)) (英rest) 余り, 残り；[数学] 余り

das Restaurant /レストラーン/ ((-s/-s)) (英restaurant) レストラン ¶ ein preiswertes Restaurant 値段の手ごろなレストラン

restlos /レストロース/ 副 (英completely) (話)完全に；ひとつ残らず

das Resultat /レズルタート/ ((-(e)s/-e)) (英result) 結果, 成果, 結論；（数学の）解

retten /レッテン/ 動 (英save) 救う, 救助する, 保護する, 守る

die Rettung /レットゥング/ ((-/-en)) (英rescue) 救助, 救出

der Rettungs·ring /レットゥングスリング/ (英lifebelt) 浮き輪

der Rettungs·wagen /レットゥングスヴァーゲン/ (英ambulance) 救急車

das Rezept /レツェプト/ ((-(e)s/-e)) (英prescription) 処方箋（せん）；（料理の）レシピ

rezeptfrei /レツェプトフライ/ 形 (英nonprescription) （薬が）処方箋（せん）不要の

die Rezeption /レツェプツィオーン/ ((-/-en)) (英reception) （ホテルの）フロント

das R-Gespräch /エルゲシュプレーヒ/ (英collect call) コレクトコール

der Rhein /ライン/ (英Rhine) ライン川

das Rheuma /ロイマ/ ((-/)) (英rheumatism) リューマチ

der Rhythmus /リュトムス/ ((-/Rhythmen)) (英rhythm) リズム

richten /リヒテン/ 動 ① (英direct) (…を…へ/に）向ける；((an j^4)) (手紙などを人に）宛てる；((sich^4 gegen j^4/et^4)) (批判などが…に）向けられる ② ((sich^4 nach j^4/et^4)) (…に）従って行動する；(…）次第である ③ ((über j^4/et^4)) (…について）裁く

der Richter /リヒター/ ((-s/-)) (英judge) 裁判官, 判事

richtig /リヒティヒ/ 形 ① (英right) 正しい, 正当な ② 適切な, ふさわしい ③ 正真正銘の, 本当の ④ ((副詞的)) とても

die Richt·linie /リヒトリーニエ/ (英guideline) 方針, 原則

die Richtung /リヒトゥング/ ((-/-en)) (英direction) 方向, 方角；（政治・芸術などの）傾向, 流れ ¶ Wo fährt der Bus in Richtung ... ab? …方面へのバスはどこから出ますか

riechen /リーヒェン/ ((roch; gerochen)) 動 (英smell) (…の）においをかぐ；((話))((nach et^3)) (…の）においがする；（危険などを）かぎ取る, 察知する

der Riegel /リーゲル/ ((-s/-)) (英bolt) かんぬき；スティックチョコレート

der Riemen /リーメン/ ((-s/-)) (英strap) 帯, 革ひも, ベルト

der Riese /リーゼ/ ((-n/-n)) ((die Riesin)) (英giant) 巨人

riesig /リーズィヒ/ 形 (英gigantic) 巨大な；((話))すばらしい

das Riff /リフ/ ((-(e)s/-e)) (英reef) 岩礁, 暗礁, 浅瀬

die Rille /リレ/ ((-/-n)) (英groove) （レコードなどの）溝

das Rind /リント/ ((-(e)s/-er)) (英cow) 牛；牛肉

das Rind·fleisch /リントフライシュ/ (英beef) 牛肉

der Ring /リング/ ((-(e)s/-e)) ① (英ring) 指輪；環, 環状道路 ② 一味, 徒党

das Ringen /リンゲン/ ((-s/)) (英wrestling) レスリング

ringsherum /リングスヘルム/ 副 (英all around) 周囲に〔を〕, 周りをぐるりと

rinnen /リネン/ 動 ((rann; geronnen)) (英run) （静かにゆっくりと）流れる, 流れ出る

die Rippe /リッペ/ ((-/-n)) (英rib) 肋骨（ろっこつ）；（暖房器などの）フィン

das **Risiko** /リーズィコ/ ((-s /Risiken, -s)) (⑧risk) 危険, リスク

riskant /リスカント/ 形 (⑧risky) 危険な, リスキーな

riskieren /リスキーレン/ 動 (⑧risk) 危険にさらす; (…の) 危険を冒す

der **Riss** /リス/ ((-es/-e)) (⑧tear) ひび, 割れ目, 裂け目

der **Ritter** /リター/ ((-s/-)) (⑧knight) (中世の) 騎士

der **Roboter** /ロボター/ ((-s/-)) (⑧robot) ロボット

der **Rock** /ロック/ ❶ ((-(e)s/Röcke)) (⑧skirt) スカート ❷ ((-(s)/-(s))) ロック音楽

der **Roggen** /ロッゲン/ ((-s/(-))) (⑧rye) ライ麦

roh /ロー/ 形 (⑧raw) 生(なま)の, 加工していない; 粗野な

das **Rohr** /ローア/ ((-(e)s/-e)) (⑧pipe) 管, パイプ

die **Röhre** /レーレ/ ((-/-n)) (⑧pipe, tube) 管, パイプ; オーブン

die **Rolle** /ロレ/ ((-/-n)) ① (⑧role) (劇の) 役; 役割, 役目 ②ロール, 丸めたもの; (家具の) キャスター ¶ eine [keine] Rolle spielen 重要である [ない]

rollen /ロレン/ 動 (⑧roll) 転がる, (車などが) 走る; 転がす; 巻く, 丸める; ((*et¹ zu et³*)) (…を丸めて …を) 作る

der **Roller** /ローラー/ ((-s/-)) (⑧scooter) (子供用の) 足こぎ二輪車

das **Rollo** /ロロ/ ((-s/-s)) (⑧blind) ブラインド

die **Roll·schuhe** /ロルシューエ/ (⑧roller skate) ローラースケート

der **Roll·stuhl** /ロルシュトゥール/ (⑧wheelchair) 車椅子

die **Roll·treppe** /ロルトレッペ/ (⑧escalator) エスカレーター

der **Roman** /ロマーン/ ((-s/-e)) (⑧novel) (長編) 小説

romantisch /ロマンティシュ/ 形 (⑧romantic) ロマン派 [主義] の; ロマンチックな

röntgen /レントゲン/ 動 (⑧X-ray) レントゲン撮影 [検査] をする

rosa /ローザ/ 形 (⑧pink) ばら色の, ピンクの

die **Rose** /ローゼ/ ((-/-n)) (⑧rose) バラ; バラの花

der **Rosen·kohl** /ローゼンコール/ (⑧sprouts) メキャベツ

der **Rost** /ロスト/ ((-(e)s/-e)) ① (⑧rust) さび ② (鉄製の) 格子, 焼き網, グリル

rösten /レステン/ 動 (⑧roast) あぶる, 焼く, いる

rostig /ロスティヒ/ 形 (⑧rusty) さびついた

rot /ロート/ 形 ((röter; rötest/-er; -est)) (⑧red) 赤い; (政治的に) 赤の ¶ rot werden (恥ずかしさなどで) 赤くなる

rüber /リューバー/ 副 (⑧over) こちら側へ; 向こう側へ

rücken /リュッケン/ 動 (⑧move) ずらす, 動かす; (座席を) 詰める, (…の方へ) 寄る

der **Rücken** /リュッケン/ ((-s/-)) (⑧back) 背, 背中; 腰

die **Rücken·lehne** /リュッケンレーネ/ (⑧backrest) 背もたれ

die **Rück·fahrkarte** /リュックファールカルテ/ (⑧return ticket) 往復乗車券

die **Rück·fahrt** /リュックファールト/ (⑧return journey) (乗り物での) 帰路, 復路

die **Rückgabe** /リュックガーベ/ ((-/-n)) (⑧return) 返却, 返還

die **Rückkehr** /リュックケーア/ ((-/)) (⑧return) 帰還, 復帰

das **Rück·licht** /リュックリヒト/ (⑧rear light) 尾灯, テールランプ

der **Ruck·sack** /ルックザック/ (⑧rucksack) リュックサック

die **Rück·seite** /リュックザイテ/ (⑧back) 裏面, 裏側

die **Rücksicht** /リュックズィヒト/ ((-/-en)) (⑧consideration) 配慮,

気配り ¶ auf j^4/et^4 Rücksicht nehmen (…のことを) 思いやる, (…に) 気を配る

rücksichtslos /リュックズィヒツロース/ 形 (英inconsiderate) 配慮を欠いた；容赦ない

rücksichtsvoll /リュックズィヒツフォル/ 形 (英considerate) 思いやりのある, 思慮深い

rückwärts /リュックヴェルツ/ 副 (英backward) 後ろ向きに；逆 (方向) に

der **Rück·weg** /リュックヴェーク/ (英way back) 帰り道, 帰路

das **Ruder** /ルーダー/ (-s/-) (英rudder) (ボートの) オール；舵(かじ)

rudern /ルーダーン/ 動 (英row) (舟を) こぐ

der **Ruf** /ルーフ/ (-(e)s/-e) ① (英shout) 叫び (声), 呼び声；(動物の) 鳴き声 ②呼びかけ, アピール ③評判；名声 ¶ einen guten Ruf haben 評判がよい

rufen /ルーフェン/ (rief; gerufen) 動 (英call) (警察などを) 呼ぶ；叫ぶ；((nach j^3/et^3)) (…を) 呼ぶ

die **Ruf·nummer** /ルーフヌマー/ (英telephone number) 電話番号

die **Ruhe** /ルーエ/ (-/-) (英silence) 静けさ, 平穏；平安；静止 (状態)；休息, 休養 ¶ Lassen Sie mich bitte in Ruhe! ほっといてください *in (aller) Ruhe* ゆっくりと, 落ち着いて

ruhen /ルーエン/ 動 ① (英rest) 休息する ②動かない, 止まっている, 中断している

der **Ruhe·tag** /ルーエターク/ (英closing day) 休業日

ruhig /ルーイヒ/ ❶ 形 (英quiet) 静かな, 穏やかな；平穏な；(人物・性格が) 落ち着いた, 安らかな ❷ 副 安心して, かまわず

der **Ruhm** /ルーム/ (-(e)s/) (英fame) 名声, 栄誉, 栄光

das **Rühr·ei** /リューアアイ/ (英scrambled egg) スクランブルエッグ

rühren /リューレン/ 動 (英stir) (…を) かきまぜる；((et⁴)) (手足などを) (少し) 動かす；((j⁴)) (人の) 心を動かす；((sich⁴)) 動く

die **Ruine** /ルイーネ/ (-/-n) (英ruin) 廃墟

ruinieren /ルイニーレン/ 動 (英ruin) ダメにする, 破壊する

rülpsen /リュルプセン/ 動 (英belch) ((話))げっぷする

der **Rumpf** /ルムプフ/ (-(e)s/ Rümpfe) (英trunk) 胴 (体)；(船・飛行機の) 胴体 (部)

rund /ルント/ ❶ 形 (英round) 丸い, 円形の；まるまるした, ふっくらした；端数のない, ちょうどの ❷ 副 ((数詞と と)) 約, およそ

die **Runde** /ルンデ/ (-/-n) (英round) 一巡 [回] り；仲間, グループ；(トラックの) 一周；(ボクシングの) ラウンド

die **Rund·fahrt** /ルントファールト/ (英tour) 観光ツアー

der **Rundfunk** /ルントフンク/ (-s/) (英radio) ラジオ (放送)；ラジオ放送局

rundherum /ルントヘルム/ 副 (英all around) 周囲を, 周りを

runter /ルンター/ 副 (英down) ((話))(こちら [あちら] の) 下へ

die **Rüsche** /リューシェ/ (-/-n) (英frill) (服の) フリル, ひだ飾り

der **Ruß** /ルース/ (-es/-e) (英soot) すす (煤)

der **Rüssel** /リュッセル/ (-s/-) (英snout) (象などの長い) 鼻

russisch /ルスィッシュ/ 形 (英Russian) ロシア (人・語) の

(*das*) **Russland** /ルスラント/ (英Russia) ロシア

die **Rüstung** /リュストゥング/ (-/-en) (英arms) 軍備, 武装

die **Rutsch·bahn** /ルッチュバーン/ (英slide) 滑り台

rutschen /ルッチェン/ 動 (英slip) スリップする, 滑って転ぶ [落ちる]；ずれる

rutschig /ルッチヒ/ 形 (英slip-

pery) 滑りやすい
rütteln /リュッテルン/ 動
(英shake) 揺れる；揺り動かす

S, s

der **Saal** /ザール/ 《-(e)s/Säle》
(英hall) ホール，広間

die **Sache** /ザッヘ/ 《-/-n》
(英thing) 物；事，事柄 ***zur Sache kommen*** 本題に入る

das **Sach·gebiet** /ザッハゲビート/ (英field) (専門)分野

sachlich /ザッハリヒ/ 形
(英objective) 客観的な；事実に即した；実用本位の

(*das*) **Sachsen** /ザクセン/
(英Saxony) ザクセン州

der **Sack** /ザック/ 《-(e)s/Säcke》
(英sack) 袋

die **Sack·gasse** /ザックガッセ/
(英cul-de-sac) 袋小路

der **Saft** /ザフト/ 《-(e)s/Säfte》
(英juice) ジュース，果汁；肉汁

saftig /ザフティヒ/ 形 (英juicy)
果汁の多い

die **Sage** /ザーゲ/ 《-/-n》
(英legend) 伝説；言い伝え

die **Säge** /ゼーゲ/ 《-/-n》(英saw)
のこぎり

sagen /ザーゲン/ 動 ① (英say)
((人に)…を)言う，述べる，伝える；(人に…するよう)命じる；
((*et*⁴ *zu et*³))(…について意見を)言う
¶ Können Sie mir bitte sagen, wie ich zum Bahnhof komme? 駅に行く道を教えてください ②
((*et*⁴ *zu j*³/*et*³))(…を…と)呼ぶ ③
(事物が…を)意味する ④ ((*sich*³ *et*⁴))(…を)心に思う，自分に言い聞かせる ***Man sagt, ...*** …という話だ ***sag mal = sagen Sie mal*** ねえ，ところで

sägen /ゼーゲン/ 動 (英saw) の
こぎりで切る

die **Sahne** /ザーネ/ 《-/》(英cream) 生クリーム

die **Saison** /ゼゾーン/ 《-/-s》
(英season) (旅行などの)シーズン

die **Saite** /ザイテ/ 《-/-n》
(英string) (楽器の)弦

der (*das*) **Sakko** /ザッコ/ 《-s/-s》
(英jacket) ジャケット

der **Salat** /ザラート/ 《-(e)s/-e》
(英salad) サラダ；レタス

die **Salbe** /ザルベ/ 《-/-n》(英ointment) 軟膏(ぜん)，塗り薬

salopp /ザロップ/ 形 (英casual)
(言葉遣い・態度・身なりなどが) ぞんざいな；くだけた，カジュアルな

das **Salz** /ザルツ/ 《-es/-e》(英salt)
塩

salzig /ザルツィヒ/ 形 (英salty)
塩辛い，しょっぱい

der **Samen** /ザーメン/ 《-s/-》
(英seed) 種，種子；精液

sammeln /ザメルン/ 動
(英gather) 集める，収集[採集]する；((*sich*⁴)) 集まる，集合する

die **Sammlung** /ザムルング/
《-/-en》(英collection) コレクション；収集(品)

der **Samstag** /ザムスターク/
《-(e)s/-e》(英Saturday) 土曜日

samstags /ザムスタークス/ 副
(英on Saturday) 土曜日に

samt /ザムト/ 前 (英together with) ((3格支配))…といっしょに，…込みで

der **Samt** /ザムト/ 《-(e)s/-e》
(英velvet) ビロード

der **Sand** /ザント/ 《-(e)s/》
(英sand) 砂

die **Sandale** /ザンダーレ/ 《-/-n》
(英sandal) サンダル

sandig /ザンディヒ/ 形
(英sandy) 砂っぽい，砂だらけの

sanft /ザンフト/ 形 (英soft) 柔らかい；快し，穏やかな；(丘・坂などが)なだらかな；安らかな

der **Sänger** /ゼンガー/ 《-s/-》
(英singer) 歌手

der **Sanitäter** /ザニテーター/ 《-s/-》(英first-aid man) 救急隊員；衛生[看護]兵

der **Sarg** /ザルク/ 《-(e)s/Särge》
(英coffin) 棺

der **Satellit** /ザテリート/ 《-en/-en》

Satellitenfernsehen

(英satellite) 人工衛星

das **Satelliten·fernsehen** /ザテリーテンフェルンゼーエン/ (英satellite television) 衛星テレビ放送

satt /ザット/ 形 (英full) 満腹の, 腹いっぱいの；(色彩が) 鮮やかな *j⁴/et⁴* **satt haben** [*sein*] 《話》(…に) うんざりしている

der **Sattel** /ザッテル/ (-s/Sättel) (英saddle) 鞍, サドル

der **Satz** /ザッツ/ (-es/Sätze) ① (英sentence) 文；法則；[音楽] 楽章 ②（食器などの）組；（テニスなどの）セット

sauber /ザオバー/ 形 ① (英clean) 清潔な, きれいな；(仕事などが) きちんとした；(道徳的に) まともな；《話》ひどい, 大変な

die **Sauce** /ゾーセ/ (-/-n) (英sauce) ソース

sauer /ザオアー/ 形 ① (英sour) 酸っぱい；酸性の ② 《話》不機嫌な, 怒った；つらい, 骨の折れる *saurer Regen* 酸性雨

der **Sauerstoff** /ザオアーシュトフ/ (-(e)s/) (英oxygen) 酸素

saufen /ザオフェン/ (soff; gesoffen) 動 (英drink) 《話》大酒を飲む；(動物が) 飲む

saugen /ザオゲン/ (saugte, sog; gesaugt, gesogen) 動 (英suck) 吸う, 飲む；《話》掃除機をかける

das **Säuge·tier** /ゾイゲティーア/ (英mammal) 哺乳動物

der **Säugling** /ゾイクリング/ (-s/-e) (英baby) 乳児

die **Säule** /ゾイレ/ (-/-n) (英column) 柱, 支柱

der **Saum** /ザオム/ (-(e)s/Säume) (英hem) (衣服の) 裾

die **Säure** /ゾイレ/ (-/-n) (英sourness) 酸味, 酸

die **S-Bahn** /エスバーン/ (-/-en) (英city and suburban railway) (都市部と郊外を結ぶ) 近郊列車

das **Schach** /シャッハ/ (-s/-s) (英chess) チェス ¶ Schach spielen チェスをする

die **Schachtel** /シャハテル/ (-/-n) (英box) (厚紙などでできた) 箱

schade /シャーデ/ 形 (英pity) 残念な, 気の毒な, 惜しい ¶ Es ist schade, dass Sie keine Zeit haben. あなたに時間がないとは残念だ *Wie schade!* 残念だなあ

schaden /シャーデン/ 動 (英harm) (*j³/et³*) (…を) 害する, 損なう

der **Schaden** /シャーデン/ (-s/Schäden) (英damage) 損害, 破損；不利益, 損

schädlich /シェートリヒ/ 形 (英harmful) 有害な

das **Schaf** /シャーフ/ (-(e)s/-e) (英sheep) ヒツジ (羊)

der **Schäfer** /シェーファー/ (-s/-) (英shepherd) 羊飼い

der **Schäfer·hund** /シェーファーフント/ (英sheepdog) シェパード

schaffen /シャッフェン/ 動 ❶ (schaffte; geschafft) (英manage) 成し遂げる, 切り抜ける；《話》(乗り物などに) 間に合う；《話》(…を…へ) 運ぶ ❷ (schuf; geschaffen) (英create) 創造 [創作] する

der **Schaffner** /シャフナー/ (-s/-) (英guard) 車掌

der **Schal** /シャール/ (-s/-s) (英scarf) マフラー, スカーフ

die **Schale** /シャーレ/ (-/-n) ① (英peel) (果物・穀物などの) 皮；(卵・クルミなどの) 殻 ② (英bowl) (平たく丸い) 鉢, 皿

schälen /シェーレン/ 動 (英peel) (…の) 皮をむく

die **Schall·platte** /シャルプラッテ/ (英record) レコード

schalten /シャルテン/ 動 (英switch) (スイッチ・ギアなどを…に) 入れる, 切り替える；((*auf et⁴*)) (信号が…に) 変わる

der **Schalter** /シャルター/ (-s/-) ① (英switch) スイッチ ② (役所・銀行・駅などの) 窓口

die **Schaltung** /シャルトゥング/ (-/-en) (英circuit) (電気の) 回路, 配線；切り替え, ギアチェンジ

schämen /シェーメン/ 動 (英be ashamed) ((*sich*⁴)) 恥じる, 恥ずかしく思う

die **Schande** /シャンデ/ (–/) (英shame) 不面目, 不名誉

scharf /シャルフ/ 形 (schärfer; schärfst) ①(英sharp) 鋭い, 鋭利な ②(味・においが) 刺激のある, 辛い ③(寒さなどが) 厳しい, (音・光などが) 激しい, 強烈な; (批評などが) 辛辣な ④(知覚・洞察力などが) 鋭い ⑤(輪郭などが) 鮮明な

der **Schatten** /シャッテン/ (–s/–) (英shadow) 日陰; 影

schattig /シャッティヒ/ 形 (英shady) 日陰の

der **Schatz** /シャッツ/ (–es/Schätze) (英treasure) 宝物, 収集品

schätzen /シェッツェン/ 動 ① (英estimate) 見積もる, 評価する; ((話))(…と) 思う ②(…を) 高く評価する; (…が) 好きである

die **Schau** /シャオ/ ((–/–en)) (英show) 展示会; (テレビ・舞台での) ショー; ((話))(注目を引くための) 見せ物

schauen /シャオエン/ 動 ① (英look) 見る, 眺める ②(…な) 顔つき[表情]をする ③((auf *et*⁴))(…に) 注意する, 気をつける; ((nach *et*³ [+ zu不定詞句]))(…を[…かどうか]) 確かめる

der **Schauer** /シャオアー/ ((–s/–)) (英shower) にわか雨, 夕立

die **Schaufel** /シャオフェル/ ((–/–n)) (英shovel) シャベル

das **Schau·fenster** /シャオフェンスター/ (英shop window) ショーウインドー

die **Schaukel** /シャオケル/ ((–/–n)) (英swing) ブランコ

der **Schaukel·stuhl** /シャオケルシュトゥール/ (英rocking chair) ロッキングチェア

der **Schaum** /シャオム/ ((–(e)s/Schäume)) (英foam) 泡

schäumen /ショイメン/ 動 (英foam) 泡立つ

der **Schau·spiel** /シャオシュピール/ (英play) 演劇, 芝居

der **Schau·spieler** /シャオシュピーラー/ (英actor) 俳優, 役者

der **Scheck** /シェック/ ((–s/–s)) (英check) 小切手

die **Scheibe** /シャイベ/ ((–/–n)) ①(英disc) 円盤, 円板 ②板ガラス; (パンなどの) 一切れ, スライス

scheiden /シャイデン/ (schied; geschieden) 動 ①(英divorce) 離婚させる; ((von *j*³))(人と) 離婚する ②((*et*⁴ von *et*³))(…を…から) 区別[選別]する ③((aus *et*³))(役職などを) やめる, 退く

die **Scheidung** /シャイドゥング/ ((–/–en)) (英divorce) 離婚

der **Schein** /シャイン/ ((–(e)s/–e)) ①(英light) 光, 輝き ②(英appearance) 外見, 見せかけ ③証明書, 認定書; 紙幣 *zum Schein* 見せかけだけ

scheinbar /シャインバール/ 形 (英seeming) 見せかけの

scheinen /シャイネン/ (schien; geschienen) 動 ①(英shine) 光る, 輝く, (日が) 照る ②((+ zu不定詞句))(…のように) 見える; ((*j*³ (+ zu不定詞句)))(人には…のように) 思われる; ((Es scheint, dass ...))(…である) らしい

der **Scheinwerfer** /シャインヴェルファー/ ((–s/–)) (英headlight) ヘッドライト, サーチライト, スポットライト

die **Scheiße** /シャイセ/ ((–/)) (英shit) 大便; 腹の立つこと *Scheiße!* ((話)) くそっ

scheitern /シャイターン/ 動 (英fail) 失敗する, 挫折する; ((an *j*³/*et*³))(…のせいで) だめになる

der **Schenkel** /シェンケル/ ((–s/–)) (英thigh) 太もも

schenken /シェンケン/ 動 (英present) (人に…を) 贈る, プレゼントする

die **Schere** /シェーレ/ ((–/–n)) ①(英scissors) はさみ ②格差

der **Scherz** /シェルツ/ ((–es/–e))

scheu

(㋹joke) 冗談, しゃれ

scheu /ショイ/ 形 (㋹shy) 物おじする, 内気な;（動物が）臆病な

die **Scheune** /ショイネ/ ⟨-/-n⟩ (㋹barn) 納屋

der **Schi** /シー/ ⟨-s/-(er)⟩ (㋹ski) スキー

die **Schicht** /シヒト/ ⟨-/-en⟩ ① (㋹layer) 層；階層 ②（交替制労働の）就業時間, シフト

schick /シック/ 形 (㋹stylish) （服などが）しゃれた；流行の

schicken /シッケン/ 動 ① (㋹send)（人に…を）送る, 届ける；（人を…へ）派遣する ②《*sich*⁴》適している, ふさわしい

das **Schicksal** /シックザール/ ⟨-s/-e⟩ (㋹fate) 運命, 宿命

das **Schiebe·dach** /シーベダッハ/ (㋹sunroof)（自動車の）サンルーフ

schieben /シーベン/ ⟨schob; geschoben⟩ 動 ① (㋹push) 押す, 押し込む ②《*er*⁴ **auf** *j*⁴/*et*⁴》（責任などを…に）転嫁する

der **Schieds·richter** /シーツリヒター/ (㋹referee) 審判, レフェリー

schief /シーフ/ 形 (㋹leaning) 斜めの, 傾いた；正確でない, 間違った ***schief gehen*** 《話》（物事が）失敗に終わる

das **Schien·bein** /シーンバイン/ (㋹shinbone) 向こうずね

die **Schiene** /シーネ/ ⟨-/-n⟩ (㋹rail) 線路；（カーテンなどの）レール

schießen /シーセン/ ⟨schoss; geschossen⟩ 動 ① (㋹shoot) 撃つ, （矢を）放つ；シュートする ②勢いよく動く, 飛び出す

das **Schiff** /シフ/ ⟨-(e)s/-e⟩ (㋹ship) 船；（教会の）身廊(しんろう)

das **Schild** /シルト/ ⟨-(e)s/-er⟩ (㋹sign) 看板, 標識, 標札

der **Schild** /シルト/ ⟨-(e)s/-e⟩ (㋹shield) 盾

die **Schildkröte** /シルトクレーテ/ ⟨-/-n⟩ (㋹turtle) カメ（亀）

der **Schilling** /シリング/ ⟨-s/-e(-)⟩ (㋹schilling) シリング（ユーロ導入以前のオーストリアの通貨）

der **Schimmel** /シメル/ ⟨-s/-⟩ (㋹mould) カビ

der **Schimpanse** /シンパンゼ/ ⟨-n/-n⟩ (㋹chimpanzee) チンパンジー

schimpfen /シンプフェン/ 動 (㋹curse) ののしる；《mit *j*³》（人を）激しく批判する, 叱る；《auf [über] *j*⁴/*et*⁴》（…の）悪口を言う

der **Schinken** /シンケン/ ⟨-s/-⟩ (㋹ham) ハム；（豚などの）もも肉；《話》（つまらない）大作

der **Schirm** /シルム/ ⟨-(e)s/-e⟩ ① (㋹umbrella) 傘, 日傘；（ランプの）シェード ②（テレビの）画面

der **Schlaf** /シュラーフ/ ⟨-(e)s/⟩ (㋹sleep) 眠り, 睡眠

der **Schlaf·anzug** /シュラーフアンツーク/ (㋹pyjamas) パジャマ

schlafen /シュラーフェン/ ⟨schlief; geschlafen⟩ 動 (㋹sleep) 眠る, 眠っている, 寝る

schläfrig /シュレーフリヒ/ 形 (㋹sleepy) 眠い

der **Schlaf·sack** /シュラーフザック/ (㋹sleeping bag) 寝袋

das **Schlaf·zimmer** /シュラーフツィマー/ (㋹bedroom) 寝室

der **Schlag** /シュラーク/ ⟨-(e)s/Schläge⟩ ① (㋹blow) 打撃, 一撃 ②心拍；発作, ショック

schlagen /シュラーゲン/ ⟨schlug; geschlagen⟩ 動 ① (㋹strike) 打つ, たたく, ぶつ；（…を…へ）打ち込む, たたきつける；《mit *et*³》（体の一部を…に）ぶつける ②（木を）切り倒す；（…を）打ち負かす；（卵白・生クリームなどを）泡立てる ③（時計・脈などが）打つ ④《*sich*⁴ mit *j*³》（人と）殴り合いをする；《*sich*⁴》（試合などで…と）戦う

der **Schlager** /シュラーガー/ ⟨-s/-⟩ (㋹pop song) 流行歌, ヒット曲；売れ筋

der **Schläger** /シュレーガー/ ⟨-s/-⟩ (㋹racket) バット, ラケット

die **Schlag·sahne** /シューラークザーネ/ (㉖whipping cream) ホイップクリーム

die **Schlag·zeile** /シューラークツァイレ/ (㉖headline) (新聞の)大見出し, ヘッドライン

der **Schlamm** /シュラム/ (–(e)s/–e, Schlämme) (㉖mud) 泥, ぬかるみ

die **Schlange** /シュランゲ/ (–/–n) (㉖snake) ヘビ (蛇); 長蛇の列 *Schlange stehen* 長蛇の列を作って並ぶ

schlank /シュランク/ 形 (㉖slim) ほっそりした, スリムな

schlau /シュラオ/ 形 (㉖cunning) 抜け目のない, 狡猾な;((話))賢い

der **Schlauch** /シュラオホ/ (–(e)s/Schläuche) (㉖hose) ホース; (タイヤの)チューブ

schlecht /シュレヒト/ 形 (㉖bad) 悪い, よくない, 劣った ¶ *Mir geht es schlecht.* 気分が悪いです

schleichen /シュライヒェン/ (schlich; geschlichen) 動 (㉖creep) (((sich⁴))) こっそり歩く

die **Schleife** /シュライフェ/ (–/–n) (㉖bow) ①蝶結び, リボン ②湾曲, カーブ

schleifen /シュライフェン/ 動 ❶ (schliff; geschliffen) (㉖sharpen) 研磨する ❷ (schleifte; geschleift) (㉖drag) 引きずる, 引っ張る

schleimig /シュライミヒ/ 形 (㉖slimy) ねばねばした

schleppen /シュレッペン/ 動 (㉖drag) (人・重いものを)引きずる, 運ぶ; (車・船などを)牽引する, レッカー移動する; (((sich⁴))) (体を引きずって)移動する

schleudern /シュロイダーン/ 動 (㉖dehydrate) 脱水する; (車が)スリップする

schlicht /シュリヒト/ 形 (㉖simple) 簡素な, 質素な

schließen /シューリーセン/ (schloss; geschlossen) 動 ① (㉖close) 閉める, 閉じる; ふたをする; (((sich⁴))) 閉まる, 閉じる ② (契約などを)結ぶ ③ ((aus *et³*)) (…から)結論づける; ((von *et³* auf *et⁴*)) (…から…を)推論する

das **Schließ·fach** /シューリースファッハ/ (㉖locker) コインロッカー

schließlich /シューリースリヒ/ 副 (㉖finally) ついに; 結局は

schlimm /シュリム/ 形 (㉖serious) ゆゆしい, 深刻な; 悪い

der **Schlips** /シュリプス/ (–es/–e) (㉖tie) ネクタイ

der **Schlitten** /シュリッテン/ (–s/–) (㉖sled) そり

der **Schlitt·schuh** /シュリットシュー/ (㉖skate) スケート靴 *Schlittschuh laufen [fahren]* スケートをする

der **Schlitz** /シュリッツ/ (–es/–e) (㉖slit) (細長い)裂け目, 投入口; (洋服の)スリット

das **Schloss** /シュロス/ (–es/Schlösser) ①(㉖lock) 鍵(錠), 錠前, ロック ②(㉖castle) 城館, 宮殿

der **Schluck** /シュルック/ (–(e)s/–e) (㉖mouthful) 一飲み

der **Schluckauf** /シュルックアオフ/ (–s/) (㉖hiccups) しゃっくり

schlucken /シュルッケン/ 動 (㉖swallow) 飲み込む; ((話))吸収する, 消費する; 甘受する

der **Schlüpfer** /シュリュプファー/ (–s/–) (㉖panties) パンティー

der **Schluss** /シュルス/ (–es/Schlüsse) (㉖end) 終わり, 結末; 結論 *zum Schluss* 最後に

der **Schlüssel** /シュリュッセル/ (–s/–) (㉖key) 鍵(鍵); 手がかり

schmal /シュマール/ 形 (–er; –st/schmäler, schmälst) (㉖narrow) (幅が)狭い; ほっそりした

schmecken /シュメッケン/ 動 (㉖taste) ((nach *et³*)) (…の)味がする; ((*j³*)) (人にとって)おいしい ¶ *Hat das geschmeckt?* お口に合いましたか

schmeicheln /シュマイヒェル

ン / 動 ①(英flatter)((j³))(人に)おせじを言う ②((j³/et³))(人の自尊心などを)くすぐる ③((j³/et³))(…を)引き立てる

schmeißen /シュマイセン/ (schmiss; geschmissen) 動 (英fling)((話))①(…を…へ[に])投げる;(仕事などを)中途で投げ出す ②(店・家事を)切り盛りする

schmelzen /シュメルツェン/ (schmolz; geschmolzen) 動 (英melt)(熱で)溶ける;溶かす

der **Schmerz** /シュメルツ/ (–es/–en) (英pain) 痛み, 苦痛;悲しみ

schmerzen 動 (英hurt)(…が)痛い;(…が人を)悲しくする

schmerzhaft /シュメルツハフト/ 形 (英painful) 痛い;つらい, 悲しい

das **Schmerz·mittel** /シュメルツミッテル/ (英painkiller) 鎮痛剤

der **Schmetterling** /シュメッターリング/ (–s/–e) (英butterfly) チョウ(蝶)

schmieren /シュミーレン/ 動 (英grease)(機械に)油をさす;((話))塗る;買収する

die **Schminke** /シュミンケ/ (–/–n) (英make-up) 化粧, メーク

schminken /シュミンケン/ 動 (英make up)(…に)化粧をする, メークする;(sich⁴) 化粧をする

der **Schmuck** /シュムック/ (–(e)s/–e) (英ornament) アクセサリー;飾り, 装飾

schmücken /シュミュッケン/ 動 (英decorate) 飾(りつけ)る

schmuggeln /シュムゲルン/ 動 (英smuggle) 密輸する

der **Schmutz** /シュムッツ/ (–es/–) (英dirt) 汚れ, 泥, ほこり

schmutzig /シュムッツィヒ/ 形 (英dirty) 汚ない, 不潔な;下品な, いかがわしい

der **Schnabel** /シュナーベル/ (–s/Schnäbel) (英beak) くちばし

die **Schnalle** /シュナレ/ (–/–n) (英buckle)(靴・ベルトの)留め金具, バックル

schnarchen /シュナルヒェン/ 動 (英snore) いびきをかく

die **Schnauze** /シュナオツェ/ (–/–n) (英muzzle)(犬などの)鼻づら;((話))口

die **Schnecke** /シュネッケ/ (–/–n) (英snail) カタツムリ;渦巻きパン

der **Schnee** /シュネー/ (–s/) (英snow) 雪;〔料理〕メレンゲ

schneiden /シュナイデン/ (schnitt; geschnitten) 動 ①(英cut) 切る;(髪を)カットする ②(sich⁴)(線・道路が)交差する

der **Schneider** /シュナイダー/ (–s/–) (英tailor) 仕立屋, テーラー

schneien /シュナイエン/ 動 (英snow)((Es schneit.)) 雪が降る

schnell /シュネル/ 形 (英fast)(速度・動作が)速い;迅速な

der **Schnell·zug** /シュネルツーク/ (英express) 急行列車

das **Schnitzel** /シュニッツェル/ (–s/–) (英escalope)〔料理〕カツレツ

schnitzen /シュニッツェン/ 動 (英carve)(像などを)彫る

der **Schnorchel** /シュノルヒェル/ (–s/–) (英snorkel) シュノーケル

der **Schnupfen** /シュヌプフェン/ (–s/) (英cold) 鼻風邪

die **Schnur** /シュヌーア/ (–/Schnüre) (英string) ひも, ロープ;((話))(電気器具の)コード

der **Schnurr·bart** /シュヌルバールト/ (英moustache) 口ひげ

der **Schnürsenkel** /シュニューアゼンケル/ (–s/–) (英shoelace) 靴ひも

die **Schokolade** /ショコラーデ/ (–/–n) (英chocolate) チョコレート;ココア

schon /ショーン/ 副 ①((時間的))(英already) もう, すでに;今までに ¶ Sind Sie schon lange hier? こちらにはもう長いのですか ②本当に, まったく;きっと;さっ

さと；ただ…だけでも；((いったい))…というのだ；確かに；((否定詞を含む問いを打ち消して))いいえ，そんなことはない

schön /シェーン/ 形 ① (英 beautiful) 美しい，きれいな ② ((話))相当の；((話))結構な ¶ Danke schön!–Bitte schön! どうもありがとう–どういたしまして *Na, schön* まあ，いいだろう

schonen /ショーネン/ 動 (英 treat) 大切にする［扱う］；((sich⁴)) 体をいたわる

die **Schönheit** /シェーンハイト/ (–/–en) (英 beauty) 美；美人

der **Schorn·stein** /ショルンシュタイン/ (英 chimney) 煙突

der **Schoß** /ショース/ (–es/Schöße) (英 lap) ひざ；母胎

schräg /シュレーク/ 形 (英 diagonal) 斜めの，はすの；((話))変わった，めずらしい

der **Schrank** /シュランク/ (–(e)s/Schränke) (英 closet) 戸棚，キャビネット

die **Schranke** /シュランケ/ (–/–n) (英 barrier) 遮断機；限界

die **Schraube** /シュラオベ/ (–/–n) (英 screw) ねじ，ボルト；(船の) スクリュー

schrauben /シュラオベン/ 動 (英 screw) ねじで取り付ける［取り外す］，(電球などを)ねじ込む［取り外す］

der **Schraubenzieher** /シュラオベンツィーアー/ (–s/–) (英 screwdriver) ねじ回し，ドライバー

der **Schreck** /シュレック/ (–(e)s/–e) (英 fright) 驚き，驚愕，(一時的な) 恐怖

schrecken /シュレッケン/ 動 ① (schreckte; geschreckt) (英 scare) (人を) 驚かす，怖がらせる ② (schreckte, schrak; geschreckt) ((aus et³)) (眠りから) 急にさめる

schrecklich /シュレックリヒ/ 形 (英 terrible) 恐ろしい，怖い；((話))不快な，ひどい；ものすごい

der **Schrei** /シュライ/ (–(e)s/–e) (英 cry) 叫び(声)，泣き声，悲鳴；鳴き声

schreiben /シュライベン/ (schrieb; geschrieben) 動 (英 write) 書く；(新聞が) 報道する；(筆記具の) 書き味が…である；((sich⁴))(…と) 綴る

die **Schreib·kraft** /シュライプクラフト/ (英 stenographer) 速記タイピスト

die **Schreib·maschine** /シュライプマシーネ/ (英 typewriter) タイプライター

der **Schreib·tisch** /シュライプティッシュ/ (英 desk) (事務) 机

die **Schreib·waren** /シュライプヴァーレン/ (英 stationery) 筆記用具

schreien /シュライエン/ (schrie; geschrien) 動 (英 shout) 叫ぶ，(動物が) 鳴く

die **Schrift** /シュリフト/ (–/–en) (英 script) 文字；字体；筆跡；著作，論文

schriftlich /シュリフトリヒ/ 形 (英 written) 文字による，書かれた，文書の

der **Schriftsteller** /シュリフトシュテラー/ (–s/–) (英 writer) 作家

der **Schritt** /シュリット/ (–(e)s/–e) ① (英 step) 歩み，一歩，歩き方 ② 措置，手段 *Schritt für Schritt* 一歩一歩，着々と

der **Schrott** /シュロット/ (–(e)s/–e) (英 scrap) 鉄くず；((話))ごみ

die **Schublade** /シューブラーデ/ (–/–n) (英 drawer) 引き出し

schüchtern /シュヒターン/ 形 (英 shy) 内気な，おずおずとした

der **Schuh** /シュー/ (–(e)s/–e) (英 shoe) 靴 ¶ *ein Paar Schuhe* 靴 1 足

das **Schuh·werk** /シューヴェルク/ (英 shoe) 靴

die **Schul·arbeit** /シュールアルバイト/ (英 homework) 宿題；課業

Schuld ▶

die **Schuld** /シュルト/ 《-/-en》
(英guilt) 責任, 落ち度, 罪; 罪悪感

schulden /シュルデン/ 動
(英owe) 借金をしている

schuldig /シュルディヒ/ 形 ①
(英guilty) 罪のある; 有責[有罪]である ②《*j³ et¹*》(人に…の) 借りがある

die **Schule** /シューレ/ 《-/-n》
(英school) ①学校 ¶ in die Schule [zur Schule] gehen 学校へ行く, 登校する ②学派, 流派

schulen /シューレン/ 動
(英train)(専門職・能力などを)訓練する

der **Schüler** /シューラー/ 《-s/-》
(英pupil) 生徒, 児童

schulfrei /シュールフライ/ 形
(英off school) 休校の

der **Schul·hof** /シュールホーフ/
(英school yard) 校庭

die **Schulter** /シュルター/ 《-/-n》
(英shoulder) 肩

die **Schuppe** /シュッペ/ 《-/-n》
(英scale) うろこ; ふけ

die **Schürze** /シュルツェ/ 《-/-n》
(英apron) エプロン, 前掛け

der **Schuss** /シュス/ 《-es/Schüsse》 ①(英shot) 発砲, 弾丸, 銃創 ②『球技』シュート ③(調味料の) 一振り, 一つまみ

die **Schüssel** /シュッセル/ 《-/-n》
(英bowl) 深皿, 鉢, ボール

der **Schuster** /シュースター/ 《-s/-》 (英shoemaker) 靴職人

schütteln /シュッテルン/ 動
(英shake) 揺する, 振る ¶ *j³* die Hand schütteln (人と) 握手する

schütten /シュッテン/ 動
(英pour) (容器の中身を) ざあっと空ける, 注ぐ

der **Schutz** /シュッツ/ 《-es/-e》
(英protection)《gegen *et¹* [vor *et³*]》(…に対する) 保護, 防御 *j⁴ in Schutz nehmen* (人を) かばう[守る]

der **Schütze** /シュッツェ/ 《-n/-n》
(英marksman) 射手, 狙撃兵; 【スポ】点取り屋; いて座

schützen /シュッツェン/ 動
(英protect)《*j⁴/et⁴* gegen *j⁴/et⁴* [vor *j³/et³*]》(…を…から) 守る, 防ぐ; (法的に) 保護する;《*sich⁴* gegen *j⁴/et⁴* [vor *j³/et³*]》(…から) 身を守る

schwach /シュヴァッハ/ 形
(schwächer; schwächst) (英weak) 弱い, 弱々しい; (味が) 薄い

die **Schwäche** /シュヴェッヒェ/ 《-/-n》 (英weakness) 欠点, 短所; 弱点, 苦手

der **Schwager** /シュヴァーガー/ 《-s/Schwäger》 (英brother-in-low) 義理の兄[弟]

die **Schwägerin** /シュヴェーゲリン/ 《-/-nen》 (英sister-in-low) 義理の姉[妹]

die **Schwalbe** /シュヴァルベ/ 《-/-n》 (英swallow) ツバメ(燕)

der **Schwamm** /シュヴァム/ 《-(e)s/Schwämme》 (英sponge) 海綿; スポンジ

der **Schwan** /シュヴァーン/ 《-(e)s/Schwäne》 (英swan) 白鳥

schwanger /シュヴァンガー/ 形 (英pregnant) 妊娠している

die **Schwangerschaft** /シュヴァンガーシャフト/ 《-/-en》 (英pregnancy) 妊娠

schwanken /シュヴァンケン/ 動 (英sway) 揺れる, ぐらつく, 安定しない;(どちらにするか)迷う

der **Schwanz** /シュヴァンツ/ 《-es/Schwänze》 (英tail)(動物の) 尾

schwänzen /シュヴェンツェン/ 動 (英cut)《話》学校をさぼる

der **Schwarm** /シュヴァルム/ 《-(e)s/Schwärme》 ①(英swarm) (動物・魚の) 群れ, 大勢の人 ② (若者の) 憧れの的, アイドル

schwarz /シュヴァルツ/ 形 (schwärzer; schwärzest)(英black) 黒い *schwarz sehen*《話》悲観的[否定的]な見方をする

schweben /シュヴェーベン/ 動 (英float) 浮かんでいる

schweigen /シュヴァイゲン/ 《schwieg; geschwiegen》 動

(英keep silent) 黙る；((über *et*¹ [zu *et*¹])) (…について) 黙っている

das **Schwein** /シュヴァイン/ (-(e)s /-e) (英pig) 豚；豚肉，ポーク；((話))不潔な[自分勝手な]人

das **Schweine・fleisch** /シュヴァイネフライシュ/ (英pork) 豚肉

der **Schweiß** /シュヴァイス/ (-es /-e) (英sweat) 汗

die **Schweiz** /シュヴァイツ/ (英Switzerland) スイス

der **Schweizer** /シュヴァイツァー/ (-s/-) (英Swiss) スイス人

schweizerisch /シュヴァイツェリシュ/ 形(英Swiss) スイスの

schwer /シュヴェーア/ ❶ 形 ① (英heavy) (目方の) 重い，(…の) 目方[重さ]のある ②(罪・責任などの) 重大な，(程度の) はなはだしい ③(料理が) しつこい，(味・香りなどが) 濃厚な ④(仕事などが) 難しい，つらい，難解な ❷ 副 非常に，ひどく

schwerhörig /シュヴェーアヘーリヒ/ 形(英hard of hearing) 難聴の

das **Schwert** /シュヴェーアト/ (-(e)s/-er) (英sword) 剣，刀 *ein zweischneidiges Schwert* 両刃(りょうば)の剣(つるぎ)

die **Schwester** /シュヴェスター/ (-/-n) (英sister) 姉，妹；修道女，シスター；看護婦[師]

die **Schwieger・eltern** /シュヴィーガーエルターン/ (英parents-in-low) ((複数)) 夫[妻]の両親，舅姑(しゅうとめ)

die **Schwieger・mutter** /シュヴィーガームッター/ (英mother-in-low) 姑(しゅうとめ)，義母

der **Schwieger・sohn** /シュヴィーガーゾーン/ (英son-in-low) 婿

die **Schwieger・tochter** /シュヴィーガートホター/ (英daughter-in-low) 嫁

der **Schwieger・vater** /シュヴィーガーファーター/ (英father-in-low) 舅(しゅうと)，義父

schwierig /シュヴィーリヒ/ 形(英difficult) 難しい，困難な；やっかいな；(人が) 扱いにくい

die **Schwierigkeit** /シュヴィーリヒカイト/ (-/-en) (英difficulty) 困難，難しさ；面倒，難局

das **Schwimm・bad** /シュヴィムバート/ (英swimming baths) プール (施設)

schwimmen /シュヴィメン/ (schwamm; geschwommen) 動 ① (英swim) 泳ぐ，(水面に) 浮く，漂う ② 水浸しである；((in *et*³)) (…に) 浸っている

die **Schwimm・weste** /シュヴィムヴェステ/ (英life jacket) 救命胴衣

der **Schwindel** /シュヴィンデル/ (-s/) ①(英dizziness) めまい ②((話))詐欺，ぺてん

schwind(e)lig /シュヴィンド[デ]リヒ/ 形(英dizzy) めまいのする，目のくらむ

schwitzen /シュヴィッツェン/ 動(英sweat) 汗をかく

schwören /シュヴェーレン/ (schwor; geschworen) 動 (英swear) 宣誓する；(人に) 誓う；((sich³)) 自分に言い聞かせる

schwul /シュヴール/ 形(英gay) ((話))ホモ[同性愛]の

schwül /シュヴュール/ 形 ① (英sultry) 蒸し暑い ② (雰囲気などが) 重苦しい ③官能的な

der **Schwung** /シュヴング/ (-(e)s/Schwünge) ①(英momentum) 勢い，弾み；躍動，活気 ② ((話)) 多数，多量

sechs /ゼクス/ ((基数))(英six) 6

sechseckig /ゼクスエッキヒ/ 形(英hexagonal) 六角形の

sechzehn /ゼヒツェーン/ ((基数))(英sixteen) 16

sechzig /ゼヒツィヒ/ ((基数))(英sixty) 60

der **See** /ゼー/ (-s/-n) (英lake) 湖

die **See** /ゼー/ (-/-n) (英sea) 海

die **Seele** /ゼーレ/ (-/-n) (英soul) 心，精神；魂

Seemann

der **See·mann** /ゼーマン/ (㊧sailor) 水夫, 船乗り

das **Segel** /ゼーゲル/ (-s/-) (㊧sail) 帆

das **Segel·boot** /ゼーゲルボート/ (㊧sailing-boat) 小型帆船

segeln /ゼーゲルン/ 動 (㊧sail) 航海する

segnen /ゼーグネン/ 動 (㊧bless) 祝福する

sehen /ゼーエン/ 動 (sah; gesehen) ①(㊧see) 見る, (…が)見える; (人に)会う ②(…を…と) 判断[評価]する; ((*et*⁴ *in j*³*/et*³)) (…を…であると) 見なす; ((間接疑問文と)) (…かどうか[であるか])見てみる; ((nach *j*³*/et*³)) (…を)世話する

die **Sehenswürdigkeit** /ゼーエンスヴュルディヒカイト/ ((-/-en)) (㊧sight) 名所, 見どころ

sehnen /ゼーネン/ 動 (㊧yearn) ((*sich*⁴ nach *j*³*/et*³)) (…に)あこがれる

die **Sehnsucht** /ゼーンズフト/ ((-/..süchte)) (㊧longing) ((nach *j*³*/et*³)) (…への)あこがれ

sehr /ゼーア/ 副 (mehr; am meisten) (㊧very) 非常に, とても; ひどく

seicht /ザイヒト/ 形 (㊧shallow) 浅い; 浅薄な

die **Seide** /ザイデ/ ((-/-n)) (㊧silk) 絹, シルク

die **Seife** /ザイフェ/ ((-/-n)) (㊧soap) せっけん

das **Seil** /ザイル/ ((-(e)s/-e)) (㊧rope) (じょうぶな) 縄, ロープ

die **Seil·bahn** /ザイルバーン/ (㊧cableway) ロープウェー, ケーブルカー

sein /ザイン/ (war; gewesen) ❶ 動 (㊧be) (…が)である; (ある場所に)ある, いる ❷ ((助動詞)) (場所の移動・状態の変化を表す自動詞の過去分詞と完了形を作る)) …した; ((他動詞の過去分詞と状態受動を作る)) …されている; ((zu 不定詞と受動の可能・義務を表す)) …されうる, …されねばならない ¶ Mein Kind ist verschwunden. 私の子供がいなくなってしまいました /Ist das Museum sonntags geöffnet? 美術館は日曜日は開いていますか ❸ ((所有代名詞:男性1格, 中性1[4]格)) ((女性・複数1[4]格 seine, 男性・中性3格 seinem, 男性4格・複数3格 seinen, 女性2[3]格・複数2格 seiner, 男性・中性2格 seines)) (㊧his, its) 彼の; それの, その

seinerseits /ザイナーザイツ/ 副 (㊧for his part) 彼の方で

seit /ザイト/ ❶ 前 (3格支配; 過去のある時点から現在までの継続を表す) (㊧since) …以来, …から今までずっと, …の間ずっと ❷ 接 ((従属)) …して以来, …から

seitdem /ザイトデーム/ ❶ 副 (㊧since then) それ以来[以降] ❷ 接 ((従属)) …して以来, …から

die **Seite** /ザイテ/ ((-/-n)) (㊧side) ①面, (事柄・性格などの)側面; (政党・団体内の)派; サイド ②(本・新聞の)ページ, 紙面 *auf der einen Seite..., auf der anderen Seite...* 一方では…, 他方では…

seither /ザイトヘーア/ 副 (㊧since then) それ以来

der **Sekretär** /ゼクレテーア/ ((-s/-e)) (*die* **Sekretärin**) (㊧secretary) 秘書, 書記; (官庁の)書記官, 事務官; (党・組合の)書記長

die **Sekunde** /ゼクンデ/ ((-/-n)) ①(㊧second) (時間単位としての)秒; ((話)) ちょっとの間 ¶ Eine Sekunde bitte! ちょっと待って ②(角度・経緯度の)秒 *auf die Sekunde genau* 時間きっかりに

selber /ゼルバー/ 副 (㊧oneself) ((話)) 自分で, それ自体

selbst /ゼルプスト/ 副 ①(㊧oneself) 自分で, それ自体 ②((語句の直前で)) …さえも

die **Selbstbedienung** /ゼルプストベディーヌング/ ((-/)) (㊧self-service) セルフサービス

selbstbewusst /ゼルプストベヴスト/ 形 (英self-confident) 自覚した, 自己を知っている

der **Selbst・mord** /ゼルプストモルト/ (英suicide) 自殺

selbstständig /ゼルプストシュテンディヒ/ 形 (英independent) 自営の, 自主的な, 自立した；独立した sich⁴ **selbstständig machen** 独立 [一本立ち] する

selbstverständlich /ゼルプストフェアシュテントリヒ/ ❶ 形 (英natural) 自明の, 当然の, わかりきった ❷ 副 (英of course) もちろん, 当然, 言うまでもなく

das **Selbst・vertrauen** /ゼルプストフェアトラオエン/ (英self-confidence) 自信

selten /ゼルテン/ ❶ 形 (英rare) まれな, めったにない；珍しい ❷ 副 (英seldom) めったに…ない

seltsam /ゼルトザーム/ 形 (英strange) 奇妙な, 不思議な

das **Semester** /ゼメスター/ (–s/–) (英semester) (大学の) 学期

die **Semmel** /ゼメル/ (–/–n) (英roll) ((ドッ南部・オーストリア)) ゼンメル (小型で丸い白パン)

senden /ゼンデン/ 動 ① (sendete; gesendet) (英broadcast) 放送する, 送信する ② (sandte, sendete; gesandt, gesendet) (英send) (…に…を) 送る；派遣する

die **Sendung** /ゼンドゥング/ (–/–en) ① (英program) 番組 ② 発送, 送付；送付物

der **Senf** /ゼンフ/ (–(e)s/–e) (英mustard) マスタード；カラシ

senken /ゼンケン/ 動 (英sink) 下ろす, 下げる, 低下 [減少] させる；((sich⁴)) 下がる, 下り坂になる

senkrecht /ゼンクレヒト/ 形 (英vertical) 垂直な

der **September** /ゼプテンバー/ (–(s)/–) (英September) 9月

die **Serie** /ゼーリエ/ (–/–n) (英series) 一続き, 連続；(本・小説などの) 続き物, シリーズ

servieren /ゼルヴィーレン/ 動 (英serve) (飲食物を) 出す；給仕する；(スポーツ) サーブする

die **Serviette** /ゼルヴィエッテ/ (–/–n) (英napkin) ナプキン

der **Sessel** /ゼッセル/ (–s/–) (英armchair) 安楽いす, ひじ掛けいす

der **Sessel・lift** /ゼッセルリフト/ (英chairlift) チェアーリフト

setzen /ゼッツェン/ 動 (英set) ① ((sich⁴)) 腰かける, 座る ② (…を…に [へ]) 置く, のせる, あてがう ③ (…を…の状況 [状態] に) する ④ 設定する ⑤ ((er⁴ an er⁴)) (金・労力・時間などを…に) 投入する, 費やす；((er⁴ auf j⁴/er⁴)) (金を…に) 賭(か)ける, (期待を人に) かける

seufzen /ゾイフツェン/ 動 (英sigh) ため息をつく

sexuell /ゼクスエル/ 形 (英sexual) 性的な

sich /ズィヒ/ ((再帰代名詞)) (性・数の区別なく 3 人称および敬称 2 人称の 3・4 格を示す) (英oneself) 自分に [を]；((相互代名詞として)) お互いに [を]

sicher /ズィヒャー/ 形 (英safe) 安全な, 危険のない；確かな, 確実な **Sicher ist sicher.** 念には念を

die **Sicherheit** /ズィヒャーハイト/ (–/–en) (英safety) 安全, 無事；確実性 ¶ mit Sicherheit 確かに, 確信をもって

der **Sicherheits・gurt** /ズィヒャーハイツグルト/ (英seat belt) シートベルト

sicherlich /ズィヒャーリヒ/ 形 (英certainly) 確実に, きっと

sichern /ズィヒャーン/ 動 (英secure) 安全にする, 守る；【コンピュ】 (データなどを) 保存する；((sich³ [j³] et⁴)) ((人に) …を) 確保する, 確実にする

die **Sicherung** /ズィヒェルング/ (–/–en) (英fuse) (電気の) ヒューズ；確保, 保証；【コンピュ】 (データの) 保存

Sicht

die **Sicht** /ズィヒト/ 《-/》(英 sight) 視界, 視野；見地

sichtbar /ズィヒトバール/ 形 (英 visible) 見ることができる, 可視の；明らかな, 顕著な

sie /ズィー/ 《人称代名詞: 3人称女性単数1・4格》《2格 ihrer, 3格 ihr》① (英 she, it) 彼女, (女性名詞を受けて) それ ② (複数名詞を受けて) 彼(女)ら, それら

Sie /ズィー/ 《人称代名詞: 2人称1・4格》《2格 Ihrer, 3格 Ihnen》(英 you) あなた(がた)

das **Sieb** /ズィープ/ 《-(e)s/-e》(英 sieve) ふるい, こし器

sieben /ズィーベン/ ❶《基数》(英 seven) 7 ❷ 動 ふるいにかける, こす

siebenhundert /ズィーベンフンデルト/ 《基数》(英 seven hundred) 700

siebzehn /ズィープツェーン/ 《基数》(英 seventeen) 17

siebzig /ズィープツィヒ/ 《基数》(英 seventy) 70

die **Siedlung** /ズィードルング/ 《-/-en》(英 estate) (都市近郊の小さな庭つきの)住宅地, 団地

der **Sieg** /ズィーク/ 《-(e)s/-e》(英 victory) 勝利

das **Siegel** /ズィーゲル/ 《-s/-》(英 seal) 封印, 印章

siegen /ズィーゲン/ 動 (英 win) 勝つ, 勝利する

der **Sieger** /ズィーガー/ 《-s/-》(英 winner) 勝者

das **Signal** /ズィグナール/ 《-s/-e》(英 signal) 合図；信号機

die **Silbe** /ズィルベ/ 《-/-n》(英 syllable) 音節

das **Silber** /ズィルバー/ 《-s/》(英 silver) 銀；銀食器, 銀メダル

silbern /ズィルバーン/ 形 (英 silver) 銀の, 銀色の

das (der) **Silvester** /ズィルヴェスター/ 《-s/-》(英 New Year's Eve) 大晦日

singen /ズィンゲン/ 《sang; gesungen》 動 (英 sing) 歌う；(鳥が)さえずる

sinken /ズィンケン/ 《sank; gesunken》 動 (英 sink) 沈む, 降下する；低下[減少]する

der **Sinn** /ズィン/ 《-(e)s/-e》① (英 sense) 感覚, 知覚；《für et⁴》(…に対する)感性, 理解力, センス ② 意味；意義, 目的 *der sechste Sinn* 第六感

sinnlich /ズィンリヒ/ 形 (英 sensual) 感覚的な；官能的な, セクシーな

sinnlos /ズィンロース/ 形 (英 senseless) 無意味な, むだな

sinnvoll /ズィンフォル/ 形 (英 sensible) 意味のある, 有意義な, 役に立つ

die **Sitte** /ズィッテ/ 《-/-n》(英 custom) 慣習, 風習；礼儀作法

die **Situation** /ズィトゥアツィオーン/ 《-/-en》(英 situation) 状況

der **Sitz** /ズィッツ/ 《-es/-e》(英 seat) 座席；議席；所在地

sitzen /ズィッツェン/ 《saß; gesessen》 動 ① (英 sit) (…に)座っている, 腰かけている ② (議会・委員会などの)メンバーである；《話》刑務所に入っている ③ ついている, 取り付けてある；(衣服が)体に合っている ④ (感情が)とりつく；《話》(技術が)身につく

der **Sitz·platz** /ズィッツプラッツ/ (英 seat) 座席

die **Sitzung** /ズィッツング/ 《-/-en》(英 meeting) 会議, 集会

der **Skandal** /スカンダール/ 《-s/-e》(英 scandal) スキャンダル

das **Skelett** /スケレット/ 《-(e)s/-e》(英 skeleton) 骸骨

der **Ski** /シー/ 《-s/-er》(英 ski) スキー ¶ Ski laufen [fahren] スキーをする

der **Ski·läufer** /シーロイファー/ (英 skier) スキーヤー

die **Skizze** /スキッツェ/ 《-/-n》(英 sketch) スケッチ, 素描

der **Skorpion** /スコルピオーン/ 《-s/-e》(英 scorpion) サソリ (蠍)；

さそり座

der **Slip** /スリップ/ 《-s/-s》(英briefs) パンティー；ブリーフ

die **Slowakei** /スロヴァカイ/ (英Slovakia) スロバキア

der **Smaragd** /スマラクト/ 《-(e)s/-e》(英emerald) エメラルド

der **Smog** /スモック/ 《-(s)/-s》(英smog) スモッグ

der **Smoking** /スモーキング/ 《-s/-s》(英dinner jacket) タキシード

so /ゾー/ **❶** 副 ① (英thus) 《様態・方法》その[この]ように ② 《程度》それ[これ]ほど；とても；《so ..., dass ... [+zu 不定詞句]》…なほど… ③ (so ein, so etwas, so jemand の形で) 《話》そんな[こんな] (もの, 人), そう[こう]いうたぐいの(もの) ④ 《数詞と》およそ, だいたい ⑤ 《話》《表現をぼかして》まあ；《命令文で》さあ；《先行する発言を受けて》そうかい；《論理的帰結》それで **❷** 接 《従属》① いかに…だけれども ② (so..., so...の形で) …なだけに… ③ …であるかぎり, できるだけ **...oder so** 《話》…とか何とか **so genannt** いわゆる, 世間で言うところの

sobald /ゾバルト/ 接 (英as soon as) …したらすぐに

die **Socke** /ゾッケ/ 《-/-n》(英sock) 靴下

sodass /ゾーダス/ 接 (英so that) その結果, そのため

das **Sofa** /ゾーファ/ 《-s/-s》(英sofa) ソファー

sofort /ゾフォルト/ 副 (英at once) すぐに, 直ちに

sogar /ゾガール/ 副 (英even) …さえも, …すら；しかも

die **Sohle** /ゾーレ/ 《-/-n》(英sole) 足の裏；靴底；（靴の）中敷き

der **Sohn** /ゾーン/ 《-(e)s/Söhne》(英son) 息子

solang(e) /ゾラング[ゲ]/ 接 (英as long as) …の[する]間じゅう；…である限り

solch /ゾルヒ/ 《指示代名詞》《男性1格 solcher, 女性・複数1格 solche, 中性1格 solches》(英such) そんな, こんな, あんな

der **Soldat** /ゾルダート/ 《-en/-en》(英soldier) 兵士, 兵隊；軍人

solide /ゾリーデ/ 形 (英solid) がっしりした, 信頼のおける

sollen /ゾレン/ 《ich [er] soll, du sollst；過去 sollte；過去分詞 gesollt》**❶** 《話法の助動詞；過去分詞は sollen》① (英shall, should) …すべきである；《禁止；否定詞と》…してはならない；《第三者の意志・要求》…するように言われている；《話し手の意志・要求》…したまえ ② 《疑問文で相手の意志を尋ねて》…しましょうか, …したらよいでしょうか ③ 《疑問文で不審・疑惑を示して》…なのか ¶ Was soll das heißen? それはどういうことなのだろうか ④ 《第3者の主張・うわさ》…だそうである, …ということだ ⑤ 《予定》…することになる ⑥ 《接続法Ⅱ sollte の形で》《仮定》万一…するようなことがあれば；《忠告・願望》…であるべきなのだが, …ならよいのだが；《疑問文で》本当に…だろうか **❷** 《本動詞的；過去分詞は gesollt》（人は…へ）行くべきである, （物は…へ）持って[運んで]行くべきである

der **Sommer** /ゾマー/ 《-s/-》(英summer) 夏

sommerlich /ゾマーリヒ/ 形 (英summery) 夏らしい, 夏の

die **Sommer·ferien** /ゾマーフェーリエン/ (英summer holidays) 《複数》（学校の）夏休み

die **Sommersprosse** /ゾマーシュプロッセ/ 《-/-n》(英freckle) そばかす

das **Sonder·angebot** /ゾンダーアンゲボート/ (英special offer) 安売り, 特価品

sonderbar /ゾンダーバール/ 形 (英strange) 奇妙な, 変な

sondern /ゾンダーン/ 接 (英but) 《並列；先行の nicht, kein と呼応して》…でなくて…, むしろ…

Sonnabend ▶

der **Sonn·abend** /ゾンアーベント/ (英Saturday) ((北部・中部)) 土曜日

sonnabends /ゾンアーベンツ/ 副(英on Saturday) 土曜日に

die **Sonne** /ゾネ/ 《-/-n》(英sun) 太陽；日光

der **Sonnen·aufgang** /ゾネンアオフガング/ (英sunrise) 夜明け, 日の出

der **Sonnen·brand** /ゾネンブラント/ (英sunburn) 日焼け

der **Sonnen·brille** /ゾネンブリレ/ (英sunglasses) サングラス

der **Sonnenschein** /ゾネンシャイン/ 《-(e)s/》(英sunshine) 日光

der **Sonnen·schirm** /ゾネンシルム/ (英sunshade) 日傘

der **Sonnenstich** /ゾネンシュティヒ/ 《-(e)s/》(英sunstroke) 日射病

der **Sonnen·untergang** /ゾネンウンターガング/ (英sunset) 日没

sonnig /ゾニヒ/ 形(英sunny) ひなたの, 晴れた；陽気な

der **Sonntag** /ゾンターク/ 《-(e)s/-e》(英Sunday) 日曜日

sonntags /ゾンタークス/ 副 (英on Sunday) 日曜日に

sonst /ゾンスト/ 副 ①(英besides) そのほかに, それ以外に, さらに ②いつもは, ふだんは ③さもないと, そうでなければ *Sonst noch (et)was?* (店員が)ほかに何かご入り用のものは

sooft /ゾオフト/ 接 (英whenever) …(する)たびごとに, …(する)ときはいつも

die **Sorge** /ゾルゲ/ 《-/-n》(英worry) 心配；世話 *Keine Sorge!* 心配いらないよ

sorgen /ゾルゲン/ ①動(英care for) 《für *j*⁴/*et*⁴》(人の)世話をする；(…を)調達する ②《*sich*⁴ (um *j*⁴/*et*⁴)》(…のことを)心配する

sorgfältig /ゾルクフェルティヒ/ 形(英careful) 入念な, 綿密な

die **Sorte** /ゾルテ/ 《-/-n》(英sort) (商品・植物などの)種類；品種

die **Soße** /ゾーセ/ 《-/-n》(英sauce) ソース

soviel /ゾフィール/ 接(英as far as) …(する)限りでは ¶ soviel ich weiß, … 私の知る限りでは…

soweit /ゾヴァイト/ 接(英as far as) …(する)限りでは

sowenig /ゾヴェーニヒ/ 接 (英however little) ほんのわずかしか…しないにもかかわらず

sowie /ゾヴィー/ 接(英as well as) …とさらに…, および；…したらすぐに

sowieso /ゾヴィゾー/ 副 (英anyway) どっちみち, どうせ

sowohl /ゾヴォール/ 接 (英as well as) *sowohl A als* (*auch*) *B = sowohl A wie* (*auch*) *B* AもBも

sozial /ゾツィアール/ 形 (英social) 社会の, 社会的な

der **Sozial·arbeiter** /ゾツィアールアルバイター/ (英social worker) ソーシャルワーカー

sozialistisch /ゾツィアリスティシュ/ 形(英socialistic) 社会主義の, 社会主義的な

die **Spalte** /シュパルテ/ 《-/-n》① (英crack) 裂け目, 亀裂 ②(新聞・本の)段

(das) **Spanien** /シュパーニエン/ (英Spain) スペイン

der **Spanier** /シュパーニア/ 《-s/-》(英Spanish) スペイン人

spanisch /シュパーニシュ/ 形 (英Spanish) スペイン(人, 語)の

spannen /シュパネン/ 動 (英stretch) ぴんと張る；《*et*⁴ in *et*⁴》(…を…に) 挟み込む；(衣服が)きつい；《*sich*⁴》(糸などが)ぴんと張られている

spannend /シュパネント/ 形 (英exciting) はらはらさせる

die **Spannung** /シュパヌング/ 《-/-en》①(英tension) 緊張, 期待；緊張[敵対]状態 ②電圧

sparen /シュパーレン/ 動 ①

(㉘save) ((*et*⁴ auf [für] *et*⁴)) (…のために) 貯金する; ((*et*⁴ [an *et*³ / mit *et*³])) (…を) 節約 [倹約] する ② ((*j*³ *et*⁴)) (人に…を) させずにすます

sparsam /シュパールザーム/ 形 (㉘economical) 倹約的な

der **Spaß** /シュパース/ (–es/Späße) ① (㉘joke) 冗談, ふざけ ¶ Spaß machen 冗談を言う, ふざける ② 楽しみ; 気晴らし *Viel Spaß!* 楽しんできてね *zum Spaß* 冗談に; 楽しみで

spät /シュペート/ 形 (㉘late) (時刻・時期の) 遅い; 末期の ¶ zu spät kommen 遅刻する *Wie spät ist es?* 何時ですか

der **Spaten** /シュパーテン/ (–s/) (㉘spade) シャベル

später /シュペーター/ ❶ 形 (㉘later) 後(ご)の ❷ 副 後で *Bis später!* (話) またあとで

spätestens /シュペーテステンス/ 副 (㉘at the latest) 遅くとも

der **Spatz** /シュパッツ/ (–en (–es)/–en) (*die* Spätzin) (㉘sparrow) スズメ (雀)

spazieren /シュパツィーレン/ 動 (㉘stroll) (あてもなく) ぶらつく *spazieren gehen* 散歩する, 散歩に行く

der **Spazier·gang** /シュパツィーアガング/ (㉘walk) 散歩, 散策

der **Speck** /シュペック/ (–(e)s/(–e)) (㉘bacon) ベーコン; 脂肪

der **Speicher** /シュパイヒャー/ (–s/–) (㉘storehouse) 倉庫, 納屋; 屋根裏 (部屋); 〖コンピュータ〗メモリー

speichern /シュパイヒャーン/ 動 (㉘store) (倉庫などに) 貯蔵 [保管] する; (データを) 保存する

die **Speise** /シュパイゼ/ (–/–n) (㉘food) 料理

die **Speise·karte** /シュパイゼカルテ/ (㉘menu) メニュー ¶ Haben Sie eine Speisekarte? メニューはありますか

die **Spende** /シュペンデ/ (–/–n) (㉘donation) 寄付

spenden /シュペンデン/ 動 (㉘donate) 寄付する

der **Sperling** /シュペルリング/ (–s/–e) (㉘sparrow) スズメ (雀)

sperren /シュペレン/ 動 (㉘close, block) 封鎖する; (電気などを) 止める, 凍結する; 〖スポーツ〗出場停止処分にする; (…を…に) 閉じ込める; ((*sich*⁴ gegen *et*⁴)) (…に) 逆らう

speziell /シュペツィエル/ 形 (㉘special) 特別な, 特殊な

der **Spiegel** /シュピーゲル/ (–s/–) (㉘mirror) 鏡

spiegeln /シュピーゲルン/ 動 (㉘reflect) 反映する

das **Spiel** /シュピール/ (–(e)s/–e) (㉘play) 遊び, ゲーム, ギャンブル; 試合; プレー, 演技, 演奏

spielen /シュピーレン/ 動 ① (㉘play) 遊ぶ; (ゲーム・ギャンブルを) する ② (試合を) する; プレーする ③ 演奏する, (CDを) かける; 演技する, (役を) 演じる; 上演する ④ (…が) 舞台になっている ⑤ ((mit *j*³/*et*³)) (…を) もてあそぶ

der **Spieler** /シュピーラー/ (–s/–) (㉘player) 選手, プレーヤー

der **Spiel·halle** /シュピールハレ/ (㉘amusement arcade) ゲームセンター

der **Spiel·platz** /シュピールプラッツ/ (㉘playground) (子供の) 遊び場; (遊具のある) 公園

das **Spielzeug** /シュピールツォイク/ (–(e)s/–e) (㉘toy) おもちゃ

der **Spinat** /シュピナート/ (–(e)s/) (㉘spinach) ホウレンソウ

die **Spinne** /シュピネ/ (–/–n) (㉘spider) クモ (蜘蛛)

spinnen /シュピネン/ (spann; gesponnen) 動 (㉘spin) (糸を) 紡ぐ; (クモ・カイコが) 糸を出す, (糸を出して) 巣を作る

der **Spion** /シュピオーン/ (–s/–e) (㉘spy) スパイ

spitz /シュピッツ/ 形 (㉘pointed) 先のとがった, 鋭い; 辛辣(しんらつ)な

die **Spitze** /シュピッツェ/ (–/–n)

Spitzname ▶

(英top) 先端；頂上，頂点；先頭，首位，首脳部；最高値，ピーク

der Spitz·name /シュピッツナーメ/ (英nickname) ニックネーム，あだ名

der Splitter /シュプリッター/ (-s/-) (英splinter) 破片，とげ

der Sport /シュポルト/ (-(e)s/) (英sport) スポーツ，運動；体育

der Sportler /シュポルトラー/ (-s/-) (英sportsman) スポーツマン，スポーツ選手

sportlich /シュポルトリヒ/ 形 (英sporty) スポーツの；スポーツマンらしい；スポーティーな

der Sport·wagen /シュポルトヴァーゲン/ (英sports car) スポーツカー

spotten /シュポッテン/ 動 (英mock) ((über j⁴/et⁴))(…を)からかう，ばかにする

die Sprache /シュプラーヘ/ (-/-n) (英language) 言語，言葉；話し方

sprechen /シュプレッヒェン/ (er spricht; sprach; gesprochen) 動 ① (英speak) 話をする；(言語を)話す；((über j⁴/et⁴ [von j³/et³]))(…について)演説[言及]する；(…を)話題にする，話し合う ¶ Bitte sprechen Sie etwas langsamer. もう少しゆっくり言ってください ②意見[見解]を述べる；(判決を)宣告する ③((für [gegen] j⁴/et⁴))(…に)賛成[反対]する

der Sprecher /シュプレッヒャー/ (-s/-) (英speaker) 話し手；アナウンサー；スポークスマン

die Sprech·stunde /シュプレヒシュトゥンデ/ (英consultation hours) (医者の)診療時間

der Spreng·stoff /シュプレングシュトフ/ (英explosive) 爆発物，爆薬

das Sprichwort /シュプリヒヴォルト/ (-(e)s/..wörter) (英proverb) ことわざ，格言

springen /シュプリンゲン/ (sprang; gesprungen) 動 ①

(英jump) 跳ぶ，ジャンプする；(物が)バウンドする ②(((von et³) auf et⁴)) ((…から)…へ急に)状況[位置]が変わる ③ひびが入る，割れる

die Spritze /シュプリッツェ/ (-/-n) (英injection) 注射器；消防ポンプ，噴霧器

spritzen /シュプリッツェン/ 動 (英splash) 水をまく；(植物に殺虫剤などを)散布する；(水・油などが)はねる，飛び散る

der Spruch /シュプルフ/ (-(e)s/Sprüche) (英motto) 格言，金言；判決

der Sprudel /シュプルーデル/ (-s/-) (英sparkling mineral water) (炭酸入り)ミネラルウォーター

sprühen /シュプリューエン/ 動 (英spray) (塗料などを)吹きつける，噴霧する；(しぶき・火花などが)飛び散る

der Sprung /シュプルング/ (-(e)s/Sprünge) ① (英jump) 跳躍，ジャンプ；進歩 ②ひび割れ

spucken /シュプッケン/ 動 (英spit) (唾)(唾を)吐く；嘔吐する；(エンジンが)ノッキングする

das Spül·becken /シュピュールベッケン/ (英sink) (キッチンの)シンク，流し

spülen /シュピューレン/ 動 (英wash up) (食器を)洗う；(口を)すすぐ；(トイレの)水を流す

die Spur /シュプーア/ (-/-en) (英trace) ①足跡，車のわだち，(スキーの)シュプール；(事件解決の)手がかり，痕跡(こんせき)；後遺症，名残 ②(道路の)車線；(録音テープなどの)トラック ③微量 ¶ eine Spur Zucker 砂糖少々

spüren /シュピューレン/ 動 (英feel) 感じる，(感覚で)気づく

der Staat /シュタート/ (-(e)s/-en) (英state) 国家，国；(連邦国家の)州

staatlich /シュタートリヒ/ 形

(㊨state) 国の, 国有の, 国立の

die **Staatsangehörigkeit** /シュターツアンゲヘーリヒカイト/ (–/–en) (㊨nationality) 国籍

der **Stab** /シュターブ/ (–(e)s/Stäbe) (㊨stick) 棒, 杖

stabil /シュタビール/ 形 (㊨sturdy) 頑丈な, 安定した

der **Stachel** /シュタッヘル/ (–s/–n) (㊨thorn) (植物の)とげ, (動物の)針

die **Stachel·beere** /シュタッヘルベーレ/ (㊨gooseberry) スグリの実

das **Stadion** /シュターディオン/ (–s/Stadien) (㊨stadium) 競技場, スタジアム

das **Stadium** /シュターディウム/ (–s/Stadien) (㊨stage) (発展の)段階, 時期

die **Stadt** /シュタット/ (–/Städte) (㊨town, city) 都市, 町, 市当局

städtisch /シュテーティシュ/ 形 (㊨municipal) 市[町]の, 市立[町立]の; 都会的な

die **Stadtmitte** /シュタットミッテ/ (–/) (㊨town center) 市の中心部

der **Stadt·plan** /シュタットプラーン/ (㊨street map) 市街地図

der **Stahl** /シュタール/ (–(e)s/) (㊨steel) 鋼, 鋼鉄

der **Stamm** /シュタム/ (–(e)s/Stämme) ①(㊨trunk) 幹 ②種族; 中心メンバー, 常連 ③語幹

stammen /シュタメン/ 動 (㊨come) ((aus *et*³))(…の)出身である; ((aus *et*³ / von *j*³))(…に)由来する, (…の)作である

der **Stand** /シュタント/ (–(e)s/Stände) (㊨state) ①状況, 状態 ②売店, ブース (タクシーなどの)乗り場 ③(計器の)目盛り位置 ④(社会的)身分, 階級

ständig /シュテンディヒ/ 形 (㊨constant) 絶え間ない, ひっきりなしの; 常設[常任]の

der **Stand·punkt** /シュタントプンクト/ (㊨point of view) 観点, 立場

die **Stange** /シュタンゲ/ (–/–n) (㊨pole) 棒, さお

der **Star** /シュタール/ ①(㊨star) スター, 花形 ②(–s/–e) ムクドリ ③(–(e)s) [医学]そこひ

stark /シュタルク/ 形 (stärker; stärkst) (㊨strong) ①強い, 強力な;(意志が)強固な ②(性能が)高い; 得意な;(成分の)濃い, きつい; 太い, 厚い ③激しい; 多数の ④すごい; かっこいい

die **Stärke** /シュテルケ/ (–/–n) ①(㊨strength) 強さ, 力強さ;(地震などの)大きさ; 太み ②長所, 強み; 得意 ③でんぷん

starrsinnig /シュタルズィニヒ/ 形 (㊨pig-headed) 頑固な

der **Start** /シュタルト/ (–s/–s) (㊨start) スタート; 離陸, 発射

die **Start·bahn** /シュタルトバーン/ (㊨runway) 滑走路

starten /シュタルテン/ 動 (㊨start) スタートする, 始める; 離陸[発射・始動]する

die **Station** /シュタツィオーン/ (–/–en) ①(㊨station) 駅, 停留所 ②(病院の)科, 病棟; 観測所 ③(発展の)段階

statt /シュタット/ ❶ 前 ((2格支配))(㊨instead of) …の代わりに ❷ 接 ((+ zu 不定詞句または dass 文)) …する代わりに

stattdessen /シュタットデッセン/ 副 (㊨instead) その代わりに

statt|finden /シュタットフィンデン/ 動 (㊨take place) (行事などが)催される, 行われる

der **Stau** /シュタオ/ (–(e)s/–s, –e) (㊨traffic jam) 交通渋滞; よどみ

der **Staub** /シュタオブ/ (–(e)s/) (㊨dust) ちり, ほこり

der **Staubsauger** /シュタオブザオガー/ (–s/–) (㊨vacuum cleaner) 掃除機

staunen /シュタオネン/ 動 (㊨be amazed) 驚く; 感嘆する

das **Steak** /シュテーク/ (–s/–s)

stechen ➤ 1002

(英steak) ステーキ

stechen /シュテッヒェン/ ⟪stach; gestochen⟫ 動 (英stick) ①⟪⟪(*et*⁴) in *et*³⟫⟫(…を …に)(突き)刺す ②(蚊・蜂などが)刺す;(とげなどが)ちくちくする

die **Steck·dose** /シュテックドーゼ/ (英socket) コンセント

stecken /シュテッケン/ 動 ① (英 put, stick)(…を…に)突っ込む, 差し込む ②⟪話⟫⟪⟪(*et*⁴ in *et*⁴)⟫⟫(金などを…に)つぎ込む ③ ⟪話⟫(場所・状態に)いる, ある; ⟪⟪(in *j*³/*et*³)⟫⟫⟪話⟫(才能が人に)ある **hinter *et*³ stecken** ⟪話⟫(…の)裏に潜んでいる

der **Stecker** /シュテッカー/ ⟨-s/-⟩ (英plug) プラグ

die **Steck·nadel** /シュテックナーデル/ (英pin) 留め針, ピン

stehen /シュテーエン/ ⟪stand; gestanden⟫ 動 (英stand) ①立っている;(星などが)出ている ②(機械などが)動かない, 止まっている ③(新聞などに)書いてある;⟪⟪(auf *et*⁴)⟫⟫(計器などが…を)指している ④(es steht)(状況・状態が…)である;⟪⟪(vor *et*³)⟫⟫(困難・危機的状況に)直面している;⟪⟪(unter *et*³)⟫⟫(特定の状況・状態に)ある ¶ **Wie steht's?** ⟪話⟫調子はどうだい ⑤(*j*³)(人に)似合う ⑥⟪⟪(zu *j*³)⟫⟫(物事が人)支持している;⟪⟪(für *et*⁴)⟫⟫(…を)代表する;⟪⟪(auf *j*⁴/*et*⁴)⟫⟫⟪話⟫(…が)大好きである

stehlen /シュテーレン/ ⟪stahl; gestohlen⟫ 動 (英steal)⟪⟪(*j*³ *et*⁴)⟫⟫(人の…を)盗む[奪う・妨げる]

steif /シュタイフ/ 形 (英stiff) 硬直した, こわばった;(物体が)堅い;堅苦しい

steigen /シュタイゲン/ ⟪stieg; gestiegen⟫ 動 (英climb)(…に)登る, 乗る;上昇する;(数値・程度などが)増大する

steigern /シュタイガーン/ 動 (英 increase) 高める, 増大させる;(*sich*⁴) 高まる, 増大する

steil /シュタイル/ 形 (英 steep)(傾斜・勾配が) 急な, 切り立った

der **Stein** /シュタイン/ ⟨-(e)s/-e⟩ (英stone) 石;石材, れんが;種;(ゲームの) 駒 ***Stein und Bein schwören*** ⟪話⟫固く誓う

der **Stein·bock** /シュタインボック/ (英ibex) アイベックス;〔天文〕やぎ座

die **Stelle** /シュテレ/ ⟨-/-n⟩ (英place) ①場所, 箇所 ②順位, 位置;〔数学〕桁(けた) ③職, 勤め口 **an *j*² Stelle**(人の)立場ならば

stellen /シュテレン/ 動 ① (英 put)(…を…に)立てて置く, 据える ②(器機などを)セットする;⟪⟪(*et*⁴ auf…)⟫⟫(時計を…時に)合わせる ③⟪⟪(*j*³) *j*⁴/*et*⁴)⟫⟫(人に)…を提供する ④(*sich*⁴)(…に)立つ;⟪⟪(*sich*⁴ hinter *j*⁴)⟫⟫(人を)弁護する ⑤⟪⟪(*sich*⁴ *j*³/*et*³)⟫⟫(警察に)出頭する;(…を)受けて立つ ⑥ ⟪⟪(*sich*⁴)⟫⟫(…の)ふりをする

die **Stellung** /シュテルング/ ⟨-/-en⟩ (英position) 姿勢, ポーズ;位置;職, ポスト;立場, 態度

der **Stell·vertreter** /シュテルフェアトレーター/ (英deputy) 代理人

der **Stempel** /シュテンペル/ ⟨-s/-⟩ ①(英 stamp) スタンプ, 判;印, 消印 ②めしべ

stempeln /シュテンペルン/ 動 (英stamp) 判[スタンプ]を押す

sterben /シュテルベン/ ⟨er stirbt; starb; gestorben⟩ 動 (英die)⟪⟪(an *et*³)⟫⟫(病気などで)死ぬ;⟪⟪(vor *et*³)⟫⟫⟪話⟫(…のあまり)死にそうだ

die **Stereo·anlage** /シュテーレオアンラーゲ/ (英stereo system) オーディオ機器

der **Stern** /シュテルン/ ⟨-(e)s/-e⟩ (英star) 星;(ホテルの)星

die **Sternwarte** /シュテルンヴァルテ/ ⟨-/-n⟩ (英observatory)(天文・天気などの)観測所

das **Steuer** /シュトイアー/ ⟨-s/-⟩ (英steering wheel)(乗り物の)ハンドル;かじ;操縦桿(かん)

die **Steuer** /シュトイアー/ 《–/–n》 (英tax) 税金

die **Steuer・erklärung** /シュトイアーエアクレールング/ (英tax return) 納税申告

steuerfrei /シュトイアーフライ/ 形(英tax-free) 免税［非課税］の

steuern /シュトイアーン/ 動 (英steer) 操縦［運転］する，制御［コントロール］する；(世論・価格などを) 操る，誘導する

steuerpflichtig /シュトイアープフリヒティヒ/ 形(英taxable) 課税対象の

die **Stewardess** /ステュアデス/ 《–/–en》(英stewardess) スチュワーデス

der **Stich** /シュティヒ/ 《–(e)s/–e》(英prick) ①刺し傷；刺すような［鋭い］痛み ②(他の色に混った) 淡い色合い

sticken /シュティッケン/ 動(英do embroidery) 刺しゅうする

der **Stiefel** /シュティーフェル/ 《–s/–》(英boots) 長靴，ブーツ

das **Stief・kind** /シュティーフキント/ (英stepchild) 継子

die **Stief・mutter** /シュティーフムッター/ (英stepmother) 継母，養母

das **Stiefmütterchen** /シュティーフミュッターヒェン/ 《–s/–》(英pansy) パンジー

der **Stief・vater** /シュティーフファーター/ (英stepfather) 継父，養父

der **Stiel** /シュティール/ 《–(e)s/–e》(英handle) (工具・鍋などの) 柄；(植物の) 茎

der **Stier** /シュティーア/ 《–(e)s/–e》(英bull) 牡牛；おうし座

der **Stift** /シュティフト/ 《–(e)s/–e》(英pencil) 鉛筆，筆記具；ピン

die **Stiftung** /シュティフトゥング/ 《–/–en》(英foundation) 財団，基金；創立，設立

der **Stil** /シュティール/ 《–(e)s/–e》(英style) (文章・話し方などの) スタイル；(芸術の) 様式

still /シュティール/ 形(英still) 静かな，音のしない，おとなしい；静止した，じっとした；無言の，人知れぬ *im Stillen* ひそかに

stillen /シュティレン/ 動 (英breastfeed) 授乳する；(欲求を) 満たす；(痛みを) 抑える

die **Stimme** /シュティメ/ 《–/–n》①(英voice) 声；(合唱の) パート ②投票，票数；意見，世論

stimmen /シュティメン/ 動 ① (英be right) 合っている，正しい ¶ (Das) stimmt! そのとおり ② (人を…の) 気分にさせる ③ (楽器を) チューニングする ④投票する *Stimmt so!* 《話》(レストランなどで) これでいいです (釣り銭は取っておいてください)

die **Stimmung** /シュティムング/ 《–/–en》(英mood) 気分，雰囲気，ムード

stinken /シュティンケン/ (stank, gestunken) 動(英stink) 臭い，いやなにおいがする；《nach *et³*》(…の) においがする

das **Stipendium** /シュティペンディウム/ 《–s/..dien》(英scholarship) 奨学金

die **Stirn** /シュティルン/ 《–/–en》(英forehead) 額，おでこ

der **Stock** /シュトック/ ①《–(e)s/Stöcke》(英stick) 棒，ステッキ；(スキーの) ストック ②鉢植え ③《–(e)s/–》(英floor) (建物の) 階

das **Stock・werk** /シュトックヴェルク/ (英floor) (建物の) 階

der **Stoff** /シュトフ/ 《–(e)s/–e》①(英material) 材料，原料；《話》酒，麻薬 ②生地，布地 ③題材

stöhnen /シュテーネン/ 動(英moan) うめき声を上げる；《über *et⁴*》(…に) 不平を言う

stolpern /シュトルペルン/ 動(英stumble) 《über *et⁴*》(…に) つまずく

stolz /シュトルツ/ 形①(英proud) 誇らしげな；《auf *j⁴/et⁴*》…を誇りにした；プライドの高い，尊大な ②堂々とした，りっぱな

Stolz

der **Stolz** /シュトルツ/ (-es/) (英pride) 誇り, プライド, 自尊心

stopfen /シュトプフェン/ 動 (英stuff) 繕う;（裂け目などを）ふさぐ;((*et*⁴ in *et*⁴))（…を…に）詰め込む;便秘を起こす

stoppen /シュトッペン/ 動 (英stop) 止める; 止まる

die **Stopp・uhr** /シュトップウーア/ (英stopwatch) ストップウォッチ

der **Storch** /シュトルヒ/ (-(e)s/Störche) (*die* Störchin) (英stork) コウノトリ

stören /シュテーレン/ 動 (英disturb)（人の）じゃまをする; 妨げる;（人の）気に障る

die **Störung** /シュテールング/ (-/-en) (英disturbance) 邪魔, 妨害; 故障

der **Stoß** /シュトース/ (-es/Stöße) ①(英punch) 突くこと; 突き;（水泳・ボートの）ストローク ②積み重ね, ひと山

stoßen /シュトーセン/ (stieß; gestoßen) 動 ①(英push)（…を）突き刺す, 突き飛ばす, 押し込む; ((*j*³) *et*⁴ in *et*⁴))（…を…に）突き刺す;（人の…を）刺す, ぶつける, 押しつける ②((auf *j*⁴/*et*⁴))（偶然…に）出くわす, ぶつかる ③((an *et*⁴))（…に）隣接している ④((*sich*⁴ an *et*³))むっとする

die **Stoß・stange** /シュトースシュタンゲ/ (英bumper) バンパー

die **Stoß・zeit** /シュトースツァイト/ (英rush hour) ラッシュアワー

stottern /シュトッターン/ 動 (英stutter) どもる

die **Strafe** /シュトラーフェ/ (-/-n) (英punishment) 罰, 処罰; 報い

der **Strahl** /シュトラール/ (-(e)s/-en) (英ray) 光線, 光;（液体・ガスの）噴出; 放射線

strahlen /シュトラーレン/ 動 (英shine) 光を発する, 光り輝く

der **Strand** /シュトラント/ (-(e)s/Strände) (英beach) 浜, 海岸

die **Straße** /シュトラーセ/ (-/-n) (英street) 道路, 通り, 街道 ¶ auf der Straße 路上で

die **Straßen・bahn** /シュトラーセンバーン/ (英streetcar) 路面電車

der **Strauch** /シュトラオホ/ (-(e)s/Sträucher) (英bush) 低木; 潅木

der **Strauß** /シュトラオス/ (-es/Sträuße) ①(英bouquet)（花・枝などの）束 ②(-es/-e) ダチョウ

streben /シュトレーベン/ 動 ①(英endeavor) ((nach *et*³))（…を得ようと）努力する,（…を）追求する ②（…の方へ）まっしぐらに進む ③((話))猛勉強する

die **Strecke** /シュトレッケ/ (-/-n) (英distance) 道のり, 区間;（鉄道の）路線;（陸上の）コース

strecken /シュトレッケン/ 動 (英stretch) ((*et*⁴ [*sich*⁴]))（体・手足を[体を]）伸ばす

streicheln /シュトライヒェルン/ 動 (英stroke) なでる, さする

streichen /シュトライヒェン/ (strich; gestrichen) 動 ①(英paint)（…を…に）塗る ¶ Frisch gestrichen! ペンキ塗りたて ②（線を引いて）消す, 削除する;（計画などを）取りやめる

das **Streich・holz** /シュトライヒホルツ/ (英match) マッチ

die **Streife** /シュトライフェ/ (-/-n) (英patrol) パトロール

der **Streifen** /シュトライフェン/ (-s/-) (英strip) 縞(しま), 細長い帯状のもの

der **Streifen・wagen** /シュトライフェンヴァーゲン/ (英patrol car) パトロールカー

der **Streik** /シュトライク/ (-(e)s/-s) (英strike) ストライキ

streiken /シュトライケン/ 動 (英strike) ストライキをする; ((話))（機械が）急に動かなくなる

der **Streit** /シュトライト/ (-(e)s/-e) (英quarrel) 争い, けんか; 論争

streiten /シュトライテン/ (stritt; gestritten) 動 (英quarrel) 争う; 論争する

die **Streit·kräfte** /シュトライトクレフテ/ (英armed forces) 戦[兵]力

streng /シュトレング/ 形 ① (英strict) 厳しい、容赦のない ② 厳密な、きっちりとした ③ (味・においなどが) 強烈な

der **Stress** /シュトレス/ (–es/–e) (英stress) ストレス

streuen /シュトロイエン/ 動 (英scatter) 振りかける、まく

stricken /シュトリッケン/ 動 (英knit) 編み物をする

die **Strick·jacke** /シュトリックヤッケ/ (英cardigan) カーディガン

das **Stroh** /シュトロー/ (–(e)s/) (英straw) わら

der **Strohhalm** /シュトローハルム/ (–(e)s/–e) (英straw) わら、ストロー

der **Strom** /シュトローム/ (–(e)s/ Ströme) ① (英river) (海に注ぐ) 川、大河；(川の) 流れ；(人・車などの) 奔流 ②電流、電気

strömen /シュトレーメン/ 動 (英stream) 勢いよく流れる

die **Strömung** /シュトレームング/ (–/–en) (英current) 流れ；傾向

der **Strumpf** /シュトルンプフ/ (–(e)s/Strümpfe) (英stockings) 長靴下、ストッキング

die **Strumpf·hose** /シュトルンプフホーゼ/ (英tights) パンティーストッキング

die **Stube** /シュトゥーベ/ (–/–n) (英room) 居間、部屋

das **Stück** /シュテュック/ (–(e)s/–e) ① (英part) 部分、かけら；((数詞と))…個；((量・距離・程度を表わして)) 少し；((話))たくさん ②戯曲、楽曲

der **Student** /シュトゥデント/ (–en/–en) (英student) 大学生

studieren /シュトゥディーレン/ 動 (英study) (…を大学で) 学ぶ、専攻する、研究する

das **Studio** /シュトゥーディオ/ (–s/–s) (英studio) (放送) スタジオ；アトリエ

das **Studium** /シュトゥーディウム/ (–s/Studien) (英study) (大学・専門学校での) 学問、研究

die **Stufe** /シュトゥーフェ/ (–/–n) (英step) (はしご・階段などの) 段；段階、レベル

der **Stuhl** /シュトゥール/ (–(e)s/Stühle) ① (英chair) いす ②大便

stumm /シュトゥム/ 形 (英dumb) 口が利けない、(驚いて) 声が出ない；無言の

stumpf /シュトゥンプフ/ 形 ① (英blunt) 切れ味が悪い、先が丸くなった ②光沢 [つや]のない、無気力 [無関心]な

die **Stunde** /シュトゥンデ/ (–/–n) (英hour) 1時間；(特定の) 時、(学校の) 授業

stundenlang /シュトゥンデンラング/ 形 (英lasting hours) 数時間に渡って、何時間も

der **Stunden·plan** /シュトゥンデンプラーン/ (英timetable) 時間割

stündlich /シュテュントリヒ/ 形 (英hourly) 毎時間ごとの

stur /シュトゥーア/ 形 (英obstinate) 頑固な、強情な

der **Sturm** /シュトゥルム/ (–(e)s/Stürme) (英storm) 嵐、暴風

der **Stürmer** /シュテュルマー/ (–s/–) (英striker) 【スポ】フォワード

stürmisch /シュテュルミシュ/ 形 (英stormy) 嵐のような；情熱的な、激しい

der **Sturz** /シュトゥルツ/ (–es/Stürze) (英fall) 落下、転落、墜落；(気温などの) 急激な低下、(物価などの) 急落；失脚

stürzen /シュテュルツェン/ 動 ① (英fall) 落ちる、転落[墜落]する；(気温・株価などが) 急落する ② (…を…から[…へ]) 突き落とす；失脚させる ③((sich⁴)) 身を投げる；((sich⁴ in et⁴))(…に) 没頭する ④突進する；((sich⁴ auf j⁴/et⁴))(…に) 襲いかかる

der **Sturz·helm** /シュトゥルツヘルム/ (英crash helmet) ヘルメット

stützen /シュテュッツェン/ 動 ①

([英]support) 支える, 支持［支援］する ②《et^4 auf [durch] et^4》(推測などを…で) 裏づける；《*sich*^{4} auf et^4》(…に) 基づく, 依拠する

die **Substanz** /ズプスタンツ/ 《–/–en》([英]substance) 物質；本質

suchen /ズーヘン/ [動] ([英]look for) 《j^4/et^4 [nach j^3/et^3]》(…を) 探す, 探し求める

süchtig /ズュヒティヒ/ [形] ([英]addicted) 中毒の, 依存症の

der **Süd** /ズュート/ 《–(e)s/–》([英]south) 南

(das) **Südafrika** /ズュートアーフリカ/ ([英]South Africa) 南アフリカ

der **Süden** /ズューデン/ 《–s/》([英]south) 南, 南部

südlich /ズュートリヒ/ **1** [形] ([英]southern) 南の, 南部の **2** [前]《2格支配》…の南に

der **Südosten** /ズュートオステン/ 《–s/》([英]south-east) 南東

der **Südwesten** /ズュートヴェステン/ 《–s/》([英]south-west) 南西

die **Summe** /ズメ/ 《–/–n》([英]sum) 和, 合計；金額

summen /ズメン/ [動] ([英]hum) 鼻歌を歌う, ハミングする；(蜂などが) ぶんぶん飛ぶ

super /ズーパー/ [形] ([英]super) 《話》すばらしい, すてきな

der **Super·markt** /ズーパーマルクト/ ([英]supermarket) スーパーマーケット

die **Suppe** /ズッペ/ 《–/–n》([英]soup) スープ；霧 ¶ einen Teller Suppe essen スープを飲む

surfen /サーフェン/ [動] ([英]surf) サーフィンをする；(インターネット上を) サーフする

süß /ズュース/ [形] ([英]sweet) 甘い, 甘口の；心地よい；かわいい

die **Süßigkeit** /ズュースィヒカイト/ 《–/–en》([英]sweet) 甘いもの, お菓子

das **Symbol** /ズュンボール/ 《–s/–e》([英]symbol) 象徴；記号

sympathisch /ズュンパーティシュ/ [形] ([英]congenial) 好感の持てる, 感じのよい

das **System** /ズュステーム/ 《–s/–e》([英]system) システム, 体系, 制度

systematisch /ズュステマーティシュ/ [形] ([英]systematic) 体系的な, 系統立った

die **Szene** /スツェーネ/ 《–/–n》([英]scene) 場面, シーン；大騒ぎ

T, t

der **Tabak** /ターバク/ ([英]tobacco) タバコ；葉タバコ

die **Tabelle** /タベレ/ 《–/–n》([英]table) 表, リスト；(スポーツの) 順位表

das **Tablett** /タブレット/ 《–(e)s/–s, –e》([英]tray) 盆

die **Tablette** /タブレッテ/ 《–/–n》([英]tablet) 錠剤 ¶ zwei Tabletten zweimal am Tag nehmen 一日２回２錠ずつ飲む

der **Tadel** /ターデル/ 《–s/–》([英]rebuke) 非難, 叱責

tadellos /ターデルロース/ [形] ([英]impeccable) 非の打ちどころのない, 欠点のない；すばらしい

tadeln /ターデルン/ [動] ([英]rebuke) 非難する, しかる

die **Tafel** /ターフェル/ 《–/–n》① ([英]board) 黒板 ② ([英]table) (祝宴の) 食卓；一覧表；図版, 図表

der **Tag** /ターク/ 《–(e)s/–e》([英]day) 日, １日；昼, 昼間, 日中；時期, 時代；記念の日 ¶ heute in [vor] acht Tagen １週間後［前］の今日 /dreimal am Tag essen １日に３食食べる ***den ganzen Tag*** 一日中 ***der Jüngste Tag*** 〔キリスト教〕最後の審判の日 ***Guten Tag!*** こんにちは ***jeden Tag*** 毎日 ***seit Tagen*** 数日前から ***Tag für Tag*** 毎日

das **Tage·buch** /ターゲブーフ/ ([英]diary) 日記；日記帳

tagelang /ターゲラング/ [形] ([英]lasting for days) 何日も

die **Tages·karte** /ターゲスカルテ/ ([英]menu of the day) ランチ

> **tauchen**

メニュー；(乗り物などの)一日券

täglich /テークリヒ/ [形] (英daily) 毎日の；日々の ¶ dreimal täglich 一日3回

tagsüber /タークスユーバー/ [副] (英during the day) 日中

die **Tagung** /ターグング/ 《-/-en》 (英conference) (専門家による)会議, 大会

die **Taille** /タイエ/ 《-/-n》 (英waist) ウエスト

der **Takt** /タクト/ 《-(e)s/-e》 ① (英time) 拍子；小節 ②思いやり

das **Tal** /タール/ 《-(e)s/Täler》 (英valley) 谷, 渓谷

das **Talent** /タレント/ 《-(e)s/-e》 (英talent) 才能；才能のある人

tanken /タンケン/ [動] (英fill up with gasoline) (ガソリンなどを)タンクに入れる

die **Tank·stelle** /タンクシュテレ/ (英gas station) ガソリンスタンド, 給油所

die **Tanne** /タネ/ 《-/-n》 (英fir) モミ (樅)；モミの木

der **Tannen·baum** /タネンバオム/ (英fir tree) モミの木；クリスマスツリー

die **Tante** /タンテ/ 《-/-n》 (英aunt) おば (伯母, 叔母)

der **Tanz** /タンツ/ 《-es/Tänze》 (英dance) 踊り, ダンス；ダンスパーティー

tanzen /タンツェン/ [動] (英dance) 踊る, ダンスをする ¶ tanzen gehen ダンスをしに行く

der **Tänzer** /テンツァー/ 《-s/-》 (英dancer) ダンサー, 舞踏家

die **Tapete** /タペーテ/ 《-/-n》 (英wallpaper) 壁紙；壁布

tapfer /タプファー/ [形] (英brave) 勇敢な, 勇ましい；き然とした

der **Tarif** /タリーフ/ 《-s/-e》 (英charge) 料金, 運賃；賃金(表)

die **Tasche** /タッシェ/ 《-/-n》 ① (英bag) かばん, バッグ, 袋 ② (英pocket) (衣服の)ポケット

das **Taschen·buch** /タッシェンブーフ/ (英paperback) (ペーパーバックの)文庫本

das **Taschen·geld** /タッシェンゲルト/ (英pocket money) お小遣い

die **Taschen·lampe** /タッシェンランペ/ (英flashlight) 懐中電灯

das **Taschen·tuch** /タッシェントゥーフ/ (英handkerchief) ハンカチ, ティッシュ

die **Tasse** /タッセ/ 《-/-n》 (英cup) (コーヒー・紅茶用の)カップ；カップ1杯分(の量) ¶ Zwei Tassen Kaffee, bitte. 《店で》コーヒーを2つください

die **Tastatur** /タスタトゥーア/ 《-/-en》 (英keyboard) (ピアノの)けん盤；【記:→】キーボード

die **Taste** /タステ/ 《-/-n》 (英key) (ピアノの)けん；(コンピュータの)キー

tasten /タステン/ [動] (英feel) 手探りをする；《nach et^3》 手探りでさがす；《$sich^4$》 手探りで進む

die **Tat** /タート/ 《-/-en》 (英deed) 行為, 行い；行動；実行；犯行 *in der Tat* 実際, 本当に

der **Täter** /テーター/ 《-s/-》 (英culprit) 犯人

tätig /テーティヒ/ [形] (英working, active) 働いている, 勤めている；活動中の；活動的な；積極[能動]的な

die **Tätigkeit** /テーティヒカイト/ 《-/-en》 (英activity) 仕事；活動, 行動

die **Tat·sache** /タートザッヘ/ (英fact) 事実

tatsächlich /タートゼヒリヒ/ ❶ [形] (英actual) 事実の, 本当の, 実際の ❷ [副] 実は, 本当は [に]

der **Tau** /タオ/ 《-(e)s/-》 (英dew) 露

taub /タオプ/ [形] (英deaf) 耳の聞こえない；感覚のまひした

die **Taube** /タオベ/ 《-/-n》 (英pigeon) ハト (鳩)

tauchen /タオヘン/ [動] ① (英dive) (水に)潜る, 潜水する ② (英dip) 《et^4 in et^3》 (…を…に)

浸す, 漬ける

der **Taucher** /タオハー/ 《-s/-》
(英diver) ダイバー

die **Taufe** /タオフェ/ 《-/-n》
(英baptism) 洗礼

taufen /タオフェン/ 動
(英baptize) (人に) 洗礼を施す

tauschen /タオシェン/ 動
(英exchange) 交換する；《mit *j*³》(人と) 交替する ¶ mit *j*³ den Platz tauschen 人と座席を替わる

täuschen /トイシェン/ 動
(英deceive) だます；裏切る；《*sich*⁴》思い [考え] 違いをする；《*sich*⁴ in *j*³》(人を) 見損なう

tausend /タオゼント/ 《基数》(英thousand) 千

das **Taxi** /タクシィ/ 《-s/-s》(英taxi) タクシー ¶ ein Taxi rufen タクシーを呼ぶ

der **Taxi·stand** /タクスィシュタント/ (英taxi stand) タクシー乗り場

das **Team** /ティーム/ 《-s/-s》 (英team) チーム, グループ, 集団

die **Technik** /テヒニク/ 《-/-en》 (英technology) 科学技術, テクノロジー；機械設備；(機械の) 仕組み；技法, 技術, テクニック

der **Techniker** /テヒニカー/ 《-s/-》 (英engineer) 技術者, 技師

technisch /テヒニシュ/ 形 (英technical) 科学技術の；技術上の

der **Tee** /テー/ 《-s/(-s)》 (英tea) お茶, 紅茶；お茶の葉；チャ (茶)；(午後の) お茶の集い ¶ Tee trinke ich mit Zitrone [Milch] und Zucker. 紅茶はレモン [ミルク] と砂糖を入れて飲む

der **Teich** /タイヒ/ 《-(e)s/-e》 (英pond) 池, 沼

der **Teig** /タイク/ 《-(e)s/-e》 (英dough) (パンなどの) 生地

der **Teil** /タイル/ 《-(e)s/-e》 (英part) 部分, 一部；(書物などの) 部 *zum Teil* 一部は *zu einem [zum] großen Teil* 大部分は

der (das) **Teil** /タイル/ 《-(e)s/-e》 (英share) 分け前, 取り分；割り当て

das **Teil** /タイル/ 《-(e)s/-e》 (英part) 部品, パーツ

teilen /タイレン/ 動 ① (英divide) 《*et*⁴ in *et*⁴》(…を…に) 分ける, 分割する；《*sich*⁴》分かれる；《*et*⁴ durch *et*⁴》(数をある数で) 割る ¶ einen Kuchen in 8 Stücke teilen ケーキを8切れに分ける ② (英share) 分配する；《*et*⁴ mit *j*³》(…を人と) 共用する

die **Teilnahme** /タイルナーメ/ 《-/-》 (英participation) 《an *et*³》(…への) 参加, 出席

teil|nehmen /タイルネーメン/ 動 (英take part) 《an *et*³》(…に) 参加 [出席] する

der **Teilnehmer** /タイルネーマー/ 《-s/-》 (英participant) 参加者, 出席者, 参列者

teils /タイルス/ 副 (英partly) 一部 (は), 部分的に *teils, teils* 《話》まあまあ *teils..., teils...* 一部は…, 一部は…；ある時は…, またある時は…

die **Teilung** /タイルング/ 《-/-en》 (英division) 分割；分配, 分かれ (てい) ること；分裂

die **Teilzeit·arbeit** /タイルツァイトアルバイト/ (英part-time job) アルバイト, パート

das **Telefax** /テーレファクス/ 《-/-e》 (英fax) ファックス

das **Telefon** /テレフォーン/ 《-s/-e》 (英telephone) 電話；電話機

das **Telefon·buch** /テレフォーンブーフ/ (英telephone directory) 電話帳, 電話番号簿

telefonieren /テレフォニーレン/ 動 (英telephone) 電話をかける [する]；《mit *j*³》(人と) 電話で話す ¶ nach Großbritannien [in die USA] telefonieren イギリス [アメリカ] へ電話をする

telefonisch /テレフォーニシュ/ 形 (英telephone) 電話による

die **Telefon·karte** /テレフォーンカルテ/ (英telephone card) テ

レフォンカード

die **Telefon·nummer** /テレフォーンヌマー/ ([英] telephone number) 電話番号

die **Telefon·zelle** /テレフォーンツェレ/ ([英]telephone booth) 電話ボックス

telegrafieren /テレグラフィーレン/ [動]([英]telegraph) 電報を打つ

das **Telegramm** /テレグラム/ 《–s/–e》([英]telegram) 電報

der **Teller** /テ ラ ー/ 《–s/–》([英]plate) 皿；皿 1 杯分 (の量)

der **Tempel** /テムペル/ 《–s/–》([英]temple) 神殿, 寺院

das **Temperament** /テムペラメント/ 《–(e)s/–e》([英] temperament) 気質；(激しい) 気性；活気, 情熱

die **Temperatur** /テムペラトゥーア/ 《–/–en》([英]temperature) 温度, 気温；体温

das **Tempo** /テ ン ポ/ 《–s/–s》([英]speed) 速度, スピード, テンポ

die **Tendenz** /テンデンツ/ 《–/–en》([英]tendency) 傾向；性向

das **Tennis** /テニス/ 《–/》([英]tennis) テニス ¶ Tennis spieln テニスをする

der **Tennis·schläger** /テニスシュレーガー/ ([英]tennis racket) テニスラケット

der **Teppich** /テピヒ/ 《–s/–e》([英] carpet) じゅうたん, カーペット

der **Termin** /テルミーン/ 《–s/–e》([英] date) 期日, 期限；(診療・面会などの) 予約, 約束

die **Terrasse** /テラッセ/ 《–/–n》([英]terrace) (建物の) テラス

das **Testament** /テスタメント/ 《–(e)s/–e》([英]will) 遺言 (状) ***das Alte [Neue] Testament*** 旧約 [新約] 聖書

teuer /トイアー/ [形]([英] expensive) 値段の高い, 高価な；高くつく, 費用のかさむ

der **Teufel** /トイフェル/ 《–s/–n》([英] devil) 悪魔 ***Wenn man vom Teufel spricht(, dann kommt er).*** うわさをすれば影

der **Text** /テ ク ス ト/ 《–(e)s/–e》([英]text) テキスト, 本文；歌詞

das **Textverarbeitungs·system** /テクストフェアアルバイトゥングスジュステーム/ ([英] word processor) ワードプロセッサー

das **Theater** /テアーター/ 《–s/–》([英]theater) 劇場；劇団；演劇；上演；《話》もめ事, 騒動 ¶ ins Theater gehen 芝居を見に行く ***Theater machen*** 《話》大げさに騒ぎ立てる

das **Theater·stück** /テアーターシュテュック/ ([英]play) 戯曲

das **Thema** /テーマ/ 《–s/Themen》([英] subject, theme) 主題, テーマ；〔音楽〕主題

theoretisch /テオレーティシュ/ [形]([英]theoretical) 理論的な, 理論上の；理屈での

die **Theorie** /テオリー/ 《–/–n》([英]theory) 理論, 学説；理屈

das **Thermometer** /テルモメーター/ 《–s/–》([英]thermometer) 温度計, 寒暖計；体温計

die **These** /テ ー ゼ/ 《–/–n》([英]thesis) 命題, テーゼ

der **Thron** /トローン/ 《–(e)s/–e》([英]throne) 王座, 玉座

der **Thun·fisch** /トゥーンフィッシュ/ ([英]tuna) マグロ (鮪)

das **Ticket** /ティケット/ 《–s/–s》([英]ticket) (航空券・乗船券などの) 切符

tief /ティーフ/ [形]①([英]deep) 深い；深さが…の；(愛などが) 深い ¶ Wie tief ist das Wasser hier? ここはどのくらいの深さですか ②([英]low) (位置・温度・音程などが) 低い, 下方の ③奥行きのある

die **Tiefe** /テ ィ ー フ ェ/ 《–/–n》([英]depth) 深さ, 深み；奥行き

das **Tiefkühl·fach** /ティーフキュールファッハ/ ([英] freezer (compartment)) (冷蔵庫の) 冷凍室, フリーザー

Tiefkühlkost ➤

die **Tiefkühl·kost** /ティーフキュールコスト/ ((英)frozen food) 冷凍食品

das **Tier** /ティーア/ 《-(e)s/-e》 ((英)animal) 動物

der **Tier·arzt** /ティーアアールツト/ ((英)vet) 獣医

der **Tier·kreis** /ティーアクライス/ ((英)zodiac) 黄道十二宮

der **Tier·park** /ティーアパルク/ ((英)zoo) 動物園

der **Tiger** /ティーガー/ 《-s/-》 ((英)tiger) トラ (虎)

die **Tinte** /ティンテ/ 《-/-n》 ((英)ink) インク

der **Tinten·fisch** /ティンテンフィッシュ/ ((英)cuttlefish) イカ

der **Tipp** /ティップ/ 《-s/-s》 ((英)tip) ヒント, 助言；(競馬の) 予想

tippen /ティッペン/ 《動》① ((英)type) ((話))ワープロ[パソコン]で書く；ワープロを打つ ② (指先で肩などを) 軽くたたく ③ナンバー[宝]くじを買う

der **Tisch** /ティッシュ/ 《-(e)s/-e》 ((英)table) テーブル, 食卓；机 ¶ Einen Tisch für vier bitte! 4人用のテーブルをお願いします *et⁴ unter den Tisch fallen lassen* (…を) 考慮しない, 無視する

der **Tischler** /ティッシュラー/ 《-s/-》 ((英)joiner) 家具職人

das **Tisch·tuch** /ティッシュトゥーフ/ ((英)tablecloth) テーブルクロス

der **Titel** /ティーテル/ 《-s/-》 ((英)title) ①称号, 肩書き；(スポーツの) タイトル ② (本などの) 題名, タイトル, 表題；(新聞の) 見出し

toben /トーベン/ 《動》((英)rage) 暴れる；(あらしなどが) 猛威を振るう, 荒れる

die **Tochter** /トホター/ 《-/Töchter》 ((英)daughter) 娘 ¶ Das ist meine Tochter. 私の娘です

der **Tod** /トート/ 《-(e)s/-e》 ((英)death) 死；死を招くもの；最期 *den Tod finden* 死ぬ

tödlich /テートリヒ/ 《形》((英)fatal) 致命的な

die **Toilette** /トアレッテ/ 《-/-n》 ((英)toilet) トイレ, 便所；化粧室；化粧

tolerant /トレラント/ 《形》 ((英)tolerant) 寛容［寛大］な

toll /トル/ 《形》((英)great) ((話))すばらしい, すごい, 最高の

die **Tomate** /トマーテ/ 《-/-n》 ((英)tomato) トマト；トマトの実

der **Ton** /トーン/ ① 《-(e)s/Töne》 ((英)sound) 音, 音声；楽音；口調 ② 《-(e)s/(-e)》 粘土, 陶土

das **Ton·band** /トーンバント/ ((英)tape) 録音テープ

das **Tonband·gerät** /トーンバントゲレート/ ((英)tape recorder) テープレコーダー

tönen /テーネン/ 《動》((英)sound) (音などが) 鳴り響く；聞こえる

die **Tonne** /トネ/ 《-/-n》 ((英)drum) 大きなたる；ドラム缶；((英)ton) トン (重量単位)

der **Topf** /トプフ/ 《-(e)s/Töpfe》 ((英)pot) (底の深い) 鍋(鈐), つぼ；植木鉢

die **Töpferei** /テプフェライ/ 《-/-en》 ((英)pottery) 製陶所

das **Tor** /トーア/ 《-(e)s/-e》 ((英)gate) 門；(門の) 扉；(スキーで) 旗門；((英)goal) [球技]ゴール

töricht /テーリヒト/ 《形》((英)foolish) 愚かな, ばかげた

die **Torte** /トルテ/ 《-/-n》 ((英)gateau) (クリームなどを使った) ケーキ, デコレーションケーキ

der **Torwart** /トーアヴァルト/ 《-(e)s/-e》 ((英)goalkeeper) ゴールキーパー

tot /トート/ 《形》((英)dead) 死んだ；死んだような, 生気のない；活気のない；機能しない；無機の

total /トタール/ 《形》((英)total) 完全な；全面的な

der/die **Tote** /トーテ/ 《-/-》 ((英)dead person) 死人, 死者

töten /テーテン/ 《動》((英)kill) 殺す, 殺害する

die **Tour** /トゥーア/ 《–/–en》① (㊤trip, tour) 遠足, ハイキング；旅行；ルート ②(話)手口, やり方 ③(モーターの)回転

der **Tourismus** /トゥリスムス/ 《–/》(㊤tourism) 観光(旅行)

der **Tourist** /トゥリスト/ 《–en/–en》(㊤tourist) 旅行者, 観光客

die **Tournee** /トゥルネー/ 《–/–s(–n)》(㊤tour) (音楽家などの)演奏[公演]旅行, 巡業

die **Tracht** /トラハト/ 《–/–en》(㊤costume) (民族などの特有な)衣装, 服装

die **Tradition** /トラディツィオーン/ 《–/–en》(㊤tradition) 伝統, 慣習, ならわし

traditionell /トラディツィオネル/ 形 (㊤traditional) 伝統的な, 慣例の

träge /トレーゲ/ 形 (㊤sluggish) 不活発な；怠惰な, 無精な

tragen /トラーゲン/ 《trug; getragen》動 ① (㊤carry) 運ぶ, 持って行く；((*et*⁴ *bei sich*³))(…を)携帯している ¶ Bitte tragen Sie mein Gepäck zu einem Taxi. 私の荷物をタクシーまで運んでください ②(㊤wear) (服を)着ている, (帽子を)かぶっている, (靴を)はいている, (眼鏡を)かけている, (アクセサリーを)つけている；(手足・髪型を…に)している；((*sich*⁴)) 着心地[はき心地]が(…で)ある ③(㊤bear) (物が…を)支える；(不快なことに)耐える；(責任・費用・責任などを)負う ④(*sich*⁴ *mit et*³)(…を)心に抱いている

tragisch /トラーギシュ/ 形 (㊤tragic) 悲劇的な, 悲惨な

die **Tragödie** /トラゲーディエ/ 《–/–n》(㊤tragedy) 悲劇；悲劇的な出来事

der **Trainer** /トレーナー/ 《–s/–》(㊤trainer) コーチ, 監督；トレーナー

trainieren /トレニーレン/ 動 (㊤train) (…の)練習をする；(選手を)訓練する, 鍛える

das **Training** /トレーニング/ 《–s/–s》(㊤training) 練習, トレーニング, 訓練

der **Trainings·anzug** /トレーニングスアンツーク/ (㊤track suit) トレーニングウェア

der **Traktor** /トラクトーア/ 《–s/–en》(㊤tractor) トラクター

die **Tram** /トラム/ 《–/–s》 streetcar) 市電

die **Träne** /トレーネ/ 《–/–n》(㊤tear) 涙

der **Transport** /トランスポルト/ 《–(e)s/–e》(㊤transportation) 輸送, 運送, 運搬；貨物

transportieren /トランスポルティーレン/ 動 (㊤transport) 輸送する, 運ぶ

die **Traube** /トラオベ/ 《–/–n》(㊤grape) ブドウ(の房)

trauen /トラオエン/ 動 (㊤trust) ((*j*³/*et*³))(…を)信用[信頼]する；((*sich*⁴ + zu 不定詞句))(…する)勇気がある；(牧師などが人の)結婚式を執り行う

die **Trauer** /トラオアー/ 《–/》(㊤grief) 悲痛；悲しみ

trauern /トラオアーン/ 動 (㊤mourn) ((um *j*⁴ [über *et*⁴]))(…のことを)嘆き悲しむ；喪に服している

der **Traum** /トラオム/ 《–(e)s/Träume》(㊤dream) 夢 *ein Traum von et*³ 夢のような…

träumen /トロイメン/ 動 (㊤dream) 夢を見る；夢に見る；((von *j*³/*et*³))(…の)夢を見る, (…を)夢見る *sich*³ *et*⁴ *nicht* [*nie*] *träumen lassen* (…を)夢にも思わない

traurig /トラオリヒ/ 形 (㊤sad) 悲しい, つらい, 悲しんでいる；悲しそうな；かわいそうな, 哀れな

die **Trauung** /トラオウング/ 《–/–en》(㊤wedding) 結婚式

treffen /トレッフェン/ 《traf; getroffen》動 ① (㊤hit) 命中する, 当たる；(…に)命中させる, 当てる ②言い当てる, 的確にとらえ

る ③((英meet))(人に)出会う；((sich⁴ mit j³))(約束して人と)会う；((auf et⁴))(いやなことに)遭遇する ¶ Wann und wo treffen wir uns? 何時にどこで待ち合わせましょうか ④((動作を表す名詞と))する ¶ eine Entscheidung treffen 決定を下す

das **Treffen** /トレッフェン/ ⟨-s/-⟩ ((英meeting)) 会合, 会談

der **Treff·punkt** /トレッフプンクト/ ⟨英meeting place⟩ 集合場所

treiben /トライベン/ ⟨trieb; getrieben⟩ 動 ①((英drive))(人・家畜などを…へ[から])追い立てる；(…を…へ)押し流す；流される, 漂流する；(…へ)流されていく；((j⁴ zu et³ [in et⁴]))(人を…するよう)せき立てる, (人を…の状態へ)追いやる[込む] ¶ j⁴ zur Verzweiflung treiben 人を絶望に追いやる ②((et⁴ durch [in] et⁴))(トンネルなどを…に)掘る ③(機械を)動かす, 駆動する ④(行為・活動を)する ¶ Welchen Sport treiben Sie? どんなスポーツをしますか ⑤(つぼみ・花を)つける；芽吹く *sich⁴* **treiben lassen** (積極的な行動をとらず)流れに身を任す

der **Treibhauseffekt** /トライブハオスエフェクト/ ⟨-(e)s/⟩ ((英greenhouse effect)) 温室効果

der **Treib·stoff** /トライプシュトフ/ ((英fuel))(動力用)燃料

der **Trend** /トレント/ ⟨-s/-s⟩ ((英trend)) 傾向, 流れ

trennen /トレネン/ 動 ((英separate))((j⁴/et⁴ von j³/et³))(…を…から)引き離す, 分ける；隔てる；(*sich⁴* von j³/et³))(人と)別れる, (…と)分かれる, (物を)手放す

die **Trennung** /トレヌング/ ⟨-/-en⟩ ((英separation)) 分離, 別れ

die **Treppe** /トレッペ/ ⟨-/-n⟩ ((英 stair)) 階段 ¶ die Treppe hinauf|gehen 階段を上がる

treten /トレーテン/ ⟨trat; getreten⟩ 動 ①((英kick)) 蹴る ②((英step)) 踏む ¶ Es ist mir auf den Fuß getreten. 足を踏まれた ③(人が…へ)歩む, 歩いていく ¶ ins Zimmer treten 部屋に入っていく ④((in et⁴))(…の状態に)入る, (行為を)始める ¶ in Kraft treten (法律などが)施行される

treu /トロイ/ 形 ((英faithful)) 忠実な, 誠実な；浮気しない

der **Trieb** /トリープ/ ⟨-(e)s/-e⟩ ((英drive)) 衝動, (本能的な)欲求, 欲望

trinken /トリンケン/ ⟨trank; getrunken⟩ 動 ((英drink))(飲み物を)飲む；酒を飲む；((auf j⁴/et⁴))(…を祝って)乾杯する ¶ Zum Essen trinke ich Mineralwasser. 食事のときはミネラルウォーターを飲みます

das **Trink·geld** /トリンクゲルト/ ((英tip)) チップ

das **Trink·wasser** /トリンクヴァッサー/ ((英drinking water)) 飲料水, 飲み水

der **Tritt** /トリット/ ⟨-(e)s/-e⟩ ((英step)) 歩み；歩調；蹴ること

der **Triumph** /トリウンフ/ ⟨-(e)s/-e⟩ ((英triumph)) 大勝利, 大成功

triumphieren /トリウンフィーレン/ ((英triumph)) 勝利する, 凱旋する

trocken /トロッケン/ 形 ((英dry)) ①乾いた, 乾燥した；水気のない, かさかさの ¶ Die Wäsche ist schon trocken. 洗濯物はもう乾いている ②無味乾燥な, つまらない ③(ワインなどが)辛口の

trocknen /トロックネン/ 動 ((英dry)) 乾かす, 乾く；ぬぐう

der **Trockner** /トロックナー/ ⟨-s/-⟩ ((英dryer)) 乾燥機

die **Trommel** /トロメル/ ⟨-/-n⟩ ((英drum)) 太鼓, ドラム；(洗濯機の)ドラム

trommeln /トロメルン/ ((英drum)) 太鼓をたたく, (こぶしで机・戸などを)とんとんとたたく

die **Trompete** /トロムペーテ/ ((-/-n)) ((英trumpet)) トランペット

die **Tropen** /トローペン/ ((複数))((英tropics)) 熱帯地方

tropfen /トロプフェン/ 動 ((英drop)) (液体を…の上へ) ぽたぽたと落とす, 滴らせる;(液体が) 滴る, ぽたぽた落ちる [漏る]

der **Tropfen** /トロプフェン/ ((-s/-)) ((英drop)) しずく, 水滴;点滴薬

der **Trost** /トロースト/ ((-(e)s/)) ((英comfort)) 慰め, 慰安

trösten /トレーステン/ 動 ((英comfort)) (人を) 慰める, 元気づける

trotz /トロッツ/ 前 ((2格支配))((英in spite of)) …にもかかわらず ¶ trotz des Regens 雨にもかかわらず

trotzdem /トロッツデーム/ 副 ((英nevertheless)) それにもかかわらず, それなのに

trübe /トリューベ/ 形 ① ((英 cloudy)) 濁った, 不透明な; (光が) 鈍い; (空・天気などが) 曇った ②(気分が) 暗い, 悲しい

trüben /トリューベン/ 動 ① ((英make cloudy)) (液体を) 濁らせる;((sich⁴)) (液体が) 濁る, (空・ガラスが) 曇る ②(sich⁴) (気分が) 暗くなる;(記憶力などが) 鈍くなる

die **Truhe** /トルーヘ/ ((-/-n)) ((英chest)) チェスト

die **Trümmer** /トリュマー/ ((英rubble)) ((複数)) がれき;破片, 残骸

der **Trumpf** /トルンプフ/ ((-(e)s/ Trümpfe)) ((英trump)) (トランプの) 切り札

die **Truppe** /トルッペ/ ((-/-n)) ((英troop)) (役者の) 一座;部隊

tschüs /チュース/ 間 ((英 bye)) ((話)) じゃあね, バイバイ

tschüss /チュス/ 間 ((英bye)) = tschüs

das **T-Shirt** /ティーシャート/ ((-s/-s)) ((英T-shirt)) Tシャツ

die **Tube** /トゥーベ/ ((-/-n)) ((英tube)) チューブ

das **Tuch** /トゥーフ/ ((英cloth)) ① ((-(e)s/Tücher)) ((英cloth)) 布;テーブルクロス, ふきん ② ((-(e)s/(-e))) 布地, 生地

tüchtig /テュヒティヒ/ 形 ((英capable)) ((in et^3)) (…に) 有能な, できる;((話)) 大量の

tückisch /テュッキシュ/ 形 ((英 wily)) 陰険な, 悪意のこもった;油断のならない, 危険の潜む

die **Tugend** /トゥーゲント/ ((-/-en)) ((英virtue)) 徳, 美徳

die **Tulpe** /トゥルペ/ ((-/-n)) ((英tulip)) チューリップ

tun /トゥーン/ ((tat; getan)) 動 ① ((英 do)) (仕事などを) する, 行う ¶ Was kann ich für Sie tun? (店員が) 何を差し上げましょうか; どのようなご用件でしょうか ② ((話)) (…を…へ) 置く, 入れる ③ ((j^3 et^4)) (人にある行為を) 及ぼす; (人に害などを) 加える ④ ((動作名詞と)) (…を) する, 行う ¶ eine Wirkung tun 作用する ⑤ (…(のよう)に) ふるまう, (…の) ふりをする *(etwas)* **mit j^3/et^3 zu tun haben** (人が…と) 関係がある, (人が…に) かかわり合っている

der **Tunnel** /トゥネル/ ((-s/-)) ((英tunnel)) トンネル;地下道

tupfen /トゥプフェン/ 動((英dab)) ((et¹ auf et¹)) (液体を傷口などに) 軽くたたくようにつける;(汗などを) 軽くふき取る

die **Tür** /テューア/ ((-/-en)) ((英door)) ドア, 戸, 扉;戸口 ¶ die Tür öffnen [schließen] ドアを開ける [閉める]

der **Turm** /トゥルム/ ((-(e)s/Türme)) ((英tower)) 塔;(チェスの) ルーク

das **Turnen** /トゥルネン/ ((-s/-)) ((英gymnastics)) 体操

turnen /トゥルネン/ 動((英do gymnastics)) 体操する

die **Turn·halle** /トゥルンハレ/ ((英gymnasium)) 体育館

das **Turnier** /トゥルニーア/ ((-s/-e))

tuscheln /トゥッシェルン/ 動 ((英)whisper) ささやく

die **Tüte** /テューテ/ (-/-n) ((英)bag) 紙袋, ビニール袋 ¶ Zwei Tüten Kartoffelchips, bitte. ポテトチップを2袋ください

der **Typ** /テュープ/ (-s/-en) ((英)type) 型, タイプ;(製品の)モデル, 機種;典型

typisch /テューピシュ/ 形 ((英)typical) ((für et^3)) (…に)典型的な;特有の

der **Tyrann** /テュラン/ (-en/-en) ((英)tyrant) 専制君主, 独裁者

U, u

die **U-Bahn** /ウーバーン/ ((英)subway) ((話))地下鉄 (< Untergrundbahn)

übel /ユーベル/ 形 ((英)bad) (人が)いやな, 不快な;(気分が)悪い

die **Übelkeit** /ユーベルカイト/ (-/-en) ((英)nausea) 吐き気

üben /ユーベン/ 動 ((英)practice) 練習する, 稽古する;訓練[トレーニング]する;行う, する

über /ユーバー/ ❶ 前 ((英)over, above) ((3・4格支配:über + das = übers)) ① ((位置)) ((3・4格と)) …の上(方)に[へ];…を覆って;((4格と))…を越えて, …の向こう側に, …を横断して;…を経由[通過]して;((場所))…の上(一面)へ ¶ Fahren Sie über die Brücke. 橋を渡って行ってください ② ((期間)) ((4格と)) …の間(ずっと) ¶ über Ostern 復活祭の間(中) ③ ((3格と)) ((地位)) …の上位に;((数量・限度)) …以上で, …を超えて ¶ Er ist über 80 Jahre alt. 彼は80歳を超えている ④ ((4格と))…について, …に関して ¶ Wie denkst du über den Vorschlag? この提案をどう思う ⑤ ((無冠詞の4格名詞と))…を何度も繰り返して, …を次から次へと ❷ 副 …以上;((時間を表す語と))…の間(ずっと) ¶ seit über einer Woche 1週間以上前から/den ganzen Tag über 一日中ずっと ❸ 形 ((話))残っている

überall /ユーバーアル/ 副 ((英)everywhere) 至るところで, どこ[どんな場合]でも

der **Über·blick** /ユーバーブリック/ ((英)view) 見晴し, 展望, 眺望;概観, 概説;洞察力

überein|stimmen /ユーバーアインシュティメン/ 動 ((英)agree) ((mit j^3 in et^3)) (人と…の点で)意見が合う;調和する

über·fahren /ユーバーファーレン/ 動 ((英)run over) (人などを)ひく, はねる

der **Über·fall** /ユーバーファル/ ((英)attack) 襲撃

über·fallen /ユーバーファレン/ 動 ((英)attack) 襲う;(人を)不意に訪ねる;((j^4 mit et^3))(人を突然質問などをして)驚かす

überflüssig /ユーバーフリュッスィヒ/ 形 ((英)superfluous) 余計な, 余分の, 不必要な

die **Über·führung** /ユーバーフュールング/ ((英)transfer) 輸送;(犯罪の)立証;歩道橋

der **Über·gang** /ユーバーガング/ ((英)crossing) 越えて[渡って]行くこと;(橋・踏切などの)渡る[横切る]所;((zu et^3; in et^4))(…への)移行, 推移;過度[移行]期

über·geben /ユーバーゲーベン/ 動 ① ((英)hand over) 渡す, 委任[委託]する;(橋・トンネルなどを)開通する ② (($sich^4$)) 吐く

überhaupt /ユーバーハオプト/ 副 ① ((英)in general) 概して, もともと ② ((疑問文で))そもそも, 一体全体 ③ ((否定詞と)) 全然[まったく]…ない

überholen /ユーバーホーレン/ 動 ((英)overtake) 追い越す;(機械などを)オーバーホール[分解修理]する

über·lassen /ユーバーラッセン/

動(英let... have)(（j^3 et^4）)（人に…を）譲る，渡す，使わせる；託する；任せる；(((j^4 $sich^3$ selbst))（人を）放っておく

überleben /ユーバーレーベン/ 動(英survive) 生き残る；(…よりも）長生きする

überlegen /ユーバーレーゲン/ ❶動(英consider)（(($sich^3$) et^4）)よく考える，熟慮[思案]する ¶ Haben Sie sich überlegt, ob Sie das Angebot annehmen? 申し出を受けるかどうかよく考えましたか ❷形(英superior)（(j^3 an [in] et^3）)（人より…の点で）優れて[勝って]いる，優勢である

übermorgen /ユーバーモルゲン/ 副(英the day after tomorrow) あさって，明後日

übernachten /ユーバーナハテン/ 動(英stay overnight)（ある場所に）泊まる

über·nehmen /ユーバーネーメン/ 動(英take over) 譲り受ける，受け取る；(事業などを)引き継ぐ；(責任などを)引き受ける；(他人の考えなどを）借用する；((($sich^4$))無理をする

überqueren /ユーバークヴェーレン/ 動(英cross) 横切る，横断する，渡る

überraschen /ユーバーラッシェン/ 動(英surprise)（予期せぬことで）驚かす；(人の) 不意をつく；(よくないことが人を) 見舞う

die **Überraschung** /ユーバーラッシュング/（–/–en）(英surprise)（予期せぬ）驚き；不意のできごと；(思いがけない) 贈り物

überreden /ユーバーレーデン/ 動(英persuade)（(j^4 zu et^3）)（人を…するよう)説得する

überreichen /ユーバーライヒェン/ 動(英present)（(j^3 et^4））(人に…を) 授与する

die **Über·schrift** /ユーバーシュリフト/（英title）表題，タイトル；見出し

die **Überschwemmung** /ユーバーシュヴェムング/（–/–en）(英flood) 洪水

über·sehen /ユーバーゼーエン/ 動(英overlook) 見落とす；無視する；見渡す，見晴らす

übersetzen /ユーバーゼッツェン/ 動(英translate) 翻訳する

der **Übersetzer** /ユーバーゼッツァー/（–s/–）(英translator) 翻訳家[者]

die **Übersetzung** /ユーバーゼッツング/（–/–en）(英translation) 翻訳

die **Über·stunde** /ユーバーシュトゥンデ/（英overwork) 超過勤務時間，残業

über·tragen /ユーバートラーゲン/ ❶動(英transfer) 書き写す，転写する；(英translate)（(et^4 in et^4）)（…を他の言語・形式に）翻訳[翻案]する；(英broadcast) 中継(放送)する；(英apply)（(et^4 auf et^4））(…を…に) 転用[応用]する；(((et^4 auf j^4））病気などを人に) 移す；((j^3 et^4））(人に…を) 委任[譲渡]する；((($sich^4$（auf j^4））(病気・心情などが(人に) 移る，伝わる ❷形（意味が）比喩的な

die **Übertragung** /ユーバートラーグング/（–/–en) (英broadcasting) 中継(放送)；(英translation) 翻訳，翻案；(英application) 転用，(英transfer) 適用，(病気・権限などの) 委譲；(病気の) 感染

über·treiben /ユーバートライベン/ 動(英exaggerate) 大げさに言う，誇張する；((et^4; mit et^3）)（…を)やりすぎる，度を超す

die **Übertreibung** /ユーバートライブング/（–/–en）(英exaggeration) 誇張，大げさなこと

über·weisen /ユーバーヴァイゼン/ 動(英transfer)（人に金を）振り込む

die **Überweisung** /ユーバーヴァイズング/（–/–en）(英transfer) 口座振込み，(口座)振替；送金

überwiegend /ユーバーヴィー

überwinden

ゲント/ 形 (英overwhelming) 優勢な, より多い; 圧倒的な

überwinden /ユーバーヴィンデン/ (überwand; überwunden) 動 (英overcome) 乗り越える, 克服する; 打ち負かす

überzeugen /ユーバーツォイゲン/ 動 (英convince) ((j⁴ von et³)) (人に…を) 納得 [確信] させる

die **Überzeugung** /ユーバーツォイグング/ (–/–en) (英conviction) 確信, 信念; 納得

üblich /ユープリヒ/ 形 (英usual) 通例 [普通] の, いつもの

übrig /ユープリヒ/ 形 (英remaining) 残っている, 余った *im Übrigen* ところで

übrigens /ユーブリゲンス/ 副 (英by the way) ところで, それはそうと

die **Übung** /ユーブング/ (–/–en) (英practice) 練習, けいこ, 訓練, トレーニング; [軍事] 演習; 習熟, 熟練; 練習問題

das **Ufer** /ウーファー/ (–s/–) (英shore) (川・海・湖の) 岸

die **Uhr** /ウーア/ (–/–en) (英clock watch) 時計; (英o'clock) …時 ¶ Wie viel Uhr ist es? 今何時ですか / Der Zug fährt um 19.30 Uhr ab. 列車は19時30分に出発する *rund um die Uhr* ((話)) 24時間ぶっ通しで

um /ウム/ ❶ 前 ((4格支配: um + das = ums)) ① ((空間的)) (英around) …の周りに [を]; …を (ぐるっと) 回って; …を曲がって; ((sich⁴)) 自分の回りに [を], 辺り一面 (に), あちこちに ¶ einen Schal um den Hals binden マフラーを首に巻く ② ((時間的)) (英at) …時 (…分) に ¶ um 7.00 Uhr 7時に ③ (英about) …に関して (の), …を巡って; …のことで ¶ der Streit um das Erbe 遺産相続争い ④ …の差 [分] だけ ¶ um fünf Minuten zu spät kommen 5分遅刻する ⑤ ((同じ名詞を繰り返して)) …また…と, …ずつ ¶ Schritt um Schritt 一歩一歩 ❷ 接 ((+ zu 不定詞句)) ((目的)) …するために; ((zu + 形容詞, um... + zu 不定詞句)) あまり…なので…できない, …するには…すぎる; ((形容詞 + genug, um... + zu 不定詞句)) …するのに十分…である; ((nicht so + 形容詞, um... + zu 不定詞句)) …であるほど…ではない ¶ Haben wir Zeit, um die Stadt zu besichtigen? 市内を観光する時間はありますか / Ich war zu müde, um weiterzugehen. あまりに疲れて先へ進めなかった

umarmen /ウムアルメン/ 動 (英embrace) (人を) 抱きしめる

der **Um·bau** /ウムバオ/ (–(e)s/–ten) (英rebuilding) 改築, 建て替え

um|blättern /ウムブレッターン/ 動 (英turn (the page)) ページをめくる

um|bringen /ウムブリンゲン/ 動 (英kill) ((話)) (人を) 殺す

um|drehen /ウムドレーエン/ 動 (英turn) 回転させる, 回す; 後ろへ向きを変える, Uターンする; ((sich⁴)) 振り返る

der **Umfang** /ウムファング/ (–(e)s/Umfänge) (英circumference) 回りの長さ, 外周; 大きさ, 広がり; 規模, スケール

umfangreich /ウムファングライヒ/ 形 (英extensive) 範囲の広い, 大規模な

umfassend /ウムファッセント/ 形 (英full) 完全な; 幅広い, 広範囲にわたる

die **Um·frage** /ウムフラーゲ/ (英questionnaire) アンケート

der **Umgang** /ウムガング/ (–(e)s/) (英contact) 交際, つきあい; 交際相手の (英handling) (人・物の) 扱い, 使い方, 対応の仕方

die **Umgangs·sprache** /ウムガングスシュプラーヘ/ (英colloquial language) 口語

um·geben /ウムゲーベン/ 動

(英surround) 取り囲む [巻く]

die **Umgebung** /ウムゲーブング/ ((-/-en)) (英surroundings) 周辺, 近辺;周りの人々, 取り巻き

umgekehrt /ウムゲケーアト/ 形 (英reverse) 逆の, 反対の

um|kehren /ウムケーレン/ 動 (英turn back) Uターンする, 引き返す;逆にする

der **Umkleide・raum** /ウムクライデラオム/ (英changing room) 更衣室

der **Umlaut** /ウムラオト/ ((-(e)s/)) (英umlaut) 【言語】ウムラウト (語中の母音の変化)

die **Umleitung** /ウムライトゥング/ (英detour) 迂回(うかい);迂回路

um|rechnen /ウムレヒネン/ 動 (英convert) (通貨を別の通貨に)換算する

der **Um・riss** /ウムリス/ (英outline) 輪郭

der **Um・satz** /ウムザッツ/ (英sales) 売上

um|schalten /ウムシャルテン/ 動 (英switch over) (スイッチを)切り替える;気持ちを切り換える

der **Um・schlag** /ウムシュラーク/ (英envelope) 封筒;(本などの)カバー;湿布;急激な変化

um|sehen /ウムゼーエン/ 動 (英look around) ((sich⁴)) 見回す;((sich⁴ / nach j³et³)) (…を) 探す

umso /ウムゾー/ 副 (英the more) ((比較級と)) なおさら, ますます ¶ umso besser (…であると)なおさらいい

umsonst /ウムゾンスト/ 副 (英free) 無料で, ただで;(英in vain) むだに, いたずらに ¶ Was kostet das?–Es ist umsonst. いくらなのですか–無料です *nicht umsonst* (…なのは) 理由のあることだ

der **Um・stand** /ウムシュタント/ (英circumstance) 事情, 事態, 状況;(余計な)手間, 労力, 面倒 ¶ Bitte machen Sie sich keine großen Umstände! どうぞお構いなく *unter allen Umständen* 何としても *unter Umständen* 場合によっては

umständlich /ウムシュテントリヒ/ 形 (英awkward, elaborate) ぐずぐずした;手間のかかる, 面倒な

um|steigen /ウムシュタイゲン/ 動 (英change) 乗り換える;((話))((auf et⁴)) (…に)変える ¶ Wo muss ich umsteigen? どこで乗り換えなければなりませんか

um|tauschen /ウムタオシェン/ 動 (英exchange) ((et⁴ in [gegen] et⁴)) (…を…と) 交換する;両替する

der **Um・weg** /ウムヴェーク/ (英detour) 回り[寄り]道, 迂回(うかい)路

die **Um・welt** /ウムヴェルト/ (英environment) 環境;周囲の[つながりのある]人々

umweltfreundlich /ウムヴェルトフロイントリヒ/ 形 (英environment-friendly) 環境にやさしい

der **Umwelt・schutz** /ウムヴェルトシュッツ/ (英environmental protection) 環境保護

die **Umweltverschmutzung** /ウムヴェルトフェアシュムッツング/ ((-/-en)) (英pollution of environment) 環境汚染

um|ziehen /ウムツィーエン/ 動 ① (英move) 引っ越す, 移る ② ((sich⁴)) 着替える

der **Um・zug** /ウムツーク/ (英move) 引っ越し;(祭りなどの)パレード

unabhängig /ウンアプヘンギヒ/ 形 (英independent) ((von j³/et³)) (…に) 依存していない, (…から) 独立[自立]した

die **Unabhängigkeit** /ウンアプヘンギヒカイト/ ((-/)) (英independence) 独立, 自立

unangenehm /ウンアンゲネーム/ 形 (英unpleasant) 不(愉)快な;好ましくない, 不都合な

unanständig /ウンアンシュテンディヒ/ 形 (英improper) 無作法な, 品の悪い

unbedingt /ウンベディンクト/ 副 (英absolutely) ぜひとも, 必ず ¶ Sie müssen unbedingt München besuchen. ミュンヘンには絶対に行ったほうがよいです

unbekannt /ウンベカント/ 形 (英unknown) ((j³))(人に)知られていない; 面識がない

unbequem /ウンベクヴェーム/ 形 (英uncomfortable) 快適でない, 心地よくない; やっかいな; 妥協しない

unbestimmt /ウンベシュティムト/ 形 (英uncertain) 漠然とした, 決まっていない; 未定の

unbewusst /ウンベヴスト/ 形 (英unconscious) 無意識の; 気づいていない

und /ウント/ 接 (英and) …と[や]…, …および…; そして, また; …したり…したり; …足す…; ますます; ((命令文の後で))そうすれば; そして ¶ Sie ist groß und schlank. 彼女は背が高くてやせている *und so weiter* …など

undenkbar /ウンデンクバール/ 形 (英unthinkable) 考えられない, ありえない

undeutlich /ウンドイトリヒ/ 形 (英unclear) はっきりしない; あいまいな

unentbehrlich /ウンエントベーアリヒ/ 形 (英indispensable) 必要不可欠の, 必須の

unentschieden /ウンエントシーデン/ 形 (英undecided) 未決定の, 未解決の, 〖スポーツ〗同点の, 引き分けの

unerhört /ウンエアヘーアト/ 形 (英unheard-of) 前代未聞の; とんでもない; ものすごい

unerträglich /ウンエアトレークリヒ/ 形 (英unbearable) 我慢できない, 耐えられない

unerwartet /ウンエアヴァルテト/ 形 (英unexpected) 予期しない, 思いがけない, 不意の

unfähig /ウンフェーイヒ/ 形 (英incapable) ((zu *et³*))(…の)能力がない, (…)できない

der **Un·fall** /ウンファル/ (英accident) 事故, 災害 ¶ einen Unfall haben 事故に遭う

unfreundlich /ウンフロイントリヒ/ 形 (英unfriendly) 不親切な; 感じの悪い; 雨模様の

ungeduldig /ウンゲドゥルディヒ/ 形 (英impatient) 短気な, せっかちな; いらいらした

ungefähr /ウンゲフェーア/ 副 (英approximately) およそ, 約 ¶ Was wird es ungefähr kosten? 大体いくら位かかりますか

ungefährlich /ウンゲフェーアリヒ/ 形 (英safe) 安全な, 危険のない

das **Ungeheuer** /ウンゲホイアー/ (-s/-) (英monster) 怪獣; 残忍な人

ungerecht /ウンゲレヒト/ 形 (英unjust) 不公平な

ungern /ウンゲルン/ 副 (英reluctantly) いやいやながら, しぶしぶ

ungesund /ウンゲズント/ 形 (英unhealthy) 健康でない, 健康に悪い

ungewöhnlich /ウンゲヴェーンリヒ/ 形 (英unusual) 普通でない, 珍しい; ((副詞的))特に, ことのほか

unglaublich /ウングラオプリヒ/ 形 (英unbelievable) 信じられない

das **Un·glück** /ウングリュック/ (英accident) (大きな)事故, 災害, 不幸なできごと; (英*misfortune*) 不運, 不幸, 災難

unglücklich /ウングリュックリヒ/ 形 (英unfortunate) 不都合な; 不運な; (表現などが)不適切な; (英unhappy) 悲しい, 不幸な

ungültig /ウンギュルティヒ/ 形

> **unterdrücken**

(㊈invalid) 無効の

unheimlich /ウンハイムリヒ/ 形(㊈eerie) 不気味な, 薄気味悪い;((話))すごい

unhöflich /ウンヘーフリヒ/ 形(㊈impolite) 失礼な, 不作法な

die **Universität** /ウニヴェルズィテート/ (‒/‒en) (㊈university) (総合)大学

die **Unkosten** /ウンコステン/ ((複数))(㊈expenses) 予定外の[余分な]経費, 雑費

das **Un·kraut** /ウンクラオト/ (㊈weed) 雑草

unmittelbar /ウンミッテルバール/ 形(㊈immediate) 直接の;すぐの

unmöglich /ウンメークリヒ/ 形(㊈impossible) 不可能な, ありえない;((話))とんでもない;ひどい

die **Un·ordnung** /ウンオルドヌング/ (㊈disorder) 無秩序, 混乱, めちゃくちゃ

unpraktisch /ウンプラクティシュ/ 形(㊈unpractical) 不便な, 実用向きでない

das **Un·recht** /ウンレヒト/ (㊈unjustiness) 不正, 不当

unregelmäßig /ウンレーゲルメースィヒ/ 形(㊈irregular) 不規則な;〔言語〕不規則変化の

die **Un·ruhe** /ウンルーエ/ (㊈unrest) 不安, 心配;騒がしさ;不穏な空気;騒動, 暴動

unruhig /ウンルーイヒ/ 形(㊈restless) 落ち着かない, 動揺した;騒がしい, にぎやかな

uns /ウンス/ (㊈us) 人称代名詞 wirの3[4]格

unschuldig /ウンシュルディヒ/ 形(㊈innocent) 無実の, 無罪の;無邪気な, 悪意のない

unser /ウンザー/ (㊈our) ((所有代名詞)) 私たちの;((人称代名詞))wirの2格

unsicher /ウンズィヒャー/ 形(㊈uncertain) 不確実な, はっきりしていない;当てにならない;確信が持てない, 自信のない;不慣

れな;安全でない

der **Unsinn** /ウンズィン/ (‒(e)s/) (㊈nonsense) くだらない[ばかげた]こと, ナンセンス ¶ Unsinn! ((話))ナンセンスだ, ばかばかしい

unten /ウンテン/ 副(㊈below) 下(の方)に[で], 低い所に[で];下位に;(社会の)下層に[で];南(の地方)で;(文書などで)下記に

unter /ウンター/ ❶前((3・4格支配))①(㊈under) ((3・4格と))((空間的)) …の(真)下に[へ];…の下側に ¶ Der Hund legte sich unter den Tisch. その犬は机の下へ入って横たわった ②(㊈among) ((3格と)) …の間で, …の中で;((3・4格と)) …に所属して, …のもとに[へ] ¶ Sie können mich unter dieser Nummer erreichen. この番号で私につながります ③((3・4格と)) …未満の;…以下に;…の下位に, …より劣って ¶ Dieser Film ist für Jugendliche unter 18 verboten. この映画は18歳未満の若者は鑑賞禁止だ ④((3格と)) …の(状態)のもとで, …ながらに ¶ unter Tränen 涙を流しながら, 涙ながらに ⑤((3格と)) …の間に *unter uns gesagt* ここだけの話だけど ❷副(数詞と) …未満で, …に達しない ❸形下方の, 下部の

unter·brechen /ウンターブレッヒェン/ 動(㊈interrupt) 中断する, (一時的に)中止する

die **Unterbrechung** /ウンターブレッヒュング/ (‒/‒en) (㊈interruption) 中断, 中止

unter|bringen /ウンターブリンゲン/ 動(㊈put) 収納する;泊めさせる, 収容する

unterdessen /ウンターデッセン/ 副(㊈in the meantime) その間に, そうするうちに

unterdrücken /ウンタードリュッケン/ 動(㊈suppress) 押えつける, 抑圧する;(感情などを)抑える;(事実などを)公表しない

untereinander /ウンターアイナンダー/ 副 (英one below the other) 上下に, 重ね合わせて; 相互の間で

die **Unter・führung** /ウンターフュールング/ (英underpass) 地下道

der **Unter・gang** /ウンターガング/ (英setting) (太陽・月が) 沈むこと; (水中に) 沈むこと, 沈没; 没落, 滅亡

unter|gehen /ウンターゲーエン/ 動 (英go down) (太陽・月が) 沈む; (英sink) (水中に) 没する, 沈没する; 没落[滅亡]する

unter・halten /ウンターハルテン/ 動 ① (英entertain) もてなす, 楽しませる; (($sich^4$ mit j^3 über et^4)) (人と…について) 歓談する ¶ Worüber habt ihr euch unterhalten? 君たちは何の話をしていたの ② (英maintain) 維持[管理]する; (よい状態に) 保つ ③ (英support) (人を) 養う

die **Unter・haltung** /ウンターハルトゥング/ (英conversation) おしゃべり, 会話, 歓談; 語り合い; (英entertainment) 娯楽, 楽しみ; 維持

das **Unter・hemd** /ウンターヘムト/ (英undershirt) アンダーシャツ

die **Unter・hose** /ウンターホーゼ/ (英underpants) ズボン下, パンツ

unterirdisch /ウンターイルディシュ/ 形 (英underground) 地下の

die **Unterkunft** /ウンタークンフト/ (–/..künfte) (英accommodations) 宿, 宿泊所

unter・nehmen /ウンターネーメン/ 動 (英do) (楽しいことを) 行う; (英take) (措置を) 講じる

der **Unterricht** /ウンターリヒト/ (–(e)s/–e) (英lesson) 授業, レッスン

unterrichten /ウンターリヒテン/ 動 (英teach) (教師として) 教える; ((j^4 in et^3)) (人に…を) 教える;
((j^4 über et^4 [von et^3])) (人に…について) 知らせる, 伝える

der **Unter・rock** /ウンターロック/ (英slip) スリップ, ペチコート

unterscheiden /ウンターシャイデン/ 動 (英distinguish) 区別する; ((j^4/et^4 von j^3/et^3)) (…を…と) 区別する; ((zwischen et^3 und et^3)) (…と…とを) 区別する, 見分ける; (($sich^4$ von et^3 (in et^3 [durch et^4]))) (…と(…の点で)) 区別される

der **Unterschied** /ウンターシート/ (–(e)s/–e) (英difference) 相違(点), 違い; 区別

unterschreiben /ウンターシュライベン/ 動 (英sign) (手紙などに) 署名[サイン]する

die **Unter・schrift** /ウンターシュリフト/ (英signature) 署名, サイン

unterstreichen /ウンターシュトライヒェン/ 動 (英underline) 下線を引く; 強調する

unterstützen /ウンターシュテュッツェン/ 動 (英support) 支援[援助]する; 促進する

untersuchen /ウンターズーヘン/ 動 (英examine) 調べる, 調査[検査]する; 診察する; 分析する

die **Untersuchung** /ウンターズーフング/ (–/–en) (英examination) 調査, 検査; 診察; 取り調べ; 分析; 研究(論文)

die **Unter・tasse** /ウンタータッセ/ (英saucer) (コーヒーカップなどの) ソーサー

die **Unter・wäsche** /ウンターヴェッシェ/ (英underwear) 下着, 肌着

unterwegs /ウンターヴェークス/ 副 (英on the way) 途中で; 旅[輸送]の途上で ¶ Das Wetter unterwegs war gut. 旅先の天気はよかった

ununterbrochen /ウンウンターブロッヘン/ 形 (英incessant) 絶え間なく, 常に

unverantwortlich

/ウンフェア**ア**ントヴォルトリヒ/ 形 (英irresponsible) 無責任な

unverheiratet /ウンフェアハイラーテット/ 形 (英unmarried) 未婚の, 独身の

unverschämt /ウンフェアシェームト/ 形 (英shameless) 恥知らずな, ずうずうしい;((話))とんでもない, 途方もない

unverständlich /ウンフェアシュテントリヒ/ 形 (英incomprehensible) はっきり聞き取れない; 理解できない, よくわからない

unwahrscheinlich /ウンヴァールシャインリヒ/ 形 (英improbable) ありそうにない, 本当と思えない;((話))途方もない

das **Un·wetter** /ウンヴェッター/ (英storm) あらし, 雷雨

unwichtig /ウンヴィヒティヒ/ 形 (英unimportant) 重要[大事]でない

unzerbrechlich /ウンツェアブレヒリヒ/ 形 (英unbreakable) 割れない

unzufrieden /ウンツフリーデン/ 形 (英dissatisfied) 不満な

üppig /ユピヒ/ 形 (英luxuriant) 繁茂した;(食事が)品数豊富な;豊満な

der **Ur·enkel** /ウーアエンケル/ (英great-grandson) ひ孫

die **Urkunde** /ウーアクンデ/ (-/-n) (英document) (公的な)書類, 文書;証書

der **Urlaub** /ウーアラオプ/ (-(e)s/-e) (英vacation) 休暇 ¶ Ich bin im Urlaub hier. 休暇で来ています/Mach doch mal Urlaub! 休暇を取りたまえ

die **Ur·sache** /ウーアザッヘ/ (英cause) 原因;理由 **Keine Ursache!** (お礼に対して)どういたしまして, 何でもありませんよ

der **Ur·sprung** /ウーアシュプルング/ (英origin) 起源;源泉;由来

ursprünglich /ウーアシュプリュングリヒ/ 形 (英original) 元の, 本来の;最初の;(英natural) 自然のままの

das **Ur·teil** /ウルタイル/ (英judgment) 判断, 判定;判決

urteilen /ウルタイレン/ 動 (英judge) ((über j^4/et^4)) (…について) 判断 [評価] する

der **Ur·wald** /ウーアヴァルト/ (英primeval forest) 原始林, 原生林

usw. /ウント ゾー ヴァイター/ (英etc.) …など (<und so weiter)

V, v

die **Vanille** /ヴァニリェ/ (-/) (英vanilla) バニラ

der **Vater** /ファーター/ (-s/Väter) (英father) 父, 父親;保護者;創始[発案]者;祖先;(呼びかけ))神父;(詩教)神

der **Vati** /ファーティ/ (-s/-s) (英dad) ((話))おとうさん, パパ

der **Vegetarier** /ヴェゲターリアー/ (-s/-) (英vegetarian) 菜食主義者, ベジタリアン

vegetarisch /ヴェゲターリシュ/ 形 (英vegetarian) 菜食(主義)の

das **Veilchen** /ファイルヒェン/ (-s/-) (英violet) スミレ (菫)

die **Vene** /ヴェーネ/ (-/-n) (英vein) 静脈

das **Ventil** /ヴェンティール/ (-s/-e) (英valve) 弁, バルブ

verabreden /フェアアップレーデン/ 動 (英arrange) ((et^4 mit j^3))(人と…を)決める, 約束する;(($sich^4$ mit j^3))(人と)会う約束をする

die **Verabredung** /フェアアップレードゥング/ (-/-en) (英appointment) (人と会う) 約束

verabschieden /フェアアップシーデン/ 動 (英say goodbye to) (($sich^4$ von j^3/et^3)) (人に)別れを告げる;((j^4))(人に)別れを告げる;(議案などを) 通過させる

die **Ver·achtung** /フェアアハトゥング/ (英contempt) 軽蔑;軽視

verändern /フェアエンダーン/ 動 (英change) 変える, 変化させる; ((sich⁴)) 変わる, 変化する; 転職する

die **Ver·änderung** /フェアエンデルング/ (英change) 変化; 変更; 変動; 変革

veranstalten /フェアアンシュタルテン/ 動 (英organize) (行事などを) 催す, 行う

die **Veranstaltung** /フェアアンシュタルトゥング/ (−/−en) (英organizing) 開催; (英event) 催し物, 行事

verantwortlich /フェアアントヴォルトリヒ/ 形 (英responsible) ((für j⁴/et⁴)) (…のことに) 責任がある; ((j³ (gegenüber))) (人に対して) 責任がある

die **Verantwortung** /フェアアントヴォルトゥング/ (−/−en) (英responsibility) ((für et⁴)) (…についての) 責任

verarbeiten /フェアアルバイテン/ 動 (英process) 加工する; (情報などを) 消化する, (辛い経験などを) 乗り越える

der **Ver·band** /フェアバント/ ① (英bandage) 包帯 ②連盟, 連合; 部隊

verbessern /フェアベッサーン/ 動 ① (英improve) 改善 [改良] する, よくする; ((sich⁴)) よくなる, 向上する, 暮らし向きがよくなる ② (英correct) (人の誤りを) 正す; ((sich⁴)) 発言を訂正する

die **Ver·besserung** /フェアベッセルング/ (英improvement) 改良, 改善; 訂正, 修正

verbeugen /フェアボイゲン/ 動 (英bow) ((sich⁴)) お辞儀をする

ver·bieten /フェアビーテン/ 動 (英forbid) ((j³ et⁴)) (人に…を) 禁じる, 禁止する; ((sich⁴ (von selbst))) 不可能である, (当然) 考えられない ¶ Ist Rauchen hier verboten? ここは禁煙ですか

ver·binden /フェアビンデン/ 動 ① (…に) 包帯を巻く ② (英connect) ((et⁴ mit et³)) (…を…と) つなぐ, 結びつける, (機会を捉えて) 組み合わせる; ((et⁴ zu et³)) (…を結合して1つの統一体に) 作り上げる; ((j⁴ mit j³)) (電話交換手が人を人に) つなぐ; (物質が) 化合する

die **Ver·bindung** /フェアビンドゥング/ (英connection) 結合, 結びつき; 結びつけるもの; (電話などの) 接続; (人との) 交流, 連絡, コネ; (物事との) 関連, 関係; 化合物 **in Verbindung mit** j²/et³ (…と) 関連して

das **Verbot** /フェアボート/ (−(e)s/−e) (英prohibition) 禁止

der **Verbrauch** /フェアブラオホ/ (−(e)s/) (英consumption) 消費

verbrauchen /フェアブラオヘン/ 動 (英consume) 消費する; 使い果たす

der **Verbraucher** /フェアブラオハー/ (−s/−) (英consumer) 消費者

das **Verbrechen** /フェアブレッヒェン/ (−s/−) (英crime) 犯罪

der **Verbrecher** /フェアブレッヒャー/ (−s/−) (英criminal) 犯罪者

verbreiten /フェアブライテン/ 動 (英spread) 広める; ((sich⁴)) 広まる, 広がる

ver·brennen /フェアブレネン/ 動 (英burn) 燃える, 燃やす; 燃焼する [させる]; 焼け死ぬ, 焼き殺す; 火葬にする; 焼け焦げる, 焦がす; (体の一部を) やけどする, ((sich⁴)) やけどをする ¶ Ich habe mich [mir die Hand] verbrannt. やけどを [手をやけど] しました

ver·bringen /フェアブリンゲン/ 動 (英spend) (時を) 過ごす

der **Verdacht** /フェアダハト/ (−(e)s/Verdächte) (英suspicion) 疑い, 疑惑, 嫌疑, 容疑

verdächtig /フェアデヒティヒ/ 形 (英suspicious) 疑わしい, 怪しい

verdächtigen /フェアデヒティゲン/ 動 (英suspect) (人を) 疑

う；((*j*⁴ (*et*²)))（人に(…の)）嫌疑をかける

verdanken /フェアダンケン/ 動 (㋳owe) ((*j*³ *et*⁴))（人に…の）おかげをこうむっている

die **Verdauung** /フェアダオウング/ ((-/)) (㋳digestion) 消化

verderben /フェアデルベン/ (verdarb; verdorben) 動(㋳spoil) (食料品が)腐る, 傷む；((*j*³ *et*⁴))((人の)…を)台なしにする；(人を)堕落させる

verdienen /フェアディーネン/ 動①(㋳earn) ((*sich*³) *et*⁴))（金を）稼ぐ, もうける；収入がある ②(㋳deserve)（…に）値する

der **Ver·dienst** /フェアディーンスト/ (㋳earnings) 収入, 稼ぎ, もうけ, 利益

das **Ver·dienst** /フェアディーンスト/ (㋳merit) 功績, 功労

verdoppeln /フェアドッペルン/ 動(㋳double) 2倍にする

verdünnen /フェアデュネン/ 動 (㋳dilute)（液体で）薄める

verehren /フェアエーレン/ 動① (㋳admire) 尊敬する；崇拝する ②((*j*³ *et*⁴))（人に…を）贈る

der **Verehrer** /フェアエーラー/ ((-s /-)) (㋳admirer)（…の）崇拝者

der **Verein** /フェアアイン/ ((-(e)s/ -e)) (㋳association) 協会, クラブ, 同好会

vereinbaren /フェアアインバーレン/ 動(㋳arrange) 取り決める, 協定する

die **Vereinbarung** /フェアアインバールング/ ((-/-en)) (㋳agreement) 取り決め, 協定

vereinigen /フェアアイニゲン/ 動(㋳unite) 一つにまとめる；統合する

die **Vereinigung** /フェアアイニグング/ ((-/-en)) (㋳union) 統合, 一体化, 統一；一致；結社

das **Verfahren** /フェアファーレン/ ((-s/-)) (㋳method) 方法, やり方；訴訟手続き

ver·fallen /フェアファレン/ 動 ①(㋳decline)（建物が）崩壊する；（文化などが）衰退する；（国などが）衰亡する；（体が）衰弱する；有効期限が切れる ②((in *et*⁴))（…の状態に）陥る, (…に)なる ③((*j*³/*et*³))(…の)とりこになる

die **Ver·fassung** /フェアファッスング/ ①(㋳constitution) 憲法 ②（健康の）状態, 調子

verfolgen /フェアフォルゲン/ 動 (㋳pursue) 追う, 追跡する；（人に）つきまとう；迫害する；（目的などを）追求する

verfügen /フェアフューゲン/ 動 (㋳have at one's disposal) ((über *j*⁴/*et*⁴))（…を）意のままにする；自由に使える

die **Verfügung** /フェアフューグング/ ((-/-en)) (㋳order)（役所などの）指示, 命令, 決定 *et*⁴ *zur Verfügung haben* (…を)自由に使える

verführen /フェアフューレン/ 動 (㋳tempt) ((*j*⁴ zu *et*³))（人を…へと）誘惑する, 誘い込む

vergangen /フェアガンゲン/ 形 (㋳past) 過ぎ去った, 過去の

die **Vergangenheit** /フェアガンゲンハイト/ ((-/-en)) (㋳past) 過去；〔文法〕過去時制

ver·geben /フェアゲーベン/ 動 (㋳forgive) 許す；（仕事・奨学金などを）与える；（機会・チャンスを）逃す

vergebens /フェアゲーベンス/ 副(㋳in vain) むだに, むなしく

vergeblich /フェアゲープリヒ/ 形(㋳vain) むだな, 無益な

ver·gehen /フェアゲーエン/ 動 (㋳pass)（時が）過ぎ去る, たつ；消えうせる；なくなる

vergessen /フェアゲッセン/ (vergaß; vergessen) 動(㋳forget) 忘れる；思い出せない；置き忘れる, …し忘れる；((*sich*⁴))我を忘れる, 逆上する ¶ Ich habe meine Handtasche im Zug vergessen. ハンドバッグを列車の中に忘れました

vergesslich /フェアゲスリヒ/ 形 (英forgetful) 忘れっぽい

vergiften /フェアギフテン/ 動 (英poison) (…に) 毒を入れる[盛る]；毒殺する

der **Vergleich** /フェアグライヒ/ (-(e)s/-e) (英comparison) 比較；直喩；和解, 和議

vergleichen /フェアグライヒェン/ 動 (英compare) ((j^3/et^4 mit j^3/et^3)) (…を…と) 比較する, 比べる；((j^3/et^4 mit j^3/et^3)) (…を…に) たとえる；(人と) 和解する

das **Vergnügen** /フェアグニューゲン/ (-s/-) (英pleasure) 楽しみ, 喜び

vergrößern /フェアグレーサーン/ 動 (英enlarge) (et^4 [$sich^4$]) 大きくする[なる], 拡大する, 引き伸ばす

die **Vergrößerung** /フェアグレーセルング/ (-/-en) (英enlargement) 拡大, 拡張；(写真の) 引き伸ばし

verhaften /フェアハフテン/ 動 (英arrest) 逮捕する

ver·halten /フェアハルテン/ ❶ 動 (英behave) (($sich^4$)) (…なように) 振る舞う, 態度を取る；(($sich^4$ zu et^3 wie…)) (…に対して…の) 関係にある ❷ 形 (感情などを) 抑えた；控えめな, 慎重な

das **Verhalten** /フェアハルテン/ (-s/-) (英behavior) 態度, 振る舞い；行動

das **Verhältnis** /フェアヘルトニス/ (-ses/-se) ① (英proportion) 割合, 比率, 釣り合い ② (英relation) 関係；《話》愛人関係

verhältnismäßig /フェアヘルトニスメースィヒ/ 副 (英relatively) 比較的, わりあいに

verhandeln /フェアハンデルン/ 動 (英negotiate) (($mit\ j^3$ über et^4)) (人と…について) 交渉する, 折衝する；((et^4/gegen j^4 über et^4)) (…を/人に対して/…の件で) 審理する

die **Ver·handlung** /フェアハンドルング/ (英negotiation) 交渉, 折衝, 協議；審理

verheiratet /フェアハイラーテト/ 形 (英married) 結婚した, 既婚の

verhindern /フェアヒンダーン/ 動 (英prevent) 妨げる, 阻止する

verhungern /フェアフンガーン/ 動 (英starve) 餓死する

verirren /フェアイレン/ 動 (英go astray) (($sich^4$)) 道に迷う

der **Ver·kauf** /フェアカオフ/ (英sale) 販売

verkaufen /フェアカオフェン/ 動 (英sell) 売る, 売却する；(($sich^4$)) 売れ行きが…である

der **Ver·käufer** /フェアコイファー/ (英sales assistant) 店員, 販売員, 販売者

der **Verkehr** /フェアケーア/ (-(e)s/(-e)) (英traffic) 交通, 往来；交際, 付き合い；性交

verkehren /フェアケーレン/ 動 (英run) (交通機関が) 運行する；(($mit\ j^3$)) (人と) 交際する

das **Verkehrs·amt** /フェアケーアスアムト/ 観光案内所

das **Verkehrs·mittel** /フェアケーアスミッテル/ (英means of transport) 交通[輸送]機関

das **Verkehrs·zeichen** /フェアケーアスツァイヒェン/ (英traffic sign) 交通[道路]標識；道路標示

verkehrt /フェアケーアト/ 形 (英wrong) 誤った, 間違った；逆の, 反対の

verkürzen /フェアキュルツェン/ 動 (英shorten) 短くする, 減らす, 短縮する

der **Verlag** /フェアラーク/ (-(e)s/-e) (英publisher) 出版社, 新聞社, 発行所

verlangen /フェアランゲン/ 動 (英demand) 求める, 要求[請求]する；(人を) 電話口に呼び出す；(($nach\ j^3/et^3$)) (人に) 会いたいと言う, (物が) 欲しいと言う

verlängern /フェアレンガーン/ 動 (英lengthen) 長くする, 伸ば

ver·lassen /フェアラッセン/ **1** 動 (英 leave) 去る；出て行く；(人を)見捨てる；((sich⁴ auf j⁴/et⁴))(…を)信頼[信用]する，当てにする **2** 形 人気(ホピ)のない，寂しい；ひとりぼっちの

ver·laufen /フェアラオフェン/ 動 (英 run) (道などが)走る，延びる；(…な)経過をたどる；(英 get lost) ((sich⁴))道に迷う

verlegen /フェアレーゲン/ **1** 動 (英 move) 移す；(期日などを)変更する；(ケーブルなどを)敷設する；(めがねなどを)置き忘れる；(本を)出版する **2** 形 (英 embarrassed) 困惑している，狼狽した

die **Verlegenheit** /フェアレーゲンハイト/ (–/–en) (英 embarrassment) 困惑；困難な状況

ver·leihen /フェアライエン/ 動 (英 lend) 貸す；((j³ et⁴))(人に…を)授与する

verletzen /フェアレッツェン/ 動 ① (英 injure) 傷つける，けがさせる；((sich⁴))負傷する ② (人の)気持ちを傷つける；(感情を)害する；(規則を)侵す，反する

der/die **Verletzte** /フェアレッツテ/ (英 injured) けが人，負傷者

die **Verletzung** /フェアレッツング/ (–/–en) (英 injury) 傷，けが；違反

verlieben /フェアリーベン/ 動 (英 fall in love) ((sich⁴ in j⁴))(人に)ほれる，恋をする

verlieren /フェアリーレン/ (verlor; verloren) 動 (英 lose) 失う，紛失する，なくす；(人に)死なれる；(試合に)負ける，敗れる；(水・ガソリンなどを)漏らす；((sich⁴))なくなる，消える；((sich⁴ in et³))(…に)没頭する；((an et³))(影響力などを)失う

verloben /フェアローベン/ 動 (英 engage) ((sich⁴))(人と)婚約する

der/die **Verlobte** /フェアローブテ/ (英 fiancé(e)) 婚約者，フィアンセ

die **Verlobung** /フェアローブング/ (–/–en) (英 engagement) 婚約

verloren /フェアローレン/ 形 (英 lost) 失われた，紛失した；見捨てられた

der **Verlust** /フェアルスト/ (–(e)s/–e) (英 loss) 喪失，紛失，損失；(戦闘による)死者

vermehren /フェアメーレン/ 動 (英 increase) 増やす；繁殖させる；((sich⁴))増える；繁殖する

vermeiden /フェアマイデン/ ((vermied; vermieden)) 動 (英 avoid) 避ける，回避する

vermieten /フェアミーテン/ 動 (英 rent) (住居などを)賃貸しする

der **Vermieter** /フェアミーター/ (–s/–) (英 landlord) 大家

vermindern /フェアミンダーン/ 動 (英 decrease) 減らす，弱める；((sich⁴))減る，弱まる

vermissen /フェアミッセン/ 動 (英 miss) (人が)いなくて残念に[寂しく]思う；(…が)ない[いない]ことに気づく

vermitteln /フェアミッテルン/ 動 (英 mediate) 仲介[斡旋(あっせん)]する；伝える，知らせる

die **Vermittlung** /フェアミットルング/ (–/–en) (英 mediation) 仲介，斡旋(あっせん)；仲裁，調停；伝達

vermögen /フェアメーゲン/ 動 ((vermochte; vermocht))(英 be able to) ((et⁴/ zu 不定詞句))(…することが)できる

das **Vermögen** /フェアメーゲン/ (–s/–) (英 fortune) 財産；((話)) 大金

vermuten /フェアムーテン/ 動 (英 presume) 推測する，想像する，思う

vermutlich /フェアムートリヒ/ 副 (英 probably) おそらく，たぶん

vernachlässigen /フェアナーハレッスィゲン/ 動 (英 neglect) おろそかにする，なおざりにする

verneinen /フェアナイネン/ 動

vernichten

(〈英〉deny) 否定する, 否認する; …ではないと言う

vernichten /フェアニヒテン/ 動 (〈英〉destroy) 全滅させる, 根絶する;粉砕する

die **Vernunft** /フェアヌンフト/ (–/) (〈英〉reason) 理性;判断力

vernünftig /フェアニュンフティヒ/ 形 (〈英〉reasonable) 理性的な, 道理にかなった;《話》まともな

veröffentlichen /フェアエッフェントリヒェン/ 動 (〈英〉publish) 公にする, 公表[公刊・出版]する

verpacken /フェアパッケン/ 動 (〈英〉wrap) 包装する

das **Verpackung** /フェアパックング/ (–/–en) (〈英〉wrapping) 包装すること;包装, パッケージ

verpassen /フェアパッセン/ 動 (〈英〉miss) 逃がす, 乗り遅れる;(人と)行き違いになる

verpflichten /フェアプフリヒテン/ 動 (〈英〉oblige) ((*j*^{4} zu *et*^{3}))(人に…を) 義務づける;(契約によって) 決められている;((*sich*^{4} zu *et*^{3}))(契約で…をすると) 約束する

ver·raten /フェアラーテン/ 動 (〈英〉betray) 裏切る;((*j*^{3} *et*^{4}/an *j*^{4} *et*^{4}))《話》(人に秘密などを) 漏らす;((*sich*^{4} durch *et*^{4}))(…で思わず) 本心を明かしてしまう

verrechnen /フェアレヒネン/ 動 (〈英〉miscalculate) 計算間違いをする

verreisen /フェアライゼン/ 動 (〈英〉go on a trip) 旅行に出る

verrückt /フェアリュックト/ 形 (〈英〉crazy)《話》頭のおかしい, 気の狂った;ばかげた, 非常識な

versagen /フェアザーゲン/ 動 ① (〈英〉deny) ((*j*^{3} *et*^{4}))(人に…を) 拒む, 拒絶する;((*sich*^{3} *et*^{4}))(…を) 断念する ②成果が上がらない;(体の一部などが) 機能しなくなる

versammeln /フェアザメルン/ 動 (〈英〉assemble) ((*sich*^{4}))(人が) 集まる, 集合する

die **Versammlung** /フェアザムルング/ (–/–en) (〈英〉meeting) 集会, 会議, 大会;出席した人々

versäumen /フェアゾイメン/ 動 (〈英〉miss) 逃がす, し損なう, 乗り遅れる;怠る;なおざりにする

ver·schieben /フェアシーベン/ 動 (〈英〉shift) (押して) 動かす, ずらす;延期する

verschieden /フェアシーデン/ 形 (〈英〉different) ((von *j*^{3}/*et*^{3}))(…と) 異なった, 違う;いくつかの, さまざまの

verschlafen /フェアシュラーフェン/ ❶ 動 (〈英〉oversleep) 寝坊する;《話》ぼーっとしている ❷ 形 寝足りない;ひと気のない

verschlechtern /フェアシュレヒターン/ 動 (〈英〉worsen) 悪化させる, (…の) 質を低下させる;((*sich*^{4})) 悪化する, 質が低下する

der **Verschluss** /フェアシュルス/ (–es/..schlüsse) (〈英〉fastener) 留め金, ホック

die **Verschmutzung** /フェアシュムッツング/ (–/–en) (〈英〉soiling) 汚すこと;(〈英〉dirt) 汚れ;(〈英〉pollution) 汚染

ver·schreiben /フェアシュライベン/ 動 (〈英〉prescribe) (医師が人に薬などを) 処方する, 指示する;((*sich*^{4})) 書きまちがう, 書き損なう

verschwenden /フェアシュヴェンデン/ 動 (〈英〉waste) (金・時間・労力を) 浪費する, むだにする

verschwinden /フェアシュヴィンデン/ (verschwand; verschwunden) 動 (〈英〉disappear) 消える;(い) なくなる

ver·sehen /フェアゼーエン/ 動 (〈英〉provide) ((*j*^{4} mit *et*^{3}))(人に…を) 与える, 持たせる, 支給する;((*sich*^{4})) まちがえる, 見誤る

das **Versehen** /フェアゼーエン/ (–s/–) (〈英〉mistake) ちょっとした間違い *aus Versehen* うっかりして, 誤って

versichern /フェアズィヒャーン/ 動 (〈英〉assure) (人に…を) 請け負う, 断言[保証]する;((*sich*^{4} *et*^{2}))(…を) 確認する;((*j*^{4} [*sich*^{4}]

gegen *et*⁴)(（人に）…に対する）保険をかける

die **Ver·si·che·rung** /フェアズィヒェルング/ (⊕insurance) 保険；保険会社

versöhnen /フェアゼーネン/ 動 (⊕become reconciled) ((sich⁴ mit *j*³))（人と）仲直り[和解]する；((*j*⁴ mit *j*³))（人を人と）仲直り[和解]させる

versorgen /フェアゾルゲン/ 動 (⊕supply) ((*j*⁴/*et*⁴ mit *et*³))（…に…を）与える，支給する；（…の）世話をする，面倒を見る

verspäten /フェアシュペーテン/ 動 (⊕be late) ((sich⁴))遅れる，遅刻する ¶ Wir haben uns (um) dreißig Minuten verspätet. 30分遅れてしまった

die **Verspätung** /フェアシュペートゥング/ (/(–)–en) (⊕delay) 遅れ

ver·sprechen /フェアシュプレッヒェン/ 動 (⊕promise)（人に…を）約束する；((sich⁴))言い間違える

das **Versprechen** /フェアシュプレッヒェン/ (/(–s/) (⊕promise) 約束

der **Verstand** /フェアシュタント/ (⊕intelligence) 理解力，知力；分別

verständlich /フェアシュテントリヒ/ 形 (⊕comprehensible) 聞き取れる；わかりやすい；もっともな sich⁴ *verständlich machen*（身振りなどで）わかってもらう

das **Verständnis** /フェアシュテントニス/ (–ses/–se) (⊕understanding) 理解，理解力

verstärken /フェアシュテルケン/ 動 (⊕strengthen) 強くする，強化[補強，増強]する；((sich⁴))強くなる，増大する

verstecken /フェアシュテッケン/ 動 (⊕hide) ((*et*⁴ vor *j*³))（人から…を）隠す

ver·stehen /フェアシュテーエン/ 動 (⊕understand) 理解する，わかる；((sich⁴ mit *j*³))（人と）理解し合う；聞き取る；((sich⁴ auf *et*⁴))（…）できる，（…に）熟達している；((etwas, viel と共に))((von *et*³))（…について）知識がある

verstellen /フェアシュテレン/ 動 ① (⊕adjust)（家具などの）位置を変える；（機械などの）設定を変える[間違える] ② （気づかれないように）偽る；((sich⁴))…のふりをする

der **Versuch** /フェアズーフ/ (/(–)–e) (⊕attempt) 試み，企て；実験；《競》試技

versuchen /フェアズーヘン/ 動 (⊕try) 試みる，試す；（…しようと）努力する；（…を）試食[試飲]する；((sich⁴ in [an])) （向き不向きを知るために）やってみる

verteidigen /フェアタイディゲン/ 動 (⊕defend) 守る，防衛する；弁護[擁護]する；((sich⁴))身を守る，自衛する，自己弁護する

verteilen /フェアタイレン/ 動 (⊕distribute) 配る，分配する；((sich⁴))分散する

der **Vertrag** /フェアトラーク/ (/(–)–e /..träge) (⊕contract) 契約；契約書

ver·tragen /フェアトラーゲン/ 動 (⊕endure)（…に）耐える，我慢する；(話)（…を）受け入れる；((sich⁴ mit *j*³/*et*³))（人と）仲よくやっていく；(話)（…と）仲直りする

vertrauen /フェアトラオエン/ 動 (⊕trust) ((*j*³ [auf *j*⁴/*et*⁴]))（…を）信用[信頼]する

das **Vertrauen** /フェアトラオエン/ (–s/) (⊕confidence) 信用

vertraut /フェアトラオト/ 形 (⊕close, familiar) 親しい，親密な；よく知っている，なじみの

ver·treiben /フェアトライベン/ 動 (⊕drive away) 追い出す[払う]，追放する；（特定のものを）販売する

ver·treten /フェアトレーテン/ ❶ 動 (⊕represent)（人の）代理をする；（意見・立場などを）支持する；弁護する ❷ 形 出席している

Vertreter ▶ 1028

der **Vertreter** /フェアトレーター/ (–s/–) (英deputy) 代理(人), 代弁[代表]者；代表的人物

verunglücken /フェアウングリュッケン/ 動 (英have an accident) 事故に遭う

verursachen /フェアウーアザッヘン/ 動 (英cause) 引き起こす, (…の)原因となる

verurteilen /フェアウルタイレン/ 動 (英sentence) ((*j*⁴ zu *et*³)) (人に…の)刑を言い渡す；厳しく批判する

verwalten /フェアヴァルテン/ 動 (英administer) 管理[運営]する

die **Verwaltung** /フェアヴァルトゥング/ (–/–en) (英administration) 管理[運営]部門；行政機構, 管理[行政]機構

verwandeln /フェアヴァンデルン/ 動 (英transform) ((*j*⁴/*et*⁴ in *et*⁴)) (…を…に)変える；((*sich*⁴ in *et*⁴)) (…に)変化[変身]する

verwandt /フェアヴァント/ 形 (英related) 血縁関係にある, 親戚の；類似の, 似ている

der/die **Verwandte** /フェアヴァンテ/ (英relative) 親類, 親戚

verwechseln /フェアヴェクセルン/ 動 (英confuse) 取り違える, 混同する

verweigern /フェアヴァイガーン/ 動 (英refuse) 拒絶する

ver·wenden /フェアヴェンデン/ 動 (英use) 使う, 利用する

verwirklichen /フェアヴィルクリヒェン/ 動 (英realize) 実現[達成]する；((*sich*⁴)) 実現される

verwirrt /フェアヴィルト/ 形 (英confused) (人が)混乱した

verwitwet /フェアヴィトヴェット/ 形 (英widowed) やもめとなった

verwöhnen /フェアヴェーネン/ 動 (英spoil) 甘やかす

verwundern /フェアヴンダーン/ 動 (英wonder) 不思議がらせる, 驚かせる；((*sich*⁴ über *et*⁴)) (…に)驚く

der/die **Verwundete** /フェアヴンデテ/ (英wounded person) 負傷者

verzählen /フェアツェーレン/ 動 (英miscount) ((*sich*⁴)) 数え間違える

das **Verzeichnis** /フェアツァイヒニス/ (–ses/–se) (英index) 一覧表, 目録, リスト

verzeihen /フェアツァイエン/ 《verzieh; verziehen》 動 (英forgive) (人の…を)許す, 容赦する ¶ Verzeihen Sie bitte. すみません；ちょっと失礼

die **Verzeihung** /フェアツァイウング/ (–/) (英forgiveness) 許し *Verzeihung!* すみません, ごめんなさい

verzichten /フェアツィヒテン/ 動 (英renounce) ((auf *et*⁴)) (…を)断念[放棄]する, あきらめる

verzögern /フェアツェーガーン/ 動 (英delay) 遅らせる, ためらわせる；遅れる

die **Verzögerung** /フェアツェーゲルング/ (–/–en) (英delay) 遅れ

verzweifeln /フェアツヴァイフェルン/ 動 (英despair) ((an *et*³)) (…に)絶望[失望]する

verzweifelt /フェアツヴァイフェルト/ 形 (英desperate) 絶望した；必死の

die **Verzweiflung** /フェアツヴァイフルング/ (–/) (英despair) 絶望(感), 失望

der **Vetter** /フェッター/ (–s/–n) (英cousin) (男の)いとこ

das **Video** /ヴィーデオ/ (–s/–s) (英video) ビデオ；((話)) ビデオテープ

die **Video·kamera** /ヴィーデカメラ/ (英video camera) ビデオカメラ

der **Videorekorder** /ヴィーデオレコルダー/ (–s/–) (英video recorder) ビデオレコーダ

die **Videothek** /ヴィデオテーク/ (–/–en) (英video library) ビデオのコレクション；レンタルビデオ店

das **Vieh** /フィー/ 《-(e)s/》(英cattle) 家畜；牛；《話》動物, 虫

viel /フィール/ ❶形 (mehr; meist) (英many, much) 多くの, たくさんの, 多数[多量]の；多い ¶ Wie viel kostet das Kilo? 1キロいくらですか ❷副 大いに；(比較級と)ずっと ¶ Ich surfe viel im Internet. ネットサーフィンはかなりやります **zu viel** 多すぎる, 過度の

vielfach /フィールファッハ/ 形 (英multiple) 何倍[何回]もの

vielleicht /フィライヒト/ 副 (英perhaps) ひょっとしたら, もしかすると, 多分

vielmals /フィールマールス/ 副 (英very much) 《感謝・依頼を強めて》くれぐれも, 重ね重ね ¶ Ich danke vielmals. 誠にありがとうございます

vier /フィーア/ 《基数》(英four) 4 *auf allen vieren* 《話》四つんばいになって

das **Viereck** /フィーアエック/ 《-(e)s/-e》(英quadrilateral) 四角形

viert /フィーアト/ 《序数》(英fourth) 4番目の

viertel /フィルテル/ (英fourth) 4分の1 (の)

das **Viertel** /フィルテル/ 《-s/-》(英quarter) 4分の1；15分間；(町の特定の) 区域, 地区

die **Viertelstunde** /フィルテルシュトゥンデ/ 《-/-n》(英quarter) 15分 (間)

vierzehn /フィルツェーン/ 《基数》(英fourteen) 14

vierzig /フィルツィヒ/ 《基数》(英forty) 40

die **Villa** /ヴィラ/ 《-/Villen》(英villa) 邸宅, 屋敷；別荘

violett /ヴィオレット/ 形 (英violet) すみれ色の, 紫色の

das **Virus** /ヴィールス/ 《-/Viren》(英virus) ウイルス

das **Visum** /ヴィーズム/ 《-s/Visa, Visen》(英visa) 査証, ビザ

der **Vogel** /フォーゲル/ 《-s/Vögel》(英bird) 鳥；《話》(…な) 人

das **Volk** /フォルク/ 《-(e)s/Völker》(英folk, people) 民族, 国民, 人民；民衆；《話》人々

das **Volks·lied** /フォルクスリート/ (英folk song) 民謡

die **Volks·schule** /フォルクスシューレ/ (英elementary school) 小学校

volkstümlich /フォルクステューム リヒ/ 形 (英popular) 大衆的な, 大衆受けする

voll /フォル/ 形 ① (英full) いっぱいの, 込んだ ¶ Wien ist eine Stadt voll Sehenswürdigkeiten. ウィーンは名所がいっぱいの町だ ② 十分な, 完全な ③ ふっくらした, 豊かな；(音が) 大きい *voll sein* 満腹である

völlig /フェリヒ/ 形 (英complete) 完全な, まったくの

vollkommen /フォルコメン/ 形 (英perfect) 完全[完璧]な；/フォルコメン/ まったくの

die **Vollmilch** /フォルミルヒ/ 《-/》(英full-cream milk) 全乳 (脂肪分が約3.5%のもの)

der **Voll·mond** /フォルモーント/ (英full moon) 満月

die **Voll·pension** /フォルパンズィオーン/ (英full board) (3食つきの) 宿泊

vollständig /フォルシュテンディヒ/ 形 (英complete) 全部そろった, 完備した, 完全な

voll·ziehen /フォルツィーエン/ 動 (英carry out) 実行[遂行]する；執行する

von /フォン/ 《3格支配；von + dem = vom》① (英from) 《(空間的・時間的の)》…から (離れて)；《(出所・起源)》…から ② (英of) 《(所属・行為者・日付)》…の；《(部分)》…のなか[うち]の；…の性質[特徴]を持った；《(by)》《(受動態における行為者)》…によって ③ 《(原因・理由)》…で, …のために *von et³ ab [an]* …

voneinander

から **von** et³ **aus** …から **von** et³ **her**((空間的・時間的))…から

voneinander /フォンアイナンダー/ 副 (英from each other) 互いに, 互いを

vor /フォーア/ ❶ 前 ((3・4格支配))①((3・4格と))((空間的))(英in front of) (3格と))…の前に [へ]；…の面前で [へ] ②((3格と))((時間的))(英before) (ある時点より)前に；(英ago) (今より)前に；((順序・序列))…より先に, …の前に ¶ vor 6.00 Uhr 6時前に ③((原因・理由))((3格と))…のあまり, …のために；((対象))…に対して ¶ Er weinte vor Freude. 彼はうれし泣きした /Hast du Angst vor der Prüfung? 試験のことが不安かい ❷ 副 前へ

voran /フォラン/ 副 (英forward) 先頭に (立って)；前方へ

voraus /フォラオス/ 副 (英in front) 先頭に, 進んで **im Voraus** 前もって, 先に

voraus|setzen /フォラオスゼッツェン/ 動 (英assume) 前提とする, 仮定する；必要とする

die **Voraussetzung** /フォラオスゼッツング/ (-/-en) (英assumption) 前提, 仮定；(英prerequisite) 前提条件, 必要条件

vorbei /フォーアバイ/ 副 (英past) ((an j³/et³))(…のそばを)通り過ぎて；(時間的に)過ぎ去って

vorbei|fahren /フォーアバイファーレン/ 動 (英drive past) ((an et³))(…のそば [わき] を)走り過ぎる

vorbei|gehen /フォーアバイゲーエン/ 動 (英pass) (痛み・悲しみなどが)消え去る

vorbei|kommen /フォーアバイコメン/ 動 (英pass) ((an j³/et³))(…のそばを)通りかかる；(…を)通過 [通行] できる；((話))((bei j³/et³))(…のところに)立ち寄る

vor|bereiten /フォーアベライテン/ 動 (英prepare) (…の)準備 [用意] をする；((j⁴ auf [für] et⁴))(人に…の)準備 [心構え] をさせる

die **Vorbereitung** /フォーアベライトゥング/ ((-/-en) (英preparation) 準備, 用意, したく

das **Vor·bild** /フォーアビルト/ (英model) 手本, 模範

vorder /フォルダー/ 形 (英front) 前方の

der **Vorder·grund** /フォルダーグルント/ (英foreground) (こちらから見ての)手前, 前面

die **Vorfahrt** /フォーアファールト/ (-/) (英right of way) 優先通行 (権)

vor|führen /フォーアフューレン/ 動 (英show) (人に映画などを)見せる, 上映 [上演] する；展示する；実演する

die **Vor·führung** /フォーアフュールング/ (英showing) 上映；展示；実演

der **Vorgänger** /フォーアゲンガー/ (-s/-) (英predecessor) 前任 [先任] 者

vor|gehen /フォーアゲーエン/ 動 (英go forward) 前に行く, 前に出る；先に行く；(時計が)進んでいる；起こる；優先される

vorgestern /フォーアゲスターン/ 副 (英the day before yesterday) おととい, 一昨日

vor|haben /フォーアハーベン/ 動 (英intend) 計画 [予定] する ¶ Haben Sie morgen etwas vor? 明日の予定はありますか

vorhanden /フォーアハンデン/ 形 (英available) 手元にある；存在する

der **Vorhang** /フォーアハング/ (-(e)s/Vorhänge) (英curtain) (厚手の)カーテン；(舞台の)幕

vorher /フォーアヘーア/ 副 (英beforehand) (時間的に)その前に；あらかじめ, 前もって

die **Vorhersage** /フォーアヘーアザーゲ/ (-/-n) (英prediction) 予測, 予言；予報

vorhin /フォーアヒン/ 副 (英a

short while ago) さっき, つい今しがた

vorig /フォーリヒ/ 形 (英 last) すぐ前の, この前の

vor|kommen /フォーアコメン/ 動 (英 occur) 起こる; ((j³)) (人の身に) 起こる; 存在する; (人には…のように) 思われる

vorläufig /フォーアロイフィヒ/ 形 (英 temporary) 差し当たりの, 一時的な, 仮の

vor|lesen /フォーアレーゼン/ 動 (英 read aloud) (人に…を) 読んで聞かせる, 朗読する

die **Vorlesung** /フォーアレーズング/ ((-/-en)) (英 lecture) (大学での) 講義; 朗読

der **Vor·mittag** /フォーアミッターク/ (英 morning) 午前 ¶ heute [gestern, morgen] Vormittag 今日 [昨日, 明日] の午前に

vormittags /フォーアミッタークス/ 副 (英 in the morning) 午前 (中) に

vorn /フォルン/ 副 (英 at the front) 前に, 先頭に **von vorn** 前方から

der **Vor·name** /フォーアナーメ/ (英 first name) (姓に対する) 名, 名前

vornehm /フォーアネーム/ 形 (英 elegant, noble) 高級な, 上品な; 気高い; 上流階級の

der **Vor·ort** /フォーアオルト/ (英 suburb) 郊外, 近郊, (都市の) 周辺

der **Vorrang** /フォーアラング/ ((-(e)s/)) (英 priority) 優位; 優先 (権)

der **Vor·rat** /フォーアラート/ (英 stock) 蓄え, 備蓄; 在庫

die **Vor·richtung** /フォーアリヒトゥング/ (英 device) 装置; 仕組み

die **Vor·schau** /フォーアシャオ/ (英 preview) 予告編; プレヴュー

der **Vor·schlag** /フォーアシュラーク/ (英 proposal) 提案, 申し出

vor|schlagen /フォーアシュラーゲン/ 動 (英 propose) (人に…を) 提案する, …してはどうかと言う; (人を) 推薦する

die **Vor·schrift** /フォーアシュリフト/ (英 instruction) 指示, 指図; 規定, 規則

die **Vorsicht** /フォーアズィヒト/ ((-/)) (英 caution) 用心, 注意, 慎重 **Vorsicht!** あぶない, 気をつけて

vorsichtig /フォーアズィヒティヒ/ 形 (英 cautious) 用心 [注意] 深い, 慎重な

der/die **Vorsitzende** /フォーアズィッツェンデ/ (英 chairperson) 議長, 委員長; 会長

die **Vor·speise** /フォーアシュパイゼ/ (英 hors d'œuvre) オードブル

der **Vor·sprung** /フォーアシュプルング/ (英 lead) (スポーツなどで) リード; (技術などでの) 優位

die **Vor·stadt** /フォーアシュタット/ (英 suburb) 都市近郊, 郊外, (旧) 市街の周辺地域

der **Vor·stand** /フォーアシュタント/ (英 board (of directors)) (会社・団体などの) 首脳部, 執行部; 幹部; 理事, 役員, 取締役

vor|stellen /フォーアシュテレン/ 動 ① (英 introduce) (人に…を) 紹介する; ((sich⁴ j³)) (人に) 自己紹介する ② (製品などを) 発表する ③ ((sich³ j⁴/et⁴)) (…を) 思い浮かべる ④ (時計を) 進ませる

die **Vor·stellung** /フォーアシュテルング/ (英 introduction) 紹介; 上演, イメージ; 想像; 観念

der **Vor·teil** /フォルタイル/ (英 advantage) 利益, 有利; 長所, 利点, 強み, メリット

vorteilhaft /フォルタイルハフト/ 形 (英 advantageous) ((für j⁴)) (人にとって) 有利な, 得になる

der **Vortrag** /フォーアトラーク/ ((-(e)s/..träge)) (英 lecture) 講演; 演奏 [演技] ぶり

der **Vortritt** /フォーアトリット/ ((-(e)s/)) 優先 (権) **j³ den Vortritt lassen** (英 let... go first) (人を) 先に行かせる

vorüber /フォリューバー/ 副 (英 over)(時間的に)終わって;(そばを)通り過ぎて

vorüber|gehen /フォリューバーゲーエン/ 動 (英 go past)((an j^3/et^3))(…のそばを)通り過ぎる

vorübergehend /フォリューバーゲーエント/ 形 (英 temporary) 一時的な, 臨時の, 短期間の

das **Vor·urteil** /フォーアウルタイル/ (英 prejudice) 偏見;先入観

die **Vor·wahl** /フォーアヴァール/ (英 preliminary election) 予備選挙;(電話で)(市外)局番

der **Vor·wand** /フォーアヴァント/ (英 pretext) 口実, 言い訳

vorwärts /フォーアヴェルツ/ 副 (英 forward) 前方へ, 前進して

vorwiegend /フォーアヴィーゲント/ 副 (英 mainly) 主に, おおむね

der **Vor·wurf** /フォーアヴルフ/ (英 reproach) 非難

vor|ziehen /フォーアツィーエン/ 動 (英 prefer)((et⁴/et⁴ j³))(…よりも…のほうを)好む;ひいきにする;(カーテンなどを)前へ引く[ずらす];早める, 優先させる

der **Vor·zug** /フォーアツーク/ (英 preference) 優先;優位;長所, 利点

vulgär /ヴルゲーア/ 形 (英 vulgar) 下品な, 品のない

der **Vulkan** /ヴルカーン/ (-s/-e) (英 volcano) 火山

W, w

die **Waage** /ヴァーゲ/ (-/-n) (英 balance) はかり, 体重計, 天秤(ﾃﾝﾋﾟﾝ);天秤座;〔占星〕天秤宮

waag(e)recht /ヴァーク[ゲ]レヒト/ 形 (英 horizontal) 水平な

wach /ヴァッハ/ 形 (英 awake) 目覚めている;明敏な

die **Wache** /ヴァッヘ/ (-/-n) (英 guard) 監視(人), 見張り

der **Wach·hund** /ヴァッハフント/ (英 guard dog) 番犬

das **Wachs** /ヴァクス/ (-es/-e) (英 wax) 蝋(ﾛｳ), ワックス

wachsen /ヴァクセン/ 動 ① (wuchs; gewachsen)(英 grow) 成長する, 伸びる, 育つ;(数量・規模が)増大する, 膨らむ;(程度が)強まる ② (wachste; gewachst)(…に)ワックスをかける

das **Wachstum** /ヴァクストゥーム/ (-s/)(英 growth) 成長, 発育, 増大, 増加

der **Wächter** /ヴェヒター/ (-s/-) (英 guard) 警備員, 守衛

wack(e)lig /ヴァック[ケ]リヒ/ 形 (英 wobbly) がたがたする, 揺れる;((話))(病気・年齢などで)弱った;(理由などが)納得のいかない

wackeln /ヴァッケルン/ 動 (英 wobble) がたがたする, 揺れる;((話))(先行きが)あぶない

die **Wade** /ヴァーデ/ (-/-n)(英 calf) ふくらはぎ

die **Waffe** /ヴァッフェ/ (-/-n) (英 weapon) 武器, 兵器

wagen /ヴァーゲン/ 動 (英 dare)((et⁴/ zu 不定詞句)) 思いきって[あえて](…を)する;((sich⁴)) 思い切って(…へ)行く;((sich⁴ an et⁴)) あえて(困難なことに)挑戦する **Wer wagt, gewinnt.** 虎穴(ｺｹﾂ)に入らずんば虎児を得ず

der **Wagen** /ヴァーゲン/ (-s/-) (英 wagon) 荷車;馬車;((英 car)) 自動車;(鉄道の) 車両

der **Waggon** /ヴァゴ(ー)ン/ (-s/-s)(英 wagon) 貨車

die **Wahl** /ヴァール/ (-/-en) (英 choice) 選択;(英 election) 選挙;選出

wählen /ヴェーレン/ 動 (英 choose) 選ぶ, 選択する;投票する;選出する;(電話番号を)ダイヤル[プッシュ]する

der **Wahn·sinn** /ヴァーンズィン/ (英 madness)((話)) 常軌を逸した言動;狂気

wahnsinnig /ヴァーンズィニヒ/ 形 (英 mad) 狂気の;狂気じみた;((話)) めちゃくちゃな, 途方もない

wahr /ヴァール/ 形 (英 true) 本

当の, 真実の; 本物の, まことの
..., nicht wahr? …でしょう？, …ですよね

während /ヴェーレント/ **❶** 前 ((2格支配; 口語では3格支配も)) ((英during) …の間に ¶ während meiner Abwesenheit 私の留守中に **❷** 接 ((英while)) …する間に; ((対比して)) …であるのに, 一方…

die **Wahrheit** /ヴァールハイト/ (–/–en) ((英truth) 正しさ; 真理; 真実 **in Wahrheit** 実は, 本当は

wahrscheinlich /ヴァールシャインリヒ/ 形 ((英probable) 本当らしい, それらしい; たぶん

die **Währung** /ヴェールング/ (–/–en) ((英currency) 通貨, (本位)貨幣; 貨幣制度

die **Waise** /ヴァイゼ/ (–/–n) ((英orphan) 孤児, みなしご

der **Wal** /ヴァール/ (–(e)s/–e) ((英whale) クジラ (鯨)

der **Wald** /ヴァルト/ (–(e)s/Wälder) ((英forest) 森, 森林

die **Wall·fahrt** /ヴァルファールト/ ((英pilgrimage) 巡礼

die **Wal·nuss** /ヴァルヌス/ ((英walnut) クルミ (胡桃)

die **Wand** /ヴァント/ (–/Wände) ((英wall) 壁; 断崖

wandern /ヴァンダーン/ 動 ((英hike) ハイキングする

die **Wanderung** /ヴァンデルング/ (–/–en) ((英hike) 徒歩旅行, ハイキング

wann /ヴァン/ 副 ((英when) いつ, 何時に ¶ Wann kommt er zurück? 彼はいつ戻りますか /seit wann いつから /bis wann いつまでに

die **Wanne** /ヴァネ/ (–/–n) ((英tub) 浴槽; たらい

das **Wappen** /ヴァッペン/ (–s/–) ((英coat of arms) 紋章

die **Ware** /ヴァーレ/ (–/–n) ((英goods) 商品, 品物; 製品

warm /ヴァルム/ 形 (wärmer; wärmst) ((英warm) 暖かい, 温かい; (言葉などが) 温かい, 心のこもった; 活発な, 熱烈な

die **Wärme** /ヴェルメ/ (–/–) ((英warmth) 暖かさ; 温かさ, 優しさ; 熱 (エネルギー)

wärmen /ヴェルメン/ 動 ((英warm) 暖[温]める

warnen /ヴァルネン/ 動 ((英warn) ((j⁴ vor j³/et³)) (人に…に対して気をつけるように) 警告する

die **Warnung** /ヴァルヌング/ (–/–en) ((英warning) 警告, 警報, 注意

warten /ヴァルテン/ 動 ① ((英wait) ((auf j⁴/et⁴)) (…を) 待つ; ((mit et³)) (…を) 延期する, 見合わせる ¶ Hast du lange auf mich gewartet? ずいぶん待たしちゃった？ ② (機械などの) 整備をする

der **Wärter** /ヴェルター/ (–s/–) ((英attendant) 監視員, 看守

das **Warte·zimmer** /ヴァルテツィマー/ ((英waiting room) 待合室

die **Wartung** /ヴァルトゥング/ (–(e)s/–en) ((英maintenance) (機械の) 整備, メンテナンス

warum /ヴァルム/ 副 ((英why) なぜ, どうして, なんのために **Warum nicht?** なぜいけないの; (誘いに対して) いいですね, もちろんです

was /ヴァス/ ((英what) ① ((疑問代名詞: 1 [4]格)) 何 ¶ Was ist das? これは何ですか ② ((関係代名詞: 1 [4]格)) …するもの[こと] ¶ Das ist nicht ganz, was ich möchte. これは私が欲しいものと少し違います **was für (ein(e))…** ((話)) どんな (種類の) …

das **Wasch·becken** /ヴァッシュベッケン/ (–s/–) ((英washbasin) 洗面台

die **Wäsche** /ヴェッシェ/ (–/–n) ((英washing) 洗濯物; 下着

waschen /ヴァッシェン/ (wusch; gewaschen) 動 ((英wash) ((sich³ et⁴)) (…を) 洗う, 洗濯する

die **Wäscherei** /ヴェッシェライ/ (–/–en) (英laundry) クリーニング店, 洗濯屋

die **Wasch·maschine** /ヴァッシュマシーネ/ (英washing machine) 洗濯機

der **Waschsalon** /ヴァッシュザローン/ (–s/–s) (英laundromat) コインランドリー

das **Wasser** /ヴァッサー/ (–s/) (英water) 水;雨水;体液

der **Wasser·ball** /ヴァッサーバル/ (英water polo) 水球

wasserdicht /ヴァッサーディヒト/ 形 (英watertight) 防水の

der **Wasser·fall** /ヴァッサーファル/ (英waterfall) 滝

der **Wasser·hahn** /ヴァッサーハーン/ (英faucet) 蛇口, 栓

der **Wassermann** /ヴァッサーマン/ (–(e)s/) (英Aquarius) みずがめ座

die **Watte** /ヴァッテ/ (–/–n) (英cotton wool) 綿, 脱脂綿

das **WC** /ヴェーツェー/ (–(s)/–(s)) (英WC) (水洗) 便所

weben /ヴェーベン/ (webte, wob; gewebt, gewoben) 動 (英weave) 織る;(クモが巣を) 張る

der **Wechsel** /ヴェクセル/ (–s/–) (英change) 交代;交換

das **Wechsel·geld** /ヴェクセルゲルト/ (英change) おつり, つり銭;小銭

wechseln /ヴェクセルン/ 動 (英change) (取り)替える;変更する;(*et*⁴ in *et*⁴) (お金を…に) 両替する, くずす ¶ Ich möchte einhundert Dollar in Euro wechseln. 100ドルをユーロに両替したいのですが

wecken /ヴェッケン/ 動 (英wake) (人を) 目覚めさせる

der **Wecker** /ヴェッカー/ (–s/–) (英alarm clock) 目覚まし時計

weder /ヴェーダー/ 接 (英neither) *weder... noch...* …も…も(…ない) ¶ Ich bin weder dafür noch dagegen. それに賛成でも反対でもない

weg /ヴェック/ 副 (英away) (ある場所から) 離れて, 去って;消えて, なくなって

der **Weg** /ヴェーク/ (–(e)s/–e) (英way) 道;方法, やり方 ¶ Ist das der richtige Weg zum Dom? 大聖堂へ行くのにはこの道でいいですか

weg|bringen /ヴェックブリンゲン/ 動 (英take away) 持ち[運び, 連れ]去る

wegen /ヴェーゲン/ 前 ((2格支配;口語では3格も)) (英because of) …の理由[原因]で, …のせいで ¶ Wegen Nebels wurde der Flug gestrichen. 霧のために飛行便はキャンセルされた

weg|fahren /ヴェックファーレン/ 動 (英leave) (乗り物・人が) 走り去る, 出発する;(乗り物で) 運び[連れ]去る

weg|gehen /ヴェックゲーエン/ 動 (英leave) 立ち去る, 出発する;((話)) (苦痛・色などが) 消える;((話)) (商品が) 売れる

weg|lassen /ヴェックラッセン/ 動 (英let go) ((話)) (人を) 立ち去らせる;省略する, 抜かす

weg|nehmen /ヴェックネーメン/ 動 (英take away) (*j*³ *et*⁴) (人から…を) 奪う, 取り上げる

weg|räumen /ヴェックロイメン/ 動 (英clear away) 片づける

der **Wegweiser** /ヴェークヴァイザー/ (–s/–) (英signpost) 道しるべ

weg|werfen /ヴェックヴェルフェン/ 動 (英throw away) 投げ捨てる

weh /ヴェー/ 形 (英painful) ((話)) 痛い;悲しい

wehen /ヴェーエン/ 動 (英blow) (風が) 吹く

der **Wehr·dienst** /ヴェーアディーンスト/ (英military service) 兵役

wehren /ヴェーレン/ 動 (英defense oneself) ((*sich*⁴)) 身

を守る

wehrlos /ヴェーアロース/ 形 (英defenseless) 無防備の

weh|tun /ヴェートゥーン/ 動 (英hurt) ((j³))(人が人に)痛い思いをさせる;(体の部分が)痛い ¶ Wo tut es weh? どこが痛いですか /Mein Bauch tut weh. = Mir tut der Bauch weh. おなかが痛い

weiblich /ヴァイプリヒ/ 形 (英female) 女の,雌の;女性的な,女性らしい

weich /ヴァイヒ/ 形 (英soft) 柔らかい;温和な;優しい,気弱な

die **Weiche** /ヴァイヒェ/ 《–/–n》 (英switch) 線路の ポイント

die **Weide** /ヴァイデ/ 《–/–n》 (英pasture) 牧草地;(英willow) ヤナギ(柳)

weigern /ヴァイガーン/ 動 (英refuse) ((sich⁴))((+ zu 不定詞句))(…することを)拒否する

das **Weihnachten** /ヴァイナハテン/ 《–/–》 (英Christmas) クリスマス **Frohe [Fröhliche] Weihnachten!** クリスマスおめでとう

der **Weihnachtsmann** /ヴァイナハツマン/ 《–(e)s/..männer》 (英Santa Claus) サンタクロース

weil /ヴァイル/ 接 (英because) …なので ¶ Mir ist übel, weil ich zu viel gegessen habe. 食べ過ぎて気分が悪い

der **Wein** /ヴァイン/ 《–(e)s/(–e)》 (英wine) ワイン,ブドウ酒;(英vine) ブドウ(の木,房,実) ¶ roter [weißer] Wein 赤[白]ワイン

der **Wein·berg** /ヴァインベルク/ (英vineyard) ぶどう畑

weinen /ヴァイネン/ 動 (英weep) (涙を流して)泣く,(涙を)流す;((um j⁴))(人を)悼んで泣く;((über et⁴))(…のことを)悲しんで泣く

die **Wein·traube** /ヴァイントラオベ/ (英grape) ブドウ(の房)

weise /ヴァイゼ/ 形 (英wise) 賢い,利口な,賢明な

die **Weise** /ヴァイゼ/ 《–/–n》 (英manner) やり方,方法,手順 ¶ auf diese Weise このように

die **Weisheit** /ヴァイスハイト/ 《–/–en》 (英wisdom) 賢さ,分別;知恵;教訓

weiß /ヴァイス/ 形 (英white) 白い;白っぽい

weit /ヴァイト/ ❶ 形 ① (英wide) 広い;(衣服が)幅広の ② (英far) (空間的に) 遠い;((数字と))…だけ離れた;(時間的に) ずっと前の,はるか先の;(程度が) 進んだ ¶ Ist es weit?–Ziemlich [Sehr] weit. それは遠いですかーかなり[とても]遠いです **Das geht zu weit.** それはやり[言い]すぎだ ❷ 副 (英far) ずっと,はるかに

weiten /ヴァイテン/ 動 (英widen) 広げる,((sich⁴)) 広がる

weiter /ヴァイター/ ((weitの比較級)) (英further) ❶ 副 さらに先へ;さらに続けて,引き続き;それ以外[以上]に,そのほかに **und so weiter** (英and so on) …など ❷ 形 これ以上の,その他の;今後の **bis auf weiteres** 当分の間;差し当たり **ohne weiteres** 簡単に;あっさり

weiter|geben /ヴァイターゲーベン/ 動 (英pass on) 他の[次の]人に渡す[伝える]

weiter|gehen /ヴァイターゲーエン/ 動 (英go on) 先へ進む

weiterhin /ヴァイターヒーン/ 副 (英still) 引き続き;相変わらず;さらに

weiter|machen /ヴァイターマッヘン/ 動 (英carry on) ((mit et³))(…話)(…を)続ける

der **Weit·sprung** /ヴァイトシュプルング/ (英broad jump) 走り幅跳び

der **Weizen** /ヴァイツェン/ 《–s/(–)》 (英wheat) コムギ(小麦)

welch /ヴェルヒ/ ❶ (英which) 《疑問代名詞》《男性1格,女性2

Welle

[3]格, 複数2格 **welcher**, 男性2格, 中性1 [2,4] 格 **welches**, 男性・中性3格 **welchem**, 男性4格, 複数3格 **welchen**, 女性・複数1 [4] 格 **welche**) どの, どちらの; どういう; ((名詞的)) どれ, どちら ¶ Mit welchem Bus komme ich zum Museum? 美術館にはどのバスで行ったらいいですか ❷ ((関係代名詞)) ¶ die Geschäfte, welche sonntags geöffnet sind 日曜日に開いている店 ❸ ((不定代名詞)) ¶ Ich habe kein Kleingeld. Hast du welches? 小銭がないんだけど, 持ってるかい

die **Welle** /ヴェレ/ (–/–n) ((英 wave) 波, 波浪;(感情の)高まり;(髪の)ウェーブ;【物理】波, 振動波;波長

die **Welt** /ヴェルト/ (–/–en) ((英 world) 世界;(特定の)世界, …界;世間, 世の中;世間の人々;宇宙 *auf die Welt kommen* 生まれる *die Dritte Welt* 第三世界

das **Weltall** /ヴェルトアル/ (–s/–) ((英 universe) 宇宙, 万有

der **Welt·meister** /ヴェルトマイスター/ ((英 world champion) 世界[ワールド]チャンピオン

die **Welt·meisterschaft** /ヴェルトマイスターシャフト/ ((英 world championship) ワールドカップ, 世界選手権

der **Weltraum** /ヴェルトラオム/ (–(e)s/– ((英 (outer) space) (大気圏外の)宇宙(空間)

die **Wende** /ヴェンデ/ (–/–n) ((英 change) 転換;変わり目, 転換期

wenden /ヴェンデン/ (wendete, wandte; gewendet, gewandt) 動 ❶((規則変化)) ((英 turn) 裏返す, ひっくり返す;(…の)向きを変える, (車を)Uターンさせる;方向転換[Uターン]する ❷((sich⁴)) (運などが) 好転[逆転]する;(…へ)向かう;((sich⁴ an j⁴)) (人に) 相談する, (人を)頼る *Bitte*

wenden! 裏をご覧ください

wenig /ヴェーニヒ/ ((不定代名詞;形容詞変化;無変化のことも多い)) ((英 little, few) 少ない, わずかな, 少ししか…ない; ((名詞的)) 少数, 少量; ((副詞的)) 少ししか…ない ¶ Ich spreche nur wenig Deutsch. ドイツ語はほんの少ししか話せません *ein wenig* 少し

wenigstens /ヴェーニヒステンス/ 副 ((英 at least) 少なくとも

wenn /ヴェン/ 接 ❶ ((英 when) …するとき;…するときはいつでも ¶ Pass auf, wenn du die Straße überquerst! 道路を横断するときは気をつけて / Wenn jemand raucht, muss ich husten. タバコを吸う人がいると咳が出る ❷ ((条件・仮定)) ((英 if) もし…ならば, 仮に…だとすれば ¶ wenn es möglich ist できれば ❸ ((bloß, doch, nur と副文だけで;接続法IIと)) …でさえあればなあ ¶ Wenn er doch wieder gesund wäre! 彼がまた元気になってくれればなあ *wenn… auch* たとえ…であっても

wer /ヴェーア/ ((英 who) ❶ ((疑問代名詞)) ((2格 wessen, 3格 wem, 4格 wen)) だれ ¶ Wer ist am Apparat bitte? (電話で)どなたですか ❷ ((関係代名詞)) …する人 ¶ Wer teilnehmen will, soll sich bis Freitag anmelden. 参加希望者は金曜日までに申し込んでください ❸ ((不定代名詞)) ((話)) だれか

werben /ヴェルベン/ ((warb; geworben)) 動 ((英 advertise) ((j⁴)) 勧誘する; ((für et⁴)) (…のために)宣伝[広告]をする; ((um et⁴)) (…を) 得ようと努める

der **Werbespot** /ヴェルベスポット/ (–s/–s) ((英 commercial) スポット(コマーシャル)

die **Werbung** /ヴェルブング/ (–/–en) ((英 advertising) 広告, 宣伝, コマーシャル;勧誘;募集

werden /ヴェーアデン/ ((wurde; geworden)) ❶ 動 ((英 become) (…に)なる; ((zu j³/et³)) (…に)なる,

(…へ)変わる；生じる ¶ groß [traurig, Mutter] werden 大きく[悲しく, 母親に]なる **2**((未来・推量の助動詞))…だろう ¶ Wird es wohl schneien? 雪が降りそうですか **3**((受動の助動詞:過去分詞はworden))…される ¶ Wie wird dieses Gericht serviert? この料理はどのように出されますか

werfen /ヴェルフェン/ ((warf; geworfen)) 動 ((英throw)) 投げる

das **Werk** /ヴェルク/ ((-(e)s/-e)) ((英work)) ①成果, 業績 ②(芸術)作品, 著作(物) ③仕事 ④(大きな)工場, プラント

die **Werkstatt** /ヴェルクシュタット/ ((-/..stätten)) ((英workshop)) 仕事場, 作業場

der **Werk·tag** /ヴェルクターク/ ((英workday)) 平日

das **Werk·zeug** /ヴェルクツォイク/ ((英tool)) 道具, 器具；(特定の作業用の)道具一式

wert /ヴェーアト/ 形 ((英worth)) ((*et*⁴))(…の)価値がある；((*et*²))(…にふさわしい, 値する

der **Wert** /ヴェーアト/ ((-(e)s/-e)) ((英value)) 価値, 価格；意義, 重要性；値, 数値

wertlos /ヴェーアトロース/ 形 ((英valueless)) 値打ち[価値]のない；役に立たない

wertvoll /ヴェーアトフォル/ 形 ((英valuable)) 高価な, 値打ち[価値]のある；貴重な, 役に立つ

das **Wesen** /ヴェーゼン/ ((-s/-)) ((英essence)) 本質；実体；存在物[者], 生物

wesentlich /ヴェーゼントリヒ/ 形 ((英essential)) 本質的な, 重要な *im Wesentlichen* まずは, 概して

weshalb /ヴェスハルプ/ 副 ((英why)) なぜ；そのために

die **Wespe** /ヴェスペ/ ((-/-n)) ((英wasp)) スズメバチ

der **West** /ヴェスト/ ((-(e)s/-)) ((無冠詞で))((英west)) 西

die **Weste** /ヴェステ/ ((-/-n)) ((英vest)) チョッキ, ベスト

der **Westen** /ヴェステン/ ((-s/)) ((英west)) 西；西部；西側諸国

westlich /ヴェストリヒ/ 形 ((英western)) 西の；西からの；西に(位置する)

weswegen /ヴェスヴェーゲン/ 副 ((英why)) なぜ

der **Wettbewerb** /ヴェットベヴェルプ/ ((-(e)s/-e)) ((英competition)) 競技会, コンテスト；競争

die **Wette** /ヴェッテ/ ((-/-n)) ((英bet)) 賭(か)け

wetten /ヴェッテン/ 動 ((英bet)) (…を)賭(か)ける；((mit *j*³ um *et*⁴))(人と…を)賭ける；((auf *j*⁴/*et*⁴))(…に)賭ける

das **Wetter** /ヴェッター/ ((-s/-)) ((英weather)) 天気, 天候, 陽気

der **Wetter·bericht** /ヴェッターベリヒト/ ((英weather report)) 気象通報；天気予報

der **Wett·kampf** /ヴェットカンプフ/ ((英competition)) 競技, 試合

wichtig /ヴィヒティヒ/ 形 ((英important)) 重要な, 重大な；意義深い

wickeln /ヴィッケルン/ 動 ((英wind)) 巻く；((*et*⁴ um *et*⁴))(…を…に)巻きつける；((*j*⁴/*et*⁴ in *et*⁴))(…を…に)くるむ；(…に)包帯する

der **Widder** /ヴィッダー/ ((-s/-)) ((英ram)) (雄の)羊；おひつじ座

widerlich /ヴィーダーリヒ/ 形 ((英disgusting)) 不快な；むかつく

wider·sprechen /ヴィーダーシュプレッヒェン/ 動 ((英contradict)) ((*j*³/*et*³))(…に)反論する, 異議を唱える；((*et*³))(…と)矛盾する

der **Wider·spruch** /ヴィーダーシュプルフ/ ((英contradiction)) 反論, 異議；矛盾

der **Wider·stand** /ヴィーダーシュタント/ ((英resistance)) 抵抗

widerstandsfähig /ヴィーダーシュタンツフェーイヒ/ 形 ((英resistant)) 抵抗力のある

wider·stehen /ヴィーダーシュ

テーエン/ [動] (英resist) (j^3/et^3)(…)に) 抵抗 [反抗] する, 屈しない

wie /ヴィー/ ❶[副] ((疑問副詞))(英how) ((疑問文で)) どのくらい; どのように, どうやって; ((感嘆文で)) なんと; なんだって ¶ Wie lange dauert es? どのくらい時間がかかりますか ❷[接] (英as, like) …のように [ような]; ((so+形容詞・副詞+wie…の形で))…と同じように… *Wie (bitte)?* ((話)) ((聞き返して)) えっ, なんですって *wie viel* いくつ, いくら ¶ Wie viel kostet das? これはいくらですか

wieder /ヴィーダー/ [副] (英again) 再び, もう一度; 繰り返し; 元どおりに, 前と同様に

wieder|bekommen /ヴィーダーベコメン/ [動] (英get back) 返してもらう

wieder|geben /ヴィーダーゲーベン/ [動] (英give back) ($j^3 et^4$)(人に借りた物を) 返す; 再現する, 描写する, 表現する

wiederholen /ヴィーダーホーレン/ [動] (英repeat) 繰り返す, 復習する

die **Wiederholung** /ヴィーダーホールング/ (–/–en) (英repetition) 繰り返し

das **Wiederhören** /ヴィーダーヘーレン/ *(Auf) Wiederhören!* (英goodbye) (電話・ラジオで) さようなら

wieder|kommen /ヴィーダーコメン/ [動] (英come again [back]) 再び来る, 再来する; 帰ってくる

das **Wiedersehen** /ヴィーダーゼーエン/ (–s/) (英reunion) 再会 *(Auf) Wiedersehen!* (英goodbye) さようなら

die **Wieder·vereinigung** /ヴィーダーフェアアイニグング/ (英reunification) 再統一

die **Wiege** /ヴィーゲ/ (–/–n) (英cradle) ゆりかご

wiegen /ヴィーゲン/ [動] ① (wog; gewogen) (英weigh) (…の) 重さを量る; (…の) 重さがある ②

(wiegte; gewiegt) (英rock) (…を) 揺する

(das) **Wien** /ヴィーン/ (英Vienna) ウイーン

die **Wiese** /ヴィーゼ/ (–/–n) (英meadow) 草地, 牧草地

wieso /ヴィソー/ [副] (英why) なぜ, どうして

wild /ヴィルト/ [形] (英wild) ①野生の; 自然のままの; 未開の; 手入れしていない ②荒々しい, 乱暴な; 激烈な; 怒った

der **Wille** /ヴィレ/ (–ns/) (英will) 意志, 意欲

das **Willkommen** /ヴィルコメン/ (–s/) (英welcome) 歓迎のあいさつ

willkürlich /ヴィルキューリヒ/ [形] (英arbitrary) 恣意的な, 気ままの, 好き勝手な

die **Wimper** /ヴィンパー/ (–/–n) (英eyelash) まつげ

die **Wimperntusche** /ヴィンパーントゥッシェ/ (–/–n) (英mascara) マスカラ

der **Wind** /ヴィント/ (–(e)s/–e) (英wind) 風

die **Windel** /ヴィンデル/ (–/–n) (英diaper) おむつ

windig /ヴィンディヒ/ [形] (英windy) 風が強い

die **Wind·mühle** /ヴィントミューレ/ (英windmill) 風車

der **Winkel** /ヴィンケル/ (–s/–) (英angle) 角, 角度; 隅

winken /ヴィンケン/ [動] (英wave) (j^3) (人に) 合図する; 合図して知らせる

der **Winter** /ヴィンター/ (–s/–) (英winter) 冬

der **Winter·schlaf** /ヴィンターシュラーフ/ (英hibernation) 冬眠

winzig /ヴィンツィヒ/ [形] (英tiny) ごく小さい; 意味のない

wir /ヴィーア/ ((人称代名詞; 1人称複数1格)) (2格 unser, 3 [4] 格 uns) (英we) 私たち, われわれ

die **Wirbel·säule** /ヴィルベルゾイレ/ (英vertebral column) 背

骨, 脊椎

wirken /ヴィルケン/ 動 (英have an effect) ((auf j^4/et^4))(…に)作用を及ぼす, 効く;(…な)印象を与える

wirklich /ヴィルクリヒ/ **❶** 形 (英real) 現実の, 実際の;本物の ¶ Wirklich? 本当に？ **❷** 副 本当に, 実に

die **Wirklichkeit** /ヴィルクリヒカイト/ 《-/-en》(英reality) 現実, 実際;実状 *in Wirklichkeit* 実際は;本当のところは

wirksam /ヴィルクザーム/ 形 (英effective) 効果的な, 効果[効能]のある;(法的な)効力のある

die **Wirkung** /ヴィルクング/ 《-/-en》(英effect) 作用, 働き;効果, 影響

der **Wirt** /ヴィルト/ 《-(e)s/-e》(英landlord) (飲食店・旅館の)主人, 店主

die **Wirtschaft** /ヴィルトシャフト/ 《-/-en》(英economy) ①経済;経済活動 ②飲食店, 食堂

wirtschaftlich /ヴィルトシャフトリヒ/ 形 (英economic) 経済(上)の;財政(上)の;経済的な

das **Wirts·haus** /ヴィルツハオス/ (英inn) (田舎の)飲食店, 宿屋

wischen /ヴィッシェン/ 動 (英wipe) ふく, ぬぐう

wissen /ヴィッセン/ 《wusste; gewusst》動 (英know) 知っている;((von j^3/et^3 [um et^4]))(…について[…のことを])知って[わかって, 心得て]いる;(人が…であると)知って[承知して]いる;((+ zu 不定詞句))(…する)すべを心得ている, (…)できる ¶ Das weiß ich nicht. それは知り[わかり]ません *Weißt du* [*Wissen Sie*], ... 《話》あのねえ [いいですか] …

das **Wissen** /ヴィッセン/ 《-s/-》(英knowledge) 知識

die **Wissenschaft** /ヴィッセンシャフト/ 《-/-en》(英science) 学問, 科学

der **Wissenschaftler** /ヴィッセンシャフトラー/ 《-s/-》(英scientist) 学者, 科学者, 研究者

wissenschaftlich /ヴィッセンシャフトリヒ/ 形 (英scientific) 学問の[的な], 科学の[的な]

die **Witwe** /ヴィトヴェ/ 《-/-n》(英widow) 未亡人, やもめ

der **Witwer** /ヴィトヴァー/ 《-s/-》(英widower) 男やもめ

der **Witz** /ヴィッツ/ 《-es/-e》(英 joke) 小話;しゃれ, 冗談, ジョーク

witzig /ヴィッツィヒ/ 形 (英funny) 面白い, おかしい

wo /ヴォー/ **❶** 副 (英where) ((疑問副詞))どこに, どこで ¶ Wo wohnen Sie? どこにお住まいですか **❷** 接 ((doch と))《話》…なので;…なのに

woanders /ヴォアンダース/ 副 (英elsewhere) どこか別の所で

die **Woche** /ヴォッヘ/ 《-/-n》(英week) 週, 週間 ¶ einmal in der Woche 週に一度/diese [letzte, nächste] Woche 今週[先週, 来週]

das **Wochen·ende** /ヴォッヘンエンデ/ (英weekend) 週末, ウイークエンド ¶ am Wochenende 週末に

wochenlang /ヴォッヘンラング/ 形 (英lasting weeks) 何週間もの

der **Wochen·tag** /ヴォッヘンターク/ (英weekday) 週日, 平日, ウイークデー

wochentags /ヴォッヘンタークス/ 副 (英on weekdays) 平日に

wöchentlich /ヴェッヒェントリヒ/ 形 (英weekly) 毎週の

wodurch /ヴォドゥルヒ/ 副 (英how) 何によって, 何を通って;それによって

wofür /ヴォフューア/ 副 (英 for what) 何のために, 何に対して;そのために, それに対して

woher /ヴォヘーア/ 副 (英where... from) どこから ¶ Woher weißt du das? どうしてそ

れを知ってるの
wohin /ヴォヒン/ 副 (英 where...to) どこへ
wohl /ヴォール/ 副 ①(英 well) 健康で, 元気で；快適で, 心地よく；よく, 入念に ②たぶん, 恐らく；まったく, 確かに；((aberなどと)) なるほど, 確かに (…ではあるが)
das **Wohl** /ヴォール/ (-(e)s/) (英 welfare) 幸福；健康；繁栄 *Zum Wohl!* 乾杯！
der **Wohlstand** /ヴォールシュタント/ (-s/) (英 prosperity) 裕福
wohltätig /ヴォールテーティヒ/ 形 (英 charitable) 慈善の
der **Wohn·block** /ヴォーンブロック/ (英 residential block) 住宅地区
wohnen /ヴォーネン/ 動 (英 live) (…に)住んで[居住して]いる；(ホテルなどに)滞在している ¶ Wo wohnen Sie in den USA? アメリカはどこにお住まいですか
das **Wohn·heim** /ヴォーンハイム/ (英 dormitory) 寮
der **Wohn·ort** /ヴォーンオルト/ (英 place of residence) 居住地
die **Wohnung** /ヴォーヌング/ (-/-en) (英 apartment) (アパート・マンションの一戸分の) 住まい, 住居；アパート, マンション
der **Wohn·wagen** /ヴォーンヴァーゲン/ (英 trailer) キャンピングカー
das **Wohn·zimmer** /ヴォーンツィマー/ (英 living room) リビングルーム, 居間
der **Wolf** /ヴォルフ/ (-(e)s/Wölfe) (*die* Wölfin) (英 wolf) オオカミ (狼)
die **Wolke** /ヴォルケ/ (-/-n) (英 cloud) 雲；(雲状の) 煙
der **Wolken·kratzer** /ヴォルケンクラッツァー/ (英 sky-scraper) 摩天楼, 超高層ビル
wolkig /ヴォルキヒ/ 形 (英 cloudy) 曇った, 雲の多い
die **Woll·decke** /ヴォルデッケ/ (英 (woolen) blanket) (ウールの) 毛布
die **Wolle** /ヴォレ/ (-/(-n)) (英 wool) 羊毛；毛糸；(ウールの) 生地, 毛織物
wollen /ヴォレン/ ❶ (ich [er] will, du willst; 過去 wollte; 過分 wollen, gewollt) ①((話法の助動詞；過去分詞は wollen))(英 will) …するつもりである；…したい；((否定形で))どうしても…しない；…と言い張る ¶ Dieses Jahr wollen wir in die Schweiz fahren. 今年はスイスへ行くつもりです *Ich wollte...* ((丁寧な要望・依頼))…したいのですが, …してもよろしいですか *Wollen wir...?* ((勧誘))…しませんか ②((本動詞的；過去分詞は gewollt)) (…が) 欲しい；必要だ；(…へ) 行くつもりである ¶ Ich will heute früher nach Hause. 今日は早めに家に帰るつもりだ ❷ 形 ウールの, 毛織りの
womit /ヴォミット/ 副 (英 with what) 何によって；何と一緒に；それとともに
wonach /ヴォナーハ/ 副 (英 after [by] what) 何を求めて；何に従って；それに従って
woran /ヴォラン/ 副 (英 on [by, of] what) 何について；何によって；それによって
woraus /ヴォラオス/ 副 (英 from [out of] what) 何から；それから
worin /ヴォリン/ 副 (英 in what) 何の中に；どの点で；その中に[点で]
das **Wort** /ヴォルト/ (-(e)s/Wörter, Worte) (英 word) ① (-(e)s/Wörter) (個々の) 語, 単語 ② (-(e)s/-e) (ある人の) 言葉；表現, 発言 ③ 約束 *mit anderen Worten* 言い換えるならば *mit einem Wort* 一言で言えば, 要するに
das **Wörter·buch** /ヴェルターブーフ/ (英 dictionary) 辞書
wörtlich /ヴェルトリヒ/ 形 (英 literal) 言葉[原文]どおりの
der **Wort·schatz** /ヴォルトシャッツ/ (英 vocabulary) 語彙

worüber /ヴォリューバー/ 副 (英over what) 何について；それについて

worum /ヴォルム/ 副 (英around [about] what) 何について；それについて[を巡って]

wovon /ヴォフォン/ 副 (英from [on, about] where) どこから，何について；そこから，それについて

wovor /ヴォフォーア/ 副 (英in front of what) 何の前で；何に対して；それの前で[に対して]

wozu /ヴォツー/ 副 (英to [for] what) 何のために；そのために ¶ Wozu denn? 何のためになの？

wund /ヴント/ 形 (英sore) 擦りむけた

die **Wunde** /ヴンデ/ 《-/-n》 (英wound) 傷，傷口；外傷

das **Wunder** /ヴンダー/ 《-s/-》 (英wonder) 奇跡；不思議な[信じられない]こと, 驚異 *Es ist kein Wunder, dass…* …なのは不思議でもなんでもない

wunderbar /ヴンダーバール/ 形 (英wonderful) 驚くべき, すばらしい, みごとな；奇跡的な

wundern /ヴンダーン/ 動 (英 surprise) 不思議がらせる, 驚かす；((sich⁴ über j⁴/et⁴)) (…を) 不思議がる, (…に) 驚く *Es wundert j⁴, dass…* …だとは(人は)驚きだ

wunderschön /ヴンダーシェーン/ 形 (英simply beautiful) すばらしく美しい

der **Wunsch** /ヴンシュ/ 《-(e)s/ Wünsche》 (英wish) 願い, 望み；祝賀[祈念]の言葉 ¶ Haben Sie noch einen Wunsch? (レストランなどで) ほかに何かございますか

wünschen /ヴュンシェン/ 動 (英 wish) 望む, 願う；((sich³ et⁴ von j³)) (人から…を) 欲しがる, もらいたがる；((j³ et⁴)) (人に…を) 願う, (人のために…を) 祈る ¶ Ich wünsche dir viel Glück! 君の幸運を祈る *Was wünschen Sie?* (店員が) 何かお探しですか

der **Wurf** /ヴルフ/ 《-(e)s/Würfe》 (英throw) 投げること；投てき

der **Würfel** /ヴュルフェル/ 《-s/-》 ① (英cube) 立方体, 正六面体 ② (英dice) さいころ；(角砂糖など)さいころ状のもの

würfeln /ヴュルフェルン/ 動 (英cube) サイコロでゲームをする；(…の目を出すために) サイコロを振る；さいの目に切る

der **Wurm** /ヴルム/ 《-(e)s/Würmer》 (英worm) 虫, ミミズ

die **Wurst** /ヴルスト/ 《-/Würste》 (英sausage) ソーセージ, 腸詰め

die **Würze** /ヴュルツェ/ 《-/-n》 (英spice, seasoning) スパイス, 香辛[調味]料, 薬味

die **Wurzel** /ヴルツェル/ 《-/-n》 (英root) ① (植物の) 根；地下茎 ② 歯根, 毛根 ③ 根源

würzen /ヴュルツェン/ 動 (英season) 味付けする

würzig /ヴュルツィヒ/ 形 (英spicy) スパイスのきいた

die **Wüste** /ヴューステ/ 《-/-n》 (英desert) 砂漠

die **Wut** /ヴート/ 《-s/》 (英fury) (激しい) 怒り, 激怒

wüten /ヴューテン/ 動 (英rage) (興奮して) 暴れ回る

wütend /ヴューテント/ 形 (英furious) ((über et⁴)) (…に) 激怒[憤激]した, 腹を立てた；(痛み・嵐などが) 激しい, 猛烈な

Z, z

zäh /ツェー/ 形 (英tough) (肉が) 堅い；(液体が) 粘り気のある；(体が) 強靭(きょう)[頑健]な, じょうぶな；粘り強い, しぶとい

die **Zahl** /ツァール/ 《-/-en》 (英number) 数；数字；数量 *rote [schwarze] Zahlen* 赤字[黒字]

zahlen /ツァーレン/ 動 (英pay) (金額を) 払う, (人に) 支払う；金を払う *Bitte zahlen!* = *Zahlen bitte!* (レストランなど

zählen /ツェーレン/ 動 (英count) 数える, 勘定する；価値［意味］を持つ, 重要である；達する；(…の) 数［数字］になる；((zu j^3/et^3))(…の一部に) 数えられる；((auf j^4/et^4))(…を) 当てにする

der **Zähler** /ツェーラー/ (–s/–) (英meter) メーター, カウンター；〔数学〕分子；〔競〕(話) 得点

zahlreich /ツァールライヒ/ 形 (英numerous) 多数の

die **Zahlung** /ツァールング/ (–/–en) (英payment) 支払い

die **Zählung** /ツェールング/ (–/–en) (英counting) 数えること

zahm /ツァーム/ 形 (英tame) (動物が) 人になれた, 飼いならされた；(発言などが) 控え目な

zähmen /ツェーメン/ 動 (英tame) (動物を) 飼いならす；(感情などを) 抑え (目にす) る

der **Zahn** /ツァーン/ (–(e)s/Zähne) (英tooth) 歯；(歯車などの) 歯

der **Zahn·arzt** /ツァーンアールツト/ (*die* Zahnärztin) (英dentist) 歯科医, 歯医者

die **Zahn·bürste** /ツァーンビュルステ/ (英toothbrush) 歯ブラシ

das **Zahn·fleisch** /ツァーンフライシュ/ (英gum) 歯茎

die **Zahnpasta** /ツァーンパスタ/ (–/..pasten) (英toothpaste) 歯磨き粉

die **Zange** /ツァンゲ/ (–/–n) (英pliers) ペンチ, やっとこ, 釘抜き；(カニなどの) ハサミ

zanken /ツァンケン/ 動 (英squabble) (話) 口げんかする

zappeln /ツァッペルン/ 動 (英wriggle) ふるえる, (体の一部を) ばたばたさせる

zart /ツァールト/ 形 (英delicate) 繊細な, 感じやすい；(体形などが) きゃしゃな, とても薄い；(つぼみが) 出たての；柔らかな, しなやかな；(食べ物が) 軟らかい；優しい, 思いやりのある；(色合いが) 淡い

zärtlich /ツェーアトリヒ/ 形 (英tender) 優しい, 愛情あふれる

der **Zauber** /ツァオバー/ (–s/–) (英magic) 魔法, 魔術；呪術；魅力, 魅惑

der **Zauberer** /ツァオベラー/ (–s/–) (英magician) 魔法使い, マジシャン

zauberhaft /ツァオバーハフト/ 形 (英enchanting) 魅力的な

zaubern /ツァオバーン/ 動 (英do magic) 魔法を使う, 手品をする；(雨などを) 魔法で呼び出す；(魔法を使うように) 手早く作り出す；(手品でものを) 取り出す

der **Zaun** /ツァオン/ (–(e)s/Zäune) (英fence) 囲い, 柵, フェンス, 垣

z.B. /ツム バイシュピール/ (英e.g.) 例えば (＜zum Beispiel)

der **Zebra·streifen** /ツェーブラシュトライフェン/ (英zebra crossing) 横断歩道

der **Zeh** /ツェー/ (–/–en) (英toe) 足の指

die **Zehe** /ツェーエ/ (–/–n) (英toe) 足の指；(ニンニクの) ひとかけら, 一片

zehn /ツェーン/ ((基数)) (英ten) 10

das **Zehntel** /ツェーンテル/ (–s/–) (英tenth) 10分の1

das **Zeichen** /ツァイヒェン/ (–s/–) (英sign) 合図, 信号；しぐさ, 身振り；目印, マーク；記号, 標識；兆候, 前兆

zeichnen /ツァイヒネン/ 動 (英draw) (線で) 描く, スケッチする；描写する

die **Zeichnung** /ツァイヒヌング/ (–/–en) (英drawing) 線画, スケッチ；さし絵；図面；描写；(動植物の) 紋様, 模様

der **Zeige·finger** /ツァイゲフィンガー/ (英index finger) 人差し指

zeigen /ツァイゲン/ 動 ① (英show) (人に…を) 見せる, 示す；指し示す, 教える；実演する；案内する；上演［上映］する ② (感情などを) 表す；(才能・

特性などを) 発揮する；示す ③ (㊥appear) ((sich⁴)) 姿を見せる, 現れる；明らかになる, 判明する

der **Zeiger** /ツァイガー/ (–s/–) (㊥hand) (計器・時計の) 針

die **Zeile** /ツァイレ/ (–/–n) (㊥line) 行 *zwischen den Zeilen lesen* 行間を読む

die **Zeit** /ツァイト/ (–/–en) ① (㊥time) 時, 時間；時機；時点；潮時；時刻 ②時期, 年代；時代；現代 ③期間；暇；余裕, 猶予 ¶ *Bitte beeil dich! Wir haben keine Zeit.* 急いで, 時間がない *die ganze Zeit* (その間) ずっと *eine Zeit lang* しばらくの間 *in letzter Zeit* 最近

das **Zeitalter** /ツァイトアルター/ (–s/–) (㊥age) 時代

der **Zeitgenosse** /ツァイトゲノッセ/ (–n/–n) (*die* Zeitgenossin) (㊥contemporary) 同時代の人

zeitlich /ツァイトリヒ/ 形 (㊥in time) 時間的な

die **Zeit·lupe** /ツァイトルーペ/ (㊥slow motion) スローモーション

der **Zeit·raum** /ツァイトラオム/ (㊥period) 期間

die **Zeit·schrift** /ツァイトシュリフト/ (㊥magazine) 雑誌, 定期刊行物

die **Zeitung** /ツァイトゥング/ (–/–en) (㊥newspaper) 新聞；新聞社

zeitweise /ツァイトヴァイゼ/ 副 (㊥for a time) 短時間に；時々

die **Zelle** /ツェレ/ (–/–n) (㊥cell) 監房, 独居房；(修道院の) 僧房；電話ボックス；細胞；(蓄電池・記憶装置などの) セル

das **Zelt** /ツェルト/ (–(e)s/–e) (㊥tent) テント, 天幕

der **Zement** /ツェメント/ (–(e)s/(–e)) (㊥cement) セメント

der (das) **Zenti·meter** /ツェンティメーター/ (㊥centimeter) センチメートル

zentral /ツェントラール/ 形 (㊥central) 中心 [中央] の；中心 (部) に位置する；中心 [中核] 的な；国による

die **Zentrale** /ツェントラーレ/ (–/–n) (㊥head office) (政党・組織などの) 本部

die **Zentral·heizung** /ツェントラールハイツング/ (㊥central heating) セントラルヒーティング

das **Zentrum** /ツェントルム/ (–s/..tren) (㊥center) 中心, 中央；中心部；中心街

zer·brechen /ツェアブレッヒェン/ 動 (㊥break) 壊す, 壊れる；割る, 割れる；砕く, 砕ける

zerbrechlich /ツェアブレヒリヒ/ 形 (㊥fragile) 壊れやすい, 割れやすい, きゃしゃな

die **Zeremonie** /ツェレモニー/ (–/–n) (㊥ceremony) 儀式

zer·reißen /ツェアライセン/ (㊥tear) 動 引き裂く [ちぎる]；((sich³ et⁴)) (衣服に) ほころび [かぎ裂き] を作る；(布・紙などが) 裂ける, 破れる

zerstören /ツェアシュテーレン/ 動 (㊥destroy) 破壊する, 壊す；台なしにする

die **Zerstörung** /ツェアシュテールング/ (–/–en) (㊥destruction) 破壊, 壊すこと

zerstreut /ツェアシュトロイト/ 形 (㊥distracted) 気が散った, 集中しない

das **Zertifikat** /ツェルティフィカート/ (–(e)s/–e) (㊥certificate) 証明書, 認可 [検定] 証；修了証書

der **Zettel** /ツェッテル/ (–s/–) (㊥slip) 紙片, 紙きれ；メモ用紙

das **Zeug** /ツォイク/ (–(e)s/–e) (㊥stuff) (話) (くだらない) もの, がらくた；ナンセンスなこと

der **Zeuge** /ツォイゲ/ (–n/–n) (*die* Zeugin) (㊥witness) 目撃者；立会人；証人

das **Zeugnis** /ツォイクニス/ (–ses/–se) (㊥certificate) 証明 (書)；成績証明書；(専門家の) 鑑定 (書)

Ziege

die **Ziege** /ツィーゲ/ 《–/–n》
(英goat) ヤギ（山羊）;《話》ばかな［いやな］女

der **Ziegel** /ツィーゲル/ 《–s/–》
(英brick) れんが;かわら

ziehen /ツィーエン/《zog; gezogen》動①(英draw) 引く, ひっぱる;（引き）抜く;（くじなどを）引く;（銃などを）抜く ②（ロープなどを）張る, 張り渡す;（線などを）描く ③（…へ）引っ越す, 向かう;（煙・臭いなどが…へ）漂って［流れて］いく;（煙突・パイプなどが）空気［煙］の通りがよい;《*sich*⁴》伸びる;長引く

das **Ziel** /ツィール/ 《–(e)s/–》
(英goal) 目標, 目的;目的地

zielen /ツィーレン/ 動 (英aim)《auf *j*⁴/*et*⁴》(…を) ねらう, (…に) 照準を定める

ziemlich /ツィームリヒ/ ❶ 形
(英fair)《話》かなりの, 相当の ❷ 副 かなり, 相当;《話》およそ

zierlich /ツィーアリヒ/ 形
(英dainty) かわいい;上品な

die **Ziffer** /ツィッファー/ 《–/–n》
(英numeral) 数字;（契約書などの）条項, 項;《話》数

die **Zigarette** /ツィガレッテ/ 《–/–n》(英cigarette) 紙巻きタバコ

die **Zigarre** /ツィガレ/ 《–/–n》
(英cigar) 葉巻, シガー

der **Zigeuner** /ツィゴイナー/ 《–s/–》(英Romany, Gypsy) ロマ, ジプシー

das **Zimmer** /ツィマー/ 《–s/–》
(英room) 部屋, 室;ホテルの部屋 ¶ Ein Zimmer mit zwei Einzelbetten bitte! ツインルームをお願いします

das **Zinn** /ツィン/ 《–(e)s/–》(英tin)
すず（錫）

der **Zins** /ツィンス/ ①《–es/–en》
(英interest) 利息, 利子 ②《–es/–e》〔歴史〕税, 年貢

der **Zins·satz** /ツィンスザッツ/
(英interest rate) 利率

zirka /ツィルカ/ 副 (英about) 約, 大体

der **Zirkel** /ツィルケル/ 《–s/–》①
(英compass) コンパス ②サークル, クラブ

der **Zirkus** /ツィルクス/ 《–/–se》
(英circus) サーカス;《話》大騒ぎ

zischen /ツィッシェン/ 動
(英hiss) 言い捨てる;（動物が）しゅっと音を立てる;《話》すばやく動く

zitieren /ツィティーレン/ 動
(英quote) 引用する

die **Zitrone** /ツィトローネ/ 《–/–n》
(英lemon) レモン

zittern /ツィッターン/ 動
(英tremble) 震える, 振動する;《vor *j*³/*et*³》(…を) ひどく怖がる

der **Zivil·dienst** /ツィヴィルディーンスト/ 《英community service instead of military service》兵役代替勤務

die **Zivilisation** /ツィヴィリザツィオーン/ 《–/–en》(英civilization) 文明;文明社会

zögern /ツェーガーン/ 動
(英hesitate) ちゅうちょする

der **Zoll** /ツォル/ 《–(e)s/Zölle》
(英customs duty) 関税;税関

zollfrei /ツォルフライ/ 形
(英duty-free) 免税の

die **Zone** /ツォーネ/ 《–/–n》
(英zone) 地域, 地帯;（電話・交通機関などの）料金区域, 区間

der **Zoo** /ツォー/ 《–s/–s》(英zoo) 動物園

der **Zopf** /ツォプフ/ 《–(e)s/Zöpfe》
(英plait) おさげ髪, 三つ編み;（編んだ形の）菓子パン

der **Zorn** /ツォルン/ 《–(e)s/》
(英anger) 怒り, 腹立ち

zornig /ツォルニヒ/ 形 (英angry)
怒った, 立腹した

zu /ツー/ ❶ 前 (3格支配; zu + dem = zum, zu + der = zur) ①《空間的》(英to) へ, …まで;（場所・催しに）¶ zur Party gehen パーティーに行く ②《at》《時の一点》…の時に ¶ zu Weihnachten クリスマスに ③《手段》…で ¶ zu Fuß gehen 徒歩で行く ④《数量

を表す語と))…ずつ, …で; …の量だけ; …(の値段)で; (試合の得点が)…対… ¶ zu dritt 3人ずつ ⑤((英for))((目的))…のために; ((適合))…に合わせて ¶ ein Geschenk zum Geburtstag geben 誕生日にプレゼントをあげる ⑥((結果))…に(まで) ¶ Um wie viel Uhr wird es zu Ende sein? それは何時に終わりますか **2** 副 ①((英too))((形容詞・副詞を修飾して))あまりに…, …しすぎる ¶ Es ist aber zu teuer. ちょっと高すぎます ②((促して))さあ, どんどん ③((話))(ドアや窓が)閉じた **3**((to))(zu 不定詞句を作る) …する(こと); …すべき, するための ¶ Hätten Sie gern etwas zu trinken? 何かお飲み物を召し上がりますか

das **Zubehör** /ツーベヘーア/ ((-(e)s/)) ((英accessories)) 付属品

zubereiten /ツーベライテン/ 動 ((英prepare)) 調理する

züchten /ツュヒテン/ 動 ((英breed)) 飼育する

zucken /ツッケン/ 動 ((英twitch)) ぴくぴく動く[動かす]; けいれんする[させる]; ぱっと光る

der **Zucker** /ツッカー/ ((-s/(-))) ((英sugar)) 砂糖; 【化学】糖; ((話)) 糖尿病

zuckern /ツッカーン/ 動 ((英sugar)) (砂糖で)甘くする, 砂糖をかける

zu|decken /ツーデッケン/ 動 ((英cover)) 覆う; (…に)ふたをする; (人に)ふとんを掛ける

zueinander /ツアイナンダー/ 副 ((英to one another)) お互いに

zuerst /ツエーアスト/ 副 ((英first)) 最初に, まず第一に, 何よりも初めに; まっ先に

der **Zu・fall** /ツーファル/ ((英 accident)) 偶然, 偶然の出来事

zufällig /ツーフェリヒ/ 形 ((英accidental)) 偶然の

zufrieden /ツフリーデン/ 形 ((英contented)) 満足した, 満ち足りた; 充足した; ((mit j^3/et^3)) (…に)満足して

der **Zug** /ツーク/ ((-(e)s/Züge)) ① ((英train)) 列車 ②引くこと, 引き; (チェスなどの)(指し)手; (鳥などの)移動, 渡り; 行列; (酒などの)一飲み, (タバコの)一服; 透き間風; 特徴

die **Zugabe** /ツガーベ/ ((-/-n)) ((英encore)) アンコール; 付け加え; おまけ

der **Zu・gang** /ツーガング/ ((英entrance)) 入り口; 通路; 立ち入り; 理解できること

zu|geben /ツーゲーベン/ 動 ((英admit)) (犯行などを)認める; 付け加える, おまけする

zügig /ツューギヒ/ 形 ((英speedy)) 迅速な

zugleich /ツグライヒ/ 副 ((英at the same time)) 同時に; その上, それに加えて

zu|greifen /ツーグライフェン/ 動 ((英take hold)) (手を伸ばして)つかむ; 【電算】アクセスする

zugunsten /ツグンステン/ 前 ((英in favor of)) ((2格支配)) …のため, …に有利に

das **Zuhause** /ツーハオゼ/ ((-s/)) ((英home)) わが家; 故郷

zu|hören /ツーヘーレン/ 動 ((英listen)) ((j^3/et^3)) (…に) 耳を傾ける, (…を注意して)聴く

der **Zu・hörer** /ツーヘーラー/ ((英listener)) 聞き手, 聴く人; (ラジオの)聴取者; 聴衆

die **Zukunft** /ツークンフト/ ((-/..künfte)) ((英future)) 未来, 将来; 将来性, 見込み *in Zukunft* 将来, これから先 *Zukunft haben* 将来性がある

zukünftig /ツーキュンフティヒ/ 形 ((英future)) 未来の, 将来の

zu|lassen /ツーラッセン/ 動 ((英permit)) 許す, 許容する; 許可[認可]する; ((j^4/et^4 zu et^3 [für et^4])) (…に…を) 許可する, 認める; ((話)) 閉めたままにしておく

die **Zulassung** /ツーラッスング/

《-/-en》 ([英]permission) 許可, 認可

zuletzt /ツレッツト/ [副] ([英]last) 最後に；ついに, とうとう；《[話]》この前, 前回(に) ***nicht zuletzt*** とくに, わけても

zu|machen /ツーマッヘン/ [動] ([英]close) 閉める, 閉じる；(店などが) 閉店［廃業］する

zunächst /ツネーヒスト/ [副] ([英]first) まず第一に, 最初に；初めは；差し当たり, 当面

die **Zunahme** /ツーナーメ/ 《-/-n》 ([英]increase) 増加, 発達

der **Zünder** /ツュンダー/ 《-s/-》 ([英]igniter) 点火装置；信管

die **Zündung** /ツュンドゥング/ 《-/-en》 ([英]ignition) 点火(装置)

zu|nehmen /ツーネーメン/ [動] ([英] increase) 増える, 増大［増加］する；強まる；体重が増える

die **Zuneigung** /ツーナイグング/ 《-/-en》 ([英]affection) 好意；愛情

die **Zunge** /ツンゲ/ 《-/-n》 ([英]tongue) 舌；〔料理〕タン

zurecht|kommen /ツレヒトコメン/ [動] ([英]manage) 《mit *j*³/*et*³》 (人と) 上手くやっていく, (…を) うまく使いこなす

zurück /ツリュック/ [副] ([英]back) 後ろへ(向って)；(元に) 戻って

zurück|bekommen /ツリュックベコメン/ [動] ([英]get back) 返してもらう, 取り戻す；お釣りとして受け取る

zurück|fahren /ツリュックファーレン/ [動] ([英]go back) 帰る, 戻る；バックする；(びっくりして) 後ろへ跳びのく

zurück|führen /ツリュックフューレン/ [動] ([英]take back) 元の場所に戻す；原因が…にある

zurück|geben /ツリュックゲーベン/ [動] ([英] give back) 《*j*³ *et*⁴》 (人に…を) 返す, 返却［返品］する；(…と) 答える

zurück|gehen /ツリュックゲーエン/ [動] ([英]go back) 戻る；(温度・数値などが) 下がる；さかのぼる

zurück|halten /ツリュックハルテン/ [動] ([英]hold back) 引き止める, 押しとどめる；売らない, 抑制する；《*sich*⁴》 自制する

zurück|kehren /ツリュックケーレン/ [動] ([英]return) 帰る, 戻る；(意識・記憶などが) 戻る, よみがえる

zurück|kommen /ツリュックコメン/ [動] ([英]come back) 帰ってくる, 戻る；《auf *j*⁴/*et*⁴》 (テーマなどに) 立ち戻る

zurück|legen /ツリュックレーゲン/ [動] ([英]put back) 元の場所に置く；《*sich*⁴》 体をそらせる；節約する；とりおきする

zurück|lehnen /ツリュックレーネン/ [動] ([英]lean back) 《*sich*⁴》 (後ろに) よりかかる

zurück|nehmen /ツリュックネーメン/ [動] ([英]take back) 引き取る, 取り消す

zurück|rufen /ツリュックルーフェン/ [動] ([英]call back) 呼び戻す；思い出させる；(電話を) こちらからかけなおす

zurück|treten /ツリュックトレーテン/ [動] ([英]step back) 後ろにさがる；引退する, 辞任する

zurück|zahlen /ツリュックツァーレン/ [動] ([英]pay back) 金を返す

zurück|ziehen /ツリュックツィーエン/ [動] ([英]pull back) 後ろに引く；(カーテンなど) 引く；撤退する, 退却する；取り消す

zurzeit /ツアツァイト/ [副] ([英]at the moment) 現在, 目下

die **Zusage** /ツーザーゲ/ 《-/-n》 ([英]acceptance) 承諾；約束, 確約

zusammen /ツザメン/ [副] ([英] together) いっしょに, 協力して；集まって；同時に；全部で ¶ Bezahlen Sie zusammen? お支払いはご一緒ですか

die **Zusammen·arbeit** /ツザメンアルバイト/ ([英]cooperation)

Z

協力；共同作業

zusammen|arbeiten /ツザメンアルバイテン/ 動 (英cooperate) 共同作業をする, 協力する

zusammen|bauen /ツザメンバオエン/ 動 (英assemble) 組み立てる

zusammen|brechen /ツザメンブレッヒェン/ 動 (英collapse) 崩壊する；(人が) 倒れる

zusammen|fassen /ツザメンファッセン/ 動 (英summarize) まとめる, 要約する

die **Zusammen·fassung** /ツザメンファッスング/ (英summary) まとめ, 要約

zusammen|halten /ツザメンハルテン/ 動 (英hold together) まとめておく；(ばらばらにならないよう) とめておく

der **Zusammenhang** /ツザメンハング/ 《-(e)s/..hänge》 (英connection) 関連, 関係, 連関；つながり

zusammen|kommen /ツザメンコメン/ 動 (英couple together) 集まる, 集合する；一度に起きる

zusammen|nehmen /ツザメンネーメン/ 動 (英collect) 総合する；集中する；((sich⁴)) (感情などを) 抑える

zusammen|passen /ツザメンパッセン/ 動 (英go together) (人・物が) 合っている, 調和する

zusammen|setzen /ツザメンゼッツェン/ 動 (英compose) 組み立てる, 組み合わせる；((sich⁴ aus et³)) (…から) 構成されている；((sich⁴)) 集まる, 集まって話す

der **Zusammen·stoß** /ツザメンシュトース/ (英collision) 衝突

zusammen|stoßen /ツザメンシュトーセン/ 動 (英collide) ((mit et³)) (…と) 衝突する, ぶつかる

zusammenz|zählen /ツザメンツェーレン/ 動 (英add up) 加える, 足す

zusätzlich /ツーゼッツツリヒ/ 形 (英additional) 追加の；余分の

zu|schauen /ツーシャオエン/ 動 (英watch) ((南部・オーストリア・スイス))=zu|sehen

der **Zuschauer** /ツーシャオアー/ 《-s/-》 (英spectator) 見物人, 観客；(テレビの) 視聴者

der **Zu·schlag** /ツーシュラーク/ (英extra charge) 割増し料金；特別 [追加] 手当；急行 [特急, 寝台] 料金；急行 [特急, 寝台] 券；(競売などでの) 落札

zu|schließen /ツーシュリーセン/ 動 (英lock) (…に) 錠をおろす, 鍵をかける

der **Zu·schuss** /ツーシュス/ (英subsidy) 補助金

zu|sehen /ツーゼーエン/ 動 (英watch) ((j³/et³)) (…を注意して) 眺める；傍観する；((+ dass [wie, ob]…)) (…となるように) 努める

der **Zu·stand** /ツーシュタント/ (英condition) 状態；状況, 事態

zuständig /ツーシュテンディヒ/ 形 (英in charge) 担当の

die **Zu·stellung** /ツーシュテルング/ (英delivery) (文書の) 送達, 通達

zu|stimmen /ツーシュティメン/ 動 (英agree) ((j³/et³)) (…に) 同意する, 賛成 [賛同] する

die **Zu·stimmung** /ツーシュティムング/ (英approval) 同意, 賛成

zu|stoßen /ツーシュトーセン/ 動 (英kick shut) (戸などを) 蹴って閉める；(ナイフなどで) 刺す；(悪いことに) 出くわす

die **Zu·tat** /ツータート/ (英ingredient) (料理の) 材料

zu|trauen /ツートラオエン/ 動 (英trust) (能力などを) 信じる

zu|treffen /ツートレッフェン/ 動 (英be correct) 当たっている, 当てはまる

der **Zutritt** /ツートリット/ 《-(e)s/》 (英entry) 立ち入り, 入場

zuverlässig /ツーフェアレスィヒ/ 形 (英reliable) 信頼できる, 信用

できる；確かな

zu|zahlen /ツーツァーレン/ 動 (英pay extra) 追加で払う

zu|ziehen /ツーツィーエン/ 動 (英pull shut, draw) (ドアなどを)引いて閉める；引っ張る；引っ越してくる；(自分の身に)招く

der **Zwang** /ツヴァング/ (–(e)s/Zwänge) (英compulsion) 強制；拘束(力)；強要；抑圧；衝動；(心的な)強迫

zwängen /ツヴェンゲン/ 動 (英cram) (無理やり)詰め込む

zwanglos /ツヴァングロース/ 形 (英informal) 形式ばらない

zwanzig /ツヴァンツィヒ/ ((基数))(英twenty) 20

zwar /ツヴァール/ 副 (英admittedly) ((aber, doch, allein など)) 確かに, なるほど **und zwar** 詳しく[正確に]言うと, すなわち

der **Zweck** /ツヴェック/ (–(e)s/–e) (英purpose) 目的；ねらい；意味, 意義

zwei /ツヴァイ/ ((基数))(英two) 2 **für zwei** 人一倍, 二人分 (働く, 食べるなど)

zweideutig /ツヴァイドイティヒ/ 形 (英ambiguous) あいまいな, どっちつかずの；きわどい

zweifach /ツヴァイファッハ/ 形 (英double) 2倍の

der **Zweifel** /ツヴァイフェル/ (–s/–) (英doubt) ((an et^3)) (…に対する) 疑い, 疑念, 疑惑 et^4 **in Zweifel ziehen** (…を) 疑う；疑問視する **ohne Zweifel** 疑いもなく

zweifellos /ツヴァイフェルロース/ 副 (英undoubtedly) 疑いもなく

zweifeln /ツヴァイフェルン/ 動 (英doubt) ((an j^3/et^3)) (…を) 疑う；(…に) 疑念を持つ

der **Zweig** /ツヴァイク/ (–(e)s/–e) (英branch) (大枝から分れた)枝, 小枝；分野, 領域

zweimal /ツヴァイマール/ 副 (英twice) 2回

zweisprachig /ツヴァイシュプラーヒヒ/ 形 (英bilingual) バイリンガルの, 2言語による

zweit /ツヴァイト/ ((序数)) (英second) 2番目の, 第2の **zu zweit** 2人で, 2人ずつ

zweiteilig /ツヴァイタイリヒ/ 形 (英two-piece) 2つの部分からなる；(服が)ツーピースの

zweitens /ツヴァイテンス/ 副 (英secondly) 2番目に

der **Zwerg** /ツヴェルク/ (–(e)s/–e) (英dwarf) (童話の中の)小人

die **Zwiebel** /ツヴィーベル/ (–/–n) (英onion) タマネギ (玉葱)；球根

der **Zwilling** /ツヴィリング/ (–s/–e) (英twin) 双子[双生児]の一方；双子座

zwingen /ツヴィンゲン/ (zwang; gezwungen) 動 (英force) ((j^4 zu et^3))(人に…することを)強制[強要]する, 強いる

zwischen /ツヴィッシェン/ 前 ((3格・4格支配)) (英between) …と…の間で[に]；…から…までの間に[の]；…の中間に, …から…までの間に ¶ die Grenze zwischen den beiden Ländern 2国間の国境

zwischendurch /ツヴィッシェンドゥルヒ/ 副 (英between times) (時間的に)その間に；(空間的に)あちこちに

der **Zwischen·fall** /ツヴィッシェンファル/ (英incident) 予期せぬ出来事；騒乱

der **Zwischen·raum** /ツヴィッシェンラオム/ (英space) (2つの物の間の)空間；ゆとり

die **Zwischen·zeit** /ツヴィッシェンツァイト/ (英interim) (2つの出来事の間の)時間；合間；ラップタイム

zwo /ツヴォー/ (英two) ((基数))((話)) 2

zwölf /ツヴェルフ/ ((基数))(英twelve) 12

zynisch /ツューニッシュ/ 形 (英cynical) 皮肉な, シニカルな

2004年6月10日　初版発行

デイリー日独英・独日英辞典

2011年11月10日　第3刷発行

監　修　渡辺　　学（わたなべ・まなぶ）

編　集　三省堂編修所

発行者　株式会社 三省堂　代表者 北口克彦

印刷者　三省堂印刷株式会社
　　　　（DTP　株式会社日本レキシコ）

発行所　株式会社 三省堂
　　　　〒101-8371
　　　　東京都千代田区三崎町二丁目22番14号
　　　　　　電話　編集　(03) 3230-9411
　　　　　　　　　営業　(03) 3230-9412
　　　　http://www.sanseido.co.jp/
　　　　振替口座　00160-5-54300
　　　　商標登録番号　521139・521140

〈デイリー日独英・1056 pp.〉

落丁本・乱丁本はお取替えいたします
ISBN978-4-385-12243-4

Ⓡ本書の全部または一部を無断で複写複製（コピー）することは、著作権法上での例外を除き、禁じられています。本書からの複写を希望される場合は、日本複写権センター（03-3401-2382）にご連絡ください。

デイリー日仏英・仏日英辞典
これは便利！シンプルな3か国語辞典。「日仏英」は1万3千項目、囲み項目も充実。「仏日英」は5千項目、用例や成句も入って充実。仏・英語はカタカナ発音付き。2色刷。

デイリー日中英・中日英辞典
これは便利！シンプルな3か国語辞典。「日中英」は1万3千項目、「中日英」は5千項目。HSKの重要語にもとづきランキングと品詞を明示。カタカナ発音付き。2色刷。

デイリー日韓英・韓日英辞典
これは便利！シンプルな3か国語辞典。「日韓英」は1万4千項目、「韓日英」は6千項目。ハングルの漢字表記がひと目でわかる。韓国語・英語はカタカナ発音付き。2色刷。

デイリー日葡英・葡日英辞典
これは便利！シンプルな3か国語辞典。「日葡英」は囲み項目も充実して1万5千項目、「葡日英」は7千項目。ブラジル・ポルトガル語、英語はカタカナ発音付き。2色刷。

デイリーコンサイス仏和・和仏辞典
仏和7万項目、和仏2万3千項目を収録した最大級のポケット仏和・和仏辞典。的確で簡潔な訳語と精選された最適の用例。場面別会話集も収録。カナ発音付き。2色刷。

デイリーコンサイス独和・和独辞典
独和6万1千項目、和独5万5千項目収録のポケット独和・和独辞典。新正書法表記を全面的に記載。( )内に従来の表記も併記。ドイツの新時代に対応した的確な訳語。

デイリーコンサイス中日・日中辞典
ハンディな中国語辞典のトップセラー。中日は親字9千字、子見出し約4万語。簡潔な用例。日中は見出し語3万、用例2万1千。ピンイン付き。付録に日本語の音読み索引。

三省堂 Web Dictionary
17タイトル170万語の辞書検索サービス
http://www.sanseido.net/

コラム：タイトル一覧

アクセサリー	ネックレス，イヤリング，ブローチ，指輪	7
味	甘い，辛い，苦い，濃い，薄い，酸っぱい	10
家	玄関，寝室，屋根，キッチン，廊下	29
衣服	スーツ，スカート，ズボン，ポロシャツ，ベスト	43
色	白，黒，赤，黄緑，紺，ベージュ	47
インターネット	ホームページ，アドレス，プロバイダー，Eメール	50
家具	テーブル，箪笥，カーテン，机，椅子，本棚	112
家族	夫，妻，父，母，兄，従兄弟，叔母	122
体	頭，目，肩，肘，膝，鼻，腹，手首	135
木	根，幹，松，柳，桜，ポプラ，オリーブの木	148
気象	晴れ，曇り，雨，スコール，気温，気圧	155
季節・月	春，夏，秋，冬，一月，十二月	157
果物	苺，バナナ，パイナップル，桃，西瓜，メロン	187
化粧品	口紅，アイシャドー，化粧水，パック，シャンプー	205
コンピュータ	パソコン，バグ，メモリ，アイコン	251
魚	鮪，秋刀魚，鰻，さざえ，帆立貝	260
サッカー	ワールドカップ，ブンデスリーガ，レッドカード，フーリガン．．．．．	268
時間	年，週，午前，朝，夜，明日，昨日	282
職業	医者，会社員，公務員，教員，作家，弁護士	333
食器	グラス，コーヒーポット，皿，スプーン，箸	337
人体	脳，骨，筋肉，胃，肝臓，心臓，肺	348
数字	1，100，1000，1万，100万，1億，2倍	358
スポーツ	体操，卓球，野球，テニス，ゴルフ，スキー	372
台所用品	鍋，フライパン，包丁，ミキサー，泡立て器	419
電気製品	冷房，暖房，掃除機，冷蔵庫，電子レンジ，テレビ	491
動物	ライオン，ゴリラ，虎，パンダ，犬，猫，猿	506
鳥	鶏，白鳥，鶴，燕，鳩，雲雀，鴎，ペンギン	525
度量衡	ミリ，メートル，マイル，ポンド，トン，摂氏	528
肉	牛肉，豚肉，挽肉，ロース，サーロイン，ハム	545
飲み物	水，コーラ，カフェオレ，紅茶，ビール，カクテル	565
花	菜の花，紫陽花，菊，鈴蘭，百合，椿	589
病院	救急病院，看護師，内科，外科，小児科，薬局	624
病気	エイズ，結核，癌，コレラ，風邪，虫歯	626
文房具	ボールペン，ホッチキス，便箋，セロテープ	664
店	八百屋，花屋，本屋，クリーニング店，煙草屋	720
野菜	大根，トマト，ピーマン，レタス，ズッキーニ，人参	759
曜日	日曜日，水曜日，土曜日，平日，週末	777